Empirical Methods in Organization and Management Research 3RD EDITION

组织与管理
研究的
实证方法

第三版

陈晓萍
沈 伟
主编

北京大学出版社
PEKING UNIVERSITY PRESS

图书在版编目(CIP)数据

组织与管理研究的实证方法/陈晓萍,沈伟主编.—3版.—北京:北京大学出版社,2018.7
(IACMR组织与管理书系)
ISBN 978-7-301-29643-1

Ⅰ.①组… Ⅱ.①陈… ②沈… Ⅲ.①组织管理学—研究方法 Ⅳ.①C936-3

中国版本图书馆CIP数据核字(2018)第116070号

书 名	组织与管理研究的实证方法（第三版）
	ZUZHI YU GUANLI YANJIU DE SHIZHENG FANGFA（DI-SAN BAN）
著作责任者	陈晓萍 沈 伟 主编
策划编辑	徐 冰
责任编辑	任雪鋆 郝小楠
标准书号	ISBN 978-7-301-29643-1
出版发行	北京大学出版社
地 址	北京市海淀区成府路205号 100871
网 址	http://www.pup.cn
微信公众号	北京大学经管书苑（pupembook）
电子信箱	em@pup.cn QQ: 552063295
电 话	邮购部010-62752015 发行部010-62750672 编辑部010-62752926
印刷者	北京鑫海金澳胶印有限公司
经销者	新华书店
	720毫米×1020毫米 16开本 49印张 878千字
	2008年6月第1版 2012年6月第2版
	2018年7月第3版 2022年9月第7次印刷
印 数	31001—34000册
定 价	138.00元

未经许可，不得以任何方式复制或抄袭本书之部分或全部内容。
版权所有，侵权必究
举报电话：010-62752024 电子信箱：fd@pup.pku.edu.cn
图书如有印装质量问题，请与出版部联系，电话：010-62756370

 第三版序言

十年前,即2008年,我们(陈晓萍、徐淑英和樊景立)代表中国管理研究国际学会(IACMR)编著了《组织与管理研究的实证方法》一书。该书一经北京大学出版社出版,就受到了广大读者的喜爱和好评。同年8月,在郑伯埙教授的帮助下,该书在中国台湾地区出版发行。

2012年,该书第二版面世,我们在修订中对每一章近40%的内容都进行了更新。2014年,第二版在中国台湾地区出版发行。2016年,在黄明浩博士的不懈努力下,该书又被翻译成韩文在韩国出版。一本关于研究方法的书籍能得到读者如此的追捧和厚爱,这令我们感到欣慰,更感到责任的重大。

从去年开始,我们(陈晓萍和沈伟)着手本书第三版的写作。北京大学出版社广泛征求了读者的意见,大约有70位老师和40位博士生给出了详细的反馈。我们仔细讨论、反复斟酌了这些意见和建议,决定从第二版的内容中删除四个章节,但同时增加五个新的章节:元分析研究法、纵向研究设计和分析、事件历史分析法、事件研究法和高频率跟踪问卷调查方法。

经过一年多的努力,本书第三版终于与读者见面了。从这一版的目录中大家可以看出,本书已然具有管理学研究方法大全的面貌了。我们衷心希望本书能成为读者做管理学研究的指南和宝典,更希望本书可以帮助更多的读者将他们的论文在世界顶级期刊上发表!

本书的作者阵容强大,其中许多人担任过顶级期刊的主编、副主编或编委。我们感谢各位作者的辛勤付出,是他们的知识和智慧成就了本书。我们也感谢帮助

审阅、翻译稿件的同事,特别是李宁、李海洋、周京、李俊超、贺伟、江亭儒和尚钰凡。我们还感谢通读本书并帮助校对的同事,包括王海珍、潘静洲、孙雨晴、张晔、陈力凡和郭一蓉。最后我们感谢北京大学出版社的徐冰编辑对本书倾注的努力和心血。

谢谢大家!

陈晓萍　沈伟
2018 年 1 月 25 日

School of Business)讲席教授,耶鲁大学博士。致力于幸福学、行为决策、行为经济学的研究,是最早将这些学科引入中国的学者之一。

林诚光(Simon Lam),香港大学商学院(Faculty of Business and Economics, The University of Hong Kong)管理学教授。研究成果发表在 Academy of Management Journal 和 Journal of Applied Psychology 等国际知名期刊上。研究领域包括组织行为、战略和创业等。

许育玮(Dennis Y. Hsu),香港大学商学院(Faculty of Business and Economics, The University of Hong Kong)管理学助理教授。美国西北大学凯洛格管理学院管理学博士。研究领域包括领导学、社会权力、社经地位、换位思考、双文化与跨文化组织行为等。

谢家琳(Jia Lin Xie),多伦多大学洛曼管理学院(Rotman School of Management, University of Toronto)组织行为学教授及 Magna 管理学教授。曾担任中国管理研究国际学会主席。研究领域包括工作设计,工作压力和员工健康,跨文化管理等。在国内从事了一系列的有关工作压力和健康的关系的研究,成果显著。

周长辉(Changhui Zhou),北京大学光华管理学院教授。在西安大略大学 IVEY 商学院获得管理学博士学位,主修战略管理与国际商务。目前研究领域为中国企业战略成长与社会管理创新。

郑伯埙(Bor-Shiuan Cheng),台湾大学心理学系心理学研究所特聘教授兼系主任与研究所所长。中国台湾工商心理学学会理事长。曾任中国台湾心理学会理事长、中国台湾科技部心理学学门召集人、《本土心理学研究》主编与协同主编、Asian Journal of Social Psychology 副主编、Management and Organization Review 资深编辑。主要研究领域为华人情境下的组织行为、领导、团队历程、组织文化及组织变革与创新等。

黄敏萍(Min-Ping Huang),元智大学管理学院教授兼组织管理学群召集人。中国台湾工商心理学学会理事。曾任《组织与管理期刊》客座主编。研究领域包括魅力领导与部属价值契合、团队管理、部属向上影响策略及华人情境下的组织行为等。

Deborah Dougherty,罗格斯大学(Rutgers University)工商管理学院荣休教授。在麻省理工学院斯隆管理学院获得管理学博士学位。曾发表杂志文章及参与写作书籍章节 55 篇。目前的研究领域包括复杂的挑战、创新、以科学为基础的创新和组织创新等。

苏筠(Yun Su),新加坡管理大学(Singapore Management University)助理教授。

在美国罗格斯大学获得博士学位。研究领域包括创新管理、知识边界、创业等。

郑英建(Ken Chung),加州州立大学东湾分校(California State University-East Bay)助理教授。致力于研究企业的利益、相关者之间的竞争和需求如何出现并影响机构的动态等。博士论文专门探讨如何对环境污染事故索赔以改造企业的环境管理做法。

姜铠丰(Kaifeng Jiang),俄亥俄州立大学菲舍尔商学院(Fisher College of Business, The Ohio State University)管理与人力资源系副教授,在罗格斯大学获得产业关系和人力资源专业博士学位。主要致力于战略人力资源管理和组织氛围的研究。研究成果发表在 Academy of Management Journal、Journal of Applied Psychology、Organizational Behavior and Human Decision Processes、Personnel Psychology 等国际知名管理学和应用心理学期刊上。

胡佳(Jasmine Hu),俄亥俄州立大学菲舍尔商学院(Fisher College of Business, The Ohio State University)管理与人力资源系副教授。在美国伊利诺伊大学芝加哥分校获得管理学博士学位。研究领域主要包括领导和团队管理、组织中的利他动机和行为等。研究成果发表在 Academy of Management Journal、Journal of Applied Psychology、Organizational Behavior and Human Decision Processes、Personnel Psychology 等国际知名管理学和应用心理学期刊上,并由《纽约时报》《华盛顿日报》《财富》等多家媒体转载。

贾良定(Liangding Jia),南京大学管理学院教授,南京大学博士。研究领域包括在中国情境下对雇佣关系与员工创造性、企业家价值观与企业文化、高管团队与企业战略等的探究。在 Academy of Management Journal、Journal of Applied Psychology、Journal of Management、Human Resource Management、Management and Organization Review、Global Strategy Journal、Asia Pacific Journal of Management、《经济研究》《管理世界》《心理学报》《经济学(季刊)》等国内外知名学术期刊上发表论文 20 多篇。目前担任《南大商学评论》执行主编、《管理学季刊》领域主编。

罗胜强(Kenneth S. Law),香港中文大学管理系(Department of Management, Chinese University of Hong Kong)讲座教授。研究领域领域包括组织行为的研究方法、领导行为、企业公民行为和情绪智能等。

姜嬿(Jane Yan Jiang),南京大学商学院(School of Business, Nanjing University)副教授,香港中文大学博士。研究领域包括新员工组织社会化、领导行为、团队和管理学研究方法等。

张伟雄(Gordon Cheung),新西兰奥克兰大学(University of Auckland)组织行

为学讲座教授。主要研究领域为结构方程模型及其应用,特别致力于测量对等性、中介效应分析、调节中介效应和契合指数的研究。

王畅(Linda Wang),香港城市大学管理系(Department of Management, City University of Hong Kong)助理教授,在美国密歇根州立大学获得博士学位。主要研究领域为组织行为学、组织领导和结构方程模型。

廖卉(Hui Liao),马里兰大学(University of Maryland)史密斯商学院院长席教授。在美国明尼苏达大学获得人力资源与工业关系博士学位。清华大学经济管理学院特聘杰出访问教授,中国国家"千人计划"入选专家。研究领域包括领导力、战略人力资源管理、服务质量、创新与主动性、多元与包容、跨文化管理等。获得美国管理协会组织行为学最高荣誉之一——"Cummings 学术成就奖",为该奖项的首位华人得主;获得美国管理协会"人力资源学术成就奖""人力资源职涯早期成就奖";获得美国产业与组织心理学会"职涯早期杰出贡献奖"。研究成果获得多个论文奖,多数研究论文发表在 Academy of Management Journal、Journal of Applied Psychology、Organizational Behavior and Human Decision Processes、Organization Science、Personnel Psychology 等国际顶尖学术期刊及 Harvard Business Review、The Washington Post 等杂志和报纸上。指导的博士论文多次获得美国管理学会和美国产业与组织心理学会颁发的杰出论文奖。曾任 Academy of Management Journal、Organizational Behavior and Human Decision Processes 和 Personnel Psychology 副主编。

庄瑷嘉(Aichia Chuang),台湾大学工商管理学系组织行为与人力资源组教授。在美国明尼苏达大学获得人力资源与工业关系博士学位。研究领域包括个人与环境适配、领导力、跨文化管理、创造力、组织服务气候与员工绩效、工作群体多样化等。研究成果发表在 Academy of Management Journal、Journal of Applied Psychology 等顶级学术期刊及 Harvard Business Review 等实务期刊中。现任 Human Relations 副主编、Academy of Management Journal 和 Organizational Behavior and Human Decision Processes 期刊编委。中国管理研究国际学会的亚太地区代表。

刘东(Dong Liu),佐治亚理工大学(Georgia Institute of Technology)施勒工商管理学院副教授。在美国华盛顿大学福斯特商学院获得管理学博士学位。主要研究领域包括员工创造力、事件系统理论、员工流动、追随力等。研究成果发表在 Academy of Management Journal、Academy of Management Review、Journal of Applied Psychology、Personnel Psychology、Organizational Behavior and Human Decision Processes、Journal of Management 等世界顶级管理学期刊上。

朱洪泉(David Zhu),亚利桑那州立大学凯瑞商学院(W. P. Carey School of Business, Arizona State University)管理与创业系副教授、院长委员会杰出学者,复旦大学特聘教授。在密歇根大学战略管理系获得博士学位。致力于从社会心理学和组织理论的视角研究战略管理,尤其关注群体决策过程、性格、价值观和社会网络对高管团队战略决策的影响。研究成果发表在 Academy of Management Journal、Administrative Science Quarterly、Organization Science、Strategic Management Journal 等顶级学术期刊上。目前是 Academy of Management Review、Administrative Science Quarterly 和 Strategic Management Journal 的编委会成员。中国管理研究国际学会(IACMR)的北美会员代表。

赵雁飞(Eric Zhao),印第安纳大学凯利商学院(Kelley School of Business, Indiana University)管理与创业系助理教授。研究领域包括战略管理、组织理论、创新与创业等。研究成果曾获多个重要奖项,并发表在 Academy of Management Annals、Academy of Management Journal、Organization Science 和 Strategic Management Journal 等世界顶级管理学期刊上。目前是 Academy of Management Review 和 Journal of Business Venturing 编委会成员。

于铁英(Tieying Yu),波士顿学院(Boston College)卡罗尔商学院战略管理学教授。在德克萨斯农工大学获得战略管理学博士。主要致力于企业竞争策略的形成及影响研究,尤其对多市场竞争策略感兴趣,研究纵跨航空业、汽车业和制药业等多个行业。在 Academy of Management Journal、Academy of Management Review 和 Journal of International Business Studies 等国际知名管理学期刊上发表多篇关于企业竞争策略的研究。目前担任《管理学季刊》竞争策略领域编辑。

杨海滨(Haibin Yang),香港城市大学(City University of Hong Kong)商学院教授。在美国德州大学达拉斯分校获得国际管理博士学位。研究领域包括企业的战略联盟网络、企业兼并、创新、创业及转型经济中的企业竞争等。

宋照礼(Zhaoli Song),新加坡国立大学(National University of Singapore)商学院组织管理系副教授。在明尼苏达大学获得人力资源与工业关系专业博士学位。研究领域包括基因与管理行为、领导行为、日常情绪与压力管理、求职和就业过程、工作与家庭关系、员工发展、跨文化行为与创业等。

苏涛(Scofield Tao Su),华南理工大学工商管理学院管理系博士生,2017 年在新加坡国立大学商学院组织管理系作为交换博士生参与研究项目。研究领域主要包括华人情境下的领导(如谦逊型领导和家长式领导)、信任、组织变革、阴阳矛盾等,以及 Meta-analytic SEM、Experience Sampling Method(ESM)、Bibliometric Method 等研究方法。发表学术论文十余篇,参与写作书籍多部。

作者简介

祝金龙（Jinlong Zhu），中国人民大学商学院助理教授。在新加坡国立大学获得管理学博士学位。研究领域主要包括领导理论、创新创业和动态研究方法等，并致力于从动态的视角来解析组织中的现象和拓展现有理论。

张震（Zhen Zhang），亚利桑那州立大学凯瑞商学院（W. P. Carey School of Business, Arizona State University）管理与创业系副教授。在明尼苏达大学获得人力资源管理专业博士学位。研究领域包括领导力过程与领导力开发、组织行为的生理学基础、创业者性格与行为和高级定量研究方法等。研究成果发表在 *Academy of Management Journal*、*Journal of Applied Psychology*、*Personnel Psychology*、*Organization Science*、*Organizational Behavior and Human Decision Processes* 等国际知名管理学期刊上。目前担任 *Personnel Psychology* 副主编，以及多个期刊的编委会成员。

汪默（Mo Wang），佛罗里达大学沃灵顿商学院（Warrington College of Business Administration, University of Florida）Lanzilotti-McKethan 杰出学者讲席教授、管理学系主任、人力资源研究中心主任。美国心理学会（American Psychological Association）、心理科学联合会（Association of Psychological Science）和工业与组织管理心理学会（Society for Industrial-Organizational Psychology）院士。研究领域包括退休管理及中老年职工就业、外派人员及新员工入职与调适、职业健康心理学、领导力和团队过程、高级计量方法等。研究曾获美国心理学会和美国管理学会（Academy of Management）的多个重要奖项。目前担任 *Work, Aging and Retirement* 主编，*Journal of Applied Psychology* 副主编，曾担任职业健康心理学会主席（2014—2015）及美国国家科学基金（National Science Foundation）组织科学（Science of Organizations）项目主任（2014—2016）。

 目录

引言　如何增加在一流期刊上发表研究论文的成功率？
　　　（徐淑英）　/ 1

第一部分　科学研究的目的和过程

第 1 章　科学过程与研究设计
　　　（徐淑英　仲为国）　/ 17

第 2 章　研究的起点：提出研究问题
　　　（陈晓萍）　/ 41

第 3 章　管理研究中的理论建构
　　　（陈昭全　张志学　沈　伟）　/ 68

第二部分 管理学的研究方法

第 4 章　实证研究的设计与评价
　　（梁　建　樊景立　陈志俊）／105

第 5 章　实验研究方法
　　（张　岩　徐　飞　奚恺元）／136

第 6 章　准实验研究
　　（林诚光　许育玮）／175

第 7 章　实证研究中的问卷调查法
　　（梁　建　谢家琳）／197

第 8 章　二手数据在管理研究中的使用
　　（周长辉）／231

第 9 章　实地研究中的案例研究
　　（郑伯埙　黄敏萍）／263

第 10 章　质化研究及其数据分析
　　（Deborah Dougherty　苏　筠　郑英建）／310

第 11 章　元分析研究法
　　（姜铠丰　胡　佳）／337

第 12 章　管理与组织的情境化研究
　　（徐淑英　贾良定）／362

第三部分　管理学研究中的测量统计方法

第 13 章　理论构念的测量
　　　　（梁　建　樊景立）／385

第 14 章　单维构念与多维构念的测量
　　　　（罗胜强　姜　嬿）／424

第 15 章　结构方程模型
　　　　（张伟雄　王　畅）／464

第 16 章　调节变量和中介变量
　　　　（罗胜强　姜　嬿）／490

第 17 章　多层次理论模型的建立及研究方法
　　　　（廖　卉　庄瑷嘉　刘　东）／518

第 18 章　纵向研究设计和分析
　　　　（朱洪泉　赵雁飞）／557

第 19 章　事件历史分析法
　　　　（沈　伟　于铁英）／575

第 20 章　事件研究法
　　　　（仲为国　杨海滨　刘　东）／596

第 21 章　高频率跟踪问卷调查方法：日记与体验抽样方法的设计和分析
　　　　（宋照礼　苏　涛　祝金龙）／625

第 22 章　单层与多层被调节的中介和被中介的调节：理论构建与模型检验
　　　　（刘　东　张　震　汪　默）／663

第四部分 研究发表的旅程

第 23 章 论文的写作和发表
（陈晓萍） ／ 701

附录

附录 1　IACMR 追求卓越宣言（伦理准则）　／ 747
附录 2　术语英汉词汇对照　／ 750
附录 3　经典方法论文献　／ 770

引言　如何增加在一流期刊上发表研究论文的成功率？

徐淑英

美国圣母大学　北京大学　复旦大学

在国际一流的管理学期刊上发表论文可以说是每个学者的梦想。我一直认为，论文发表成功的关键之处在于科学研究过程本身的严谨性。因为过程和结果间有着很密切的关系——科学研究过程掌握得好，论文就可以在一流期刊上发表；反之，则无法发表。但方法严谨不是科学的唯一目标，更重要的问题是"为什么要发表论文"或"为什么要做研究"。因此，我将"如何"作为本书引言的标题，来探讨使管理学研究论文得以发表的条件。

众所周知，国际一流期刊的稿件平均接受率是10%左右。近年，*Academy of Management Journal*（AMJ）的接受率只有6%。这些通过了严格审核过程的论文都有一个重要的特点：严谨。一个研究做得够不够严谨可以从几方面来看：方法是否严谨？逻辑与理论够不够严谨？研究的可信度高不高？效度如何？本书的主要目的就是向大家介绍严谨的管理学研究方法，这些方法就像工具一样，能够保证研究过程和结论的严谨性。

最近二三十年，管理学界出现了很多关于"研究与实践脱离"的讨论。许多学者认为我们的研究对于实践不是很有用，管理者看不懂或者不采用我们的研究结果去指导他们的实践。政府官员很少到商学院去寻求指导，从而使得公共政策能够确保更好的商业实践，贡献出更高质量的产品、服务，提升员工的生活质量，以及打造更好的社区。我们必须意识到，研究并不是为了学者的自娱自乐，研究的一个重要目的是创造能够指导实践的知识。因此，除严谨之外，好的研究应该关注对解决商业和社会问题有重要意义的课题。

在这个引言里，我将首先引入"一流期刊"的概念，总结并讨论在一流期刊上发表文章的不同动机。随后，我将通过关注大多数投稿中常见的一些错误及有意义的研究问题的作用,讨论如何增加成功发表的机会。最后,我将提醒读者,科学的最终目的乃是改善地球上每个人的生活。因此,作为管理学科的社会科学家,我们的义务必须是提高研究与现实的关联性,以便使学者能够为更好的管理实践和更加美好的社会做出贡献。

一流管理学期刊

一流的英文管理学期刊有 A 与 A－/B＋两级。管理学界的同行都知道 A 级的期刊是最重要的期刊,也是大家都希望能在其中发表的期刊(期刊名称如延伸阅读所示)。在这里我先简单介绍以下这几个期刊,然后再谈其他的优秀期刊。

首先是 AMJ 与 *Administrative Science Quarterly*(ASQ)这两本期刊。我当过 AMJ 的主编,对这个期刊很有感情。ASQ 也是一本非常出色的期刊,影响力非常大。所谓影响力就是论文被引用的频率。大家都知道引用(citation)这个词,在管理学领域中,ASQ 这本期刊被引用的频率是最高的。至于投稿量,AMJ 每年收到的投稿有 1 000 篇左右,平均每年发表 60—70 篇。ASQ 每年收到的投稿有 250 篇左右,平均每年差不多发表 25 篇,篇数比 AMJ 少。这是由于考虑到 ASQ 的影响力,有些人可能觉得自己的文章还没达到它所要求的水平,所以就不敢去投了。一般来说,期刊的投稿越多,找到好文章的机会就越多;反之,就比较少。而 AMJ 是美国管理学学会(Academy of Management)的期刊,它本着帮助学者提高研究水平的态度,欢迎所有会员与非会员投稿。所以很多人即使觉得自己的文章没有被接受的希望,也愿意投稿以得到专家的意见进而帮助自己提高文章质量。*Academy of Management Review*(AMR)只发表理论文章。*Academy of Management Annals*(AMA)是美国管理学会的新期刊,从 2007 年开始,每年出版一次,其文章引用率已经排在了前五名。美国管理学会从 2015 年起有了一个新的杂志——*Academy of Management Discoveries*(AMD)。这个杂志的宗旨在于发表实证领域中的新发现,包括新的管理实践或创新性商业模式,这些实践或模式与常规知识不一致或者不容易被已有理论所解释。这个杂志为作者提供了一个报告有趣且重要现象的出口,而这些现象是研究过程中的重要一步。发表在 AMD 上的文章可以作为进一步探索或者理论化的起点。创办这个新杂志,代表了美国管理学会为缩小研究与实践间的差距所做的部分努力。我期待 AMD 会成为其他期刊上的研究的一个重要的源刊。

Journal of Applied Psychology(JAP)是心理学领域的顶尖杂志,但也发表了很多管理方面的文章。*Journal of International Business Studies*(JIBS)则是探讨国际企业

管理或比较管理的杂志。*Strategic Management Journal*（SMJ）属于战略管理领域的顶尖期刊。*Organization Science*（OS）这本期刊只有二十年的历史，比较年轻，但水平已经很高。*Personnel Psychology*（PP）的地位越来越高，引用率排在前二十名。*Research in Organizational Behavior* 每年出版一本，虽然很多人并不把它看作正式期刊，但它的影响力也很大。*Organizational Research Methods* 和 *Journal of Management* 近年来进步很快，引用率排在前十名。

在 A－/B＋级的期刊中，刊登优秀文章的期刊还包括 *Journal of Cross-Cultural Psychology*、*Journal of Organizational Behavior*、*Journal of Management Studies*、*Leadership Quarterly* 和 *Organization Studies* 等，在此不做一一介绍。值得一提的是，在我们这个领域中，若有研究者能在上述的任何一个期刊中发表文章，都是一件相当不易的事，值得大力赞扬。

另外有一个期刊我在此要特别介绍，那就是 *Management and Organization Review*（MOR，《组织管理研究》），它是中国管理研究国际学会（IACMR）的会刊，也是一本专门出版与中国管理研究有关的高质量论文的期刊。该刊物致力于促进全球组织与管理知识的发展，主要出版在如下三个领域内对管理知识有所贡献的创新研究论文：(1)管理学的基础研究；(2)国际管理和比较研究；(3)中国研究，包括中国公司、在中国经营的跨国公司的组织与管理的研究。这本期刊在 2005 年创办，经过十多年的发展，已得到了对中国管理研究感兴趣的广大学者的认同，其文章下载率已达到其他优秀期刊的水平，在 2008 年就进入社会科学论文检索系统（SSCI）。它的首次 Impact Factor（2010）是 2.806，在 SSCI 的 140 本管理期刊中，排名第 22 位，如不包含自我应用，排名第 15 位。作为 MOR 的创刊主编，我对 MOR 的快速发展感到很开心。

MOR 鼓励论文评审人本着培养和帮助作者提高研究和写作水平的原则，对每一篇论文进行全方位的评价，并提出相应的改进建议。因此，无论评审结果如何，评审人会向所有文稿提出具有建设性和发展性的反馈意见，这将促使投稿者改进他们的研究和文章。另外，MOR 会为投稿者提供及时的回馈，一般在收到文稿后 12 周的时间内就会做出评审决定。在 2017 年 MOR 出台了旨在提高实证研究质量的新政策，即发表基于事先批准的研究设计所获得的任何结果（包括与假设相反及不支持假设的结果）。这是 MOR 向建立有效且可复制的知识迈出的极为重要的一步。

我在这里向大家介绍这些期刊主要有两个原因。第一，大家要做研究就得看文献，但一定要有所选择地看文献，不要什么乱七八糟的文献都看，否则就是浪费

组织与管理研究的实证方法（第三版）

时间！要看英文文献的话我建议就去看排在前25名的期刊中的文献，因为期刊的文章如果没有经过同事审稿或审查不严格的话，研究的严谨程度就无法保证。你投稿时，如果所引用的文献都来自那些不知名的期刊，就会降低文章的说服力。第二，这样可以节省时间和精力。有时我们会看到在一个主题上已经发表了几百篇甚至上千篇的文章，你如何知道哪一篇文章是重要的呢？最可靠的办法就是看论文发表在何种期刊上，这样可以减少很多困扰，也可以节约时间。

为什么要在一流期刊上发表论文？

之所以要把论文发表在一流期刊上主要有以下几个原因：

第一是因为研究者要向其研究领域贡献新知识。研究的目的，就是要增加新知识，所以研究者的主要责任就是贡献新知识。为了贡献新知识，我们才做研究、发表论文。从这个角度去看待自己的研究，并把它当作个人的目标，那么做研究时自然就会关心严谨性了。

第二是研究者要对某个研究领域产生影响力。只有当研究论文经过审稿程序被发表出来时，影响力才可能产生。虽然有时一个研究结果可能出错，但当其他研究者注意到并引用该论文时，这项错误的结论就有机会被加以修正、改进。在某种意义上，这一点涉及一些道德上的问题，假如研究者明明知道论文里面有问题，但他的写作技巧非常高，能够写出来说服别人，结果使本应被拒绝的论文发表出来，这在道德上是有瑕疵的。知识的用处是帮助实践，管理研究的成果很多会进入教科书，假如知识有错，就会误导学生、误导实践。所以，第一点原因是最根本的：研究论文必须能够提供新的准确的知识，对知识体系有所贡献。

第三个发表论文的动机是为了成名。这不是一个坏的动机。但是，在当前的学术环境中，特别是美国、加拿大（中国也不例外，欧洲可能还好一点）的学术环境中，有一个很不健康的趋向，就是大家把发表论文当成做研究的唯一目的。为了达到这个目的，他们会想办法把本来可以做一篇很好的论文的素材，拆解成两篇、三篇，结果降低了论文的质量，只能投稿到B级或B-级的期刊发表。这种论文即使有5篇、10篇、20篇，都比不上一篇ASQ或是AMJ的论文。我在担任AMJ主编的时候就发现，即使是一些很有名的教授，也有这个陋习：他们把一篇文章投到我这里，同时又把方法改一改，问题改一改，写成另一篇论文，投到另外一个期刊。曾有审稿者向我报告这样的问题，我就打电话到另一个期刊，问他们有没有收到这样的一篇文章，他们说有啊！于是，我和那个期刊的主编，就把这两篇文章都拒绝了。

也许有的人会说,这是为了获得永久聘任与晋升(tenure and promotion)等的需要。可是假如研究者的目标只是为了能够获得永久聘任的话,他就会争取在短时间内发表很多论文,这样就会导致很多论文越做越不好。譬如说,当有别的研究者问你愿不愿意合作时,为了在短时间发表一定数量的论文,这种人一定会答应,甚至会认为这是一个千载难逢的机会。然而这样做,研究一定会做得很惨。为什么呢?因为如果什么题目都做一点,也就是做这种机会式研究(opportunistic research),而不是做自己真正有兴趣的题目的研究,研究的累积性一定有限;而且,只是为了发表,不是为了追求知识,则我们的心理投入(psychological involvement)就会很少,于是研究做起来没味道、没兴趣。到最后,做研究就会成为一种苦差事,越做越没意思。这种功利导向最坏的后果在于,会诱惑研究者采用不恰当或者有问题的做法去最大限度地增加发表的机会,最终的结果是研究可能存在缺陷或者不可复制。

发表论文是一个与科学群体沟通分享的方法,它让研究者有机会告诉同领域的研究者自己在做这项研究及研究中的新发现,可以贡献很多新的知识、建构新的概念。但千万不要为了发表而发表,否则伤害一定会很大。

发表论文成功的策略

认识对的人(找对合作伙伴)

认识对的人主要有两层意思,第一层是如果你和某个期刊的主编是好朋友,那么你的机会可能会多一点,但是,这样的做法可能没有多大用处,因为目前所有的期刊都采用匿名审稿,就算你与主编是好朋友,通常也没有什么帮助;第二层是跟好的人合作,怎么样才叫作"好的人"呢? 这些好的人,是指他的条件比你好,譬如研究经验比你多、研究做得比你好。就跟打球一样,如果找球技跟自己一样或是比自己差的人,自己的球技进步会比较慢。所以,一定要与一个技术比自己好一点的人去打球,这样才能进步快。同样的道理,研究者需要找一个研究比自己做得好的人,作为自己的研究伙伴。

如何去寻找研究做得比自己好的人,并形成研究拍档呢? 也许在你周围不容易找到在做研究上有经验的人,不过,这不代表找不到这种人。一个方法是去参加学术会议,阅读一些期刊(如 AMJ、ASQ),认识自己研究领域中的知名学者,并参加学会(如美国管理学会或中国管理研究国际学会)举办的年会。开会时,经过其他老师的介绍,跟知名学者谈自己的研究问题,引起他们的兴趣;若是你把写好的草稿给他们看,他们就更加认识你了。在我们这个研究领域里,年纪大一点的、有经验的教授,都很喜欢培养下一代的年轻人,所以年轻的研究者机会很多。不像我们这些经验较多的人,如果我寄一篇文章给他们看,他们可能觉得我已经做了快30年的研究了,就不会帮我看。所以,要懂得找一个有经验的人或在这个研究领域上做得比较好的人,跟他一起做研究。然而,对于一位助理教授而言,你的研究伙伴也不一定全都是教授才好。那些对你而言最好的研究伙伴,反而是那些较为资深的助理教授或副教授。因为这些尚未升到教授职位的研究者大多充满研究热忱,也更能全心地投入研究。当研究者升到教授以后,通常必须花许多时间去处理无关学术研究的行政事务。相对而言,投入研究的程度或多或少会受到一些影响。

还有另外一种好的研究合作者,就是那些为了做好的研究的研究者,而不是为了工具性目的的学者。如果与你共同做研究的伙伴,只是为了某种实质利益的话,他会把这种坏习惯带给你,这样就会伤害久远。这种坏习惯的养成,可能是为了晋升等而去做研究,因此就想早点把论文寄出去、早点发表,即使文章还不够成熟也如此,久而久之就养成做研究不严谨的习惯。

研究做得严谨并不意味着慢工一定出细活,而是指在研究的每个阶段都要做到严谨。另外一点是,你是否有很多研究课题?每一个阶段只做一个研究课题,就会做得好。做研究也得做研究管理(research management),就跟项目管理一样:有的研究大、有的研究小;有些在外面审稿中、有些在撰写中、有些还在搜集资料、有些正在分析。如果你同时做五个研究课题,五个都打算在A级期刊上发表,那你的目标就是要达到A级期刊的要求。然而,意外可能发生,比如身体不好、要期中考、家里有事,等等,这样就会造成无法兼顾论文质量,导致论文跑到B级期刊。假如你的目标一开始就设定在B级期刊,那最终会发表到哪里去呢?可能是更差的期刊。所以,目标一定要定得高,如果达不到没关系,你起码可以退一步;如果起步低的话,要上去就很难了。你的目标就是尽力做,如果做不到A级期刊,至少可以回到B级期刊去——你可以从A级期刊得到一些有用的反馈意见,把文章修正后再投到B级期刊。

去好的学校

有时很多人会误解认为很多研究者研究做得多、做得好是因为他们在好学校的缘故。其实在名校读书或任教有好处也有坏处。好处是资源多、名教授也多,坏处是研究和教学压力都很大。名教授通常都忙得不得了,根本没时间和你交谈。

其实,最适合做研究的学校应该是那些教学压力比较小但研究压力比较适当的学校。我这里并不是说不强调高质量的教学,而是少些强调数量。研究型大学中的教员授课通常会少些,以便教员可以在教学和研究上都做得好。有些大学想增加他们发表的研究成果,所以让具有研究潜力的新教员少授课。

一般而言,做一个学者、一个研究有成就的人,起码需要把一半以上的时间放在研究上。当然教学也是教授的重要责任,一周的时间里,备一天课,教两天书,但剩下的两三天必须用来做研究。你必须要自律。就产出优秀论文而言,外部压力的作用比不上内部动力。与教学不同,研究是一项非结构的活动,你需要设定自己的截止日期和自己的目标与期望。你不能说:"等我有空再去做研究",这样研究就会变成业余活动了,而变成业余活动的研究,是不太可能做好的。

以最好的文章做榜样

要做高质量的研究,必须要懂得阅读与临摹范例研究,遵守科学研究的程序,而不是为了发表而发表。所谓临摹范例研究,就是从最好的研究中学习。就此而言,最好的方法就是阅读高质量的论文。什么是高质量的论文?其实也有一些即使在顶级期刊上发表的论文并不一定是最好的。最好的文章就是在所有发表的论文当中,再进行第二次审查所挑选出来的论文,这种论文就是获奖论文(award winning papers)。有几个期刊会有这种获奖论文。例如,AMJ 有一个委员会,委员都是有名的教授,每年审查上一年大约五六十篇论文,从中挑选做得最好、最精的论文,这就是最佳论文(the best paper)。从 1987 年至 2012 年,已有 20 多篇论文被选为获奖论文。我们已经将这些论文翻译成中文,一本在 2006 年出版(徐淑英和张维迎,2006),还有一本在 2012 年出版(徐淑英和蔡洪滨,2012),欢迎大家去读一读。

ASQ 从 1993 年开始也有这种论文,但它的选取方式与 AMJ 不一样:其委员会是审查五年前发表的论文,并评价这些论文的影响力。影响力怎么判断呢?第一就是查看文章被引用的情形,第二就是再重新看这篇文章,相较于五年前的其他文章,这篇文章是不是最好的。从这些标准来看,ASQ 做得比 AMJ 更好,因为它不但考虑这篇文章是当年最好的,也考虑这是否的确是一篇具有影响力的文章。ASQ 最佳论文集也已翻译出版(徐淑英和张维迎,2006;徐淑英和蔡洪滨,2012),可以在 IACMR 的网址(www.iacmr.org)上找到这些书的信息。

除研究要做得好以外,写作当然也是一项很重要的技巧。既然 AMJ 与 ASQ 都已挑选出最好的文章,我们就一定要从最好的文章开始,查看这些文章是怎么做出来的。比如说,这篇文章和你想研究的题目很像,你需要仔细地看它怎么样开始、怎样提出问题、如何把文献整合起来、用什么理论来解释这个问题、采取什么方法做的。你写的时候就可以套上面的句子来写,甚至可以"抄"其中的句子,但是不能抄得太多,你抄五个字以上,就必须说明内容来源。MOR 于 2011 年 3 月发表了一期有关研究论文发表的伦理特刊,讨论了很多这方面的问题,这些文章的中文版可以免费下载(http://www.iacmr.org/index.php? c = category&catid = 107),请大家去阅读参考。

避免投稿常犯的错误

导致投稿被拒的第一个常犯的错误是科学研究的过程(scientific research process)不够缜密。这有可能是在研究问题、理论及假设(research question, theory and hypothesis)上做得不好,也可能是在效度与普适性(validity and generalizability)上有所不足。这些问题是可以预防的。研究问题问得不好、不够清楚。别人看你的论文,看了三十几页还不知道重点在哪里。当问题不清楚、不重要又问得不完整时,人家看了也提不起兴趣。如果论文中的概念非常多而混乱,论文的可信度就会降低。论文中的概念一定要非常清楚,不能太多,因为太多、太复杂的概念很难操作,也很难控制。所谓的没有理论的假设(hypothesis without theory)就是指一篇文章有很多的假设,但这些假设后面却没有理论基础,让人看不见假设与假设之间的联系,这也是一个很大的问题。

第二个错误是文献回顾做得不好。文献没看全的话,审稿者会问,这个研究已经有文章发表过了,这个重复性的研究有什么新意义?没有贡献新的知识,不值得发表。另外,文献也会告诉你有哪些理论可以解释这个现象。一个研究里面可能有三到五篇主要的参考文章,而其中最重要的文章,就能对你的研究做一个很好的总结:你问的问题是什么?这个问题为什么重要、为什么值得关心?过去文献对这个问题的解释有哪些?为什么这些答案对这个问题的解释不够好、不够深?你现在做这个研究想回答这个问题,有什么样的不同的看法、新的想法?新的想法是由什么理论衍生出来,这个理论又是如何解释的。这样一来,就可以清清楚楚地把思路构想出来,把整个研究历程浓缩到这一篇论文中。文章就像放电影一样,从一开始就要很有意思,让人越读越有味道。如果一篇论文读起来乱七八糟,连个主题故事都没有,别人就会想:读了这篇文章没有什么收获,也没学到什么东西。如果没有什么东西,很多结果或说法又错了,其他人就不可能同意你文章的结论。

第三个错误与研究方法有关。一个问题是研究中的主题与假设在测量或分析层面上,没能相互匹配(level or unit measured does not match that hypothesis)。比如说,我研究领导力,想问领导对企业文化的重要性。那么研究的层面在哪里?是个人、团体还是企业?应该是企业层面。但是,很多人在研究中,只问员工:"你的主管怎么样?"又问员工:"企业的文化怎么样?"所有的衡量,全都是在个人层面,这样就使得研究问题与测量层面不一致。研究问题属于企业层面,然而,研究的对象却是个人层面。因此,是研究者改变了自己的研究问题与概念建构,由企业层面改到了个人层面。这是一个很大的毛病,很多很好的文章就在这个问题上失败了。另一个问题与测量也有一点关系,就是测量跟概念不符合,或是一种无效(缺乏效度)的测量(measures do not match constructs or invalid measure),这种问题在心理测验中谈论很多,在这里我就不多说了。最后一个问题是大家都知道的,把横截面数据(cross-section data)用来做因果关系的分析。在做因果关系假设(causal hypothesis)时,假设与理论会影响到研究设计,在很多情况下,使用纵向(longitudinal)的研究设计是很有必要的。

其他的问题还包括控制变量不合适(inadequate control)或模型未做完整界定(model under-specification),等等。有时也可能是研究设计中控制变量选得不对或做得不好。假如说以一个简单的回归模式来预测公司效能,你找到一些变量用以预测公司效能,但是需要控制的变量却可能不对。在这个例子中,基本的控制变量是什么?比如产业类别:在某些产业中,不管做得多糟,这个公司都会赚钱。所以,在这类研究中,如果没有控制产业类别,结果的可信度就不高。你是研究的设计者,你就必须仔细思考,有什么其他可能的解释,并将这些解释因素加以考虑或加以控制。此外,缺乏抽样计划(no sampling plan)或对样本仅提供很微弱的证据(weak justification for sample),则是样本的代表性不清楚。

第四个错误是共同方法变异(common method variance problem),就是研究中的自变量与因变量是来自同一测量来源,因而会造成虚假相关(spurious correlations),不仅可能隐藏了真实关系,而且会干扰自变量与因变量间的联系。另外就是使用单一信息与回溯性数据(single informant and retrospective recall)的问题。例如,到中国大陆做企业绩效研究时,没有好的客观资料可用,一般现成的数据不可靠。一个人一个人去问还是会有误差,有了误差其他人就不相信研究结果。所以,一定要有两三个不同来源的资料,结果又能聚合(convergence),可信度才能提高。

第五个关于解释结果常见的错误是过度解释。你的结论根本无法从结果中获得论证,但你却这样解释就是说过头了。还有,一些粗心的错误,如格式不对、写作技巧太差,都会显出研究者很不认真的态度;若是连论文里面基本的数据都是错的,那就不只是不认真,而是不专业了。一篇论文从头到尾,一定要仔仔细细、反反复复地校正,虽然这很费时,但却是十分重要的工作。我的论文,平均要修改二十多次,我鼓励雇佣一个专业的英语编辑来修改文法并润色到不能更好的程度,才会投出去。

最后一个是贡献不够的问题(insufficient value added contribution),就是这篇研究对现有知识的附加价值不高,没有什么新贡献。那么,什么才是有价值的研究呢?简单地说,有价值就是指这个研究为某个领域的问题增加了新知识,对一个问题提出了新的认识、新的答案。有一个很好的比喻,有人把发表论文比喻为一种对话:在专业领域的文献里面,有关这类题目也许已发表了很多论文,我们可以把每一篇发表的论文都视为一个谈话,你写一篇文章就是加入一场对话。当你要插入一个话题时,就要看你的话题是否值得别人去倾听?你加入的这些话题,是否能让别人学到新的东西?你讲得是否清楚?是否有意义?此外,你究竟参加哪一个研究主题的对话,这又跟你如何认定研究问题有关系了。首先,要了解自己要问或要解决什么问题。假如想要了解有关企业控制的问题,就要先找文献,看有哪些人谈论过这些问题,或写过这些文章;接着,就看这些对话是如何进行的。假如你想研究"控制",但文章内容却都在关心"文化"的问题,那你的方向就弄错了。当然,文化也是企业控制的一种方法,但你谈话的对象更可能是企业文化的群体,要想清楚,你希望贡献的是企业控制还是企业文化的知识。帮助你做这决定是你的研究问题。问题问得对,这研究的贡献就清楚了。

可是,要如何才能问"对的"问题呢?重点在哪里?重点就在于研究的主要构念是什么。一个研究问题中一般包括好几个构念,到底哪个最重要?举例来说,在"领导如何影响企业文化或绩效?"的问题中涉及三个构念:领导、文化、绩效。哪一个才是最主要的呢?有人说"我关心企业",所以最主要的构念是企业;有人说"我关心文化",所以文化是主要构念;也有人说"我关心领导这一块",所以领导是主要构念。不能同时参加这三个对话,这太辛苦了,也没有重点。所以假如你关心的主要是领导议题,就要进入领导的文献库,找出研究者对领导与企业文化或企业绩效等关系的看法,看看他们是怎么对话的,然后再加入,贡献你的想法。

注意新现象和提出重要研究问题

就增加在顶级期刊上成功发表机会这一议题,我最后的建议就是引入新现象和重要研究问题,这个研究问题可能创造出对于管理和社会具有重大挑战的新颖且有用的知识。这被称作"基于现象的研究",目前已经成为众多顶级期刊关注的焦点。例如,*Organizational Behavior and Human Decision Processes*(OBHDP)已经就此出了专刊,AMD完全致力于报告新管理现象的发现。

然而直至今日,多数管理学者仍然试图从已有文献中发现问题。这些研究者可能从先前的研究中找到了不一致的发现,也可能从某一理论中发现了诸如被忽略的中介机制或者边界条件。于是就设计研究解决这些文献驱动的实证或者理论疑点。这就是典型的"填补空白"式研究。另一个常见的做法是从已有数据中发现一些显著的相关,也被称为"操纵统计结果(p-hacking)"或"知道结果后再提假设(HARKing)"。之后他们尝试提出一个研究问题并从文献中找到某个理论去解释这些显著的统计关系。这些寻找或者发现研究问题的文献驱动方法只是在现有范式内从事研究,很少能够产生新的发现或者新的理论。

一些学者可能发现一个有趣或者令人疑惑的实证现象,但他们却把这个不平常的现象形成一个可以被已有理论解答的研究问题。由于缺乏能力或者自信,这些学者害怕建立新理论,使得研究问题缺乏新颖性,他们充其量只是通过提出假设对理论进行修订去解决问题。有时这种情况会出现在稿件评审阶段,对于新现象不熟悉的评审人提出建议或者要求,迫使作者改变问题以便与理论契合。最终导致实证的现象失去它的新颖特征。

随着诸如中国、印度、东欧等国家和地区的新经济和新研究情境的出现,学者会发现很多新颖且独特的问题。而且随着新产业(如电商)、新技术(如机器人和人工智能替代人工)、共享经济(如优步)等的出现,许多独特的商业模式和管理实践会挑战现有理论的解释。这些新颖的实证现象要求新的概念和理论。新颖的实证现象不仅是研究问题的来源,也为管理学者贡献能够指导管理实践的新知识及影响现代社会中的产业和劳动政策提供了机会。高质量的期刊欢迎有新理论解释的新问题。新颖而令人兴奋的研究问题连同严谨的描述和解释方法能够大大增加在一流学术期刊上发表文章的机会。

终语:认清研究的最终目的

很多学生和青年学者将在最好的期刊上发表文章作为研究的首要目标。当他们成功地发表了文章时自然很高兴,因为这为他们带来了工作安全、晋升、终身教职及声望等奖赏。然而,也有许多学人对研究感到挫败,他们不了解为什么要写论文,也看不到他们提出的想法有什么价值,他们看不到自己研究的意义:解释和解决商业或管理中的挑战性问题、为改进实践提供知识、通过更好的管理和商业实践使得世界更加美好。伟大的发现是不常见的,许多发现都需要众多科学家多年的努力工作。由于失败多于成功,而且伟大的科学发现是罕见的,我们便发展了衡量成功的其他方法。随着时间的推移出现了目标错位,在某些期刊上发表文章的数量成为研究的目标,而丢掉了研究的真正目的,即对社会的影响。我们过于注重研究方法去增加成功发表文章的机会,却没有被告知科学的终极目标在于"改善普通人的生活"(引自爱因斯坦)。我们也忘记了伟大的发现是由常规研究(即常规科学)积累起来的。计算发表的数量并不意味着对于突破性知识或者常规知识的认可。但当发表数量成为衡量成功的唯一指标时,知识的质量和有用性之间就会发生冲突。我们需要把注意力回归到学术研究的意义或者科学的终极目标上。

为了重新介绍科学研究的目的,我和中国三所商学院的一些老师在 2015 年开设了一门名为"管理研究的哲学"的课程。在这门课中,学生学习科学推理的本质、自然科学与社会科学的差别、科学进步是怎样发生的、管理研究面临的挑战、价值观在科学工作中的作用及科学生涯的意义。开课以来,已有十多所商学院的 150 余位博士生和 30 余位教员参加了这门课程的学习,理解了科学是怎样为人类社会的进步做出贡献的。这种理解为学生从事科学研究打下了坚实的基础,并使得他们对于自己有机会为一个更加美好的社会做出贡献充满了希望。这门课程中专门聚焦价值观部分将会由北京大学出版社在 2018 年以《负责任的管理研究:哲学与实践》为题以专著的形式出版。

从 2014 年秋天开始,我发起建立了一个社区,社员包括来自 10 个国家的 28 位富有关爱精神的有识之士(包括 24 位来自 23 所大学的顶尖学者和四个机构支持者)。这个社区将推动"负责任的商业管理研究"(responsible research in business and management,RRBM)。RRBM 强调创造既可靠又有用的知识。RRBM 提出了七项原则,其中一项核心原则是"科学服务社会",另有三项原则关注知识的可信可靠性,剩余三项原则关注知识的有用性。这个社区已经撰写了一篇宣言,明确到 2030 年的远景,并提出了所需要采取的行动,以及那些致力于建立负责任的科学而改变当前研究生态的行动者。你可以在网站(www.rrbm.network)上找到这篇文章。我们鼓励学者和学生到 RRBM 网站上去了解如何参与。通过参与负责任的研究,包括你我在内的管理研究社区中的成员,将有可能创造出可信并有用的知识,从而成为将当今和未来世界变得更加美好的积极力量。这些知识成果无疑也会被最好的学术期刊欢迎,并得到发表。

参考文献

徐淑英和张维迎(2005).管理科学季刊最佳论文集.北京:北京大学出版社.

徐淑英和张维迎(2006).美国管理学会学报最佳论文集萃.北京:北京大学出版社.

徐淑英和蔡洪滨(2012).管理科学季刊最佳论文集(V2).北京:北京大学出版社.

徐淑英和蔡洪滨(2012).美国管理学会学报最佳论文集萃(V2).北京:北京大学出版社.

延伸阅读
一流管理学英文国际期刊

顶尖（A 级）期刊（依字母顺序排列）

1. *Academy of Management Journal*
2. *Academy of Management Review*
3. *Administrative Science Quarterly*
4. *Journal of Applied Psychology*
5. *Journal of International Business Studies*
6. *Journal of Management*
7. *Personnel Psychology*
8. *Organization Science*
9. *Organizational Research Methods*
10. *Strategic Management Journal*

一流（A−/B+级）期刊（依字母顺序排列）

1. *Academy of Management Annals*
2. *Asia Pacific Journal of Management*
3. *Human Relations*
4. *Journal of Organizational Behavior*
5. *Journal of Management Studies*
6. *Leadership Quarterly*
7. *Management and Organization Review*
8. *Organizational Behavior and Human Decision Processes*
9. *Organization Studies*
10. *Research in Organizational Behavior*

第一部分　科学研究的目的和过程

第1章　科学过程与研究设计
第2章　研究的起点：提出研究问题
第3章　管理研究中的理论建构

第 1 章　科学过程与研究设计

徐淑英　美国圣母大学　北京大学　复旦大学
仲为国　北京大学

▶ **本章大纲**

1.1　引言与基本概念
　1.1.1　研究的第一步
　1.1.2　科学的目标
　1.1.3　求知的四种方法
　1.1.4　看待现实的三种观点
　1.1.5　规范的科学范式

1.2　科学研究过程
　1.2.1　科学过程包括两类研究的循环
　1.2.2　理论或模型中的变量类型
　1.2.3　科学研究过程的实践指南
　1.2.4　研究设计的两个目标

1.3　科学伦理和科学价值观
　1.3.1　追求科学过程中的伦理行为
　1.3.2　科学过程中的两种价值观
　1.3.3　价值观对科学行为的影响
　1.3.4　价值观对研究生涯的影响

1.4　结语

1.1 引言与基本概念

1.1.1 研究的第一步

对大多数年轻学者而言,着手一项研究如同在黑暗的房间里找到灯的开关一样。"我应该从何处着手?""我应该研究什么主题?""我需要什么样的例子?""做多少文献回顾足够?""我应该使用什么理论?"我们希望本书就是"灯的开关"。在打开开关以后,你就能看到很多事物。可是,上述问题的解答却不是这么简单。本书致力于为以下问题提供一些答案:"我如何进行一项高质量研究,使我能在梦寐以求的期刊上发表论文,从而使我的研究生涯有个好的开始?我怎样才能贡献对提升管理实践水平有价值的知识?"本书希望向读者提供一些帮助,以回答上述问题。当然,这其中涉及很多的选择,因为研究并非是单一、线性的,你可以选择一条甚至多条最适合个人兴趣、技能、个性和热情的途径。

我们学习研究方法往往会有很多不同的原因。可能是为了完成自己的博士论文,发表研究论文,为从事科学事业而做准备,也可能仅仅是出于好奇。无论我们的动机是哪一种,科学方法都是帮助我们解除对世界的困惑,寻找真正答案的一种途径。追求"真相"必须是任何科学努力的首要目标。正如我们将在1.1.3节中讨论的那样,世界上有许多得到知识的途径。科学只是其中的一种方法。来自某些途径的知识被认为是理所当然的、其真实性是不容置疑的(如上帝、佛陀、巫师或部落领袖)。与这些知识来源的一个显著不同是,科学允许甚至必须质疑——当我们使用科学的方法时,我们必须首先对科学同行的研究结论或知识的真实性或"有效性"持怀疑态度。他们知道,任何一项研究得出的结论都可能是有缺陷的(我们将在1.3.1节中详细讨论这一点)。真相是反复测试证据的积累,直到我们再也找不到能推翻那个知识的证据为止。然而,像我们即将讨论的那样,由于科学过程中的观察、分析、解释和其他因素的不完善,最终的真相可能是一种假象。在社会科学领域,由于社会现象天然地具有动态性、复杂性和反应性的特征,寻求真相就更具挑战。我们将在1.1.4节讨论这个问题。尽管如此,科学对人类进步的贡献是不容争辩的。科学已经成功地揭示了人体(如医学)、疾病(如生物学、化学、药理学)或宇宙(如天体物理学)的许多谜团。在解释人类思维活动(如心理学)、社会团体(如社会学)及人类行为(如心理学、经济学、政治学)方面,科学也做出了不可磨灭的贡献。当我们从事科学研究时,我们有责任去发现真相,并且没有任何干扰可以使我们脱离这个目标。但是,由于与此无关的价值总会干涉科学,这个理想状态很难实现。我们将在1.3节讨论价值观在科学研究中的作用。

本书将介绍的是研究管理和组织的规范科学范式(Kaplan,1964;Popper,1968;Wallace,1971),一种主要流行于北美的管理研究的范式。在世界不同地方,研究的实践、规范和传统都会有一些差异。不过,本书目的不是比较这些不同的传统和范式间的差异,而是介绍北美的这种研究方法。这套方法是组织和管理研究的主流范式,大多数顶级期刊(包括北美的期刊及一些欧洲和亚洲的期刊)也遵循这样的范式。该范式对于研究华人的管理和组织不一定是最合适的,但是,它能够让我们理解管理知识的现状及其发展过程,让我们参与当前的学术对话(intellectual conversations),使我们能与北美学者们(或者一些使用或理解北美传统的欧洲和亚洲学者)相互合作,进而能在主流期刊上发表论文;最重要的是,让我们能够对全球管理和组织知识做出贡献的同时,更好地理解我们有责任和义务贡献出对管理中国背景下的组织有用的知识。关于最后这一点,我们将在第12章做更为深入的探讨。

1.1.2 科学的目标

科学的目标是追求真理,解释并且预测自然或社会现象。从科学方法中得到的真理既包含逻辑,也包含证据,逻辑与证据两者是相辅相成的,缺一不可。没有数据的逻辑或没有逻辑的数据,都不能算是完整的科学方法。另外,科学是创造知识,而非应用知识。科学不能解决关于某一研究领域是好是坏(如干细胞研究),或某一研究方法(如定性方法或定量方法)是优是劣的争执。科学研究独立于政策制定或应用方面的考虑。科学的目标是对现象(如全球变暖、传染病等)寻求理解、解释并且能够做出预测;这样,通过政策决策,知识就能被用于控制或改变这些现象。

虽然追求科学与价值立场和政治考虑无关,但科学的终级目标是使现在和将来的社会变得更好。正如爱因斯坦所言,"关心人本身必须始终成为一切技术努力的目标,要关心如何组织人的劳动和商品分配,从而保证我们科学思维对于人类是福祉而非诅咒"(Clark,1984:527)。因此,科学哲学家认为,科学的目标必须同时包括认识论目标和社会目标。认识论目标确保我们创造的知识是可靠的,而社会目标确保科学知识的运用不会伤害人类,最好有益于人类。我们将会在本章的1.3节讨论这个问题。

1.1.3 求知的四种方法

科学的基本目标是在混沌的世界里探索规律,找到社会和自然世界中的真理。然而,科学并非知道真理的唯一方法。

在人类历史起源时,大多数人通过神话,或者通过从祖先传下来的智慧了解真理。祖先告诉我们有一个太阳神、月亮神或者海神,如果有人在一年的某个时候遥望月亮,他们将会变成石头。有些人认为如果他们跟随神的教诲(不管是哪个神),他们将能够进入天堂,或者下一辈子过得更好。信神的人相信这些说法就是真理,因为这些说法是从神而来的。不信神的人则认为这些人的行为是一种迷信。从历史起源直至今天,对很多人来说,宗教都是最有影响力的真理来源之一。实际上,甚至一些最知名的科学家,都认为神是自然界或社会中不能使用科学方法解释的许多现象之一,如爱因斯坦承认神存在的可能(Clark,1984)。

求知的第二种方法是权威。当感冒或生病时,我们往往更相信医生的建议,而非家政人员或的士司机的建议。关于飓风如何形成,以及地震何时会发生的知识,我们更加相信百科全书的说法,而不是小说或漫画。然而,对专家的知识必须保持谨慎,不应无条件接受。我们知道医生在诊断时也会犯错(Welch et al.,2007);并且,随着新证据的出现,知识会与时俱进。有意思的是,大多数权威专家的知识是通过科学研究得来的。然而,即使由科学而来的知识,也只是暂时(tentative)的真理,有待更多的研究来做进一步的证实或辩驳。因此,对于大多数人而言,求知的第二种方法是请教某一领域的专家或求教于书本。

对于没有确定答案的问题,如果有人提供很好的论证,我们更可能相信这样的解释或观点。逻辑是知晓真理(或至少是暂时真理)的第三种途径。逻辑就是推理,它能够给出一个合理且可能是真实的社会构念(social construction)。诉讼律师最擅长使用逻辑,并娴熟地引用资料作为补充,来使法官或陪审团信服为什么原告是有罪的,而被告是无罪的。逻辑是理论的核心,是理论物理学的基础,也是数学的基础。物理学通过逻辑能提供合理的或令人信服的论据来推断某一特定的粒子,在特定的条件下,有什么特定的运动方式。理论是在给定的条件下,对一个现象或多个现象中的事物的一个推测。所以,逻辑或理论是求知的另一种方法,但是这也只是暂时的真理。如果有人建立新的理论来提供更加令人信服的解释,那么之前的理论所支持的暂时真理就会被推翻。不过,除非逻辑与经验世界一致,仅仅只有逻辑是不足以建立真理的。科学研究的目的,就是使用实证数据来证明逻辑的正确性。

因此，科学是求知的第四种方法。"认识论"是指求知的科学，而"方法论"是指如何找出真理的科学。因此，本书中我们所描述的认识论是一种科学研究的过程，本书所讨论的方法论是科学研究中所涉及的方法论。求知的科学途径既包括逻辑的推理，也包括数据或实证观察，这被称为实证科学（Popper，1968）。科学过程所创造的知识较为可信，这是因为它既有逻辑（理论），也有数据（实证观察）的支持。然而，科学所创建的知识也只是暂时真理，因为新的逻辑（理论）可能会出现，新的数据可能会推翻最初的逻辑。这就是通过持续科学研究，引入新理论和新观察，从而更新知识的过程。

1.1.4 看待现实的三种观点

如果科学的目标是从现实里探索真理，我们首先必须考虑什么是现实（reality）。真理依赖于科学家对现实所持的看法。如果科学家相信现实是客观存在的，这表示只有一个真理。如果科学家相信同一个现象可以有多个现实，那就有多个真理了。在像管理学这样的社会科学领域中，这一点特别重要，因为人类主观认知（如经验、体会、阐释等）对社会现实有重要影响。相信只有一个现实，且该现实独立于主观的经验或阐释，这是前现代观点（premodern view）。这个观点会认为，玫瑰的美丽是客观存在的，任何反对者的观点都是脱离现实的。如果组织采取全面质量管理，持前现代观点的人就会假设全面质量管理对于组织中的每一个人都是同一个现实。然而，大多数人都同意人类主观认知具有多样性，同一个客观现象可能有多个现实，有多种阐释。玫瑰可能会被认为是美丽的、多刺的或者丑陋的，这依赖于感知者的感受或经验。如果人们普遍认为玫瑰是美丽的，但是我们也仍然接受一个可能的现实，即玫瑰并不漂亮，这就代表我们持有现代观点（modern view）。现代观点认为既存在客观现实，也存在对此的主观经验的多样性。因此，现代观点接受全面质量管理的客观存在，但是也接受基于组织中成员或部门的不同经验而与客观事实不一致的其他现实。如果科学家相信现实是完全与经验有关（如现象学），那么他们就持有后现代观点（postmodern view）。对后现代主义者来说，美丽存在于观赏者的眼中，根本不存在美丽的花朵这回事——美丽这只是一个无意义的概念，有意义的只是对花的主观想法或诠释。根据这个观点，全面质量管理完全是一个主观的经验。除了组织成员的经验，根本就没有客观的全面质量管理这回事。组织文化的现象学研究方法（phenomenological approach）（Smircich，1983），与看待现实的后现代观点是一致的。

总之，看待现实的前现代观点仅仅接受一个现实，个人的经验无关紧要，也不能改变现实;而现代观点认为,有一个客观的现实,但是人们对它有不同的主观认知,因此客观现实和主观认知能够并存;而后现代观点则认为没有客观事实,只有对现实的印象或主观经验,这些现象和经验都被认为是现实或者真理。我们在本书中所讨论的科学方法,是基于现代观点。我们选择要解决的难题和方法,都取决于我们究竟是对客观现实还是对主观现实感兴趣,也依赖于我们对试图理解和解释的现象所持的看待现实的观点。

我们采用现代观点来看待现实,也是因为社会现象本身具有动态性、复杂性、反应性等特征。自然科学的研究对象,比如物质、天体等,很少因为科学家研究而发生改变,甚至鲜有反应。但是,社会科学家必须面对的挑战是,我们想要认识的对象往往是有意识的、对我们的观察和研究是有反应的。被观察或被研究的对象很可能已经知晓那些用来解释他们行为的理论,他们可能按其理解反过来又去构建如理论所预测的社会现实,这就是回路效应(looping effect)。从这个意义上来说,社会科学不仅改变了其研究对象,而且很可能创造了它想要研究的对象(即社会现实)。尽管如此,社会科学的研究对象并不是不可知的。只要社会科学的研究符合主体间性(intersubjectivity),也就是研究人员之间存在共识或产生的知识具有普遍性的根据,对于一个事物的认识有达成一致的途径,社会科学的研究同样可以达到如自然科学研究所具有的客观性标准(Risjord,2014)。这也是为什么我们不能完全采纳后现代的观点来看待现实。如果每一个研究者都认为自己所观察的现实是正确的,有意义的,而可以帮助我们达成知识共识的概念完全不存在,我们也就不可能寻找到一个具有普遍性的真理。总之,社会科学确实面临着与自然科学迥异的研究对象特性,同时又存在着满足科学客观性要求的可能,因此社会现象可以既是真实的,又是历史偶然式的人类创造。继而采取现代观点来看待社会科学的现实也就是我们的应有之选了。

1.1.5 规范的科学范式

理论的诠释、重要事实的确定,以及事实与理论的匹配,组成了科学的基本范式,我们称之为规范科学(normative science;Kuhn,1962)。诠释理论、寻找事实、将事实与理论匹配是规范科学的三个主要活动。规范科学是一种实证科学,数据、证据或观察都是支持理论的必要组成部分(Popper,1968)。规范科学的出发点可以是观察,也可以是理论。基于共同范式的研究遵守同样的科学实践准则和标准。因此,在基本准则与标准上必须达成一致,并且遵守它们,这是规范科学的必要条件和长期坚持的要求。简而言之,范式涉及对真理或现实的不同假设,而规范科学范式是基于看待现实的现代观点。

科学的目的是为自然界或社会中的难题寻求答案。规范科学范式决定了分析难题时,对课题、理论、工具和方法的选择。当现有的方法和理论不能对现象提供满意的解释或理解时,新的理论或方法将出现,它们可能成为新范式的开始。Kuhn (1962)将一种范式代替另一种范式,称为科学的演进。当人们对某一问题有了完全不同的理解方式时,包括不同的逻辑、不同的角度,或者不同的工具或测量手段, Kuhn 认为这就是一种"科学革命"。一个很好的例子就是人们解释人类决策行为的视角从完全理性转变为有限理性。为什么我们要在这里介绍这些看起来很抽象的概念呢?原因很简单,我们需要谨慎地对待规范科学的局限。遵循某个特定范式的科学家,倾向于使用现有的理论和方法来得到学术界的接纳。作为特定范式的忠实保卫者——评审人和编辑,可能会怀疑甚至不能容忍新的理论、逻辑或方法。因此,范式是一把双刃剑。一方面,它提供了标准和准则,使我们的科学调查和积累知识成为可能;另一方面,它也可能限制我们,使我们不能发现新理论、发展新方法,或提出不熟悉的问题。为了在国际期刊上发表论文,年轻的学者已经发现遵循主流的研究范式是必要的,甚至是一种理想的方式。然而,戴上规范科学的有色眼镜,我们可能无法认识到具有华人特色的现象,并且不可能探索具有华人特色的知识。有关这一点会在第12章"管理与组织的情境化研究"中再详细讨论。

1.2　科学研究过程

科学研究过程是对自然或社会现象做系统性的、受到控制的、实证的和批判的调查,它可以始于理论,也可以终于理论。

科学研究是系统性的,因为它在决定样本的代表性与测量的效度时,会使用已确立的准则和标准,并且使用理论来指导研究设计,解释研究发现。科学研究是受到控制的,因为研究者在研究设计过程中,不仅要发现研究情境下有意义的因素,还要排除或控制对得出有效结论有干扰的因素;科学研究是实证的,因为它利用实证观察来检验理论解释的正确性;科学研究是批判的,因为研究者必须对用于解释的理论的效度、数据的质量、结果和解释的可信度保持怀疑态度。

1.2.1　科学过程包括两类研究的循环

科学研究过程是一个涉及许多活动的不断循环的过程,该过程既可始于理论,也可终于理论。科学研究过程假设研究者已经选择了一个有意义的研究问题,并且已经做了相关的文献回顾。一旦认为问题很重要、值得研究,而已有的文献对该问题不能提供有意义的答案时,研究过程就可以从理论或者观察开始。从理论开始的研究被认为是演绎导向的假设检验研究(deductive hypotheses testing study),而从观察开始的研究则被认为是归纳导向的建立理论研究(inductive theory building study)。如图1-1所示,归纳导向的研究方法位于循环的左边,演绎导向的研究方法位于循环的右边。循环的上半部分是指理论逻辑方法,即通过归纳和演绎的逻辑实现理论化的过程。下半部分则是实证研究方法,即在研究方法的帮助下从事研究的过程。

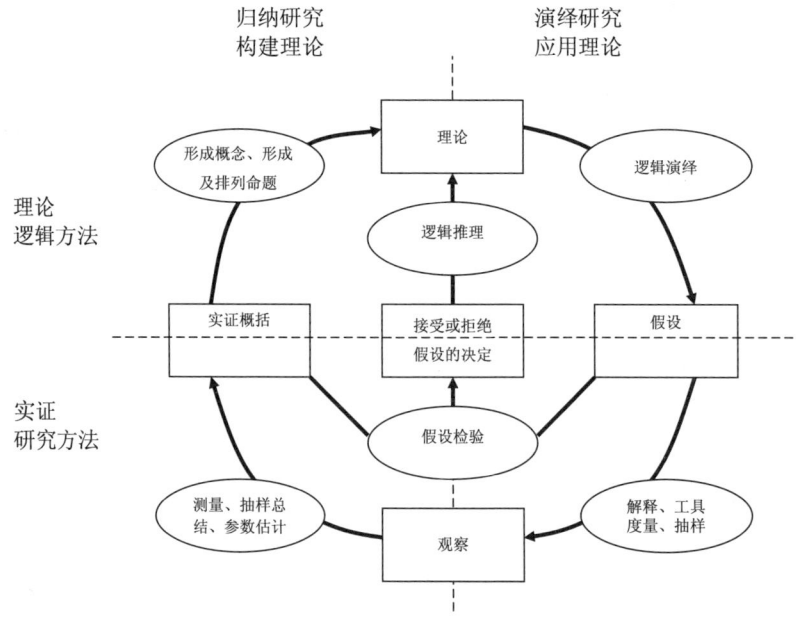

图1-1 科学研究过程的要素

资料来源:W. L. Wallace,1971。

假设检验的研究遵循图1-1右半部分的流程。首先,通过逻辑演绎的方法,理论被转化成假设。假设是对研究问题的暂时回答,它们包括可测量的构念,但不包括测量指标本身。例如,Westphal(1999)对首席执行官(CEO)和董事会的社会关系对公司绩效的影响感兴趣。我们通常并没有明确地把这个研究问题的初始假设写出来:CEO和董事会的社会关系与公司绩效没有关系。与这个研究问题相关的理论有两个:一是代理理论(agency theory),二是社会资本理论(social capital theory)。基于代理理论,Westphal提出了假设H1:社会关系降低了董事会的监督职能——对应的初始假设是社会关系与监督职能没有关系;基于社会资本理论,他又提出假设 H2:社会关系增强了董事会的建议职能——对应的初始假设是社会关系与建议职能没有关系。他还提出了其他假设 H3、H4:两个职能都与公司绩效正相关——对应的初始假设是两个职能与公司绩效没有关系。

接下来,研究假设会指导研究设计,这部分工作主要包括确定所需数据或观察资料的类型、搜集资料的工具、记录数据的量表及合适的样本来源。这样做以后,假设被转化成观察。我们还是使用 Westphal(1999)的研究为例。他的研究要求他去搜集关于董事会的监督职能和建议职能的数据、CEO 和董事会的关系及公司绩效的资料。虽然战略管理领域的很多研究使用如 Compustat 之类的二手数据库,而且 Westphal 也的确使用了这样的二手数据来测量 CEO 与董事会的关系和公司绩效,但是他同时也使用了问卷调查作为资料搜集方法之一,因为董事会职能在现有的数据库中无法得到。因为他的研究问题与所有有董事会的上市公司都有关,因此他从美国工业和服务业公司的福布斯(Forbes) 1 000 名录中随机选择样本。

接下来,通过测量、样本归纳、编码、参数估计,观察被转换成实证概括。在 Westphal(1999)的研究中,基于搜集到的数据,他提供了描述性的数据归纳,如平均值、标准差和相关系数。然后,他对这些数据进行回归分析,并且为他所假设的每一组关系进行参数估计。通过估计这些参数的方向和大小,他能将观察转化成实证概括。

最后,检验假设的一致性,决定接受还是拒绝虚无假设(null hypothesis)。这就是通过逻辑推断而对理论进行检验、修改或拒绝的过程。Westphal(1999)使用从前述步骤中得到的估计参数来检验假设。他发现参数是具有统计显著性的,而且参数的方向与假设是一致的。因此,他拒绝一系列初始假设而选择备选假设 H1、H2、H3、H4,也就是基于代理理论和社会资本理论的假设都得到了"证实"。

此处尤其需要提醒的是,根据 Popper 的观点,科学的过程就是一个不断猜测与反驳的过程,我们利用个别经验事实不断证伪普遍命题,继而提出新的猜想,从而推进科学知识的发展。在这个视角下,我们不能说备选假设(比如 H1)被"证实"或"支持"了。比如,虽然我们发现了社会关系会降低董事会的监督职能,但依靠的是 P 值和统计显著性水平 α,而显著性检验只提供统计量检验的概率信息,不能证明备选假设 H1 是正还是误。更为重要的是,我们依靠统计显著性水平 α 是在拒绝虚无假设 H0:社会关系与董事会的监督职能没有关系。所以,更准确的表达应该是,目前的证据(如 Westphal 的研究)拒绝了虚无假设 H0。如果此时虚无假设在总体上是真,我们就犯了第一类错误(type I error)。相反,如果我们没有发现社会关系和董事会监督职能之间的关系,那么也仅表示我们所用的样本(也就是目前的证据)"不拒绝"虚无假设,而不是接受虚无假设。此时,如果虚无假设在总体上是假,我们就犯了第二类错误(type II error)。除非样本量特别大,我们犯第二类错误的概率通常比犯第一类错误的概率高得多。为了确保我们的研究发现是有效的,我们可以通过重复性研究(replication studies)消除抽样误差或随机性带来的误差,进而降低第一类错误和第二类错误。

上述从理论开始,通过搜集观察资料来证实或拒绝假设的过程被称为演绎法。演绎研究的成果是证实或拒绝一组构念之间的假设关系。这些结果可被用于改进理论;当调查不能完全回答研究问题时,也可为进一步的研究提出建议。

研究也可以由观察开始,以理论结束。这类研究适用于当研究者不能找到或提出一种理论来解释疑难或研究问题的时候。这时,研究者是在进行归纳型的建立理论研究。它的成果是形成理论和命题,对困惑或问题提供可能的解释或回答。这个过程遵循图1-1的左半部分的流程。由于在现有的理论中找不到解释,建立理论的研究就从观察开始。例如,在Corley和Gioia(2004)开始探索组织身份转变(organizational identity change)的时候,学术界就这个主题只有一些理论概念上的认识。因此,他们分析了一个组织分拆过程的案例来研究这个问题。

接下来就是通过测量、样本归纳、参数估计来搜集观察资料,并加以分析,将其转换成实证概括。骤眼看去,这个过程与假设检验研究的过程类似。但是,在假设检验研究里面,数据分析通常使用量化统计方法,并且以实证概括来检验假设,结果是接受或者拒绝假设。而在理论建立研究当中,数据分析常常使用质化分析技术,例如内容分析。在Corley和Gioia(2004)的研究当中,他们对访谈数据和公司文件进行了内容分析,进而产生一阶编码和二阶编码,而这些编码就是实证概括。

最后,实证概括通过形成构念、命题和命题组合而转换成理论。从产生的编码中,Corley和Gioia(2004)形成了抽象的构念,并且建立了解释组织身份转变过程的模型。基于该模型,他们提出了用于未来实证检验的命题。

这个过程就是归纳法。归纳研究的结果,就是产生用于解释疑难的新的理论洞见,并形成新的暂时理论。研究者对最初提出的研究问题提出新的构念和新的命题来解答,而新的理论能在未来用于解决相似的或相关的问题。

演绎法和归纳法在第3章"管理研究中的理论建构"中将有更详细的解释。检验假设的数据搜集方法包括实验、准实验、问卷调查及二手数据等。归纳法往往涉及定性数据,而数据搜集方法则包括访谈、参与性观察、非参与观察、分析档案文件等。案例研究是这些定性数据搜集方法的一个组合。第5章到第13章对这些方法有更详细的介绍。

1.2.2 理论或模型中的变量类型

需要厘清的是,理论是使用科学方法建立知识的重要因素。理论解释了一个现象"是什么(what)""怎么形成(how)""为什么(why)""何时(when)"及"对谁(whom)"等问题。管理和组织主流理论中的例子包括代理理论(Jensen & Meckling,1976;Fama and Jensen,1983)、制度理论(DiMaggio & Powell,1983)、资源依赖理论(Salancik & Pfeffer,1978)、社会网络理论(Coleman,1990;Burt,1992;Granovetter,1973)及社会交换理论(Blau,1964)等。每一个理论都有一系列核心的构念(是什么),并且阐明这些构念之间的关系(这些"什么"是如何相关联的)。一般来说,它也包括这些关系在什么条件下(时间、地点及人物),才是最有意义的。

在使用理论解释一个令人困惑的现象时(如实证检验一个理论),我们将构念转换成变量(variable)。变量是以一定刻度变化来反映构念的指标(Indicator)。例如,两类变量或指标可用于测量"承诺"这一构念。一个是"心理指标",如"员工想继续留在组织中的程度"(从1到7变化的态度量表,1表示弱,7表示非常强烈);另一个是"行为指标",如"缺勤总次数",次数越小,员工对组织的承诺越强。在第14章对构念的测量提供了更为详细的讨论。我们在此处想介绍理论模型中的五类变量:自变量(independent variables)、因变量(dependent variables)、中介变量(mediating variables)、调节变量(moderating variables)及控制变量(control variables),如图1-2所示。

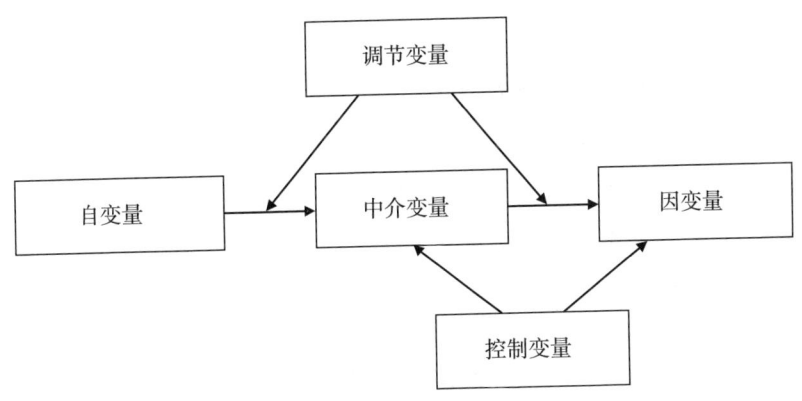

图1-2 理论模型中的变量类型

自变量,也叫预测变量,是因变量的假定的原因;因变量也叫效标(criterion),是假定的效果。换句话说,自变量是前置变量,因变量是结果变量。自变量被假设为影响或者使因变量发生改变的变量。控制变量是指对因变量有影响,且其影响必须被排除的变量。在理论上,自变量和控制变量都是因变量的前置变量。自变量是我们关心的变量,而控制变量则是我们不想要但却不能完全排除的前置变量(即不能实现随机化,或不能消除)。

理解调节变量和中介变量的差别非常重要,它们对自变量和因变量的关系的影响是不同的,并且检验它们存在的统计方法也不一样。调节变量是影响自变量和因变量关系的方向、强度的变量,它既可以是类别变量,也可以是连续变量(Baron & Kenny, 1986)。从统计学上看,调节变量可以通过检验调节变量和自变量的交互项(调节变量×自变量)对因变量的影响的显著性来发现。中介变量是介于自变量和因变量之间的变量(Baron & Kenny, 1986)。当中介变量满足下列条件时,其即存在:(1)自变量对中介变量的变化有显著影响;(2)中介变量对因变量的变化有显著影响;(3)当自变量对中介变量的影响及中介变量对因变量的影响都受到控制的时候,自变量和因变量的关系显著降低。第16章"调节变量和中介变量"将对如何检测调节效应和中介效应提供更为详细的介绍。

一个理论必须详细说明自变量、因变量、中介变量和调节变量的关系。理论机制提供了这些变量间相互关联的理由与逻辑。在理论化的过程中,通常使用方框和箭头来显示和辅助思考这些变量"为什么""如何""什么时候"及"对什么"相关联(Whetten, 2002)。缺乏理论和理论机制的逻辑,方框和箭头是没有意义的。只有当你有一个逻辑,来说明为什么选择这些变量及它们如何发生关联时,才可以检验这些关系。

1.2.3 科学研究过程的实践指南

当人们面对图1-1中的方框、椭圆和箭头而不知所措的时候,科学研究过程看起来似乎相当神秘。这本书的目的就是让这个过程不再神秘,给你提供适当的工具来装备自己,使你在研究的丛林中不至于迷失方向。在此,我们给你一个简洁而实用的科学研究过程的实践指南。图1-3总结了该指南。

科学研究过程有四个步骤:第一步是提出一个研究问题;第二步是进行文献回顾;第三步是找到理论,提出假设;第四步是设计并执行实证研究。根据研究是归纳性或演绎性的,上述四个步骤不总是按照单一的方向进行。下面我们将做更详细的介绍。

第一步:提出研究问题。研究问题是对某一现象感到困惑或好奇。它陈述了两个或多个变量之间的潜在关系。它没有一个很明显的答案,但却提供了进行实

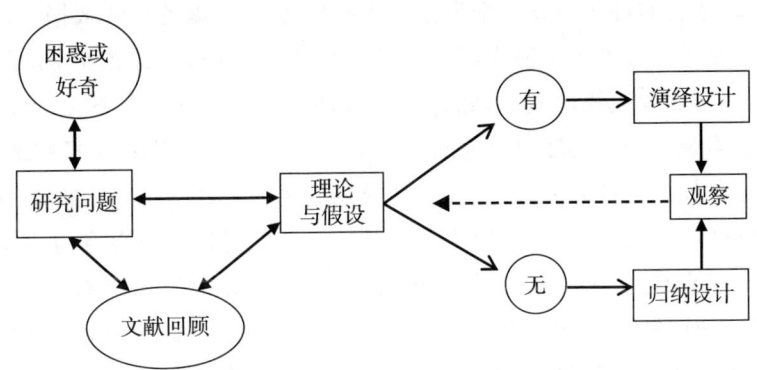

图1-3　科学研究过程的实践指南

证检验的可能性。它有可能发现一些重要的东西,但这并不包含价值或伦理判断。它通常始于问"是什么、为什么、何时、如何"等问题。例如,在Chen(1995)的研究中,其研究问题是:"在对组织奖励分配的偏好上,中国员工如何不同于美国员工?"第2章"研究的起点:提出研究问题"将对如何提出有趣并重要的研究问题进行详细的说明。

第二步:进行文献回顾。一旦有了感兴趣且重要的研究问题,你需要进行广泛的文献回顾。全面的文献回顾帮助你评价研究问题是否已经得到回答。它也可以帮你找到一些相关理论来解决困惑。文献回顾还能指出更加准确的构念,从而帮你改进研究问题,甚至通过发现文献的不足或察觉未经检验的命题,使你彻底改变研究问题,使之变得更为有趣和重要。本质上,在第一步和第二步之间是有回馈循环的。例如,Westphal(1999)想研究董事会的组成结构对公司绩效的影响。他发现在预测董事会对CEO的社会关系的影响时,作为组织治理中的主流理论——代理理论与社会网络理论是相互冲突的。通过发现文献中的这些差距,Westphal能够将自己的研究定位在检测相互冲突的命题上,从而找到一些与直觉不同的结果。

第三步:找到理论并且形成假设。理论解释了现象的"为什么"和"如何"的问题(Kaplan,1964;Whetten,2002)。假设是对研究问题的暂时回答。理论包含具有清晰定义的构念,并使用清楚的逻辑,解释这些构念为什么以及如何相关。现有的理论对于回答研究问题、产生有意义的假设至关重要。假设是对构念之间的可能关系的陈述。假设涉及可测量的构念(如承诺),但并非测量工具本身(如缺勤率)。这些假设指引你的研究设计和数据搜集工作。例如,在员工与组织关系的研究当中,Tsui等(1997)应用了社会交换理论来解释相互投资的员工与组织关系为什么及如何产生最高的员工绩效和组织承诺,并形成假设。

第四步:进行实证研究。这个步骤包括研究设计、数据搜集和数据分析。研究设计根据你是进行归纳还是演绎研究而有所不同。当现有理论能够帮助你形成假设的时候,则可选演绎研究,与此相对应的研究设计可以是实验、二手数据或问卷调查等。当现有理论无法对研究问题提供满意的回答时,则可选择归纳研究,如案例研究或其他的定性研究方法(如访谈或民族志研究法等)。例如,根据承诺升级理论,Staw(1976)使用实验来检验人们对一组选定行动的态度和行为反应的假设。由于没有现成的理论来完全解释自我管理团队中的协和控制(concertive control),Barker(1993)使用了案例研究对这个现象建立了理论。因此,在归纳研究中,实证研究先于理论和假设,于是第三步和第四步会颠倒过来。

综上所述,在科学过程中有四个步骤:提出研究问题、进行文献回顾、找到理论并形成假设、进行实证研究。上述四个步骤不一定遵循单一的方向:对于一些步骤,相互之间存在回馈循环;对于其他步骤,步骤之间的顺序可能颠倒。从第一步到第三步,也就是从研究问题到文献回顾再到理论和假设,但由于文献回顾,研究问题可能会被修改或精练,这又会影响文献回顾的领域和关注的理论,因此,在这些步骤之间会有一些来来回回的循环。从第三步到第四步,即从理论假设到研究设计,这两个步骤也可以颠倒。当没有现有理论可以解决感兴趣的现象时,作者可以从实证研究开始,进行观察,然后再提出命题或新的理论,即归纳法。

1.2.4 研究设计的两个目标

研究设计是调查的计划和结构,用于得到研究问题的答案(Kerlinger & Lee, 2000)。研究设计必须实现两个目标:首先是控制变异,其次是确保效度。

在一项研究当中,研究者要尽力控制三类变异——最大化系统变异(maximize systematic variance)、控制外生变异(control extraneous variance)及最小化误差变异(minimize error variance)。

系统变异是指因变量的差异,它受到研究假设中的自变量的影响。通过最大化系统变异,我们可以将自变量对因变量的效应,从因变量的总变异中分离出来,用以支持在假设中构念间的关系。最大化系统变异可以通过选择自变量和因变量变异都较大的样本或者精准测量变量来实现,每一种方法都致力于让自变量对因变量有最大的效应。例如,在研究薪水与工作满意度的关系时,如果研究者选择的样本当中,大多数人都对工作满意,或者情况更糟糕,他们的薪水都相似,那么研究者要获得预期证据的可能性将非常小。

外生变异是指外生的或是理论框架之外的其他因素的变异。我们必须将外生变异最小化、予以排除或隔离,才能消除对我们感兴趣的变量关系的其他解释。控制外生变异可以通过随机化、配对参与者或将这些变量作为控制变量来达到。例如,如果要调查创新对公司利润的影响,研究就必须控制公司规模和行业。虽然这两个因素都不是研究的关注点,但它们却影响了公司的利润。控制了这些变量,我们就可以更有信心地下结论,即公司利润的变动是创新的结果而不是规模(大公司的利润可能更高)或行业(一些行业可能比其他行业利润更高)的影响。

误差变异是指由于随机波动而导致的指标变异。我们使误差最小化,就能让系统变异凸显出来。最典型的随机变异是测量误量,或研究者控制不了的未知因素。最小化误差变异可以通过控制数据搜集过程的条件及增强指标的信度而实现。例如,如果我们打算测量公司的市场价值,而只是选择公司在某一天的股票价格来表示,则可以预计这样的测量是不太可信的,因为选择不同的时间来测量同样一家公司,将会得到完全不同的结果。总之,研究者在设计演绎研究或归纳研究的时候,必须对以上的差异控制目标了然于胸。

研究设计的第二个目标是保证实证研究的效度。简单地说,效度指研究结果的可信程度。在多大程度上我们可以相信实证调查的结果呢?研究设计应该确保四种效度,包括构念效度、内部效度、统计结论效度和外部效度(Cook & Campbell,1979)。

构念效度是指测量的准确性,包括构念指标的信度。测量指标所包含的意思与构念的定义相一致吗?第13章"理论构念的测量"将详细讨论构念效度。内部效度指结果是否真的由于所假设的原因所导致的。结果会不会是由于其他因素而不是在假设中指定的原因引起的?研究设计如何改善内部效度将在第5章"实验研究方法"、第6章"准实验研究"、第7章"实证研究中的问卷调查法"、第8章"二手数据在管理研究中的使用"和第9章"实地研究中的案例研究"中更详细地讨论。

统计结论效度是以统计检验对假设的关系进行解释的可信度。样本太小、P值太大,或者违背了统计检验的假设等,都会降低结论的可信度。影响误差的因素,如不可靠的指标、在数据搜集过程中的波动条件等,也将对统计结论效度有不良的影响。

外部效度指假设的因果关系能否应用到对因果变量的其他测量方法,推广到不同类型的人、环境和时间当中(Cook & Campbell,1979)。当在样本中找到显著的因果关系的时候,研究者就要问自己这些结论是否只适用于这些人、这样的环境和时间。增强外部效度最有效的方法是使用随机抽样。当由于实施困难使随机样本不可行的时候,你需要明确地讨论你的样本对总体的代表性。例如,如果使用2003年北京市的高科技企业作为样本来研究"研发强度",你就需要讨论你的结论是否可以推广到除高科技行业之外的其他行业?是否可以推广到除北京以外的其他城市?是否可以推广到2003年之外的其他时间段?

外部效度告诫我们,我们需要清楚研究结论所处的情境界限。但如果我们能够将情境因素,如人、环境、时间等因素与理论思考相结合,也许可以产生更有趣、更重要的研究。这些情境因素要么是自变量的前置变量,要么是可能改变自变量和因变量关系的调节变量。例如,Farh等(1997)研究华人社会情境下的组织公民行为和组织公平的关系。他们得出了在华人社会组织公民行为的维度不同于在西方情境下的研究结论。因此,在国家层面上,情境成为组织公民行为的前置变量。他们也发现,对于传统价值观较低的人来说,组织公民行为与分配公平和程序公平的相关性最强。因此,传统价值观成为组织公民行为和组织公平的关系的调节变量。把情境因素考虑进去,在研究中国管理问题时尤其重要。我们将在第12章"管理与组织的情境化研究"中进一步讨论。

1.3 科学伦理和科学价值观

本书的重点是介绍从事科学研究的方法,我们希望本书能使研究者具备从事高质量管理研究的必要技能。然而,我们在此也会讨论一些非方法论的、伦理或价值观的因素。这些因素不但影响从事高质量研究的能力,更重要的是,影响身为学者对学术生涯的追求和承诺。具体来说,价值观影响了方法的选择、标准的严谨及课题的选择,而最根本的是,它影响了学术生涯的意义和成功的定义。

1.3.1 追求科学过程中的伦理行为

探索行为与探索自由(autonomy of inquiry)原则相关(Kaplan,1964),这意味着科学家可以自由选择研究任何他们感兴趣或认为很重要的课题。但是,科学家为他们的研究行为和研究结果对科学界负有责任。学界对可接受的方法和严谨的标准制定准则。科学家的工作由同行评审过程来评判。作为科学界成员的同行评审人和编辑,决定了在研究论文中报告的知识是否接近真知,用来产生知识的方法是否达到了这个学界所制定的严谨标准(这些标准有些是明显的,而另一些则不那么明显)。科学探索的准则来自学界内部,而非外部(Kaplan,1964)。

以寻求真理为名是不是就可以为所欲为、不择手段呢?例如,没有征得他人的同意或未在他人知情的情况下，研究者是否可以观测他人的私人行为，侵犯别人隐私呢（如 Humphrey,1970）？或者，研究者是否可以使参加实验的被试者相信他们是对他人施加痛苦的同谋者，从而造成被试的心理压力（如 Milgram,1963）呢？这些行为符合伦理规范吗？学界一致认为，不可以为了研究目的（知识、真理）而不择手段（寻找知识的途径）。

研究机构和大学及不同科学领域的专业协会（医学、工程、公共管理、工商管理等）已经建立了研究行为准则，这些准则为研究者的伦理行为提供了指南。在美国和欧洲，大学和资助机构设有评审委员会，在研究资金拨付或项目批准以前，要求研究者遵守伦理准则（我们相信也会有越来越多的中国大学采取类似的做法）。管理领域的研究者有义务保障他们研究对象的权益，无论他们是学生，员工还是组织。本书的附录1是IACMR的伦理准则。它明确地说明了在评审和编辑过程中，对待研究对象和数据的准则要求，也包括研究思想交流和参加会议相关的专业行为标准。该准则包括在研究和专业活动中的伦理行为，对所有的IACMR成员都适用。本书读者如果感兴趣，在许多专业学会的网站上也能找到相似的准则，如管理学会、美国心理学会、美国社会学学会等。

为了让大家更清楚地了解在研究和发表论文过程中可能出现的伦理困境，MOR曾用一整期（2011年第7卷第3期）来讨论这个问题。这些文章都已被翻译成中文，在其网站（http://www.iacmr.org/index.php?c=category&catid=107）上可以免费下载。

读者可以通过研读这些文章了解到许多研究者经常遇到的问题，如做了怎样的贡献才配得到论文的署名权、是否可以基于数据结果来修改或者提出研究假设、是否可以用同一套数据撰写多篇论文、如何及何时引用他人的成果、评审和编辑过程中的伦理等。

记住一个称之为黄金定律的普遍原则"你们要人怎样待你们，你们也要怎样待别人"（《圣经·马太福音》7:12）。我们伟大的教育家和哲学家孔子在《论语》中也说过："己所不欲，勿施于人。"作为学者，如果我们想被尊敬，我们也应该尊重参与我们研究的人、给我们宝贵意见的人、与我们分享他们生活经验的人及允许我们使用其研究成果的人。如果我们想让自己的工作受到别人的认真对待，我们应该以最严谨的态度从事我们的研究。我们绝不容忍在数据处理上的任何缺陷或遗漏、对结果的不准确或歪曲的解释、对其他学者的研究论文的不恰当或没有注明的引用、在没有得到认可或同意的情况下使用其他学者的知识产权等行为。

达尔文曾说过，错误的事实严重损害科学的进步。马虎的、粗心大意的研究及对他人工作结果的故意误用,都会造成巨大的伤害,即使这些错误最后被发现或纠正,这些伤害也无法弥补。爱因斯坦也谈到了科学中的伦理行为:"人类最重要的努力是为我们行为的道德性而奋斗,我们的内部平衡甚至我们的存在都依赖于它。只有我们的行为具有道德,才能赋予生活以美和尊严。"

1.3.2 科学过程中的两种价值观

与科学有关的价值大致可以分为两类(Douglas,2009;Tsui,2016)。第一种是认识论价值(epistemic values),包括认知价值(cognitive values)——用来判断理论和证据充分性的规范或标准。认识论价值主要是用来评判什么是好的(sound)、严谨的科学,"是规范和良好的科学推理标准的一部分"(Risjord,2014)。第二种是与科学认识准确活动无直接关系的价值,也就是除认识论价值之外的所有价值,包括意义广泛的社会价值、伦理价值或道德价值及政治价值观。我们用"社会价值"这个词来代表所有非认识论价值,这些道德价值观是与社会、团体或个人有关的期望状态。比如,财富或健康是一种社会价值,而公平正义是一种道德价值;政治价值观反映了特定群体或个人的偏好,例如,资助机构指定研究的类型或确定它认为可以接受的期刊类型等。好的科学(good science)往往是这两类价值观的有机统一。

认识论价值是我们评价理论或证据达到科学目标的充分性的标准,也就是研究是否能产生可靠和有效的知识,从而使我们更接近真理。我们所熟知的例子包括构念效度、内部效度、外部效度和预测效度。只要研究没能满足这些效度的阈值,我们就认为从研究结果推断出的知识可靠性或准确性较低。认知论价值本质上是完美科学(sound science)的标准。价值中立的理想型(value-free ideal)认为,研究者的个人价值或个人偏好不应纳入认识论价值评估中。然而,科学工作,无论是理论还是方法选择都涉及价值判断,在科学活动或评价中个人价值观的干涉是不可避免的。比如,由于测量的真实可靠性是不确定的,当我们决定0.80、0.70或0.60是否表示可接受的可靠性水平时,社会价值就已经起作用了。认知价值涉及比认识论价值更不确定的标准,尽管两者之间的界限是模糊的。用于评估理论的一些认知价值比如简单性(或复杂性)、范围(狭义或广义)和解释力。我们通常会认为一个简单尤其同时是优美的理论要好于一个复杂的理论。

社会价值不是科学工作的内在价值,但当考虑到可靠的知识的要求时,可能会对研究者产生影响。重要的社会价值观,如正义、自由、社会稳定或人类尊严,往往与道德价值相重叠。比如,将人类作为研究对象时,处于保护被试目的而建立起来伦理道德审查委员会,实际上就是社会价值直接影响科学发现过程的有力证据。再比如,我们已经知道研究存在着归纳风险(inductive risk),可能犯第一类错误,也可能犯第二类错误。我们究竟选择容忍哪一类错误,实际上也受到社会价值的影响。假设我们现在发现某类产品含有对人类健康有害的物质。第一类错误(假阳性,当产品事实上没有害处时推断有害)会导致政府实施不必要的管制,实现保护公众的好意图;第二类错误(假阴性,在产品事实上有害的情况下推断没有害处)会增加危害公众健康的风险,因为研究结果将错误地建议政府实施宽松的监管政策。对于公众而言,当然希望增加监管,即使第一类错误的概率增加;对于行业内的企业而言,当然希望放松监管,即使第二类错误的概率增加。为了减少这两类错误,我们需要增加样本量,而这无疑增加了研究的成本和挑战性。到底应该以哪一方的诉求为标准,选择采纳怎样的归纳风险水平,是公众、行业、还是学者?此时的答案就由社会价值而不是认识论价值来决定。这两类价值观对科学的具体影响如表1-1所示。

表1-1 价值观在科学中的作用

价值观的作用	认识论价值/认知价值	社会价值/伦理价值
直接作用	作为评价科学推理和证据充分性的标准: 理论性质如范围(简单与复杂)、准确性(弱与强)、一般性(狭义与广义); 理论背景假设的清晰性和合理性; 方法选择、数据搜集程序、数据解释; 效度、信度、样本代表性、恰当的统计程序; 统计敏感性、Ⅰ型和Ⅱ型错误	作为约束或目标,但不干涉科学本身的推理过程: 选择从事或资助哪些项目,如在社会上迫切需要解决的问题(如气候变化、粮食不安全、歧视、工作压力、老龄化等); 权衡新技术研究的成本和收益,如转基因生物; 决定适当的方法或样品,例如,在测试药物或化学品时使用动物或人类作为被试当研究对象是人类时保护人类
间接作用	基于证据、理论或价值观对认识论价值和认知价值的修改	填补了关于推理上不完全信息(推论缺口)的空白,并评估了错误推理(归纳风险)的后果: 经济和社会成本(如Ⅰ型和Ⅱ型错误的后果,增加样本量以减少Ⅰ型错误); 公正、安全、隐私(如对不同影响群体的归纳风险的成本和收益)

资料来源:改编自Tsui,2016。

1.3.3 价值观对科学行为的影响

个人价值观也会影响我们对研究课题的选择。例如,研究公司社会责任的学者,其价值导向可能不同于致力于理解"公司如何才能实现利润最大化"的学者,可能也不认同"所有人是公司唯一合法的利益相关人"的说法。学者享有探索的自由,因此他们可以选择任何他们认为有趣或重要的课题。但是,课题的选择也可能受到其他因素的影响,如课题是否具有可操作性、受欢迎、容易发表,或在实务中是否很重要等。

对于应该做"严谨的(rigor)研究"还是应该做"实用的(useful)研究",在学界争论已久,因为他们假定二者是对立的。然而,我们也可以使用最严谨的方法研究最具实践性的课题。近年来,美国管理学会呼吁学者应该和实业界加强交流。越来越多的学者被要求既要研究具有实践价值的问题(Tushman & O'Reilly,2007),也需要积极地将研究结论的实践意义与管理者多做沟通(McGahan,2007)。AMJ在2007年9月号的整个编辑论坛,都是围绕在管理研究中实践与学术相结合的问题。与此相关的最新的一项倡议活动是"商业与管理中的负责任的研究",旨在推动创新可信又可用的知识(具体请参考网站 www.rrbm.network,以及本书前言部分)。

与西方社会中的同侪一样,华人社会中也有越来越多的年轻学者面临来自大学的晋升和评级职称的压力,从而必须大量发表论文。于是,一部分人不得不选择流行的主题,从事机会主义式的研究,他们也避免从事难以发表的研究,即使那些题目是他们感兴趣的。机会主义式的研究如果能产生好的科学成果也无可厚非。然而遗憾的是,机会主义式的研究往往是快捷、粗劣而且投机的,通常没有经过仔细的思考,而只是为了容易发表文章。这经常导致品质低劣的成果。换而言之,这些机会主义式的研究不是由内在兴趣指引的,而是由外部回报指引的。

避免困难的课题、追求流行的课题,这本身就是一个价值选择。通常,这些选择会产生一些对新知识没有什么贡献的微不足道的研究。我们的建议是,坚持自己的信念。既然有选择的自由,科学工作又要求全心投入,因此只有让兴趣来指引研究选择,工作才有意义。如果我们一定要成为工作的奴隶,那就成为我们所热爱的工作的奴隶吧。

MOR曾于2009年用一整期(第5卷第1期)来讨论中国管理研究的未来,提醒学者们对研究课题选择的盲点。该期的文章指出,中国学者在过去20年专注于学习国外的理论和方法,争取在国际期刊上发表论文。这些研究成果也许都符合国际期刊的发表要求,但是可能与中国的相关性不大。未来的中国管理研究应当专注于理解和解释在现代中国企业中面临的重要管理问题。从现象中来的知识(而不是从过去文献中来的知识)既有利于提高学术理论,也有利于提高管理实践。

1.3.4 价值观对研究生涯的影响

在你投身于科学研究事业的汪洋大海之前,我们建议你首先仔细思考一个问题,那就是"你为什么想成为一位社会研究者?"为了金钱?为了名声?为了思考的自由?还是为了有机会为人类社会做贡献?你所拥有的价值观会影响个人职业生涯的意义,以及所能做出的贡献。

学术生涯不会让你发财致富。虽然华人学者的薪水每年都有增长,成为科学家也确实能够提供一个体面的生活,但是这些收入与管理咨询、投资银行或者股票市场的投资经纪人的收入是无法相比的。学者的财富在于拥有思考的自由及满足好奇心的机会。从事学术工作,我们不会每天受到严格的监控。除了教学时间,我们可以随时随地工作,自由地思考,满足自己永无止境的好奇心,这些是学术生涯的重要回报。

学术生涯不会让你出名,至少不会很快地出名。由于成果发表过程的滞后和在顶级期刊上的竞争,学术生涯所面对的失败往往多于成功。因此,我们需要靠自己强烈的内在激励及所喜爱的研究课题来支撑,等待很久以后才会到来的回报。科学上的成功与其他职业生涯的成功相比较,自有其不同的评价标准。1986年诺贝尔化学奖获得者John C. Polanyi说过,"在科学界,我们是一群来自全球、互相支持的个体,我们的目标是要把真理放在个人利益之上"。2004年诺贝尔化学奖获得者Aaron Ceichnover认为,"评价一个科学家,不应基于其所获得的奖项或荣誉,而是其对提高人类生活品质的贡献"。换句话说,成功跟随那些视贡献为成功的人,而不是来自个人的名声或个人的收入。这意味着科学家的成功应该基于其所创造的知识,而不是由发表论文的数量来决定。

发表论文只是一种手段,用以传播科学研究所发现的知识。我们不应该陷入"只关注出版的数量而不关注科学研究的质量"的陷阱当中,以手段代替了目标。数字游戏已使得研究者们故意将一项研究分散成许多篇小论文,或者从事机会主义研究。

据说,发明并改进了电灯泡的爱迪生有两千次失败的实验。当问及他对这些失败的感想时,他说,这些不是失败,只不过是走向成功的两千步而已。从失败中学习,并且不断改进的能力,也应是成功的一个合理定义。

科学的价值或终极目标是寻求真理,是为了准确、有效地理解并解释我们周围的事物。其最终目标是在各个领域改善人类的生活,包括企业管理。通过科学,我们创造知识与技术,帮助人们生活得更加美好。对于管理学者而言,科学是为了帮助组织提升效率、提高产出、增加利润,也是为了帮助组织成为更友善的雇主,为员工提供有前途和回报的职业。能够为社会进步做出这样的贡献,将是学术生涯中最有意义的回报。

1.4 结语

华人管理研究就像一个深埋于地下的巨大钻石矿,一般人很容易就会在挖到足够深之前就放弃了。然而,只要心中有坚定的信念、脑中有正确的方向、手中有合适的工具、身边有相互鼓励的伙伴,就很有可能创造出一个成功的故事。除此之外,我们还建议大家了解科学哲学的基本内容。本章分享的很多内容,在我们和其他同事一起开设的"管理研究哲学"博士研究生课程上都有较为深入的讨论。从2015年开始,我们陆续在北京大学、上海交通大学、复旦大学开设了相应的课程。迄今为止,我们还成功举办了两届"管理研究哲学"师资培训班,为全国十余所高校培养能够教授这门课程的老师。本书致力于让研究者掌握合适的工具,我们也衷心希望大家在掌握科学研究工具的同时,明白我们从事的事业理应对社会负责任的使命。秉持科学精神和对社会负责任的态度,让我们一起通过科学探索,为建立更美好的世界贡献学者应有的力量!

参考文献

Baron, R. M. & Kenny, D. A. (1986). The moderator-mediator variable distinction in social psychological research: Conceptual, strategic, and statistical considerations. *Journal of Personality and Social Psychology*, 51(6), 1173—1182.

Barker, J. R. (1993). Tightening the iron cage-concertive control in self-managing teams. *Administrative Science Quarterly*, 38(3), 408—437.

Blau, P. M. (1964). *Exchange and Power in Social Life*. New York: John Wiley & Sons.

Burt, R. S. (1992). *Structural Holes: The Social Structure of Competition*. Cambridge, MA: Harvard University Press.

Chen, C. C. (1995). New trends in reward allocation preferences: A Sino-U. S. comparison. *Academy of Management Journal*, 38, 408—428.

Clark, R. W. (1984). *Einstein: The Life and Times*. New York: Harper Collins Publishers.

Coleman, J. (1990). *Foundations of Social Theory*. Cambridge: Belknap Press.

Cook, T. D. & Campbell, J. D. (1979). *Quasi-Experimentation: Design & Analysis Issues for Field Settings*. New York: Houghton Mifflin.

Corley, K. G. & Gioia, D. A. (2004). Identity ambiguity and change in the wake of a corporate spin-off. *Administrative Science Quarterly*, 49, 173—208.

DiMaggio, P. & Powell, W. W. (1983). The iron cage revisited: Institutional isomorphism and collective rationality in organizational fields. *American Sociological Review*, 48, 147—160.

Douglas, H. (2009). *Science, Policy, and the Value-free Ideal*. Pittsburgh, PA: University of Pittsburgh Press.

Fama, E. & Jensen, M. (1983). Separation of ownership and control. *Journal of Law and Economics*, 26, 301—325.

Farh, J. L., Earley, P. C. & Lin, S. C. (1997). Impetus for action: A cultural analysis of justice and organizational citizenship behavior in Chinese society. *Administrative Science Quarterly*, 42(3), 421—444.

Granovetter, M. (1973). The strength of weak ties. *The American Journal of Sociology*, 78(6), 1360—1380.

Jensen, M. & Meckling, W. (1976). Theory of the firm: Managerial behavior, agency costs and ownership structure. *Journal of Financial Economics*, 3, 305—360.

Kaplan, A. (1964). *The Conduct of Inquiry*. New York: Harper and Row.

Kerlinger, F. N. & Lee, H. B. (2000). *Foundations of Behavioral Research* (4th Ed.). Orlando, FL: Harcourt College Publishing.

Kuhn, T. (1962). *The Structure of Scientific Revolutions*. Chicago: University of Chicago Press.

Management and Organization Review, Special Issue. (2009). The future of Chinese management research, 5(1).

Management and Organization Review, Special Issue. (2011). Research and publication ethics, 7(3).

McGahan, A. M. (2007). Academic research that matters to managers: Zebras, dogs, lemmings, hammers, and turnips. *Academy of Management Journal*, 50(4), 748—753.

Milgram, S. (1963). Behavioral study of obedience. *Journal of Abnormal Social Psychology*, 67, 371—378.

Popper, K. R. (1968). *The Logic of Scientific Discovery* (2nd Ed.). New York: Harper.

Salancik, G. R. & Pfeffer, J. (1978). A social information processing approach to job attitudes and task design. *Administrative Science Quarterly*, 23, 224—253.

Smircich, L. (1983). Concepts of culture and organizational analysis. *Administrative Science Quarterly*, 28(2), 339—358.

Staw, B. M. (1976). Knee-Deep in big muddy: A study of escalating commitment to a chosen course of action. *Organization Behavior and Human Performance*, 16, 27—44.

Tsui, A. S., Pearce, J. L., Porter, L. W. & Tripoli, A. M. (1997). Alternative approaches to the employee-organization relationship: Does investment in employees pay off? *Academy of Management Journal*, 40(5), 1089—1121.

Tushman, M. & O'Reilly, C. (2007). Research and relevance: Implications of Pasteur's quadrant for doctoral programs and faculty development. *Academy of Management Journal*, 50(4), 769—774.

Wallace, W. (1971). *The Logic of Science in Sociology*. Chicago: Aldine.

Westphal, J. D. (1999). Collaboration in the boardroom: Behavioral and performance consequences of CEO-board social ties. *Academy of Management Journal*, 42(1), 7—24.

Welch, H. Gl., Schwartz, L. & Woloshin, S. What's making us sick is an epidemic of diagnoses. *The New York Times*. http://www.nytimes.com/2007/01/02/health/02essa.html. 01/02/2007.

Whetten, D. A. (2002). Modelling-as-theorizing: A systematic methodology for theory development. In Partington, D. (Ed.), *Essential Skills for Management Research*. Thousand Oaks, CA: Sage Publications.

Tsui, A. S. (2016). Reflections on the so-called value-free ideal: A call for responsible science in the business schools. *Cross Cultural and Strategic Management Journal*, 23(1), 4—28.

第 2 章 研究的起点:提出研究问题

陈晓萍 华盛顿大学

> ▶ **本章大纲**
>
> **引言:提问对管理研究的重要意义**
> **2.1 什么是好的研究问题?**
>   2.1.1 研究问题的重要性和新颖性
>   2.1.2 问题与理论和实践的相关性
> **2.2 如何发现好的研究问题?**
>   2.2.1 现象驱动法:打破砂锅问到底
>   2.2.2 方法驱动法:多层次、纵向、跨文化
>   2.2.3 灵感驱动法:深度思考、与他人交流
>   2.2.4 文献驱动法:深度阅读
> **2.3 问题的转化:如何将一般问题转化为研究课题**
>   2.3.1 化大为小,化抽象为具体
>   2.3.2 化研究问题为研究变量和假设
>   2.3.3 化研究问题为研究设计
> **2.4 论文开题报告的形成**

引言：提问对管理研究的重要意义

著名管理大师彼得·德鲁克曾经说过，管理学研究者的任务不是解答问题，而是提出问题。而正是他颇具独到视角的提问，让众多管理实践者如杰克·韦尔奇、安迪·格罗夫等受益匪浅，创造出各种管理企业的良方，并使他们的企业取得卓越成就。提问的意义由此可见一斑。

问题的提出对于科学研究具有同样的意义，它不仅能够指导研究的方向，而且能够决定研究的结果。比如关于个体的决策，如果提出的问题是"个体应该如何决策以达到利益最大化"，那么研究就会朝着建立理性模型的方向前进，并且假设各种各样的理想情境来实现这些理性模型。经济学中的大部分理论都属于这个种类。但是假如提出的问题是"个体究竟是如何做决策的？"，那么研究就会朝着观察个体决策过程的方向努力，比如个体如何搜集信息、如何整理信息、如何整合信息、如何做出判断的认知过程和心理过程，以及在这些过程中可能出现的各种心理偏差和理性局限。在这个问题引导下的研究成果就可能是对人类各种决策现象的总结，比如早年诺贝尔奖得主司马贺（Herbert Simon），提出人只有有限理性（bounded rationality），因此遵循的是决策的满意模型，而非完全理性模型。2002年的诺贝尔奖得主卡尔曼（Kahneman & Tversky，1972、1973、1979、1981、1982），以及2017年诺贝尔奖得主理查德·塞勒（Richard Thaler）等学者（Thaler，2015；Thaler & Sunstein，2012）在这个问题的引导下则发现了不同人在做决策时所使用的直觉（启发）或者无意识的偏差。

再比如关于企业的运作战略，如果提出的问题是"哪些战略可以帮助一个企业开发新产品？"，那么研究的着重点就在于寻找与开发新产品有关的种种方法和手段，比如建立研发办公室、鼓励员工大胆尝试新的方法和流程、允许员工犯错的空间、建立跨部门工作团队等。最终的研究结果可能会回到马奇和司马贺（March & Simon，1958）所提出的"开发（exploitation）和探索（exploration）"上，因为一切产品开发战略都不过是这两种方法的不同表现。但如果提出的问题是"在产品的不同发展阶段企业应该用什么样的战略取得成功？"，那么研究者就会关注在产品不同发展时期企业可能使用的不同战略，然后通过其成功率的比较来得出结论。这时，研究的结果可能就是波特（Porter，1980）的"产品开发期——差异化"和"产品成熟期——低成本"战略了。

提出问题是进行任何科学研究的第一步，只有对事物有好奇心、对各种现象充满疑问并愿意思考的人才会有探索的欲望,才会有做研究的兴趣。在这个意义上,做学术研究的原动力其实来自寻找问题的答案和探索事物的真相,而问题的提出则是开始这一漫长旅程的起点。

2.1 什么是好的研究问题?

由于提出问题对于研究过程和结果的重要性,所以在开始研究之前,我们必须提出好的研究问题。那么如何来判断一个研究问题的好坏呢?许多管理学的顶尖杂志(如 OBHDP、AMJ)在要求论文评审人判断一篇论文的质量时,常常包括几个与此有关的项目,如"研究问题的重要性""研究问题的新颖性和趣味性""研究问题与现有理论的相关性""研究问题与管理实践的相关性",以及"研究结果对理论和实践的贡献程度"。下面我详细地讨论一下这些判断标准的具体含义。

2.1.1 研究问题的重要性和新颖性

2010—2016 年,我担任 *Organizational Behavior and Human Decision Processes*(OBHDP)的主编。每周我们收到 15—20 篇投稿论文,我在阅读之后大概会直接拒绝 50% 的文章,很大一部分原因就是研究问题的重要性不够或者新颖性缺乏。许多作者通过强调以前没有任何学者研究过这个问题来说明其重要性和新颖性。可是,虽然"第一个吃螃蟹"听起来与"新颖"的意思相近,但仔细分析,用这个理由来说明研究问题的重要性,其逻辑十分牵强。原因有二:

首先,其他学者都不曾研究过的问题不见得就一定是重要的问题,有可能恰恰是他们认为不重要,才不屑去做研究。比如,天气对员工工作绩效的影响这个问题,可能在最近的 30 年中都没有一个学者对此进行过研究,为什么呢?就是因为它不重要。在大多数的工厂、公司里,一年四季不管刮风下雨,其工作场所的物理环境都不会改变太多,因此天气对大部分员工工作绩效的影响可谓微乎其微,并不值得研究。但是,如果选择天气中的独特现象,比如雾霾会如何影响员工的短期心理、行为和长期绩效,就可能成为一个值得研究的问题。

其次,不曾被研究过的问题也未必就是新颖的问题,有可能它只是一个旧问题的改头换面而已,其实质已经被许多理论点破。比如,为什么让员工自由选择福利项目(个人休假、集体度假、幼儿入托费用、老人看护费用、额外人寿保险等)对员工有激励作用这个问题,貌似新颖,但其实只是组织行为学中最早研究的激励问题的翻版,可以用需要理论(Maslow,1968)、参与决策理论(Vroom & Yetton,1973)、期望效价理论(Vroom,1964)等众多激励理论共同解释和说明。

那么,什么样的研究问题才是重要且新颖的呢?我们知道,在市场竞争激烈的今天,对任何一个公司来说,最宝贵的资源就是人才,由于其不可替代性,人力资源常常构成一个企业的独特竞争优势。所以优秀人才离开公司去其他组织另谋高就,无疑是一个公司的切肤之痛,这也就为"员工离职"这个研究问题奠定了"重要"地位,当然,这也是在过去的几十年中,有如此之多的学者对此问题趋之若鹜的原因(Hom & Griffeth,1995;Griffeth et al.,2000)。因此在这个意义上,重要的研究问题常常是被许多学者研究的问题;而正因为已经被那么多人研究,要推陈出新就不容易。

我自己曾经和同事一起研究过这个问题,那也是我第一次用问卷的方法做研究。因为我对以往的员工离职文献不熟悉,我就想,在阅读任何文献之前,我们能否通过对企业员工的访谈和自己的思考总结一下优秀员工离职的可能原因。我们列出了一张单子,上面有几十个条目,包括对目前的工作不满意、与领导和同事关系不好、薪酬福利条件不理想、对公司前景不看好等,心想总有一个是别人不曾研究过的。带着期待,我们翻看了过去几十年中发表的有关员工离职的文献。真是不看不知道,一看吓一跳,原来我们列出来的所有因素都已被前人研究过并发表了论文!这个发现让我既沮丧又高兴。沮丧的是在这个重要话题中找到一个前人不曾涉猎的切入点之困难;高兴的是我们想到的那些因素也是其他学者认为重要的,英雄所见略同,不亦乐乎?

于是,我们开始重新思考这个问题,并决定抛开从认知和情感因素上寻找、预测员工离职的原因,之所以这样做,是因为大部分已经成型的理论都是从这两大类因素入手的。当时我们正对组织公民行为(organizational citizenship behavior,OCB)感兴趣,而大部分已经发表的论文都把组织公民行为当作一个因变量来看。我们深入讨论之后,觉得它应该是预测员工离职的一个行为指标,因为当一个员工不愿意主动帮助同事、不愿意主动关心企业的发展状态、牢骚满腹、无故迟到早退的时候,很可能是这个员工去意已决之时。于是我们决定把组织公民行为作为自变量来看它和员工离职行为之间的关系。结果证实了我们的假设,我们发现,组织公民行为比工作满意度和组织承诺在预测员工离职行为时的效应都要更强。这篇论文后来发表在 *Journal of Applied Psychology*(JAP)上面(Chen et al.,1998)。

对员工离职问题有孜孜不倦研究,并不断推陈出新的可能要数我在华盛顿大学的同事 Tom Lee 和 Terence Mitchell 了。他们在过去的20多年中已经在此研究领域发表了许多论文,并且提出了员工离职的展开模型(the unfolding model of employee turnover;Lee et al.,1996;Mitchell & Lee,1999),而且此模型可以解释90%以上的员工离职行为。正在大家都认为已经无可研究的时候,他们却从另外一个视角开始思考。两人从自己在华盛顿大学一待就是几十年的经历中得到灵感,开始从反面思考员工离职的现象,进而提出了另一个研究问题:"什么因素会影响一个员工'从一而终'?"从这个问题出发,他们提出了一个全新的"工作陷入(job embeddedness)"概念(Mitchell & Lee,2001;Mitchell et al.,2001),然后进行实证研究展现这个概念对员工留任的重要作用,重新开启了一条研究路线,并发表了一系列论文。

因此,一个研究问题的重要性体现在它对我们加深理解管理中重要现象的意义上,而其新颖性则体现在它看待那个重要现象的视角与众不同上。这与该问题是否被前人研究过没有直接关系。

2.1.2　问题与理论和实践的相关性

其实,一个重要又新颖的研究问题必须兼具理论和实践的相关性。在这里,理论相关性指的是这个研究问题在某种程度上可以用现有的某些理论加以阐释,因此可以与现有的理论挂上钩。但同时现有理论又不能完全解答该问题,需要研究者通过研究提出更加合适的逻辑和答案。所以,该研究问题能够帮助我们拓展前人的理论,填补过去理论中的漏洞。这样的研究问题就具备了理论相关性。

表现研究问题的理论相关性最常用的途径就是回顾以往的文献(literature review)。但是如何通过回顾文献来表现问题的理论相关性对许多研究者来说都是一个挑战。我在阅读论文时经常发现的问题有几个。第一是回顾的文献过于陈旧,作者没有掌握该领域最新发表的研究成果,自以为自己的研究问题能够对现有理论做出贡献,其实别人已经回答了这个问题。第二是回顾的文献有偏差,只回顾支持自己假设的文献,而忽略那些得到了与自己的研究假设相反结论的文献。但是论文评审人一般都是该领域的专家,通常一眼就能看出破绽。第三是为了回顾文献而回顾文献,把所有有关该领域的文献都洋洋洒洒回顾一遍,虽然全面,但是与目前研究的问题并无直接的联系,让人看了不得要领。除此之外,同时用几个理论作为理论依据来对目前的研究问题推论假设,而这几个理论之间又互相矛盾之处,最后难以确定现在的研究结果究竟对什么理论做出了贡献。

当然,文献回顾在某种程度上可以说是一门艺术,既要全面平衡,又要简明扼要、突出重点;既要表现现有理论对研究问题的指导作用,又要指出现有理论的不足之处。但是无论如何,通过文献回顾来建立研究问题的理论相关性是非常重要的方法。

与此同时,管理学期刊还非常看重研究问题的实践相关性。如果一个问题对管理实践没有任何启发意义和指导作用,要在管理学期刊上发表就非常困难。对这个问题的阐述可以放在篇首,也可以放在对研究结果的讨论部分。通常它不是"为什么要选择此研究问题"的最重要依据。一般来说,只要能够把研究的结果在实际中的具体表现和使用方式清晰明确地阐述出来的话,实践相关性就可以成立了。

2.2 如何发现好的研究问题?

研究的问题可以来自对日常生活的观察,对工作中出现问题的思考,对自身经历的反思,对社会现象的探究;也可能来自对文献的阅读,对新闻报道的反应,对传奇故事的追问;甚至可能来自与同事的闲聊,与学生的对话,或者别人的提问。我常常觉得作为一个管理研究者最大的乐趣就是可以选择任何自己感兴趣的题目,而孜孜不倦地研究下去,并且在此过程中既满足自己的好奇心又同时得到社会的认可。当然,学者在确定研究问题上也有不同的路子。有的学者在找到一个自己感兴趣的问题或现象后,对该问题或现象穷追猛打,一研究就是几十年,不研究个水落石出誓不罢休。我将这一类发现研究问题的方法称为"现象驱动法"。

也有的学者对研究方法(研究设计或统计方法)本身入迷,每当有一种新的研究设计方法或数据分析方法出现的时候,就想使用这些方法去研究不同的现象。我把这一类发现研究问题的方法称为"方法驱动法"。

当然,也有学者兴趣广泛,且对多类现象有真知灼见,他们凭借自己的灵感选择研究问题。我把这种发现研究问题的方法称为"灵感驱动法"。另外,也有许多学者从以往的文献中发现被遗漏的变量,从而提出研究问题。我把这一类发现研究问题的方法称为"文献驱动法"。不同的学者对不同研究课题的选择都具有相当的个人色彩。就成功的概率而言,每一种方法都有成功的例子,但也不乏失败的个案。因此,这几种方式都可以成为我们的借鉴。下面我详细讨论发现好的研究问题的方法。

2.2.1 现象驱动法:打破砂锅问到底

我在伊利诺伊大学留学时师从的几位教授(如 James Davis、Samual Komorita 和 Harry Triandis)对研究问题的选择基本上属于这种类型。他们对某一现象深感兴趣,于是针对该现象提出各种各样的研究问题,尽其一生的时间去把这个现象研究透彻。比如 James Davis 对团队决策现象感兴趣,因为他发现在人们的社会生活和

第2章 研究的起点：提出研究问题

工作生活中，许许多多直接关系到个人生活品质的决定都是由各种各样的委员会（团队的一种表现方式）做出的。比如分房委员会、招聘委员会、职称评审委员会，等等。而且越来越多的现代企业使用比较扁平的组织结构，或者以跨部门小组或者项目小组的方式来组织和运作。为什么会出现这样的现象？究竟是什么原因使人们更愿意使用团队来决定重要的事项？团队到底是如何做决策的？与个体比较，团队决策有什么优势劣势？

Davis 本人曾经担任过许多委员会的主席或者成员，观察到团队决策过程中的种种有趣现象；他同时对美国的陪审团制度入迷，经常去法庭观察并观看各种案子的审判过程，因此对陪审团做决策的过程有深刻了解和感悟。他首先发现团队成员的数量会对决策的结果如讨论的时间长短、决策的质量等产生影响，因此决定将这个变量引入团队决策的研究。与此同时，他也发现团队决策的规则（如少数服从多数、三分之二多数或全体通过）也会影响决策的过程和结果。比如，少数服从多数的原则与全体通过的原则相比，更能加速团队决策的进程，但有时会使团队忽略一些少数成员的意见而降低决策的质量。因此，他又决定把这个变量引进团队决策研究。因为这两个变量直白明了，没有什么复杂之处，所以他戏称它们为"垃圾变量（poopy variables）"，自嘲自己的无趣。但是，经过若干年对这两个变量的系统研究，并在反复思考其研究结果的基础上，他个人关于团队决策的理论模型开始现出雏形，并渐渐成熟。这就是后来著名的"社会决策模式理论（theory of social decision scheme）"。这个理论试图描述群体决策的过程，从团队成员在讨论开始前各自对某一问题的观点作为起始值，用团队成员的数量和决策原则作为中间变量，来预测团队最后的决策（Davis, 1973）。

在这个模型得到越来越多的数据支持之后，Davis 重新回到对团队决策问题的原初观察和思考，又开始探讨团队决策中的其他过程变量对决策结果的影响。他的一个观察是，如果团队的领导事先知道团队成员们对某一问题的基本倾向，并据此在讨论程序上做出一定的安排的话，那么团队最后的决策就可能事先被控制。比如在一个六人团队中，有三个人对决议持支持的观点，另外三个人持反对意见，假如领导希望最后决议能够通过，那么他就可以有意让三个持支持观点的成员先发表意见。这样，当轮到第四个成员发言时，因为前面三个人都表示了支持，那么很可能那个本来持反对意见的成员会改变自己的态度（因为从众的压力），也表示支持，这样，自然而然，团队最后的决策就变成通过了决议。相反，如果领导希望决议被否决，他则可以先安排让那三个持反对意见的成员先发言。这个观察导致的结果就是后来 Davis 及同事们对团队决策程序的一系列研究，包括"预表决（straw poll)"对最终决策结果的影响、强制决策的顺序对决策结果的影响,等等,取得了关于团队决策的相当有价值的研究成果(Davis, et al.,1989、1993、1997)。

在团队决策过程中,另一个很重要的过程便是成员彼此分享信息,而这也是之所以用团队做决策的重要原因之一,即防止个体可能出现的考虑问题的不全面性。那么,成员在讨论过程中究竟是不是分享信息,又是如何分享信息的呢?虽然Davis本人没有直接研究这个问题,但是他的一个学生Gary Stasser却对此问题发生了强烈的兴趣,思索不止,研究不停,最终变成其终生研究兴趣。Stasser通过对实验室中种种团队决策现象的观察发现,也许群体成员之间的信息分享程度离我们的想象相距甚远。为了展现信息分享的过程,他和他的研究生们设计了一系列的实验。比如,在决策过程中,将一些信息提供给所有的团队成员(共享信息:common information),而将另一些信息提供给部分成员(独特信息:unique information),然后让所有成员一起自由讨论并做出团队决策。他们的研究发现,有意思的是,原来以为那些独特的信息应该是大家感兴趣的信息并会在讨论过程中被大家重视,但没想到,团队成员讨论得最起劲的竟然是那些大家都拥有的信息(即共享信息)(Stasser & Titus,1985)。

在这些研究的基础上,他们开始思考为什么团队成员会出现对共享信息的偏好,并提出了信息取样模型(information-sampling model)来进行解释(Stasser & Titus,1985)。这个模型预测对共享信息的偏好通常出现在群体讨论的早期,同时,群体讨论过程中对取得一致意见的要求也会加剧这种现象的发生。多数人的意见决定团队的最后决策也是常见现象。此外,呈现共享信息的人似乎更可能被别人认为有知识、有才能、有信誉。而且成员一旦在讨论之前形成自己的看法,也有可能错误理解新获取的信息,将它朝着与自己原来意见一致的方向解释。这些预测分析被以后的许多研究所证实(Brodbeck et al.,2002;Kameda, et al.,2002;Karau & Kelly,1992;Kelly & Karau,1998;Wittenbaum et al.,1999)。

因此,他们接着提问:"究竟怎样能够避免这种现象的发生?"从这个问题出发,他们开始挖掘各种有可能防止该现象出现的机制和条件变量。比如,延长讨论的时间,看看独特信息是否随着讨论时间的延长而得到更多的关注(Larson et al.,1994);发挥团队领导的作用,让领导强调那些独特信息对决策的价值(Larson et al.,1994);或者让某一个成员扮演"唱反调"的角色,专门使用独特信息来提出不同意见(Brodbeck et al.,2002);甚至明确规定哪些成员应该对什么类型的信息负责,并让全体成员都了解这样的安排(Stewart & Stasser,1995)。结果发现这些方法确实能够使独特信息得到更多的讨论,并且提高团队决策的质量。

由此可见,研究者对某一现象的深度观察和思考常常能够带来好的研究问题,并且使研究不断深入,从而挖掘出现象背后的原因。这是好研究问题的重要来源之一。

2.2.2 方法驱动法:多层次、纵向、跨文化

由方法驱动的研究问题主要涉及两种形式:一种是对研究方法本身的兴趣所引申出来的研究问题。这一类学者不断思考现有的研究方法(包括搜集数据的方法和对数据进行分析统计的方法)存在的缺陷,然后提出更能够减少偏差的新研究方法来解决目前方法的不足。从这个角度来看,Phil Podsakoff 及其同事对搜集数据中存在同源误差(common method error)问题的确认、分析和提出应对措施是一个比较典型的例子(Podsakoff et al.,2003)。此外,Jeff Edwards 对差异数据(difference score)分析使用与非差异数据分析相同的方法中存在的问题和解决方案的讨论是另一个典型例子(Edwards,2001、2002)。当然 Edwards 和 Lambert 后来针对研究中更为复杂的模型如调节中介模型(moderated mediation)和中介调节模型(mediated moderation)研究设计和数据分析方式的讨论也是由研究方法驱动提出研究问题的典范(Edwards & Lambert,2007)(见本书第 22 章的详细介绍)。

另一种由研究方法驱动而形成研究问题的方式,其重点在于应用目前最新提出来的研究方法去研究管理现象。这种方式不同于现象驱动法,因为对一个现象穷追不舍的学者关心的是如何能够最准确地理解和解释现象,任何研究方法,不管是"新"还是"旧",不管是"初级"还是"高级",只要对理解这个现象有帮助,就都可以使用。比如,我和同事对创业者激情的研究就是如此(Chen et al.,2009)。我们的研究问题是创业者展现激情是否对他们得到风险投资有影响。我们首先界定创业者激情这个构念的内涵和外延,然后用质性研究的方法(如访谈、问卷)开发对这个构念操作和测量的工具(Hinkin,1995、1998),并在此基础上用实证研究的方法去检验它与风险投资之间的关系。我们用实验室研究(lab experiment)的方法,比如请演员来扮演创业者,一个用充满激情的方式阐述自己的创业计划书,另一个用没有激情的方式阐述同样一份创业计划书,然后观察投资者的投资决定。我们也用实地研究(field study)的方法,在创业者向投资者阐述创业计划书的时候测量他们的激情程度,然后看投资者最后决定投资的项目是否与该项目创业者表现的激情有关。在这里,方法是为理解现象服务的,方法本身不是驱动研究问题的动力。

但是,方法驱动法的特点是研究者首先对某一研究方法感兴趣,然后从该方法的特点出发,去挑选合适的研究问题。比如说近年来比较"热门"的跨层次研究方法(cross-level or multilevel research)。如果我对使用多层次的方法研究管理问题的理论意义深信不疑(Hitt *et al.*,2007),又对该方法在研究设计上的要求和统计方法及软件都熟悉(Raudenbush *et al.*,2004),我就有可能为了使用这个方法而去选择研究问题。比如,我可以用这个方法同时研究团队层面的因素和个体层面的因素是怎样影响员工工作创造力的。团队层面的自主工作氛围(group support for autonomy)和个体层面的自主性导向(autonomy orientation)互相作用影响员工对工作的激情和他们的创造力(Liu *et al.*,2011)。用这个方法也可以研究企业层面的因素是如何与个体层面的因素相结合而影响员工的工作绩效的。比如公司层面的文化多元化程度(cultural diversity climate)与个体层面的员工的文化智商水平,这二者是如何相互作用影响个体的跨文化工作绩效的(Chen *et al.*,2012);或者在公司层面,管理层对高绩效人力资源系统(high performance human resource system)的认知,是怎样与员工的认知相互作用影响员工的服务质量的(Liao *et al.*,2009);以及辱虐型领导(abusive leadership)的效果是如何一层一层传递下去最后影响员工的工作创意的(Liu *et al.*,2012)。

采用方法驱动的方式寻找研究问题的好处有几个:其一是至少在方法上该研究的新颖性可以得到保证,严谨性也应该不是问题(如果作者严格按照其方法的要求操作的话);其二是在一个新方法刚被提出来时,大家都对该方法还不太熟悉,因此都特别期待能够看见应用该方法所发表的研究论文,所以相对来说,被发表的可能性会得到增加。如果我们现在回过头去看一看在20世纪80年代管理领域对元分析(meta-analysis)方法的热衷,以及那个年代所发表的论文,就可以发现这个趋势。当然,这并不意味着今天用元分析方法做研究就过时了。同样的道理,2000年之后越来越多的使用跨层次设计(multilevel)及其分析方法(多层线性模型,hierarchical linear modeling,HLM)的文论得以发表,也是这种趋势的表现。

但是,用这个方式寻找研究问题也有几个坏处:首先是一个学者个人的专题研究领域比较难以确认。随着"潮流"方法的改变而随之改变自己的研究课题,容易让自己和他人产生困惑,不确定自己的学者身份(scholar identity)究竟应该如何定义。其次是需要不断地关注和学习研究方法最前沿的进展,以便自己使用的方法永远保持在最新最前沿(cutting-edge)的状态。这样的一个可能性是在方法中迷失自己,走到极端成为为方法而方法,忘记研究的初衷和本质。

其实仔细思考,我认为这些年来,之所以在用问卷进行研究的方法上不断有新的进展,而用实验研究的方法基本上没有太多改变,关键原因可能在于通过问卷法得到的数据难以用来呈现因果关系,而且自我报告的数据常常难免有真实性的疑问,所以必须在统计方法上上想办法来剔除无关因素,找到因果关系的证明。这也是为什么从目前的方法趋势来看,除了多源(multi-source)、跨层次(multilevel),还需要使用纵向(longitudinal)的数据搜集方式,当然,如果考虑到文化差异可能对人们认知产生的影响的话,最好再加上跨文化(cross-cultural)的数据搜集。这当然会大大增加数据搜集的难度,但是只有这样的研究设计方法才能够提高问卷研究的信度和效度。

2.2.3 灵感驱动法:深度思考、与他人交流

大部分研究问题的来源都是个人观察和思考的结果。对于有心者,任何现象都可以成为研究问题的素材。个人对某一问题的深入观察和思考常常与这个人对这个问题的深层兴趣或者激情程度紧密相连。我常常发现有的学生在选择研究问题时会陷入极大的苦恼之中,而且有时即使定下了题目,每次一想到要思考与该题目相关的研究问题时,立刻又开始苦恼起来。我有时会对这些学生开玩笑说,假如做这个研究让你如此苦恼,那还是趁早不要做的为妙。因为他们很可能陷入了为做研究而做研究的怪圈,而不是发自内心对研究问题的兴趣。而假如没有对某个问题的持久专注的激情,常常就不可能产生对该问题的深刻思考和观察,不可能提出有洞见的理论和假设,也就难以对此研究领域做出重要贡献。

在这里我分享一下自己的个人经验。记得还是在国内读硕士研究生的时候,有一次偶然读到美国西北大学教授 David Messick 的一篇论文,描述他们怎样用实验的方式来研究在资源困境(resource dilemma)中,当群体成员都过度使用资源的时候,是否产生对领导的需求(Messick et al.,1983)。读完这篇论文之后,我就完全被资源困境的具体性、抽象性和复杂性迷住了,从此不能自拔。当时正要做硕士论文,我毫不犹豫地就选择了社会困境问题(social dilemma)作为我的研究课题,并且设计了自认为十分有创意的实验,在学校既没有实验室也没有被试库(subjects pool)的情况下开始了我一生中的第一个实验室实验。记得那时候自己一个挨一个地去大教室招聘实验被试,还专门借了一间系里的会议室来当作实验室,每天做实验之前心中都充满了探险的喜悦,真有往事如梦的感觉。如果不是因为内心深处对该问题的入迷,这样的情况是绝对不可能发生的。

正因如此,当我到达伊利诺伊大学之后,发现有一位教授(Sam Komorita)正是研究社会困境问题的专家时,心中激动不已,甚至一反自己的内向性格,主动要求参加他的研究小组。我记得那时我几乎无时无刻不在思索一个问题,那就是:在社会困境情境中,当个体的利益最大化与集体的利益最大化选择发生冲突的时候,到

底有什么办法可以诱导群体成员为集体利益的最大化做出贡献?不管是在走路的时候还是吃饭的时候,不管是睡觉的时候还是上课的时候,大脑中总是不停地想着这个问题。有时甚至午夜梦醒的时候,也会有一些想法冒出来。而且特别有意思的是,当我观察事物的时候,也开始越来越多地用这个视角去分析,而且越来越发现这个视角分析问题的深刻性和透彻性,对许多问题都有了豁然开朗的领悟。比如,团队合作的问题、空气污染的问题、过度砍伐森林的问题、草原变沙漠的问题、人口增长的问题、贪污腐败的问题、企业之间联盟和竞争的问题,甚至国家之间的战争问题,等等,无不可从社会困境的角度去解读。思索这个问题于是变成我大脑中的一个自动程序,根本不需要"我"去告诉它,它自己就在那儿转动着。而就是这种"痴迷"和对这个问题的深入思考,让我产生了许许多多独到的想法,从而导致了我以后一系列的实验研究,并且使这些研究成果得以发表。我的硕士论文、博士论文研究的都是社会困境中的团队合作问题(Au et al., 1998; Chen, 1996; Chen et al., 1996; Chen & Bachrach, 2003; Chen & Komorita, 1994; Zeng & Chen, 2003)。

研究的灵感也可以来自与他人的沟通交流。这里的他人主要有三类:你教学的学生、你咨询的客户、你在学术界的同事。与这些人的交流虽然方式不同、内容不同、角色不同,但却都可以给你的研究课题带来灵感。

与学生交流。虽然上课是传授知识的时候,但如果采用互动式的教学方式,在课堂上可以对许多有争议的问题进行讨论,并在讨论的过程中擦出思想火花,产生新颖的视角和念头。尤其是上MBA或EMBA的课,这些学生都有相当年份的工作经验积累,而且对管理工作有深切的体验和思考,带到课堂上来的困惑和问题也比较多、比较实际。对这些困惑和问题的讨论就常常会产生新意,成为未来研究的课题。与此同时,自己在研究中发现的问题也可以拿到课堂上与学生讨论,让他们提供解释和看法,开阔自己的视野,或求证自己的观点。

与博士生的交流更是有助于产生好的研究想法的途径。博士生本来就对研究带有浓厚兴趣,又是喜欢观察思考的人,而且把做研究作为自己未来的终身职业。与他们交流,常常会有"心有灵犀一点通"的感觉,很容易谈得投机,让各种想法源源不断地冒出来。当然,我也观察到导师与博士生之间的关系在中国大学和美国大学的不同,最突出的表现可能在于"地位"的差异。在美国的大学,导师和博士生具有相对平等的地位,彼此以"同仁"相待,讨论问题时平起平坐,不存在谁听谁的问题,因此博士生都敢于畅所欲言。与此同时,导师也非常尊重博士生对研究课题的选择,从来不会把自己的研究兴趣强加在博士生的头上,给他们题目去做,而是想办法培养他们自身的研究兴趣。当博士生决定做一个与导师的研究方向完全

第 2 章 研究的起点：提出研究问题

不同的课题当博士论文时，导师也不会与博士生决裂，而是会支持他的决定，并给他以方法论等的指导。在中国的大学，大多数情况似乎不是如此，博士生多半被动地为导师的研究课题工作，至于自己的研究兴趣和想法，则常常处于迷茫状态。在这样的情形之下，要发生良好的交流恐怕就比较困难了。

与客户交流。与客户交流能使自己的研究立足于实际之中，并检验自己理论的应用价值。这里的客户指的是除学生之外你的服务对象，这些对象常常是政府、机关或企业。据我的观察，中国大部分教授的手中都有一些为企业咨询的项目。比如，为企业设计一套公司治理机制，或者人力资源规划，或者薪酬分配制度，等等。而有一些重视研发的企业则会提出一些目前遇到的棘手问题，让你进入企业搜集数据，并在此基础上提供解决方案。这其实都是相当好的机会，因为公司遇到的问题很有可能是新出现的尚未被前人研究过的问题，能给你的思想带来新的挑战。与此同时，公司可以提供的数据又能帮助你检验你对该问题的见解，在帮助公司解决实际问题的同时完成自己的研究项目。我觉得，对一个学者来说，做咨询项目应该不是仅仅为了解决一个实际的问题，更重要的是，如何把这一个实际问题抽象出来，并把这些抽象出来的概念之间的联系挖掘出来。这样，就能够一举两得，不浪费科研的时间。

我自己平时很少答应为公司做咨询，但是一旦决定做，就一定好好利用。我们在 JAP 上发表的一篇有关文化智商的论文（Chen et al., 2012）其实就是一个咨询项目的产物。当时，华盛顿州房地产协会的有关人士与我联系，希望我能为他们提供增加买卖房屋成功率的咨询，将重点放在新移民客户群上。华盛顿州因为有微软、波音、亚马逊这样的高科技公司，移民数量在全美名列前茅，而对新移民来说，购房是一件大事。而能成功帮助这些新移民购房，则是房地产公司关心的事。因为新移民存在文化障碍，就需要房地产中介具有较高的文化智商才能成功，我们因此利用此机会研究了个体和公司文化智商对地产中介销售业绩的影响，结果发现文化智商的重要作用，为有关文化智商的理论和文献增添了一点"砖瓦"。

事实上，目前中国企业的多姿多彩及它所处的特殊成长期都为中国管理学者提供了很好的研究场地。比如，中国企业现有的多种不同所有制类型就为研究公司治理结构如何影响公司业绩提供了丰富的素材；不同所有制结构的公司如何获取经济支持和人力资源？为什么某些公司比其他公司更愿意参与全球竞争？再比如，近几年来风起云涌的创业现象也是非常值得中国管理学者关注的，民间创业是一些经济发展最成功的省份的驱动力量（如江苏省和浙江省），但是在被过度激励之后，出现畸形，就像共享单车的恶性发展，造成资源的极大浪费，这些现象应如何从创业管理的角度解读?这些问题为学者研究企业提供了难得的机会。

与同事交流。与同事交流是产生思想火花的另一个重要渠道。仔细回忆起来,我的好几篇论文其实都是与同事交流思想的结果。比如我与陈昭全的合作,就来自我们去美国管理学会开年会时的短暂交流,几十分钟的聊天,一拍即合,就产生了后来在 Academy of Management Review(AMR)上发表的论文(Chen et al.,1998)。与曾鸣合写的那篇 AMR 文章(Zeng & Chen,2003),以及与陈雅如的合作也都如此(Chen et al.,2009;Chen et al.,2002)。我还记得在香港科技大学时,我的同事 Madan Pillutla 常常在路过我的办公室时停下来与我聊上几句,聊着聊着就会有一些想法出来,然后他就在黑板上写起来,接着我们就决定一起做实验,后来的成果发表在 OBHDP 上(Pillutala & Chen,1999)。我和李纾的合作则起源于我去澳洲开会时我们在悉尼的见面。记得当时是在新南威尔士大学附近的库吉海滩(Coogee Beach)散步时谈到了"地域行为(territorial behavior)"的跨国界表现,然后演变出我们后来关于跨文化竞争行为的研究,发表在 Journal of International Business Studies(JIBS)上面(Chen & Li,2005)。

2.2.4 文献驱动法:深度阅读

除了从个人的观察和思考中获取灵感,发现研究课题,也有许多人通过阅读以往的文献来发现某领域近期的研究热点,或挖掘值得研究的题目。比如在组织行为学领域,你去搜索一下近五年来发表的研究论文,就可能发现几个热门的题目:比如公正理论(justice theory),包括结果公正(distributive justice)、程序公正(procedural justice)、人际交往公正(interactive justice);比如组织公民行为(organizational citizenship behavior),又称情境行为(contextual behavior)、角色外行为(extra-role behavior),还有在团队层面的群体公民行为(group citizenship behavior);比如领导行为,尤其是变革型领导行为(transformational leadership theory)。另外,对回报行为(reciprocity)的研究似乎也刚刚开始升温(Flynn,2003a、2003b、2003c、2005;Wu,et al.,2006);而关于创造力和创新行为的研究(creativity and innovation),以及跨文化管理(cross-cultural management)的研究也有方兴未艾之势。

从阅读文献中得到启示并发现值得研究的问题有几个好处。首先是研究风险相对缩小。这里的研究风险指的是课题是否被其他研究同行认可及论文被发表的可能性。如果研究课题纯粹来自自己的个人兴趣,而诸如此类的问题从来不被以往的学者研究,一个可能性是别人都不认为该研究课题有价值,这样,即使你个人觉得它无比重要,要想发表也会非常困难。另外,这当然也可能是因为以前的学者

第 2 章 研究的起点：提出研究问题

都不曾想到过这一点（过往学者视区的盲点），而被你"慧眼识英雄"，那样的话，你也担负着需要扭转别人视角的工作，要发表论文也会比较困难。而从目前正在热烈讨论的问题中选择一个来进行研究的话，这个课题自然而然本身就有了"合法性"（legitimacy），而别人也就自然而然让你参与进他们的"对话"。

通过阅读文献来寻找课题的第二个好处是你能为研究找到比较扎实的理论基础及研究工具，而不需要一切从头做起（starting from scratch）。已经在杂志上反复出现的研究课题一般都已经奠定了一定的理论基础，这样就能够避免论文缺乏理论指导的缺陷。我曾经阅读过不少国内的老师或学生撰写的论文，有的甚至是博士论文，一个通病就是理论的苍白。许多文章在假设提出之前基本就没有什么理论的叙述和铺垫，也没有从理论到假设之间的逻辑推理，往往很突兀地就把假设提了出来，让读者摸不着头脑。假如你的研究问题是在阅读他人文献的基础上产生的，那么原来那些文章中的理论模型基本上就可能成为指导你研究的理论基础，你只要做一些修正，或者增减一些变量之间的链接就可以了。

此外，阅读文献还能让你了解做该类研究使用的一般方法，从而使你自己的研究有路可循。比方说研究组织公民行为一般都用问卷法，研究者直接从企业中抽取样本来进行调查，并且用不同的样本来搜集自变量和因变量的数据。也就是说，如果你预测员工的组织承诺度和工作满意度是决定他们组织公民行为的关键因素，那么你就必须从员工那儿搜集他们组织承诺度和工作满意度的数据，但是要从员工的上司或者同事那儿搜集员工的组织公民行为数据。然后计算这两组来源不同的数据之间的相关关系。只有如此才能避免"同源误差"（common method variance）。同时，根据文献中已经使用过的方法来进行自己的研究也能增加论文被接受发表的可能性。

当然，在阅读文献的基础上形成自己的研究问题也存在一些不足之处。最大的问题之一就是研究题目新意不浓，有"炒冷饭"之嫌。比如，别人已经研究了几十年的领导行为，现在我来研究，大的理论框架不动，只增加一两个变量。大量的关于变革型领导行为的研究都把它与企业公民行为相联系，而我只增加一个变量，那就是员工对领导的信任。我假设变革型领导行为会促使员工增加对领导的信任，而正是这种信任使员工更愿意为企业的发展做出贡献，于是主动去做大量的组织公民行为。这里，唯一增加的就是"信任"这个中介变量，别的框架保持不变。这样的研究固然有其"递增价值"（incremental value），但是创意甚微。

通过阅读文献提出研究问题的另外一个危险性在于，当该题目一旦变得"过时"的时候，你就得另起炉灶，重新寻找新的题目。这样，你个人的研究方向随着他人或学术界研究兴趣的变化而变化,也就无法形成自己的研究体系和轨迹,使自己的研究缺乏个性色彩,变成学术界的"跟风派"。

我在这里主要讨论了寻找好的研究问题的四种方法,事实上这四种方法既不互相排斥,也并未穷尽所有的可能性。其他还有无数的发现问题的方法存在。我觉得,对于研究的有心者来说,可能一转身、一抬头都能看见可以研究的问题,关键是保持心灵的敏锐和视角的独特。

2.3 问题的转化:如何将一般问题转化为研究课题

记得以前自己在国内刚刚开始研究生涯时,常常喜欢问一些宏大的问题,比如"什么因素会影响企业的绩效""究竟怎样才能提高员工的工作积极性"这样的大问题,生怕问题小了让别人感到鸡毛蒜皮、微不足道。

从我个人的经历来看,如果我没有去伊利诺伊大学学习的话,这样的思维习惯恐怕难以扭转过来。记得刚到伊利诺伊大学时,第一学期有一门综合课程,由系里的每一位教授来讲一节课,主要就是讲述自己的研究课题及这些年来的主要研究成果。结果我发现每一位教授讲的内容都非常独特、细致入微,而且与别的教授的研究没有任何重叠之处。原来以为都是同一个大题目下的内容,然而事实上每一节课讲述的都是一个单独的研究领域,都已经有了几十年积累下来的理论和研究成果,才发现这门课对我的难度之大,同时也发现原来研究者可以研究如此"琐碎"的题目。比如,Martin Fishbein 讲的是有关态度的研究,从态度的定义、组成成分、影响因素,到态度与行为之间的关系、理论模型、对理论模型的实证研究,以及预测态度和行为变化之间的计算公式,一节课就把他二十几年的研究讲了一遍,我才知道原来仅"态度"这个问题,就可以耗尽一个人一辈子的研究精力。研究得越深越细,对理论的贡献和实际的意义就越大。Patrick Laughlin 讲的是群体推理过程和规律,他专门研究群体在解决一些疑难问题的时候,如何把大家各自手头的线索穿起来,形成对问题的假设,并且在某些现象发生的时候去证实或证伪原先提出的假设,从而使假设一步步逼近真理(问题的真实答案),最后得出正确的结论。他还发明了自己的纸牌游戏,专门研究集体推理的过程。James Davis 讲的是他的陪审团研究、有关群体决策的种种现象及他的社会决策模式理论。Samual Komorita 讲他的同盟形成理论(coalition formation theory)和社会困境研究。此外,还有 Peter Carnevale 的谈判研究、Harry Triandis 的集体主义—个体主义研究、Charles Hulin 的员工离职研究、Fritz Drasgow 的项目反应理论(item response theory)、Janet Sniezek

的人在决策中的过度自信现象研究,等等。我记得当时自己是何等震撼。思考了很长时间,才搞清楚原来不需研究大问题也可以为科学做出贡献,也可以成为一流的学者。

2.3.1 化大为小,化抽象为具体

而要将"大而无当"的问题转化成真正可以操作、可以研究的问题,关键就是要清醒认识一个人和一个研究的局限性:一个人不可能在一个研究中给如此大的问题提供答案,因此,必须将大问题分解再分解,直到对问题中涉及的概念能够准确定义、操作、测量,并且能够把概念和概念之间的关系通过实际的数据加以检验为止。

比如说那个"什么因素会影响企业的绩效"的大问题其实可以有许许多多的答案。这个问题可以从金融、财会、系统设备、物流分析、市场战略、技术创新、企业战略、企业管理等各个领域入手。就是在企业管理领域,也可以分为宏观管理或微观管理。而就是在宏观领域,也可以从许多方面去看,比如企业横向联盟,企业产品创新,企业经营的战略、方法,甚至企业在行业关系网中的位置都可能会对其业绩产生影响。而企业本身的年龄、规模的大小、所在的地点、产品发展周期等也会影响业绩。从微观管理的角度,企业的组织架构、运作流程,企业员工的选拔、招聘、培训、绩效考核、薪酬分配等激励措施,以及企业的领导风格、公司文化等也都会影响企业最终的结果。如此看来,要回答"什么因素会影响企业的绩效"这个问题,一个人就是花一生的时间去研究也不可能找到全面的答案。在这种情况下,你就只能先分解问题,确定自己可以入手的领域,然后再对那个领域中的各种因素进行选择,找出与企业业绩关系最密切并有代表性的变量来开始你研究的第一步。假如你觉得企业的领导行为对一个企业文化的形成有至关重要的作用,而企业文化又无时无刻不影响着员工的行为,员工的行为又对企业最终的绩效发生重要的影响。那么,你就可以以领导行为的研究作为对这个大问题的切入点来开始自己的研究。然后一步一步深入下去,把领导行为、公司文化、员工行为和企业绩效这四个变量之间的关系研究个水落石出,从而在研究的基础上建立自己的理论框架。

当把问题分解到这个层次的时候,研究中的每一个变量几乎就都可以被比较准确地定义。当然,上述的四大变量还是停留在比较抽象的层面上。如领导行为,根据以往的研究,就已经可以有无数种表现。比如,任务导向型行为、关系导向型行为(Fiedler,1993);指导型行为、顾问式行为、说教型行为、放权行为(House,1971);变革型行为、交换型行为(Bass,1985;Burns,1978);更不用说近年来流行的

魅力型领导（Conger & Kanungo,1987,1998）、服务型领导（Greenleaf,1977）、谦逊型领导（Ou et al.,2014；Owens & Hekman,2012），等等了。你是用这些领导理论中的一种来指导自己的研究呢还是从头做起？如果你觉得魅力型领导对公司文化最有影响，也可以选择用魅力型领导的理论作为自己的研究基础，去预测它在中国企业中的表现和影响。

现在让我们把研究问题变得更加具体一些，比如"究竟是平易近人的领导风格还是高高在上的领导风格更为有效""平易近人的领导风格会导致怎样的公司文化""高高在上的领导风格又会滋生出什么样的公司文化"。因为前人的研究中不曾提到过这样的领导行为，你就需要对这两种领导风格进行定义，这样分解下来，你的问题就变成"平易近人领导风格的具体表现是什么""高高在上的领导风格的具体表现又是什么"，然后根据搜集的数据开发出相应的具有高信度、效度的量表，能够准确测量鉴定这两种领导风格。与此同时，你对公司文化的概念要有明确的定义，并且也要找到合适的测量工具。在对这两个变量的具体操作测量手段都确定之后，才可能为你的问题找到比较可靠的答案。

当然，最后你想看的是由于领导风格不同造成的不同公司文化最后对企业业绩的影响。这时，你就要对企业的业绩进行定义并分解。企业的业绩可以从销售额、利润率、市场占有率等硬性指标去衡量，也可以用现有员工的技能水平、业绩表现、员工离职率、工作满意度、员工创新意识等软性指标去衡量。选择的指标不同，结论就可能不同。所以笼而统之地问问题，与非常具体地问问题之间，反映的是思维方式的不同。而要进行实证式研究，只有把问题问得很具体才可能进行。

2.3.2 化研究问题为研究变量和假设

要把一般问题转化为研究问题，还有一个重要的步骤就是要确定问题中涉及的变量，以及这些变量之间可能存在的联系。

现在假如我有一个谁都不曾研究过的问题：企业领导的行为会不会影响一个企业的创新能力？我们怎么把这个问题转化为研究变量和假设呢？有几个步骤：首先，我们需要确定这两个变量是否会有联系，如果是，那么我的下一个问题就是：领导行为是如何影响企业创新能力的？"如何"二字就是要探索这种影响发生的机制，揭开"黑箱"中的变量。假如根据前人研究的结果和我自己的观察思考，我认为领导行为影响企业的创新能力是通过以下几个步骤实现的：首先，领导行为尤其是支持创新的行为，如鼓励员工不断学习、不断挑战自己的思维习惯，并且鼓励员工尝试用新方法解决问题，设立奖励机制鼓励员工提出合理化改进建议等，会在企业中形成一种创新的气氛和文化。其次,这种创新氛围会促使员工愿意冒险,愿意创造,而员工的不断创新就会直接影响整个企业的创新能力。因此,这一个问题中就包含了几个变量:(1)领导支持创新的行为;(2)企业创新能力;(3)企业创新氛围;(4)员工创新行为。很明显,在这个研究中,领导行为是自变量(independent variable),企业创新能力是因变量(dependent variable),而企业创新氛围和员工创新行为则是两个中介变量(mediating variables)。具体可以用图 2-1 表示:

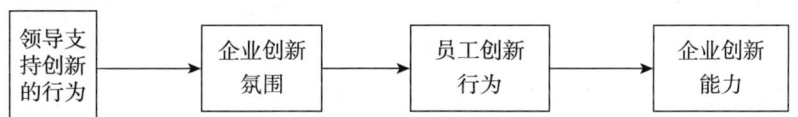

图 2-1 领导支持创新的行为与企业创新能力的多层次中介和调节模型

当然,这只是一种可能性。另一种可能性是领导支持创新的行为直接对员工的创新行为发生影响。与此同时,我们也可以假设同样的领导行为在不同的员工身上会产生不同的作用。比如,领导要求员工不断挑战自己的思维习惯,经常指出员工需要改进之处,这样的行为在不同的员工身上就会有不同的反应。那些具有"学习目标导向"(learning goal orientation)的员工可能会很容易接受这样的领导行为,因为他们本来就认为人需要不断学习、不断进步;但那些具有"绩效目标导向"(performance goal orientation)的员工可能就不容易接受这样的领导行为,因为在他们看来,如果领导要求他们改进自己,那就是对他们能力的否定,有相当负面的意思。员工个人在这方面的倾向,在以往的文献中被称为"目标导向"(goal orientation;Dweck,1986、1999)。因此,我们还可以在这个研究中再加上一个调节变量(moderating variable),那就是员工个人的"目标导向"。该研究变量之间的关系假设于是可以用图 2-2 表示:

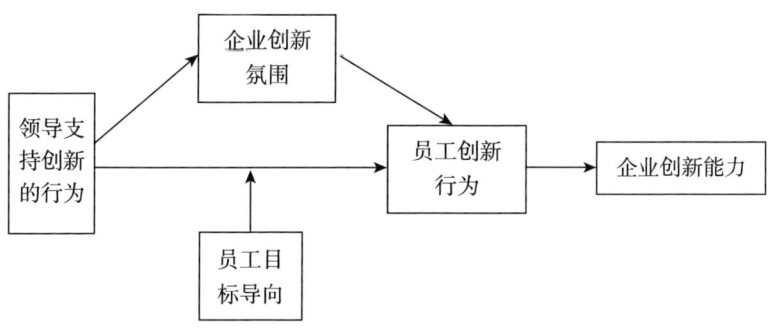

图 2-2 变量之间的关系假设

将这些研究变量和它们之间的关系界定下来之后,我们就可以写出该研究的主要假设:

假设1:企业领导的行为会直接影响企业的创新氛围(a)和企业员工的创新行为(b)。

假设2:企业员工的创新行为会直接影响整个企业的创新能力。

假设3:领导行为与员工创新行为之间的关系部分会被企业的创新氛围中介。

假设4:领导行为与企业创新能力之间的关系会被员工的创新行为中介。

假设5:员工的目标导向会调节领导行为与员工创新行为之间的关系:当领导出现支持创新的行为时,那些具有"学习目标导向"的员工更有可能表现出创新行为;而那些具有"绩效目标导向"的员工则更不可能表现出创新行为。

我们现在来看一个曾经在 *Administrative Science Quarterly*(ASQ)上发表的研究,是加州伯克利大学的 Jennifer Chatman 教授做的。她的基本研究问题是员工价值观与企业价值观的一致性是怎么实现的?与企业价值观一致的员工是否工作态度更积极,表现更好,更不会主动跳槽?Chatman(1991)认为,要使员工保持与企业共同的价值观,是通过先在招聘时进行筛选,再在招进来之后进行同化这两个过程来实现的。因此,这个问题中的研究变量就包括:

自变量:招聘过程中的筛选——只选择那些与企业具有相似价值观的候选人,加入组织后的同化——参加同化活动越多的人越可能与企业共享价值观。

中间变量:员工价值观与企业价值观的一致程度。

因变量:工作满意感、工作业绩、离职意愿。

变量与变量之间的关系则可以用图2-3表示:

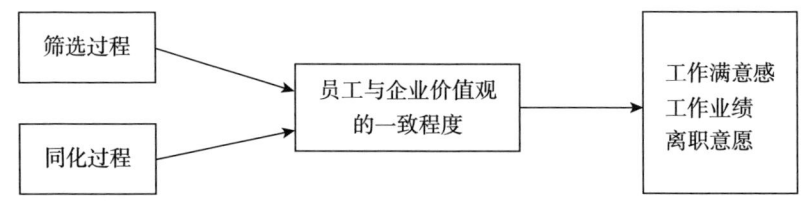

图2-3 变量与变量之间的关系

具体用假设的形式来表达这些变量之间的关系,则有以下假设:

假设1:在员工招聘过程中对个人的价值观关注越多,员工与企业价值观的一致程度越高。

假设2:员工入职后参与公司的同化活动越多,其与企业价值观的一致程度越高。

假设3：与企业价值观一致性程度越高的员工，其工作满意感越高(a)、工作业绩越好(b)、离职意愿越低(c)。

Chatman采用了纵向研究法(longitudinal approach)，在八家会计事务所先后两次(相隔一年)搜集数据，得以观察企业各种同化活动的开展(如企业文化培训、企业庆典活动、导师制等)，以及在此期间员工价值观的变化和员工与企业价值观之间一致性程度的变化，从而检验这些假设是否成立。结果发现，虽然大部分假设得到支持，但有些假设却没有得到数据的支持(详细结果请阅读原文)。

2.3.3 化研究问题为研究设计

在研究问题和假设基本确定下来之后，下一步就是要选择合适的研究设计来检验假设。研究方法的选择主要取决于研究的问题和假设。一般而言，如果研究假设的变量关系之间具有因果联系，那么就需要通过精心设计的实验室实验来加以检验，因为在实验中，我们可以通过严格控制自变量的变化程度来观察因变量的变化(陈晓萍，2017)。相反，如果研究假设的变量关系只是相关关系的话，那么就可以通过问卷法、档案法、个案法等非实验的方法来进行检验。本书的未来章节会对这些具体的研究方法进行详细的描述，在此先不赘述。我只简要地举例描述一下研究方法选择的基本原则。

原则一：用定性方法(qualitative approach)研究全新的课题和构念。 如果你的研究课题从来没有人研究过，那么你就需要用定性的方法从头开始做起。我和我的同事对创业者激情(entrepreneur passion)的研究就是如此。我们首先界定创业者激情的内涵和外延，确定这个构念与以往研究中的构念(如内在动机)的不同、它的独特价值和研究意义。我们认为，创业者激情是创业者对自己即将或已经成立的公司所具有的一种强烈的情感体验和入迷的认知状态，它有别于一般的内在动机，不仅具有极强的目标针对性，而且更与个人身份(personal identity)密切相关。从这个定义出发，我们通过访谈、开放式问卷的方式搜集与之有关的条目，从而开发出能够准确测量这个构念的量表。在对这个量表的信度效度进行检验之后，再搜集数据去发现这个构念对创业者能否得到风险投资的影响，以验证这个构念在创业实践中的重要性(Chen et al., 2009)。

对工作同事之间人际关系的研究我们也采用了类似的方法。虽然以往的文献中有大量的有关关系的研究，但大部分都停留在理论层面，没有具体的测量工具。究竟什么样的关系被称为"好关系"？就这个问题，我和彭泗清(Chen & Peng,

2008)用定性的方法进行了探索。我们首先对良好关系进行定义,然后让企业中的员工和管理人员找出一个与他们具有良好关系的同事,举例说明他们会有什么样的行为表现,会一起做什么样的事,等等。对收上来的条目经过反复斟酌整理后,我们发现有九种行为能反映两个工作同事间的良好关系,包含两个维度(dimension)的内容,即工具性维度和情感性维度。然后,我们又问:什么样的行为能促进或损坏工作同事间的关系?我们同样用定性研究的方法对这个问题进行了研究,结果发现,有27种行为会直接增进或破坏工作同事间的关系,其中包括与工作有关的正/负面行为,以及与工作无关的正/负面行为。

原则二:用实验法(experiment)研究具有因果关系的假设。当研究变量之间的关系具有因果联结的时候,就需要用严密控制的实验室实验来进行检验。比如,我们假设群体决策过程中领导发言顺序对决策结果会直接产生影响:在领导先发言的群体中,群体成员对决策结果的满意度较低,而在领导后发言的群体中,群体成员对决策结果的满意度较高。这个假设很难在现实中进行检验,因为除了领导发言的顺序,还有许多因素都可能影响群体成员对决策结果的满意度,而那些因素我们在实际情况中无法控制。实验就不同了。我们可以保持实验情境中所有的因素都一样,唯独变化领导发言的顺序来测量群体成员对决策的满意度。也就是说,在这个实验中,唯一的自变量就是群体领导的发言顺序。最简单的设计可以是两个实验情境。在确定了群体领导的人选和地位之后,在一个实验情境中,我们要求领导第一个发言;而在另一个实验情境中,我们要求领导最后一个发言。假设在这两个实验情境中,我们事先都告诉领导他们应该持有的观点,并且故意让该观点与我们告知群体成员应该持有的观点相悖,那么就能够检验领导发言顺序对群体决策结果的影响。与此同时,如果要较为系统地来研究领导发言顺序对群体成员对决策结果满意度的影响的话,在确定好群体人数之后,可以设计情境让领导第一个发言,第二个发言,第三个发言……如果我们还想看一看群体人数多少与领导发言顺序之间的关系,那就可以再加进一个自变量——群体规模,来设计实验。

原则三:用问卷研究的方法/调查法(survey)来检验相关性假设。大部分的管理学研究都是用问卷法完成的,因为在现实中变化的因素很多,能够在变量之间建立起相关的联系对我们理解现象的发生已经很有意义。问卷研究法中通常又有两种:一种是横向研究法(cross-sectional approach),另一种是纵向研究法(longitudinal approach)。横向研究法是指在同一个时间段内,对研究的所有变量搜集大样本的数据,这些样本通常跨越部门、企业甚至国家。纵向研究则是指对确定的样本和变量,在不同的时间段内去搜集数据,可以是相隔几个月、几年甚至几十年。如果一个研究中的变量不涉及时间维度,而且没有任何隐含的因果关系假设,那么横向研究法应该是最合适的选择。比如,谢家琳等对国企员工工作复杂性、压力源及其缓解方法的研究,采用的就是横向研究法(Xie et al.,2004)。但是,如果一个研究中的假设涉及时间的因素,或者在某种意义上隐含了因果关系的话,那么就需要用纵向研究的方法。比如,我在研究领导行为与员工离职之间的关系时,因为离职行为应该出现在领导行为之后,所以就采用了纵向研究法(Chen,2005);Chatman在研究员工价值与企业价值一致性时,因为涉及员工入职前后价值观的变化,也用了纵向研究法(Chatman,1991)。

2.4 论文开题报告的形成

在确定了自己的研究兴趣、研究问题、研究变量及变量和变量之间的关系,并且在此基础上确定了研究方法之后,就可以开始撰写论文的开题报告了。开题报告是提出研究问题的正式形式,主要应该包括以下内容:

(1)引言:为什么要研究这个问题?对这个问题的研究能帮助我们理解管理中的什么有趣现象?它对未来的管理理论和实践有什么重要意义?

(2)文献回顾:过去的研究对这个问题或与该问题有关的领域有无积累?与该问题最相关的理论基础是什么?该问题与其他管理概念的关系是什么?用什么样的理论框架去研究这个问题最有独到的视角?

(3)假设的提出:在文献回顾的基础上,根据严密的逻辑推理过程,建立与该问题有关的所有研究概念(变量)之间的联系,呈现出对该研究有直接指导作用的理论模型,并且就变量之间的关系提出具体的假设。

(4)研究方法:对样本的特性、变量的操作和测量、控制变量、具体研究方法(定性、定量等)和步骤、假设检验的具体统计方法等都需要做详尽的描述。

(5)研究结果的意义:对可能得到的研究结果进行讨论,详细说明该研究对管理理论的贡献,以及对管理实践的指导作用,并对未来可能在这个课题上继续开展的研究做一个展望。

参考文献

Au, W. T., Chen, X. P. & Komorita, S. S. (1998). A probabilistic model of criticality in a sequential public goods dilemma. *Organizational Behavior and Human Decision Processes*, 75(3), 274—293.

Bass, B. M. (1985). *Leadership and Performance beyond Expectations*. New York: The Free Press.

Burns, J. M. (1978). *Leadership*. New York: Harper & Row.

Brodbeck, F. C., Kerschreiter, R., Mojzisch, A., Frey, D. & Schulz-Hardt, S. (2002). The dissemination of critical, unshared information in decision making groups: The effects of prediscussion dissent. *European Journal of Social Psychology*, 32, 35—56.

Chatman, J. A. (1991). Matching people and organizations: Selection and socialization in public accounting firms. *Administrative Science Quarterly*, 36(3), 459—484.

Chen, C. C., Chen, X. P. & Meindl, J. R. (1998). How can cooperation be fostered? The cultural effects of individualism-collectivism. *Academy of Management Review*, 23(2), 285—304.

Chen, X. P. (1996). The group-based binding pledges as a solution to public goods problems. *Organizational Behavior and Human Decision Processes*, 66, 192—202.

Chen, X. P. (2005). Leader behaviors and employee turnover. In Tsui, A. S. & Lau, C. M. (Eds.) *The Management of Enterprises in the People's Republic of China*. Beijing: Peking University Press.

Chen, X. P., Au, W. T. & Komorita, S. S. (1996). Sequential choice in a step-level public goods dilemma: The effects of criticality and uncertainty. *Organizational Behavior and Human Decision Processes*, 65, 37—47.

Chen, X. P. & Bachrach, D. G. (2003). Tolerance of free riding: The effects of defection size, defection pattern and social orientation. *Organizational Behavior and Human Decision Processes*, 90, 139—147.

Chen, X. P. & Chen, C. C. (2004). On the intricacies of Chinese guanxi: A process model of guanxi development. *Asia Pacific Journal of Management*, 21(3), 305—324.

Chen, X. P., Hui, C. & Sego, D. J. (1998). The role of organizational citizenship behavior in turnover: Conceptualization and preliminary tests of key hypotheses. *Journal of Applied Psychology*, 83(6), 922—931.

Chen, X. P. & Komorita, S. S. (1994). The effects of communication and commitment in a public goods dilemma. *Organizational Behavior and Human Decision Processes*, 60, 367—386.

Chen, X. P., Lam, S. K., Naumann, S. & Schaubroeck, J. (2005). Group citizenship behavior: Conceptualization and preliminary tests of antecedents and consequences. *Management and Organization Review*, 1(2), 273—300.

Chen, X. P. & Li, S. (2005). Cross-National differences in cooperative decision making in mixed-motive business contexts: The mediating and moderating effects of vertical and horizontal individualism. *Journal of International Business Studies*, 36, 622—636.

Chen, X. P., Liu, D. & Portnoy, R. (2012). A multilevel investigation of motivational cultural intelligence, organizational diversity climate, and cultural sales: Evidence from U. S. real estate firms. *The Journal of Applied Psychology*, 97(1), 93—106.

Chen, X. P. & Peng, S. (2008). Guanxi dynamics: Shifts in the closeness of ties between Chinese coworkers. *Management and Organization Review*, 1.

Chen, X. P., Pillutla, M. M. & Yao, X. (2009). Unintended consequences of cooperation Inducing and maintaining mechanisms in public goods dilemmas: Sanctions and moral appeals. *Group Processes & Intergroup Relations*, 12(2), 241—255.

Chen, X. P. & Yao, X. (2004). Re-Examine the communication effects in social dilemmas: Sustainability and explanations. Presented at the annual conference of Academy of Management, New Orleans.

Chen, X. P., Yao, X. &Kotha, S. (2009). Entrepreneur passion and preparedness in business plan presentations. *Academy of Management Journal*, 52 (1), 199—214.

Chen, Y. R., Chen, X. P. & Portnoy, R. (2009). To whom do positive norm and negative norm of reciprocity apply? Effects of inequitable offer, relationship, and relational-self orientation. *Journal of Experimental Social Psychology*, 45 (1), 24—34.

Conger, J. A. & Kanungo, R. N. (1987). Toward a behavioral theory of charismatic leadership in organizational settings. *Academy of Management Review*, 12, 637—647.

Conger, J. A. & Kanungo, R. N. (1998). *Charismatic Leadership in Organizations*. Thousand Oaks, CA: Sage.

Davis, J. H. (1973). Group decision and social interaction: A theory of social decision schemes. *Psychological Review*, 80, 97—125.

Davis, J. H., Au, W. T., Hulbert, L. G., Chen, X. P. & Zarnoth, P. (1997). The effects of group size and procedural influence on consensual judgments of quantity: The example of damage awards and mock civil juries. *Journal of Personality and Social Psychology*, 73, 703—718.

Davis, J. H., Kameda, T., Parks, C. D. & Stasson, M. F. (1989). Some social mechanics of group decision making: The distribution of opinion, polling sequence, and implications for consensus. *Journal of Personality and Social Psychology*, 57(6), 1000—1012.

Davis, J. H., Stasson, M. F., Parks, C. D., Hulbert, L. & Kameda, T. (1993). Quantitative decisions by groups and individuals: Voting procedures and monetary awards by mock civil juries. *Journal of Experimental Social Psychology*, 29, 326—346.

Dweck, C. S. (1986). Motivational processes affecting learning. *American Psychologist*, 41, 1040—1048.

Dweck, C. S. (1999). *Self-Theories: Their Role in Motivation, Personality, and Development*. Philadelphia: Psychology Press.

Edwards, J. R. (2002). Alternatives to difference scores: Polynomial regression analysis and response surface methodology. In F. Drasgow & N. W. Schmitt (Eds.), *Advances in measurement and data analysis* (pp. 350—400). San Francisco: Jossey-Bass.

Edwards, J. R. (2001). Ten difference score myths. *Organizational Research Methods*, 4, 264—286.

Edwards, J. R. & Lambert, L. S. (2007). Methods for integrating moderation and mediation: A general analytical framework using moderated path analysis. *Psychological Methods*, 12, 1—22.

Fiedler, F. E. (1993). The leadership situation and the black box of contingency theories. In M. M. Chemers and R. Ayman (Eds.) *Leadership Theory and Research*. San Diego: Academic Press.

Flynn, F. (2003a). How much should I give and how often? The effects of generosity and frequency of favor exchange on social status and productivity. *Academy of Management Journal*, 46(5), 539—553.

Flynn, F. (2003b). What have you done for me lately? Temporal changes in subjective favor evaluations. *Organizational Behavior and Human Decision Processes*, 91(1), 38—50.

Flynn, F. & Brockner, J. (2003). It's different to give than to receive: Predictors of givers' and receivers' Reactions to favor exchange. *Journal of Applied Psychology*, 88 (6), 1034—45.

Greenleaf, R. K. (1977). *Servant Leadership*. New York: Paulist Press.

Griffeth, R., Hom, P. & Gaertner, S. (2000). A meta-analytical update of antecedents and correlates of employee turnover. Research in the nineties with research implications for the next millennium. *Journal of Management*, 26, 463—488.

Hinkin, T. R. (1995). A review of scale development practices in the study of organizations. *Journal of Management*, 21 (5), 967—988.

Hinkin, T. R. (1998). A brief tutorial on the development of measures for use in survey questionnaires. *Organizational Research Methods*, 1 (1), 104—121.

Hitt, M., Beamish, P., Jackson, S. & Mathieu, J. (2007). Building theoretical and empirical bridges across levels:

Multilevel research in management. *Academy of Management Journal*,50, 1385—1399.

Hom, P. & Griffeth, R. (1995). *Employee Turnover.* Cincinnati Ohio: South-Western College Pub.

House, R. (1996). Path-Goal theory of leadership: Lessons, legacy, and a reformulated theory. *Leadership Quarterly*,7(3),323.

House, R. J. (1971). A path goal theory of leader effectiveness. *Administrative Science Quarterly*, 16 (3), 321—339.

Kahneman, D. & Tversky, A. (1972). Subjective probability: A judgment of representativeness. *Cognitive Psychology*,3,430—454.

Kahneman, D. & Tversky, A. (1973). On the psychology of prediction. *Psychological Review*,80,237—251.

Kahneman, D. & Tversky, A. (1979). Prospect theory: An analysis of decision under risk. *Econometrica*, 47, 263—291.

Kahneman, D. & Tversky, A. (1982). Psychology of preferences. *Scientific American*,246,161—173.

Kameda, T. (1991). Procedural influence in small-group decision making: Deliberation style and assigned decision rule. *Journal of Personality and Social Psychology*,61,245—256.

Kameda, T. & Sugimori, S. (1995). Procedural influence in two-step group decision making: power of local majorities in consensus formation. *Journal of Personality and Social Psychology*,69,865—876.

Kameda, T., Takezawa, M., Tindale, R. S. & Smith, C. M. (2002). Social sharing and risk reduction: Exploring a computational algorithm for the psychology of windfall gains. *Evolutionary Human Behavior*, 23, 11—33.

Karau, S. J. & Kelly, J. R. (1992). The effects of time scarcity and time abundance on group performance quality and interaction process. *Journal of Experimental Social Psychology*,28(6),542—571.

Kelly, J. R. & Karau, S. J. (1999). Group decision making: The effects of initial preferences and time pressure. *Personality and Social Psychology Bulletin*, 25, 1342—1354.

Larson, J. R. Jr., Foster-Fishman, P. G. & Keys, C. B. (1994). Discussion of shared and unshared information in decision-making groups. *Journal of Personality and Social Psychology*,67,446—461.

Lee, T. W., Mitchell, T. R., Wise, L. & Fireman, S. (1996). An unfolding model of voluntary employee turnover. *Academy of Management Journal*, 39 (1), 5—36.

Liao, H., Liu, D. & Loi, R. (2010). Looking at both sides of the social exchange coin: A social cognitive perspective on the joint effects of LMX and TMX relationship quality and differentiation on creativity. *Academy of Management Journal*. 53,1090—1109.

Liao, H., Toya, K., Lepak, D. & Hong, Y. (2009). Do they see eye to eye? Management and employee perspectives of high performance work systems and influence processes on service quality. *Journal of Applied Psychology*,94,371—391.

Liu, D., Chen, X. P. & Yao, X. (2011). From autonomy to creativity: A multilevel investigation of the mediating role of harmonious passion. *Journal of Applied Psychology*,96(2),294—309.

Liu, D., Liao, H. & Loi, R. (2012). The dark side of leadership: A three-level investigation of the cascading effect of abusive supervision on creativity. *Academy of Management Journal*.

March, J. G. & Simon, H. A. (1958). *Organizations.* NY: Wiley.

Maslow, A. H. (1968). *The Psychology of Being.* New York: Van Nos/Trand Reinhold Company.

Messick, D. M., Wilke, H. Brewer, M. B., Kramer, R. M., Zemke, P. E. & Lui, L. (1983). Individual adaptations and structural change as solutions to social dilemmas. *Journal of Personality and Social Psychology*,44,294—309.

Mitchell, T. R. (1988). *People in Organizations.* NY: McGraw-Hill.

Mitchell, T. R., Holtom, B. C., Lee, T. W., Sablynski, C. J. and Erez, M. (2001). Why people stay: Using job embeddedness to predict voluntary turnover. *Academy of Management Journal*,44,1102—1122.

Mitchell, T. R. & Lee, T. (1999). The unfolding model of voluntary turnover: A replication and extension. *Academy of Management Journal,42,450—462.

Mitchell, T. R. & Lee, T. W. (2001). The unfolding model of voluntary turnover and embeddedness: Foundations for a comprehensive theory of attachment. Research in Organizational Behavior, 23,189—246.

Ou, Y., Tsui, A. S., Waldman, D., Xiao, Z. X. & Song, J. W. (2014). A humble chief executive officers' connections to top management team integration and middle managers' responses. Administrative Science Quarterly,59(1),34—72.

Owens, B. P. &Hekman, D. R. (2012). Modeling how to grow: An inductive examination of humble leader behaviors, contingencies, and outcomes. Academy of Management Journal,55(4),787—818.

Pillutla, M. & Chen, X. P. (1999). Social norms and cooperation in social dilemmas: The effects of context and feedback. Organizational Behavior and Human Decision Processes, 78 (2),81—103.

Podsakoff, P. M. & MacKenzie, S. B., Lee, J. & Podsakoff, N. P. (2003). Common method biases in behavioral research: A critical review of the literature and recommended remedies. Journal of Applied Psychology, 88(5),879—903.

Porter, M. E. (1980). Competitive Strategy. NY: The Free Press.

Raudenbush, S. W., Bryk, A. S., Cheong, Y. F. & Congdon, R. T., Jr. (2004). HLM 6: Hierarchical Linear and Nonlinear Modeling. Chicago, IL: Scientific Software International.

Stasser, G. & Titus, W. (1985). Pooling of unshared information in group decision making: Biased information sampling during discussion. Journal of Personality and Social Psychology,48,1467—1478.

Stasser, G. & Stewart, D. D. (1992). Discovery of hidden profiles by decision-making groups: Solving a problem vs. making a judgment. Journal of Personality and Social Psychology,63,426—434.

Stewart, D. D. & Stasser, G. (1995). Expert role assignment and information sampling during collective recall and decision making. Journal of Personality and Social Psychology,69,619—628.

Thaler, R. H. & Sunstein, C. R. (2009). Nudge Improving Decisions about Health, Wealth, and Happiness. NY: The Penguin Group.

Thaler, R. H. (2015). Misbehaving: The Making of Behavioral Economics. NY: W. W. Norton & Company Inc.

Tsui, A. S., Wang, H. & Xin, K. R. (2006). Organizational culture in China: An analysis of culture dimensions and culture types. Management and Organization Review,2(3),345—376.

Tversky, A. & Kahneman, D. (1981). The framing of decisions and the psychology of choice. Science,211, 453—458.

Vroom, V. H. (1964). Work and Motivation. NY: Wiley.

Vroom, V. H. &Yetton, P. W. (1973). Leadership and Decision Making. Pittsburg: University of Pittsburg Press.

Wittenbaum, G. M., Hubbell, A. P. & Zuckerman, C. (1999). Mutual enhancement: toward an understanding of collective preference for shared information. Journal of Personality and Social Psychology,77,967—978.

Wu, J. B.,Hom, P. W., Tetrick, L. E., Shore, L. M., Jia, L., Li, C. & Song, L. J. (2006). The norm of reciprocity: Scale development and validation in the Chinese context. Management and Organization Review,2 (3), 377—402.

Xie, Y. J., Wang, X. H. & Lin, Y. C. (2004). Stress intensity factors for cracked rectangular cross-section thin-walled tubes. Engineering Fracture Mechanics,71 (11),1501—1513.

Zeng, M & Chen, X. P. (2003). Achieving cooperation in multi-partner strategic alliances: A social dilemma approach to partnership management. Academy of Management Review,28 (4),587—605.

Chatman, J. A. (2005).个人与组织契合度:公众会计事务所里的甄选与融入.载于徐淑英和张维迎主编,管理科学季刊最佳论文集,27—54.北京:北京大学出版社.

陈晓萍(2017).实验之美:简单直接地揭示因果关系.管理学季刊,2,1—14.

第3章 管理研究中的理论建构

陈昭全　罗格斯大学

张志学　北京大学

沈　伟　亚利桑那州立大学

▶ 本章大纲

引言

3.1 理论和理论层级

　3.1.1　什么是理论？

　3.1.2　理论的构成

　3.1.3　理论的层级

3.2 理论建立的过程和方法

　3.2.1　理论建构的社会过程

　3.2.2　发现并选择科研问题

　3.2.3　做出理论贡献的途径

　3.2.4　四种途径的关系

　3.2.5　理论建立过程中的演绎和归纳

3.3 实证研究中的理论描述

　3.3.1　讲述一个故事

　3.3.2　列出参考文献和引用他人成果

　3.3.3　引用实证研究结果

　3.3.4　在概念之间建立联系

　3.3.5　为研究假设进行的推理

　3.3.6　构建统观视角/理论

　3.3.7　运用框图说明理论

　3.3.8　结束并继续故事

3.4 结语

第 3 章 管理研究中的理论建构

引言

科学研究的重要目的在于建立理论、对理论进行检验或者发展已有的理论。建立理论是驱动和贯穿于整个科学研究过程的一种智力的、情绪的和审美的活动。所建立的理论的质量和强度是评估科学研究者对科学领域贡献和影响的黄金法则。由于一些学者批评组织管理领域缺少有影响力的理论,AMR 在 1989 年、ASQ 在 1995 年分别组织专辑来讨论理论建构的问题。尽管如此,比起学术研究中的其他方面(研究设计、研究方法等),学者们对于如何建立理论的讨论相对少得多,而且也比较零散。许多人甚至觉得建立理论不是能够学会的科学,而是依赖个人特质和天分的艺术。在本章里,我们将分析理论建构的过程以便让研究者尤其是年轻的研究者了解怎样建立一个好的理论。为此,我们将首先阐明什么是理论和理论建构,然后描述理论的主要成分,最后我们将探讨理论建构过程中的主要问题。在写作本章的过程中,我们参考了发表在以上提到的两本管理研究杂志专辑中的文章中的观点,也吸收了诸如 Merton(1968)、Glaser 和 Strauss(1967)等学者对于如何建构理论所发表的经典论述。我们还引用了不少研究作为范例来说明如何建立一个强有力的理论。读者可以通过本章后面列出的主要文献去查看这些研究的全文。这些研究中的多数是与中国管理研究有关的,不少是华人学者及我们自己的研究。这样做的原因在于,一方面我们比较熟悉这些研究,从而更可能分析这些研究在理论建立方面的可取之处;另一方面也使得读者在看完这些研究后更能够联系中国的管理实践思考理论建构的策略。

3.1 理论和理论层级

3.1.1 什么是理论?

Merton(1968:39)将理论定义为"在逻辑上相互联系并能获得实证性验证的若干命题"。理论的重要功能在于通过提纲挈领的表述让人们了解纷繁复杂的现象或者事件发生的脉络和原因。一个好的理论必须能够把与所要解释的现象最相关的概念以符合逻辑的方式组织在一起,清晰地表达出这些概念之间的关系,帮助人们了解现象是怎样发生的,是在什么条件下发生的,以及为什么会发生。我们下面将详细介绍理论的构成以及建立理论的过程。需要明确的是,理论可以在抽象和操作两个层面上形成;抽象的理论由抽象的概念(concept)或构念(construct)和命题(proposition)构成,而操作的理论则由具有操作性的变量(variable)和假设(hypothesis)构成(Bacharach,1989)。从这个角度上讲,构成理论的概念和变量的差异主要是在抽象性或可操作性上:前者较为抽象,后者则具有很高的操作性。抽象的概念在现实世界中可能没有直接的对照物(如社会地位),而具有操作性的变量能在现实世界中观察、测量到(如每个人的职业、收入和职务)。那些旨在建立理论而非验证理论的概念性论文(conceptual papers)中的理论通常包含较为抽象的概念和命题,而那些旨在验证理论的实证性论文则需要把抽象的概念和命题转化为具有可操作性的理论,并以变量和假设的形式表现出来以便进行实证检验。一些学者专门撰写理论性文章用于激发或者指导后来的实证研究,例如发表在AMR上的论文。而大多数实证性论文,从验证理论的角度出发,主要关注的是对概念进行清晰的界定、根据概念和命题提出可以操作的变量和可以验证的假设。因此,尽管我们认识到理论在抽象水平上的差别,在我们的讨论中,概念和变量及命题和假设的含义都是等同的。而且,我们将理论建构当作实证研究的一个部分,并将理论和理论贡献看作一篇实证性论文中的最终产品。

3.1.2 理论的构成

如上所述,理论是一个由概念或者变量组成的系统,通过命题将概念之间的关系表达出来,或者通过假设将变量之间的关系表达出来。以往学者对于理论的构成成分有所论述。例如,Dubin(1976)认为理论包括构成现象的若干单元(units)、各单元之间的互动法则(laws of interaction)、理论成立的边界(boundaries)、决定各单元之间的互动表现的系统状态(system states)、关于这些单元之间互动的命题、用于对这些命题进行检验的实证指标(an empirical indicator)和假设。Dubin 在后来的论述中认为一个理论应当包括什么(what)、怎样(how)、为什么(why)、谁(who)这四个成分(Whetten,1989)。这些看法虽在描述上略有差别,但基本上都认为理论具有以下论述的几个关键成分:概念/变量、命题/假设、机制/原理,以及边界条件。

概念/变量。概念/变量都涉及理论要解释的对象和内容是什么。组织管理中的理论基本上都是将现实组织中的某个现象作为问题的起点而逐渐建立起来的。概念/变量作为对于现象的初始表达,是理论的最基本成分。

概念就是对于单个现象或实体的一种表达和说明,它是抽象的和普遍的、不能够直接或间接地被观察到。概念反映了某一事物或者现象成为自身并同其他事物或现象区别开来的本质特性。概念具有内涵(内容)和外延(范围)两方面的特性。内涵是对事物本质属性的反映,是对事物"质"的规定性的反映,是说明概念所反映的那种事物究竟"是什么"。揭示概念内涵的逻辑方法是定义。精确而全面的定义能够保证概念准确地表达所要描述的事物或者现象。例如"组织"是一个概念,它表示一群人为了达到某个共同的目标组成的具有特定结构的实体。概念的外延是指概念能够在多大程度上涵盖具备特定本质特性的事物。它说明概念所反映的事物"有哪些"。组织这个概念描述的是任何形式的组织,例如,营利性组织(如企业)或者非营利性组织(如政府)。在社会科学领域中,一些学者将那些专门用于科学研究和理论建构的概念称为构念,我们对二者不再进行区分,一律采用概念这个词。

变量是对概念的一种操作化和转化,使得原来抽象的概念能够被观察到并且可以被测量。所有的变量都应当可以被赋值。例如,"性别"作为一个变量时,可以用0表示男、1表示女。"工作满意度"作为一个变量时,可以用某种量表来测量,并以数值的高低来表示某人的满意程度。

概念和变量都是对于现象或者事物的一种表达,二者既相互关联又存在差别。概念相对而言更加宽泛,而变量则是对概念的一种操作性的界定。在组织研究中,一个概念可能存在多个对应的变量。因此,有时不同学者研究同样的概念,但得出的结论并不相同。要比较这些研究结论,需要搞清楚他们测量这个概念的方法是否相同或者概念对应的变量在这些研究中是否完全相同。变量一定是具体的、可操作的并且是能够被测量的。比如,要研究工作情境中上下级之间的关系,研究者提出"权力"这个概念。但是权力是看不到、摸不着的,要对权力的大小进行衡量,研究者便将它操作化为一个人在组织中控制财务的、社会的或信息的资源的多少。那些控制这些资源较多的人,与那些控制这些资源较少的人相比,就具有更大的权力。通过操作,抽象的权力概念就转化为可观察、可测量的关于一个人对各种资源控制程度的变量。由于在组织中个人控制资源多少往往与其在组织机构中所处的地位高低高度相关,研究者也可以通过个人的工作职务的级别来衡量其权力大小。相比抽象的权力而言,个人在组织中的级别也是可以观察、可以衡量的。例如,Finkelstein(1992)通过对文献的梳理提出在高管团队中每个成员的权力包含四个方面,而在每个方面的权力大小都可以通过一个或多个变量来测量。

理论是建立在概念基础上的,概念是理论的基本元素。界定不清楚的概念将会导致模糊的研究命题或者假设,或者导致对于组织现象不正确的认识。不精确的概念还会使得知识难以积累(Osigwen,1989)。相反,准确界定的概念能够有效地区分现象,而且有助于数据搜集。准确界定的概念也能够指导研究者和实践者。

在使用概念/变量来建立理论时,通常要考虑完备性和简洁性两个标准。前者是指研究者在多大程度上将所涉及的因素都包括到理论中来,后者则指剔除那些不能够增加解释力的概念/变量从而确保以尽可能少的概念/变量来建立理论。研究者包括的概念/变量越多,对于现象的解释自然可能越完备。然而,科学研究的目的在于持简驭繁,以精巧的理论去解释复杂的现象。所以,在能够准确解释现象的前提下,使用概念/变量越少越好。完备性和简洁性两者存在着矛盾,但能否平衡两者的关系乃是检验一个学者理论素养的试金石(Whetten,1989)。

命题/假设。选定建立理论所需要的概念之后,紧接着需要问的一个问题是这些概念之间是"怎样"联系在一起的呢?研究者需要通过命题/假设将概念联结起来。

命题或假设都是对于现象之间关系(通常是因果关系)的一种陈述。二者的区别在于,命题涉及抽象的概念之间的关系,而假设则将命题涉及的广泛的关系以更为具体和能够操作的方式表达出来,因此假设一定是由具体的变量构成的。检验某个命题可能需要检验多个假设,因为命题中的概念可以由多个变量来操作化。由于这种差异,那些发表在 AMR 上没有数据的理论文章只包含命题而没有假设,而发表在 AMJ 上的实证文章需要用数据验证一个理论,这类文章一般只包含假设而没有命题。

机制/原理。仅仅列出命题/假设并不足以构成理论,理论的更重要的方面是解释概念或者变量之间存在某种关系的原因。组织研究者需要解释所观察到的因果关系背后经济的、社会的、组织的或者心理的原因。理论就是要对于人类行为、组织现象或过程提供根本的解释,而这些解释必须建立在可靠的逻辑推理基础之上。在理论建立的过程中,逻辑推理非常重要。只有让别人觉得所提出的命题是合乎逻辑的、可信的,理论才有可能被人们接受,并对学术或实践界产生影响。

在组织研究中,一个常见的缺点就是研究者仅仅提出一些假设,然后通过数据来验证这些假设,而对于它们背后的原因缺乏解释。这种状况导致研究者过于注重研究方法、数据分析等技术性细节,或者局限于对概念或者变量之间的关系进行描述。要理解组织现象发生的机制或原理,研究者不仅要检验变量之间的因果关系(主效应),而且要搞清楚自变量和因变量之间的关系在不同的条件下是否相同(调节作用),此外更为重要的是要尽可能揭示自变量和因变量之间关系背后的逻辑,例如,自变量是否通过影响了另一个变量发生改变而导致了因变量发生了改变(中介作用)。例如,Shin 和 Zhou(2003)在关于领导方式、员工价值观与员工的创造性之间关系的研究中,发现领导者的转型式(transformational)领导风格对于员工的创造性有积极的影响,这是一个主效应。转型式领导是通过激发员工的内在动机来影响创造性的,即内在动机在转型式领导与员工创造性之间起中介作用。此外,员工的保守性价值观会调节转型式领导与创造性之间的关系,即保守价值观具有调节作用。综合主效应、调节作用和中介作用,研究者揭示了组织情境下员工创造性的机理(mechansim)。总之,命题/假设只能描述现象之间的关系或者表达出某种模式,但是理论却要对现象为什么发生提供合理的解释。

边界条件。因为所有的理论都包含明确的或者隐含的前提假定条件(assumptions 或 presumptions),所以一个理论只能在这些条件下成立;一旦超出这些条件所设定的边界,理论可能就不再有解释力。因此,研究者在建构理论或者已经通过实证的手段对理论进行了论证之后,都需要明确地指出该理论的边界条件或者情境限制。

通常研究者可以通过表明理论适用的对象是谁、在什么场合适用、什么时候适用等方式来说明理论的边界。例如,针对产业工人建立起来的某个模型是否能够解释知识型的员工情境下的类似现象?在西方建立起来的公平理论是否完全适用于中国人呢?在高度发展的市场环境下建立起来的关于企业行为和竞争优势的理论是否适用于非市场环境或者新兴市场环境?所建立的理论是否会随着时间的推移而有所变化呢?

承认或者指出理论成立的边界条件不仅能够帮助实践者借鉴合适的理论去改进工作,而且能够使得研究者(理论创建者本人或者后来的研究者)不断验证原有的理论,找出其中的限制条件,从而为理论的进一步发展及学术的积累做出贡献。

理论通常具有一定的普遍性或者广泛性,即可以推广到很多情境中去解释现象。要保证理论的普遍性,不仅需要在建构理论过程中对概念进行清楚地界定,对概念之间的关系做出符合逻辑的推理,而且需要对概念之间的关系进行验证。当有足够的证据支持了原来所提出的概念之间存在的可能关系时,理论才能够成立。

我们现在引用 Dubin(1976)以 Herzberg(1966)的激励—保健双因素理论来说明理论的构成。双因素理论认为影响个体行为的因素有外在因素和内在因素两种,而个体对于外界情境的反应则有满意和不满意两种。这个理论中包括外在因素、内在因素、满意和不满意四个概念,而这四个概念之间的关系便构成了双因素理论。在这个理论的基础上可以提出大量的命题,例如,个体对工作的最终态度乃是满意水平和不满意水平的总和,个体可能对组织冷漠、既不会体验到满意也不会体验到不满意,个体的满意水平与不满意水平是相互独立的。要在组织情境中验证双因素理论是否成立,必须要将这些命题转化为研究假设。为此,Herzberg将工作环境中的外在因素称为保健因素,包括员工的薪水、技术指导、人际关系、公司政策和行政管理、工作条件及工作安全等。这些因素当中的任何一个都是保健因素的实证指标,或者可以转化为可以测量的变量。比如,薪水的高低显然是能够测量的,而劳动条件就不能直接测量,因此必须要对其进一步具体化或操作化,例如,洗手间和休息室的舒服程度、是否有给员工提供了煮咖啡的房间、组织允许的工间休息时间的长短等。同样,Herzberg将内在因素(激励因素)界定为获得成就、认可、责任及个人发展机会等方面,所有这些都可以进一步操作化和测量。根据这些可以测量的操作化的定义,研究者便可以假设上述因素与员工的工作动机或者态度(这些概念同样需要转化成为可以测量的定义)之间的关系,并检查来自企业情境中员工的数据是否支持这个假设。如果假设得到支持,说明理论在这个情境下是正确的。之后,研究者到其他情境中通过数据进行检验,如果仍然被验证,说明这个理论具有较高的解释力。双因素理论是有边界条件的。例如,它针对的是作为组织当中的一个成员的个体,而不是针对组织中的群体。此外,其他学者认为双因素理论是针对经理人的,而对于基层的员工来说,薪水和安全等因素还是能够起到激励作用的。

3.1.3 理论的层级

在阐述什么是理论之后,我们认为有必要探讨一下理论的层级并明确在本章中我们聚焦于中层理论的构建。在我们看来,理论这个概念在美国被过于通俗化,而在中国却被过于神秘化。在美国的大众语言中,理论可以是对于现象的解释和推测、对于某种事情的猜想或者对于日常生活中即将发生的事情的预测。如果某个理论被证明是正确的,人们往往觉得很不错;不过即便理论被证明是错误的,美国人也认为没有什么大不了的。相反,中国人很少在大众语言中将理论用于日常发生的事情上,他们倾向于将理论看作对于社会和人性的基本规律的哲学思考和系统观点。在本章中,我们既不像美国人那样将理论看作对于事物所做出的解释性的或者预测性的看法,或者认为任何能够提出某种意见的人就是理论者;我们也不像中国人的精英观,即把理论看成是宏大的、包罗万象的系统原则和规律,并认为理论者必须是像孔子、马克思或毛泽东那样的思想家。我们所说的理论就是Merton(1968)称为的社会科学领域里的中层理论(middle range theories),而我们所说的理论者是指那些通过实证研究提升组织和管理知识的研究者。

首先让我们澄清什么是中层理论。中层理论是相对于宏大理论(grand theories)和细微理论(trivial theories)而言的。在美国流行的对于理论的定义似乎更像细微理论,而在中国流行的对于理论的定义更像是宏大理论。宏大的社会科学理论是高度复杂、非常抽象和系统的理论,包括社会、组织和个人的方方面面。自然科学和物理学中的模型及社会学的先驱者大都希望建立宏大理论。例如,马克思的阶级斗争理论、Parsons的功能理论及Homans的社会交换理论都被认为是宏大理论(Merton,1968;Bourgeois,1979;Wagner & Berger,1985)。中国道家的阴阳理论也是一种宏大理论,它认为可以将自然界和社会生活中的所有事情划分为相互冲突而又互相补充的阴和阳两种成分,事物的任何一种状态都可以通过阴和阳两种成分的平衡和变化来加以解释(Fang,2011;Li et al.,2009)。通常,宏大理论就像一种范式(paradigm),代表那些广泛意义上共享的信念和看法,这些信念涉及世界的起源、本质及运作的基本法则。这些范式往往能够提供一种理论的透镜,去界定和检验世界。在社会科学当中,类似范式的理论代表着诸如经济学、社会学和心理学等学科的差异,它们使得研究者将注意力聚焦到颇不相同但互补的课题上,诸如经济中的供求关系、社会的规范与结构及个体的差异等。

细微理论被 Merton 称为"工作假设"(working hypothesis),它是普通人在日常生活中建立起来的常识。例如,当某位经理的下属早晨上班迟到了,而前一天晚上电视直播了一场世界杯足球比赛的实况,经理便假设下属是由于睡过头而迟到了。在这种情况下,该经理所提出的理论只是针对下属在这一天上班迟到的解释,即使被验证是正确的,也未必能够解释在其他情境下发生的迟到现象,因此不具有一定的普遍性或者广泛性。

我们可以根据理论所涉及现象的全面性来看宏大理论与细微理论的区别。宏大的理论最为全面,因为它们包括了一套相互联系的法则(命题或者假设),这些法则涉及许多不同情境下的各种现象。相反,细微理论集中于有限的概念,这些概念也只与有限情境下的少数现象有关。还可以根据理论的抽象程度来看两种理论的差别。宏大理论最为抽象,其中的概念与变量之间、命题与假设之间的距离最大,从可观察的现象识别其背后隐含的法则也最难。细微理论则截然相反,它们最具体,理论与可观察的现象之间几乎是相同的。中层理论介于两者之间,它在全面性和抽象程度上都是中等的,目的在于解释具有一定复杂程度的现象背后的规律。中层理论是有边界的,它只适用于某些类的现象而非所有的现象。如果将全面性和抽象性看作一个连续体而非两个范畴的话,中层理论的提倡者力求在研究的集中性(集中于某一现象或某现象的某一方面)和全面性之间取得平衡(DiMaggio,1995),以及在精确性和广泛性之间取得平衡(Osigweh,1989)。比如,把阴阳论的原理中层化，Zhang 等（2016）从悖论视角出发，建立并验证了矛盾领导行为（paradoxical leadership behavior）模型；同样，采用阴阳辩证原理，Chen（2017）强调个体与集体导向对于现代，特别是全球组织的双重重要性，提出社区主义（communitarianism）的概念，探讨跨文化组织与团队管理中如何平衡、协调、整合个体主义与集体主义导向，提高跨文化管理效率。中层理论也可通过对细微理论的提升。例如上面提及的迟到例子，理论者可对（不同）员工在不同组织、不同情境下发生迟到现象进行系统分析，然后总结出"迟到"这个具体行为所反映的深层次抽象概念，最后提出具有一定普遍性的理论来解释和预测它的发生。

对组织管理研究领域的学者而言，建立中层理论具有一定的挑战性但也是现实的选择。这是因为组织具有边界，而组织现象又是高度情境化的（徐淑英和张志学，2006），很多社会或者政治的因素会影响到组织管理实践中的解决方案。这种特性使得组织研究者容易以实用的术语来建构理论，并通过发现在组织情境中存在的具体关系而建立起一些细微理论。建立中层理论是一个相当大的挑战，它需要学者的勇气、智慧和想象力（Weick，1995）。不过，从几个方面看，追求建立宏大理论对组织管理研究者而言可能是不现实的，甚至是有害的。第一，正如 Merton（1968）和 Bourgeois（1978）所主张的，尽管建立宏大理论可能是科学研究的终极目标，但是当前的社会学和组织研究还没能完成建立宏大理论的足够的知识积累。第二，社会科学中的宏大理论的建立导致了相互对立的意识形态或哲学派别，阻碍了理论的建立和发展（Wagner & Berger，1985）。第三，社会科学并不像物理学那样，它具有独特性和复杂性，建立抽象而广泛的理论往往会牺牲对于现象的准确认识，而且很可能使得理论无法证伪（Popper，1959；Bacharach，1989）。不能够被证伪的理论不是一个好理论。而社会科学中的宏大理论由于其高度抽象，很难将其概念和命题操作化为变量或者假设，或者由于其概念和命题高度抽象，不同的学者对其进行的操作化可能完全不同。这些情况最终导致的结果是无法对于宏大理论进行验证。

我们提倡建立和检验中层理论，但是有必要重申，宏大理论、中层理论和细微理论之间的区别只是程度上的，而不是如表面看起来的那样有清晰的分类边界。比如，就理论的广泛性（普适性）而言，即使是在中层理论这个范畴内也仍然存在如下的差异。

第一，社会科学中的著名理论（如下的所谓"被命名的理论"）往往因其在不同的现象和情境中的广泛应用而更具有普适性。如格式塔心理学（Gestalt psychology）、身份理论（identity theory）、创新—扩散理论（innovation-diffusion theory）、社会资本理论(social capital theory)、资源依附理论(resource dependence theory)、制度理论(institutional theory)、代理理论(agency theory)等。这些更具广泛性的理论常常担当学术研究中的通用参照框架,是发展和检验新的组织和管理的中层理论的基础。第二,作为纯粹概念性文章发表出来指导未来研究的理论模型(如 AMR 中发表的文章),或总结过去研究和概述未来研究方向的评论文章(如 *Journal of Management* 中的回顾总结性文章)往往比带有数据检验的理论模型(如 AMJ 中发表的)更具广泛性。第三,顶级期刊比其他期刊更倾向于强调理论贡献,因而在顶级期刊中得到检验的理论往往比其他期刊中的理论更具广泛性。最后,跨层(个人、小组、组织、市场或社区、社会)的理论往往比只在一层上起作用的理论更具广泛性。例如,为了解释工作团队绩效的变异性,一个在小组(如团队动态)、组织(如资源分配)、个人(如领导风格)水平上对"可能的起因"(plausible causes)进行探寻的理论可能比只在小组水平上的理论更具广泛性。

3.2 理论建立的过程和方法

诸如 ASQ 和 AMJ 等有影响的管理学杂志在对稿件进行评审时明确强调,对实证性论文进行评审的最重要标准之一就是看它做出理论贡献的程度。撰写实证性论文的作者可以通过多种方法来提高他们的研究的理论影响力。介绍如何建立有影响的理论之前,我们想谈谈学术社区在理论建构过程中的重要作用。

3.2.1 理论建构的社会过程

一提到建立理论,有些人立即想到学者个人从事原创性的思考,然后提出某个理论。在建立理论的过程中,学者必须富有想象力,并不断地尝试和实验自己的一些想法。其实,建立理论的工作也是一种社会建构过程。研究者将自己的研究写成一篇论文,投给某个学术杂志,杂志邀请同行对文章进行评审。评审人对文章提出很多意见和建议,有时所提出的问题甚至是研究者当初考虑不周或者根本没有考虑到的。研究者对评审人提出的问题进行回应,或者根据评审人的意见和建议对于文章进行修改和完善,或者从事更多的研究弥补原来研究中存在的不足。通过这样的同行评审过程,研究者的理论更为合理和严谨。

除了上述常见的正式评审过程,研究者还可以采用非正式的评审来提高文章的质量,即在将文章正式投寄给学术杂志之前,研究者先将文章发给从事相关领域研究的同行,征求他们的意见。我们特别强调,为了使研究有理论贡献,研究者一定要在研究设计和数据搜集之前的研究准备阶段,听取别人的评论、意见和批评。美国社会具有良好而完善的学术社区,同行之间的交往非常紧密,信息沟通相对频繁,学者更容易获得同行的评论。学者们也将听取同行意见作为从事研究或者建立理论过程中很自然的一个环节。中国管理学界的学术社区还刚刚起步,由于学术社区活动尤其是针对研究问题进行研讨的活动相对较少,不少学者仍然在孤立地从事研究,不大了解国内哪些同行已经或者正在从事相似的研究。由于没有在准备研究阶段获得同行的评价,最终的研究取得理论性突破的可能性更小,有的甚至只是重复以往学者的研究。所以,中国的组织管理研究者们要想建立自己的理论,一定要在研究的最早阶段有意识地组织社会建构并寻求学术社区和同行的评论。

我们所指的理论的社会建构有两个途径,其一是向学术同行寻求建议和反馈。往往通过建立核心同行群体来实现;其二是作者在思想中模拟社会建构,类似于思想实验(thought experiments;Weick,1989)。寻求核心群体成员的观点和建议,有助于确定合适的研究问题、发现并选择恰当的理论视角、建立有价值的理论模型、根据研究的证据编织出一个清晰而流畅的故事等。怎样建立一个高效的核心同行群体?通过阅读文献、参加学术会议、参与专业学术团体活动,以及建立与学者的个人联系。业界的同行应具有相关研究领域的素养与经验,你在与他们交流之后对问题的理解将大有提高。例如,如果你是第一次向某学术专业杂志投寄文章,最好向那些已经在这个杂志上发表过文章的学者索取反馈。但如果你的目标是在一流杂志上发表文章,你需要咨询的同行就不能是仅仅在一般的学术杂志上发表过文章的人,而是那些在一流杂志上发表过文章的学者。

思想中模拟社会建构是指作者想象自己与一些专家进行对话和讨论。作者充当协调人或者领导者的角色,而其他主要的人物(或者他们的作品)代表各不相同的观点或看法。在这种模拟的社会建构中提出理论问题并对其进行争辩和解决。解决问题并不意味着各方已经达成了共识,而是表示作者决定在某个事项上持有某个立场、决定研究什么问题、选择某个特殊的观点,甚至形成某些假设。通过直接介入问题的讨论,并完整地考虑已有文献中的观点等方式做出决定。从这个意义上说,模拟的社会建构其实就是个人从事文献回顾和假设形成的过程。总之,提到社会建构,我们是要强调理论建构并非学者个人"闭门造车",而是积极地让其他在某个课题上有知识和有信息的人参与进来。

我们认为,建立理论的过程由几个重要的活动构成,包括发现和选择研究问题、提出理论上的解释或者解决方案、对解释或者解决方案进行评价和选择从而确定最合适的解释或者方案,以及根据实证数据建立理论等。在以下的部分,我们针对这几个方面逐一进行讨论。

3.2.2 发现并选择科研问题

选择有意义的科研问题至关重要,一个理论的重要性在很大程度上取决于研究者所选择的问题的意义(significance)。评价意义用哪些标准呢?Weick(1989)谈到六条:有趣性、非显见性、互联性、可信度、美感度和实在性。虽然上述六条标准对于选择研究问题都很重要,我们想强调两条相互对立且时有争议的标准:实在性和有趣性。实在性是指研究的主题确实存在于现实世界里;有趣性则是指该研究问题能否获得其他学者的关注,能否唤起他们了解和参与对话的愿望。为达到实在性标准,研究者需要从实践角度出发,所研究的问题在多大程度上代表了或针对了现实世界中的实在问题,具有揭示事物的本质和改进管理实践工作的潜能。为达到有趣性标准,研究者需要从理论角度出发,考虑课题是否体现出一个独特或者全新(反传统、反直觉)的视角,是否具有提出新概念、新理论模型从而对所在领域做出理论贡献的潜能。实在性标准和有趣性标准的不同之处在于,实在性标准是外部、实践导向的,它注重与现实的扎根和关联并影响实践;而有趣性标准则是内部、理论导向的,它注重研究者的想象力并与本领域中已有的理论和研究相关联,旨在对知识的不断进步做出贡献(例如,Davis,1971;Weick,1989)。

作为一个应用学科,管理学学者应该努力地应用实在性和有趣性双重标准推进组织和管理研究的科学发展和知识创造,以及对管理实践产生影响。不过,同时兼顾这两个标准实际上有困难。事实是,管理学界似乎在两个标准之间存在巨大摇摆。在早期阶段,管理学者们基于管理实践,运用心理学、社会学、经济学等基础学科的知识为经典管理理论奠定基础,然而,随着时间的推移,也许是为了建立起一门独立的学科,顶级管理学研究期刊和主要商学院全力鼓励推进新概念、新理论的发展及采用先进的统计方法,以提高理论贡献的重要性。虽然这些协同努力让管理学界确立了显著地位,也推动了管理学者的职业发展,但是近十几年来对于当代管理学研究的批评日益增多。顶级管理学术期刊过于关注发展新颖概念和理论,管理学研究对组织实践的相关性与影响却被严重削弱了。管理研究领域被批评为在理论上过于内向,自我引用(self-referential),甚至盲目崇拜(fetishistic)(Birkinshaw et al.,2014;Hambrick,2007;Schwarz & Stensaker,2014)。近多年,越来越多的学者呼吁基于现象的管理学研究。对于中国管理学学者而言,Chen 等(2017)认为,以现象为基础的中国组织管理研究不仅可以增强研究对于实践的相关性,也有助于发展本土或普世的管理理论。

尽管西方的管理研究面临着实用性危机,我们认为中国管理学者在实在性与有趣性之间的平衡方面同时面临着严峻的挑战。相当比例的中国管理学学者,在企业咨询和管理培训方面有较为丰富的经验,倾向于选择那些与实践相关的问题,但对于理论的有趣性关注不够。这是因为:一方面中国经济体制的转变以及企业改革面临前所未有的挑战,很多新出现的问题急需答案;另一方面中国管理研究作为一门社会科学目前还很年轻,缺乏社会科学研究的规范。除此之外,许多学者与国际社会科学研究者缺乏交流,对于西方现有管理理论的接触有限。因此,他们建立框架和选择研究问题时倾向于选择实践者认为更紧急的或更具有实践价值的课题,而对于课题的理论潜能有所忽视。即便考虑到问题的有趣性,研究者常常会去寻找前人没有研究过的现象,认为只要是新的现象就会有贡献。虽然这有一定的道理,但是人们发现,有时表面上的新现象,事实上是前人研究过的某个老问题的一种表现形式。相反,有时看起来显而易见的现象却可能蕴含了在理论上有趣的成分。此外,以往人们没有做的课题也可能是因为他们觉得不够有趣或者理论贡献太小。所以,仅仅强调没人做过的课题并不能体现研究的理论意义。

一些比较年轻的中国学者对于现有管理文献更为熟悉,认同有趣性标准,致力于理论发展,渴望在西方主流管理学杂志上发表论文。然而,这些学者有在西方被批评为对理论和方法的盲目崇拜的问题。他们的研究问题不是通过体验或者观察现实世界的管理实践,而是限于对现有文献的梳理,跟踪新的研究热点,寻找文献空白,确认新颖概念,然后在现实世界中寻找它们的具体表现,从而选择与新概念特征相匹配的现象进行研究。这种所谓理论导向的选题方法的问题在于研究问题受到研究潮流的影响,对于现实世界的观察是浅尝辄止,浮于表面,甚至是有偏见的。因此,构建的理论模型缺少实在性,也难以被验证。即使被验证,也会是局部的、浮于表面的,因而对管理实践只有微小的影响。

我们建议研究者综合与平衡实在性和有趣性两个标准来选择研究问题,既要谨防与现实脱离又要谨防与现实粘连得过于紧密。脱离现象追求理论创新和有趣性既有脱离现实的风险也有失学者的社会责任。但是,过于陷入现实世界,则存在让实践主导研究课题的风险,也可能被有权势的组织与个人误导(Weick,1989)。这是因为有权势者在学者从事研究的过程中往往与学者接触的机会更频繁、发布的信息更多,如果学者不撤离现场进行独立的思考,很可能受到他们的影响而无法对于现象进行更全面和更合理的解释。再有,基于现象的研究的目标是为了理论发展,过于强调与现实匹配会使得研究者无法超越现实、从现象中走出来,用更为抽象的视角去理解现象的本质。过于陷入单个现象之中,可能导致就事论事,所建立起来的理论往往非常细微而琐碎。学者与实践者的一个重要区别在于，学者对于管理现象进行深入观察和了解之后，从实践中抽离出来，独立地对现象进行理论的思考。否则，会"只缘身在此山中"而"不识庐山真面目"。

3.2.3 做出理论贡献的途径

可以根据两种方法来判断一个理论的科学贡献：实证的和理论的。评价实证贡献的主要依据是理论被数据支持的程度。在其他条件相同的情况下，一个被更多和不同的实证观测所支持的理论，其贡献更大（Stinchcombe，1968）。实证贡献主要关注对于理论的检验，即理论与相关数据之间的关系。评价理论贡献则需要参考其他相关的理论来进行。许多年轻的组织管理研究者倾向于关注理论与数据之间的联系，而对于理论与理论之间的联系关注不够。我们认为任何一项实证研究都要同时考虑这两种贡献，但要更加关注理论贡献。受到 Wagner 和 Berger（1985）关于理论发展的观点的启发，下面我们阐述四种发展理论的途径。这四种途径分别是深化（elaboration）、繁殖（proliferation）、竞争（competition）和整合（integration）。

第一种做出理论贡献的途径是深化，是指研究者在已有的理论的基础上增加一些新的成分，使得原来的理论更全面、更具体、更精确和更严谨，从而增加了理论的解释力和预测力。新建立的理论并没有挑战或者背离原有理论的假定和原理，它与原有理论所阐述的问题是相似的，支持理论成立的实证性数据或观察也是相似的。通过深化的途径来发展原有理论的一个通常策略是，增加调节变量，显示原来理论中的命题或者假设在不同条件下有所不同。例如，虽然高阶理论（upper echelons theory）提出高级管理人员的个人因素，例如年龄、教育水平、职能背景和工作年限等会影响企业的战略决策和业绩（Hambrick & Mason，1984），但实证研究发现高管的影响在不同的行业和企业之间存在很大差异。为了解释这个现象，Hambrick 和 Finkelstein（1987）提出了管理自由度（managerial discretion）的概念，并指出高级管理人员只有在拥有一定的管理自由度的情境下才会对企业的战略决策和业绩产生显著影响，并且其影响会随着经理人自由度的提高而加大。随后的一些实证研究就是通过增加并检验管理自由度的调节作用来对高阶理论做出贡献（例如，Crossland & Hambrick，2011；Finkelstein & Hambrick，1990；Li & Tang，2010）。另外，Shen 和 Cho（2005）对管理自由度这个概念进一步深化，把它分解为目标自由度（latitude of objectives）和行为自由度（latitude of actions）两个维度，并系统地探讨了这两个维度对于 CEO 变更和企业业绩之间关系的调节作用。

另一个深化的策略是在原有理论中的变量之间增加中介变量，揭示原有理论中的两个概念或者变量之间的关系发生的过程。例如,学者们提出团队的交互记忆系统(transactive memeory system,TMS)概念来解释有效的团队的工作机理(Wegner,1987),认为 TMS 作为一种团队处理信息以及综合、协调不同成员的知识专长的认知系统,能够让团队成员彼此了解并利用各自的专长来完成复杂的团队任务。以往学者认为团队成员之间的交流和沟通会影响到 TMS 的形成(TMS 作为因变量),还有学者考察了在现场环境下 TMS 作为自变量对于团队绩效的影响(如 Lewis,2004)。张志学及其合作者(Zhang et al.,2007)指出,在组织环境中,TMS 的发展必然受到诸如团队文化、所从事任务的互赖性及团队成员对于目标的认知等团队特性的影响,而进一步影响到团队工作的绩效。他们假定 TMS 在团队的创新文化、任务互赖性及合作性的目标依赖性与团队绩效之间起完全的中介作用,来自104 家中国高技术企业的数据支持了 TMS 的中介作用。这项研究通过揭示 TMS 在团队特性与团队绩效之间起到中介作用而对已有的 TMS 文献做出贡献。

　　第二种做出理论贡献的途径是繁殖,就是研究者从其他领域的理论中借鉴某个或某些思想,将其应用到新领域中的现象上。繁殖与深化的区别在于,繁殖是将其他领域或者学科的理论应用到一个新领域中的现象上去,而深化则是针对同一领域中的相同现象。运用繁殖途径建立理论时,研究者可能没有对原来的理论进行大的改变,但借鉴它的思想却能够很好地解释新现象。Hannan 和 Freeman (1977)将人口生态学运用到组织研究中是人们最常引用的理论繁殖的范例。人口生态学的概念起源于进化论和自然选择理论,这些理论认为,那些更好地适应环境的生命物种存活下来,而不能适应的物种就消失了。Hannan 和 Freeman 将该理论用于企业的诞生、存活和死亡。当时的理论认为组织对环境变化具有较强的适应性,因此,组织存活是组织通过努力来适应环境变化的结果(如 Child,1972)。而 Hannan 和 Freeman 则认为多数组织都深受组织惯性之害,这种惯性阻碍了组织的适应性,使得组织与已经或正在变化的环境不相容,于是这些组织将会被那些与外部环境相适应的组织所替代。因此,Hannan 和 Freeman 提出组织能否存活不是组织本身主动适应的结果,而是由环境选择来决定的。

　　有时学者们并非完全借用另外一个领域的思想和理论,而只是借鉴其中的某一个思想或者部分思想。例如,Gardner 和 Avolio(1998)运用戏剧的观点来建构有关领导和追随者之间关系的理论。他们认为,魅力式领导者就是注重印象装扮的演员,而追随者就是观众。领导者与追随者之间的关系建立过程就像戏剧一样徐徐展开,包括设计、编写剧本、登台亮相和表演等(framing,scripting,staging,performing)几个阶段。两位作者系统地运用戏剧的概念来叙述领导者的绩效行为,并阐述决定这些行为的因素及这些行为所导致的结果。他们并没有完全将正式的戏剧理论移植到领导现象中来,而是从戏剧的效果是如何发生的过程中获得灵感。这是一种比喻性的理论繁殖。

第三种做出理论贡献的途径是竞争。它乃是针对某个已经完全建立起来的理论,提出新的理论,却做出与原来理论针锋相对的解释。新的理论以令人信服的证据展示原来理论的重大缺陷,从而提出另外的解释,甚至替代原来的理论。新的理论与原有的主流理论的对立程度可以有所不同。有时新的理论只是在某些方面对于已有理论提出挑战,但保留了原有理论的基本原则和结构。Wagner 和 Berger(1985)将这种情况称为理论变式而不是理论竞争。在高度竞争的理论建构中,新的理论很可能采用完全不同的角度或者假定,以此来挑战原有理论的角度和假定的不足,新的理论可能对于相同的现象做出与原有理论截然不同的预测,并替代原有的理论。

Meindl 的魅力领导理论(Meindl,1990、1995)就是一个范例。传统的领导学研究尤其是魅力式领导和转型式领导的研究,普遍采用一种领导者中心的典范,即认为领导力是驻留在领导者身上或者由领导者产生的一种品质或行为,它影响了下属,并决定下属和组织的绩效。然而,Meindl 的魅力领导理论却认为,领导力是驻留在下属那里而且由下属产生的,是由下属主观建构出来的用以理解组织变化和不确定性的一种东西,它是由组织绩效决定的,而非决定组织绩效。该理论刺激了领导学领域中以下属为中心的研究,填补了传统的以领导者为中心的领导理论的不足(Samir et al.,2006)。

在战略管理领域,资源基础理论(resource-based theory)的提出也是一个通过竞争来建立新理论的范例。传统的产业经济学理论强调企业之间业绩上的差异主要是由它们所处行业的差异造成的,特别是在行业结构上的差异。资源基础理论则明确提出,企业之间在业绩上的差异并非由所处行业决定,而主要是由于企业自身因素特别是它们内部在资源禀赋上的差异造成的(Wernerfelt,1984;Barney,1991)。这种在理论上的竞争导致了一系列的实证研究来检验企业业绩受行业因素和企业因素影响的相对程度的大小(McGahan & Porter,1997;Misangyi et al.,2006)。另一个竞争性理论的例子是社会网络研究中 Granovetter(1973)提出的弱关系理论。以往的理论和研究强调强关系比弱关系具有更大的优势,但 Granovetter 则认为弱关系的优势在于,它能够使得个人获得新的、非多余或不重叠的信息,并能够使得个人与更多不同的社会网络建立联系,从而促进个人的灵活性、流动性和创新性。

第四种做出理论贡献的途径,是在两个或者两个以上已经建立起来的理论的基础上创造一个新的理论模型,这就是整合。在对理论进行整合时,可以采用前面提到的深化、繁殖或竞争的途径。深化的整合理论表明,原来的理论可以通过增加调节变量来深化为两个(或多个)变式(variants):变式一在某些条件下成立、但变式二则在其他条件下成立。例如,Xiao 和 Tsui(2007)关于高承诺组织中的结构洞的功能的研究是对原来的结构洞理论的重要发展。结构洞理论(如 Burt,1997)认为,那些能够将两个及以上相互没有联系的人联结在一起的中介者具有更多的社会资本。这种社会资本使得中介者获得更多的信息和机会,并且能够决定给予谁更多的好处。Xiao 和 Tsui 认为在集体主义文化中,结构洞不能使个人具有更多的社会资本。他们还认为,在高承诺的组织中,中介者无法获得信息和控制的两个好处。原因在于,在这种组织中,通过控制信息来获得个人的好处的做法会受到组织内部规范的约束和惩罚;此外,结构洞的好处应该被其周边的所有人来分享而不是让结构洞的占有者独享。Xiao 和 Tsui 推断,与低承诺组织相比,高承诺的组织中结构洞与员工的生涯绩效之间的正相关更弱。他们在四家高承诺组织中获得的数据表明,结构洞对于员工的生涯发展不仅没有好处,而且是有害的。

除了这种深化的整合,还可以通过繁殖的整合和竞争的整合进行理论创新。繁殖的整合模型可以解释某种深层的理论关系在不同的情境下都存在;而竞争的整合理论可以吸收相互对立的理论中的某些成分而建立一个严密的理论,从而解释在某些条件下原来两个观点不同的理论中的其中一个理论,而在另外的条件下第二种理论也成立。总之,整合的目的在于通过联系和统一相互对立的概念和理论来发展新的理论。

陈昭全和他的合作者们(Chen,1995;Chen et al.,1997;He et al.,2004)采用了整合这一途径来研究中国管理者和员工对于奖酬分配的偏好。他们提出的问题是:个体主义—集体主义价值观如何影响人们关于分配公平的判断与态度?具体来说,在中国企业改革的背景下,集体主义的价值观究竟会阻碍还是促进人们对按劳分配的接受?作者通过文献综述发现两种理论与这个问题直接有关。文化理论认为,集体主义者更加偏好平等(egalitarian)的奖酬分配,而个体主义者则更加喜欢公正的(equitable)奖酬分配(Leung & Bond,1984)。系统目标理论则认为,当组织以促进生产为目标时,人们更偏好基于贡献的分配方法;而当组织的目标是员工的发展和凝聚力时,人们更偏好平等的分配(Deutsch,1985)。两种理论对于正在经历奖励体制改革的中国员工的偏好的预测是相反的。文化理论预测,由于中国人是集体主义者,所以他们会抵制对旧的平等分配奖酬的体系进行改革。相反,系统目标理论则预测,由于中国的企业改革强调绩效导向,因此员工将更加支持奖酬分配改革。Chen及同事们整合了两种理论，提出一个动态的文化模型，将经济目标的优先性作为组织情境，在这种背景下探讨员工的奖酬分配偏好。他们首先拓展了集体主义的概念，认为它包含两个维度：纵向的集体主义规定个人将集体的利益放置于自己的利益之上，而横向的集体主义则指个人关注小组中的其他成员及人际和谐与团结。他们推论，相比横向的集体主义者而言，纵向的集体主义者在分配偏好上将对于生产目标的优先性和赢利更加敏感。通过整合目标优先性和纵向与横向集体主义的思想，这个整合模型提出了以下的假设：同美国员工相比，中国员工表达出更强烈的经济/绩效导向并更加偏好差异性的奖酬分配（Chen，1995）；中国的纵向集体主义者会支持奖酬分配的改革，但横向的集体主义者会抵制奖酬分配改革（Chen et al.，1997）；由于企业改革已经涉及所有制的问题，生产目标的优先性会在所有制改革与纵向集体主义者偏好差异性的奖酬分配之间起中介作用（He et al.，2004）。这些假设都被实证的数据结果所证实。

采用整合的途径大大地受益于多重理论和多重水平的观点。基于对"关系"的文献进行的综合回顾，Chen等（2011）发现，关系研究可以归为三个理论观点：自我—实用（ego-pragmatic）观、社区—伦理（community-ethical）观和儒家关系观。Chen和Chen（2011）提出了一个整合的模型来探讨个人—个人关系（个人社会资本）是如何转化成为组织关系（集体社会资本），并探讨个人因素（如对于领导的信任和组织认同）和组织因素（如道德领导和正义氛围）是如何影响这种转化的。在这个模型中，作者采用了多重理论和多重水平的观点研究个人之间和公司之间的关系。自我—实用观解释了个人与个人之间和公司与公司之间的一对一关系，社区—伦理观则解释了跨层级的关系转化，而儒家关系观则阐明了人际特性和社区特性的作用。

理论贡献还可以通过整合微观与宏观研究（micro-macro integration）来实现。在过去的十多年里，越来越多的战略和组织理论等宏观管理研究学者致力于对宏观管理现象和其微观基础（microfoundations）的整合（Felin et al.，2015）。一方面，他们通过繁殖把微观领域的理论（如心理学和组织行为学的理论）运用到对企业并购、创新、组织能力、所有权结构、董事会构成等宏观管理现象上以提高对这些现象的解释；另一方面，他们通过关注并引入不同的组织情境作为调节变量来深化来自微观领域的理论。比如，许多在顶级期刊上发表的关于战略领导力的研究就是通过对微观理论和宏观组织情境的整合来对已有文献做出贡献（Finkelstein et al.，2009）。在微观领域，研究者们也越来越关注通过引入宏观组织情境作为调节变量以深化整合的方式来推动微观理论的发展。上面提到的Xiao和Tsui（2007），以及Chen和合作者的几项研究(Chen,1995;Chen et al.,1997;He et al.,2004)都是很好的例子。

近来,组织行为领域的学者意识到,需要将微观层次的概念的解释力提升到组织层次上去,并考虑组织所处环境的约束。例如,中国传统文化中强调人要相信命运,而不能够太相信个人的努力(如"万事分已定,浮生空自忙");但是现实中的企业家又需要不懈努力,才能解决很多难办的问题。整合两种相互矛盾的信念,Au等(2017)认为中国企业家的信念是"认命变运"(negotiable fate),即认为个人可以在命运所设定的边界内通过自己的行动改变后果。这种信念既不同于西方社会的个人能动论(personal agency),也不同于一些东方社会所相信的宿命论(fatalism)。他们通过对于大量中国企业高管的调查,发现高管的对于"认命变运"的相信程度影响了企业的创业导向(entrepreneurial orientation),并进而导致企业更高的创新和更好的财务表现;"认命变运"的信念与企业创业导向之间的关系受到了企业所处环境的动态性的调节,即二者的关系在动态的环境下更强。这项研究尝试运用整合和深化的途径,以个体层面的概念去解释组织层面的现象和业绩。

3.2.4 四种途径的关系

以上关于做出理论贡献的四种途径并不是相互排斥或者截然分开的,可以将他们看作研究者将他们自己的理论观点与已有文献联系起来的手段。因此,学者可以在理论建立的某个方面使用深化的途径,而在另一个方面使用竞争或者繁殖的途径。例如,经济学中的预期效用不变性原则认为,理性的决策者对于相同的情境的选择偏好应当是一致和稳定的,不管以什么方式来呈现或者描述这些情境。但 Tversky 和 Kahneman(1981)用亚洲疾病问题证明,当用不同方式描述相同的决策情境时,人们会做出截然不同的选择,这被称为框定效应(framing effect)。他们告诉被试,美国正在为某种疾病的爆发做准备,该疾病预计造成 600 人死亡。将被试分为两组,第一组被试从以下两个选择中选出自己偏好的方案:如果采纳 A 方案,将有 200 人获救;如果采纳 B 方案,600 人全部获救的可能性为 1/3,而一个都不能获救的可能性为 2/3。第二组被试从以下两个选择中选出自己偏好的方案:如果采纳 A 方案,将有 400 人死亡;如果采纳 B 方案,没有人死亡的可能性为 1/3,而 600 人全部死亡的可能性为 2/3。在第一种"积极框定"的条件下,72%的人选择 A,即大多数人偏好确定性的选择;而在第二组"消极框定"的条件下,78%的人选择 B,即大多数人偏好冒险。Tversky 和 Kahneman 采用对立策略对个人偏好的解释提出了新的观点。

Wang 在上述基础上对于框定效应发生的条件和机制提出了一个整合的理论。

Wang(1996)借鉴进化心理学的观点,认为题目中所描述的疾病造成死亡的人数会影响到框定效应是否发生。他认为如果人数很少,比如是 6 个或者 60 个,人们进行决策时考虑到与自己关系亲密甚至朝夕相处的亲属和朋友,就更可能采取"同生死共存亡"的策略,即不管在正向还是负向的框定条件下,人们都选择冒险。而当所描述的人数大于 100 时,Tversky 和 Kahneman 发现的框定效应才起作用。接着,Wang(2008)又让大学生和高层管理者分别参加一个管理决策的练习,他将相同的决策任务描述为正向框定(包含机会)和负向框定(包含威胁)。结果发现,大学生在不同的框定条件下做出的选择显著不同,但高级经理人的选择并没有受到框定条件的影响。这个研究证明,框定效应发生的重要条件在于个体在模糊的情境下做决策。对于高级管理者来说,由于他们具有丰富的管理决策经验,所面临的情境对于他们来说并不模糊,因此框定效应没有发生。

3.2.5 理论建立过程中的演绎和归纳

归纳和演绎是两种不同的逻辑推理方法。演绎是将笼统的、一般性的原则推演到具体的事例,而归纳则是通过对于具体事件的总结,从中发现一般性的规律或者原则。我们在这里不再从认识论、哲学或者逻辑学的角度对于归纳和演绎过程以及二者的差别做过多的阐述,而是主要讨论如何在理论建构过程中使用归纳和演绎。许多人将演绎和归纳式的理论建构分别与定量和定性方法联系在一起。在我们看来,这种区别在于在建构理论的过程中学者在多大程度上需要数据的支持。演绎式的理论建构主要依赖于学者的逻辑思考,并不要求理论与数据之间的不断匹配与调适。因此,演绎导向的理论家将主要精力用于回顾以往的理论,从中发现空缺、不一致或者缺欠,以便提出新的概念和命题来弥补这些不足。当然,他们也会对以往的实证研究进行分析,但是他们只是将这些实证研究与相关的理论结合起来进行探讨,而不会仅仅对这些实证研究进行检讨来提出理论。

相反,归纳取向的理论家认为,由于社会现象非常复杂,人类对它们的了解不够,理论应当深深地扎根于社会现实,研究者应当积极地而紧密地贴近现实,并系统地搜集数据和分析数据,包括对以往实证研究结果的搜集和分析(Glaser & Strauss,1967;Dougherty,2001)。在这些学者看来,没有数据就不可能有理论,数据是理论产生的唯一来源。他们所说的数据是广义的,包括定量的和定性的数据,也包括观察、访谈、信件、故事、照片和档案等资料。他们强调,研究者要深深地浸入到所研究的社会现象当中去,并与其中的主要的社会行动者进行频繁的交往,以便真正地了解社会现象,从而建立起解释这种现象的理论。

在以上的讨论中,我们强调了归纳和演绎的区别。事实上,二者在建构理论的过程中同时存在、相互重叠,且常常交织在一起。演绎导向的研究者并非仅仅依赖已有的理论和实证研究来建立他们的理论。在选择研究问题、建立概念和假设的过程中,他们有意无意地从个人经验和观察中受到启发。有些人会通过中心小组访谈、开展个人访谈或者分析档案资料等途径,帮助自己提出概念或者对概念和命题进行论证。在这种情况下,他们先接触和了解现象,然后提出一些概念和命题。这种做法有点像运用扎根理论(grounded theory)的方法建立理论的过程。总之,尽管研究论文报告时主要是以演绎的方式建立理论,作者从以往的理论和研究中推导出当前的新理论,但实际上,理论建立的过程涉及演绎和归纳过程的不断互动。运用扎根理论的方法建立的过程也是如此,许多采用扎根理论方法的研究者并非一点也不了解以往的理论,已有的理论可以是他们研究的起点,或者他们也可能将搜集到的数据与以往理论框架进行比较。有时在早期的酝酿阶段,某些概念或命题已经浮现,通过演绎的过程影响了进一步的数据搜集,而搜集到的数据又为概念和命题的发展与修改提供更多的证据。所以,可以将扎根式的理论建构看作归纳和演绎的轮回循环的过程。一个优秀的研究者应当具有同时运用归纳和演绎两个过程的能力,并能够熟练地在二者之间转换。

例如,韩玉兰(2010)在对中国企业里的中层经理进行访谈后发现,那些成功的经理人在处理工作中的各种复杂问题时普遍表现出了"有心"的特点。通过回顾以往的研究,她发现这些中层管理者所表现出的"有心"与心理学研究中有关"觉知(mindfulness)"的研究发现(如 Brown & Ryan,2003;Langer,1989)及佛教思想中的"觉知"表现有相通之处。于是,她提出了针对管理情境的"管理觉知"的概念并归纳出了其具体的表现。接下来,Han 和 Zhang(2011)以更多中层管理者提供的具体行为表现为基础编制了管理觉知量表,并通过实证研究与现有的觉知量表及相关的其他概念进行了区分,进一步澄清了管理觉知这一概念。而且,他们还检验了管理觉知对管理者的部门工作绩效和声望成效的正向预测作用,以及情境不确定性(以角色冲突和角色模糊为代理变量)在其间的调节作用。韩玉兰等所进行的研究体现了理论建构过程中归纳和演绎的循环往复。

3.3　实证研究中的理论描述

为了将实证研究成果发表出来,需要将研究写成文章,并在文章中阐述自己的理论。因此,文字叙述成为实证论文中建构理论的一个非常重要的部分。在这一部分里,我们根据 Sutton 和 Staw(1995)、Weick(1995)所写的讨论管理领域中的理论建构的文章中的观点来进行阐述。Sutton 和 Staw 罗列出实证论文作者往往误认为是理论的五个东西,而 Weick 则建议作者们保留这五个东西并将它们做得很好,从而构成理论的一部分。这五个被误认为是理论的东西包括参考文献、数据、变量、研究假设和图表。这五个东西并不自动构成理论,但是它们却是理论的必要成分。换句话说,它们是理论的必要条件,但不是充分条件。没有这些成分肯定没有理论,但即便有了这些条件也不一定保证有理论。一个研究者能否将这五个东西描述得好,在很大程度上决定了对于理论所做出的文字描述的质量。以下我们阐述如何通过有效的文字叙述来帮助建立理论。

3.3.1 讲述一个故事

许多社会科学研究者认为,有影响的实证文章或者概念文章一定会讲出好的故事。我们所理解的讲故事并不是说将科学变成了虚构或者仅仅做到自圆其说就行了。科学是关于真理的,但是科学可以通过讲故事的方式表达出来,从而引起人们的兴趣。一篇具有很强理论的文章能够提出有趣的问题、制造冲突和悬念,从而将问题设计得错综复杂,从不同的解释或解决方案中找出一个最合理的并表明问题最终是如何解决的。一个好的研究如果像讲故事一样阐述其理论,将给人留下深刻的影响。

Weick(1993)关于组织感知崩溃的文章向读者描述了一个惊人的故事和他富有洞见的分析。1949 年 8 月 5 日,在美国蒙大拿州(Montana)的曼恩峡谷地区(Mann Gulch)扑灭森林烈火的过程中,16 位年轻的救火队员中有 13 人殉职。Norman Maclean 对于这次事故进行了系统的研究,并于 1992 年出版了《烈火中的年轻人》(Young Men and Fire)一书,详细地记录了事件发生的全过程。Weick 将这个事件与组织应对突然的危机或者预防灾难联系起来。他重新梳理并分析了该事件后指出,救火队员们在面对没有预料到的火势时失去了他们原本的组织结构,这使得他们在危机面前更加焦虑和恐慌,以至于难以理解当时的情形。尽管有一位经验丰富的救火队员提出了本来有效的逃生方法,但此时 13 人已经失去了判断力而朝另外的方向逃走,最终被烧死。Weick 栩栩如生地复述原来的故事,并提出组织的复原能力来自四个方面,即成员即兴的创造性或者处理问题的技能、即便组织系统崩溃但组织成员内心仍然存在一个虚拟的角色系统、意识到自己并不真正了解某些现象从而保持学习的开放态度、能够彼此理解的互动。

中国人由于碍于关系、人情和面子而不敢直接面对冲突,张志学及其合作者

(张志学和魏昕,2011;Zhang et al.,2011)以讲故事的方式叙述了关于中国人冲突处理的系列研究。他们证明传统中国人特别在意他人对自己的看法,导致人们在面临冲突时具有如下想法:如果自己以比较直接的方式去处理冲突,对方会对自己有消极的看法,这就是"负面预期(negative anticipation)"。负面预期导致个人不采取直接的行动去处理冲突。没有处理的冲突并不能自动消失,而是蔓延到随后的工作情境中,使得冲突升级。那么,负面预期在企业情境下又会是什么表现呢?哪些因素会导致负面预期呢?张志学及其合作者认为,员工看到上级决策中的不当、是否敢于进言就是一种潜在的冲突情境。他们就此开展了系列研究(魏昕、张志学,2010;Wei et al.,2015;Zhang & Wei,2017)。例如,Wei等(2015)认为,员工是否发表改善性建言更多地取决于他们预估进言的有效性,但是否发表批判性的谏言则更多地受到预估的进言风险的影响。实地的调研验证了他们的理论模型。这些研究结果为如何鼓励组织中员工的主动行为提供了重要启示。张志学及其合作者的这些研究,最先讲了很多人因有话不直说而导致矛盾这一人所熟知的故事,之后揭示了冲突回避的机理及影响因素,最后运用所发现的机理成功地解释了组织中人们缺乏进言这一比较普遍的现象。

通常作者需要在研究论文的导言部分使读者相信后面要讲述的问题和故事很有意思。作者需要告诉读者准备研究什么现象、研究这个现象为什么重要、研究这个现象会有什么贡献等。在阐述所研究的问题时,具有很强理论取向的作者往往一开始就会通过某种方法叙述问题,将读者的注意力引导到作者所选定的相关理论观点上。例如,Farh等(1997)介绍他们在中国台湾地区研究组织公民行为的时候,他们并没有全面地回顾美国主流的组织公民行为的研究。相反,他们叙述组织公平及文化价值观之后,指出对于组织公平的知觉会影响到组织公民行为,而这种关系会受到人们对于传统价值观和现代价值观的遵循的影响。作者通过这种叙述方法,从开始就清晰地告诉读者他们将要讲述的故事。读者看完简单的介绍后,便有兴趣知道作者在后面要详述的内容。

在论证一个研究课题的价值时,作者可以强调某个现象经常发生或者对于组织中的行为、过程和结果会有重大的影响。不过,要使得研究做出理论上的贡献,作者必须阐明这项研究在理论上的重要性。有时,作者可以在导言中简单地讲述他们的研究怎样对于已有文献做出贡献,并在随后的文献回顾和假设部分进一步论述理论上的贡献。例如,Cannella和Shen(2001)在介绍他们关于CEO指定继任者(heir apparent)结局研究的时候,首先引用华尔街日报中的三篇报道来描述他们所要研究的现象以引起读者的注意和兴趣,随后在导言中提出研究问题并阐明这项研究的重要性,包括对现有文献在三个方面的理论贡献及对管理实践的意义。

有些作者喜欢将他们用新的样本或者在新的情境中验证某个理论作为贡献,或者将某些新的发现当作贡献来阐述。但是,一篇理论性强的文章应当从理论根据上来阐明其贡献,而采用某个新样本或者在某种新情境下验证理论并非理论贡献的基础。作者可以运用前面我们所提出的四种方法中的一种或多种来说明他们的贡献。下面我们讨论文献回顾和假设部分的写作。

3.3.2 列出参考文献和引用他人成果

如果文章缺乏文献,将会成为作者个人的意见或者个人的经验之谈。引用前人的研究能够达到以下效果:表明作者认可并尊重他人的贡献,使得自己的观点更能够被人接受,也引导读者去看有关领域中的更多的文献。虽然这些都很重要,但是它们都不能自动地提高理论的强度——支持概念和假设内部及概念和假设之间关系的逻辑证据的合理性。要想提高理论的强度,关键在于要从所引用的文献中获得观点和证据来提高作者自己的论据和观点。一个好的文献回顾并非全面而忠实地介绍前人在这个领域中已经做过的所有工作,它应当是帮助作者搭建自己的舞台,从而建立一个有新贡献的理论模型。我们特别用"帮助"而不是"替代"一词,因为哪怕作者是个经验并不丰富的无名小卒而被引用的人则是大名鼎鼎,但终究是由作者本人来进行发展概念和建构理论的工作。作者可能忠实而完整地叙述了在某个课题上的理论起源和发展演进,但由于其缺乏独立的观点,很可能被浩瀚的文献淹没,从而无法建立一个合理的理论。在界定概念和提出概念之间关系的过程中,作者必须有自己的立场,要明确自己正在建立某个观点,而自己正是这个观点的发言人,并由自己将已有研究中的观点组合起来支持所建立的新的理论。一旦失去了自己的声音,或者完全被以往的文献所埋没,作者不可能建立一个较强的理论。

管理领域中的理论越来越多,而学术杂志所允许的文章的篇幅有限。在这种情况下,作者常常需要决定要引用哪些文献、不引用哪些文献。管理领域中的一个倾向是多数作者都要引用最权威和最著名的文献,这种倾向导致了"仪式性引用"现象。即便作者所讨论的问题与某些权威文献并没有直接的关系,仍然在文章中引用这些文献。我们建议作者将是否贴切作为选择引用文献的第一标准,也就是说,引用那些与所讨论的问题最有关系的研究。根据课题的领域和内容确定文献的引用而不是看那些大牌和名人。那些与作者的观点最相关、令人信服并且观点简洁的文献应当成为作者的首选。不过,考虑到理论建构的社会现实(DiMaggio,1995),在一切方面都相同的情况下,作者可以选择那些更加经典、更具权威的作品,也要选择那些发表在等级较高的学术杂志上的文章。通常准备将文章投寄到某个杂志,最好要引用这个杂志上以往发表的相关文章。

3.3.3 引用实证研究结果

引用以往的实证研究结果是一种论证研究假设常见的方法。如果这样做抑制或者替代了逻辑推理的话,它对于理论建构便是有害的。事实和数据本身并不是理论,因为对于它们可以有多种解释。不可否认,在研究中被引用的结果多数也是基于理论预测出来的,但即便如此,由于作者引用这些发现的目的在于建立一个新的理论模型,他们必须根据所要建立的新理论,重新检查过去已经被证明过的研究发现。因此,作者要在过去的实证发现之外建立具有说服力的理论观点,不要让事实和数据自己说话,而是利用已有的研究发现来提出概念性或者理论性的问题,或者运用这些发现来支持建立假设的逻辑论证。就数据与理论的关联而言,需要澄清的是,引用过去的实证结果不同于扎根理论方法。后者是指为了建立理论而搜集、积累及分析数据。在扎根理论方法下,数据在理论建立中起到核心的作用。即便如此,Mintzberg(1979:584)的评论仍然适用,"数据不能产生理论,只有研究者建立理论"。

3.3.4 在概念之间建立联系

概念作为理论的基本元素,其质量影响到理论的质量。本书中的其他篇章会论述概念的建立及测量。需要特别指出的是,提供一个描述性的概念框架和类型并且提供有关的调查数据,这并不构成理论或者理论的主体。然而我们观察到,一些管理研究者在研究报告中仅仅给出一个概念和与概念有关的调查结果,他们误认为这就是理论。例如,某篇文章报告一个新的框架来区分不同类型的所有制企业,另一个框架区分了不同的组织文化。不管这两个框架多么有效和富有洞察力,这两个孤立的框架都不能构成一个理论。而一旦作者提出所有制类型和企业文化类型之间具有怎样的关系,并解释为什么二者会有这种关系,还探讨这种关系对企业的管理实践及绩效发生的影响,一个有关所有制与组织文化的理论便产生了。例如,Tsui 等(2006)根据领导者在冒险性、建立关系、关心员工、描述愿景以及监控运营五个方面的表现将领导能力分为强和弱两种,又根据企业在员工导向、关注客户、注重创新、系统管理与控制和社会责任五个方面再次将企业文化分为强和弱两种。作者们并没有停留在对领导和文化的概念进行界定并建立测量工具或者分类上,而是揭示出在具有很强惯性的企业(如国有企业)中,领导的强弱和文化的强弱更可能不匹配,并进一步通过对那些不匹配的企业内的有关人士进行深入访问揭示了领导与文化不匹配的机理。这就是一个理论,并对以往关于领导与文化关系的观点做出了新的贡献。

3.3.5 为研究假设进行的推理

假设本身并不是理论,因为它仅仅说明或者预测两个或两个以上变量之间的关系,而没有为这种关系提供解释。科学并不单单对于是什么做出说明或者预测,而是要解释为什么。在提供解释和理由时,作者可以集中在两个方面。首先,解释为什么两个变量具有所预测的那种关系。这需要研究者诉诸每个变量的意思,以及他们之间的逻辑联系或者因果关系。这些解释也需要解答为什么两个变量存在所预测的那种关系,而不是以其他的方式发生联系。换句话说,作者需要考虑可能存在的其他假设,并阐明为什么其他假设都不合理,从而排除其他假设或者解释。其次,作者必须将所有的研究假设联系起来而不是让它们相互孤立。正是研究假设之间的联系构成了理论的核心。理论就是中国人常说的"纲举目张",变量是"目",而将各个变量联系起来的理由就是"纲",或者说单个的研究假设是"目",而假设之间关系背后的原理和逻辑就是"纲"。"纲"使得读者从概念上和理论上理解"目"。需要注意的是,"具有很强理论的文章往往从一两个概念性的陈述开始,并建立一个逻辑翔实的个案;这些陈述既简明扼要又相互关联"(Sutton & Staw,1995:377)。这段话意味着,概念和理论主题本身并不需要很复杂,但它们必须是统合性的,从而使得理论既令人难忘又令人信服。

3.3.6 构建统观视角/理论

前文中关于"纲"的讨论反映了统观(overarching)视角/理论对于研究论文的重要性。在上述讨论中,我们将理论界定为一个系统,理论的质量取决于逻辑性和连贯性,而理论的简洁(parsimony)则是判定理论的功能和美感的重要标准。构建一个统观视角/理论将大大提升上述正面特性。我们假设一个理论模型由一个前因变量、一个结果变量、一个中介变量及一个调节变量构成。为了清晰地阐述每个概念的内涵和论述它们之间的关系,作者可能需要引入四个甚至更多的理论(每个概念依托一个理论,变量间关系还需引入额外的理论),才能提出一个涵盖所有假设关系的理论模型。虽然引入多种理论的做法可以提高理论的全面性,但这将有损其逻辑性、连贯性和简洁性。一个统观视角/理论可以将模型的不同部分有机结合,更好地帮助读者理解,引起读者关注和参与。我们以 Chen、Chen 和 Sheldon (2016)最近发表的一篇关于组织认同与亲组织不道德行为(unethical pro-organizational behavior, UPB)的文章为例,阐述如何选择和构建一个统观视角/理论。作者假设并检验了在组织间竞争条件下,组织认同如何通过道德推脱的心理机制导致亲组织不道德行为(共有三个假设)。什么样的一个统观视角/理论可以用来指导、阐述和汇总这些假设关系?文章的因变量、亲组织不道德行为的界定来自Umphress和Bingham(2011)的理论文章,其模型建立在以往相关文献:不道德行为(结果变量)、道德中性化(又称道德推脱,为模型的中介过程)、社会交换理论和社会认同理论(前因变量的基础理论)、人—境交互的伦理决策模型(调节变量的基础理论)等的基础上。可见,上述理论领域都可作为这篇论文的统观视角/理论的候选。Chen等(2016)基于如下原因,最终选择了社会认同理论和社会认知理论作为这项研究的统观理论,并在摘要以及假设的理论发展中加以突出。首先,UPB概念的来源文献(source literature)是用来阐述结果变量本身的特性,不适宜作为全面统视的理论。其次,道德中性化是源于Bandura的道德推脱理论,而道德推脱理论是社会认知理论在道德决策领域的具体应用。更重要的是,道德推脱既可以被视为稳定的个人特质,又可以视为受情境影响的心理状态,从而导致不道德行为。本文作者将道德推脱定为被情境启动的心理状态导致随后的亲组织不道德行为。因此,如果仅聚焦于道德中性化的相关文献将无法提供一个全面系统的研究视角。再有,Bandura的社会认知理论及Trevino(1986)的人—境交互的道德决策模型都有可能为本文提供系统的理论视角,因为这两个理论都可以论述个人因素(组织认同)和情境因素(组间竞争)交互影响道德推脱,进而导致亲组织不道德行为。但是,社会认知理论主要用于预测人们的道德(不道德)行为,而人—境交互的道德决策模型主要用于描述人们的道德决策过程,可见社会认知理论更加适合本研究试图解决的研究问题。不过,相对于上述两个理论,社会认同理论对本研究主题更加贴切。该论文的理论模型主要是突出组织间竞争的条件下社会认同的负面影响,这正是社会认同理论直接针对的问题。最后,社会交换理论虽然可以解释组织认同的形成,如果通过道德推脱机制影响UPB行为,甚至可以将组间竞争的调节作用涵盖其中,但是,社会交换理论论述的是互惠关系,以及组织认同的前提条件,这些问题并非本文的重点,过多讨论反而会干扰研究的主题。因此,作者最终决定将社会认同理论作为核心理论框架,而将社会认知理论作为对社会认同理论的补充,两者同时担当统观理论。

3.3.7 运用框图说明理论

在管理学的文章中,人们通常用框图来表达某个理论。框图由方框和箭头构成。方框代表概念或者变量,而箭头则表示概念或变量之间的关系。一个完整的框图就能够将理论模型的大致脉络或骨架表达出来。当然,框图本身并不是理论,因为它缺乏理论的内涵。不过,一个组织得好的框图比简单的概念列表或者没有组织好的图表更接近理论。我们建议将绘制框图当作安排变量结构的手段,它服务于促进理论模型的建立和促进理论表达两个目的。绘制框图是学科思考的一个方法,尤其当作者拥有丰富的想法和较多的直觉性假设时,框图可以帮助他们将众多的想法凝练成正规的概念和理论关系。就表达而言,框图可以直观地显示变量及变量之间的关系。变量之间的关系包括主效应、中介效应、调节效应等,如果仅仅用文字来叙述变量之间的这些关系,读者很难理解。而一旦采用框图,读者便很容易理解这些关系。

例如,Hackman 和 Oldham(1976)的工作特征模型认为,核心工作特征会导致员工个人体验到关键心理状态,关键心理状态影响员工的工作状态。工作特征中的技能多样性、任务同一性和任务重要性会导致员工体验到工作的意义,而工作的自主性导致员工体验到对工作结果的责任,工作中的反馈导致员工了解工作活动的结果,这三种关键的心理状态进一步影响了员工的内在工作动机、工作业绩、工作满意度及缺勤和流失等后果。Hackman 和 Oldham 认为,上述的关系受到诸如个人对情境的满意度、知识技能及成长需求强度等个体差异变量的调节。Hackman 和 Oldham 用如图 3-1 所示的框图很直观地将这个复杂的模型表现出来。

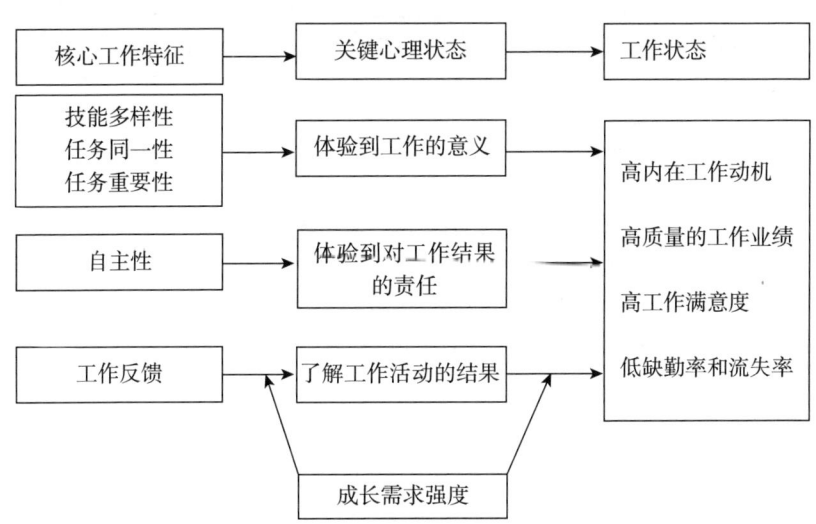

图 3-1　Hackman 和 Oldham(1976)的工作特征模型理论框图

再比如,上面提及的 Wei 等(2015)关于组织中员工进言的研究,基于社会期许反应(socially desirable responding)理论,作者将员工的进言界定为一种自我展示,员工越觉得自己的进言能被上级接受,进而能为组织带来改变,就越有可能进言,也会被上级认为能干,从而获得能动性的社会赞许。如果员工觉得进言带来的人际或职业风险较低,也愿意进言,从而得到关系性的社会赞许。作者进一步推论,员工较高的权力距离价值观,会抑制他们的自我效能,从而降低他们的建言,而领导的管理授权,则会削弱权力距离价值观对于自我效能的抑制;员工认同表面和谐的价值观,就会对进言带来的风险很敏感,从而抑制他们的谏言意图,而团队自由表达疑虑的氛围则可以减少表面和谐对于预期风险的影响。本研究包括主效应、调节效应和中介效应,并涉及两种进言(建言和谏言)的不同机制,如图3-2所示的框图可以清晰地表达复杂的理论框架。从这个框图可以看出研究中的几个变量之间的关系,权力距离和表现和谐是自变量,建言和谏言是因变量,自我效能和预期风险是中介变量,而管理授权和进言氛围(团队水平的变量)则是调节变量。

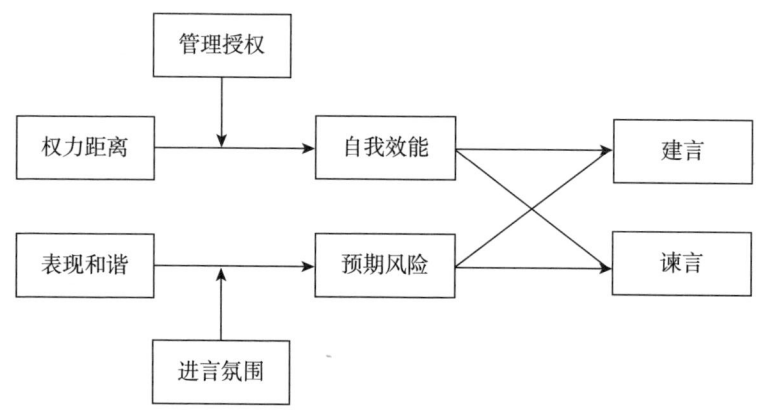

图3-2 Wei 等(2015)研究中的概念关系框图

总之,运用框图不仅可以更加直观地表达研究者所建构的理论,便于让读者理解,也能够帮助或者训练研究者更为清晰地思考自己的理论架构。

3.3.8 结束并继续故事

对于一篇纯概念性或理论性的文章来说,只要讲完了理论,故事就结束了。当然有时作者会讨论如何验证这个理论。但是对于一篇实证性的文章来说,没有报告出数据、数据分析及数据结果如何支持所提出的假设和理论,故事就没有结束。而且,即便报告了这些内容,作者还可以续写故事,讨论由该研究引发出来的新问题供未来的研究去探讨。作者可以利用讨论部分来阐述从事进一步研究探讨新方向的可能性。与纯理论性文章中的理论建构不同,实证性文章中的理论建构可能会经历进一步的建构和再建构,原因在于研究者可能会重新检查数据,也可能是接受同行的建议,还可能是来自学术杂志编辑的要求等。很多人质疑事后建构理论的合法性,我们无意在这里论述这个问题。但是,我们并不主张让观察或数据指挥理论,即不主张所谓的"事后诸葛亮"式的理论建构。我们建议,对于那些不是采用扎根理论的方法建构理论的研究,作者要在搜集数据验证自己的理论之前回顾文献并建立假设。不过,这并不意味着,理论一旦建立之后就坚如磐石、不能够对它进行修改或重建。在受理论指导的研究中,搜集的数据往往与理论假设不吻合,使得看似一个非常精彩的理论故事变得太简单、太宽泛或者过于迂回,或者在最坏的情况下数据结果与理论完全相反。假如可以运用当前的数据来对理论进行挽救,作者就不得不对理论进行某些改变,这包括丢掉或修改某些变量和假设、添加边界条件,或者提出另外的假设。我们个人所遵循的叙述原则是,不仅使得修改后的理论内部的各个要素在逻辑上是一致和流畅的,而且要保证理论与数据之间是一致的。

3.4 结语

同任何领域中的科学研究一样,组织管理研究的重要目的在于建构和推进理论。具有理论价值或者做出理论贡献是衡量一项管理研究水平高低的最重要标准;然而作为应用性学科,组织管理研究也应关注对组织实践的相关性和影响力。组织管理领域中的理论,既不可能是自然科学中的那种具有普遍解释力或非常抽象的宏大理论,也不能成为就事论事的过于琐碎的细微理论。管理研究者需要建立具有中等抽象、能够解释一定范畴内的现象的中层理论。概念是理论的基本要素,为此研究者必须能够选择或者创造恰当的概念来理解所需要解释的管理现象。无论是借鉴以往的概念还是创造新的概念,研究者必须清楚地界定概念的内涵,以便能够根据这个概念发展出可以观察得到和可测量的变量。在概念/变量的基础上,需要将不同的概念/变量联系起来形成命题或者研究假设。研究者需要详细而清晰地阐述概念/变量之间具有某种关系的原理或者逻辑,并且尽可能地揭示这些关系存在的条件。

在本章中我们阐述了四种做出理论贡献的方法:深化、繁殖、竞争和整合,并且提供了若干研究范例来加以说明。研究者可以运用这些方法中的某一种或者多种来发展理论。我们特别强调,理论建构离不开与同行的交流。在开展研究的各个阶段特别是准备阶段,听取同一领域内其他同行的意见和建议是非常必要的。研究者越早地听取同行的反馈和评论,其研究越可能做出理论贡献。

作为研究论文的作者,研究者需要通过恰当的写作来展现自己的理论贡献。作者要在文章一开始就提出一个有意思的问题,突出自己的理论贡献或者独特的视角,在明确自己独特的观点的情况下引用前人的研究来支持自己的观点,借助已有的实证成果支持自己的逻辑推理,借用图表清楚地表达自己的理论框架,在论文的讨论部分阐述将来可以从事的研究方向等。我们在这些方面给出了一些具体的建议,以便突出实证研究的理论贡献。

明确理论的构成、理解实现理论创新的主要方法、学会恰当的写作方式等都能够帮助研究者建立理论。但是,最重要的是研究者要善于观察和分析管理现象,并不断地修炼自己对于现象的洞察力。虽然本章在这方面没有过多的论述,但我们强调这是建构好理论的最有活力的智力源泉。

参考文献

Au, E. W. M., Qin, X. & Zhang, Z. X. (2017). Beyond personal control: When and how executives' beliefs in negotiable fate foster entrepreneurial orientation and firm performance. *Organizational Behavior and Human Decision Processes*, 143, 69—84.

Bacharach, S. B. (1989). Organizational theories: Some criteria for evaluation. *Academy of Management Review*, 14, 496—515.

Barney, J. (1991). Firm resources and sustained competitive advantage. *Journal of Management*, 17(1), 99—120.

Birkinshaw, J., Healey, M. P., Suddaby, R. & Weber, K. (2014). Debating the future of management research. *Journal of Management Studies*, 51(1), 38—55.

Bourgeois, L. J. (1979). Toward a method of middle-range theorizing. *Academy of Management Review*, 4, 443—447.

Brockner, J. & Wiesenfeld, B. M. (1996). An integrative framework for explaining reactions to decisions: Interactive effects of outcomes and procedures. *Psychological Bulletin*, 120, 189—208.

Brown, K. W. & Ryan, R. M. (2003). The benefits of being present: Mindfulness and its role in psychological well-being. *Journal of Personality and Social Psychology*, 84, 822—848.

Burt, R. S. (1997). The contingency of social capital. *Administrative Science Quarterly*, 42, 339—365.

Cannella, A. A., Jr. & Shen, W. (2001). So close and yet so far: Promotion versus exit for CEO heirs apparent. *Academy of Management Journal*, 44, 252—270.

Chen, C. C. (2017). Yin-yang dialectics and communitarianism in cross-cultural management research. *Cross cultural & Strategic Management*.

Chen, C. C., Friedman, R. & McAllister, D. J. (in press). See and studying China: Leveraging phenomenon-based research in China for theory advancement. *Organizational Behavior and Human Decision Processses*.

Chen, C. C., Chen, X. P. & Huang, S. S. (2011). Chinese Guanxi: An integrative review and future directions. Manuscript under review.

Chen, C. C., Meindl, J. R. & Hunt, R. G. (1997). Testing the effects of horizontal and vertical collectivism: A study of rewards allocation preferences in China. *Journal of Cross-Cultural Psychology*, 28, 44—70.

Chen, C. C. (1995). New trends in rewards allocation preferences: A Sino-US comparison. *Academy of Management Journal*, 38, 408—428.

Chen, M., Chen, C. C. & Sheldon, O. J. (2016). Relaxing moral reasoning to win: How organizational identification relates to unethical pro-organizational behavior. *Journal of Applied Psychology*, 101, 1082—1096.

Child, J. (1972). Organizational structure, environment and performance: The role of strategic choice. *Sociology*, 6, 1—22.

Crossland, C. & Hambrick, D. C. (2011). Differences in managerial discretion across countries: How nation-level institutions affect the degree to which CEOs matter. *Strategic Management Journal*, 32, 797—819.

Davis, M. W. (1971). That's interesting. *Philosophy of the Social Sciences*, 1, 309—344.

Deutsch, M. (1985). *Distributive Justice*. New Haven: Yale University Press.

DiMaggio, P. J. (1995). Comments on "what theory is not". *Administrative Science Quarterly*, 40, 391—397.

Dougherty, D. (2002). Building grounded theory: Some principles and practices. In Joel A. C. Baum (Ed.), *Companion to organizations*. Oxford: Blackwell Publishers.

Dubin, R. (1976). Theory building in applied areas. In D.

Dunnette (Ed.), *Handbook of Industrial and Organizational Psychology*. Chicago: Rand McNally College Publishing Company.

Farh, J., Earley, P. C. & Lin, S. (1997). Impetus for action: A cultural analysis of justice and organizational citizenship behavior in Chinese society. *Administrative Science Quarterly*, 42, 421—444.

Finkelstein, S. (1992). Power in top management teams: Dimensions, measurement, and validation. *Academy of Management Journal*, 35, 505—536.

Finkelstein, S. & Hambrick, D. C. (1990). Top management team tenure and organizational outcomes: The moderating role of managerial discretion. *Administrative Science Quarterly*, 35, 484—503.

Gardner, W. L. & Avolio, B. J. (1998). Charismatic leadership: A dramaturgical perspective. *Academy of Management Review*, 23, 32—58.

Glaser, B. & Strauss, A. (1967). *The Discovery of Grounded Theory*. Chicago: Aldine.

Granovetter, M. (1973). The strength of weak ties. *American Journal of Sociology*, 18, 1360—1380.

Hackman, J. R. & Oldham, G. R. (1976). Motivation through the design of work: Test of a theory. *Organizational Behavior and Human Performance*, 16, 250—279.

Hambrick, D. C. (2007). The field of management's devotion to theory: Too much of a good thing? *Academy of Management Journal*, 50(6), 1346—1352.

Hambrick, D. C. & Finkelstein, S. (1987). Managerial discretion: A bridge between polar views of organizations. In B. M. Staw and L. L. Cummings (Eds.), *Research in Organizational Behavior*. Greenwich, CT: JAI Press.

Hambrick, D. C. & Mason, P. (1984). Upper echelons: The organization as a reflection of its top managers. *Academy of Management Review*, 9, 193—206.

Han, Y. L. & Zhang, Z. X. (2011). Enhancing managerial mindfulness: A way for middle managers to handle the uncertain situations. Paper presented at 2011 IACM annual conference, Istanbul, Turkey.

Hannan, M. T. & Freeman, J. H. (1977). The population ecology of organizations. *American Journal of Sociology*, 82, 929—964.

He, W., Chen, C. C. & Zhang, L. H. (2004). Rewards allocation preferences of Chinese employees in the new millennium: Effects of ownership reform, collectivism, and goal priority. *Organization Science*, 15, 221—231.

Herzberg, F. (1966). *Work and the Nature of Man*. Cleveland: World Publishing.

Kwong, J. Y. Y. & Leung, K. (2002). A moderator of the interaction effect of procedural justice and outcome favorability: Importance of the relationship. *Organizational Behavior and Human Decision Processes*, 87, 278—299.

Langer, E. J. (1989). *Mindfulness*. Reading, MA: Addison-Wesley.

Lee, Y. T., Han, A. G. Byron, T. K. & Fan, H. X. Daoist leadership, theory and application. In Chen, C. C. and Lee, Y. T. (Eds.), *Leadership and Management in China: Philosophies, Theories, and Practices*. NY: Cambridge University Press.

Leung, K. & Bond, M. H. (1984). The impact of cultural collectivism on reward allocation. *Journal of Personality and Social Psychology*, 47, 793—804.

Li, J. & Tang, Y. (2010). CEO hubris and firm risk taking in China: The moderating role of managerial discretion. *Academy of Management Journal*, 53, 45—68.

Lewis, K. (2004). Knowledge and performance in knowledge-worker teams: A longitudinal study of TMSs. *Management Science*, 50, 1519—1533.

McGahan, A. M. & Porter, M. E. (1997). How much does industry matter, really? *Strategic Management Journal*, 18(S1), 15—30.

Meindl, J. R. (1995) The Romance of Leadership as a follower-centric theory: A social constructionist approach. *Leadership Quarterly*, 6, 329—341.

Meindl, J. R. (1990). On leadership: An alternative to the conventional wisdom. *Research in Organizational Behavior*, 12, 159—203.

Merton, R. K. (1968). *Social Theory and Social Structure*. NY: Free Press.

Mintzberg, H. (1979). An emerging strategy of direct research. *Administrative Science Quarterly*, 24, 580—

Misangyi, V. F., Elms, H., Greckhamer. T. & LePine, J. A. (2006). A new perspective on a fundamental debate: A multi-level approach to industry, corporate, and business-unit effects. *Strategic Management Journal*, 27, 571—590.

Osigwen, C. A. B. (1989). Concept fallibility in organizational science. *Academy of Management Review*, 14, 579—594.

Popper, K. (1959). *The Logic of Scientific Discovery*. NY: Harper & Row.

Schwab, D. P. (1980). Construct validity in organizational behavior. In B. M. Staw and L. L. Cummings (Eds.), *Research in Organizational Behavior* (Vol. 2, pp. 3—43). Greenwich, CT: AI Press.

Schwarz, G. M. & Stensaker, I. G. (2016). Showcasing phenomenon-driven research on organizational change. *Journal of Change Management*, 16(4), 245—264.

Shamir, B., Pillai, R., Bligh, M. & Uhl-Bien, M. (2006). *Follower-Centered Perspectives on Leadership: A Tribute to the Memory of James R. Meindl*. Greenwich, CT: Information Age Publishing.

Shen, W. & Cho, T. S. (2005). Exploring involuntary executive turnover through a managerial discretion framework. *Academy of Management Review*, 30(4), 843—854.

Shin, S. J. & Zhou, J. (2003). Transformational leadership, conservation, and creativity: Evidence from Korea. *Academy of Management Journal*, 46, 703—714.

Stinchcombe, A. L. (1968). *Constructing Social Theories*. Chicago: University of Chicago Press.

Trevino, L. K. 1986. Ethical decision making in organizations: A person-situation interactionist model. *Academy of management Review*, 11(3), 601—617.

Tsui, A. S., Zhang, Z. X., Wang, H., Xin, K. R. & Wu, J. B. (2006). Unpacking the relationship between CEO leadership behavior and organizational culture. *Leadership Quarterly*, 17, 113—137.

Tversky, A. & Kahneman, D. (1981). The framing of decisions and the psychology of choice. *Science*, 211, 453—458.

Umphress, E. E. & J. B. Bingham (2011). When employees do bad things for good reasons: Examining unethical pro-organizational behaviors. *Organization Science*, 22, 621—640.

Wagner, D. G. & Berger, J. (1985). Do sociological theories grow? *American Journal of Sociology*, 90, 697—728.

Wang, X. T. (1996). Framing effects: Dynamics and task domains. *Organizational Behavior and Human Decision Processes*, 68, 145—157.

Wang, X. T. (2008). Risk communication and risky choice in context: Ambiguity and ambivalence hypothesis. In W. T. Tucker and Ferson, S. (Eds.). *Annals of the New York Academy of Sciences: Strategies for Risk Communication: Evolution, Evidence, Experience* (pp. 78—89). Oxford, UK: Blackwell.

Wegner, D. M. (1987). Transactive memory: A contemporary analysis of the group mind. In B. Mullen and G. R. Goethals (Eds.), *Theories of Group Behavior* (pp. 185—208). NY: Springer-Verlag.

Wei, X., Zhang, Z. X. & Chen, X. P. (2015). I will speak up if my voice is socially desirable: A moderated mediating process of promotive versus prohibitive voice. *Journal of Applied Psychology*, 100(5), 1641—1652.

Weick, K. E. (1989). Theory construction as disciplined imagination. *Academy of Management Review*, 14, 516—531.

Weick, K. E. (1993). The collapse of sensemaking in organizations: The Mann Gulch disaster. *Administrative Science Quarterly*, 38, 628—652.

Weick, K. E. (1995). What theory is not, theorizing is. *Adminstrative Science Quarterly*, 40, 385—390.

Wernerfelt, B. (1984). A resource-based view of the firm. *Strategic Management Journal*, 5, 171—180.

Whetten, D. A. (1989). What constitutes a theoretical contribution? *Academy of Management Review*, 14, 490—495.

Xiao, Z. & Tsui, A. S. (2007). When brokers may not work: The culture contingency of social capital in Chinese high-tech firms. *Administrative Science Quarterly*,

52,1—31.

Zhang, Y., Waldman, D., Han, Y. & Li, X. (2015). Paradoxical leader behavior in people management: Antecedents and consequences. *Academy of Management Journal*, 58, 538—566.

Zhang, Z. X., Hempel, P. H., Han, Y. & Tjsvold, D. (2007). Transactive memory system links work team characteristics to performance. *Journal of Applied Psychology*, 92, 1722—1730.

Zhang, Z. X. & Wei, X. (2017). Superficial harmony and conflict avoidance resulting from negative anticipation in the workplace. *Management and Organization Review*.

Zhang, Z. X., Zhang, Y. & Wang, M. (2011). Harmony, illusionary relationship cost, and conflict resolution in Chinese contexts. In A. K. Y. Leung, C. Chiu and Y. Hong (Eds.), *Cultural Processes: A Social Psychological Perspective*. NY: Cambridge University Press.

张志学和魏昕(2011). 冲突回避:弊端、缘由与解决方案. 南京大学学报,6,121—129.

徐淑英和张志学(2006). 管理问题与理论建立:开展中国本土管理研究的策略. 南大商学评论,7,1—18.

魏昕和张志学(2010). 组织中为什么缺乏抑制性进言? 管理世界,10,99—109.

韩玉兰(2010). 中国情境下的意义建构:中层管理者的管理觉知及其影响. 北京大学2010年博士论文.

第二部分　管理学的研究方法

第 4 章　实证研究的设计与评价
第 5 章　实验研究方法
第 6 章　准实验研究
第 7 章　实证研究中的问卷调查法
第 8 章　二手数据在管理研究中的使用
第 9 章　实地研究中的案例研究
第 10 章　质化研究及其数据分析
第 11 章　元分析研究法
第 12 章　管理与组织的情境化研究

第 4 章　实证研究的设计与评价

梁　建　同济大学

樊景立　中欧国际工商学院

陈志俊　上海财经大学

> ▶ **本章大纲**
>
> 引言
> **4.1　实证研究的哲学逻辑和性质**
> 　　4.1.1　社会科学中的实证主义取向
> 　　4.1.2　实证研究的一般范式与因果关系的建立
> 　　4.1.3　实证研究中研究者的角色
> **4.2　实证研究设计的目的与过程**
> 　　4.2.1　研究设计的一般过程
> 　　4.2.2　研究方法的选择
> 　　4.2.3　研究问题与数据搜集计划的匹配
> 　　4.2.4　数据资料的搜集与分析
> **4.3　实证研究设计中的变异量控制**
> 　　4.3.1　实证研究中的变量变异
> 　　4.3.2　最大化系统变异
> 　　4.3.3　控制外生变异
> 　　4.3.4　最小化误差变异
> **4.4　运用效度指标评价实证研究的质量**
> 　　4.4.1　构念效度
> 　　4.4.2　统计结论效度
> 　　4.4.3　内部效度
> 　　4.4.4　外部效度
> **4.5　结语**

引言

近年来随着全球知识竞争的日渐加剧,研究者面临的论文发表压力也越来越大。Certo 等(2010)针对 1988—2008 年组织管理领域学者的学术产出率进行了统计。他们发现,在这 20 年间,顶级组织管理期刊中每篇论文的作者数量随着时间的推移而持续增加,而研究者在这些期刊上发表五篇(或十篇)文章所需的平均时间从 1988 年的 5.35(6)年增加到 2008 年时的 9.72(15.13)年。Daft(1995)曾经回顾了自己在 AMJ、ASQ 担任审稿人期间的经历。他认为在最后被拒绝发表的文章中,大约有 20% 是因为研究设计(research design)不当,它们的缺陷集中体现在研究的各部分之间缺乏有效的连接,研究结论无法有效地回答研究问题。即使在已经发表的论文中也可能存在因设计不当而影响到研究结论可靠程度的情况。Bergh 等(2004)分析了 76 篇发表在 SMJ 上的文章,发现这些研究都或多或少因为设计不当而影响了因果结论的可靠性,例如样本选择的偏差、在观测之前个体之间存在的差异、变量间因果关系解释的方向、数据来源在研究中的变化等。逻辑严谨的研究设计是准确推论变量间关系、完成一项高质量研究的必要条件。因此,面对日益加大的全球化知识创造压力,只有逻辑严谨的研究设计才能保证研究者完成一项高质量研究,并最终有可能使得自己的研究结论得到学术界的认可。很多文章正是因为研究设计的不当而无法得到评审专家的认可。

研究设计是指研究者对一项研究课题的结构和过程进行的整体安排。通过对文献的阅读和总结或社会现象的观察,研究者可以发现现有的知识在某一特定领域中存在的问题和不足。以此为基础,进而提出研究问题,设计相应的研究计划获取观测数据,对自己的判断和假设进行检验,得出针对研究问题的结论,从而完成一篇有理论贡献的学术论文。通过研究设计,研究者将一项研究的多个成分有机地整合在一起,包括回顾文献、提出问题、搜集数据、分析数据、得出结论。因此,研究设计是研究项目的一个核心环节。好的研究设计可以将研究涉及的变量纳入一个清晰连贯的体系,有效地构建变量之间的因果关系,以此回答研究者提出的问题。

研究设计的核心在于我们完成一项研究时,总体逻辑是否清楚,构成研究项目的各部分之间的联系是否清晰(Royer & Zarlowski,2001)。在本书的随后章节中,读者将陆续学习到实验研究方法(第 5 章)、准实验研究(第 6 章)、实证研究中的问卷调查法(第 7 章)、二手数据在管理研究中的使用(第 8 章)和实地研究中的案例研究(第9章)。这五种研究方法是实证研究搜集观测数据的主要方式,从研究设计的角度并没有优劣之分。对于研究者来说,设计研究时需要做的就是为特定的研究问题选择最恰当、最经济的研究方法。为了阐明这一观点,本章在首先阐述实证研究的哲学逻辑和性质的基础上,介绍实证研究设计的目的和一般过程,探讨如何根据具体的研究问题选择合适的研究方法,分析研究设计时需要控制或操作的各种因素,最后讨论评价实证研究优劣的各种效度指标。

4.1 实证研究的哲学逻辑和性质

4.1.1 社会科学中的实证主义取向

如引言所述,研究设计强调研究者需要针对特定的科学问题,制订恰当的研究计划以获取观测数据,就变量间因果关系做出可靠、准确的结论。这样的研究设计思路是基于现代实证科学的认识论体系而提出的。在人类的知识发展和积累过程中,曾经出现过多种不同的认识论体系,不同的认识论体系都对什么是知识及如何获取真实可靠的知识具有自己独特的价值系统和理念。因此,在了解研究设计之前,我们有必要了解实证主义范式的哲学思想和基本理念。

自20世纪50年代以来,实证主义(positivism)的思想一直主导着组织管理研究。在其经典文献《论实证精神》一书中,实证主义哲学的创始人Auguste Comte(1963、2009)认为人类思辨的发展先后经历了三个阶段,即神学阶段、形而上学阶段和实证主义哲学阶段。在神学阶段,人们主要借助上帝和神灵来解释外部世界。在Comte看来,这一阶段,人类在连最简单科学问题尚不能解决的时候,关注了那些最不可能解决的问题,近乎偏执地去探索万物的本源,尝试解释各种现象的基本原因,以及这些现象产生的基本方式。在形而上学阶段,人类开始尝试抛弃神秘的超自然因素,转而使用本质、根本原因(fundamental truth)和其他抽象概念来解释外部世界。虽然这种依赖推理的思辨依然保留追求绝对知识的基本性质,但是它使得人类的理性获得了充分的发展,逐渐瓦解了神学的解释体系,酝酿了真正的科学。在实证主义哲学阶段,人类在对世界的认识中放弃了纯粹的抽象,开始强调主观观念和外部客体的统一。不同于形而上学阶段对推论而不是观察的热衷,实证主义哲学更强调对自然界和人类社会做出审慎缜密的考察,以客观的事实为依据,找出事物之间稳定的、自然联系的发展规律,从而解释外部世界。意识到人类智慧和解释能力的局限,实证主义哲学不再强调对绝对知识的追求,转而着重研究被观察现象之间存在的相互关系。

实证主义哲学强调真正的实证精神是为了预测而观察,基于自然规律不变性的信念,研究现状以推断未来。根据实证主义的研究范式,任何科学理论的建立都必须基于所观察到的事实。同样,观察的目的在于发展出抽象的逻辑结构,人类的知识中不能只存在各种杂乱的事实而不包含规律。实证主义传统认为客观规律和事实(fact)是现实存在的,因此研究者可以通过科学的测量,实现对研究对象的数量化表达,以此来观察、解释、预测事物间的因果关系。但是这一基于现实主义(realism)的假设在社会科学中受到了怀疑主义(skepticism)者的尖锐质疑。如Mackie(1977)认为所有的价值判断都是人们的主观意愿投射在社会生活中,通过社会加工最终形成了行为规范。因此,社会科学中所谓的真理和知识都是主观建构的,世界上并不存在普遍适用的价值体系。由于并不存在一个客观世界以及研究者不可避免的主观色彩,使得研究者无法真正地客观地描述我们的社会,因此所有对社会现象的认知和研究都有可能是错误的。基于此,Astley(1985:497)曾经发表这些论点描述组织管理研究的性质,"构成行政科学的知识体系是社会建构的产物。由于经验观察不可避免地受到有关理论先入之见的影响,组织的知识从根本上受到了主观价值观的影响,而这些价值观影响了我们所观测到的数据。真理是由理论构念和概念词汇所定义的,而它们引导我们的研究和连接我们接触的组织现象。因此研究的主要产物是理论语言,而不是客观数据。行政科学的知识不是建立在客观真理之上,而是一种人工制品——一种社会定义的产物。社会的制度机制通过赋予科学真实性的方式来强化这些由社会定义的真理"。

针对这一观点,实证哲学家区分了社会科学和自然科学的性质:在自然科学中,科学家面对的研究对象既有认识论上的客观性,同时具备本体论上的客观性。例如,土星的存在及地球与太阳的距离都是客观存在的事实,它们与人类的认知无关。而社会科学的研究对象更加复杂,虽然它可以实现认识上的客观判断,但部分内容是由集体的态度构成的,这部分内容在本体论上是主观的(Meckler & Baillie, 2003)。换言之,社会科学家要面对的研究对象主要是人,以及由人类活动构成的各种结构(如团队、组织、行业等)。思想、人和社会实践活动之间存在着一种互动性质的双向因果关系(Hacking, 1999):社会科学家的观点和理论来自对社会现象的观察,但是这些观点和理论一旦形成之后又反过来影响了人们之间的互动,造成了社会现象的变化。这种不同于自然科学的双向互动因果可能性大大增加了社会科学的研究难度。面对社会科学的研究挑战及怀疑主义对实证范式的质疑,以Dewey为代表的自然经验主义(natural empiricism)哲学家重新修订了实证主义哲学的认识论体系(Boyles,2006)。Dewey认为所谓的真理或知识只是研究的终端,人类对于知识的掌握是需要时间的。相对于知识本身,实证研究更应该关心知识是如何获取的。我们在研究中得出的结论更应该被理解为"有根据的论断"(warranted assertion)。我们对现象的每一点解释都需要有证据的支持,都需要经得起同行的检验,这应该是知识积累过程中的一个重要的特征。同时由于我们对社会现象的感知(perceiving)和认知(knowing)都是发生在一个大的"情境"之中,无法穷尽真理的各种情况,因此,Popper(1977)提出实证研究中假设检验的过程只是一种证伪(falsification)的过程。如果得到的数据与研究假设的预期一致,就认为假设是可以接受的。但是我们在一项研究中得到的支持性证据只是认识世界、获得知识过程中很微小的一步,它只能证明否认变量间的因果联系是错误的。作为对一个复杂社会系统的检验,我们得到的证据还远远不能证实变量间必然存在因果联系。由于我们无法在一项研究中控制所有潜在的外生变量(extraneous variables)、调查所有的样本,所以一个理论假设在实证研究中只能是得到基于概率论的支持(或暂时得到接受),而不能得到证明(Okasha,2002)。而一旦发现了与假设判断相反的结果,就有理由拒绝研究假设,重新寻求其他可能的解释。我们的知识就是在这样不断质疑、不断更新的过程中得以进步的。

与这一认识论思想相吻合,组织管理实证研究大多是从实地调查中得到数据,然后在定性或是定量分析的基础上得出研究结论。在这样的研究中,我们强调得出研究结论的可靠性,即推论变量间的因果关系时,需要消除其他可能的各种替代解释(alternative explanation),同时有效地控制其他无关的、但可能会影响因变量和自变量关系的外生变量。正是因为实证研究对结论可靠性的强调及推论因果关系的复杂性,我们在研究中需要强调整体研究设计的角色。

4.1.2 实证研究的一般范式与因果关系的建立

基于实证主义哲学思想的影响,科学研究的主要目标在于探讨变量间稳定的因果关系,以尝试解释外部世界。在19世纪的哲学家John Stuart Mill的经典分析中,一个因果关系存在需要三个必要条件:原因(cause)在时间上先于结果(effect);原因必须与结果有关;除了原因,我们找不到对结果的其他合理性的替代解释(Shadish et al.,2002)。在这种哲学观念的指引下,实证研究一般过程可以用图4-1的模型表述。在图4-1中,线(a)代表两个理论构念X和Y之间的逻辑关系。我们需要检验的研究假设是变量X和Y之间是否存在因果关系。但由于在社会科学研究中,我们无法直接观察这些由社会建构的理论构念(X和Y),所以首先需要将它们操作(operationalization)为可以直接观察测量的变量(即图 4-1 中的 x 与 y)。图 4-1 中线(b_1)和线(b_2)代表操作化过程。通过将抽象的理论构念转化为可以测量的操作指标,我们就将一个抽象的理论命题转换为可以进行实证观察的具体研究假设。然后,我们搜集数据资料并运用合适的数量方法来验证 x 与 y 间是否存在统计显著的关系,如线(d)所示。如果没有发现统计显著的关系,就拒绝研究假设并接受虚无假设(null hypothesis),推断在构念 X 和 Y 之间在现象界并不存在稳定的因果关系。若经过统计检验,我们发现 x 与 y 之间存在显著关系,但在推断 X 与 Y 之间存在因果关系前,需要剔除各种可能导致 x 与 y 之间显著性关系的替代解释。经过详细的逻辑思考之后,如果我们确认推断 x 与 y 之间存在显著因果关系是严谨且有根据的,如线(c)所示,我们就可以接受研究假设,支持构念 X 与 Y 之间可能存在因果关系。最后,我们需要考虑研究的样本及所处的特定时空(包括时间、空间、研究参与者等情境因素)对所获得的研究结论的影响,推论研究结论是否在其他情境下也能成立。

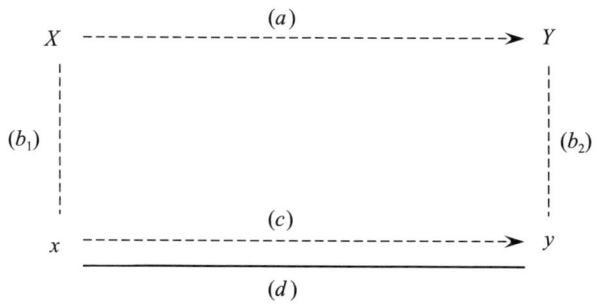

图 4-1 实证研究的一般过程

资料来源:Schwab,1999。

虽然实证研究以建立变量间稳定的因果联系作为其主要目标,但是这一目标在社会科学研究领域却并不是一件容易的事情。如前所述,社会现象间是否存在着类似自然科学中客观的因果联系一直是其备受诟病的问题之一。即使我们假设的这些因果关系客观存在,社会现象中人们行为的复杂性也使得研究者很难对变量之间的因果关系进行清晰地解释和预测。因此,如何通过实证研究范式建立社会现象之间的因果联系便成了一个非常大的挑战。例如,在组织管理研究中我们经常讨论的一个研究准则是:变量间的相关不能代表因果关系。这是因为我们不知道哪个变量最先出现,也不能确定是否排除了所有的替代性解释。例如,我们发现一个人的收入和教育水平存在相关,但是,是必须有高收入才能够负担教育费用,还是先得到良好的教育才能获得更高收入的工作? 很显然,这两种可能都存在其现实合理性。在完成充分的调查评估之前,一个简单的相关性并不能说明哪个变量是先出现的。此外,相关性也不能排除两个变量(如教育和收入)之间关系的替代解释。两者之间的相关可能根本不是一种因果关系,一个人的智商水平或其家庭社会经济地位可能是解释良好教育和高收入的第三个变量。如果高智商导致教育和工作上的成功,那么聪明的人就会有较好的教育和较高的收入。这时两者都是由一个人的智商水平造成的,而不是因为教育水平的提高导致收入的增加(反之亦然)。

基于对这种困难性的认识,实证研究者通过以下两种方式帮助建立变量之间的因果联系(Risjord,2014):第一,通过研究者的干预主动创造因果关系,而不是被动观察。这种思路是在控制其他相关变量的前提下,通过改变一个变量 X,带来另一变量 Y 的变化,从而将变量间的相关性转为一种固定联系,以理解一个变量的变化如何引起了另一个变量的变化。在这种思路中,研究者强调的是通过主动创造差异帮助理解变量间的因果联系,其优势在于提供变量间的因果性描述(causal description)。我们常见的实验研究就是遵循了这种思路(见本书第 5 章和第 6 章)。第二,通过探究变量之间深层的机制去解释变量之间的因果联系。鉴于社会现象之间复杂的因果联系,这种思路倾向于把变量之间的复杂联系机制看作一个因果系统(causal system),侧重于分析变量之间联系的因果动力(causal power)与因果机制(causal mechanism)。在这种思路中,研究者需要从自变量(cause)中分解出对因变量(effect)有效的部分,从因变量分解出受到自变量直接影响的部分。在此理解的基础上,进一步识别出自变量中有效的部分是如何影响了因变量变异中受自变量影响的部分。最后,研究者通过借助识别中介机制的方式完成对变量间关系的因果性解释(causal explanation)。Mawritz 等(2017)的研究是说明这一思路的一个很好的例子。在这个研究中,作者讨论了下属的偏差行为如何导致了领导的辱虐管理(abusive supervision)。基于自我调控理论,作者提出下属偏差行为导致辱虐管理的一个主要原因是主管在处理偏差行为时,消耗了太多的自我调控资源,而自我调控资源受损后引起了主管的一些不理智的管控行为。除了自我调控机制,作者也意识到社会交换关系质量的下降也可以解释下属偏差行为与辱虐管理之间的作用机制。因此,他们在检验自我调控机制时,同时测量控制了社会交换机制。为了检验这样的因果解释,他们在一家物业管理公司分四个时间点采集了问卷数据。在同时控制变量间多种逆向因果关系可能性的前提下,比较检验了从偏差行为到辱虐管理之间的两种因果解释。对变量间关系进行因果性解释是科学家特别是进行基础研究的科学家优先努力追求的目标之一。科学研究的目的不仅在于描述一个新的、重要的因果关系,还在于努力解释这一关系为什么以及如何发生。

4.1.3 实证研究中研究者的角色

如前所述,实证研究的目的在于发展可重复、可证伪、内部逻辑一致的知识体系。为此,实证科学家获得知识的主要途径就是依赖高度地抽象,把一个复杂的因果系统分解成离散的变量,通过高度控制的数据采集方式对变量之间的因果关系进行判断,最终发展出普适性的理论解释体系。与以往的人类思辨不同,以实证主义哲学主导的科学研究范式有两个显著的特点:第一,实证研究强调观察数据与理论假说之间的双向交互。在历史上,经验主义哲学家(empiricalism)大多使用观察这一方式来为自己的学说或理论寻找支持,强调对观察的使用从属于理论发展的需要。而在实证研究中,科学家承认人类理性的局限,开始使用观察数据纠正已有理论中的错误。从伽利略公开使用观测数据发展日心说,挑战正统神学的地心说权威开始,研究者通过系统观察获取数据就开始成为现代实证科学理论建构的主要途径之一(Okasha,2002)。实证科学的逻辑可以通过图4-2来说明:首先,实证研究起源于科学家观察到的某种社会或自然现象。对这一现象的解释与理解应该有利于拓展人类在某一领域的知识边界或是具有某种实践功能。其次,科学家在尝试对这一现象进行解释的过程中发现明确的科学问题。如果过去的知识(即现有的文献)能够充分地解释所关注的现象,那么针对这一现象就不存在需要进一步研究的科学问题。而一旦确认现有文献不能完全解释所关注的现象,科学家就可以明确其中需要解决或解释的具体科学问题。最后,遵循严格的逻辑推理,研究者提出对所观察现象的尝试性解释,这就是我们常说的理论化过程,即一项研究的理

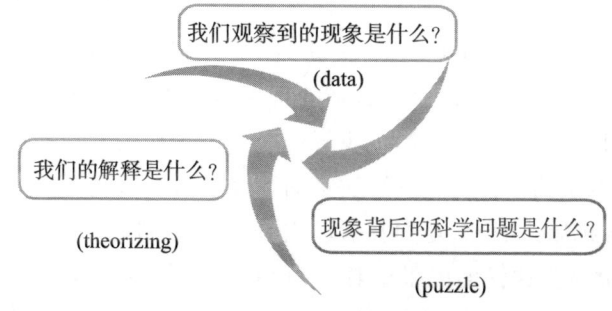

图4-2 科学研究的基本逻辑和过程

论贡献之处。而科学家提出的理论解释是否可以得到支持,则需要进一步搜集观测数据。这三个步骤环环相扣,实现了观测数据与理论之间的双向交互,构成了实证研究的基本逻辑和过程。

第二,实证研究强调的是研究者主动创造观测数据的能力和角色,而不是依赖被动的观察去发现外部世界的运行规律。如前所述,实证研究开始于某一个引起科学家兴趣的现象,为了验证自己对这一现象的解释是否合理,研究者会主动制造改变,然后系统地观察随后引起的变化。在这一过程中,实证科学家的任务并不是简单地记录实验结果或是进行观察,而是主动地操作变化以进行恰当的因果推论。正如 Hacking(1983:149)在评价 Francis Bacon 时用的一句话:"他教会了我们不仅仅必须观察自然界的运行规律,而且必须操作我们的世界以获得它的秘密。"不同于一般性论断,实证研究假设的理论观点需要得到观测数据的支持。当发现例外情况时,研究者要么选择修改理论,要么拒绝之前的解释,以一个新的视角重新解释外部世界。因此,在实证研究的每一个阶段,研究者都是主动的,他们需要主动去设计实验或是实地调查,从中发展出我们对于这个世界的认识。研究设计是一个需要发挥个人想象力和创造力的阶段,研究者需要事先对研究的问题、测量的操作步骤、统计分析的方法、研究样本的代表性等进行周密详细的计划。这样得出的研究结论才能够经得起考验,我们所进行的研究才能被接受为是高质量的学术研究。

4.2 实证研究设计的目的与过程

4.2.1 研究设计的一般过程

研究设计是整个研究过程的执行计划。一般而言,研究设计的基本目的有二:(1)有效地回答研究问题。在实证研究中,研究问题通常是以研究假设的形式出现的,研究设计的目的就是要通过数量化的分析,为假设中涉及的构念间关系提供有效的检验,从而判断研究者的理论预期是否得到了观察数据的支持。(2)主动操作研究中涉及的各种变异量。研究者通过恰当的研究设计,可以根据研究问题和所需数据的类型选择合适的数据采集方法,从而有效地控制造成因变量发生变化的各种变异量,如系统变异(systematic variance)、外生变异(extraneous variance)和误差变异(error variance)(对这些概念的解释请见本章的4.3.3节)。通过控制可能影响因变量变异的各种因素,研究者可以清晰地观察、推测变量间的因果关系,提高研究结论的严谨性与可信度。(3)满足实证研究效度的要求。通过严谨的研究设计,我们可以确保在因果关系推论中最大限度地剔除各种替代解释的影响,确保对理论构念内涵测量的操作化质量,根据数据类型选择正确的统计方法,通过合理的样本选择提高研究的外部适用性,从而最终保证研究结论的可靠性。作为一个研究项目的整体蓝图,研究设计的一般过程可以用图4-3中的七个步骤来表述(Royer & Zarlowski,2001)。确定研究主题,通过文献回顾和探索性访谈发展研究假设,确定抽样方法、测量(操作化)手段,以及这些因素对统计分析的影响等。研究者在搜集数据资料前必须认真考虑这些因素,才能有效地回答研究因素,保证研究的质量。

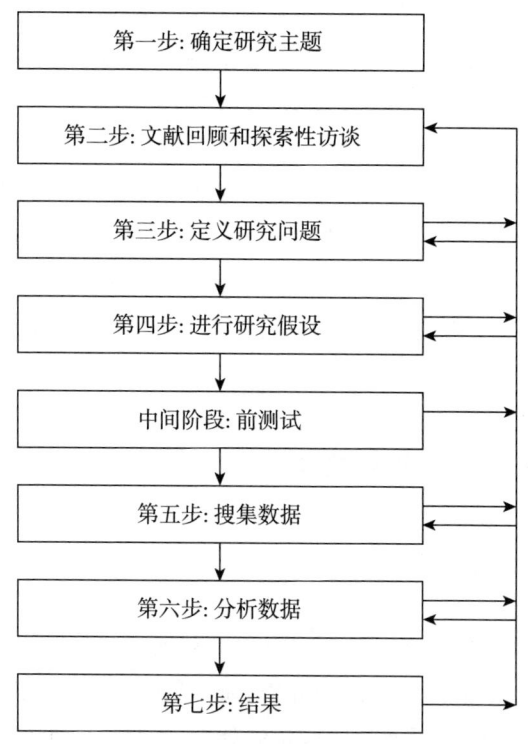

图4-3 研究设计的一般过程

资料来源:Royer & Zarlowski,2001。

在图4-3中,我们需要特别指出的是研究设计是一个不断循环、不断重复的动态过程。在执行作为整体规划的研究设计时,研究者不仅可能会因为当初的研究构想不够周全而变得难以继续,需要做出调整;而且可能需要随着对现象了解的深入而改变。最近搜集的数据、同事的评论、刚读到的文献或者新的搜集数据的机会都有可能使研究者的兴趣发生变化,从而调整原来的研究计划。Meyer(1982)的研究就是这样的一个例子。他起初以三藩市(San Francisco)的医院为样本,探讨医院的环境、营销策略、组织结构和组织过程之间的关系。但在研究期间,当地的保险公司突然中止了与大约 4 000 名医生的合同,要求这些医生重新以个人名义与公司签订新合同,而保费则提高为原来的 384%。这件事引发了大规模的医生罢工。整个罢工持续了将近一个月,为医院的工作带来了极大的影响。Meyer 迅速意识到这是一个研究组织适应的绝佳机会,于是改变了自己的研究计划,重新设计了一个准实验来进行自己的研究,最后完成了一篇出色的博士论文。

在这个例子中,Meyer 根据研究情境的变化,推翻了原有的研究设计,重新确定了研究主题,及时调整了所采用的研究方法。这种调整反映了 Meyer 对研究问题的深刻理解。Meyer 的例子可能只是一个特例,我们在日常的研究中一般不大可能完全推翻自己的研究计划。但这一例子提醒我们,在执行计划中研究者需要始终保持对研究问题和研究情境的敏感性。通过及时修改研究计划,确保研究问题和研究情境之间良好的匹配是完成一项高质量的实证研究、有效揭示管理现象的必要条件之一。

4.2.2 研究方法的选择

在确定研究计划时,我们需要根据问题的性质选择合适的研究方法,从而有效地完成数据的采集。在本书中,我们将依次讨论五种主要的研究方法:实验法、准实验设计、问卷调查、二手数据和案例研究。作为实证研究数据搜集的方式,这五种方法没有优劣之分,我们需要根据自己的研究问题进行选择。在实验法中,研究者在充分控制各种干扰因素的前提下,通过操纵自变量将被试随机分配到不同的实验组内,观察这种操纵对因变量变异量的影响。如果由于客观条件和资源的限制,研究者无法将被试随机分配到实验组和控制组中时,可选择使用准实验设计。与实验法不同,在准实验设计中,研究者没有对被试采用随机分配的方法,而是在自然场合下进行观察。由于研究者没有对被试与周围情境的接触实施控制,自变量容易受到外部情境的影响,所以相对于实验法,准实验设计在推测因果关系时可靠性略低。但无论是实验法还是准实验设计,研究者都可以通过主动创造自变量的变异,观察被试在因变量上的变化,从而有效地观察、推论变量之间的因果关系。

研究者经常使用的第三种方法是问卷调查。问卷调查的特点是快速、有效、廉价。由于它对被调查者的干扰比较小,所以容易得到被调查企业的支持。但由于无法对被调查者进行有效地操作自变量,以及控制可能对因变量相关、但与研究问题无关的其他变量,研究者需要较大规模的样本才能保证自变量有足够的变异量。为了提高问卷调查的研究效度,我们需要准确地测量理论构念,根据研究问题在调查中加入对其他相关变量的测量,从而将这些干扰变量纳入作为控制变量,以统计控制的方式来剔除替代解释对自变量和因变量因果关系的干扰。

在以上三种研究类型中,研究者和被试/被调查者都会发生直接联系,由他们直接向研究者提供资料数据,服务于某个具体的研究问题。但如果无法通过直接方式获得研究数据,我们可以搜集和分析二手数据。与准实验设计和问卷调查相同,二手数据的来源不受研究者控制,因此研究者不能对研究对象进行随机分配以消除无关变量的干扰。同时,由于二手数据的搜集往往不是直接服务于研究者特定的问题的,所以在使用这样的数据去测量相关的理论构念并推论其关系时,会受到更多的误差影响。为了控制各种混淆变量以获得清晰的因果推论,研究者一般需要大样本,同时以统计控制的方式排除各种干扰因素的影响,才可能提高研究结论的可靠程度。相对于前三种研究方式,二手数据的优势在于其客观性和可复制性比较高。

最后一种研究类型是案例研究。与前四种定量的研究方法不同,案例研究需要研究者与研究对象进行较为深入的接触,在充分了解研究对象的基础上就研究问题提供丰富的描述(thick description)和解释(Risjord,2014)。因此,案例研究的目的在于通过丰富、细致、有启发性的定性观测数据去揭示现象背后的本质。这些定性的分析有助于研究者从现象中识别出关键的研究变量,结合已有理论尝试发展新的理论解释(Glaser & Strauss,1967)。在案例研究中,研究者很难遵循一个从假设发展、数据搜集与分析的固有程序,数据分析经常与数据搜集过程相互迭代。在这样的迭代过程中,高度抽象的理论类别逐渐浮现,并进一步指导随后的数据搜集(Eisenhardt,1989;Glaser & Strauss,1967)。因此,案例研究的核心在于从对典型事例的定性观测中逐渐发展出有系统的理论解释体系,从而指导随后对这一领域的假设检验研究。

再次强调,以上五种研究方法本身并没有优劣之分,对研究类型的选择取决于研究问题的性质和研究者对结果的预期。很多初学者容易过多地关注研究方法和数据分析的复杂性,而相对忽视了研究方法与研究问题的匹配程度。经常有人误认为研究方法的复杂程度代表了文章的质量高低,因而追求"时髦的研究方法",这种理解显然是错误的。为了阐明研究方法的选择问题,Edmondson和McManus(2007)特意区分了成熟理论研究和新生理论研究的差异。在成熟理论研究中,研究者可以充分以已有研究作为支撑,发展出逻辑严密、精确的研究模型。研究问题通常关注于解释、厘清或挑战现有理论的某一方面，它可能是在一个新的情境中检验理论，识别出一个理论的边界，或是检验一个新的中介机制。为了观测变量之间的关系，研究者可以使用实验法随机操作自变量，也可以采用相关研究以逻辑为基础进行因果推论（如问卷调查和二手资料法）。而在新生理论研究中，研究者关注的问题在现有的文献中很少受到关注，或是没有得到清晰的理论加工，或是新出现的组织管理现象。对这些问题的兴趣可能来自一个研究者没有预期到的发现，也可能是对现有文献基本假设的合理质疑。由于在现有的知识框架中没有针对这些研究问题的确定性答案，这些研究问题更加适合采用诸如案例分析的方式去发展新理论，以说明一个没有被理解的新现象是如何浮现的。

当然，成熟理论和新生理论研究并不能完全涵盖所有的研究问题。在很多时候，研究者的探索是从不同的文献发展而来的，这种结合意在发展一个新概念或是建构一个新颖的理论关系。对于这种类型的研究，Edmondson 和 McManus（2007）称之为中间类型的理论研究（intermediate theory research）。这种类型的研究往往需要研究者整合定性和定量的数据，通过相互验证（triangulation）去为新的理论构想建立外部和构念效度。以下两个例子可以说明这种研究思路。第一个例子是 Edmondson（1999）对团队心理安全感、团队学习和团队绩效的研究。在这个研究中，作者的思路来自两个成熟的研究领域——团队有效性和组织学习。作者在一家提倡团队合作和学习的公司中观察和访谈八个团队，通过比较学习行为的高、低，尝试理解它们之间为什么出现这些差异，这些团队学习行为的差异如何导致了团队绩效的差异。这一阶段的定性资料分析不仅为作者发展新的构念和测量奠定了基础，也使得研究者意识到心理安全感对于团队学习的重要性。在第二个阶段，作者使用团队问卷的方式调查了 53 个团队中的 496 名成员，并由组织内、与团队有业务关系的其他部门评价每个团队的学习行为和绩效。为了增强研究结果的可靠性，作者还采用结构化访谈的方式，由一名研究助理采集针对研究变量独立的定量测量。最后，作者使用标准化的统计程序分析了定量数据，不同来源的数据得到高度一致的结果。定性和定量相结合的方式不仅有效地解释了团队是如何一起工作的，而且为读者呈现了数字背后的故事。第二个值得推荐的例子是 Stewart 等（出版中）对团队授权计划实施过程的研究。虽然过去的研究提及团队领导会抵触授权计划，但是这种抵触背后的原因并没有得到清晰的解释。在这项研究中，作者首先利用美国退伍军人健康服务中心改革的机会，比较了医疗服务团队改革前后的绩效差异，发现具有较高地位的外科医生在实施团队授权计划时往往效果比较差。这一基于准实验的研究结果证实了以往的理论探讨。随后，作者针对这些发现进行了一系列的访谈,比较了转型成功和失败的典型案例,以了解其背后的解释机制。分析结果发现,团队授权计划会对高地位的外科医生造成一种地位威胁。这些医生为了维系他们的专业地位,在随后的改革中采取了不恰当的授权行为,丧失了成员的信任,最终伤害了团队绩效。与Edmondson(1999)的研究不同,这个研究起始于一个定量实验研究,最后通过一个定性分析的方式建构了对一个特定现象的理论解释。

通过以上讨论我们可以发现,研究方法选择的恰当与否取决于它们是否与特定的研究问题相匹配。正如Bouchard(1976:402)指出的,"好的研究不在于其选择什么研究方法,而在于它能否问正确的问题,并选择最有效的方法来回答这一问题"。基于这一原则,建议读者在选择研究方法时思考以下几个问题(Royer & Zarlowski,2001):

- 这种方法适合回答我的研究问题吗?
- 这种方法可以带来预期的研究结果吗?
- 使用这种方法需要哪些条件?
- 这种方法自身有哪些局限?
- 还有哪种方法适合现在的研究问题?
- 现在选择的方法优于其他方法吗?如果是,为什么?
- 在使用这种方法时,我需要掌握哪些技能?
- 我现在掌握这些技能了吗?如果没有,我可以学到这些技能吗?
- 我是否需要其他的方法来提高对研究现象的观察?

4.2.3 研究问题与数据搜集计划的匹配

在选择研究方法之后,我们需要进一步明确应该搜集什么类型的数据,以及如何搜集所需要的数据。为了保证有效地回答研究问题,我们需要根据研究问题进行研究设计,根据研究变量的性质确定具体的数据搜集计划。如果没有清晰地界定研究问题的性质而进行数据搜集,可能会导致观测的数据无法回答研究问题。在研究设计中,组织管理学者经常需要考虑如何选择验证假设的层次(如个体、团队、公司、行业层次等),我们需要针对研究问题,仔细设计研究方案。如果脱离了研究问题,我们的数据可能发生研究层次的错位,影响研究质量。下面我们通过一个实例来说明这一问题。

对企业来讲,业绩起伏是家常便饭,成功与失败往往交替出现。失败是成功之母,企业可以总结失败的教训,但成功的经历会带给企业什么呢?Audia等(2000)

认为企业过去的成功会导致对以往战略的坚持,而这种坚持对于公司今后的发展却是把双刃剑:当外部环境稳定时,坚持以往战略有助于降低运营风险、充分挖掘企业能力;而当外部环境动荡时,坚持以往战略却会使得企业难以重新进行战略定位,进而延滞企业变革的速度。为了整合这两个不同观点,Audia等提出了假设一:在环境发生突变后,拥有更多成功经历的公司会更加坚持以往的战略,而对以往战略的坚持有可能损害公司的经营业绩。在这一过程中,他们认为企业战略决策者的个人心理过程起到了中介作用。为此,他们提出了假设二:在成功经历影响未来业绩的过程中,六种个人心理过程变量起到了中介作用:(1)个人对以往成功的满意感;(2)对现行战略有效性的自信心;(3)个人自我效能感(self-efficacy)的提高;(4)个人目标的提升;(5)信息搜集的数量;(6)信息搜集的种类。

由以上的叙述可以发现,这两个假设不仅位于不同的层面,而且基于不同的理论。假设一主要关注企业的成功经历如何影响它们的战略选择和未来的业绩水平,以及外部环境特征的影响。因此Audia等通过搜集美国航空企业和卡车运输企业的二手数据,研究了它们十年间业绩的变动情况。在20世纪70年代末,美国政府解除了对这两个行业的行政管制,造成了行业竞争格局的突变。他们通过回归分析发现,在这两个行业中既往的成功经历均会导致公司更加坚持以往的战略,而这种坚持都导致了环境突变时业绩的下滑。假设二涉及个人心理过程的中介作用,而心理过程变量是一个个体层面的变量。为此,Audia等设计了一个商业游戏来验证这个假设。在实验中,大学生被试要求模拟担任一家手机公司的CEO,并针对一些战略问题,在两个阶段共13次决策中做出战略选择。在第一阶段,被试被随机分配到三种(低、中、高)成功情境中,并进行8次战略决策。每次决策后,被试都会就企业经营业绩获得反馈。由于研究者为高成功情境中的被试提供了详细的信息,这些学生做出的决策质量更好,所以企业业绩会较好;而处于低成功情境下的学生只获得了基本信息,因此他们的业绩表现相对较差。在完成前8次战略决策并接受反馈之后,研究者测量了被试的六种心理状态。在第二阶段,他们通知所有的被试政府解除了对手机行业的管制,原来一家公司只能在四个地区开展业务,现在它可以同时在五个地区开展业务。研究者要求被试继续进行5次战略决策。与二手数据分析中得到的结论一致,他们发现既往决策的成功导致了被试在第二阶段的决策中坚持使用同样的战略,而这一对以往战略的坚持则导致了经营业绩的下滑。同时,他们发现个体心理过程完全中介了既往的成功经历对于战略坚持的作用,其中对以往成功的满意度、自我效能感、信息搜集的类型起到了关键作用。

在这个例子中,作者关心的是公司以往的成功如何通过影响企业家的个人心理因素,进而影响公司的未来业绩。这一问题既包括了公司层面的变量,又包括了个人层面的问题,研究者必须制订不同的数据搜集计划才能有效地回答研究问题。虽然我们一般不会在一项研究中包含不同层次的变量,但是通过这一例子,我们可以发现清晰地界定关键的研究变量,有利于进一步制订具体的数据采集计划。否则,研究者采集的数据有可能无法回答预期的研究问题。

4.2.4 数据资料的搜集与分析

在一项实证研究中,研究问题、研究类型、变量测量与统计分析是相辅相成、紧密联结的不同步骤(Pedhazur & Schmelkin,2003):研究者需要首先明确具体的研究问题,结合研究问题选择恰当的研究方法,然后,选择相应的资料搜集方式和分析方法。如果说确定研究问题指明了研究的具体现象,那么针对数据搜集和分析方法的设计就需要回答从哪里得到数据及应当如何处理得到的数据。一般而言,研究者的数据有三种来源:第一,研究者将外界可直接观察的事件或事物属性作为数据的来源,在不需要任何辅助工具的情况下,将外界信息转化为数字。在宏观战略管理领域,我们对企业行为的数据搜集大多依赖于这种方式,如利用资产收益率(return on assets,ROA)和净资产收益率(return on equity,ROE)测量企业绩效等。在微观组织行为学研究中,也不乏这类测量方式。如 Xie 及其同事们在一系列的研究尝试使用了诸如免疫力功能、上呼吸道感染及血压等生理学指标去测量由工作压力带来健康变量(Xie et al.,2008;Schaubroeck et al.,2001)。第二,在研究者面对无法直接观察的对象(如员工的态度、动机等)时,需要借助一定的测量工具,如通过员工填写测验量表实现对员工态度的数字化表达。第三,我们也可将测量工具用于可以观察的行为,如请上司评价部属的工作业绩和行为等。通过这三种可能的数据来源,研究者可以实现客观世界和数字系统在实证研究中的一一对应。数据来源可以用图 4-4 的形式表示。

需要指出的是虽然实证主义者致力于对外部世界进行客观的描述,但是研究所依据的数据是带有主观色彩的。在上面列出的三种数据搜集方式中,第一种方式看似客观,但这些客观指标往往很难完整地测量我们的理论构念。例如,用 ROA 和 ROE 测量企业绩效时,很难从中判断企业的长久竞争绩效。对后两种方法而言,其面临的测量误差来源就更多。例如,同一部门的两名员工描述企业工资改革政策,或在评价另一名同事的组织公民行为(organizational citizenship behavior,OCB)时,双方提供的信息可能会有很大的差异。也就是说,就他们共同经历的事件,我们可能得到两组不同的数据。造成这个结果的原因可能有两种:双方在工资

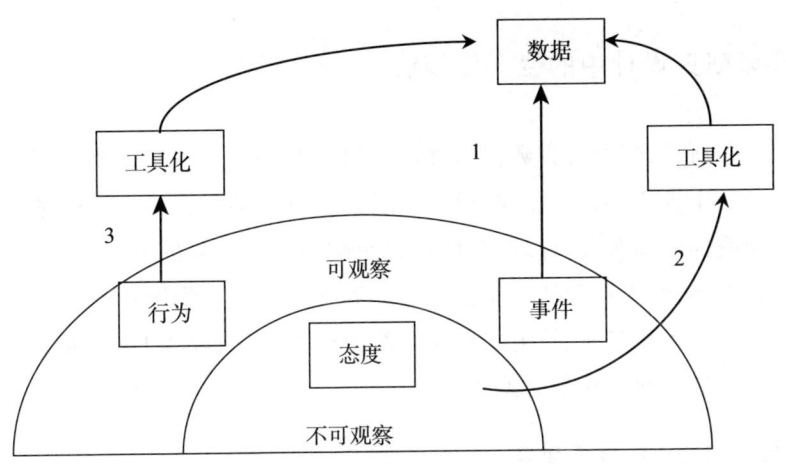

图 4-4 实证研究中数据的来源

资料来源：Baumard & Ibert, 2001。

改革或与另一名同事交往中的经历不一样；双方在将事件"翻译"成观测数据时出现了差异。所以，研究者应该充分了解每一种数据来源的局限，结合选择的研究方法，恰当地选择数据来源。

数据分析是为回答研究问题而服务的，应该在研究设计的指导下进行。如果我们没有理清研究问题、测量工具和资料分析之间的关系，我们得出的结论只能反映变量在测量和分析层面的关系，而不能有效地回答我们的研究问题（Klein et al.，1994）。对于资料分析方法的选择，应该符合研究理论和设计的要求。例如，在讨论工作满意度对绩效的影响时，如果我们希望了解员工满意度与员工绩效之间的关系，那么测量和分析应该以个体为单位；而如果研究的问题是部门士气对于部门业绩的影响，我们的分析就应该在部门层面。由于组织管理研究的社会科学性质，这样的数据只能在个体层次由员工回答采集。但我们对数据的分析都必须以部门为单元，进行团队层面的数据分析才能回答研究问题。如果研究课题有关部门士气对于员工业绩的影响，因为部门士气是部门层面的变量，而员工业绩是个人层面的变量，这时我们就应该进行跨层面研究与分析（关于这一问题的讨论详见本书的第 10 章和第 15 章）。因此，数据分析的方法是服从于特定研究问题的性质的。在讨论了研究问题、研究类型和观测数据之间的关系后，我们可以看到一项实证研究的核心任务就是如何进行恰当的实际操作以搜集所需要的观测数据，这就是我们将在下一节中讨论的变异量控制问题。

4.3 实证研究设计中的变异量控制

如第一节所述,强调观察数据与理论之间的双向互动是实证研究区别于以往研究范式的一个重要特征。在实证研究设计过程中,研究者的主要任务是如何结合自己的研究问题和假设,合理控制、创造影响因变量变异的各种变异量,以提高研究结论的严谨性,进行清晰可靠的因果关系推论。在一项研究中,我们考虑的三种主要变异包括系统变异、外生变异及误差变异(Kerlinger & Lee,2000)。我们首先来了解一下这三种变异量的关系。

4.3.1 实证研究中的变量变异

我们经常可以观察到在同一家企业里,员工的满意度会有很大的差异;在同一个行业里,公司经营业绩也会非常不同。这些个体/企业之间差异就是我们在组织管理研究中需要解释的变异量。研究设计的目的在于寻找合适的自变量以清晰地实现对因变量变异的解释,如我们可以用个人收入水平的不同来解释员工满意度的差异。但在实际情况中,因变量的变化不仅会受到自变量的影响,还会受到其他很多因素的影响。如满意度可能同时受到组织情境、个人期望和人格特征等因素的影响。我们通称这些因素为外生变量,即在自变量以外,有可能影响因变量的因素,但这些因素不是我们目前研究关注的变量。除外生变量外,影响因变量的还有误差变异。这类变异来自原因各异的各种随机因素(random factors),如被试在接受测验时的心情、当时的环境等。与外生变量不同,误差变异对因变量的影响归结于随机性变量。我们把这些变量的关系用图 4-5 加以表示。

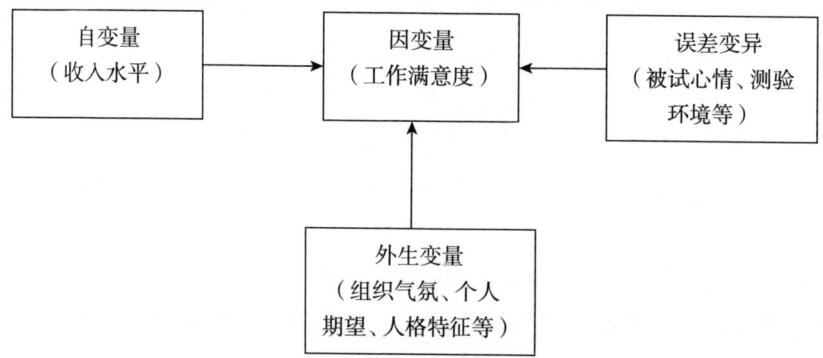

图 4-5 构成因变量变异的各种因素

从变异的角度(variance perspective)来看,研究设计主要解决的问题是如何处理因变量变异的问题。对于一个研究中因变量的变异来说,只有系统变异量(因变量变异中受自变量影响的部分)才是研究者进行假设检验时需要的变异,而外生变异量和误差变异量只能使得研究者对因变量变异的解释变得模糊不清。因此,我们在研究设计阶段需要通过对变异量进行分割(partition)的方式对各种变异量的来源进行仔细地思考。通过变异量分割,研究者可以理解误差来源、明确影响研究效度的主要因素,从而恰当地操纵三类变异的来源以确定自变量与因变量间的因果关系。简言之,变异量分割的思路即最大化系统变异(maximizing systematic variance)、控制外生变异(controlling extraneous variance)、最小化误差变异(minimizing error variance)。我们依次讨论如何通过研究设计对研究中的三种变异量进行控制。

4.3.2 最大化系统变异

系统变异是指因变量的变异中受到自变量影响的部分。在研究设计时,我们希望发现自变量对因变量的显著性影响,所以研究者需要将自变量对因变量的影响尽可能最大化。系统变异在因变量的变异中占的比重越大,说明研究中自变量的影响越明显,我们也就越有机会发现支持我们假设的证据。最大化系统变异需要我们在研究设计阶段充分考虑假设检验所需要的样本,以及对自变量的测量方式。例如,在研究收入水平与工作满意度的关系时,如在选择的样本当中,大多数人都对工作满意,或者更糟糕的情况是,他们的薪水都相似,那么研究者得到支持性证据的可能性将非常小。

由于变量性质的不同,在研究设计中操纵变异量的方法也是不同的。我们可以将管理学中的变量分成两类:可变变量(active variable)和属性变量(attribute variable)。前者是指在设计中可以被操纵的、可以变化的变量。对这类变量我们可以通过实验法对其加以操纵,使得被试在实验组与控制组所处的情境有显著差异。这样我们就可以最大化系统变异,从而有机会观察到由于对自变量的操纵而引起的被试反应。例如,Stajkovic 等(2006)通过实验法研究了潜意识目标动机(subconscious goal motivation)对目标设定效应的影响。在这个实验中,研究者给被试呈现五个单词,要求他们用其中四个单词组成一个语法正确的句子。在实验组,被试需要完成的 20 个句子中大多带有与成就有关的单词,如完成、努力、达成、掌握、成功等;而在控制组,研究者选用的大多是与成就无关的词。通过这种启动(priming)的方式,研究者就在完成具体任务之前,使得被试在不知不觉中处于不同的动机水平,创造了影响因变量的系统变异。

但在许多研究中,研究者感兴趣的变量不是可变的,或是非常难以操纵的。我们把这类变量称为属性变量。我们对这类变量的控制需要通过对样本的选择来实现。例如,Farh 等(2007)考察了权力距离(power distance)和个人传统性对中国员工的影响。他们从社会交换理论出发,提出这两种文化价值观可能调节了员工在知觉组织支持后的反应:高权力距离和高传统性的员工更多地受到自己的社会角色限制,他们的工作态度和行为较少地受到组织支持的影响;而低权力距离和低传统性的员工则更多地看重双方在交换中的对等性,他们对企业的态度和行为更多地受到组织支持的影响。在这项研究中,很显然我们无法有效地操纵被调查对象的文化价值观。为了检验这类属性变量的效应,他们在样本选择阶段尽可能地扩大了可能影响结果的系统变异:从 27 家性质不同的公司选择员工来搜集数据,而不是在一家公司或利用 MBA 学生来完成问卷。由于在研究设计阶段注重了样本的异质性,他们最大可能地实现了调查对象在这类属性变量(即权力距离和个人传统性)上的差异,从而有利于在研究中观察它们的调节作用。不仅如此,通过调查 27 家性质不同的公司,他们非常有效地测量了组织支持感(perceived organizational support)这一关键变量。如果他们的样本均来自同一家公司,由于其员工所经历的企业文化、领导作风、管理政策基本相同,研究对象之间对组织支持评估的差异只能来自个体差异。样本的同质性导致我们无法实现最大化系统变异的设计要求。因此,在研究设计阶段,研究者应考虑如何根据研究问题的性质,从不同的背景中抽取研究样本,以此提高研究的系统变异。

4.3.3 控制外生变异

外生变异会系统地影响我们感兴趣的因变量,但它们却与我们的研究目的无关。换言之,产生外生变异的变量在其他的研究中可能是很好的自变量,但在我们的研究中却不属于关注的焦点,所以我们需要对这类可能对因变量造成影响的外生变量实现有效的控制,将其效应最小化、抵消或者与自变量效应进行有效隔离。只有通过一定的控制手段,排除这些变量对因变量的影响,我们才能清晰地判断并解释自变量对因变量的影响。如果不能实现对外生变异的有效控制,即使发现了显著性关系,我们也无法判断这一关系究竟是来自自变量对因变量的影响,还是来自外生变异的影响。能否对外生变量实现有效的控制,是判断一名研究者的设计能力、对相关文献了解程度的一个很好的评价指标。

为了控制外生变异,我们在研究设计方案中可以考虑三种思路:首先,通过修改研究模型,将外生变量纳入研究设计,从而将其效应与自变量的效应加以区分。例如,在我们研究工作满意度对工作绩效的影响时,为了排除个体能力的干扰,我们就可以将两个变量共同加入研究模型。特别是在实验法中,我们可以将两者作为设计中的分析要素,形成 2×2 多因子实验设计。通过分析它们的主效应和交互效应,来区分这两种因素对员工绩效的影响。

其次,如果修改研究模型会模糊研究焦点,可以考虑通过抽样的方式(如随机化、匹配参与者等)实现对外生变量的控制。常用的控制方式有三种:(1)排除法(elimination)。不同于选择差异化的自变量,研究者可以通过选择同质性高的样本,来排除它们对因变量的影响。例如,我们希望了解收入水平对个人满意度的影响,同时性别也有可能对满意度水平有影响,这时在取样时我们就可以单独选择男性或女性。使用这种同质的样本,我们就可以排除外生变量性别的影响。(2)随机分配法(random assignment)。如果能够将被试随机分配到不同的实验组与控制组中,我们就能使外生变量的效应相互抵消,进而对其进行有效的控制。这时得到的研究结果就无法用外生变量作为对因变量差异的解释。(3)配对法(matching)。这种方法是指将外生变异进行配对处理,创造相对等的研究条件,从而控制外生变量。例如,如果需要考察一项组织变革的成效,我们可以选择另一家没有变革的企业作为控制组。虽然研究者不能随机分派哪家企业进行变革或哪家不变革,但研究者可以选择一家与变革企业相类似的企业(如科技的性质、制度、工厂设立时间长短等)作为控制比较对象,通过对比即可较为清晰地看出变革发生后产生的实际效果。

最后,如果无法实现对研究对象的操纵,研究者可以通过统计控制(statistical control)的方式实现对外生变量的控制。我们可以将这些无关变量与自变量一起进行测量,在统计分析时首先排除它们的效应。例如,在研究创新战略对公司经营业绩的影响时,我们必须控制公司的规模和行业特征。虽然这两个因素都不是研究的关注点,但它们会影响公司的获利能力。只有控制了这些变量,我们才有信心得出这样的结论,即公司利润的变动是创新的结果而不是规模(大公司倾向于利润更高)或行业(一些行业比其他行业利润更高)的影响。统计控制的思路简单,操作方便,是研究者常用的控制外生变异的方法,特别是在问卷或二手资料研究中。

研究者在使用统计控制的目的在于希望在假设检验之前首先排除掉控制变量对因变量的影响,以便能够清晰地观察自变量对因变量的效应。但是这一思路有可能产生控制变量使用不当的问题(Spector & Brannick,2011)。首先,如果控制变量会影响我们对自变量或是因变量的测量结果,但是它与研究变量并无理论上的联系。事实上很多个性特质变量都可能成为这样的变量。如果控制变量同时影响了自变量和因变量的测量,这时,在统计分析加入控制变量便无疑会排除其影响,使得自变量与因变量之间的关系更加清晰。但如果控制变量只影响了我们对自变量的测量,而没有影响对因变量的测量,在统计分析中加入控制变量无疑会提高对自变量的测量,从而提高其对因变量的预测力。而如果控制变量只影响了我们对因变量的测量,虽然在分析中控制变量的加入不会直接影响自变量对因变量的效应,但会影响整体模型的拟合程度,降低了自变量对因变量预测的标准误差,从而提高发现显著性结果的概率。在这两种情况下,控制变量的使用不当均会提高出现统计推断错误的可能性。

其次,如果某个控制变量是自变量和因变量之间存在因果关系的原因(即控制变量部分解释了为什么自变量与因变量显著相关),这时我们也需要谨慎地使用控制变量。这是因为如果在假设检验时加入这个控制变量,那么这时的统计结论是在控制了控制变量的效应后自变量对因变量的效应。而我们假设的关系及得到的研究结论是自变量与因变量之间的关系。两者之间可能存在不一致,在这种情况下,研究者对控制变量的使用反而使得变量之间关系变得更加模糊。因此,Spector 和 Brannick(2011)建议研究者在使用控制变量前,需要清晰界定这些变量可能扮演的角色及其对假设检验的可能影响,否则可能因为使用不当而影响到研究结论的清晰程度。

4.3.4 最小化误差变异

误差变异是指由于随机因素而导致的因变量变异。这部分属于随机性质,不像外生变异那样会在测量中造成系统性的偏误。最典型的随机变异是测量误差(如暂时的不注意、短暂的情绪波动等),或研究者控制不了的未知因素。我们将误差最小化,其目的就是尽可能地使系统变异显现出来。通常误差变异和外生变量对因变量变异的影响是无法区分的,这两部分产生的因变量变异之和就是我们在统计分析时所称的剩余部分(residual),即自变量无法解释的变异部分。在进行 F 检验时,我们将因变量的总变异分成为两部分:一部分是由自变量造成的组间差异(between group variance);另一部分就是外生变量和误差共同造成的剩余部分。如果我们能够尽量减少测量的误差,就可以使测量更精确,提高我们统计分析的 F 值,从而增加我们得到显著性结果的可能性。最小化误差变异可以通过控制数据搜集过程,以及增强测量指标的信度来控制误差变异对研究结果的影响。

由于误差变异是由随机因素造成的差异,它的处理方法也表现为减少个体差异和测量误差两方面:(1)减少受试者的个体差异。在保证最大化自变量变异的同时,尽量减少其他个体差异对因变量的影响。人与人之间的差距越小,由于个体差异带来的误差变异也越小。(2)减少测量误差。为了控制测量误差,我们一方面需要提高测量的精确程度,提高测量的信度(我们在第13章会专门讨论测量的信度);另一方面需要有效地控制测量情境。情境控制可以使得测量更精确。如在实验时尽量减少实验者的不同,例如性别不同、讲话语气的不同等。用放录音带的方式,使指导语的速度和声音尽量标准化。在问卷调查时,尽量使室内环境、问卷填答的时间等因素保持一致。

从上面的讨论可以发现,在研究设计阶段,对变异量的控制是非常重要的。为了实现对因变量的预测,我们需要尽可能地提高自变量的变异,尽可能地控制与因变量变异有关的外生变量和随机误差。外生变量和随机误差的存在会增加自变量无法解释的因变量变异(即为变异剩余量),从而降低我们在检验自变量效应时的统计检验力(statistical power)。

4.4 运用效度指标评价实证研究的质量

前面我们对实证研究中研究设计的目的、关键问题和操作过程进行了介绍。那么我们如何去评价研究设计是否有效地回答了研究问题呢?结合实证研究的一般过程,我们可以通过四种效度指标来实现对研究质量的评价,即构念效度(construct validity)、统计结论效度(statistical conclusion validity)、内部效度(internal validity)和外部效度(external validity)。能否提高研究效度,保证研究结论的可靠性,是我们评价一项研究是否有效及它得到的结论是否可靠的关键因素。

4.4.1 构念效度

构念效度是指变量测量的准确性,它评价的是研究者在对构念进行操作化时,变量测量的内容和构念定义的一致性程度(Shadish et al.,2002)。如前所述,由于组织管理研究的很多构念并不能直接观察测量,我们需要通过各种操作化手段将其转换为可量化的指标体系。在这一转换过程中,我们对构念的测量不可避免地引入了各种误差。这些误差可能来自理论层面(如测量指标无法充分、完整地反映构念的理论内涵),也有可能来自操作过程(如测量过程中夹杂了与构念无关的随机误差)。这些误差降低了测量指标对理论构念的准确反映,在图4-1中,线(b_1)和(b_2)就代表了构念与测量指标之间的对应关系。如果测量指标与理论构念之间不能准确对应,那么由此得出的结论就会出现偏差。即使最后在统计检验时发现了变量间的显著关系,也无法清晰地推断构念之间存在因果关系,我们将这样的研究评价为构念效度偏低。

由以上讨论可见,构念效度是一项高质量实证研究的首要要求。在研究设计中,研究者的目的是尽量减少测量时的偏差,努力提高变量测量与理论构念之间的一一对应程度。鉴于其重要性,本书的第 13 章将详细讨论测量过程的效度问题。在本章中,我们主要讨论如何从理论和实际测量两个方面提高构念效度:(1)从分析抽象构念的角度,研究者需要精确定义理论构念并明确它的内部结构。由于组织管理研究中很多构念来自抽象的社会建构理论,在现实世界中并不能直接观察,因此对它的观察和测量必须依赖于精确的定义说明。如果缺少精确的定义,即使研究者在测量过程中避免了各种误差,由于无法确定测量得到的数据能否准确地代表理论构念,统计分析得出的结论还是无法有效地回答研究问题。(2)从变量测量的角度,研究者需要选择合适的测量方式,以控制测量误差。比如在文献中,我们常常会发现一个构念有多种测验量表。到底在研究中选用哪一个量表,就是一个经常困扰初学者的问题。我们的建议是:首先,选用经过严格评审的、发表在高质量杂志上的量表;其次,结合具体的研究问题选择最能符合研究要求的测量方式。例如,当研究者关心的问题有关中国特殊的文化情境时,采用具有文化特殊性的量表就能捕捉到更多详细的信息。如果研究者关心的是一种普遍现象,只是运用来自中国的样本进行假设检验,那么具有文化普遍性的量表就应该是首选。通过这样的标准,我们不仅可以保证变量测量的质量,同时提高了测量工具与研究问题、研究情境之间的匹配程度,确保了变量操作的构念效度。

4.4.2 统计结论效度

统计结论效度是指在对假设关系进行统计推论时,我们采用的统计检验手段及所做出的统计决策是否正确。在图 4-1 中,统计结论效度描述的是线(d)。在实证研究中,统计检验的本质是通过抽样的方式来对变量间关系做出泛化的推论。我们针对统计检验而做出的研究结论,实际是在一定的概率基础上做出的。因此,任何研究结论都面临着统计结论效度的问题。一般而言,我们在做出统计决策时存在着四种可能性:接受正确的虚无假设(true positive)、拒绝错误的虚无假设(true negative)、拒绝正确的虚无假设(false positive)和接受错误的虚无假设(false negative)。前两种情况属于正确的结论,但后两种情况属于研究者做出的错误决策,直接影响到研究的统计结论效度。我们把第三种情况称为一类错误(type I error),即在两个变量间并没有联系的时候,我们却根据自己的统计结果拒绝了虚无假设,得出它们之间存在显著性关系的结论。第四种情况称为二类错误(type II error),即在两个变量间存在显著性关系的时候,我们却接受了虚无假设,认为它们之间并不相关。无论是拒绝原本正确的虚无假设,或是接受原本错误的虚无假设,都会降低统计结论的可信程度。导致这两类统计决策错误的因素有很多,如样本太小造成统计检测力的缺乏;忽视了统计检验的基本假设,造成统计方法运用的错误;测验问卷和实验操作信度的缺乏;被试样本的差异度太大等。对这些因素的详细探讨读者可参见 Shadish 等(2002)的论述。

在这两类错误中,我们在实证研究中更为关注一类错误,即避免错误地接受一个并不存在的因果关系,进而影响后续的研究和管理实践。一个突出的例子就是我们对于共同方法变异(common method variance)的态度。共同方法变异的存在可能夸大了变量间的联系,导致研究者有可能错误地接受一个并不存在的显著关系。尽管研究表明这类基于个人感知的方法变异并不必然显著地改变变量关系(Crampton & Wagner,1994),即拒绝含有共同方法变异的研究结论有可能犯二类错误,但为了避免一类错误,现在主流组织管理杂志已很难接受含有共同方法变异的研究结论的文章。

研究者一直认为可以通过选择正确的统计检验手段、严格的检验标准和取样随机化等方法降低一类错误,保证研究结论的严谨性。但近年来,许多研究者为了更多地发表文章,在数据分析中一味地追求显著性结果,故意丢弃没有显著的结果(Leung,2011),客观上造成了实证研究结果中一类错误的增加。Simmons 等(2011)认为造成这一现象的原因在于研究者在实证研究中拥有较大的自由度,如要不要搜集更多的数据、选择哪一个对照组进行比较、使用哪些控制变量、选择哪一个测验量表等。这些自由给了研究者选择性报告统计结果的空间。考虑到在一项显著性结果背后可能存在未被报告、未能支持假设的分析结果,我们在接受一项研究结论时犯一类错误的可能性往往远远高于我们统计检验的显著性水平(即一般 5% 的错误可能性)。长此以往,这种现象必然会影响我们研究结论的可重复性和可信度,以及组织管理研究的严谨性和学科声誉。为此,MOR 特意推出了文章预审制度(Lewin et al.,2016)。自 2017 年,研究者可以将一个完整的研究计划投稿至 MOR。如果这一计划得到接受,研究者再去完成后续的数据搜集和分析工作,这样就一定程度上避免了研究者只选择报告显著性结果的问题。当然,除了学术刊物,每一位研究者都有责任规范自己的研究过程,不能一味地追求显著性结果,而应该真实、全面地报告研究结果,共同维护研究结论的科学性和可验证性。

4.4.3 内部效度

对研究质量的第三个评价标准是内部效度。统计结论效度评价的是一项研究中统计方法的运用及所做出的统计决策是否恰当,而内部效度是指变量间因果关系推论的可信度,其评价的是变量间是否存在清晰的因果关系。图 4-1 中,我们可以用线(c)表示一项实证研究的内部效度。如果我们发现因变量 y 随着自变量 x 的变化而变化,且两者之间关系显著,在由此推断其间存在因果关系前,研究者需要考虑这一结论是否剔除了其他各种可能的解释。某些外生变量的存在可能使我们在解释 x 与 y 变量关系时出现偏差。例如,在管理学历史上非常有名的霍桑实验中,研究者通过改变监管方式、增加互动时间,发现参加云母片分离实验的员工绩效提高了 15%,从而认定人际关系的改善是员工生产率提高的主要原因。Carey (1967)针对这一结论提出了尖锐的质疑。他认为由于外部经济形势的好转和雇佣关系的改善,霍桑工厂 5 500 名工人的平均生产率在实验期间也提高了 7%。因此,在控制了外部经济因素的影响后,人际关系因素能够在多大程度上提高员工生产率是一个疑问。从这个例子可以看出,如果对所研究的管理现象及相关文献缺乏足够的了解,我们的研究设计方案极有可能忽略相关外生构念,最终致使变量之间的因果关系模糊不清,难以清晰解释,从而影响到研究的内部效度。

影响内部效度的因素主要来自除自变量之外的各种混淆变量。它们的存在使得我们无法清晰地做出因果结论。Shadish 等(2002)曾总结了七种在准实验研究中常见的混淆变量:(1)过去事件的影响。所有发生在研究期间的事件,都可能对被试产生影响并且导致结果的变化。(2)成熟效应(maturation)。被试者本身随着时间的流逝而发生身心变化,而非因为某些特别事件的发生。(3)测验效应。测验过程本身可能会改变所要测量的现象。(4)统计回归(statistical regression)。若被试为极端分数的群体,实验的后测结果就会有趋向其长期平均数的情况。(5)自我选择效应(self-selection):由于研究未采用随机抽样和随机分派,造成被选择的人在能力或特质方面存在差异。(6)被调查对象的退出或流失,即自然减员(mortality)。(7)由于某种原因,研究样本所提供的信息可能会存在偏误。虽然以上七类变量是针对准实验设计而提出的,但是无疑这些因素在实证研究中具有相当的普遍性。

针对内部效度的性质,研究者应该在研究设计时考虑如何剔除混淆变量和替代解释对变量间因果关系的影响。建议研究者可以从两方面进行思考:一方面从理论出发,在以往文献中搜寻有哪些变量可能成为假设检验中的混淆变量,在测量自变量和因变量时同时加以测量,并在统计检验时进行控制。另一方面从研究类型上加以控制。例如相对于其他各种研究类型,实验法对于混淆变量和替代解释的控制程度最强。如果研究者认为自己的研究假设非常容易受到其他混淆变量的影响,就可以通过实验或进行随机化处理的方法提高研究的内部效度。本书在第5章至第9章中将分别讨论如何在不同的研究方法中提高研究的内部效度。

4.4.4 外部效度

外部效度是指将一项实证研究结论推广到其他群体、时间和研究情境时的可重复程度。在实证研究范式下,研究结果往往是基于某一特定研究得出的,其中包括了特定测量方式、操作手段、研究样本和相关环境。基于这种特性,研究者得出的因果推论往往具有局部特性(localized nature of the causal knowledge),这与研究者希望得出泛化的知识目标之间存在着天然的冲突(Shadish et al.,2002)。这一特征使得研究结果的可重复性问题在社会科学的实证研究中显得格外突出,而这一问题在没有恰当的研究设计时更加有可能发生。研究结果的不可重复严重背离了实证科学研究的本质。因此,这一问题近年来得到组织管理学界越来越多的关注。不少杂志开始强调研究结论在其他情境中的可重复性,而不再一味强调研究结论的新颖性(Bettis et al.,2016;Leichsenring et al.,2017)。因此,当我们在一个样本中找到显著的因果关系时,需要仔细思考研究结论所处的情境界限,特别是当我们从事应用性的实证研究时。

从研究设计角度而言,影响外部效度的因素主要包括两个方面:(1)研究者得出的因果关系是否在改变了测量或者操作方式后仍然成立,这一问题需要构念效度的泛化问题,本书的第13章会继续讨论这一问题。(2)因果关系是否适用于不同的被试及研究环境。一般而言,研究样本是影响研究结论外部效度的首要因素。例如,我们现在的很多组织管理研究严重地依赖MBA学生,这样的被试群体既没有代表性,其自身又具有某些特殊性,这时我们基于他们得出的结论也就有可能无法推广到其他样本中。此外,如果研究环境本身有种特殊性,也有可能造成结果无法推论到整个目标群体。因此,研究者可以选取具有较高代表性的样本来提高研究的外部效度。当样本可以较好地代表总体时,从样本得出的结论就更容易在总体内得到重复。

由于实证科学的本质属性,我们无法通过选择不同的样本最终解决因果结论的外部适用性问题,因为实证研究的性质决定了我们不可能穷尽所有的取样可能性。为此,Shadish等(2002)提出了一个基于科学实践的因果泛化理论,以引导研究者进行恰当的研究设计。他们的主要观点包括五点原则：(1)表面相似性(surface similarity)。在开展一项研究前,研究者应该评估某一具体操作与泛化目标原型特征之间的相似性。(2)排除不相关性(ruling out irrelevancies)。在研究中剔除那些不会影响研究结论泛化的因素。(3)鉴别(making discriminations)。识别影响研究结论泛化的关键因素,努力将其纳入研究设计。(4)插补和外推(interpolation and extrapolation)。在采样的范围内选择那些没有被调查的样本,同时需要在采样范围之外进行探索因果关系可能发生的变化。(5)因果解释(causal explanation)。针对影响因果推论关键的因、果和其间的中介机制进行理论化思考加工,并进行实证检验。这五项原则能够帮助我们思考如何改善我们的研究设计,提高研究结果的外部效度。例如,当阅读一篇已经发表的文章时,我们想知道研究设计上的某些变化是否会带来新的发现时,就需要考虑已发表的研究与自己研究之间的相似之处。当构思一项新研究时,我们应该思考感兴趣的构念原型特征,以指导具体的研究操作和测量。在设计研究时,我们总会假设某些变量与所探讨的因果关系无关,但这些潜在的假设可能会成为评审人质疑的对象。因此,必须在研究设计阶段对这些假设进行严谨的评估。在测量时,必须思考包括一些关键的理论机制,以恰当地阐明因果关系是如何产生的。在文章的导言部分,试图说服读者为什么关注于某一特定的构念进行研究,在讨论部分阐述不同的处理、样本和研究背景对结论的可能影响。这些所有的思考都有助于提高一项研究因果结论的泛化程度。但是正如我们之前解释的那样,在实证研究中完全解决外部效度问题并不是一个容易的事情。随着学术界对结果可重复问题的重视,近年来的组织管理研究实践发生了明显的发展。为了提高因果结论的外部效度,研究者经常需要在一项研究中采用多种不同的测量或操作方式,使用多个特征不同的样本完成假设检验,努力提高研究结论的可重复性,最终得到同行评审专家的认可和接纳。

在这一节中,我们主要讨论了评价实证研究的设计质量所依据的四种效度指标,它们分别是构念效度、统计结论效度、内部效度和外部效度。需要指出的是,在任何一项研究设计中,研究者由于客观条件的限制及研究方法的局限,往往无法同时兼顾上述四种效度指标,在一个研究中同时高度满足四种指标要求几乎是不可能的。为了保证研究结论的整体效度水平,研究者可以采用的方式是进行多项研究来回答一个研究问题。例如,在 Audia 等人的研究中,他们首先使用二手数据来验证研究假设。这种方法具有较高的外部效度但较低的内部效度。因此,他们接着在个人层面进行了一项实验,来重新验证研究结论,并检验中介作用的心理过程变量。这项实验研究就具有较高的内部效度但较低的外部效度。通过将两者结合,他们的研究结论很好地满足了这两种效度的要求。同时,由于对构念的清楚定义、准确测量和恰当分析,他们的研究结论又具有较高的构念效度和统计结论效度。

4.5 结语

作为社会科学的一个分支,研究者在组织管理领域面临着很多方法论上的挑战:社会中研究主体(社会科学家)与研究对象(个体、群体与组织)之间双向因果关系使得研究者对变量间因果关系很难做出清晰的观察和推论,所研究的变量大多属于社会建构性质而无法进行直接的测量,人类组织活动自身的复杂性导致变量之间的联系往往是一个因果系统(causal system),等等。同时,组织管理科学自身的属性也要求研究者必须深入企业、接近企业员工,通过客观的观察得到研究必需的数据资料,而这又往往超越了研究者自身的能力和角色。我们需要用不太精确的工具去理清一个复杂系统中各种因果联系,但我们又不能随意地搜集自己需要的信息,这就是我们在组织管理研究中面临的实际困难。这些局限和困难都加重了研究设计在整个研究项目中的重要程度。所以,组织管理的研究设计过程往往是动态的,而不是静态的。研究本身更多与研究者的技能和经验有关,而技能和经验的积累更多是通过学习过程获得的,与研究者的经验密不可分。因此,研究设计本身就是一个学习过程,研究者需要从这一过程中认识到组织管理实证研究的内在逻辑和效度要求,在实践中不断对研究设计做出调整和改进,从而有效地控制研究过程中产生的各种变异量,最终逻辑清晰地回答研究问题。

参考文献

Astley, W. G. (1985). Administrative science as socially constructed truth. *Administrative Science Quarterly*, 30, 497—513.

Audia, P. G., Locke, E. A. & Smith, K. G. (2000). The paradox of success: An archival and laboratory study of strategic persistence following radical environmental change. *Academy of Management Journal*, 43, 837—853.

Baumard, P. & Ibert, J. (2001). What approach with which data? In R. A. Thietart (Ed.), *Doing Management Research: A Comprehensive Guide*. London: Sage Publications.

Bergh, D. D., Hanke, R., Balkundi, P., Brown, M. & Chen, X. (2004). An assessment of research design of in strategic management research: the frequency of threats to internal validity. In Boyd, B., Crook, T. R., Lê, J. & Smith, A. (Eds.), *Research Methodology in Strategy and Management*. London: Emerald Group Publishing Limited.

Bettis, R. A., Ethiraj, S., Gambardella, A., Helfat, C. & Mitchell, W. (2016). Creating repeatable cumulative knowledge in strategic management. *Strategic Management Journal*, 37, 257—261.

Bouchard, T. J., Jr. (1976). Field research methods: Interviewing, questionnaires, participant observation, systematic observation, unobtrusive measures. In M. D. Dunnette (Ed.), *Handbook of Industrial and Organizational Psychology*. Chicago: Rand McNally.

Boyles, D. R. (2006). Dewey's epistemology: An argument for warranted assertions, knowing, and meaningful classroom practices. *Educational Theory*, 56, 57—68.

Carey, A. (1967). The Hawthorne Studies: A radical criticism. *American Sociological Review*, 32, 403—416.

Crampton, S. M. & Wagner, J. A. (1994). Percept-percept inflation in micro-organizational research: An investigation of prevalence and effect. *Journal of Applied Psychology*, 79, 167—76

Certo, S. T., Sirmon, D. G. & Brymer, R. A. (2010). Competition and scholarly productivity in management: Investigating changes in scholarship from 1988 to 2008. *Academy of Management Learning and Education*, 9, 591—606.

Daft, R. L. (1995). Why I recommended that your manuscript be rejected and what you can do about it? In L. L. Cummings & P. J. Frost (Eds.), *Publishing in the Organizational Sciences* (2nd Ed.). Thousand Oaks, CA: Sage.

Edmondson, A. C. & McManus, S. E. (2007). Methodological fit in management field research. *Academy of Management Review*, 32, 1246—1264.

Eisenhardt, K. M. (1989). Building theories from case study research. *Academy of Management Review*, 14, 532—550.

Farh, J. L., Hackett, R. D. & Liang, J. (2007). Individual-level cultural values as moderators of perceived organizational support-employee outcomes relationships in China: Comparing the effects of power distance and traditionality. *Academy of Management Journal*, 50, 715—729.

Glaser, B. G. & Strauss, A. L. (1967). *The Discovery of Grounded Theory: Strategies for Qualitative Research*. NY: Aldine.

Hacking, I. (1983). *Representing and Intervening: Introductory Topics in the Philosophy of Natural Science*. NY: Cambridge University Press.

Hacking, I. (1999). *The Social Construction of What?* Cambridge, MA: Harvard University Press.

Kerlinger, F. N. & Lee, H. B. (2000). *Foundations of*

Behavioral Research. Fort Worth, TX: Harcourt College Publishers.

Klein, K. J., Dansereau,F. & Hall, R. J. (1994). Levels issues in theory development, data collection, and analysis. *Academy of Management Review*, 19, 195—229.

Leichsenring, F., Abbass, A., Hilsenroth, M. J., Leweke, F., Luyten, P., Keefe, J. R., Midgley, N., Rabung, S., Salzer, S. & Steinert, C. (2017). Biases in research: Risk factors for non-replicability in psychotherapy and pharmacotherapy research. *Psychological Medicine*,47,1000—1011.

Lewin, A. Y., Chiu, C. Y., Fey, C. F., Levine, S. S., McDermott, G., Murmann, J. P. & Tsang, E. (2016). The critique of empirical social science: New policies at Management and Organization Review. *Management and Organization Review*,12,649—658.

Leung, K. (2011). Presenting post hoc hypotheses as a priori: Ethical and theoretical issues. *Management and Organization Review*,7,471—479.

Mackie, J. L. (1977). *Ethics: Inventing Right and Wrong*. NY:Penguin.

Mawritz, M. B., Greenbaum, R. L., Butts, M. M. & Graham, K. A. (2017). I just can't control myself: A self-regulation perspective on the abuse of deviant employees. *Academy of Management Journal*, 60, 1482—1503.

Meckler, M. & Baillie, J. (2003). The truth about social construction in administrative science. *Journal of Management Inquiry*,12,273—284.

Meyer, A. D. (1982). Adapting to environmental jolts. *Administrative Science Quarterly*,27,515—537.

Okasha, S. (2002). *Philosophy of Science: A Very Short Introduction*. NY: Oxford University Press.

Pedhazur, E. J. & Schmelkin, L. P. (2003). *Measurement, Design, and Analysis: An Integrated Approach*. Hillsdale, NJ: Lawrence Erlbaum.

Popper, K. (1977). *The Logic of Scientific Discovery*. London: Hutchison.

Risjord, M. (2014). *Philosophy of Social Science: A Contemporary Introduction*. NY: Routledge.

Schaubroeck, J., Jones, J. R. & Xie, J. L. (2001). Individual differences in utilizing control to cope with job demands: Effects on susceptibility to infectious disease. *Journal of Applied Psychology*,86,265—278.

Schwab, D. P. (1999). *Research Methods for Organizational Studies*. Mahwah, NJ: Lawrence Erlbaum Associates.

Shadish, W. R., Cook, T. D. & Campbell, D. T. (2002). *Experimental and Quasi-Experimental Designs for Generalized Causal Inference*. Wadsworth Cengage learning.

Simmons, J. P., Nelson, L. D. & Simonsohn, U. (2011). False-positive psychology: Undisclosed flexibility in data collection and analysis allows presenting anything as significant. *Psychological Science*,22,1359—1366.

Spector, P. E. & Brannick, M. T. (2011). Methodological urban legends: The misuse of statistical control variables. *Organizational Research Methods*, 14,287—305.

Stajkovic, A. D., Locke, E. A. & Blair, E. (2006). A first examination of the relationships between primed subconscious goals, assigned conscious goals, and task performance. *Journal of Applied Psychology*,91,1171—1180.

Stewart, G. L.,Astrove, S. L., Reeves, C. J., Crawford, E. & Solimeo, S. (in press). Those with the most find it hardest to share: Exploring leader resistance to the implementation of team-based empower. *Academy of Management Journal*.

Royer, I. & Zarlowski, P. (2001). Research design. In R. A. Thietart (Ed.), *Doing Management Research: A Comprehensive Guide*. London: Sage Publications.

Xie, J. L., Schaubroeck, J. & Lam, S. S. K. (2008). Theories of job stress and the role of traditional values: A longitudinal study in China. *Journal of Applied Psychology*,93,831—848.

孔德(2014). 论实证精神,黄建华译.南京:译林出版社.

第 5 章　实验研究方法

张　岩　新加坡国立大学
徐　飞　西南交通大学
奚恺元　芝加哥大学

▶ **本章大纲**

5.1　研究的类型
5.2　理论和假设
　　5.2.1　自变量
　　5.2.2　因变量
　　5.2.3　几种简单假设的形式
5.3　什么是好的假设
5.4　实验室研究
　　5.4.1　观察性研究
　　5.4.2　实验室实验
　　5.4.3　实地实验
　　5.4.4　内部效度和外部效度
　　5.4.5　实验的效度威胁因素
　　5.4.6　如何把假设转化成实验
　　5.4.7　对实验结果的理解
　　5.4.8　实验结果的可复制性
　　5.4.9　网上实验
5.5　实验设计
　　5.5.1　组间设计
　　5.5.2　组内设计
　　5.5.3　组内设计和组间设计的选择
　　5.5.4　因素设计
5.6　结语

第5章　实验研究方法

5.1　研究的类型

科学研究林林总总,但是总是会涉及理论和数据。大体上,根据理论和数据的关系,可以把研究归为三类:第一类有数据支持但无理论指导的研究(data without theory),第二类有理论但无数据支持的研究(theory without data),第三类既有理论又有数据的研究(theory with data)。

首先来看第一类——有数据支持但无理论指导的研究。例如,你通过调查发现,中国人喜欢吃米饭,美国人喜欢吃土豆;中国人喜欢喝茶,美国人喜欢喝咖啡;中国人喜欢吃豆沙包,美国人喜欢吃奶酪蛋糕。尽管有这些发现,但是并没有一个理论能够帮助你解释为什么中国人和美国人在饮食上存在这样的差异。此外,这些数据也不能帮助你预测中国人和美国人对于其他饮食的偏好,当然也不能预测其他国家的人对饮食的偏好。这样的研究就属于只有数据但是没有理论指导的研究。

再看第二类——有理论但无数据支持的研究。假如你有一个理论,描述一个人领到的奖金和他的工作效率之间的关系。根据这个理论,你建立了一个模型。你的模型有很多非常漂亮的参数,能够把奖金和工作效率的关系完全量化。看上去你似乎可以精确地预测多少奖金可以带来多少效率。但是问题在于,你并没有实证的数据来检验自己的理论和模型到底对不对,也就是说,你没有办法知道你的预测在现实生活中到底成不成立。这样的研究就属于只有理论但是没有实证数据支持的研究。需要指出的是,在这里我们所说的数据是实证数据,是从现实中得来的,而不是根据你的模型计算出来的数据。

令人可惜的是,很多管理学和经济学的研究往往落入以上两类。第一类的文章往往有满页的表格、整段的事实,但研究本身仅仅停留在数据层面,而没有上升为理论。这个问题在很多管理学的研究中较为普遍。第二类的文章恰恰相反,整篇只有理论建模而没有实证,例如很多经济学的文章。这两类研究类型在科学研究中都是不可取的。

可取的研究应该既有理论的指导,又有数据的支持,即我们开篇所说的第三类研究。比方说,我们的理论认为人们在预测别人的偏好的时候,往往会将自己的偏好强加于别人。由这个理论我们可以导出很多预测,例如中国人因为自己喜欢吃中国菜,而更容易高估喜欢吃中国菜的美国人的比例。为了验证这个预测是不是正确,我们让中国人首先回答他们自己是不是喜欢吃中国菜,然后让他们估计喜欢吃中国菜的美国人的比例;同时,让美国人回答他们是不是喜欢吃中国菜,从而得出喜欢吃中国菜的美国人的真实比例。这样我们就可以获得一套数据并用统计方法来检验理论和数据是不是相符合。同理,假定你根据你的理论建立了一个关于奖金和工作效率的模型。为了检验你的模型是否正确,你需要找到一群人,给他们不同数额的奖金,然后看他们的工作效率。接着你把奖金的数额放到你的模型里面去,你的模型就会预测出人们的效率水平。最后,把模型预测的效率水平和上面的调查得到的真实水平相对比,你就可以发现你的理论模型是否符合实际。这样,我们就完成了一个既有理论指导,又有数据支持的研究。一个研究只有同时拥有理论指导和数据支持,才可能经得起检验。

5.2 理论和假设

那么,到底什么是理论呢?理论就是解释和预测某些现象的一系列假设(Schweigert,2006),通常被用来解释已经发生的事件及预测未来的事件。在科学研究中,我们需要用数据来支持待证的理论,或者用理论来解释现有的数据。

假设是关于自变量和因变量之间关系的陈述,用以解释某个现象。在这里现象就是因变量,而导致这个现象的原因是自变量。例如,你的假设是,使用大的电脑显示器能够提高员工的工作积极性,那么员工的工作积极性就是因变量,而电脑显示器的大小则是自变量。这个"显示器与积极性"的例子将贯穿这一部分接下来的内容,用来解释假设涉及的一些概念。

5.2.1 自变量

什么是自变量呢?自变量(independent variable)就是在你的假设中引起某个现象的变量,也是实验中被实验者所操纵的变量。在"显示器与积极性"的例子中,显示器的大小就是自变量。实验者通过改变显示器的大小,来检验显示器的大小是否会影响员工的工作积极性。

显示器会有不同的尺寸,同样,自变量通常会拥有几个不同的取值,每一个取值就叫作自变量的一个水平(level)。自变量的取值可以分为有限的或无限的,也可以分为离散的或连续的。有的自变量有有限个离散的取值。显示器的大小就是这样,我们现在在市面上能买到的显示器只有有限的几个尺寸,并且它的大小也不可能是连续变化的。而有的自变量则可以是连续的。比方说工作时间就是一个连续的变量。一般在实验中,我们并不能检测一个连续变量的所有可能的值,而是会选取其中的部分值来检验自变量对因变量的影响。如果你的假设是随着工作时间的增长,员工的工作效率会降低。那么,通常情况下我们会选取两到三个工作时间点,比如一个小时、四个小时、七个小时,将他们作为自变量的三个取值。

5.2.2 因变量

因变量(dependent variable)就是在你的假设中被预测的变量,或者实验者认为会随着自变量变化而变化的变量。在"显示器与积极性"的例子中,员工的工作积极性就是因变量。

如果对自变量和因变量之间关系的描述要上升到理论阶段,通常认为自变量和因变量之间存在因果关系(causality)。比方说,你假设"朋友多的人比朋友少的人更幸福"。这个假设仅仅是一个相关性(correlation)的假设,说的是朋友多少和幸福水平高低的关系。但是这个假设没有说明朋友多少和幸福高低是否存在因果关系。是因为有很多朋友,人们更幸福呢,还是因为人们更幸福,所以更可能交到朋友呢?一个相关性的假设是无法回答这个问题的。

理论的一个重要特征就是它的假设描述了变量之间的因果关系,而不仅仅是相关关系。因果关系对于理论的建立是非常重要的。拿上面的例子来说,弄清楚是朋友多少影响了幸福程度,还是正好相反,可以让我们知道什么因素可以影响人们的幸福程度,从而更深入地研究为什么这些因素影响人们的幸福程度。同时,弄清因果关系也可以帮助我们对如何提高幸福程度提出实质性的建议。

5.2.3 几种简单假设的形式

从自变量个数的角度来看,最简单的假设是单一自变量假设。在单一自变量假设中,最为简单的情况是这个自变量只有两个取值,也就是说,一个自变量不可能只有一个取值。比方说,显示器的大和小。如果只想知道大的显示器和小的显示器对工作积极性的不同影响,那么一个自变量取两个值就足够了。

值得注意的是,很多初学者往往忽视了自变量必须至少有两个水平。"使用大的显示器可以提高工作积极性"这个假设实际上说的是"使用大的电脑显示器的员工工作积极性比使用小的电脑显示器的员工高"。这里电脑显示器作为自变量,有"大"和"小"两个水平。如果你的假设是"女性喜欢和人打交道的工作",这就不能构成一个假设,因为这里的所有的自变量都只有一个水平。你可以把这个假设修正成"女性比男性更喜欢和人打交道的工作",这就成了一个完整的假设,因为性别在这里作为自变量有两个水平。或者你可以把同样的假设改为"女性喜欢和人打交道的工作多于和机器打交道的工作"。在这个假设里,工作的类型是自变量。

如果你想知道屏幕的大小和工作积极性是否存在非线性关系,你就需要多取几个值。比方说,你的假设是电脑显示器很小的时候,人们工作积极性很低;大一些的显示器能够提高员工的工作积极性;但是电脑显示器大到了一定程度,工作积极性就不再上升了。为了检验这个假设,你需要最少取三个值,即电脑显示器非常小、电脑显示器中等、电脑显示器很大。

可见,自变量的水平不是随机决定的,而是根据你的假设来确定的。在很多管理学和心理学的研究中,研究者更关心因变量会不会随自变量的升高而升高或降低,而比较少关心自变量和因变量之间的关系到底是线性函数,还是指数函数、幂函数,等等。如果是这样,一般取两个自变量的水平就够了。以"员工之间认识时间越久,互相帮助的情况就越多"这个假设为例,在理想情况下,员工之间认识的时间是个连续的自变量,有非常多可能的值。但是,如果你仅仅关心认识的时间会不会增加员工间互相帮助的情况,认识的时间只要有两个值就够了。

如果一个假设有两个或两个以上的自变量,我们称这样的假设为多自变量假设。比方说,你有一个假设说:工作年限短的员工使用大显示器比使用小显示器工作积极性高,但是工作年限长的员工使用两种显示器时工作积极性差不多。这就是一个有两个自变量的假设,一个自变量是显示器的大小,另外一个是工作年限。以此类推,你也可以把自变量增加到三个、四个,甚至更多。

从因变量的角度来看,我们也可以有不止一个因变量。那什么时候我们需要多个因变量呢?有时加入另外一些和主要因变量相似的因变量,只是为了从另外的角度来加强实验的有效性;有时我们的理论本身就在关注自变量对两个以上的因变量的影响。

5.3 什么是好的假设

一个好的科学研究,首要的前提就是要有好的假设。对于一个研究者来说,假设的检验固然重要,但是前提是他要有一个好的假设。在这一部分,我们将着重讨论什么样的假设才是好的假设。很多经典的研究之所以经典,就是因为其假设回答了一个非常重要并且以往的研究都没能回答好的问题。自然而然,这些研究者也成了各自领域中的佼佼者。由此可见,提出一个好的假设是科学研究中最具魅力也最具挑战的一部分。

那么,到底什么样的假设才是好的假设呢?一个好的假设需要满足以下几个条件：

一个假设必须是能够证伪的（falsifiable）。理论上，一个假设应该是有可能被数据证明到底是正确还是错误的。比方说，"有志者事竟成"这个假设讲的是志向和成功的关系。如果我们不对"有志"和"成功"做出明确的定义，这就是一个没有办法证伪的假设。如果一个人没有成功，我们总是可以说他的志向还不够；如果一个人成功了，我们也总是可以说他有志向。所以，要想使这个假设成为一个可证伪的假设，我们必须对"在多大程度上有志向"算满足我们假设中的"有志"的条件有一个明确的定义。同样的道理，我们也必须对成功有一个明确的定义，否则一个人总是可以说自己成功了，而这里的关键是要看他的这个成功是不是符合我们假设里对成功的定义。

一个假设还必须具有理论上的重要性（theoretically important）。研究者应该能够在其他人的理论基础上，对他人的理论做改进，或者提出以往理论没有研究过的新假设。所以要能提出好的假设，你还得知道别人做了些什么，并能站在巨人的肩上想问题。

一个假设还需要具备实际意义上的重要性（practically important）。也就是说，一个假设要有实用价值，能够回答现实生活中重要的问题，对现实生活有所启迪。有一些学术研究，耗费大量的研究经费，但是研究成果仅仅在学术上有贡献，而对人们的现实生活没有指导意义。一个好的研究应该超越所在的学术小圈子，能够直接或者间接地被应用到现实的大世界中去。

在评价一个假设是不是具备实际意义上的重要性的时候，我们应该用发展的眼光看待一个研究。一个研究在目前看来无法对现实生活有所贡献，但是如果它有可能在将来对我们的生活产生重要影响的话，这样的研究也是具备实际意义上的重要性的。我们所说的有实际意义上的重要性的假设，应该要么现在就能做到解决现实生活中的实际问题，要么具备未来解决实际问题的潜质。牛顿的三大定律，就是一个很好的例子。虽然它在发现之初对人们的现实生活并没有立竿见影的影响，但是对后人生活的贡献却是不可估量的。

一个假设还应该简洁（simple）。没有经验的研究者会有一个倾向，那就是在自己的假设中加入很多自变量，试图来看这些变量之间的关系。但是随着自变量的增多，这些变量之间的关系就变得越来越复杂，最后也就越来越难对因变量的变化做出合理的预测。比方说，有研究者想研究天气和绩效之间的关系。但同时他也意识到，性别、文化、睡眠、年龄等和绩效都有关系。如果他在他的假设里把这几个因素都加进去，假设就会变得非常复杂。此时对因变量变化的描述也会因为受到太多自变量的影响,而变得混杂不堪,从而导致其失去它在理论和实际意义上的重要性。毋庸置疑,实际状况中影响因变量的因素一定远远多于我们在假设里涉及的自变量。可是,一个好的假设不是要穷尽所有的因素,而是要分离出几个主要的因素。如果你试图把太多的影响因变量的因素都包括进来,你的研究就会失去重点,也很难扩展到其他的人群和情况中去。

一个好的假设还应该有繁衍性(fertile)。也就是说,从一个假设可以推演出很多具体的假设。比方说,有两个女孩子,一个叫小丽,一个叫小萍。小丽长得难看,小萍长得好看。她们现在在吵架。最为具体的假设是小丽妒忌小萍。这个假设就不是一个具备繁衍性的假设,因为你没办法把这个假设推演到其他的人和其他的情况中去。如果你在这个假设的基础上做了修改,形成了一个新的假设,说长得难看的人常常妒忌长得好看的人。这个假设就比前一个假设的繁衍性高一些,因为我们可以把这个假设推演到其他的人身上。如果你继续把你的假设改为,一个人在一个领域里面显弱了,就喜欢在另外一个领域里面争强。这就是一个繁衍性更高的假设,我们不仅可以把这个假设推演到其他人身上,而且可以推演到其他很多领域中去(上面的例子取自 March 和 Lave 的 *An Introduction to Models in the Social Sciences* 一书。为适合中国读者,本章作者对原例略做了修改)。

一个好的假设还应该是有趣的(interesting)。也就是说,一个好的假设要给读者一个惊喜。一篇文章读下来,读者通常有三种反应:第一种反应是,不看这篇文章我也知道这个结果,之所以没做这个研究是因为我觉得不值得做。比方说"睡眠不足情况下人们的绩效比在睡眠充足情况下低"之类的假设就属于这一类。第二种反应是,不读这篇文章我不会想到事情是这样的,但是读了之后我会觉得,我当时为什么没想到呢?大多数的好的文章都属于这一类。比方说我们前面提到的"人们喜欢把自己的观点强加在别人身上"就是这一类研究。读了这样的文章人们会觉得眼前一亮,说,对呀,有道理,有新意。

最后一类反应是,事实上文章里说的东西确实是正确的,如果我不读这篇文章我不会知道事情是这样的,不过读了之后我依然不能确信文章里说的东西是正确的。比方说,哥白尼提出地球是围着太阳转的。虽然现在我们知道哥白尼确实是正确的,但在当时的条件下,即使人们读懂了他的文章,也都难以信服。这种境界的研究确实为数不多,但这样的研究往往都是经典之作。

心理学中 Milgram 的服从实验就是一个这样的例子。Stanley Milgram 教授在 20 世纪 60 年代做了一系列实验来研究人们对权威过度服从的现象。他在纽黑文市张贴广告,招募一些男性到耶鲁大学 Milgram 的实验室,参加一个关于"记忆和学习研究"的实验。当每个实验参与者到达实验室时,都会发现里面已经有两个人在了,一个是穿着实验室制服的实验人员,一个是叫 Wallace 的中年人。实际上 Wallace 先生是事先安排好的,但是参加实验的人并不知情,他们以为 Wallace 先生是和自己一样报名参加实验的。穿着制服的实验者向参加实验的人解释,这个实验是要检验惩罚对学习效果的影响。每轮实验有两个人参加,一个人扮演"教师"的角色,另外一个人扮演"学生"。如果"学生"回答错误的话,"教师"会对学生实施惩罚。然后实验参与者和 Wallace 先生抽签决定到底谁是教师谁是学生。但是实际上这个抽签是事先做过手脚的,最后总是 Wallace 先生做学生,而被招募来的实验参与者总是扮演"教师"的角色。

实验者在 Wallace 先生身上连上电极,并让"教师"坐在一个机器面前。这个机器上有很多按钮,不同的按钮代表不同的电压。只要按下某个电钮,Wallace 先生就会被对应的电压击中——以此作为惩罚。这些按钮从 15 伏开始,最高的达 450 伏。这些按钮边上也注明有"轻微电击""中度电击",一直上升到"危险:严重电击",最后超过 400 伏的按钮边是大大的红叉,以示特别警告。

"学生"Wallace 先生在实验中要学习一些词组,然后回答哪些词应该是归在一组的。如果答错,"教师"就给 Wallace 先生一次电击。第一次电击从最低的 15 伏开始,第二次是 30 伏,逐渐上升。在实验中,Wallace 先生实际上是从来没受到过电击的,但是"教师"并不知道。在实验中,Wallace 先生会不断犯错误,受到的电击也越来越高。超过 150 伏之后,Wallace 先生会发出惨叫,并要求退出实验。这个时候很多"教师"就要求停止实验。他们表示很担心 Wallace 先生。但是,实验者总是说:"请继续,所有的责任由我来承担。"

实际上,这个实验是来检验人们会不会服从实验者并给 Wallace 先生更高电压的电击。实验发现,尽管实验者只是用很简单的词句,比方说"请继续",来要求参加实验的人继续实验,但大约有 65% 的人顺从了实验者并最终按下了高达 450 伏的按钮。实验结果大大出乎人们的意料。即使实验结果摆在那里,人们还是很难相信有高达 65% 的人对 Wallace 先生给出了 450 伏的电击。

一个假设要让读者产生第三种反应确实可遇不可求,但是,作为研究者,我们要尽量避免做第一种研究,争取做让读者觉着值得并有趣的研究。

5.4 实验室研究

提出了假设之后,就要来验证它是否正确。科学发展到现在,已经有了很多检验假设的方法。我们接下来先介绍一下在社会科学中常用的检验假设的三种方法,然后再简要介绍一下它们之间的相对利弊,最后着重介绍实验室实验的研究方法。

5.4.1 观察性研究

试想现在你有这样一个假设:同样一项工作,不付钱比付钱更能调动人们参与的积极性。那么怎样来检验这个假设呢?一个可能的方法是搜集自然发生的数据进行分析,这就是观察性研究(observational study)。比方说,在某些国家献血是无偿的,但是在另外一些国家献血是有补偿的,那么作为观察性研究,我们可以通过搜集比较这两个国家里献血的比例来检验我们的假设。

在一项新的研究开始之初,观察性研究是非常有用处的。搜集自然发生的数据可以帮助研究者对自己所要研究的问题有一个大致的了解。比方说,如果你想研究在工作中员工之间互相帮助的关系是怎样形成的,那么,首先在一些企业当中对员工之间的帮助行为进行观察会对研究者找到最关键的因素非常有帮助。

当然,观察性研究的优越性并不仅仅局限于一项研究工作的开始阶段。如果一项研究主要在实验室里进行,那么在获得了实验室数据之后,再回到现实生活中进行实地研究可以帮助我们证实在实验室里获得的结果是否在自然环境下也会发生。比方说,在实验室的环境下,你发现女性员工比男性员工更容易获得同事的帮助,那么在现实的工作环境下是否如此呢?实地观察性研究可以帮助我们回答这个问题。

但是这种自然发生的数据也有它的不足。首先,自然发生的数据会受到很多和我们的假设无关的因素的影响。在"献血与补偿"的例子里,一个国家有没有献血的传统,人们对献血是不是有害健康的看法等,都会影响献血人口占总人口的比例。而由于这些因素的影响,我们就没有办法清楚地分辨出献血人口比例的高低到底是由于有无补偿还是由于其他的因素造成的。其次,这些自然发生的数据只能说明两个变量之间的相关关系,而不能确认两者之间的因果关系。比如我们搜集了一组关于人们的开心程度的数据,同时也搜集了这些人朋友多少的数据。我们通过对数据的分析发现,整体来看,朋友多的人比朋友少的人开心。但是这些数据并不能帮助我们确认,到底是因朋友多,人们更加开心,还是因为人们更加开心,他们更容易交到更多的朋友。也就是说,通过这些自然发生的数据,我们只能说"两个变量是相关的",但是没有办法确认变量之间的因果关系。

此外,观察性实验的结果主要取决于观察者如何理解他所观察到的现象。当被观察的因变量是一个相对主观的变量的时候,所记录的结果会受到观察者主观解读的影响。比如,如果你的因变量是员工是否高兴,那么观察者所记录的员工的高兴程度有很大可能与员工真实的高兴程度不相符。鉴于以上的原因,研究者通常不是通过搜集自然发生的数据,而是通过实验的方式来对假设进行检验。

5.4.2 实验室实验

正如我们前面提到的,假设描述了变量之间的因果关系。为了保证我们的实验确实能够检测自变量和因变量之间的因果关系,进行实验室实验(lab experiment)会是一个比较好的选择。相比观察性研究,在实验室实验中,我们能够更好地对其他因素加以严格地控制,只改变我们希望改变的自变量,并监测因变量由此发生的变化。

举例来说,针对有无补偿献血的例子,我们可以把参加实验的人聚集到实验室里面,然后随机把他们分配到有补偿和没有补偿的两个实验情况中去。我们告诉有补偿组的人们,如果他们参加献血,可以得到100元的金钱补偿;同时我们告诉没有补偿组的人们,他们参加献血是无偿的。然后我们请这些参加实验的人回答,有多大的可能性他们会参加当前条件下的献血。通常在实验室实验中,一个自变量总是取几个可能的值,而针对这些可能值的情况就是实验组。上面的实验中涉及两个实验组:一组是献血有补偿的情况,一组是没有补偿的情况。实验组这个概念,我们在后面的部分会经常提到。

5.4.3 实地实验

实地实验(field experiment)是在自然环境下进行的有控制的实验。实验者在自然环境下操纵自变量,来检验自变量的变化对因变量造成的影响,从而发现自变量和因变量之间的因果关系。同样是检验有没有补偿对献血积极性的影响,如果是实地实验,实验者可以采用发给过路人提倡献血的宣传单的方式。宣传单有两种,一种承诺献血的人会得到金钱补偿,另外一种没有承诺金钱补偿。实验者把这两种不同的宣传单随机发给过路的人。然后实验者可以记录在有补偿和没有补偿的两种情况下,收到宣传单的人分别有多少人来参加献血。

有的时候,一个假设所涉及的自变量不是研究者能操纵的。比方说,性别、种族、年龄等。如果我们有一个假设说,男性比女性在工作中更加容易受到天气的影响。要检验这样一个假设,我们需要让一组男性和一组女性分别参加我们的实验。在这里,一个人到底是男性还是女性是不受实验者控制的,所以我们没有办法在实验中做到对所有被试随机分配。我们把这种实验者不能直接操纵自变量、不能对被试在各个实验组之间随机分配的实验叫作准实验（quasi-experiment）。本书第6章将对准实验做详细的介绍。

5.4.4 内部效度和外部效度

每一种研究方法都有自己的优点与缺点，不能简单地认为一种方法优于另一种方法。但是在特定的研究需求和条件下，某种研究方法可能会比其他研究方法更适合。作为实验人员，我们需要在各个优点和缺点之间做出取舍。一方面，我们希望一个实验越接近现实越好，进而获得高的外部效度；另一方面，我们也希望能够尽可能多地对实验有更多的控制，希望提高实验的内部效度。

一个实验的内部效度是指在多大程度上我们能够确认因变量的变化确实是由自变量的变化引起的（Cook & Campbell, 1979）。在一个实验中，我们关注的是自变量和因变量之间的因果关系，也就是说，我们希望能够通过实验确认因变量的变化是否是由自变量的变化引起的。如果除自变量在不同的组间发生变化之外，还有其他的因素也发生了变化，我们就没有办法确定因变量的变化确实是由自变量变化引起的。

那么，在实验室里我们如何对实验中的无关因素进行有效的控制呢？实验室实验的一大秘诀就是随机分配。随机分配指实验材料（包括被试）在各个实验组之间的分配，被试的实验顺序等是随机产生的。如果这些因素都是随机的，那么我们称之为完全随机化（complete randomization）。其中被试被随机分到各个实验组的过程，我们称之为随机分配（random assignment）。所谓的随机分配，就是说作为一个被试，他被分配到各个实验组的机会是均等而且随机的。我们可以用电脑里的各种统计软件或者简单的随机数发生器来进行随机化操作。

做实验为什么要做到随机分配呢？随机化首先是统计分析的需要。统计分析中要求基础分析量，比如观测值（observations）和误差（errors）是独立随机变量，也就是说误差的大小独立于观测值的大小。对被试随机分配后，我们可以认为误差是独立随机的，不随实验组的变化而变化，不会对因变量的值造成系统性的影响。更重要的是，随机化可以减少甚至去除某些额外因素（extraneous factors）的影响，尤其是没有得到控制的干扰因素的影响。在样本足够大时，将被试随机分到两个实验组就可以基本消除这种情况。换句话说，当样本足够大时，随机分配被试可以大大降低诸如被试的年龄等无关因素产生系统性差异的可能性。比如，在研究补偿对献血影响的例子中，随机分配被试可以保证被试的平均年龄在有补偿组和无补偿组都大致相同。如果不进行随机分配，就有可能存在年龄在30岁以上和30岁以下的被试被分别分到有补偿和没有补偿的两个实验组中去的情况。这样，年龄作为一个额外因素就会影响实验结果。实验结果可能显示没有补偿的实验组献血更积极，但是这个结论是站不住脚的，因为更高的献血积极性可能是由年龄造成的，不是由补偿造成的。

需要指出的是，随机分配必须在所有的实验组之间进行。再以献血的例子来说明。一开始你只有两个实验组：有补偿和无补偿。你对被试在两个实验组之间进行了随机分配。但是后来你意识到，你其实还希望了解如果补偿采取礼物而不是金钱的形式，是否会影响献血的积极性。所以，你就又找了一些被试，把他们分配到了礼物补偿组，然后比较这三个组的献血人数。但是，这样做是不对的，因为三个组的被试不是随机分配的。你必须重新做你的实验，随机在三个实验组之间分配被试。你会问，为什么要这样自找麻烦呢？这是因为，如果你仅仅做礼物补偿组一个实验组，这个组的被试有可能和你第一次做实验用的被试存在系统性差异，从而影响你的实验结果。比方说，也许礼物补偿组的被试都是年轻人，这样这一组的被试总体就比另外两个实验组的被试年轻，你的结果自然也就不准确了。

正是因为实验室实验可以做到完全的随机分配，所以实验室实验可以达到比较高的内部效度。不过实验室实验也有明显的缺点。相对实地实验来说，实验室实验的外部效度较低。外部效度是指在多大程度上一个实验的结果能从它自身的被试和实验环境中被扩展到其他的被试和实验环境中去（Cook & Campbell, 1979）。在实验室实验中，研究人员营造了特殊的实验环境和条件，使被试和实验过程都处在一个"非自然态"。此外，因实验室受自身规模和经费等条件所限，测试样本难以完备，所以外部效度比较低。一个实验者总是希望他得到的实验结果能够代表一个普遍的现象，而不是仅仅发生在参加实验的人身上，因此我们很关心实验的可复制性（replicability），也就是你的实验结果是不是在不同的被试和实验环境下仍旧能够被重复证实。如果一个实验结果只对某一个学校的学生有效，这样的研究结果必然不具备理论意义上的重要性。

那么，内部效度和外部效度如何权衡呢？

如果一个实验的内部效度和外部效度都很高，自然是再好不过了。但是多数情况下内部效度和外部效度是一对矛盾体，很难在同一次实验中做到两全。在不能做到两全其美的情况下，如果一项研究更加关注两个变量之间的因果关系，那么实验室实验会是一个更好的选择，因为在实验室中我们可以通过各种手段来去除其他无关因素的影响。实际上，内部效度高是外部效度高的必要非充分条件。在必要的情况下,我们可以先在实验室里对假设进行检验,以明确自变量与因变量的因果关系,然后在自然环境中用实地实验的方法再次进行实验,来检测这个假设的外部有效性。

　　实地实验的外部效度通常会高于实验室实验。在实地实验中,我们通常都是使用被试的实际行为作为因变量,而不是在实验室实验里面常常用到的"可能性"来测量因变量。即使实地实验和实验室实验都使用了实际行为作为因变量,实地实验还是有它的优势:和实验室实验相比,实地实验在一个自然环境下发生,被试的决策和行为也是相对自然的。

　　上面我们提到,完全的随机分配是高内部效度的基石。如果一个实验能够做到完全的随机分配,而且在实地进行对人们在自然状态下的行为的测量,那么这个实验就同时具有高的内部效度和高的外部效度。

　　同时包含实验室实验和实地实验的文章最近非常受欢迎,主要原因还是因为这样的文章不仅有比较高的内部效度,而且有比较高的外部效度。读者不仅可以确定变量之间的因果关系,而且能够确信文章里发现的现象在现实生活中确实存在,而不是在一个虚假的实验室环境下创造出来的。

　　当然,我们也知道,要做好一个实地实验的挑战性是很高的,因为在实地实验中,要做到完全的随机分配比较难。比如上面提到的献血实验,研究者必须保证,看到两个不同版本的宣传单的被试他们之间不能交流,不然他们就会发现各自收到的宣传单不同。如果你想在一个企业里面测试两种不同工资结构对员工绩效的影响,你也必须确定员工之间不能对工资结构进行交流。

　　实地实验的另外一个挑战就是很多时候研究者难以找到合适的行为因变量。一种情况是你的自变量对因变量的影响效果比较小,行为因变量难以体现出自变量的影响。比方说,假定你想研究工资结构如何影响员工对公司的忠诚度,这里,你把员工是否离职作为一个测量忠诚度的行为变量。我们知道,员工是不是喜欢他们的工作内容,是不是能和他们的同事愉快相处,甚至交通是否方便都会很大程度上影响一个人的离职决定,而工资结构只是其中一个因素。这样,工资结构对离职决定的影响就有可能微乎其微,很难得到显著的统计结果。但是这并不意味着工资结构不影响员工对公司的忠诚度。也许你使用其他的行为变量(如员工是否持续使用或购买公司产品)更有可能发现工资结构对忠诚度的影响。另外一种情况是在实地实验中,行为因变量受到非常多的因素的影响,你需要一个非常大的样本来确保其他无关因素对因变量的影响在各实验组中是相同的。这时,你必须要有一个非常大的样本保证其他因素,诸如工作内容、同事相处、交通等条件在两个实验组之间是大致相同的。在一个小规模的企业内部,即使你将员工随机分配到两个实验组,也很难保证其他因素完全相同。

这里,我们再讨论一个经常被忽视的问题:我们是不是永远都要追求高的外部效度呢?也许读者曾经读过一些心理学实验,其中的操作并不具备高的外部效度。比如,我们让被试记住一连串的八个数字,然后检测被试在决策中是否更加受到锚定效应的影响(Epley & Gilovich,2006)。在现实生活中,有多大可能我们在做决策的时候还必须记住一连串的八个数字呢?这种情况真的很少见,所以很明显这样的实验外部效度不高。那么这样的心理学实验的价值在哪里呢?

需要强调的是,很多时候,一个实验很难做到同时具有高的外部效度和高的内部效度。如果一个实验的目的是要检测一种心理机制,那么这个实验并不需要有高的外部效度。比方说,上面提到的实验的目的是要检验锚定效应是否是由于人们被锚定后,对自己的最终答案修正不够造成的,所以这是一个单纯的想要测试锚定效应的心理机制的实验。为了显示锚定效应的心理机制,实验者需要人工创造一个环境让被试能够把这个心理机制明显地表现出来。而在日常生活中,很多情况下这样的心理机制是被掩藏在各种其他的因素里的,一个高的外部效度的实验是无法把这样的心理机制完整清晰地展现出来的。

5.4.5 实验的效度威胁因素

那么我们应该如何保证实验的内部效度呢?在实验室实验中,一个实验者又需要注意哪些基本问题呢?

在实验中,有些实验方式或事件会影响效度,我们把这些实验方式或事件称作效度威胁因素(threats to validity)。其中有些因素会影响一个实验的内部效度,有些会影响外部效度。混淆变量(confounding variable)通常指的是没有得到控制的无关变量,这些变量使测试结果产生了系统性的偏差,导致我们不能确定因变量的变化是否是由自变量的变化产生的。混淆变量是影响效度的最主要的因素。关于这部分,我们会在"5.4.6 如何把假设转化成实验"部分再做讨论。

下面我们讨论其他几个影响实验效度的常见因素。

被试选择偏差(selection bias):被试因被主观意愿或者客观条件左右,而进入不同的实验组所造成的偏差。这种主动性背后隐藏的某些因素可能会影响测试效果。比如在研究工资和教育程度的相关性时,我们希望把所有样本的工资和教育程度放在一起研究。但是在现实中,当工资低于某个水平时,有些人会选择不工作。对于他们,我们可以了解他们的教育程度,却不知道如果他们工作,工资会是多少。那么如果在样本中只研究有工作的人群,最后得到的工资和教育程度的相关度会与真实值有差别,非常可能会低估教育对工资的影响。所以我们利用志愿者做研究时,就要特别注意选择偏差问题。

在例子中提到的研究工资与教育程度等无法避免选择偏差的情况下,有些特别的处理方法也许会有效,例如,Heckman 在 "Shadow prices, market wages, and labor supply"一文提出的处理样本偏差的方法。

实验者偏差(experimenter bias):由于实验者本身的行为所导致的偏差。比方说,如果实验操作者事先知道所要检验的假设,在进行实验的过程中,就可能有意或者无意地做出某些行为,从而影响不同实验情况下的被试的反应。另外,在对一些主观数据进行编码的时候,实验编码者也有可能由于了解所要检验的假设,使这些主观数据的编码存在某种倾向性。这些都会影响实验的最终结果。

为了去除实验者偏差,我们通常要求不能让执行实验的人了解实验所要检验的假设。而且通常提出假设的研究者本人不能担当执行操作实验的角色,我们需要一个不知道所要检验的假设的人来执行实验。

成熟程度(maturation):随着年龄的增长,被试的心理和生理会逐渐成熟,进而对实验产生影响。一般只有实验周期很长时,我们才需要考虑这种影响。当被试是儿童时,我们要特别注意这种影响。比方说,有些研究表明,即使没有受到任何治疗,大多数大学生也会在六个月内从心理消沉期走出来。如果有人做新药剂实验,测试结果表明服用药剂的大学生会在六个月内从心理消沉期走出来,那么显然我们不能认为药剂有疗效。我们可以采用随机化的对照实验组来解决这个问题。

退出和减员(attrition and mortality):实验中,一些被试可能会退出实验,从而影响测试结果。这种情况在长期实验(longitudinal experiments)中非常普遍。如果一个实验需要被试在下个月再回实验室来回答问题,很多被试并不会按照要求回来。在组织研究中,也有被试突然被公司调去外地,不能继续参加实验的情况。因为不知道退出的被试与其他完成实验的被试有什么区别,我们很难预测这会对实验结果造成什么影响。最好的情况当然是尽可能消除退出和减员的情况。但是,很多时候我们没有办法完全避免退出和减员。这在数据分析上给我们带来很大的挑战,这时我们需要用一些统计的方法来测试退出的被试是如何影响实验的结果的。

污染(contamination):在正式实验之前进行相关度比较高的预测试(pretest)可能会使被试对实验更加熟悉和敏感,从而改变他们在正式实验里的表现。所以预测试和正式实验应该尽量采用不同的被试。

中值回归(regression to the mean)：典型情况是研究极端组时,测试值的变化会比研究一般群体时大得多。属于极端组的被试在下一次测试中很可能会向均值靠近。比方说,某一次测试中分数在95分以上的群体(满分100),再重新接受测试时有些被试的分数就非常可能向均值靠近一些,平均分数通常达不到95分以上。这种情况叫作中值回归。这是一种统计学的现象,被试的分数在第二次测试中更靠近均值并不意味着这是由任何心理机制导致的。

样本不具代表性(non-representative sample)：作为样本(sample)的被试不能代表母体(population)。比如研究中国电视广告对消费者购物倾向的影响时,如果只研究汽车类广告对购物倾向的影响,这样的样本就不具有代表性。实际上,很多其他因素都可以使样本不具有代表性。保证样本具有代表性是保证外部效度的基石。

霍桑效应(Hawthorne effect)：指当研究人员存在时,由于紧张等原因,被试的表现会与平时不一样,这自然会影响结果的外部效度。如果我们不知道这种差别是否会对测试结果产生重大影响,那么应该怎么处理呢？一个取巧的方法是再安排一个对照组,对照组与实验组一样会被观察,但是不需要接受测试,目的只是测试霍桑效应。当然,如果你的假设决定了你有两个实验组,除非有特殊理由,一般大家认为两个组都会受到霍桑效应的影响,而且影响的大小应该大致相同。如果你只关心这两组之间的区别,而不是每个组的绝对值,这样就不需要添加对照组。因为霍桑效应只会影响两组数据的绝对值,而不会影响两组数据的相对值。但是,如果霍桑效应有可能会完全掩盖你希望检验的行为,即使加入对照组,你还是可能得不到你理论上预测的结果。在这样的情况下,你就需要考虑如何消除霍桑效应。比方说,为了让被试感觉他们是在正常的环境下做某些行为,你可以在被试看不到的地方观察他们。

需求特性(demand characteristics)：被试在参与实验时会很自然地去猜测实验者到底想要检验什么。在实验中能引导被试做出猜测的线索被称为需求特性(Schweigert,2006)。一旦被试对假设做出猜测,他们在实验中的行为会或多或少受到影响。一些被试会根据他们对假设的猜测故意做出和假设一致的行为,而另外一些人也许会故意做出跟他们的猜测相反的行为。比如,在"显示器与积极性"的研究中,被试认为实验者想检验的假设是"显示器屏幕越大工作积极性越高",那么即使事实上他们的工作积极性和显示器的大小没多大影响,他们还是努力表现得和实验者的假设一致,其实他们是希望公司管理层看到实验结果后给他们配置更大的显示器。再比如,如果人们猜测实验者要检验的假设是"惩罚越多工作表现越好",但是因为他们不想受到惩罚,所以在受到惩罚时故意降低自己的工作表现。这就属于故意做出和假设相反的行为的例子。不管他们的行为和假设是一致还是相反,实验的结果的效度都受到了影响。因此,为了减少需求特性从而降低被试猜测出一个实验的假设的可能性,一个设计缜密的实验通常会比较好地隐藏实验者的真实意图,避免被试猜测出真实的实验意图,并有意调整自己的行为。

安慰剂效应(placebo effect):被试即使没有真的接受实验,也会给出有效果的反馈。最典型的例子是药剂实验。假定你告诉被试他们吃的是止痛片,但是实际上只是维生素 C。很有可能被试也觉得疼痛减轻了,很明显,那并不是因为维生素 C 可以止痛,而是因为人们认为他们吃的是止痛片,心理上就感觉不痛了。这就是安慰剂效应。

那么,如果一个被试吃了真的止痛片,痛觉减轻了,这是不是说明这个止痛片起作用呢? 不是的,因为痛觉的减轻也有可能是因为被试觉得他吃了药感觉更好而已。那么,如何测出止痛片的真实效果呢? 你需要有一个对照组,告诉被试他们吃的是止痛片,但是实际上给他们吃维生素 C。如果实验组的数据好于对照组,你才能得出止痛药真的有效的结论。

霍桑效应、需求效应、安慰剂效应等都有一个特点,那就是实验参与人员意识到正在进行实验,所以对测试的反馈不同于未参与实验时。因此,有些人把有这个特点的因素都称为副效应(reactivity)。不让被试知道自己正在被测试自然是最好的做法。如果做不到的话,至少不能让被试知道实验的目的。

5.4.6 如何把假设转化成实验

在这一部分,我们首先介绍一下在实验中如何把假设变成可以操作,可以衡量的东西,然后再介绍一些实验中需要避免的问题。

首先,我们来谈一谈在实验中如何定义一个变量,以及什么叫作可操作性定义(operational definition)。一般来说,一个变量通常是一个抽象的概念,你需要把它转换成具体的可以操作或者观察的形式。那么,一个实验者用来操纵或者衡量的关于这个变量的可以在实验中操作的形式就是可操作性定义(Cozby,2001)。有了可操作性定义,其他的研究者就可以相对容易地重复某个实验(Elmes et al.,1999)。除了可操作性好,一个好的变量定义也要能准确、有效地代表变量。比如,把电话客户服务人员的效率只定义为接电话的数量而忽视服务质量就有一定问题。

第 5 章 实验研究方法

对一个变量给出可操作性定义是一个实验设计中相当具有挑战性的部分。变量的抽象程度不同,确定其可操作性定义的难易程度也不同。比方说,工作时间是一个相对来说具体的变量,你只需要用它的小时数来衡量。而工作积极性就是一个比较复杂而且抽象的变量。它会涉及很多因素,比方说,员工愿意每个星期加班多少个小时、员工是否愿意接受困难的任务、员工是不是能提前完成任务,等等。一个研究者可以选择工作积极性的某一个方面来作为工作积极性的可操作性定义。而给出可操作性定义的意义在于,一个研究者必须先有一个方法来有效衡量或者操纵这个变量,这样才能具体地实施一个实验。

如果你想知道情绪对工作效率的影响,那么首先你就要知道,在一个实验中,你需要怎样做来产生你需要的情绪,所谓的工作效率应该怎样来衡量。比方说,如果你的假设是伤心的情绪相对快乐的情绪使工作效率降低。你怎样在实验中让人们有伤心或快乐的情绪呢?也许你说,这简单,被试来了,问问他们高兴不高兴就行了,然后高兴的人去快乐情绪组,不高兴的人去伤心情绪组。但是这是错误的。因为这样的话你就不是随机分配被试了,而是根据他们的情绪分配了。这样造成的一个结果是快乐组和伤心组存在其他特性上的区别(如快乐组的人的受教育程度高于伤心组的人),我们也就没有办法确认是否是情绪的区别导致了工作效率的区别。

一个可能的办法是,你可以把被试随机分成两组,让这两组人来回忆他们过去的经历,一组人回忆快乐的经历,另外一组人回忆伤心的经历。这样你就有办法使参加实验的人随机产生两种不同的情绪。然后你让被试来做某种工作,比方说,让他们数零件,然后看他们在规定时间内可以完成多少。回忆过去的经历和数零件就是对情绪和工作效率的一个可操作性定义。一般来说,如果我们不能根据一个假设给出相应变量的可操作性定义,那么这个假设就是没有办法证伪的。

对一个变量给出可操作性定义时必须谨慎考虑这个定义的概念有效性(construct validity)。所谓的概念有效性,指的是变量的可操作性定义是否准确地代表了你想要测量或者操纵的变量。这是一个好的实验设计的核心。

从自变量的角度来说,可操作性定义通常存在以下三个可能的问题。我们拿通过让人们回忆过去经历的办法来产生伤心或高兴的情绪这个可操作性定义来举例子。首先,这个办法可能没有用。回忆快乐或伤心的经历可能并不能让被试在当前情况下感到快乐或伤心。那么,如果你发现工作效率在两个实验组有所不同,从而认为情绪对工作效率存在影响,这个结论就错了,因为被试的情绪在两个实验组中没有区别,肯定是其他的因素造成工作效率差异的。

其次，回忆经历的办法确实有效地改变了被试当前的情绪，但是被引发的情绪可能不是你希望引发的情绪。比方说，回忆伤心的记忆可能没有使被试更伤心，但是使他们更消极。那么，如果最后你发现这些人工作效率下降，你就没有办法得出伤心情绪降低工作效率的结论，因为更有可能是消极的情绪在起作用。当你的变量比较抽象难以量化的时候，在确定可操作性的定义时要非常小心。

最后，也是最常见且最难避免的，是你的可操作性定义不仅改变了你希望改变的因素，也同时改变了你不希望改变的因素。也就是说，你的可操作性定义引入了混淆变量。这是一个实验最容易被评审诟病的情况。比方说，回忆伤心的记忆不仅让被试在当前感觉更伤心，而且让他感觉更消极。那么，如果你发现这些人工作效率下降，到底是伤心引起的呢，还是消极引起的呢？我们不得而知，所以这个实验也就不能检验你的假设了。再比方说，你的假设是吃不健康的食物会让人感觉愧疚，而为了减轻愧疚感，人们会做一些对社会有益的事情，比如帮助别人。你给一组人吃油炸薯条，给另一组人吃青菜沙拉。然后你检验这两组人谁更会给别人提供帮助。但是，你的操纵自变量的方式引入了混淆变量。比如，比起吃青菜沙拉，吃油炸薯条更容易让人有饱腹感。会不会人们只有在吃饱了才会去帮助别人呢？再比如，吃油炸薯条更容易让人们觉得高兴。也许是人们在好心情的情况下才会去帮助别人。所以，我们并没有办法确认是否是愧疚感在背后起作用。

由于以上提到的原因，一般比较主观的可操作性定义都要有一个或多个问题来检验这个可操作性定义是否有效，是否同时影响了其他的因素。很多实验都包含一个"操作检验"（manipulation check）的步骤，检查你的操作是否有效改变了你希望操作的变量。比如，你希望通过一个游戏让被试觉得被别人接受或者拒绝，然后测量他们是否在接下来的群体决策中选择合作，那么我们就需要在操作检验中让被试回答，他们觉得被别人接受或拒绝的程度。

很多研究人员会担心，操作检验会不会影响被试接下来的行为和感受？这个是很有可能的。如果我们问了被试他们是否感觉被别人拒绝，被人拒绝的感觉就会特别明显，从而影响我们的因变量。而如果我们没有问这个操作检验的问题，也许很多人虽然觉得被拒绝了，但是并不会让这种感觉影响他们是否合作的决定。此外，操作检验也有可能暴露研究者的真实意图，影响被试在接下来的表现。为了避免这种问题，很多操作检验是在预检测中进行的。所谓的预检测，就是在正式实验开始之前，招募另外一组被试，让这些被试经历你的自变量操作，然后测量你的自变量操作是否有效地改变了你希望操作的变量。而在正式实验中的被试不需要回答操作检验的问题。因为预检测的被试是不会参加正式实验的，所以我们不需要担心操作检验的问题会影响因变量。另外一个解决办法是把操作检验的问题放在因变量的问题之后。但是,这样的操作检验会被因变量的问题所污染,因而变得不是特别准确。

为了确保一个可操作性定义没有影响其他无关的变量,有些实验也会测量那些有可能会被影响的变量,检查这些变量是否受到影响。

对于因变量,最重要的就是要确保可操作性定义正确衡量了你的因变量。比方说,你的因变量是人们有多大动力达成一个目标。为了衡量这个因变量,你请被试回答"你多希望达成你的目标?"这可能并不是一个非常好的可操作性定义。正如你问一个要减肥的人,你希望能减掉 10 公斤体重吗?大概他们都会说"非常想"。但是"希望减肥"不同于"你有多大动力将减肥付诸行动"。因此,我们在选择问题时要非常小心。

很多时候,如果一个实验可以把一个主观的因变量用一个比较客观的方式来衡量,这样的实验通常会更受评审欢迎。比如,你可以用人们每天参加锻炼的时间来衡量达成减肥目标的动力。这样客观的可操作性定义通常称为"行为测量"(behavioral measure)。好的实验经常把主观的可操作性定义和行为测量结合起来。行为测量不仅可以证明一个理论的实际应用,而且比主观的可操作性定义更容易为被试所理解。当然,很多时候要为一个变量找到一个好的行为测量方式并不容易。比方说,你的因变量是开心程度,这本身就是一个很主观的东西,很难用一个行为的方式来测量。也许你可以测量大家笑的次数,但这个方法并不能很准确地衡量人们真正的开心程度。

除了需要注意前面提出的问题,还要特别注意的是,在考虑如何使你的变量可以操作的时候,要避免天花板效应(ceiling effect)和地板效应(floor effect)。在实验中有的时候会产生所有的数据都集中在可能范围的最高端的情况,这叫作天花板效应。比方说,你想证实,更多的奖金可以产生更高的工作积极性。你找了一批人,告诉他们说,如果他们愿意数 5 分钟的零件,你就付给他们每人 20 元钱。对另外一批人,你告诉他们,如果他们愿意数 5 分钟的零件,你就付给他们每人 40 元钱。然后你让所有这些人回答,他们有多大可能性愿意来数零件。然后你发现不管是给他们 20 元钱还是 40 元钱,愿意数零件的可能性都在 95% 左右。这是不是意味着你的假设不成立呢?并不见得。因为很有可能你的结果受到了天花板效应的影响。也就是说,本来给 20 元钱大家就已经很愿意来数零件了,再多给他们钱也不可能提高他们数零件的积极性。如果是这样,你需要把 20 元钱的奖励调低,比方说调低到 5 元钱。当然,也有可能是因为这个百分制的衡量方式不能体现工作积极性的区别,那么你可以换一个方法来衡量因变量,比方说,你问参加实验的人:"如果我给你 20 元钱,你愿意数多少分钟的零件?"对另外一组人,你可以问:"如果我给你 40 元钱,你愿意数多少分钟的零件?"这样就避免了天花板效应。和天花板效应相反的是地板效应,是指所有的数据都集中在可能范围的最底端的情况,它的处理方法也和天花板效应相似。我们在实验中要尽量避免这两种情况的发生,否则就无法断定到底是因为自变量确实对因变量没有影响,还是自变量没有设置在合适的水平,或者因变量没有得到合理的测量。

我们的初始实验设计可能并不完备,尤其在实验复杂或者变量相对抽象的情况下。所以有的时候,实验者会事先请少数被试做一些"测试性实验"(pilot study),小规模地测试一下实验,看看是不是有一些意料之外的问题。为了更好地达到测试的目的,在测试性实验结束后,参加测试性实验的被试通常需要回答一些和实验的因变量无关但是和实验设计有关的问题,比方说,"你是否觉得我们的实验介绍清楚而且容易理解?""你在实验过程中是否遇到过很难理解的情形?"……实验者也会征求被试的意见,从而知道哪里需要改动。有的时候,实验者还要求被试在参加实验的过程中做口头即时报告,这样被试的一些反应就可以帮助实验者对实验做出必要的改动,保证在整个实验正式开始之前能够把可能出现的问题最小化。

5.4.7 对实验结果的理解

做完了实验,搜集好了数据,我们就需要对数据加以分析。如果数据的分析结果和我们的假设不一致怎么办?是不是这就意味着我们的假设是错误的呢?先不要过早下结论,让我们来看看什么情况下我们会得到和假设一致的结果。

当然,出现这种情况,很有可能是因为我们的假设是错误的。但是这并不是唯一的解释。还有一种可能性是因为我们的实验设计不妥当。比方说,被试没能很好地理解你的指示,或者是被试在实验后期比较疲劳、没有认真回答你的问题,等等。

你还要考虑你的操纵是不是有效。比方说,你对"快乐"和"悲伤"的可操作性定义是分别让人们听一段欢快和缓慢的音乐。如果你的音乐没有达到让被试感到"快乐"或者"悲伤"的效果,那么你需要考虑采用其他的办法操纵自变量。

另外,你也应该考虑你对因变量的衡量是否存在问题。有的时候,并不是你想要测量的效应不存在,而是你没有采用合适的办法来衡量这个效应。此外,我们在前面提到过,在考虑变量的可操作性定义的时候,我们要注意选取适当的取值范围,避免产生天花板效应和地板效应。如果你发现可能存在的天花板效应和地板效应有可能造成两个实验组没有区别,那你就需要改进你的可操作性定义,再重新进行你的实验。

此外,在这个时候,更为重要的是你要思考一下,"我的实验里有没有混淆变量?"消除混淆变量的影响是保证你得到可靠数据的一个非常重要的前提。所以,你应该看一看,你本来应该控制的变量是不是得到了应有的控制?有没有其他可能的变量应该得到控制,但是你当时没有注意到?样本量的大小是不是保证随机分配且消除了随机差异?真正操作实验的人是不是对待每个被试都公正且没有倾向性?还有,被试不认真回答问题也会导致你得不到你预测的结果。有些研究者会在一个实验的末尾加入几个问题来检测被试是否认真参与了实验。Oppenheimer 等(2009)提出的办法最近被广泛使用。具体的做法是,在一个问题里,让被试做一些选择题(如你最喜欢的体育节目是什么),但是在问题的尾部,我们告诉被试不要选择他们喜欢的体育节目,反而做一些其他无关的选择,比如点击一个问题的名称。这样,没有仔细阅读的人就会回答他们喜欢的体育节目,只有仔细阅读的人才会按照要求点击问题的名称。这样,我们可以检验仔细阅读的人和没有仔细阅读的人是否存在系统性的差异。但是我们也必须注意到,这并不是一个完美的解决方案。一个研究者应该把注意力放在如何让被试认真回答问题,而不是简单地把没有认真回答问题的人删除。

5.4.8 实验结果的可复制性

复制(replicability)是指在相同的处理下,独立重复实验可以得到类似的实验结果。首先,复制可以让实验者对实验误差有一个估计。这种估计可以帮助实验者了解测试结果是否有统计意义上的不同。其次,由统计分析性质可知,相较于一次测试,多次的复制可以帮助我们更精确的估计样本均值(sample mean)。另外,统计分析需要一定的数据量才可以达到一定的置信度,对于复杂的实验设计来说尤其如此,而复制可以提供一定的数据量。一个可以复制的实验才有较高的可信度。

需要特别指出的是,复制和重复测量不一样,重复测量只是从测量角度提高准确度,而复制则是重新测量整个实验从头到尾被试受到的影响。比如研究运动与心律的关系时,被试运动后测量心律,休息一定时间进行同样的运动后再测量就是复制,而被试运动后两研究员分别通过左右手动脉同时测量其心律就是重复测量。

可复制性有两个层面:第一个层面通常是直接复制,也就是采用同样的实验设计,但是在不同的时间、地点,使用不同的被试来检验我们是不是能得到同样的实验结果;第二个层面是在保证概念有效性相同的条件下,实验者会采用不同的方式来操纵自变量或者测量因变量,来检验一个假设是否成立。即使在同一个文章中,为了增加实验结果的可靠性,研究者也会采用不同的可操作性定义、在不同的人群中抽样等办法来重复验证同一个假设。

一个实验的结果可以复制与否是非常重要的。可以这么说,如果一个实验的结果不能被复制,那我们就有理由怀疑一个假设的正确性,或者一个效应是否真的存在。但是,以往人们对复制的兴趣并不高,主要是因为一个研究者并不能因为完全重复了别人的实验而发表文章。最近在社会科学领域,研究者重新燃起了对复制实验的兴趣,主要是由于两个原因:第一,最近有研究发现,一些经常被大家引用的结果不能被复制;第二,有极为少数的研究者最近被证实作假。一些期刊开始刊载一些复制实验的论文,这些论文主要集中在第一个层面的直接复制。

如果一个复制实验的结果和以往的结果相同,那么很简单,我们成功复制了以前的实验结果。但是,我们要注意到,如果你重复了前人所做的实验,但是并没有得到前人所得到的结果,这种情况就比较复杂。如果因此而认为前人的结果真的不能被复制还为时尚早。首先,你的复制有可能和原来的实验存在一些程序上的微小差别,从而导致最终结果的不同;其次,你的结果也许是由第二类错误(在统计学里,当某个效应存在却没有能正确识别)造成的。所以,我们不能简单地因为一个实验没有重复以前的实验结果就下结论认为它是错误的。单单一次的复制失败可能并不足以证明一个效应真的不存在。

5.4.9 网上实验

由于互联网的广泛使用,研究人员可以在网上招募被试并让被试直接通过互联网回答问题。很多实验室实验的研究结果在网上实验中能够被重复(Horton et al.,2010),这证明网上实验是有一定的效度的。网上实验搜集数据通常速度快、成本低,因此它已经成了很多研究者的一个普遍选择。

目前,有部分的研究者对网上实验仍旧存有一些疑虑。这些人对网上实验的疑虑主要集中在以下四点:

第一,网上实验太便宜。其实我们认为这是一大优点。目前看来,如果一个效应能够在网上做出来,通常这个效应也能在实验室里做出来。对很多实验来说,便宜并没有显著地影响实验的结果。当然,如果你的实验是研究金钱奖励的作用,那就另当别论了。

第二,参加网上实验的人不具备代表性。诚然,参加网上实验的人不能代表人口整体,但是这些人绝大多数情况下都比大学生有代表性。在网上实验普及之前,很多论文的实验都是用大学生做的。如果研究者能够接受用大学生作为主要被试来源,那么网上的被试也应该可以被接受。实际上,仅仅使用大学生作为被试在某种程度上限制了实验的外部效度,因为我们无法知道实验的结果是否仅仅局限在大学生群体里。有了网上实验平台之后,研究者可以很容易地找到非大学生被试来参加实验。从这个角度上讲,网上实验其实给研究者提供了一个提高外部效度的机会。

第三,网上实验只能设定一个假想的情境让被试回答,不能让被试做出行为反应。这个想法其实是错误的。在设计得当的情况下,我们甚至可以让被试在镜头前给我们唱一首歌。

第四,参加网上实验的被试注意力集中程度不高。关于这一点,有的实验发现网上实验和实验室实验不存在差别,有的实验发现网上实验的被试的注意力集中程度确实稍低。但是,这并非一个难以解决的问题。很多时候,稍微修改一下实验的说明就会有很大帮助。我们会在接下来的"被试的参与度"部分做详细解释。

综合来说,网上实验很多时候并不比实验室实验的效果差。如果设计得当,网上实验通常会达到相对高的内部效度和外部效度。那么,设计网上实验的时候,有没有什么需要注意的地方呢?在这里,我们主要讨论三个方面。

被试的参与度(participants' involvement):研究者没有办法看到在电脑或手机屏幕后的被试到底做了些什么。这带来几个问题。首先,网上的被试很可能没有实验室的被试认真。他们也许一边和朋友聊天一边参加你的实验,他们也可能很快地回答你的问题,或者根本就没有读到你在实验里说了些什么。

上面提到,这个问题并非无法解决。比如,如果你在网上的实验说明能够简洁明了,效果就会好很多。你不能有大段大段的文字,应该尽量用图片取而代之。另外,在网上实验中,你也应该不断地尝试用不同的方法说明你想要被试做什么,不然被试很有可能注意不到你说了什么。

网上实验涉及的任务也不能太过复杂。如果你让被试写出10个不愉快的经历,很多被试都会选择放弃(关于被试退出的问题请参看接下来的"选择性退出"部分)。被试即使没有选择放弃,他们也很可能不会认真对待实验任务,而是应付了事。比如,Finley 和 Penningroth(2015)做了一个关于记忆的网上实验,他们发现,和实验室被试相比,网上被试对实验说明的理解要差一些,而且这个问题随着实验任务复杂性的增加而变得更严重。

另外,一些类别的任务没有办法在网上实现。比如,我们的操作是给被试听一段音乐或看一段电影。这样的任务存在两个问题。第一,我们没有办法确认被试是否听了音乐或看了电影。他们完全可以把声音关掉,或者播放影像,但同时打开另外一个页面。第二,即使被试非常合作,我们也不能保证实验过程中是否存在技术问题,如音乐或者电影是否顺利播放。对于被试来说,他们没有动力去帮研究人员解决技术问题。如果出现技术问题,很有可能他们就自动进入下一步,这样的话我们的操作就根本没有起到作用。所以,类似的任务我们必须从技术上保证被试是真正按照你的要求做的。

重复被试(repeated participants):在实验室实验中,研究人员通常会要求被试出示身份证件,如学生证或者身份证,以保证同一个被试不会在一个实验中出现多次。但是,在网上实验中证件检查就很难做到。有的人在同一个网站可能有多个账户,而研究人员很难发觉。如果同一个人在同一个实验中参与了多次,那么除了第一次实验的结果,后面的结果都被污染了。很多网站通过技术手段能够去除大部分的重复被试,但这并不完美。比如,我们可以做到让来自同一个IP地址的被试只填写一次问卷,但是,一个被试可以轻易地获得多于一个的IP地址,比如他的电脑和手机就有不同的IP地址,他家里的电脑和办公室的电脑也有不同的IP地址。

当然,存在少数几个重复被试通常不会对实验有效性造成实质性的影响。在当今的很多实验平台上,各种实验层出不穷,被试没有必要为了多挣一点钱去重复参加同一个实验,他们完全可以选择参加各种不同的实验。

另外一个相关的问题是,有的被试也许曾经参加过很多实验,如果你的实验采用的是通常采用的实验框架,这些被试很可能可以很容易地猜到你想做什么。比如,最后通牒博弈(ultimatum game)是在实验经济学中一个非常经典的实验框架,很多被试可能都做过这个博弈实验。你的实验结果可能会因此大受影响。

不过,我们也必须注意到,在某些特殊情况下,重复被试的问题对实验结果会产生很严重的影响,而且这种重复并不是被试主动重复参与的。比如,你想研究某种广告是如何影响淘宝买家的购买行为的。我们知道,很多淘宝买家有时使用手机平台,有时使用电脑平台。如果我们仅仅能够在技术上保证同一IP地址的人只能看到一个版本的广告,那么同一个人在手机和电脑间切换的时候就有可能看到不同的广告。更为麻烦的是,这个人的购买行为很有可能发生在他看到两组不同的广告之后,所以你根本没有办法分辨他的购买行为是由哪个广告引起的。在这样的情况下,研究者必须在技术上保证同一个用户名只能看到一组广告(淘宝的用户名不会因为手机平台或电脑平台而改变),而不是同一个IP地址的人看到一组广告。

选择性退出（selective attrition）：被试选择性退出某个实验组而不是另外一个实验组会对实验结果带来非常严重的影响。在实验室实验里面，这样的情况比较少见，因为除非一些特殊情况，已经来到实验室的人通常不会中途退出。

但是选择性退出在实地实验及网上实验中都比较普遍。比如，在上面提到的献血实地实验中，控制组的部分被试由于交通问题没能来到献血现场，假定这组人的献血积极性都不高，那么最后造成的结果是，控制组的整体献血比例上升，而有金钱奖励的实验组的结果没有受到影响。如果实验者没有考虑到选择性退出的问题，就会得出给金钱奖励不如不给的结论，但是这个结论很有可能是因为控制组的部分被试选择性退出造成的。

网上实验也经常遇到选择性退出的问题。最常见的情况就是，被分配到更长、更难的任务组的被试比别的被试更容易退出。这个问题最近得到了研究者的重视。比如，Zhou 和 Fishbach（2016）在他们最近的一篇文章中指出，当被试出于不同的原因从不同的实验组中退出的时候，实验就可能混入混淆变量，从而影响实验的内部效度，并且导致研究者得出错误的结论。为了清楚地显示出选择性退出可能造成的问题，Zhou 和 Fishbach 做了一个非常有意思的实验。想象使用眼线笔或者使用刮胡水，按照常理，这是不可能对被试的体重造成任何影响的。但是，如果想象使用眼线笔使很多男性感觉这个任务很奇怪从而退出实验，同时使用刮胡水使得很多女性退出实验，那么就会造成在眼线笔的实验组有太多女性，在刮胡水的实验组有太多男性，而我们知道男性的体重通常大于女性，从而造成被试体重在两个实验组之间存在不同。为了证明这一点，他们在亚马逊的土耳其机器人网站（Amazon Mechanical Turk, mTurk）上招募了 100 个被试。在 mTurk 上，如果有人中途退出，系统会自动重新招募被试，直到获得 100 个被试为止。在他们的实验中，一共有 144 个 mTurk 的被试开始了实验，但是有 41 人中途退出。其中，眼线笔实验组有 32.4%（74 人中的 24 人）的被试退出，刮胡水实验组有 24.3%（70 人中的 17 人）的被试退出。那么，这两组被试的体重到底有没有差异呢？实验结果发现，在眼线笔实验组，被试的平均体重是 159.64 磅，而在刮胡水实验组，被试的平均体重是 182.08 磅，两组的体重存在显著性差异，$t(100) = 2.50, p = 0.01$。我们知道，单单靠想象使用眼线笔或刮胡水是绝对不可能影响一个人的体重的，那么这两组在体重上的显著差异只能说明我们没有在两组之间对被试进行随机分配。正如 Zhou 和 Fishbach 所预测的那样，眼线笔实验组有 42% 的女性被试，而刮胡水实验组的女性仅仅有 30%。这说明，眼线笔实验组有更多的男性退出了实验，而刮胡水实验组有更多的女性退出了实验。如果我们没有注意到这个问题,我们就会认为仅仅想象使用眼线笔或刮胡水就能改变一个人的体重,从而得出错误的结论。

在这个实验里,我们通过检查被试的性别发现选择性的退出会让我们做出错误的结论。但是,我们也必须意识到,很多时候,选择性的退出并不一定会在性别、年龄、种族等人口统计数据上显示出来。所以检查人口统计数据并不一定总能帮助我们发现选择性退出造成的问题。最为稳妥的办法就是想办法在实验中消除选择性退出的问题。

5.5 实验设计

在接下来的这一部分中,我们要着重讲讲怎样设计一个实验来对假设进行检验。实验的设计在很大程度上取决于你的假设——你的假设有几个自变量及每个自变量各有几个水平。如果你的假设只有一个自变量,那你的实验就是最简单的组间设计(between-subjects design)或者是组内设计(within-subjects design)。如果你有两个或两个以上的自变量,那么你的设计应该是因素设计(factorial design),当然,一个因素设计既可以是组间设计,也可以是组内设计,还可以是组间组内混合的设计。下面我们对这三种设计一一加以介绍。

5.5.1 组间设计

设计一个实验首先要考虑的就是如何把被试分配到有不同自变量水平的实验组中。你可以有两种分配方式:(1)把不同的被试分配到不同的自变量水平上;(2)让每个被试接受所有的自变量水平。

所谓组间设计,是说参加不同实验组的人是不同的,即上面的第一种分配方式。假定你有这样一个假设:对于某件东西,一个人拥有之后卖出它时索要的价格要高于他拥有之前愿意付出的价格。那么你就可以设计这样一个实验:把被试随机分成两组,你给其中一组的人每人一个杯子,另外一组人不发杯子。你请已经有杯子的人回答,如果要把这个杯子卖掉,买方至少要出多少钱他们才愿意卖;你也请没有杯子的人回答,如果要买这样的一个杯子,他们最多愿意出多少钱。这样的一个实验采用的就是第一种分配被试的方式,是一个典型的组间设计的实验。

再比如,你的假设是,正面反馈比负面反馈更能提高员工的工作绩效。那么你可以随机分配一组人,给他们提供正面的反馈,另外一组人收到负面反馈,然后你看看这两组人的工作绩效到底哪个高。和上面的例子一样,如果一组人收到了正面反馈,那么他们就不会收到负面反馈;而收到负面反馈的那组人也不可能收到正面反馈。也就是说,每个人都只能参加一个实验组,这样的设计属于组间设计。

我们前面讲过的"显示器与积极性"也是一个组间设计的例子。一组员工使用大显示器,另外一组员工使用小显示器,我们分别测量他们的工作积极性。如果我们的自变量有多于两个的可能值,那么我们就有多于两个的实验组。比方说,使用大显示器可以提高工作积极性,但是显示器大到一定程度,再增大显示器就对工作积极性没有影响了。因此,我们可以有三个实验组,一组人使用14英寸显示器,另外一组人使用19英寸显示器,还有一组人使用25英寸显示器。然后我们分别检验各组人的工作积极性。很显然,不同组的人使用大小不同的显示器,这也是一个组间设计,不同之处是这个实验有更多的实验组而已。

由于不同实验组中的被试之间存在个体差异,我们在分组时需要尽可能做到对被试进行随机分配,平衡抵消差异。

5.5.2 组内设计

另外一个减少组间差异的方法就是我们上面提到的第二种分配被试的实验设计方法——组内设计。所谓组内设计,就是被试要参与某个自变量的所有可能情况。对于组内设计来说,所有的被试参加所有的实验组,被试之间的个体差异都发生在实验组之内,所以并不需要随机分配。

我们仍旧来看"显示器与积极性"这个例子。你可以给所有人提供小的显示器,测量他们的工作积极性;过一段时间之后,你把所有人的显示器换成大一些的显示器,再测量他们的工作积极性;然后你比较这两种情况下人们的工作积极性。由于每个人都使用过两种显示器,这个实验设计就是一个组内设计。

一种比较常见的组内设计是测试前—测试后设计(pretest-posttest design)。比方说,你的假设是喝酒精饮料会降低人们的反应速度。你可以首先测试一下被试没有喝酒精饮料之前的反应速度,然后你让这些人喝酒精饮料,之后再让这些人做同样的测试,记录他们的反应速度。这就是一个测试前—测试后设计。同样一组人用同样的测试方法被测试了两次,一次是在自变量没有被改变之前(喝酒精饮料之前),一次是在自变量被改变之后(喝酒精饮料以后)。

5.5.3 组内设计和组间设计的选择

在资源充沛的情况下,很多实验者都偏向采用组间设计。组间设计是一种比较保守的设计,因为在组间设计中不会出现一个实验组污染另外一个实验组的情况。一般来说,组间设计的需求特性没有组内设计明显。很容易想象,如果一个被试回答了两个实验组的问题,他就可以相对容易地把这两个问题进行比较,也就更可能猜测出实验者的意图,从而调整自己的行为。这就影响了实验结果的真实性。比方说你想采用组内设计的方法来检验喝酒精饮料对反应速度的影响。由于被试在喝酒精饮料之前和喝酒之后做的测试相同,他们很容易猜测到你是想检验喝酒精饮料对他们的影响。不管他们把自己的反应速度调慢还是调快,实验的结果都存在一些偏差。如果是组间设计,需求特性的影响就相对小一些。当然,在组内设计中,我们可以通过一些实验设计的技巧来减少需求特性的影响。比方说,我们可以让被试在喝酒精饮料前和喝酒精饮料后做不同的测试,比方说,都是做数学题,但是题目不同。这样被试就很难分辨实验者的真实意图,也很难分辨哪些问题是实验者真正关心的。但是,尽管我们可以减少需求特性在组内设计中的影响,组间设计仍旧是减少需求特性更简便、更可靠的实验设计方式。

组内设计的另外一个问题就是可能产生传递效应(carryover effect)。比方说,你要测试正面反馈和负面反馈对工作绩效的影响。如果采用组内设计,人们先接受正面反馈,然后我们测量他们的工作绩效;之后被试再接受负面反馈,我们再次测量他们的工作绩效。由于对因变量的测量都是通过让被试参加相同的测试,因此被试在第二次参加这个测试时的成绩会提高,但是这不一定是反馈对绩效的影响,而很有可能是由于人们在第一次做测试的时候获得的一些经验可以被用在第二次测试中,从而提高了成绩。我们把这种传递效应叫作练习效应(practice effect)。但是如果被试因为重复已经做过的测试而感到无聊并逐渐对测试敷衍了事的话,成绩会降低。这也不是反馈对绩效的影响,而是另一种传递效应,叫作疲劳效应(fatigue effect)。我们在实验中应该尽量去除练习效应和疲劳效应。去除传递效应有一些常见的方法,如让被试回答不同的测量因变量的问题。假如你想测试在不同环境下的记忆力,那么不要让被试背诵相同的东西,而是背诵类似的东西。

如果让所有的被试都以同样的顺序经历所有的实验组,就会很容易产生传递效应。为了减少这种情况对实验结果的影响,我们可以用 ABBA 互相抵消的方法(ABBA counterbalancing)设计实验。仍旧以反馈和绩效的关系这一假设为例。你可以对每个被试都采用这样的顺序:正面反馈→负面反馈→负面反馈→正面反馈(ABBA)。把正面反馈放在第一和第四个位置可以在某种程度上去除练习效应。但是,如果你的自变量有三个可能值,上面这种完全互相抵消的方法就不太可行,因为这三个可能值的顺序组合有 6 种,那么被试就要经历 3(3 个可能值)×6(6 种可能顺序组合)=18个实验组,实在是太长了。

在这种情况下我们有没有其他办法呢?我们可以随机把被试分配到不同的实验顺序中去,我们把这种方法叫作抵消平衡法。如果是有两个可能值的自变量,这两个可能值的顺序排列只有两种情况:AB 和 BA。那么你可以随机选取一半被试采用 AB 的顺序,另外一半采用 BA 的顺序。比方说,有一半的人先接到正面反馈,另一半的人先接到负面反馈。需要注意的是,在抵消平衡法中,顺序是一个组间变量。如果是有三个可能值的自变量,你就要把所有的被试随机分成6组,每组采用一种排列顺序。不难看出,ABBA 互相抵消的方法一般来说只适用于自变量有两个可能值的情况,但是抵消平衡法却适用于自变量有两个或两个以上可能值的情况。

可是这样还是会有问题,随着自变量的可能值的增多,可能的顺序也在增多。比方说,3 个自变量的值有 6 种顺序,4 个自变量的值有 24 种可能的顺序,5 个自变量的值甚至有 120 种可能的顺序!有的时候不同自变量值的排列顺序的数目甚至比参加实验的人还多,那么随机分配被试到不同的实验顺序中去的方法也就不适用了。

这个时候,我们就没有办法做到完全的平衡抵消了。我们需要采用的是一个不完全的平衡抵消,但是我们要保证每个可能值出现的次数相同,而且这些值可能出现的位置的次数也相同。比方说,如果我们有 A、B 和 C 三个自变量的值。那么我们要保证三个值出现在第一位、第二位和第三位的次数相等。这种不完全平衡抵消的方法叫作拉丁方设计(Latin-square design)。

表 5-1 中我们列出了有四个实验组(A、B、C、D)的拉丁方设计。

表 5-1 有四个实验组的拉丁方设计

		顺序			
		第一位	第二位	第三位	第四位
被试编号	1	A	B	C	D
	2	B	C	D	A
	3	C	D	A	B
	4	D	A	B	C

按照表 5-1 的情况,参加实验的人数需要是 4 的倍数。比方说,如果我们有 12 个被试,被试 1、被试 5、被试 9 都采用第一个实验顺序,被试 2、被试 6、被试 10

采用第二个实验顺序,依此类推。鉴于这种分配方法的复杂性,建议感兴趣的读者参考其他相关书籍,在此我们不做深入讲述。比如,Roger E. Kirk 编写的 *Experimental Design：Procedures for the Behavioral Science* 中对拉丁方设计有详细的介绍。

此外,值得一提的是,有时由于条件限制,可能无论是抵消平衡法还是拉丁方分配方法都不能使用,因此无法在实验中加以排除或控制影响实验结果的因素。在这种情况下,只有做完实验后采用协方差分析(analysis of covariance)或偏相关等方法,把影响结果的因素分析出来,以达到对额外变量的控制。这种事后用统计技术来达到控制额外变量的方法,称为统计控制(statistical control)。

此外还存在有多个因变量的情况,或者因变量以多个问题进行测量的情况。比方说,你的假设是伤心情绪比快乐情绪更会降低工作效率。在测量工作效率的时候,你有两个测试,一个是打字测试,测量被试打字的速度；一个是挑错字测试,测量被试挑出错字的比率。这两个测试都是用来衡量工作效率的。一般情况下,实验者会让所有的被试做两个测试。这时实验者也会面临传递效应。为了消除传递效应,也可以采用上面提到的抵消平衡法。注意,这个时候的抵消平衡法需要在每个实验组之内使用。也就是说,在快乐情绪的实验组,要有一半的人先做打字测试,再做挑错字测试,另外一半的人反过来。在伤心情绪的实验组也要如此。不可以在一个实验组用一个顺序,在另外一个实验组用另外一个顺序。

当然,如果组间设计完全优于组内设计的话,我们就没有必要讨论组内设计了。组内设计有它自身的优点。但内设计的主要优点是,由于不存在被试的组间差异,组内设计更容易做出显著的效果。如果我们能很好地控制其他对组内设计的不利因素,组内设计也不失为一个好的选择。

5.5.4　因素设计

以上我们介绍了只涉及一个自变量的最基本的组内设计和组间设计。一些比较复杂的设计常常涉及多于一个自变量的情况。我们把在一个实验中同时操纵两个或两个以上自变量的实验设计叫作因素设计。

假定你想研究是否拥有相似的背景如何影响人们对他人行为的理解。比方说,你有这样一个假设：如果一个人表现出好的行为,那么和这个人有相似背景的人倾向于认为那个人的表现是出于其主观意图,而没有相似背景的人则不这样认为；相反,如果一个人表现出差的行为,和这个人有相似背景的人更倾向于认为这个人表现出的行为不是出于他的主观意图,而没有相似背景的人则更容易认为他的行为是出于他的主观意图。这个假设有两个自变量：一是拥有相似的背景与否,二是被评价的行为的好坏。这个假设的因变量是评价人认为被评价人的行为在多大程度上是出于他的主观意图。

因此,在这样一个因素设计中,我们可以同时检验多个假设,既可以看有没有相似背景如何影响人们对他人行为的理解,也可以看他人行为的好坏如何影响人们对这些行为的理解。在检验背景的影响的时候,我们忽略了行为好坏在这里面的影响;同样,在检验行为好坏的影响的时候,我们也忽略了是否拥有相似背景的影响。这样的分析得出来的效应叫作主要效应(main effect)。

而如果我们把两个自变量同时考虑进来,看它们之间的组合对因变量的影响,这样的分析得出来的效应叫作交互效应(interaction effect)。之所以采用因素设计,是因为我们预测实验的结果会产生一个交互效应。当然,如果你关注的不是交互作用,就不需要采用因素设计,采用最简单的单变量实验设计就可以了。

根据上面的例子,我们预测有这样一个交互作用:在理解人们的好的行为的时候,和行为人有相似背景的人比没有相似背景的人更容易认为行为人的行为是出于他的主观意图;但是在理解人们的坏的行为的时候,有相似背景的人比没有相似背景的人更容易相信行为人的行为不是出于主观的意图。那如何来进行这个实验呢?我们可以把所有的被试随机分成四组:

(1)有相似背景的人理解他人的好的行为:我们让被试想象,他们有一个同事,被试和这个同事并不相识,但曾经和被试一同参加新员工培训。这个同事上班从来不迟到。

(2)没有相似背景的人理解他人的好的行为:我们让被试想象,他们有一个同事,被试和这个同事并不相识,而且被试和这个同事在进入公司的时候在公司的不同分部接受了新员工培训。这个同事上班从来不迟到。

(3)有相似背景的人理解他人的差的行为:我们让被试想象,他们有一个同事,被试和这个同事并不相识,但曾经和被试一同参加新员工培训。这个同事上个月上班迟到五次。

(4)没有相似背景的人理解他人的差的行为:我们让被试想象,他们有一个同事,被试和这个同事并不相识,而且被试和这个同事在进入公司的时候在公司的不同分部接受了新员工培训。这个同事上个月上班迟到五次。

然后我们让第一和第二组被试回答这样一个问题:"你认为你的同事上班从来不迟到在多大程度上是由于他对自己有比较高的要求?"被试在一个 1 到 11 的量表上打分,11 代表"完全由于他对自己有较高要求",1 代表"完全不是因为对自己有较高要求"。第三和第四组被试回答的问题是:"你认为你的同事上个月上班迟到在多大程度上是由于他对自己没有比较高的要求?"类似的,被试也在一个 1 到 11 的量表上打分,11 代表"完全由于他对自己没有较高要求",1 代表"完全不是因为他对自己没有较高要求"。

假定我们的实验得到了如表 5-2 所示的一个结果:

表 5-2 实验结果

		背景		
		有相似背景	没有相似背景	边际平均值
行为	不迟到	9	5	7
	迟到	3	6	4.5
	边际平均值	6	5.5	/

我们对每一行或者每一列求平均值,就是表 5-2 中的边际平均值(marginal average)。边际平均值是忽略一个自变量,仅仅对因变量在另外一个自变量的某一个可能值下求得的平均值。比方说,边际平均值"7"就意味着在两次对如何理解他人行为的测量中,人们认为主观意图对不迟到这个行为的影响程度是 7。我们看到,对于迟到的行为,人们认为主观意图在这里的影响程度是 4.5。类似地,我们还计算出,不论是否迟到,有相似背景的人认为主观意图对他人的行为的影响程度是 6,没有相似背景的人认为主观意图对他人的行为的影响程度是 5.5。

现在看一下根据上面的数据画出的图(见图 5-1)。横轴代表有无相似背景这一自变量,纵轴代表对行为意图的判断这一因变量,而另外一个自变量"行为好坏"用不同样式的线段来代表。

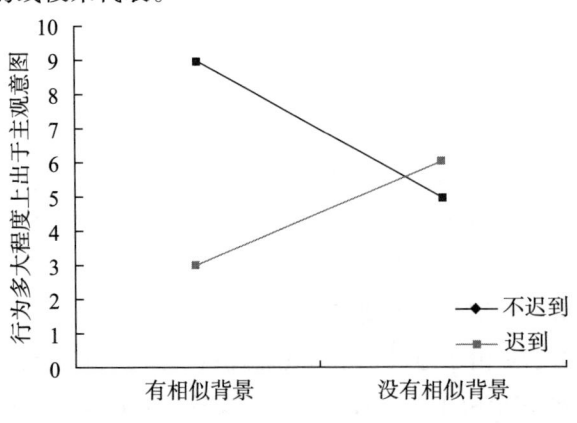

图 5-1 数据的二维图——以背景为横轴

由于我们有两个自变量,但是只有一个横轴,因此我们必须决定用哪个自变量做横轴。一般来说,这取决于假设表述的形式。在上面的例子里,我们首先是固定行为的好坏,改变背景这个自变量,所以我们就把背景这个自变量作为横轴。图5－1显示,对于一个人的好的行为,与他有相似背景的人比没有相似背景的人更倾向于认为那是出于他的主观意图;而对于一个人的坏的行为,与他有相似背景的人比没有相似背景的人更倾向于认为那不是出于他的主观意图。

但是如果把行为的好坏作为横轴,我们就得到了如图5－2所示的图形。

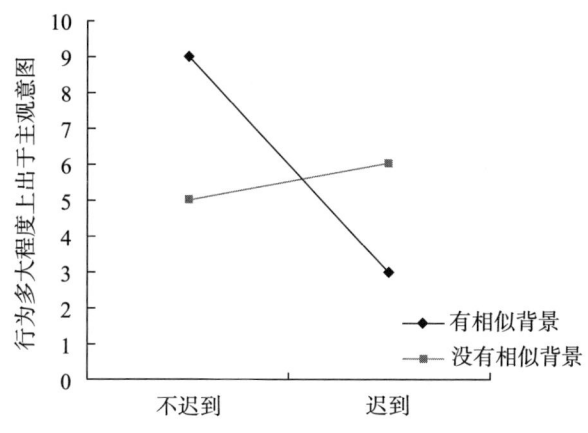

图5－2 数据的二维图——以是否迟到为横轴

对于图5－2,比较容易的理解方式是:对于有相似背景的人,人们容易认为他人好的行为是出于其主观意图,而差的行为则不是出于其主观意图;对于没有相似背景的人,行为的好坏对人们对于他人主观意图的推测没有影响。

很多时候,图可以让人更直观地观察到是否存在交互效应。一般来说,如果两条线是平行的,可以推测实验结果没有交互效应;如果两条线的斜率存在较大差异,可以推测实验结果是存在交互效应的。我们在下面画出了几种可能的情况。需要指出的是,交互效应并不以主要效应的存在为前提。如图5－3所示,虽然这张图显示的结果并不存在主要效应,也就是说,这张图的边际平均值相同,但是由于两条线的斜率明显不同,这个结果构成了一个交互效应。

检验实验结果是否存在交互效应的常用方法是方差分析(analysis of variance, ANOVA,另译为变异量分析)。此外,如果你的实验包含了操作检验的问题,通常你也需要用 ANOVA 分析一下一个变量操作检验的结果是否是独立于另外一个变量。也就是说,我们需要保证两个自变量是互相独立的。这时,一个变量的操作检验结果应该只受他自己的变量的影响,而不会和另外一个变量产生交互作用。

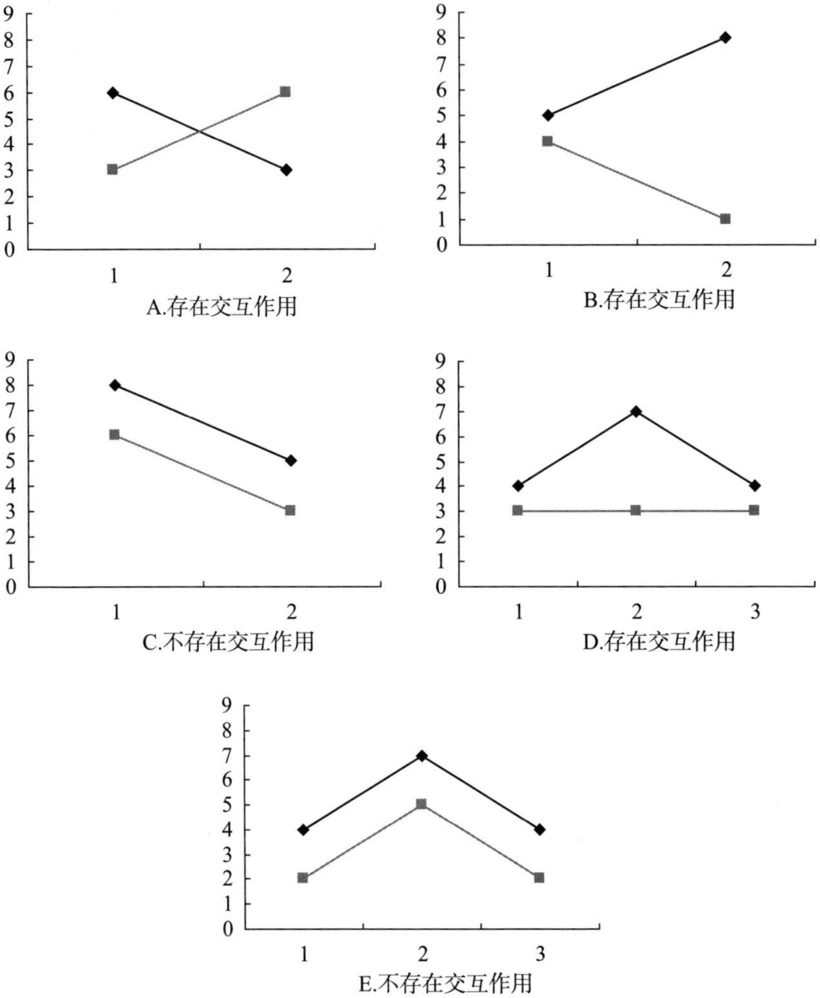

图 5-3 几种可能情况图示

我们上面讲到的例子是一个典型的组间因素设计(between-subjects factorial design)。必须明确的是,因素设计和组间设计、组内设计之间不是互相排斥的,一个因素设计可以是单纯的组间因素设计,也可以是组内因素设计,甚至还可以是组间组内混合的因素设计。

我们先来说说组间组内混合的因素设计。假定我们现在有两组人,一组人先想象一个跟他同时参加新员工培训的同事,这个同事上班从来不迟到,并让被试回答他认为这个同事上班不迟到,在多大程度上是因为对自己有较高的要求;然后再让被试想象一个没有跟他一起参加过新员工培训的同事,这个同事上班也从来不迟到,并让被试回答他认为这个同事上班不迟到,在多大程度上是因为对自己有较高的要求。另外一组人也回答两次问题,只不过这组被试需要想象一个同事上个月上班迟到了五次。这就是一个组间组内混合的因素设计。其中,是否有相似背景这个自变量是一个组间变量,而同事的行为这个变量是一个组内变量,同样的被试分别想象了两个同事,并两次回答了相同的关于因变量的问题。

如果更进一步,让被试把所有的实验组都经历一遍,那就是一个完全的组内因素设计。

到底选取组间因素设计、组内因素设计,还是混合因素设计,不是实验者任意决定的。它取决于你的假设和你的实验条件。在上面的例子中,很明显完全组内因素设计不是一个好的选择。它不仅容易产生传递效应,而且非常容易被猜测出实验者的意图。如果我们想要保证各个实验组互不影响,减少混淆因素的影响的话,采用组间设计比较妥当。

当然,组内因素设计或者混合因素设计也有它们自身的好处。比方说,有的时候一个假设本身看的就是组内因素的变化,这个时候就应该采用组内因素设计或者混合因素设计。比如,你想检验人们不同时间点上的心情的变化,以及是否吃早饭对心情的影响。你想知道人们是不是下午比早上心情好,而且你想研究吃不吃早饭和时间(上午和下午)对人们的心情是否有交互作用。由于本身就是想比较同一个自变量在同一组人身上的变化,时间变量最好作为一个组内变量。是否吃早饭当然是作为一个组间变量,因为你不可能让人同时既吃早饭又不吃早饭。

如果一个因素设计有两个自变量,相对应的交互作用就叫作两重交互作用(two-way interaction)。如果我们有多于两个的自变量,这样的设计叫作高阶设计(higher-order design)。比方说,在背景和行为之间的交互影响的例子中,再加入时间这个自变量,分别在早上和晚上测量人们如何理解他人的行为,我们就有了一个 $2 \times 2 \times 2$ 的高阶设计,一共有 8 个实验组。在一个有三个自变量的设计中,假设三个自变量分别为 A、B、C。那么这个实验会产生三个主要效应,分别对应 A、B、C。还有三个两重交互作用,分别发生在 A、B 之间,A、C 之间,以及 B、C 之间。还有一个三重交互作用,发生在 A、B、C 三个自变量之间。对于一个高阶设计来说,我们的假设关注的应该是多重交互作用,否则不必也不应该采用高阶的设计。

需要注意的是,到底是几重交互作用,取决于你有多少个自变量,并不取决于自变量可能值的个数。比方说,我们图 5-3 中的 D 图和 E 图就是一个两重交互的例子,因为这个图上只有两个自变量。虽然其中一个自变量有三个水平,但仍旧是一个两重交互作用,而不是一个三重交互作用。我们上面讲的都是每个自变量有两个可能值的情况。实际上很多时候自变量有多于两个的可能值。这个时候,只要我们只有两个自变量,交互作用就仍旧是两重交互作用,尽管你需要更多的实验组。总之,实验设计中可以有多个自变量,而每个自变量又可以有多个水平,自变量既可以是组内变量,也可以是组间变量。

研究中最常见的就是两重交互作用。当自变量增多的时候,对实验结果的解释就变得困难起来。很多时候我们很难理解一个四阶的交互作用到底意味着什么。更多的自变量会混淆我们对问题的理解,而且通常不具备理论上的重要性。这时候我们可以采用一个实验设计技巧:把我们不关心的多重交互作用和区块混淆在一起(confound with block)。这种做法的指导思想是让一个区块内元素受来自同样的某种多重交互作用的影响。这样区块的影响和多重交互作用这两种我们都不关心的,但是会影响实验结果的因素就被放到一起考虑了,这样就可以把其共同作用的影响仅当作区块的影响。具体的原理和处理方法可以参考 Douglas C. Montgomery(2005)。

5.6　结语

在本章中,我们首先介绍了研究的类型,以及什么样的假设才是一个好的假设。然后,我们着重讲述了如何在实验室中对假设进行检验。在实验室实验中,我们又着重讲了组间设计、组内设计和因素设计这三种最常见的实验设计方法和它们各自的优缺点。实验设计涉及很多概念,有许多需要注意的问题。很多好的研究不仅有好的假设,还有让人信服而且印象深刻的实验设计。实验设计本身是一门科学,同时也是一种艺术。

参考文献

Cook, T. D. & Campbell, D. T. (1979). *Quasi-Experimentation: Design and Analysis Issues for Field Settings*, Chicago: Rand McNally.

Cozby, P. C. (2001). *Methods in Behavioral Research*. Mountain View, CA: Mayfield Publishing.

Douglas C. Montgomery (2005). *Design and Analysis of Experiments* (6th Ed.), NY: John Wiley & Sons.

Elmes, D. G., Kantowitz, B. H. & Roediger, H. L. (1999). *Research Methods in Psychology*. Pacific Grove, CA: Brooks/Cole Publishing.

Epley, N. & Gilovich, T. (2006). The anchoring and adjustment heuristic: Why adjustments are insufficient. *Psychological Science*, 17, 311—318.

Finley, A. J. & Pennington, S. L. (2015). Online versus In-lab: Pros and Cons of an Online Prospective Memory Experiment. *Advances in Psychology Research*, 113, 135—161.

Horton, J. J., Rand, D. G. & Zeckhauser, R. J. (2011). The online laboratory: Conducting experiments in a real labor market. *Experimental Economics*, 14 (3), 399—425.

March, J. G. & Lave, C. A. (1975). *An Introduction to Models in the Social Sciences*. NY: Harper & Row.

Oppenheimer, Daniel, M., Meyvis, T. & Davidenko, N. (2009). Instructional manipulation checks: Detecting satisficing to increase statistical power. *Journal of Experimental Social Psychology*, 45 (4), 867—72.

Schweigert, W. A. (2006). *Research Methods in Psychology*. Long Grove, IL: Waveland.

Zhou, H. & Fishbach, A. (2016). The pitfall of experimenting on the web: How unattended selective attrition leads to surprising (yet false) research conclusions. *Journal of Personality and Social Psychology*, 111(4), 493—504.

延伸阅读

Cook, T. D. & Campbell, D. T. (1979). *Quasi-Experimentation: Design and Analysis Issues for Field Settings.* Chicago: Rand McNally.

Douglas C. Montgomery (2005). *Design and Analysis of Experiments* (sixth edition). NY: John Wiley & Sons.

Chen, X. P. (2017). The beauty of experiment: Discovering causal relationships. *Quarterly Journal of Management.*

陈晓萍(2017). 实验之美:简单直接地揭示因果关系. 管理学季刊,2.

第6章 准实验研究

林诚光　香港大学
许育玮　香港大学

> ▶ 本章大纲
>
> 引言
> 6.1　准实验设计方法的起源与历史
> 6.2　准实验设计在实验方法中的优点
> 6.3　准实验设计在组织管理研究上的广泛优势
> 6.4　常见的准实验研究设计
> 6.5　准实验研究的案例解析
> 　　6.5.1　组织公民行为与服务质量的准实验研究
> 　　6.5.2　控制点和晋升反应的准实验研究
> 　　6.5.3　变革型领导风格与员工工作产能的准实验研究
> 　　6.5.4　外在不可抗力因素对于员工工作态度与旷工率影响的准实验
> 6.6　准实验设计方法的未来与展望
> 6.7　结语

引言

在一般的实证研究中,研究者通常偏好使用真正实验(true experiment),因为这种实验设计可以有效地支持因果推论(causal inference)。大部分的真正实验都是在实验室里面进行的,因为研究者必须要对实验有高度控制(experimental control)且能够任意将受试者随机分配(random assignment)到实验组(experiment/treatment group)和控制组(control group)以达到提升实验内在效度(internal validity)的目的。然而,在组织管理的研究中,大部分的研究都是在公司和企业内部的实际环境下进行的。要将公司里面的实验对象随机分配到实验组和控制组通常是不切实际且困难的做法。在这样的情况下,研究者必须得要采用其他更折中且有效的实验设计方法。此时,准实验设计方法(quasi-experimental design)就是一个很好的选择。准实验设计方法虽然可能比真正实验的内在效度低一些,但是仍然可以在相当大的程度上支持因果推论(casual inference)和提升外部效度。准实验与真正实验最主要的不同之处在于准实验并不需要将实验对象随机分配到实验组和控制组,因此提升了此实验设计的灵活度。准实验设计的这个特性使它比真正实验更适合在公司内使用。

6.1 准实验设计方法的起源与历史

以实验设计为主的研究方法——实验方法(experimental design)已经存在了相当长的一段时间,且在现今已经被广泛地运用在社会科学、自然科学、教育学甚至其他基础学科上。而在组织管理研究的运用方面,早在实验设计的各种准则于20世纪60年代逐渐被正式制定和发展之前(Campbell & Stanley, 1966),文献上就已经存在一些有名的早期组织管理研究是采用实验方法的精神去进行的。举例而言,早在1924—1932年,Elton Mayo 就开始长期在美国伊利诺伊州(Illinois)的西方电信公司(Western Electric Company)所属的霍桑工厂(Hawthorne Works)进行了许多关于提升工厂员工生产力的实验。在这些我们现在普遍称为霍桑研究(Hawthorne studies)的实验中,有一个关于工作环境灯光操作的实验格外受到瞩目。在这个实验中,研究者想要调查如果将工作环境的灯光做不同的亮度调整,是否会影响员工的工作效率。为了达到实验目的,研究者先对受试员工们实施了一次生产力的前测(pretest)以确定生产力的基线(baseline)。在实施前测后,实验者便对灯

第6章 准实验研究

光强度进行操作(manipulation),然后再对员工们实施一次后测(post-test)以检验他们的生产力是否有所改变。由于早期一些类似这样有系统的实验方法的施行,这些研究设计方法的累积在日后逐渐地奠定了后人对于实验方法概念与其相关准则制定(Campbell & Stanley,1966;Cook & Campbell,1979)的基础。

虽然这些早期以实验精神为主的组织管理研究帮助建构了我们在当代所看到的非常有系统的实验方法和准则,这些实验方法在现今的组织管理研究的使用率却是低得令人惊讶(Grant & Wall,2009)。根据 Scandura 和 Williams(2000)所提供的统计研究数据显示,在1985—1997年,以实验方法为主的研究在高等组织管理研究期刊中的出现率只有2%—4%。而会造成这样趋势的主要原因:第一是组织管理研究的施测场所(如公司内部)对于实验方法的操作规则执行而言并不是非常友善;第二是组织管理研究学者们对于合适的实验设计方法的了解不足(Grant & Wall,2009)。

当组织管理研究者提到实验方法时,他们大多指的是真正实验和现场实验(field experiment)。根据定义,真正实验是需要在研究室里面进行以维持研究者对实验的高度控制。在这样的情况下,实验者将受试者们随机分配到实验组和控制组以维持内在效度和达成因果推论的目的。而当实验者试图把真正实验的施行准则移到公司里的实际环境去进行时,我们便称之为现场实验。简言之,现场实验可以说是一种在现场(如公司内部实地环境)所施行的真正实验。因此,如同真正实验,现场实验必须做到对受试者随机分配的处置。

虽然现场实验有着能够有效维持内在效度和达成因果推论的优点,随机分配员工到特别设立且突兀不自然的实验组和控制组的做法时常受到批评。许多学者认为现场实验的随机分配做法会过度且不自然地操纵公司机构的正常环境与运作。而在这些不自然的实验操作过程中,也可能产生之前不存在的、新的员工行为变量,以及创造出特异的且不被预期的工作环境改变。由于现场实验的方法存在着这些隐忧,最终常会导致实验结果不能够有效地代表员工和公司机构的真实运作状态和因果关系。

也正是因为要在公司内部执行真正实验和现场实验有极高的难度,可能造成其他不必要的研究缺失,准实验设计方法被视为一种能够有效取代现场实验的研究方法。准实验设计方法的理论和施行规范大约是在1960年左右才开始被逐渐且系统化地制定(Campbell & Stanley,1966;Cook & Campbell,1979)。这个实验设计方法的建构,主要是为了:(1)解决一些真正实验所无法达成的效度问题;(2)化解真正实验在现实面上操作的困难。

就第一点而言，一般来说，真正实验由于大多在实验室里面进行，所以这些实验能够排除许多外在因素的干扰且拥有高度的内在效度。但由于实验室是一个高度非自然的环境，真正实验通常缺乏足够的外部效度。简言之，真正实验的结果虽然可以得到高度的因果推论，但是这些因果推论是否可以类推到实验室以外的更大群体或母体是被时常被质疑的。相对而言，准实验设计的研究方法由于少了随机分配的控制，它的内在效度就比不上真正实验。但是由于准实验的灵活运用度可以让它有效地在公司真实环境中施行且减少对正常公司运作的干预，准实验的研究拥有高度的外部效度，且其实验结果可以很高度地反映现实环境。总而言之，真正实验通常具有高内部效度和低外部效度，而准实验通常具有稍低的内在效度和高外部效度。就第二点而言，由于真正实验需要许多实验上的严格控制，因此这样的研究设计非常难在真实的公司环境内施行。反观准实验设计，由于它可以依据公司实际环境的状况来做动态的调整，这也使得准实验大大降低了在现实层面上使用和操作的困难。

6.2 准实验设计在实验方法中的优点

一般而言，虽说实验设计的方法有许多不同的类型（如准实验、现场实验、真正实验），但是当在公司的真实环境里进行实验时，这些实验通常具有下列的三项特性：(1)实验设计的受试者通常都必须被分配到实验组和控制组来接受实验操作；(2)实验设计都会实施所谓的后测来测量受试者的行为；(3)实验研究者必须要判定实验操作和实验结果之间是否有关联。

而建构在这些在公司内部进行实验的特性上，准实验设计方法更包含了下列三项优点：(1)准实验不需要随机分配受试者们到不同的实验组和控制组；(2)准实验的实验组和控制组可以存在不同程度的相异性；(3)准实验就算在缺乏有效的控制组之下也能够有效地进行。准实验设计的这些优点主要指出了准实验设计的规范比其他实验方法更宽松，而这些比较宽松的实验设计限制也让准实验能够在不影响公司环境和运作的同时建立有效的实验推论结果。

6.3 准实验设计在组织管理研究上的广泛优势

基于准实验设计方法的这些特性和优点，Grant 和 Wall 于 2009 年进一步指出，如果准实验设计方法使用得当，不但可以避免很多组织管理实地研究上的问题，更可以另外带来下列五项在公司真实环境里做实验的优势。

第一项优势是,准实验设计方法可以在完全无法做随机分配和无法对主要研究变量做有效控制的情况下,依然达成因果推论的目的。我们之前有提到,虽然在公司的真实环境下对受试者做随机分配是很困难的,但并不是完全不可行。这代表在某些特定的情况下,例如,公司在环境的规划良好或是公司主管上下强烈积极配合的情况下,是有可能达到随机分配的。然而,在组织管理的研究当中,有更多的研究主题和变量是根本没有办法被直接控制的(如升迁、资谴、团队内部结构改变、主管和员工调职等)。在这种状况下,不仅仅是随机分配,研究者或许连对研究主题的主要变量都没有办法有效控制。如果在这样的情况下研究者还要强加使用真正实验设计的方法,甚至可能造成严重的伦理和道义上的问题(ethical concerns)。举例而言,如果实验者只是单单因为对员工升迁的主题有兴趣而去将公司里受试员工们随机分配为升迁成功组或升迁失败组,这种实验操作的本身就违反了基本的公平概念,也会造成员工们相当大的反弹。而这些额外产生的人为实验变量,也会使研究结果缺乏外部效度。因此,当研究者无法对公司员工们做随机分配或是对主要变量做有效控制时,准实验设计方法就是一个非常好的选择。准实验设计方法不仅不需要对受试者做随机分配,而且可以把公司内部自然而然发生的事件设定为相关的实验组别。以上面的升迁例子而言,实行准实验的研究者可以直接把那些升迁成功的员工设定为实验组,并将升迁不成功的员工设定为控制组。准实验设计方法这样的配置不仅让研究者可以观察到他们所关心的实验变量和达成最终的因果推论,也不需要改变公司的正常运作和环境。

第二项优势是,准实验设计方法能够更有效地执行与完成需要长期追踪型的组织管理实验。大部分的实验,如真正实验,由于它们必须对实验场所和实验变量都有高度控制的关系,这些实验的进行和持续时间通常都不会太久。也就是说,受试者真正接受实验操作的影响时间通常很短,也因此研究者很难去建立某些研究操作的长期影响。这样类型的实验研究结果通常只能够得到非常有限的信息。这样的情况是比较适合采用准实验设计方法的。如前文所述,准实验设计方法可以将自然发生的公司内部行为(如升迁)直接设定相关的实验组和控制组。由于公司内部自然发生的行为的持续时间通常会比实验者介入的改变还要来得持久与长远,使用准实验设计可以让研究者长期追踪观察这些公司内部自然发生的行为在长期所会造成的可能影响。由于准实验的这项特性,长期性的准实验设计(longitudinal quasi-experiment design)被视为一项无可取代的实验利器(Romanelli & Tushman,1986;Grant & Wall,2009)。

第三项优势是,准实验能够降低实验研究对公司内部人员与环境所造成的一些负面影响。在公司内部的真实环境里进行实验研究是非常具有侵略性和破坏性的。进行实验的研究者可能会对公司内部的运行方式和规则做出一些不对等或不公平的改变以达到制造不同实验组别的目的(实验组和控制组)。除此之外,当实验研究者对公司内部受试者做相关访谈和实验操作时,或许也会造成受试者心理上和生理上的不适和疑虑。如果研究者在这些状况之下再加上一些常见但可能危险的实验操作法,例如,对受试者隐瞒实验的真实目的,误导受试者的想法和行为等,这些实验的操作通常会对公司及其员工带来大小不一的伤害。也正因为基于这些实验方法对公司可能造成的破坏,准实验设计方法是一个比较好的选择。由于准实验设计方法不刻意强调去对公司环境与人员进行特别的操作和分组,而是着重利用原本公司内自然发生的事件与情况来做比较与分析,所以能有效地减少研究人员对公司环境与员工可能的侵略性和破坏性影响。这也是为什么准实验应被多多应用在组织管理研究方面,尤其是在一些可能具有高度敏感性的企业与行业中。

　第四项优势是,在公司里进行准实验研究能够加强研究者与公司主管之间的合作关系。我们在前一项优势中已经提到,在公司内部进行实验可能会造成一些不必要和不被欢迎的伤害和破坏。由于这个原因,公司与其主管们一般对于企业实验研究者可能会望而却步。然而,如果实验是以准实验设计的方法来进行,由于潜在的破坏性降低了,可能会使公司对于这些实验有较高的接受度。更重要的是,准实验设计方法并不强调一定得在公司内部做出非必要的改变和操作,但能够帮助追踪调查现在公司内部所发生的重要事件(如升迁、大量资遣、主管轮替等)对公司可能造成的长期影响。也就是说,当实验的方式由一般真正实验转变为准实验时,研究者的角色在公司主管的眼中也从潜在的破坏者瞬间变成公司重大事件与问题的调查者和解释者。由于研究者的角色赋予他们对于公司内部的改变有着解释与分析的能力,这些企业研究者的正面功能或将带来更多研究者与公司之间的研究合作关系。

　第五项优势是由 Grant 和 Wall 所提出的,准实验方法能够有效地利用一些公司内部真实存在的情境变量(contextual factors)来帮助解释有差异性的研究结论。由于当今组织管理研究的广泛施行,许多专注在相同主题的组织管理研究常常有着相同的独立变量(independent variable)和因变量(dependent variable)。然而,这些相似的研究最后却没有产出相同的结果和共识,反而产生了有差异甚至是相反的研究结论。在这种状况之下,公司内部的某些情境变量很可能就是造成这些研究结果差异的主要原因(Morgeson et al., 2006)。也就是说,当某些公司内部的情境变量存在或消失时,这些情境变化会调节(moderate)原本就存在的因果关系,因而造成截然不同的研究结论。虽然研究者们可以试图利用现场实验设计方法来严谨地解释这些研究结论上的差异,但由于现场实验需要随机分配受试者到不同的实验组别,这样的研究方法很难被用来研究某些自然发生的情境变量所造成的调节效果。例如,研究者假设公司内部的不同加班制度是一个重要的且会调节某特定因果关系的重要情境变量,这时就很难以现场实验的方式来研究这个情境变量所带来的调节效果。理由在于,研究者很可能无法随机分配公司受试者去使用不同的加班制度。然而,如果是采用准实验设计方法的方式,研究者可以很轻易地将使用不同加班制度的员工们归类为相对应的实验组与控制组别。在这样自然与不做作的实验方法施行之下,研究者可以快速直接地调查不同加班制度对于某特定因果关系所造成的调节效果和影响。简言之,准实验设计方法可以用来有效地研究公司内部情境变量所带来的调节效果,且能够迅速地让研究者在不改变公司现有内部环境与制度的情况下,将情境变量整合至他们有兴趣的研究主题和因果关系里。

总而言之,在公司环境里,许多关键变量(key variables)的发生往往是研究者难以控制的,例如,人力资源管理的规范、升迁和非自愿性离职。若不能有效控制这些变量,研究者很难使用随机分配的方法来将实验组与控制组分开。准实验设计方法拥有真正实验许多的好处,它的外部效度高,能有效研究设定环境下的因果推论,同时放宽研究者在控制随机分配上的限制与放宽对独立变量的操控。更重要的是,准实验在设计上通常包括了独立变量在环境里的自然变化,而不是操控它。根据要探讨的问题,准实验设计让研究者能够在现场灵活地协调和控制实验对象,并按照实验过程的自然结果(natural consequence)来推断最接近真实的答案。

6.4 常见的准实验研究设计

在了解过准实验设计方法的定义与主要优点之后,现在我们把在组织管理研究中常见的六种准实验设计方法按照内容由简单到复杂归类如下,并概述各种设计法则的优缺点。

一个组别——只有后测的设计(one-group posttest-only design)

这个设计是最简单的,既没有控制组,也没有前测,只有一次后测观察受访者实验后的改变。

$$X \quad O_1$$

这里 X 是受访者接受实验(treatment)，O_1 是后测的观察,由左向右表示时间次序。这种设计存在缺点：在没有进行前测的情况下,研究者难以知道实验过程中有没有变化发生；因为没有控制组,实验者也难以知道从来没有接受实验的结果会是怎样的。

一个组别——进行前测和后测的设计(one-group pretest-posttest design)

此设计中受访者在实验之前和之后都会接受观察。新增的前测研究模式是根据之前的设计来建构的,一组受访者会接受一次前测观察(O_1),然后进行实验(X),再按照相同的量度方式接受后测观察(O_2)。

$$O_1 \quad X \quad O_2$$

这种准实验设计由于加入了前测,比第一种准实验设计方法更能检测出实验前后的差异度。但缺点是如果受试者从来没有接受有关实验,结果会是怎样？因此,纵然加入前测这项研究,由于没有控制组,这个设计在提供数据、推论受访者行为受实验影响方面的理论依据仍然非常薄弱。

只有后测和加入控制组的设计(posttest-only with control groups design)

一般为实验提供事实证据来推论因果关系的传统方法,是加入一个没有接受有关实验的控制组别,这个控制组要尽可能与实验组接近。按时序所示,这个控制组应在进行实验之前建立(非随机分配)。这里我们加入一个控制组和一组只有后测的设计。

$$\begin{array}{ccc} NR & X & O_1 \\ \hline NR & & O_2 \end{array}$$

虽然这种没有前测的准实验设计没有办法建立各组别数据的基线并与后测结果相互比较,但有时,这样的设计是有必要且受欢迎的。理由是进行前测往往会增加受试者的敏感度,从而影响他们后测的分数。因此,当研究一些特定的主题时,研究者可能会刻意使用这种设计来降低受试者的敏感度。

前测和后测并加入控制组(pretest and posttest design with control group)

这里,我们在实验组和控制组都加入前测这个前置变量(initial variant)来进行对照,两个组别同样会搜集前测和后测的数据。NR 的标记代表两个组别(实验组和控制组)都是以非随机分配(non-randomization)来配置的。

$$\begin{array}{cccc} NR & O_1 & X & O_2 \\ \hline NR & O_1 & & O_2 \end{array}$$

这种设计的优点是,当进行前测和使用控制组来做比照时,研究者会比较容易发现有哪些威胁因素影响效度,当前测的差异确实存在时,有可能是在选择受访者过程中出现偏差。

双前测和后测一并加入控制组的设计(double pretest and posttest design with control group)

两组人在不同的时间分别进行相同的前测,至于第二次前测和后测,最好是两个组别都延迟相同的时间再进行。

$$\frac{NR \quad O_1 \quad O_2 \quad X \quad O_3}{NR \quad O_1 \quad O_2 \quad O_3}$$

使用双前测的优点是能够帮助研究人员了解实验过程中可能存在着的偏差——假设实验带来的影响已经在 O_1 至 O_2 的分析里出现,类似的偏差便同样可以在 O_2 至 O_3 的分析里出现。因此,假设 O_1 和 O_2 的比例与 O_2 和 O_3 的比例一样没有改变,研究人员便可以利用双前测来评估所选择的受访者。

前测和后测、加入控制组互相切换角色的设计(pretest and posttest design with control group with switching replications)

研究人员在第二阶段将控制组引入实验,起初这个控制组并没有进行实验。

$$\frac{NR \quad O_1 \quad X \quad O_2 \quad O_3}{NR \quad O_1 \quad O_2 \quad X \quad O_3}$$

后一组别在第一阶段主要是扮演监控的角色,但在第二阶段切换了角色变成实验组。这种互相更替切换角色的设计虽然稍显复杂,但其结果是强有力的。因为利用两个组别在不同时期里角色的转变,模拟实验进行的时序,得出的结果能够互相解释。

总结而言,虽然上述六种准实验设计方法都可以或多或少在当今的组织管理研究中看到,但第四到第六种设计方法相对而言更为严谨、常见,比较推荐。理由在于,准实验设计的目的在于尽量提升准实验的内在效度与最终的因果推论,因此这三种较严谨的准实验设计更有助于达成这些目的。因此,我们建议准实验设计的初学者们可以参考并多使用这些比较严谨且强有力的研究设计方法来施行准实验,而不要仅仅使用简单但欠缺说服力的准实验方法。

6.5 准实验研究的案例解析

6.5.1 组织公民行为与服务质量的准实验研究

在我们介绍过准实验研究设计的定义与优点,并且列举了常见的六种准实验设计方法后,现在让我们来看一个准实验设计实际应用的例子。

一直以来,服务部门都会为一线员工设计培训项目以提高顾客的满意度(customer satisfaction),然而通常效果欠佳。2001年,在一家跨国银行进行的准实验研究得出了显著且有意义的结果(Hui et al., 2001)。研究者把注意力从培训项目的特征转移到参与者本身的特征上,并强调在培训过程中服务质量主管(service quality supervisor)的重要性。服务质量主管是指在服务质量培训过程中所培养的变革推动者(change agent)。研究者研究了这些主管的选拔方式,探讨如果选择高度实行"组织公民行为"(organization citizenship behavior, OCB)的员工作为变革推动者是否会让培训更加有效。

1. 研究简介

"组织公民行为"被定义为"自发的个人行为,并没有得到正式的奖励制度鼓励,但整体上有助于提高机构效能的个人行为"。如何去识别员工是否具有"组织公民行为",并且选拔这些优秀的模范员工为服务质量主管呢?在本研究中,研究者要求银行经理利用包含8个项目的"利他主义量表"(altruism scale)悄悄地观察其分行员工的"组织公民行为",判断每个员工是否乐于助人和主动工作,等等。研究者从该跨国银行43家类似的分行中选出3家,之后随机分配到实验组或控制组。在C分行,6位显示出"组织公民行为"的柜员被指定为服务质量主管;B分行则随机选6个柜员为服务质量主管;A分行是用作比照的控制组,没有服务质量主管。这12个主管会接受改善服务质量的培训。

假设一是基于几个广为接受的社会心理学事实:来自朋辈的影响能够更显著和有效地改变个人行为。研究者因此假设当机构进行改善服务质量培训时,培训某些一线员工作为改善服务质量的推动者会有助于提高效能,不管这些推动者是否具有所定义的"组织公民行为"。

假设二是选择具有"组织公民行为"的员工作为变革推动者,以进行进一步的研究。在同侪当中他们可能是"可靠"的影响源头(credible source of influence),以他们作为变革的推动者,研究者期望看到培训的结果更一致(conformance)和更有效(effectiveness)。

结果:进行改善服务质量的培训后,有关的服务标准数据显示,在顾客的满意度(customer satisfaction)、员工的自我评估(employee self-ratings)和主管的评估(supervisor ratings)方面,B分行和C分行的得分都比A分行高。因此,假设一的推论是成立的。用一线员工在同侪中作为变革推动者,会更具说服力,能更有效地提升服务质量。

第6章 准实验研究

如上面所推断的,具有"组织公民行为"的员工被培训后,成为高效的变革推动者。C 分行的得分明显比 A 分行和 B 分行高得多,这包括顾客的满意度、员工的自我评估和主管的评估,由此更加证实了假设二是一个有效的推论(valid inference)。

2. 分行经理与人力资源主管间的模拟对话:

来自该跨国银行另外一家分行的银行经理与人力资源主管就这个准实验的方法及效度进行了一次激烈的讨论,我们可以从中看出哪些因素在准实验中是关键要素(key elements)。

(BM:银行经理;HR:人力资源主管)

HR:经理,这只是一个准实验!他们肯定没有对环境因素进行控制,如何证明环境因素没有对结果构成影响?

BM:提醒你一下,报告中很清楚地提到分行 A、B 和 C 的柜员在年龄、教育水平和年薪上都没有显著的差异。这些员工的个人历史背景相似;实验开始的时候,他们与同侪交往的方式也相同。

HR:这一点确实会提高效度,但是仍然不像实验室研究的结果那样纯正,混淆的环境因素(confounding environmental factors)仍然会影响结果、产生偏差。

BM:确实有这可能,但是研究者难道不是已经将这三家相类似的分行随机分配到三个不同的组别进行观察吗?

HR:这确实是用随机分配来建构的实验(random assignment to treatment),但是那些独立变量又怎么办呢?你不可能"指定"(assign)一个柜员表现成有"组织公民行为"的员工,而另外一个就扮演"敷衍了事"的角色。

BM(不禁一笑):对,你说得没错!所以,这是绕圈子的做法。我想知道这次的准实验是否有足够的效度来说服我开"绿灯",建立自己的"组织公民行为"培训模式。他们究竟是怎样培训所选拔的柜员的?

HR:这让我产生了另一个疑问,独立管理顾问(independent management consultants)用了三星期来培训 12 位柜员,我的问题是,他们可能会不自觉地、积极地培训 C 分行具有"组织公民行为"的员工,因为这等员工必会积极参与课堂讨论,培训人员自然就忽略 B 分行随机分配来的员工,因此结果显示"显著性差异"。

BM:我觉得报告是说培训人员对参与者所属的分行、地位和能力都是一无所知的。

HR:好,我承认这一点,但是那些被培训的呢?如果我知道我是从一些类似彩票抽奖的形式被随机选取的一员,我将不会 …… 哼!

BM:冷静,朋友! 别那么多疑。准实验的设计要求有更高的效度,研究者做的是一个双盲(double-blind)实验:培训人员不知道他们在做实验,被培训的更加不知道自己和其他人的身份和角色,换句话说,这好像一个黑盒电影(matrix movie):游戏中的人全部都不知道自己身在游戏中。

HR:有道理,经理! 双盲设计令这个准实验对事实更有解释力。而且,真的不可能在实验室里创造出如此真实的场景,同时,用"白袍子"和"白手套"培训我们的柜员。

BM:这就是准实验设计的美妙之处,你可以控制和选择那些需要控制和选择的因素,同时你的"实验品"还可以在他们身处的环境中不经意地参与你的游戏。

HR:请原谅,经理! 我这顽固又谨慎的逻辑思维使我不得不问,那些在实验过程中不能控制却存在着的环境因素(uncontrollable circumstances),难道不会损害实验的内在效度吗?

BM:谨慎并非罪过。没错,参与者确实不能被随机分配到分行 A、B 或 C 中工作,况且我们又不是上帝,不能随机指定每个员工的工作态度,这会威胁到内在效度,人们会质疑结果的有效性,所假设的推论便变得软弱无力了。但聪明的研究者做了他们所能够做的:他们利用了"控制组"——A 分行做比照,分行里并没有服务质量主管和培训——这种做法有助于提高实验的建构效度(construct validity),相对于纯粹的观察研究(observational studies),这是准实验的另一个优点。

HR:明白了。因此,我们能够得出结论,培训特别是对"组织公民行为"的柜员而言,可以导致……

BM:等一下。内在效度存在着的威胁(threats)仍然会对因果陈述(causal statements)构成一定的障碍,准实验仍然不是真正的实验室研究,我们只能够做合理的推论(inference)。就是说:这种培训和选择"组织公民行为"的柜员做服务质量主管,会显著改善和提供一致的服务质量。我们必须明白任何准实验若涉及自然发展过程,任何人都不能肯定地总结其因果关系(cause and effect),这是否满足了你"顽固又严谨的逻辑思维"?

HR:很好,经理。关于准实验设计我还有很多东西要学,看起来,在商业范畴中,这是一个最有效而且实际可行的研究方法。在这一过程中,我们需要在不同的时间小心度量,并且尽可能控制独立变量和建构双盲设计确保最高的效度。

BM:嗯,你理解得没错,现在可以给我"放行"去建立自己的"组织公民行为"培训模式了吗? (微笑)

从上面的例子,我们可以看出,准实验设计虽然并不像真正实验设计那样严谨,但是对可能影响因果推论的一些因素,仍然会加以控制。在准实验设计中,我们应该尽量通过各种方式来控制混淆性环境因素对结果构成的影响。从准实验设计中我们只可以做合理的推论,而非严谨的因果陈述。

3. 准实验设计中的效度问题

正如人力资源主管关注到影响准实验设计的效度问题,研究者应该小心地、尽可能去控制一切潜在的外在或毫不相干的因素(extraneous factors),以免导致结果不能准确反映事实。因为准实验是在真实环境下进行的,当"被实验者"跟他们的环境相接触时,研究者不可能消除所有隐藏着的第三方变量(third variables)。

传统实验方法的使用。然而有一些方法可以有效地提高传统实验方法的外部效度,实验者利用传统实验方法,例如双盲设计(double-blindedness),可以去除参加者和执行者在实验过程中引发的反应和情绪。另外一个常用的工具就是控制组,研究人员引入一组几乎在所有方面都与实验组相同、只是没有加入实验的元素,当个别性的差异被剔除后,研究者对比两者的结果,就可以对所研究的因素做合理推论。

测量方式。另一个广泛使用的做法,就是时序测量(time-series measurement)。如果是长期研究,最好在实验前和实验后进行多次数据搜集,根据实验组和控制组显示的不同趋势(trends),准实验便能做出更有力的推断。正如上面介绍的银行准实验研究,要知道三家分行的员工背景是否相似,在引入服务质量主管之前,可以重复度量他们的行为表现是否一致。在培训之前和之后搜集数据,我们可以减轻自然趋势(natural trends)或是员工的不一致性评估(differential conformance ratings)对结果构成的影响。

"显著性"测试(test of significance)。研究人员可以应用统计学的显著性测试分析从准实验中搜集的数据。例如,利用 P 值(P-value)来测试结果是否具有显著性,从而证明其效度,它不仅只用作平均值的回归分析。研究人员还可以做假设性研究来提高效度,例如测试独立变量之间的常态分布和彼此间并没有相关性的假设性研究。

若能做足所有措施确保实验方法和数据搜集都是完全"干净"的,准实验就可以得出强而有力的推论,证实所假设的理论,同时很大程度上为商业管理的研究创新提供有效的建议和敏锐的洞察力。然而,我们仍须记住,准实验既然在现实环境中进行,不可预计的环境因素就确实存在,亦非人可以完全控制的。

即使前面提到所有的注意事项都被满足,影响内在效度的威胁因素仍然无法完全消除。和其他准实验一样,"组织公民行为"的研究不能控制实验员工中固有

(已经存在着)的"组织公民行为",或是分行受外在环境因素的影响。即使那些削弱建构效度的大部分因素都不存在,在现实环境下进行的准实验也不可能想当然地断定其因果关系。诚然,准实验可以比一般的观察研究得出更有效的建议和更强的推论,但是研究者不可能像实验室设计那样在统计数字上得出精确的因果陈述(causal statement)。

6.5.2 控制点和晋升反应的准实验研究

现在让我们来看看第二个应用准实验设计方法的商业研究实例。这是在中国香港地区一家国际性银行,利用准实验设计来探讨个人的人格建构(personality construct)如何影响他们对晋升(promotion)的反应(Lam & Schaubroeck,2000)。

1. 研究简介(Ⅱ)

360位有资格晋升的柜员,按照其性格被区分为"内控性格"(internal locus of control)或是"外控性格"(external locus of control)两种类型。在宣布这些员工升职之前和之后的三个月,研究者对他们的工作态度和行为进行观察,并且18个月之后再次进行测量。研究者感兴趣的是:"内控性格"和"外控性格"的员工晋升后,在工作态度和行为上的改变所表现的持续期是否会有所不同。

一个人的"控制点"(locus of control, LOC)被定义为"最重要的性格变量:影响着人如何理解他们行为和结果之间的关系强度"。"内控性格"的人比"外控性格"的人更相信他们所得到的奖励,是来自自己行为的结果;而"外控性格"的人认为这些奖励可能归因于机会或者其他不可控的原因。

研究者假设不管一个人的性格倾向如何,晋升能够推动员工在"短期"内表现出更好的工作态度和行为。这里的"短期"是指晋升后三个月内的表现,相对于晋升三个月前的评估做比较。

然而,研究者假设"外控性格"的晋升者所表现的改善,很可能是短暂的,理由是这些人不相信晋升是由于他们良好的工作表现所致;另一方面,研究者假设"内控性格"的晋升者所展现的改善可能会持续一段很长的时间,因为他们认为主要是他们的行为让他们得到奖励。因此,我们的第二个假设是:18个月后,那些"外控性格"的员工将会退回到原来工作态度和行为的基线,而那些"内控性格"的员工的工作表现评估将会持续进步。

为了有效控制环境因素,研究人员确保所有的实验对象晋升前和晋升后的薪酬、工作丰富(job enrichment)程度都是一样的,因为这些第三方变量可能持续影响晋升者日后的正面情绪,他们行为改变的结果便被这些因素混淆了。控制这些第三方变量是至关重要的,因为研究者想要测试的是:即使没有实质奖励(例如提高薪酬、提升社会地位和提供更具挑战性的工作),晋升本身也能提高工作满足感(job satisfaction)。

为了提高研究结果的效度,研究者使用拒绝晋升的员工做控制组,来比较由于晋升决策所带来的行为改变。

这个研究得出了显著且有意义的结果,在小心评估员工的态度和行为后,结果证明研究者的两个假设都是正确的,所有晋升者在晋升三个月内的工作态度和行为都做出改善。"内控性格"晋升者持续到第 18 个月及之后;"外控性格"晋升者则在 18 个月后便退回到了原来的水平;没有晋升的员工在整个研究中没有显示出任何改变。因此,研究者可以得出以下结论,个人的"人格建构控制点"(personality construct locus of control)对晋升者的长期行为会产生影响,尽管短期内所有晋升者的表现都有改进。

2. 在准实验加入控制变量和控制组的优点

上述有关晋升的研究取材自 2000 年的 AMJ,该项研究阐释了准实验设计要注意的事项及其特征。在"组织公民行为"研究中所提到的优点,在这个实例中也有充分体现:现场环境的应用。即柜员身处自己的分行和工作环境,研究者可以观察"实验对象"的反应来检测假设,因此,研究的结果更具解释力和接近真实情况。原因在于实验对象并没有留意到自己正在被观察,所以不会特别去改变他们的行为;反之,实验室研究的对象在这一点上是很清楚的,这有可能导致他们由于了解实验正在进行而使自己的行为变得不自然,或是努力表现以达到研究者期望。虽说准实验在这些研究实例中有这些优点,但仍然有一些问题需要研究者去克服。

第一,在自然场景中的混淆变量(confounding variables)。例如在前述研究中所见,员工晋升虽然是具体可见的事,但它也是混杂在公司机构内与许多其他事项一并发生的,然而它又是研究者想研究的唯一一个独立变量。因此,我们应该如何抽取和记录仅仅由于这个独立因素所导致的行为改变,并且尽量除去其他可能因素所引起的效应呢?

在准实验设计中,研究者尽可能控制环境中所有可能影响结果的第三个变量,来提高结果的效度。这个例子中,研究者尽他们的最大努力,消除晋升以外其他可能会导致工作态度和行为进步的环境因素,例如升职加薪或者新职位增加了工作丰富性。这些因素都可能导致晋升者改善表现,掩盖了晋升的纯效应。

与真正实验研究相比,准实验设计的优势在于利用相关的现场环境,然而,我们必须考虑到研究中存在的各种各样混淆变量,这些混淆变量会威胁所得出的结论的效度。研究者所要做的,就是尽量控制这些独立变量,减轻它们对结果的影响,以达到可被接受的程度。

第二,内在效度的问题。正如上面所阐述的"组织公民行为"的例子,我们不能扮演"上帝"的角色来随机分配工作态度给每个受试者,在这个员工晋升例子中,我们也不能随机指定哪一位受试者晋升,这毫无疑问是不合理的!然而排除这个漏洞,它的内在效度仍然被质疑,尽管研究者努力去控制来自环境的混淆变量,但是研究者不能保证晋升者和非晋升者两个样本的相似程度完全符合统计学的要求来做比较。随机分配是确保控制组和实验组在排除所测试的变量之后,其他变量基本上是一致的最好方法。晋升者和非晋升者本身的心理和背景等内在因素差异,也可能导致晋升前和晋升后态度的差异,使研究者不能得出晋升是导致行为改变的唯一因素的结论。与"毫无瑕疵"的实验室研究相比,这是准实验的一个主要局限。

这使我们得出与前一个例子相同的结论:准实验不能得出因果结论,只能得出实验和结果的关系推论,因为其他可能有的混淆变量及其交互作用不能够被消除,研究者只有尽可能进行控制来提高研究结果的效度。可以说,正如它的名称所显示的,准实验的优势介于实验室研究和观察研究之间:就控制而言,它不能像传统实验室研究那样百分之百"纯正";就效度而言,虽然准实验设计利用控制组和操控可能存在的混淆变量,但这还是比现场观察有优势。总而言之,准实验设计对认真的研究者来说,是一个进行组织管理研究可靠和实际可行的方式。因为利用真实环境(realistic setting)来模拟市场(marketplace)是很重要的,此外,一定程度上以审慎怀疑的态度来论证观点也是不可或缺的。

6.5.3 变革型领导风格与员工工作产能的准实验研究

接下来我们来看看第三个使用准实验研究方法来彰显其功效的组织管理研究实例。这个研究是在美国的一家大型电话营销中心所进行的准实验(Grant,2012)。在这个准实验中,研究者想要了解变革型的领导风格(transformational leadership)是否能够有效增加员工们的工作产能(performance)。除了研究这个主要的因果关系问题,研究者更想要通过准实验设计来了解的研究问题是,如果让员工有机会和他们工作上的受惠者见面并进行互动(beneficiaries contact),是否会强化变革型领导风格与员工工作产能之间的正面关系。

1. 研究简介(Ⅲ)

根据定义,变革型领导风格指的是领导人一系列能够启发、激励、正面影响和智能激荡员工们的领导行为(Bass,1985;Burns,1978)。而工作产能在这个特定研究中所指的是员工能够有效达到公司目标的行为(Campbell,1990)。过去许多的研究已经显示,变革型的领导风格可以正面地提升员工的工作产能。在这个研究中,研究者除了想要再次复制(replicate)过往的研究成果,他更想要了解的是,是否有其他公司内部的情境因素可以强化这个正向的关系。根据这样的推论,研究者提出,或许让员工和受惠者接触互动并了解他们的工作具有实质上的正面意义,是可以强化这个已经建立的研究关系的。如前所述,这个准实验研究是在一家大型的电话营销中心里实施。这家公司的电话营销中心主要是在销售与教育相关的软件给大学院校和其他非营利的教育机构,而这些经由电话销售所产生的营利所得,会被用来雇用公司内部其他工作岗位的员工并支付其薪水。也因此,在这准实验中,要研究电话营销中心员工与他们销售业绩的受惠者的接触互动是否会提升他们的后续的工作产能是有相当大的正当性的。

根据这样的研究前提,研究者想要研究以下这个主要假设是否会在这个准实验中成立。这个假设想要了解的是,如果电话营销中心员工和受惠者见面互动后,是否会强化变革型领导风格和员工工作产能之间的正向关系。

为了执行这个在电话营销中心里的准实验,研究者招募了71位电话营销中心的员工并进行分组。研究者将基于以下两种条件成立与否来将员工分组:(1)员工是否接触到上司的变革型领导风格;(2)员工是否有机会接触到他们工作上的受惠者。这样的分组结果产生了四个研究组别。由于实验者没有办法完全控制与分配哪位员工会接触到哪种经历,这个研究实而属于准实验的范畴。最重要的是,研究者把没有接触到变革型领导风格且没有机会接触到受惠者的组别设定成控制组。根据前述的准实验设计方法原则,控制组的设定有其重要性,因为它可以让研究者对比有受到实验操作的员工和没有受到实验操作的员工之间的工作产能改变与差异。最后,在受试员工们经历过这些特定的经验之后,研究者在公司主管的帮忙下,调查了他们接下来七周内的工作产能,并以这个产能的计量来当作这个准实验的因变量。员工的工作产能计量主要分成两个项目,第一个项目是员工所得到的订单数(deals made),第二个项目是员工所达到的销售额(revenue generated)。

2. 研究结果

这个准实验的结果完全证实了实验者当初的假设。具体而言,研究的结果可以分为两项。第一个结果复制了过往的研究,实验者发现如果员工没有经历过变革型领导风格的影响,他们的工作产能(订单数和销售额)都没有显著增长。而在有接触到变革型领导风格的员工组别当中,有和受惠者接触和互动的员工比没有和受惠者互动的员工显著提升了更多工作产能。简言之,在充分地利用准实验的设计方法之下,实验者有效地达到其实验目的并且取得高度有效的因果关系推论。这是在恰当地使用准实验设计方法之下可以达到的研究成果。

3. 利用准实验设计来了解情境变量对实验假设的影响

在这个关于变革型领导风格与员工工作产能的准实验中,研究者充分利用了我们先前提到的准实验设计在组织管理研究中的优势。具体而言,研究者在一个已经建立的实验假设上(变革型领导风格与工作产能的正向关系),额外假设了一个可能会调节这个已建立的因果关系的情境因素(与受惠者的接触和互动)。在这个准实验中,由于和受惠者互动的机会是可遇而不可求的,因此若实验者想要使用真正实验的方式来进行,可能会产生执行上的困难。此外,我们也在前面的解说里明白地指出,强迫员工们和受惠者互动或不互动的操作,也是极其不自然且可能有违公平原则和道德原则的。因此,准实验设计在这个研究主题上,是最适合的且能够最有效地帮助研究者达成实验目的的方法。

6.5.4 外在不可抗力因素对于员工工作态度与旷工率影响的准实验

到目前为止,我们所介绍的三个组织管理研究准实验实例大都局限在研究者们利用公司内部所发生的某些改变来当作准实验的主要变量。在我们将要介绍的最后一个实例当中,我们将描述组织管理研究者们如何跳出一般思维,利用一些自然发生在公司外的外在不可抗力因素(external shocks)来当作准实验的主要变量,并研究这些外在不可抗力因素如何对公司内部产能与员工表现产生影响。在这里,我们所要介绍的这个研究是发生在美国的一家大型企业,这间企业在美国的各大城市都设有分公司。在这个研究中,研究者主要想了解外在不可抗力的极端天气因素(severe weather)是否会对公司内部员工的产能相关变量产生影响。具体而言,研究者想调查当外在不可抗拒的极端天气发生时,这个自然发生的外在变量是否会直接影响到员工工作满意度与旷工率(absenteeism)之间的关系(Smith,1977)。

1. 研究简介(Ⅳ)

外在不可抗力因素通常指的是一些非预期的,且发生在公司外部的一些明显重大变化。而这些变化通常会对人的行为造成影响。在这个特定的研究当中,研究者想要了解非预期的外在极端天气变化(如暴风雪)会如何影响公司内部员工的行为与态度。研究者主要想调查公司内部员工工作满意度(job satisfaction)与旷工率之间的关系,是否会受到外在极端天气的影响。根据许多过往的组织管理研究结果显示,员工的工作满意度越高,他们越可能会减少旷工。但是这个负向关联并不是非常地显著(Smith,1977)。因此,为了要解释这个现象,这个准实验的研究者认为外在的不可抗力天气是一个很重要的,且会加强员工工作满意度与旷工率之间关系的变量。根据这个想法,研究者假设当外在的极端天气发生时,员工工作满意度与旷工率的负向关联性将会大大提高。也就是说,当有像暴风雪的外在极端天候发生时,工作满意度高的员工将会更加有动力且自发地前来上班,也因此会更显著地减少旷工。相对地,研究者也推论,当公司的外在天气正常时,员工工作满意度与旷工率之间的负向关联性就不会很明显。这是因为在正常的天气下,员工们会把来上班当作是一件很正常的本分与职责,而不太会被自身的工作满意度所影响。

为了执行这个以外在不可抗力天气作为主要变量的准实验,研究者利用了突发的暴风雪机会同时在该企业不同城市的两个分公司(芝加哥和纽约)搜集了相关的员工工作态度与旷工情况的资料。具体而言,芝加哥的分公司受到了暴风雪的袭击,实验者将在芝加哥分公司所搜集的资料设定成实验组;而纽约的分公司则是风平浪静的正常天气,因此实验者将在纽约分公司所搜集的资料设定成控制组。

2. 研究结论

这个准实验的资料分析结果完全验证了研究者的假设。第一,受到暴风雪袭击的芝加哥实验组数据显示,暴风雪的发生的确大幅提升了员工工作满意度与旷工率之间的负向关联性。也就是说,工作满意度越高的员工越不会因为暴风雪的来袭而旷工。第二,在风平浪静的纽约控制组的数据显示,员工工作满意度与旷工率之间没有呈现显著的关联性。这代表了在正常天气之下,员工们的出勤与否比较不受其工作满意度所影响。总而言之,在这个准实验里,研究者充分利用了自然发生的外在不可抗力天气因素来设定与执行这个准实验的实验组与控制组,并且取得充分的实验证据来证实其研究假设。这是只有利用准实验设计方法才可以充分达成的目标。

3. 利用外在不可抗力因素产生主要变量以充分运用准实验设计的优势

在这个利用外在不可抗力因素为主要变量的准实验中,研究者充分运用了外在突发的自然天候为主要实验变量以达成一般真正实验或现场实验所无法达成的研究目标。更重要的是,在研究者利用准实验达成因果推论的目的时,这个利用外在不可抗力因素的准实验设计更大大地减少了实验操作可能会对企业员工造成的负面影响,并把相关的道德与公平性的影响降到最低。简言之,当研究者们能够充分掌握与运用外在不可抗力因素来设计准实验时,将享有更多准实验设计所带来的优势,并且产出具有高度外部效度且富有真实性的研究成果。

6.6 准实验设计方法的未来与展望

通过我们对准实验设计研究的介绍,读者们应该可以对于准实验设计的定义、优点、法则与实例有更多的了解。如果使用得当,准实验研究的确是一个组织管理研究上的利器。当今时代,由于科技产品的高度普及化与便宜化,加上因特网的普及,我们可以预见,准实验研究将被更密集地使用在组织管理研究上,帮助研究者们搜集研究资料、建立研究成果。例如,Jia等(2017)的准实验研究或许就是一个准实验结合现代科技与因特网的最佳例子。这项研究的研究者们在2013年中国庐山发生大地震之后,迅速使用了准实验设计方法来研究地震的受灾者是如何去面对与应付发生在他们眼前的生存危机的。具体而言,研究者们使用了准实验的设计法则来对地震的强度加以分级分组,并且搜集了157 358名受灾者的行动通信记录(移动电话、网络使用、在线娱乐等),来分析地震强度等级对于这些受灾者在人际交流强度上的影响。通过这个准实验的施行,研究者发现在地震强度越高的地区,受灾者使用科技产品进行人际交流的情况非但没有减少,反而显著越加升高。这个准实验的结果验证了两件事:第一,人们面对天灾的危害时会直接反映在他们的人际沟通与交流的强度之上;第二,利用普及化的高科技产品与因特网来实施准实验研究将快速地成为未来的趋势。因此,不管是准实验设计方法的老手们,还是入门者,都应该多多利用这些便利的科技产物,并以有创意的方式来施行准实验研究,以达到高度有效的研究目的与成就。

6.7 结语

正如上述四个准实验研究的例子所强调的,加上谨慎的态度进行研究,准实验诚然是当今最实用的市场研究分析方法,且能有效地帮助商业上的重要决定。为提高准确性,它加入控制组、某种程度的随机化、双盲性和充分控制混淆变量,来帮助研究者做有效的推论。如果能够陈述更精确的因果关系,这类实验的研究结果可为行为实验室提供参考,激励更多这方面的研究。尽管准实验设计在控制范围上不尽完善,但它足以观察某特定因素在真实环境里的关系,而这是实验室研究不可能做到的。

现在我们可以看到准实验设计在商业研究中有重要的优势,但又不能忽视其存在的局限性。最后,聪明的研究者要自己决定这种形式的研究设计是否适合搜集特定的数据来回答某些特定的问题。请记住:这种实验研究方法只能在有局限的范围内做最有效的推论。

参考文献

Bass, B. M. (1985). Leadership: Good, better, best. *Organizational Dynamics*, 13(3), 26—40.

Burns, J. M. (1978). *Leadership*. NY: Harper & Row.

Campbell, J. P. (1990). Modeling the performanceprediction problem in industrial and organizational psychology. In M. D. Dunnette & L. M. Hough (Eds.), *Handbook of Industrial and Organizational Psychology* (2nd Ed., pp. 687—732). Palo Alto, CA: Consulting Psychologists Press.

Campbell, D. T. & Stanley, J. C. (1966). Experimental and quasi-experimental designs for research. *Handbook of Research on Teaching* (NL Gage, Ed.), 171—246.

Cook, T. D., Campbell, D. T. & Day, A. (1979). *Quasi-Experimentation: Design & Analysis Issues for Field Settings* (Vol. 351). Boston: Houghton Mifflin.

Grant, A. M. (2012). Leading with meaning: Beneficiary contact, prosocial impact, and the performance effects of transformational leadership. *Academy of Management Journal*, 55(2), 458—476.

Grant, A. M. & Wall, T. D. (2009). The neglected science and art of quasi-experimentation: Why-to, when-to, and how-to advice for organizational researchers. *Organizational Research Methods*, 12(4), 653—686.

Hui, C., Lam, SSK & Schaubroeck, J. (2001). Can good citizens lead the way in proving quality service? A field quasi-experiment. *Academy of Management Journal*, 44(5), 988—995.

Jia, J. S., Jia, J., Hsee, C. K. & Shiv, B. (2017). The role of hedonic behavior in reducing perceived risk: Evidence from postearthquake mobile-app data. *Psychological Science*, 28(1), 23—35.

Lam, S. S. K. & Schaubroeck, J. (2000). The role of locus of control in reactions to being promoted and to being passed over: A quasi-experiment. *Academy of Management Journal*, 43(1), 66—78.

Morgeson, F. P., Johnson, M. D., Campion, M. A., Medsker, G. J. & Mumford, T. V. (2006). Understanding reactions to job redesign: A quasi-experimental investigation of the moderating effects of organizational context on perceptions of performance behavior. *Personnel Psychology*, 59(2), 333—363.

Romanelli, E. & Tushman, M. L. (1986). Inertia, environments, and strategic choice: A quasi-experimental design for comparative-longitudinal research. *Management Science*, 32(5), 608—621.

Smith, F. J. (1977). Work attitudes as predictors of attendance on a specific day. *Journal of Applied Psychology*, 62(1), 16.

第7章 实证研究中的问卷调查法

梁　建　同济大学

谢家琳　多伦多大学

▶ **本章大纲**

7.1 问卷调查法的使用目的和类型

7.2 问卷的设计

　　7.2.1　问卷设计前的决策

　　7.2.2　测量问题的语言表述

　　7.2.3　问题的设计

　　7.2.4　测量的尺度

　　7.2.5　变量测量的顺序

　　7.2.6　问卷封面的设计

7.3 取样与数据搜集

　　7.3.1　取样与样本数量的确定

　　7.3.2　数据搜集质量的评估

　　7.3.3　提高数据搜集质量的方法

7.4 增强问卷调查法的有效性

　　7.4.1　增强问卷调查法有效性的途径

　　7.4.2　多来源数据综合法

7.5 中国背景下使用问卷调查法的问题和思考

　　7.5.1　沿用现有量表的局限和注意事项

　　7.5.2　中国文化特征对使用问卷调查法的影响

7.6 结语

7.1 问卷调查法的使用目的和类型

问卷调查是一种基于某一特定样本进行信息搜集的方法,研究者希望以此为基础得出关于样本总体的定量化描述(Groves et al.,2004)。一般而言,问卷调查有两个常见用途:第一,了解和描述某个特殊群体的态度和行为。问卷调查的对象可以是一个城镇或一个国家的居民,或者具备某一特定类别属性的成员(如中国的民营企业员工)。这类调查的主要目的在于通过严格、系统的采样程序,以所搜集的样本数据去推测整体群体的特征。在当今的信息社会,这类问卷调查被应用在很多领域,大到国家层面的民意测验,小到一家企业的满意度调查,问卷调查为政府和企业的决策者提供了重要参考信息,也许没有任何一项其他的信息搜集方法能像问卷调查这样广泛地介入人们的生活。

第二,进行假设检验。在这类应用中,问卷调查的主要目的不在于描述某类群体的特征,而是关注变量间的关系推论是否可以得到样本数据的支持。这类问卷调查正是我们在实证研究中使用问卷的主要目的,它的主要挑战是如何将研究问题转化为一系列的具体变量,恰当地进行测量,以准确地判断变量之间的关系。现代组织管理研究已有几十年的历史,与其相关的学科如心理学、社会学等渊源更深。在这条漫长的历史长河中,无数的研究人员刻苦钻研,反复论证,做了大量的研究实证工作,创建了大量的研究量表。这些量表为我们从事问卷研究提供了宝贵的条件和手段。例如,Hackman 和 Oldman(1975、1980)创建了工作特征模型(job characteristic model),这一理论模型的衍生是工作诊断问卷(job diagnostic survey; Hackman & Oldman,1980)。这一问卷含有描述工作特征模型的所有变量的量表,包括自变量——五大核心工作特征(技能多样性、任务整体性、任务重要性、员工自主性和工作反馈);中间变量——三个测量员工关键心理状态的变量(工作富有意义、责任和得到反馈);四个因变量(员工工作激励、成长满足感、综合满足感和工作有效性);以及多个调节变量(如员工成长需求、能力等)。在过去的近四十年中,工作诊断问卷经历了无数的质疑、测试和讨论,虽然学术界至今对五大核心工作特征是否全面地测评了工作性质仍持有不同见解,但无可置疑的是,这一问卷是测量工作设计及其对员工影响的最具权威性的量表之一,为推动学术界在这一领域的发展起到了很重要的作用。

在问卷调查中,纸笔测验(paper-pencil instrument)一直是研究者进行数据搜集主要依赖的工具。近年来,随着信息技术的发展,研究者开始越来越多地使用在线调查。相比纸笔测验,在线网络调查更为方便和灵活,有利于以较低的成本接触到背景不同的样本,同时大大降低数据输入过程中的人为错误。而且,在线网络调查可以有效地追踪参与者在答卷时的认真程度,从而帮助研究者筛选使用答卷认真的参与者。

起初,人们对于在线数据搜集的质量有一些担忧,但是最近一些研究发现,这两种数据搜集方法在心理测量特性、回答者的社会称许性、数据完整性等方面并无明显差异(Cole et al., 2006; De Beuckalaer & Lievens, 2009; Meade et al., 2007)。因此,近期的组织管理研究越来越多地使用了在线调研数据。

问卷调查法之所以这样普及,是因为它具有其他数据搜集方法不可比拟的实用性:(1)研究者可以根据特定的研究问题进行问卷设计,获得满足研究需要的一手数据;(2)如果实施得当,问卷调查可以最为快速及有效地完成数据搜集任务;(3)问卷调查对被调查者的干扰较小,因而比较容易得到被调查单位及员工的支持,可行性高;(4)成本低廉,是实地研究中最经济的搜集数据的方法。虽然拥有这么多的优点,但是我们必须在使用问卷法前充分地了解这一方法是基于如下的假设条件的:

- 大多数的参与者会认真地阅读和回答问卷中的所有问题;
- 大多数的参与者有足够的能力理解问卷中的问题;
- 大多数的参与者会提供真实而坦诚的答案。

仔细思考以上的假设,我们就会发现在数据搜集过程中,完全满足这些假设的要求是非常困难的。我们将在后面的篇章中提及,问卷本身的质量直接影响着参与者在填写问卷时的态度和行为。一份词不达意或语句唐突的问卷会使答卷者对研究人员失去信任,从而草草了事。一份冗长的问卷会使答卷者疲惫厌倦,其结果或是留空页不做回答,或是在某一类问题中圈下同样的答案,以求迅速完成问卷。这些情况都会导致答卷的质量低下,而低质量的答卷直接影响了研究质量。因此,要使如上陈述的假设条件成为现实,研究人员要在设计问卷上下大力气。否则,研究者搜集的数据可能会存在很多的误差,严重失真最终影响假设检验的结果。因此,问卷调查法看似简单,实则需要研究者格外谨慎,认真地处理好从问卷设计到数据搜集和处理过程的每一个环节,实现高质量的数据搜集。

7.2 问卷的设计

在问卷研究中,我们把研究变量转化为一系列的问题进行测量,从而将这些变量转化为数值以进行关于目标群体的参数估计。但是,与自然科学中的测量不同,我们使用的问卷不是一个完美的测量工具。Schwarz 等(2008)描述了被调查者在回答问卷问题中的认知任务:首先,被调查者必须理解问题的含义,决定他们需要提供什么样的回答信息。其次,他们需要从记忆中追溯相关的信息。如果是事实类(factual)的问题,他们需要搜寻特定时间段内的信息;如果这是一个寻求意见的问题,他们需要根据大脑中的信息形成一个针对特定问题的意见。最后,在意见形成后,被调查者可能并不愿意给出他们的答案。如果问题是一个敏感的话题,他们可能拒绝回答;如果这个问题触及了一个社会不太认可的现象或观点,他们可能会扭曲自己的回答以满足社会需求。不难看出,在回答问题过程中,很多因素都可能导致结果失真,使用问卷测量获得真实信息并不是一件容易的事情。在这一节中,我们将首先讨论如何设计问卷以提高问卷使用的有效性,这是因为问卷设计是保证问卷数据搜集质量的首要条件。有些研究者倾向于将问卷设计视为一项艺术,而不单单是一项研究技能(Bethlehem,2009)。它需要细心的体会和多年的经验,但是一些基本的规则需要初学者在一开始就严格遵守。

7.2.1　问卷设计前的决策

　　从事实证研究项目,有一条重要的规律:对于研究思路、理论基础、研究假设的确立必须提前于研究方法的设计。在设计问卷之前,研究人员必须做出如下的决策:

* 问卷中将要调查哪些变量? 在做此决策前要充分考虑一份问卷的可容量。在此基础上,对研究内容分清重点,突出重点,避免设计出篇幅过长的问卷。
* 问卷中的变量之间是什么关系? 一份典型的组织管理研究问卷往往包括了对自变量、因变量及员工的背景资料的调查,许多问卷还会包括一些调节变量(moderators),要注意均衡地分布变量的比重。如一份调查员工满意度和员工组织承诺的问卷,要同时准确地测量自变量(员工满意度)和因变量(组织承诺)。有些研究人员偏重于他们特别感兴趣的变量,用了大量的篇幅去测量这些变量,而忽略了对其他变量的测量质量。一份关注力不均衡的问卷当然也能产生研究结果,但难以准确地研究变量之间的关系。
* 问卷中所含的变量是什么样的结构? 人们的心理状态和行为趋向是复杂的,因而,许多研究变量具有多重的维度。例如,组织承诺这一变量至少有三个维度,而工作满意度的维度则更多。研究人员在设计量表之前必须确定调查的变量所含有的维度,以及本研究项目需要测量什么维度。例如,工作满意度的维度包括对工作的性质本身的、对薪酬的、对上司的、对同事的、对工作环境的、对未来个人

发展的等多个方面。研究人员需要从研究的实际出发,对具体维度进行具体分析,做出决策。

7.2.2 测量问题的语言表述

在确定了研究变量后,我们需要确保测量这些变量的语言表述的质量。测量问题的文字表述是一个变量测量中最为重要的部分,它直接影响了被调查者对问题的理解和回答。如果他们无法恰当地理解问题的含义,就无法给出正确的回答,或是直接选择不去回答。针对这一问题,研究者多年来形成了一些经验法则,以避免很多问题语言使用中的一些常见错误。

避免使用被调查者不熟悉、费解的文字表述。测量问题的表述必须使用被调查者熟悉的语言。有时候,研究者会不自觉地在问题表述中使用自己熟悉的专业术语,而被调查者则可能很难准确地理解这些术语。同时,一些不太准确的表述也可能造成被调查者解释上的差异。例如,"我经常思考我的职业规划"。在这一问题中,"经常"就是一个不恰当的表述。什么样的频次可以称为"经常"?不同人的可能有不一样的理解。所以,在问卷的编制中(包括所有的测量问题、指导语、测量尺度的文字表述),研究者都应该使用简单、容易理解、不会引起多种解释的语言表述。有效的信息沟通是问卷调查成功的一个基本条件。

避免使用具有双重意义的问题。有时候研究者会将两个变量的因果关系表述在同一个问题中,从而使这个问题带有双重意义,例如:"您认为360度反馈是一个好的管理方法,可以提升员工的激励吗?"就是一个双重意义的问题,如果答案者选择7(非常同意),研究者无从了解答卷者具体同意的是360度反馈本身,还是它对员工的激励作用。如研究者有意了解员工对360度反馈的感受及其功效,应该用至少两个问题来分别测量。

避免使用诱导性的问题。无论研究人员自身持有什么样的价值观念和取向,作为研究者时都必须保持客观和中立。在设计量表时,应避免将自身的价值观念和取向带入问题以求得到答卷者的呼应。

避免使用答卷者须依赖记忆才能回答的问题。有时研究者不得不要求答卷者追溯已经发生的事情。在设计这样的问题时必须要注意几点:第一,不是所有人都拥有良好的记忆能力,答卷者很可能已不记得问卷中问题所涉及的场景、事件和后果;第二,答卷者可能模糊地记得被调查的往事,而这种模糊的记忆(hazy memory)往往会导致有偏见的答案;第三,答卷者本不承担为研究人员记忆某事件的责任和义务,可能会对这样类型的问题产生反感。所以研究人员应尽量少用依赖于答卷者记忆的问题。如必须要用,则应尽量缩短需要记忆的时段,如"您在过去三年中平均每年缺勤几天"是一个难以准确的回答的问题,如果换成"您在过去三个月中缺勤几天"会好得多。然而,要求员工追忆过去三个月的缺勤天数又可能导致其他方面的缺失,如果此员工在过去三个月中因某种特殊情况缺勤很多天,那么他的回答将不能准确地表达其一贯的缺勤率。针对这种情况,研究者可以同时加上一个控制条件的问题,比如问答卷者在过去的三个月中出勤状况是否与以往基本持平(或过去三个月中有否重大事件发生使答卷者不得不缺勤多日)。

避免启动答卷者为满足社会期望值而答题的动机。社会有被公众认可的道德标准和行为准则,每一个人多多少少会有一些取悦他人的动机和行为。如问卷中的问题触及了被公众认可的道德标准和行为准则,便可能启动答卷者自我保护或自我服务的动机,使其从社会期望值的角度来回答问题,而不展露自己的真实想法,这就是所谓的社会期望反应偏差(social desirability response bias)。例如,面对一个"您认为有残疾的人应该被包括在劳动力大军中吗"的问题,谁又会说"不应该"? 我们的社会、文化、所受的教育都使我们认同残疾者的平等权利。即使一个答卷者的真实想法和社会准则不同,他也不会公开地承认这一点。Paulhus(1991)认为,为了满足社会期望而扭曲的答题趋向有两种表现形式。其一是真实、然而被夸大了的正面自我表达(honest but overly positive self-presentation),另一种则是印象管理(impression management),即有意地改变自己的意见或行为去取悦他人。作为研究者,我们的任务是力求问卷调查的参与者提供真实的答案。为此,我们要尽量避免提出一些直接与社会期望相关的问题,以降低答题中因此而引起的偏差。

7.2.3 问题的设计

开放型或封闭型的问题。"请告诉我们您在工作中感受到最有趣的五件事"。这是一个开放型(open-ended)的问题,参与者可以自由地选择回答任何他们认为在工作遇到的有趣的事件、场合、感受等。而封闭型(closed)的问题适合测量用于定量评定的变量。被调查者根据列出的一些可能性回答,做出针对某一个问题的一个选择。我们下文将提到的Likert尺度一般就是用在封闭型的问题上。

开放型的问题有利于研究者得到第一手资料,以深入地了解某一管理现象。当研究者对某一现象只有粗浅的了解,这时使用开放型的问题很有效。但是,使用开放式问题也面临很多潜在的问题。例如,被调查者需要用更多的时间来回答开放型的问题,而且他们可能由于自身的认知局限而忽略某种可能性,有些时候还可能产生很多似是而非的回答。例如,我们曾使用开放式问题询问"一个有道德的领导者应该表现出哪些行为",有些被调查者回答"处事果断、理智客观"。遇到这类有些道理但又不符合问题要求的回答时,我们很难判断这些回答是因为被调查者对题目理解不正确,还是代表了他们的真实想法。最后,开放型的问题回答不能立即转化为统计数据,对于这些内容的分析需要付出很多额外的努力。考虑这些潜在的缺点,如果不是必须搜集第一手资料以深入了解所研究的现象,研究者应尽量避免使用开放式问题(Bethlehem,2009)。

当研究者对某一现象已有了相当的了解和预测,而希望为预测的关系找到数据支持时,用封闭型的问题最为经济有效。封闭的问题有助于采集系统性的、可立即转化为统计数据的信息。但是在使用封闭式问题时,被调查者往往只能将他们的回答局限于研究者提供的选择之中。当人们被问及一个他们不知道或不熟悉的问题时,由于没有其他选择,他们有可能会忽略自己的意愿,随机选择一个并不认可的回答。如果一个人认知能力或参与动机较低,这种现象发生的可能性就会大大增加。鉴于这种情况,一些学者建议提供一个"不知道或不清楚"选项,以表明被调查者可以表达他们对此问题不了解或是没有意见(Krosnick,1999)。当然,提供这样的选择也可能使人们避免回答那些敏感或是感到矛盾的问题。因此,对这一问题并没有统一的答案,建议研究者可以根据对具体调研问题的判断选择是否使用这样的选项。

正向和反向的问题。许多研究方法论的专家们都建议在问卷中加上一些反意的句子,以测试答卷者是否真正用心地回答了每一个问题。例如,在测量员工自我效能(self-efficacy)的量表中,量表的开发者同时使用了正意和反意的句子(见表 7 – 1)。

表 7 – 1 员工自我效能量表示例

	非常不同意	不同意	有些不同意	中立	有些同意	同意	非常同意
1. 一旦决定做某事之后,我会马上开始努力去做	1	2	3	4	5	6	7
2. 我为自己定下重要的目标,却很少能够实现	1	2	3	4	5	6	7

问题 1 是正面测量自我功效,而问题 2 是反面测量,如果答卷者在回答问题 1 时选择了 6 或 7,那么他在回答问题 2 时应该选择取值较低的回答(1 或 2 或 3)。如果答卷者对两个问题的答案都是 7,那么答案便缺少内在的连贯性,由此可推测此答卷者或许没有理解问题的含意,或者没有仔细地阅读问题。

在测量某一变量时同时有正向和反向的问题,有助于警示答卷者集中精力,仔细阅读每一道问题。然而，反向的问题如设计不当，可能导致混淆，从而使量表的信度下降。同时，研究人员须切记在搜集数据后将反向问题的答案做反转的数据化处理(reversed coding)。因此，我们建议研究者谨慎地使用反向题目。

7.2.4 测量的尺度

测量尺度是我们将一个构念转化为数字的关键要素，是一个问卷中重要的组成部分。量表尺度的使用直接决定了数据的类型，以及随后的统计检验。Stevens(1951)提出问卷量表的尺度可以分为四大类：列名的(nominal)、顺序的(ordinal)、间隔的(interval)和比例的(ratio)。

列名法的尺度。 列名法的尺度帮助研究人员将研究样本归组分类。如在测量参与者的性别时，参与者会被归于两大类：男或女。依列名法的尺度测量的变量是相互对立和排他的。换言之，每一个参与者要么是男、要么是女，不可能有互相重叠的答案。列名法的尺度同时又是整体排他的，因为除男与女以外，不可能有第三个选择。由于基于类别的赋值只是强调变量间"质"的不同，而不是"量"的不同，这两类的回答在调查结束后会被编码为虚拟变量(dummy variable;0 和 1)，以便于进一步统计分析。

列名法的尺度是问卷法的四类尺度中最基本的。首先，这种尺度给予研究人员的是最基本的研究数据，尤其是百分比和频率。如果一个样本共有 120 名参与者，其中 50 名为女性，列名法的尺度的测量可以让我们了解这次问卷中有 41.67% 的女性。其次，这样的测量方式也可以让研究者去进行不同类别之间的比较，理解人们做出不同选择的影响因素等。

顺序法(排序法)的尺度。 顺序法尺度不仅将变量归类，而且将其排序。顺序法可以帮助研究人员了解答卷者对问题重要性的选择偏好。比如，在研究不同的工作性质特征对不同员工的重要性时，研究人员可以选用顺序法：

请标出以下五个工作性质对您的重要性程度。您应该将最重要的工作性质的项目排为 1，第二重要的工作性质的项目排为 2，以此为序，排出 1、2、3、4 和 5。

工作特征　　　　　　　　　　　　　　　重要程度的排序

工作所提供的如下机会：

1. 与他人交往　　　　　　　　　　　　_____

2. 使用不同的技巧　　　　　　　　　　_____

3. 从开始到结束完整地完成一项任务　＿＿＿＿＿＿＿＿＿＿
4. 为他人服务　　　　　　　　　　　＿＿＿＿＿＿＿＿＿＿
5. 独立地工作　　　　　　　　　　　＿＿＿＿＿＿＿＿＿＿

顺序法可以帮助研究人员了解有多少百分比的参与者认为工作提供的与他人交往的机会是最重要的,又有多少百分比的参与者认为独立地工作是最重要的。因此,顺序法比列名法所提供的信息要多。然而,这类数据只能说明被调查者的顺序选择,而无法说明各类选择之间的具体差异。因此,取自于顺序法的数据往往只能用于进行描述性的统计分析,而很难利用数值之间的差异对变量之间的关系进行推断性统计分析。

间隔法的尺度(Likert 尺度)。列名法注重于将数据分类,而顺序法注重于将数据排序,这两种尺度的性质都是非数量化的。而间隔法的尺度与以上表述的两种尺度是很不同的,因为它为问卷调查带入了算术含量。间隔法的尺度是典型的数量方法,它最大的特点是每两个标尺之间的距离是相等的。也就是说,在表7-2 中,1 和2 的答案之间的区别等同于4 和5 之间的区别。因而,Likert 尺度在综合列名法和顺序法的优点的基础之上,还有数据点之间间隔一致的长处。它不仅能够帮助研究者将数据分类、排序,而且可以支持一系列的数理统计(如信度、回归分析、线性与非线性关系的分析等)。因此,间隔法是在问卷研究中强有力的手段,也是应用最为普遍的尺度。

表 7 – 2　Likert 5 点量表示例

工作特征	极不重要	不重要	中立	重要	极为重要
工作所提供的如下机会:					
1. 与他人交往	1	2	3	4	5
2. 使用不同的技巧	1	2	3	4	5
3. 从开始到结束完整地完成一项任务	1	2	3	4	5
4. 为他人服务	1	2	3	4	5
5. 独立地工作	1	2	3	4	5

间隔法的尺度以奇数标度为主,如5 点或7 点的奇数标度。有时因为被调查者的某些特点(如中庸程度比较高,不愿明确表达自己的意见)或是某些问题比较

敏感,被调查者可能预计到有相当一部分人会倾向于把自己的回答置于量表中心附近(Schwarz et al.,1985)。如果有这种担心,研究者可以考虑选择用 6 点的偶数标度,以使得被调查者做出有倾向性的选择。

在一个典型的 Likert 5 点量表中,1 往往代表"非常不同意"或"极不重要",5 代表"非常同意"或"极为重要"。在上例中(见表 7-2),1 代表"极不重要,5 代表"极为重要"。值得提出的是,研究人员必须使用明确的文字标注来解释量表尺度中每一个数字背后的含义,否则答卷者可能会推测这些数字尺度传达的含义(如 1 级到 5 级可能是表述满意程度,而 -2 级到 +2 级可能表述的是从最不满意到最满意)。换言之,在使用 Likert 尺度时,唯有每一个被调查者都了解量表刻度的含义,测量的稳定性(信度)与有效性(效度)才可能得到显著改善(Krosnick,1999)。

比例法的尺度。间隔法有一个潜在的问题:尺度的起始点(origin point)是任意的。也就是说,研究人员可以任意决定尺度的起始值,而无法确立一个从零开始的起点。比例法的尺度可有效地解决此问题。在比例法的尺度中,存在一个绝对的零起点,因此它不带有间隔法的尺度在起点方面的任意性。在问卷法的四类尺度中,比例尺度是最强有力的,因为它综合了上述各种尺度的所有特点,而且拥有其他尺度所没有的长处。因此,比例法的尺度常被用在测量年龄、收入等客观变量上,因为对这些变量的测量不仅需要等距的刻度,也需要一个定义明确的零点。下面是用比例法的尺度的举例:

与我的同班同学相比,我的平均学习成绩应该排在(请在适当的地方画圈):

0% 10% 20% 30% 40% 50% 60% 70% 80% 90% 100%
最低   中间   最高

7.2.5 变量测量的顺序

当所有的测量问题确认完成后,它们需要以一个合适的顺序加入到问卷中。在回答问题时,被调查者有可能尝试了解研究者的意图,从而影响他们对问卷问题的回答。因此,我们需要细心地安排测量问题在问卷中的呈现顺序,以避免在无意识的状态下向受访者传达某种信息,从而影响了他们的回答,导致偏颇的结果。

针对这一问题,我们建议研究者可以思考三个方面的变量顺序问题:(1)进行问题的分类(grouping of variables)。在问卷编制中,我们遇到的第一个问题就是如何放置不同的研究变量。我们建议应该把测量同一类变量的问题放在一起。这样的操作不仅有利于打乱变量之间的因果联系,而且有利于被调查者集中回答某一类问题,节省其认知加工资源,提高数据搜集的质量;(2)避免问题回答过程中的"学习效应"(learning effect)。所谓的学习效应是指被调查者对问卷的前一部分问题的回答引起他们对后面问题的思考,从而影响他们的回答。例如,在问卷的开始部分询问很多关于工资收入、领导支持、同事关系等问题,最后询问关于离职倾向的题目,就很有可能造成被调查者在回答问题的过程中意识到自己工作境遇的很多不足,从而影响他们后面的离职倾向判断,而他们之前可能还没有这么细致地思考过这一问题。对于这样的变量测量,我们需要思考如何恰当排列相关问题的顺序,以减少变量之间的因果联系。例如,在问卷中间插入其他无关的问题,或是把受到影响的变量(如离职意向)放置在问卷的前面等;(3)合理安排问题的顺序以鼓励被调查者完成整个问卷。从实际操作的角度而言,如果我们在问卷的开始部分就安排一些令人感到困难的、敏感的问题(如评价主管的辱虐管理方式等),很有可能使得很多人很快就放弃回答。如果一份问卷前面的问题是简单、令人愉悦的,而把较为困难或敏感的题目放在问卷后面,就会比较容易获得被调查者的合作。即使一部分人放弃回答敏感的题目,大部分的问卷题目都已经完成了,并不会对数据搜集造成太大的影响。

7.2.6 问卷封面的设计

问卷封面的设计很重要,因为它给了答卷者有关问卷的重要信息。同时,它给了答卷者对此问卷的第一印象。良好的第一印象,以及对问卷目的及意义的了解有利于获得被调查者的合作,也有助于鼓励他们高质量地完成问卷调查。一般而言,问卷封面中应表述如下信息:

- 有关问卷的研究目的;
- 答卷的具体要求(如要求回答每一问题);
- 研究人员对答卷者的承诺(如对数据的保密,研究结果出来以后是否与答卷者分享);
- 对答卷者的感激;
- 研究人员的联系方式。

7.3 取样与数据搜集

7.3.1 取样与样本数量的确定

作为定量方法的一种,问卷调查的最终目标是通过搜集具有代表性样本的数据,在随机误差允许的范围内将基于抽取样本的结果推广到总体。能够使用较小的人群来推断较大的样本总体是问卷调查作为定量方法的优势之一(Bethlehem,2009)。因此,在问卷调查中,取样设计是数据搜集过程中一个重要的步骤。相比于微观的组织行为研究,这一过程对于战略管理研究的重要性更为突出(Slater & Atuahene-Gima,2004)。这是因为战略管理研究中很多概念都是具有相对性的(Snow & Hambrick,1980),即很多战略取向是否有效往往与一个具体产业或竞争环境有关,同一战略在不同环境下的效果往往是不同的。不恰当的取样会影响研究结果的准确性,可能导致研究者做出错误的统计结论。

有两个问题在取样设计中格外重要:其一,如何才能选择具有充分代表性的样本?其二,在一项研究中,需要多大的样本才可以稳健地做出统计结论?针对样本的代表性问题,战略管理研究者主要通过限定取样范围和制定一系列的详细取样规则来保证样本的代表性,这就是战略管理领域常见的"单一行业研究"(single-industry studies)。这样的取样规则有助于保证所调查企业与具体研究问题的直接关联性,有利于控制环境中无关因素对变量间关系的干扰,以部分牺牲研究外部效度的方式确保了其内部效度(Slater & Atuahene-Gima,2004)。相比而言,取样代表性并不是组织行为学研究关心的主要问题,这是因为其相关理论构念并不像战略构念那样具有较高的相对性。因此,样本数量的确认是一个所有使用问卷调查的研究者都面临的一个重要任务,但是对这一问题的讨论却又常常被大家忽略(Bartlett, Kotrlik & Higgins,2001)。

在问卷研究中,我们通过显著性检验的方式得出关键变量之间的关系,以从小样本中得到的信息去推断样本总体的情况。从显著性检验的角度,统计显著的结果不仅与变量之间的关系强弱有关,也与统计检验时样本数量有关(Sawyer & Ball,1981)。过多的样本不仅浪费资源,而且有可能致使很小的实际效应也变得统计显著,造成研究结论的实用性下降。但是在问卷调研中,样本量的确认是一个比较复杂的过程,需要研究者对于样本总体的特征参数进行一些预估,有时候还需要在数据搜集过程中来不断地调整这些参数。一般而言,样本数的估算需要考虑诸如对准确性的期望和对误差的容忍度、数据形态(如连续型变量或类别变量)、应答率、统计方法的选择等因素。针对连续型变量最低样本量的确定,Cochran(1977)提出了一个计算公式,如式(7-1)所示。在这个公式里,最低样本量考虑三个因素:可接受的误差幅度(acceptable margin of error)、α水平及样本总体标准差的估计(estimation of variance)。

$$n_o = \frac{t^2 \times s^2}{d^2} \qquad (7-1)$$

其中，t 是 α 水平对应的 t 值，s 是样本总体标准差的估计，d 是可接受的误差幅度的估计。我们下面一一解释这些参数的统计意义。

误差估计。 可接受的误差幅度和 α 水平都是针对统计误差的估计。可接受的误差幅度是指研究者愿意接受的出现误差的风险水平。对于连续型变量，研究者通常认为 3% 是一个可以接受的误差幅度水平（Krejcie & Morgan, 1970）。例如，如果研究者在调查中采用了 7 级量表，那么样本均值落在总体均值 ±0.21 的范围内都是可信的。对于类别变量，一般采用 5% 的标准。在式（7-1）中，t 值对应了不同的 α 水平。在组织管理研究中，我们通常接受 0.05 和 0.01 的 α 水平。假如样本量在 120 以上，那么其对应的 t 值分别为 1.96 和 2.58。对于大多数研究来说，0.05 的 α 水平是可以接受的，但是对于那些一旦出现错误将会导致非常大的财物损失或者人身伤害的情况，研究者应该采用更加保守的 0.01 的 α 水平。

样本总体标准差估计。 样本总体标准差是很难直接观测的，但是有多种方法可以对其进行估计。首先，研究者在进行问卷搜集的时候可以进行两阶段取样，即在第一阶段取样完成后计算观测到的方差，进而估算第二阶段所需的额外样本。其次，如果先前有研究用到了同样或者近似的样本总体，那么可以将其作为参考来确定标准差。假如以上两种方法都难以实现，我们还可以根据样本总体的结构进行一些数学和逻辑上的推测。例如，对于连续型变量，我们可以用变量的尺度变化范围除以在该范围内的样本标准差个数来确定一个粗略的样本总体标准差（Bartlett et al., 2001）。例如，假设采用 7 级量表，在均值的两边包括各三个标准差（这样能够覆盖到 98% 的数据），那么样本总体的标准差估计为 1.167（由 6 除 7 得到）。

综上所述，假如我们给定 0.05 的 α 水平，0.03 的可接受的误差幅度，在调研准备使用 7 级量表，则最低的样本量可由式（7-1）计算得到，即最低样本量为 118。

$$n_o = \frac{t^2 \times s^2}{d^2} = \frac{1.96^2 \times 1.167^2}{(7 \times 0.03)^2} = 118$$

需要注意的是，我们往往不能简单依靠最低样本量来决定取样目标。在取样过程中经常遇到无应答、缺失、无效作答等问题。因此，我们在确定样本数量的时候往往需要大于最低样本量，从而保证样本量不会因为抽样的不足而影响结论。对于样本有效回收率的确定，也可以参照上述确定样本总体标准差的方法，即采用两阶段式抽样，用第一阶段的回收率来决定还需要搜集多少额外样本，或者根据先前用类似研究报告的回收率来决定。如果这些办法难以实施,学者建议在收取问卷的时候能够比最低样本量多搜集 40%—50% 的样本(Salkind,1997)。此外,当采用多元回归进行数据分析时,我们还需要考虑自变量的数目和样本数量之间的关系。先前的研究表明二者之间的关系是 1∶10 的比例关系,即一个自变量应该至少需要 10 个样本,才能得到比较保守和稳健的估计(Krejcie & Morgan,1970)。如果我们所确定的最低样本数量为 118,那么我们在进行多元回归分析的时候自变量的数量应该不超过 11 个。

7.3.2 数据搜集质量的评估

在取样设计完成后,研究者还应关注问卷调查在数据搜集过程中面临的各种误差。这些误差的存在会影响数据搜集的质量,干扰我们对变量间关系的判断。就这一问题,我们建议研究者注意以下三个问卷数据搜集的质量问题:

第一,应答率(response rate)。在组织一次问卷调查时,研究者几乎不可能得到全部抽样群体的参与。每次调查都会面临应答率的问题。从统计分析而言,较高的应答率可以增大数据样本量,提高统计功效(statistical power),并且可以降低统计检验的置信区间;而从结果应用的角度,较高的应答率可以提高调查结果的可信度,(Rogelberg & Stanton,2007)。因此,在所有质量指标中,应答率是研究者普遍关注的一个指标(Baruch & Holtom,2008)。

目前,研究者对于一项问卷调查应该具备的最低应答率并没有一个清晰的界定(Rogelberg & Stanton,2007)。但是当问卷的回答是来自一个非随机群体(这个群体在关键变量方面不同于其他人时)时,这种差异可能导致"真实"效应的扭曲。例如,Rogelberg 及其同事在一项关于不答复者偏差的研究中发现,不答复问卷者比参与调查的人有更高的离职意愿、较低的组织承诺、较低的工作满意度和对主管的满意度(Rogelberg et al.,2000)。在这种情况下,较低的应答率就可能增加统计误差,影响研究结果的质量。

第二,问卷完成质量。在评估数据搜集质量时,不仅需要评价应答的数量,还需要对回答的质量进行评价。在不同类型的问卷调查中,研究者用不同的指标来衡量问卷完成质量。例如,在纸笔测验中,很多人在参与调查时,会故意忽略其中的某些题目或是没有回答完所有的问题,这时可以通过完成率(filling-up rate)来评价问卷完成质量。在在线调研中,很多人启动了在线填答程序,但是中途退出最终没有完成整个问卷,我们称之为退出率(drop-out rate)。在开放式问卷调查中,被调查者回答问题的长度,以及回答中的新观点数量都是研究者关注的数据质量问题,这时可以用回答充足率(abundance of response)来评价。

虽然这三个指标稍有不同,但是它们都测量了被调查者在问卷调查中的参与程度,意味着被调查者在回答过程中的参与态度逐渐发生了变化。研究发现,在使用了开放式问题的问卷调查中,被调查者的中途退出率比较高,而在在线调查中,中途退出率经常达到15%—20%的比例(Healey et al.,2005)。但是,在实际操作中,研究者大多将未完成的问卷计入缺失值(missing values)或是计入未应答率,并没有对此问题给予足够的关注。这样的处理使得研究者失去机会去审视、思考为什么被调查者在开始填答问卷的前提下,却最终不愿有效地参与调查,最终失去提高问卷完成质量的机会。从提高搜集质量的角度,我们有必要认真思考如何提高被调查者的参与程度。

第三,回答多样性。衡量数据质量的另一个重要指标是被调查者回答的多样性。在问卷调查中,一个经常发生的现象是被调查者提供的回答大多集中于某一点上,只是在可选择空间中选择很窄的区间。这种情况被称为"没有区分的回答"(no-differentiation answers;Fricker et al.,2005)。虽然问卷回答完整,它同样显示了被调查者没有花费精力去思考问卷中搜集的问题,或者不知道如何回答问卷问题。因此,它是描述被调查者"反应质量"的另一个重要指标。

7.3.3 提高数据搜集质量的方法

从以上的讨论中可以看出,被试者对问卷的态度与填答动机会显著地影响数据搜集质量,是使用问卷法中测量误差的一个重要来源。因此,研究者需要在充分理解被调查者问卷填答过程的基础上,通过控制、改善相关的数据搜集过程,最终提高数据搜集质量。

结合 Schwarz 等(2008)提出的问题回应过程,Ganassali(2008)提出了一个影响问卷数据质量的模型(见图7-1),以理解人们参与问卷调查的心理过程。首先,被调查者会很快地看一眼纸笔测验问卷的长度(或者在线调研中屏幕上题目的数量),估计回答问题需要的努力程度。其次,被调查者会根据问卷的整体文字和排版安排,来获得对问卷友好性的整体印象。问卷本身的设计,如我们在第二部分提到的整体设计、问题措辞、填答说明等因素会直接影响到被调查者的整体感觉。再次,被调查者对问题本身的解读和对措辞的评估,试图理解问卷之间互动的成分,了解填答要求。这对于研究者进行纸笔测验和在线问卷调查来说都至关重要。最后,被调查者会根据回答的格式要求,清晰地了解自己需要做什么任务,以及需要提供什么样的数据(如点击、数字、文本)等。

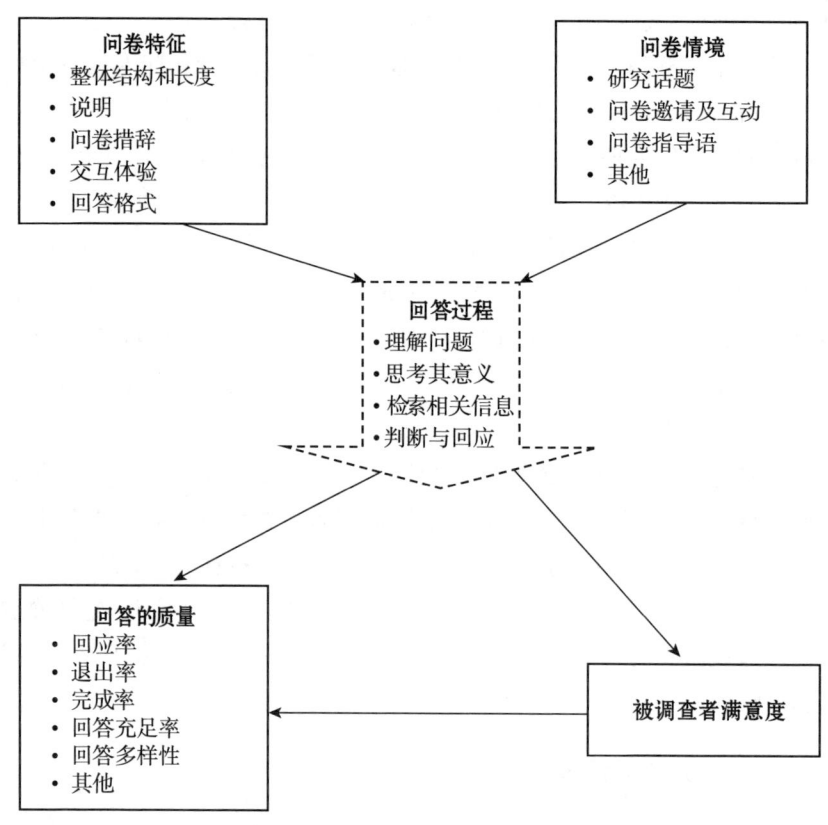

图 7-1 问卷数据质量的影响因素

资料来源：修改自 Ganassali, 2008。

当被调查者能以合作或理想的方式回答问题时，人们的认知过程由四个阶段组成：理解（comprehension）问题的含义、思考其意义（meaning）、从记忆中搜索相关信息（retrieval）、将这些信息整合成为一个判断并从各种可能的选择方案之中进行选择以将判断转化为最终回应（judgment response）（Schwarz et al., 2008）。如果研究者希望被调查者能够充分地合作，得到他们经过谨慎思考、质量最优的回答，这四个环节中的每一步都有可能涉及大量的认知工作。例如，问题理解环节还可以分解为四个认知步骤：（1）被调查者把问题带入他们的记忆中。（2）他们把问题表述的语句逐步分解，寻找其中的关键概念，理解它们各自表述的含义。如果这一过程存在多种可能的解释，他们需要暂时选择一个解释，在遇到无法理解或相互矛盾的解释后再进行修改。（3）他们需要通过建立概念之间的联系来解释整个问题的意义。（4）被调查者脱离原来问题词语，开始通过对问题意义的理解思考自己的回答。从上述的分析来看,问卷调查过程需要消耗被调查者大量的认知资源。特别是在实际的操作中,我们的调查往往涉及了多种议题,问卷长度超出被调查者预期,这时希望被调查者完全投入地完成他们的回答,实现最优的回答几乎是不太现实的(Krosnick,1999)。因此,研究者有必要在理解问卷回答过程的基础上,充分考虑被调查者的参与动机和认知局限,通过完善调研流程,提高问卷数据搜集质量。下面我们分三个方面讨论这一问题。

1. 提高被调查者的参与率

Baruch 和 Holtom(2008)曾分析了 2000—2005 年在 17 本组织管理期刊上问卷研究的应答率。在 490 篇使用问卷调查的文章中,他们发现个人层面的研究平均应答率为 52.7%,标准差为 20.4;而组织层面的研究平均应答率为 35.7%,标准差为 18.8。实际上,近年来问卷调查的应答率一直处于不断、缓慢地下行之中(Rogelberg & Stanton,2007)。Fenton-O'Creevy(1996)通过一项研究,调查了企业拒绝参与调查的原因。这一研究中,企业对问卷调研的应答率为 33%,随机抽样的未应答者报告了各种原因:太忙(28%)、与企业不相关(14%)、问卷提供的回复地址不可用(12%)、公司政策不允许参与(22%),还有 24% 的企业没有回复具体的理由。

由以上数据可见,由于问卷调查日益普及而导致在越来越多的领域存在滥用问卷、过度调查,其结果是令大量个人或企业疲惫不堪,因此他们越来越倾向于拒绝回应非必要的调查(Weiner & Dalessio,2006)。鉴于这种情况,目前很多调查都会使用一些激励措施作为提高应答率的手段。一个提高应答率的常见方法是尽量通过互动调动被调查者的兴趣。Groves 和 McGonagle(2001)发现如果针对调查对象修改问卷的引言以引起他们的关注或兴趣,可以提高他们在调研过程中的合作程度。在 Ou 等(2014)对 CEO 谦逊的研究中,她们不光为每位参与调查的人提供了一份小礼物,承诺在调查结束后为公司提供一份报告,而且会承诺邀请公司管理人员参加为期一天的讨论会,就研究发现及有关的话题进行了深入的探讨。这样的方法显然可以提高企业参与调研的热情,保证较高的应答率。此外,当调查时间过长或者对被调查者提出特别繁重的要求时(比如需要提供生物标本),适当的激励措施可能对补偿其时间和精力的付出是必要的。一定数目的激励手段可以使被调查者产生义务感,这样通过触发社会交往的互惠规范引导参与调查的人将问卷请求视为社会交流的一部分。

2. 提高问卷完成质量

在调动了被调查者的参与后,研究者需要进一步避免被调查者中途退出或是没有完整地回答问卷。除了在本章第二部分提到的问卷设计因素,我们还建议研究者在正式调查前,通过预测试来确定被调查者是否能够清晰理解所设计的问题,以评估他们对问卷的整体评价。一般的预测试程序还是比较简单的:在正式调研之前,研究者邀请少量人回答问卷,进行访谈,了解受访者在回答问卷时所遇到的问题(如需要进一步解释的问题或措辞混乱、难以理解的问题),以及他们对整个问卷语言沟通的印象。然后,研究人员认真地分析总结这些问题,特别是许多人拒绝回答或是认为无法回答的问题。在此基础上,进一步修改调查问卷,以使每一项问题的含义更清晰,以此增加调研顺利进行的可能性。

另一种值得推荐的方法是认知预试(cognitive pretesting),它要求被调查者向研究者充分地报告自己在进行回答问题时的各种想法,以此来探讨问题回答过程中的认知加工过程(Krosnick,1999)。这一预测试方式旨在通过评估被调查者回答问题的认知过程,洞察每一项问题被理解的方式,以此完善设计问卷。通过这一过程,研究者可以准确地评估被调查者的反应,从而有针对性地解决应答过程中各种混淆和误解问题。同时,这种方式可以较为准确地估计被调查者回答问题花费的时间,帮助研究者控制问卷长度。概括来说,只有经过严格开发过程、简洁准确的问卷才有可能得到被调查者的充分配合。一份粗糙、没有经过细致思考,甚至是错误百出的问卷不可能得到被调查者的重视,也不可能搜集到高质量的数据。

3. 提高被调查者的动机

除以上提到的参与意愿和问卷质量外,我们还应该格外关注问卷填答者的动机问题。我们额外提出这一问题,是因为在中国组织中进行调研时,很多被调查者根本无意参与。他们之所以参与,很多时候是因为主管出面的干预,或是出于礼貌导致不愿意当面拒绝研究者的调研请求。可以想象,在这种情况下被调查者回答的质量不可能达到最优的状态,因为他们同意的只是提供回答,而没有内在的动力确保回答的质量。因此,我们除了思考应答率和提高问卷质量,还必须思考如何提高被调查者真正的热情,使得他们充分地认识到问卷调查的意义,而不是在消极地应对主管交代的、一件不太重要的事情。

从心理学的视角,Groves 等(1992)提出了"顺从保证"(compliance warrants)的概念,以理解影响人们是否答应问卷调研请求时的六种因素:互惠性(reciprocation)——对别人善意的一种回应,一致性(consistency)——与自己的态度、信念、话语和行为保持一致的愿望,社会趋同性(social validation)——与周围的人的行为趋势相匹配,权威性(authority)——对方的请求是否具有正当性,稀缺性(scarcity)——这种请求是普遍性的还是特殊的,以及喜好性(liking)——自我的喜好。

从这一理论的角度去理解问卷调查的参与,除了之前谈到的激励措施和提高问卷质量,我们还需要调动被调查者对研究问题意义的认知,从根本上激发他们的参与热情,才能保证他们认真地回答涉及广泛议题的调研问题。在实际操作中,很多的动机都可用来鼓励被调查者的认知努力,包括强调问卷参与有利于表达自我意见或态度,贡献自己的观点和看法,表达自己的利他亲社会倾向等。同时,研究者也可以使参与者了解调研的社会价值,如帮助企业改善工作条件,帮助制造商生产更好的产品或帮助政府做出更明智的政策等。这些理由都可以帮助激发一个人参加调研的内在动力,鼓励他们真实地表达自己的意见。也正是因为这样的理由,研究者有必要亲自发放和搜集问卷,同时认真考虑自己研究问题的现实意义和社会价值(徐淑英,2016)。只有对员工、企业、社会真正有意义的研究问题,才能真正地得到被调查者的合作。

7.4 增强问卷调查法的有效性

7.4.1 增强问卷调查法有效性的途径

问卷调查法以其灵活、便捷、快速和便宜等诸多优点,成为组织管理实证研究中最为普遍的搜集数据的方法。与此同时,过度地依赖问卷调查也已成为一个相当普遍的现象。我们在许多论文的最后章节读到作者的自省:"本研究的弱点之一是所有的数据都由一份问卷取得,这使我们难以避免共同方法变异(common method variance)对研究结果的影响,从而无法确定我们所预测的因果关系。"这一简单的陈述背后代表着问卷调查法在检验变量间因果关系时的诸多缺陷:(1)使用问卷调查无法严格地区分变量之间的时间顺序,因此研究者常常不得不依赖自己的逻辑分析去界定变量间的因果联系,很难从操作层面做出判定。这就是为什么很多人把这一方法称为基于相关性的问卷调查法(correlational survey method)。(2)在问卷调查中,如果测量自变量、因变量、其他变量的数据都取自同一个数据来源——参与者的自我报告,共同方法变异的问题便产生了。共同方法变异是指由于测量方法的单一性(而非所测变量所代表的关系)所造成的变异(Podsakoff et al.,2003)。由于这一部分的变异会计算进入变量之间的关系,因此共同方法变异的存在往往会夸大变量之间的相关性,从而提高统计结论中产生二类错误的可能性。所以,人们常常将共同方法变异视为问卷法的天然缺陷。(3)不管研究对象处于何种层次,问卷调查中数据都最终来自被调查者个人的态度和判断,而个人的回答不可避免地会受到个人组织角色局限、归因偏差、自我修饰动机等因素的影响(Slater & Atu-ahene-Gima,2004)。除此之外,另一个导致问卷测量不准确的可能来源就是个人记忆的衰退(Krosnick,1999)。即便被调查者没有做出虚假陈述,他们提供的信息也有可能因记忆不准确而无法准确、全面地反映研究者所希望了解的现象。这一问题可能在以研究个体态度和行为为主的组织行为学研究中并不突出,但在强调客观现象之间联系的战略研究中就显得格外重要。

任何研究方法都有其固有的局限,问卷调查法也不例外。学术界对问卷调查法产生的质疑并不是问卷调查法本身的过错,而是我们过于依赖问卷调查的后果。针对以上问卷调查法的缺陷,研究者一直在进行有针对性的努力,以提高数据搜集的质量,增强变量间因果推论的可靠性。例如,在最近一段时间的问卷研究中,研究者开始越来越多地纵向研究设计,在至少两个不同的时间段,对同一研究样本搜集调查表数据,以尽力解决数据之间的内生性问题,从时间维度区分自变量与因变量之间的关系。有关纵向研究设计和分析请详见本书的第18章。此外,问卷调查法另一个最为明显的进步就是对共同方法变异的重视。学术界渐渐形成了控制和避免共同方法变异的具体方法和设计思路(Podsakoff et al.,2003;Chang et al.,2010)。根据这些指引,研究者基本能够针对具体的研究问题,对至少两个不同的群体(如管理人员和员工)或两个不同的时间点搜集调查表数据,在推断变量间关系时避免共同方法变异的影响。在这些进展的基础上,我们将着重讨论如何使用多来源数据综合法,从至少两个不同的来源搜集数据,以进一步弥补问卷数据的主观局限,增强问卷法的有效性。

7.4.2 多来源数据综合法

多来源(multi-source)数据综合法的特点是将研究建立于对自我报告的数据(self-reported data)和非自我报告的数据(non-self-reported data)的综合性搜集和分析之上。自我报告的数据主要来自问卷调查法。非自我报告的数据来源甚广,大致包括如下三大渠道:

- 取自于单位(如员工工作表现、缺勤、工作性质分析等);
- 取自于社会(如政府统计数据、社会共有资料等);
- 取自于样本(来自研究样本的非自我报告数据,如生理健康数据、行为数据等)。

企业和社会的数据是客观存在的,研究者可根据自身研究的需求运用这两大渠道。来自企业和社会的数据的优点在于易于获取。同时,由于它们的存在是独立于研究项目之外的,其性质决定了这样的数据往往难以和研究的需求紧密契合。

有关样本的非自我报告的数据往往并不存在,研究者必须通过自身的努力进行采集。研究者面临的挑战是这样的数据往往不容易获取。然而,正因为它们是为了某一研究项目而量体裁衣、专门搜集的,研究者会仔细地选择变量,设计搜集数据的程序,掌控搜集数据的过程,以期使得这些数据满足研究的需求。以下我们重点讨论三种不同的研究思路——锚点法、共测法和延伸法。

1. 锚点法

锚点法的重点在于在数据搜集过程中寻找一个客观的"锚点",以此为基准来研究主观的心理现象,避免单纯依靠主观评测数据的局限。锚点法对跨文化研究特别有用,这是因为心理现象的外在表现往往受环境制约,而这种制约在跨文化的环境中尤为突出。拥有一个客观的锚点,能帮助研究者更好地运用和分析来自问卷法的主观数据,从而提升研究的质量。

众所周知,自我袒护是人类共有的心理现象。这种趋势使得人们往往会过高地估计自身的能力和成就——自我从宽趋势(self-leniency tendency)。在现有的文献中,有关自我从宽趋势的研究大都基于单一的问卷法或前面谈到的多群体问卷法(研究者要求参与者对自身能力进行评估,再将其自我评估与他人对其的评估进行比较,从而检测参与者是否有自我袒护的趋向)。

Xie 等(2006)研究了文化和个性对自我评估的影响。他们用问卷法测量了1 687位来自中国内地、中国台湾、中国香港、日本、加拿大的参与者的自我评估、文化价值观念和个性等一系列的变量。与此同时,对每一位参与者的认知能力进行了测试(Raven et al.,1991),以此作为一个客观的锚点,来衡量参与者在自我评估中的自我从宽趋势。在这个研究中,自我袒护这一心理现象是由众多的变量来测量和分析的,包括参与者自我报告的认知能力和自我估计的能力测试结果。而加入对每位参与者的能力测试的客观数据,则有助于加强研究的客观性。

Zhang 等(2015)研究了客户参与程度和跨国企业的国际化绩效之间的关系。他们认为进军海外市场的企业通常面临着当地企业无需负担的附加成本,这被称为"外来者劣势"。这种劣势主要包含合法性成本(如歧视性风险)和效率成本(如市场模糊性——在东道国或国外市场中处理和应用市场相关知识过程中所面临的困难)。因此,一个跨国企业需要付出更大的努力来建立客户参与制度以弥补自己的"外来者劣势"。为了检验这一命题,他们通过问卷调查了175家中国跨国服务企业,每个企业至少有三名高层管理人员参与调查,测量问卷包括国际化绩效、合法性压力、市场模糊性和客户参与等变量。由于这些测量问题跨度大,极易受到问卷回答者个人经验的影响,因此他们在问卷中加入一道题目,测量被调查者对客户参与制度的介入程度和对这些问题的熟悉程度。以此题的回答为基础,他们删去了10家企业的数据。这样的做法虽不能从根本上消除问卷数据的主观性问题,但是它有助于研究者确立一个锚点,以判断问卷调查数据的质量。

2. 共测法

共测法的重点是运用自我报告和非自我报告的数据测量同一个变量,从而达到用主客观数据共同测试、相辅相成的目的。使用共测法可以有效地规避由依赖单一数据源而衍生的种种弊端,更加可靠地审视变量之间的联系。两个例子可以帮助说明这一方法的应用。

Xie 和 Johns(1995)研究了工作设计和员工心理健康的关系。他们预测工作的复杂程度和员工的情绪耗竭及焦虑之间是 U 形的抛物线的关系。换言之,太过复杂或太过简单的工作均会对员工的心理健康产生负面的影响。其研究样本包括从事 143 种工作的 418 名加拿大员工,涵盖从事复杂工作的员工(如高层主管)和从事简单工作的员工(如装配线上的工人)。

此研究的自变量——工作的复杂程度的数据取自三个独立的数据来源:(1)员工的自我报告(Hackman & Oldman,1980);(2)职业头衔手册(Roos & Treiman,1980);(3)职业声誉手册(Treiman,1977)。研究者根据每一位样本提供的其从事的工种的信息,取得在职业头衔手册和职业声誉手册中有关该工种的复杂程度的指标,登录在数据库上,由此形成有关工作的复杂程度的多源数据。该研究的结果显示,取自三个独立来源的工作复杂程度变量均与员工的情绪耗竭呈现 U 形的抛物线关系。

Ou 等(2014)研究了 CEO 谦逊与公司高层管理团队(TMT)整合、中层管理团队授权感之间的关系。她们的样本来自 328 名 TMT 成员、645 名中层经理和 63 名民营企业的 CEO。为了在中国情境中恰当地测量 CEO 的谦虚,她们通过多个样本开发了新的量表,发现了 CEO 越谦逊,越会更多地使用授权式的领导行为,从而促进 TMT 的整合并提高中层管理人员的授权感,最终提高他们的工作绩效和敬业度。在这项研究中,研究者的核心变量是 CEO 的谦逊。为了提高研究结果的可信度,她们在假设检验结束后,对 51 位 CEO 进行深度访谈,询问他们对于诸如"人定胜天"、企业面临的挑战和机遇、其他 TMT 成员的表现等话题。访谈结束后,她们对这些访谈进行了编码加工,发现这些定性材料得出的 CEO 谦逊结论和此前的量表测量存在着高度的一致性。虽然作者并没有像 Xie 和 Johns(1995)那样把不同来源的数据应用到最终的假设检验中,但是这样定性数据的补充也有效地弥补了单一量表数据的不足,提高了研究结果的严谨程度。

以上两个例子给了我们重要的启示。首先,基于独立来源的数据的研究结果比产生于单一数据源的结果更真实、更可靠、更具有说服力,因为它们拥有外部效度。其次,被调查者自我报告的信息与其他来源(如专家们在两种手册中所测定的同一工作的复杂程度)呈正相关的关系,且具有相似的预测性。这样的结果提示我们不可低估被调查者对自身从事的工作认识的准确性,也不可低估问卷法的重要性。关键在于我们在使用问卷调查法的过程中,能否尽可能地减低主观性,而运用来自自我报告和非自我报告的数据共同测试同一变量,可有效地达到这一目的。

3. 延伸法

延伸法的重点是运用非自我报告的数据延伸研究范畴。在这里,自我报告的和非自我报告的数据所测量的不是同一个变量,而是在一个大的构念中的不同的组成部分。

员工健康是一个巨大的构念。在组织行为学领域里,绝大部分有关工作压力和员工健康的研究用心理健康作为结果变量。这一方面是因为心理学是组织行为学的基础科学;一方面也是因为心理健康的数据很容易通过问卷调查法采集。

在 Xie 等(2008)对国内员工的压力和健康的纵向跟踪研究中,有关员工健康的数据取自于三个独立的来源:(1)员工的自我报告(心理健康指标,如情绪耗竭;生理健康指标,如上呼吸道感染的发病情况);(2)免疫机制指标(免疫球蛋白 A,免疫球蛋白 M);(3)血压。研究者对 496 位参与者跟踪三年,从每位参与者那里搜集问卷、血样、血压,并从企业搜集与之相关的工作表现和缺勤数据,以此建立起相对完整的有关员工工作、健康和行为的数据库。这样的数据给予研究者有关员工健康的新的知识和感知。而这些知识和感知,对延伸员工健康的研究范畴大有助益。

从事这样的研究,需要研究者有很大的付出。与付出成正比的是,它赋予研究者许多的灵感。我们学习到人的健康是一个极为繁杂的综合体,而心理健康只是其中的一部分。我们了解到不同的健康指标之间的关系是极为复杂的。而且,健康是一个动态的、连续的过程,而数据搜集到的只是静态的瞬间现象。我们不能天真地认为一旦拥有了非自我报告的数据,便拥有了研究的客观性。对主客观数据有效的综合运用需要研究者付诸心血、刻苦学习、反复摸索、不怕失败、超越自我。

以上我们讨论的锚点法、共测法和延伸法同属多来源数据综合法,其共同特点是从多个来源采集数据,以弥补单独依赖问卷数据的不足。锚点法意在寻找一个相对的客观数据形成锚点,以此为基准来研究主观的心理现象。共测法运用自我报告和非自我报告的数据测量来同一个变量,为研究结果提供外部效度的依据。

延伸法帮助研究者跨越自己的研究领域、延伸研究的范畴。在问卷研究中,如果研究结论建立在单一的主观数据之上,其结果难免由于无法明确地判断所预测的因果关系而受到质疑。因此,当我们将研究基于对自我报告的数据和非自我报告的数据的搜集和分析之上后,可使研究结果更为清楚、翔实和丰富,可增强问卷调查法的有效性。

7.5 中国背景下使用问卷调查法的问题和思考

在过去的三十多年间,中国社会的转型变迁为中国管理学研究提供了宝贵的历史机遇和研究素材,也引起了国际学术界广泛的兴趣。在这一背景下,中国学者在国际主流管理学期刊发表论文的数量近年来呈现快速上升的态势。梁建、刘芳舟和樊景立(2017)针对2006—2015年在11本覆盖组织行为学、人力资源管理和战略管理等领域的国际期刊中发表的文章进行了梳理。他们发现共406篇文章使用了中国样本,而用问卷调查法搜集数据的文章占到了这一总数的57.4%(233/406)。由此可见,问卷调查法是目前中国学者进行组织管理研究时主要依赖的方法之一。鉴于其重要性,我们有必要审视在中国情境下使用问卷调查法的局限和问题。

7.5.1 沿用现有量表的局限和注意事项

许多中国学者在从事问卷调查前,首先想到的是如何利用现有的量表。这是一种相当普遍的现象,毕竟,人生是短促的,学术生涯是有限的,如果能沿用前人留下的宝贵精神财富和学术工具,那就没必要自己重新设计量表。通过将西方学者开发、使用的量表直接翻译成中文,将其运用到中国情境中进行数据搜集,研究者不但可以节省开发新量表所需要付出的时间和研究成本,而且使用相同的测量工具保障了研究结果在不同情境下的可比性,有利于促进管理学知识的积累和发展。

1. 沿用现有量表的有效性

在问卷调查中,沿用现有文献开发的量表从数据搜集的角度至少有两点益处。第一,在文献中占有显著地位的量表一般有较高的测量质量。现有的量表尤其是组织行为学文献中占有一定地位的量表,往往已被不同的研究人员在不同的研究环境和不同的群体中使用过。反复的应用确保了这些量表能贴切地测量它们所代表的概念和变量(效度),也证实了这些变量的稳定性和准确性(信度)。因此,使用成熟量表有利于确立调查数据的可信度,避免被质疑的风险。第二,在文献中被反复使用的量表认可度高。在学术领域中,研究者为社会服务的一个重要途径是发表论文。发表在具有领先地位的期刊上的论文必然已经受过严谨的专业审核。使用不可靠的量表绝对不可能产生可靠的研究结果,论文亦无可能在一流的杂志期刊上发表。换言之,在高质量的国际期刊上发表的实证论文必须建立在翔实的实地研究基础之上,而翔实的实地研究必须基于可靠的量表。这样就造成了一种循环:在权威性的期刊中发表的实证论文常常沿用高质量的量表,这些论文的发表强化了这些量表的权威性,使更多的研究人员使用这些量表,而对这些量表的反复使用有助于提升其质量,从而使用它们更容易被一流期刊发表。在这样的循环过程中,反复使用的量表在学术领域渐渐产生品牌效应,学者们使用它们,学术界认可它们。

2. 沿用现有量表的局限

在问卷数据搜集过程中,选择沿用现有量表是一种非常自然的选择。但是正是这种选择的普遍性,我们必须清醒地认识到这一做法可能存在的种种局限性,特别是当我们使用的源于西方的量表时。

文化上的局限性。在目前的组织管理研究中,大多数现有的理论和量表都是建立在对西方(尤其是北美洲)组织现象的观察和总结的基础之上的。这些理论在指导和解释西方组织管理现象方面卓有建树。但如果将其应用在跨文化的环境中,则需要仔细研究其实用性和可行性。众所周知,我们中国的传统文化与西方有很大的差异。虽然飞速发展的现代化进程在相当程度上缩减了文化上的差异(Egri & Ralston,2004;Ralston et al.,2006),但是民族文化的内涵及其对人的心态和行为的影响仍是不可忽视的。我们在对国人进行组织行为学研究的过程中,要时时注重中国文化的独特性和西方理论及量表的局限性,对西方的理论要学通吃透,对西方的量表要审慎而灵活地采用。

时间上的局限性。一个量表的发展通常要经过创建、测试、发表传播、进一步测试、成熟化的过程。这个过程往往是漫长的,许多环境因素都可能在这个过程中产生变化,从而对量表的持续可行性产生挑战。例如,我们提到的工作诊断问卷产生于20世纪70年代,在20世纪80年代进入成熟状态。但是随着信息技术的高速发展,许多原有的工种逐渐消失,有些工作和工种虽然没有被淘汰,但其性质产生了许多的变化(如计算机化操作)。同时,高科技飞速发展和普遍应用也催生了大量的新工作和新工种。工作特征模型的五大核心工作特征是否仍能全面地预测和解释当今职场中的工作性质?换言之,当今职场中的工作丰富化与30年前相比,是否已有长足的发展?这其间的发展趋势是否仍能以特征模型来表述?这些问题既是理论性的,又是实证性的。我们在沿用现有量表的时候,要常常考虑一系列的问题:此量表所测量的概念是否过时?所依据的环境与中国现在的组织情境有何差异?对同一概念是否已有新的量表?而新生的量表与旧有的量表有什么相关性和互补性?

3. 沿用现有量表时要注意的问题

考虑以上两点局限,我们建议研究者在中国情境中使用已有的西方量表时,需要注意以下三个方面的问题:

第一,研究人员要确认源于西方量表在中国情境中搜集数据的适用性(applicability)。适用性可从以下三方面进行分析:(1)概念上的适用性。选用的西方量表是否全面、准确地测量了您想要测量的概念?(2)文化上的适用性。选用的西方量表能否为国内的员工广泛地理解和接受?(3)样本上的适用性。选用的西方量表是可以普遍应用于国内的不同的群体,还是只适合于某一特定的群体。如是后者,研究人员需仔细审核该量表是否适用于自己的研究将要关注的群体。

第二,一旦选定了现有的量表,研究人员应尽量沿用其量表中所有的问题(item),不要任意删改。例如,Xie 等(2006)研究了文化和个性对自我评估的影响,他们在测量参与者的文化价值观念——个人主义和集体主义时,使用了 Triandis 和 Gelfand(1998)的量表中的全部 16 个问题。因为文化价值观念是此项目中极为重要的变量,需要尽可能全面地进行测量。同时,Triandis 和他的同事们指出:在个人主义和集体主义这两类价值观念中,又各有垂直和平行的两种价值取向分布,从而形成四种价值取向(vertical individualism, horizontal individualism, vertical collectivism, horizontal collectivism)。Triandis 和 Gelfand 用了 16 个问题测量四个变量,即用四个问题来测量每一个变量。如果研究者轻易地删减该量表中的问题,将很难准确地研究这四种独特的价值取向。

在这个研究项目中,Xie 等人在测量与自我评估有关的个性因素时,则对量表中所含的问题采取了有选择地使用。他们从自恋个性量表(narcissistic personality inventory; Raskin & Hall, 1979)中挑选了五个问题来测量自我优越感(self-perceived superiority)和四个问题来测量自我表现欲望(exhibitionism)。这是因为 NPI 的量表冗长而细致,对于测量这两个个性因素而言,九个问题已可以达到要求。需要注意的是,她们对问题的删减是经过仔细的理论分析和预测试的。研究人员如删减现有量表中所含的问题,要极为小心。因为删减问题很可能会影响该量表的效度和信度。除非有理论上的合理性,否则不应随意删减。即使是建立在有理论依据上的删减,也必须仔细地测试和确认该量表在删减项量之后是否符合心理测量学的要求。

问卷设计的一个重要准则是准确而简约。切不可为追求简约而放弃准确。用少于三个或四个问题来测量一个变量是很困难的。一方面,研究者难以用极少的问题来测评与观察答卷者的回答。另一方面,用太少的问题难以稳定而准确地测评答卷者人与人之间的差别性,以及答卷者本身内在的稳定性(cross-subject variance and within-subject consistency),从而极难达到较高的信度。

第三,研究人员要确保翻译的质量。优质的翻译是量表质量的保证。对此,跨文化研究的方法论专家们提供了许多建议,如反向翻译(back translation; Brislin, 1980)已是被广泛接受的方法。反向翻译即用两组不同的研究人员分别翻译同一个量表。比如,在一组研究人员将量由英文译成中文以后,由另一组研究人员将量表由中文译成英文,两组研究人员共同研究在双重翻译中产生的差异,并予以解决。反向翻译的重点在于减少在翻译中出现的主观偏差,从而提高翻译的准确性。需要指出的是,即使是最严格的反向翻译,或三重翻译,仍不能彻底解决在翻译量表中存在的客观障碍。

客观障碍的来源之一是词汇的外延。每一个词汇都有其内涵和外延。内涵为其具体代表的内容,而外延则是与此词汇相关的情境和概念。即使是最杰出的翻译家,也难以"翻译"出词汇的外延,因为人们对词汇外延的理解是因人而异、因文化而异的。我们中国人在听到"面子"这个词汇时,可以有极为丰富的联想,"给面子""不给面子""有面子""没面子""丢面子""打肿脸充胖子",等等,这些有关面子的外延内容来自我们的文化、我们的生活、我们对周遭环境的观察和理解。而面子这个词汇翻成英语就是"face",face 是一个相当准确的翻译,但西方人对 face 的外延理解比国人要单薄许多。

翻译量表中存在的客观障碍的另一来源是语义学上的差异。英文和中文在表达的细腻程度和方式、方法上都有差异。中文起源于象形文字,对现象的表达力求精确和细微,几千年历史的沉淀使中文词汇极为丰富,相对繁杂。相比较而言,英文是一种更直接更简约的语言。有些英文词汇翻成中文,往往可以有多种词意的选择,如"ambition"这个词汇在中文字典上有着"抱负""志气""雄心""野心""奢望"和"热望"等多种诠释,而不同的词意可给予答卷者全然不同的感受,如"雄心"与"野心"、"奢望"与"热望"具有很不同的内涵,"雄心"及"热望"是褒义词而"野心"与"奢望"则含贬义,一个本是中性的英文词汇在翻成中文时居然可以导致如此众多的可能性,迫使研究者在多种可能的译意中做出选择。研究者在这个选择的过程中,必然会带入自己的主观意愿。而这些主观意愿的开启,则源于翻译中的客观障碍。

从以上讨论可以看出,恰当准确的量表翻译并不是一件容易的工作。从事量表翻译工作的人员应是双料的专业人士:既要精通双语,又要精通管理学的学术领域。更重要的是,翻译者必须认真、负责、对翻译工作有热情,而不能应付了事。如果一量表已有现成的译本,而该译本已被应用在中国情境中,得到了学术界的认可,则可选用现有的译本,无须另行翻译。在组织管理研究中,任何研究领域发展都是一个复杂的过程,对相关概念的开发、理解、测量、分析和确定不仅是循序渐进的,而且是相辅相成。在这个过程中,现存的概念和量表永远无法满足研究的需要。当研究者仅靠现有的理论、概念和量表不足以回答自己研究的问题、不能满足研究的需要时,就必须从实地调查开始,设计适应于国内情境和国人状况的新的量表。我们在本书的第13章会重点讨论如何实现对理论构念的测量问题。

7.5.2 中国文化特征对使用问卷调查法的影响

问卷调查的本质是使用简短的语句,通过个体的评价和感知去获取外部信息。严格意义上讲,问卷调查测量获得的信息是个人某种特定的态度和行为。即使在研究以社会交互为主的现象时,问卷测量获得的信息也只是个人对社会交互的参与解释和评价。这一特点通常被称为方法论的个人主义(methodological individualism)(Risjord,2014)。它使得我们在使用问卷调查法探讨中国某些管理现象时,可能会存在很多不足之处,所以我们建议研究者谨慎使用这一方法。我们提出这一观点基于以下两点判断:

第一,高语境的沟通特征是中国文化传统的突出特征之一(Hall,1976),而这一特征可能限制了我们通过简单的语句对某些话题在中国情境中进行测量。为了理解沟通方式的跨文化差异,Hall提出可以从不同社会对维系人际关系的重视角度理解沟通规范,并由此区分高语境(high context)和低语境(low context)社会。在高语境社会中,个人在社会互动中的语言使用必须关注他人地位和情绪,为所有小组成员保存"面子",以维系关系和谐。因此,沟通本身不能与人际关系的很多因素分开,因为人们必须了解互动中的其他人与自己的关系,以及每个人扮演什么样的等级角色,才能确切地理解某句话特定的含义。而在低语境的社会中,个人希望有效地传递信息,其沟通的是交换信息,而不是维系人际关系。这种特征使得中国人的语言使用往往具有丰富的内涵和外延,同一句话在不同场合可能具有截然不同的含义。例如,在某一个量表中,有一道题目"别人请我吃饭,我会尽快找机会回报"。很显然对这道题目可以有很多不同的理解和判读,离开了具体的社会情境很难让人回答在多大程度上同意这种陈述。

第二,在注重人际关系的中国社会中,社会取向是中国人在其生活圈中的运作和适应方式,这种背景使得我们很难割裂地观察个体的态度和行为。产生于北美的组织行为学理论的基础是重视个人发展、个人的独立性、个人需求的满足及尊重个性的差异(Markus & Kitayama,1991)。西方主流的个性理论一直把个体看成是"一个自我调节的、自主的独立个体,由一系列内部特征组成的、与众不同的形态"。外显行为大多是这些内部特征所导致的结果(Markus & Kitayama,1991)。针对这一特点,杨国枢先生(1993)曾用社会取向来表述中国人不同于西方人典型的行为倾向。他认为西方社会科学更多体现的是一种个体取向(individual orientation),即以自主性为重,所强调是个体如何支配、控制、改变及利用自然环境与社会环境,以满足个体的欲望、兴趣及情绪;而中国人则更多体现出的是一种社会取向(social orientation),即以融合性为主,强调的是个体如何经由顺服、配合及融入自然和社会环境,以期与环境建立并保持和谐关系,甚至与环境合而为一。在社会取向的影响下,中国人特别重视建立和保持和谐的人际关系,容易表现出顺从他人的行为、不得罪人的行为、符合社会预期的行为及顾虑别人意见的行为。从这层意义上讲,问卷调查可能有些时候并不能有效、完整地表述中国人的行为倾向。

可以说明以上观点的一个例子就是我们对中国人"关系"的研究。"关系"是中国人家喻户晓的一个概念,也是最早进入组织管理视野、具有鲜明中国文化特征的概念之一。Tsui 和 Farh(1997)对"关系"的概念及其在中国人环境中的应用性进行了深入的分析。从中国传统文化的角度切入,他们分析了关系的文化根源,指出孔子学说的"伦"定义了中国传统文化对关系的诠释。正是由于这一概念鲜明的中国文化特征,在过去几十年间研究者陆续使用了多种测量方式,意图通过问卷研究推动这一领域的发展。这其中包括的方式有:客观特殊关系纽带(particularistic ties),即同学、同乡、同事等(Farh et al.,1998);具体的行为,即"在工作之余,该员工与我会一起从事休闲活动"(Law et al.,2000);关系质量(Chen & Peng,2008)等。虽然这些问卷测量都有一定的内容效度,属于中国人所理解的"关系"范畴,但是很显然,这些测量都很难完整地测量"关系",触及这一概念的核心部分。

与此形成对比的一个例子是 Jing 和 Van de Ven(2014)以阴阳视角对中国企业变革规律的研究。在过去以西方学者为主要贡献来源的文献中,研究者倾向于把组织变革看作一次性的过程。大多数的组织变革模型反映了变革者的重要性,特别强调他们的意图及管理这些变革的计划。而在这项研究中,两位作者以成都公交公司变革的过程,归纳描述一个中国管理者如何审时度势,根据情境的变化把变革操作成连续的、循环的、没有终点的过程。这个建立在阴阳逻辑之上的观点为组织变革理论与实践提供了一个全新的理论视角。可以想象,如果通过问卷调查法去研究这样一个话题,几乎是一个不太可能完成的任务。然而在这个例子中,作者通过具体变革案例提供了丰富的定性材料,为发展组织变革的阴阳模型提供了厚实的描述(thick description),使得中国情境和文化逻辑有效地整合进了研究者的理论发展之中。这个例子提示我们,基于中国文化的某些现象往往具有很强的整体性特征。这时贸然地选择问卷调查的方法,虽然可以取得一定的成果,但是由于缺乏对这些现象进行系统性的理论研究,往往事倍功半。因此,我们建议研究者在对具有较高本土情境的议题进行研究时,谨慎地选择问卷研究法。

7.6 结语

以上的章节重点介绍了在实证研究中的问卷调查法。由于其操作简单、便捷,问卷调查法近年来一直是中国管理研究者普遍采用的一种实证研究方法。一份问卷是如此平常和普通,很少人能真正理解其中凝聚着多少研究人员的心血。我们希望这一章的介绍能够使得读者更加全面地了解问卷调查法。问卷的质量好坏有天壤之别,将会直接影响数据质量。如果你有意于借助问卷调查法从事组织管理研究,以下的建议或许对你有所助益:

- 设计问卷前,确立研究思想和研究假设,在此基础上,确定研究变量;
- 如沿用现有的量表,确认量表的适用性和可行性;
- 如翻译西方量表,确保翻译质量,并做前期测试;
- 如自行设计量表,仔细研究变量及适用的尺度,尽量采用数据分辨度高的尺度,如间隔法或比例法;
- 避免使用双重意义的词句、诱导性的词句及需依赖记忆方可回答的问题,避免启动答卷者为满足社会期望而提供答案的动机;
- 用简单的语言设计问卷,问卷不宜过长;
- 如可能,亲自发放和搜集问卷;
- 在研究道德准则指导下,实施实证研究的每一步骤。

如你有意采纳多来源数据综合法以弥补单一问卷调查法的不足,请参照以下的提醒事项:

- 此研究项目要解决什么理论问题?
- 采用来自不同来源的数据能在什么程度上帮助解决如上的问题?

- 就此研究项目而言,什么是最理想的非自我报告的数据?
- 我是否了解将要搜集的非自我报告的数据的性质?它们的优势和劣势是什么?
- 我是否了解应该如何搜集非自我报告的数据,以确保其信度和效度?
- 我是否了解应该如何分析非自我报告的数据?
- 我是否已准备好了面对搜集和分析非自我报告的数据过程中的困难与挑战?

问卷调查法的日益普及也使得这种方法某种程度上存在因误用而污名化的问题。不少人认为问卷调查法是一个技术含量低但却快捷的数据搜集方式。实际上,作为现代实证研究方法的一种,问卷调查法和其他研究方法一样,都需要遵循同样的学术标准,进行有系统、扎实的问卷设计,以及数据搜集和统计分析,接受同行专家和杂志主编严格的评审。中国管理学者有责任去从中国组织情境的角度去思考如何恰当地使用问卷调查法,避免误用和滥用这一实证方法。恰当地使用问卷调查法不仅有利于中国管理研究的健康发展,也必将随着中国改革和工业化进程的逐步深入,最终贡献于全球管理学的知识发展。

参考文献

Amazon. com. (2010). Mechanical Turk. Retrieved from http://www.mturk.com.

Barlett, J. E., Kotrlik, J. W. & Higgins, C. C. (2001). Organizational research: Determining appropriate sample size in survey research. *Information Technology, Learning, and Performance Journal*, 19, 43—50.

Baruch, Y. & Holtom, B. C. (2008). Survey response rate levels and trends in organizational research. *Human Relations*, 61, 1139—1160.

Bethlehem, J. (2009). *Applied Survey Methods: A Statistical Perspective*. NY: John Wiley & Sons.

Brislin, R. (1980). Translation and content analysis of oral and written material. In Triandis, H. C. & Berry, J. W. (Eds.), *Handbook of Cross-Cultural Psychology* (Vol. 2, pp. 389—444). Boston: Allyn and Bacon.

Chang, S. J., Van Witteloostuijn, A. & Eden, L. (2010). From the editors: Common method variance in international business research. *Journal of International Business Studies*, 41, 178—184.

Chen, X. P. & Peng, S. (2008) Guanxi dynamics: Shifts in the closeness of ties between Chinese coworkers. *Management and Organization Review*, 4, 63—80.

Cochran, W. G. (1977). *Sampling Techniques* (3rd Ed.). NY: John Wiley & Sons.

Cole, M. S., Bedeian, A. G. & Field, H. S. (2006). The measurement equivalence of web-based and paper-and-pencil measures of transformational leadership. *Organizational Research Methods*, 9, 339—368.

DeBeuckalaer, A. & Lievens, F. (2009). Measurement equivalence of paper-and-pencil and internet organizational surveys: A largescale examination in 16 countries. *Applied Psychology*, 58, 336—361.

Egri, C. P. & Ralston, D. A. (2004). Generation cohorts and personal values: A comparison of China and the United States. *Organization Science*, 15, 210—20.

Farh, J. L., Tsui, A. S., Xin, K. & Cheng, B. S. (1998). The influence of relational demography and guanxi: The Chinese case. *Organization Science*, 9, 471—488.

Fenton-O'Creevy, M. (1996). Employee involvement and the middle manager. Unpublished dissertation, London Business School.

Ganassali, S. (2008). The influence of the design of web survey questionnaires on the quality of responses. *Survey Research Methods*, 2, 21—32.

Groves, R. M., Cialdini, R. B. & Couper, M. P. (1992). Understanding the decision to participate in a survey. *Public Opinion Quarterly*, 56, 475—495.

Groves, R. M., Fowler, F. J., Couper, M. P., Lepkowski, J. M., Singer, E. & Tourangeau, R. (2004). *Survey Methodology*. Hoboken, NJ: John Wiley & Sons.

Groves, R. M. & McGonagle, K. A. (2001). A theory-guided interviewer training protocol regarding survey participation. *Journal of Official Statistics*, 17, 249—266.

Hackman, J. R. & Oldman, G. R. (1975). Development of the job diagnostic survey. *Journal of Applied Psychology*, 60, 159—170.

Hackman, J. R. & Oldman, G. R. (1980). *Work Redesign*. Reading, MA: Addison-Wesley.

Hall, E. T. (1976). *Beyond Culture*. Gardon City, NY: Doubleday and Company.

Healey, B., MacPherson, T. & Kuijten, B. (2005). An empirical evaluation of three web survey design principles. *Marketing Bulletin*, 16, 1—9.

Jing, R. & Van de Ven, A. H. (2014). A Yin-Yang model of organizational change: The case of Chengdu bus group. *Management and Organization Review*, 10, 29—54.

Krejcie, R. V. & Morgan, D. W. (1970). Determiningsample size for research activities. *Educational and Psychological Measurement*, 30, 607—610.

Krosnick, J. A. (1999). Survey research. *Annual Review of Psychology*, 50, 537—567.

Law, K. S., Wong, C. S., Wang, D. & Wang, L. (2000). Effect of supervisor-subordinate guanxi on supervisory decisions in China: An empirical investigation. *International Journal of Human Resource Management*, 11, 751—765.

Markus, H. R. & Kitayama, S. (1991). Culture and the self: Implications for cognition, emotion, and motivation. *Psychological Review*, 98, 224—53.

Meade, A. W., Michels, L. C. & Lautenschlager, G. J. (2007). AreInternet and paper-and-pencil personality tests truly comparable? An experimental design measurement invariance study. *Organizational Research Methods*, 10, 322—345.

Ou, A. Y., Tsui, A. S., Kinicki, A. J., Waldman, D. A., Xiao, Z. & Song, L. J. (2014) Humble chief executive officers' connections to top management team integration and middle managers' responses. *Administrative Science Quarterly*, 59(1), 34—72.

Paulhus, D. L. (1991). Measurement and control of response bias, In Robinson, J. P., Shaver, P. R. & Wrightsman, L. S. (Eds.), *Measurement of Personality and Social Psychology Attitudes* (pp. 17—59). San Diego, CA: Academic Press.

Podsakoff, P. M., MacKenzie, S. B., Lee, J. Y. & Podsakoff, N. P. (2003) Common method biases in behavioral research: A critical review of the literature and recommended remedies. *Journal of Applied Psychology*, 88, 879—903.

Ralston, D. A., Pounder, J., Lo, C. W. H., Wong, Y., Egri, C. P. & Stauffer, J. (2006). Stability and Change in Managerial Work Values: A Longitudinal Study of China, Hong Kong, and the U. S. A.. *Management and Organization Review*, 2, 67—94.

Raskin, R. N. & Hall, C. S. (1979). A Narcissistic Personality Inventory. *Psychological Reports*, 45, 1, 55—60.

Raven, J. G., Raven, J. & Court, J. H. (1991). *Manual for Raven's Progressive Matrices and Vocabulary Scales*. Oxford, UK: Oxford Psychological Press.

Risjord, M. (2014) *Philosophy of Social Science: A Contemporary Introduction*. NY: Routledge.

Rogelberg, S. & Stanton, J. (2007) Understanding and dealing with organizational survey nonresponse. *Organizational Research Methods*, 10, 195—209.

Rogelberg, S. G., Luong, A., Sederburg, M. E. & Cristol, D. S. (2000) Employee attitude surveys: Examining the attitudes of noncompliant employees. *Journal of Applied Psychology*, 85, 284—93.

Roos, P. A. & Treiman, D. J. (1980). DOT scales for the 1970 census classification. In Miller, A. R., Treiman, D. J., Cain, P. S. & Roos, P. A. (Eds.). *Work, Jobs, and Occupations: A Critical Review of the Dictionary of Occupational Titles* (pp. 336—389). Washington, DC: National Academic Press.

Rotundo, M. & Xie, J. L. (2008). Understanding the domain of counterproductive work behaviors in China. *International Journal of Human Resource Management*, 19, 856—877.

Salkind, N. J. (1997). *Exploring Research* (3rd Ed.). Upper Saddle River, NJ: Prentice Hall.

Sawyer, A. G. & Ball, D. (1981). Statistical power and effect size in marketing research. *Journal of Marketing Research*, 18, 275—290.

Schwarz, N., Knäuper, B., Oyserman, D. & Stich, C. (2008). The psychology of asking questions. In De Leeuw, E. D., Hox, J. J. & Dillman, D. A. (Eds.), *International Handbook of Survey Methodology* (pp. 18—34). NY: Lawrence Erlbaum Associates.

Schwarz, N., Hippler, H. J., Deutsch, B. & Strack F. (1985). Response scales: Effects of categoryrange on reported behavior and subsequentjudgments. *Public Opinion Quarterly*, 49, 388—395.

Slater, S. F. & Atuahene-Gima, K. (2004). Conducting survey research in strategic management. *Research Methodology in Strategy and Management* (pp. 227—249). UK: Emerald Group Publishing Limited.

Snow, C. C. & Hambrick, D. (1980). Measuring organizational strategies: Some theoretical andmethodological problems. *Academy of Management Review*, 5, 527—538.

Stevens (1951). Mathematics, measurement, and psychophysics. In Stevens, S. S. (Ed.), *Handbook of Experimental Psychology* (pp. 1—49). NY: Wiley.

Treiman, D. J. (1977). *Occupational Prestige in Comparative Perspective*. NY: Academic Press.

Tsui, A. S. & Farh, J. L. (1997). Where Guanxi matters: Relational demography and Guanxi in the Chinese context. *Work and Occupation*, 24, 56—79.

Triandis, H. C. & Gelfand, M. (1998). Converging Measurement of Horizontal and VerticalIndividualism and Collectivism. *Journal of Personality and Social Psychology*, 74, 118—28.

Weiner, S. P. & Dalessio, A. T. (2006). Oversurveying: Causes, consequences, and cures. In Kraut, A. I. (Ed.), *Getting Action from Organizational Surveys: New Concepts, Methods and Applications* (pp. 294—311). San Francisco, CA: Jossey-Bass.

Xie, J. L., Roy, J. P. & Chen, Z. G. (2006). Cultural and individual differences in self-rating behavior: An extension and refinement of the cultural relativity hypothesis. *Journal of Organizational Behavior*, 27, 341—364.

Xie, J. L. & Johns, G. (1995). Job scope and stress: Can job scope be too high? *Academy of Management Journal*, 38, 1288—1309.

Xie, J. L., Schaubroeck, J. & Lam, S. (2008). Theories of job stress and the role of traditional values: A longitudinal study in China. *Journal of Applied Psychology*, 93, 831—848.

Zhang, X., Zhong, W. & Makino, S. (2015). Customer involvement and service firm internationalization performance: An integrative framework. *Journal of International Business Studies*, 46, 355—380.

梁建,刘芳舟和樊景立(2017). 中国管理研究中的量表使用取向(2006—2015):关键问题与改进建议. 管理学季刊,2,41—63.

徐淑英(2016). 商学院的价值观和伦理:做负责任的科学. 管理学季刊,1,1—17.

杨国枢(1993). 中国人的社会取向:社会互动的观点. 载于杨国枢,余安邦主编,中国人的心理与行为——理念及方法篇,87—142. 台北:桂冠图书公司.

第8章　二手数据在管理研究中的使用

周长辉[*]　　北京大学

> ▶ 本章大纲
>
> 引言
> **8.1**　界定二手数据
> **8.2**　二手数据的传统与贡献
> **8.3**　文本形式的质性数据
> **8.4**　矩阵结构化的量化数据
> **8.5**　二手数据的优越性
> 　　8.5.1　基于二手数据的样本量通常很大,样本甚至可以具有时间跨度,从而获得面板数据
> 　　8.5.2　二手数据通常具有较高程度的客观性
> 　　8.5.3　二手数据具有高度的可复制性,使实证研究更具有"他律性"
> **8.6**　使用二手数据的"眼、法、工"
> **8.7**　使用二手数据需要特别注意的问题
> **8.8**　结语：二手数据在中国的使用与新趋势

---

[*]　作者感谢其学生刘明坤、曹英慧、李宜轩、王现彪、李璨、李江雁、宋志涓、才让端智、吕渭星和张东芳对本章中有关文献统计和文字校对的协助。

引言

俗语说,"巧妇难为无米之炊"。对于管理学研究者来讲,没有数据,再好的理论创意也很难转变成为一篇实证论文。我在北京大学工作了十几年,这十几年来,经常能听到研究同行抱怨说数据的可获得性低,尤其是海外回来工作的管理学研究者更是抱怨有加。这也难怪。比如,在北美,企业通常对学术研究价值的认同度比较高,对学术调研很合作,这使得通过问卷获取数据的成功率一般很高。在国内,通过问卷调研获得数据却不容易有这样的运气。与微观层次的管理研究相比,宏观层次的管理研究尤其如此,这是因为这类研究,比如企业战略管理研究,通常需要在企业层次上采样,且通常需要 CEO 或者企业高管来亲自填写问卷,这些要求大大限制了问卷数据的可获得性。我的一位同事曾经就中外合资企业问题进行调研,他找到了一个中外合资企业的名录,以此作为样本框(sampling frame),以某种标准的统计方法抽取了其中的 1 000 家企业作为问卷调研对象,发放了事先设计好的问卷。最终的结果是只回收到 4 份问卷。一些研究者因此会想办法通过借助政府等有关权力部门的力量来发放和回收问卷,但学术调研能无条件地获得有关权力部门支持的并不多见,通常都是在替政府做调研课题中以"搭便车"的方式来发放和回收问卷。这样做的话回收率一般会有保证,但在这个过程中,且不说政府部门对问卷设计的干预,单说企业填写的动机对数据质量的影响就很难评价。

上面这段话绝非是要质疑或者贬低问卷调研这种获得一手数据的研究方法在中国运用的有效性,而是要引申出这样一个观点:高质量的一手问卷数据的确不易获取,但这并不意味着中国是一片数据的沙漠。在我看来,中国可以说遍地都是数据金矿。我这里说的数据金矿,就是指二手数据。本文将聚集于二手数据在管理学研究中的使用。二手数据通常用于宏观层次的管理学研究。宏观层次的管理学研究一般涉及(但既不能完全涵盖,也不限于)战略管理学研究、组织理论研究、国际管理研究、企业家创业研究、创新研究等。本文所讨论的内容均为宏观层次的管理学研究,所针对的读者也是从事此类研究的同仁们。

有的同仁也许会说,即便是就二手数据的获得性而言,国内也无法与国外相比。比如,在北美,由于有健全而有效的社会统计制度及适用于某些信息的披露制度,由于有成熟的行业协会和专业的数据服务公司,加之有自由而发达的出版发行业的存在,二手数据不但十分丰富,且容易获取,方便利用。这的确是实情。在国内,系统编制的优质二手数据库,特别是下文中所说的结构化的二手数据,尚还有限。但二手数据确如金矿,只不过丰富而珍贵的二手数据大多是以"矿石"的形式存在着,它等待着有心人去探索、识别和开发。研究者要像淘金者一样去"淘"。虽说"淘"金的过程并非容易,但终归比问卷调研更能做到自主可控。

当然,二手数据的价值绝对不仅仅是作为一手数据的替代。正如下文所强调的那样,二手数据有很多性能优于一手数据。也就是说,对于有些研究问题,采用二手数据优于采用一手数据。甚至,对于有些研究问题,非得采用二手数据不可。

8.1 界定二手数据

所谓二手数据(secondary data),是相对于一手数据而言的。一手数据(primary data)一般具有以下几个特征:(1)数据由研究者或者研究者训练和委托的研究助理(或者中介服务机构)按照研究者的问题设计直接向被调研对象搜集而成;(2)数据直接用于研究者自己的研究项目;(3)在数据搜集过程中研究者通常与被研究对象发生直接接触;(4)数据一般为研究者所拥有。

与一手数据相对应,二手数据一般具有如下特征:(1)原始数据是他人(或者机构)搜集的;(2)原始数据的搜集是为了其他的目的(可能是研究目的,也可能是行政管理目的或者别的目的),而不是专门为本研究设计而为;(3)研究者在使用二手数据时,通常不与数据中所涉及的研究对象发生直接的调研接触(如访谈、观察或者问卷发放与回收);(4)通常可以通过公共及公开的渠道获得。

我们常见的公开出版或披露的上市公司数据、专利数据、工业企业普查数据、世界银行提供的国家和城市年鉴数据、联合国跨国公司署提供的各国的对外直接投资(FDI)流入和流出数据等,都属于具有上述特征的二手数据。更一般的,报纸、期刊等都可以成为获得二手数据的来源。

广义地讲,二手数据的最初采集过程包括一手数据的采集方式。比如上市公司数据,对于广大的经济学、金融学、会计学和管理学的研究者来说,是典型的二手数据。但每家上市公司在根据披露制度按照标准表格填报有关数据和信息时,其过程本质上与填写调研问卷这样的一手数据采集过程别无二致。

全国工商联曾经邀请一些学者参与到它的中国企业家调查项目中,组成专家组,共同设计调研问卷。我的一位同事是专家组成员之一,负责某一类调研问题的设计。他说服了专家组把他正在进行的一项学术研究嵌入在该调研问卷中。当然,如前面所讲,"搭便车"常常需要对问题设计有所妥协,因为有很多类调研问题要在同一套问卷中被囊括,而问卷容量毕竟又有限,致使特定研究问题的设计无法得到全面的铺展,要忍痛做些割舍才行。但幸运的是,尽管问卷设计有所折扣,毕竟还是通过这个机会获得了宝贵的大样本问卷数据。这套数据对于我的这位同事来说,就是一手数据。这套数据后来公开了,为很多管理研究者所采用。对于后者来说,这套有点"包罗万象"的全国工商联数据就是二手数据了。这种使用二手的问卷数据的例子在文献中时能见到。

一手数据的这种"特定"使用,很大程度上要在原有的理论模型之外寻求想象的空间,这在本质上与"二手数据"的使用没有多大差别。我们在文献中会看到一些研究论文是以同一套问卷数据为基础的,这套数据对于其中的某些作者来说是一手数据,而对于其他作者来说则是二手数据——别人的一手数据。

人们通常用"挖掘"一词来形容二手数据的使用。很多人坚持认为二手数据挖掘属于数据驱动(data driven)的研究,并对此表示不屑。我不这么看。一方面,二手数据的使用完全可以是理论驱动(theory driven)。下文所列举的多篇优秀论文都是如此。另一方面,即便是数据驱动,亦无不可。任何数据,不论是何种形式,都是我们所处的世界的某种映像。研究者可以因为预先的某种理论创意和想象力识别了某种二手数据的学术价值,也可能是反过来受到数据的启发产生了新的理论创意,拓展了想象力。挖掘,应当理解为研究者与数据的互动过程,或者说是一个研究者通过与数据进行"交流"获得启发的过程。

在组织管理学研究文献中,二手数据的使用一般有以下几种形式:

第一,作为基本的数据来源与形式。

第二,作为辅助性的数据源泉,旨在增加对实证背景的理解和把握,或者用于对所选取样本数据的可靠性的确认。

第三,作为问卷数据的补充信息。比如通过二手数据获得 ROA 和 ROE 等客观性绩效指标,以此来补充问卷数据中的主观性绩效指标。

本章讨论的是第一种形式,即二手数据作为基本的数据来源和形式。这又可以分成两类。一类是作为案例研究方法的数据搜集方式,例如,Mintzberg 和 Walters(1982)研究的是一个零售连锁公司 60 年的成长历史,为此作者对跨度几十年的媒体资料和公司内部记录进行了系统的搜集、整理和分析;另一类是需要利用或有现成的较大规模样本的二手数据来进行基于理论的假设检验。本书中有专文讨论案例研究方法,因此本文聚焦于利用二手数据来进行基于较大样本的假设检验的研究。在这方面,二手数据又可以简单分为两类,一类是像上市公司数据库那样已经以矩阵形式被整理和准备好的量化数据(quantitative data),方便使用;一类是像报纸杂志那样以文本格式存在的质性数据(qualitative data),需要研究者进一步加工整理和提炼才能使用。

下面,我首先通过一些典型例子回顾二手数据在宏观组织管理研究文献中使用的传统和所做出的贡献。接下来,我采用一个方便的小样本对新近发表的管理学期刊的几篇论文进行了一次粗略的分析,借此来初步了解二手数据使用的一些分布性特点、优越性及使用时需要注意的方面。

8.2 二手数据的传统与贡献

宏观层次的管理研究继承了经济学和社会学等领域的研究主要依赖二手数据的传统。在组织理论文献中,采用二手数据的例子举不胜举。比如,Baum 和 Oliver (1996)从组织生态学和社会学的制度化理论视角来研究组织创立(organizational founding)问题,他们的实证分析所采用的数据来自 1971 年 1 月到 1989 年 12 月的多伦多城市地区的幼儿日间看护中心。他们的数据有两个来源,一个来源是多伦多城区的社区信息中心(Community Information Center of Metropolitan Toronto)所提供的《多伦多城区婴幼儿托管中心名录》(*Directory of Day Cares and Nursery Schools in Metropolitan Toronto*),这是一个包含所有日间看护中心有关信息的年鉴;另一个来源是加拿大安大略省的社区与社会服务部(Ministry of Community and Social Services)所提供的日间看护机构和业务的信息系统(Day Nurseries Information System),这个系统保存了安大略省所有日间看护中心的经营权记录和一些其他信息。作者利用这两个二手数据资源创建了一个实证样本和恰当的分析变量。这两个数据来源均是二手的数据来源,在数据性质上完全符合前文的四条界定标准。

在战略管理研究领域,PIMS 数据的贡献是非常具有代表性的一个例子。PIMS 数据实际上来自最初由通用电气(General Electric)发起的 Profit Impact of Market Strategies 项目,故而简称为 PIMS。该项目的建立是为了对企业战略与绩效的关系进行深入的研究和理解,项目后来转移到战略规划协会(Strategic Planning Institute),由该协会进行协调管理。按照 Hambrick 等(1982)的说明,大约有 200 家公司每年向 PIMS 项目提交涉及大约 2 000 个业务单元(business unit)的信息,这些信息涉及企业业务所处的环境、战略措施以及绩效。这样,经过长期而系统的汇集和整理,PIMS 数据成为研究环境、战略与绩效之间关系的一个宝贵的资源。后来,PIMS 数据向学术界开放,对于战略管理研究者来说,这是一套信息极其丰富的宝贵的二手数据,在一段时间内炙手可热,基于此数据库的大量的研究成果涌现出来,这些研究成果对战略管理学的发展,尤其对早期该领域的发展起到了重要的推动作用。

在国际商务研究领域,二手数据的贡献同样是巨大的。外国直接投资和跨国公司行为是国际商务研究的重要议题。而这方面研究的奠基性工作是20世纪六七十年代在哈佛大学进行的。其中,Raymond Vernon教授所创建和领导的"哈佛跨国公司项目"为此做出了尤其重要的贡献。1965年,在哈佛任教的Vernon教授担任该项目的主任,这个项目的设立是为了更好地研究美国和外国的跨国公司的全球运营行为。为此,Vernon所领导的团队决定创建一个系统的数据样本,他们选择那些至少在6个国家有直接投资和运营的大企业,系统搜集了这些企业的财务、组织、生产、营销等信息,到1976年,他们的数据库已经包含数百家企业的系统数据。这在当时几乎是唯一的关于跨国公司投资和经营的大样本数据库。到1976年,基于这个数据库所产生的学术成果包括19本专著、28篇博士论文和184篇学术期刊文章。

这样的例子在文献中随处可见。比如,在合资企业研究的文献中常被用到的加拿大西安大略大学的IVEY商学院所创建的"Toyo Keizai 日本企业对外直接投资数据库"。Toyo Keizai是日本的专业数据公司,该公司系统搜集、整理和出版多种数据,其中有一套数据是基于日本公司在全球投资和运营的年度信息汇编而成,每年以纸质形式出版发行。1994年,Paul Beamish教授和他的博士生注意到这个数据库的价值,于是着手通过手工录入的方式把纸版数据转变成电子版数据格式,然后进一步编码和创建了一系列可供理论分析的变量。后来,Beamish和他另一位博士生,即现在新加坡国立大学任教的Andrew Delios,对该数据库进行了持续的更新、补充和改进。据Beamish教授的统计,到2007年9月,加拿大西安大略大学IVEY商学院的教授和博士生们(包括毕业的和在读的)运用此数据库的数据一共发表了72篇学术期刊论文、出版了4本专著并写就了相关图书中的17个章节。

为了对二手数据的使用与学术贡献获得一个基本面的了解,我对2008—2016年涉及战略领域研究的四本主要学术期刊进行了考察。这四本学术期刊是 *Strategic Management Journal*(SMJ)、AMJ、*Organization Science*(OS)、*Journal of International Business Studies*(JIBS)。表8-1总结了各个期刊基于二手数据的论文在全部实证研究论文中所占的比例。总体来看,二手数据的使用比例在四个期刊中以AMJ为最低,以SMJ为最高,OS和JIBS在两者之间。AMJ是一份兼顾宏观与微观管理研究的学术期刊,而SMJ则专门发表战略管理研究论文,所以不奇怪为什么SMJ的二手数据的使用占很高的比例。而且SMJ中的二手数据使用比例在2011年竟然达到90.6%,意味着每10篇发表的实证型战略管理研究论文中,就有9篇可能是采用二手数据来进行假设检验的。这足以表明在战略管理研究领域二手数据的学术贡献占有主导地位。

第8章 二手数据在管理研究中的使用

表8-1 主要管理学期刊发表论文采用二手数据统计（2008—2016）*

年度	SMJ			AMJ			OS			JIBS		
	实证论文的总篇数	采用二手数据的论文篇数	比率	实证论文的总篇数	采用二手数据的论文篇数	比率	实证论文的总篇数	采用二手数据的论文篇数	比率	实证论文的总篇数	采用二手数据的论文篇数	比率
2008	70	53	0.757	54	35	0.648	41	27	0.659	68	43	0.633
2009	66	54	0.818	56	28	0.500	42	30	0.715	66	43	0.652
2010	63	56	0.889	62	37	0.597	56	36	0.643	65	47	0.724
2011	53	48	0.906	36	20	0.556	51	35	0.687	45*	31	0.688
2012	70	50	0.714	59	19	0.322	78	36	0.462	31	16	0.516
2013	75	65	0.867	74	20	0.270	78	44	0.564	37	29	0.784
2014	100	81	0.810	67	23	0.343	79	39	0.494	41	24	0.585
2015	105	81	0.771	68	17	0.250	90	55	0.611	45	24	0.533
2016	130	109	0.838	84	46	0.548	87	46	0.529	39	26	0.667
加总	732	597	0.816	560	245	0.438	602	348	0.578	392	283	0.722

* 2011年第5期的JIBS是案例研究专刊，故未纳入此统计之中；文献计量类的研究未纳入此统计之中。

我在这里报告这个小小的"调研"结果,还有另一个用意,即借此示意一下二手数据的使用,因为我这样做本身即是在使用二手数据资料,完全符合前文所述的二手数据的四个条件。我这里仅仅进行了描述性的统计分析。我完全可以用所回顾的期刊论文作为二手数据检验某种理论构想,但这需要首先有理论视角才行。这实际上就触及了"如何"(how to)使用二手数据的问题。这一点留到下文"眼、法、工"一节给予专门的说明和阐释。

8.3 文本形式的质性数据

在文献中,很多论文所利用的二手数据就像我上面回顾的已发表的学术论文一样,其原始存在形式实际上就是一堆文本资料,我们可以叫作质性数据,而不是直接能让 SPSS 或者 Stata 等软件读取的量化数据矩阵。这里有几篇论文作为例子。

第一个例子是在 SMJ 上发表的 Nadkarni 和 Narayanan(2007)。在这篇论文里,作者将产业发展速度、战略动态性及管理者认知这三方面的文献相结合,研究了产业发展速度(industry clockspeed)对战略谋划(strategic schema)、战略灵活性(strategic flexibility)和企业绩效三者关系之间的调节作用。作者将产业发展速度定义为产业在产品更新、流程技术替代及产业内组织的行为和结构变化这三方面的速度。战略灵活性是指企业能够预知变化,并在资源配置和战略行为两方面根据变化做出相应调整的能力。战略谋划反映的是高层管理者的认知、逻辑、知识体系和思维架构,高层管理者通过这些体现自我认知和信息处理方式的战略谋划来进行战略决策,采取战略行动。作者认为,复杂性和专注性是战略谋划的主要特征。作者提出一系列假设,这包括:产业发展速度将调节战略动态性和企业绩效之间的关系;战略谋划的复杂性将促进战略动态性的提高,在产业发展速度快的行业,这将积极地促进企业绩效的提高;战略谋划的专注性将促进战略稳定性,在产业发展速度慢的行业,这将成为企业成功的关键。

显然,这项研究的实证有两个关键。一个关键是需要选取一个合适的研究背景,相应地也就是选取一个合适的样本,以凸显行业发展速度的调节作用;另一个关键是如何测度战略谋划这个理论概念。

在背景和样本选取方面,作者首先根据学术文献确定了行业发展速度的衡量标准,然后根据该标准在 1980—1990 年 Compustat 数据库中识别出 7 个高速发展行业和 7 个低速发展行业(基于 4 位 SIC 编码),这样他们一共获得了 178 个在高速发展行业中的企业、154个在低速发展行业中的企业。经过进一步的样本筛选（主要是为了控制企业多元化程度、企业成熟过程及年报真实程度对结果的影响等因素），作者最终在高速发展行业中选择了124家企业，在低速发展行业中选择了101家企业。

针对第二个关键问题，作者采取的技术路线是阅读上市公司年报中CEO致股东大会的信，通过阅读来识别和测量"战略谋划"这一反映CEO认知的变量。作者利用年报信息，通过识别因果关系陈述、构建因果关系概念、对概念进行编码和分类的方式，创建了因果关系图（causal map）。进一步，作者把这些编码后的概念和概念之间的联系看作点和线，然后利用社会网络分析中对点、线及集中度等指标处理技术创建并定量测度了"战略谋划"的复杂性和专注性两个具体维度。这样，作者就"顺利地"解决了该研究的一个核心技术问题——对战略谋划的测度。这里的"顺利地"加了引号，是想表明这个技术路线的逻辑非常清晰，在此意义上是"顺利"，但具体的识别、编码和计算过程则非常烦琐，为了做到尽可能的准确，作者必须倾注足够的耐心。

第二个例子是在SMJ上发表的"Commanding Board of Director Attention: Investigating How Organizational Performance and CEO Duality Afect Board Members Attention to Monitoring"（Tuggle et al., 2010）。这篇论文考察公司治理中的监察问题。论文的想法很简单，就是董事会对管理层的监察不是保持如一，而是会随着不同的组织条件与经营状况发生变化。作者假设：如果公司的绩效较之于前期的绩效向下偏离，董事会对管理层监察的注意力就会增加，反之就会降低；如果董事会主席与CEO是同一人即所谓的Duality，董事会的监察注意力也会减弱。为了检验这些假设，作者选取了董事会的会议记录作为原始的二手数据，从中识别和编码董事会监察管理层的"注意力"。原始数据包含了18个行业的178个上市公司1994—2000年的董事会的会议记录。作者在正文中的研究方法部分和四整页的附录中翔实地报告了他们为什么选用这样的数据，是如何获取数据、如何进行编码以及如何进行变量的具体测度的。他们获得的最终的面板数据（panel data）包括979个观测点。

第三个例子是在SMJ发表的"She'-E-Os: Gender Effects and Investor Reactions to the Anouncements of Top Executive Appointments"（Lee & James, 2007）。这篇论文研究了企业高层管理者任免公告与股东反应之间的关系。作者特别关注的是性别因素对这一关系的影响。作者提出了一系列的理论假设，包括：由于高层管理者中女性代表的贫乏及人们对性别角色和工作性质的"刻板效应"，女性被任命到CEO

这一职位上会伴随更多的负面预期和评价（假设1），同时会受到更多的媒体关注（假设2），而这些关注与报道会较多地强调性别因素（假设3）。相比于女性CEO在CEO中的比例，女性高层管理者在高层管理者中的比例较高，这就使得女性高层管理者的任命所得到的负面效应低于女性CEO任命的负面效应（假设4）。因为高层管理者中女性比例较大，所以在这一层面，女性和男性的任命所导致的股票市场反应没有显著的差异（假设5）。同时，由于内部继任者有对公司了解和认知的优势，所以女性内部继任者相比外部继任者会带来更积极的股票市场反应（假设6）。

为了检验上述理论假设，作者通过对1990年1月1日至2000年12月31的《华尔街日报》(Wall Street Journal)、新闻专线、报纸及其他出版物的搜索获得了3 072条任职宣告的样本。通过一系列样本筛选程序，作者最终选择了1 624条宣告，其中529条是关于CEO职位的宣告。基于这些宣告所包含的信息，作者识别了被任命人的性别（gender：1代表女性，0代表男性）和被任命人是否是内部继任者（firm insider：1代表是，0代表不是）。这是该研究的两个自变量。作者通过对文档资料的阅读、提炼和编码创建了一些控制变量，比如任命原因、行业内人士（industry insider）和经历（previous experience）。拿任命原因来说，如果前任是被迫辞职或者因为绩效很差和公司重组、公司被收购等非常原因，则用1代表；如果没有这些非常情况，则用0代表。

为了识别和测量媒体报道对CEO或高层管理者关注的程度和关注的内容维度，作者采用了一种叫作Centering Resonance Analysis（CRA）的分析方法进行文本分析（text analysis）。CRA分析是通过Crawdad软件完成的。这个软件可以对词汇在词汇网络中的相距性集中度（betweenness centrality）进行量化，从而可以确定最有影响力和最重要的词汇。研究发现，任命宣告发生后报道平均篇数的统计结果显示为男性CEO 2.41篇，女性CEO 2.77篇，t检验结果不显著，因此，女性被任命为CEO并没有受到更多的媒体关注。但是，对报道内容所进行的CRA分析显示女性CEO报道会较多地强调性别因素，例如，在对女性CEO所进行的报道中，反映性别因素的"女性"和"家庭"等词汇出现在10个影响性最高的词汇列表中，而在男性CEO报道的10个影响性最高的词汇列表中却没有关于性别因素的词汇。对于女性CEO和女性高层管理者影响的区别的研究结果支持了作者的假设，即相比于女性CEO，女性高层管理者的任命所得到的负面效应要低。因为高层管理者中女性比例较大，所以在这一层面，女性和男性的任命所导致的股票市场反应没有显著的差异。

第四个例子是陈明哲（Ming-jer Chen）与其合作者的一系列关于企业间竞争动

态性(competitive dynamics)的研究。他们对竞争攻击与反应的研究也是采用通过文本分析把定性形式的二手数据转化为定量数据的方法完成的。利用所创建的同一套数据,他和合作者先后在 SMJ 和 AMJ 等多个顶级的组织管理学期刊上发表了数篇关于企业竞争性行为的论文,可谓多产。按照 Chen 和 Miller(1994)所做的描述及说明,他们选择的研究背景是美国国内航空业,之所以做出这样的选择是因为:(1)行业具有较高的竞争性;(2)产业边界清晰;(3)行业竞争者由于多为单一业务企业,因此行业内竞争受到来自公司层的干扰也少;(4)行业具有丰富的公共信息来源。作者最终选择的是具有 50 年历史的行业杂志 Aviation Daily,因为它提供了最为完全和详尽的航空行业内的竞争信息。作者通过回顾该杂志从 1979 年 1 月 1 日到 1986 年 12 月 31 日之间的每一期,来识别和编码有关"攻击行动"和"报复性反应"的变量。

作者依据以往的学术文献把如下竞争行动类型归结为攻击行动:减价(price cuts)、促销(promotional activities)、产品或服务变更(product line or service changes)、分销渠道变更(distribution channel alterations)、市场扩张(market expansions)、纵向一体化(vertical integration)、兼并与收购(mergers and acquisitions)及战略联盟(strategic alliances)。为了识别和编码"报复性反应",作者在 Aviation Daily 杂志上搜索如下关键词汇"in responding to""following""match""under the pressure of""reacting to"。找到这些词汇后,作者通过倒推的方式追踪(trace)一系列行为中的"初始行动"(initial action),然后确认攻击与报复反应的交互关系。这样,作者一共识别了 780 个攻击行动和 222 个"反应"(response)。在这个过程中,作者识别并编码了一些变量,如是否有反应(1 代表有反应,0 代表没有反应)和反应的迟滞(response delay),即在杂志上报道的"行动"日期与"反应"日期之间相差的天数等。

上面介绍的这几项研究的共同特点是,所使用的二手数据的原始形式是文本形式的,都需要通过文本分析方法,或者叫结构性的内容分析方法(structured content analysis),识别、提取和编码所需要的变量信息,这种分析通常是通过识别关键词汇、主题(theme)、某种陈述(assertion)或者故事描述,然后进行编码转化成量化数据形式的。

在具体操作中,对文本形式的质性数据进行编码,需要研究者对编码的标准和步骤非常谨慎。首先,对构念要有清晰的界定和理论文献支持其构建的合法性。其次,要确定资料来源的可靠性,说明该资料来源是否真实可信且具有纵向的一致性。再次,建立编码手册,详细记录数据下载的来源、编码的步骤、分类的原则及实施的时间、参与人员与进度。最后,建立统一文档格式,例如,用同一表头的 Excel

文档进行信息的统计。在此过程中,数据的下载、录入及分类编码都需要至少两位助研独立完成,进行对照检验,计算评估者间一致性信度(inter-rater reliability),该指标通常需要在论文中汇报。当编码出现不一致时,可以引入第三人进行协调讨论。通常涉及主观判断的分类编码时,会存在一些模糊的地方,故而在正式编码工作开始前,需要对助研人员进行必要的集体培训,以及试编码,待编码中出现的各种疑问都被解决时,待大家的认识都达成一致后,再开展大规模的数据整理与编码。

8.4 矩阵结构化的量化数据

从文献中看,使用现成的、已矩阵结构化的定量形式的二手数据占绝大多数。毕竟,像 Nadkarni 和 Narayanan(2007)、Lee 和 James(2007)、Chen 和 Miller(1994)那样用手工的方式处理文本资料来获取可进行回顾分析的数据,太耗时耗力。理论上而言,这几位研究者所做的数据搜集和处理工作完全可以由某些专门的数据机构替代完成,而这正是很多专业数据公司存在的原因。

在我回顾的期刊论文的样本中,Sampson(2007)所使用的数据来自 Securities Data Company(SDC)。SDC 就是一家专门的数据公司,它的工作人员追踪全球范围内的并购、合资和战略联盟的公告信息,然后提取和编码,最后整理成矩阵结构化的定量形式的数据库。很多研究者正在使用 SDC 的数据和类似的数据库。毫无疑问,这样的数据给研究者带来了更大的使用便利。

但像 SDC 这样的数据来源也有它不利的方面,主要表现在:(1)数据不一定都基于企业自报机制;(2)数据不一定能保证系统性、全面性和客观性;(3)数据公司会尽可能多地提供变量指标,但因为不是为要进行的研究特别设计和定制的数据,所以变量可能缺乏针对性和适用性;(3)因为数据搜集、变量识别和提取的过程涉及众多的工作人员,数据的一致性、准确性和可靠性可能会存在问题。

Anand 和 Khanna(2000)在使用 SDC 数据库研究企业战略联盟与价值创造的关系时,指出:SDC 从公开可得的来源获得信息,这些来源包括 SEC 文件、商业出版物、国际同行、新闻和有线来源。尽管数据库可以追溯到 1986 年,但 SDC 在 1989 年左右才开始系统的数据搜集程序来追踪这些交易,因此 1990 年以前的交易样本不够全面。他们选取了 1990—1993 年所有美国企业参与的联盟作为研究样本。但是,即使在 1990—1993 年的样本期间,由于对公司报告的要求不足,数据显然没有追踪所有美国企业进入的交易。所以,在使用这些数据的时候,研究者应该格外小心,要在样本选取、筛选、验证和矫正方面严格把关。为了确保数据在合约类型、行业分类和联盟日期等方面的准确性,他们将 SDC 的数据库与其他的非 SDC 的数据来源(如 Lexis-Nexis)进行了比对。以如何确保交易日期的准确性为例,他们在论文里报告如下:

> SDC 数据在事件日期的汇报上存在很多误报的情况。我们尝试搜集每笔交易在不同渠道下的报道,包括新闻和网络报道、报纸、期刊及商业出版物等,这些关于确切的交易签署时间汇报的数据其准确性是逐渐下降的。例如,新闻和网络报道特定事件通常比报纸提前一天或两天,而报纸通常比杂志等其他来源提前一些天数。由于我们基于股票价格分析价值创造,能够准确确定交易完成的日期非常重要。因此,我们在此项工作上花费了大量的时间。在多数情况下,SDC 汇报的日期误差在 1—2 月之内,且大部分的误差时间在 1—2 天。在一些情况下,SDC 汇报的日期似乎与协议正式签署的日期一致;在其他情况下,SDC 汇报的日期似乎与协议谈判开始的时间一致。因此,我们最终使用的日期与 SDC 中所提供的存在显著差异,我们在大多数情况下采用了经过多种数据源交叉验证过的日期。(第 301 页)

这个例子对我们的重要启示是,作为严谨的学者,我们不能在得到"现成"的数据库的时候,就想当然地认为数据足够"干净"和可靠,我们一定要付出额外的努力,确保选取的样本和变量指标是合适而可靠的。

与 SDC 这类二手数据相比,上市公司数据和专利数据在数据的系统性、可靠性和"干净"程度上更高一些。

上市公司是公共公司(public firms),依照法规,企业必须如实公开关于企业的组织、战略、运营和财务方面的数据,所以上市公司数据库的数据具有系统性和客观性。同时,上市公司数据还具有跨行业、跨年代并且容易与其他二手数据库进行连接等优越特征,因而对实证检验的支持力度更为强大。比如,Tong 和 Reuer(2007)采用实物期权(real options)视角来研究跨国公司的多国程度(multinationality)对企业风险的影响。他们首先确定从 Compustat 中选取行业 SIC 在 3 000—3 999 的制造业企业,然后结合另外一个数据库 Directory of International Affiliations(1985—1996)确定了样本的框架,并从这两个数据库里获得多国程度、企业资产、企业的资产回报、研发投入、销售收入、库存、费用等指标信息。除此以外,他们还利用其他二手数据资源创建了其他变量,比如,他们采用 Kogut 和 Singh(1988)的方法,对 Hofstede 的文化维度进行计算,生成了文化距离这个变量。

专利数据也属于公共数据资源。现有的实证研究大多采用美国专利数据。研究者可以到美国国家专利局的网站上获取专利数据。注意,这里说的"美国专利",是指在美国国家专利局申请并获得授权的专利,该专利完全可能源于美国以外的其他国家和地区。美国专利受到偏爱的原因主要有三个:数据获得的便利性;美国既是当今世界上的技术领先国家,同时也是很多技术和产品的最大的市场;包含信息丰富,数据结构整齐,数据维护系统,数据格式便于使用。

原始的专利数据实际上是无数的专利文本。表 8-2 展示的是一个专利文本中的摘要部分。由于专利数据对研究的价值,已经有专门的研究机构和数据公司(比如 NBER 和 CHI Research Company)对此进行了开发,提供已经矩阵结构化的定量形式的专利数据库。现有的专利数据库基本上是把表 8-2 中的一些关键信息和信息之间的关系进行量化而成的。

专利属于法律授权,评审的标准完全基于技术发明的新颖性,因而专利数据在组织间、行业间、国家间和大跨度的时间范围内具有高度的可比性。从表 8-2 可以看到,专利数据中有如下可识别的信息:专利号、企业、时间、地点、技术领域和引用文献等。专利号是一项专利的"身份证",企业名称可以用来连接其他数据库。Kotabe(2007)就是把专利数据与 Compustat 及 Forbes Top 100 国际公司数据库进行结合。时间、地点和技术领域都是样本选取和统计分析的重要维度,当然,专利数据在目前最为广泛使用的还是它所包含的引文(citation)信息。在表 8-2 中,References Cited 标题下所列举的美国专利、外国专利和其他参考文献都属于引文。

表 8-2 美国专利文件摘要信息示例

United States Patent	4 937 250
Bowman *et al.*	June 26,1990
Alpha-heterocycle substituted tolunitriles (Abstract omitted)	
Inventors:	Bowman; Robert M. (Summit, NJ); Steele; Ronald E. (Long Valley, NJ); Browne; Leslie J. (Aesch, CH)
Assignee:	Ciba-Geigy Corporation(Ardsley, NY)
Appl. No.:	164 696
Filed.	March 7,1988

第 8 章　二手数据在管理研究中的使用

（续表）

Current U. S. Class:	514/341；514/399；546/272.4；546/272.7；548/345.1；
Intern'l Class:	A61K 031/415；C07D 401/06
Field of Search:	546/278 548/335 514/341,399

References Cited

U. S. Patent Documents

3 290 281	Jul. ,1963	Weinstein *et al.*	534/567.
3 852 056	Dec. ,1974	Draber *et al.*	71/76.
4 281 141	Jul. ,1981	Merritt *et al.*	548/342.
4 562 199	Dec. ,1985	Thorogood	548/335.
4 657 921	Apr. ,1987	Frick *et al.*	514/383.
4 689 341	Aug. ,1987	Diamond *et al.*	514/399.
4 728 645	Mar. ,1988	Browne	514/214.
4 766 140	Aug. ,1988	Hirsch *et al.*	514/397.

Foreign Patent Documents

0 003 796	Sep. ,1979	EP.
2 821 829	Nov. ,1979	DE.
2 041 363	Sep. ,1980	GB.

Other References

Ikuchi *et al.* , Chem. Abstr. vol. 87：201329j（1977）.

Oiji *et al.* , Chem. Abstr. vol. 87：53093k（1977）.

Mason *et al.* , Biochemical Pharmacology, vol. 24, p. 1087（1985）.

Abstract of SU 1355－126A（1987）.

Abstract of EP 106060A（1984）.

Primary Examiner：Fan；Jane T. *Attorney, Agent or Firm*：Gruenfeld；Norbert

注：为便于阐述，格式有所调整。

研究者们通常采用的是引文中的美国专利,因为可以通过专利号非常便利地在同一数据库中进行关联和有关技术处理,以创建所需要的变量。Jaffe与他的合作者于1993年在经济学季刊上发表的论文成为一篇在使用专利数据文献中广为引用的经典之作。在这篇论文里,他们认为专利作为发明创新的结果代表了人类知识的结晶,专利之间的引用则在某种程度上体现了这些知识在被创造过程中源于溢出效应产生的联系(linkage)。这个创意对后续的研究者们如何挖掘专利数据提供了巨大的启发。

Kotabe等(2007)的论文就是一例。该论文主要的解释变量都是通过专利引文数据创建的。比如,作者用每年公司所持有的专利申请的引文之中原产地为国外的引文所占的比例来测度国际知识转移,用每年公司所持有的专利申请的引文之中原产地为本国的引文所占的比例来测度国内知识转移。他们还创建了一个变量叫作知识复杂度,是用一个专利从申请到被授权之间的年限来测度的(这里隐含的一个假设是,一个专利在专利审查员那里停留的时间越长,表明知识复杂度越高)。还有一个变量,叫作国际知识分散度(international knowledge dispersion),创建方法如下:如果一个美国跨国公司某一年的专利总数为 8 个专利引文,其中有 5 个的发明地为日本、1 个的发明地为意大利,那么国际知识分散度的测度则为 2。

在利用专利引文数据方面,Ahuja 和 Lampert(2001)更具创意。这篇论文的因变量是突破性发明(breakthrough inventions),三个自变量分别是新兴技术(emerging technologies)、新颖技术(novel technologies)和领先技术(pioneering technologies)。为了创建因变量,作者首先把企业所在行业(化学行业)的所有专利按照它们被引用的次数排序,把位列于前1%的专利当作突破性发明。然后,作者把一个样本企业的这类专利按年度加总,即得到了因变量的测度值。几个自变量的创建过程如下:

(1)新颖技术。查看一个企业的专利历史,比较专利的技术分类,如果发现在最近三年有专利曾被归于一个新的技术分类中,即该企业的专利以前不曾被划入的技术分类,那么则可确认为"新颖技术"信息。作者将年度加总的这类新的技术分类数作为新颖技术的最后测度值。

(2)新兴技术。首先计算每一个专利所引用的专利的平均"年龄",然后按照年度加总那些引文专利的平均年龄小于 3 的专利数目。这个加总值就是新兴技术的测度值。

(3)领先技术。按照年度加总一个企业不曾引用过任何其他专利的引文的专利数目。

8.5 二手数据的优越性

通过对上面几篇研究论文的回顾,我们对二手数据的使用获得了一些大致的印象。从这些论文中,我们或许可以看到使用二手数据具有如下的一些优越性:

8.5.1 基于二手数据的样本量通常很大,样本甚至可以具有时间跨度,从而获得面板数据

我们知道,如果采用一手数据的研究方法,因为研究者个人资源的有限性(时间、经费和人手),通常情况下样本量难以做到很大;要做到跨时段采样,就更困难了。采用二手数据在样本大小和时间跨度上具有明显的优势。Short 等(2007)从 Compustat 提取 1 165 家从事单一业务的企业作为样本,样本覆盖 12 个行业(4 digit),时间跨度为 1991—1997 年,作者基于这个样本研究企业层面、战略群组层面和产业层面因素对企业短期和长期绩效的影响。Morrow 等(2007)从 Compustat 选取 178 家从事单一产品制造的企业在 1982—1994 年期间的数据,用来分析面临绩效下滑的企业如何采取战略行动以求满足投资者的期望。Kotabe 等(2007)基于专利数据的分析样本含有 56 027 个观测值。

二手数据之所以具有这样的优势,是因为通常有资源和实力的数据机构在系统地搜集和长时期地维护数据库。拿 Compustat 数据库来说,Compustat 是由美国著名的信用评级公司标准普尔(Standard & Poor's)所发行,收录以北美地区为主的公司的营运及财务状况资料库,Compustat 北美版数据库收录近 20 年美国和加拿大共25 000多家的公司资料,其中约 12 000 多家公司为在 NYSE、NASDAQ、Toronto Stock Exchange 等上市或者上柜的公司。数据库的来源包括公司的财务年报、季报,公司按要求提交给美国证券交易委员会的 10-K 表,以及其他各种有关企业经营活动的公开资料,经过系统的搜集、清理和整合,Compustat 数据具有信息丰富、覆盖面广、数据系统、"干净"、客观可靠等特别的优越性,因此深受学者们的青睐,这也就不奇怪为什么在我之前考察的那个小小的方便样本中,利用 Compustat 数据的论文占了大多数。

8.5.2 二手数据通常具有较高程度的客观性

通常被研究者使用的二手数据库都是以反映组织特征、企业经营活动情况和绩效指标的数据为主,基本上不包含主观臆断,或者较少程度地受到主观臆断的影

响。研究者从二手数据中识别关于做了什么、发生了什么、谁做的、在哪里、什么情况下等信息,这些信息通常具有非常高的客观性。试想,如果通过访谈和问卷来获取这些过去的行动信息,其准确性和客观性极有可能会因为被访谈人和答卷人的个人因素——包括信息掌握多少、一时疏漏、理性反思倾向、迎合心态等——受到很大影响。在 Chen 和 Miller (1994:90) 的论文里,他们这样说明:

> 由于期刊旨在报告航空公司的公告和客观行动,因此几乎不受事后合理化的扭曲。

所以,二手数据与通过问卷调研获得的数据相比,通常具有较高的客观性。前面举的几个例子中的 Chen 和 Miller(2004)的竞争攻击与反应和 Lee 和 James(2007)的高管任命公告信息,都是客观的信息。

假如我们研究企业家或者高管团队的认知演变,那么采用案例调研或者问卷都可能因为被访谈者或者问卷填写人的回忆偏差而导致效度问题。如果我们能够获得一套较为完备的历史数据,比如某些企业家的历史演讲记录或类似于 Tuggle 等(2010)那样的会议记录数据,那么就可以通过编码的方式把企业家或高管团队在不同时期的认知挖掘出来。

8.5.3 二手数据具有高度的可复制性,使实证研究更具有"他律性"

只要我们不厌其烦,我们完全可以把前面所列举的任何一项研究再重新做一遍。如果按照所绑定的论文的方法描述,提取同样的二手数据源并按照相同的步骤去创建样本,那么我们就可以评估原作的严谨性和可信性。简言之,二手数据具有高度的可复制性。

在战略管理研究文献中有这么一则典故,或许可以说明二手数据的可复制性对促进学术研究的特别意义。Amihud 和 Lev(1981)提出这样一个论点:跨行业的合并行为是由于管理者为了减少自己的"雇佣风险"而导致。作者利用 Compustat 数据库对 20 世纪 60 年代 309 家公司的跨行业兼并行为进行了研究,实证结果支持了他们的假设。他们的这项研究把多元化战略与公司治理层面的代理成本联系起来,其观点和实证结果对后来的研究影响很大。然而,17 年后,Lane 等(1998)指出有必要重新检验 Amihud 和 Lev(1981)的研究的假设和结论。首先,该论文作者利用 Amihud 和 Lev(1981)论文所采用的同样的数据复制了 Amihud 和 Lev(1981)研究,然后又利用 20 世纪 80 年代的数据再次进行了验证,两项验证的结果均未支持 Amihud 和 Lev(1981)所得出的结论。基于新的研究发现,Lane 等人指出,跨行业兼并是非常复杂的组织管理学现象,使用单一的代理理论无法说清楚蕴涵在复杂现象中的因果关系。他们同时指出他们的研究结果与 Amihud 和 Lev(1981)研究结果的显著差异是由于 Amihud 和 Lev(1981)对多元化的不恰当衡量及对合并分类的不细致所致。针对这些质疑,Amihud 和 Lev(1981)的两位作者在 1999 年的 SMJ 发表文章,再次重申了自己的观点。Lane 等人也再次发表文章,坚持认为 Amihud 和 Lev(1981)的研究是基于金融经济学研究视角,其假设、方法、逻辑和解释与战略管理的研究方法是不同的(Lane et al. ,1999)。Boyd 等(2005:367)在 SMJ 上发表论文对这一学术争论进行了总结性评论,他们这样写道:

> 实证研究在确认或挑战特定视角方面有关键性的作用。为了推动领域的进步,必须有一小波儿文献致力于批判战略管理中的实证文献。不管主题如何,这些综述对于战略管理研究都有持续性的意义。

这个典故让我们看到学术争论是有益的[①],而 Lane 等(1998、1999)与 Amihud 和 Lev(1981、1999)的争论应该说部分地"归功于"二手数据的高度可复制性。理论上说,对任何一篇采用二手数据的实证论文,只要它对数据的选取和变量设置描述得清楚,我们都可以复制它。而这一点,对于采用一手数据的论文,除非拥有原来一手数据的研究者愿意分享数据,我们不能做到对该研究的"原样"复制。当然,必须说明的一点是,从统计学的原理来看,不同的样本只要符合一定的"品质"和研究设计的要求,对理论问题说明的有效性和说服力是一样的。换言之,科学研究的实证基础是有效的样本,而不一定要求完全相同的样本。因此,基于一手数据的研究也可以"复制"。但是,二手数据所具有的高度可复制性,仍然会为推动研究发展带来一些额外的好处。这个好处可能会特别表现在当复制的研究的发现与之前文献报告的发现不同的时候,基于一手数据的复制研究不如基于二手数据的复制研究更有挑战性。也正因为这一点,我认为,基于二手数据研究具有更高程度的"他律性",基于问卷数据的研究次之,而案例研究的他律程度恐怕最低。

管理学领域正在推动"复制性"研究,鼓励学者们共享与公开数据,减少重复性的数据搜集工作,更好地推动学科知识的积累。学者们也在积极搭建数据共享的平台并采取相应的积极举措。例如,致力于加速在战略、创业和企业与行业演进

---

① 按照 Boyd 等(2005)的统计,在 Lane 等(1998)发表后,截至 2004 年 6 月,Amihud 和 Lev(1981)论文共被引用 88 次(从发表时算起,一共有 265 次引用),Lane 等(1998)的论文被引用 27 次,包括 3 次直接由于原文争论和回应所产生的引文。

的研究,达特茅斯大学的 Helfat 教授发起了 FIVES Project①,在此项目平台上注册的用户可以免费下载相关的研究数据集。MOR 为在在线平台上②开放自己的研究资料的作者授予颁发"开放资料勋章"(Lewin et al.,2016)。国内的中文学术期刊,如《中国工业经济》,也开始要求所发表的文章要公开其所采用的数据源。这在一定程度上加强了二手数据的"他律性"。故而,研究者应在数据搜集、整理、清理与分析的过程中更为谨慎,且做好相应的数据处理文档记录。

8.6 使用二手数据的"眼、法、工"

很多学生问我:"既然说到处都是二手数据的金矿,可是为什么我却看不到?即便是看到了,也不知如何下手,如何有效使用。"

前面,我之所以回顾那些具有代表性的研究论文,并且复述原文中有关数据方法的描述和说明,就是想展现庐山真面目。我认为上面这些研究都是绝佳的示范,能启发我们如何识别、提取和有效使用二手数据。如果非要进行更进一步提炼的话,我愿意用"眼、法、工"来概括二手数据的使用之道。

所谓"眼",就是需要有理论透镜(theoretical lens)去捕捉、识别和选取适用的二手数据。不同的理论透镜,看到不同的东西。没有透镜,就什么都看不到。比如,同样是上市公司数据,有人看的是制度影响与代理问题,有人看的是 CEO 继任,还有人看的则是并购决策。同样是专利数据,有人看的是创新,有人看的是实物期权理论(real options theory)的验证,还有人看的则是知识流动。

前文中我用简单的描述性统计总结了四本学术期刊的论文发表中使用二手数据的分布情况。我可以找到某些理论着眼点,即选取理论透镜来重新审视和编码这些以研究论文形式存在的二手数据。比如,我可以结合社会网络(social network)视角和学习视角(learning perspective)提出关于什么样的研究者更倾向于二手数据及如何使用二手数据的假设。如果这样,我不但要在我的样本框内识别每位研究者,编码每位研究者发表的论文是否使用了二手数据,或者是如何使用的二手数据(比如,是否寻求原始的质性二手资料通过编码创建自己的二手数据),我还要设法通过其他信息渠道(比如每位作者发表论文时工作的院系、之前工作过的院系、博士学习的院系等)来提炼和创建一套关于这些研究者的社交网络数据。我

---

① FIVES Project 项目官网:http://five.dartmouth.edu。
② 例如,Open Science Framework(https://osf.io/) 或 As Predicted(https://aspredicted.org)。

甚至可以编码弱连接(weak ties)和强连接(strong ties)及网络的中心性、密集度或结构洞等变量。当然，我也可以采取别的理论透镜。比如，我可以像Tuggle等(2010)一样研究"关注力"。比如，我说不定可以提出一个"知识、习惯与信任如何影响探索取向"的假设，即使用二手数据的研究者比使用一手数据的研究者更倾向于引用文献中基于二手数据的实证研究论文；使用二手数据的研究者比使用一手数据的研究者更可能具有扩张研究范围倾向的新探索，等等。

那么，怎么才能练就一双具有强大的穿透力的"千里眼"呢？就这个问题，最好的答案莫过于Karl Weick的比喻。Weick(1989)提出，研究需要disciplined imagination。他把研究过程比作船在夜晚的海上航行，在这个探索过程中所需要的disciplined imagination靠的是雷达。要依靠雷达发出信号，再接收反射回来的信号，进而分析信号，做出调整，然后选择航向。我们的雷达系统就是我们的理论训练、文献储备和研究功力。没有理论的"雷达"，我们连提出关键问题的能力(ability to ask critical questions)都没有，就好比航船无法发出雷达信号，看到的当然只能是茫茫黑夜了。

有了雷达这只慧眼，还需要掌握雷达的操作，分析和解读雷达捕获的信号，即这里讲的"二手数据"。这就是所谓"法"(methodology)。如果方法不当，一定会出错。如果流程步骤是对的，但做得不够用心和严谨，那也会有问题。前文对多篇论文不厌其烦的描述，其实不是展示他们理论建构、选择数据源和编码方面做得多么聪明，而是在示范优秀的研究者是如何审慎地对待二手数据、如何求实和尽可能地做到无误的。比如，研究者总是要努力确认数据的可靠性和信息识别、提取及编码的准确性。在进行针对研究问题的统计分析前，对二手数据进行预处理与清理是很重要的，可以避免后期统计研究中可能出现的偏误。

首先，了解二手数据产生的情境与途径，评估二手数据的可靠性、综合性与可能的偏误。研究者没有机会参与二手数据的建立过程，但在使用二手数据前，需要至少可以回答以下几个问题：谁搜集了二手数据？搜集的目标是什么？在什么时间进行了数据搜集？采取了何种途径和方法进行了数据搜集？数据的一致性如何？大部分公开的社会调查数据中，对问卷调查的执行过程有详细的阐释。例如，世界银行的企业问卷，有独立的数据手册对样本的抽样、问卷发放的时间、地点对问卷实施的过程进行介绍。

研究者从文本数据中进行编码构建数据时，则需要阐释证明基于该文本资料进行编码的合法性，即该文本资料是全面的且无偏误的。例如，Chen和Miller(1994)为了说明《航空日报》杂志上发表信息的准确性，他们随机抽取了一个包含

20个战略行动的子样本,将其与其他主要的商业杂志和报纸上报道的内容进行了比对,结果表明《航空日报》是在同类专业期刊中对于航空公司竞争行动报道最为全面的数据来源。

又例如,Nadkarni 和 Narayanan(2007)更是用大量篇幅(几乎两整页)来说明他们是如何确保通过阅读企业年报中 CEO 致股东信可靠地提取战略谋划信息的,并且逐项讨论了关于准确性问题(即内容偏差、时间偏差、和归因偏差问题)。其中,针对潜在的时间偏差,他们随机抽取了 30 家企业的子样本,然后搜集了在《华尔街日报》上在 1990—1992 年关于该 30 家企业的 15 项特定的战略行动事件(如高管变动、并购和剥离等)的信息。他们对比了《华尔街日报》中汇报的事件日期与在年报中汇报的日期。如果汇报时间不在同一年,则视为存在"时间滞后",然后,他们计算了时间滞后事件占总事件的比例,发现这 30 家企业的时间滞后的比例均低于 15%,借此说明,时间滞后并不是该数据的严重的问题。为了评估归因偏差,即管理者将低绩效归于外部环境,将高绩效归于企业的战略行动的归因偏差,他们计算了子样本企业在所在行业的销售与投资回报率等指标上的标准分数(z-score),然后在 CEO 的信中将组织绩效结果分为内部归因(组织战略行动、结构和流程)与外部归因(外部经济与行业因素),将企业的外部归因与内部归因的比例与其行业标准分数进行了相关分析,通过非相关性证明归因问题没有给数据带来重大的偏差。

其次,识别并处理二手数据中的缺失值、异常值和异常的分布。针对一般的二手数据,可以对数据的均值、范围及分布情况进行描述性统计分析,以识别缺失值、异常值和分布异常的情况,并予以处理。处理的方式包括改正、删除或弃用。研究者需要区分这些缺失值、异常值和分布的异常是随机产生(如录入的错误或遗漏),还是系统性偏误。随机产生的缺失值,可以采取个案删除法(listwise deletion)、平均值填补法或者多重填补法(multiple imputation,MI)①进行补充处理;少量的异常值可以删除。如果不同的数据库或者数据源对目标样本或变量均有覆盖,则可以通过其他数据库进行补充完善样本。例如,Hallen 等(2014)的研究样本是 1979—2003 年的企业风险投资。他们首先使用 VentureXpert(该数据库主要基于投资者的调查构建)作为主要数据来源构建了研究样本;然后利用 VentureOne(该数据库主要基于创业者的调查构建)中的数据对 VentureXpert 的数据样本进行了交叉验证,补充了 VentureXpert 里的缺失值;当 VentureXpert 与 VentureOne 中的

---

① MI 方法来自贝叶斯估计,是用两个或更多能反映数据本身分布概率的值来填补缺失值的方法。

样本数据存在不一致时,他们进一步通过 Lexis-Nexis 中的信息进行了验证和补充。最终,这些数据交叉验证补充工作,使最终样本量增加了 20%。有些系统性缺失则需要特别注意,例如,在投中、清科等投资数据库中,对创投行业早期投资数据的披露较少,早期投资金额存在系统性缺失,如果研究关注早期的投资金额,则会影响假设检验的有效性,此时可以考虑弃用该数据库,考虑其他可能的数据来源。

虽然数据清理工作通常在数据正式统计分析前进行。但实际上,数据清理是一个持续迭代的过程,有些数据问题可能是在后期分析阶段发现的,例如,在数据统计分析中,当有异常的统计结果和发现时,需要重新回到样本中进行检查确认。甚至,有些容易忽视的样本分布问题,是在论文的审稿过程中通过同行评审才被发现和纠正的。在数据清理的过程中,研究者不能直接对原始数据进行更改,需注意数据文档的管理,记录每一步的数据处理工作。

Weick 借用雷达的比喻,试图说明研究者不论通过什么样的研究方法都只能获得环境的代表(representation of environment)。二手数据,不论是以哪种形式存在的二手数据,也只不过是我们研究对象的代表而已。我们研究的目的是要透过二手数据表象获得对某种本质的揭示,但是我们完全可能出错。要尽可能地避免出错,根本出路在于:一,系统地、持续地更新和改进我们自己的理论"雷达装置"和软件系统;第二,永远不懈地改善我们的"雷达"操作方法和"雷达信号"接收、处理和解读的方法,永远不折不扣地保持方法的严谨性。

最后,所谓"工",指要有耐心,肯花时间,不怕费事。只有这样,才能在金矿中淘出成色上好的金子。这是一个朴素的恒常之理,我不在此多费笔墨了。

8.7 使用二手数据需要特别注意的问题

使用二手数据特别需要注意的是如下几点:

(1)切不可一味地贪图利用"现成"的二手数据的便利,把严肃的学术研究变成数字游戏和论文"制作"(fabrication);

(2)切不可无原则地妥协于二手数据的局限,结果变成理论是一回事,实证是另一回事,研究发现和解读似是而非;

(3)切不可盲目地陷入二手数据的挖掘中,忽视对管理实践的关注,不接现实世界的"地气",使研究索然无味。

前面我以 SDC 数据、Compustat 数据和专利数据为例,说明了"现成"的二手数据在宏观层次的管理研究中的应用。我所举的例子都说明了使用这类二手数据具有很多优越性。但是必须指出,二手数据不论多么丰富、系统和"干净",也一定存在着一些"与生俱来"的缺点,不容忽视。

第一,变量指标的契合性问题,即构念的效度问题。二手数据里所包含的经济、技术或者地理人文信息,对于经济学、社会学的研究常常是合适的,但对于组织管理学而言,我们通常需要一些"战略变量"或者"行为变量",而这却是二手数据通常缺乏的。Venkatraman 和 Grant(1986)识别了战略管理研究中构念测量的常见问题,包括依赖于分类型变量、采用单一的指标、没有足够的信度分析及存在层次(企业、团队、个人)的模糊性。当然,很多情况下,基于二手数据的可得性和形式,研究者不得不做出妥协,采用一些与理论概念有一定关联但并不具有很好契合度的既有指标作为代理指标(proxy indicator)。上面列举的采用专利引文来"测度"知识流动的论文,就是如此。

使用二手数据与基于问卷数据的研究不同,后者可以采用验证性因子分析等手段对于多题项的测量量表进行构念测量效度的比较评估。而在战略管理领域使用二手数据的研究中,很多仅仅采用单维度指标,对其效度评估更基本的是构念的测量能否契合理论,即满足理论效度(nomological validity)。下面我试以"国际化"(multinationality)构念的测量与"研发强度"(R&D intensity)作为代理变量来说明二手数据的构念效度问题。

Hennart(2011)回顾了研究国际化与绩效的相关文献,指出"国际化"的不同测量与理论主张并不匹配。具体的,其识别了五类已有文献中关于"国际化"的不同的操作化,分别是:(1)对于海外市场的依赖,通过海外销售额占总销售额的比例进行测量;(2)对海外生产的依赖,通过海外的资产(雇员数量和收入)占总资产(雇员数量和收入)的比例进行测量;(3)海外销售的分散程度,通过 Compustat 的地理分类计算其海外销售额分散程度的赫芬达尔指数(Herfindahl index)或者熵指数;(4)进入的海外国家的数量,通过计数测量;(5)进入的海外国家的多样性,通过企业员工在不同组(根据政治制度和文化相近进行分组)的国家之间分散程度的熵指数测量。然而,对应到国际化与绩效之间相关关系的理论主张,即更高程度的国际化可以使企业更好地利用无形资产、更好地套利,同时带来更高的内部与外部成本,Hennart 认为前四种测量不能很好地对应到此三类理论主张,例如,无形资产的利用取决于整体市场的规模,而非海外或者本土市场的区别。

Bromiley 和 Johnson(2005)指出,"研发强度"在交易成本的理论中,可能被用于测度资产专用性,在产业经济学的研究中,被用来指代进入和退出的壁垒,在动态定位的研究中,则用以反映产品差异化的战略。在不同的理论构念中,采用同样的代理变量为管理知识的积累带来了障碍。Bromiley 等(2017)进一步反思已有研究中将"研发投入"(R&D spending)或"研发强度"作为企业风险承担(risk taking)的测度的合理性。基于美国上市公司的面板数据,他们将"研发投入"和"研发强度"与其他的不同测量风险的指标进行相关性分析发现,一方面,"研发投入"和"研发强度"之间的相关性为负,意味着其测度了不同的构念;另外一方面,与其他11 个风险测度指标之间的分析,也没有发现一致的正相关关系。这在一定程度上表明"研发强度"或"研发投入"作为企业风险承担的程度的测量并非完全契合。

针对二手数据构念效度问题,构念的清晰性是构建合适的测量指标的基础。在将构念操作化时,可以参考先前文献中的变量测量方式为研究所采取的测量方式提供合法性。但还要做一些额外的工作,尽量保证所采用变量的效度的可靠性。在充分考虑已有文献中的测量是否很好地契合了理论主张的基础上,可以通过不同的测量方法之间的相关性分析,检验已有文献中测量方法的一致性与否。在必要的情况下,还可以引入对研究对象非常了解的业界专家对于构念的测量方式予以评判与建议。

第二,变量指标的准确性问题。安然事件让我们认识到,即使是上市公司也可能虚报数据。当然,我们宁愿相信这只是少数。如果只是少数的话,那么我们通常会相信基于大样本数据的实证检验是可靠的。Compustat 数据的可靠性已经广被认可,其他的数据则不一定总让我们保持这样的乐观。一般地,使用二手数据的误差大概会有这么几种:

(1)企业自报数据时由于主观和客观的原因发生的误差;
(2)专业机构或者数据公司人员在搜集和处理数据所发生的偶然误差;
(3)专业机构或者数据公司人员在搜集和处理数据所发生的系统误差;
(4)研究者使用二手数据时发生的误差。

这里可以用专利引文数据来说明前三种误差。按照美国的法律,专利申请必须列出所有此项发明曾经获益的专利文献(即所谓的 Prior Art)。逻辑上,一项发明的授权是基于该发明的新颖性,而这个逻辑则有可能导致专利申请人具有少申报引文的倾向,因为引文越多越可能意味着申请专利的发明的新颖性程度越低。当然,少申报引文也可能事出有因:发明人可能根本就不知道曾有一些已经授权的专利,而这些专利在事实上成为本发明的专利文献。这就会引起自报误差。鉴于这样的情况,在美国的专利审查制度中,设置专业的专利审查员就成为必要环节。审查员会根据自己的知识、经验及在专利数据库查询的便利,自行判断并添加没有被专利申请人列出、但事实上与本专利具有技术关联的以前的专利。然而,这样又会导致另一种数据噪声(noise)。第一,审查员之间的业务水平的差异可能导致有的补充多些,有的补充得不够;第二,审查员添加的一些引文可能根本就不是发明人所知道的,那么若利用这些引文来"测度"实际发生的知识转移,势必导致测度的误差。

关于第四种误差,前面介绍的 Lane 等(1998)与 Amihud 和 Lev(1981)的争论已经非常清楚地说明了。研究者使用二手数据时可能发生偏差,这种偏差可能带来非常严重的后果。所以,使用二手数据的正确态度必须是坚持严谨求实的原则,一丝不苟。上面所举的几个论文范例启示我们,研究不是简单的回归分析并报告统计结果。论文所报告的统计结果对文献和学术发展是重要的,但那远远不是科学研究的真面目。如在前文所论述的,严谨的学术研究背后实际上是大量艰苦而繁复的修补和清理数据的工作,而这些工作恰恰是科学研究的重要过程。

8.8 结语:二手数据在中国的使用与新趋势

引言中我已经指出,中国情境下的二手数据资源非常丰富,可以称之为数据金矿。然而,从现在的情况看,中国本土的研究者在使用二手数据方面还束手束脚,淘金者甚少。大多数已经发表的宏观层次的管理研究论文所采用的数据是上市公司数据。中国上市公司数据恐怕就其维护的系统性、信息指标的完备性和可靠性,以及获得的便利性而言,在中国本土目前可利用的二手数据资源中尚无可比者。当然,这里说的上市公司数据的几个方面的性能,实际上是一个逐步提高的过程,反映了中国资本市场逐步发育的过程。近两年来,随着监管制度的逐步完善和监管力度的日益加强,上市公司信息的可靠性得到了很大的提高。

上市公司的"一枝独秀",引起了值得关注的两个问题。一个问题是关于上市公司数据的挖掘所导致的研究"窄浅"化,另一个问题是关于其他公共数据资源的开发和利用。

就第一个问题而言,大量的已经发表的论文集中在金融和会计学研究领域。在组织管理学领域,研究主要集中在公司治理结构问题上,只有少部分研究涉及多元化和并购等战略问题。研究问题重复、研究面窄、研究多浅尝辄止、深度不够,绝大多数研究都基本停留在简单地复制西方早已经检验过的理论假设的水平上,能深入挖掘反映中国特点的新的理论维度的研究仍然少见。

就第二个问题而言,尚有大量的中国本土的二手数据资源有待进一步开发和利用。以质性形式存在的二手数据资源仍然有待深入开发。中国管理学者或许能从我前面介绍的几篇利用质性数据的范例中获得一些启发。自动化文本分析软件的发展为质性二手数据的编码提供了更丰富的可能性。同时,为了弥补二手数据难以解释清楚内部机制的局限,管理学领域开始倡导混合研究方法(mixed methods),结合一手数据和二手数据来回应共同的研究问题。

其实,随着互联网深入社会和经济生活的方方面面,我们事实上已身处数据的海洋中。在线交易、社交网络、互联网广告的在线点击、邮件互动及个人电子终端的传感器化,我们越来越多地为自己的活动留下数据的痕迹;工业领域的智能制造化的推进,也极大地丰富了企业内部物流与生产运营的数据信息。随着新的数据存储和处理技术的发展,"大数据"越来越吸引研究者的注意。这些数据样本大、形式多样(文本、图形、声音、视频等)、时效上更为实时、颗粒度更小(个体层次在特定时刻的行动数据等)。"大数据"可以成为一手数据的来源,例如,组织研究者可以借助智能穿戴设备,捕捉员工情绪和压力相关的实时生理数据。然而,更多情况下,企业和政府机构拥有的"大数据"对研究者来说,是潜在的二手数据来源。AMJ的编辑George等(2016)提出:几十年前Compustat和SDC等商业数据库的出现是一次管理研究的变革,伴随着Stata和UCINET等软件的普及应用,学者们由案例研究和简单的2×2的框架转向更复杂的模型以利用丰富的文档数据;而"大数据"的发展可能代表着下一次的变革,其可以帮助管理研究者进入新的研究领域,回应新的研究问题,聚焦更为细致的分析单元,以及更好地探索管理现象下的微观机制。

"大数据"的到来,给管理研究者也带来了新的挑战。首先,"大数据"更加非结构化,在网络中存储的形式更为多样与分散,需要借助新的工具(如Python、SAS和R等软件)进行数据抓取与转化,在统计分析上,传统的技术手段有可能不完全适用于这样极其复杂的大样本数据的检验。这意味着,研究者必须重新学习和适应。当然,已经有一些研究者和机构在合作推动提高"大数据"可获得性,努力降低大数据给研究者造成的门槛。例如,在线社交网站Twitter开发了可以方便给研究者使用的数据平台(Reips & Garaizar,2011)[①];很多的Application Programming Interfaces(APIs)已经或正在被开发出来,使没有编程背景的研究者依然可以利用常用的统计软件进行大数据相关的研究。但这样的情况其实隐藏着大数据使用的一个敏感性问题,即在获取和利用海量的微观层次数据时,如何妥善处理对隐私权的尊重。在技术和伦理层次之上,大数据带给研究者的更重要的挑战是管理理论

---

① http://maps.iscience.deusto.es。

意义的寻求与发现。研究者在海量的数据中,有被"淹没"的风险。对此,ASQ 的主编 Davis(2015)表达了他的担忧:"大数据的出现,结合我们目前的学术职业奖励制度,很可能会产生大量具有复杂计量模型的新颖论文,但对于组织研究的知识累积的前景影响并不明显。"

我认为,不论"大数据"的前景多么诱人,或者多么具有挑战性,都不应改变学术的本质。研究者要被有意义的研究问题所驱动,坚持科学精神,脚踏实地地进行科研。唯有如此,方能与时俱进。

参考文献

Ahuja, G. & Lampert, C. M. (2001). Entrepreneurship in the large corporation: A longitudinal study of how established firms create breakthrough inventions. *Strategic Management Journal*, 22, 521—543.

Amihud, Y. & Lev, B. (1981). Risk reduction as a managerial motive for conglomerate mergers. *Bell Journal of Economics*, 12, 605—617.

Amihud, Y. & Lev, B. (1999). Does corporate ownership structure affect its strategy toward diversification? *Strategic Management Journal*, 20(11), 1063—1069.

Anand, B. N. & Khanna, T. (2000). Do firms learn to create value? The case of alliances. *Strategic Management Journal*, 21(3), 295—315.

Baum, J. & Oliver, C. (1996). Toward an institutional ecology of organizational founding. *Academy of Management Journal*, 39(5), 1378—1427.

Boyd, B. k., Gove, S. & Hitt, M. A. (2005). Consequences of measurement problems in strategic management research: the case of Amihud and Lev. *Strategic Management Journal*, 26, 367—375.

Bromiley, P. & Johnson, S. (2005). Mechanisms and empirical research. *Research Methodology in Strategy and Management*. Emerald Group Publishing Limited.

Bromiley, P., Rau, D. & Zhang, Y (2017). Is R & D risky? *Strategic Management Journal*, 38(4), 876—891.

Chen, M. & Miller, D. (1994). Competitive attacks, retaliation and performance: An expectancy-valence framework. *Strategic Management Journal*, 15(2), 85—102.

Davis, G. F. (2015). Editorial essay: What is organizational research for? *Administrative Science Quarterly*, 60(2), 179—188.

George, G., Osinga, E. C., Lavie, D. & Scott, B. A. (2016). Big data and data science methods for management research. *Academy of Management Journal*, 59(5), 1493—1507.

Hallen, B. L., Katila, R. & Rosenberger, J. D. (2014). How do social defenses work? A resource-dependence lens on technology ventures, venture capital investors, and corporate relationships. *Academy of Management Journal*, 57(4), 1078—1101.

Hennart, J. F. (2011). A theoretical assessment of the empirical literature on the impact of multinationality on performance. *Global Strategy Journal*, 1(1—2), 135—151.

Jaffe et al. (1993). Geographic localization of knowledge spillovers as evidenced by patent citations. *The Quarterly Journal of Economics*, 577—598.

Kotabe, M., Dunlap-Hinkler, D., Parente, R. & Mishra, H. (2007). Determinants of cross-national knowledge transfer and its effect on firm innovation. *Journal of International Business Studies*, 38(2), 259—282.

Lane, P. J., Cannella, A. A. & Lubatkin, M. H. (1998). Agency problems as antecedents to unrelated diversification: Amihud and Lev reconsidered. *Strategic Management Journal*, 19(6), 555—578.

Lane, P. J., Cannella, A. A. & Lubatkin, M. H. (1999). Ownership structure and corporate strategy: One question viewed from two different worlds. *Strategic Management Journal*, 20(11), 1077—1086.

Lee, P. M. & James, E. H. (2007). She'-e-os: Gender effects and investor reactions to the announcements of top executive appointments. *Strategic Management Journal*, 28, 227—241.

Lewin, A. Y., Chiu, C. Y., Fey, C. F., Levine, S. S., McDermott, G., Murmann, J. P. & Tsang, E. (2016). The critique of empirical social science: New policies at management and organization review. *Man-

agement and Organization Review, 12(4), 649—658.

Mintzberg, H. & Waters, J. A. (1982). Tracking strategy in an entrepreneurial firms. *Academy of Management Journal*, 25(3), 465—499.

Nadkarni, S. & Narayanan, V. K. (2007). Strategic schemas, strategic flexibility, and firm performance: The moderating role of industry clock speed. *Strategic Management Journal*, 28, 243—270.

Reips, U. D. & Garaizar, P. (2011). Mining twitter: A source for psychological wisdom of the crowds. *Behavior Research Methods*, 43(3), 635.

Tong, T. W. & Reur, J. (2007). Real options in multinational corporations: Organizational challenges and risk implications. *Journal of International Business Studies*, 38(2), 215—230.

Venkatraman, N. & Grant, J. H. (1986). Construct measurement in organizational strategy research: A critique and proposal. *Academy of Management Review*, 11(1), 71—87.

Weick, K. E. (1989). Theory construction as disciplined imagination. *Academy of Management Review*, 14(4), 516—531.

延伸阅读

1. 推荐两篇参考文献：

Ahuja, G. & Morris Lampert, C. (2001). Entrepreneurship in the large corporation: A longitudinal study of how established firms create breakthrough inventions. *Strategic Management Journal*, 22(6—7), 521—543.

Tuggle, C. S., Sirmon, D. G., Reutzel, C. R. & Bierman, L. (2010). Commanding board of director attention: Investigating how organizational performance and CEO duality affect board members' attention to monitoring. *Strategic Management Journal*, 31(9), 946—968.

2. 采用中国的二手数据在国际顶尖期刊上的发表的文章越来越多，下面是几个常用的企业层次的数据库。

（1）国泰安数据库（CSMAR）与万得数据库（WIND）

CSMAR 和 WIND 覆盖了在中国上市公司的治理信息、财务信息及投资并购等战略行动的信息。很多高校都购买了 CSMAR 和 WIND。其数据存储形式非常结构化，且数据库也在不断地更新和丰富其所覆盖的变量信息。上市公司有着很好的数据公开性，研究者可以在以 CSMAR 和 WIND 作为数据来源的同时，从年报或媒体等其他渠道搜集和编码其他独特的变量合并加入研究。

相关发表的文章举例：Greve 和 Wang, 2017, AMJ; Li 和 Qian, 2013, SMJ; Qian 等, 2017, SMJ; Sun、Hu 和 Hillman, 2016, AMJ; Wang 和 Qian, 2011, AMJ; Zhang 和 Qu, 2016, AMJ。

（2）中国工业企业数据库（Annual Census of Industrial Enterprises Database of the Chinese National Bureau of Statistics）

该数据库由中国国家统计局负责调查统计，涵盖了中国 500 万元产值以上的工业企业的运营信息、股权结构与财务信息等，目前学术研究中使用较多的是 1998—2007 年的面板数据。该数据库的优势在于其相对覆盖面广，且具有较好的准确度与内部一致性。

相关发表的文章举例：Buckley、Clegg 和 Wang, 2002, JIBS; Chang、Chuang 和

Moon,2013,SMJ;Chang 和 Xu,2008,SMJ;Li、Zhou 和 Zajac,2009,SMJ;Xu、Lu 和 Gu,2014,ASQ;Zhang、Li 和 Li,2014,AMJ。

(3)中国私营企业调查问卷

为了促进学术交流,中共中央统战部、全国工商联、国家工商行政管理总局、中国民(私)营经济研究会私营企业研究课题组将"中国私营企业调查(1995—2012)"数据文件整理开放,供国内研究者及在读学生参考、使用。"中国私营企业调查"从1993年起,每两年进行一次。调查在全国范围内按一定的比例(0.05%左右,每次的比例略有差别)进行多阶段抽样(stratified sampling)。该数据的优势在于企业家个体层面的数据较为丰富;缺陷是每年的数据都是横截面的数据,而非面板数据结构。

相关发表的文章举例:Haveman 等,2017,ASQ;Jia,2014,SMJ。

第 9 章　实地研究中的案例研究

郑伯埙　台湾大学
黄敏萍　元智大学

▶ **本章大纲**

引言
9.1 案例研究的意义
　9.1.1 什么不是案例研究？
　9.1.2 什么是案例研究？
9.2 案例研究的质量
　9.2.1 构念效度
　9.2.2 内部效度
　9.2.3 外部效度
　9.2.4 信度
9.3 案例研究的执行
　9.3.1 准备阶段
　9.3.2 执行阶段
　9.3.3 对话阶段
9.4 案例研究可能遭遇的问题与解决方法
9.5 高质量的案例研究实例
　9.5.1 实例一：自我管理团队中的协和控制
　9.5.2 实例二：TQM 的口号与实际
　9.5.3 实例三：中美合资企业的协商权、管理控制及绩效
9.6 案例研究实作示例
9.7 结语

你如何能够了解一条鱼?
如果规定你不能询问专家的看法,
也不能阅读任何有关鱼类的知识,
亦不能使用任何人造辅具,例如显微镜,
……
→不要忘了你有两只眼睛、两只手,以及一条鱼!
(Louis Agassiz as Model——Weick,2007:14)

引言

想象你自己置身于19世纪哈佛大学动物学的课堂中。你的教授Louis Agassiz有一天走进课堂,手里拿了一个锡罐,里面游着一条小鱼。他出了一个作业,要求大家设法研究这只生物,并且向他报告结果。但规定在没有他的允许下,同学们不能询问专家的看法,也不能阅读任何有关鱼类的知识,也不能使用任何人造辅具。在接下来的100多个小时的面谈报告中,只听到他不断地挑战学生:"你看到了吗?……你看到了什么?……你还没有看仔细!……"终于,学生十分苦恼地要求教授给予更多的指示,到底该如何进行这项研究。Louis Agassiz于是说道:"你有两只眼睛、两只手,以及一条鱼!"(Weick,2007)。

这个小故事基本上把质性研究的特性、过程甚至初学者的苦恼,描绘得淋漓尽致。早在19世纪末20世纪初以前,社会科学家便开始采用质性研究取向来建构相关的知识,而案例研究便是其中一种常用的质性研究方法。在人类学方面,费孝通的老师马林诺斯基(Malinowski),在第一次世界大战避居于太平洋小岛Trobriand时,就以参与观察的方式针对岛民进行案例研究,并出版了一系列著名的人类学著作,如《西太平洋的航海者》(*Argonauts of the Western Pacific*)(Malinowski,1922)。在社会学方面,法国学者Flederic Le Play于19世纪中期,认为家庭是社会的基本组成单位,而以工作家庭作为观察案例,试图找出其特征。这一做法也影响了美国的社会学研究,芝加哥学派就是其中的佼佼者(Hamel,1993)。在心理学方面,弗洛伊德(Freud)对精神病患者的心理分析,以及心理分析学派所从事的患者案例分析的研究,都是重要的典型。时至今日,案例研究已是当代社会科学的重要研究形式之一(Yin,1989)。

第9章 实地研究中的案例研究

诚如许多资深研究者所强调的,历史上许多重大的研究成果,常常反映了其所处时代的脉络;对于案例研究法而言,这一说法也是成立的。由于时代背景使然,当前案例研究已经受到许多研究者的重视与采用;在许多重要的管理学期刊当中,采取案例研究法的论文也逐年增加,并取得了一定的研究正当性。其中具体的例子是组织管理领域的顶级期刊 AMJ,其陆续在"主编的话"栏目刊登了相关的讨论,包括质性研究(Gephart,2004)、扎根理论的建立(Suddaby,2006)、研究丰富性的探讨(Weick,2007)、提升单案例研究的说服力(Siggelkow,2007)及采用多案例研究来建立理论(Eisenhardt & Graebner,2007)等议题。这一现象反映了当前时代背景的几个趋势:首先是研究者体会到管理的多元与复杂,而需要采用能够考察复杂性的适合研究法;其中,案例研究由于能够掌握现象的丰富性(richness;Weick,2007),能对现象进行厚实的描述(Tsui,2007;Tsui et al. ,2007),而成为最恰当的方法之一。其次,由于各种研究法都各有其优缺点,所以当代社会科学界特别强调多元研究方法论(multiple methodologies)的观点,认为需要兼而采用各种质化、量化的不同方法来探讨同样的问题,以强化研究结果的坚韧度(robustness)。在此状况下,与其他研究法颇为不同的案例研究深获重视。再次,是全循环研究路径(full-cycle approach)的逐渐流行,全循环研究是指研究者兼而采用归纳法与演绎法,透过科学研究循环来探讨一个问题,以建立有力、坚实且具类推性的理论。在研究循环当中,不管是理论建构或是理论验证,案例研究都是不可忽略的一环。最后,在文化研究的浪潮之下,许多学者指出,针对突显本土文化特色的管理学知识,必须采用扎根理论(grounded theory)的研究方式来进行厚实的研究,以提出更具内部效度与外部效度的本土理论(Elsenhart,1989;Whetton,2002)。于是,能够掌握具有本土特有现象的案例研究更为流行。

在上述趋势下,案例研究越来越受欢迎,可是,进行案例研究却不是一件简单的事,甚至存有种种陷阱。在设计与进行案例研究时,都必须谨慎为之,方可避免错误。否则,未蒙其利,先受其害。本章的目的,即在说明案例研究的意义与类型、效度要求与研究设计、研究步骤及对理论建构与假设验证的含义,剖析此研究法的特色与优缺点;最后以三个高质量研究案例及作者曾经执行过的一个案例研究作为示例,详细示范研究过程与关键内容。希望能帮助读者熟悉此项研究的做法,并据以创造管理学知识。

9.1 案例研究的意义

虽然案例受到重视,但案例研究却是难度较高的科学研究方法之一(Yin,

1989)。理由除了寻找研究案例的难度颇高、整个研究过程与结果的客观性缺乏共识,案例研究也常受到误解,以致面目不清。这些误解至少包括:把案例研究视为案例教学、将案例研究局限于探索研究、分不清案例研究与案例记录的不同,以及将案例研究与民族志研究等质化方法混为一谈,等等。了解这些误解,将有助于了解什么才是案例研究。

9.1.1 什么不是案例研究?

案例教学是管理学教育中相当重要且不可或缺的一环,案例教学是否能够发挥最大的效用,视个案质量的良莠而定。因此,提供优质的案例,乃是案例教学成功的重要条件。可是,教学案例的探讨与撰写,并不是案例研究。教学案例着重于实务问题的反映,案例必须具有启发性,能够引起学习者的学习动机与兴趣,且能激发思考,带动热烈的讨论,分享问题解决的方式。所以,教学案例的性质与着重严谨、讲求证据的案例研究是不同的。在教学案例上,有时为了更有效地铺陈特定的观点,也可以慎重地修改案例材料,以激发更为精彩的对话,但在进行案例研究时,这种做法是绝对禁止的。每个研究者都得严守各项研究步骤的要求,并呈现严谨而扎实的研究证据(Yin,1989)。

第二种误解是以为案例研究是一种探索工具,只是进行正式研究前的一种先导性研究(pilot study)而已。所以只着重于现象的初步描绘,而不能用来发展命题(proposition development)或验证假设(hypothesis testing)(Platt,1992),这种看法也是一种误解。事实上,案例研究不仅具有探索功能,而且兼具描述性与解释性的功能。例如,早期芝加哥大学社会学教授 Whyte(1943)的古典著作——《街头社会:意大利贫民的社会结构》(Street Corner Society: The Social Structure of an Ltalian Slum),探讨街角流民的社会结构,虽然是一项典型的案例研究,不过不但深具探索性与描述性的功能,而且也极具类推能力——即使是在不同的街头、不同时代所做的类似研究,都一再重复此项研究的发现。另外,Yan 和 Gray(1994)对中美合资企业的协商权、管理控制及合资绩效的探讨,以及 Ross 与 Staw(1993)对美国 Shoreham 核电厂浪费公款的承诺升级的研究,则采用案例研究法来验证既有的理论模式。由此显示,案例研究也可以用来建构理论与验证假设,因此,案例研究并非只是一项探索性的先导性研究而已。

还有一种误解,是分不清案例研究与案例记录的不同。不管是企业诊断、教育辅导、临床心理或是社会工作,都会针对焦点案例来进行探讨,要求案例揭露自己的特性与面对的问题,广泛搜集与案例有关的资料,并据以提出"对症下药"的问题解决办法,提供必要的顾问、咨询、辅导及诊疗协助。虽然此类案例记录旨在说明案例、解决问题,对案例也有充分的了解,但与案例研究也是差异颇大的:前者旨在助人,解决问题;后者则旨在研究,建构与验证理论。

最后一种误解,则是将案例研究与民族志研究等质化研究混淆在一起,认为案例研究是参与观察的一个类型,需要进行长期的田野观察,强调观察而来的质化证据(Kidder & Judd,1986)。可是,案例研究并不只是田野调查的一种资料搜集技巧而已,也不一定需要进行长期的田野观察,其搜集数据的方式视研究问题而定。有时,甚至不必离开图书馆或仅使用电话访问,就可以进行高质量的案例研究;而且所搜集与分析的资料,也不见得总是质化数据,量化数据也常是搜集与分析的重点。另外,案例研究虽然也可能在研究进行了一段时间后,更了解研究主题,但通常在进入场域之前,就具有清楚的问题意识或者有明确的理论方向,而非像民族志研究等质化研究一样,是在进入场域之后,才逐渐清楚要探讨什么问题;或是在进入现场之后,问题才逐渐浮现,且又随时调整问题的方向。因此,案例研究并不等同于民族志等研究方法或参与观察等资料搜集方式。

既然以上的例子都不是案例研究,那么什么才是案例研究呢?

9.1.2 什么是案例研究?

什么是案例研究?其定义为何?虽然采用案例研究进行社会科学的研究者不少,但直接针对案例研究进行定义者则不多。其中 Jennifer Platt(1992)是少数的例外。她在回顾美国案例研究的方法论思潮时,曾认真做了回顾,并试图加以界定,认为"案例研究是一种研究设计的逻辑,必须要考虑情境与研究问题的契合性"。根据其定义,Yin(1989)做了进一步的延伸,强调设计逻辑是指一种实证性的探究(empirical inquiry),用以探讨当前现象在实际生活场景下的状况,尤其是当现象与场景界限不清且不容易做清楚区分的时候,就常使用此类探究策略。此外,案例研究在数据搜集与数据分析上,均极具特色,包括:依赖多重证据来源,不同数据必须能在三角验证(triangulation)的方式下收敛,并获得相同的结论;通常有事先发展(prior development)的理论命题或具有清楚的问题意识,以指引数据搜集的方向与数据分析的焦点。

总之,案例研究是一项周详而完整的研究策略,同时包含了特有的设计逻辑、特定的数据搜集及独特的数据分析方法(Yin,1989)。而这一研究策略的采用与研究问题的性质有关:如果研究问题的目的是回答:"如何改变?""为什么改变?"及"结果如何?"等问题,案例研究就是最为适用的方法。一般而言,相较于其他研究方法,案例研究能够对案例进行厚实的描述与系统的理解,而且对动态的互动历程与所处的情境脉络也会加以掌握,从而获得一个较全面与整体的观点(Gummessen,1991)。另外,凡是研究者无法做正确、直接又具系统性控制的变量,或探讨的是实际生活现象,不是几分钟的实验就能够追溯完毕的,都是使用案例研究的最佳时机。由于案例研究着重于当时事件的检视,不介入事件的操控,从而可以保留生活事件的整体性与有意义的特征。因此,案例研究相当有助于研究者产生新的领悟(Bryman,1989)。

通常,案例研究可以区分为三大类,包括探索性(exploratory)、描述性(descriptive)及因果性(causal)案例研究(Yin,1994)。探索性案例研究是指当研究者对于个案特性、问题性质、研究假设及研究工具不是很了解时所进行的初步研究,以提供正式研究的基础;描述性案例研究是指研究者对案例特性与研究问题已有初步认识,而对案例所进行的更仔细的描述与说明,以提升对研究问题的了解;因果性案例研究则旨在观察现象中的因果关系,以了解不同现象间的确切函数关系。然而不管是何种类型的案例研究,仍必须讲求研究的严谨性与可靠性等标准,这些要求颇类似量化研究中的效度与信度的概念。

9.2 案例研究的质量

在进行案例研究时,虽然有些后现代的管理学研究者可能较着重于研究结果所揭示的意义及社会建构的事实,而不讲求研究方法的严谨性与复制性,但是遵循科学法则的案例研究者却必须严守科学研究中的效度与信度要求,只不过是做了一些调整,从而与量化研究的做法有一些不同。当然,严格来说,科学研究中的效度与信度也是一种社会建构,其法则是由科学研究社群所建构出来的,彼此互有共识。在本章中,仍将遵循科学研究的法则,来讨论案例研究所需遵守的标准,包括:(1)构念效度,针对所要探讨的概念,进行准确的操作性测量;(2)内部效度,建立因果关系,说明某些条件或某些因素会引发其他条件或其他因素的发生,且不会受到其他无关因素的干扰;(3)外部效度,指明研究结果可以类推的范围;(4)信度,阐明研究的复制性,例如,数据搜集可以重复实施,并可以得到相同的结果(Lee,1999)。

9.2.1 构念效度

为了使研究具有构念效度,让概念得到准确的衡量,在案例研究中,可以采取几种有效的方法来加以执行,这些方法包括采取多重证据来源的三角检证、证据链的建立、信息提供人的审查及魔鬼辩护师(devil's advocate)的挑战等做法(Eisenhardt,1989;Yin,1994)。首先,在多重证据来源的三角验证(或多角检证)方面,研究者需要使用各种证据来源,让各种来源的证据能够取长补短、相辅相成。这些来源通常包括文档(如信件、报告、报道、私人笔记等)、档案(如公司数据、官方记录、现行数据库等)、人员面谈、现场观察、活动参与及人工器物的搜集,等等。当不同做法都能获得类似的资料与证据时,则说明案例研究中的衡量具有构念效度。显然,这一做法颇类似量化研究中的收敛效度(convergent validity)。

其次,建立证据链,让搜集的数据具有连贯性,且符合一定的逻辑,使得报告的阅读者能够重新建构这一连贯的逻辑,并预测其发展。当逻辑越清晰、越连贯时,构念效度就越高。这种做法类似量化研究中逻辑关系网(nomological network)的建立。

最后,重要信息提供人的审查。透过重要信息提供人的审阅报告与数据,来确保数据与报告能反映所要探讨的现象,而非只是研究者个人的偏见而已。由此,可以避免因为研究者个人的选择性知觉,而产生不恰当的诠释。另外,也可安排能够挑战数据、证据及结论的魔鬼辩护师,要他们针对资料的搜集、分析及结果与报告提出严苛的批评,用以检视研究者的盲点与偏见,以确保搜集的资料能够反映研究构念。这种辩护师通常是持反面意见的人,可以提供对立的观点,以避免个人偏见或团体盲思(groupthink)的产生。

9.2.2　内部效度

就内部效度而言,研究者必须确定因变量的改变确实是因为自变量的改变而引起的。为了降低因果关系之外的解释,案例研究者可以采用模式契合(pattern matching)、解释建立及时间系列等设计,来执行研究,以提升内部效度(Yin,1989)。模式契合可以用来检验数据与理论是否搭配与契合,察看各构念间的关系,是否能与数据契合,如果契合,则提供了支持的证据。例如,当一组性质不同的不等同的(nonequivalent)因变量可被预测,且得出类似的结果,而未有其他的结果时,即可获得较强的因果推论;同样,如果一组不等同的自变量均可做相同的预测,也可推论此因果关系是稳定而坚实的(Campbell,1975;Yin,1989)。根据这种想法,如果所搜集的各种数据,都能肯定原先推论的关系,则可接受原先发展出来的命题或假设;否则,则需要加以修正。在 Ross 与 Staw(1993)的 Shoreham 核电厂的案例中,即采取这类做法,以实际发生例子的自变量(影响持续投资的种种前置因素)来阐明此电厂损失近55亿美元(因变量)的理由,用以验证承诺升级(escalation of commitment)的理论模式。结果发现,模式所推衍出来的假设,有些是获得支持的,有些则不获得支持。研究者于是根据此案例的结果,修正了原先发展的理论模式。

提升内部效度的第二种做法是解释的建立:首先,研究者陈述可能的理论,并提出一连串的命题(propositions);然后,再检视理论、命题与经验数据是否符合,据以修正理论与命题。接着,再重复以上的过程,直到两者趋近为止。这种过程与冶金很类似,研究需要逐步精练想法,接受可能的对立假设,最后建立较佳的解释。透过这种持续性的调整过程,来提升内部效度。

最后是采用时间序列的设计(time series design),先分析所要观察的变量或事件在时间上是否具有先后顺序,再推论其中的前后因果关系。当某些变量或事件总是发生在先,且导致后续变量或事件的发生或改变时,即可推论变量间具有时间上的因果关系。如果经验数据亦证实的确具有此类因果关系时,则可提供内部效度的证据。

9.2.3 外部效度

就外部效度而言,由于研究者通常只是在单一时间与地点针对单一类型的案例进行研究,因此,必须确定此研究结果是否可以适用于其他类型的案例,或不同的时间与地点当中,以判断研究结果或理论的类推能力。结果与理论的类推范围越广、所能解释的组织现象越多,则结果与理论就越有力量(Cook & Campbell,1979)。

在探讨案例研究的外部效度时,通常是采用分析类推(analytical generalization)的概念,而非统计类推(statistical generalization)(Bryman,1989)。统计类推是依据统计抽样的想法,选择具有代表性的样本,再依据概率论的原则,将样本的研究结果类推到母群上,由此说明研究结果的类推性。然而,分析类推是指:案例所得的结果,可以在以后的案例上重复发现,由此证实该案例所获得的结果确实存在。这种类推根据的是一种案例与法则相似逻辑(case-law-like logic),透过理论契合或构念契合(fit)的方式,来判断研究的外部效度(Eisenhardt,1989;Yin,2003)。其分析概念,就像医生所说的"我认识他,他是我的'病人',我在每位患者身上都可以看得到他的身影"(Van Den Berg,1972)。因此,要判断案例研究结果在其他案例上的类推性时,需要在不同时间、地点进行多案例研究,以判断此结果在其他情境、时间及地点上的情形。就此而言,案例研究的外部效度颇类似量化研究中生态效度(ecological validity)的概念。

9.2.4 信度

案例研究的信度是指研究过程的可靠性,所有过程必须是可以重复的。因此,必须准备周详的案例研究计划草案(protocol),让后来的研究者可以重复进行研究;也必须要建构研究数据库,让后来的人能重复进行分析(Yin,1994)。研究计划草案不仅要说明特定的研究过程、所依循的资料搜集与分析原则,而且至少要包括以下内容:(1)研究目标与探讨议题,如研究目的、问题等背景等;(2)研究场所与研究程序,如研究地点的详细描述、信息来源,甚至是研究者的保证书,等等;(3)研究问题,比如特定而具体的问题,如访谈表的时程与内容、访谈对象、数据分析方式与过程;(4)研究报告的结构,如研究结果、如何组织、进行对话的理论,以及如何获得结论,等等。

除了需要周详的案例研究计划草案,也需要建构研究数据库。这些数据库至少包括现场研究笔记、参与观察记录、访谈的录音、观察的录像、誊写的文稿、档案数据及数据分析记录等,以便后来的研究者能够进行再检查与再分析。透过这种详细的文字记录与数据文件来强化案例研究的信度。

有关案例研究的检验标准、威胁(threat)因素及处理方式,如表9-1所示。总之,案例研究者应该系统地搜集数据、谨慎地研读、严谨地分析并使研究设计与过程能够符合所要探讨的问题和概念,以满足效度与信度的要求。

表9-1 案例研究的效度与信度

检验标准	威胁因素	做法	步骤
构念效度			
准确测量所要探讨的概念	操作性测量不能反映构念,或反映其他构念	多证据来源 掌握证据链 数据提供人的审查	资料搜集 资料搜集 资料分析
内部效度			
确保观察的变量或事件具有因果关系	存有另外的因果解释,或因果关系受到污染	类型比对 建立解释 时间序列分析	资料分析 研究设计/资料分析 资料分析
外部效度			
研究结果所具有的类推范围	结论可能只适用于某些特定的范围内	多案例复制 分析类推	研究设计 资料分析
信度			
研究过程的重复与复制	重复实施得不到相同的结果	周详的研究计划书 案例研究数据库	研究设计/资料搜集 数据搜集/数据分析

9.3 案例研究的执行

虽然研究者对案例研究的执行步骤有不同的看法,研究过程也未必完全遵循固定的顺序,但是案例研究仍然有一定的进行步骤,可以将案例研究划分为不同的阶段,每个阶段所处理的问题与进行的活动各有重点。这里将根据 Eisenhardt(1989)的架构,将案例研究的过程区分为启动、研究设计与案例选择、研究工具与方法选择、数据搜集、数据分析、形成假设、文献对话及结束等八大步骤,并归结为准备、执行及对话等三大阶段,如表 9-2 所示。这些阶段与步骤虽然可以区分开来并有先后的顺序,但在进行实际研究时,各步骤之间却可能具有回路的循环关系,而不见得总是直线地往前推进。因此,类似数据的搜集与分析应是反复地进行。

表 9-2 案例研究的执行步骤

步骤	活动	原因
准备阶段		
启动	• 界定研究问题 • 找出可能的前导观念	• 将努力聚焦 • 提供构念测量的较佳基础
研究设计与案例选择	• 不受限于理论与假说,进行研究设计 • 聚焦于特定族群 • 理论抽样,而非随机抽样	• 维持理论与研究弹性 • 限制额外变异,并强化外部效度 • 聚焦于具理论意义的有用案例,如能够补充概念类别的理论复制与引申的案例
研究工具与方法选择	• 采用多元数据搜集方式 • 精制研究工具,同时掌握质化与量化资料 • 多位研究者	• 透过三角验证,强化研究基础 • 证据的综合 • 采纳多元观点,集思广益
执行阶段		
数据搜集	• 反复进行数据搜集与分析,包括现场笔记 • 采用有弹性且随机应变式的数据搜集方法	• 实时分析,随时调整资料的搜集 • 说明研究者掌握浮现的主题与独特的案例性质
数据分析	• 案例内分析 • 采用发散方式,寻找跨案例的共同模式	• 熟悉数据,并进行初步的理论建构 • 促使研究者摆脱初步印象,并透过各种角度来查看证据

(续表)

步骤	活动	原因
形成假设与理论化	• 针对各项构念,进行证据的持续复核 • 横跨各案例的逻辑复现,而非样本复制 • 寻找变量关系的原因或"为什么"的证据	• 精炼构念定义、效度及测量 • 证实、引申及精炼理论 • 建立内部效度
对话阶段		
文献对话	• 与矛盾文献互相比较 • 与类似文献互相比较	• 建构内部效度、提升理论层次并强化构念定义 • 提升类推能力、改善构念定义及提高理论层次
结束	• 尽可能达到理论饱和(theoretical saturation)	• 当改善的边际效用越来越小时,则结束研究

资料来源:修改自 Eisenhardt,1989。

9.3.1 准备阶段

准备阶段是案例研究者在进入现场搜集资料前所需进行的活动。这些活动包括界定研究问题、研究设计与案例选择,以及研究工具与方法选择等。所谓"工欲善其事,必先利其器",当准备阶段的思考越周详,准备越充分时,案例研究成功的机会就越大。

1. 启动

在启动案例研究时,研究者必须先确定什么是要探讨的研究问题,其主要的构念何在。即使案例研究所欲检验的理论不见得清晰,研究者仍然必须要有清楚的方向与清晰的焦点来加以依循,用以指引自己系统地搜集数据并回答问题。否则,将会失去焦点,而可能搜集到一堆浩如烟海但却无关紧要、没有用处的资料。换言之,只有当问题意识清楚时,研究者才能掌握要采用何种研究设计、选择何种研究案例及如何搜集数据等重要事项。以研究设计而言,当研究议题清楚时,研究者才能决定:要采用何种案例类型?是选择多案例还是单案例?分析单位如何?如何衡量有兴趣的变量与事件?要采用何种方式来系统地搜集数据?也只有在这些后续研究活动都能依循一定方向,严谨地进行时,案例研究的信度与效度才能确保。

即便如此,并不表示进行案例研究时,问题与方向从头到尾都是僵化不变的。

事实上,案例研究的进行常常充满了弹性。例如,在研究进行了一段时间后,如果研究者发现其问题与方向有偏差或搜集的数据与预期差距过大,是可以改变问题与方向的。例如,有不少研究者(如 Bettenbausen & Murnighan,1985;Gersick,1988)在进行研究后,发现某些问题更有趣,更适于创新理论,而将研究焦点由理论验证(theory-testing)转变为理论建构(theory-building)。像 Bettenhausen 和 Murnighan(1985)的案例研究,原本要观察团体决策如何影响结盟的形成,但后来却发现各群体的特性更引人注目,从而把研究焦点由结盟转向群体规范的形成。

对目的是建构理论的案例研究者而言,理论与假设也常常不在事先计划之内。理由是当一开始就局限于理论与假设时,容易画地自限,被框限于既定的理论概念内,难以发挥想象力去提出新的理论方向。因此,理想上,此类案例研究并不鼓励套用现成理论,而应保留较大的研究空间与弹性。当然,这种弹性也不是随意发散、漫无目的,而是有一定限制的,且至少不应脱离更大的研究方向与主题。

2. 研究设计与案例选择

一般而言,研究者可以根据分析层次(level of analysis)与案例数来进行研究设计,并区分案例研究的类型(Yin,1993)。分析层次是指研究者有兴趣去分析对象的层次。在组织与管理的领域中,分析层次可能是个人、部门、组织或产业,视研究者的需要而定。至于案例数则指:研究者所要研究的案例的数目。依照分析元与案例数的多寡,可以获得四种案例设计方式:第一型为单案例单层次,第二型为单案例多层次,第三型为多案例单层次,第四型为多案例多层次,如图 9-1 所示。

	单案例设计	多案例设计
单层次分析	第一型 (如郑伯埙,1995)	第三型 (如郑伯埙,2005;Yan & Gray,1994)
多层次分析	第二型 (如 Barker,1993)	第四型 (如 Zbaracki,1998)

图 9-1 案例研究的设计

资料来源:修改自 Yin,1989。

第一型单案例单层次设计,案例数只有一个,而分析层次也只有一种。例如,高阶领导中的案例设计,研究对象只有一个人,而分析层次也以个人为主。郑伯埙(1995)根据对一位家族企业领导人的观察建立家长式领导模式即是一个例子。第二型单案例多层次设计,案例数只有一个,但分析层次不止一种。这种设计常见于组织研究当中,以一家组织为案例对象,分析层次包括个人、团体、部门及事业部等。如 Barker(1993)自我管理团队的研究,他同时对员工、领导者进行了访谈,观察团队运作及整个公司的制度变革,并进行分析。第三型多案例单层次设计为第一型设计的复制,分析层次只有一种,但有多个案例。例如,Yan 和 Gary(1994)在合资企业的控制形式研究中,其分别针对四家合资企业的高阶经理人进行深度访谈,或是郑伯埙(2005)针对多家企业高阶主管的家长式领导的探讨,都是一种多案例单层次的设计。第四型多案例多层次设计则为第二型设计的复制,研究案例数超过一个,而分析层次也不止一种。例如,探讨不同组织的制度对各阶层员工的影响,等等。在 Zbaracki(1998)针对全面质量管理(total quality management,TQM)的口号与实际的研究中,资料来自五家制度不同的公司的高阶主管与一般员工,用以反映其研究架构,即是一例。

姑且不论分析层次的多寡,以案例数而言,究竟单案例设计与多案例设计有何不同,其适用状况又如何呢?一般而言,单案例设计较适用于以下三种状况:第一种是批判性案例,目的是挑战或验证现有的理论;第二种是特殊性案例,每一案例本身具有独特之处,值得做个别探讨,以建立新的理论模式,或扩大旧理论的类推能力;第三则是补充性案例,前人的研究因某些因素未能观察到一些重要现象,如今机会难得,可以加以观察,以补充过去研究的不足。简而言之,单案例研究设计可以针对一个既存的现象提供厚实的描述,进而引发读者对于某个研究问题的兴趣(motivation)、激发其对于现有理论的反思(inspiration)或是将一些现象更清楚地予以揭露呈现(illustration)。故相较于多案例研究而言,企图以单案例研究来建立理论也许显得基础过于薄弱;然而若操作得当,单一的案例研究也可以是非常具有说服力的,因为一个适当的例证就足以反映现有理论的缺失或是新的研究方向(Siggelkow,2007)。

至于多案例设计就像多项实验一样,其结论比单案例设计来得有力,但所费的时间、所投下的成本及所投注的努力也比较多。其主要好处是,除了可以在一项研究中同时找到正面与反面的证据,还可以探讨同一概念在不同场合下的运作结果。然而,多案例设计的案例选择需要十分小心,必须考虑案例间的关联性,以免把不相干的案例拼凑在一起。其次,分析也较为复杂,除了需要进行单案例的分析,还需要进行案例间的比较,以察看相似与相异之处。具体而言,在进行单案例分析时,主要是以单一案例为对象,分析其模式契合的状况如何;而在进行多案例比较时,则是比对各项主题,多方寻找支持与对立证据,互相校准、复核,以形成更为坚韧的理论与命题。简而言之,多案例研究设计可以帮助研究者进行比较,以确认某些研究发现是否普遍存在于不同的案例中;其次,多案例研究的发现是基于不同的案例数据,故其所建立的构念关系通常更为严谨;再者,由于不同案例间可能存在着差异性,因而,多案例研究可以促使研究者针对研究问题进行更广泛的探索与思考。故相较于单案例研究而言,以多案例研究来建立理论,通常可以获得更为严谨、一般化及可以验证的理论（Eisenhardt & Graebner, 2007）。

一旦确定研究设计的类型之后,则可以考虑案例选择的问题。在案例选择方面,研究者需要决定选择标准与筛选过程。除验证理论的案例研究可能采用统计抽样的概念来选择案例之外,大多数案例研究都采用理论抽样（theoretical sampling）的方式来进行。简而言之,统计抽样是指研究对象有一个清楚的母群,并依据随机方式,来抽取具代表性的样本作为研究之用;然而理论抽样却是根据理论,而非统计概念来选择样本（Glaser & Strauss, 1967）。例如,为了延展理论,可能会选择较为极端的案例;为了复现理论,可能会选择条件类似的案例;为了验证理论,可能会选择符合理论要件的案例。因此,理论抽样的目的,是有意地选择独特、补充或批判的案例,用以显现或延伸研究构念间的关系;而非像统计抽样一样,选择能够代表母群的样本,作为研究对象。

即使基于理论抽样的原则,在执行上案例选择的工作并不容易。Siggelkow（2007）对于单案例研究设计中的案例选择有一段很贴切的描述:如果你能够找到一只猪可以说人话,就非常值得写一篇文章来探讨动物说人话的可能性。也就是说,如果研究者想要以单一案例来激起读者的兴趣或说服别人,最重要的是先确定手中有一只可以说人话的猪！简而言之,单案例研究设计中的理论抽样,通常是选择不寻常、极端的案例,同时研究者也有机会近距离接触,以便针对一个独特的现象来进行探讨。相对地,多案例研究设计中的理论抽样则较为复杂,其考虑的不是个别案例的独特性,而是一组案例对于理论发展的潜在贡献（Eisenhardt & Graebner, 2007）。故在多案例研究中,依据理论发展的不同需要,研究者可以选择性质类似的案例或是相反极端的案例或是以案例选择来排除其他可能的解释,以帮助厘清一个现象中各构念之间的可能关系。

前述的几个研究例子,可以进一步说明理论抽样的含义。郑伯壎（1995）在建构其家长式领导模式时,是有意选择符合权威家长条件、掌握实质经营权的家族企业领导人,同时也考虑公司地点、观察难度及互相配合的可能性等因素。而 Barker（1993）在探讨自主管理团队的控制时,也是依据研究构念,选择一家工作设计由工作团体转变为自主管理团队的公司,来作为研究案例,并观察自主管理团队控制规范的形成过程,且发现自主管理团队的控制比传统工作团体还严苛。此外,Zbaracki(1998)在探讨推动 TQM 的公司的制度要求、组织口号及技术现实的关系时,也是采取理论抽样的方法,并根据 Scott(1987)的技术环境与制度环境的维度,进行案例的选择与筛选,目的在于确保各案例间的差异性。最后,选择国防设备承包商、饭店、医院、制造公司及政府机构五个案例作为研究对象——这些对象分别反映了技术与制度力量的差异,再比较各案例实施 TQM 的实际情形与口号。反之,Yan 与 Gary (1994)为了检验合资企业中管理控制与合资绩效间的关系,则有意选择了四家性质类似的合资企业,其均属中美合资、制造产业且合资关系均在五年以上,其目的在于确保各案例间的同构型,以便建立研究变量间的明确关系。

3. 研究工具与方法选择

案例研究通常采用多元方法来搜集资料,这些方法除一般量化研究法之外,大多包含各种质化方法(De Vaus,1996)。在不少书籍中,量化方法讨论颇多,姑且不论。至于质化方法,通常包括深度访谈、直接观察及档案调阅等方式(Patton,1987)。在深度访谈中,又可细分为非结构访谈与半结构访谈两种。非结构访谈是研究者邀请受访者畅所欲言,但并未事先准备完整的访谈表,而仅使用一份备忘录来检核访谈的进行,查看是否有遗漏的议题。在半结构访谈中,研究者会准备一份访谈表,并依照表中的内容逐项询问,据以搜集资料。直接观察则可区分为参与观察与非参与观察两种。在参与观察中,研究者会置身于被观察者的活动场所中,察看被观察者的所作所为,并可能与被观察者进行互动。在非参与观察中,观察者是一位旁观者,通常以不介入的方式进行观察。至于档案调阅,则指研究者搜集并阅读与研究主题有关的各类文件,包括信件、备忘录、议程、会议记录、公文、企划书及媒体报道等,也有可能在被研究者同意的情况下,阅读其私人信件或日记作为数据源。

由于这三种方法各有优缺点(如表 9-3 所示),所以兼而采各种方法来搜集资料是相当重要的,并可以取长补短,产生综合效果。当然,量化与质化数据也可以一并搜集,来相辅相成,就像 Mintzberg(1979)在论及量化与质化资料的互补时所强调:理论建构依赖于对现象的丰富描述,此种描述常来自质化的轶事或掌故资料(anecdotal data),而非硬性的量化资料;而且量化数据通常会局限在有限的变量当中,而无法处理所有可能的关系,但软性的质化资料则可以进行周详的考虑,并给以补足。相反,质化数据虽然生动、丰富,但也可能不够精准,而有赖量化资料的补充。

表 9-3 三种数据搜集法的优缺点比较

研究方法	优点	缺点
访谈	• 目的清楚,能呼应研究主题 • 可以获得有深度的解释	• 重要文件不容易取得 • 不完整时会有偏颇 • 可能反映原作者的偏见 • 被访谈者的回忆偏误或故意迎合访谈者
观察	• 可以看到直接而实时的事件 • 能查看事件发生时的情境 • 对人际行为与动机具有深刻的了解	• 费时费力 • 选择性的情境可能有偏颇 • 介入的影响
档案	• 可以重复检视 • 不介入案例活动 • 明确的资料与清楚的细节 • 范围广泛,横跨各种人、事、时、地、物	• 问题不佳时会产生偏误 • 使用权会受到限制

资料来源:修改自 Yin,1994。

此外,在案例研究中,也强调多研究者(multiple investigators)、多资料源(multiple data sources)的观点。多研究者的好处,是可以强化研究的创新性。由于每位研究者的长处不同,因此,可以集思广益,对数据的搜集、分析及诠释,有更为宽广的见解;也较容易发挥想象力,获得新的体会与领悟(insight)。其次,当多位研究者的观察都能获得一致的结论时,研究结果较容易收敛,从而提升研究者对结论的信心(Eisenhardt,1989)。因此,有不少研究者采用团队的方式来进行案例研究。以实地访谈为例,有些研究者可以负责访谈,有些负责记录,有些则进行观察,彼此互相配合,以求访谈的周详,并避免个人的偏见。在资料分析时,则由多位研究者负责,透过热烈的群体讨论,厘清隐晦不明之处,并逐渐达成共识;也可指派一些人担任魔鬼辩护师的角色,针对资料的搜集、分析及诠释提出批判式的评论,以强化研究的效度与信度。另外,多资料源的概念也颇类似多研究者的想法:当数据源广泛时,可以互相攻错,搜集的数据比较不会有一己之偏,而有较高的可靠性。总之,多方法、多研究者、多来源的做法,是案例研究中常见的选择。

9.3.2 执行阶段

在进行充分准备之后,即可进入现场建立密切关系(rapport),研究者与被研究对象间必须彼此互相信任,并开始搜集数据,进行分析,且形成假设。在此阶段中,资料搜集、分析及形成假设是反反复复、来来回回进行的,而不是直线式的一直往前推进。

1. 资料搜集

Glaser 和 Strauss(1967)曾经指出:案例数据的搜集、编码及分析通常是混在一起的,而非彼此分立,这和量化研究的数据搜集与分析程序有很大的不同。在案例研究中,资料搜集与分析常常是重叠在一起的;在此过程当中,研究者需要保持敏锐的理论触角,故现场笔记(field note)可以提供极大的帮助。现场笔记记录了研究时所发生的种种事项,让研究者可以据此进行深刻的反思。研究者需要思考的是,什么是令人印象深刻的事件?这种事件为什么发生?从这些事件中,研究者能学到什么?此事件与其他已经历过的事件有何不同?其独特之处为何?透过这些思考,更加开放自己的心胸与弹性,并随时调整数据搜集的广度与深度。必要时,也可以增加新的问题,或采取新的数据搜集方法,来处理逐渐浮现的问题。另外,则是要定期或在有需要时,进行团队会议,讨论数据搜集的状况,分享研究者彼此的想法,以作为下阶段资料搜集的方向与做法的参考(Eisenhardt,1989)。

在此过程中,研究者需要对自己的偏好与性格倾向有清楚的自觉(郑伯埙,1995),以避免个人的偏见涉入,并产生影响;研究者也需要具备良好的人际互动技能,以便能与研究对象、信息提供人及其他有关人员进行顺畅的互动;同时,需要拥有开放的心胸与同理心,能够扩大视野,针对问题进行抽象、有系统且具反省性的思考;更重要的是,要具有理论敏感度(theoretical sensitivity),能够察觉现象或事件背后的理论含义,洞察相关或无关的事物。此外,由于数据搜集的方法不少,且各有优缺点,因此,研究者必须深谙或熟悉各种研究方法,并对其优缺点有清楚的认识。总结而言,在数据搜集时,数据与分析常常是混在一起进行的,必须要有系统性且保持弹性;至于研究者,则必须要心胸开放,维持理论敏感度。

2. 数据分析

资料分析是案例研究的核心,也是最难说清楚的部分。理由就像"金炉炼丹"一般,如何从厚达一千页以上的笔记与数据中,抽丝剥茧,摘出珠玑,并绽放火花,获得有创意的结论,的确不是一件简单的事(Miles & Huberman,1984;Strauss & Corbin,1990)。即便如此,案例研究中的数据分析,仍有一定的程序。研究者只要小心谨慎地遵循研究程序,并多加练习,还是可以获得一定水平的结果。

简单来说,案例内的数据分析包括以下的步骤:(1)建立文本(text)。访谈、观察及文件等资料的誊写与摘记。(2)发展编码类别。研究者详细阅读每一个段落的内容,并参照全文主题,将每一段落分解成一或两个小单位,以一句话简述之,并加以编码;同时,将所分析出的小单位,依内容与性质的相近程度加以整理,以形成自然类别。如果已有初步理论,则也可根据理论来架构类别(Yan & Gray,1994)。(3)指出相关主题。仔细思考每一自然类别的内容与类别之间的可能关系,依可能的逻辑关系排列出来,并给予命名;接着,审视前一步骤是否有不合宜之处,或结果不合逻辑的地方,若有则予以修正。修正时,一方面搬动不合适的小单位,一方面加入原先未能分类的小单位。(4)数据聚焦与检验假设。进行初步假设或发现的复核,让数据主题与初步假设对话,以了解资料与假设配合的状况,作为接受或拒绝假设(或命题)的依据。(5)描绘深层结构。整合所有数据、脉络及理论命题,来建构理论架构,作为未来进一步研究的基础;或是与打算验证的理论进行对话,并加以修正(Carney,1990;Strauss & Corbin,1990)。有关案例内的资料的分析步骤与深化历程,如图9-2所示。

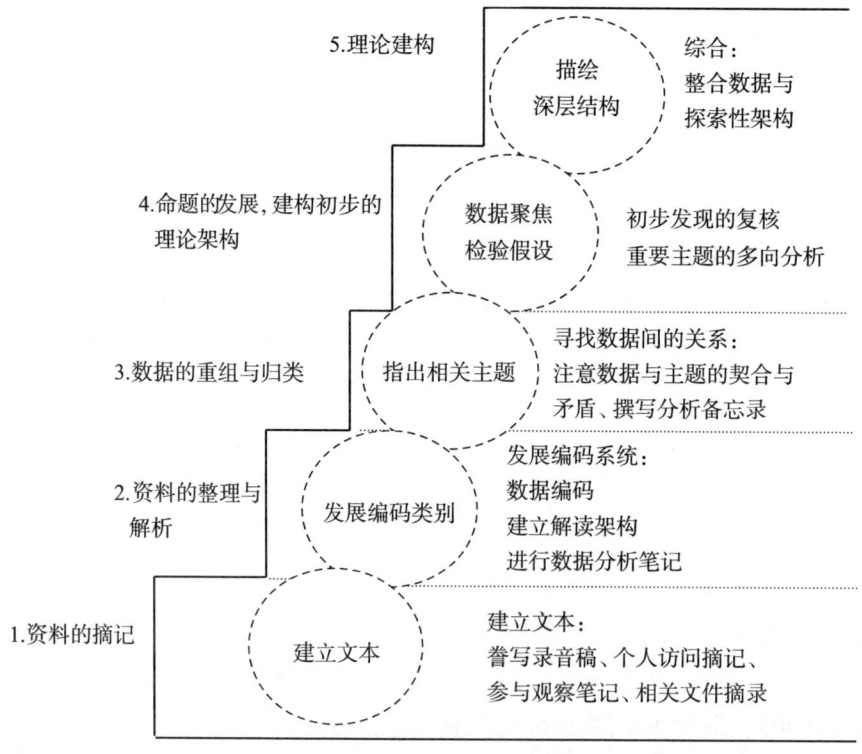

图9-2 案例内的资料分析步骤与深化层次

资料来源:修改自Carney,1990;郑伯埙,2005。

除案例内的分析之外,在进行多案例研究时,也需要进行案例间的比较,以了解跨案例间的异同。在进行案例比较时,由于已经过单一案例内的分析,所以容易产生先成之见,而导致信息处理偏见(information-processing bias);或忽略了重要的信息,而可能获得错误的结论。因此,在进行多案例比较时,必须秉持开放与多元的想法,多方面寻求正、反两方面的证据。通常,这种比较可以区分为两类:一类为根据研究类别来进行跨案例比较,一类为依照案例的所有性质进行全方位比较(Eisenhardt,1989)。

以研究类别的比较而言,研究者可以根据研究向度与类别,将案例分类,并比较类别内的案例是否相似(intragroup similarity),或类别间的案例是否有异(intergroup difference)。至于向度与类别,则是基于理论或研究问题而来。例如,Bourgeois 与 Eisenhardt(1988)将所研究的案例依据创办人经营或专业经理人经营、高绩效或低绩效、第一代产品或第二代产品、大型公司或小型公司等加以区分,并发现某些案例类别(如规模大小、产品世代)的策略性决策(strategic decision making)模式不明显,但在其他类别(如绩效高低)上,则显现出类别内相似与类别间差异的特色。

以全方位比较而言,研究者将案例予以配对,进行所有特点的全面比较,列出所有的相似点与相异点。透过这种方式,可以发现看起来相似的案例可能具有不同的特点,而看起来不同的案例却有着相似的特点。透过上述比较,可以在简单的分析架构上,加入新的类别与向度,并对问题与构念有更进一步的了解。例如,Eisenhardt 与 Bourgeois(1988)原先以为 CEO 的权力大小是影响案例策略决策的主要原因,但在进行案例的成对比较后,却发现决策速度也是重要的因素之一。总之,多案例分析的目的,是在寻找一连串的证据,或提供更坚实的内、外部效度基础,或由此发展更为新颖的观点与研究架构。

3. 形成假设与理论化

在经过数据分析之后,所有主题及主题间的关系,都会逐渐浮现,接着就可以进行系统性地比对,查看数据主题、主题间关系与构念架构间的契合程度,并逐一形成假设、验证假设,并建立理论。当然,在比对之前,需要先检视数据的构念效度,看数据是否能够代表所要探讨的构念,一方面精练或重新界定构念,一方面提供构念效度的证据。当所有来源的数据,都显现出某一类型构念的证据时,则可以肯定构念效度的确存在。因此,有些研究者利用构念矩阵的做法,摘记某些构念下的资料证据,来表明案例研究的构念效度(Miles & Huberman,1984)。

其次,则是检视内部效度,考察构念与构念间的关系是否能与各案例所提供的证据契合:契合时,提供了支持的证据;反之,不契合时,则提供了不支持的证据。这一过程,虽然与传统量化研究中的假设检验颇为类似,但仍有差异。在案例研究中,假设是根据复现逻辑、透过一连串的案例来逐一检视的,而非组合起来。这种做法就像进行了许多次的实验一样,每一个案例都能提供支持与不支持的证据。在许多案例都支持假说的状况下,我们对某一关系的信心就会更加强化;反之,当不支持时,则提供假设修正的机会,或提出迥然不同的新颖假设。透过上述过程,可以确保案例研究的内部效度。

除此之外,研究者也会想了解:"为什么"各构念间存有如此的确定关系?其理由何在?这就涉及理论基础的提问,而需要进一步思考关系背后的原因所在。例如,Barker(1993)在观察某家公司工作团队的运作过程之后,认为自主管理团队的控制变得更为紧密的理由乃是基于协和控制(concertive control):通过将实质理性与形式理性混合在一起,而成为一个"公共理性"的系统,来发挥作用。换言之,在假设形成的过程当中,研究者需要反反复复地检视研究者的测量是否具有一定的构念效度;所探讨与逐渐浮现的关系是否稳定且与假说一致,以检视内部效度;各关系的背后理由或理论依据为何,以发展与建构理论。透过这些事项的检视,提供严谨且具说服力的证据。

总结而言,在执行阶段,不论采用何种数据搜集与分析的策略,都必须讲求数据与分析的质量。首先,数据要多元,尽量避免偏见;其次,资料分析是以所有相关证据为基础,尽可能搜集可以取得的证据,并进行周详的检视;再次,分析要彻底,应该涵盖所有重要的对立假说,作为进一步分析的基础,且据以修正原先的假说;最后,分析要紧紧扣住研究目的,回答所要探讨的主要问题,或处理最重要的一个方面,以免过于发散,而模糊了问题的焦点(Yin,1993)。而在整个过程中,理论化无疑是最困难的一个阶段。好的案例研究不能仅仅立足于一堆描述性的内容,还必须能够提供概念上的启发(Siggelkow,2007)。换句话说,若我们将一个案例研究中的描述性资料抽离后,读者仍然能够被文章中的逻辑论述说服,这是判断理论化工作是否成功的一个方式,也会大大提升这篇案例研究被接受的可能性。此外,以多案例研究进行理论化工作时,其难处常在于无法同时兼顾一般化、精确及简单化的理论要求。这是因为某个案例可能比其他案例更令人感兴趣,导致研究者所产生的理论解释可能与这个案例紧密连接,但与其他案例的连接则明显较为松散。针对这个问题,Weick(2005)的建议是单一理论家不可能完成的事,通常可以由一群理论家来达成。也就是透过多位研究者进行集体三角验证,将有助于理论朝向一般化、简单及精确的目标趋近(肯·史密斯和马克尔,2011)。

9.3.3 对话阶段

在执行阶段的资料搜集、分析、假设形成与理论化工作告一段落之后,研究者需要将先前的专家知识纳入案例研究当中。研究者必须熟悉与该案例有关的研究主题的主张与争议,并与现有的文献进行对话;或提供支持的证据,扩大文献的应用范围;或提供反证,对文献提出修正的看法。

1. 文献对话

文献对话的主要目的,是在将获得的研究结果与既有的理论或概念进行比较,以促进理论或构念的演化。这一比较的内容通常包括两项:与现有文献有何相似之处?又有何相异之处?以相似之处而言,当研究结果与过去研究类似或支持现有理论时,代表证据更为强而有力,理论所具备的内部效度更为坚韧、外部效度更强,同时构念的可信度与正当性更高。例如,郑伯埙及其团队(郑伯埙,2005;郑伯埙等2006)在探讨华人组织的家长式领导模式时,于许多案例中都发现了这一领导方式,从而肯定了家长式领导在华人社会的普遍性;至于 Ross 和 Staw(1993)则采用模式契合(pattern matching)的方式,用以验证其承诺升级的理论,并发现多数假设获得支持。

以相异或矛盾之处而言,与既有文献矛盾的研究结果,可以促使研究者寻找进一步的原因,并提供另一项思考的窗口,从而可以对理论或构念提出进一步的修正:或产生重大的突破,或掌握重要的调节因素。因此,有时矛盾的证据反而比支持的证据更有价值。Eisenhardt(1989)就强调:如果研究者忽略了矛盾的证据,则读者对研究的信心就会降低。理由是读者会认为研究结果有偏差,内部效度不高;或是研究结果只能局限于少数几个特殊案例,而不能提升外部效度。

更重要的是,矛盾的证据往往会强迫研究者做更周详的考虑,并提出新的观点,从而可对现象有进一步的洞察,也可对现有理论的类推范围有更深刻的了解。例如,Eisenhardt 和 Bourgeois(1988)的案例研究发现:中央集权常导致组织政治的发生,但此结果是与过去主张的"地方分权往往导致组织政治"的结论互相矛盾的。为了解决这一矛盾的问题,研究者做了更进一步的分析,并发现了更重要的原因——不管是地方分权或中央集权,当权力过度集中或过度分散时,就容易引发人际竞争,从而使得群体内的挫折气氛增强,并导致自私自利与组织政治。换言之,权力支配与组织政治呈现的是一种 U 形的曲线关系,不管是权力集中或权力分散,都会导致组织政治,而只有在权力分配中等的状况下,才会促进合作,并削弱组织内的政治游戏。从以上的例子可以了解,针对矛盾的结果进行更深入的剖析,往往能提升理论的清晰性,并掌握确切的类推范围。

2. 结束

什么时候可以结束案例研究？这个问题涉及两项重要的考虑因素,其一为现实上的考虑,其二则是研究上的考虑。理想上,一个研究没有现实上的限制当然是最完美的,可是案例研究通常费时费力,所以当时间不允许、经费已经用尽或案例企业不想再配合时,案例研究就得结束。如果现实条件都能配合,案例研究的结束就得视两项条件而定,其一是案例所提供的信息是否已达饱和,其二是数据对理论的改善是否幅度有限。前者关系案例是否需要再增加,后者则涉及理论与数据的契合分析是否需要再进行等问题。

就信息饱和而言,当新增的案例无法提供更多的信息,或研究者很难从新的案例学到更多新知时,就是结束案例选择的时机(Glaser & Strauss,1967)。显然,这一原则还不够具体,所以有一些经验丰富的研究者往往建议,案例搜集的范围或个数为4—10个是最为恰当的。理由是当搜集的案例在4个以下时,由于案例数太少,可能无法掌握组织或管理的复杂度,从而无法建构坚实有用的理论；而案例在10个以上时,则又因为数据过度浩繁庞杂,而无法处理,或分析难度太高,以至于不知如何下手(Eisenhardt,1989)。

就理论与资料的契合分析而言,当来来回回、反反复复的分析已经逐渐趋于饱和,理论或概念与数据契合的改善十分有限之后,则可以终止数据的分析。换言之,研究者通常会检视案例研究的证据,修正理论假设与命题,再根据新的观点检视证据,并反复进行此项过程。当所带来的改善与修正十分有限以后,则可以结束数据的分析。事实上,此过程颇类似论文初稿的修改过程,当能够修改的空间越来越有限、改善幅度越来越小时,即可以结束。最后,则根据主要的故事轴线或问题焦点,铺陈研究目的、研究过程及研究结果,来撰写案例报告或相关论文。就此而言,报告或论文最好有一个清楚、重要的主题,写作生动,从而能吸引读者一直阅读下去,并给读者留下深刻的印象。

9.4 案例研究可能遭遇的问题与解决方法

透过良好地执行案例研究方法,常可以帮助研究者获得惊人且具有影响力的研究成果,近年来一些引用率很高的论文(如 Dutton & Dukerich,1991)或被评选为最佳论文(如 Ferlie et al.,2005)、最有趣的论文(如 Elsbach & Kramer,2003),都是采用案例研究方法的杰作。如同 Yin(1984:145)曾经强调:

第9章 实地研究中的案例研究

生动、诱人及魅力,这些都是案例研究难得的特征。唯有研究者醉心研究,且想让其研究结果广为流传时,才容易获得。事实上,好的案例研究者往往确信其研究结论将会震惊全球,这种热情会充塞于所有的过程当中,而且也必然会促使案例研究迈向巅峰!

然而相较于一般常见的量化典范、理论验证的研究论文,要撰写出一篇可发表的案例研究论文,其难度无疑要高出许多。Eisenhardt 和 Graebner(2007)便指出在案例研究的论文投稿过程中,研究者经常会遭遇一些质疑;可喜的是这些问题其实可以依赖事前良好的研究设计及精熟的论文撰写技巧,来逐一加以克服解决。下面我们讨论这些常见的问题与解决方法。

1. 为什么要撰写一篇归纳取向的研究?

当使用案例研究方法来进行理论建立工作时,研究者通常必须在论文一开始就努力说服读者,为什么应该进行一个理论建立的研究而非一个理论验证的研究。这是因为一个普遍存在的隐含假设,认为采用案例来建立理论的研究,很可能不够精准、客观及严谨。故研究者的首要任务是厘清这个研究问题的重要性,并且指出为何没有理论可以回答这个问题,或既有理论的答案是不足够甚至不适用的。如果在这一点无法成功说服评审人,论文很可能在一开始就遭受退稿的命运。

2. 案例不具代表性,要如何将这个研究结果予以类推?

有些评审人会误认为案例研究应该选择最具代表性的案例,故这个问题的回答涉及如何解释理论抽样的含义。研究者应该厘清,理论抽样的原则在于选择特别适合呈现研究变量间关系的一些案例,并且具体说明此研究中的案例选择,是基于呈现一个罕见的现象、复验其他案例的发现、呈现一个与既有知识矛盾的发现或展现一个正在发生的现象过程。而透过这些案例研究,目的在于建立理论而非验证理论,故案例的理论含义才是考虑的重点,而非其代表性与可类推性。

3. 研究结果是否只是受访者的回溯释意?

在案例研究中访谈法是经常被使用的搜集资料方法之一,其可以有效地针对受访者的感受、态度,或是一些不常发生的现象,搜集到丰富与完整的资料。然而访谈所得的结果也经常受到质疑,特别是受访者可能有印象整饰与回溯释意的问题,使得这些实证数据的可信度受到挑战。这个问题的解决有赖于事前良好的研究设计,以减少资料搜集所造成的偏误。具体的做法是让数据来自多源的受访者、选择对于所关注现象很清楚的受访者或是搭配其他的数据搜集方法,如观察法等,这些都可以帮助研究者有效地获得不同观点、可靠的实证数据。

4. 丰富的故事在哪里？

在撰写案例研究的论文时，研究者常常会面临一个抉择，亦即要呈现一个"好的故事"抑或是一个"好的理论"。在处理一篇单案例研究论文时，研究者通常可以比较容易地在发展理论的过程中，同时维持一个故事的丰富描述与完整性；但是在一篇多案例研究论文中，一方面要使理论建构与数据分析密切贴合（well-grounded theory），同时又要维持故事的丰富性，则是十分困难的任务。较好的策略是将理论建构分成几个段落或是几个命题来进行，如此研究者可以在每个段落中提供各案例的描述性资料，以丰富案例研究的故事性；而所有段落的连接整合，则呈现了整个理论的建构。此外在多案例研究中，期望各个理论命题被所有的案例数据支持，几乎是一件不可能的事；故研究者若能善用表格与图标，将相关的实证数据与理论发展的关系予以整合，其对于兼顾案例研究论文的理论严谨性与描述丰富性将会有很大的帮助。

5. 为什么要这样呈现你的理论？

案例研究与大样本、假说验证研究最大的差异，大概在于其没有一种普遍接受的论文撰写格式可以让初学者直接套用；而且事实上对于同一篇研究，不同的研究者也常有不同偏好的呈现方式。所以一个比较保险的做法是同时使用不同的方法来撰写理论，特别是在论文投稿的初期。例如，在论文介绍段落，先说明所建构理论的轮廓如何；在论文主体部分，用不同的命题与实证资料来铺陈理论；在结果讨论部分，显现理论是建构在坚实的实证基础上的，同时完整讨论相关的理论含义与争议。很多案例研究的杰作示范了作者如何在一篇论文中采用不同的方式来铺陈理论，如 Gilbert（2005）、Maurer 和 Ebers（2006）等，有兴趣的读者可以进一步参考阅读。

9.5 高质量的案例研究实例

深入了解案例研究最好的方式之一，便是阅读一些高质量的案例研究论文。故在这里，我们要举三个实例，说明在不同类型的案例研究中，作者如何提出问题与进行研究设计，以确保研究目的与研究质量的达成。前两个实例都是发表在管理学重要期刊 ASQ 上的最佳论文，第三个实例是发表在 AMJ 上的论文。第一个实例是 James Barker（1993）的协和控制（concretive control）研究，其属于一种探索性的案例研究，目的在于建构理论；第二个实例是 Mark Zbaracki（1998）的 TQM 的口号与实际研究,属于一种描述性的案例研究,目的也在于建立理论;第三个实例则是 Aimin Yan 和 Barbara Gray 的中美合资企业(joint venture)的协商与控制的研究,属于一种因果性的案例研究,目的则在于验证理论。

9.5.1 实例一:自我管理团队中的协和控制

1. 研究问题

此研究是探讨官僚组织在往自我管理团队倾斜时,所产生的协和控制的议题。控制从 Max Weber 的时代开始,就已是组织理论中的核心议题。传统上,控制包括了简单、技术及官僚等三种策略(Edward,1981);而在当代,则产生了第四种协和控制策略。协和控制是指通过协商、互动,群体成员形成共有的价值观与规范,用以控制群体行为。由于这是一种新的控制策略,所以研究者打算探索以下几个问题:(1)协和控制是否优于官僚控制?(2)协和控制是如何形成的?(3)协和控制的正当性是如何取得的?并以自我管理团队为对象,考察团队控制由建立到成熟的历程——选择自我管理团队的理由是,此类团队不但是协和控制中的一个范例,而且人们对此团队的规范形成与规则建立并不太了解。

2. 案例选择

为了了解以上的问题,研究者选择一家小型的通信制造公司作为研究案例,称之为 ISE 公司。ISE 生产声音与传输电路板,员工 150 人,其中有 90 人从事生产工作,其余则负责其他工作。员工的背景也反映了当地工作阶层的特色。该公司由 1988 年开始改变生产结构,由官僚组织转变为自我管理团队。在经过一段时间的混乱以后,于 1992 年逐渐形成团队规范,并树立具体规则。因此,ISE 是一个能回答研究者问题的合适对象;此外,由于研究者认识 ISE 公司的副总裁,彼此在团队问题上有共同的兴趣,从而有助于研究者进入现场进行观察。

3. 资料搜集

在 ISE 公司副总裁的精心安排与介绍之下,研究者于 1990 年年初进入公司搜集资料,那时 ISE 的变革已经进行了两年。前六个月,研究者的主要工作在于熟悉工厂,并访谈了工厂中的团队成员及管理与后勤支持人员;也观察了不同生产阶段的员工工作行为,询问他们如何执行工作与为什么要这样工作。在此期间,他也培养了各团队中的主要信息提供者(informant),并拟订员工的深度访谈计划。

此外,研究者定出每周的访谈与观察时间表,每周进行半天的访谈,通常上、下午交叉进行,有时在上午访问,有时则在下午;同时,也进行了一些傍晚时分的轮班观察。当然,每周时间表也并非是完全固定不变的,而是会视状况来调整。例如,在有重大事件发生时,会增加访问的次数;但当研究者课业繁忙之际,则减少为两星期一次。

六个月以后,研究者开始扩大资料搜集的范围,包括主要信息提供者的深入面谈与观察,也搜集公司的备忘录、传单、公司通信及内部调查等的资料。在资料搜集告一段落以后,研究者从现场抽离,开始分析数据、记录及笔记,并提出经过修正的研究问题。如此,来来回回、反反复复,持续进行调查架构的修正,再提出问题、搜集更多资料、再分析、再记录及再修改,等等。研究者也参与团队与企业会议,观察并记录会议的内容,以搜集自然出现的团队互动事例。另外,他也对一个团队进行了四个月的追踪调查,访问了一些非生产部门的员工与 ISE 离职的员工。除此之外,针对团队领导人与团队成员,他则提出团队如何做决策、解决问题及进行日常工作等开放性问题,要求被访谈者回答,从中获取重要的关键事例。在搜集资料的过程中,研究者的观察者角色从未改变。资料搜集结束时,研究者总共累积了 275 个研究小时与 37 次的深度访谈,每次访谈时间由 45 分钟到 2 小时不等。

4. 资料分析

分析时,研究者先从一个基本问题入手:"ISE 新工作团队的控制实务如何?这一控制与过去的做法有何不同?"在与数据对话之后,他也逐次、逐步修正分析架构,使得架构更为细致与深化。此过程的关键在于概念与数据的反复对话,以便敏锐地反思理论与资料是否契合(Jorgensen,1989)。例如,研究者会询问:在团队互动中,价值共识是如何发生的?各团队都已发展出新的决策规则与前提了吗?如何发展的?当重要主题或主题有数据浮现之后,研究者会透过访谈或其他数据搜集方式,再加以厘清,以切实掌握各主题间的关系及其模式。透过上述分析历程,研究者描述了协和控制的特性;了解此特性如何在 ISE 自我管理团队中逐渐变得明显,并将之区分为不同阶段加以铺陈。

5. 信度与效度

为了确保分析架构与资料的有效性和可靠度,研究者交叉检查了各种方法所搜集的数据,这些方法包括现场笔记、民族志观察、对员工与重要信息提供人的访谈,以及相关的客观数据等,以查看数据的一致性。另外,在进行资料分析时,则要求未参加现场访谈与观察或不熟悉研究架构的同事一起来分析资料,以提升研究结果的严谨度与正确性。

6. 研究结果

研究者将自我管理团队的协和控制的发展,区分为三个阶段来叙述:第一阶段的主要内容是凝聚价值共识,开始于传统生产结构转变为自主团队时,并由一团混乱凝聚出共识为止。其要重点有:上级提供愿景成为团队价值观的指南;团队成员商议如何表现与愿景或团队价值观相符的工作行为;团队价值观如何开始拥有权威,并填补管理者消失的空白,于是价值观由实质理性转变为形式理性;最后,团队价值与形式理性成为群体行为的指引。第二阶段所出现的规范规则,乃是价值观作为行为指引的自然发展,规范变得更加具体、清晰及明确,更有利于互动。因而,团队工作的规范规则逐渐浮现,规则不但变得越来越理性,而且会通过团队成员自己结束自己的内化作用来发挥影响力。当规则越来越稳定时,就进入最后的规则巩固阶段。此时,团队成员已经习惯正式规则的运作,这些规则指导成员的工作,形成自我管理体系,使得成员能够客观地处理棘手的特殊状况,于是成员成了他们自己的主人,也成了自己的奴隶。根据上述三个阶段的分析,Barker(1993:435—436)讨论了协和控制的后果,并得出结论:

> 协和控制并没有将员工从 Weber 的理性规则的铁笼中释放出来,这个铁笼变得更为坚实有力。协和控制将同事压力与理性规则混在一起,创造出新的笼子,这个笼子的铁条却几乎是看不见的……于是,人们仍然身陷于铁笼之内。

9.5.2 实例二:TQM 的口号与实际

1. 研究问题

此研究起源于人们对 TQM 的争论:有些人认为 TQM 是提升组织效能的有效方法,有些人则认为 TQM 只是一种管理时尚,华而不实。为何对 TQM 有如此截然不同的观点?这是一项值得探讨的议题。另外,从过程而言,TQM 是如何从一种具有明确定义、颇为完善的技术发明(技术 TQM),演变为一种模糊且令人质疑的手法(修辞 TQM)的?为了回答上述问题,研究者打算探讨 TQM 的引入、使用及维持的历程,用以了解制度化的过程是如何将 TQM 的技术优势转化为制度现实的,从而使得 TQM 变得越来越模糊,且越来越不可信。总之,此研究的目的,主要在于考察制度要求、组织修辞及技术现实间的关系,并建构一个演化模式来加以解释。

2. 案例选择

本研究依照理论抽样的方式,寻找不同的多元案例来加以分析,以提升研究结果的类推性。为了确保各案例的差异,研究者根据 Scott(1987)区分技术环境与制度环境的做法,将案例分为高高、高低、低高及低低四种类型,并据此选择研究案例。在本研究当中,除了高高组有两个案例(分别为国防设施承包商与医院),其余各类型都只有一个案例,分别为制造公司(高低型)、政府机构(低高型)及饭店(低低型)。这些公司均曾导入 TQM,且行之有年。

3. 资料搜集

研究者采用多种方式来搜集数据,包括半结构访谈、档案(含内部出版品、TQM 通信、TQM 训练手册、组织内 TQM 档案)、活动观察及参与 TQM 训练的笔记,等等。访谈尽量涵盖各案例内上上下下的各阶层人员,并以滚雪球、由被访谈者推荐的方式,扩大样本规模。访谈表是在预备调查之后,经过仔细考虑才设计出来的,期望能反映所要探讨的问题。正式访谈表涵盖了各种封闭与开放的题项,包括所使用的 TQM 工具、实施 TQM 的背景、如何定义 TQM 及实施 TQM 的感受等。访谈时间由 45 分钟至 120 分钟不等,但平均大约 90 分钟。访谈时,研究者特别注意两方面的信息,一个是组织成员如何看待 TQM,一个是组织如何推动 TQM,以同时了解他们的说辞与实际。每次访谈结束后,则记下大量的现场笔记,除了国防承包商不允许录音,其余的访谈都进行了录音。最后,总共进行 69 次访谈,获得数百页的现场访谈记录及 1 000 页左右的文本。

在档案搜集方面,内部数据(包括 TQM 使用的材料)描绘了组织进行 TQM 的状况。借此,研究者能够了解各案例成员的感受、他们对 TQM 工具的了解,以及参与 TQM 的程度。研究者在三个案例中拿到了 TQM 标准定义的训练手册,这些手册罗列组织要传授给 TQM 参与者的必备知识;研究者也尽量到工作现场观察成员如何使用 TQM,并主动参加一个案例的 TQM 训练,用以体验 TQM 的训练过程,且探讨组织成员对 TQM 训练与材料的看法。同时,也透过此类数据,来与访谈数据互相检核,以提升数据的正确性,确保数据的不偏不倚。

4. 资料分析

此研究针对 TQM 的修辞(口号)与现实的主题来加以分析。修辞是指用来建构、传播或维持 TQM 假设的一系列叙述,包括使用 TQM 的提议、实施 TQM 的主张及不同组织使用 TQM 的证据等;而现实则界定为:组织推动 TQM 时的实际情形,以及所使用的各种模型与工具,例如统计品管的基本元素、分析工具及脑力激荡等技术。为了使探讨的构念与向度维度更为清晰,研究者也将工具区分为四类,并依照技术水准的高低来加以排序,技术程度由低到高,分别为一般的 TQM 手法(最低)、新的七种工具(次低)、TQM 的七种工具(次高)及统计与实验设计(最高)等(Zbaracki,1998)。

第 9 章　实地研究中的案例研究

在定义与维度界定清楚之后,研究者根据归纳研究所描述的标准方法来建构理论。首先,提出一个概括架构,来分析修辞与现实的案例。初步结果显示,有一些结果是颇为一致的,包括所有组织都有一些成功的案例、所有组织都觉得难以将 TQM 融入日常工作当中,以及工作需求往往与被合理化的 TQM 有矛盾。最后一项结果代表实施 TQM 的现实与口号是有落差的。因此,在后续的分析中,研究者将修辞与现实区分开来,并考察 TQM 的导入与演变,以及组织成员的社会建构的变化。通过进一步的资料分析,研究者决定采用演化的观点来分析资料,并以 Weick (1979) 的合理化(sense making) 模型与 Miner (1994) 的演化模型为依据,将 TQM 的导入区分为改变、选择及维持三个连续过程。利用这一架构,研究者探讨组织在推动 TQM 时的修辞与现实,并分析由引进到维持是如何演变的。研究者来来回回,不断地在理论架构与实证数据间游走、穿梭,以获得较为一致的发现。当研究者从组织成员的数据中获得一致性的结果之后,则进行更高、更广的组织层次分析,并根据数据不断更新理论架构,使得资料与理论逐渐契合。接着,再由 TQM 的启动(或改变)阶段迈入下一个阶段的选择与最后阶段的维持。

5. 信度与效度

为了提升研究结果的信度与效度,研究者依赖三角检证的方式来搜集数据,并进行分析。数据源包括半结构访谈、组织内部出版品与 TQM 通信、TQM 训练手册、组织内部 TQM 档案、TQM 活动观察及参与某一组织的 TQM 训练的笔记。透过这种多信息的数据源,以及数据间的相互检核与比较,来提高研究资料的准确性,并使得分析结果更为一致与坚韧。

6. 研究结果

本研究首先根据资料分析结果,建立一个"TQM 导入"的演化模型。此模型将 TQM 的导入细分为改变、选择及维持三个连续的流程,各流程又再细分为三个更小的历程(仍然命名为改变、选择及维持),并将修辞与现实区分开来。就改变过程而言,TQM 的导入始于组织需要"变革"的暗示与线索,使得组织开始启动 TQM 的实施,并产生选择与维持的循环。研究数据显示,修辞在推动这种有意变革的过程中,居于核心地位。修辞包括推动 TQM 的论述、成功案例的强调等,使得组织成员能够了解并愿意相信 TQM 的好处。在这个阶段中,修辞等同于 TQM 的现实,并为后来的技术性 TQM 创造了有利的条件;可是奇怪的是,修辞虽然促进了 TQM 的活动,但却也过滤了 TQM 中知识与技术的成分,使得员工觉得无法了解,并为其未来感到害怕。证据显示,在被研究的五个组织中,有四个组织在引进 TQM 的启动过程中，即已经过滤了 TQM 的技术成分。

在步入选择流程之后，接受 TQM 价值不久的管理者，需要去说服其他员工接受此价值，于是设立专职部门或委员会、提供训练项目，并成立问题解决团队。在此过程中，修辞包括了宣告实施 TQM 的决心、强调 TQM 的成功故事及发放 TQM 相关手册，等等。此时，赞成 TQM 的修辞处于优势地位，而反对者则显得相当无力。这一状况，也为以后遭受挫败埋下伏笔。在现实层面上，管理阶层则创造出多种做法来鼓励员工采用技术性的 TQM，例如，衡量指标的制定、要求员工参与 TQM、TQM 顾问的介入及 TQM 的训练等。理想上，这些推动 TQM 的现实，足以顺利且有效地实施 TQM，但仍存有阻力。包括管理者与员工对 TQM 的复杂度不够理解，以至于看起来就像推动一项新实验一样；而管理者也低估了员工接触 TQM 技术时的难度，从而使得重要工具的采用无法落实；最后，则是 TQM 不能与原有的组织活动接轨，以至于无法融入日常工作当中。以上种种现实上的障碍，都会使得 TQM 的推动走入岔路。

走完选择过程之后，接着就会启动维持过程。此时，由于组织成员对 TQM 已有经验，但每位员工的经验又是如此的不同，因此对 TQM 的修辞开始有了不同的见解。处于这一阶段，往往是现实塑造了修辞：对管理人员而言，由于总是接收到正面的信息，所以其修辞往往偏向 TQM 美好的一面；但对其他成员而言，却可能有截然不同的印象，于是热情将逐渐消退。在推动 TQM 的现实方面，主要有两类现实较为常见：一种是 TQM 团队的成效，成功时感到高兴，而失败时则会觉得信心崩溃；另一种则是 TQM 工具与术语的使用，使用多，代表 TQM 的推动较为广深；反之，则窄浅。数据显示，饭店与医院的 TQM 推动是最为表面的，口号也最多。

在维持过程的最后，组织成员已由对 TQM 完全没有经验，到知道、实践，且形成自己的看法，于是成员拥有了自己的故事。对强调成功的管理者而言，其修辞可能会对 TQM 歌功颂德，并且有想拿出来展示的欲望。因此，当 TQM 扩及整个组织时，这种对 TQM 的失真论述将会导致不正确且过于乐观的态度。可是，对许多员工而言，管理者的修辞与他们的经验不符，于是怀疑程度将大为增加。尤其是开始时大力支持且信心满满的成员，更会感到强大的失落。此时，修辞虽然还能够促进 TQM 的推动，但却已经脱离 TQM 的技术现实，也忽略了 TQM 技术的局限。当然，员工流动的现实也会戕害 TQM 的持续推动，尤其当主张推动 TQM 的 CEO 离职后，换上一个对 TQM 不甚了解的高层主管时，TQM 可能就只剩下一具躯壳了。

综上所述，本研究的研究者从五个案例中，归纳出关于"TQM 导入"的演化模型，用以说明 TQM 的修辞与现实间交互发展的动态过程，从而填补了组织在决定引进 TQM 后,从开始到进行制度化之间的空白。本研究也证实了制度论长期以来所坚持的观点:随着时间的推移,即使制度化的做法已经脱离最初所设想的技术本质,但看起来,一切都是那么的合理。因此,研究者郑重呼吁:"我们必须严肃对待管理实践中的社会建构,也需要仔细考察管理实践中的技术本质!"

9.5.3 实例三:中美合资企业的协商权、管理控制及绩效

1. 研究问题

在全球化的冲击下,跨国合资企业越来越多,也越来越受到研究者的注目。可是,这方面的研究在深度与广度上都颇为不足。同时,由于测量与概念上的问题,也使得现有的理论模式常常无法获得一致性的结果。因此,本研究采用合资者协商的观点(interpartner negotiations perspective),以多案例研究的方式,探讨合资企业的形成,考察合资双方的协商权、管理控制及合资绩效间的关系。

采用多案例研究的理由,是因为这种方式可以发挥过去合资研究所没有的优点,包括:第一,可以提供丰富的现象描绘,对协商权、管理控制及合资绩效间的关系,能有进一步的洞察;第二,可以掌握合资企业形成的动态历程,了解其中的改变与演化;第三,能够同时了解合资企业双方的观点,兼顾双方的诠释;第四,可以深入探讨来自发展中国家的合资者的看法,提供中国经验,以丰富现有的以发达国家观点为主的合资企业文献。

根据研究问题,研究者便依据 Yin(1989)的理论验证的做法,首先回顾了既有文献,并提出一项初步的理论架构(见图 9-3),用以发展先验的理论命题(priori theoretical propositions),再采用分析归纳(analtic induction)的方式,验证合资企业的协商权、管理控制及绩效的理论模式。

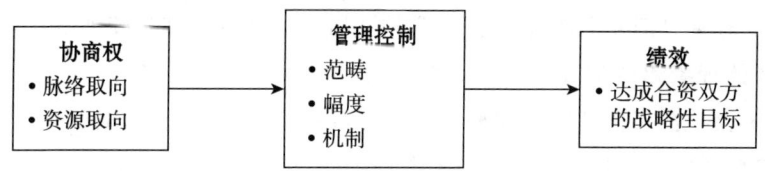

图 9-3　合资企业的权力与控制的初步模式

2. 案例选择

此研究依照四项标准来选择案例:第一,将案例局限在制造业的合资公司,以避免因同性质差异太大而产生变异;第二,必须是典型的中美合资公司;第三,已经

成立一段时间,如至少在1987年以前成立,以方便取得较长期的合资绩效资料;第四,要有良好的信息提供人(informant),以同时获得合资双方的数据,并有利于研究的进行。

3. 资料搜集

本研究透过访谈与档案来搜集资料。在访谈方面,同时以预先设计的访谈表,深度访谈中美双方的 CEO 与经理等信息提供人,这些人大多参加过合资时的协商会谈或经历过合资企业的初始阶段。每项访谈平均三小时,每人至少一次,有些则在两次以上。除非信息提供人反对,否则访谈都会加以录音。访谈期间为1991年5月至1992年1月。在档案方面,研究者同时搜集合资双方的档案资料20页以上,包括合约书、合资企业与母公司的组织结构、公司宣传品与年度经营报告,以及报纸与杂志的报道等。

4. 资料分析

在原始数据的编码方面,透过典型内容分析(content analysis)的方式来加以编码。首先,根据初步理论架构的主要变量与类别来编码,这些类别有协商情境、合资双方的战略目标、初始贡献、管理结构、营运变化,以及双方达成其战略目标的程度。其次,根据既有文献,建立次级类别(subcategory),例如初始贡献中的产品设计、特殊设备及生产知识再归类为"技术"(technology)类别。最后,在次级类别中,如果不同来源的数据不一致,则增加其他来源的数据或参考信息提供人的意见来加以调整。透过这种三角验证的方式,来提升数据的可靠程度。数据的编码是由两位研究者共同负责的,首先,两人一起建立编码架构,并共同分析一个案例;接着,由一位研究者负责其他三个案例的编码,而另一位则加以复核(auditing)。

数据分析则采用分析归纳的方式来进行,透过案例类别的比较,逐渐精练既有理论;尤其着重对例外案例进行分析,以修正既有的结论。其步骤如下:第一,给予所要解释的现象粗略的界定;第二,对现象提出假设性的解释;第三,分析一个案例,查看假设是否与案例的事件契合;第四,如果彼此不契合,则重新修正假设,或者对现象重新界定;第五,在考察一些案例之后,可以获得一些明确的结论;第六,重复上述程序,一直到建构出普遍性的关系为止,如果有异例则重新界定现象与修正假设;第七,考察适用范围以外的案例,以确定最终的假设是否可以应用于此案例,以提供进一步的证据。

5. 信度与效度

在本研究中,不管是数据的搜集或是数据的编码与分析,研究者都依赖三角验证来提升资料的准确度与分析的严谨度。数据源包括访谈数据与档案文件,而编码与分析则透过信息提供人与研究者的复核,来确保一致性与准确度。

6. 研究结果

本研究相当程度地深化了既有研究,不但掌握更多的信息,而且提出一项整合模型(integrative model),如图 9-4 所示,用以描述合资双方协商权、管理控制及合资绩效间的关系与动态历程。在主要变量方面,本研究扩大了既有的变量范围,并纳入新的变量。例如,就主要变量的协商权而言,本研究进一步指出两种脉络因素,包括替代方案与战略重要性,以及七种资源因素,包括技术、管理技能、全球服务支持、本地知识、产品分销、材料取得及资金等。同时,也纳入变迁(change)与调节因素(moderators),据以阐明各变量间的动态历程及可能的情境限制。最后,则根据整合模型,提出可以进一步验证的五大命题,包括协商权与管理控制的正向关系、管理控制与合资绩效的关系、调节因素的作用、环境变化与协商权的关系、合资绩效对协商权的影响,从而进一步扩大了跨国合资研究的视野。

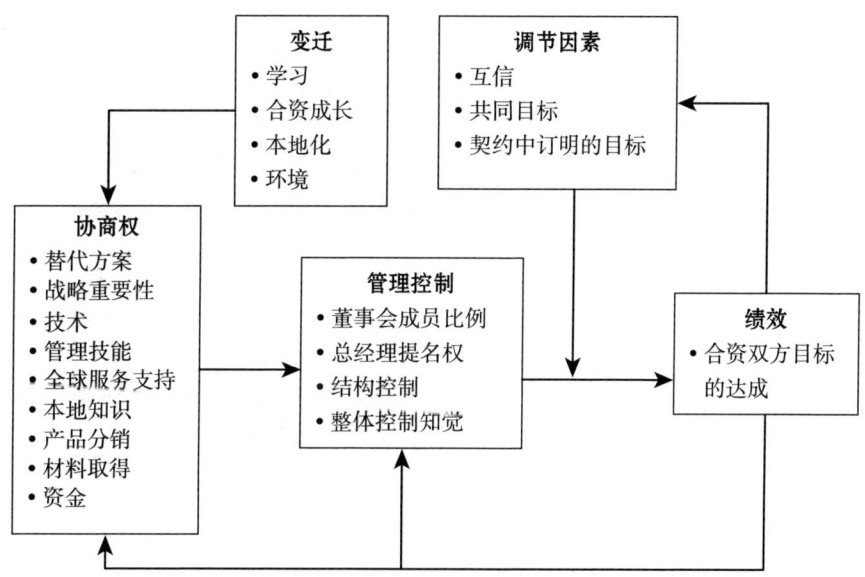

图 9-4 合资企业的权力与控制的整合模式

总结这三个案例研究实例的研究问题、目的与类型、研究设计、研究结果,加以比较,可以整理出如表 9-4 所示的内容。

表 9 – 4　三个案例研究实例的汇总整合

案例	目的与类型	研究问题	研究设计	研究结果
Barker (1993)	• 理论建构 • 现象探索	• 协和控制如何形成？如何取得正当性？是否优于官僚控制？	• 单案例研究，多层次分析 • 一家小型通信制造公司：经历组织结构变革两年 • 各层级人员：深入面谈、参与观察、档案资料	• 协和控制将同侪压力与理性规则混在一起，创造出新的控制牢笼
Zbaracki (1998)	• 理论建构 • 历程描述	• TQM 如何由一种明确定义的技术手法，变成一种浮夸的组织口号？	• 多案例研究（差异性），多层次分析 • 以技术与制度环境区分，选定五个组织：国防、医院（高高）、制造（高低）、政府（低高）、饭店（低低） • 各层级人员：半结构访谈、内部档案、观察、参与 TQM 训练笔记	• 揭示了制度论长期以来的观点：随着时间的推移，制度化的做法逐渐脱离了最初设想的技术本质
Yan & Gary (1994)	• 理论验证 • 因果关系验证	• 合资企业形成中，合资双方的协商权、管理控制及合资绩效间的关系如何？	• 多案例研究（同构型），单层次分析 • 四家合资企业：中美合资、制造业、五年以上历史 • 高阶经理：深度面谈、档案数据	• 基于合资者协商的观点，提出一个整合模式及五大命题，说明协商权、管理控制及合资绩效的关系，以及可能存在的调节因素

9.6　案例研究实作示例

最后，以作者曾经执行过的一个案例研究作为铺陈对象，一一交代研究过程与关键内容。我们将根据表 9 – 2 所示的执行步骤，分成准备、执行及对话三个阶段，详细讨论启动、研究设计与案例选择、研究工具与方法选择、数据搜集、数据分析、形成假设与理论化、文献对话及结束等步骤及其内涵。

第 9 章 实地研究中的案例研究

1. 准备阶段

启动。20 世纪末期,面对企业经营环境的骤变,许多大型企业纷纷进行减肥,重新调整组织设计方向,由过去采用的制程前向后向整合、扩大公司规模及集权中央的做法,转变为专注核心技能、扩大授权范围及分权地方的方式,于是巨型公司逐渐转化为短小精悍的中小型公司;同时,各公司之间也形成了组织严密的交易网或价值链,从而导致组织间网络的兴起。由于网络中的每一家企业各有其专长,从网络上游的销售、接单直到下游的零件生产,各分工功能都有相应的独立单位负责,从而形成了分工细密与营销导向的网络产业体系。

就理论而言,组织间网络的兴起,颠覆了当时左派与右派经济学的市场与阶层理论的想法,因而成为组织研究的重要焦点。研究者企图了解:组织间网络为何具有竞争优势?它是如何形成的?结点公司之间彼此是如何互动的?网络中所信奉的交易规范如何?等等。在此背景之下,我们也企图厘清组织间网络的形成,其中的互动本质,以及华人文化价值观所扮演的角色。

研究设计与案例选择。由于我们探讨的是组织间网络的形成历程,以及其中流通的文化价值信念,因而,需要采用历史结构的惯时性观点来检验网络企业间的关系建立与互动历程;同时,基于此方面的课题仍未有足够的研究,对现象的了解不多,因此,我们选择案例研究法作为研究途径,进行模式的建构,也希望为未来的实证研究打下基础(McGrath,1964)。

在研究策略上,本研究选择的是具组织间网络特色的电子周边产业,并聚焦于三次加工的中小企业网络,从中选出关键的核心工厂,再通过核心工厂的网络关系,找出具有密切交易关系的第三方作为研究案例,掌握此核心企业与其他卫星厂商间的互动状况与历史演进,以期了解动态网络(dynamic network)的特色(Snow et al.,1992)。本研究的核心公司(A 公司)是一家生产电话与传真机转换器的公司,此公司采用外包的方式,提供原物料给第三方进行来料加工,第三方再将完成的半成品交回公司进行组装,完成最后的产品。其中与此公司来往密切的厂商有 9 家,而零件供货商则有 40 家以上。核心公司与主要第三方间的互动关系,如图 9-5 所示。

研究工具与方法选择。选定受访核心公司与第三方之后,研究者以电话与公司负责人预约访谈日期,每次时间原则上是三小时。除了核心公司因与研究者之一具有血缘关系,而持续进行面对面访谈与参与观察,其余两家协力公司则通过电话进行后续的追踪访谈。由于受访的都是企业管理人员,平常十分忙碌,时间相当紧张,因此,访谈前都先将访问表传真给受访者,让他们有所准备。同时,也请受访者准备公司简介、企业出版物之类的相关文件作为参考。

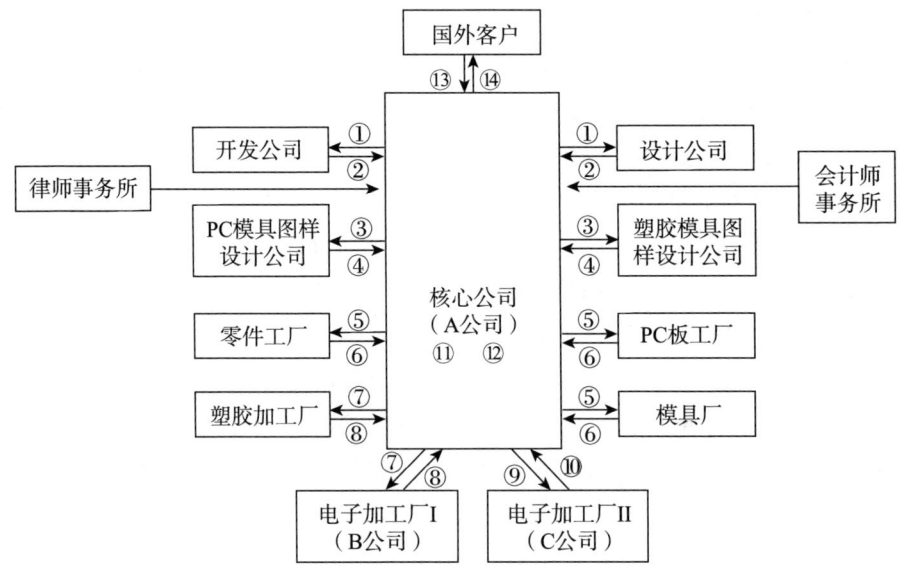

注：
① 核心公司把所构思的功能告诉开发公司；另一方面也请设计公司绘制产品外观图。
② 开发公司将线路图交给核心公司测试，若有问题则拿回开发公司修改；如果对设计公司所绘的图不满意，也请设计公司再修改。
③ 将测试通过的线路图，交由 PC 模具图样设计公司绘制；另一方面也将外观图交由塑胶模具图样设计公司绘制。
④ 两家模具图公司将设计图交回核心公司。
⑤ 核心公司将设计图，一份交给模具厂开模，一份则交给 PC 板工厂做板子，另一方面也向多家零件公司买齐所需的零件。
⑥ 模具、PC 板与零件交回核心公司。
⑦ 核心公司将 PC 板与零件交给电子加工厂 I 安插与加工，另一方面也将模具拿给塑胶加工厂做外壳。
⑧ 电子加工厂 I 交回加工好的 PC 板，塑胶加工厂也交回外壳。
⑨ 核心公司将所有的 PC 板与外壳交给电子加工厂 II 组合。
⑩ 组合好的机器送回核心公司。
⑪ 核心公司再测试。
⑫ 测试不合格的再修改，合格的由核心公司负责包装，完成产品制造。
⑬ 国外客户看到广告向核心公司下订单。
⑭ 核心公司向国外客户交货。

图 9-5 受访公司与其协力公司间的关系

资料来源：郑伯埙和刘怡君，1995。

访谈时，先简短介绍访谈主旨，然后开始正式访谈，并根据密切关系的原则，先培养友善的访谈气氛，再引导受访者逐渐将话题转移至主要访谈的问题。因而，访谈并未僵硬地谨守既定的访谈表问题顺序，而是随兴所至，逐一进行，但都触及以下方面：

第 9 章 实地研究中的案例研究

(1) 公司的特性,具有代表性的产品,生产流程,协力公司的性质、数量及客户的来源与状况;

(2) 与协力公司开始交往的时间、方式,与协力公司主持人的交情及维系关系的方式;

(3) 与协力公司的来往状况、是否具有互惠与互信的关系、双方对交易盈亏的观点及对长期与短期利益的看法;

(4) 核心与协力公司在商场竞争中取胜的关键、优势,以及其可能存在的弱点;

(5) 过去曾经合作失败的经验、失败的原因(如结构或双方因素),以及解除关系的过程。

2. 执行阶段

数据搜集。主要采用访谈法,再佐以参与观察与档案搜集来进行资料搜集。进行访谈时,根据深度访谈法(depth interview)的原则,研究者尽量扮演学习者的角色,从当事人的观点来掌握协力双方的关系建立、互动的情形,以及对此关系的详细说明,并避免掺杂个人意见。对于面谈时未能搜集的数据及有疑惑的地方,随时厘清或进行后续访谈。为确切了解访谈的问题内容,每次访谈都在征得受访者同意的前提下同时进行录音与书面记录。

取得的数据包括几个部分,一是资料搜集过程中进行的现场分析(analysis in the field),主要是作为再次深入访谈之用,因此,在资料搜集的过程中,除了将研究焦点集中在更明确的范围内(如本研究所着重的网络形成历程),尽量发展出有关联且着重过程的分析性问题(而非注重因果关系),还应写下研究者对资料内容的看法与评语(observer's comment),随时向受访者询问自己想法的正确性。此部分着重怀疑与澄清,并将与文献不同或不一致的部分标出来,使以后的内容归类更为容易。最后,在资料搜集结束后,将访谈与观察数据誊写成文字稿,部分文本如表9-5所示。

表 9-5 访谈资料的部分誊写文本

		357
		358
四、	您主观上以为,什么是贵公司在商场上制胜的武器,这件武器是	359
	如何击败竞争对手的?什么又是贵公司现在存在的、希望在未来	360
	克服的致命伤?	361
		362
答:	我很重视合作工厂的选择,在选择工厂时,我的做法除了搜寻记	363

（续表）

忆中的人际网络,向同行打听也是一个很重要的来源。与其说是	364
同行,不如说是同业,也就是那些同样从事电子业,却因生产不	365
同产品而没有竞争威胁公司。因为好工厂价格低质量又好,	366
对本公司有利。他们多半是以前的同事,或是以前有来往,现	367
在他自己出来开公司的。这些长期关系多半是靠业务往来维	368
持的,也就是,今天我卖你的面子,下次就换你算我便宜一	369
点来还我人情。有时我们可能因为产品因素暂时没有来往,甚至	370
半年没有通过电话,但对方一直摆在需要时的第一优先顺位。而	371
每一次的联系,除了带来一笔生意,消息的互换也是联系的重要	372
目的之一。除此之外,每次拜访时的闲聊,也是关系赖以维持的	373
重要因素。	374
打听到某些消息后,付出行动的查访工作也是随即进行的。	375
这些工作包括打听该公司负责人的为人,到银行查该公司的信用情况,	376
甚至实地到该工厂去探查品管是否优良。有时,虽然所往来的	377
是老朋友开的工厂,但一旦发现质量不好,我还是会准备换厂商,	378
不因友情有所顾忌;这种情形在对方乱涨价时也一样,不然交往	379
了二十几年还被他吃,那我吃谁啊? 因此除了关系和信用,价格	380
与质量的考虑更重要。相对的,别人在决定要不要和我们做生意	381
时,或者要不要把我们列为优待客户之一时,也会来看我们	382
公司的营业状况。只要他们认为我们有潜力,很可能第一次交易	383
就可以有很低的价格。为了这一点,有时我们办公室里会多摆一	384
张办公桌,充充场面……	385

　　数据分析。正式分析的第一个步骤是整理访谈资料,并誊写成文本。第二个步骤是将数据编码。最简单的方法是以行数或页数来编码,只要不重复就可以了。第三个步骤是小心地把数据从头到尾看好几遍,熟悉数据的内容,并根据当初的评语,找出资料的可能类别(categories)。熟悉到什么程度? 有个传神的说法是"熟悉到做梦都会出现"。第四个步骤是区分主要与次要类别,列出归类层级表。第五个步骤是把数据分成许多小单位(units of data),并把标码的类别写在每个小单位的旁边;标码的类别数不能太多,有30—50项即可,但必须要与研究目的密切关联。接着再用较高、较抽象层次来重新编码,把主要标码与次要标码区分出来,一方面降低类别数,另一方面凸显出主要的关键类别及其与附属类别间的关系。第六个步骤是将标码整理出一张类别从属表。第七个步骤是重新回到数据中,给每一个小单位数据一个全新的编码。随后,依照档案卡系统(the file card system)的做法,也就是将所有的数据以档案卡的方式表示,内容包括所在的页数、行数及标码类别。有关本研究案例分析的

详细步骤,如图9-6所示。

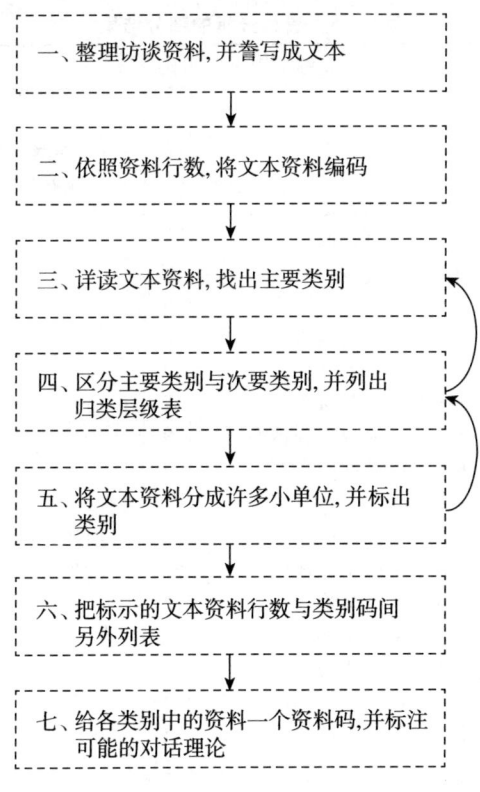

图9-6 资料分析步骤

数据分析时,最关键的部分就是找出要标码的类别,它就像是图书馆借书卡上的索引,目的是给所有的数据以编目与归属。有了类别,就可以将数据加以归类:哪些文字描述了什么事,其他的文字又说明了什么,各属何种类别,等等。借着标码系统,研究者才容易将数据组织起来。此外,在标码时,也要注意随时与文献对话。文献怎样说?实际数据又如何显示?有出入吗?由于本研究目的在于网络企业间关系的建立互动过程,以及网络中所流行的产业价值观,因此,标码的类别特别着重于公司背景、交往过程、活动事件、协力策略及文化规范等的标码。在所有的分析步骤中,都需要各研究者之间反反复复地详细讨论,直至达成共识,以提升数据分析的信度与效度,尤其是图9-6中的步骤三、四、五,花费的时间最多。最后,总共获得112笔重要事例,26类主轴标码(axial coding),以及20类选择标码(selective coding),并列出最终的数据分析结果表,如表9-6所示。接着,进入命题推衍与理论化过程,透过标码系统与文献对话,将数据组织起来,以获得有意义的主题,并据以建立初步的理论架构。

表9-6 资料分析的部分结果

类别	行数	关键字	码	相关理喻
试误过程 价钱 OT1	A 116—117	太贵吃不消	1	市场:价格是决定交易的唯一目标 损益矩阵(payoff metrix)
	387—387	价格合理	2	
	395—396	做出东西就贵	3	
	397—398	又便宜	4	
	432—434	太贵	5	
	469—474	涨得太离谱	6	
	B 066—066	合算不合算	7	
	067—068	至少要做四万	8	
	070—070	一天至少要做四万	9	
	C 151—152	输不起一百万	10	
信誉 OT2	A 375—377	查访工作	1	网络信任
	B 008—010	提高地位	2	预期长期好处
	397—398	排队不能插队	1	关键程度
	485—486	速度又快	2	
	109—110	交期不准	3	
	B 071—073	先赶我的货	4	
		谁急先做谁的	5	
品质 OT4	A 115—118	品质上要求	1	需求法则
	350—352	私下做记号	2	
心理特性 P 义利共生 PF	A 110—110	先赶我的货	1	
	117—119	给点面子帮忙	2	网络互惠
	466—467	心中更是内疚	3	互相着想
	368—369	我卖你面子	4	
	369—371	你算我便宜	5	经济互利
	379—380	不因友情顾忌	6	市场价格
	B 069—070	其实很勉强	7	共生策略
	104—105	不好意思	8	人情债、金钱债
	C 043—049	优良老鼠会	9	利益与人情的加权法则
	120—122	有情有义	10	
	128—129	不是同情	11	
	134—135	利己不损人	12	共栖策略
	158—159	有感情有机会	13	拉紧网络
	159—160	靠什么过活	14	
	150—152	对不起上面	15	网络权力
		没吃饭才会死		

（续表）

类别	行数	关键字	码	相关理喻
关系取向 PR	A 452—454	推荐××给我	1	网络：共同背景者容易信任
	127—128	以前的上司	2	
	B 036—038	推销一下名片	3	
	089—091	认识某厂的谁	4	
	092—092	养鱼哲学	5	预期长期好处
	C 041—042	介绍人来买	6	网络由人际关系开始
	014—015	靠朋友介绍	7	
	018—019	客户即朋友	8	

形成假设与理论化。经过资料分析这一过程之后，研究者决定聚焦于两项重要问题，第一，网络中的组织之间，关系是如何建立与维系的，又是如何解离的？第二，当进入关系互惠、情感密切的深度人际信任状态，面对情感义务与工具利益间的矛盾时，要如何调和？就第一个问题而言，我们整理了核心公司与第三方间的关系建立条件与过程，并建构出穿透模式，以描述对偶企业间的关系建立、互动及形成信任的过程，如图9-7所示。研究数据显示，在华人组织间网络中，结点公司间的关系建立，一开始是通过人脉关系或是社会套系的助力；接着，检视是否符合交易条件或工具利益的要求，深化交易与信任关系。当符合要求，进入更频繁的互动时，便会强化人际情感关系，形成长期的友谊关系，并兼顾人情与利益。一旦形成

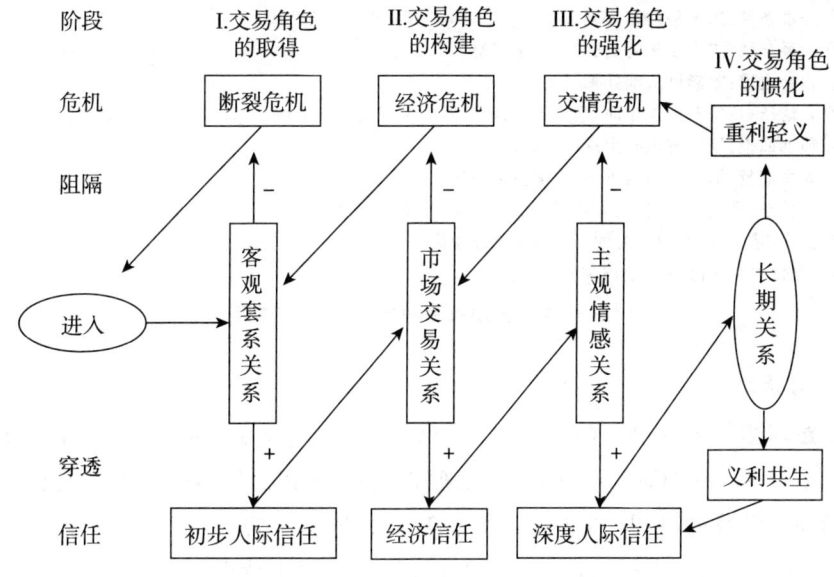

图9-7 长期交易关系的形成与断裂：穿透模式

此类关系,则除非彼此有所背叛,否则关系是不容易解离的。

长期友谊关系的特色是即使经济或利润条件不佳,但为了情感义务或人情,交易还是会持续下去,从而形成义利共生的互动过程,人情与利益是交织在一起的,其过程如图 9-8 所示。

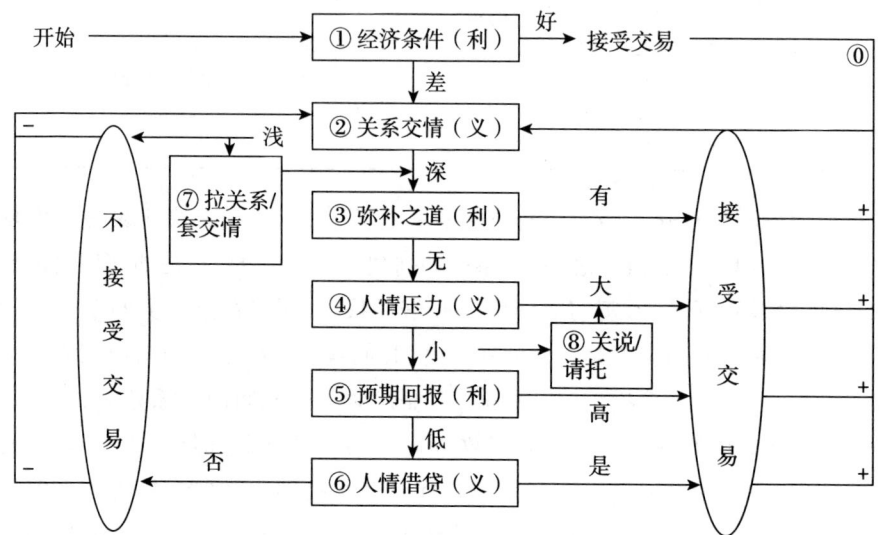

注:
⓪ 与关系交情关系不大。
① 经济条件:每天平均四万元,但 A 公司只有三万五千元,不划算。
② 关系交情:二十多年的老朋友,算是深交。
③ 弥补之道:差额可从别处来平衡。
④ 人情压力:朋友理当相助,今天不帮,势必对关系造成不良影响,将来见面也不好意思。
⑤ 预期回报:淡季时也有生意可做。
⑥ 人情借贷:给予交易的机会,人情债多一笔。
⑦ 拉关系/套交情:透过请客、送礼及口头工夫与交易对象建立进一步的关系。
⑧ 关说/请托:请有影响力的人出面施压或说服。
+.强化关系交情;-.削弱关系交情。

图 9-8　长期关系中的义利共生过程

3. 对话阶段

文献对话。考察组织间网络结点公司间互动的文献,主要有 Larson(1992)、Dollinger(1990)及 Thorelli(1986)三项研究。Larson 以三阶段的考验来说明网络结点公司建立关系的过程,初期着重于个人交情与公司信誉;互动半年至一年半以后,双方的互动由个人层面扩大至组织层面,一方面维持个人情谊,一方面学习对方的规则,调适双方组织运作的状况;接着,建立互信互惠的原则,进展至第三阶段的组织间整合,形成共存共荣的命运共同体。

Dollinger 则认为组织间网络的形成有四个阶段,第一个阶段是两家公司的对偶互动,第二个阶段是找出损益矩阵(payoff matrix),如果可以接受,则会发展到第三个阶段,即密切互动关系,如果超越一定的亲近水平,则会达到第四个阶段,即稳定共生关系。

Thorelli 是以语意网络(sematic network)的想法来比拟组织间的网络,认为结点间的连接与强化经过四个阶段,包括进入、定位、再定位及脱离。在进入连接的过程中,组织要先克服进入障碍,然后在网络中定位自己,找到合适位置;再利用内外部的不断变动,寻找优势,重新定位自己。一旦优势消失,就会脱离网络。

显然,本研究结果的历程观与 Larson 与 Dollinger 的类似,但过程中所重视的因素与机制并不太一样。例如,这两类研究都十分强调市场条件与经济利益的重要性,而忽略了关系因素。在本研究中,除了正式交易与经济信任,还展现出关系取向的特色,包括在建立阶段时,依靠既有的人脉关系来突破进入障碍;在稳定阶段时,依靠深厚的人际交情来稳固交易基础,并发展较长期的关系。然而,只具备初步的人际信任与经济条件的满足,并不足以建立长期的网络关系,所以必须培养私交,成为"圈内人"或"泛家族内的成员",才能使双方拥有清楚的"自己人意识"。另外,在信任的决定因素上,所讲求的也不太一样,西方文献较强调背景的相似(demographical similarity),但本研究则发现华人的关系中,社会套系与情感义务才是更主要的。

结束。从本研究结果可以推论出两种可能的假说:一是穿透与进化假说(penetration-progression hypothesis),用以说明长期关系形成的历程。当客观关系、市场条件、主观关系等障碍因素可以突破时,则可逐渐形成长期的网络关系。二是阻隔与退化假说(obstruction-regression hypothesis),即障碍无法穿透或排除时,则会导致关系的退化,最后造成关系断裂。由穿透进化或阻隔退化原则的互动,可说明华人组织间交易的错综复杂、若即若离的奥妙关系。此外,组织间网络的类型颇多,本研究的案例只是其中一种,偏向中小企业间的关系,至于是否能够说明其他大企业的网络类型,仍然值得深究。

总之,通过对组织间网络的发展历程及其中所流通的文化价值信念的探讨,可以掌握其中的动态本质,并有助于厘清华人本土组织间网络的内在运作原则与华人中小企业的竞争优势。最后,可以根据本研究的结果,撰写用于投稿的论文。

9.7 结语

在哈佛大学 Louis Agassiz 教授的课堂上,终于有一位学生向老师报告了他的经验:"在无计可施的情况下,我只好伸出手指摸摸这只鱼……我发现自己开始用手指计算这只鱼的牙齿数目,以及这些牙齿排列的方式……突然间有一个念头闪入我的脑海,我可以素描这只鱼啊!而一直到这样做之后,我才很惊讶地发现,我开始对这个生物有了许多全新的发现。"Louis Agassiz 教授露出了满意的表情说道:"没有错,铅笔是一只最好的眼睛!"(Weick,2007)。如同 Louis Agassiz 给我们的启示,带着训练有素的眼睛与简单的研究工具,研究者就可以逐步深入现象当中进行研究,直到看见了令自己惊异的发现,终于体会案例研究之美就在于:使原来看见的被重新认识,使原来没看见的被看见,使原来不能被看见的现形(萧瑞麟,2006)。

> 你如何能够了解一条鱼?
> →你有两只眼睛,两只手,以及一条鱼,
> 还有,铅笔是一只最好的眼睛!
> (Louis Agassiz as Model——Weick,2007:14)

参考文献

Barker, J. R. (1993). Tightening the iron cage: Concretive control in self-managing teams. *Administrative Science Quarterly*, 38, 408—437.

Bettenhausen, K. & Murnighan, J. K. (1986). The emergence of norms in competitive decision-making groups. *Administrative Science Quarterly*, 30, 350—372.

Bourgeois, L. & Eisenhardt, K. (1988). Strategic decision processes in high velocity environments: Four cases in the microcomputer industry. *Management Science*, 34, 816—835.

Bryman, A. (1989). *Research Methods and Organization Studies*. London: Allen & Unwin.

Campbell, D. T. (1975). Degrees of freedom and the case study. *Comparative Political Studies*, 8, 178—193.

Carney, T. F. (1990). *Collaborative Inquiry Methodology*. Winsor, Ontario: University of Winsor.

Cook, T. D. & Campbell, D. T. (1979). *Quasi-Experimentation: Design and Analysis Issues for Field Settings*. Chicago: Rand McNally.

De Vaus, D. A. (1996). *Surveys in Social Research*. London: UCL Press.

Dollinger, M. J. (1990). The evolution of collective strategies in fragmented industries. *Academy of Management Review*, 14(2), 266—285.

Dutton, J. E. & Dukerich, J. M. (1991). Keeping an eye on the mirror: The role of image and identity in organizational adaptation. *Academy of Management Journal*, 34, 517—554.

Edward, R. C. (1981). The social relations of production at the point of production. In M. Zey-Ferrell & M. Aiken (Eds.), *Complex Organizations: Critical Perspectives*. Glenview, IL: Scott & Foresman.

Eisenhardt, K. M. (1989). Building theories from case study research. *Academy of Management Review*, 14(4), 532—550.

Eisenhardt, K. M. & Bourgeois, L. J. (1988). Politics of strategic decision making in high velocity environments: Toward a mid-range theory. *Academy of Management Journal*, 31, 737—770.

Eisenhardt, K. M. & Graebner, M. E. (2007). Theory building from cases: Opportunities and challenges. *Academy of Management Journal*, 50, 25—32.

Elsbach, K. D. & Kramer, R. M. (2003). Assessing creativity in Hollywood pitch meetings: Evidence for a dual process model of creativity judgments. *Academy of Management Journal*, 46, 283—301.

Ferlie, E., Fitzgerald, L., Wood, M. & Hawkins, C. (2005). The nonspread of innovations: The mediating role of professionals. *Academy of Management Journal*, 48, 117—134.

Gersick, C. (1988). Time and transition in work teams: Toward a new model of group development. *Academy of Management Journal*, 31, 9—41.

Gephart, R. P. (2004). Qualitative research and the Academy of Management Journal. *Academy of Management Journal*, 47, 454—462.

Gilbert, C. G. (2005). Unbundling the structure of inertia: Resource versus routine rigidity. *Academy of Management Journal*, 48, 741—763.

Glaser, B. & Strauss, A. (1967). *The Discovery of Grounded Theory: Strategies of Qualitative Research*. Chicago: Aldine.

Gummesson, E. (1991). *Qualitative Methods in Management Research*. London: Sage.

Hamel, J. (1993). *Case Study Methods*. Newbury Park, CA: Sage.

Jorgensen, D. L. (1989). *Participant Observation: A Methodology for Human Studies*. Newbury Park, CA: Sage.

Kidder, L. & Judd, C. M. (1986). *Research Methods in Social Relations* (5th Ed.). NY: Holt, Rinehart & Winston.

Larson, A. (1992). Network dyads in entrepreneurial settings: A study of the governance of exchange relationships. *Administrative Science Quarterly*, 37, 76—104.

Lee, T. L. (1999). *Using Qualitative Methods in Organizational Research*. Thousand Oaks, CA: Sage.

Malinowski, B. (1922). *Argonauts of the Western Pacific*. London: Routledge.

Maurer, I. & Ebers, M. (2006). Dynamics of social capital and their performance implications: Lessons from biotechnology start-ups. *Administrative Science Quarterly*, 51, 262—292.

McGrath, J. E. (1964). Toward a "theory of method" for research on organizations. In Cooper, W. W., Leavitt, H. L. & Shelly, M. W. (Eds.), *New Perspectives in Organizational Research*. Somerset. NJ: Wiley.

Miles, M. & Huberman, A. M. (1984). *Qualitative Data Analysis*. Beverly Hills, CA: Sage.

Miner, A. S. (1994). Seeking adaptive advantage: Evolutionary theory and managerial action. In Baum, J. A. C. & Singh, J. V. (Eds.), *Evolutionary Dynamics of Organizations* (pp. 76—89). NY: Oxford University Press.

Mintzberg, H. (1979). An emerging strategy of "direct" research. *Administrative Science Quarterly*, 24, 580—589.

Patton, M. Q. (1987). *How to Use Qualitative Methods in Evaluation*. Newbury Park, CA: Sage.

Platt, J. (1992). "Case Study" in American methodological thought. *Current Sociology*, 40, 17—48.

Ross, J. & Staw, B. (1993). Organizational escalation and exit: Lessons from the shoreham nuclear power plant. *Academy of Management Journal*, 36(5), 701—733.

Siggelkow, N. (2007). Persuasion with case studies. *Academy of Management Journal*, 50, 20—24.

Scott, W. R. (1987). *Organizations: Rational, Natural and Open Systems* (2nd Ed.). Englewood Cliffs, NJ: Prentice-Hall.

Snow, C. C., Miles, R. E. & Coleman, H. J. Jr. (1992). Managing 21st century network organizations. *Organizational Dynamic*, Winter, 5—20.

Strauss, A. & Corbin, J. (1990). *Basics of Qualitative Research: Grounded Theory Procedures and Techniques*. Newbury Park, CA: Sage.

Suddaby, R. (2006). What grounded theory is not. *Academy of Management Journal*, 49, 633—642.

Thorelli, H. B. (1986). Networks: Between markets and hierarchies. *Strategic Management Journal*, 7, 37—51.

Tsui, A. S. (2007). Taking stock and looking ahead: MOR and Chinese management research. *Management and Organization Review*, 3(3), 327—334.

Tsui, A. S., Nifadkar, S. S. & Ou, A. Y. (2007). Cross-national, cross-cultural organizational behavior research: Advances, gaps, and recommendations. *Journal of Management*, 33(3), 426—478.

Van Den Berg, J. H. (1972). *Different Existence: Principles of Phenomenological Psychology*. Pittsburgh, PA: Duquesne University Press.

Weick, K. E. (1979). *The Social Psychology of Organizing* (2nd Ed.). Reading, MA: Addison-Wesley.

Weick, K. E. (2007) The generative properties of richness. *Academy of Management Journal*, 50(1), 14—19.

Whetten, D. A. (2002). Constructing cross-context scholarly conversations. In Tsui, A. S. & Lau, C. M. (Eds.), *The Management of Enterprises in the People's Republic of China* (pp. 29—47). Boston: Kluwer.

Whyte, W. F. (1943). *Street Corner Society: The Social Structure of an Italian Slum*. Chicago: University of Chicago Press.

Yan, A. & Gray, B. (1994). Bargaining power, management control, and performance in United State-China joint ventures: A comparative case study. *Academy of Management Journal*, 37(6), 1478—1517.

Yin, R. K. (1984/1989). *Case Study Research: Design and Methods*. Beverly Hills, CA: Sage.

Yin, R. K. (1993). *Applications of Case Study Research*. Newbury Park, CA: Sage.

Yin, R. K. (1994). *Case Study Research: Design and Method* (3rd Ed.). London: Sage.

Zbaracki, M. J. (1998). The rhetoric and reality of total

quality management. *Administrative Science Quality*, 43,602—636.

肯·史密斯和马克尔(2011). 管理学大师中的大师,郑伯埙、林姿葶等译. 台北:五南图书出版公司.

萧瑞麟(2006). 不用数字的研究. 台北:台湾培生教育出版股份有限公司.

郑伯埙(2005). 华人领导:理论与实际. 台北:桂冠图书公司.

郑伯埙和刘怡君(1995). 义利之辨与企业间的交易历程:台湾组织间网络的个案分析. 本土心理学研究,4,36—92.

郑伯埙,樊景立和周丽芳(2006). 家长式领导:模式与证据. 台北:华泰文化公司.

第 10 章　质化研究及其数据分析

Deborah Dougherty　罗格斯大学

苏　筠　新加坡管理大学

郑英建　加州州立大学东湾分校

尚玉钒　译　西安交通大学

> ▶ **本章大纲**
>
> 引言
> **10.1　扎根理论建构的基本原则**
> 　　10.1.1　为什么要做质化研究？
> 　　10.1.2　扎根、理论和建构的概念如何构造了质化方法？
> **10.2　数据分析：编码和编码过程**
> 　　10.2.1　苏筠的研究：开放式编码
> 　　10.2.2　郑英建的研究：轴心编码和选择性编码
> **10.3　全部写出来！**

第 10 章 质化研究及其数据分析

引言

质化研究(qualitative study)的目的在于识别现实生活中社会现象的基本特征,诸如组织学习、技术开发、结构化(structuring)或者战略化(strategizing)等。当我们运用质化研究的方法时,我们试图通过搞清楚某一现象出现某些特征的根源来清晰地认识该现象,也就是说,我们试图去理解这一现象的本质和特征。本章的目的在于识别质化分析的一些原则。我们将聚焦于如何分析质性数据,因为以往的质化研究在这方面的论述十分欠缺。许多书籍和文章描述了不同的质性方法,譬如,民族志研究(如 Van Maanen,1996;Smith,2006)、案例研究、过程研究、深度访谈、叙事分析(narrative analysis),或者参与者观察(participant observation)等。与此同时,许多书籍和文章介绍了如何进入研究现场,如何实施各类访谈,以及持不同认识论的研究方法。然而,以 Dougherty 作为编辑、评论家和作者的经验来看,质化研究由于未能仔细和全面地分析相关数据,因此成为同行评议拒绝的致命缺陷。质化研究者未能识别所研究现象的基本特征,只是提供了一些学术价值有限的一般性描述。我们希望本章可以帮助质化研究者避免这类严重的问题。

我们更多聚焦于扎根理论建构(grounded theory building,GTB),它并非一种特定的方法,而是一种做定性/质化分析的方式。扎根理论建构的主要目的在于寻求对某一特定现象建立新的或更新的理论,因而特别强调数据分析的中心地位。我们开发了一种从三个互相补充的方面去理解质化数据分析的方法。在第一部分,我们解释为什么任何人都有可能想去进行质化研究,然后我们利用 GTB 的三个部分,即扎根、理论、建构,来框定出一个总体方式。扎根(grounded)指出质化研究的主旨问题和它所需要的数据类型;理论(theory)强调研究的目标,所提出的研究问题的类型;建构(building)指的是这样的研究是一个持续努力的过程,在这一过程中新的主题不断浮现,同时研究问题会被重新组织。在第二部分,我们阐明 GTB 数据分析,以展示新的理论是如何艰难地并有系统地从数据之中被建构起来的。我们用本章第二和第三作者的研究工作来举例说明。在第三部分,我们讨论如何全面写出一个研究,并且辨别在一篇文章中报告所从事的研究与开展特定研究的异同。

10.1 扎根理论建构的基本原则

10.1.1 为什么要做质化研究?

正如以下所显示的,质化研究具有杂乱的(messy)、难以预测和主观的特点,同时非常难做好。为什么人们要做这种困难的工作呢?其实所有真正的科学都具有上述特点,科学家必须明确地提出一个好的问题,遍查文献,设计并实施研究,并且搞清楚结果的意义。即使在生命科学中,那些结果通常也是含糊不清的(Grinnell, 2009)。当现存理论框架不够完善、不能提供清晰的假设时,质化研究就会特别有用。所以,其主要目标就是构念形成、详尽阐述及精细改良现有的理论(Ragin et al.,2004)。

我们试图重构现有理论的原因有以下几方面:第一,基于现象的理论反映了影响到组织生存的技术、文化、政治和经济的新的复杂性,这些复杂的新特性需要被挖掘和验证。第二,针对同一种现象,我们会在不同的研究中得出相互冲突或不尽一致的结果,这种分歧可能预示着现存理论需要进一步发展。第三,因为社会在不断地进化,所以一些能很好地解释30年前的一些行为的理论,现在可能不再适用了。例如,创立于20世纪六七十年代的组织结构理论,强调正式工作角色与关系的信息处理,但如今,先进的计算机系统接管了许多信息处理,因而,工作角色和关系有了质的变化(Zamuto et al.,2007)。今天的组织角色与关系不能用原有的层级和功能来很好地解释。第四,在某一社会文化中开发出来的理论可能并不适用于解释另一社会文化下的相似行为,因为不同的社会存在不同的运作规则。

由于质化研究能够更好地分析研究对象的意义,的确有助于理论开发,因此,目前质化研究正日益被普遍接受也就不足为奇了(Prasad & Prasad,2002)。AMJ的编辑的一项调查(Bartunek et al.,2006)显示,在过去的一百年里,发表了许多采用质化研究方法的有趣文章。一项真正好的质化研究也会为学者提供产生重大影响的机会。

10.1.2 扎根、理论和建构的概念如何构造了质化方法?

1. 扎根

"扎根"的概念是指研究以经验为主,根植于组织实质和复杂的日常生活现实中。质化研究是实证性、以事实为基础的,研究可观察的、实在的、可以了解的现象

(Neuendorf,2002)。"实证"并不意味着量化数据(numbers),就建模或相似的方法而言,数字其实并非真实现象的实在观察,因此不算实证性研究。同事有时会问我们是否计划何时做一些"实证"研究,说明这些同事对质化研究缺乏科学领会!扎根其实包括两个方面:第一是确定被研究的主题,第二是研究该主题所需要的数据类型。接下来我们解释这两个方面的内容。

质化研究的主题。质化研究的主题是指由包含了组织现象的社会实践所构成的错综复杂的网络。质化研究的目的在于去理解这些复杂社会实践的相互作用。质化研究的结果将是对一个特定现象的全新理解,并力图做到简单和清晰。但要对这些复杂社会实践做到简单和清晰的理解,质化研究者要仔细检查这些复杂社会现象在特定社会背景下的相互作用并解释实践。研究者要使读者看得见这些实践,并使读者理解这些实践,正如参与者在特定情境下理解它们一样(Denzin & Lincoln,1994)。质化研究从不试图去保持相互作用或情境不变,否则,研究者将无法检验它们的效果。质化研究者寻求"社会行动"的基本构成,诸如"信任""知识"或"创新"。"社会行动"(social action)是指在特定情境下对社会人普遍有意义的思维或行为模式(Strauss,1987;Van Maanen,1979)。质化研究基于 Weber(1924、1978)对参与者们的情境互动的深层理解。Geertz(1973)主张一个研究者要能够区分细微的差别,譬如,识别使眼色与眨眼睛(between a wink and a blink)之间的区别。

质化研究基于两个重要假设。一个假设是社会现象是高度情境化的,因此现实情境至关重要。人们不是规划行动而后毫无顾虑地坚持。相反,人们会被与其所处情境相吻合的那部分规划引领(Suchman,1987)。人们会描绘特定情境下的特殊线索以选择下一步目标,并对其任务生成意义。这对于理解人们是如何应对那种特定情境及如何看待它是必要的。

你可能会问:对于一个情境的某些独特方面的考察如何引发我们对构建新理论的思考?答案是这种考察深入地探究社会行动以便于理解所有的议题是如何相互作用的。例如,Weick(1993)在分析曼恩大峡谷灾难(Mann Gulch disaster,一场森林大火使得13名消防队员殉职)时,深入探究了这一独特事件情境中人们的思想和行动。通过这种深入的挖掘,他提出了一个一般性的理论用于解释组织如何被拆散、这种拆散的社会条件是什么,以及组织如何可以更具有复原力。由于Weick挖掘了这一事件的独特特征,他所提出的关于结构和意义关系的理论考虑了许多不可预见的情境。他的理论允许我们去思考,当这些或其他不可预见性发生变化时,结构是如何被解构的。

质化研究第二个重要的假设是人是具有非凡能力的社会个体。许多人尽管面对客观世界的复杂性却依然能从容应对日常生活！质化研究者遵从的是一种宽泛的认识论而非简单的实证主义（positivistic），这就包括交互主义（interactionist；Clarke，2005）、建构主义（constructionist；Lincoln & Guba，1985）或诠释主义（interpretive；Dougherty，2002）的认识论立场。虽然人们奉行的哲学观各异，但人们对这些认识论的理解却依赖于人类基本的信念及人们独立行事的能力，这些并不是确定性的（Mead，1934）。Wrong（1961）举例说，谨慎的研究者并非假定人们行事完全不顾及社会规范，也不是假定人们无论何时都完全遵照社会规范。事实上，人们是基于他们对社会线索的不同看法来做出相应反应的。我们预期人们能应对，并质询在何种情境下自己可以更好地或与众不同地去应对客观现实中的种种情况，他们如何做到这一点，又为什么能够做到。

需要的数据类型。质化数据必须能够捕获特定情境下复杂的社会行动。许多质化数据是"文本"类的，包括访谈、观察、照片、故事、信件和电子邮件、视频、档案或录音。通过丰富的描述性文本，研究者能够看到人们做什么、思考什么，以及他们如何通过那些故事和描述来形成特定的社会结构（Dougherty，2002）。质化数据搜集策略包括民族志、参与观察、开放式的或非结构访谈及揭示参与者故事的文本档案分析。由于人们所生成的意义是依赖于短暂的、空间性组织背景的，因此数据需要反映这些意义及其背后的组织背景特征。然而，拥有不同类型的数据是有益的，因为某些类型的数据可能比其他类数据更全面地揭示某些特征（Fielding & Fielding，1986）。这些数据让研究者把数据和被研究的社会行动清晰、合理地联系起来，这也造成构成数据的开放性。

运用实地观察，研究者关注在一个特定情境中参与者之间的社会互动，以及语言与非语言的交流。实地观察包括直接观察、参与观察，以及访谈。它的目的在于捕获人们是如何生活的，了解他们的日常交往，以及他们如何展示自己并与世界保持联系的。直接观察要求研究者去检验情境，但不能卷入所研究的主题。参与观察则需要研究者参与到研究情境中去。这类研究也被称为民族志法，因为一个民族志研究者就需要与那个社群的成员共同生活一段时间，让自己沉浸在情境之中以便捕获一种特定社群中所蕴藏的更深层次的意义。Burawoy（1979）关于制造共识（manufacturing consent）的研究是一项非常著名的民族志研究。他对在一家芝加哥工厂里当了10个月的机床操作工进行了研究：通过体验一名工厂工人的生活，他捕获了工人的生活、惯例和意识；同时，他运用马克思资本劳动过程的理论进行细致描述以构建那个年代更广泛的工人运动变革的理论。较近期的一项参与观察的例子是 Bechky 和 Okhuysen（2011）开展的一项研究：其中一位作者参与警官团队的培训和会议，而另一位作者参与电影生产过程。通过比较两个研究情境，他们开发了一个关于组织如何通过重构组织规则和任务来处理出意外事件的理论。

运用访谈时，研究者关注人们（受访者）工作的理由和有关工作的故事。例如，Dougherty（1992）对参与产品开发的员工进行了访谈并请他们来描述产品，报告他们工作中有关开发过程的故事，并讨论与其他人的关系。开放式的访谈捕获到人们开发产品的理由，以及特定的公司氛围是如何影响开发过程的。他们的谈话彰显了社会模型，诸如部门之间在各自"思想领域"存在的解释障碍可能会产生顾客需要和产品设计潜力的不同观点。在另一个例子里，Jaskiewicz 等（2015）对 21 家德国葡萄酒厂的主人和继承人进行了访谈，以便了解家族是如何在几代人之间传承的。他们通过开放式访谈来询问家族葡萄酒厂的诞生与成长史、家族与葡萄酒厂之间的联系，以及葡萄酒厂未来的战略规划。研究分析发现：对创业遗产的传承是通过给未来继承人讲述那些具有激励性的、有意义的家族创业成就而形成的；创业倾向是通过传承家族传统和共同工作来给下一代传递知识和技艺及对资源的战略性运用的。另外，访谈问题应该是开放性的，以便从被访谈者那里获得更多的细节和意义。访谈的好处是其允许研究者自主灵活地探索和发掘主题，同时新的主题可能在研究过程中自然而然地出现；然而，访谈的不利之处是在这个过程中会由于依赖被访谈对象的合作程度而生成非系统的数据。

上述实地观察法都可以被采用：直接观察法是一种初步的调研方法，一旦研究者熟悉了研究情境，被试对访谈感到适应，就可以相继开展参与式观察和访谈。无论是实地观察还是访谈，研究者聚焦于社会行动，致力于发掘这些社会行动对我们的启发，以便让我们更好地了解组织是如何塑造人们生活的。

人们处理质化数据时常会犯两个主要的错误。第一个错误是混淆运用"质化"数据与研究本质之间的区别。运用文本（text）类数据并不意味着该研究项目就是一个质化研究，丰富的文本是许多研究意图和研究设计的数据源，而那些研究还包括理论检验和量化方法。例如，在内容分析（Krippendorff，2004）或分类数据分析（Agresti，1990）方法中也会用到文本，但许多这类研究会用预先确定的架构和方法去检验一个理论，而不是生成一个理论。尤其是内容分析，它被视为一种定量的研究方法，因为这类分析的结果是用数字或百分比呈现的。运用内容分析的研究者得到文本中特定字或词出现的频率，或者是找出描述某一事件所用到的词。研究者首先要确定将在文本中发掘哪些概念，然后可以依赖于高度自动化的计算机去检验文本中这些概念之间的关系。因此，尽管数据可能来自不同文本，但在方法论上这类研究可能不被认为是归纳和理论建构(我们将在本章的后半部分详细讨论实证主义者与诠释主义者的不同观点)。

第二个错误是未能搜集足够多的数据。虽然我们针对数据量没有一套明确规定,但如果一个研究项目是仅基于访谈的,Dougherty 认为至少需要对 100 个人进行访谈。这个数字就是为了给人们一些震撼,特别是对那些试图解释如何减少访谈数目及为什么较少的访谈就足够了的人。然而,现实情况是研究确实需要更多的数据,因为理想的数据采撷是贯穿整个研究的,接着的一个程序是指"理论抽样"(theoretical sampling)。理论抽样意味着人们搜集数据是基于理论的,它是在分析中浮现出来的。研究者识别能反映浮现主题的新事件,然后搜集关于该事件的新数据。由于人们研究有多种可能互动的复杂行动,因而很难使人相信 30 个或 40 个访谈可以捕捉到所有相关的动态变化。

一种普遍的错误观念是质性方法适合微观层面的分析(如互动、辩论、规则和实践),而定量数据适合宏观层面的分析(如结构、制度、治理和国家)。这是一种误解,因为定量数据,如问题调查,能很好地捕获个体的态度、愿望和偏好。这里举一个例子来说明如何采用定性与定量结合的方法来连接不同层面的分析(Fielding & Fielding, 1986)。这是一个关于评估英国警察培训项目的研究,旨在调查培训项目如何影响警官对他们下级警官的看法。这项研究采用多种方法对警察的招聘工作进行了纵向研究。首先,让新招聘的警察完成有关他们背景、社会和政治倾向、对同事的态度、工作满意度的调查问卷。其次,采用开放式的访谈去详尽描述调查的几个方面,例如,访谈问题包括新招聘的警察选择警察这一职业的动机,他们朋友对他们职业选择的态度,以及他们对法律、社区关系和社会制度的观点等。最后,采用实地观察法来看在不同的培训情境下警官对新招聘警察的培训。在这项研究中,定量数据和定性数据相互驱动以揭示细微差别,而这是任何一项单独的方法都无法实现的。首先,定量调查显示新聘警察对于聘用"有色人群"存在矛盾性:他们对聘用更多"有色人群"持支持观点,但对允许更多"有色人群"移民到英国持消极观点。如果研究者停留在这些定量数据中,那么他将只能得到警察招聘中存在种族偏见的结论。然而,进一步的访谈就会发现这种矛盾态度背后的原因。警官想招聘更多的"有色人群"警察是因为他们能够"处理他们自己人"(Fielding & Fielding,1986)。访谈还揭示白人警察会"容忍""有色人群"警察,如果"他们能正确地做好自己的工作"。换句话说,招聘"有色人群"警察背后实际存在一个务实的、工具性原因——他们可以帮助更有效地在有色人群内部建立社会秩序。定性和定量研究结合揭示出在种族态度、招聘实践和社会秩序之间存在错综复杂的关系。"有色人群"警察可以被视为基于实用原因的一项特殊资产,这样白人警察的个人情绪就可能消退了。在这个例子中,问卷调查揭示个体层面的态度倾向,同时揭示出人们关于社区和社会秩序的观点。当使用定性和定量结合的方法时,研究者必须知道他们选择实证主义还是诠释主义的认识论,以及明确他们想要去阐释的问题。

2. 理论

"理论"的概念是指研究的目的,识别要问的问题,同时形成具体工作步骤的过程及结果。所有的研究者都是基于现有的理论来引导并设定他们的研究框架的。在此之前,我们找不到任何东西,除非我们知道自己想要什么。同时,理论有助于照亮我们的征程(Bailyn,1977)。为了创建理论,需要取得对一个社会现象的更好的理解,通过生成概念及概念之间的关系去辨析、说明和解释那些可能会引起混淆、不连贯事件的真实现象(Strauss & Corbin,1998)。正如我们反复重申的,你必须对你的数据提出真正有趣的问题,同时理论帮助我们对有趣的问题进行反复强调。学术同行们一般不喜欢那些描述一个组织实践或问题,或某研究者为时两年的实地记录,或任何与现行的理论对话不能很好对接的发现。大家感兴趣的是在一个令人好奇背景下的研究如何帮助人们延伸或重构了理论,以及一个研究如何更完全地阐明了社会行为。

这里要注意的是,理论建构作为一种解释现象的途径是基于诠释主义而非实证主义认识论的。持实证主义观点的研究者认为知识是独立于判断和情境之外的。这类研究者先提出假设,然后采用统计或者结构化研究方法来揭示一个客观事实。这是因为实证主义相信存在一个因与果之间的线性关系。诠释主义信奉知识是社会建构的而非客观确定的。诠释主义研究者采用更个性化和灵活的研究框架,其目的是捕获人际交往中的意义,并为所感知的现实赋予意义。与实证主义方法不同的是,诠释主义者不认为因果之间是一个简单的线性关系,相反,他们认为这其中会牵扯到复杂的,涉及时间、文化、价值观及许多社会情境的因素。研究者进行实地研究时可能有也可能没有预设的洞见,但大多数情况下,研究者会与信息提供者互动以帮助他们更深入地理解被研究者的经历。理解诠释主义和实证主义之间的区别是重要的,因为这能帮助我们区分他们想要如何去解释一种现象。

界定研究目的。在我们对众多质化研究论文的评议中,我们认为许多质化研究并没有清晰地描绘理论,也没有澄清对理论的贡献。这些研究几乎总是被拒绝。当他们完整地写出他们的研究或基金申请时,质化研究者像其他研究者一样,必须解释现有理论是如何框定被研究问题的,概述我们已知现象与那个正在被研究的现象之间有何关系。声称自己正在做的是前人未做过的研究这种辩护是不能接受的——当然没有做过,而这正是你正在做它的原因!声称没有理论适合这个研究问题也是不可接受的,因为我们有许多理论。然而,质化研究者需要解释为什么现有理论缺乏必要的、清晰、细致或动态地对研究问题的充分解决。研究者需要去解释对于该现象什么是我们不知道但需要去认识的,为什么我们需要知道它,以及解释这些新的问题为什么在该领域是重要的。Golden-Biddle 和 Locke（2007）说明研究者首先要能描述现有学者关于这一理论已有的对话,然后解释你的研究会如何改变这一对话。

然而,质化研究与量化研究在运用理论方面是完全不同的,量化研究是利用一个确切的理论去预测一个特定的关系。质化研究不是为了强化现有理论,在一定程度上,它们重新思考理论框架,但是,这样做并不意味着简单化。一个综合性的扎根理论需要去填补现有理论的空白,并提出为什么现有理论不能很好地解释既定的现象。因此,当你开展一项质化研究时,你必须对相关理论和它们的不足之处有深刻的理解,并在文献综述中描述出来。同时,质化研究试图揭示"如何"和"为什么"的问题,由于其中存在着多种可能性,使得学者们不太容易去识别相关理论。学者们需要弄明白自己用的是什么理论,去识别自己要考察的过程,例如,做决策、获得权力、跨过实践中的断层,或应对变革,然后综合那些被用于构建这些研究话题的理论问题。文献综述应该辨识研究的难点,而扎根理论应该在描述研究难点的同时给出如何拓展现有理论的建议。

识别要问的问题。所有的研究需要明确研究问题和难点。好的质化研究总是提出非常有趣并引人入胜的难题。通常,质化研究问题是关于"如何"和"为什么"的,正如上文所提及的。例如,一个阐释者不应该问什么工程故障引起了航天飞机挑战者号的爆炸,而应该问为什么这类故障能够被容忍并变得规范化和程序化,以致使事故最终不可避免（Vaughan，1996）。

扎根理论建构是用于表述研究构念特征的定性问题,不是用于表达一个变量在程度或缺失度方面的定量问题。扎根理论建构者想去理解构念之间的关系,它们何时（在什么范围限定下）相关,以及它们如何作用（后续的关联）。正如其他定性研究工作,扎根理论研究不满足于单一层次分析,而是试图去揭示造成某种现象,如集体行动背后的连接微观因素和宏观结构之间的潜在机制。理论帮助我们发现和构建问题,现有理论的局限性则帮助我们提出更好的问题。

理论作为研究工作的结果。研究的结果应该是一个新的或改良的理论。理论会在研究过程中发生变化,正如持续的理论建构过程（continuous theory building process)提出的个别理论会更好地解释实际现象。最终的理论是在分析过程中形成的,它最明确和条理清楚地回答了所提出的问题。在讨论部分我们将说明如何去促进改变,并分析何时需要抛弃理论。

3. 建构

在扎根理论建构中建构的概念是指通过对所有数据动手进行分析之后获得一个新的或改良的理论的过程。建构是一个反复用构念来连接数据,同时从数据分析中得出一个对所研究问题的概念性理解的过程。所有 GTB 的三个方面与常规的量化研究是不同的,建构可能是这三个原因中最不同的一点。第一,理论建构需要在一个无疑是非线性的和浮现的过程中开展相当长的时间,而量化研究理想化地直奔答案(假设被证明或未通过检验)。第二,建构的过程是不可预测的,原因是研究者将会何时结束研究是不可知的。更可能的是,为了适应浮现的调查结果研究问题会发生变换,由此理论的框架也会改变。第三,GTB 的建构方面是工作中最艰难的部分。当人们在进行数据分析,识别浮现的主题,进而搜集更多数据的过程中,数据搜集和数据分析可能同时发生。数据搜集过程只有在研究发现不再有新的洞见出现之时才会慢下来,但是数据分析可能会持续好几年,尤其是在一个迭代的过程中。许多研究者在数据分析时需要再次访问提供信息的人或者再次到访实地,以便更充分地验证他们正在开发的理论。

扎根理论建构是一个系统化并具有探索性的搜索过程。我们用"3C"来总结建构过程:认知过程(cognitive process)、连续比较(constant comparison)和编码(coding)。第一个"C"是一个认知过程。在这里,研究者随着研究的推进,开发对概念的理解,同时研究所需数据完全包含在概念化过程本身(Bailyn,1977)。与那个去检验已形成概念的证实过程不同的是,认知过程打开研究者的初始观念,从数据中构想新的概念(concept)与关系(Bailyn,1977)。研究者不断重复从理论到实证,再从实证到理论的研究与思考过程。扎根理论建构不断地产生新假设,并开发相应的方法去探究这些假设,同时修订假设(Straus & Corbin,1998)。作为一个认知过程,建构不是直截了当的,研究者常会始于一个研究问题,而终止于用新构造的概念和关系更好地解释另一个尖锐的问题。建构是一个持续的认知过程,在其中研究者保持开放的观念,允许发现新的可能性。

第二个"C"是连续比较。要分析数据,研究者会在他的数据中对相似或相异事件的不同例子进行比较和对照。为了进行这些数据比对,研究者有必要搜集众多的例子,这些例子是在理论取样过程中搜集到的——是关于研究中被建构的理论的取样。通过数据比对显示出一个研究可能的分类状况(possible properties),以及一个分类不同于另一个分类的原因。例如,Dougherty 和 Dunne(2011)比较两类人的新药开发工作,一类是在传统实验室里通过物理取样的"治疗"科学家,另一类是那些在计算机上工作,来操纵符号和大量数据库的被称为"数码"科学家的人。这种比对揭示出根本细节而产生了一个把实践中断裂的地方连接起来的理论,即两种不同方式的了解(knowing)可以协同工作而非相互冲突。在理论上的持续比较是变化的,例如,社会行动建构理论会询问在数据里这儿将会发生什么,经过一段时间又会问这个事件实际上与另一个有何区别,为什么那些是有益和显著的。

第三个"C"是编码。编码是通过一个数据的拆分、构念和整合的分析过程来形成理论的(Strauss & Corbin, 1998)。质化编码不是内容分析。典型的内容分析是把数据分成预先确定的类别,因而它是一个理论检验的研究技术,其目的不是建构理论(Neuendorf, 2002)。通常,编码是研究者通过介入数据来得到概念和分类,紧随其后的是为搜集数据而做的理论取样,它会最大可能地开发在最初编码中被识别的构念。编码和数据搜集可以同时进行,研究者搜集一些数据,编码并分析它们,然后再搜集数据。这个过程是迭代的,一旦数据搜集中没有更新的发现,这个过程将终止。然后研究者开始着手编码、提炼主题,以及进行编码的分类;当构念和分类被整合到一个内在一致的理论故事中时,一旦数据的主要模式被捕获,建构过程将终止。

Strauss(1987)、Strauss 和 Corbin(1998)描述了三类编码,它们相互重叠但也依次展开:开放编码(open coding)、轴心编码(axial coding)及选择性编码(selective coding)。理论的构建始于开放编码,它发生于人们密切地关注某一部分文本这一时间点上。开放编码开始于对某部分原始数据的彻底研读,试图去理解该部分数据表达的含意,并且识别一个构念用以描述数据将会怎么样,经过一段时间,这些分类或主题的某些部分会以不同的方式重现,因而,人们开始思考一个浮现类别的特性或维度,并尽量去清晰地表达这一分类。

轴心编码关注在数据中浮现出的特定分类,去精练它并界定其特性(properties)。在轴心编码中,研究者考虑一种分类如何与另一些分类相互作用。选择性编码始于当可能的核心分类被确定后,研究者系统地分析为什么其他的分类与该核心分类相关,其目的是整合并精练理论。一旦编码过程完成,研究者会整合从数据中发现的构念和类型以便形成一个完整的理论故事。构建过程的结果是发现构念,它是更高层次的抽象。在下一部分,我们将通过两个长的例子来展示扎根理论的这些原则。

10.2 数据分析:编码和编码过程

现在我们举两个研究的长例来说明质化研究的方法。第一个例子是苏筠的研究,强调开放式编码。第二个例子是郑英建的研究,强调轴心编码和选择性编码。苏筠的研究刚刚开始,而郑英建的研究即将结束,正在进行研究结果的写作。在讲述这两个例子之前,我们首先强调几个观点以帮助我们进行总体分析。第一,关注我们的研究问题。正如我们将要展示的,质性数据非常丰富,可以表达多种社会行为,牢记研究问题可以帮助我们处理问题的复杂性。第二,忠于数据,不要通过猜测别人可能考虑什么来整理数据,不要用精神分析疗法治疗分析别人。刚开始,研究人员可能会做出被访谈者会恐惧、困惑、不够直截了当等错误的假设。你不能将自己的推测强加给数据,这些推测是在你的脑子里,而不是在数据中,要忠于数据。第三,如果有另外一个人帮助你对数据进行编码,哪怕是偶尔为之,都是非常有用的。更多人可以产生更多的见解。通常,用一个独立的编码者去证实编码及其分类是有益的。

编码是一个与数据打交道的过程,研究者通过阅读数据,提出更多关于数据的问题,记笔记,比较数据中的故事,找出观点和数据之间的联系等,从而构建围绕研究主题的相关概念和研究问题。编码不仅仅是释义,而是一个将数据提升到概念水平的过程。然而,这是一个反复的过程,因为数据和概念之间的联系可能不会立刻显现,研究者需要多次阅读数据。研究者应该在研究了几组数据,诸如通过访谈或观察所搜集的数据之后就开始开放式编码,因为编码将揭示有趣的主题和问题,同时引导对数据的分析以及随后的数据搜集。

开始编码之前,你首先应该浏览文本以得到关于本次研究的一个基本认识,即关于如何描述研究问题,以及这是否能够在现有文本中看到或者听到的一个基本认识。这种浏览启动了研究的基础过程并能帮助你停留在你的理论所在地。保持开放的态度并与数据保持一致。正如反复阅读数据并思考研究理论和问题一样,你会发现研究主题或模型在文本中也是重复的。你要用编码对这些研究主题或模型赋予一定的名字,以便得到对文本的简单理解。这样,你也是在抽象的理论和实际的现象之间转换。一旦主题明确了,就可以采用轴心编码来明确这些主题的维度和特征。在接下来的部分,我们将呈现我们为本章搜集的定性数据编码的过程。

研究者可能会使用软件包来存储、分类、编码、注解、标注及组织定性数据。软件包,如 NVivo 或 Atlas.ti,对使用者检索和存储数据是有帮助的。当研究者有几百个副本和现场记录的话,使用软件包将会更好地把所有材料组织到一个地方,这使研究者可以同时进行编码、分析和注释不同的记录文件。这项功能可以节省研究者许多在评估过程中需要检索记录的时间。研究者能通过单词检索把特定的编码或词语快速在副本上锁定。软件包也包含一些促进分析的特性,如写备忘录、生成编码的频率、产生可视化图像以详细提出编码与分类之间的关系等。这些功能有助于研究者在分析过程中把复杂关系图像化。然而,这里有必要引起重视的是软件包仅仅是一个数据管理工具,它不能替代人的工作。研究者还需要在GTB过程中依靠自己或团队去读取、解释、分析和概念化所有的数据。

10.2.1 苏筠的研究:开放式编码

苏筠的论文题目是"基础研究科学家的学术知识发展与药物发现过程之间的关系",其中运用了基础研究以发展新的生物制药产品(如药物,治疗方法)。她的困惑是,我们都知道学术知识为这种创新过程提供重要见解,但是我们也知道学术知识在与工业知识的共享互通方面做得并不是特别好(Pisano,2006)。现有文献表明基础研究通过四种不同的途径为生物制药创新做出贡献,但是基础研究大多是对成果的质化研究和检验,而不是针对工业和学术科学家共享知识及共同创造知识的社会过程。苏筠关注的是实践中的理论知识,简单说就是实践知识。她认为知识不仅仅是一种可以拥有和交换的东西,相反,知识可以理解为一个持续的过程,是嵌在人们工作中的(Orlikowski,2002)。知识存在于每天的实践中,尤其是社会和物理环境中,它是人们与世界相互作用的产物(Lave & Wenger,1991)。

苏筠的研究问题是:学术知识可以通过哪些社会实践进入药物创新过程,或者说被药物创新过程吸收。她试图去理解学术科学家的社会实践如何阻碍或促进了这种转换。苏筠最初通过使用"阻碍或促进"扩展了她的研究问题,因为现有文献仅包含很少对这些社会实践的直接观察,她试图识别并理解现实中那些可以用于传递知识的实践,但同时,她也对知识创新的其他未预见的方法和途径保持开放的观点。苏筠的数据包括对工作与药物发现相关的学术科学家的访谈、会议观察,以及对这些关于转化研究会议的突破阶段的观察(转化研究旨在填补基础研究与生物制药应用研究之间的缺口)。

顾名思义,开放式编码是选择原始数据的一部分,从中提取能够代表这部分数据的概念。开放式编码的目的在于打开数据并识别大量可能的主题。编码可以从描述性的,到主题性的、分析性的、解释性的,它们都是研究者关于如何理解数据或文本的抽象表现。在下面的例子中,苏筠用她的一段访谈摘录来展示开放式编码。

被调查者是一位医学院的教员,他在他们学校的转换研究中心工作,也是当地一所高中的志愿教师。苏筠告诉他文献阅读表明有些学术科学家从事基础研究,而有些则是积极参与商业研究的实践者。苏筠问他是否能介绍自己对这两种科学家的不同看法。

> 被调查者:在医学院工作的人与那些从事生物研究领域的人之间的确是有差别的。每天,我看着我的同事,其中一些是内科医生,一些是和我一起工作的同事,我们有研讨会、期刊俱乐部、讨论会等。如果你看我的日程安排,每天都有事情要做,也就是你如何试探你自己的观点(and that's how you bounce off your ideas)。但是有时候,尽管他们都很友好而且是你的同事,但是你不得不小心以免泄露你的发明。法律上,如律师和技术转让办公室所说,你甚至不应该跟你的妻子谈起你的发明。从法律上讲,如果你把它放在公开论坛上,尽管不是纸质的,尽管你使用的是幻灯片,也意味着泄露,所以你不得不小心。举个例子,如果我说"这种蛋白质的黑色带子正在变成骨头"。我说这个序列是什么了吗?没有,我只是说"一个黑色带子"你可能想这种黑色带子是什么想到发狂,但是你绝不会想到它是什么。所以当你说话的时候,当你泄露信息的时候,你要很小心你泄露的是什么。即使在一个会议上,如果别人邀请你做一个演讲,你也要非常小心地关上所有的门,只是演示你的结果。"我手中有一些东西可以组成骨骼",很遗憾,我不能解释秘密,因为它是一项受到专利保护的发明。

接下来他继续说,

> 被调查者:对于我的同事,我得到了反馈。他们可能会说:"你是如何知道这是关于骨骼细胞的研究的? 它有可能杀死脑细胞。因为如果你把它移植到动物身上,它可以制造骨骼,但是它也会杀死脑细胞。"这是个好主意,对吧?所以我采用了这一反馈,并设计了一个实验。我用了一些脑细胞,并把它放到脑细胞的下面,观察会发生什么。所以,一项发明有可能源于其他人的反馈,或者你自己的知识。这样一来,也许会制造出更多的骨骼,如果我把它放到脑细胞上面,可能分裂出更多脑细胞,引发脑癌,但我们并不知道,对不对?所以我们设计并做实验。因而大部分情况下,它来自你的经验和知识。当你探寻这些观点的时候,可以广开思路,我的观点也源于多个方面——我教高中生,他们有时候有一些特别好的想法,

每当出现好的想法时我们就会试一下。这些就是你一步一步地解决问题的方式。

以下是苏筠从以上两段节选中获得的开放性编码清单。记住开放性编码的目的是逐字挖掘数据和标注以获得尽可能多的不同类别。这种初步的开放性编码是描述性的,在某些情况下是"内部的"或者是被访者自己的话。

条目1:医学院和你所从事的生物研究领域的确是有差别的

条目2:和内科医生与生物医学研究者在一起的工作环境,有些是他的同事

条目3:参加研讨会、期刊俱乐部和讨论会

条目4:对向朋友和同事泄露发明要保持小心谨慎

条目5:法律上,合法的

条目6:律师和技术转让办公室

条目7:在公共场合泄露信息和发表演讲

条目8:"一个黑色带子"

条目9:小心地关上所有的门

条目10:在会议和报告中展示结果

条目11:秘密

条目12:发明专利保护

条目13:同事的反馈

条目14:所以我采纳了反馈并设计了一个实验,我用了一些脑细胞,并把它放到脑细胞的下面,观察会发生什么

条目15:反馈或者你自己的知识

条目16:大部分情况下,结论来自你的经验和知识

条目17:征求观点

条目18:一步一步地解决问题

正如我们浏览摘录,记住研究问题一样,研究人员要从研究问题的不同角度去阅读数据。例如,当阅读这一摘录时,苏筠问道:"数据反映了哪些受访者与其他人交流的社会实践?他与内科医生、技术转移办公室及其他人交流的时候获得了哪类知识?他的实践如何帮助他获得新知识?"阅读文本的时候考虑这些问题有助于开发潜在主题和它们的特点。同时,你可以感受数据和概念之间关系的概念化过程。苏筠采纳了实践出真知(knowing-in-practice)的观点,所以她希望得到一系列

重复的行为和知识的相互作用（Yanow,2003;Orlikowski,2002）。

摘录的第一部分揭示了被访谈者经常与人沟通的实践,通常是跟他的同事沟通。这暗示了在他的工作环境中他是很积极主动的并且愿意接受不同种类的知识。条目1是被访谈者的原话,说医学院和生物研究领域的确是有差别的,他没有说差别是什么,也没有说这两个地方为什么不同。因此,这是一个开放式的主题,可以继续探索。接着他说他处于一个与内科医生和生物医学研究者一起的环境（条目2）,从实践出真知的角度,内科医生和生物医学研究者可能掌握不同类型的知识,内科医生通过与病人直接接触运用自己的知识,而生物医学研究者通过他们的研究行为运用自己的知识（如阅读学术论文、编制资料、设计和实施实验模型）。也许,这些实践中的差异向她展示了不同类型的知识。被访谈者还说他们每天都会通过研讨会、期刊俱乐部、讨论会等相互交流和影响。这些也是创造知识的社会行为,同时他说这些正表明了"你如何探寻你的观点"。我们不知道他是否与每个人谈论并获得他们的反馈,还是只关注自己的观点,或在工作的背景下关注自己看起来是否是核心。

摘录的第二部分解释了被访谈者对于在公开论坛上发布与他的发明相关的知识是如何小心翼翼的。条目4到条目12涉及的是要小心不要透露发明的信息。这也是影响知识创造和流转的社会实践或者说一系列社会实践。条目5和条目6表明被访谈者与律师和大学技术转让办公室沟通过,并且获得了保护他的发明和专利的法律知识。大学技术转让办公室是另外一个社会环境,被访谈者在那里学到了关于专利和技术转让的新知识。接下来被访谈者又说他在会议上做报告时对于泄露有关他的发明的信息时也是很小心的,他举例子说他只公开结果,也就是制造骨骼,但是不告诉别人如何制造骨骼。"黑色的带子"可能是他暗示他制造骨骼的专利知识的方式,而不是告诉别人如何制造骨骼。综合起来,可以做出一些关于被访谈者的知识和社会实践与药物创新相关的解释。例如,他参与各种不同的知识共享的实践,接触到不同类型的知识（如内科医生、生物制药研究及法律）。他的"小心披露知识"也很耐人寻味。也许种种做法阻碍了知识的分享,或者说它是由知识产权政策形成的一种社会滤镜,用于保护和引导公司同大学的科学家来合作创造及共享知识。

第二份摘录中,被调查者解释了他是如何从其同事的反馈中受益的。他仅仅透露了他专利知识的结果,但他仍然从他的同事那里获得了建议——"有可能制造出骨骼,但是也可能杀死脑细胞"。条目14显示了被访谈者在反馈的基础上积极开展研究。他可能具有决定开展什么实验、如何实验的灵活性。进一步的探索可能很有趣,因为制药公司的科学家需要获得批准的文件手续才能开展实验。此外,被访谈者说"有时候是反馈,有时候是基于你自己的知识和经验"(条目15和条目16)。后来的探索有两种可能的解释。首先,他思考同事的建议是否值得尝试,所以与其他人相互交流当前观点的实践及思考过程都有助于指导他解决问题。其次,他强调他必须在他的实验和知识的基础上做出判断(条目15和条目16)。第二个解释是他必须独立做出判断而不是与其他人一起。我们不知道为什么,但是也许是因为他想为他的技术发明信息保密,也许学术科学家倾向于独立工作,正如其他人提到的那样(Knorr,1999;Merton 1973)。这种可能性可以用更多的数据来探索。例如,可以对没有专利的科学家进行访谈,看看他们的协作性是不是更强。

针对一小部分数据的少数开放式编码可能强调不同种类的社会实践需要不同种类的知识。研究过程的关键是保持开放的头脑,但也要紧扣研究问题,以获得大量可能的主题或者类别。这里概括的解释都是关于现象的假设或推测,它们能通过其他的数据得以检验。你也许会尝试数月的开放式编码,看看这些不同的访谈或其他数据比较和对照,进而探究自己的假设。例如,苏筠可以通过对其他学术科学家访谈获得文本,研究他们在向其他人展示自己的观点时是否有相似或不同的方式,对一些观点保密,获得并运用反馈。先前的一些编码将会被剔除,另一些被转化成新的类别。苏筠会改善她的研究问题,将相关理论更加深刻地融入基于实践的观点中,因为不同的理论从这一视角关注知识在实践中的不同方面。分析过程通过计算机软件进行,但是研究者必须与数据密切互动,提出问题,参与概念化过程。你不能进行自动化质性编码,但是你可以促进它。

10.2.2 郑英建的研究:轴心编码和选择性编码

轴心编码和选择性编码的例子选自郑英建的论文,其研究主题是"组织运作的制度环境在重大的事件后如何和为什么发生变化或者保持不变"。他对比了一些环境事故,这些事故都涉及有毒化学物质渗入地下、空气和水源,污染了附近的土地,致使很多人患病。这些事故对人们的生命具有相似的毁灭性影响,但是其中只有一个导致了新的环境保护法的出台,导致了重大的体制变革,而其他几个则没有。郑英建采用个案研究法对比了纽约拉夫运河(Love Canal in New York State)事故和新泽西州的一个相似事故(Legler事故),拉夫运河事故导致了美国一个非常重要的环境保护法的出台,而Legler事故却没有。郑英建融入了制度学理论,尤其涉及了制度运作及人们是如何构建制度的(Lawrence & Suddaby,2006)。郑英建的研究使用了大量从这些环境事故的文本记录中所提取的档案数据(包括报纸、政府报告、书籍等)。

举这个例子的目的在于显示研究问题是如何随着轴心编码和选择性编码逐步演化,并产生了一个新的用来解释事故如何导致重大制度变革的理论的。这个例子给我们两个重要的经验教训:第一,研究认识论必须与研究问题相匹配——简而言之,你在做质化研究时必须问定性的问题。我们展示了认识论方面的变化如何导致研究问题的急剧变化。第二,如何提出更精细的研究问题以促使新构念的产生,在这里有一个被称之为"被干扰的生活(disrupted life)"的例子。

不适合的认识论(和错误的问题):该项目始于一个简单的问题,即两个环境事故有何不同?在这个问题的指导下,郑英建试图鉴别相似或不同事故的特点。这一问题背后的认识论是功能主义,它假定事故的不同特点导致了事故后果的不同。郑英建用了四五个月的时间进行编码和分析,但是最终发现他的研究问题更多的是基于互动认识论(interactionist epistemology)。互动认识论更适合扎根理论的建构。功能主义认识论的研究问题是研究者预先确定检验的特点,而忽略了研究目的和研究主旨,以及扎根理论建构的分析方法。相反,扎根理论的建构寻求从事故涉及的当事人的解释来发现本质特征,而不是将它们强加给数据。虽然,其他研究方法采用功能主义认识论也许更合适,但问题是这个不太适用于扎根理论研究。

认识论与研究问题一起转变导致了一些有启发性的发现。从初期功能主义者的视角,郑英建试图建立测量维度(dimensions of scale)以区分拉夫运河事件与Legler事故。但是郑英建惊奇地发现当事人的头脑中根本没有任何刻度。他们没有一个人涉入事故中,例如,去评论或表现出好像一个事故比另外一个事故更大或更小。郑英建 转向符号互动论(symbolic interaction theory)。符号互动论将研究问题转化为当事人的主张,认为社会行为是由事故对人们产生的意义构建的,相信意义会受特定行为的影响,所以必须小心调查当事人是谁,以及他们的主张是什么。主张具体是指当事人说服他人的任何行为。修订了研究问题和理论背景,郑英建调查了当事人做了什么,并试图理解他们的主张。结果解释了当事人如何让别人相信制定新的法律是很必要的。

被干扰的生活这一概念的编码发展。这项研究分析形成的一个最重要的概念被称为"被干扰的生活"。被干扰的生活是那些受事故中的有害化学物质折磨的居民提出的两个主要主张之一。其概念是 Strauss 和 Corbin (1998)使用的轴心编码和分析的结果。轴心编码将概念与相关的类别和维度组合到一起形成编码。被干扰的生活的概念由两个类别组成:打破常规、受废物困扰。

组织与管理研究的实证方法（第三版）

在研究数据的时候，你可能会将当事人与行为作为典型编码，但是数据也好像显示有些行为不应该被纳入其中。一个重要的事实是，当人们从他们位于拉夫运河的家园撤离时，他们没有处理日常的家务事。这里有一位记者对于居民没有这样做的解释：

> 今年 Leonard Whitenight 没有在他位于拉夫运河附近的花园里种花，也不再修建草坪……Whitenight 太太清洗了家里，墙上黑色的污渍说明淡盐水渗入了地基。

数据说明 Whitenight 夫妇没有种花，但是他们对于墙上的黑色污渍和地基的淡盐水就不那么清楚了。到底是他们没有像往常那样频繁地清洗，还是黑色污渍和淡盐水没有流入地基，又或者他们尝试更频繁地清洗这里了？

这一数据片段向编码发起了挑战，这使得研究者对不被采纳的行为进行编码看起来毫无意义，因为可能会有无数没被采纳的行为，然而，数据中有许多类似上面不被采纳的行为的例子。例如，孩子们不去上学（因为学校关闭了），当允许他们去学校的时候，公共汽车将他们送到他们家附近的学校。从编码的角度看，编码可能指出，孩子们没有与他们的朋友坐在一起吃午饭，在熟悉的学校里认识他们的老师没有喊他们的名字，没有与他们的父母或者兄弟姐妹一起走回家。质化研究者们需要超越文本并"想象"被观察到的模式后面可能存在的各种潜在可能性。换句话说，质化研究者走得更远，他们把自己置于当事人的立场，去理解他们行为背后的意义。既然这样，在编码那些没有出现的行动之后，郑英建会继续询问："为什么孩子们没有去学校？为什么不允许这些孩子在户外玩？他们会做什么别的事情？这些限制会影响他们生活中的其他哪些方面？"同时，郑英建也会找寻发生这些普通行为的事件（如去学校、户外玩耍），以及它们为什么发生，然后对照和比较那些行为发生或没有发生的事件。

Legler 事故的数据中也包含这些当事人没有做的事情的例子。在 Legler，地方政府卫生局命令居民不要使用不好的水（以前使用的水源），要用装在容量为 44 加仑的生锈桶里的水。这些水在使用之前要先煮沸，儿童不能在喷雾喷头附近玩耍（那里仍然是被污染的水），还有，对被采纳的行为仔细编码揭示了下一步几乎不会涉及的情况。

经过一番仔细考虑，郑英建意识到关键是突破常规，所以他创造了一个新的编码方案去捕获这一类属。突破常规意味着过去日常生活中正常进行的行为不能再继续了。因此，郑英建并没有用一个编码去显示拉夫运河的孩子们步行去遥远的

328

第 10 章　质化研究及其数据分析

学校这一事实,而用了一个编码表示打破了惯常去学校的规矩。这里有两个短文表明打破了常规,表示常规的关键词用黑体字强调。

> Vianna 博士建议居住在运河附近的居民不要吃他们花园里的任何蔬菜。一个小女孩的父亲很不高兴,"看!我的孩子脚烧伤了,不能在院子里玩了,我邻居家的狗在院子里烧伤了鼻子,我们也不能在花园里吃饭了"。
>
> 根据风吹的方向,我们闻到一些气味。在垃圾填埋场开放之前,我们建了一个天井,这样我们可以使用后院了,到明年夏天,我们就不能待在这儿了。因为夏天不能开窗,我们在房间里装了空调。

打破常规的想法作为研究的核心维度有几个好处。从理论角度,常规和相应的打破常规是人生意义的重要来源。尤其是打破常规是一个打动观众的明晰的表现(Goffman,1959)。对事故发生地的居民来说,打破常规是为了影响观察者——附近的其他居民和公众、新闻记者、国家机构和政府代表。这种打破常规是一个主张,它会说服其他人意识到事故导致了他们的不良状况。从扎根理论构建编码角度,打破常规作为一个基本维度是基于观察所获得的经验数据,并在数据中捕获人们不再做出典型行为的方式。最重要的是,打破常规强调了结构和代理人(structure and agency)之间的交互作用,这是质化研究的必要环节。

打破常规表明人们可以独立于现有的社会结构来表达自己。常规是社会结构约束人们行为的形式(DiMaggio & Powell,1991;Feldman,2000;Nelson & Winter,1982)。在被阻止之前,常规化行为一直持续着(Jepperson,1991)。但是打破常规明白地显示出行为不是由结构单独决定的。行为也是在人们解释现实情境时产生的(Blumer,1998;Thomas,1923)。打破常规使人们摆脱不适合的制度化的束缚。这种摆脱成为人们如何变革制度环境的核心观点。

围绕打破常规进行的编码使得郑英建开发出一个更详细的研究问题以深入探讨机构和代理人之间的关系。该项目是在事故如何导致机构变革这一核心问题的指导下开展的,但是打破常规使得郑英建关注于探索代理人如何打破已建立的结构。数据分析提供了一个答案:一些当事人提出他们的日常惯例不再可行,他们不得不尝试新的方式。

被打扰的生活这一概念的第二个类属称为被废物围困。这一类属由几个编码组成,这些编码是一个相互联系的整体。我们来看一看这些类属是如何出现的。在很多时候,数据显示了内在编码。"我只是想离开"这句话引自一个当地居民,他和他的家人为其在拉夫运河边上超过 27 年的贫穷生活和糟糕的健康状况而感到沮丧。Leonard Whitenight和他的妻子收到通知说他们的染色体受损,据称是因为他们长期接触有毒化学物质的缘故。他们的女儿Debbie经常咽喉感染,从来没有得到过良好的治疗。他们发现他们家正处在载有有毒化学物质的地下排水沟的正上方。和其他居民一样,Whitenights说"我只是想离开",他用这种方式来表达他们想摆脱危险、恐惧、沮丧、愤怒和健康不佳的现状,而且这种愿望已持续很久了。

尽管"我只是想离开"的编码代表了离开那一地区的愿望,但人们同时又受到经济条件的限制,使得他们离不开。随着公众渐渐意识到灾难是由不断传播的有害化学物质引起的,居民也开始忧虑,随之,房价开始下跌。房子已经卖不出去,因为没有人愿意在受污染的地区买房子。居民不仅承受不断恶化的生理和心理健康的影响,也遭受着不断恶化的经济情况的影响。

另一组编码与地域侵犯的观点有关。人们形成一种关于物理的和社会的地理位置的关联,"家"就反映了这种地域观(Gieryn,2000)。特别是当我们本身就持有事情应该往哪个方向发展的文化偏好时,当事情没有向应有的方向发展时就出现了混乱(Douglas,1984)。这些理论给郑英建以灵感,使他意识到可以把地域侵犯作为理论视角来分析文本。下面的例子表明一位居民对有毒化学物质到了哪里并不吃惊,其离开提示了后续的行为。数据揭示了垃圾不应该放在哪里,哪种行为应予以纠正:

> Brown(新闻记者)在文章中说拉夫运河位于第99和第97街区之间,但是我不认为他的意思是那是我的孩子去上学及我带他们去健身房和荡秋千的地方……然后当我发现第99街区学校确实是在那上面时,我感到很震惊。我儿子在那个学校上学……我决定要做一些调查。

居民无法离开,不能逃脱,他们被困在那里,被垃圾包围,他们的生命被可怕的疾病消耗着,如果他们留下来,即将来临的是不确定的,如果没有政府或者其他人的帮助,他们能不能离开还是未知的。那里的居民感到与外面的生活隔离了。医生们不能做出明确的诊断,症状不能归因于特定污染物,情绪紧张也使得他们的健康更加恶化(Auyero & Swistun,2008;Brown & Mikkelsen,1990;Edelstein,1988:77;Vyner,1988:16)。郑英建决定将这一类属命名为被垃圾围困。这个标签捕获到当时住在那里的居民的感受。这种被垃圾围困的感受是一种含义更广泛的背景,是无法直接观察到的,但是可以通过当事人所处的即时情境反映出来(Weber,1924/1978:8—9)。因此,被垃圾围困这一类属,将各种潜在的编码综合在一起,并赋予一种被包围和被孤立在不希望的地方的感觉。

被垃圾围困这一编码使郑英建能够向其他当事人调查更详细的问题。已经发现当事人需要找到他们打破原有结构的方式(如打破常规),有人可能会问为什么当事人选择这种方式而不是其他方式。被垃圾围困这一数据编码说明,尽管已经变成了不适合的地方,但有些居民不能离开他们的家园,因此,数据、编码、分析和浮现出来的理论随着研究问题不断演进,揭示了居民们关于一种主张的更深层次的答案,即试图说服其他人去变革制度环境。

总之,这个例子取自一个对环境事故的研究,说明了在扎根理论分析中,研究问题的演进经历了两个重要阶段。第一,研究者要保证认识论与研究问题一致。第二,在编码过程中,注意力需要在数据和理论中不断转移,通过这种方式,新型理论将原先更为抽象化的研究问题转化成研究者可以回答的更为详细和具体的问题。随着编码的发展,我们可以看出编码支持新兴的类属,如打破常规,但是它也适用于现存的理论,如结构和当事人之间的相互影响。这些类属与逐渐形成的主题紧密地联系在一起,这些主题围绕一条轴线形成"被打扰的生活"这一概念。这一过程最终导致研究者可以充分解释为什么环境规章制度被拉夫运河事故改变,却没有因为 Legler 事故做出改变的原因。重大制度的变革通常被理解为是那些地位极高,怀有特殊技能或拥有极大权力的人的事情(Battilana *et al.*, 2009),但是这项研究贡献的一个观点是,像拉夫运河边的居民这样的普通人在面临生活困扰时也可以运用代理人去战胜已有的结构。

10.3 全部写出来!

最后,一旦你弄明白了那个核心模式,即解释你要研究现象的数据是怎么回事,就把它全部写出来。遗憾的是,质化研究的写作也是一个挑战。实际上,也就是把分析过程中的发现写出来,你要不断地表达你的想法是怎么回事,通过备忘录和报告呈现你的观点,并建立反馈来深化和明晰研究结果。在本节中,我们简单介绍一些研究写作过程中克服关键挑战的想法。请记住,本章向你介绍了在研究中所发现的新的或改良的理论,解释了如何和为什么在这个领域中对理论进行凝练是如此重要。如果你没有一个新的或者更好的理论,你就不会满足于这个研究分析。你论文的最初几稿将帮助你认识到你现有思想中存在的差距。

认识到工作可以结束。研究的完成是对研究结果的呈现并将其递交会议或杂志评审的过程。你不会愿意提交一份没有任何谜团、深层次问题或者确切答案的东西。你最初知道自己完成了是在你相信自己有了这些的时候,比如,为那些令人感兴趣的、使人兴奋的、细腻的问题找到有趣的、令人激动的答案。答案就是你开发出的理论。这一理论能够捕获数据中的关键模式,用一种很有趣的方式扩展或者修订现有理论。如果你提交的结果具备这些基本元素,同行们将会评论你新理论的清晰度和质量,并推动你做得更好、更简洁(参见 Golden-Biddle 和 Locke 在 2007 年关于质化研究的精彩观点)。

从研究结果中提炼出若干篇论文。 像前面介绍的两篇博士论文那样大的研究可能会产生很多有趣的发现,这些发现可以是社会行为的不同方面、不同层次,或者回答完全不同的问题的。试图将你在研究中的所有发现都包含在一篇文章中将是一个错误,因为研究结果的不同方面在一篇文章中都只能提及而不能深入论述。一篇文章一个主题,一个核心问题,一个答案。当然这样做的挑战在于如何整合研究,发现相互联系而又不同的方面。但是如果你真的获得了切实的发现,应该能够知道怎么做。例如,Dougherty 的论文可以被分成至少两篇文章:一篇是关于解释部门之间障碍的(Dougherty 1992);一篇是关于如何理解新用户的需要促成微妙的组织发展以及新的市场机会是如何巩固或削弱核心能力的(Dougherty 1995)。每篇论文应该充分地讨论导致在文中所展示的特定理论产生的数据搜集和分析过程、说明理论的海量数据展示、数据是如何获得的及数据表明了什么。每篇论文也都是从特有的谜题、核心问题及被影响和扩展的相关理论开始的。

鉴别研究过程和写作过程之间的差异。 认为论文表达了研究过程的想法是不对的,至少对于质化研究和前沿领域科学是这样(Grinnell,2009;Knorr, 1999)。研究论文报告了研究结果,而不是研究过程。然而,正如 Grinnell(2009:72)所解释的,科学家们经常用论文中有序的解释代替他们在实验室中无序的生活:

> 通常情况下,绪论和结论部分会展示一个有关研究的符合逻辑的、内在一致的解释。这种解释与实际发生的历史事件有很大的不同,当一系列实验完成时,隐藏在工作背后的基本原理可能已经改变了,之前的想法被丢弃了,之前的发现也根据后来的发现被重新解释了。

正如 Grinnell 所指出的,科学论文的每一个环节都成为科学的方法。所不同的是扎根理论构建特别重要,因为这一过程中我们想构建一个理论但在行文的最初我们并不知道它是什么,研究所回答的问题是对我们研究开始时所关心的问题进行了许多修正后的结果,甚至是截然不同的问题,像一本书那么长的报告也专注于研究结果,而不是结果是如何被发现的,尽管研究者在研究过程中可能包含其他迂回曲折的经历(Vaughan,1966;Knorr 1999)。

你的论文必须以你研究过程结束作为新理论的开头。如果你每件事都很谨慎，你应该很容易创建新的理论，因为你不断地在数据和理论之间循环往复，你了解如何从你的初始工作中获得你的研究结论。你要花许多时间（有时甚至是几年）来探索数据、搜集新数据、寻找其中的意义。这样做是非常可取的！但是没有人想听你汇报这个庞大过程的所有细节。相反，他们想知道你发现了什么，以及你如何确定你的研究结论能够很好地适合和反映日常实践。要报告你的发现及其重要性。澄清并使你的编码过程透明化也是必要的，越来越多的期刊编辑要求看编码的样本，以及研究者获得编码与分类的细节。

理论的重要性。一些质化研究者建议在研究未知事物的时候不要从理论入手，而要避开理论，直接进入这一领域，依靠灵敏的洞察力来获取灵感。这种想法是错误的，原因如下：首先，我们大脑中已有的理论会影响我们所看到的客观现实。我们不可能是现实中的一个纯粹的窗口。如果你首先表述你的理论，你就可以明确你自己想的是什么，以及你想做出贡献的理论对话的提纲。同时，我们在对我们的概念模型和你在数据挖掘和分析过程中的概念模型进行比较时看到了新的观点。其次，我们已经有了很多普遍理论，从中不可能找不到适用于研究现象的一般理论。声称没有理论，说明你没有做适当的文献回顾。最后，如果你作为一个研究者没有一开始就考虑理论，那么你可能只会发现别人已经发现的东西。例如，一个为期两年的创新的实地考察可能得出结论：领导力很重要或者人们在处理模糊性时感到有困难。而这些东西是我们已经知道了的。通过数据对理论进行回顾可以提出有用的问题，例如，我们发现领导在什么时候最有用？为什么？或者在什么情况下人们可以更彻底地处理模糊性？为什么？。

寻找其他对你的研究主题感兴趣的质化研究者。我们提出这个建议是为了获得有用的、具有建设性的反馈。大部分期刊对于发表质化研究是感兴趣的。注意那些你想投稿的期刊上所发表的文章，观察副主编和其他编辑部成员是否包含质化研究者。如果没有，不要往这些期刊投稿，因为你无法得到你期望的帮助。很遗憾，很多量化研究者对质化研究了解得不多。但重要的问题是他们不知道他们了解得不多。这些审稿人会提供真诚的帮助，但是会让你做无法简单做到的定量研究。对你的研究主题关心的人能够给你一些很好的帮助，因为他们对你的研究结果很关心。正确找到适合你文章的期刊有可能让你的研究被赏识，并提高得到公正的、有建设性评价的机会。

参考文献

Agresti, A. (1990). *Categorical Data Analysis*. NY: Wiley.

Auyero, J. & Swistun, D. (2008). The social production of toxic uncertainty. *American Sociological Review*, 73(3), 357—379.

Bailyn, L. (1977). Research as a cognitive process: Implications for data analysis. *Quality and Quantity*, 11(2), 97—117.

Barley, S. R. (1986). Technology as an occasion for structuring: Evidence from observations of CT scanners and the social order of radiology departments. *Administrative Science Quarterly*, 31(1), 78—108.

Bartunek, J. M., Rynes, S. L. & Ireland, R. D. (2006). What makes management research interesting, and why does it matter? *Academy of Management Journal*, 49(1), 9—15.

Battilana, Julie, Leca, Bernard & Boxenbaum, E. (2009). How actors change institutions: Towards a theory of institutional entrepreneurship. *Academy of Management Annals*, 3, 65—107.

Bechky, B. A. & Okhuysen, G. (2011). Expecting the unexpected? How SWAT officers and film crews handle surprises. *Academy of Management Journal*, 54(2), 239—261.

Blumer, H. (1998). *Symbolic Interactionism: Perspective and Method*. Berkeley, California: University of California Press.

Brown, P. & Mikkelsen, E. J. (1990). *No Safe Place: Toxic Waste, Leukemia, and Community Action*. Berkeley, California: University of California Press.

Burawoy, M. (1979). *Manufacturing Consent: Changes in the Labor Process Under Monopoly Capitalism*. Chicago: University of Chicago Press.

Clarke, A. (2005). *Situational Analysis: Grounded Theory after the Postmodern Turn*. Thousand Oaks, California: Sage Publications.

Denzin, N. K. & Lincoln, Y. S. (Eds.) (1994). *Handbook of Qualitative Research*. Thousand Oaks, CA: Sage Publications.

DiMaggio, P. & Powell, W. W. (1991). The iron cage revisited: Institutional isomorphism and collective rationality in organizational fields. In Powell, W. W. & DiMaggio, P. (Eds.), *The New Institutionalism in Organizational Analysis*. Chicago, IL: University of Chicago Press.

Dougherty, D. (1992). Interpretive barriers to successful product innovation in large firms. *Organization Science*, 3(2), 179—202.

Dougherty, D. (1995). Managing your core incompetencies for corporate venturing. *Entrepreneurship Theory and Practice*, 19(3), 113—135.

Dougherty, D. (2002). Grounded theory research methods. In J. A. C. Baum (Ed.), *Companion to Organizations* (pp. 849—867). Oxford, UK: Blackwell Publishers.

Dougherty, D. & Dunne, D. (2011). Digital science and knowledge boundaries in complex innovation. *Organization Science*, forthcoming.

Douglas, M. (1984). *Purity and Danger: An Analysis of Concepts of Pollution and Taboo*. London: Routledge.

Edelstein, M. R. (1988). *Contaminated Communities: Coping with Residential Toxic Exposure*. Boulder, CO: Westview Press.

Feldman, M. S. (2000). Organizational Routines as a Source of Continuous Change. *Organization Science*, 11(6), 611—629.

Fielding, N. G. & Fielding, J. L. (1986). *Linking Data: The Articulation of Qualitative and Quantitative Methods in Social Research*. Beverley Hills & London.

Geertz, C. (1973). *The Interpretation of Cultures: Selected*

Essays. NY: Basic Books.

Gieryn, T. F. (2000). A space for place in sociology. *Annual Review of Sociology*, 26, 463—496.

Goffman, E. (1959). *The Presentation of Self in Everyday Life*. NY: Doubleday Anchor Books.

Golden-Biddle, K. & Locke, K. (2007) *Composing Qualitative Research*. (2nd Ed.), Thousand Oaks, CA: Sage.

Grinnell, F. (2009). *Everyday Practice of Science*. Cambridge: Oxford University Press.

Jaskiewicz, P., Combs, J. G. & Rau, S. B. (2015). Entrepreneurial legacy: Toward a theory of how some family firms nurture transgenerational entrepreneurship. *Journal of Business Venturing*, 30(1), 29—49.

Jepperson, R. L. (1991). Institutions, institutional effects, and institutionalism. In Powell, W. W. & DiMaggio, P. (Eds.), *The New Institutionalism in Organizational Analysis* (pp. 143—163). Chicago, IL: University of Chicago Press.

Knorr, C. K. (1999) *Epistemic Cultures: How the Sciences Make Knowledge*. Cambridge, Ma: Harvard University Press.

Krippendorff, K. (2004). *Content Analysis: An Introduction to Its Methodology* (2nd Ed.). Thousand Oaks, CA: Sage Publications.

Lave, J. & Wenger, E. (1991) *Situated Learning: Legitmate Peripheral Participation*. Cambridge: Cambridge University Press.

Lawrence, T. B. & Suddaby, R. (2006). Institutions and institutional work. In S. R. Clegg, C. Hardy, T. B. Lawrence & W. R. Nord (Eds.), *Sage Handbook of Organization Studies* (pp. 215—254). London: Sage Publishers.

Lincoln, Y. S. & Guba, E. G. (1985). *Naturalistic Inquiry*. Beverly Hills, California: Sage Publications.

Mead, G. H. (1934). *Mind, Self and Society from the Standpoint of a Social Behaviorist*. Illinois: University of Chicago Press.

Merton, R. (1973). *The Sociology of Science*. Chicago ILL: University of Chicago Press.

Nelson, R. R. & Winter, S. G. (1982). *An Evolutionary Theory of Economic Change*. Cambridge, Mass.: Belknap Press.

Neuendorf, K. (2002) *The Content Analysis Guidebook*. Thousand Oaks, CA: Sage.

Nicolini, D. (2011). Practice as the site of knowing: Insights from the field of telemedicine. *Organization Science*, 22(3), 602—620.

Orlikowski, W. (2002). Knowing in practice: Enacting a collective capability in distributed organizing. *Organization Science*, 13(3), 249—273.

Pisano, G. P. (2006). *Science Business: The Promise, the Reality, and the Future of Biotech*. Boston, Mass.: Harvard Business School Press.

Prasad, A. & Prasad, P. (2002). The coming of age of interpretive organizational research. *Organizational Research Methods*, 5(1), 4—11.

Ragin, C., Nagel, J. & White, P. (2004) *Workshop on the Scientific Foundations of Qualitative Research*. Arlington, VA: National Science Foundation.

Smith, D. (2006). *Maryland*: Roman and Littlefield.

Strauss, A. & Corbin, J. (1998). *Basics of Qualitative Research* (2nd Ed.). Thousand Oaks, CA: Sage.

Strauss, A. L. (1987). *Qualitative Analysis for Social Scientists*. NY: Cambridge University Press.

Suchman, L. (1987) *Plans and Situated Actions: The problem of Human Machine Communication*. Cambridge: Cambridge University Press.

Thomas, W. I. (1923). *The Unadjusted Girl*. Boston: Little, Brown and Company.

Van Maanen, J. (1979). On the understanding of interpersonal relations. In W. Bennis, Van Maanen, J., Schein, E. H. & Steele, F. (Eds.), *The Understanding of Interpersonal Relations*. Homewood, IL: Dorsey Press.

Van Maanen, J. (1996). On the matter of voice. *Journal of Management Inquiry*, 5(4), 375—381.

Vaughan, D. (1996). *The Challenger Launch Decision: Risky Technology, Culture, and Deviance at NASA*. Chicago: University of Chicago Press.

Vyner, H. M. (1988). *Invisible Trauma: The Psychosocial Effects of Invisible Environmental Contaminants*. Lexington, MA: Lexington Books.

Weber, M. (1924/1978). *Economy and Society*. Berkeley, CA: University of California Press.

Weick, K. E. (1993). The collapse of sensemaking in organizations: The Mann Gulch disaster. *Administrative Science Quarterly*, 38(4), 628—652.

Wrong, D. H. (1961). The oversocialized conception of man in modern sociology. *American Sociological Review*, 26(2), 183—193.

Yanow, D. (2003). Seeing organizational Learning: A "Cultural" View. In Nicolini, D., Yanow, D. & Gheraldi, S. (Eds.). *Knowing in Organizations: A Practice-BAsed Approach*, M. E. Sharper.

Zamuto, R., Griffith, T., Majchrzak, A., Dougherty, D. & Faraj, S. (2007). Information technology and the Changing FAbric of organizing. *Organization Science*. 18(5), 749—762.

第 11 章　元分析研究法

姜铠丰　俄亥俄州立大学
胡　佳　俄亥俄州立大学

▶ **本章大纲**

引言
11.1　元分析的背景和作用
11.2　开展元分析的步骤
　　11.2.1　选题
　　11.2.2　文献搜索
　　11.2.3　数据编录
　　11.2.4　数据分析
11.3　元分析的基本分析模型与方法
　　11.3.1　元分析的两种估计模型
　　11.3.2　元分析的两种常见方法
11.4　元分析中调节变量的检验
11.5　元分析与结构方程模型的结合
11.6　元分析中的其他技术细节
　　11.6.1　合并同一篇文章中关于同一关系的不同效应值
　　11.6.2　将意思相近的变量进行归类
　　11.6.3　发表偏差
　　11.6.4　样本大小
　　11.6.5　多种语言情境下的元分析
11.7　常见的元分析工具的介绍
　　11.7.1　付费软件
　　11.7.2　免费软件
　　11.7.3　学者网站
11.8　结语

引言

元分析在英文中的称呼是 meta-analysis。在中文里,曾经有学者将其翻译为荟萃分析、聚合分析、综合分析等。但随着这一统计技术在中国研究者中的普及,人们基本上把"元分析"认定为 meta-analysis 的中文译名(毛良斌和郑全全,2005;张翼等,2009;魏江等,2012)。元分析在很多研究领域都有着广泛的应用,如医学、教育学、心理学等。在组织和管理科学的研究中,元分析近年来也得到了越来越广泛的应用。Aguinis 等(2011)曾经对发表在五本最优秀的英文管理期刊中的研究进行了统计,发现 20 世纪 80 年代以来,这五本期刊一共发表了近 200 篇元分析,其中涉及对 5 500 多个关系进行的总结归纳。我们对中文管理期刊中的元分析也进行了简单搜索,发现 2008—2017 年,研究人员已经发表了 110 多篇元分析,并且文章数量有逐年递增的趋势。由此可见,元分析已经成为对组织和管理科学进行研究的重要方法,并且受到了国内外学术期刊的普遍重视。

为了帮助更多的中国学者了解和使用这一方法,我们将在本章中对元分析的基本原理和实际应用进行介绍。我们本身并不是对元分析的理论和技术进行研究的学者,但是曾经有过一些在英文期刊发表和审阅元分析研究的经验。鉴于此,在本章的撰写中,我们侧重于对元分析的流程和实际操作的介绍。这一思路跟 Rosenthal(1991)的 *Meta-Analytic Procedures for Social Research* 与 Lipsey 和 Wilson(2001)的 *Practical Meta-Analysis* 有些类似,更有助于初学者对这一方法深入浅出的了解。同时,我们也把自己和同行在发表元分析研究的过程中遇到的一些技术细节拿出来跟大家分享,希望对一些已经有经验的同行也有所帮助。另外,我们想强调的是,本章中介绍的很多内容(如公式等)并非我们原创,我们会尽最大可能对重要内容的出处进行标注,但受章节篇幅和个人精力所限,遗漏之处请原作者和读者理解。

11.1 元分析的背景和作用

元分析是一种对以往的实证研究结果进行归纳和总结的统计方法。元分析最先在医学领域得到应用,然后在心理学和教育学等领域得到进一步发展。1904 年 Pearson 第一次采用元分析的思路,对发表在医学期刊上的关于伤寒接种问题的多篇文章进行了汇总。Pratt 等在 1940 年第一次采用元分析的方法对 145 篇关于超感知(extrasensory perception)的实验研究进行了归纳总结。Gene V. Glass 在 20 世纪 70 年代最早明确提出了元分析的概念,并对元分析的基本方法做出了奠基性的贡献,之后这一方法在多个领域得到了广泛应用。在组织和管理科学中,Larry V. Hedges、John E. Hunter、Jacob Cohen、Robert Rosenthal 和 Frank L. Schmidt 等人对这一统计方法的推动起到了重要作用。

在对这一方法进行具体介绍之前,我们首先想谈一下元分析这种方法对我们的研究有什么帮助。Hunter 和 Schmidt(2004)在他们经典的关于元分析的书中用工作满意度和组织承诺之间的关系作为例子对这一问题进行了讨论。假如,我们想通过以往的实证研究结果来了解工作满意度与组织承诺到底有什么样的关系。通过文献搜索,我们找到了 30 篇对这一关系进行研究的文章,这些研究有的是基于比较大的样本,有的是基于比较小的样本,有的样本来自大公司,有的则来自小公司,有的样本中年长的人较多,有的则年轻的人较多,有的样本中女性比例较大,有的则男性比例较大,等等。通过仔细观察,我们发现,尽管这 30 篇文章都是对同一关系进行的研究,但是他们得到的结论并不一致,有的甚至差距很大。比如,有的研究发现这两个变量的线性关系是 0.20,在统计上是显著的;而有的研究则发现二者的线性关系是 0.40,但是在统计上是不显著的;还有的研究发现,这两者的线性关系是 -0.10,在统计上是不显著的。针对这些并不完全一致的结果,我们很难明确地知道工作满意度和组织承诺之间的关系究竟是多大,在统计上是不是显著。如果没有元分析的话,我们在进行文献综述的时候很可能会得出一个模棱两可的结论。而元分析这一方法能够通过统计技术对以往基于不同特点的样本得出的结论进行定量分析,从而对两个变量之间的真实关系进行更准确地估计。

除了能对两个变量的相关关系有更准确的估计,元分析还能告诉我们这二者之间的关系在不同的研究中存在怎样的差异。由于样本选择的随机性,来自不同样本的研究结果不可避免地存在一定程度上的差异。元分析可以帮助我们了解两个变量的相关关系在不同研究中的基本分布情况,同时还能通过一些统计量来告诉我们这些差异在多大程度上受样本误差和其他一些常见误差(如测量误差)的影响,是否还受到这些误差以外的其他因素的影响。在此基础之上,元分析能够进一步地帮助我们判定两个变量之间的相关关系是否会受到某些变量的调节。比如说,Meyer 等(2002)汇报了组织承诺和满意度之间相关关系的元分析结果,他们发现情感承诺和薪酬满意度之间的关系要显著地低于情感承诺和工作满意度之间的关系,在这里满意度的类型就成了一个能够对组织承诺—满意度关系在不同研究中的差异进行解释的调节变量。

此外,一般的实证研究通常只针对某一变量和少数几个其他变量之间的关系,因此我们不太可能从一个单一的实证研究中获知这一变量跟很多其他变量之间的整体关系是什么样的。但是,我们可以借助元分析同时对多个变量之间的相关关系进行估计,并将相关分析的结果跟其他统计方法(如结构方程模型)结合来对变量之间的整体关系或中介过程进行研究。例如,Colquitt 等(2000)对培训动机的前因和后果变量进行了研究,通过元分析和结构方程模型的结合,他们检验了一个包含 16 个变量的中介模型。而这对于一个一般的实证研究来说是很难实现的。

综上所述,我们把元分析的基本作用总结为三点:

第一,针对某一具体的相关关系,对来自不同研究样本的结果进行整合,从而得出对这一关系更为接近样本总体的估计。

第二,对某一相关关系在不同研究样本间的差异进行分析,进而找出能对这些差异进行解释的调节变量。

第三,将元分析结果和其他统计方法结合,对某一变量与其他多个变量直接的整体关系进行分析。

尽管不同的学者对于元分析的用途用有着不同的看法,但是上述这三点是我们在自己的研究中、跟同行的交流中体会到的最重要的三点。这三点往往也成为研究者着手对某一研究开展元分析的出发点。接下来,我们将对这三点的具体操作进行详细介绍。

11.2 开展元分析的步骤

在跟一些发表过元分析的同行的交流中我们发现,很多人在一开始都会觉得掌握元分析的统计技术是最重要的,但是却忽略了在数据分析之前的步骤。经过不断摸索之后才逐渐明白,数据分析之前的准备工作实际上在很大程度上决定一项元分析的理论贡献和质量。因此在这一部分,我们简要介绍一下开展一项元分析的基本步骤。总体来说,我们将元分析的基本步骤分为四个:选题、文献搜索、数据编录和数据分析。

11.2.1 选题

我们对于元分析选题的一个基本建议是:不要为了做元分析而开展一项元分析的研究。元分析只是众多研究方法中的一种,只有当这种方法比其他的研究方法能够更好地回答我们的研究问题的时候,才考虑采用这种方法。换言之,在一篇元分析的文章里,我们不要过分强调元分析作为一种研究方法的优势,而要强调研究题目和元分析的特点之间的契合。例如,在我们关于高绩效工作系统的元分析中(Jiang et al., 2012),我们检验了一个关于人力资源管理系统的三个维度如何影响公司绩效的中介模型。在最初的投稿中,我们只是检验了一个基本的从人力资源管理系统到员工结果再到公司绩效的中介模型,我们的出发点是,这一模型还没有被以前的元分析研究过,所以这项元分析是有价值的。然而,这一研究模型是战略人力资源管理的一个基本模型,很多基于问卷和一手数据的研究已经从某些方面检验了这个模型,所以即使我们的元分析结果可能比单一研究的结果更接近样本总体的情况,但理论上并没有太多新意,整个研究是一种"为赋新词强说愁"的感觉。在接下来的修改中,我们重新从理论出发去考虑:有什么是以前的理论模型没有完全解释,同时,又很难被单一的实证研究所解决的问题。在评审的提示下,我们开始对人力资源管理系统的成分进行细分,并将其与员工相关的结果进行了细分,在此基础上提出了不同的管理措施对不同的员工结果有不一样的影响。经过这样的修改,元分析成了解答这一问题最好的选择,它不仅让研究在实证上有优势,而且在理论上有创新。

  针对上面提到的元分析的用途,元分析的选题一般有三个主要的角度。第一,如果能够找到一个研究变量从来没有发表过任何元分析的研究,那么可以考虑是否有必要用元分析的方法对现有的研究结果进行一下总结。在2000年以前英文期刊中发表过的元分析有很多都是采用这种角度来提出研究问题的。然而,随着元分析研究方法的普及,在组织和管理科学里已经越来越难找到一个还没有过元分析的研究变量了。即使有这样的变量,简单地总结归纳这个变量与其他变量之间的相关关系也很难做出重要的理论贡献。第二,我们可以考虑以往关于某个关系的研究是否存在不一致甚至是相互矛盾的结论,然后从理论出发去探讨是否存在一些调节变量能够解释为什么这一关系在不同研究间存在差异。如果能够找到有意义的调节变量,对这个关系的理解通常能够有理论上的贡献。举例来说,曾经有三个不同的研究团队同时对离职率和组织绩效的关系进行了元分析(Hancock et al., 2013;Heavey et al., 2013;Park & Shaw, 2013),在各自的研究中,他们都找到了一些能够对这一关系的变异进行解释的调节变量,如离职的类型、绩效的类型、行业的类型、组织的大小、样本所在的区域等。第三,我们可以考虑通过元分析来构建一个结构方程模型来检验与某一变量相关的中介机制。例如,Liu 等(2016)对个体创造力的作用机制进行了元分析发现,个人特征和情境因素会通过不同的作用机制对个体创造力产生影响,同时他们也发现了一个在以往文献中并未强调过的新的中介变量。近期发表的元分析的文章多从后两个角度入手,有些文章还同时采用这两种角度来选取研究题目。

11.2.2 文献搜索

在确定研究选题之后,我们可以开始选取一些关键词来搜索相关的文献。因为元分析旨在对所有与研究选题相关的实证研究进行归纳总结,所以在这个步骤我们要尽可能地搜索以往发表过的及已完成但还未发表的文章。搜索已发表的文章可以通过以下途径来完成:(1)通过搜索引擎或文献数据库进行搜索;(2)通过主要期刊进行手动搜索;(3)参考以前发表过的关于该研究选题的综述文章的文献列表。搜索已完成但还未发表的文章可以通过以下途径来完成:(1)搜索近期的会议文章;(2)搜索硕博论文数据库;(3)询问经常在该领域发表文章的学者是否有还未发表的研究;(4)通过专业领域的邮件群发列表来征求未发表的研究。在这里我们想强调的是,搜索未发表的研究对于一项元分析来说是很重要的。如果在一项元分析中我们只包含了发表过的研究,那么元分析的结果可能不会真实地反映样本总体的情况。这是因为有的学者发现(如 Dickersin et al.,1992;Hedges,1984),显著的结果比不显著的结果更容易获得发表的机会。因此,如果一项元分析没有包含这些潜在的未发表的研究的话,会有可能受到所谓的发表偏差(publication bias)的影响(Banks et al.,2012)。

通过初步的文献搜索,我们通常会得到很多不相关或者无法直接用于元分析的文章。因此,我们需要设定一些录用标准对初步的搜索结果进行筛选。一些基本的标准是:(1)必须是实证研究;(2)必须汇报了样本大小;(3)必须汇报了相关系数或者均值差(针对实验研究而言),或者其他能够转换成相关系数或均值差的统计量(如 t 值、z 值、F 值和 χ^2 值,有些元分析还会采用回归系数或偏相关系数作为汇总的对象)。这些基本标准决定了被筛选进来的文章能够提供元分析所必需的数据。另外,研究者也可以根据选题设定一些其他的标准,比如,有的研究只关注组织层面的关系而排除个体层面或者跨层次的研究,有的研究只研究工作场所的关系而排除来自学生样本的研究,还有的研究为避免共同方法偏差对结果的影响而排除有数据同源问题的研究,等等。另外,如果我们能够明显判断出两个或多篇文章使用了同一个数据库,那么我们只考虑那个提供了最多数据信息的研究;而如果一篇文章包含了多个独立的样本,我们则把它们当作独立的研究来对待。

11.2.3 数据编录

Lipsey 和 Wilson(2001)对如何对数据进行编码和录入有着详细的介绍。不同的学者可能会采用不同的录入方式,但包含的基本信息可以归结为以下几类:(1)研究的基本信息(如作者姓名、年份、期刊名称等);(2)录入者的编码(为了保证数据录入的准确性,通常建议至少有两名录入者);(3)基本数据信息(如样本大小、相关系数、量表的信度等);(4)可能的调节变量(如国家、行业、样本类型、变量类型、研究设计等)。有的元分析还可能涉及对一些含义相似的概念的整合,比如前面所提到的人力资源管理的元分析(Jiang et al.,2012)就将不同的管理措施分成三个大的维度,在录入的时候就需要研究者对这些类别进行判定和标记。

在确定了初步的录入模板之后,研究者可以随机选取5—10篇文章进行录入,以便发现在制定模板的时候没有考虑到的一些问题。比如,在录入的时候可能会发现新的研究变量,就需要对模板进行扩展。再比如,有些录入的情况(如变量合并)需要依据录入者的主观评价,就需要确定录入标准是明确而统一的。对录入模板进一步修订之后,可以由两名或以上的录入者独立完成剩余的数据录入,并检查录入结果的一致性。在实际操作中,我们经常发现,对于客观数据(如相关系数、样本大小等)的录入一般不太容易出现录入偏差。然而,有些需要录入者主观判断的内容需要额外注意。比如,有些时候需要录入者判定研究样本是否来自某一特定类型的组织(如非营利性组织或营利性组织),样本中被调查对象的工作性质(如复杂的工作或简单的工作),等等。这一类信息需要在录入之前进行详细的说明,以便录入者在输入信息时有所参考。一旦在录入中出现了之前说明中没有包含的情况,要及时对录入说明进行调整,并根据新的标准来完成接下来的录入工作。其最终目的是确保所有的录入信息是准确无误的。为了方便他人验证分析的结果,研究者们通常要整理好录入的数据并作为研究的附录。

11.2.4 数据分析

在完成了基本信息的搜集之后,我们就可以开始对数据进行分析。我们把具体分析的细节放在本章后续部分介绍。在这里,我们想先强调和区分一下元分析的主要分析对象。元分析主要是通过对来自各个实证研究的"effect size"的分析来对以往的实证研究进行汇总。Effect size 这个词在中文里曾经被翻译成"效果量"(魏江等,2012)或"效应值"(王永贵和张言彩,2012),其基本含义是用一个数据统计量来表示某一种现象的强度。方便起见,我们在接下来的文中用效应值来代表 effect size。在组织和管理科学的元分析中,比较常见的效应值有两种:第一种是针对两个连续变量之间的相关系数,也就是我们通常所说的 r;第二种是实验研究中用来比较两组实验对象的均值差距的 d 值。r 值和 d 值与其他常见的假设检验统计量(如 t 值、z 值、F 值和 χ^2 值)之间存在相互转换的关系。因此,如果一篇实证研究没有直接汇报 r 值和 d 值的话,我们可以通过转换来得到这些信息。*Practical Meta-Analysis* 一书的作者之一 Wilson 在其网站①上提供了一系列可以对不同效应值进行转换的工具,在这里我们推荐给大家作为参考。当然,元分析可以处理的效应值还包括其他类型,比如回归方程系数等(王永贵和张言彩,2012),在这里我们就不做详细介绍。

11.3 元分析的基本分析模型与方法

元分析的主要目的是通过对不同实证研究的效应值进行整合来得出对样本总体的估计。简单来说,对样本总体的估计是基于对各个实证研究的效应值进行加权平均(weighted mean)。之所以采取加权平均数的形式是因为统计学家们通常认为大样本比小样本更能够准确地反映样本总体的情况,所以来自大样本的效应值在元分析中应该被赋予更多的权重。虽然这个基本原理不难理解,但是在元分析的发展历程中,有很多学者提出了不同的模型和方法来实现加权平均的想法(如 Hedges & Vevea,1998;Hunter & Schmidt,2004;Rosenthal & DiMatteo,2001)。在这里,我们无意于讨论各种方法的利弊,而打算具体介绍一下在组织和管理科学中经常被用到的假设和方法。

11.3.1 元分析的两种估计模型

元分析对于样本总体的效应值估计有两种不同的估计模型:固定效应模型(fixed-effect model)和随机效应模型(random-effect model)。固定效应模型假设元分析中包含的研究都来自同一个样本总体,由于这个总体的平均效应值是固定的,那么来自这个总体的不同研究所得出的效应值在理论上是同质(homogeneous)的(Hunter & Schmidt,2004)。与此相反,随机效应模型假定元分析中的研究反映不同的样本总体,这些不同的样本总体可以被看成是一个更大的总体的样本,由于这些样本总体的平均效应值是不同的,那么不同实证研究的效应值在理论上就是异质(heterogeneous)的(Hedges,1992)。这两种估计模型的主要区别在于它们对平均效应值误差来源的看法不同。固定效应模型认为误差主要是由来自同一总体的抽样误差造成的;而随机效应模型除了包含抽样误差项还考虑了样本总体均值

---

① http://cebcp.org/practical-meta-analysis-effect-size-calculator/。

间的差异。

根据 Aguinis 等(2011)对 196 篇发表在五份英文管理期刊中的元分析的统计结果,87.5% 的元分析采用了随机效应模型。这表明大多数的组织和管理学的研究者们都假定来自实证研究的效应值反映了多个不同的总体。Hunter 和 Schmidt(2004)更是直接指出,随机效应模型反映了社会科学(包含组织管理科学在内)的常态,因此他们提出的元分析的方法只针对随机效应模型。然而有些学者认为(如 Field & Gillett,2010),固定效应模型也有它适用的情况。比如,如果我们把元分析的题目限定为北京市三甲医院的护士工作强度与工作压力之间的关系,那么来自不同实证研究的结果就很有可能反映了同一个样本总体。在这种情况下采用固定效应模型进行分析也可能是有道理的。针对这种情况,Hedges 等提出的方法(Hedges,1984、1992;Hedges & Olkin,1985;Hedges & Vevea,1998)同时考虑了固定效应和随机效应模型。但随之而来的问题是,固定效应模型得出的结论就只能适用于这个特定的样本总体,而不应该适用于更广泛的总体(如全国的护士)。鉴于这两种模型的特点,我们建议大家认真地考虑选题的对象和范围,然后决定相对应的估计模型,并以此为依据选择具体的分析方法。

11.3.2 元分析的两种常见方法

在组织和管理科学的研究中,两种最常见的元分析的方法是 Hunter 和 Schmidt(2004)的方法和 Hedges 等的方法。根据 Aguinis 等(2011)的统计,Hunter 和 Schmidt 的方法在组织管理研究中的应用更普遍(有 83.5% 的研究使用了这一方法),而仅有 3.2% 的研究使用了 Hedges 等的方法。在这里,我们用相关系数 r 为例子对两种方法的基本分析方法进行介绍。如果有对这两种方法的比较感兴趣的同行,可以参考 Field(2001、2005)、Hafdahl 和 Williams(2009)等学者的相关文章。

1. Hunter 和 Schmidt 的方法

首先我们看一下,Hunter 和 Schmidt 的方法是如何计算加权平均后的平均效应值的。我们用 r_i 来代表来自第 i 个研究里的效应值,用 n_i 来代表第 i 个研究的样本大小,那么加权平均的效应值 $\bar{r}$ 为:

$$\bar{r} = \frac{\sum_{i=1}^{k} n_i r_i}{\sum_{i=1}^{k} n_i} \tag{11-1}$$

相对应的,来自各个样本的效应值方差(variance of sample)$\hat{\sigma}_r^2$ 如式(11-2)所

示,开平方的结果就是效应值的标准差(standard deviation) SD_r。

$$\hat{\sigma}_r^2 = \frac{\sum_{i=1}^{k} n_i (r_i - \bar{r})^2}{\sum_{i=1}^{k} n_i} \quad (11-2)$$

根据这两个公式及元分析所包含的研究数量 k,我们可以进一步计算出加权平均效应值 $\bar{r}$ 的置信区间(confidence interval)。通过对置信区间的检验,我们能够得知是否平均效应值在某个统计水平下是显著不等于 0 的。式(11-3)给出的是 $\bar{r}$ 的 95% 的置信区间。其中 $\sqrt{\frac{\hat{\sigma}_r^2}{k}}$ 代表的是 $\bar{r}$ 的标准误差(standard error)。

$$\text{置信区间上界} = \bar{r} + 1.96\sqrt{\frac{\hat{\sigma}_r^2}{k}}$$
$$\text{置信区间下界} = \bar{r} - 1.96\sqrt{\frac{\hat{\sigma}_r^2}{k}} \quad (11-3)$$

前文中我们提到了,Hunter 和 Schmidt 的方法采用的是随机效应模型的假设。在随机效应模型里,样本效应值的方差有两个来源:抽样误差方差(sampling error variance, $\hat{\sigma}_e^2$)和效应值的样本总体方差(variance in population, $\hat{\sigma}_\rho^2$)。抽样误差方差的公式为:

$$\hat{\sigma}_e^2 = \frac{(1-\bar{r}^2)^2}{\bar{N}-1} \quad (11-4)$$

在这里,$\bar{N}$ 指的是包含在元分析里的平均样本大小。如果我们把抽样误差方差从样本效应值方差 $\hat{\sigma}_r^2$ 减掉之后,得到的就是效应值的样本总体方差 $\hat{\sigma}_\rho^2$,公式为:

$$\hat{\sigma}_\rho^2 = \hat{\sigma}_r^2 - \hat{\sigma}_e^2 \quad (11-5)$$

使用效应值的样本总体方差,Hunter 和 Schmidt 推荐计算加权平均效应值的信用区间(credibility interval),与置信区间用来判定平均效应值的显著性水平不同,信用区间代表的是总体均值的分布情况。式(11-6)给出了 80% 的信用区间的计算公式,其中 $\sqrt{\hat{\sigma}_\rho^2}$ 是总体效应均值的标准差。80% 的信用区间指的是有 80% 样本效应值都分布在这个区域。

$$\text{信用区间上限} = \bar{r} + 1.28\sqrt{\hat{\sigma}_\rho^2}$$
$$\text{信用区间下限} = \bar{r} - 1.28\sqrt{\hat{\sigma}_\rho^2} \quad (11-6)$$

以上是 Hunter 和 Schmidt 关于如何计算样本总体加权平均效应值及其相关统计量的基本计算公式。这些公式给出的结果只校正了抽样误差(sampling error)的影响,通常被称为基本校正整合分析(bare bones meta-analysis)的结果。然而,Hunter 和 Schmidt 强调实证研究中观测到的效应值会受到多种误差的影响,除了抽样误差,效应值还可能受到测量误差(measurement error)、二元化(dichotomization)和全距变异误差(range variation error)等 11 类误差的影响。因此,他们还提供了对各种误差进行校正的计算公式。因为测量误差是在组织管理科学中最常见到的一种误差,所以我们在这里只介绍如何在元分析中校正测量误差。

测量误差是一种由于测量结果无法完全反映测量对象而导致观测到的效应值比真实效应值偏小的一种误差。如式(11-7)所示,通常来说,要用量表的信度系数来对观测到的效应值进行校正。这里的 r 代表观测到的效应值,ρ 代表校正后真实的效应值(在 Hunter 和 Schmidt 的书中他们也用 r_c 来表示),r_{xx} 和 r_{yy} 分别代表自变量 x 和因变量 y 的信度水平。这里需要指明的是,对于一般的变量而言,我们可以用内部一致性信度(Cronbach 的 alpha 系数)来作为变量的信度水平。但是对于在个体层面测量但是最终加总到更高层次的变量来说,我们可以考虑用组间信度(interrater reliability,ICC2)来对测量误差进行修正。例如,Combs 等(2006)在对高绩效工作系统的元分析中就采用了这种信度对测量误差进行修正。

$$r = \sqrt{r_{xx}} \sqrt{r_{yy}} \rho \qquad (11-7)$$

Hunter 和 Schmidt 把 $\sqrt{r_{xx}} \sqrt{r_{yy}}$ 看作一个削弱因子(attenuation factor)A,如果我们需要考虑其他误差的影响,也可以将这些误差的影响以乘积的形式整合到削弱因子 A 里。接下来,我们用这个削弱因子 A 来对前面提到的公式进行校正。对于校正后的效应值,我们不能直接采取加权平均的方式来进行计算,而是需要先计算一个权重值 w_i,通过这个权重值,我们可以对校正后的效应值进行加权平均。在这里我们用 $\bar{\rho}$ 来代表校正后的加权平均效应值,有的已发表的文章中用 $\bar{r}_c$ 来指代。ρ_i 指的是第 i 个研究中校正后的效应值。

$$w_i = (n_i - 1) A_i^2 \qquad (11-8)$$

$$\bar{\rho} = \frac{\sum_{i=1}^{k} w_i \rho_i}{\sum_{i=1}^{k} w_i} \qquad (11-9)$$

相对应的,校正后的效应值方差 $\hat{\sigma}_\rho^2$ 为:

$$\hat{\sigma}_o^2 = \frac{\sum_{i=1}^{k} w_i (\rho_i - \bar{\rho})^2}{\sum_{i=1}^{k} w_i} \quad (11-10)$$

校正后的抽样误差方差的公式为：

$$\hat{\sigma}_e^2 = \frac{\sum_{i=1}^{k} w_i \sigma_\rho^2(e)_i}{\sum_{i=1}^{k} w_i} \quad (11-11)$$

式(11-12)中的 $\sigma_\rho^2(e)_i$ 是第 i 个研究中修正后的抽样误差的方差，其计算公式为：

$$\sigma_\rho^2(e)_i = \frac{\frac{(1-\bar{r}^2)^2}{n_i - 1}}{A_i^2} \quad (11-12)$$

如果我们把抽样误差方差从样本效应值方差 $\hat{\sigma}_o^2$ 减掉之后，得到的就是校正后效应值的样本总体方差 $\hat{\sigma}_\rho^2$。

$$\hat{\sigma}_\rho^2 = \hat{\sigma}_o^2 - \hat{\sigma}_e^2 \quad (11-13)$$

95%置信区间和80%信用区间的公式分别为：

$$置信区间上界 = \bar{r} + 1.96\sqrt{\frac{\hat{\sigma}_o^2}{k}}$$
$$置信区间下界 = \bar{r} - 1.96\sqrt{\frac{\hat{\sigma}_o^2}{k}} \quad (11-14)$$

$$信用区间上限 = \bar{r} + 1.28\sqrt{\hat{\sigma}_\rho^2}$$
$$信用区间上限 = \bar{r} - 1.28\sqrt{\hat{\sigma}_\rho^2} \quad (11-15)$$

2. Hedges 等的方法

Hedges 等的方法跟 Hunter 和 Schmidt 的方法主要有三个方面的区别：(1) Hedges 等的方法考虑了固定效应模型和随机效应模型，而 Hunter 和 Schmidt 的方法只是针对随机效应模型；(2) Hedges 等的方法使用了费舍尔的 Z 转换（Fisher, 1921），首先将效应值转化成 Z，而 Hunter 和 Schmidt 的方法不需要转换；(3) 两种方法采用了不同的方式来决定权重的大小。接下来，我们介绍 Hedges 等对于固定效应模型的加权平均效应值的计算。

Hedges 等的方法首先需要通过费舍尔的公式将效应值从相关系数 r 转换成 Z。

如果用 r_i 来代表第 i 个研究中的效应值的话,其转换公式为式(11-16)。经过转换以后的效应值是一个有着均值为 $\bar{Z}_\rho$,方差为 $1/(n_i-3)$ 的正态分布(Field,2005)。Z 值可以通过式(11-17)再转换为相关系数 r。

$$Z_{r_i} = \frac{1}{2} ln\left(\frac{1+r_i}{1-r_i}\right) \qquad (11-16)$$

$$r_i = \frac{e^{(2z_i)}-1}{e^{(2z_i)}+1} \qquad (11-17)$$

转换后的 Z 值可以通过式(11-18)来计算加权平均效应值 $\bar{Z}_r$,不同于 Hunter 和 Schmidt 的方法,Hedges 和 Olkin(1985)建议在固定效应模型中使用的权重值是研究内方差(within-study variance),即 $1/(n_i-3)$ 的倒数。$\bar{Z}_r$ 的具体计算公式为:

$$\bar{Z}_r = \frac{\sum_{i=1}^{k}(n_i-3)Z_{r_i}}{\sum_{i=1}^{k}(n_i-3)} \qquad (11-18)$$

Hedges 等还介绍了一个 Q 统计量对效应值的同质性进行检验(Hedges & Olkin,1985),Q 统计量遵循的是以 $k-1$ 为自由度的卡方分布,如式(11-19)所示,后文中我们还将介绍如何通过 Q 来判定是否存在调节变量的情况。

$$Q = \sum_{i=1}^{k}(n_i-3)(Z_{r_i}-\bar{Z}_r)^2 \qquad (11-19)$$

在对随机效应模型的平均效应值进行估计的时候,Hedges 等建议要在权重值中同时考虑研究内方差和研究间方差(between-study variance)。前面我们提到了,研究内的方差是 $1/(n_i-3)$。这里,我们用 τ^2 来代表研究间的方差,其估计值 $\hat{\tau}^2$ 的计算公式为:

$$\hat{\tau}^2 = \frac{Q-(k-1)}{\sum_{i=1}^{k}(n_i-3) - \frac{\sum_{i=1}^{k}(n_i-3)^2}{\sum_{i=1}^{k}(n_i-3)}} \qquad (11-20)$$

我们把转换效应值的研究内方差 $1/(n_i-3)$ 和研究间方差的估计值 $\hat{\tau}^2$ 相加之后取其和的倒数,就能够得到在随机效应模型中使用的权重值,并通过权重和转换后的效应值计算随机效应模型中的加权平均转换效应值。在实际的计算过程中,$\hat{\tau}^2$ 的结果有可能是一个负数,在这样的情况下,Hedges 等建议将其作为 0 来处理。

$$w_i^* = \left(\frac{1}{n_i - 3} + \hat{\tau}^2\right)^{-1} \quad (11-21)$$

$$\bar{Z}_r^* = \frac{\sum_{i=1}^{k} w_i^* Z_{r_i}}{\sum_{i=1}^{k} w_i^*} \quad (11-22)$$

最后,Hedges 等还提供了计算置信区间所需要的均值标准误差的公式:

$$\mathrm{SE}(\bar{Z}_r^*) = \sqrt{\frac{1}{\sum_{i=1}^{k} w_i^*}} \quad (11-23)$$

相对应的,我们就可以得到置信区间的公式,以 95% 的置信区间为例:

$$\begin{aligned}\text{置信区间上界} &= \bar{Z}_r^* + 1.96\mathrm{SE}(\bar{Z}_r^*) \\ \text{置信区间下界} &= \bar{Z}_r^* - 1.96\mathrm{SE}(\bar{Z}_r^*)\end{aligned} \quad (11-24)$$

接下来,再使用式(11-17)对式(11-22)和式(11-24)的结果进行转换得到相关系数的结果。

以上就是我们对最常见的两种元分析的基本分析方法的介绍。其中涉及的很多计算公式虽然看起来有些烦琐,但能够帮助我们理解每一种元分析的基本思路。在实际操作中,我们不一定需要根据这些公式自己动手计算,在后面我们会介绍一些已有的针对元分析的统计软件和程序。对应用元分析这种方法的研究者来说,只需明白在元分析中需要关注哪些统计结果,以及它们各自代表的意思即可。

11.4 元分析中调节变量的检验

除了对样本均值进行估计,元分析的另一个重要作用就是对可能影响效应值的调节变量进行判定和检验。首先,我们需要做的是根据初步分析的结果来判定调节变量是否存在。有些学者(Sagie & Koslowsky,1993;Steel & Kammeyer-Mueller,2002)曾经对不同的调节变量的判定方法进行了比较。这里,我们主要介绍三种比较常见的做法:

第一,前文提到的 Q 统计量,如式(11-19)所示,是对效应值的同质性进行检验的统计量,该统计量如果显著,则预示着效应值可能受到潜在的调节变量影响(Hedges & Olkin,1985)。

第二,Hunter 和 Schmidt(1990)提出一个 75% 的法则。具体来说,我们需要计算校正后的效应值方差有多少比例是可以被抽样误差(sampling error)或其他误差(如测量误差)解释的。如果这个比例少于75%,那么就认定有潜在的调节变量存在。式(11-11)和式(11-10)的结果的比率就反映了这一点。

第三,我们还可以通过信用区间来判定是否有潜在的调节变量存在。如果信用区间很宽,包括0,那么也预示着潜在的调节变量的存在(Hunter & Schmidt, 2004)。

在我们得出调节变量有可能会影响效应值大小的结论之后,接下来我们就开始考虑如何对具体的调节作用进行检验。通常来说,研究者们应该考虑一些有理论依据的变量(比如,行业类型有可能影响人力资源管理系统和公司绩效的关系)和一些跟实证研究特点有关的变量(比如,测量工具的类型、关系是否存在共同方法偏差)。而这些可能的调节变量又通常分为两类:一类是类别变量(比如,在美国进行的研究和在中国进行的研究,或者个体层次和团队层次的研究),另一类是连续变量(比如,女性在各个样本中所占的比例,或者有效样本的回收率)。

针对类别变量,研究者们通常会采用分组比较分析(subgroup analysis)。也就是说对元分析中包含的所有样本根据某一类别的调节变量进行分类。比如,Combs等(2006)对高绩效工作系统和公司绩效的关系研究中,就将行业类型作为一个类别的调节变量,从而将搜集到的实证研究分为来自制造业的研究和来自服务业的研究。分组之后,通过我们上面介绍的元分析基本方法,对各个组内的研究分别计算加权平均效应值,然后对效应值的差异进行比较。Chiaburu等(2013)提供了一个对效应值均值差异进行比较的z统计量的公式计算方法如式(11-25)所示,研究者们可以通过z的显著性水平来判定调节变量的作用是否显著。Hunter和Schimidt(2004)指出,分组分析比其他检验调节变量的方法在统计上有更大的功效去发现显著的调节作用的结果,因此在组织和管理科学的元分析中得到广泛应用。但是分组分析每次只能针对一个调节变量进行,为了确保某一个调节变量的作用不被其他调节变量所影响,有时候研究者需要不断地对组别进行细分。如果用高绩效工作系统的例子来说,效应值可能同时受到行业类型和公司大小的影响,为了确保二者的调节作用不会彼此影响,研究者可在制造业和服务业内部再细分中小企业和大企业。

$$z = \frac{(\bar{\rho}_1 - \bar{\rho}_2)}{\sqrt{(\text{SE}_1^2 + \text{SE}_2^2)}}$$

$$\text{SE} = \frac{\bar{\rho}}{\bar{r}} \frac{\text{SD}_r}{\sqrt{k}}$$

(11-25)

另外一种对调节变量进行检验的方法是加权回归分析(weighted regression analysis)。从原理上来说，研究者们把来自每个样本的效应值或者校正后的效应值当作因变量，把潜在的调节变量当作自变量，同时根据样本大小来对每一个研究在回归分析中占的权重进行赋值。如果调节变量在回归方程中的系数是显著的，那么就说明调节变量的调节作用得到了验证。加权回归分析的好处在于，可以直接对连续的调节变量进行分析，并且能同时考虑多个调节变量的共同作用。然而，Hunter和Schimdt(2004)指出，元分析中包含的研究的数量通常比较小，因此可用于加权回归分析的样本量会比较少，有可能造成结果不准确或很难发现显著的调节作用。

Steel和Kammeyer-Mueller(2002)对两种方法进行了比较，发现加权回归的方法更不容易受到多重共线性(multicollinearity)和异方差性(heteroscedasticity)的影响，因此得出的结果比分组分析的结果更准确。我们的建议是，如果有足够多的样本的话，首选加权回归模型的方法，同时对于发现显著结果的调节变量再进一步采取分组分析的方法。这种模式类似于一般统计分析中先检验交互作用是否显著，再比较在调节变量的高低取值时的斜率大小。两者结合能更具体地反映调节变量是否显著及作用方式。

11.5 元分析与结构方程模型的结合

Viswesvaran和Ones(1995)提出了一种将元分析的结果和结构方程模型(structural equation modeling)或路径分析(path analysis)相结合的方法。简单来说，就是把元分析的结果用于估计结构方程模型。学者们(Becker, 2009; Cheung & Chan, 2005; Viswesvaran & Ones, 1995等)通常把这种方法叫作元分析结构方程模型(meta-analytic structural equation modeling, MASEM)，方便起见，我们用MASEM来指代元分析结构方程模型。MASEM分为两个基本的阶段(Cheung & Chan, 2005)。第一阶段，研究者需要通过元分析来构建变量之间的相关矩阵(correlation matrix)或协方差矩阵(covariance matrix)。第二阶段，用相关矩阵和协方差矩阵来估计结构方程模型。举例来说，Harrison等(2006)研究了工作满意度和组织承诺与五种工作行为之间的关系。为了检验这一关系，他们首先用元分析的基本方法构建了一个7×7的相关矩阵，然后用相关矩阵中的系数来估计结构方程模型。根据Aguinis等(2011)的统计，有52.8%的元分析都采用了这种用相关矩阵来估计结构方程模型的做法，而且这种方式越来越流行。

然而,有学者(Cheung & Chan,2005)指出,这种用相关关系矩阵估计结构方程模型的做法有两个主要的局限性。第一,普通的结构方程矩阵都是基于同一个样本得出的矩阵来进行分析的,因此矩阵中各个关系所基于的样本大小都是相等的。然而,在 MASEM 中矩阵中的元分析效应值都是基于不同的研究得出的,因此每个研究的样本量并不相同。尽管 Viswesvaran 和 Ones(1995)建议可以使用调和平均数(harmonic mean)来作为结构方程模型的样本大小,但这种做法有可能会带来不准确的估计结果。第二,通常的结构方程模型都是基于协方差矩阵而不是相关矩阵来进行的。使用相关矩阵来替换协方差矩阵也会造成估计的不准确。因此,研究者们在使用 MASEM 时要注意这两方面的局限性。Cheung 在后续的研究中提出了一个二阶段元分析结构方程模型的方法,由于篇幅的局限我们不做详细介绍,推荐感兴趣的研究者参阅 Cheung(2015)出版的 *Meta-Analysis:A Structural Equation Modeling Approach* 一书。

另一种将元分析与结构方程模型进行结合的方式是通过回归方程的形式来比较不同自变量对于结果变量的相对大小。例如,Chiaburu 等(2011)对大五人格(big five personality)和组织公民行为之间的关系进行了元分析。他们用大五人格和三种组织公民行为之间的元分析相关系数作为回归方程的数据发现,开放性和随和性与组织公民行为的关系比它们与任务绩效的关系更强。Jiang 等(Jiang et al.,2012)也用了类似的方式发现以提升能力为导向的人力资源管理措施对人力资本的影响要比以提升动机和工作机会为导向的人力资源管理措施要大。通常这样的分析需要比较回归系数在不同回归方程之间的差距是否显著,同时可以计算每个自变量在解释因变量时候的相对权重(Johnson,2000)。

11.6 元分析中的其他技术细节

前面我们介绍了元分析中常见的一些分析方法,接下来我们讨论一下我们在文章评审和发表过程中遇到的一些需要注意的细节问题。

11.6.1 合并同一篇文章中关于同一关系的不同效应值

在编码录入的过程中我们有时候会遇到一篇文章包含了对同一个关系的不同效应值。比如,一篇文章可能汇报了外向型人格和两种组织公民行为之间的关系(比如,帮助个人和帮助组织),从本质上来说,这两个相关关系都反映了外向型人格和组织公民行为之间的关系,所以在进行元分析之前,我们需要把这两个反映同一种关系的效应值进行合并。合并的主要理由在于,由于这两个效应值来自同一篇文章,它们之间的关系不是相对独立的,因此如果把它们单独包含进来的话,就违背了样本独立性的原则。因此,Hunter 和 Schmidt(2004:435—439)对这一问题进行了讨论,并给出了具体公式,将多个关于同一个关系的效应值进行整合,在最终的元分析中,针对某一个具体关系,一个实证研究只提供一个合并以后的效应值。如式(11-26)所示,r_{xy} 代表合并后的两个变量之间的关系,$\sum r_{x_i} r_{y_j}$ 代表所有关于这两个变量的效应值之和,n 和 m 分别代表有几个反映同一个自变量 X 和因变量 Y 的变量数,$\bar{r}_{x_i x_j}$ 代表所有自变量 X 之间的相关系数均值,$\bar{r}_{y_i y_j}$ 代表所有因变量 Y 之间的相关系数均值。

$$r_{xy} = \frac{\sum r_{x_i} r_{y_j}}{\sqrt{n + n(n-1)} \sqrt{m + m(m-1)}} \qquad (11-26)$$

11.6.2 将意思相近的变量进行归类

近年来,有很多元分析尝试将意思相近的变量归入一个大类,进而分析两个含意更为广泛的变量之间的关系。例如,Harrison 等(2006)曾经建议,将工作满意度和组织承诺合并为工作态度,并将五种不同的工作行为合并为工作行为之后,对两者关系进行分析的预测效度更高。Jiang 等(2012)也将不同类型的人力资源管理措施笼统的分为三大类:以提升能力为导向,以提升动机为导向和以提升表现机会为导向的人力资源管理措施。在战略管理方面,Karna 等(2016)曾经把几十种不同的变量归类在一起统称为组织拥有的能力,并以此来研究组织能力和财务绩效之间的关系。针对这样的做法,不同的学者持不同的观点。比如,Eysenck(1984)将这种做法称作把苹果和橙子放在一起来数数,得出的结论是没有意义的。但是有的学者认为,在一定程度上的合并是有意义的。比如,Rosenthal 和 DiMatteo(2001)认为,把苹果和橙子合并在一起来看是有意义的,尤其是当人们想研究的是水果这一大的种类。我们认为这两种观点都有一定的道理,关键在于变量合并的方式是否有理论意义,以及是否与研究问题相符。比如,如果有学者想研究工作态度和离职意向之间的关系,那么就很有必要将工作满意度、组织承诺、组织认同感、组织支持感和离职意向区别对待,看离职意向是如何受到其他工作态度的影响的。但是如果有的学者想看员工对组织的依附感(attachment)和工作绩效之间的总体关系,那么我们就可以把离职意向反向记分后跟组织承诺合并为依附感,然后看它们跟工作绩效之间的总体关系。除此之外,我们还建议在将意思相近的变量合并之前,可以单独计算它们与某一个结果变量之间的加权平均效应值,比较效应值之间是否有显著的差异,作为一个辅助的证据来支持变量的合并。

11.6.3 发表偏差

前文提到了在文献搜索的时候要尽量包含工作论文或者未发表的研究以避免发表偏差对研究结果的影响。Hunter 和 Schmidt(2004)中有单独一章对如何检验和校正发表偏差对结果的影响。对发表偏差进行检验的方法通常用的有两种。第一种是 Rosenthal(1979)提出的文件柜分析(file drawer analysis),简单来说就是估计一下还需要存在多少未发表的研究才能将现有的研究结果从显著变得不显著。这里将未发表的文章的估计称作 fail-safe N。第二种是由 Light 和 Pillemer(1984)提出的漏斗图法(funnel plot)。简单来说,漏斗图是使用效应值和样本量作为坐标系,并将各个研究绘制在坐标系里的散点图。其理论依据是对于样本量越大的研究来说,它的效应值的估计也就越准确,反之其误差也越大。这样漏斗图里样本量大的研究集中在图的上方,即平均效应值周围;样本量小的研究则散落在图的底部,离平均效应值较远。通过观察图形的形状,我们可以来确定发表偏差是否存在。如果图形呈现一个倒着的漏斗(或者正着的火山)的形状,则预示着发表偏差可能不存在;但是如果图形有缺角,则表明发表偏差可能存在。基于这一图形检测方法,Duval 和 Tweedie(2000)提出了迭代(trim and fill)的方法,对不对称的漏斗图中的研究进行删减使其变成对称,并对校正后的样本重新计算。在利用元分析对效应值的调节变量进行分析的时候,研究者还可以将研究的发表状态作为一个类别变量,看其是否对效应值有影响,并以此来判断是否存在潜在的发表偏差。

11.6.4 样本大小

元分析中涉及两个样本大小。第一个是元分析所搜集的研究的数量(通常用 k 来表示),第二个是所有研究所包含的样本总量(通常用 N 来表示)。对于一篇成功的元分析来说,我们通常会希望两个数量都比较大,这样说明所选定的研究题目已经积累了足够多的研究,值得我们对其进行一项元分析的研究。然而,从元分析方法本身而言,并没有一个绝对的判断标准来指明究竟需要搜集多少篇关于某一选题的文章才能开展一项元分析。从论文发表的经验来看,我们见过在顶级管理期刊发表的元分析只包含了不到 50 个独立样本(如 Wang et al.,2014),我们也见过包含了超过 400 多个独立样本的(如 Judge et al.,2013)。因此,我们觉得只要研究者能够找到足够大的 k 对他们的研究问题提供稳定的估计,那么进行这些元分析就是有意义的。另外,样本大小对于元分析中不同分析所起到的作用也是不同的。比如,对于检验调节作用而言,总体研究数量 k 在很大程度上决定了分组比较分析的结果是否稳定,以及加权回归分析中调节变量是否显著。对于这样的分析来说,我们会建议 k 越大越好。但是对于元分析结构方程而言,我们需要构建一个包含所有变量在内的元分析相关矩阵,对于相关矩阵中的每一个元分析相关系数来说,我们一般会建议至少有三个来自不同研究样本的效应值来确保对于该相关系数的估计是相对稳定的。

11.6.5 多种语言情境下的元分析

随着学者间的合作不断地深入,现在出现越来越多来自不同国家的研究人员共同开展一项元分析的机会。随之而来的一个问题就是,如果研究团队中的成员熟悉多种语言,是否一定要把元分析的对象限定为英文发表的文章呢?在这里,我们假定中国的研究者想把元分析的结果发表在英文期刊上。我们觉得至少在以下两种情况下,研究者是可以考虑把多种语言发表的文章整合在一起的。第一,元分析的目的是想对来自不同国家或文化的研究结果进行比较,这样尽可能地囊括来自不同国家的研究结果对实现元分析的目的是有帮助的。举例来说,Rabl 等(2014)研究了高绩效工作系统的作用是如何受到国家文化的调节的。除包含英文发表的文章外,他们的研究还包含了用巴基斯坦语和德语发表的文章,因为他们的研究团队中刚好有熟悉这两种语言的成员。此外,Oh 等(2014)对个人和环境的匹配与工作态度和行为的关系进行了跨文化的元分析。他们在文中也包含了韩语发表的文章。对于这两个例子来说,包含其他语言的文章对于实现他们的研究目的本身是非常有必要的。第二,针对某一研究关系的英文文章数量不够,需要其他语言的文章进行补充。Liu 等(2016)对个人创造力的中介机制进行了元分析。他们的模型中需要估计亲社会动机和个人创造力之间的相关关系。但是针对这一关系本身的英文文章很少,研究者为了让估计结果更加稳定,也考虑加入了中文和韩语发表的文章。除了上述提到的两种情况,我们建议研究者在进行元分析的时候要谨慎考虑是否要加入中文发表的文章。一个可能的问题是,如果包含了中文的文章,那么不了解中文的研究者可能没有办法去重复或者检验元分析的结果。但是不管选择什么方式处理,我们都建议在文章的方法部分将文章搜索的过程和结果详细地汇报出来,让文章的评审和主编来做出他们的判断。

在元分析中还有很多需要处理的技术细节,鉴于篇幅的关系,我们无法一一展开介绍,但我们鼓励对这一方法感兴趣的同行能够参阅相关的材料来解决他们在实际操作中遇到的其他问题。

11.7 常见的元分析工具的介绍

在本章的最后一个部分,我们介绍一下元分析常用的分析工具和软件。

11.7.1 付费软件

Windows-Based Meta-Analysis Software Package 是 Frank Schmidt 和他的学生 Huy Le 编写的一个统计程序,现在是 2.0 的版本。这个软件包含了所有 Hunter 和 Schmidt(2004)中涉及的统计分析。Roth(2008)曾对这一软件进行了评估,对其结果的准确性和分析的全面性进行了推荐。非常难得的是,这一软件从 2008 年之后售价一直保持在个人版本 150 美元和学院版本 350 美元的水平。感兴趣的同行可以联系 Frank Schmidt（frank-schmidt@uiowa.edu）和 Huy Le(huy.le@utsa.edu)进行购买。

Comprehensive Meta-Analysis(CMA)是基于 Hedges 等的方法开发的元分析软件。因此,用 CMA 进行分析得出的结果跟 Frank Schmidt 的软件得出的结果是有一些差异的。其中 Meta-regression 的模块对于检验元分析中的调节变量非常方便,值得推荐。相比 Frank Schmidt 的软件来说,CMA 采用公司模式运营,软件的售卖分不同的对象和版本,最低配置的学生版本售价为 125 美元/年,而最高配置的学术版本售价为 495 美元/年。高配置的版本允许研究者在分析中包含更多的变量同时进行更复杂的分析。感兴趣的同行可以参阅其官方网站（https://www.meta-analysis.com/index.php?cart=B338898796）。

11.7.2 免费软件

Stata 和 R 是两种常用的可以进行元分析的软件。Stata 软件本身并不免费,但考虑到很多学校都会订购这一软件,我们将它归为免费软件。有些对统计方法感兴趣的研究人员将自己编写的 Stata 代码与同行分享,其中就包括针对元分析的代码。Jonathan Sterne 编写的 *Meta-Analysis in Stata：An Updated Collection from the Stata Journal* 一书中对这些代码进行了详细介绍。但需要指出的是,这些代码的编写者并没有管理学或者心理学的背景,很多具有医学背景。因此他们的分析方法并不是基于 Hunter 和 Schmidt,或者 Hedges 等的方法,在组织管理科学的研究中应用较少。有感兴趣的同行可以参阅其官方网站（http://www.stata-press.com/data/

mais. html）。

R 是近年来比较流行的开放共享型统计分析软件。Stata 和 R 软件里的统计包都是由来自不同领域的研究者自己编写并与他人共享的。其中有多位研究者都发表了各自的软件包，比如 Dewey（2017）、Viechtbauer（2016）和 Schwarzer（2017）。我们需要首先下载 R 软件的应用程序，再下载各自的元分析软件包，根据其中的语句要求进行分析。Cheung（2017）也编写了 MASEM 的 R 软件包，感兴趣的同行可以参阅其网站（https：//cran. r-project. org/web/packages/metaSEM/vignettes/metaSEM. pdf）。

11.7.3 学者网站

除软件以外，还有一些元分析的专家自己根据前文提到的公式编写了可以应用在 SPSS、SAS、Stata 等软件里的编码。比如，*Practical Meta-Analysis* 的作者之一 Wilson 就在其个人网站（http：//mason. gmu. edu/~dwilsonb/ma. html）上给出了用来计算元分析的代码。Andy Field 也在其网站（https：//www. discoveringstatistics. com/repository/fieldgillett/how_to_do_a_meta_analysis. html）上给出了包括估计加权平均效应值、检验调节变量及校正发表偏差在内的 SPSS 代码和 R 代码。此外，如果有熟悉 Excel 的同行，也可以根据我们上面提供的公式在 Excel 里自己编写语句，并将分析结果与上述软件的结果进行比对，以此作为自己进行元分析的工具。

11.8 结语

在本章中，我们对元分析的基本用途、原理、方法和分析软件进行了介绍。随着实证研究在组织和管理科学中的快速发展，元分析技术也将得到越来越广泛的应用。我们希望本章的介绍能够帮助对这一方法感兴趣的同行更快地理解和掌握元分析的基本方法，并将这种方法应用到自己的研究中去。元分析研究法本身是一个系统的研究方法，限于篇幅，我们对这一方法的介绍不能做到面面俱到。在此，我们鼓励大家在自己的研究中不断摸索更多的使用元分析的经验并与同行分享，共同推进元分析研究法在中国管理科学中的应用。

参考文献

Aguinis, H., Pierce, C. A., Bosco, F. A., Dalton, D. R. & Dalton, C. M. (2011). Debunking myths and urban legends about meta-analysis. *Organizational Research Methods*, 14(2),306—331.

Banks, G. C., Kepes, S., McDaniel, M. & Whetzel, D. L. (2012). Publication bias in the organizational sciences. *Organizational Research Methods*, 15(4), 624—662.

Becker, B. J. (2009). Model-based meta-analysis. In Cooper, H., Hedges, L. V. & Valentine, J. C. (Eds.), *The Handbook of Research Synthesis and Meta-Analysis* (2nd Ed., pp. 377—395). NY: Russell Sage Foundation.

Cheung, M. W. L. (2015). MetaSEM: An R package for meta-analysis using structural equation modeling. *Frontiers in Psychology*, 5,1521.

Cheung, M. W. L. & Chan, W. (2005). Meta-analytic structural equation modeling: A two-stage approach. *Psychological Methods*, 10(1),40—64.

Chiaburu, D. S., Lorinkova, N. M. & Van Dyne, L. (2013). Employees' social context and change-oriented citizenship: A meta-analysis of leader, coworker, and organizational influences. *Group & Organization Management*, 38(3),291—333.

Chiaburu, D. S., Oh, I. S., Berry, C. M., Li, N. & Gardner, R. G. (2011). The five-factor model of personality traits and organizational citizenship behaviors: A meta-analysis. *Journal of Applied Psychology*, 96(6),1140—1166.

Colquitt, J. A., LePine, J. A. & Noe, R. A. (2000). Toward an integrative theory of training motivation: A meta-analytic path analysis of 20 years of research. *Journal of Applied Psychology*,85(5),678—707.

Combs, J., Liu, Y., Hall, A. & Ketchen, D. (2006). How much do high-performance work practices matter? A meta-analysis of their effects on organizational performance. *Personnel Psychology*, 59(3),501—528.

Dewey, M. (2017) https://cran.r-project.org/web/views/MetaAnalysis.html.

Dickersin, K., Min, Y. I. & Meinert, C. L. (1992). Factors influencing publication of research results: Follow-up of applications submitted to two institutional review boards. *Jama*, 267(3),374—378.

Duval, S. & Tweedie, R. (2000). Trim and fill: A simple funnel-plot-based method of testing and adjusting for publication bias in meta-analysis. *Biometrics*, 56(2), 455—463.

Eysenck, H. J. (1984). Meta-analysis: An abuse of research integration. *The Journal of Special Education*, 18(1),41—59.

Field, A. P. (2001). Meta-analysis of correlation coefficients: A Monte Carlo comparison of fixed-and random-effects methods. *Psychological Methods*, 6(2), 161—180.

Field, A. P. (2005). Is the meta-analysis of correlation coefficients accurate when population correlations vary? *Psychological Methods*, 10(4), 444—467.

Field, A. P. & Gillett, R. (2010). How to do a meta-analysis. *British Journal of Mathematical and Statistical Psychology*, 63(3),665—694.

Fisher, R. A. (1921). On the probable error of a coefficient of correlation deduced from a small sample. *Metron*, 1, 3—32.

Hafdahl, A. R. & Williams, M. A. (2009). Meta-analysis of correlations revisited: Attempted replication and extension of Field's (2001) simulation studies. *Psychological Methods*,14(1),24—42.

Hancock, J. I., Allen, D. G., Bosco, F. A., McDaniel,

K. R. & Pierce, C. A. (2013). Meta-analytic review of employee turnover as a predictor of firm performance. *Journal of Management*, 39(3), 573—603.

Harrison, D. A., Newman, D. A. & Roth, P. L. (2006). How important are job attitudes? Meta-analytic comparisons of integrative behavioral outcomes and time sequences. *Academy of Management Journal*, 49(2), 305—325.

Heavey, A. L., Holwerda, J. A. & Hausknecht, J. P. (2013). Causes and consequences of collective turnover: a meta-analytic review. *Journal of Applied Psychology*, 98(3), 412—453.

Hedges, L. V. (1984). Estimation of effect size under nonrandom sampling: The effects of censoring studies yielding statistically insignificant mean differences. *Journal of Educational Statistics*, 9(1), 61—85.

Hedges, L. V. (1992). Meta-analysis. *Journal of Educational Statistics*, 17(4), 279—296.

Hedges, L. V. & Olkin, I. (1985). *Statistical Methods for Meta-Analysis*. Orlando, FL: Academic Press.

Hedges, L. V. & Vevea, J. L. (1998). Fixed-and random-effects models in meta-analysis. *Psychological Methods*, 3(4), 486—504.

Hunter, J. E. & Schmidt, F. L. (2000). Fixed effects vs. random effects metaanalysis models: Implications for cumulative research knowledge. *International Journal of Selection and Assessment*, 8, 275—292.

Hunter, J. E. & Schmidt, F. L. (2004). *Methods of Meta-Analysis: Correcting Error and Bias in Research Findings* (2nd Ed.). Newbury Park, CA: Sage.

Jiang, K., Lepak, D. P., Hu, J. & Baer, J. C. (2012). How does human resource management influence organizational outcomes? A meta-analytic investigation of mediating mechanisms. *Academy of management Journal*, 55(6), 1264—1294.

Johnson, J. W. (2000). A heuristic method for estimating the relative weight of predictor variables in multiple regression. *Multivariate Behavioral Research*, 35(1), 1—19.

Judge, T. A., Rodell, J. B., Klinger, R. L., Simon, L. S. & Crawford, E. R. (2013). Hierarchical representations of the five-factor model of personality in predicting job performance: Integrating three organizing frameworks with two theoretical perspectives. *Journal of Applied Psychology*, 98(6), 875—925.

Karna, A., Richter, A. & Riesenkampff, E. (2016). Revisiting the role of the environment in the capabilities-financial performance relationship: A meta-analysis. *Strategic Management Journal*, 37(6), 1154—1173.

Light, R. J. & Pillemer, D. B. (1984). *Summing up: The Science of Reviewing Research*. Cambridge, MA: Harvard University Press.

Lipsey, M. & Wilson, D. (2001). *Practical Meta-Analysis*. Thousand Oaks, CA: Sage.

Liu, D., Jiang, K., Shalley, C. E., Keem, S. & Zhou, J. (2016). Motivational mechanisms of employee creativity: A meta-analytic examination and theoretical extension of the creativity literature. *Organizational Behavior and Human Decision Processes*, 137, 236—263.

Meyer, J. P., Stanley, D. J., Herscovitch, L. & Topolnytsky, L. (2002). Affective, continuance, and normative commitment to the organization: A meta-analysis of antecedents, correlates, and consequences. *Journal of vocational behavior*, 61(1), 20—52.

Oh, I. S., Guay, R. P., Kim, K., Harold, C. M., Lee, J. H., Heo, C. G. & Shin, K. H. (2014). Fit happens globally: A meta-analytic comparison of the relationships of person-environment fit dimensions with work attitudes and performance across East Asia, Europe, and North America. *Personnel Psychology*, 67(1), 99—152.

Park, T. Y. & Shaw, J. D. (2013). Turnover rates and organizational performance: A meta-analysis. *Journal of Applied Psychology*, 98(2), 268—309.

Pearson, K. (1904). Report on certain enteric fever inoculation statistics. *British Medical Journal*, 2, 1243—1246.

Pratt, J. G., Rhine, J. B., Smith, B. M., Stuart, C. E. & Greenwood, J. A. (1940). *Extra-Sensory Perception after Sixty Years: A Critical Appraisal of the Research in Extra-Sensory Perception*. NY: Henry Holt.

Rabl, T., Jayasinghe, M., Gerhart, B. & Kühlmann, T. M. (2014). A meta-analysis of country differences in the high-performance work system-business performance relationship: The roles of national culture and managerial discretion. *Journal of Applied Psychology*, 99(6),1011—1041.

Rosenthal, R. (1979). The file drawer problem and tolerance for null results. *Psychological Bulletin*, 86(3), 638—641.

Rosenthal, R. (1991). Meta-analysis: A review. *Psychosomatic Medicine*, 53(3),247—271.

Rosenthal, R. (1991). *Meta-analytic Procedures for Social Research*. Sage Publications.

Rosenthal, R. & DiMatteo, M. R. (2001). Meta-analysis: Recent developments in quantitative methods for literature reviews. *Annual review of psychology*, 52(1), 59—82.

Roth, P. L. (2008). Software review: Hunter-Schmidt meta-analysis programs 1.1. *Organizational Research Methods*, 11(1),192—196.

Sagie, A. & Koslowsky, M. (1993). Detecting moderators with meta-analysis: An evaluation and comparison of techniques. *Personnel Psychology*, 46(3),629—640.

Schwarzer, G. (2017). http://portal.uni-freiburg.de/imbi/lehre/lehrbuecher/meta-analysis-with-r/r-packages.

Steel, P. D. & Kammeyer-Mueller, J. D. (2002). Comparing meta-analytic moderator estimation techniques under realistic conditions. *Journal of Applied Psychology*, 87(1), 96—111.

Viechtbauer, W. (2016). http://www.metafor-project.org/doku.php/installation.

Viswesvaran, C. & Ones, D. S. (1995). Theory testing: Combining psychometric meta-analysis and structural equations modeling. *Personnel Psychology*, 48(4), 865—885.

Wang, D., Waldman, D. A. & Zhang, Z. (2014). A meta-analysis of shared leadership and team effectiveness. *Journal of Applied Psychology*,99(2),181—198.

张翼,樊耘和赵菁(2009).国外管理学研究中的元分析评介.外国经济与管理,30(7),1—8.

毛良斌和郑全全(2005).元分析的特点、方法及其应用的现状分析.应用心理学,11(4),354—359.

王永贵和张言彩(2012).元分析方法在国内外经济管理研究中的应用比较.经济管理,4,182—190.

魏江,赵立龙和冯军政(2012).管理学领域中元分析研究现状评述及实施过程.浙江大学学报(人文社会科学版),42(5),144—156.

第 12 章　管理与组织的情境化研究

徐淑英　美国圣母大学　北京大学　复旦大学
贾良定　南京大学

> ▶ 本章大纲
>
> **12.1　情境的含义和影响**
>
> 　　12.1.1　情境的含义
>
> 　　12.1.2　情境的影响
>
> 　　12.1.3　情境化的定义
>
> **12.2　四种情境化方法**
>
> 　　12.2.1　方法一：研究情境无关型现象时的情境化
>
> 　　12.2.2　方法二：研究情境嵌入型现象时的情境化
>
> 　　12.2.3　方法三：单情境中研究情境敏感型现象时的情境化
>
> 　　12.2.4　方法四：研究方法的情境化
>
> **12.3　结语**

12.1 情境的含义和影响

情境化(contextualization)研究首先要明确定义"情境",并搞清研究现象的情境层次、意义及不同情境间的区别。本章将着重分析提高管理研究的严谨性(rigor)和切题性(relevance)的四种情境化方法。在本章的第一部分,先讨论情境的含义,然后说明情境影响组织现象的四种路径。最后给出情境化的定义,并且阐释情境化在提升中国管理研究的严谨性及切题性上的作用。

12.1.1 情境的含义

什么是"情境"? 已有的讨论(如 Child,2000;Johns,2006;Rousseau & Fried, 2001;Tsui,2004、2007)告诉我们,情境不只是外部环境,它还存在于个体内部,如个体理解周围世界的总体倾向、判断和决策的逻辑、思维过程和个人特点等。在微观的个体层次及宏观的环境层次(如国家)之间是中观(meso)或部门层次(sector level),情境包含可能会影响管理者竞争行为和战略选择的行业或者地方特点,以及公司内部的一些特点,如领导风格、团队规范、管理实践和其他可能会影响团队或员工态度、感知或行为的因素。

在宏观或者国家层次,情境包含文化、政治及法律体系、技术发展所处的阶段、经济体制。情境也指权力关系的制度化和组织化方式(比如,谁拥有权力? 他们可以利用职权做什么? 他们如何承担责任? 当他们滥用权力时又会怎么样?)。另外,这种宏观情境还包括历史、地理和生态的因素,也就是说,包括所有历经时空演变所造就的当今情境因素。Johns(2006)用区域(discrete)一词来指称中观情境(meso context),用统括(omnibus)一词来指称宏观情境。这两者对个体来说是外部的,而认知、情感或主观层次则是个体内部的。这种主观情境既嵌入在区域情境中,又与区域情境一起嵌入在统括情境中。因此,主观层次的意义系统(Redding,2008)、主流沟通模式及信仰体系,如社会公理(Leung & Bond,2004)不仅可以溯源至区域情境(如组织文化或行业规范),还可以在统括情境中找到其来源(如经济、政治、地理或历史特点)。

上述情境层次及其内涵因素并不是孤立存在的。相互依赖和嵌入的特性需要我们在考察这些情境的同时,努力提供更优的理论化过程,以及对情境所产生的效应提供更有力也更确切的推论。在一些文献中(Shapiro et al.,2007;Von Glinow et al.,2004),多重情境化(polycontextualization)是指,为了更全面地理解情境中的现象而考察某一情境中的多个维度。Tsui 等(2007)提出通过"构造"(configuration)来分析国家文化多层次特征的影响。多重情境化和构造的方法与制度理论的新近发展一致,都强调需要把握多重情境的共同作用。Ostrom(2005、2010)用制度多中心(institutional polycentricism)的概念来描述权力存在多个"中心"的现象,如国家及地方政府的立法和执法机构、地方政府的各个部门、行业规范、当地传统和社区等。这些正式或非正式的规则嵌入在当地的信仰、知识和环境中。图12-1 概述了三个层次的情境:主观的、区域的和统括的。图12-2列出了各个情境层次中的部分元素,它们可能会影响个体和团队在工作中的行为及其含义。

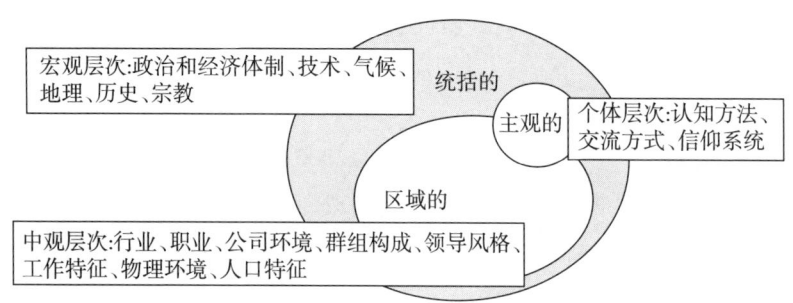

图 12-1 情境的三个层次

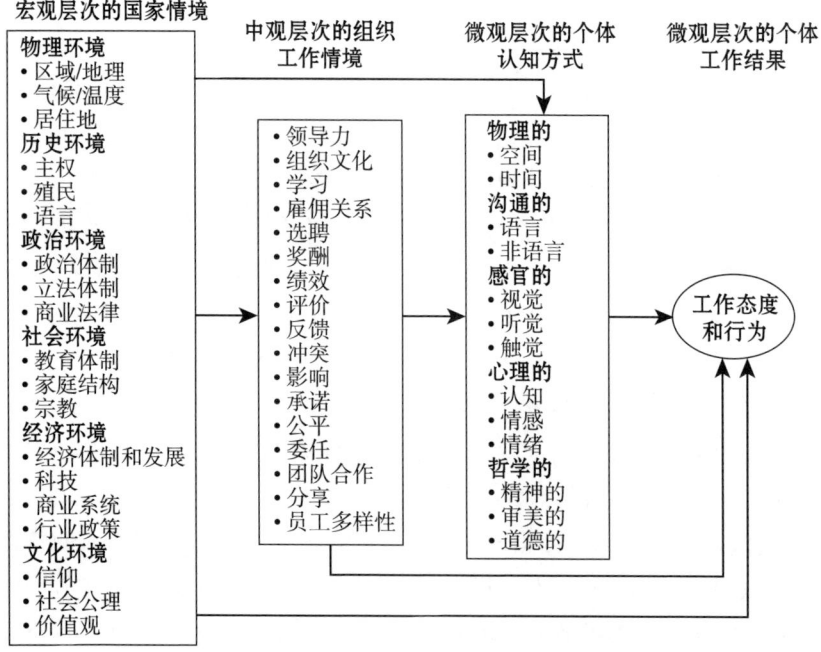

图 12-2 情境对组织行为的影响(部分元素)

资料来源:摘自 Tsui 等,2007。

12.1.2 情境的影响

在研究中国或者其他新环境中的组织管理时,我们应该如何考虑情境因素呢?具体地说,情境是如何影响社会现象的? 我们认为,情境会影响现象表现程度及其关系程度的大小或高低(如工作满意度)、现象的含义及其表现形式(如承诺、授权)、现象间关系的形式或大小(如授权型领导风格和工作满意度之间的关系),以及现象间关系的解释逻辑。图 12-3 展示了把某一个现象看作构念时的上述四种影响。

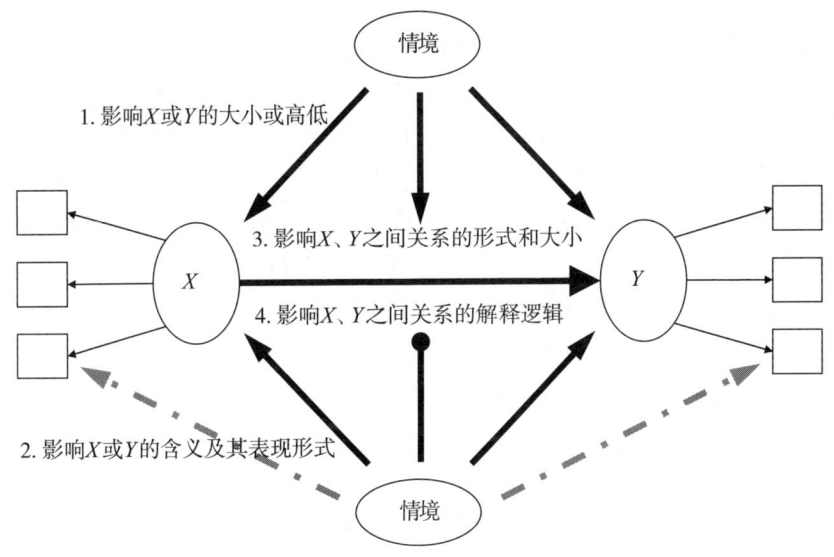

图 12-3 情境对组织行为现象的多重影响

现象程度的大小或高低的不同。情境会导致诸如工作满意度、组织承诺、助人行为、群外信任(out-group trust)、对授权的反应等社会现象的差异。一个地方的经济发展、文化规范和期望及它的意义系统都是情境。例如,Ralston 等(2006)历时 12 年的研究观察了中国内地、中国香港和美国地区经理工作价值观的变化,他们发现中国内地和中国香港的经理的工作价值观逐渐趋同(在经济价值观层面愈加相似),但是这些经理和美国经理的工作价值观却逐渐趋异(在社会价值观层面愈加不同)。Ralston 等将工作价值观的不同归因于社会文化的不同及社会经济改革所带来的变化。一般来说,对具体现象不同表现的研究往往要涉及组群比较,作者会借情境因素(如文化价值观、经济发展、政治制度等)来解释所观察到的不同;这些因素可以代指国家,也可以被直接测量(Li & Bond,2010;Tsui et al.,2007)。

现象的意义及其表现形式的不同。由于不同文化有着不同的意义系统,因此不同文化中的人会对诸如领导风格、绩效、创造力甚至战略有效性等现象有着不同的理解(Fu et al.,2004)。Brodbeck 等(2000)采用 GLOBE 研究数据库中 22 个欧洲国家的 6 052 名中层经理数据进行研究,认为与杰出领导风格相关的概念是由文化决定的。同样,Den Hartog 等(1999)发现魅力型或变革型领导风格的各个方面都被普遍认为对杰出领导有积极作用,不过,许多其他领导力特质都显示出国家特殊性。Farh 等(1997、2004)研究发现,中国台湾和中国内地的组织公民行为的构念维度和测量指标与美国最初发展的量表有所不同。Tsui 等(2006b)也报告了中国企业组织文化与西方企业组织文化有不同维度。

两个现象之间关系的形式和大小的不同。情境还可能会导致现象之间关系的形式和大小的不同(如员工对反馈或公平感知的反应)。以 Leung 等(2001)的研究为例,他们发现与美国的受访者相比,中国的受访员工对上级批评的反应并没有那么负面。Lam 等(2002)的研究则发现美国个体的公平感知与工作结果(如缺勤和绩效)之间的关系比中国香港个体的更强,因为受访者具有不同的权力距离文化:美国是低权力距离的社会,而中国香港是高权力距离的社会。不过,如果只比较两个社会,调节个体层面过程的国家层面构念(如文化)是不可能被清楚地描述的。想要做到这一点,至少需要 10 个国家和地区的个体样本,如 Fu 等(2004)的研究报告,考察了信念(如命运控制)与武断性影响策略的有效性之间的关系。

两个现象之间关系的解释逻辑的不同。情境还可能会导致现象之间关系背后的社会、经济或心理的解释机制的不同(例如,个人的社会网络如何影响人际间信任)。Luo(2005)引入中国传统文化中"报"的概念,来解释人际间信任建立的动态性,并基于"差序格局"(Fei,1948)的思想,区分了两种类型的信任:一是特殊性信任(particularistic trust),其对特定的个体;二是一般性信任(general trust),其对普遍的个体(组织及其组织内的同事)。他的研究还发现,特殊性信任在个人的社会网络和一般性信任间起到中介作用。

在跨文化(cross-cultural)特别是跨国研究中,所涉及的情境主要是国家层面的。但是,国家层面的文化价值观、信仰、社会公理和认知风格可能会在个体认知层次体现出来(Hofstede,1980;Schwarz,2008)。因此,跨文化研究无论是对文化进行概念解析还是数据分析,都可以在国家层面或者个体层面展开,或两者兼而有之。在中观层次做研究,也要考虑国家情境。

12.1.3 情境化的定义

情境化是指在对现象进行实证研究时,识别并考察它们所在情境中相关的和有意义的元素。特别要注意的是,如果研究者想用现有的理论解释新情境中的现象,就必须考虑进行情境化。这样一来就可以保证,即使理论本身来自截然不同的情境,研究者对新情境中现象的解读也能得出有效的知识。情境化可以加强现有理论、提高其精度并且提升其预测能力,深度情境化(deep contextualization;Tsui,2007)尤其能发展有效理论来解释新情境中的独特现象。

12.2 四种情境化方法

下面我们来讨论许多研究者都探讨过的问题:何时情境化,以及情境化什么?Rousseau 和 Fried(2001)强调了情境化的三个层次:(1)对情境的工笔描绘(thick descriptions);(2)对情境作用的直接分析;(3)通过识别跨情境的一般性和独特性来开展比较研究。Tsui(2006a)提供了如何情境化的一些指导:(1)选择要研究的现象;(2)发展理论;(3)测量数据;(4)设计研究方法。Whetten(2009)提出两类建议:(1)"情境化理论"(contextualize theory),即识别一个理论的边界条件,并且当在新情境中运用该理论时确定如何调整理论的预测,他把这一类研究称为"理论的贡献"(contribution of theory);(2)"理论化情境"(theorize about context),即找出一个潜在的新理论,这个理论可以有效地预测个体和公司的行为;他把这一类研究称为"对理论的贡献"(contribution to theory)。

尽管学者提出了以上几种指导意见,但已发表的有关中国管理的研究都未能够严肃地、仔细地考察情境因素,或者进行情境化。Tsui 等(2007)回顾了有关组织行为的 99 个跨国研究,发现在进行大小、意义或关系不同的跨情境比较研究时大多(54%)都以国家为代理变量(proxy),而不是测量理论认定的一个情境中会导致不同结果的具体要素。由于情境是多层面的,因此以国家为代理变量得出的研究结果往往不具有任何阐释意义;也正因为这样,一些浮于表面的情境化方法可能会导致无谓甚至错误的结论。

但是,研究发现情境化程度与研究的影响力是有正相关系的。Li 和 Tsui(2002)的引文分析研究了 1984—2000 年发表在 20 本国际期刊上的 226 篇有关中国的研究论文,结果显示大多有影响的文章都是极具情境化的。Jia 等(2012)的研究也表明,情境化程度与文章被引次数正相关。这些文章(如 Boisot & Child,1996;Earley,1993;Leung & Bond,1989;Nee,1989、1991、1992;Xin & Pearce,1996)在其理论模型中明确地纳入了情境,或作为自变量,或作为调节变量。这样的深度情境化需要对情境有着深刻的了解,还需要仔细考虑该情境中的一些要素在解释当下研究现象时是否有用、是否切题;如果是,这种作用又是如何发生的(也可参见 Bond & Muethel,2012)。

情境化的关键在于理解情境和用以分析当下现象的理论之间的相互作用。那么为了解释那些既令人困惑又令人好奇的现象,我们需要根据情境对所借鉴的理论做出修改吗?或者我们需要创造一个新的理论吗?下面,我解释四种情境化方法,每一种都旨在改善研究的严谨性和切题性,并且提出有意义的研究结果的可能性,使得研究结果能对知识体系和中国管理实践有所贡献。

12.2.1 方法一:研究情境无关型现象时的情境化

情境无关(context-free)意指该现象在不同类型的情境中都是有意义的,并且有着相似的表现形式。如果所研究的现象是情境无关的,那么为什么它又具有情境相关性(context-relevant)呢?答案很简单:如果不了解情境,研究者又如何能得知该现象是情境无关的呢!因此,一个现象是否属于与情境无关,或者该研究是否得出了普适性的知识,都取决于研究者是否对所涉及的情境(包括理论产生的原情境及理论应用的新情境)有深刻的了解。

这一类研究通常会先给出一个看上去很普遍的现象。例如,Tsui 等(1995、1997)曾研究了美国 20 世纪 80 年代后期及 90 年代早期的员工—组织关系(employee-organization relationship)。其兴趣来自这样一种观察,即诸如通用电气、IBM 等一些过去几十年中都提供了稳定就业岗位的大公司开始大规模裁员,与此同时,这些公司又要求他们的员工付出更多努力、承担更多责任,使得雇佣政策从原先的长期相互投资型转变成准契约型或者短期的经济交换(Tsui & Wu,2005)。Tsui 和她的同事调查了四个竞争激烈行业内 10 家公司中 85 种工作类型不同的员工(Tsui et al.,1997),发现在竞争激烈的行业内,即雇佣关系变化最显著的情境里,存在四种类型的员工—组织关系,其中相互投资型最易提高员工组织承诺和工作绩效。

大约在开展上述研究的同时,中国开始进行经济和企业改革,使稳定的、长期的雇佣关系(俗称"铁饭碗")发生重大变化,转变为短期的雇佣契约(Wang et al.,2003)。外商企业的涌入及私营企业的崛起也催生了新型的雇佣关系。基于雇主期望和激励的变化,许多在中国的研究也都验证了在美国情境中存在的四种雇佣关系(Hom et al.,2009;Wang et al.,2003;Zhang et al.,2008)。另外,如交换理论(Blau,1968)所预测的,研究者发现相互投资型的员工—组织关系具有最佳产出,包括公司绩效、员工对组织信任及员工对组织的承诺;还发现在社会结构视角

(Nahapiet & Ghoshal,1998)下,相互投资型的员工—组织关系具有最高的团队创造力,尤其是在复杂的工作情况下,其作用更强(Jia et al.,2014)。

以上关于雇佣关系的研究不仅仅是复制了美国情境的研究结果,而且将预测上升到公司层面(Wang et al.,2003)、将结果拓展到信任角度(Zhang et al.,2008)、找出社会交换以外其他的中介机制(Hom et al.,2009)、运用新的理论视角(社会结构)探讨了新的重要的结果变量(创造力)(Jia et al.,2014),从而进一步发展理论。这些研究的目的在于修正和拓展理论、检验现象的理论外延,该现象在新情境中的切题程度并不亚于理论开发原有情境中的切题程度。Hom 等(2009)对理论做出的修正是,除了社会交换,工作嵌入也会中介相互投资型雇佣关系对员工承诺的作用。他们的目的是"用中国经理来评估员工—组织关系的价值……从而使在美国和日本所发现的社会交换中介作用的证据普适化"(第278页)。他们解释说"以中国企业为样本,研究工作嵌入增加了全球关于员工留职的知识,揭示了留住中国企业中稀有人才的战略……并与西方种族中心主义(ethnocentrism)的人员流动模型互补"(第278页)。Jia 等(2014)变换已有的社会交换和工作嵌入的理论视角,引入一个重要的新的结果变量——创造力,在工作团队层次,从社会结构视角来考察员工—组织关系对创造力的影响,在中国情境下(以高新技术企业为样本)拓展了理论的解释力。

在新情境中考察情境无关现象的另一个例子是 Fu 等(2010)的领导价值观研究。这些作者发现,因为下属期待变革型领导者关心集体福祉而非个人利益,所以当变革型领导者缺少自我超越价值观时,他的下属会有负面的反应。作者用帕森斯的行为理论(Parsons,1937)来解释当领导外在表现和内在价值不符时下属的反应,他们认为这种影响是普遍存在的,但是在中国"人们对领导的集体主义倾向抱有很高的期望,那些自我利益驱动的领导者不会受到尊重"(第224页)。因此,"与其他情境相比,中国提供了一个理想的情境,用以检验领导者可能会背离社会期望时(鉴于他们的个人价值观),下属对其变革型行为的反应"(第224页)。尽管研究在中国情境中开展,但是"研究发现对其他地区的领导者来说也适用"(第249页),不过以上所提到的猜测都还有待验证。

上述研究表明,即便是分析情境无关的现象、运用普适的理论,都需要了解和考虑现象的情境背景(contextual background)。情境背景的相关知识让研究者可以厘清并阐释情境的作用,回答在进行某个特定研究时"为什么选择中国"的问题。情境不是待分析现象的一部分,也不是用以解释现象的理论的一部分。当研究者在一个新的情境中检验某个一般理论时,许多人都会犯假定情境不相干的错误,其实情境的相关性在于该现象在这一情境中的意义、内涵及重要性（如雇佣关系、社会对领导者价值观的期望），在宣称该现象具有意义、十分重要、不随环境改变之前，我们有必要掌握扎实的情境知识。

12.2.2 方法二：研究情境嵌入型现象时的情境化

正如上文所说，情境可能会改变一个现象的意义或水平大小，也可能会改变现象之间关系的强度甚至作用方向。一个情境嵌入（context-embedded）的现象是指其在不同情境中有着不同的表现形式，包括大小高低、意义或关系等内容。在研究情境嵌入型现象时，情境的作用是理论上的，通常以调节变量的角色出现，也可能以自变量或中介变量的角色出现。情境嵌入型现象类的研究属于情境敏感型（context-sensitive）研究的范畴，它需要在两个或两个以上情境中进行跨情境比较研究（Tsui，2004）。跨情境研究总是始于现有理论，然后在新情境中对该理论进行修改和拓展。大多数跨情境研究涉及一些情境化过程，因为他们将不同的预测视为情境的函数。

Chen（1995）的研究比较了美国和中国员工的奖金分配偏好，为我们提供了一个很好的情境嵌入型的研究例子。基于对中国情境的充分了解，Chen 对中国奖励分配规则的偏好提出了反直觉的假设，他推理道，经济改革及打破"大锅饭""铁饭碗"意味着中国员工在奖励分配时，不管是物质的还是情感的，都更倾向于公平法则（equity）而非平等法则（equality）。而美国员工则倾向于在情感奖励时采用平等法则，在物质奖励时采用公平法则。Chen 还发现，在中国员工奖励分配偏好的文化价值观中，经济目标占主导地位。作者如果对中国的经济改革及其影响没有深刻的认识，就不可能对中国的组织行为有如此见地。

Earley（1993）的研究发现中国经理（高集体主义取向）单独工作或在群外（out-group）工作时表现不如他们在群内（in-group）工作时好（事实上，所有参与者都单独工作，但实验设计让他们产生群内或群外工作的感觉）。美国经理（高个人主义取向或低集体主义取向）在群内和群外工作时的表现都不如他们单独工作时表现好。该研究显示，个人的文化价值观，即个人主义还是集体主义，改变了组群身份和绩效之间的关系。

在另一个跨文化研究中，Brockner 等（2000）进行了一系列的实验，让参与者模拟交易或谈判活动。系列研究共同证实了，参与者对交易或谈判结果的赞许程度与参与者对继续类似交易或谈判的期望程度之间的正向关系为参与者感知到的交易或谈判过程公正程度所减弱；进一步地，在相依型自我解释取向（interdependent self-construal)的中国大陆和中国台湾的样本中,这种弱化作用变大;而在独立型自我解释取向(independent self-construal)的美国和加拿大的样本中,这种弱化作用变小。实验不仅以国家(地区)作为自我解释取向的代理变量,而且还测量了参与者的独立型自我解释取向的高低。他们还发现,国家(地区)作为文化代理变量的调节效应是通过自我解释取向的中介而起作用的。

在 Chen(1995)、Earley(1993)和 Brockner 等(2000)的研究中,预测变量(自变量)和结果变量(因变量)是一样的,但是两个不同情境中的样本却有着不同的变量关系,作者都用情境变量来解释变量间关系的变化。在 Chen 的研究中,该情境变量是经济改革,如果研究者对经济改革及打破"大锅饭""铁饭碗"的现象缺乏深刻了解,那么可能会产生一个一般性的文化推理,比如中国是集体主义取向的国家,从而中国人偏好平等法则。在 Earley 的研究中,情境变量是集体主义:文化情境塑造了个体的自我构念,而这种构念又会调节某种工作情境对工作产出的影响。在 Brockner 等的研究中,情境变量是自我解释的文化特征:在社会交换过程中,不同的自我解释取向(个体独立与相互依赖)会影响人们对社会交换过程和交换结果的理解,从而影响人们继续对类似交换活动的期望程度。

Earley(1993)的研究还阐释了情境是如何与个体特质相互作用,影响个体反应的。Mok 和 Morris(2010)的研究更清楚地展示了这种个人—情境的交互作用。研究者在不同情境中考察了对二元文化认同的整合程度不同(bicultural identity integration)的亚裔美国人的创造力水平。二元文化认同感是指个体在多大程度上将两种文化作为其个体认同的来源。例如,住在美国的中国人可能会通过同时接受两种文化价值把他们自己既看作美国人,也看作中国人。有着高度二元文化认同感的那些人无论在美国还是中国文化环境中都不会感到别扭,也能根据当地的文化规范来调整自己的行为。而那些具有较低二元文化认同感的人只把自己看作具有一种文化身份的人,当他们身处和自身主流文化身份不同的环境中时,他们会做出有悖于当前文化情境的举动。例如,一个有着较弱二元文化认同的中国人在美国情境下的表现会更像一个中国人,因此,他们的行为反应是个人特质和情境的共同作用。在实验中,Mok 和 Morris 通过情境操控,使其或者是美国情境或者是亚洲情境,证实了在美国情境中,有着较低二元文化认同(相对于美国人身份认同有着更强的中国人身份认同)的中国个体比那些有着更高二元文化认同的中国个体表现出更低的创造力水平。

上述研究表明情境可以改变对相同刺激的反应。尽管所分析的刺激及反应的类型不变,但是反应的内容却随情境改变而有所不同。这种不同(如绩效水平)可能是由于在不同情境中(如个人主义与集体主义)个体对刺激物赋予了不同的意义(如 Earley 在 1993 年的研究中的群体工作安排),对个人主义者来说,群体作业可能意味着减少个人自由度,降低个体对结果的可控程度。在此类研究中,情境的一个具体方面为面对群体工作安排的人所持有的个体主义价值观水平。这类研究找到了减弱或增强理论假定预测效度的条件,从而拓展了理论的适用边界。

然而遗憾的是,大多跨文化或情境嵌入型研究都倾向于将国家作为一个代理变量,却不是直接测量情境中国家层面或个体层面的文化因素(Brockner 等在 2000 年所做的研究算是例外),但可能正是这些因素才是理论上说明不同反应的原因(Tsui et al.,2007)。鉴于情境是多样化、多层次、多中心且构造式的,用国家作为代理变量来刻画情境着实笼统而无力。情境中的许多因素都能解释我们所观察到的变异,如果不能捕捉这些因素,这样的研究是无法对理论的澄清和推进做出贡献的。总之,进行跨文化或情境嵌入型研究时,研究者需要对情境有深刻的了解,并能够直接测量理论及假设中所提到的情境因素。

上述讨论的是情境作为调节变量出现的,其实,在情境嵌入型研究中,情境还可以作为自变量或中介变量。Luo 和 Chung(2005)便是把情境作为自变量进行分析的最好例子之一。他们研究在中国台湾制度转型前后两个时期排名前 100 的企业集团的特殊关系纽带(particularistic ties,指家庭连带和朋友连带)对企业绩效的影响。中国人通常把自己的社会关系看作一个同心圆,最内层是血缘和家庭成员,最外层是"生人",中间层是"熟人",即朋友、战友和同事等;他们据此把企业集团内部的关系划分成家庭连带、朋友连带和一般连带。他们的研究表明,在转型时期,企业集团内部的家庭连带和朋友连带有利于促进企业绩效,而一般连带没有显著效果;家庭连带对绩效的促进作用呈倒 U 形关系,即达到一个极值后,产生不利效果。在这个研究中,虽然解释这些关系的逻辑是制度理论(Powell & DiMaggio, 1991)和交易成本理论(Williamson,1985),但由于他们对情境(此处是社会关系)有着深刻理解,从而可以对社会关系进行刻画和细分,研究它们在制度转型时的差别性作用。

把情境刻画为中介变量的一个例子是 Zhou 等(2007)关于天生全球化(bornglobal)的中国中小企业国际化的绩效研究。在中国社会,关系事实上是互惠、信任和相互依赖的系统(Boisot & Child,1996;Redding,1990;Tsui et al.,2000),通过关系网络可以获得诸如外国市场机遇的信息、建议和经验教训、关系网络中推荐等好处,从而可以帮助中小企业减少在国际化过程中的一些障碍,降低一些成本。因此,他们把社会关系网络作为中小企业国际化与其绩效关系的中介变量,并以中国东部地区的中小企业为样本,验证了该判断。

把情境作为研究模型中的自变量或中介变量,不仅需要研究者对情境的深刻理解,而且需要研究者找到恰当的、切题的概念来刻画情境,并直接测量这些变量。

12.2.3 方法三:单情境中研究情境敏感型现象时的情境化

情境敏感(context-sensitive)现象不一定需要跨情境分析。在单情境中,对该情境的深刻了解可以帮助我们认识在不同的情境中发展出来的理论有多大程度的普适性。任何理论都是在特定情境中发展起来的,因而都可能是情境敏感的,它们在不同情境中的适用性都需验证。代理理论(Jensen & Meckling,1976)和结构洞理论(Burt,1992)就是两个很好的例子,因为这两者都基于对美国现象的观察,并基于很强的美国文化假设。对于那些有着强情境假设的理论来说,如果要有效地应用到新情境中,那么情境化的过程就非常关键。

代理理论是个强情境理论,它关注"代理人"(受雇的经理人)和"委托人"(公司所有者)目标不一致的问题。理论假定两个利益集团目标不一致,两者都是自利的、理性有限的、风险厌恶型的(Eisenhardt,1989)。更强的假设条件下,自我利益驱动甚至会促使一些经理人进行"欺诈、撒谎、偷盗"等活动来满足他们自己的利益目标(Williamson,1975)。尽管有学者从人性本质的角度对该假定提出了质疑(Ghoshal,2005;Perrow,1986),但是代理理论在会计、经济学、社会学、市场营销、战略甚至组织行为学研究领域的广泛应用(Eisenhardt,1989)表明,美国情境中的学者总体接受了这种假设,这对他们来说并不奇怪,因为美国宪法保护追求(个人)幸福的权利。因此,自利就成为可接受起码是可容忍的一种假定。

除了代理人,委托人也自利。因此,用于组织分析时,这种自利假定的衍生物之一是所有者全都想要最大化投资回报。但是,人们能在多大程度上接受代理人和委托人的自利假设还取决于不同的情境。情境中的制度安排和文化价值观可能会使自利、理性、对风险态度的假设变得无效或者不切实际。

Su等(2008)观察到,一些情境对不同委托人具有相同利益取向的假设提出了挑战。特别是在中国,"股权集中通常反映了国家对企业的控制,而在英美情境下,股权集中是指公司由机构投资人所有,如养老基金、共同基金、公司和银行"(第20页)。国家所有企业的董事代表了国家,他们"给自己的角色作用塑造了一种强有力的理想化形象"(第22页)。他们的利益不同于那些个体投资人和非政府部门持股者的利益,非国家部门的董事在使管理者与国家利益一致方面的力量有限。基于对中国制度环境的深度了解,作者提出以下假设:所有权集中度(强国家所有制)和管理层薪资水平、董事会规模及独立董事数量之间存在曲线关系。

强情境理论的另一个例子是社会网络理论中的结构洞(Burt,1992),"有着开放市场、自由竞争和个人主义取向的西方情境是结构洞理论的基础"(Burt et al., 2000)。在该情境中,个人网络中结构洞多的个体拥有更多独特的信息和资源,更能获得事业上的成功,对这种资源的垄断就是一种力量的来源。竞争性的职业市场也期望并接受自利地和策略性地运用这种资源的行为,但是,集体主义社会和高承诺文化的组织却摒弃竞争行为,看重合作行为。正如 Xiao 和 Tsui(2007)所指出的,"在有着类市场文化的市场和组织中,占据结构洞的掮客可能会如鱼得水,然而集体主义取向的环境却看重那些和情境核心价值观一致的行为"(第2页)。

于是,Xiao 和 Tsui(2007)提出"结构洞的好处在集体主义国家文化中及有着高承诺水平的组织中较难实现,后者是集体主义在组织层面的表现形式"(第2页)。作者假设,在一个重视合作的情境中,个体社会网络中的结构洞会对其事业发展产生负面而非正面的影响,这与在西方情境中观察到的积极影响恰恰相反。该假设在国家层次和公司层次都得到了支持。

人生发展理论也是个强情境理论。如西方的自我认同理论(ego identity theory)(Erikson,1968)、人生结构理论(life structure theory)(Levinson,1986)等理论假设个体发展的最终目的是自我实现。而儒家则提倡,"古之欲明明德于天下者,先治其国;欲治其国者,先齐其家;欲齐其家者,先修其身"(《大学》),"穷则独善其身,达则兼善天下"(《孟子》),人生存在角色转换,与一定条件相关。近年来中国越来越多的私营企业家被选举成为各级人大代表和政协委员,基于对这些情境和中国文化的深入理解,Li 和 Liang(2015)整合西方人生发展理论和儒家人生角色转换思想,推理得出,在成功的前期阶段,私营企业家寻求政治参与的行为主要出于亲自我动机;而在取得经营成功后,主要出于亲社会动机。Li 和 Liang(2015)开展了两个研究,均支持了该理论推导,说明西方出于自我实现的人生发展理论并不能完全适用于中国情境。

上述研究显示,有着强情境假设的理论,其普适性是有限的。该类理论的有效运用需要我们对原理论内含的情境假设,以及该理论应用在新情境中时这些假设的效度都有深刻的了解。对情境敏感理论的情境化可能会让我们得到与其在原情境中的因果关系不同甚至相反的结论,这对理论及在新情境中发展有效的知识都有重大的贡献。Tsui(2004)的研究给出了更多例子,说明在分析情境敏感现象时,情境化过程是如何改善理论假设的。

12.2.4 方法四:研究方法的情境化

组织和管理研究通常采用调查、实验、定性访谈、案例研究和现有数据库(如公司员工记录)等方法进行研究。在中国开展的管理研究也主要运用以上方法,鲜有改动。然而,Farh、Dobbins 和 Cheng(1991)发现中国人在自我评价时要比美国人更谦虚。对于在西方情境中开发的研究工具和数据搜集程序,中国人会有什么样的反应,我们还知之甚少。比如,中国人对脸面、关系、服从权威的看重如何影响他们接受调查和访谈时的回答?

Tsui(2006a)曾呼吁,当研究者在从中国被试者处获取数据时,需要考虑这些文化特征,用以开发新的或改善已有的数据搜集和观察方法。同样,Cavusgil 和 Das(1997)也鼓励研究者们注意使用恰当的抽样方式,运用情境敏感数据搜集程序以及情境相关的激励方式来提高跨文化调研时的回收率。Tsui(2004)指出了几个所需的方法论领域,用以在新情境中开展高质量的本土研究。尽管有以上种种呼吁,但针对中国管理研究方法论问题的探索还很少。

Zhang 等(2015)在研究"矛盾领导行为"时,从概念定义和测量方法两方面进行了高度情境化。基于东方的阴阳哲学和"既/又"思维方式,认为世界万事万物都是由对立的阴阳两方面所构成的整体的、动态的和辩证的实体,把矛盾领导行为定义为"同时并长期地管理组织结构性的需求和下属需求,所表现的看似矛盾但相互关联的行为"(第538页)。并发展出五维度的测量量表:(1)既保持距离又拉近距离;(2)既维持决策控制又允许自主性;(3)既同等对待下属又允许个人化;(4)既强制执行工作要求又允许灵活性;(5)整合自我中心与他人中心。特别地,为了更好地刻画"矛盾领导行为",在测量时,问卷的每个条目都具有"既/又"的结构和特征,让下属回答"您的直接主管多大程度上同时表现出下列描述中的两种行为",评价尺度从 0—4,分别代表"一点也不""偶尔""有时""经常"和"几乎总是"。比如"既表现出上下级的职位差别,同时又考虑下属面子问题""工作上既掌控全局,又对下属适当授权"等[①]。这种测量方法与传统的单义测量条目方法不一致,很好地抓住了中国情境显著的文化特征——阴阳哲学和"既/又"思维,这是积极而大胆的创新和探索。

在概念的测量方法方面有些进展。Farh 等(2006)建议了量表开发的四种有效方法:直译、修改、情境化及去情境化。该研究描述了每种方法的关键假设、优缺

---

① 完整的量表,请直接联系张燕教授(annyan.zhang@pku.edu.cn)。

点,以及它们在中国管理研究中所发挥的作用。作者还以已发表的研究论文为例,阐释了有效地运用每种方法的方法和场合。

翻译方法若要达到有效测量的标准,很重要的一点就是确保概念和度量的对等性。这包括翻译和回译尽量不改变措辞,确保字词语义相近。修改则涉及改变原语言量表,使之适用于新的情境,包括"改变条目的措辞,剔除不恰当的条目及增加新条目"(Farh et al.,2006:306)。这两种方法中,原量表的意义及维度仍然保持完整,修改的过程保证了原有指标(条目)的切题性,并且识别出构念及其维度中额外的情境相关指标。

去情境化(de-contextualization)旨在开发普适的研究方法。如 Wong 和 Law(2002)提出的情商测量,该测量是运用演绎法,基于中国香港的样本开发出来的,随后又在5个其他样本中得到了验证。在量表开发和验证的过程中,作者从未提到中国香港的情境,清楚地表明这是个去情境化的量表开发方法。该量表是否真的在所有情境中都适用还有待进一步验证。类似地,Tang 等(2006)用来自29个国家/地区的29个样本数据来评估"拜金"(love of money)量表的测量等效性,该研究尽管旨在阐释评估研究方法跨情境等效性的统计步骤,但作者也指出,期望构念测量在"涉及许多文化群体的全球研究中都完美无异或一致"(第314页)是不现实的。

情境化(contextualization)方法与情境敏感研究最相关。Farh 等(1997)在中国台湾开发的组织公民行为(organizational citizenship behavior,OCB)量表则是一个最好的例子。作者们仔细地遵循了 Hinkin(1995)所提出的量表开发和验证步骤,得到了 OCB 的中国台湾的本位(emic)维度,并且验证了与西方文献类似的客位(etic)维度。此外,通过运用情境化的 OCB 量表,他们发现相对于较不传统的员工,较传统的中国台湾员工在感知到组织不公平时还是表现出一定的组织公民行为。该研究显示了测量过程中情境化的价值,也阐明了情境(员工传统性)对感知到的组织不公平和组织公民行为之间关系的调节作用。

Chuang 等(2015)的"人与环境匹配"(P-E fit)概念研究是情境化方法的范例之一。儒家文化从关系主义(relationalism)来定义自我(selfhood),这与从个体主义(individualism)来定义自我有很大的不同。儒家关系主义的核心是"仁",意味着"自我适应他人需求以达到人我和谐的一种完美状态"(第483页)。人们"不仅把自我看作关系的中心,而且是不断演化的动态体"(第483页)。基于这样高度情境化的理解和思考,作者运用质性研究方法,访谈了30位不同背景的成年员工,发展了"人与环境匹配"的中国情境模型。他们发现了五个主要维度:(1)工作胜任力;(2)工作上的和谐关系;(3)生活诸方面的平衡;(4)工作上不断学习进步;(5)工作上的落实程度。未来可以基于他们高度情境化的工作概念,来发展中国情境中的"人与环境匹配"量表,并开展系列的理论和实证研究。

12.3 结语

情境化既是研究工具也是研究哲学,归根结底在于其深入了解情境的客观现实,以及渴望解决该情境中的重要问题。在本书第 1 章中的 1.1.4 节,我们讨论了三种类型的现实观。其中现代观认为现实既是客观的存在也是主观的存在,这是我们进行情境化研究的本体论基础。比如,好斗(aggression)这一现象在不同情境中具有相同的含义和功能吗?好斗既有一般的意思,也有情境的内涵。对情境化的深入理解,需要我们在本体论、认识论和方法论上进行更多的思考。因此,我们建议读者阅读 Risjord(2014)所著《社会科学哲学》一书的第 3 章。对情境化的了解,有助于研究者更好地发展有效知识,从而对理论和实践做出贡献。科学界普遍认识到,不严谨的研究会产生无效知识,有悖于研究伦理。社会科学既有一般性的知识也有情境特定的知识。情境化能产生同时满足严谨性和切题性的研究,还能产生既有效又有用的知识。科学家如果真的在意其研究是否有益于社会,那么他们的研究必须和情境现实紧密结合,因为只有情境现实才能帮助他们开发可验证的、切题的且有效的理论(Glaser & Strauss,1967;Risjord,2014)。

参考文献

Blau, P. M. (1968). Interaction: Social exchange. In Sills D. L. (Ed.), *International Encyclopedia of the Social Sciences* (pp. 452—458). New York: Macmillan & Free Press.

Boisot, M. & Child, J. (1996). From fiefs to clans and network capitalism: Explaining China's emerging economic order. *Administrative Science Quarterly*, 41(4), 600—628.

Bond, M. H. & Muethel, M. (2012). Doing better research on organizational behaviour in chinese cultural settings: Suggestions from the notebooks of two fellow-travellers. *Management and Organization Review*, 8(2), 455—475.

Brockner, J., Chen, Y-R., Mannix, E. A., Leung, K. & Skarlicki, D. P. (2000). Culture and procedural fairness: When the effects of what you do depend on how you do it. *Administrative Science Quarterly*, 45(1), 138—159.

Brodbeck, F. C., Frese, M., Akerblom, S., Audia, G., Bakacsi, G., Bendova, H. et al. (2000). Cultural variation of leadership prototypes across 22 European countries. *Journal of Occupational and Organizational Psychology*, 73(1), 1—29.

Burt, R. S. (1992). *Structural Holes: The Social Construction of Competition*. Cambridge, MA: Harvard University Press.

Burt, R. S., Hogarth, R. M. & Michaud, C. (2000). The social capital of French and American managers. *Organization Science*, 11(2), 123—147.

Cavusgil, S. T. & Das, A. (1997). Methodological issues in empirical cross-cultural research: A survey of the management literature and a framework. *Management International Review*, 37(1), 71—96.

Chen, C. C. (1995). New trends in reward allocation preferences: A Sino-U. S. comparison. *Academy of Management Journal*, 38(2), 408—428.

Child, J. (2000). Theorizing about organization cross-nationally. In Cheng, J. L. & Peterson, R. B. (Eds.), *Advances in International Comparative Management* (pp. 27—76). Stamford, CT: JAI Press.

Chuang, A., Hsu, R. S., Wang, A. C. & Judge, T. A. (2015). Does West "fit" with East? In search of a Chinese model of person-environment fit. *Academy of Management Journal*, 58(2), 480—510.

Den Hartog, D. N., House, R. J., Hanges, P. J., Dorfman, P. W., Ruiz-Quintana, A. & GLOBE Associates. (1999). Culture specific and cross-culturally generalizable implicit leadership theories: Are attributes of charismatic/transformational leadership universally endorsed? *Leadership Quarterly*, 10(2), 219—256.

Earley, P. C. (1993). East meets west meets mid-east: Further explorations in collectivistic versus individualistic work groups. *Academy of Management Journal*, 36(2), 319—348.

Eisenhardt, K. M. (1989). Agency theory: An assessment and review. *Academy of Management Review*, 14(1), 57—74.

Erikson, E. H. (1968). *Identity: Youth and Crisis*. New York: Norton.

Farh, J. L., Cannella, A. A. J. & Lee, C. (2006). Approaches to scale development in Chinese management research. *Management and Organization Review*, 2(3), 301—318.

Farh, J., Dobbins, G. H. & Cheng, B. S. (1991). Cultural relativity in action: A comparison of self-ratings made by Chinese and U. S. workers. *Personnel Psychology*, 44(1), 129—147.

Farh, J. L., Earley, P. C. & Lin, S. C. (1997). Impetus for action: A cultural analysis of justice and organizational citizenship behavior in Chinese society. *Administrative Science Quarterly*, 42(3), 421—444.

Farh, J. L., Zhong, C. B. & Organ, D. W. (2004). Organizational citizenship behavior in the People's Republic of China. *Organizational Science*, 15(2), 241—253.

Fei, H. T. (1948). *Peasant Life in China*. London: Routledge & Kegan.

Fu, P. P., Kennedy, J., Tata, J., Yukl, G., Bond, M. H., Peng, T. K. & 10 other co-authors (2004). The impact of societal cultural values and individual social beliefs on the perceived effectiveness of managerial influence strategies: A meso approach. *Journal of International Business Studies*, 35(4), 284—305.

Fu, P. P., Tsui, A. S., Liu, J. & Li, L. (2010). Pursuit of whose happiness? Executive leaders' transformational behaviors and personal values. *Administrative Science Quarterly*, 55(2), 222—254.

Ghoshal, S. (2005). Bad management theories are destroying good management practices. *Academy of Management Learning & Education*, 4(1), 75—91.

Glaser, B. G. & Strauss, A. L. (1967). *The Discovery of Grounded Theory: Strategies of Qualitative Research*. Chicago, IL: Aldine.

Hinkin, T. R. (1995). A review of scale development practices in the study of organizations. *Journal of Management*, 21(5), 967—988.

Hom, P. W., Tsui, A. S., Wu, J. B., Lee, T. W., Zhang, A. Y., Fu, P. P. et al. (2009). Explaining employment relationships with social exchange and job embeddedness. *Journal of Applied Psychology*, 94(2), 277—297.

Hofstede, G. (1980). *Culture's Consequences: International Differences in Work-Related Values*. Beverly Hills, CA: Sage.

Jensen, M. C. & Meckling, W. H. (1976). Theory of the firms: Managerial behavior, agency costs and ownership structure. *Journal of Financial Economics*, 3(4), 305—360.

Jia, L. D., Shaw, J. D., Tsui, A. S. & Park, T. Y. (2014). A social-structural perspective on employee-organization relationships and team creativity. *Academy of Management Journal*, 57(3): 869—891.

Jia, L., You, S. & Du, Y. (2012). Chinese context and theoretical contributions to management and organization research: A three-decade review. *Management and Organization Review*, 8(1), 173—209.

Johns, G. (2006). The essential impact of context on organizational behavior. *Academy of Management Review*, 31(2), 386—408.

Lam, S. S. K., Schaubroeck, J. & Aryee, S. (2002). Relationship between organizational justice and employee work outcomes: A cross-national study. *Journal of Organizational Behavior*, 23(1), 1—18.

Leung, K. & Bond, M. H. (1989). On the empirical identification of dimensions for cross-cultural comparisons. *Journal of Cross-Cultural Psychology*, 20(2), 133—151.

Leung, K. & Bond, M. H. (2004). Social axioms: A model for social beliefs in multicultural perspective. *Advances in Experimental Social Psychology*, 36, 119—197.

Leung, K., Su, S. & Morris, M. W. (2001). When is criticism not constructive? The roles of fairness perceptions and dispositional attributions in employee acceptance of critical supervisory feedback. *Human Relations*, 54(9), 1155—1187.

Levinson, D. J. (1986). A conception of adult development. *American Psychologist*, 41(1), 3—13.

Li, L. M. W. & Bond, M. H. (2010). Does secularism promote happiness? The moderating role of societal development. *Social Indicators Research*, 99(3), 443—453.

Li, J. T. & Tsui, A. S. (2002). A citation analysis of management and organization research in the Chinese context: 1984 to 1999. *Asia Pacific Journal of Management*, 19(1), 87—107.

Li, X. & Liang, X. (2015). A Confucian social model of political appointments among Chinese private entrepreneurs. *Academy of Management Journal*, 58(2), 592—

617.

Luo, J. D. (2005). Particularistic trust and general trust: A network analysis in Chinese organizations. *Management and Organization Review*, 1(3),437—458.

Luo, X. W. & Chung, C-N. (2005). Keeping it all in the family: The role of particularistic relationships in business group performance during institutional transition. *Administrative Science Quarterly*, 50(3),404—439.

Mok, A. & Morris, M. W. (2010). Asian-Americans' creative styles in Asian and American situations: Assimilative and contrastive responses as a function of bicultural identity integration. *Management and Organization Review*, 6(3),371—390.

Nee, V. (1989). A theory of market transition: From redistribution to markets in state socialism. *American Sociological Review*,54(5),663—681.

Nee, V. (1991). Social inequalities in reforming state socialism: Between redistribution to markets in state socialism. *American Sociological Review*,56(3),267—282.

Nee, V. (1992). Organizational dynamics of market transition: Hybrid forms, property rights, and mixed economy in China. *Administrative Science Quarterly*,37(1),1—27.

Nahapiet, J. & Ghoshal, S. (1998). Social capital, intellectual capital, and the organizational advantage. *Academy of Management Review*, 23(2),242—266.

Ostrom, E. (2005). *Understanding Institutional Diversity*. Princeton, NJ: Princeton University Press.

Ostrom, E. (2010). Beyond markets and states: Polycentric governance of complex economic systems. *American Economic Review*,100(3),641—72.

Parsons, T. (1937). *The Structure of Social Action: A Study in Social Theory with Special Reference to a Group of Recent European Writers*. New York: McGraw-Hill.

Perrow, C. (1986). *Complex Organizations* (3rd Ed.). New York: Random House.

Powell, W. W. & DiMaggio, P. J. (1991). *The New Institutionalism in Organizational Analysis*. Chicago: University of Chicago Press.

Ralston, D. A., Pounder, J., Lo, C. W. H., Wong, Y-Y., Egri, C. P. & Stauffer, J. (2006). Stability and change in managerial work values: A longitudinal study of China, Hong Kong, and the U.S. *Management and Organization Review*,2(1),67—94.

Redding, G. (2008). Separating culture from institutions: The use of semantic spaces as a conceptual domain and the case of China. *Management and Organization Review*,4(2),257—289.

Risjord, M. (2014). *Philosophy of Social Science: A Contemporary Introduction*. New York: Routledge.

Rousseau, D. M. & Fried, Y. (2001). Location, location, location: Contextualizing organizational research. *Journal of Organizational Behavior*,22(1),1—13.

Schwartz, S. H. (2008). *Cultural Value Orientations: Nature and Implications of National Differences*. Jerusalem: Israel Science Foundation.

Shapiro, D. L., VonGlinow, M. A. & Xiao, Z. (2007). Toward polycontextually sensitive research methods. *Management and Organization Review*,3(1),129—152.

Su, Y., Xu, D. & Phan, P. H. (2008). Principal-principal conflict in the governance of the Chinese public corporation. *Management and Organization Review*,4(1),17—38.

Tang, T. L. P., Sutarso, T., Akande, A., Allen, M. W., Alzubaidi, A. S., Ansari, M. A. et al. (2006). The love of money and pay level satisfaction: Measurement and functional equivalence in 29 geopolitical entities around the world. *Management and Organization Review*,2(3),423—452.

Tsui, A. S. (2004). Contributing to global management knowledge: A case for high quality indigenous research. *Asia Pacific Journal of Management*,21(4),491—513.

Tsui, A. S. (2006a). Contextualization in Chinese management research. *Management and Organization Review*,2(1),1—13.

Tsui, A.S., Wang, H. & Xin, K. R. (2006b). Organizational culture in the PRC: An analysis of culture dimensions and culture types. *Management and Organization Review*,2(3),345—376.

Tsui, A. S. (2007). From homogenization to pluralism: International research in the academy and beyond. *Academy of Management Journal*, 50(6), 1353—1364.

Tsui, A., Farh, J. L. & Xin, K. (2000). Guanxi in the Chinese context. In Li, J. T., Tsui, A. & Weldon, E. (Eds.), *Management and Organization in the Chinese Context* (pp. 225—244). Macmillan: London.

Tsui, A. S., Nifadkar, S. S. & Ou, A. Y. (2007). Cross-national, cross-cultural organizational behavior research: Advances, gaps, and recommendations. *Journal of Management*, 33(3), 426—478.

Tsui, A. S., Pearce, J. L., Porter, L. W. & Hite, J. P. (1995). Choice of employee-organization relationship: Influence of external and internal factors. In Ferris, G. R. (Ed.), *Research in Personnel and Human Resource Management* (pp. 117—151). Greenwich, CT: JAI Press.

Tsui, A. S., Pearce, J., Porter, L. & Tripoli, A. (1997). Alternative approaches to the employee-organization relationship: Does investment in employees pay off? *Academy of Management Journal*, 40(5), 1089—1121.

Tsui, A. S. & Wu, J. B. (2005). The new employment relationship versus the mutual investment approach: Implications for human resource management. *Human Resource Management*, 44(2), 115—121.

Von Glinow, M. A., Shapiro, D. L. & Brett, J. M. (2004). Can we talk, and should we? Managing emotional conflict in multicultural teams. *Academy of Management Review*, 29(4), 578—592.

Wang, D., Tsui, A. S., Zhang, Y. & Ma, L. (2003). Employment relationships and firm performance: Evidence from an emerging economy. *Journal of Organizational Behavior*, 24(5), 511—535.

Whetten, D. A. (2009). An examination of the interface between context and theory applied to the study of Chinese organizations. *Management and Organization Review*, 5(1), 29—55.

Williamson, O. E. (1975). *Markets and Hierarchies: Analysis and Antitrust Implications*. New York: Free Press.

Williamson, O. E. (1985). *The Economic Institutions of Capitalism: Firms, Markets, Relational Contracting*. New York: Free Press.

Wong, C. S. & Law, K. S. (2002). The effects of leader and follower emotional intelligence on performance and attitude: An exploratory study. *Leadership Quarterly*, 13(3), 243—274.

Xiao, Z. X. & Tsui, A. S. (2007). When brokers may not work: The cultural contingency of social capital in Chinese high-tech firms. *Administrative Science Quarterly*, 52(1), 1—31.

Xin, K. R. & Pearce, J. L. (1996). Guanxi: Connections as substitutes for formal institutional support. *Academy of Management Journal*, 39(6): 1641—1658.

Zhang, A. Y., Tsui, A. S., Song, L. J., Li, C. P. & Jia, L. D. (2008). How do I trust thee? The employee-organization relationship, supervisory support, and middle manager trust in the organization. *Human Resource Management*, 47(1), 111—132.

Zhang, Y., Waldman, D., Han, Y. & Li, X. (2015). Paradoxical leader behavior in people management: Antecedents and consequences. *Academy of Management Journal*, 58(2), 538—566.

Zhou, L. X., Wu, W. P. & Luo, X. M. (2007). Internationalization and the performance of born-global SMEs: The mediating role of social networks. *Journal of International Business Studies*, 38(4), 673—690.

第三部分 管理学研究中的测量统计方法

第 13 章 理论构念的测量

第 14 章 单维构念与多维构念的测量

第 15 章 结构方程模型

第 16 章 调节变量和中介变量

第 17 章 多层次理论模型的建立及研究方法

第 18 章 纵向研究设计和分析

第 19 章 事件历史分析法

第 20 章 事件研究法

第 21 章 高频率跟踪问卷调查方法:日记与体验抽样方法的设计和分析

第 22 章 单层与多层被调节的中介和被中介的调节:理论构建与模型检验

第 13 章　理论构念的测量

梁　建　同济大学

樊景立　中欧国际工商学院

▶ **本章大纲**

13.1　测量与组织管理学的实证研究

13.2　测量质量的评价

　　13.2.1　理论构念与测量指标

　　13.2.2　构念效度

13.3　测验量表开发的一般步骤

　　13.3.1　构念说明

　　13.3.2　产生测验题目

　　13.3.3　内容效度的评价

　　13.3.4　内部结构的检验

　　13.3.5　内部一致性与稳定性的评价

　　13.3.6　聚合效度和区分效度

　　13.3.7　逻辑关系网络的建立

13.4　中国组织管理研究中的测验量表开发与使用

　　13.4.1　翻译取向

　　13.4.2　修改取向

　　13.4.3　去情境化取向

　　13.4.4　情境化取向

13.5　结论

13.1 测量与组织管理学的实证研究

组织管理学的实证研究通常是从形成科学的研究问题开始的。针对某个特定的社会现象,一旦确认现有文献不能完全解答我们的疑惑,我们就可以从中提炼出需要解释的具体科学问题。在此基础上,研究者根据自己对社会现象的观察,遵循严格的逻辑推理,提出对这一现象的尝试性解释,发展具体的研究假设。一项实证研究的目的就在于通过制订研究计划去搜集和分析相关的信息,检验自己的观点或假设是否可以得到现象界数据的支持。一项实证研究计划通常包括:(1)确定研究问题的性质和需要的样本类型(如个体、团队或组织);(2)操纵或测量用于解释的变量——自变量;(3)观察结果的变化——因变量的变化;(4)控制可能影响结果但不属于主要研究兴趣的变量;(5)通过适当的统计方法来分析数据、得出结论。这一过程的主要目的在于把基于个人逻辑判断的抽象命题转变成一个可以进行数量化验证的研究假设。而通过对变量的测量,研究者可以把一个抽象的概念转化为直观的数字,从而能够对变量之间的关系进行直观的、量化的推断。所以,能否准确地测量相关的变量是一项实证研究的核心环节,直接决定着实证研究的质量和研究结论的可靠程度。

Stevens(1968)将测量定义为:研究者根据一定的规则,用数量的方式描述研究对象所具备的某种特征或行为。这一过程所用的工具称为测验量表。一项测量的首要目标就是所分配的数字能够准确地反映测量对象的特征,实现所分配的数字与所要测量对象的特征之间的一一对应。一个最直观的例子就是我们对重量或温度的测量,在刻度表上总有一个数字与物体的重量或外界的温度实现一一对应。在组织管理学的实证研究中,我们对研究对象的测量通常有两种方式:实验操纵和问卷。在实验或准实验研究中(见本书的第5章和第6章),我们对自变量的测量大多是通过改变被试周边环境的方式实现的,例如,操纵物理环境(如温度和照明等)、角色要求(如工作职责等)、情绪状态(如诱导不同的心情等)。而在非实验法的研究中,我们对自变量的测量主要是应用各种形式的测验量表。相对实验操纵更强调对客观环境的操作,测验量表更多依赖的是填答者对测验问题的主观判断。因此,测量的准确性和稳定性对问卷研究至关重要。我们在本章对测量的讨论也因此主要集中在应用问卷法时的测量质量问题。围绕这一主题,我们将主要讨论三个方面的问题:测量质量的评价、测验量表开发的一般步骤及在中国组织管理研究中的测验开发与使用。

13.2 测量质量的评价

测量不是实证研究的最终目的,而是研究者考察变量间关系的手段。任何测量都服务于特定的研究目的,我们对研究对象的理解不仅决定了我们需要测量哪些特征,而且也决定了我们应该如何去测量(Pedhazur & Schmelkin,1991)。在测量中,研究者需要根据对研究对象的理解和认识,用高度抽象的语言去定义、概括所要研究的现象,并把这一定义中涵盖的概念特征进一步操作化,使之变成可以量化的测量指标。为了确保测量质量,我们需要在构念操作化过程中思考两个方面的问题:我们选用的测量指标与目标构念的关系是什么?这些指标能够准确、完整地实现对构念的测量吗?研究者对两个问题的处理和选择往往直接决定了后续的测量质量。

13.2.1 理论构念与测量指标

在实证研究中,假设发展在于论述变量或概念间的关系。但大多的组织管理概念往往都不是可以直接观察的,如人格、成就动机、组织结构、核心能力等。因此,我们用"构念"一词来描述、抽象这些特质或属性。这些构念不仅是我们对外界现象一种高度精确的概括,而且有助于研究者之间进行有效的沟通交流。研究者根据对这些理论构念的理解和定义,把抽象的概念具体化,找到合适的测量指标(indicator),从而对这些构念所代表的社会现象进行科学的描述、解释乃至预测。这就是我们常说的操作化的过程。

如前所述,我们对各种组织管理构念的测量往往不是直接的,而是通过与之相连的外在指标体系加以推论的。一般而言,我们可以应用两种不同的指标来测量理论构念:反映型指标(reflective indicator)和形成型指标(formative indicator)。区分这两类指标的主要因素是理论构念与测量指标的内在逻辑关系(Edwards,2011)。在反映型测量模型中,测量指标被认为是理论构念外在的表现形式。当构念发生变化时,测量指标也随之发生变化。与客观经验主义传统(empiricism)相一致,反映型测量模型认为理论构念代表了现象界的某种抽象的客观存在(entity),而使用的测量指标则是这种客观存在的各种外在表现形式。由于共同成分(common factor),即理论构念的存在,使得测验指标之间存在很高的共同变异。由于外在的反映性指标只是理论构念的某种具体的表现形式以及回答者的各种认知局限,测量过程往往是带有误差的(Edwards,2011)。因此,我们需要应用多项指标去重复测量一个共同的理论构念。多项指标的使用有利于消除各自的误差,使得测量结果更加接近于客观现实。这就是 DeVellis(2017)所讲的"有益的重复"(useful redundancy)。图 13-1 中模型 A 表示的就是这样一种关系。

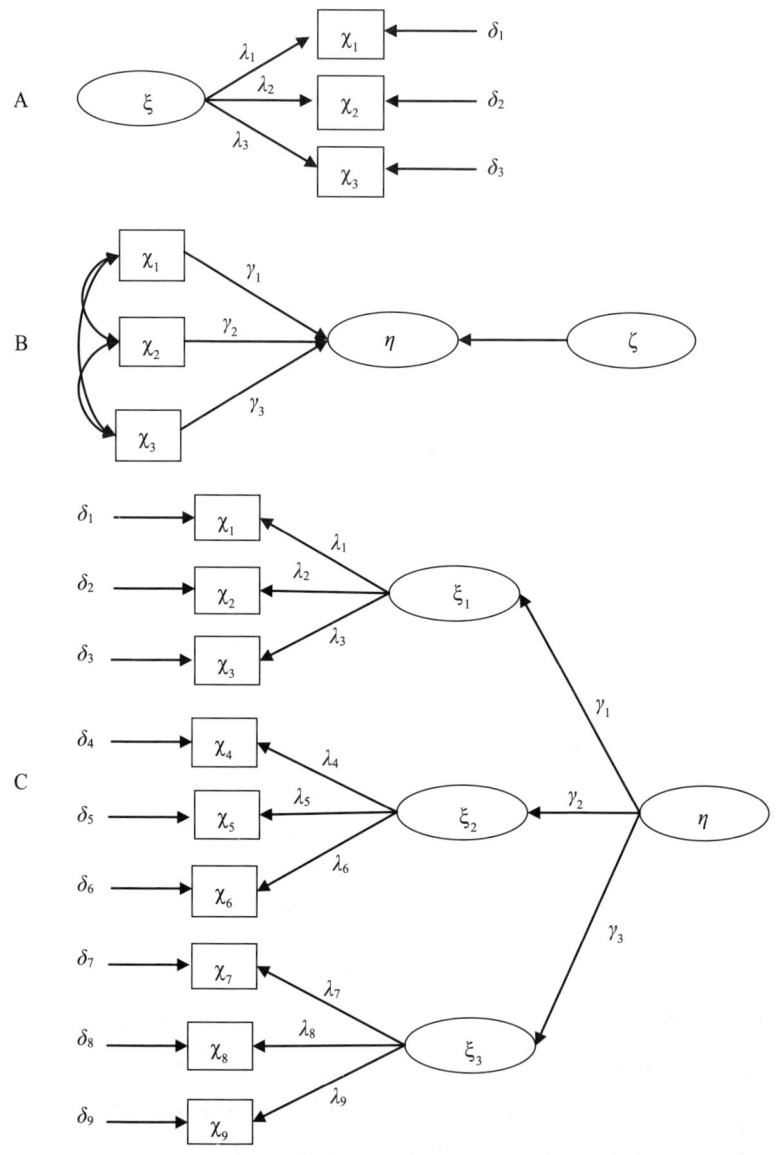

图 13-1 反映型指标和形成型指标与构念的关系

资料来源:Edwards,2011。

在组织管理研究文献中,知觉到的组织支持(perceived organizational support)

(Eisenberger et al.,1986)就是一个这样的概念。影响员工知觉到的组织行为可能有很多方面,如重视员工的福利、为员工提供有意义的工作、改善员工的工作环境、关心员工的成长等。但从抽象的概念而言,这些行为都代表着企业处理雇佣关系时最基本的出发点和动机。因此,这些测量指标都反映了企业处理雇佣关系时的经营理念,存在着很高的一致性。正是有了这样的假设前提,研究者才可以通过识别核心指标,通过对这些指标测量结果的平均整合,最终完成对这一概念的测量。

不同于反映型指标,"形成型指标"是指测量指标代表了一个理论构念的不同方面,而这些内容不同的测量指标通过互补整合最终生成某个构念的理论意义(Edwards,2011)。与主观建构主义传统(constructism)相一致,形成型测量模型认为各个测量指标通过一定的组合、作为一个整体共同构建了构念的意义。因此,不同于反映型测量模型,在形成型测量模型中,测量指标不带有任何的测量误差,而各不相同的若干测验指标通过一定的权重组合后产生的主观成分(principal component),就是我们所要的理论构念。如果测量缺少了某个指标,则我们对构念的理解和测量就是不完整的。图13-1中模型B说明了这样一种关系。常见的例子是,社会经济地位(social economic status),就是通过教育水平、工资收入、家庭背景等指标测量评估的。这些指标从不同的方面共同决定了一个人的社会经济地位。另外一个常见的例子是对工作满意度的测量。对这个概念的测量通常整合了一名员工对公司各方面的满意度(如公司、主管、同事、收入等)。如工作描述指数(job descriptive index)(Smith et al.,1969)中就是通过任务、上司、工资、晋升和同事五个方面的感受来整合反映一名员工满意度的。

在实证研究中,选择什么类型的指标来实现对构念的测量无疑是我们面临的首要问题。相对而言,反映型测量模型更加接近于实证主义的认识论传统。而形成型指标在使用中存在很多问题,很有可能影响我们的测量质量(Edwards,2011):(1)概念的模糊性。在形成型测量模型中,我们如果发现两名员工的满意度得分相同,但他们的测量得分来源很有可能完全不同。因此,形成型指标间多种组合的可能性使得我们很难清晰地解释一个构念得分的含义。(2)信度系数很难评估。如我们在第7章所述,问卷法由于依赖填答者对测验问题的主观判断而完成测量,必然存在一定的随机误差,造成测量结果的不稳定。用来评价测量结果稳定性的信度系数是我们使用测验量表的一个必要的评价指标。然而在形成型测量模型中,由于各个测量指标代表着构念的不同特征,所以在测量一致性系数较低(即测量结果的稳定性差)时,我们很难判断这样的结果究竟是因为随机误差过大,还是由于形成型指标之间的异质性。(3)统计上不精确。在形成型测量模型中,形成型指标被认为是形成构念的外在因素,而不带有测量误差。这一假设显然过高估计了变量测量的准确性,从而可能影响对变量间关系的统计判断。(4)构念效度(construct validity)难以推断。构念效度是指理论构念与变量测量结果之间的一致性程度(关于这一概念的详细论述请见本章后面的部分)。由于很多组织管理概念都不可以直接观察,所以我们很难对测量的效度进行直接的评估,而主要是从变量之间的关系进行推断。如果观测到的关系符合我们的预期,我们就认为对该构念的操作是具有效度的。但是由于形成型指标的异质性,我们很难找出适合所有指标的外在变量来检验其间的逻辑关系,推断测量结果的效度。(5)因果关系模糊。从测量的角度,测量指标与理论构念之间是一种部分与整体的关系,而不是一种因果关系。但是在形成型测量模型中,测量指标被认为是组成构念的一部分,各个指标通过一定的组合形成了整体构念,这种表述更接近一种因果关系。针对这些问题,Edwards(2011)建议我们避免使用形成型指标。如果研究确实需要这类指标,我们可以考虑将这类异质性的指标分解成不同的维度,从而使得单维构念变成多维构念(有关概念请见本书第14章),然后使用反映性指标去测量每一个维度,从而使得理论构念得到恰当地测量。我们可以通过图13-1中的模型C观察这一模型与形成型模型的区别。

由以上讨论可见,研究者可以使用两种指标中的一种完成对理论构念的测量。这两种测量指标描述了理论构念与其测量指标的不同关系,而与构念本身的性质无关。没有一个理论构念必须要求通过反映型或形成型指标来进行测量。例如,我们提到的社会经济地位和工作满意度完全可以通过反映型指标来进行测量。由于形成型指标存在的种种测量问题,我们并不鼓励研究者在测量时采用这样的指标。基于此,我们随后讨论的测量问题也大多与反映型指标相关。如果读者因某种特殊的研究需要,希望在测量中采用形成型指标,我们建议进一步阅读MacKenzie等(2011)的文章。

13.2.2 构念效度

实证研究的关键环节在于应用各种指标对所感兴趣的理论构念进行测量。因此,研究者必须对研究所使用的测验量表进行评价,以确保它能够稳定地、准确地反映所要研究的对象。理论构念与其测量结果(测验分数)之间的一致程度称为构念效度(construct validity)(Schwab,1980)。我们对测量质量的评价主要是在评估一个测验量表的构念效度,以此来评价它在多大程度上测量了它所想要测量的理论构念。

第 13 章 理论构念的测量

一般而言,三种情况会影响一个测验量表的构念效度:研究者的操作性定义出现了偏差、测量内容没有充分地反映目标概念、测验量表缺乏信度。为了便于理解,我们通过图 13-2 来表示这些影响因素与构念效度之间的关系。

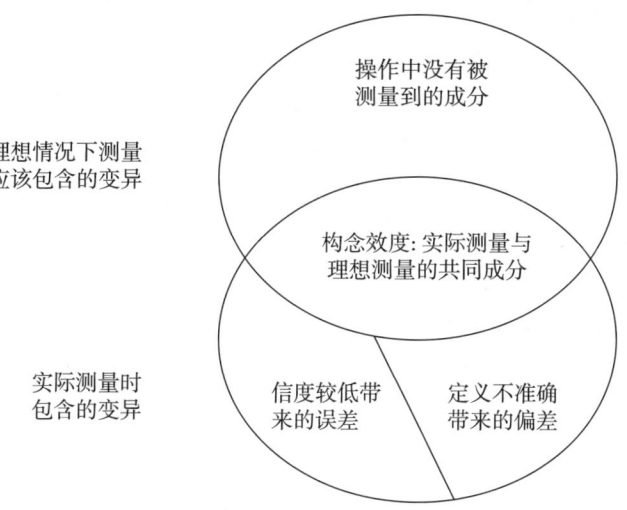

图 13-2　测验量表的构念效度及其影响因素

在图 13-2 中,上面圆圈包含的区域表示一个测验量表在应用到某个样本、准确测量目标构念时应该得到的变异量,也就是目标概念在现象界表现出的客观差异。下面圆圈包含的区域则表示在实际测验中,由于测量不准确而得到的变异量。一个测验量表的构念效度就取决于两者交叉的共同部分。两者交叉部分的变异越大,就意味着一个测验量表越能捕捉到它想要测量的理论构念,其构念效度就越高。而当一个测验量表没有完整包含构念应该测量的成分时(即圆圈交叉部分),我们称它没有充分地反映理论构念、在测量内容上是有"缺陷"(deficiency)的。例如我们发现中国背景下的组织公民行为(organizational citizenship behavior, OCB)概念包含了注重人际和谐的成分,而这个成分在西方开发出的测验量表中是观察不到的。这时如果我们在中国样本中使用了国外的测验量表,其测量分数由于没有包含人际和谐的成分而无法充分反映 OCB 这个概念在中国组织中应该包含的内容(参见 Farh et al.,1997;Farh et al.,2004)。

除了测量不足的问题,实际测量分数还有可能因操作不当而受到"污染"(contamination)。测量分数的污染一般有两种可能:(1)测量中的随机误差变异(random error variance)。一个测验分数包含的随机误差成分越大,测量结果的稳定性也就越差,该测验的信度就越低(本章后面部分对信度有较为详细的讨论)。

(2) 测验内容包含了除目标构念外的其他系统性变异(systematic variance)。这一部分变异主要是由于研究者对理论构念的理解不精确,在测验中加入了与其定义不符的内容而造成的。如组织承诺量表(organizational commitment)(Mowday & Steer,1979)就是这样的一个例子。这一量表在开发时包含了三个成分:对组织目标和价值观的接受、愿意为企业的发展努力工作、希望保留组织的成员身份。其中,第三个成分与我们常用的离职倾向(turnover intention)高度相关。这样我们在测量组织承诺时,测量结果就同时包含了离职倾向的内容,造成了测量上的混淆,以及推断变量间关系时的模糊。意识到这一问题,现在研究者通常在使用组织承诺量表时将这一部分内容排除在外。

根据上面的讨论,我们可以得出提高测验构念效度的三条基本原则:第一,充分了解研究现象,准确地定义由现象抽象出的理论构念,使得测验内容最大可能地包括理论构念中的各个成分。第二,清晰理论构念的边界,发展出清楚的测量指标,最大可能地降低与其他相关概念的关联程度。第三,最大可能地控制各种随机因素对测验结果的影响,如测验时的物理环境、被试的心情等。为了实现这样的目标,我们需要在测验量表开发时就关注每一个操作步骤,以保证其构念效度,实现测量目标。

13.3 测验量表开发的一般步骤

如前所述,由于组织管理研究中构念的特殊性,一个测验量表的构念效度无法通过直接观测完成,而是基于对测量结果的推论而得出的。为此,研究者需要通过一系列的操作步骤去逐步推断一个测验量表的构念效度。我们在这一过程中得到的支持证据越多,就越能保证目标构念得到了恰当的测量。下面我们就逐一讨论测验量表的开发步骤,以及每个步骤中需要注意的关键事项。

13.3.1 构念说明

发展测验的首要任务是准确地定义我们所要测量的目标构念,明确这一构念在现象界的核心特征。一个好的构念说明(construct explication)应该准确地阐明概念的理论边界,既明确测量中应该包括的内容,也应该与相关的概念有所区分,明确需要将哪些内容排除在外。这是我们开发出的高质量测验量表的前提条件。一个构念只有当其他研究者都能够了解并同意它包含的内容时,我们才能推断其构念效度,讨论基于这一概念的研究发现带来的管理学意义。但是不少研究者往往在开发测验量表时忽略构念说明的重要性,他们大多以为提出变量的名字就已经做出了定义(MacKenzie et al.,2011)。如何才能发展出一个准确而充分的构念说明呢?

从语言方面的要求上讲,一个好的定义必须精确简练,不能使用晦涩难懂的、带有歧义的甚至带有比喻象征手法的语言。同时一个好的定义不能使用类似、相近的名词作为概念定义的一部分。除语言方面的要求外,我们认为一个好的定义还应该具备以下五个方面的特征:

第一,清晰地定义目标构念的性质。在定义一个构念时,我们需要明确该构念对应的社会现象。例如,我们需要测量的构念究竟是一种客观的组织特征还是对这种特征的主观感知。很多时候正是因为我们没有充分理解构念的性质,就开始发展测量指标,才造成语义上的混乱,继而导致测量结果与目标构念之间的不一致(Schwab,1980)。为此,MacKenzie等(2011)建议在开发测验量表前,研究者需要说明所测量的构念应该属于哪一种性质:想法(如认知、价值观、行为意图等)、感情(如态度、情绪等)、感知(如公平感、组织支持感等)、行为(如组织公民行为、领导行为等)、结果(如工作效果、组织绩效等)或是固有的特质(如能力、个性/组织特征、个体差异等)。这些界定有助于我们明确测量目标的性质,从而选择合适的语言表达,准确地测量目标构念。

第二,准确地说明所测量构念的理论边界,明确哪些内容应该包括在我们的目标概念中,哪些内容又应该排除在我们的目标概念之外。一个好的定义不能过于宽泛,也不能过于狭隘。当一个定义包含了无关因素,可能会"污染"发展出的测验量表时,它就过于宽泛;但它如果剔除了应该包含的因素,可能会使发展出的测验量表有缺陷时,它就过于狭隘。为了避免这两种情况,我们需要在测验量表开发之前,充分地理解目标构念的核心特征,详细地区分目标构念与现有相近的构念。这种努力能够有效地说明目标构念的特殊性,易于被其他研究者接受和采用,也为后续的构念效度检验奠定了基础。

第三,清楚地界定理论构念的层次。构念的层次是指我们在描述管理现象时所基于的研究对象,也是我们希望做出研究结论的层次。例如,如果研究的目的在于了解员工组织公平感对其离职意向的影响时,我们感兴趣的概念就在个体层次,那么相应的测量就应该反映个体对组织公平的认知和判断;但当我们关心的是部门公平气氛的作用时,感兴趣的概念就处于团队层次,这时的测量必须能够反映该团队内所有成员对组织公平的评价。在测量中,我们需要用"我们认为……"这样的句子来改变测量的指向对象,反映构念的层次(Chan,1998)。在一致性的证据支持下,将每个员工的评分进行整合,最终形成与概念层次相匹配的测验分数。由此可见,我们对构念的定义和说明决定了测量的层次,以及如何恰当地搜集和分析研究数据(Klein et al.,1994)。

第四,在构念说明时,我们需要确认它所应包含的关键成分或核心特征。核心特征是将一个构念和其他概念进行区分的重要标准,也会影响后续发展相应的测验指标。如果我们可以通过同质性的测验指标完成对目标构念的测量,所发展出的测验量表就是单一维度(unidimensional)的。如果无法实现这种操作,我们需要思考和界定目标构念的各个部分及其之间的关系。在明确构念多维(multidimensional)结构的基础上,针对各个异质性的维度发展恰当的测验指标。因此,明确构念的内部结构和核心特征也是我们对其操作化的一个必要步骤。有关单维构念与多维构念的论述请参见本书的第14章。

第五,在明确构念内部结构的基础上,说明与目标构念密切相关的前因变量与后果变量。如前所述,组织管理研究中的很多构念是研究者根据一定的社会现象经过理论抽象而成的,它们并不存在一个客观实体让我们进行直接测量。所以,我们对一个测验量表构念效度的考察主要依据其测量分数与其他变量之间的关系进行推断。为了更好地服务于这一目标,我们应该说明目标构念与其他构念间的因果关系。这是构成研究假设、推论测验量表构念效度的一个必要步骤。一个经典的例子就是Organ(1988)对OCB的定义。Organ首先把OCB定义为"一种自愿性质的个人行为。组织内的正式奖励机制虽并没有正式地或直接地认可这种行为,但这种行为在整合后可以促进企业整体的有效运作"(1988:4)。在这一定义的基础上,Organ进一步阐明OCB作为一种亲社会行为(pro-social behavior),在日常工作中有五种常见表现形式:责任心(conscientiousness)、利他主义(altruism)、运动员精神(sportsmanship)、礼节(courtesy)和 公民美德(civic virtue)。在这个例子中,Organ清楚地说明了OCB是一种个人具体的工作行为,它区别于一般的绩效概念。同时,它是多维度的,不只有单一的表现形式。就整体效果而言,它对企业运作绩效有积极作用。这样的构念说明清楚地定义了OCB的构念边界,为发展与之相应的测验量表奠定了很好的基础。

13.3.2 产生测验题目

在确定了构念的边界后,我们就可以在此基础上对其进行操作化。一般而言,我们可以遵循两种不同的思路产生测验题目(item generation):演绎法(deductive approach)和归纳法(inductive approach)。在基于演绎法的测验发展模式中,研究者通过整合已有的文献,就可以进行清晰的构念说明,确认测验指标应该涵盖的范围。在这一前题下,研究者通过自己对概念的理解,发展或改编现有的测验题目,就可以实现对构念的操作化。因此,这是一种"由上而下"的测验量表开发模式(Hinkin,1998),研究者的主要任务是根据现有的文献,确立目标概念的理论边界,以此为基础发展出与之相匹配的测验题目。

在归纳法中,研究者依赖现有的文献通常并不能完全理清目标构念的内部结构,以及确定概念操作时需要的关键测量指标。在这种情况下,研究者需要通过定性方法去了解构念的内容与结构,产生测验指标。这是一种"由下而上"开发测验量表的模式(Hinkin,1998),研究者需要通过各种方法搜集关于构念内容的描述,广泛地征求符合这些内容描述的例子,在此基础上进行筛选、分类,发展出初步的测验题目。因而相对演绎法,研究者在发展测验题目时需要付出更多的精力。但是由于测验题目直接来自被调查者,所以测验本身往往具有较高的表面效度(face validity),有利于发展适合中国管理情境的测验量表。因而,这种方法近年来受到了很多的关注。

一般而言,利用归纳法开发测验题目需要六个步骤:(1)根据研究问题的性质,选择代表性样本,搜集原始素材。研究者可以借助五种途径来搜集信息:关键事件(critical incident)、焦点小组访谈(focus group interview)、个人访谈(personal interview)、开放式问卷(open-ended survey)和二手资料(secondary data)。在搜集材料时,为了指导被调查者准确地提供有用的信息,研究者需要清楚地定义研究问题。如有可能,研究者还可以向他们提供几个例子,以此来约束和引导参与者,使得搜集的信息符合研究者的需要。(2)分析原始信息,删除不符合要求的描述,将同类的描述进行合并整理。在这一阶段,研究者应该仔细分析每一条描述,确保这些搜集的信息能够准确地描述自己的研究问题。由于参与者往往并不能完全了解研究者的需求,因而他们提供的信息不能在没有检验的基础上进入下一阶段的分析。如果这一阶段不能及时删除无关的内容,我们对构念的操作性定义很有可能出现偏差,导致最后发展出的测量题目受到污染。(3)确定编码分类原则,根据一定的语义标准将整理后的描述进行分类,在概括性说明的基础上,对分类的一致性进行检验,以控制内容分析过程中的主观性。(4)根据归类结果,根据其代表性特征,确定构念描述的内在结构维度。(5)为每个维度进行定义说明。需要注意的是,在这一阶段中,我们不能直接从参与者提供信息中发展测验题目。因为这样的题目往往来自某一具体的情境,不具有普遍的适用性。研究者需要有效地整合相关信息,发展出具有较高抽象水平的代表性描述。(6)在确定分类系统的客观性后,在维度定义说明的基础上,发展与之匹配的测验题目。我们在图 13-3 中列出了以上六个步骤,以及每一个阶段主要的任务。

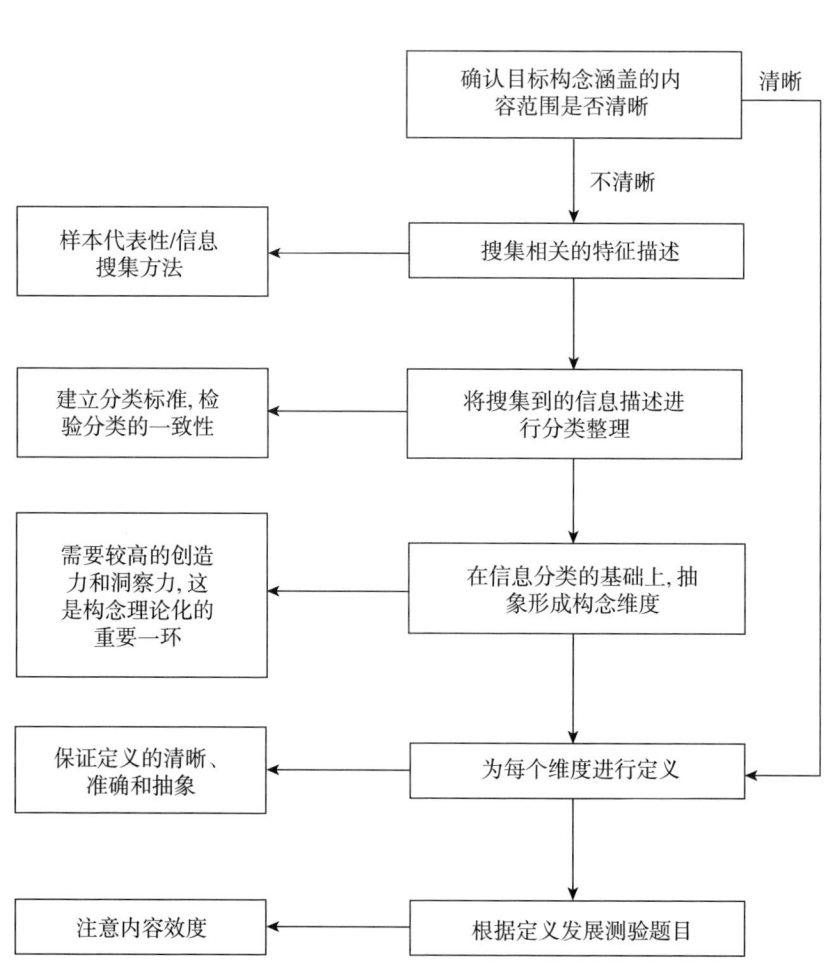

图 13-3 测验题目开发过程及其关键问题

需要强调的是,无论演绎法还是归纳法都可以帮助研究者发展出高质量的测验量表。研究者可以根据对研究现象的了解程度而有所选择。为了进一步说明这两种测验开发思路在实际中的应用,我们整理了 AMJ 上 2001—2016 年发表的新测验(见表 13-1),对其发展步骤进行了分析,以供各位读者借鉴。从表 13-1 中可以看出,研究者在发展测验题目时大多同时结合使用了两种方法:第一,通过访谈等定性方法搜集与自己研究问题相关的事件(incident);第二,基于以往的相关研

表 13-1 测验题目开发范例

构念	作者	构念的定义	问卷题目的形成过程	题目形成的方法
矛盾性领导行为（paradoxical leader behavior）	Zhang et al., 2015	为了应对工作场所中有冲突的工作任务，领导者表现出有矛盾但相关的行为	• 明确构念的边界后，阅读现有关于领导行为测量的文献 • 对28名被试进行了访谈，搜集了86个相关事件 • 整合以上两个来源，得到了26个题目，由三名组织行为学专家评价其清晰程度、内容效度和完整性，并最终达成一致 • 通过探索性因素分析和验证性因子分析，最终得到26个题目	演绎法和归纳法
促进性和抑制性建言（promotive and prohibitive voice）	Liang et al., 2012	促进性建言是为提高企业效率而提出新观点和新方法，抑制性建言是指就组织中的阻得效率的问题提出预防性的观点和措施	• 经过文献阅读，搜集整理了促进性建言25题、抑制性建言16题 • 通过整理建言以定性材料，搜集了促进性建言38题、抑制性建言18题 • 消除内容重复的题目，并请10名博士研究生评价题目与建言定义的匹配程度，最终留下12个具有代表性的题目 • 经过239人的样本分析，删去了质量不合要求的题目，最终留下10题	演绎法和归纳法

(续表)

构念	作者	构念的定义	问卷题目的形成过程	题目形成的方法
产品开发和探索（product exploitation and exploration）	Voss et al., 2008	产品开发是指基于现有的产品能力进行彻底性的变革，产品探索是指对现有的产品能力进行营销或适当改进	• 对24名某领域的专家进行小组访谈，讨论在该领域内的创新开发和冒险尝试，了解该领域的具体表现形式 • 根据专家反馈和构念定义，作者发展了最初的题目，并请四名管理者评价其清晰程度、效度和完整性 • 在管理者反馈的基础上，最终确定了6道题目	归纳法
高绩效人力资源管理实践（high-performance HRM practices）	Sun et al., 2007	高绩效人力资源管理体系是一系列能够共同影响公司绩效的人力资源实践组成，反映了一个组织管理雇用关系的战略选择	• 确定人力资源实践的范围 • 经过文献阅读，搜集整理了高绩效人力资源的相关条目，构建了原始的指标库（item pool） • 通过对人力资源经理进行访谈保证条目的相关性，并由这些经理提供人力资源实践的条目 • 通过预调研，进行探索性因子分析和验证性因子分析，最终保留27个条目	演绎法和归纳法
工作角色绩效（work-role performance）	Griffin et al., 2007	工作绩效包括以工作内容为主的业务熟练程度，对不确定环境的适应性和主动性	• 搜集整理现有的量表，发展测量题目 • 根据研究者的理解和概念定义，整合以上两个来源，得到了40道题目以自行发展测量9维度的绩效模型 • 进行预测试，通过探索性因子分析，排除不合格的题目，最终形成27题	演绎法

398

(续表)

构念	作者	构念的定义	问卷题目的形成过程	题目形成的方法
基于承诺的人力资源管理实践（commitment-based HR practices）	Collin & Smith, 2006	建立在共同、长期员工与组织交换关系基础之上的人力资源管理实践	• 整理以往文献，研究者从前人的研究中找出了相关的题目，并进行了修改 • 三名人力资源经理对上述题目的适用性进行了评估，产生了16道题目，3个维度 • 通过因子分析和信度分析，最终保留了这16道题目	演绎法
创造力自我效能（creative self-efficacy）	Tierney & Farmer, 2002	个体对拥有创造能力的一种信念	• 通过回顾文献，建立了初步的问题集 • 46名工作在各部门的被试检测了问题的清晰程度，将题目减少到13题 • 233名员工回答了这13道题目，通过探索性因子分析最终保留下3题	演绎法
社会破坏（social undermining）	Duffy et cl., 2002	妨碍他人建立和维持积极的人际关系，工作上的成功和良好名声的行为	• 从相关文献中得到初步的测验题目，修改和调整这些题目，使得题目符合工作场所中的社会破坏行为 • 通过小组座谈（focus group interview），要求被试列出反映在工作场所中消极社会行为的例子，由研究团队得出与定义相一致的例子，并加以修改 • 结合两项来源，共得到72个因子，通过探索性因子分析和验证性因子分析，最终保留了26道题目	演绎法和归纳法

第13章 理论构念的测量

(续表)

构念	作者	构念的定义	问卷题目的形成过程	题目形成的方法
工作嵌入(job embeddedness)	Mitchell et al., 2001	阻止个体离开现在工作岗位的各种现状	• 根据构念定义,选择采用一些客观指标评估嵌入程度,如婚姻状况、孩子的数量、住房的所有权、工作年限等因素 • 由传统的态度测量量表经修改后得到题目 • 作者们对构念进行讨论,阐明其构念成分并形成新的题目 • 通过在两家杂货商店和一家医院进行访谈,发展适合定义的题目 • 通过预调研,对题目进行检验,最终包括6个维度,40道题目	演绎法和归纳法

究,自行开发测验题目。这种方法既保证了测验的内容效度,同时也提高了测验在应用时的表面效度,值得我们学习借鉴。

无论采用哪种开发思路,研究者在这一阶段的目的都是开发出足够多的测验指标,使得它们足以涵盖构念的理论边界。为了达到这一目的,Clark 和 Watson(1995)提出了再开发测验题目的两条指导原则:(1)这个阶段开发的测验指标库应该比目标构念涵盖的范围更广;(2)在没有充分把握时,测验指标库可以包含一些最后被证明是无关紧要的,或者甚至与目标构念不太相关的内容。Clark 和 Watson 之所以提出这两条原则,是因为如果研究者无法在这个阶段开发出充分体现理论构念的测验题目,随后任何基于心理测量学的定量分析都于事无补。而那些无关的测验题目,却可以通过定量分析的方法加以删除。所以在开发测验题目时,充分反映概念内涵是我们应该坚持的首要原则。

13.3.3 内容效度的评价

在开发出测验指标库后,研究者的任务是对这些指标进行基于心理测量学的评价,以删除容易引起误解、影响测验质量的题目。在这一过程中,我们首先要评价的就是测验指标的内容效度。内容效度(content validity)是指测验内容在多大程度上反映或代表了研究者所要测量的构念(Haynes et al.,1995)。就测验的内容效度而言,三种情况特别值得我们关注:(1)遗漏了一些反映构念内容的测量指标;(2)包含了一些与构念内容无关的指标;(3)在估计构念的不同成分对测验分数的影响时出现偏差(Haynes et al.,1995)。只有当对一个构念的测量准确地涵盖了它的关键特征时,我们才称所使用的测验是具备内容效度的。

一个测验的内容效度是建立其构念效度的必要前提。为了开发出具有内容效度的测量问卷,研究者必须依循一定的理论架构,选择能够完整涵盖研究范围的测验指标。在目前的实践中,研究者大多通过定性的方法去评价一个测验的内容效度。定性评价的方法是指通过一组某个领域的专家就特定构念的测量是否符合他们对此构念的认识进行主观判断。例如,Organ 等(2006)曾就内容效度评价了 Van Dyne 和 LePine(1998)开发的建言行为量表。Van Dyne 和 LePine(1998)将建言行为定义为"即使有时遭到其他人的反对,员工也为变革提出创新性建议,或为现行程序提出修改意见",并据此开发了 6 道题目来测量这一构念。Organ 等认为 Van Dyne 和 LePine 发展的题目过于宽泛,已经超出概念定义的边界。例如,有的题目(如"该同事参与影响科室工作生活质量的事务"和"该同事提出并鼓励其他人参与影响到团队的事务")泛指员工参与到与团队有关的各种事务中,但是这种参与可能仅仅限于参加相关会议、积极聆听并实施大家的想法，并不一定通过提出建议的方式实现。有的题目（如"我很清楚自己的建议在哪些问题上可能对科室有帮助"）则过于强调行动结果，而不仅仅是提出建议。基于这种评价，Organ 等认为即使 Van Dyne 和 LePine 发展的测验量表符合心理测量学的相关要求，也应该就其测量内容进行修订。Organ 等的分析为我们树立了一个评价内容效度的榜样。

除了定性方法，研究者也尝试讨论了如何从定量的角度检验一个测验的内容效度。两种简单易行的方法值得推荐：第一种方法是直接评价测验题目与构念定义的匹配程度（Schriesheim & Hinkin，1990）。在这种方法中，研究者让一组评价者阅读构念的定义和测验的题目，并逐一判断测验题目是否反映了构念定义。如果一个测验指标能够在所要测量的构念上得分超过60%，就认为它具有良好的内容效度。由此，研究者可以判断哪些测验指标比较清楚地反映了所要测量的构念，应该予以保留；哪些指标没有反映所要测量的构念，应该予以删除。这种方法简单、容易操作，评价者仅仅需要从语言认知的角度判断构念定义和测验指标间的匹配关系，并不需要特殊的专业知识，一般大学生都可以胜任。第二种方法是通过评价测验题目区分度的方法实现对内容效度的定量评估（Hinkin & Tracey，1999）。与第一种方法类似，这种方法同样只需要评价者在 Likert 量表上评价构念与测量指标的匹配程度。但是这种方法的基本假设是一个指标在目标构念的得分应该显著地高于它在其他相关构念上的得分。如果它在所要测量的构念上的得分显著地高于在其他构念上的得分，就证明这个测验指标是有内容效度的。因此，这种方法需要同时包括多个构念，根据某个测验指标在这些构念上的得分，应用方差分析程序比较其在多个构念上的得分来判断它的内容效度。可见，与第一种方法的主观评价不同（60%作为临界值），这种方法对某一测验指标的内容效度进行了具有假设检验性质的判断。需要指出的是，这些定量分析方法只能从测验指标库中找出那些缺乏内容效度的指标，并不能识别已有测验指标在内容上的缺陷。因此，在评价内容效度的时候，我们不应过分依赖这些定量的方法。

13.3.4 内部结构的检验

对理论构念进行测量的最终目的是根据被试对各个指标的回答，最后整合得出一个测验分数作为下一步因果关系检验的基础。在得出这一分数之前，我们必须确认这些测验指标从被试的角度反映了同一个理论构念，这时得出的观测值才有意义。测量指标的单一维度性（uni-dimensionality）是测量理论中一个最为基本和关键的假设（Gerbing & Anderson，1988）。在开发测验量表时，我们主要是通过探索性因子分析(exploratory factor analysis, EFA)与验证性因子分析(confirmatory factor analysis, CFA)评价测验的内部结构,对测量指标间的单一维度性进行检验。

当对一个测验的内部结构缺乏清楚的理论预期或第一次使用相关测量指标时,由于无法确切判断测量指标能否代表所测量的理论概念,研究者可以依赖的方法就是探索性因子分析:将所有的指标一起由一组被试回答,将其得分进行因子分析,再由得到因子负荷(factor loading)值来判断构念效度的好坏。如果测量同一维度或成分的各个指标能够聚合在一起,其因子负荷量越大(通常需要大于0.4),同时在其他维度或成分上的因子负荷越小,则表示该测验的内部结构越清楚,整体构念效度愈高。通过探索性因子分析,我们可以发现不能充分反映理论构念的指标(如因子负荷非常低),或者语义模糊、存在多种解释可能的指标(如出现负向的因子负荷或最大负荷没有落在所测量的因子上等)。根据这些信息,研究者可以确认一个测验的内部结构,建议哪些指标应该被剔除,哪些维度应该增加指标等。在删除了不合格的测验指标后,研究者需要重新搜集数据,执行因子分析程序以进一步确认测验的内部结构。

探索性因子分析适合在测验量表开发的初期使用。在我们对测验与构念之间的关系有了初步的知识和清楚的预期后,我们应该使用验证性因子分析。相对于探索性因子分析,验证性因子分析具有两个明显的优势:第一,验证性因子分析程序强调研究者对测量模型的限定,就测验中包括的构念数目,以及构念与测量指标的关系进行非常清楚的界定。而在探索性因子分析中,由于研究者并不清楚测验中包含了几个构念,以及构念与测量指标之间的关系,因此通常假定每个指标都与每个构念都存在一定的关联。第二,验证性因子分析是在控制测量误差的情况下,观察测验指标得分与假设理论测量模型之间的契合程度(model fit)。如果假设的理论模型与抽样测量的数据能够很好契合,我们就认为测验的构念效度得到了支持。因此,验证性因子分析程序是一种带有假设检验性质、检验测量质量的统计方法。而在探索性因子分析中,构念的数目及构念与测量指标之间的关系往往需要一些统计量加以主观判断。在组织管理研究中,我们很难想象研究者在编制问卷时对构念与测验之间的关系一无所知,因此在检验量表内部结构时,如果我们不是在发展新测验或是在一个新情境使用测验,我们应该选择验证性因子分析程序检验测验的测量结构,而不是选用具有探索性的分析方法(Podsakoff et al.,2003)。

近年来,数据的嵌套性受到组织管理研究者的普遍关注。在嵌套数据结构里,观测值出现了相互关联的问题,从而违反了数据之间的独立性假设(independence assumption)。在这种情况下采用传统的统计分析(如验证性因子分析)会导致估计的偏差增加,以及统计效力的下降(Kenny & Judd,1986)。如果存在数据的嵌套问题,研究者在检验测验的测量结构时,就需要应用多层次验证性因子分析(multilevel confirmatory factor analysis,MCFA)程序。多层次验证性因子分析程序旨在通过同时在低层和高层对数据结构进行估计,从而得出准确和无偏的参数估计(Dyer et al.,2005)。该方法分为五个步骤:第一步,对数据进行传统的验证性因子分析,即采用传统的方法进行验证性因子分析,不考虑数据的复杂嵌套结构;第二估计变量在高层次的变异。通过对有待进行验证性因子分析的测量条目的变异来源进行分析,判断是否适合进行多层次验证性因子分析。如果第二步发现变量的变异确实有一部分来自高层次,则第三步和第四步把这些变量的变异分层进行验证性因子分析。第一步到第四步均是在提供一些基础性信息,以及检验当前模型是否适合进行多层次验证性因子分析。最后一步则是对模型进行正式的多层次验证性因子分析,即在一个模型中将潜变量在不同层次上进行区分,并且采用多层次分析方法对各层的因子载荷等进行同时估计。在最近的一个例子中,Li等(2017)检验团队建言对团队生产率和安全绩效的影响。他们假设团队促进性建言(表达对改善工作团队的新想法和建议)有利于促进团队创新,从而提高团队生产率,而团队抑制性建言(针对影响组织效率的各种工作实践、事件或员工行为表达自己的观点)有利于强化团队监督,从而提高团队安全绩效。为了检验这样的假设,他们必须首先表明团队促进性建言和抑制性建言是两个从测量上可以区分的变量,然后检验它们对绩效的不同影响。由于员工建言既具有团队特征(由领导方式、团队互动等因素造成),又具有个人独有的特征(由个体经历、性格特征等因素造成),作者就采用了多层次验证性因子分析,在控制个体层次促进性和抑制性建言的区别基础上,检验了团队层次两个概念之间的区分程度。现有的一些统计软件(如 Mplus)均可实现这样的统计分析程序。有关探索性和验证性因子分析的内容将在第 15 章中进一步介绍。

13.3.5 内部一致性与稳定性的评价

一个测验除了要在内容结构上符合概念定义和理论预期,它还必须能够稳定地、精确地测量我们感兴趣的构念。如果一个测验在使用过程容易受到各种无关随机因素的干扰,测量分数必然是不稳定、不可靠的。在测量中,我们用"信度"来评价测验结果的一致性、稳定性及可靠性。美国心理学会把信度定义为"测量结果免受误差影响的程度"(American Psychological Association,1985:19)。依据这一定义,信度被理解为一个理论构念的真实分数(true score)在测验总体得分中所占的比例。如图 13-2 所示,测量中的随机误差(random error)越大,测验得分与真实分数之间的差距越大,所得到的测量结果也就越容易出现随机波动,测验的信度也就越低。

因为组织管理研究中理论构念的主观性,我们无法直接计算一个构念的真实分数与其测量误差,但是我们通过各种间接推断测量误差的方式实现对信度系数的估计。常用的方法有以下三种:第一,最直接的方式是同时发展两份内容等效、但题目不完全相同的测验(parallel forms)。每个被试需要同时回答这两份测验。测验结果之间的相关系数越高,就意味它们共同评价的构念内容越多,受到无关随机因素的影响越小,该测验的信度系数也越高。这种方法需要研究者发展两套测验,而被试也需要更多的时间和精力去完成测验。实施起来比较容易引起被试的反感。所以,这种方式大多应用在教育学领域,而在组织管理研究中并不常见。

第二,评价一个测验的内部一致性。针对第一种方法的不足,测量学者尝试通过评价一个测验中不同指标之间的同质性来计算信度系数。常用的评价方式:(1) 折半信度(split-half reliability),即把一个测验的问题平均分为数目相等的两半(如奇数题组和偶数题组),各自独立计分,然后计算这两组题目得分的相关,由此推断测验的信度系数。这种思路接近第一种方法。(2) 库李信度(Kuder-Richardson formulas 20 and 21;KR-20, KR21)。这是一种针对是非选择题型(如答对计 1 分、答错计 0 分的二元计分法)的信度估计方法。如式(13-1)所示,ρ 是指库李信度,μ 是指由样本得出的平均值,σ^2 是指由样本得出的方差,K 是指问题的数量。由于这种非对即错的二元测量丧失了很多变量信息,这种计算信度的方式近年来很少出现在组织管理研究中。感兴趣的读者可以参考 Saupe(1961)进一步了解这种方法。

$$\rho_{XR21} = \frac{K}{K-1}\left[1 - \frac{\mu(K-\mu)}{K\sigma^2}\right] \qquad (13-1)$$

(3) 在组织管理研究中,目前最常用的信度评价是针对 Likert 量表开发的 Cronbach α(Cronbach,1951)。它的主要思路是通过应用多个指标对目标构念进行重复测量,以方差分析方式,从整体测验得分中区分出由构念本身造成的共同变异量(between-subject variance,视为一个测验的真实分数)和由被试个体差异造成的变异量(within-subject variance,视为测量过程的各种随机误差),以此来估计该测验的信度系数。这种信度系数可以用式(13-2)加以表示。

$$\alpha = \frac{k}{k-1}\left[1 - \frac{\sum \sigma_i^2}{\sum \sigma_i^2 + 2(\sum \sigma_{ij})}\right] \qquad (13-2)$$

式中，$\sum \sigma_i^2$ 代表测验指标或题目 i 的变异量，$\sum \sigma_{ij}$ 代表测验指标或题目 i 与 j 间的共同变异量，k 则指测验所包含的指标或题目数。当这些指标完全没有相关性时，它们的共同变异量为零，测量分数的变异完全来自外界各种无关因素，测验的信度为零；测验指标间相关越高，它们的共同变异量越大，测验的信度也随之增大。在测验应用中，我们一般引用 Nunnally（1978）的标准，认为 Cronbach α 的值达到或大于 0.70 即已足够，但这实际上是对 Nunnally 的一种误读（Lance et al., 2006）。Nunnally 强调信度要求应该与测验的使用目的相一致。在研究初期，由于测量的目的只是检验理论构念测量的可行性，出于节省时间和精力的考虑，测验信度达到 0.70 即可。而在一般的基础研究或具有应用性质的研究中，信度要求应该达到 0.80。当我们把测验分数用于重要的决策时，信度应该高于 0.90，以尽量控制测量误差对研究结论的影响。测量中的随机误差会降低变量之间的相关性、增大参数估计时的标准误差，从而影响研究者在推断变量间因果关系时的结论。因此，我们在研究中不应该以 Nunnally（1978）强调的、在探索性研究中的 0.70 作为衡量信度系数的最低标准，而应该尽最大可能去控制测量过程的各种误差，以提高测量的信度系数。

在强调信度系数临界值（reliability cutoff）的同时，我们应该注意内部一致性系数也不是越高越好。在发展测验时，研究者应该注意平衡内部一致性和内容完整性之间的关系。这一问题经常被比喻为"准确性"（accuracy）和"音宽"（bandwidth）之间的关系。当一个测验的内部一致性系数过高时，它不但不会有利于构念效度，反而可能会因削弱测验的内容效度而最终影响构念效度（Clark & Watson, 1995）。这是因为过高的信度系数可能不仅仅来自测量误差的减少，也可能来自测验指标之间在内容上的简单重复。因此，过高的信度系数可能意味着研究者在开发测验时并没有充分地选取内容样本。当有些研究者为了获得较为理想的内部一致性系数，而删除很多在内容上符合概念定义的测验指标时，这种情况很常见。这种以牺牲测验内容完整性来实现内部一致性的做法是不可取的。当无法获得理想的内部一致性系数时，研究者应该首先检查测验指标的内容是否清楚、数量是否足够等。如果这些检查无法奏效，很有可能意味着研究者对构念内容的分析存在缺陷。这时应该仔细梳理构念的内部结构，进一步考虑针对异质性的指标重新开发测量题目。如果确有必要，可以考虑将原有的单维测验开发成多维度测验。这样，我们就可以实现通过提高测验的精准度，而不是通过舍弃测验内容完整性来提高信度系数。

第三，在两个不同的时间点，使用同一个测验，对同一组参与者施测，两次测量所得结果的相关系数就是重测信度(test-retest reliability)。两次测量结果的相关越高,该测验结果的稳定性越高,重测信度也就越高。可见,内部一致性信度系数是应用多个内容一致的测量指标,通过评价被试在各项指标上得分的一致程度而得出的。而重测信度系数评价的是在不同的时间点对回答者进行重复测量时,测验结果的稳定程度。因为现在组织管理研究更加注重因果关系推论的严谨程度,我们在研究设计中往往需要考虑变量的时间维度(Sonnentag,2012;温忠麟,2017)。这时,仅仅评价测验的内部一致性系数是不够的,评价这些指标在时间维度上的稳定性就成为估计测量误差的一个必要程序。但重测信度经常会受到一些干扰,例如,由于间隔时间过短,被试回答了和第一次测量时相同的答案,可能产生高估的信度系数。或者由于间隔时间过长而导致所测量的变量内容发生了变化,因而降低了对测验信度系数的估计等。根据测量变量的性质,进行恰当的研究设计是估计重测信度的关键环节之一。

13.3.6 聚合效度和区分效度

对测验内部结构和测量误差的分析可以帮助我们分析测量质量,剔除不符合测量要求的指标。但这些分析只是保证构念效度的一个必要条件,并不是一个充分条件。例如在测量一个单一维度的概念时,通过因子分析和内部一致性信度分析,我们发现所有的测量指标在潜变量上的因子荷重都非常高,测量误差也比较小。但由于潜变量是无法直接观测的,因此我们无法确认这些指标产生的潜变量就是我们所要测量的理论构念,而不是一个其他相近的构念。为了消除这些疑虑,Campbell 和 Fiske(1959)提出了聚合效度(convergent validity)和区分效度(discriminant validity)的概念。聚合效度是指在使用不同方式测量同一构念时,所得到的测量分数之间由于反映同一构念而应该高度相关。例如,在评价员工职业能力时,无论使用笔试还是口试,所得到的分数应该高度一致。而区分效度则是指在应用不同的方法测量不同构念时,所观测到的数值之间应该能够加以区分。也就是说当我们用不同的方法去测量两个不同的构念(如焦虑和内向)时,它们之间的相关不应该高于用不同方法测量同一特质时得到的分数。

在实际操作中,Campbell 和 Fiske(1959)提出了多特质—多方法模式(multi-traits multi-methods,MTMM),以推断一个测验的聚合效度和区分效度。MTMM 是指用不同的方法(如自评法、同伴评分法、问卷或二手资料等)同时测量两个或两个以上的特质。这种由多种特质、多种测量方法得到的相关矩阵,我们称之为 MTMM 矩阵。在 MTMM 的相关矩阵中,如果用某测验与其他不同的方法测量同一特质时所得的相关系数呈现显著相关并且高于矩阵中的其他相关系数,就可以推论该测验具有理想的聚合效度。同时,当这一相关系数高于用不同方法测量不同特质时得到的相关系数时,我们就认为所研究的特质与其他特质在测量上是可以区分的。在得到关于聚合效度和区分效度的证据后,我们可以就推断我们在测量中得到的数值主要来自构念本身,而不是由于测量方式带来的变异。

如上所述,通过 MTMM 的方式推断一个测验效度的方式需要研究者从多个来源通过多个方式搜集数据。因此,这种费时费力的方式在组织管理研究中并不常见。一个例子就是 Law 等(2003)开发的情绪智力(emotional intelligence)量表。为了说明他们开发的量表测量的是一个人的情绪智力,而不是某种个性特质,他们分别使用了学生样本和员工样本检验量表的聚合和区分效度。在使用学生样本时,他们采用了两种测量方式(学生自评和家长评价),同时测量了六种特质(情绪智力和五项个性特征)。表 13 - 2 是测量后得到的 MTMM 相关矩阵。在表 13 - 2 中,细线三角形内的数字表示了由不同特质—相同方法(heterotrait - monomethod)得到的相关系数,这些相关系数有助于我们估计共同测量方法对测量结果的影响。粗体的数字表示相同特质—不同方法(monotrait - heteromethod)得到的相关系数。在这个例子中,我们发现学生自评与家长评价的情绪智力相关系数为 0.28,不是太高,但仍达到了统计上的显著性水平,可以说明该测验具有一定的聚合效度。在粗线三角形内的带下划线的数字则表示由不同特质—不同方法(heterotrait-heteromethod)得到的相关系数。我们可以发现,这些相关系数均低于 0.28,因而为其测验量表的区分效度提供了证据。

MTMM 方法充分反映了组织管理学实证研究强调推论证据、多来源数据相互验证(triangulation)的思想。这一方法需要搜集多个样本、采用多种测量方式,因此,它多见于新测验的发展中。而在一般的量表研究中,我们大多采用结构方程模型(structural equation modeling, SEM)技术推断不同测验量表间的聚合和区分效度。例如,Fornell 和 Larcker(1981)提出的计算抽取平均变异量(average variance extracted)方式就是一个很好的代替选择。在一个高质量的测量中,抽样测量得到的数据需要与假设的理论模型很好地契合,测验指标在所要测量的构念上的因子负荷量应该很高,而测量指标受到随机误差影响的程度应该很低。基于此逻辑,Fornell 和 Larcker 提出了抽取变异量的计算方法,公式为:

$$\text{平均抽取变异量} = \frac{\sum_{i=1}^{} \lambda_{yi}^2}{\sum_{i=1}^{} \lambda_{yi}^2 + \sum_{i=1}^{} \text{Var}(\varepsilon_i)} \quad (13-3)$$

表 13-2 6 特质 X2 方法的 MTMM 相关矩阵

Method and trait	M	SD	Self Rating						Parent Rating					
			EI	NEURO	EXTRA	OPEN	AGREE	CON	EI	NEURO	EXTRA	OPEN	AGREE	CON
Self-rating														
EI	3.60	0.46	(0.78)											
NEURO	3.67	0.93	−0.39	(0.77)										
EXTRA	4.74	0.94	0.15	−0.08	(0.80)									
OPEN	4.93	0.95	0.30	−0.12	0.45	(0.82)								
AGREE	5.21	0.74	0.26	−0.36	0.29	0.14	(0.83)							
CON	5.04	0.77	0.55	−0.46	0.10	0.27	0.47	(0.86)						
Parent-rating														
EI	3.57	0.45	**0.28**	−0.12	0.00	0.01	0.02	0.22	(0.81)					
NEURO	3.56	0.98	−0.18	**0.34**	0.04	−0.02	−0.18	−0.20	−0.30	(0.79)				
EXTRA	4.65	1.04	0.06	−0.02	**0.37**	0.21	0.02	−0.02	0.00	0.08	(0.83)			
OPEN	4.28	1.10	0.15	−0.04	0.14	**0.32**	−0.10	0.08	0.15	0.08	0.55	(0.85)		
AGREE	5.34	0.88	0.07	−0.14	0.01	−0.02	**0.20**	0.14	0.16	−0.16	0.28	0.09	(0.85)	
CON	5.13	0.95	0.17	−0.11	−0.13	−0.02	−0.05	**0.34**	0.42	−0.21	0.11	0.24	0.58	(0.90)

注:EI = emotional intelligence,NEURO = neuroticism,EXTRA = extraversion,OPEN = openness,AGTEE = agreeableness,CON = conscientiousness. 对角线上的数字为系数 α 值,以斜体标示的数字位于不同特质—相同方法三角形中,以黑体标示的数字位于不同特质—不同方法三角形中,以下划线标示的数字位于不同特质—相同方法三角形中。

资料来源:Law 等,2003。

在计算抽取变异量之前,我们需要将观察的测验与其他相关测验一起进行验证性因子分析。在式(13-3)中,分子是各个测量指标在其对应潜变量上的因子荷重平方之和,而分母则是因子荷重平方之和加上相对应的随机测量误差。从式(13-3)中可以看出,抽取变异量代表的是由潜变量解释各个测量指标观测变异量的大小。抽取变异量越大,则随机测量误差越小,测量指标越能代表潜变量。Fornell 和 Larcker 建议抽取变异量一般不能低于 0.50,否则该测验的聚合效度就应该受到质疑。在计算抽取变异量的基础上,Fornell 和 Larcker 提出可以观测该潜变量与其他变量的相关系数(剔除测量误差以后的相关系数,即 LISREL(软件)结果中报告的 phi 矩阵)来推断该测验与其他测验之间的区分效度。如果抽取变异量大于各个潜变量之间相关系数的平方,则证明我们对于该潜变量的测量是可以与其他测量区分的;反之,则说明该测验的区分效度过低。

在问卷研究中,在检验变量间关系之前,我们希望看到这些变量在测量上是符合我们理论预期的,回答者可以区分同一问卷中包括的不同测验。由上述的讨论可见,在检验一个测验的聚合和区分效度时,MTMM 方法得到的证据具有较强的说服力,但它的设计较为复杂,操作较为困难。而运用结构方程模型方法则比较直接,对样本要求相对较低,尤其适用于在没有开发新测验时。很多组织管理研究就采用了这种方法来报告变量测量的质量(如 Wang et al.,2005;Liang et al.,2012)。本书第 15 章对结构方程模型进行了详细的讨论,有兴趣的读者可进一步阅读。

13.3.7 逻辑关系网络的建立

聚合和区分效度是考察测验构念效度的一种思路。在检验构念效度的过程中,我们可以进一步借助变量间的逻辑关系做出推论。在测验发展过程中,通过逻辑分析和文献回顾,我们可以对变量间的关系做出符合理论预期的假设,构建变量间的逻辑关系网络(nomological network)。如果观测数据得出的研究结果与假设一致,就意味着使用新开发的测验可以得到预期的结果,从效果上说明这一测验具备构念效度。可以看出,不同于聚合和区分效度,逻辑关系网络的建立侧重于从变量间的因果联系中推论一个测验构念效度的高低,而非单纯地评价测验指标的质量。

在量表开发过程中,研究者大多通过提供这方面证据的方式来支持其测验量表的构念效度。如在开发 OCB 量表时,研究者就从个性特征、工作满意度、组织公平感等作为前因变量,而用组织绩效作为检验量表质量的结果变量(Organ et al.,2006)。而 Law 等(2003)用学生的生活无助感、员工的任务绩效、工作奉献(job dedication)和人际促进(interpersonal facilitation)来检验情绪智力在不同环境中的作用。在这些例子中,研究者通过构建变量间逻辑关系网络的方式,用成熟的构念及其测验量表去检验新测验量表(如 OCB 和情绪智力)的构念效度。这也是我们为什么在构念说明阶段需要特别阐述目标构念的前因、相关和结果变量,这些工作都为检验新测验量表的构念效度奠定了基础。

13.4 中国组织管理研究中的测验量表开发与使用

除了以上讨论的一般性测量问题,中国学者在应用测验量表时大多还会面临两个问题:第一,我们是需要自行开发新测验量表,还是翻译、修改国外研究中已经使用的测验量表?第二,我们测量的构念及其表现形式是具有跨文化的普遍适用性,还是受到了中国管理情境的特殊影响,因此需要在测验内容中整合与情境有关的因素?很显然,针对这两个问题的回答,将直接影响研究者在测验量表开发应用时的不同实践活动。据此,Farh 等(2006)将中国管理研究中测验量表使用取向分成四种(见表 13-3)。这四种使用取向包括:(1)翻译取向(translation approach),这种思路强调文化适用性的原则,将国外的测验量表直接翻译成中文;(2)修改取向(adaptation approach),是指在翻译国外测验量表的过程中,修改其中不适合中国情境的部分,以使它们能够与我们研究的背景相统一;(3)去情境化取向(de-contextualization approach),这种思路强调在中国管理研究中发展出能广泛适用于各种文化情境下的测验量表;(4)情境化取向(contextualization approach),这种思路致力于开发出能够准确反映、描述中国管理情境特殊性的测验量表。

表 13-3 中国管理研究中测验量表开发的四种取向

	对文化特殊性的预期	
	文化适用性	文化特殊性
测验量表的来源 使用或修改已有的测验量表	翻译取向	修改取向
发展新的测验量表	去情境化取向	情境化取向

资料来源:Farh 等,2006。

以上总结出得四种思路均在中国管理研究中发挥了很大的作用(梁建等 2017)。根据它们的使用情况,表 13-4 中列出了这四种思路的关键假设、优点和局限性。我们下面就这四种思路进行逐一探讨,以便读者能够根据自己研究问题,选择合适的使用思路,高质量地完成对目标构念的测量。

表 13-4 中国管理研究中测验量表开发的四种取向的假设、优点和局限

测验量表开发取向	关键假设	主要的优点	主要的局限
翻译取向	• 目标概念的定义、测量内容及测量采用的指标在不同的文化背景下是相同的 • 所翻译的西方量表是高质量的,并且没有文化偏差	• 节省时间和成本 • 可以直接就研究结果进行跨文化比较	• 翻译时很难实现测验在语意上的对等性 • 很难在西方文献中找到完全没有文化偏差的测验量表
修改取向	• 目标概念的定义和测量内容在不同的文化背景下是相同的 • 所翻译的西方量表是高质量的	• 相对而言,省时省力 • 比较容易就研究结果进行跨文化的沟通	• 很难进行跨文化的比较和研究 • 修改过大将变成一个新工具,要求重新验证它在中国背景中的效度
去情境化取向	• 所测量的概念适用于多种文化背景,或者文化背景对其影响不大的情况 • 缺乏一个心理测量指标良好的测验量表	• 能够开发出广泛适用的测验量表 • 比较容易就研究结果进行跨文化的沟通	• 需要较长的开发时间和较高的成本 • 测量指标需要有较高的抽象水平,限制了所包含的文化环境的特殊性
情境化取向	• 所测量的概念与文化环境密不可分 • 缺乏一个心理测量指标良好的测验量表	• 能够开发出高度适合中国背景的测验量表 • 能够开发出能直接应用于或适合中国管理背景的知识	• 需要较长的开发时间和较高的成本 • 开发出的测验量表有地域的局限性 • 很难进行跨文化的比较和沟通

资料来源:Farh 等,2006。

13.4.1 翻译取向

翻译取向是指将国外研究者开发、使用的测验量表直接翻译成中文,将其应用于中国组织情境中。由于这些测验量表在开发时并没有考虑在中国情境下的适用性问题,因此使用翻译取向时需要两个假设作为前提条件:(1)我们所测量的理论构念在不同的文化背景下是对等的,至少在研究的实施地(中国)和测验量表的来

源地是对等的。构念的对等性（construct equivalence）在文献中有不同的表述方式。我们强调的主要是构念的定义、测验量表的内容、测验采用的具体指标在中西文化背景下的对等性。（2）我们翻译的测验量表是经过严格程序开发的，已有证据支持它在不同文化背景（特别是中国背景）下的构念效度。在满足了以上两点假设后，我们通过翻译使用具有较高效度的测验量表，不仅可以省去测验量表开发所需的时间、精力和资源，而且相同的测量工具保障了研究结果在不同情境下的交流比较，有利于促进普遍性管理学知识（universal management knowledge；Tsui，2004）的积累和发展。但由于中西方深层的文化差异可能会体现双方语言的差异上，研究者在翻译国外的测验量表时可能会遇到很多困难。如果没有恰当地解决这些问题，研究结论的可靠程度有可能会受到影响。

首先，由于东西方文化的显著差异，有时我们很难实现两种语言间恰当的翻译。现在普遍应用的翻译方式是首先将测验量表翻译成中文，然后由其他对测验量表内容不熟悉的人将中文翻译成最初的语言（Brislin，1980）。但是在翻译过程中，由于要考虑测验内容需要再次翻译的问题，研究者在第一阶段的翻译往往过分地拘泥于字面的意思，而较少关注翻译方式是否恰当。这一问题可以通过下面的例子说明：

原文：With the last hours of the afternoon went her hopes, her courage and her strength.

译文1：随着那天最后的几个小时过去，一起消失了她的希望、勇气和力量。

译文2：她的希望、勇气和力量都随着那下午的最后几个小时一起消失了。

在这个例子中，与译文2相比，译文1严格地按照英文次序来翻译，但是这些翻译并不符合汉语表达习惯，致使句子文义不通。导致这一问题的原因在于中文语法一般遵循"主语 + 谓语 + 宾语（表语）"的语序，而英语的语序有着更加灵活的变化，在感叹句、倒装句、疑问句、否定句、强调句当中，英文可以出现语序倒装的现象。因此，如果由于过多地顾及翻译后的中文能否被重新翻译成原来的英文，会导致研究者机械地根据英文的语言习惯进行翻译，而不太敢根据中文的表达习惯进行创造性翻译。最后，研究者往往选择的并不是最适当的中文表达。这些不符合中国语言习惯的、晦涩难懂的翻译很有可能在数据搜集中产生很多误解和困惑，从而使得被试给出很多没有实质意义的回答。在过去的研究中，一些研究者已经开始尝试弥补"翻译—回译"法的不足。例如 Sun 等(2007)在研究高绩效人力资源管理实践、组织公平行为和组织绩效的关系时,在完成翻译—回译步骤后,将中英文版本的问卷交给一名中国的翻译学教授去检查中文版本是否实现了对于英文语句的无偏翻译。这种尝试都在翻译—回译法的基础上进行了改进,在解决语言方面差异的基础上,有助于实现中英文版本的测验量表之间的概念对等性。

其次,研究者遇到的第二个困难是翻译过程只有可能实现语义的对等性,而无法解决理论构念在不同情境下概念内涵的不对等性(Hambleton & Patsula,1998;Harkness,2003)。由于研究中发表的测验量表最初大多并不是用于跨文化研究的目的,所以这些量表可能含有只适合特定文化的某些特质。如果这些特质通过简单翻译的方式引入我们的研究,就会造成测量上的误差。因此,我们在翻译这些量表时,应该报告支持概念对等性的证据,以保证量表在中国背景下的构念效度。一个值得推荐的例子是 Liao 等(2010)的研究。在研究社会交换关系对个体创造力的影响时,Liao 等为了保证翻译后的问卷题目在中国情境中的对等性,采用了四个步骤:(1)邀请调研公司人士和具有中英文能力的管理学家判断量表的语义对等性;(2)在文献回顾的基础上,确认研究中所涉及的测验量表曾在中国组织背景得到应用,并具有良好的心理学测量指标;(3)针对每个测验量表,进行探索性因子分析和验证性因子分析并确认它们得出的因子结构和西方是一致的;(4)通过一系列验证性因子分析程序检验了变量测量之间的区分效度。这样的程序都或多或少地应用在目前的中国管理研究中,但是并不是每一个研究都对这一问题给予了足够的重视。我们推荐这一例子正是希望研究者能够从中得到启发,在使用翻译取向时积极寻找支持概念和测量对等性的证据,特别是在将西方量表第一次引入中国情境时更加应该关注这一问题。

13.4.2 修改取向

为了克服翻译取向的缺陷,我们可以通过对西方测验量表进行部分修改的方式使得它们适用于中国的研究情境。不同于翻译取向,在应用修改取向时,研究者并不坚持认为测验中采用的指标或题目可以普遍适用于不同的文化背景。他们往往会通过一些定性研究的方式(如焦点小组面谈等)来考察测验内容在中国情境的适用程度,并根据需要对不适用的内容进行修改,如改变测验指标中的文字、剔除不合适的测验指标、增加新的测验指标等。

修改取向意味着研究者选择修改已经发表的成熟测验量表。因此,研究者必须给出充分的说明以论证修改的合理性。换言之,采用修改策略必须要基于现有的文献或者经验数据,证实来自西方的部分测量题目不适用于中国组织情境。Hom 等(2009)对工作嵌入量表的修改就是一个很成功的例子。在以工作嵌入视角去研究员工—组织关系对员工的影响时,他们发现原来的量表通过一些具体的指标来衡量一个人如何嵌入其工作中,而这些指标需要修改才能适合中国情境。通过对一些 MBA 同学的访谈和开放式问卷调查,以及在其他研究者的帮助下,他们不仅修改了部分题目(如以午餐补贴、交通费等清晰地定义中国情境中的津贴类别),还增加了一些中国人较为看重的人际关系因素(如与中、高层管理者和客户建立的良好关系)。此外,Gong 等(2009)是值得推荐的另一个例子。在测量销售人员的创新绩效时,他们并没有直接翻译应用西方的测验量表,而是首先进行了焦点小组访谈,以此了解创新绩效的本土化表现形式,并最终增加了三道题目实现了测验的情境化操作。在这两个例子中,研究者并没有改变原有概念定义,而是通过修订原有的测验指标,将研究的情境因素有意识地整合在自己测量中,从而保证了测量结果的构念效度,也增加了研究结果的情境关联性。

值得指出的是,由于中、西方学者在发展测量题目时的着眼点不同,很有可能造成在量表经过修改后新旧测量题目存在某种内容不一致的问题。为了避免这一问题,我们建议研究者在修改原有测验量表时,应该首先详细了解原测验量表的开发过程,充分理解概念定义和原有的测量题目,以确保补充的题目与原有的题目在测量属性上保持一致。而如果我们对测验指标修改过多,造成研究中使用的测验量表与最初国外发展出的测验量表存在很大的差异,这时我们需要遵循前面讨论的步骤,通过内容效度检查、探索性因子分析等程序检验新旧测量题目之间的结构一致性。

13.4.3 去情境化取向

在翻译和修改国外量表的同时,中国管理研究者近年来也开发了若干较有影响的测验量表。这些量表既包括采用了去情境化取向、适用于各种文化情境的测验量表(如高绩效人力资源实践,Sun et al.,2007;员工建言,Liang et al.,2012;谦逊型领导,Ou et al.,2014),还包括意在捕捉中国情境特殊性、采用了情境化取向开发的测验量表(如关系紧密性,Chen & Peng,2008;矛盾性领导行为,Zhang et al.,2015)。在开发新测验时,研究者通常有两种不同的选择:文化普遍性(etic)和文化特殊性(emic)。文化普遍性是指研究者认为所要测量的理论构念适用于多种文化背景,或者文化背景对测验内容影响不大;而文化特殊性则是指研究者相信所要测量的理论构念是有情境局限的,或者属于某一背景下特有的管理现象。我们所指的去情化取向,就指的是研究者在测验开发中的第一种选择或假设。在这一取向中,研究者认为中国管理情境的特殊性并没有影响测验内容,因而在操作过程中将研究背景进行了中性化处理,在测验的开发过程尽量避免使用与研究情境有关的题目,以提高测验本身在多种文化背景中的适用性。

遵循去情境化取向进行的探索是研究者创造普适性管理学知识(universal management knowledge)的一个重要来源(Tsui,2004)。例如,研究者在测量高绩效人力资源管理实践(Sun et al.,2007)和谦逊型领导(Ou et al.,2014)时,所依据的概念框架均基于西方的文献,他们的主要动机在于针对当时文献的缺陷,开发出一个高质量的测量问卷,以推动相关领域的研究,并没有讨论中国情境的特殊性。在Liang等(2012)对于促进性建言和抑制性建言的研究中,虽然他们使用了从中国组织情境归纳整理的测量题目,但他们将这些题目与西方文献的相关题目进行了整合,并没有将之明确区分。在这三个例子中,中国组织情境只是为量表发展提供了实证样本,但研究者并没有讨论中国情境因素对于构念内容的影响,在开发测验题目时,他们也没有特别讨论目标构念的具体表现形式会因中国情境因素有何不同。

在使用去情境化取向时,研究者认为所研究的主题在不同文化背景下享有一个共同的概念框架(Schaffer & Riordan,2003)。在这一前提下,研究者在发展问卷题目时不会讨论中国管理情境对构念定义和测量内容的影响。但是值得注意的是,社会科学研究中有很多构念一开始被认为是不受文化背景影响的,但最后却被证明是有文化局限性的(Smith & Bond,2003)。因此,在开发和使用测验量表时,我们不能轻易地假设所操作的构念是与研究情境无关的。为了开发出高质量的测验和准确地回答我们关心的研究问题,我们需要对研究情境进行深入地了解,理清确定目标构念的性质及其与研究情境的关系。这些工作不仅关系到测验内容的外部适用性,还有可能影响测验量表的理论价值。

13.4.4 情境化取向

情境化是指我们在研究感兴趣的管理现象时,识别并整合与研究问题有关和有意义的情境因素(Tsui,2012)。具体到测验开发过程,情境化取向的核心思想是:在不同文化背景下使用不同的测验量表,这样才能最为准确地测量有关构念,从而解释和预测人们的行为(Sinha,1997)。持这种观点的研究者通常认为管理学中很多概念是与文化环境密不可分的。因此,我们只有在理解当地经济、文化和历史背景的前提下,才能准确地测量这种背景下人们的心理和行为。

如上所述,持情境化观点的研究者通常认为他们提出的构念来自中国情境,而就这一概念而言各个文化之间不太可能存在共有的认知框架(Schaffer & Riordan,2003)。基于这种认识,相对应的量表开发过程需要研究者充分理解中国组织情境中内部人的观点以归纳他们特有的认知思维模式。例如,Yang等(1989)开发的传统性量表就充分体现了儒家思想中的五伦观念和行为逻辑。君臣、父子、兄弟、夫妇、朋友五种人伦关系和忠、孝、悌、忍、善的关系行为准则构成其量表题目的主要内容来源。同样,家长式领导量表的开发也遵循着同样的逻辑:研究者在对中国组织中领导行为的观察基础上,尝试分析了这些行为特征的文化来源,最后以三维度的理论模型作为量表开发的基础(Farh & Cheng,2000)。一个最近的例子是 Zhang等(2015)开发的矛盾性领导量表。这个量表开发的基础是建立在阴阳逻辑之上的矛盾认知观点。作者认为这一特征直接反映在了中国领导行为方面,并以此为基础通过定性归纳的方式发展了测量题目。在这些例子中,中国情境被整合进了研究者的概念发展之中,并以之作为发展测量题目的理论基础和内容来源。这种情境化的努力最终贡献的是特有的管理学知识(context-specific management knowledge;Tsui,2004)。

由于在情境化的开发取向中,研究者首先需要了解中国情境因素对测验内容的影响,所以这类测验开发大多遵循了"自下而上"的归纳法。正是因为这一特征,我们需要格外了解这种思路面临的各种挑战:

第一,在采用归纳法开发情境化测验时,我们不能过分地依赖被调查者的信息,而应该注意对这些信息进行深层次的加工和提炼。在使用归纳法时,研究者一般倾向于认为缺乏对理论构念及其测量内容的认识,所以他们往往选择依赖被调查者提供的信息,选取那些被提及次数较多的指标去测量目标概念。但事实上,最常被提起的指标不一定反映事件的频率或重要性,可能只反映了人们最容易想到的部分(availability heuristics bias),更不足以描绘理论构念的整体范围。因此,我们不能让被调查者的信息主导我们的构念定义和测验内容,而是应该在这些调查信息的基础上,提出对这一现象的解释,并在此基础上归纳目标构念的内容结构,用以指导开发出本土化的测验。这一模型成为量表开发的基础,而开发出的测验工具由于融合研究背景的特征,从而有助于加深我们对相关研究现象的了解。

针对这一问题,我们建议研究者有必要遵循一系列的定性评价步骤,以确认被调查者提供的信息可以恰当地诠释所要测量的理论构念。首先,研究者只有在清晰地阐述了概念的边界后,才能判断哪些被访谈者提供的信息符合测量的目的,而哪些信息应该从测量中删除。例如,Wang 和 Kim(2013)研究员工主动社会化行为时,根据概念定义采用了三条标准对测量指标进行筛选:指标在中国语境下是否有清晰明确的含义;指标是否是描述员工的行为;指标是否和概念定义相一致,和其他概念是否有重复之处。可见,如果研究者在使用归纳法时没有形成一个清晰的概念定义,他们就无从评估其测量指标的内容效度。

此外,在整合吸收被访谈者提供的信息发展出测量题目后,研究者有必要采用类似焦点小组访谈的方式咨询一组与研究主题相关的"专家"对这些题目进行评价。这是因为仅仅依赖研究者的判断可能是不正确的或是不完整的,因为他们会无意识地根据自己的预期对测量题目进行诠释(Podeolefsky & Brown,1999)。针对这一问题,一个值得推荐的例子是 Zhang 等(2015)对矛盾性领导行为题目进行的内容效度分析。首先,由两位专家分别对指标进行修改和评价。其次,由第三位专家对比他们的相似之处和不同之处并对他们的结果进行整合、修正或删除,再将结果返回给之前的两位专家,由他们再次进行修改之后再返回给第三位专家。这个过程一直持续到三位专家的意见达成一致为止。最后,研究者将这个版本的量表交给三组研究生,每组包含 5—6 名成员,由这三组学生判断附加的修改是否是必要的。在这个过程中,多名专家及学生的参与可以帮助研究者克服自身的认知局限,更好地判断通过归纳得到的指标是否符合测量要求。

第二,在开发情境化取向测验量表时,我们需要关注测验量表内容的完整性。如前所述,在使用归纳法时构念的测量范围是通过"自下而上"的模式确定的:研究者通过搜集相关信息以确定描述构念的核心特征(Hinkin,1998)。因此,选择合适的样本是使用归纳法的一个关键性问题,研究者获得的信息越完整充分,就越有可能开发出一个准确、有效的测量工具(DeVellis,2017;Haynes et al.,1995)。随着中国社会的转型,不同年龄层的员工拥有着不同的价值观和工作态度(侯烜方等,2014)。这种多元化特征是使用归纳法开发量表时研究者可能遇到的一个挑战。

许多研究者倾向使用 MBA 学生作为开发量表的样本。这可能是因为 MBA 学生的数据更加容易取得,沟通成本较低。但是 MBA 学生均具有较高的教育水平,年龄相仿且经历类似。这样过于同质的样本很显然不利于研究者获得描述构念的多元化信息。从表 13-4 中可以发现,这些较为成功的测验量表开发过程大多以多元化的样本作为信息归纳和开发问卷题目的基础。因此,我们建议研究者考虑以下三种措施:(1)努力获取多方面的信息来源。通过多元化的信息来源,问卷开发者可以更容易找到理论构念在现实生活里的完整表征,从而增强量表的情境化特征与内容效度。例如,传统性(Yang et al.,1989)和员工—企业关系量表(Tsui et al.,2002)在开发时都运用了多种搜集数据的方法。这些方法不仅包括焦点小组访谈、开放式问卷,还包括了许多其他的来源,如杂志、报纸等。除直接询问外,新媒体和出版物也是研究者在开发量表时一个非常有用的信息来源。(2)积极寻求多方专家的协助。例如,Ou 等(2014)在开发谦逊领导方式量表时,使用了一个由17个专家组成的小组去归纳测量指标,其中包括8位领导力领域的管理学教授、3位有丰富的行业咨询经验的管理顾问和6位企业人员。这种信息搜集方法可以将领域内专家和企业员工的意见有机地结合起来,从而获得关于研究现象丰富的描述;(3)使用多个样本进行数据搜集。Xin 等(2002)在研究组织文化时,在通过一组员工的样本生成了组织文化的类别后,他们还对另一组员工进行了焦点小组访谈。进行焦点小组访谈的目的不是搜集收据,而是检验归纳法得到的类别是否充分且具有普遍性。这一过程对发展一个内容完整的高质量量表无疑是非常重要的。

第三,在开发本土化测验时,我们需要根据研究现象的复杂程度来选择合适的信息搜集方法。在本章的13.3.2节中,我们提到了关键事件法、焦点小组访谈法、个人访谈法、开放式问卷法及二手资料法。很显然,在提供关于研究现象的厚实描述(thick description)方面,这些方法之间存在明显的差异。我们需要根据研究现象的特征有选择地应用这些方法。如在研究组织公民行为时,我们可以用开放式问卷要求员工列出这些行为的例子(如 Farh et al.,1997;Farh et al.,2004)。但在我们研究复杂的组织现象时(如组织规范与文化),被调查者很难通过一句话来完成对现象的描述。这时我们就应该选择焦点小组访谈法或个人访谈法去深入地了解目标构念的内涵及其表现形式。在中国学者的实践中,有两个值得推荐的例子:(1)Su 等(2009)使用了焦点小组访谈的方式开发了关系取向测验量表。他们分别组织了与供应商和零售商的焦点小组访谈,以了解描述关系取向的两个核心思想——仁和义。最后,作者通过整理焦点小组访谈所提供的信息生成了衡量关系导向的15个题目。(2)另一个例子是 Liu 等(2015)对社会化中的黑暗面与新员工绩效之间的关系研究。为了测量社会化中的黑暗面,他们提出了三个构念:老员工饮酒规范(veteran alcohol use norms)、客户饮酒规范(client alcohol use norms)及饮酒的绩效动机(performance drinking motives)。为了测量这三个概念,他们在七家中小企业组织了焦点小组访谈,要求访谈对象描述他们与客户喝酒或观察客户喝酒的场景,以及与客户喝酒的理由,在这些信息的基础上开发测量题目。随后,他们组织了另外六家中小企业的焦点小组访谈,要求访谈对象判断之前生成的题目是否可以反映所要测量的构念,以及是否还需要补充其他的题目。在这两个例子中,小组访谈的形式有助于研究者深入地了解所研究的管理现象,弥补研究者对特定管理情境的知识缺陷,从而有效地提升测量内容的代表性和充分性,保证问卷研究质量。

13.5 结论

本章我们介绍了测量的概念、测验量表的构念效度,以及在开发一个高质量测验量表时应该注意的问题。最后,我们对中国组织管理研究中常见的测验量表使用取向进行了逐一评价,并给出了相应的建议。在本章结束时,我们需要强调的是开发高质量的测验量表并不是一蹴而就、一劳永逸的。在组织管理研究中,对一个重要概念的定义和测量,经常需要随着我们对所研究现象认识的深入而不断地进行修改、完善。特别在当今的中国社会,人们的信念和行为随着社会的工业化和现代化转型而不断发生变化。研究者需要经常评价、更新所使用的测验指标,从而使得这些指标能够更准确、充分地反映所要研究的管理现象。

参考文献

American Psychological Association. (1985). *Standards for Educational and Psychological Testing*. Washington, DC: Author.

Brislin, R. W. (1980). Translation and content analysis of oral and written material. In Triandis, H. C. & Berry, J. W. (Eds.), *Handbook of Cross-Cultural Psychology* (Vol. 1, pp. 389—444). Boston: Allyn & Bacon.

Campbell, D. T. & Fiske, D. W. (1959). Convergent and discriminant validation by the multitrait-multimethod matrix. *Psychological Bulletin*, 56, 81—105.

Chan, D. (1998). Functional relations among constructs in the same content domain at different levels of analysis: A typology of composition models. *Journal of Applied Psychology*, 83, 234—246.

Chen, X. P. & Peng, S. (2008). Guanxi dynamics: Shifts in the closeness of ties between Chinese coworkers. *Management and Organization Review*, 4, 63—80.

Clark, L. A. & Watson, D. (1995). Constructing validity: Basic issues in objective scale development. *Psychological Assessment*, 7, 309—319.

Collins, C. J. & Smith, K. G. (2006). Knowledge exchange and combination: The role of human resource practices in the performance of high-technology firms. *Academy of Management Journal*, 49, 544—560.

Cronbach, L. J. (1951). Coefficient alpha and the internal structure of tests. *Psychometrika*, 16, 297—334.

DeVellis, R. F. (2017). *Scale Development: Theory and Application* (4th Ed.). Sage Publications.

Duffy, M. K., Ganster, D. C. & Pagon, M. (2002). Social undermining in the workplace. *Academy of Management Journal*, 45, 331—351.

Edwards, J. R. (2011). The fallacy of formative measurement. *Organizational Research Methods*, 14, 370—388.

Eisenberger, R., Huntington, R., Hutchison, S. & Sowa, D. (1986). Perceived organizational support. *Journal of Applied Psychology*, 71, 500—507.

Farh, J. L., Cannnella, A. A. Jr. & Lee, C. (2006). Approaches to scale development in Chinese management research. *Management and Organization Review*, 2, 301—308.

Farh, J. L. & Cheng, B. S. (2000). A cultural analysis of paternalistic leadership in Chinese organizations. *Management and Organizations in the Chinese Context* (pp. 84—127). UK: Palgrave Macmillan.

Farh, J. L., Earley, P. C. & Lin, S. C. (1997). Impetus for action: A cultural analysis of justice and organization citizenship behavior in Chinese society. *Administrative Science Quarterly*, 42, 421—444.

Farh, J. L., Zhong, C. B. & Organ, D. W. (2004). Organizational citizenship behavior in the People's Republic of China. *Organization Science*, 15, 241—253.

Fornell, C. & Larcker, D. F. (1981). Evaluating structural equation models with unobservable variables and measurement error. *Journal of Marketing Research*, 18, 39—50.

Gerbing, D. W. & Anderson, J. C. (1988). An updated paradigm for scale development incorporating unidimensionality and its assessment. *Journal of Marketing Research*, 25, 186—192.

Gong, Y., Huang, J. C. & Farh, J. L. (2009). Employee learning orientation, transformational leadership, and employee creativity: The mediating role of employee creative self-efficacy. *Academy of Management Journal*, 52, 765—778.

Griffin, M. A., Neal, A. & Parker, S. K. (2007). A new model of work role performance: Positive behavior in uncertain and interdependent contexts. *Academy of Management Journal*, 50, 327—347.

Hambleton, R. K. & Patsula, L. (1998). Adapting tests for use in multiple languages and cultures. *Social Indicators Research*, 45, 153—171.

Harkness, J. (2003). Questionnaire translation. In Harkness, J., Van de Vijver, F. J. R. & Johnson, P. P. (Eds.), *Cross-Cultural Survey Methods* (pp. 35—56). John Wiley & Sons, Inc.

Haynes, S. N., Richard, D. C. & Kubany, E. S. (1995). Content validity in psychological assessment: A functional approach to concepts and methods. *Psychological Assessment*, 7, 238—247.

Hinkin, T. K. (1998). A brief tutorial on the development of measures for use in survey questionnaires. *Organizational Research Methods*, 1, 104—121.

Hinkin, T. R. & Tracey, J. B. (1999). An analysis of variance approach to content validation. *Organizational Research Methods*, 2, 175—186.

Hom, P. W., Tsui, A. S., Wu, J. B. et al., (2009). Explaining employment relationships with social exchange and job embeddedness. *Journal of Applied Psychology*, 94, 277—293.

Klein, K. J., Danserau, F. & Hau, R. J. (1994). Level issues in theory development, data collection, and analysis. *Academy of Management Review*, 19, 195—229.

Lance, C. E., Butts, M. M. & Michels, L. C. (2006). The sources of four commonly reported cutoff criteria: What did they really say? *Organizational Research Methods*, 9, 202—220.

Law, K. S., Wong, C. S. & Song, L. J. (2004). The construct and criterion validity of emotional intelligence and its potential utility for management studies. *Journal of Applied Psychology*, 89, 483—496.

Li, A. N., Liao, H., Tangirala, S. & Firth, B. M. (2017). The content of the message matters: The differential effects of promotive and prohibitive team voice on team productivity and safety performance gains. *Journal of Applied Psychology*, 102, 1259—1270.

Liang, J. Farh, C. I. C. & Farh, J. L. (2012). Psychological antecedents of promotive and prohibitive voice: A two-wave examination. *Academy of Management Journal*, 55, 71—92.

Liao, H., Liu, D. & Loi, R. (2010). Looking at both sides of the social exchange coin: A social cognitive perspective on the joint effects of relationship quality and differentiation on creativity. *Academy of Management Journal*, 53, 1090—1109.

Liu, S., Wang, M., Bamberger, P., Shi, J. & Bacharach, S. B. (2015). The dark side of socialization: A longitudinal investigation of newcomer alcohol use. *Academy of Management Journal*, 58, 334—355.

MacKenzie, S. B., Podsakoff, P. M. & Podsakoff, N. P. (2011). Construct measurement and validation procedures in MIS and behavioral research: Integrating new and existing techniques. *MIS Quarterly*, 35, 293—334.

Mitchell, T. R., Holtom, B. C., Lee, T. W., Sablynski, C. J. & Erez, M. (2001). Why people stay: Using job embeddedness to predictvoluntary turnover. *Academy of Management Journal*, 44, 1102—1121.

Mowday, R. T. & Steer, R. M. (1979). The measurement of organizational commitment. *Journal of Vocational Behavior*, 14, 224—247.

Nunnally, J. C. (1978). *Psychometric theory* (2nd Ed.). New York: McGraw-Hill.

Organ, D. W. (1988). *Organizational citizenship behavior: The good soldier syndrome*. Lexington Books, Lexington, MA.

Organ, D. W., Podsakoff, P. M. & MacKenzie, S. B. (2006). *Organizational Citizenship Behavior: Its Nature, Antecedents, and Consequences*. Thousand Oaks: Sage.

Ou, A. Y., Tsui, A. S., Kinicki, A. J., Waldman, D. A., Xiao, Z. & Song, L. J. 2014. Humble chief executive officers' connections to top management team integration and middle managers' responses. *Administrative Science Quarterly*, 59, 34—72.

Podolefsky, A. & Brown, P. J. (1999). *Applying anthropology* (5th Ed.). Mountain View, CA: Mayfield Publishing.

Podsakoff, P. M., MacKenzie, S. B., Podsakoff, N. P. & Lee, J. Y. (2003). The mismeasure of man(agement) and its implications for leadership research. *Leadership Quarterly*, 14, 615—656.

Pedhazur, E. J. & Schmelkin, L. P. (1991). *Measurement, Design, and Analysis: An Integrated Approach*. Hillsdale, NJ: Lawrence Erlbaum Associates.

Saupe, J. L. (1961). Some useful estimates of the Kuder-Richardson Formula Number 20 reliability coefficient. *Educational and Psychological Measurement*, 21, 63—71.

Schaffer, B. S. & Riordan, C. M. (2003). A review of cross-cultural methodologies for organizational research: A best-practices approach. *Organizational Research Methods*, 6, 169—215.

Schriesheim, C. A. & Hinkin, T. R. (1990). Influence tactics used by subordinators: A theoretical and empirical analysis and refinement of the Kipnis, Schmidt, and Wilkinson subscales. *Journal of Applied Psychology*, 75, 246—257.

Schwab, D. P. (1980). Construct validity in organizational behavior. *Research in Organizational Behavior*, 2, 3—43.

Sinha, D. (1997). Indigenizing psychology. In Berry, J. W., Poortinga, Y. H. & Pandey, J. (Eds.), *Handbook of cross-cultural psychology: Theory and method* (pp. 129—69). Boston: Allyn & Bacon.

Smith, P. B. & Bond, M. H. (2003). Honoring culture scientifically when doing social psychology. In Hogg, M. A. & Cooper, J. (Eds.), *Sage Handbook of Social Psychology* (pp. 43—61). London: Sage.

Smith, P. C., Kendall, L. M. & Hulin, C. L. (1969). *The Measurement of Satisfaction in Work and Retirement: A Strategy for the Study of Attitudes*. Chicago: Rand McNally.

Sonnentag, S. (2012). Time in organizational research: Catching up on a long neglected topic in order to improve theory. *Organizational Psychology Review*, 2, 361—368.

Stevens, S. S. (1968). Measurement, statistics, and the schemapiric view. *Science*, 161, 849—856.

Su, C., Yang, Z., Zhuang, G., Zhou, N. & Dou, W. (2009). Interpersonal influence as an alternative channel communication behavior in emerging markets: The case of China. *Journal of International Business Studies*, 40, 668—689.

Sun, L. Y., Aryee, S. & Law, K. S. (2007). High-performance human resource practices, citizenship behavior, and organizational performance: A relational perspective. *Academy of Management Journal*, 50, 558—577.

Tierney, P. & Farmer, S. M. (2002). Creative self-efficacy: Its potential antecedents and relationship to creative performance. *Academy of Management Journal*, 45, 1137—1148.

Tsui, A. S. (2004). Contributing to global management knowledge: A case for high quality indigenous research. *Asia Pacific Journal of Management*, 21, 491—513.

Wang, J. & Kim, T. Y. (2013). Proactive socialization behavior in China: The mediating role of perceived insider status and the moderating role of supervisors' traditionality. *Journal of Organizational Behavior*, 34, 389—406.

Voss, G. B., Sirdeshmukh, D. & Voss, Z. G. (2008). The effects of slack resource and environmental threat on product exploration and exploitation. *Academy of Management Journal*, 51, 147—164.

Wang, H., Law, K. S., Hackett, R. D., Wang, D. & Chen, Z. X. (2005). Leader-member exchange as a mediator of the relationship between transformational leadership and followers' performance and organizational citizenship behavior. *Academy of Management Journal*, 48, 420—432

Yang, K. S. (1997). Theories and research in Chinese personality: An indigenous approach. In Rao, H. S. R. & Sinha, D. (Eds.), *Asian Perspectives on Psychology*(pp, 236—62). Thousand Oaks, CA: Sage.

Zhang, Y., Waldman, D. A., Han, Y. L. & Li, X. (2015). Paradoxical leader behaviors in people management: Antecedents and consequences. *Academy of Management Journal*, 58, 538—566.

侯烜方,李燕萍和徐乙冬(2014). 新生代工作价值观结构、测量及对绩效影响. 心理学报,6.

梁建,刘芳舟和樊景立(2017). 中国管理研究中的量表使用取向(2006—2015):关键问题与改进建议. 管理学季刊,3,41—63.

温忠麟(2017). 实证研究中的因果推理与分析. 心理科学,40,200—208.

第 14 章　单维构念与多维构念的测量

罗胜强　香港中文大学
姜　嬿　南京大学

> ▶ **本章大纲**
>
> 引言
> **14.1　单维构念**
> 　　14.1.1　什么是构念
> 　　14.1.2　构念的测量
> 　　14.1.3　效果指标
> 　　14.1.4　构成指标
> 　　14.1.5　用构成指标和效果指标估计构念
> 　　14.1.6　构成指标和效果指标的其他问题
> **14.2　多维构念**
> 　　14.2.1　多维构念与单维构念的不同点
> 　　14.2.2　多维构念的三种类型
> **14.3　结语**

第 14 章 单维构念与多维构念的测量

引言

管理科学实际上就是用抽象的构念把管理现象理论化。这里的"构念"是指,为了研究管理现象而发展出来的抽象概念。既然是抽象的,我们就不能直接在真实的世界中看到构念,所以,研究者们才需要用现实世界中的一些指标(indicator)来测量这些抽象的构念。例如,问卷调查中的心理量表就是一类常见的指标。而用指标来表示构念是有不同方法的,最常用的两种方法是构成指标(formative indicator/ causal indicator)和效果指标(effect indicator/ reflective indicator)。在本章书中,我们将会讨论用不同类型的指标测量单维构念(unidimensional construct)的方法。

多维构念(multidimensional construct)的测量和单维构念的测量是类似的。我们同样可以用构成指标和效果指标来测量多维构念。不同的是,测量多维构念时我们不但需要关注指标与构念之间的关系,还需要明确定义维度与整体构念之间的关系。多维构念的维度与整体构念之间有三种可能的关系:潜因子模型(latent model)、合并模型(aggregate model)和组合模型(profile model)。在本章中,我们会详细说明这三种关系。本章的最后将讨论多维变量在管理学研究中的几个应用问题。

14.1 单维构念

14.1.1 什么是构念

管理科学就是用抽象的构念、以理论的形式把管理现象表示出来。实际上,商业管理中的每一个概念都是一个构念。虽然构念是一种概念,但"它还有另一层意义,人们创造并使用一个构念是为了科学研究中某个特别的目的"(Kerlinger, 1986:27)。Nunnally 和 Bernstein(1994)认为构念是一种变量,"它是抽象的、潜在的,而不是具体的、可观察的"(第 85 页)。管理研究者创造出很多构念,是因为这些构念有助于把管理现象概念化。理科学生对一些自然科学的构念都非常熟悉,如重力、温度、电磁场、速率和比热容量。管理科学中也有一些常用的构念,如组织承诺(organizational commitment)、工作满意度(job satisfaction)、组织支持感(perceived organizational support)、领导—成员交换(leader-member exchange, LMX)和组织认同(organizational identification)等。

需要注意的是,构念有以下几个特征:
(1)构念是研究者构造出来的;
(2)构念是抽象的、不可直接观察的;
(3)构念是与理论和模型相联系的;
(4)构念应该是清晰而明确的。

虽然我们对加热程度不同的水有不同的冷热感受,但是现实中却没有一个实质的和可观测的东西来描述它。为了描述这个现象,研究者使用了"温度"这个词语。温度是科学家在研究物理和化学现象时创造出的一个抽象的概念。同样道理,管理研究者们创造出"组织承诺"这个概念,用它来代表一个员工对他所在组织的依赖关系。这里要强调,现实世界中是没有一个叫作组织承诺的东西的,它是研究者们为了做研究而创造出来的。我们为了发展理论而构造出一些变量,这类特殊的变量就被称作"构念"。

构念是用于建构理论的。如果没有任何一个理论用"温度"这个概念来解释观察到的现象,这个概念就没有什么意义了。我们提出"组织承诺"这个构念,就是因为我们发现一些员工对于他们所在的组织比其他员工有更强的心理依赖感。既然构念是人们构造和设想出来的,就有可能纯粹是研究员幻想出来的东西,而根本没有反映事实本身的真相。例如,我们都知道声波可以用空气作为媒介进行传递,在这个观点的基础上,物理学家曾提出了"以太"(ether)这个概念来表示一种普遍存在于宇宙中的不可见的物质,想以此来解释光波和电磁波在太空中是如何传播的。然而,这个概念后来被证明是错误的。现在,我们知道光波和电磁波可以在没有任何媒介的真空中传播。于是,理论上就不再需要以太这个概念了。从这个角度看,只有当构念被用于一个理论中,可以解释和预测我们观察到的现象时,这个构念才是有用的。管理研究中也是如此,如果一个管理构念被用于建构一个理论,并且这个理论可以用来解释和预测管理现象,那么这个构念对于我们的研究是有意义的;相反,如果解释和预测一个管理现象并不需要用到某个构念,那么它对于这个特定的理论就是没有用的。

我们举个例子来说明什么是有用的构念。在20世纪80年代中期,Bandura提出了"集体效能感"(collective efficacy)的构念。它最早源于"自我效能感"的构念,是其在团体层面的扩展和延伸,指团体成员对于团体成功地完成特定任务或取得特定成就的能力的共同信念(如 Bandura,1997;Poddard et al.,2000)。从产生过程看,集体效能感是通过团体互动和集体认知的过程建立起来的,这与自我效能感的形成过程完全不同。并且,集体效能感与个体效能感的低相关也说明这两个构念在很大程度上是相对独立的。另外,集体效能感这一构念在教育、社区、政治、体育、工业与组织行为等领域的研究中都被关注和使用,因为它可以解释并预测一些原有的构念不能解释和预测的现象。所以我们可以称集体效能感为有用的构念。

最后,一个构念应该是清晰的、有明确定义的。例如,在组织承诺和组织认同的基础上,我们可以提出一个新的构念叫作"组织关系"(organizational relationship),以此概括一个员工与其所在组织的整体关系。因为它的含义非常宽泛和概括,这个新构念也许会有很高的预测能力,也许还能够解释很多组织现象。但是,它最大的局限在于不精确和难以测量。员工与组织的关系是什么意思呢?我们讨论的是哪种关系?它可能包括员工与组织间正式的合约关系,也可能包括那些没有写在纸上的心理契约。"员工与组织的关系"指的是员工与同事的关系吗?是员工与主管的关系吗?员工的工资、职位、投入度、满意度、升迁的机会等,全都叫作员工与组织的关系。组织关系的含义中可能还包括了一些已有的构念,如组织支持感、组织—成员交换、组织承诺、组织认同、忠诚、离职倾向等。这样看来,组织关系不会是一个好的管理构念,因为我们很难使用这个构念来发展一个精确的管理理论来解释组织现象。

14.1.2 构念的测量

既然管理构念都是抽象和不可观测的,那么如果没有可以直接观测的测量方法来表示它们,我们就不能使用这些构念做研究。前面提到关于温度的例子,它本身是一个物理学的抽象概念,可是,即使有了这个概念,如果无法直接观测和测量,我们还是不能进行关于温度的任何研究。于是我们发明了温度计来测量温度。虽然温度(构念)这个概念是抽象的、不可直接观测的,但是温度计(测量)上的读数是客观而具体的。这样,人们就可以用温度计上的读数来代表被测物的温度并研究温度与其他变量之间的关系了。

测量一个构念可以有很多不同的方法,它们都可以在某种程度上作为这个构念的表示——虽然每一种方法也许都不完美。我们把这些测量方法称为这个构念的"指标"。因此,一个构念可以有很多不同的指标。例如,一个人的社会经济地位(socio-economic status,SES)或社会阶层(social class)是一个不可观察的构念。但是,人们可以用一个人的"年收入"表现他的社会经济地位和社会阶层。因此,年收入就是社会经济地位这个抽象构念的一个可观测的指标。类似地,我们可以在调查中问一位员工对下列陈述的同意程度,并用他的回答测量其离职倾向(turnover intention):

```
                            不同意              同意
我常常想要离开这家企业        1    2    3    4   ⑤
```

于是,这位员工对这个陈述的选择就可以作为"离职意愿"这个抽象构念的一个可观测指标。如果这位员工选择了5,表示他"常常想要离开这家企业",意味着他的离职意愿(构念)非常高。

构念与其指标之间的关系可以用图14-1表示。

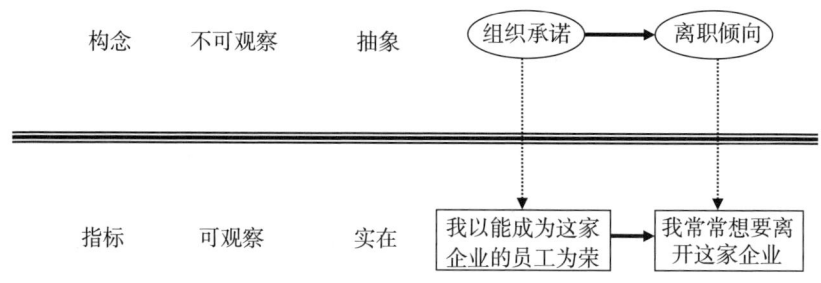

图14-1 构念—测量关系图

在图14-1中,组织承诺(organizational commitment)和离职倾向都是不可观测的抽象构念。调查中的题目"我以能成为这家企业的员工为荣"(我们把员工在该项目的得分记为 x_a)和"我常常想要离开这家企业"(记为 x_b)则分别是两个构念的指标。例如,我们用 Likert 5 点量表测量,员工 A 的回答也许分别是 $x_a = 3$ 和 $x_b = 5$。但事实上,员工 A 的组织承诺的真实水平(用 θ_a 表示)可能是 4,离职倾向可能也是 4。在这里,观测值与真实分数之间的差异是由测量的随机误差引起的。我们可以用下面的测量模型来表示观测值与真实值之间的关系:

$$\theta = x + \varepsilon \tag{14-1}$$

员工 A 的组织承诺和离职倾向如表14-1所示。

表14-1 员工 A 的组织承诺和离职倾向

	Ⅰ	Ⅱ	Ⅲ
	指标	构念	误差
	(可观测的)	(不可观测的)	(不可观测的)
	观测值(x)	真实值(θ)	随机误差(ε)
组织承诺	3	4	+1
离职倾向	5	4	-1

第 14 章 单维构念与多维构念的测量

我们把式(14-1)称为"测量模型",因为我们能观察到的只有指标的值(列 Ⅰ),以此了解员工的组织承诺和离职倾向。

	不同意				同意
我以能成为这家企业的员工为荣	1	2	③	4	5
我常常想要离开这家企业	1	2	3	4	⑤

列 Ⅱ 和列 Ⅲ 中都是想象的数字,我们借助它们建构一个模型,来表示构念和指标之间的关系。式(14-1)是最简单的测量模型。当假设误差项随机正态分布(均值为 0,标准差为 σ)时,式(14-1)就称为古典测量模型(classical measurement model)。

$$x = \theta + \varepsilon \qquad \theta = 真实值, x = 观测值, \varepsilon \sim N(0, \sigma)$$

既然 θ 和 ε 都是不可见的,那么为什么要把观测值 x 分解为两个不可知的变量呢?原因是我们可以透过不同的方法估计 θ 与 ε 的值。最简单的方法就是用多项指标,形成"量表",来估计 x, θ 与 ε 的值。例如,我们可以用下列三个项目(指标)来测量员工 A 的离职倾向。

	不同意				同意
(x_1) 我常常想要离开这家企业	1	2	3	4	⑤
(x_2) 我不喜欢留在这个机构工作	1	2	3	④	5
(x_3) 我很可能于明年另寻新的工作	1	2	3	④	5

由于这三个项目(指标)都是测量同一个构念的,所以通过计算它们的平均值,我们就有可能减小随机误差了。用数学式可以这样表示:

$$x_1 = \theta + \varepsilon_1 \qquad (14-2)$$

$$x_2 = \theta + \varepsilon_2 \qquad (14-3)$$

$$x_3 = \theta + \varepsilon_3 \qquad (14-4)$$

计算三个项目的均值,我们得到 $x = (x_1 + x_2 + x_3)/3 = \theta + (\varepsilon_1 + \varepsilon_2 + \varepsilon_3)/3$。随着项目或指标数目的增加,误差的均值项将会越来越小。这是因为,这些误差都是随机误差,在每一个项目的测量中,随机误差都可能大于 0 或小于 0。在古典测量模型中,随机误差项决定了测量的"信度"(reliability)。如果一种测量方法或一个测量指标有很大的随机误差,那么它就是不可靠的,即信度很低。这样的话,既然通过计算多个指标的均值可以减小随机误差项,那么用多个指标来测量一个构念的方法就可以增加该测量的信度了。

实际上,这里讨论的方法不仅仅是社会科学研究中才用的。自然科学家测量物理构念时用的也是同样的方法。例如,实验室中的一位科学家想知道一杯水的温度(构念)是多少,于是用温度计(指标)来测量它的温度。如果科学家仅使用一次读数的值,这个读数很可能混合了随机测量误差。如果他可以用同一个温度计来做多次测量,再取它们的均值,对这杯水温度的估计就会可信得多了。

然而,古典测量模型并不是唯一的测量模型。正如前面提到的,它只是用来代表观测值与真实值之间关系的一种可能的模型。例如,科学家可以用温度计 A 测量一杯水的温度,并重复多次,记下读数。然后,他可以用温度计 B 再测量多次,记录每次读数。这时,他就可以用下面的方程式作为测量这杯水温度的测量模型:

$$x_{ik} = \theta + T_k + \varepsilon_{ik} \qquad (14-5)$$

其中,x_{ik} 是用第 k 支温度计进行第 i 次测量时的读数;θ 是水温的真实温度值;T_k 是第 k 支温度计的固定偏差(例如,可能每次用温度计 A 测量时总是比真实值高 1℃);ε_{ik} 是用第 k 支温度计进行第 i 次测量时的随机误差。

可以把上面的测量模型应用于调查研究中吗?有人可能会想到,在一张问卷中用多个项目来测量员工 A 的组织承诺,然后请 A 的一位要好的同事用同样的问卷来评价 A。这样,我们对同一位员工就有了自评分和同事评分两个分值。比较上面测量温度的例子,其中的温度计就是这里的评价者(员工 A 或他的同事)。我们可以把评价者的因素也考虑到模型中来,例如,使用 Likert 5 点量表自我评价的方法测量组织承诺可能会有一个稳定的偏差作用(如高于真实值 0.5 分)。这个模型比古典测量模型更复杂,所以在使用这种测量方法时,人们就需要用一些方法来估计由评价者引起的固定偏差(即上面例子中一支温度计的固定偏差)。

另外还有一种测量模型叫作同属测量模型(congeneric measurement model)。它与古典测量模型相似,只是增加了一个假设——每个项目和指标都不同程度地反映了真实分数的值。换句话说,一些指标能够更准确地反映构念的真实值。如果用数学表达同属测量模型,就是根据每个指标对真实值的准确程度为它们分别确定一个权重值。

$$x_1 = \lambda_1 \theta + \varepsilon_1 \qquad (14-6)$$
$$x_2 = \lambda_2 \theta + \varepsilon_2 \qquad (14-7)$$
$$x_3 = \lambda_3 \theta + \varepsilon_3 \qquad (14-8)$$

λ_1、λ_2 和 λ_3 即每个指标的权重(λ_1、λ_2、λ_3 值在 0 到 1 之间;1 代表完全反映构

念的真实值,0代表完全不能反映构念的真实值,权重值越大说明这个指标越能代表我们想测的构念)。概念上,这些权重值就代表了每个指标在测量构念时的效度。所以,古典测量模型实际上是同属测量模型的简化形式(当我们设所有 λ 都相同时)。换句话说,古典测量模型假设每个指标都可以同样程度地代表一个构念。同属测量模型是结构方程模型(structural equation modeling,SEM)中的默认测量模型。

我们要注意的是,根据同属测量模型,测量同一个构念所用的两个指标也许不是完全等同的,也就是不可以相互替代。这是因为,一个指标可能比另一个指标更能够代表构念本身(即 λ 更高)。实际上,不论是古典测量模型还是同属测量模型,测量同一个构念的两个指标是否完全等同取决于研究者关于测量过程的假设。如图14-2所示,如果研究者假设每个指标都在测量构念整体,只是各自的测量误差不同(假设一),那么研究者使用哪个指标都没有太大关系。但是,如果研究者假设每个指标都只是部分地测量了构念所涵盖的内容(假设二),那么第一个指标(x_1)就不能代替第二个指标(x_2),因为它们分别测量了构念中不同的部分。也正因为这个原因,我们常建议研究者们在使用那些发展成熟的量表(即经过严谨的信度效度测验的量表)时,尽量保持原有量表的完整性,而不要主观地挑出一些感兴趣的题目来测量要研究的构念。

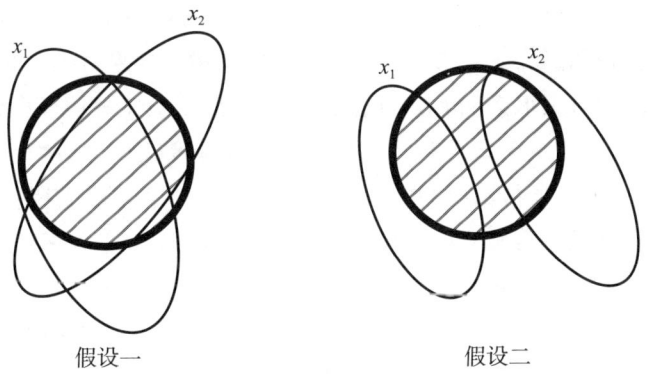

图14-2 构念测量的两个模型

14.1.3 效果指标

古典测量模型关于指标与构念之间的关系有一个特殊的假设:每一个指标都不同程度地反映了同一个构念,之所以是不同程度,是因为每个指标的随机误差不同。

$$x_1 = \theta + \varepsilon_1 \qquad (14-9)$$
$$x_2 = \theta + \varepsilon_2 \qquad (14-10)$$
$$x_3 = \theta + \varepsilon_3 \qquad (14-11)$$

换句话说,员工 A 在第一个项目 x_1(即"我常常想要离开这家企业")的得分就是他离职倾向的真实值(θ)的一个反映。类似地,他在第二个项目 x_2(即"我不喜欢留在这机构工作")上的得分也是他离职倾向的真实值(θ)的一个反映。请注意,员工 A 的离职倾向的真实值在两个项目中都是一样的,因为我们在某个时间点上只有一个真实数值来代表员工 A 的离职倾向,而 x_1 和 x_2 都是对这个真实值的估计。在这样的情况下,我们就说 x_1、x_2 和 x_3 都是同一个真实的离职倾向分数的反映或效果。这一类型的项目指标叫作"效果指标"(effect indicator)或"反映型指标"(reflective indicator)。

效果指标(或反映型指标)有下列特征:

(1)正如它的名字所表达的,效果指标是以抽象构念的"效果"来作为它的指标的。换句话说,效果指标是由看不到的构念引起的。从式(14-9)、式(14-10)、式(14-11)中可以看到,x_1、x_2 和 x_3 都表示了同一个潜在变量 θ 的效果。

(2)但是,我们不能把"效果"(effect)与"结果"(outcome)混淆起来。一个构念的结果,是因这个构念而产生的另外一个构念。但是"效果指标"是利用这个构念的效果作为它的指标。构念与它的效果指标,是同属一个东西的。它们唯一的分别是构念是抽象的概念,效果指标是可观测的指标。如果员工的高离职倾向(构念 A)是由于他们组织承诺(构念 B)水平较低引起的,员工离职倾向就是组织承诺的一个结果。这里的因果关系发生在构念 A 和构念 B 之间,这两个构念都是不可直接观察的。一个效果指标(如我不喜欢留在这机构工作)和它所代表的构念(离职倾向)之间的关系是可观测的指标与不可观测的构念之间的关系。所以,效果指标不是由它们所表示的构念产生的结果。

(3)如果我们运用上一个部分谈的"假设一"的话,每一个指标已经足以无偏地代表一个构念。"无偏"(unbias)在这里的意思是指,如果我们用一个效果指标(如 x_2)对同一个员工 A 重复测量无穷多次,所有这些测量值的平均值就等于员工 A 的离职倾向的真实值。这是因为:

若 $\qquad x_2 = \theta + \varepsilon_2$
$$E(x_2) = E(\theta) + E(\varepsilon_2)$$

$E(x)$ 是 x 的期望值 $= E(\theta) = \theta$,因为 θ 是常数,而 ε_2 是随机的。

同样道理,如果我们用另一个指标重复测量无穷次,它也足以代表我们要测的构念。我们需要用多个指标来减小随机误差,这是因为大多数时候我们在调查中只测量一次。

(4)根据"假设一",从定义上看,效果指标之间应该是高度相关的。如果效果指标之间的相关程度很低,那就一定存在问题。这是因为它们都是用来代表同一个构念 θ 的。当误差项(ε_1、ε_2 和 ε_3)接近 0 时,效果指标之间的相关系数应该非常接近 1。在古典测量模型中,效果指标之间的相关程度越高,测量过程中的随机误差部分就越小,效果指标就越能够准确地代表我们要测量的构念。

管理研究中的大部分指标都是效果指标。例如,Graen 和 Uhl-Bien(1995)提出的对"领导—成员交换"(leader-member exchange,LMX)构念的测量包括了七个项目,如"我觉得我主管对我工作上的问题和需要了解很多""我很信任我的主管,即使他不在场,我仍会替他所做出的决策进行辩护和解释",这些都是"领导—成员交换"质量较高时表现出的效果。

因为式(14-9)、式(14-10)和式(14-11)中的 ε_1、ε_2 和 ε_3 都是随机误差,从定义上看,它们都是与真实值 θ 没有关系的。以式(14-9)、式(14-10)和式(14-11)为基础,根据多元相关分析(multivariate correlational analysis)的公式,x_1 的方差(或者说所有答题者对"我常常想要离开这家企业"的回答的方差),以及 x_2 和 x_3 的方差可以表示如下:

$$\sigma_{x1}^2 = \sigma_\theta^2 + \sigma_{\varepsilon 1}^2 \tag{14-12}$$

$$\sigma_{x2}^2 = \sigma_\theta^2 + \sigma_{\varepsilon 2}^2 \tag{14-13}$$

$$\sigma_{x3}^2 = \sigma_\theta^2 + \sigma_{\varepsilon 3}^2 \tag{14-14}$$

式(14-12)、式(14-13)和式(14-14)清楚地表示出 x_1、x_2 和 x_3 共同的方差部分是不同答题者的离职倾向真实值的方差(σ_θ^2)。我们可以用韦恩图(Venn diagram)表示这些方差之间的关系,如果用每个圆代表一个指标,可以得到图 14-3。

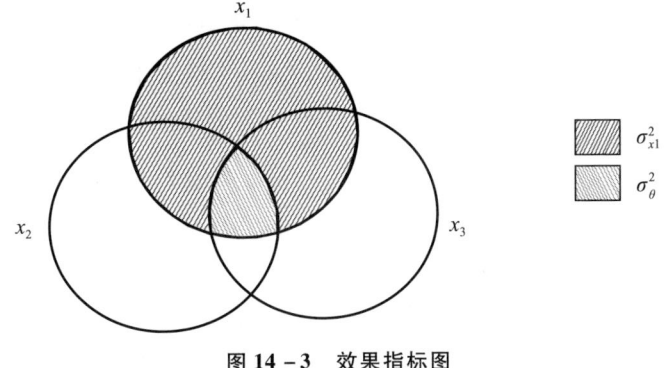

图 14-3 效果指标图

用三个效果指标(x_1、x_2、x_3)来测量员工离职倾向(θ),不同员工离职倾向的真实方差可以用三个指标的共同方差部分来估计。用因素分析的术语说,离职倾向的真实方差可以用变量x_1、x_2和x_3的变异共同量(communality)来表示。

如果我们是用同属测量模型而不是古典测量模型,那么指标与离职倾向的真实值之间的关系就可以用式(14-15)、式(14-16)和式(14-17)表示:

$$x_1 = \lambda_1 \theta + \varepsilon_1 \qquad (14-15)$$

$$x_2 = \lambda_2 \theta + \varepsilon_2 \qquad (14-16)$$

$$x_3 = \lambda_3 \theta + \varepsilon_3 \qquad (14-17)$$

其中x_1、x_2和x_3都是可观测的指标,而λ_1、λ_2、λ_3、ε_1、ε_2、ε_3和θ都是未知的,需要估计。如果我们用结构方程模型的软件(如 LISREL、AMOS 或 EQS),λ_1、λ_2、λ_3、$\sigma_{\varepsilon_1}^2$、$\sigma_{\varepsilon_2}^2$、$\sigma_{\varepsilon_3}^2$ 和 σ_θ^2 都可以估计出来。事实上,从式(14-15)到式(14-17)就可以看出构念的真实分数和它的指标之间的关系可以用我们常用的验证性因子分析模型表示,如图14-4所示。

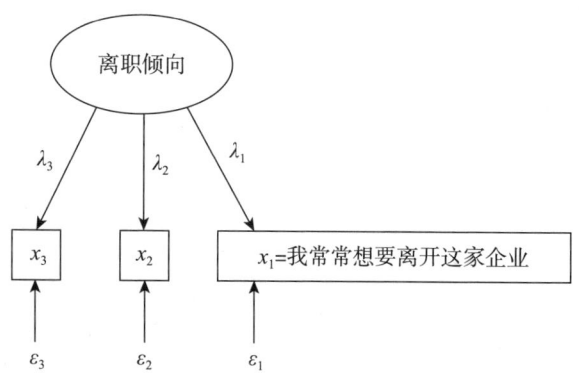

图14-4 验证性分子分析和效果指标

如果我们采用同属测量模型,那么员工 A 的离职倾向的真实值就可以用三个指标x_1、x_2和x_3的共同因子的因子分数(factor score)来估计:

古典测量模型　　　　　　同属测量模型

$x_1 = \theta + \varepsilon_1$ 　　　　　　　$x_1 = \lambda_1 \theta + \varepsilon_1$

$x_2 = \theta + \varepsilon_2$ 　　　　　　　$x_2 = \lambda_2 \theta + \varepsilon_2$

$x_3 = \theta + \varepsilon_3$ 　　　　　　　$x_3 = \lambda_3 \theta + \varepsilon_3$

在现实中,我们只能看到可观测的指标x_1、x_2和x_3。这样我们如何知道真正表示指标与构念之间关系的模型是"古典测量模型"还是"同属测量模型"呢?正如前面离职倾向的例子中所说的,如果用古典测量模型,构念的真实值可以通过把三个指标简单平均而得到,如果用同属测量模型,构念的真实值可以通过指标背后的潜因子的因子分数来估计。那么,我们究竟应该用 x_1、x_2 和 x_3 的平均值还是潜因子的因子分数平均值来估计员工的离职倾向的真实水平呢?

这个问题的答案非常直接。古典测量模型实际上就是同属测量模型的一个特例。当 $\lambda_1 = \lambda_2 = \lambda_3$ 时的同属测量模型就是古典测量模型。这样,同属测量模型应该比古典测量模型更可取。换句话说,用众多指标背后共同因子的因子得分来表示所研究的构念也许更可取。

然而,这个方法也存在另外一个问题。当我们用不同的样本做研究时,由于抽样误差的存在,因子载荷(数学上就等于 λ 的倒数)也会随之改变。例如,我们有一个样本包括员工 A、B 和 C,另一个样本包括员工 A、D 和 E,在这两个样本中都可以得到的 x_1、x_2 和 x_3 三个指标背后的共同因子,并估计出因子载荷,但在两个样本中的估计值可能不同。这样,如果我们用因子得分来估计员工 A 的离职倾向,在两个样本中就会得到不同的结果。这在理论上是不合理的,在同一时间同一名员工 A,当他与不同的员工组成样本时,离职倾向的真实分数的估计值竟然会不同!比较而言,如果用古典测量模型对员工 A 的离职倾向的真实分数进行估计,结果就非常稳定了。不管在哪种样本中,我们估计出的 A 的离职倾向都是一样的,即始终等于 $(x_1 + x_2 + x_3)/3$。正是由于这个原因,当我们要估计效果指标的真分数时,"取所有的效果指标的平均值"和"取所有效果指标背后共同因子的因子得分"在传统上都是可以接受的方法。

14.1.4　构成指标

虽然研究中使用的指标大都是效果指标,但也存在一些其他的情况,例如,用来测量社会经济地位的指标就不是上面说的效果指标。社会经济地位是表示一个人的社会阶层、财富或经济地位的一个构念。社会经济地位的两个可能的指标是收入和教育水平。MacCallum 和 Browne(1993)认为一个人的收入和教育水平并不是其社会经济水平的反映或结果。相反,是收入和教育水平决定了一个人的社会经济地位。这种类型的指标,与效果指标(或反映型指标)相比具有相反的特征,我们称之为"原因指标"(causal indicator)或"构成指标"(formative indicator)。一个构念与它的构成指标之间的关系可以用式(14-18)表示:

$$\theta = \gamma_1 x_1 + \gamma_2 x_2 + \zeta \tag{14-18}$$

以"社会经济地位"构念为例,θ 是不可直接观测的构念"社会经济地位";x_1 是个人收入水平;x_2是个人教育水平;γ_1是收入水平(x_1)影响社会经济地位(θ)的权重;γ_2是教育水平(x_2)影响社会经济地位(θ)的权重;ζ是随机测量误差。

另一个构成指标的例子是"社会再适应"(social readjustmen;Holmes & Rahe,1967)的构念。这个构念是表示当一个人面对有压力的生活变化事件时所需要做的重新适应。用来测量这个构念的"社会再适应量表"(social readjustment rating scale,SRRS)一共包括了43个不同权重的生活变化事件,如丧偶、结婚、怀孕、子女离开家庭和退休等。再举个例子,"环境不确定性"(environmental uncertainty)是企业战略研究中的一个构念,它用来表示企业环境的不可控制性。测量这个构念有很多方法,这里以Lukas、Tan和Hult(2001)研究中使用的方法为例。他们使用的测量中包括复杂性、动态性、对抗性三个维度。其中每一个维度都使用了四个构成指标测量。复杂性评估了企业可以预测竞争、技术、法规和国际发展的程度;动态性测量了顾客、技术、法规和供应商的变化情况;对抗性则测量了顾客、经济、社会文化要求,以及国际发展对公司的影响。以复杂性维度为例,我们可以看到,这里并不是因为环境复杂才有了一系列竞争、技术、法规等方面的表现,恰恰相反,正是因为这几个方面的不确定构成了企业所面临环境的整体的复杂性。

我们发现,在组织和管理研究领域,构成指标模型并没有被广泛使用。我们现有的用构成指标测量的构念大多是在社会学、心理学,以及市场研究和战略研究中发展出来的。构成指标模型并没有被广泛使用的原因大概有三个:第一,构成指标估计的时候比效果指标复杂一点,很多研究者都不一定熟悉整个程序;第二,由于因子分析在管理研究的流行,研究者的第一反应往往都是从效果指标开始;第三,用效果指标来量度的构念的结构可以用探索性因子分析或者是验证性因子分析来验证,其中完全不牵涉其他构念。但是牵涉构成指标的构念在验证的时候必须包括其他的结果构念,所以构念自己的结构和这构念与其他构念的关系是分不开的,这样的局限也为构成指标模型的广泛使用带来了一定的限制(这一点我们在后面会详述)。关于构成指标会带来的一些问题,Edwards(2011)也讨论了很多具体的问题,有兴趣的读者可以进一步阅读。

从上面的例子我们可以看出,构成指标(原因指标)有以下特征:

(1)正如它的名称所示,构成指标"构成了"被测量的不可观测的构念。换句话说,不可观测的构念是由这些可观测的指标引起的。这种关系与效果指标和构念的关系恰好相反。

(2)效果指标不是构念的结果,同样,构成指标(原因指标)并不是所测量的构念的前因。如果一个人的社会经济地位在很大程度上依赖于其父母的社会经济地位,那么就可以说父母的社会经济地位(构念 A)是个人社会经济地位(构念 B)的前因。因为"因果关系"是发生在两个不可直接观测的构念之间的。而构成指标与它们所测量的构念之间是可观测的指标与不可观测的构念之间的关系。所以,构成指标不是构念的前因,它们只是在一起共同表示一个构念而已。

(3)我们在前面说过,每个效果指标都是潜在构念的一个充分的无偏估计。而与之相比,每个构成指标都是"不完全地"和"有偏差地"代表了它们所表示的构念。这是因为:

$$\theta = v_1 x_1 + \gamma_2 x_2 + \zeta \tag{14-19}$$

只用 x_1(如收入水平)来测量一个人的社会经济地位,即使测量无穷多次,依然会导致对构念的估计产生偏差。这是因为社会经济地位是由 x_1(收入水平)、x_2(教育水平)和其他的一些指标共同构成的。只要有一个指标没有被放进估计的过程中,那么对于构念的估计就是偏差了。用数学式可以这样表示:

如果

$$\theta = \gamma_1 x_1 + \gamma_2 x_2 + \cdots + \gamma_k x_k + \zeta \quad (k \text{ 是构成指标的个数}) \tag{14-20}$$

那么

$$E(\gamma_1 x_1 + \zeta) = \gamma_1 E(x_1) + E(\zeta) = \gamma_1 E(x_1) \neq \theta \tag{14-21}$$

换句话说,所有的构成指标都必须出现,共同来估计所表示的构念。我们前面说过,使用多个效果指标的目的只是增加信度,而在构成指标中,每一个指标对于估计构念的真实分数都是不可缺少的。

(4)与效果指标不同,对于构成指标之间的关系没有特别的要求。严格地说,构成指标之间可以完全没有关系。我们以社会再适应量表(SRRS)为例,"丧偶"这一指标与另一个指标"怀孕"可以完全没有关系。当然,一个人可以同时丧偶和怀孕,但两者之间并不存在任何必然关系。

构成指标模型下,真实值的方差表示为:

$$\theta = \gamma_1 x_1 + \gamma_2 x_2 + \cdots + \gamma_k x_k + \zeta \tag{14-22}$$

$$\sigma_\theta^2 = \gamma_1^2 \sigma_{x_1}^2 + \gamma_2^2 \sigma_{x_2}^2 + \cdots + \gamma_k^2 \sigma_{x_k}^2 + \sum_{j,k} \sigma_{x_j x_k} + \sigma_\zeta^2 \tag{14-23}$$

因此,构成指标模型中,真实值的方差是有所有指标方差的加权之和再加上所有共方差值。这个关系在概念上可以用图 14-5 表示。

构成指标与所表示的构念之间的关系与效果指标是完全相反的。

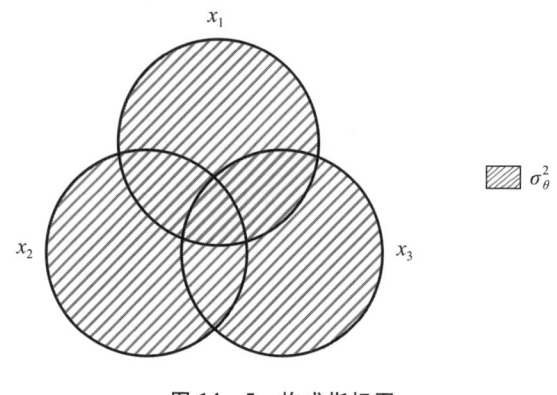

图 14-5 构成指标图

我们用图 14-6 来表示效果指标和结果的区别,以及构成指标与原因的区别。

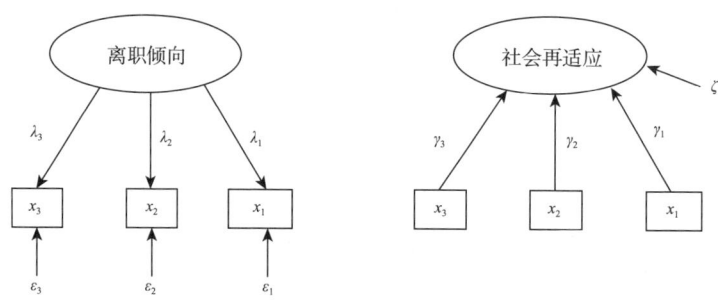

图 14-6 构成指标与效果指标

图 14-7 表示两个构念之间的关系:情绪智力和社会网络。测量项目"我能控制我的情绪"是情绪智力的一个效果指标,而"社会网络"则是情绪智力的一个结果。在这里,社会网络(η)是情绪智力(ξ)的结果,x_3是情绪智力的效果指标,它们之间有两个主要的差异。首先,η 是不可观测的构念,只有"构念"才可以是情绪智

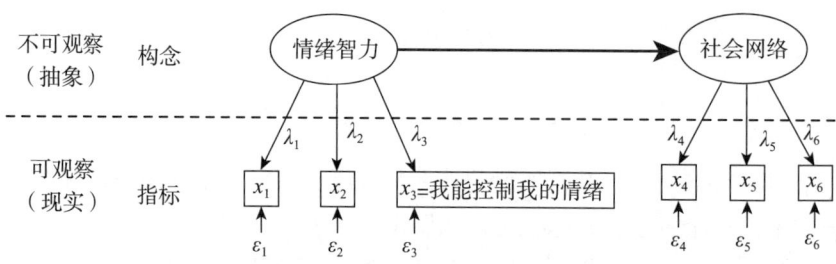

图 14-7 效果指标与构念指标

力(另一个构念)的效果。相比而言,x_3 是一个可观测的指标,而不是一个构念。其次,η 是一个与情绪智力完全不同的概念,而 x_3 本身就是情绪智力。它是情绪智力这个不可观测变量的一个可观测指标。

同样,图 14-8 表示了一个人的"冒险性"可能是他的"社会再调整"(social readjustment)的原因,喜欢冒险的人的社会再调整的机会可能更大。而"搬家"和"换工作"却是"社会调整"的构成指标。再强调一下,"冒险性"和"社会再调整"都是构念。"冒险性"是与"社会调整"不同的一个构念。"搬家"和"换工作"是指标,它们与"社会调整"所指的是同一事物。唯一不同的是,"搬家"和"换工作"是指标,而"社会调整"是一个不可观测的构念。

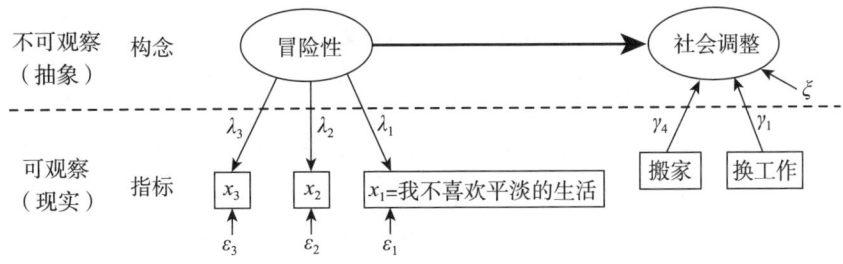

图 14-8 构成指标与构念关系

14.1.5 用构成指标和效果指标估计构念

正如上面所解释的,用效果指标估计构念时,采用的就是一般的验证性因子分析模型。我们在结构方程模型中使用验证性因子分析模型,通过可观测的效果指标就能够估计出不可观测的构念。这一步工作在常用的结构方程模型软件如 LISREL、AMOS、EQS 和 RAMONA 中就可以简单地实现。只要因子模型是正确的、可识别的(model identified),指标没有问题,就可以用指标直接估计出构念。举个例子,如果一个人使用效果指标测量"离职倾向",他可以很容易地对三个效果指标进行验证性因子分析,并用它们背后的因子分数来估计不可观测的构念"离职倾向"(见图 14-9)。如果一个构念至少有三个效果指标来测量,验证性因子分析模型一般都是可识别的。

相比起来,用构成指标来估计构念就有一些不同。构成指标模型中指标与其所测量的构念之间的关系可以用式(14-24)表示:

$$\theta = \gamma_1 x_1 + \gamma_2 x_2 + \cdots + \gamma_k x_k + \zeta \qquad (14-24)$$

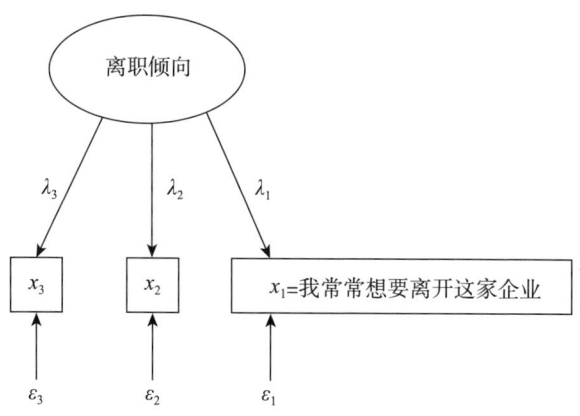

图 14-9 效果指标与构念关系

式中,θ、γ_1、$\gamma_2\cdots\gamma_k$ 和 ζ 都是未知的参数。只有 x_1、$x_2\cdots x_k$ 是可观测的变量。理论上,给定 $(x_1,x_2\cdots x_k)$ 的一组的观测值,则 $(\theta,\gamma_1,\gamma_2\cdots\gamma_k,\zeta)$ 的取值有无数种可能性。换句话说,单独的构成指标模型是不可识别的。为了使模型可识别,模型中就至少需要包括两条从该构念出发的结构路径。换句话说,要把构成指标模型中的变量猜出来,需要至少借助该构念的两个结果变量。图 14-10 的例子就表示如何使一个构成指标模型变得可以识别。社会调整这个构念的测量模型单独存在时是不可识别的,我们增加了它的两个结果变量,即生活满足和工作倦怠,在由三个构念组成的完整模型中,我们就可以估计出想研究的社会调整了(见图 14-11)。

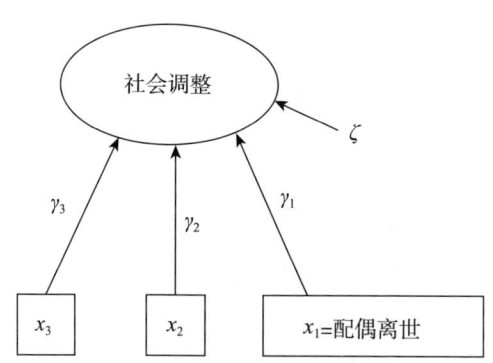

图 14-10 测量模型与构成指标

第14章 单维构念与多维构念的测量

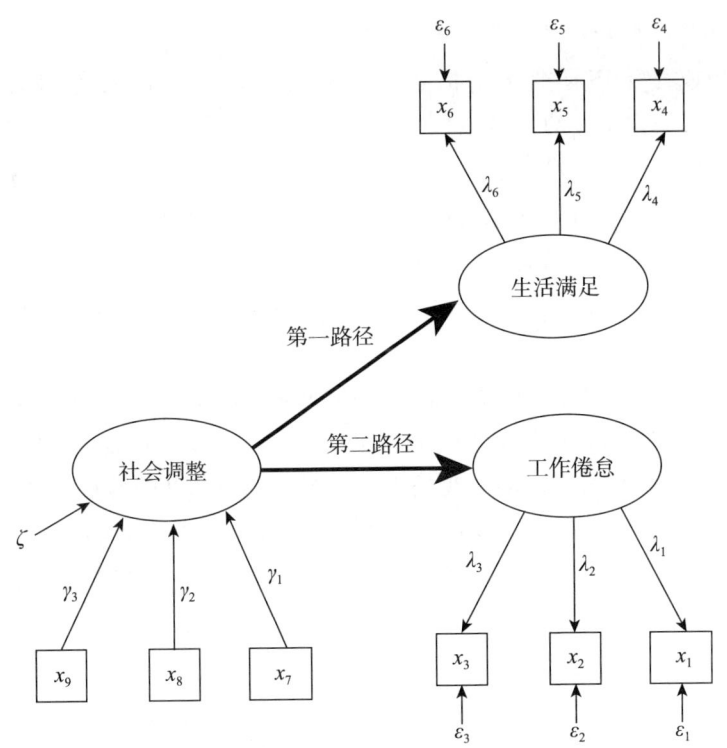

图 14-11 结构方程中的构成指标与效果指标

我们可以用一句话总结两种模型估计方法的差异：用效果指标测量构念时，只用测量模型就可以估计；但是用构成指标测量构念时，需要同时包括测量模型和结构模型才可以估计。这时，在结构模型中，除了我们所测的构念，至少还要有该构念的另外两个结果变量。我们说构成指标与构念之间的关系，不是"自我满足"（self-sufficient）的。这就是构成指标使用时最大的限制。因为构成指标的测量模型，一定要与结构模型配合，因此如果理论的结构模型错误，整个测量也会错误。换句话说，当我们运用不同的理论在构成指标的构念时，因为牵涉的结构模型不同，我们对构念与构成指标关系的定义，也会有所改变。

14.1.6 构成指标和效果指标的其他问题

构成指标已经不是一个新的概念了，但很多的管理研究者还不太熟悉，因为我们遇到的构念中，大多数都是用效果指标测量的。随着古典测量模型、同类测量模型和验证性因子分析的流行，这样的情况就更多了。关于什么时候使用构成指标，以及如何正确使用它，有很多值得注意的地方，在这里我想强调几点：

1. 我们什么时候应该使用哪类指标?

使用构成指标还是效果指标是一个理论问题。例如,社会调整这个构念(Holmes & Rahe,1967)的提出是基于这样一个前提:一个人生活中发生的好的或坏的事情(如家庭成员健康状况的变化、亲密朋友的离世、工作中的职责变化、获得新的家庭成员等)会给个体带来心理上的压力,而这种压力可能会引起心理疾病或精神健康问题。根据定义,符合逻辑的做法是测量个体所经历的重大事件,并把它们放在一起来测量社会调整。为了方便起见,我们就把这一类构念称为"构成型构念"(formative construct)。

不同于构成型构念,一般智力能力(general mental aptitude,GMA,或叫 g 因素)在定义上是指个体的各种外显能力背后的一个潜在因素。因此,在理论上用构成指标来测量 GMA 是不合适的。我们把这一类构念称为"反映型构念"(reflective constructs)。反映型构念的另一个例子是外向型人格特征。我们很难在理论上把外向型人格定义为一组指标的函数组合。相反,用一些外向型人格的特征表现作为指标会容易得多。

但是,有很多构念的定义中似乎并没有明显表示出用哪种指标测量更合适。它们似乎既可以是构成型构念,又可以是反映型构念,我们把这种类型的构念称为"双面型构念"(ambivalent constructs)。双面型构念的一个例子是销售人员的工作业绩。我们完全可以把一位家用电器销售人员的业绩定义为他销售不同产品(如空调、冰箱、电视机等)的业绩的加权总和;而另一种合理的方法是由他的直接上级根据他在不同方面的表现来打分(如产品销售的质量、数量、顾客满意度等)。前者用构成指标,后者用效果指标。从这里可以看到,这样的构念究竟是构成型、反映型、还是双面型,取决于我们如何定义它。一些构念必须用加总的方式来定义(构成型构念),另一些构念又一定要用一个潜因子来定义(反映型构念),还有一类构念则两种方法都可以(双面型构念)。但我们需要注意的是,对于双面型构念,当我们用不同的方式定义它时,概念本身可能已经发生改变了。

有读者可能会问,如果已经有一个量表是用效果指标测量一个构念的,那么我们是否可以发展一个新的量表用构成指标来测量相同的构念呢?如果理解了我们上面讨论的内容,这个问题就有了答案。我们首先需要了解所研究的构念的性质是构成型还是反映型的,进而根据它的性质发展相应的量表。如果它是一个双面型构念,那我们如何定义它就决定了应该用什么类型的指标来测量。如前所说,"构念"是研究人员创造出来的,目的是更方便地建立能反映观测规律的模型和理论。我们相信"构念"到底应该怎样定义是由研究人员决定的。但是,由研究人员定义的构念到底是否合适、是否有助于建立正确地的理论来描述现实,就要看研究人员的创意和数据的支持了。

2. 有没有可能同时用效果指标和构成指标测量同一个构念?

我们在前面用了销售人员的工作绩效作为例子说明,对于那些模棱两可的构念,可能用效果指标或构成指标都是可以的,这决定于我们对其的定义。但是,有没有可能用一个同时包含效果指标和构成指标的量表来测量一个构念呢?虽然这在概念和方法上都是可能的,但我们觉得似乎没有什么理论上的必要这样做。理论上,一个构念要么用构成指标表示,要么用效果指标表示。如果一个构念用一些构成指标测量,理论上应该没有什么必要再加进一些效果指标,反之亦然。简而言之,一个构念有可能既可以用构成指标测量,又可以用效果指标测量,但不会把它们同时放在一个量表中使用。MacKenzie、Podsakoff 和 Jarvis(2005)的文章中也讨论了两种指标的区别,以及如何识别对测量模型的错误定义。有兴趣的读者也可以进一步阅读。

3. 为构成型构念发展量表的过程有什么不同?

Hinkin(1998)在他的文章中提到"发展量表的第一个步骤是得到用来测量构念的项目指标。搜集项目指标成功的关键是,有一个清晰的理论基础能够表达出待测量构念所要涵盖的内容"(第 105 页)。Hulin 在这里提到的是开发效果指标的常用步骤。我们认为发展由构成指标组成的量表也应采用相似的步骤。我们将借用 Hinkin(1998)开发效果指标的过程来讲解发展构成指标的步骤。

步骤一:产生构成指标的第一步与效果指标相似。"有一个清晰的理论基础能表达出待测量构念所要涵盖的内容",这是第一步的关键。

步骤二:第二步也与效果指标类似。研究者需要搜集数据用以项目指标的预研究(pilot study),但这时要注意,构成型构念单独的测量模型是不可识别的,研究者需要另外加进被测构念的两个结果变量,与其共同组成一样结构模型,才能使得模型成为可识别的。

步骤三:构成型构念量表发展的第三步是指标缩减(item reduction)。这时,我们可以使用结构方程模型,把这个新构念的测量指标和两个结果变量放在一起分析。找出那些载荷值(即 γ)不显著或较小的指标,可以将其删掉。

步骤四:与效果指标量表相似,对于构成指标我们同样需要用一个交叉验证样本检验剩下的构成指标的稳定性。那些能够保持稳定载荷的构成指标就可以被最终留下来作为构念的测量指标。

4. 我们如何估计构成型构念的量表的信度?

对于效果指标,最常用的信度估计方法就是内部一致性(α 系数)和再测信度(test-retest reliability)。正如前面讨论过的,对于反映型构念,抽象的构念"产生"了相关的测量项目,这时我们讨论测量项目的信度是合适的。但是,对于构成指标,却不一定如此(Bollen & Lennox, 1991; Cohen et al., 1990; MacCallum & Browne, 1993)。实际上,一个构成型构念的不同指标之间有可能是正相关、负相关,或彼此没有关系的(Bollen & Lennox, 1991:307)。这样,我们再用传统的估计方法去检验这些指标之间的相关关系就没有太大意义了。因此,对于构成型构念的量表,再测信度是一种更可取的估计信度的方法。因为在估计载荷的时候我们还需要在结构方程模型中放进其他的结果变量,使用不同的结果变量会产生不同的构成指标的载荷。所以研究者在估计再测信度时也必须使用完全相同的结构方程模型(即完全相同的结果变量)。

如果我们没有多个样本用来检验再测信度,还有一种方法可以用来估计构成型构念的测量信度,即误差方差的大小。因为构成指标的测量模型可以用公式表示为:

$$\theta = \gamma_1 x_1 + \gamma_2 x_2 + \cdots + \gamma_k x_k + \zeta \quad (\text{多重相关系数平方} = R^2)$$

$$(14-25)$$

式中的误差项(ζ)表示构成指标可以在多大程度上代表构念的真实分数。在极端的情况下,当 ζ 为 0 时,式中的 R^2 就是 1.0,也就是说,所有的构成指标可以共同测出所要测量的构念,而没有任何随机误差。既然可以做到指标无误差地测量了构念,我们可以说这个测量的信度是 1.0。所以理论上,用结构模型方程分析得到式(14-25)的 R^2 就可以作为构成指标信度的一项检验了。

14.2 多维构念

14.2.1 多维构念与单维构念的不同点

多维构念与其各维度之间的关系类似于单维构念与其指标之间的关系,但比较两种关系,可以发现存在以下两方面不同:

(1)正如我们前面讨论的,单维构念是不可观测的、抽象的;而指标则是可观测的、具体的。相比而言,多维构念和其各维度都是不可直接观测的概念,它们是用来概括抽象管理现象的。让我们用组织承诺(organizational commitment)三维度构念作为例子来说明这个差别。在 Meyer 和 Allen(1991)的理论基础上,Meyer 等(1993)提出了"员工对组织的承诺存在三个不同的主题:出于对组织情感依属的忠诚,出于离开组织所花费成本的考虑而继续留下的忠诚,以及出于责任感或道德约束的忠诚"(第 539 页)。组织承诺的这三种形式因此被称为情感承诺(affective commitment)、继续承诺(continuous commitment)和规范承诺(normative commitment)。在验证组织承诺三维度结构的研究过程中,Meyer、Allen 和 Smith 发展了一套测量工具,分别用 6 个、6 个和 5 个指标(题目)来测量这三种形式的承诺。比如,情感承诺量表的一道例题是"这个组织对于我个人有着重大的意义";继续承诺量表的一道例题是"即使我愿意,现在要离开这个组织也是非常困难的";规范承诺量表的一道例题是"如果我现在离开这个组织,我会感到很内疚"。在这个例子中我们看到,组织承诺是一个不可观测的、无形的、抽象的构念,它的三个维度也是不可观测的、无形的、抽象的,而只有各维度中用来测量的题目才是具体的可观测指标。

(2) 多维构念与它的各维度之间的关系比单维构念与其指标之间的关系更复杂。我们说过测量单维构念有两种可能的指标——构成指标和效果指标。Law 等(1999)及 Law 和 Wong(1999)的文章都讨论了多维构念与其各维度间的三种可能的关系。这三种关系中有两种类似于单维构念与它的指标间的构成关系和反映关系,而第三种关系只存在于多维构念和其维度之间。下面我们将逐个讨论这三种关系。

14.2.2 多维构念的三种类型

1. 潜因子模型

多维构念与其各维度之间的第一种关系类似于单维构念与其效果指标之间的关系。这类多维构念被称为"潜因子型多维构念"(latent multidimensional constructs,LMC)。一个 LMC 的各个维度都是同一个构念的不同表现。换句话说,LMC 的不同维度都是用来代表同一个多维构念的不同方式。数学上,LMC 可以表示为各个维度背后的一个潜因子(或共同因子)。LMC 的一个经典的例子就是一般智力能力(general mental aptitude,GMA)。Spearman 在 1927 年提出智力二因素理论(two-factor theory of mental intelligence)时,就是把 GMA 描述成众多智力活动(如语文能力、数量计算能力、记忆和推理能力等)背后的一个共同因素。另一个例子是人格的五因素模型(five factor model of personality)(McCrae & Costa,1989),在众多的人格特征背后,外倾性、随和性、情绪的稳定性、经验开放性和责任心成为能够概括各种人格的五个最主要的人格特质。而这五个最主要的人格特质是所有性格背后的潜因子。

现在让我们用组织公民行为(organizational citizenship behavior, OCB)作为例子来说明 LMC 的特征。Organ(1988:4)把 OCB 定义为"由员工自发进行的,在组织正式的薪酬体系中不会得到明确的或直接的回报,但就整体而言有益于组织运作的功能和效率的个体行为总和"。OCB 在刚刚提出来时被定义为一个多维的构念。Smith 等(1983)认为它包括两个维度:"利他"和"服从",而另外一些学者又认为它包括五个维度:(1)利他行为(altruism),自愿地帮助组织中的其他人解决一些工作中的问题;(2)勤勉正直(conscientiousness),在工作中自愿地超出组织对自己的最低要求;(3)公民道德(civic virtue),表现出对组织的深切关心,自愿将组织的问题视为自己的问题,主动参与组织相关的事务;(4)谦恭有礼(courtesy),指自愿地采取行动避免与组织中的其他同事发生负面冲突;(5)运动员精神(sportsmanship),当组织面临不理想的状况时,员工自愿地接受和服从,而没有抱怨。

如果 OCB 是一个 LMC,那么 OCB 与其五个维度之间的关系就应该是:

$$\text{利他行为} = \omega_1 \times OCB + \delta_1 \quad (\omega\text{ 是权数};\delta\text{ 是误差}) \quad (14-26)$$
$$\text{勤勉正直} = \omega_2 \times OCB + \delta_2 \quad (14-27)$$
$$\text{公民道德} = \omega_3 \times OCB + \delta_3 \quad (14-28)$$
$$\text{谦恭有礼} = \omega_4 \times OCB + \delta_4 \quad (14-29)$$
$$\text{运动员精神} = \omega_5 \times OCB + \delta_5 \quad (14-30)$$

如果用因子分析的术语来说,OCB 就可以定义为其五个维度的共同性(commonality)。需要注意的是,这些维度本身也是不可直接观察的抽象构念。为了测量这些抽象的维度,我们还需要为每个维度发展一些可观测的指标。例如,可以用三个题目来测量"利他行为":

$$x_1 = \lambda_1 \times \text{利他行为} + \varepsilon_1 (x_1:\text{他经常调停同事间的争执}) \quad (14-31)$$
$$x_2 = \lambda_2 \times \text{利他行为} + \varepsilon_2 (x_2:\text{他愿意替代因病或私事请假的同事工作})$$
$$(14-32)$$
$$x_3 = \lambda_3 \times \text{利他行为} + \varepsilon_3 (x_3:\text{他乐意帮助同事解决工作上的问题})$$
$$(14-33)$$

因此,对潜因子型多维构念 OCB 的估计就包括两个步骤:第一步,用 OCB 各维度的指标分别对五个维度做出估计;第二步,估计五个维度背后的潜因子。

潜因子模型是最常用的一种模型。我们再看一个例子,Zhang 等(2015)提出了一个新构念"矛盾型领导行为"(paradoxical leader behavior)来描述一类特别的

第14章　单维构念与多维构念的测量

领导行为——一位领导所展现的行为看似矛盾却彼此相关,并且能够同时长期满足组织中相互矛盾的工作要求。作者提出这个构念包含五个维度:对待下属既一视同仁又个性化关怀,既自我中心又他人中心,既保持决策可控又允许自主,既执行工作要求又允许灵活,既留有距离又保持亲密。作者也开发了量表来测量这个构念,每个维度由4—5个题目(指标)来测量。作者在发展这个构念及其测量时,明确定义了该构念与维度、维度与指标之间的关系:指标与维度之间的关系是反应型指标,而五个维度与整体构念之间的关系则为潜因子模型。因此,在使用这个测量工具时,第一步,用各维度的指标分别对五个维度做出估计;第二步,估计五个维度背后的潜因子矛盾型领导行为。现在大多数学者在提出新构念并为其开发测量工具时都会明确定义构念与维度、维度与指标之间的关系,以便其他学者在使用时不会混淆。

以上是用估计各个维度背后的二阶潜因子的方法来估计潜因子型多维构念,但这并不是唯一的方法。我们当然还可以用有关题目来直接测量这个潜因子型多维构念本身。现在仍然用前面提到的组织承诺的例子来说明。我们首先假设组织承诺是一个潜因子型多维构念,它由三个纬度组成:情感承诺、继续承诺和规范承诺。这时,我们可以先用Meyer等(1993)的量表测量三个维度,再把组织承诺作为三个维度背后的"二阶潜因子"(second-order factor)来估计,这样是完全合理的方法。同样,我们也可以用Mowday等(1982)发展的15个题目的组织承诺量表(organizational commitment questionnaire,OCQ)直接测量组织承诺。这个量表中的一道例题是"纵使在其他机构担任相同的工作,我想不会如现在这样胜任愉快"。如果测量方法是合理的,两种测量对构念的估计应该是一致的。

通过上面的讨论,我们会发现,对构念(在上面例子中是组织承诺)的测量既可以在指标的层面实现(由指标合并得到维度,再由维度合并得到构念),又可以在构念的层面直接测量。读者也许会提出这样一个问题:为什么我们可以在两个不同的层面测量同一个构念呢?我们的解释是,构念可以在不同的层面定义。在不同的层面定义的相同构念就可以在不同的层面测量。

如果是这样的话,在什么情况下研究者应该直接估计一个多维构念?什么时候又应该通过各个维度来估计呢?我们的建议是,两种方法都是可取的,原因如下:

第一,即使一个构念在性质上是多维的,研究者有时可能仅对整体的构念有兴趣。在这样的情况下,把这个构念按照一个单维构念来处理是完全合理的。例如,GMA是一个多维构念。其中包括记忆能力、抽象思维能力、语言能力、推理能力等。但是很多研究者仅对脑力智力感兴趣。在这样的情况下,只使用一个测验直接测量脑力智力就可以了。

第二，当只用一个量表测量一个多维构念时，它往往已经包含了构念的各维度，以确保内容效度(content validity)。我们前面提到的组织承诺问卷(OCQ)就是一个很好的例子。如果直接测量一个多维构念和通过各维度来测量都覆盖了相似的内容范围，两种方法之间唯一的差异就是在估计的过程中不同的维度是如何组成构念的。如果直接测量多维构念，我们实际上是使用了所有指标背后的一阶潜因子(first-order latent factor)；如果通过各维度来测量，则是用多个指标的二阶潜因子代表了这个多维构念。如果我们假设每个维度的指标数量都是相同的，那么两种方法唯一的差异就是在定义构念时各个维度的相对重要性(或载荷)。我们仍以前面说过的OCB模型作为例子。

维度与多维构念的关系为：

$$利他行为 = \omega_1 \times OCB + \delta_1 \quad (14-34)$$

指标项目与维度的关系为：

$$x_1 = \lambda_1 \times 利他行为 + \varepsilon_1 \quad (14-35)$$

把式(14-34)代入式(14-35)中有：

$$x_1 = \lambda_1 \times (\omega_1 \times OCB + \delta_1) + \varepsilon_1 \quad (14-36)$$

$$x_1 = \lambda_1\omega_1 \times OCB + \lambda_1\delta_1 + \varepsilon_1 \quad (14-37)$$

如果我们用一个一阶因子代表OCB，我们就有：

$$x_1 = \kappa_1 \times OCB + \upsilon_1 \quad (14-38)$$

注：$\kappa_1 = \lambda_1\omega_1$，$\upsilon_1 = \lambda_1\delta_1 + \varepsilon_1$。

式(14-37)和式(14-38)唯一的区别就是式(14-37)中的误差项是λ_1的函数，但是在式(14-38)中它完全是随机的。因为潜因子型多维构念的各维度之间往往有很高的相关性，λ的差异不会太大，所以，用两种方法带来的估计结果的差异也不会太大。

2. 合并模型

第二种类型的多维构念是合并型多维构念(aggregate multidimensional construct，AMC)。如果说潜因子型多维构念是同一个多维构念的不同表现，那么合并型多维构念的各个维度就是多维构念的不同组成部分。数学上，AMC可以定义为其各个维度的函数。在下面讨论的例子中，为了简化说明，我们就假设AMC是它各个维度的线性函数。这里所讨论的内容也同样适用于当AMC是其各维度的复杂函数的情况。AMC的一个经典例子是工作满意度，Locke(1969)和Lawler(1983)都曾把工作的整体满意度定义为对工资、工作本身、直接上级、晋升和同事等各方面满意度的简单总和(即等权重的线性组合)。另一个 AMC 的例子是工作激励。Hackman 和 Oldham(1976)提出,有五个核心的特征会影响一份工作对工作者的激励性,它们是技能的多样性、工作的整体性、工作的重要性、自主性和工作反馈。Hackman 和 Oldham 还明确为一份工作的激励潜能分数(motivation potential score, MPS)做了操作定义:

$$\text{MPS} = \left(\frac{\text{技能多样性} + \text{工作整体性} + \text{工作重要性}}{3}\right) \times \text{自主性} \times \text{工作反馈}$$

(14-39)

所以,一份工作的激励潜能是其五个维度的非线性组合。

那么同一个多维构念是否有可能用不同的模型来测量呢?现在让我们再回到前面看过的 OCB 的例子。因为 Organ(1988)没有明确定义 OCB 是潜因子型多维构念还是合并型多维构念,我们这里不妨再把它作为合并型多维构念分析一下,通过与前面比较,来说明合并型多维构念的性质。如果 OCB 是合并型多维构念,它与其五个维度之间的关系就应该是:

$$\text{OCB} = \gamma_1(\text{利他行为}) + \gamma_2(\text{勤勉正直}) + \gamma_3(\text{公民道德}) + \gamma_4(\text{谦恭有礼}) \\ + \gamma_5(\text{运动员精神})$$

(14-40)

把这个定义与前面 OCB 作为潜因子型多维构念的定义相比较,不难看出两种类型构念的差异:在合并模型中,多维构念是各个维度按某种方式组合的产物或结果;而在潜因子模型中,多维构念是其各个维度产生的根源。

合并型多维构念及其各维度的关系可以用图 14-12 表示(以工作满意度为例)。

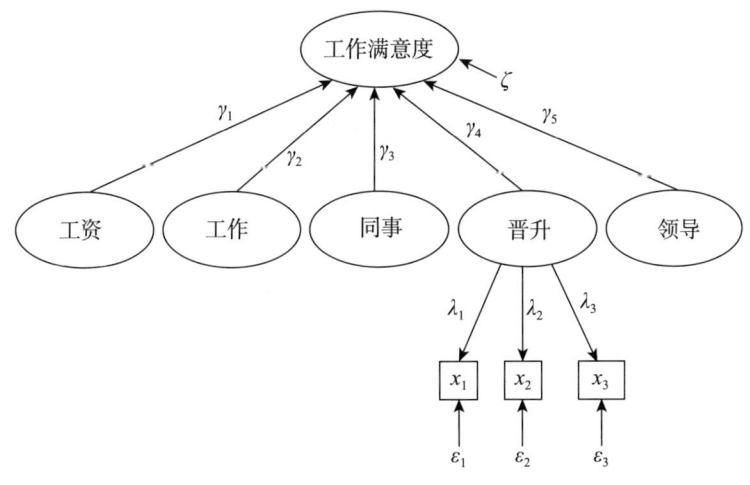

图 14-12　合并型多维构念及其各维度的关系

图 14-12 中表示出一个重要的原则:这一部分我们讨论的是"潜因子型多维构念与合并型多维构念"的问题,大家记得前面曾讨论过"构成指标与效果指标"的问题,这两者之间虽然有点相似,却是没有关系的。再强调一次,潜因子型多维构念和合并型多维构念是指多维构念与其维度之间的关系;构成指标和效果指标则是指抽象构念与具体的可观测指标之间的关系。图 14-12 表示,工作满意度是一个 AMC,它包括对工资、工作本身、同事、领导和晋升五方面满意度,然而,它的每一个维度(如图 14-12 中对晋升的满意)都能够用效果指标或反映型指标来测量。类似地,即使一个多维变量被定义为各维度背后的共同因子,我们还是可以用效果指标或反映型指标来测量这些维度。

概念上,我们把 LMC 定义为其各个维度的共同性。就是说,只有各个维度的共同变异才被考虑为 LMC 真正的变异量,每个维度中特有的变异量被认为是误差变异量(注意:这些误差变异是系统变异,我们不要把它与定义信度时所说的随机变异混淆起来)。合并模型中则不同,所有维度的所有变异量都被考虑为多维构念的真实变异量。这个关系可以用图 14-13 表示:

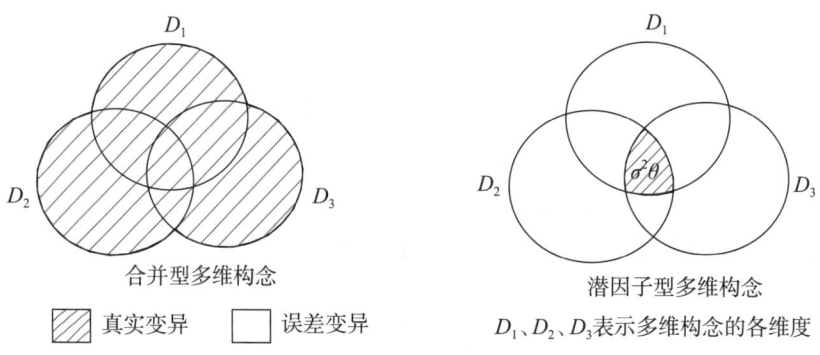

合并型多维构念　　　　　　潜因子型多维构念

▨ 真实变异　　□ 误差变异　　D_1、D_2、D_3 表示多维构念的各维度

图 14-13　不同类型的多维构念

LMC 可以简单地用探索性因子分析或验证性因子分析来估计,而 AMC 的估计则要复杂一些。如前面所说,AMC 与其维度之间的关系可以用公式表示为:

$$\text{AMC} = \sum_{i=1}^{k} \gamma_i \times \text{维度}_i \qquad (14-41)$$

即使我们把 AMC 和它的维度之间的关系限定为一个线形方程,由一组既定的维度按线形组合构成 AMC 的方式都有无穷多种。当然,也可以根据理论确定各维度组成 AMC 时的权重。例如,Locke(1969)和 Lawler(1983)提出了工作满意度的五个维度在构成总体工作满意度这一构念时应该被赋予相同的权重。类似地,

第 14 章 单维构念与多维构念的测量

Hackman 和 Oldham（1976）也明确给出了下面的非线形方程，以说明五个维度是如何组合成多维构念"工作激励潜能"的：

$$\text{MPS} = \left(\frac{\text{技能多样性} + \text{工作完整性} + \text{工作重要性}}{3}\right) \times \text{自主性} \times \text{工作反馈}$$

$$(14-42)$$

但是，即使理论中已经说明各个维度应该按照合成模型组成整体构念，人们也许还是不能确切知道表示各维度与合成型多维构念之间关系的函数。在这样的情况下，就需要用实证数据来估计维度与整体构念之间的函数关系。在估计维度与整体构念之间的函数关系时，又涉及模型的识别（identification）问题。因为下面方程中的 γ_i 可以取任何值，方程没有固定解，所以，我们需要一些其他的变量才能对合并型多维构念进行估计。

$$\text{AMC} = \sum_{i=1}^{k} \gamma_i \times \text{维度}_i \qquad (14-43)$$

我们再以高绩效工作系统的测量为例，Zhang 和 Li（2015）对现有的高绩效工作系统的测量进行回顾，发现目前对高绩效工作系统的内容测量上有单维、多维、三维等多种结构，包含的实践数目最少 3 项、最多 21 项、平均 8 项，而每一项实践又用多个条目来测量，最少 3 个、最多 63 个。因为这个构念内涵的性质，在测量方式上，最常用的就是根据某一种实践存在与否，计算出维度得分，然后把各维度加总，得到一个企业的高绩效工作系统总分。因为理论上，各种实践并不是这个系统的外在反映，而是由这些实践一起构成了整个系统。当然，各维度应该如何汇总取决于研究者如何定义维度与构念之间的关系。由于维度与多维构念之间的关系是按照研究者定义的模型进行合并的，可以视为合并型的多维构念测量方式。

我们知道估计一个潜因子至少需要两个变量（最好是三个），类似地，我们至少需要从 AMC 发出的两条路径（即两个结果变量）才能够使要估计的模型成为可识别的模型（MacCallum & Browne, 1993）。换句话说，对于 LMC，我们仅仅用它的各维度就可以对其进行估计了，而在估计 AMC 时，我们则必需使用到它的结果变量。

让我们仍用 OCB 作为例子来解释一下模型识别的问题。如果把 OCB 定义为一个 LMC，我们不需要知道它的相关构念理论网络（nomological network）就可以通过因素分析估计因子载荷，以及 LMC 与其各维度之间的关系了。但是如果把 OCB 定义为一个 AMC，则至少还需要知道 OCB 的两个结果变量才能够估计各维度与 OCB 之间的关系（即 γ_i）。如图 14-14 所示。

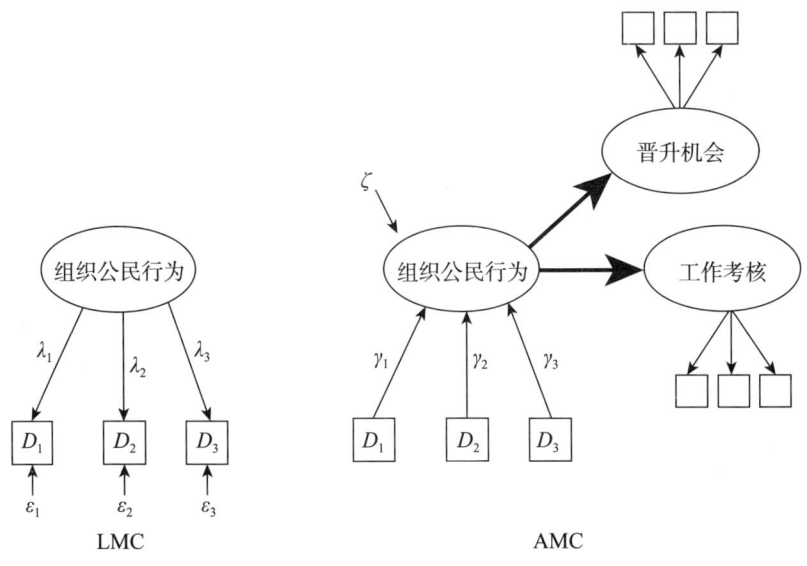

图 14-14　LMC 与 AMC 的模型估计

那我们在确定一个多维构念是潜因子型还是合并型时,究竟应该基于理论还是实证数据呢? Edwards(2001)认为确定多维构念的类型是一个实证问题,而 Law 等(1998)则提出多维构念的类型应该由理论决定。我们认为两种看法没有必然的矛盾。所有的科学原则都必须能够在实证中检验,这里的构念类型界定也应如此。如果一个多维构念被定义为合并型,而实证检验中我们却发现模型拟合度很差,就应该重新考虑原有的定义是否合适,在理论上是否还有其他可能的定义方式。在理论发展的过程中,理论提出、实证检验与理论修正是一个循环的过程,多维构念的发展也是如此。我们建议,研究者最好在理论的基础上首先定义所研究的多维构念,再用实证数据进行检验。如果数据不能支持先前提出的构念定义和结构,再考虑其他可能的方式。我们还建议研究者,在研究中坚持把理论的提出放在数据检验之前。就算是对于那些既可能是潜因子型又可能是合并型的多维构念,还是应该先提出构念的理论定义,再做实证检验。我们的看法是,单从数据反过来构造理论而不经过反复验证是很危险的。

3. 组合模型

还有一类多维构念,既不能用潜因子模型来定义,也不能用合并模型来定义。例如,Tsui 等(1997)提出了组织中可能存在的四种类型的雇佣关系。这四种雇佣关系是由两个维度相互交叉组成的。这两个维度是企业对员工"提供的诱因"

(provided inducements)和企业对员工"期望的贡献"(expected contributions)。提供的诱因是指雇主为了引导和激励员工表现所做出的努力,比如,为员工提供好的培训机会、职业发展咨询、就业保障等。"期望的贡献"是指雇主期待员工做出的表现,比如,绩效目标的实现、工作质量的标准等。如果我们在每个变量中分出两个等级,员工—组织关系这个构念就可以被定义为一个二维的构念,两个维度分别是提供的诱因和期望的贡献。这样,员工—组织关系就可以分为四种类型:(1)"诱因"和"期望"都高时,叫作"相互投资型"(mutual investment);(2)"诱因"和"期望"都低时,叫作"类现货契约型"(quasi-spot);(3)"诱因"高、"期望"低时,叫作"过分投资型"(overinvestment);(4)"诱因"低、"期望"高时,叫作"投资不足型"(underinvestment)。如果一位研究者假设员工在相互投资型关系的组织中的绩效较高,在类现货契约型关系的组织中绩效较低,那我们首先需要知道的是,以什么标准来划分一个组织应该是哪种类型呢?很清楚,如果诱因和期望两个维度都在起作用,我们就不能只用一个潜因子来代表员工—组织关系这个构念。如果把诱因和期望两个维度合并起来代表员工—组织关系的构念也不合适。实际上,这个构念最好的表示方法就是用组合型多维构念(profile multidimensional constructs, PMC)。

多维构念的潜因子模型用各维度背后的共同因子来表示整体构念,合并模型把整体构念表示为所有维度的线性函数,组合模型中的整体构念则是各个维度以不同方式的组合。我们仍以员工—组织关系作为 PMC 的例子,由两个维度组成的四种组合可以用图 14-15 表示。

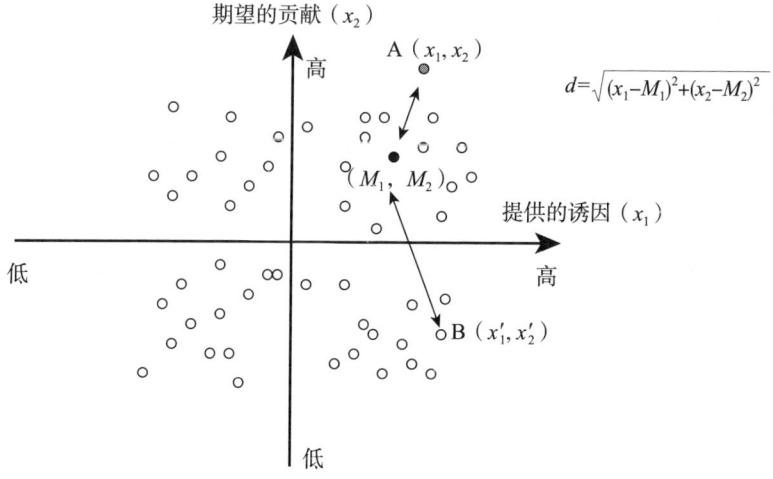

图 14-15 两个维度组成的四种组合

在图 14-15 中,每个点代表一家公司,灰色点所代表的公司 A 的 x_1 提供的诱因和 x_2 期望的贡献都较高,也就是它为员工提供了较多的诱因,同时也期望员工有较高的投入。所以,这家公司是相互投资型。可是,即使是同一类型,也有不同程度的差异,我们如何判断其程度的高低呢?只有在我们对相互投资型的程度做了定义后,才能够进行下一步研究。例如,假如我们想研究一个公司相互投资型关系的程度与公司的生产率或收益率是否有直接的关系。那么,A 公司与 B 公司谁更像相互投资型的员工—组织关系呢?一种可采用的方法是通过聚类分析(cluster analysis)把样本中的所有公司分为四个组。我们称之为"引力法"(gravity approach)。四个组的重心或矩心(centroid)就可以用作四种员工—组织关系的操作化定义。例如,如果相互投资型这一组(第一象限)的矩心是(M_1, M_2),那么 A 在多大程度上是相互投资型组织就可以定义为点(x_1, x_2)与点(M_1, M_2)之间的欧几里得距离(Euclidean distance),可以用公式表示为:

$$d = \sqrt{(x_1 - M_1)^2 + (x_2 - M_2)^2} \qquad (14-44)$$

式中,d 所代表的就是 A 公司具有相互投资型关系性质的程度。

另外一种方法是简单地把两个变量分为两类。我们称之为"虚拟编码法"(dummy coding approach)。我们可以用"提供的诱因"维度的中值(median)把所有公司分为高分组和低分组;再用"期望的贡献"维度的中值把所有公司分为高分组和低分组。这样,所有公司就被分成了四类。第一类是两个维度都高的,第二类是提供的诱因得分较高,第三类是期望的贡献较高的,第四类是两个维度都低的。在得到这样的四类企业之后,研究者就可以在理论的基础上提出假设了。

上面讨论的构念类型是 PMC。PMC 的主要特征是,构念本身既不是所有维度背后的共同因子,又不是其各维度的线性函数。PMC 作为一个整体的构念,是每个维度所代表的特征的组合。PMC 另一个典型的例子是组织文化。Tsui 等(2006)提出组织文化可以在两个维度上分析:"内部整合价值观"和"外部适应价值观"。内部整和价值观包括和谐、标准化、沟通、员工发展、员工贡献、领导力和共同远景等,外部适应价值观则强调结果和质量、顾客导向、创新和结果导向等。这两种组织文化价值观都是彼此独立的。它们组合在一起会产生四种可能的组织文化类型:内部整合和外部适应都较高(类型 I);内部整合较高,外部适应较低(类型 II);内部整合较低,外部适应较高(类型 III);内部整合和外部适应都较低(类型 IV)。Tsui 等(2006)认为中国的外资企业更容易归于第一种类型的组织文化中;中国的本土企业更可能形成第三种类型的组织文化;而国有企业的组织文化则更可能成为第四种类型。

我们要注意的是，PMC并不是把多维构念的一些相关维度简单拼凑在一起。例如，Greenberg（1993）和 Colquitt（2001）区别出了组织公平的四种类型，"分配公平"（distributive justice）指对资源配置结果的公平感受；"程序公平"（procedural justice）是指对分配资源和进行决策时所使用的程序、过程的公平感受；"信息公平"（informational justice）是关于分配程序的决定因素的，指当事人是否获得了应有的信息和相应的解释，组织是否向其说明为什么要用某种形式的程序或特定的方式进行分配；互动公平（interactional justice）反映了在执行程序或决定结果时，权威或上司对待下属是否有礼貌、是否考虑到对方的尊严、是否尊重对方，等等。如果一位研究者提出一个模型，希望用这四种公平感觉来预测一些结果变量（如员工的组织承诺）。他可能会分别研究四种公平类型和员工的组织承诺的关系，最后总结哪些公平类型和员工的组织承诺有关系或没有关系。我们会认为他并没有把组织公平作为一个PMC来研究。我们之所以称一个构念是PMC类型的，就是因为它的整体多维构念必须要以一个组合的方式出现，这个组合中包括了该构念各个维度所代表的特征。类似地，如果一位研究者只是在简单地研究人格的五因素模型（Costa & McCrae，1985）中的五个维度（情绪的稳定性、外倾性、随和性、经验的开放性和责任心）各自对绩效的影响，他实际上也没有使用这个多维构念的组合模型。在第一个例子中，研究者如果能够定义一些四种公平的具体组合形式，那么可能可以说他是把组织公平作为一个PMC来研究。例如，一种可能的"组合"是，互动公平和信息公平较高，而分配公平和程序公平较低。换句话说，员工可能很肯定他的上级处理资源分配的方式，但认为组织中正式的资源分配的过程和结果是不公平的。如果研究者想了解这种组合类型的感受会给员工带来什么影响，就可以说他是把组织公平作为一个PMC来研究了。类似地，如果一个研究者具体地定义了由人格五因素模型中的五个人格特征组成的某几种具体的组合形式，就可以说他是在把五因素人格作为PMC在研究了。

相对来讲，Myers-Briggs人格类型指标（Myers-Briggs type indicator，MBTI）（Myers，1962）就是PMC的一个好例子。MBTI把个体人格用四个维度进行分类。它们分别是，外向（E）—内向（I）维度、感觉（S）—直觉（T）维度、情感（F）—思维（T）维度及判断（J）—知觉（P）维度。MBTI系统并没有简单地把它们作为相互联系的人格特征维度来处理，而是通过它们的不同组合构造出16种可能存在的人格类型，每一种类型都有各自不同的特征。例如，一个ISTJ类型的人会表现的内向，关注外部环境对自己的影响；更多通过感觉的方式来获取信息；更多用思考的方式进行决策；喜欢以判断的方式做事、拟定计划、做决定、进行管理和控制等。这与一个

ISTP 型的人前三个方面都一样,但仅因为一个维度的差异,也会表现出不同的人格特征,ISTP 的人更喜欢以知觉的方式做事,试图去理解、适应环境,倾向于留有余地,喜欢宽松自由的生活方式。MBTI 模型以这样的方式分别描述了 16 种不同的人格类型各自具有的特征。

类似地,当我们考虑一家公司的绩效如何时,需要考虑财务绩效(如资产收益率 ROA、投资收益率 ROI)、商业绩效(如市场份额、生产率)、社会绩效(如企业的社会责任)及管理绩效(如员工流动率、员工满意度等)等,所以,公司绩效也可以用多维构念来描述。假设一位研究者对这样一个问题感兴趣:"企业的人均培训预算对企业的绩效有什么影响?"我们认为即使这位研究者也许已经把上面说的四个方面的绩效都作为因变量放进了模型中,他仍然没有把公司绩效作为一个多维构念来研究。如果这位研究者想用组合模型来定义公司绩效,就需要首先在理论上明确一些具体的绩效类型,说明每种类型是如何由四个方面的绩效组合成的。例如,我们可以把一些企业定义为"剥削型企业"(exploitative organizations),这些企业只考虑财务绩效和商业绩效,却忽略了社会绩效和管理绩效;我们还可以把另外一类企业称为"密封型企业"(closed organization),这些企业只考虑管理绩效,却完全忽视了财务绩效、商业绩效和社会绩效。按照这样的方式定义了不同类型的企业后,我们就可以建构并检验与这些企业类型有关的理论了。综上所述,一个包含了多个维度的构念,只有确定了由其各维度所代表的特征以不同的方式组合所形成的类型时,这个构念才成为真正的 PMC。

讨论完三种类型的构念,读者也许会问两个问题。第一,这三种多维构念模型是否已经穷尽了所有的构念类型呢?是否还存在其他类型的多维构念?第二,我们是否必须要把每一个多维构念都定义为三种类型中的一种?可不可以简单处理,就认为一个多维构念是对它的各个维度的一个总括,而不必明确各维度与整体构念之间的关系?下面我们就来讨论一下这两个问题。

首先,作为多维构念类型理论的提出者,我们目前认为三种多维构念模型已经包括了所有类型的构念。但是,管理是一门社会科学。它之所以成为"科学",核心特征之一就是它可以被证伪。自然科学中很多理论的发展都是因为新的发现可以不断地挑战并修正原有的理论。例如,在爱因斯坦提出相对论时,牛顿运动定律就受到了挑战。到目前为止,我们暂时还没有看到不属于这三种类型的多维构念。我们也很期待能看到新的发现或新的构念,以便进一步发展多维构念的类型理论。

其次,对多维构念进行定义的必要性。在这个问题上,我们的观点是很明确的。一个研究者如果想用一个概括的词语或标签来描述一组彼此相关的构念(即维度),是完全可以的。但是,我们认为这个概括的词语或标签在被明确定义之前不能被认为是一个构念,更不能作为一个构念在研究中使用。例如,我们把个人主义、权力距离、生活的数量与质量(或男性化/女性化)和不确定性规避这样一组变量放在一起,并统称为"国家文化"(national culture; Hofstede, 1984),当然是完全合理的。这样的做法能够帮我们在提到这些变量时有一个简单和总体性的说法。但是,仅仅这样一个总括的描述是不能使"国家文化"成为一个构念的。我们暂且把这一类用来总括一组相互关联的构念或维度的概括性标签称为"伪多维构念"(pseudo multidimensional constructs)。"企业文化"和"企业绩效"都是"伪多维构念"中最典型的例子。这些伪多维构念的特征是,它们都不是真正的构念,而只是一组构念的概括性标签;但是,它们又常常被研究者错误地当作科学的多维构念来使用。这就是为什么我们要称之为"伪"多维构念的原因。下面,我们以企业绩效作为例子来详细说明一下。

Curkovic 等(2000)在文章中提出以下假设:

品管实施计划(quality-related action programs)与企业绩效正相关,这种关系可能是:(a)直接的作用;(b)间接的,通过"质量绩效"产生作用;(c)两种影响都有。

我们注意,企业绩效在该研究的假设中是作为因变量的,这说明研究者已经把企业绩效作为一个科学的构念了,因为只有可测量的构念才能被放在假设中。根据定义,假设必须是可检验的。提出有关一个总括性的标签与其他构念之间关系的假设是没有意义的,因为既然这个标签尚未得到明确的定义,假设便无从检验了。

Curkovic 等把企业绩效视为一个构念,并在研究中用了六种测量企业绩效的不同方法,包括税前资产收益率(税前 ROA)、税后资产收益率(税后 ROA)、投资收益率(ROI)、投资收益率增长(ROI 增长)、市场占有率、市场占有率增长等。上面假设的提出的中介效应可以用图 14-16 表示:

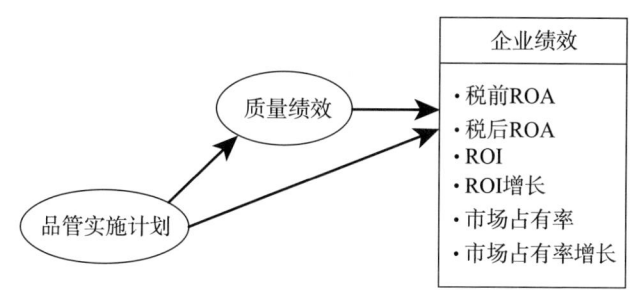

图 14-16　企业绩效作为一个 PMC

"质量绩效"中的一项内容是"质量规范达标"(conformance to specification)。研究结果显示,ROI是企业绩效的六个测量指标中唯一一个与"质量规范达标"显著相关的绩效指标。换句话说,"质量规范达标"与其他五项绩效指标(税前ROA、税后ROA、ROI增长、市场占有率、市场占有率增长)完全没有关系。但是,研究者却在他们最后的讨论中提出了这样的结论:

> 结果显示,存在这样一条影响作用的"路径":品管实施计划的使用影响了质量规范达标,进而影响了公司的ROI。

我们相信这文章的作者如实报告了研究的结果。因为研究数据确实支持了"品管实施计划→质量绩效→ROI"这个连锁反应。我们的问题是,应该如何解释这样的一个研究结果呢?我们是否在看到了六个企业绩效指标中的一个有显著结果时就可以下结论说"质量规范达标影响了企业绩效"呢?简单回答,这应该取决于如何定义"企业绩效"与这六个绩效维度之间的关系。如果用我们前面讨论的三种模型中的一种来定义企业绩效这个构念,我们就可以为每个企业计算出"企业绩效"的一个值,并检验这个整体的企业绩效值是否与质量规范达标有关系。但是在目前的情况下这不太可能做到,因为企业绩效是一个"伪多维构念",而企业绩效这个标签与各个维度之间的关系还尚未确定。

综上所述,我们认为如果研究者提出的假设中包含了一个多维构念,为了使这个假设成为可检验的假设,他必须首先定义整体多维构念与其各维度之间的关系。否则,研究将无法得到关于该构念与其相关构念理论网络中其他构念的科学的结论。例如,如果"组织公民行为"是一个多维构念,而"员工对主管的信任"(trust in supervisor)是组织公民行为的一个前因。则在没有定义"组织公民行为"这个整体多维构念与其各维度(如利他行为、勤勉正直、公民道德、谦恭有礼、运动员精神)的关系以前,以下假设是非科学的:

假设一:"员工对主管的信任"与"组织公民行为"是正相关的。

因为我们根本没有"组织公民行为"这个构念的多维定义和操作定义。在我们手上的只是五个"组织公民行为"的维度的资料。相反,以下对于组织公民行为的维度的假设却是非常科学的:

假设二:"员工对主管的信任"与"利他行为"是正相关的。

因为"利他行为"有非常精确的理论和操作定义。如果要"假设一"变成科学的假设,研究人员就要找出一个"组织公民行为"的操作定义。比如,如果研究者

第 14 章 单维构念与多维构念的测量

根据组织公民行为的理论用"潜因子模型"来定义"组织公民行为"这个多维构念，"组织公民行为"就变成是利他行为、勤勉正直、公民道德、谦恭有礼和运动员精神背后的潜因子，研究员就可以用因子分析计算这五个维度的共同因子来代表"组织公民行为"，"假设一"就变成一个可以验证的假设了。相反，如果研究者只分别计算"员工对主管的信任"与"组织公民行为"的五个维度的相关系数，是无法验证"假设一"的。

最后一个问题是，如果没有什么理论基础可以用来整合这类伪多维构念的各个维度，或是研究者对于整合所有维度的整体构念并不感兴趣，这时应该怎样做呢？我们的建议很简单。这时，研究者还是可以进行研究，并在维度的层面提出假设并进行检验。但是，在这样的研究中，是不可以做关于构念整体的任何研究结论的。这是因为，在多维构念与其维度之间的关系还未定义之前，讨论这个多维构念与其他构念的关系是没有意义的。例如，从以往研究中我们知道有四种形式的组织公平。如果我们对于整合这四种公平形成组织公平的整体构念并不感兴趣，我们就不能把"组织公平感"作为一个整体构念放在假设或研究结论中，讨论它与其他构念的关系。例如，如果研究者仅仅研究程序公平和分配公平对于员工离职倾向的影响，却做出关于"组织公平"（作为整体构念）影响员工离职倾向的结论，就是不科学的。这是因为，组织公平作为一个整体构念尚未被科学地做出定义。

需要注意的是，即使是在伪多维构念的所有维度都分别得到了相似的结果，我们依然不能把维度上得到的结论扩展到整个构念。还是以组织公平作为例子，我们假设一个研究者在某个研究中发现了如图 14-17 所示的结果。

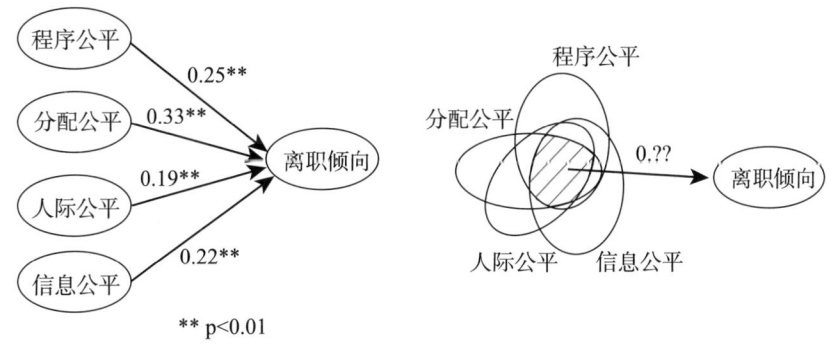

** p<0.01

图 14-17　两个可能的测量模型

图 14-17 中的左图显示，组织公平的所有纬度对于员工离职倾向都有显著的作用。但我们认为，研究者还是不能就此对组织公平这个整体构念与离职倾向之

间的关系做任何结论。这是因为,我们仍然不知道组织公平的整体构念和四个组织公平维度之间的具体关系。在这个关系未明确以前,我们是不能根据维度上发现的结论对整体构念做出结论的。图 14-17 中的右图是一个简单的例子说明为什么不可以这样做结论。如果我们把组织公平定义为四种公平形式背后的一个潜因子,组织公平就可以成为一个潜因子多维构念了。"组织公平是否会影响员工离职倾向"的问题就相当于"四个维度的共同因子是否会影响员工的离职倾向"。从图 14-17 中的右图我们可以清楚地看到,即使所有的四种公平都显著地影响离职倾向,并不意味着它们的共同因子部分(LMC)就一定与离职倾向显著相关。这是因为,我们不知道四个维度中分别与离职倾向相关的那一部分是它们"共同的变异部分"还是"各自单独的变异部分"。对这个问题的详细讨论请参见 Wong 等(2008)的文章。总之,在尚未确定多维构念与其维度之间的关系时就对整体构念与其他构念之间的关系下结论是很危险的。

14.3 结语

在本章开头,我们首先概括地讨论了什么是构念,接着又讨论了几种不同的测量模型。测量模型是用来处理用可观测指标测量抽象构念时所产生的误差的。通过使用不同的测量模型,研究者可以估计测量过程中的随机误差,也就是测量的信度。在对经典测量模型和同属测量模型进行介绍后,我们引入了构成指标和效果指标的概念。构念的定义决定了它们更适合用效果指标还是构成指标测量。在组织行为和人力资源研究领域,90% 以上的构念都是用效果指标测量的。希望通过本章的介绍,研究者在需要时能够考虑使用构成指标来测量想要研究的构念。

效果指标与构成指标处理的是抽象构念与具体指标之间的关系。效果指标是同一个构念以不同方式反映出的效果。相比而言,构成指标则是构念产生的来源。我们不能把效果指标与结果混淆,也不能把构成指标与原因混淆。一个构念的结果或原因也应该是一个构念。例如,组织承诺可能是导致员工离职倾向的一个原因。这里,组织承诺和员工离职倾向都是抽象的、不可观测的构念。但是效果指标和构成指标都是指标——它们是具体的、可观测的,是用来测量抽象构念的。我们只是用这些具体的可观测指标来代表或测量抽象构念。

多维构念与其维度之间的关系在某种程度上类似于单维构念与其指标之间的关系。多维构念的维度有可能是同一个潜在构念的不同反映,这时我们称之为潜因子型多维构念;多维构念的各维度还有可能是构念整体的决定因素,这时我们称之为合并型多维构念。但注意不要混淆这两种类型的构念与一个多维构念的原因或结果。从定义上看,多维构念的各维度仍然还是同一个构念的一部分。在潜因子型多维构念中,各维度不是整体构念的结果,因为各维度都是同一个构念的一部分,而一个构念的结果则必须是与之不同的另一个构念。我们以一般智能(或 g 因素)为例,一般智能是一个潜因子型多维构念,而语言能力不是一般智能的一个结果,而只是它的一个维度。语言能力和一般智能都是指同一个"智能"的构念。同样道理,在合并型多维构念中,各维度也不是它们所属的多维构念的原因。例如,如果我们用 Hackman 和 Oldham(1976)的观点,根据多维构念的合并模型,技能多样性和工作自主性与一项工作的激励潜能有关,但技能多样性并不是激励潜能的原因。相反,它们都是在指同一个构念,即激励潜能,只不过技能多样性表示了其中的一个维度,而激励潜能则表示了构念整体。

我们还介绍了多维构念整体与其维度间的第三种关系——组合模型。要注意的是,组合模型是指一个多维构念的各维度具体的组合方式。在组合模型下,各维度与构念整体之间的关系是明确定义的。这样,研究者就能够在各维度得分的基础上计算出整体构念的分值了。

我们是以"伪多维构念"的讨论结束本章的。与多维构念的潜因子模型、合并模型和组合模型相比较可以看出,使用伪多维构念时,研究者只用了一个概括性的标签来代表一组相关的概念。例如"文化"就是这样一个标签,它常常被用来代表不同的文化维度,如个人主义、权力距离等。但是,由于这样的标签与其"维度"之间的关系尚未在理论上被清楚地定义,我们就不知道这些伪多维构念和它的维度之间真正的关系是什么。因此,也就无法提出有关这些伪多维构念的任何假设或理论。我们强烈建议研究者在继续进行有关这类构念的研究之前,先以多维构念三种类型中的一种来清楚地定义它,确定这个多维构念与其维度间正式的关系,再进行有关这些构念的科学的研究。

参考文献

Bandura, A. (1997) *Self-Efficacy: The Exercise of Control*. New York: Freeman and Company.

Chan, D. (1998) Functional Relations Among Constructs in the Same Content Domain at Different Levels of Analysis: A Typology of Composition Models. *Journal of Applied Psychology*, 83(2), 234—246.

Colquitt, J. A. (2001). On the dimensionality of organizational justice: A construct validation of a measure. *Journal of Applied Psychology*, 86(3), 386—400.

Costa, P. T & McCrae, R. R. (1985). *The NEO Personality Inventory Manual*. Odessa, FL: Psychological Assessment Resources.

Curkovic, S, Vickery, S. & Dröge (2000) Quality-related action programs: Their impact on quality performance and firm performance. *Decision Sciences*, 31(4), 885—905.

Edwards, J. R. (2001). Multidimensional constructs in organizational behavior research: An integrative analytical framework. *Organizational Research Methods*, 4(2), 144—192.

Edwards, J. R. (2011). The fallacy of formative measurement. *Organizational Research Methods*, 14(2), 370—388.

Greenberg, J. (1993). The social side of fairness: Interpersonal and informational classes of organizational justice. In Cropanzano, R. (Ed.), *Justice in Workplace: Approachign Fairness in Human Resource Management* (pp. 79—103). Hillsdale, NJ:Erlbaum.

Gibson, C. B., Randel, A. E. & Earley, P. C. (2000) Understanding group efficacy: An empirical test of multiple assessment methods. *Group and Organization Management*. 25(1), 67—97.

Hackman, J. R. & Oldham, G. R. (1976). Motivation through the design of work: Test of a theory. *Organizational Behavior and Human Performance*, 16(2), 250—279.

Hinkin, T. R. (1998). A Brief Tutorial on the Development of Measures for Use in Survey Questionnaires. *Organizational Research Methods*, 1(1), 104—121.

Holmes, T. H. & Rahe, R. H. (1967). The social readjustment rating scale. *Journal of Psychosomatic Research*, 11(2), 213—218.

Hofstede, G. (1984). *Culture's Consequences: International Differences in Work-Related Values*. Newsbury Park: Sage.

Kerlinger, F. N. (1986) *Foundations of Behavioral Research*, (3rd Ed.). Fort Worth: Harcourt Brace Jovanovich College Publishers.

Law, K. S., Wong, C. S. & Mobley, W. H. (1998). Towards a taxonomy of multidimensional constructs. *Academy of Management Review*, 23(4), 741—755.

Law, K. S. & Wong, C. (1999). Multidimensional constructs in structural equation analysis: An illustration using the job perception and job satisfaction constructs. *Journal of Management*. 25(2), 143—160.

Lawler, E. E. III (1983). Satisfaction and behavior. In Steers, R. M. & Porter, L. W. (Eds.), *Motivation and Work Behavior* (3rd Ed.). New York: McGraw-Hill.

Locke, E. A. (1969). What is job satisfaction? *Organizational Behavior and Human Performance*, 4(4), 309—336.

Organ, D. W. (1988). *Organizational Citizenship Behavior: The Good Soldier Syndrome*. Lexington, MA: Heath.

MacCallum, R. C. & Browne, M. W. (1993). The Use of Causal Indicators in Covariance Structure Models: Some Practical Issues. *Psychological Bulletin*, 114(3), 533—541.

MacKenzie, S. B., Podsakoff, P. M. & Jarvis, C. B. (2005). The problem of measurement model misspecification in behavioral and organizational research and some recommended solutions. *Journal of Applied Psychology*, 90(4), 710—730.

McCrae, R. R. & Costa, P. T., Jr. (1989). The structure of interpersonal traits: Wiggin's circumplex and the five-factor model. *Journal of Personality and Social Psychology*, 56(4), 586—595.

Meyer, J. P., Allen, N. J. & Smith, C. A. (1993). Commitment to organizations and occupations: Extension and test of a three-component conceptualization. *Journal of Applied Psychology*, 78(4), 538—551.

Meyer, J. P. & Allen, N. J. (1991). A three-component conceptualization of organizational commitment. *Human Resource Management Review*, 1(1), 61—98.

Mowday, R. T., Porter, L. W. & Steers, R. M. (1982). *Employee-organization Linkages: The Psychology of Commitment, Absenteeism, and Turnover*. New York: Academic Press.

Myers, I. B. (1962). *The Myers-Briggs Type Indicator Manual*. Princeton, NJ: Education Testing Service.

Nunnally, J. C. & Bernstein, I. H (1994) *Psychometric Theory*(3rd Ed.), New York: McGraw-Hill.

Podsakoff, P. M., MacKenzie, S. B. & Hui, C. (1993). Organizational citizenship behaviors and managerial evaluations of employee performance: A review and suggestions for future research. In Ferris, G. R. (Ed.), *Research in Personnel and Human Resources Management*. Greenwich, Connecticut: JAP Press.

Smith, C. A., Organ, D. W. & Near, J. P. (1983). Organizational citizenship behavior: Its nature and antecedents. *Journal of Applied Psychology*. 68(4), 653—663.

Spearman, C. (1927). *The Abilities of Man*. New York: Macmillan.

Tsui, A. S., Pearce, J. L., Porter, L. W. & Tripoli, A. M. (2007). Alternative approaches to the employee-organization relationship: Does investment in employees pay of? *Academy of Management Journal*, 40(5), 1089—1121.

Tsui, A. S., Wang, H. & Xin, K. R. (2006). Organizational culture in China: An analysis of culture dimensions and culture types. *Management Organization Review*, 2(3), 345—376.

Wong, C. S., Law, K. S. & Huang, G. H. (2008). On the importance of conducting construct-level analysis for multidimensional constructs in theory development and testing. *Journal of Management*, 34(4), 744—764.

Zhang, Y., Waldman, D. A., Han, Y. L. & Li, X. B. (2015). Paradoxical leader behaviors in people management: Antecedents and consequences. *Academy of Management Journal*, 58(2), 538—566.

张正堂和李瑞(2015). 企业高绩效工作系统的内容结构与测量. 管理世界, 5, 100—116.

第 15 章　结构方程模型

张伟雄　新西兰奥克兰大学

王　畅　香港城市大学

▶ **本章大纲**

15.1　什么是结构方程模型

15.2　结构方程模型的优点

15.3　测量基本概念

15.4　测量误差

15.5　结构方程模型理论和逻辑

15.6　结构方程模型的基本类型

　　15.6.1　测量模型

　　15.6.2　路径模型

　　15.6.3　全模型

　　15.6.4　均值结构模型

15.7　Mplus 程序撰写

15.8　契合指数

15.9　结构方程模型发展的新趋势

15.1 什么是结构方程模型

从统计学的角度来讲,所谓模型,是以系统方式来描述观察变量(observed variables)和潜变量(latent variables)间的关系。而本章我们要向大家介绍的结构方程模型(structural equation modeling, SEM)是用来检验关于观察变量和潜变量及潜变量与潜变量之间假设关系的一种多重变量统计分析方法,即以所搜集数据来检验基于理论所建立的假设模型。所以,SEM 是一种理论模型检定的统计方法。

理论研究中会涉及许多变量,而我们熟悉的回归方程一般只能一次解释一个因变量(dependent variable)和几个自变量(independent variable)之间的关系。假如我们有一个以上的因变量,便需要做多次的回归方程分析,这个方法的缺点是未能考虑各个因变量之间的关系。这时,包含了一连串回归方程的结构方程却恰恰可以同时分析出多个因变量与自变量自身及之间的复杂关系。可见,传统的统计方法需要多次处理这些变量之间的关系,而结构方程则可以做到同时同步分析,这样,研究的准确性就会大大提高。

15.2 结构方程模型的优点

简单来说,结构方程具有以下优点:

(1)在管理、社会、教育、心理学的研究中许多变量都是不可直接测量的,一般称为构念。例如,人的态度、认知、心理等,我们称这些变量为潜变量。通常的做法是以观察变量来间接地度量潜变量,如用数条问卷题目答案的平均值作为潜变量的数值。传统方法正是用问卷题目平均值来反映构念,之后代入回归方程来计算。但这些可观察的变量可能包含了测量误差,从而影响回归模型的参数估计。一般而言,从问卷题目得来的观察变量都是由真实值和测量误差所组成的,在有两个变量(bi-variate)的情况下,随机误差对估计各参数之间相关性的影响可以用公式表示为:

$$r_{xy} = r_{xy}^{*} \sqrt{r_{xx} r_{yy}} \qquad (15-1)$$

式中,r_{xy} 是 X 与 Y 观察分数的相关系数;r_{xy}^{*} 是 X 与 Y 真实分数的相关系数;r_{xx} 是 X 的信度;r_{yy} 是 Y 的信度;$1-r_{xx}$ 是 X 的测量误差;$1-r_{yy}$ 是 Y 的测量误差。其中由于 r_{xx} 和 r_{yy} 的最大值取 1,所以我们可以得到 $r_{xy} \leqslant r_{xy}^{*}$ 的结论。在只有两个变量的情况下,倘若已知 $r_{xy} = 0.64$,r_{xx} 和 r_{yy} 分别取 0.8,便可应用以上的公式还原计算出

$r_{xy}^* = 0.8$,这种方式称为减弱校正(adjustment for attenuation)。可是在多个变量(multi-variate)的情况下又是怎样呢？当自变量的个数多于一个时，测量误差对参数之间相关性的影响是不可预测的，即有可能使其变大，但也有可能使其变小，因此不能做出减弱校正。这时结构方程可以帮助我们准确估计出测量误差的大小，在分析潜变量之间的结构关系时，结构方程可以剔除随机测量误差，从而大大提高了整体测量的准确度。

(2)当我们以问卷题目或其他观察变量测量潜变量时，我们便假设了以那些观察变量来测量特定的潜变量，我们可以验证性因子分析来判断观察变量与潜变量之间的假设关系是否与数据吻合。若结果证明我们的假设是正确的，那么其收敛效度(convergent validity)也得到了相应的证明。至于判别效度(discriminant validity)，我们可以通过检测各个潜变量之间的相关系数来判断。

(3)结构方程可同时计算多个因变量之间的关系。特别是应用于中介效应(mediating effect)的研究，如在组织理论中，变量 A 不是直接影响到变量 B，而是中间通过变量 C 到达的。这时，结构方程便会给予这些问题以最综合恰当的分析。

(4)在研究中，我们也会遇到一些多层构念(multi-dimensional/mega construct)的测量问题。什么是多层构念？即同时包含了不同的概念的统领因子。例如，工作满意度就是一个多层构念，因为它下面还同时包括像对上司、同事、工作环境、薪酬、工作性质等满意程度的多重内涵。而结构方程可以通过高阶因子(higher-order factor)分析对此情况进行妥善处理。

15.3 测量基本概念

如前文所述，我们称那些在研究中抽象的、不可直接观察测量的变量为潜变量(latent variable)，潜变量是要通过一系列的观察变量(observed variables)来间接体现的。概括来说，结构方程一方面在描述观察变量是如何测量潜变量的，另一方面也是在表达各个潜变量之间的关系。

构念是当我们与人沟通时所表达的一个抽象的概念，如对一家餐厅的满意程度。它是由许多具体的易于观察的变量所构成的，如餐厅的食物质量、价格水平、服务质量、环境因素等。而通常是基于方便沟通的考虑，所以选取构念来代表所有观察变量。当然，随着时间和环境的改变，代表一个构念的各个观察变量也会发生变化。那么，这时我们就要考虑到这个潜变量要用什么新的观察变量来测量的问题。因此，这里涉及了两个方向的问题，一是不同的观察变量代表了何种构念，二是一个构念又是由哪些观察变量所构成的。

以上的测量概念是结构方程的基本测量概念,一般被称为反映型测量(reflective measure),是建基于古典真实分数模型(classical true score model),以潜变量来推算观察变量的值,并以推算观察变量值的误差来计算测量的信度,而一个潜变量以下的多个观察变量需要有高的相关系数。相反,形成型测量(formative measure)是以观察变量来推算潜变量的值,推算潜变量值的误差不能用来计算测量的信度。严格来说,在这种情况下观察变量形成的并不是一个潜变量,而只是一个指数(index),观察变量间并不需要有高的相关系数,这与古典真实分数模型和结构方程的基本测量概念相抵触。

15.4 测量误差

古典真实分数模型是以真实分数及误差分数的观点来解释信度的,即个人的观察分数(observed scores)是以真实分数与误差分数两部分的和组成的。它们之间的关系可以表示为:

$$X = T + E \tag{15-2}$$

式中,X 是观察分数,T 是真实分数,E 是误差分数。

实际上,只有在理想和完美的测验条件下才能获得无误差的真实分数,可是这种情况很少存在。因此,我们说任何一个测验的观察分数都包含了部分的误差成分。这个误差是由系统误差(systematic error)和随机误差(random error)两部分组成的。但其中的系统误差只有在一些特定的研究设计中才可以被检测出来。因此,一般来讲,我们假定系统误差的值等于零,但其实它被包含在真实分数中未能体现出来。

其中,随机误差的特性有以下三点:

(1)由于误差完全是随机的,所以一个总体的误差分数的平均值应该是零;

(2)一个总体的真实分数和误差分数之间的相关性为零;

(3)任何两项随机误差之间的相关性为零。

我们在结构方程中依旧保持对以上第一点和第二点的假设,而对第三点的假设则不需要一定有所支持。那么,在何种情况下第三点假设不适合存在呢?一般来讲,当相同试题在同一结构方程中出现的次数大于一次时,误差之间便可能存在相关性。简单归纳,有以下情况:

(1)同一试题语句对不同受访者引起的误差,即不同受访者使用相同试题在对同一测量对象测量时,对试题语句产生的误差会使其结果误差之间产生相关性。例如,在进行360度的绩效评估中,不同人会利用相同的测量工具,即同一份问卷对指定的对象进行工作表现评估。这时,我们便会假设来自不同受访者,如调查对象本人和其上司的评价结果误差之间是有一定相关性联系的。而这恰恰是结构方程可以测定,但一般的回归方程不能测定的。

(2) 同一试题在不同时间对同一受访者引起的误差。这时除了有语句引起的误差,还包括同一受访者对这一误差随着时间的不断重复。所以,相同试题在不同时间对同一个测量对象产生的误差之间会产生相关性,如应用于纵向时间序列研究(longitudinal time series study),这正是传统的方法所不能很好处理的情况之一,而结构方程却可大大派上用场。

就像前面所谈到的一样,我们不可以在任何情况下都抱有随机误差之间的相关性为零的假设,但是同时也应时刻注意以下两点的影响:第一,误差之间的相关性不可随意添加,一定要有强有力的理论支持作为前提;第二,基于理论支持,如果误差之间真正存在相关性,而我们却恰恰忽略了此相关性的存在,这时,我们的测量结果会对其他参数的估计产生很大的影响。

15.5 结构方程模型理论和逻辑

接下来我们详细地介绍一下结构方程的概念。如图 15-1 所示,虚线上面的部分代表的是总体(population)信息,是虚构的,而虚线下半部分则是来自样本(sample)的真实信息。

首先我们来介绍虚线以上的来自总体的信息。从左上角开始看起,这是来自总体数据的一些变量,此时虽然不知道它们之间的相互关系,但是这些变量间的关系可用相关矩阵来表示,即提出协方差矩阵 Σ_0,而右手边则是在基于不同假设基础上所产生的描述各变量之间关系的不同模型,即模型 $k-1$、k、$k+1$。根据不同的假设模型可以估算每个模型的近似协方差矩阵,即 Σ_k。这时,比较 Σ_0 与 Σ_k 的不同可得到 Δ_{pop},即总体不一致处(population discrepancy)。Δ_{pop} 越小,则说明 Σ_0 与 Σ_k 之间越接近,继而进一步说明了之前所假设的代表变量之间关系的模型 k 越接近真实总体变量之间的相互关系,即最初的操作模型(operating model)。

下面我们再来谈谈虚线以下来自样本的信息。就像图 15-1 左边展示的那样,由总体到样本之间要通过抽样的过程,并且伴随误差的产生,即总体数据(population data) + 抽样误差(sampling error) = 样本数据矩阵(Y)。从 Y 我们可以计算

第 15 章 结构方程模型

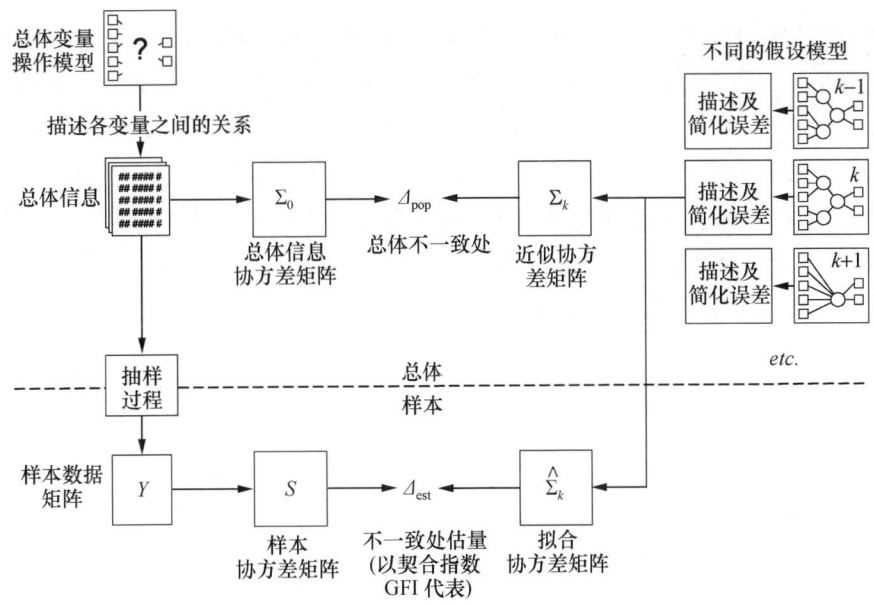

图 15-1 结构方程模型概念图

出样本的协方差矩阵 S。相应地,基于假设的模型,可以产生拟合协方差矩阵 $\hat{\Sigma}_k$。由于总体中的 Σ_0、Σ_k 及 Δ_{pop} 都是虚构的,实际上我们是要比较样本中的 S 与 $\hat{\Sigma}_k$ 的大小,即 Δ_{est}。在结构方程中用不同的契合指数(fit index)来代表 Δ_{est} 的大小,其中最经常使用的拟合指数为 χ^2(chi-square)。经过比较,χ^2 即 Δ_{est} 越小,则说明拟合协方差矩阵 $\hat{\Sigma}_k$ 越接近样本协方差矩阵 S,从而说明了我们前面所提出的模型与数据的拟合程度高。

15.6 结构方程模型的基本类型

简单来说,结构方程模型可以分成以下四大类:测量模型(measurement model)、路径模型(path model)、全模型(full model)和均值结构模型(model with mean structures)。

15.6.1 测量模型

图 15-2 基本构造了测量模型的面貌,这里,我们用八个观察变量来测量两个

潜变量。其中,前四个观察变量测量第一个潜变量,而后四个观察变量测量第二个潜变量。如图 15-2 所示,这两个潜变量是相关的,而潜变量与观察变量之间的关系可表示为因子负荷(factor loading),即 λ,并且每个观察变量的测量误差用 δ 来代表。另外,在结构方程模型常用图标的表示法中,圆或椭圆表示潜变量或因子,而正方形或长方形表示观察变量。其实,测量模型的主要用途是可以通过验证性因子分析来帮助我们检验心中的假设,即如图 15-2 所示的因子模型是否与数据吻合,是否为一个好的模型,并同时对各因子间参数做出合理估计。这其实对应了我们前面提到的对构念效度的检测。

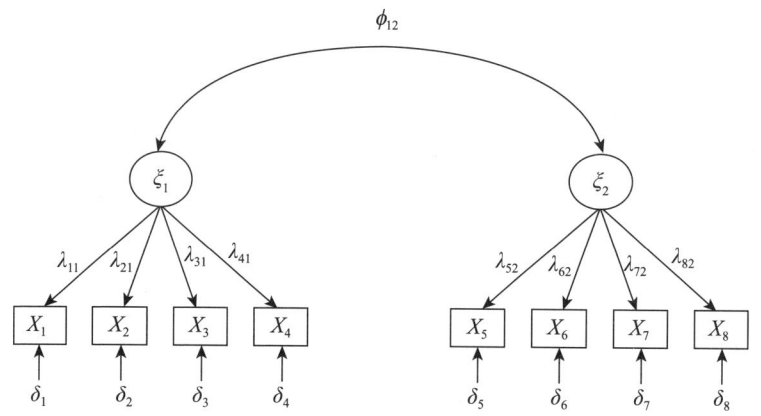

图 15-2 测量模型

15.6.2 路径模型

如图 15-3 所示,这个路径模型包含三个自变量和两个因变量,它们之间有着复杂的相互关系。简单来讲,结构方程模型可同时将所有这些关系一起估算,从而避免了当考虑一个因变量时,忽略了其他因变量存在及其影响的情况。路经分析的主要作用是想了解各变量之间的关系,这其中包括直接关系和间接关系两大类。直接关系(direct effect)是指某一变量对另一变量产生直接影响,如图 15-3 中从变量 X_1 到变量 Y_1,或从变量 X_3 到变量 Y_2。而间接关系(indirect effect)则是指某一变量对另一变量的影响乃是透过其他变量而形成的。这个中间变量称为中介变量(mediating variable),如图 15-3 示,X_1 是透过 Y_1 而影响 Y_2 的。综上所述:总效果(total effect)是指某一变量对另一变量的直接效果加上间接效果的总和。例如,X_3 与 Y_2 之间存在直接关系 γ_{21},同时通过 Y_1 也存在着间接关系 $\gamma_{13}\beta_{21}$,那么 X_3 与 Y_2 的总效果就是以上直接效果和间接效果之和($\gamma_{13}\beta_{21} + \gamma_{21}$)。虽然传统的回归性分析可以将变量间复杂的关系分拆成直接关系和间接关系,但是过程烦琐。结构方程模型为我们提供了一个简单的方法,即可同时分析各种变量之间的关系。

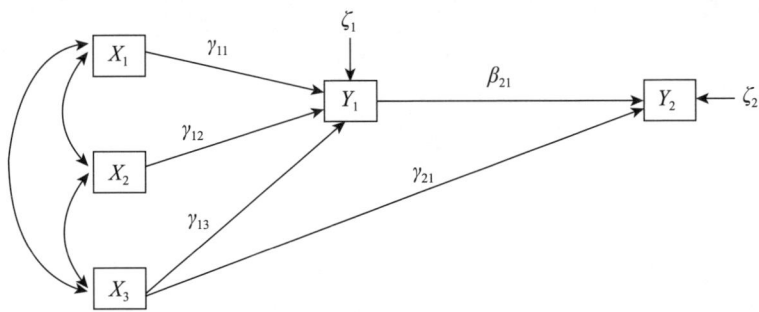

图 15-3 路径模型

15.6.3 全模型

如图 15-4 所示,全模型结合了测量模型和路径模型,也同时包含外源变量和内生变量的模型,也称为完整模型(complete model)。完整模型包含了八个基础参数矩阵:因子负载矩阵 Λ_x 和 Λ_y、路径系数矩阵 B 和 Γ、外生潜变量 ξ 的方差协方

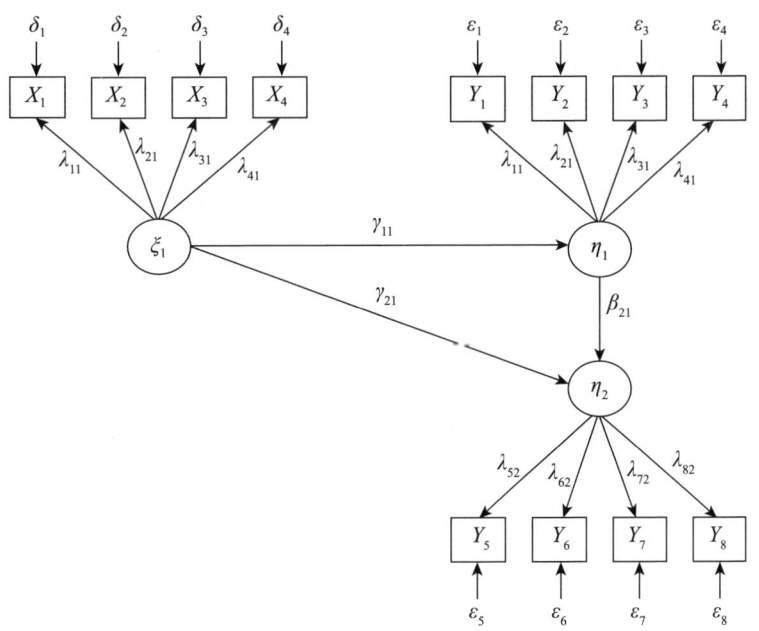

图 15-4 全模型

差矩阵 Φ、残差项 ζ 的方差协方差矩阵 Ψ 及观测误差 δ 和 ε 的方差协方差矩阵 Θ_δ 和 Θ_ε。我们可以根据结构方程模型的四个基本矩阵方程式,写出八个基础参数矩阵的具体关系:

$$X = \Lambda_x \xi + \delta \qquad (15-3)$$

$$\Sigma = \Lambda_x \Phi \Lambda'_x + \Theta_\delta \qquad (15-4)$$

$$Y = \Lambda_y \eta + \varepsilon \qquad (15-5)$$

$$\eta = B\eta + \Gamma \xi + \zeta \qquad (15-6)$$

15.6.4 均值结构模型

近三十年前,学者们对结构方程的认识只局限于协方差矩阵的形式,而现在的研究已扩展到了增加对潜变量均值的分析。均值结构模型附加了两个基础参数矩阵:截距 τ 和潜变量均值 κ,它们的关系可以用式(15-7)的矩阵方程式表示:

$$\mu_x = \tau_x + \Lambda_x \kappa \qquad (15-7)$$

对单一组别的结构模型来说,由于潜变量的度量单位(scale)及其截距(intercept)都是随意设定的,因此,潜变量的均值没有很大的意义。但是在跨组别(cross-group)比较研究中,均值结构模型可用以比较各组别的潜变量均值的大小。

15.7 Mplus 程序撰写

目前,有多种软件可以用来分析结构方程模型,本章在这里要详细介绍的是近年比较流行的 Mplus 软件,其他流行的软件包括 AMOS、EQS、R 和 LISREL。首先,我们介绍一下潜变量的度量单位。开篇我们提到过,潜变量是个虚拟的概念,那么当我们要量度这些诸如认知、态度等因子时,就必然无法取用像以往量度距离的千米,或量度重量的千克这样被大家一致认可的单位进行测量。然而,在结构方程模型中,因子一定要有自己的单位方可计算,所以,通常我们采取以下两种方法之一:(1)固定负荷法,即任取一个观察变量(X_1)为参照指标,设定其因子负荷(factor loading)λ_{11} 为 1。这样一来,便使得潜变量一个单位的变化相应导致其观察变量一个单位的变化。(2)固定因子方差法:即将潜变量标准化,设定其方差(φ_{11})为 1。

虽然图 15-5 两种方法在数字的表述上是不同的,但是殊途同归,本质上是相同的。如图 15-5 所示,模型 1 采用的是固定因子方差法,将因子标准化后,四个观察变量都有其相应的因子负荷。而模型 2 采用的是固定负荷法,即选择了 X_1 为参照指标并且将其因子负荷 λ_{11} 设定为 1。换个角度分析,其实模型 2 是将模型 1 中所有的因子负荷数全部除以第一个指标(即参照指标)的因子负荷数(即 0.44)从而得到了模型 2 的各个因子负荷数值,相应地,此时模型 2 中因子的方差也变成了 0.44 的平方,即 0.1936。综上所述,无论我们用哪一种方法来设定潜变量的单位,所要估测的目标参数数量都是不变的,具体到本例,模型 1 和模型 2 同样需要得到对八个参数的估测结果,这一点是不变的。这里再特别强调一点,当我们进行跨组别比较研究,特别是跨文化(cross culture)比较研究时,则必须采用固定负荷法来完成对潜变量单位标准化这一步骤。因为在固定方差法中,两组构念的方差(φ_{11})假设为相等,而这个假设尤其在跨文化比较研究中是不恰当的,所以我们选择无此假设的固定负荷法。

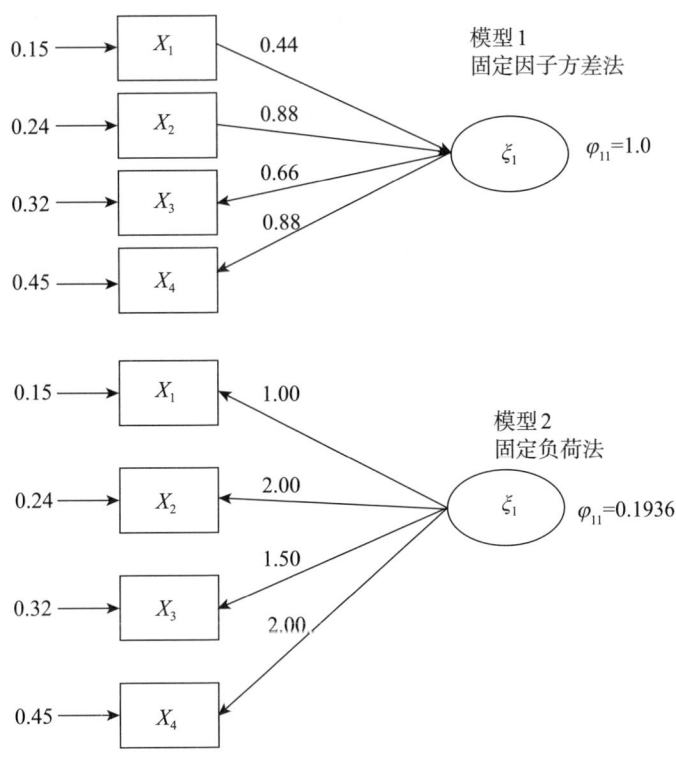

图 15-5 设定潜变量单位的方法

在具体解释之前,我们还要先阐释清楚一个概念:模型识别(model identification),即衡量有无足够的方程来解决想要估测的参数。这个规律是这样的:设问题涉及 k 个观察变量,则协方差矩阵是一个 k 阶的对称方程,总共有 $p =$

$k(k+1)/2$ 个不重复元素。而 q 则代表所需估计的参数个数。模型的自由度 (degree of freedom, DF) $= p - q$。在图 15 – 2 的例子中,该模型需要估计 6 个因子负荷、3 个因子间相关系数和 8 个变量的误差方差,共需估计 $q = 17$ 个参数;因为有 8 个变量,所以 $p = 8 \times (8+1)/2 = 36$。这样一来,此模型的自由度 $= 36 - 17 = 19$。若一个模型的自由度为 0,即不重复元素的个数 p 等于所需估测参数个数 q,我们称这样的模型为仅限识别模型(just-identified model)。它的 chi-square 等于 0,即是完全吻合模型,同时表示我们无法衡量这个假设的模型与原始数据的吻合程度。换个角度来讲,如果任意两个结构方程的自由度都是 0,那么在这种情况下,它们的拟合度都是完全吻合的,也证明了理论上不同的模型可以得到相同的拟合指数。反过来,这更加说明了我们一直强调的所假设模型要给予坚实的理论依托的道理。如果自由度小于 0,则该模型称为未识别模型(under-identified model),这时我们的估测得不到任何结果。

在介绍了单位设定和模型识别概念之后,接下来,我们简单介绍一下建立结构方程模型的五个步骤:

第一步,正如前面所谈到的,结构方程中的分析统称为检定分析,即是对假设模型的一种检定,所以我们首先应当建立一个基于理论基础的假设模型。

第二步,根据理论所表达的各变量之间的相互关系,整个模型用路径图(path diagram)的方式呈现。

第三步,将前面所陈述的关系一一表达成为 Mplus 的程序语言,然后运行结果。当然,除了 Mplus,其他软件如 AMOS、EQS、R 和 LISREL 都可以起到同样的作用。

第四步,结果输出。这时我们要着重观察几个方面的因素:(1)参数估计的可行性;(2)假设模型与实验数据的拟合程度;(3)参数估计是否显著。

第五步,解释输出结果。

下面,我们以验证型因子分析为例来详细解释以上步骤:

在理论基础上建立假设的模型是建立结构方程模型的第一步,也是最重要的一步。建立结构方程模型首先是以理论基础来为各个构念之间的关系做出假设,再设定量表中各观察变量与各潜变量之间的关系。结构方程模型只是一种统计方法,用以检验样本数据与假设模型的拟合程度。由于不同的模型有可能得出相同的拟合协方差矩阵,因此与样本数据也有相同的拟合程度。在这种情况下,结构方程模型不能辨别哪个假设模型比较好,而必须依赖理论基础来选择适当的模型。

假设经过第一步的理论架构之后而得出两个潜变量之间存在相关性,那么,第二步就是要通过路径图的形式将理论演化出来,即如图 15-2 所示,用八个变量来测量这两个潜变量之间的关系。其中 X 代表 ξ 的观察变量,λ 代表 X 对 ξ 的因子负荷,ξ 代表潜变量,而 δ 则代表了 X 的测量误差。X_1、X_2、X_3 和 X_4 测量第一个潜变量,X_5、X_6、X_7 和 X_8 测量第二个潜变量。此外,我们还用协方差矩阵来设定这两个潜变量之间的关系。

做好了以上的准备工作之后,我们终于开始第三步——撰写 Mplus 程序的工作了。

Mplus 程序可主要分为下列四个部分,依次为:

(1)输入指令(TITLE,DATA,VARIABLE 和 DEFINE command);
(2)分析指令(ANALYSIS command);
(3)模型指令(MODEL command);
(4)输出指令(OUTPUT,SAVEDATA 和 PLOT command)。

我们首先从输入指令开始,分别简单解释各个指令的使用方法:

输入指令:TITLE 是标题句,是自己对整个程序的描述,可超过一行;DATA 指令提供了数据输入文件的名称和位置;VARIABLE 指令提供了数据输入文件中变量的名字,如本例中有八个变量,分别称作 X1、X2、X3、X4、X5、X6、X7、X8;DEFINE 指令用以将现有的变量换算成新的变量,就如 SPSS 的换算(transform)功能。

分析指令:ANALYSIS 指令提供了分析时所需要的一些基本分析以外的特别分析功能,如分析的类型、特别的模型估计方法、自助抽样(bootstrap)的数目、多层次模型、潜变量的交互分析(latent interaction)和其他特别的运算方法。

模型指令:模型指令描述了各个变量之间的关系。在测量模型中潜变量与观察变量之间的关系以 BY 来代表,例如,"F1 BY X1、X2、X3、X4"代表了潜变量 F1 以四个观察变量 X1、X2、X3、X4 来测量。在路径模型和全模型中各个变量之间的回归关系是以 ON 来代表,例如,"Y3 ON Y1、X2"代表了变量 Y3 以 Y1 和 X2 来估计。

输出指令:OUTPUT 指令是用以要求基本结果以外的输出的,如各个估算值的标准值(STDYX 和 STDY);SAVEDATA 指令是用以要求将各个输出结果储存在特定的档案中的;PLOT 指令是用以要求将估算结果以图像的方式来表达的。

现在,我们不妨一起来分析一个简单的例子,看看前面所讲到的 Mplus 程序指令是如何应用于实际分析的。

研究及模型简述:我们以 Wagner 和 Benoit 于 2015 年在 *Industrial Marketing Management* 发表的文章为例。文中作者研究了八个潜变量之间的关系,每个潜变量以三个观察变量来测量,样本数目是 527。我们模拟了他们的研究数据作为例子。

Mplus 程序分析和解释:在图 15-6 中,我们可以清楚地看到,在标题句后,DATA 指令开始了真正的指令程序。Mplus 每一行的指令都是以分号(;)为完结,而感叹号(!)以后的只是评论,并不是真正的指令。

```
TITLE: Simulated Wagner & Benoit (2015) Industrial Marketing Management,44,166—179;
DATA: FILE = EXAMPLE1.DAT;
VARIABLE: NAMES ARE X1 - X24;

MODEL:   BE BY X1 - X3;     ! Brand equity
         MS BY X4 - X6;     ! Merchandising support
         MM BY X7 - X9;     ! Margin maintenance
         ST BY X10 - X12;   ! Special treatment
         CA BY X13 - X15;   ! Customer advocacy
         RV BY X16 - X18;   ! Relationship value
         BGI BY X19 - X21;  ! Business growth intention
         RMI BY X22 - X24;  ! Relationship maintenance intention

OUTPUT: STDYX;   ! Request standardized coefficients
```

图 15-6　Mplus 程序例子

(1) DATA:FILE = EXAMPLE1.DAT

DATA 是输入数据指令,指出了数据输入文件为 EXAMPLE1.DAT。

(2) VARIABLE:NAMES ARE X1—X24

VARIABLE 指令指出了数据输入文件中变量的名称为 X1 至 X24。

(3) MODEL:BE BY X1—X3;   ! Brand equity
         MS BY X4—X6;   ! Merchandising support
         MM BY X7—X9;   ! Margin maintenance
         ST BY X10—X12;   ! Special treatment
         CA BY X13—X15;   ! Customer advocacy
         RV BY X16—X18;   ! Relationship value
         BGI BY X19—X21;   ! Business growth intention
         RMI BY X22—X24;   ! Relationship maintenance intention

MODEL 指令指出了各个潜变量是以哪些观察变量来测量的。

(4) OUTPUT:STDYX;   ! Request standardized coefficients

OUTPUT 指令除了要求基本结果,还要求了各个估算值的标准值。

建立结构方程模型的第四步和第五步是 Mplus 程序分析结果输出及解释。通过输入的 Mplus 程序运行之后,我们会得到一大串对待测模型的输出结果。如何进行有效合理的分析呢？通常，我们会从以下四大方面着手：

第一，分析参数估计的可行性。结构方程模型本质上是个反复迭代（iterative）测量的过程，即在中间环节通过不断改变各个参数的估计，从而尽可能使得 Δ_{est}，即 S 与 $\hat{\sum}_k$ 之间的差异最小。在改变参数大小时，有可能会出现不合理值：例如，X 观察变量间协方差和因子间协方差都应分别大于零，如果任意一方有小于零的数值，即不合理的数值出现，则即可全盘否定此结构模型。

第二，分析假设模型与实验数据的拟合程度。我们会选择不同的拟合指数进行衡量，一般包括 chi-square、RMSEA、CFI 和 standardized RMR。稍后会逐一介绍。

第三，参数估计是否显著。在输出的结果中，除了每个参数的估计值，还有标准误差和 t 值的估计。如果选取第一类错误（type I error）值等于 0.05，那么我们要求合理 t 值应大于 1.96。

第四，X 的复相关系数（multiple correlations）。在结构方程模型中，每个观察变量 X 都有一个复相关系数，就像回归方程中的 R-square 一样，我们同样希望这个复相关系数越大越好，因为如果它变小的话，则说明观察变量与潜变量之间的关系也相应变弱了。

下面我们一起来观察上文例子中的 Mplus 输出结果，如图 15-7 所示，看看有何新的发现。首先判断其中并无不合理参数出现，然后检查在因子负荷表中（BY 指令）每个参数所对应的四个数值分别是参数估计值、标准误差、t 值和显著性几率。其中，所有显著性几率值都是小于 0.05 的，这说明因子负荷相关系数都是显著的。

```
MODEL FIT INFORMATION
Number of Free Parameters                          100
Loglikelihood
        H0 Value                              -19830.716
        H1 Value                              -19659.688
Information Criteria
        Akaike (AIC)                           39861.432
        Bayesian (BIC)                         40288.152
        Sample-Size Adjusted BIC               39970.726
            (n* = (n + 2) / 24)
Chi-Square Test of Model Fit
        Value                                    342.056
        Degrees of Freedom                         224
        P - Value                                 0.0000
RMSEA (Root Mean Square Error Of Approximation)
        Estimate                                 0.032
        90 Percent C.I.                   0.025    0.038
        Probability RMSEA < = .05         1.000
```

图 15-7　Mplus 输出结果

CFI/TLI
  CFI   0.980
  TLI   0.975
Chi-Square Test of Model Fit for the Baseline Model
  Value   6135.950
  Degrees of Freedom   276
  P-Value   0.0000
SRMR (Standardized Root Mean Square Residual)
  Value   0.038
STANDARDIZED MODEL RESULTS
STDYX Standardization

		Estimate	S.E.	Est./S.E.	Two-Tailed P-Value
BE	BY				
X1		0.685	0.028	24.253	0.000
X2		0.765	0.028	26.957	0.000
X3		0.861	0.025	34.242	0.000
MS	BY				
X4		0.922	0.054	17.152	0.000
X5		0.560	0.044	12.735	0.000
X6		0.444	0.044	10.130	0.000
MM	BY				
X7		0.710	0.036	19.983	0.000
X8		0.876	0.036	24.195	0.000
X9		0.482	0.039	12.341	0.000
ST	BY				
X10		0.667	0.034	19.823	0.000
X11		0.759	0.033	23.322	0.000
X12		0.722	0.033	21.850	0.000
CA	BY				
X13		0.831	0.017	48.148	0.000
X14		0.836	0.017	49.131	0.000
X15		0.905	0.014	64.871	0.000
RV	BY				
X16		0.927	0.011	85.809	0.000
X17		0.846	0.015	56.517	0.000
X18		0.888	0.013	70.732	0.000
BGI	BY				
X19		0.884	0.013	70.275	0.000
X20		0.905	0.012	78.318	0.000
X21		0.890	0.012	72.537	0.000
RMI	BY				
X22		0.736	0.026	27.795	0.000
X23		0.915	0.022	40.836	0.000
X24		0.700	0.028	25.187	0.000
MS	WITH				
BE		0.032	0.051	0.615	0.538
MM	WITH				
BE		−0.058	0.052	−1.100	0.271
MS		−0.119	0.051	−2.319	0.020
ST	WITH				
BE		0.135	0.054	2.508	0.012
MS		0.046	0.055	0.844	0.399
MM		0.158	0.054	2.911	0.004

图 15-7　Mplus 输出结果(续)

第 15 章 结构方程模型

	CA	WITH		
BE	0.211	0.049	4.300	0.000
MS	0.101	0.049	2.066	0.039
MM	0.158	0.050	3.135	0.002
ST	0.189	0.051	3.691	0.000
	RV	WITH		
BE	0.199	0.053	3.760	0.000
MS	0.049	0.049	0.997	0.319
MM	0.159	0.049	3.234	0.001
ST	0.157	0.051	3.080	0.002
CA	0.395	0.041	9.648	0.000
	BGI	WITH		
BE	0.426	0.043	9.956	0.000
MS	0.042	0.049	0.868	0.385
MM	0.093	0.050	1.875	0.061
ST	0.052	0.052	0.995	0.320
CA	0.258	0.045	5.737	0.000
RV	0.396	0.040	9.799	0.000
	RMI	WITH		
BE	0.046	0.051	0.888	0.375
MS	0.231	0.050	4.638	0.000
MM	0.210	0.051	4.078	0.000
ST	0.108	0.053	2.051	0.040
CA	0.150	0.048	3.113	0.002
RV	0.092	0.048	1.912	0.056
BGI	0.043	0.048	0.890	0.374
	Intercepts			
X1	4.493	0.145	30.967	0.000
X2	4.693	0.151	31.084	0.000
X3	4.553	0.147	31.004	0.000
X4	2.083	0.078	26.860	0.000
X5	1.631	0.066	24.531	0.000
X6	1.812	0.071	25.591	0.000
X7	2.113	0.078	26.982	0.000
X8	2.483	0.088	28.210	0.000
X9	3.207	0.108	29.706	0.000
X10	2.171	0.080	27.204	0.000
X11	2.237	0.082	27.440	0.000
X12	2.222	0.081	27.387	0.000
X13	4.442	0.144	30.935	0.000
X14	5.020	0.161	31.249	0.000
X15	4.299	0.139	30.840	0.000
X16	3.302	0.111	29.843	0.000
X17	3.274	0.110	29.803	0.000
X18	3.142	0.106	29.604	0.000
X19	3.243	0.109	29.759	0.000
X20	3.205	0.108	29.702	0.000
X21	2.909	0.100	29.198	0.000
X22	6.582	0.207	31.741	0.000
X23	5.199	0.166	31.327	0.000
X24	3.658	0.121	30.281	0.000

图 15-7　Mplus 输出结果(续)

15.8 契合指数

在结构方程中,当我们谈到拟合度时,其实是指如何尝试改变各参数值的大小,从而使得拟合协方差矩阵更接近样本协方差矩阵,即 Δ_{est} 更小。一般地,我们会采用拟合函数(fit function) F 来衡量 Δ_{est} 的大小。该值越小,说明两个矩阵之间的拟合程度越好。根据估计的方式不同,我们一般用的方法是最大概度(maximum likelihood, ML),其拟合函数 F 的最小值的计算公式为:

$$f_{ML} = \log|\Sigma^{(g)}| + \text{tr}(S^{(g)}\Sigma^{(g)-1}) - \log|S^{(g)}| - p^{(g)} + (\bar{x}^{(g)} - \mu^{(g)})'\Sigma^{(g)-1}(\bar{x}^{(g)} - \mu^{(g)}) \quad (15-8)$$

而整体拟合的最基本测量指标就是 χ^2,其公式为:

$$\chi^2 = (N-1)F \quad (15-9)$$

其中,N 为样本大小,F 为拟合函数的最小值。

伴随卡方一起的,我们还要同时考虑自由度和 p-value 的大小。在众多不同的拟合指数中,χ^2 是其中少数有已知分布情况的。另外,还有拟合指数 root mean square error of approximation(RMSEA)。由于分布情况已知,我们可以检测 χ^2,即 Δ_{est} 是否显著。相对于每一个 χ^2 及其自由度(DF)值,我们可以找到显著的 p-value。χ^2 越小, p-value 越大,则说明拟合协方差矩阵与样本协方差矩阵的差距越不显著,最初假设的模型不会被推翻;反之,χ^2 越大,p-value 越小,则说明拟合协方差矩阵与样本协方差矩阵的差距越显著,这时,我们最初假设的模型就要被推翻了。

然而,许多学者都特别注意到了一点,即 χ^2 的值对样本数量相当敏感。样本越大,χ^2 值也就越容易变得显著,从而使假设模型越容易遭到拒绝。其实,我们从公式中也可以发现 χ^2 值是非常依赖样本大小的,因为计算时是用样本数乘以 F 值。通常在结构方程实验中我们都需要大的样本数量,那么这时就会导致即使拟合协方差矩阵与样本协方差矩阵的差距不显著,也会使模型被拒绝的情况出现。这个矛盾也就合理解释了为什么学者们都在不断找寻更合适的拟合指数。现在,一般的软件都会同时支持超过30个的拟合指数。下面,我们再简单向大家介绍几个经常应用的拟合指数:

一个是 root mean square error of approximation(RMSEA)。

$$\text{Estimated RMSEA} = \sqrt{\frac{\chi^2}{(N-1)(DF-1)}} \quad (15-10)$$

这个概念最早是由 Steiger 和 Lind(1980)提出的,然而是由 Browne 和 Cudeck (1993)给它命名的。当 RMSEA 等于或小于 0.05 时,代表假设模型拟合程度好; 介于 0.05 到 0.08 之间时,代表拟合程度可以接受;介于 0.08 到 0.10 之间时,代表拟合程度不高;当超过 0.1 时,则代表了模型与数据拟合程度很差。总体来讲,RMSEA 越小,代表拟合程度越高。除此之外,还提供了 Probability RMSEA ≤ 0.05 的判断标准,即用 p-value 测定这个假设。当 p-value 大时,说明不显著,则不拒绝假设模型;当 p-value 小时,说明显著,则要拒绝假设的模型。

另一个经常使用的拟合指数是 comparative fit index (CFI),它的特征是比较底线(baseline)模型的 χ^2 和假设理论模型的 χ^2(Bentler,1990)。

$$\text{CFI} = 1 - \frac{\max(\chi^2 - \text{DF}, 0)}{\max(\chi_b^2 - \text{DF}_b, 0)} \quad (15-11)$$

CFI 公式中 χ_b^2 指底线模型中的 χ^2,DF_b 指底线模型中的自由度。这里所谈到的底线模型是只包含观察变量和误差项,忽略了潜变量和因子负荷间所有关系的一种模型。CFI 得到的值越大,代表拟合程度越好。一般的规律是:取值大于 0.9,若大于 0.95,则代表假设理论模型与数据的拟合度非常好。

还有一个经常使用的拟合指数是 standardized root mean square residual (SRMR),是拟合标准残差方差的平均值的平方根,即一种平均标准残差方差。

$$\text{SRMR} = \sqrt{\sum_{g=1}^{G} \left\{ \sum_{i=1}^{p_g} \sum_{j=1}^{j \leq i} \left(\hat{s}_{ij}^{(g)} - \sigma_{ij}^{(g)} \right) \right\} \Big/ \sum_{g=1}^{G} p^{*(g)}} \quad (15-12)$$

SRMR 是标准值,因此不会受到单位的影响,一般的规律是:SRMR 取值小于 0.1 时为拟合度较好的模型。

另外,一些过去常用的拟合指数,诸如 relative chi-square, goodness of fit index (GFI) 和 adjusted goodness of fit index (AGFI),因为不少模拟研究发现它们的特性都有缺陷,像对样本大小的依赖度高等,所以已经很少再被使用。

我们现在回到先前的模拟例子中来看看拟合度的结果。如图 15-7 所示,自由度 (degrees of freedom) = 224, minimum fit function chi-square = 342.056(p = 0.0000), RMSEA = 0.032, probability RMSEA ≤ 0.05 = 1.000, CFI = 0.980, SRMR = 0.038。其中虽然 χ^2 的 p-value < 0.05,但是 probability RMSEA ≤ 0.05,比 0.05 大,且其他的指标也显示了高的拟合度,所以经过综合判断,我们认为此例假设的模型与样本数据拟合。

15.9 结构方程模型发展的新趋势

第一个大的新方向是以测量模型进行验证性因子分析,通过检测来判断各个潜变量的信度和效度。传统的检测信度方法是以克朗巴哈系数(Cronbach's alpha)是否大于 0.7 来进行,但克朗巴哈系数假设了所有的观察变量与潜变量之间的因子负荷都是相同的,这在实证研究中并不多见。Fornell 和 Larcker(1981)提出了在运用结构方程模型时,应该以没有假设因子负荷相同的变量信度系数(construct reliability, CR)来判断各个潜变量的信度。计算变量信度系数的程序公式为:

$$CR = \frac{\left(\sum_{i=1}^{k}\lambda_i\right)^2}{\left(\sum_{i=1}^{k}\lambda_i\right)^2 + \left(\sum_{i=1}^{k}e_i\right)} \qquad (15-13)$$

从图 15-7 的 Mplus 输出结果中我们可以计算供应商的品牌资产(vendor's brand equity)的 CR:CR = $(0.685+0.765+0.861)^2/[(0.685+0.765+0.861)^2+(0.531+0.414+0.258)]=0.816$。由于变量信度系数大于 0.7,结论为供应商之品牌资产有足够的信度。

Fornell 和 Larcker(1981)也提出了以观察变量的平均方差提取值(average variance extracted)大于 0.5 来检测收敛效度,即潜变量解释了观察变量一半以上的方差。从图 15-7 的 Mplus 输出中最后部分的 R-square 结果,我们可以计算供应商的品牌资产的平均方差提取值:AVE = $(0.469+0.586+0.742)/3=0.599$。由于平均方差提取值大于 0.5,结论为供应商的品牌资产有足够的收敛效度。但以平均方差提取值来检测收敛效度的一个缺点是可以有一个或一个以上的观察变量与潜变量间的关系并不密切,因此我们也应检测是否所有的因子负荷值都大于 0.5(Hair et al.,2009)。

最后,Fornell 和 Larcker(1981)提出了两个潜变量之间的判别效度应以两个平均方差提取值是否大于两者相关系数的平方来检定,即一个潜变量对其观察变量的方差的解释度,比对另一个潜变量的解释度高。从图 15-7 的 Mplus 输出中最后部分的 R-square 结果,我们可以计算关系价值(relationship value)的平均方差提取值为:AVE = $(0.860+0.716+0.789)/3=0.788$。供应商的品牌资产与关系价值之相关系数为 0.199,其平方为 0.0396。由于供应商的品牌资产的 AVE 和关系价值的 AVE 都大于 0.0396,结论为供应商的品牌资产与关系价值具有判别效度。

第二个大的新方向是测量等同(measurement equivalence/invariance，ME/I)概念的拓展与延伸。过去要进行跨组(cross group)比较研究，例如比较潜变量的均值或潜变量之间的关系在各组别之间是否存有差异时，一般是以数条问卷题目答案的平均值作为潜变量的数值，之后以变异数分析或回归方程来计算跨组差别。这种方法最大的缺点是假设观察变量与潜变量之间的关系在各组别之间没有差异。但实际上，特别是在跨文化的研究中，观察变量与潜变量之间的关系时有不同，因此需要进行测量等同检测来比较结构方程模型中的各个参数值是否存在跨组差异，以确定比较潜变量的均值或潜变量之间的关系在各组别之间的差异并不是由测量差异而来。进行跨组比较研究时，最基本的要求是结构不变性(configural invariance)，亦即测量模型中潜变量与观察变量之间的形态在各个组别中相同。当研究的目的是比较潜变量之间的关系在各组别之间的差异，例如在分析调节效应(moderating effect)时，假如调节变量是一个类别变量(categorical variable)，便可通过多组分析(multi-group analysis)来验证潜变量之间的关系在各组别之间是否相同，这时便需要先确定量尺不变性(metric invariance)，亦即因子负荷在各个组别中相同。当研究的目的是比较潜变量的均值时，则需要同时先确定量尺不变性和题项截距量尺不变性(scalar invariance)，亦即因子负荷和题项截距量尺在各个组别中均相同(Cheung & Rensvold,2000)。

特别值得我们关注的是测量等同在实际操作中的以下具体应用：

(1)将结构方程模型在不同文化组别之间进行比较，可对跨文化的研究工作大有裨益。

(2)在教育学领域，结构方程模型有助于比较拥有不同水平学术成就或不同主修范围的研究对象之间的异同。

(3)跨性别研究，因为男性和女性对某些问题的看法会有所差异，如对"大减价"这个事件所体现出的分歧。

(4)在心理学试验研究中，结构方程可帮助测量实验组和对照组对同一份调查问卷题目的不同看法。

(5)在360度绩效评估中，研究表明，工作持有者与上司对其本人的工作表现评价会有所出入，从而导致一系列问题的产生。经验证明，结构方程模型在以上这些研究分析方面，都有它擅长的一面。

传统的测量等同分析是以不受限模型(unconstrained model)的χ^2值与限制了因子负荷(或同时限制了题项截距量尺)在各组别中相同的受限模型(constrained model)的χ^2值做比较。假如两个模型的χ^2值差是显著的，测量等同便会被推翻。

由于 χ^2 值差会受到样本数目的影响,Cheung 和 Rensvold(2002)提出了将不受限模型和受限模型的 CFI 值进行比较,假如两者之差小于 0.01,测量等同便得到证明。Mplus 提供了进行测量等同分析的简单而容易的方法,只要在 MODEL 指令后加上以下的分析指令便可:

ANALYSIS: MODEL = CONFIGURAL METRIC SCALAR

这些方法的不足之处是只能得到契合指数的差异,但却没有计算因子负荷或题项截距量尺的跨组差异。近年,Cheung 和 Lau(2012)提出了直接估算因子负荷和题项截距量尺在不同组之间的差异,并以自助法(bootstrap method)来推算各差异的标准误差来分析统计显著性。测量等同的详细叙述可参考 Vandenberg 和 Lance(2000),多层构念的测量等同检测可以用高阶因子分析进行,详细叙述可参考 Cheung(2008)。

第三个大的新方向是潜增长模型(latent growth model)的发展。有许多研究是观察研究对象随着时间轴的变化程度,如人们的认知和态度的发展及变化。举例来讲,一个员工在步入职场之前对未来的工作会抱有一定期望;步入职场两个星期之后,当他有了一些初步认识之后,期望也会变得实际些,同时对公司的观念也会有所改变;六个月之后,他的改变应该逐渐趋于稳定。所以我们说一个人对一家机构的认知和观念会随着时间的流逝而发生变化。同样,许多相似的概念和理论都是关于发展的,如上司与下属的关系、培训的效果等。潜增长模型以高阶(higher-order)结构方程模型来推算构念的增长模式,更重要的是可以检测特定变量对增长模式的影响。潜增长模型的详细叙述可参考 Chan(1998)。

第四个大的新方向是多层次模型(multilevel model)的进展。多层次模型与高阶因子模型的最大差异在于高阶因子模型用以检测非独立的构念,而多层次模型则用以检测非独立的样本。如图 15-8 所示的一个多层次数据的例子,它包括四个样本(subject),每个样本由三个题目(item)来测量,这四个样本又同时属于一个大组别(group)。例如,在人力资源管理的研究中,我们经常从员工中搜集数据,有些员工属于同一工作单位,或有共同的上司,所以这些样本之间是相关的。这个例子充分说明了有时我们搜集来的数据之间不是互相独立的,虽然分为四个样本,但其实互相之间都存在着一定关系。那么,这种情况在分析时也需要特别处理。假如研究者的目的并不是分析不同层次变量之间的关系,而只是想去除数据的非独立性,那么 Mplus 提供了简单而容易的方法去处理样本误差的非独立性,只要在 VARIABLE 指令加上组别变量的名称:

VARIABLE: CLUSTER = GroupID

并加上分析指令便可：
ANALYSIS：TYPE = COMPLEX

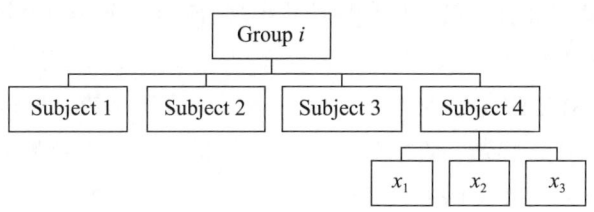

图 15 – 8　多层次数据

近年很多研究都涉及不同层次的变量，如小组上司的领导方法会影响小组内各员工的个性与工作表现的关系。早年的多层次分析以回归分析的等级线性模型（hierarchical linear modeling）为基础，详细叙述可参考 Hofmann（1997）与 Klein 和 Kozlowski（2000）。近年以结构方程模型来分析多层次理论有很大的发展，我们可将观察得来的变量之间的协方差矩阵分拆成为两个水平研究，即变量组间协方差矩阵（between-group covariance matrix）和变量组内协方差矩阵（within-group covariance matrix），从而便可对组间和组内的模型进行分析，进一步可比较这两个水平之间的异同。以结构方程模型来分析多层次理论的优点是能在推算变量组间协方差矩阵时，考虑到高层次变量的测量误差，因此可以更准确地推算高层次变量之间的关系。Mplus 也提供了简单而容易的方法进行多层次模型分析，Preacher 等（2010）提供了很好的基本叙述。

第五个大的新方向是以结构方程模型做中介效应（mediating effect）分析的发展。过去的中介效应分析是以 Baron 和 Kenny（1981）为基础，检测自变量到中介变量的参数估值是否显著，以及中介变量到因变量的参数估值是否显著。尽管所有的结构方程模型都能计算出中介效应值的标准误差，MacKinnon 等（2002、2004）在回归分析的基础上，指出中介效应非常态分布，因此一般的标准误差并不适用，他们建议以自助法来推算中介效应值的置信区间（confidence interval），并以此估计参数是否显著。Cheung 和 Lau（2008）将 MacKinnon 等（2004）建议的方法应用于结构方程模型上，演示了怎样以自助法来推算潜变量间中介效应的置信区间，从而检测中介效应的统计显著性。最近 Lau 和 Cheung（2012）更将他们建议的方法推广到估算特定的中介效应值和比较两个特定中介效应值的差异上面。

第六个大的新方向是以结构方程模型做交互作用（interaction effect）分析的发展，其中以交互作用来分析调节效应（moderating effect）最为重要。当以回归分析来检测调节效应时,可以两个观察变量值的积(product term)作为回归方程上的一个自变量,并以此估计参数来检测调节效应是否显著。但以结构方程模型来检测调节效应时,潜变量值的积并不容易计算出来,最初 Hayduk(1989)以多个方程来界定潜变量值的积,其后又有不少学者提出各种方法来简化 Hayduk 的方程,Cortina 等(2001)对这些方法提供了很好的摘要总结和比较。但这些方法不是非常复杂,就是推算存在问题。直到近年,Mplus 提供了简单而容易的方法来建立潜变量值的积,这一问题才得以解决,其方法是基于 Klein 和 Moosbrugger(2000)的潜变量调节效应结构方程(latent moderated structural equations,LMS)来进行,当中没有估计两个潜变量值的积,而是通过矩阵(matrix)的运算来估计潜变量值的积对其他变量的影响。图 15-9 展示了一个用以分析调节效应的 Mplus 程序,当中有三个潜变量 X、Y 和 Z,每个潜变量由四个观察变量来测量。X 是自变量,Y 是因变量,Z 是调节变量,即 X 对 Y 的效果受到 Z 值所影响。LMS 是以数字积分(numerical integration)来进行的,因此需要在 Mplus 程序中加入以下的分析指令:

ANALYSIS:TYPE = RANDOM
ALGORITHM = INTEGRATION

在 Model 指令中,可以下面的指令来建立 X 和 Z 的潜变量积 XZ:

XZ | X XWITH Z

最后,在 Model 指令中,加入以下的指令来估计 X、Z 和 XZ 对 Y 的影响:

Y ON X Z XZ

要注意的是 LMS 分析的结果并不提供一般的契合指数,因此需要先运算没有潜变量积的结构方程模型,得到了满意的契合指数后再加入潜变量积。

```
TITLE:LMS Model;each latent variable with 4 items
DATA:FILE IS BASE.TXT;
VARIABLE:NAMES ARE x1 - x4 z1 - z4 y1 - y4;
ANALYSIS:   TYPE = RANDOM;
            ALGORITHM = INTEGRATION;
MODEL:   X BY x1 - x4;
         Z BY z1 - z4;
         Y BY y1 - y4;
         XZ | X XWITH Z;
         Y ON X Z XZ;
```

图 15-9 用以分析调节效应的 **Mplus** 程序例子

最近学者所提出被调节的中介效应(moderated mediation)和被中介的调节效应(mediated moderation),Cheung 和 Lau(2017)演示了怎样以结构方程模型的 LMS

方法来分析被调节的中介效应,并对所需 Mplus 程序做出了详细解释,其具体在实证研究中的应用可参考 Wayne 等(2017)的文章。Cheung 和 Lau(2017)也展示并说明了以回归分析来推算被调节的中介效应值及其置信区间均存有很大的误差。对这题目有兴趣的读者可参考本书的第 2 章和 2017 年 10 月期的 *Organizational Research Methods*,当中有多篇论文谈到以结构方程模型来检测被调节的中介效应。

综上所述,虽然近年来结构方程的应用日益广泛,但是人们对其本质概念仍存在某些误解。其实简单来讲,结构方程是基于假设模型,将拟合协方差矩阵与观察协方差矩阵相比较,当二者差距缩小时,则说明假设模型与原始数据接近。所以,我们认为,只有清楚并深刻了解结构方程的内涵,才能使其成为帮助我们进一步探索的更得力的助手和工具。

参考文献

Arbuckle, J. L. & Wothke, W. (1999). *AMOS 4.0 User's Guide*. Chicago: Smallwaters.

Baron, R. M. & Kenny, D. A. (1986). The moderator-mediator variable distinction in social psychological research: Conceptual, strategic, and statistical considerations. *Journal of Personality and Social Psychology*, 51, 1173—1182.

Bollen, K. A. (1989). *Structural Equations with Latent Variables*. New York: John Wiley & Sons.

Browne, M. W. & Cudeck, R. (1993). Alternative ways of assessing model fit. In Bollen, K. A. & Long, J. S. (Eds.), *Testing Structural Equation Models*. Beverly Hills, CA: Sage.

Chan, D. (1998). The conceptualization and analysis of change over time: An integrative approach incorporating longitudinal mean and covariance structures analysis (LMACS) and multiple indicator latent growth modeling (MLGM). *Organizational Research Methods*, 1, 421—483.

Cheung, G. W. (1999). Multifaceted conceptions of self-other ratings disagreement. *Personnel Psychology*, 52, 1—36.

Cheung, G. W. (2008). Testing equivalence in the structure, means, and variances of higher-order constructs with structural equation modeling. *Organizational Research Methods*, 11, 593—613.

Cheung, G. W. & Lau, R. S. (2008). Testing mediation and suppression effects of latent variables. *Organizational Research Methods*, 11, 296—325.

Cheung, G. W. & Lau, R. S. (2012). A direct comparison approach for testing measurement invariance. *Organizational Research Methods*, 15, 167—198.

Cheung, G. W. & Lau, R. S. (2017). Accuracy of parameter estimates and confidence intervals in moderated mediation models: A comparison of regression and latent moderated structural equations. *Organizational Research Methods*, 20(4), 746—769.

Cheung, G. W. & Rensvold, R. B. (1999). Testing factorial invariance across groups: A reconceptualization and proposed new method. *Journal of Management*, 25, 1—27.

Cheung, G. W. & Rensvold, R. B. (2000). Assessing Extreme and Acquiescence Response Sets in Cross-Cultural Research Using Structural Equations Modeling. *Journal of Cross-Cultural Psychology*, 31(2), 187—212.

Cheung, G. W. & Rensvold, R. B. (2001). The effects of model parsimony and sampling error on the fit of structural equation models. *Organizational Research Methods*, 4, 235—263.

Cortina, J. M., Chen, G. & Dunlap, W. P. (2001). Testing interaction effects in LISREL: Examination and illustration of available procedures. *Organizational Research Methods*, 4, 324—360.

Fornell, C. & Larcker, D. F. (1981). Evaluating structural equations models with unobservable variables and measurement error. *Journal of Marketing Research*, 18, 39—50.

Hair, J. F., Black, W. C., Babin, B. J. & Anderson, R. E. (2009). *Multivariate data analysis* (7th Ed.). Upper Saddle River, NJ: Prentice Hall.

Hayduk, L. A. (1987). *Structural equation modeling with LISREL: Essentials and advances*. Maryland: Johns Hopkins University Press.

Hofmann, D. A. (1997). An overview of the logic and rationale of hierarchical linear models. *Journal of Management*, 23, 723—744.

Jöreskog, K. G. & Sörbom, D. (1996). *LISREL8: User's*

Reference Guide. Chicago: Scientific Software International, Inc.

Klein, K. J. & Kozlowski, S. W. J. (2000). *Multilevel Theory, Research, and Methods in Organizations: Foundations, Extensions, and New Directions*. San Francisco: Jossey-Bass.

Klein, A. & Moosbrugger, H. (2000). Maximum likelihood estimation of latent interaction effects with the LMS method. *Psychometrika*, 65, 457—474.

Lau, R. S. & Cheung, G. W. (2012). Estimating and comparing specific mediation effects in complex latent variable models. *Organizational Research Methods*, 15, 3—16.

MacKinnon, D. P., Lockwood, C. M. & Williams, J. (2004). Confidence limits for the indirect effect: Distribution of the product and resampling methods. *Multivariate Behavioral Research*, 39, 99—128.

Preacher, K. J., Rucker, D. D. & Hayes, A. F. (2007). Addressing moderated mediation hypotheses: Theory, methods and prescriptions. *Multivariate Behavioral Research*, 42, 185—227.

Preacher, K. J., Zyphur, M. J. & Zhang, Z. (2010). A general multilevel SEM framework for assessing multilevel mediation. *Psychological Methods*, 15, 209—233.

Steiger, J. H & Lind, J. M. (1980). *Statistically-Based Tests for the Number of Factors*. Iowa City, IA: Paper presented at the Psychometrika Society Meeting.

Vandenberg, R. J. & Lance, C. E. (2000). A review and synthesis of the measurement invariance literature: Suggestions, practices, and recommendations for organizational research. *Organizational Research Methods*, 3, 4—70.

Wagner & Benoit (2015). Creating value in retail buyer-vendor relationships: A service-centered model. *Industrial Marketing Management*, 44, 166—179.

Wayne, S. J., Lemmon, G., Hoobler, J. M., Cheung, G. W. & Wilson, M. S. (2017). The ripple effect: A spillover model of the detrimental impact of work-family conflict on job success. *Journal of Organizational Behavior*, 38(6), 876—894.

侯杰泰,温忠麟和成子娟(2004).结构方程模型及其应用.北京:教育科学出版社.

第 16 章　调节变量和中介变量

罗胜强　香港中文大学
姜　嬿　南京大学

> ▶ **本章大纲**
>
> **16.1 调节变量和中介变量在研究中的作用**
> 　16.1.1　调节变量的理论意义
> 　16.1.2　中介变量的理论意义
>
> **16.2 调节变量的原理和检验方法**
> 　16.2.1　调节作用的原理
> 　16.2.2　调节作用与交互作用
> 　16.2.3　检验调节作用的方法
> 　16.2.4　多元调节回归中的统计功效问题
> 　16.2.5　检验调节变量的其他方法
>
> **16.3 中介变量的原理和检验方法**
> 　16.3.1　中介作用的原理
> 　16.3.2　中介作用的检验和分析
> 　16.3.3　中介作用检验中的问题
>
> **16.4 结语**

第16章 调节变量和中介变量

16.1 调节变量和中介变量在研究中的作用

科学研究的目的之一是发展理论来描述和解释事物之间的关系,所以自然需要弄清楚谁是原因、谁是结果。我们对自变量、因变量的概念都很熟悉了,可是为什么研究者又引入了调节变量和中介变量? 它们对于我们的研究到底有什么帮助? 是否每一个模型都需要用到调节变量和中介变量呢? 应该如何检验调节变量和中介变量? 我们希望通过本章的讲解能为读者思考这些问题提供一些参考。本章第一部分将首先讨论这两种变量在研究中的理论意义。第二部分将介绍调节变量的原理,并就容易混淆的调节作用与交互作用进行区分;之后,我们会介绍检验调节作用的具体步骤,以及调节作用检验中的统计功效问题;最后简单介绍检验调节作用的一些其他方法。在第三部分中,我们将介绍中介变量的原理和检验步骤,并就目前研究中检验中介变量的过程普遍存在的问题进行讨论。

在介绍中介变量和调节变量的原理和分析方法之前,我们首先讨论一下它们在我们的研究中到底有什么意义。我们的很多知识都是建立在变量间的相关关系或因果关系的基础上的,随着研究的深入,一些简单的关系已经无法提供足够的信息,也难以概括各种复杂的情况。所以,研究者们才提出了通过调节变量和中介变量的研究挖掘更多信息的方法。虽然调节作用和中介作用在社会科学研究中都有一定历史,但研究者们有时还是会把它们混淆起来。比如,Findley 和 Cooper (1983)本来是想解释调节作用的,却把性别、年龄、种族和社会经济水平解释为控制点与学术成就关系之间的中介变量。直到20世纪80年代才有研究者(Baron & Kenny,1986)把调节变量作为研究方法中的一个问题正式提出来,并与中介变量加以区分。

早在20世纪20年代就已经有心理学家开始认识到中介变量的重要性,并利用中介变量解释一个关系背后的原理和内部机制。Woodworth(1928)在"刺激—反应"(S-R)理论的基础上提出了"刺激—机体—反应"(S-O-R)模型,说明刺激对于行为的作用是通过有机体内部的转换过程而发生的,这个模型的关键是认识到一个活动的有机体介入了刺激与反应之间的作用过程,这可能是最早的一个比较严格的中介作用的假设。

调节变量所解释的不是关系内部的机制,而是一个关系在不同的条件下是否会有变化。让我们把调节作用变成生活语言就很容易理解了,调节变量就是"视情况而定""因人而异"。比如,同样是经历一次失败,对人产生的影响却是不同的。

高自我效能感的人倾向于将失败归因于努力不足,于是,他们更有可能去加大努力并坚持下去;而低自我效能者更容易将失败归因为能力不足,他们会更加怀疑自己的能力,导致放松努力,或完全放弃。在这里我们看到,一次失败(自变量)对人的行为(因变量)的影响随着自我效能感(调节变量)的不同而有所不同,这时,我们就可以说自我效能感调节了失败与人的行为反应之间的关系。

上面简单介绍了研究者为什么要把中介变量和调节变量引入研究,下面我们就看看两种变量在我们的理论发展中究竟起到了什么作用。

16.1.1 调节变量的理论意义

调节变量的一个主要作用是为现有的理论划出限制条件和适用范围。我们靠有限的认知能力所建立的理论往往都是有一定的局限的,只是在理论发展的初期很难完全考虑到其所有的限制条件和适用范围。例如,牛顿经典力学曾经让人们以为,物理学的大厦已经完成,最多只要做一些修饰罢了,然而狭义和广义相对论的出现使人们认识到原有理论的适用范围是有限的,而"物体的运动速度远低于光速"就成为牛顿运动定律能够适用的一个限制条件。

找到理论的适用条件和范围是我们对原有理论进行发展的一种方式。我们知道,现在的科学研究一般会以 Popper 的证伪主义为原则来积累知识,并把一个理论是否存在证伪的可能性作为判断科学与非科学的依据。我们在自己的认知范围内得出一个结论,并希望它是普遍适用的。随着不断地研究,发现错了的就否定,没发现错的就保留。采用这样的方法有一个问题,就是一旦发现反例就要把原有的理论全部推翻。然而,有时并不是理论本身错了,而是没有界定理论背后的假设或是边界条件。后来,Lakatos(1970、1978)修正了 Popper 的理论,提出精致的证伪主义。他认为理论有个内核,背后有辅助假设,外部有边界条件。当实证检验发现这个理论错了时,其理论核心是不应该轻易放弃的,可以改变辅助假设或增加限制条件。最后实在不行,才会放弃理论核心。

研究调节变量时,我们正是通过研究一组关系在不同条件下的变化及其背后的原因,来丰富我们原有的理论的。这里的"不同条件"就是理论的适用范围和假设。所以,调节变量能够帮助我们发展已有的理论,使理论对变量间关系的解释更为精细。

相似地,中介变量也可以帮助我们发展既有的理论,但它是从另一方面实现这个功能的,即它可以解释变量之间为什么会存在关系以及这个关系是如何发生的。

16.1.2 中介变量的理论意义

一般来说,当一个变量能够解释自变量和因变量之间的关系时,我们就认为它起到了中介作用。因此,研究中介作用的目的是在我们已知某些关系的基础上,探索这个关系产生的内部作用机制。在这个过程中,我们可以实现把原有的关于同一个现象的研究联系在一起,而使得已有的理论更为系统;另外,如果我们把事物之间影响的关系看作一个因果链,那么研究中介变量可以使自变量与因变量间的关系链更为清楚和完善,它可以解释在自变量变化与因变量随之变化中间发生了什么。所以,中介变量在理论上至少有以下两个重要的意义:(1)中介变量整合已有的研究或理论;(2)中介变量解释关系背后的作用机制。下面我们将具体讨论中介变量的这两个意义。

1. 中介变量整合已有的研究或理论

中介变量可以帮助我们把原来用于解释相似现象的理论整合起来。以 Wang 等(2005)的研究为例来说明。以前有关变革型领导(transformational leadership)的很多研究广泛支持了一个结论,即变革型领导可以提高下属的工作绩效(Lowe et al., 1996)和组织公民行为(Podsakoff et al., 1990),但很少有人以实证研究说明中间的原因是什么。同时,也有不少研究发现领导—成员交换关系(leader-member exchange,LMX)也会影响员工的工作绩效和组织公民行为。Wang 等(2005)的研究就是从这里出发,去分析变革型领导是如何对下属的工作行为产生影响的,他们发现领导成员交换关系正是该过程中起到中介作用的关键变量。值得我们注意的是,他们在选取中介变量时并不是随意选取的,而是有很强的理论依据。变革型领导和领导成员交换曾是领导研究先后提出的两个并行的研究思路,虽然它们对下属行为的影响如此相似,可是人们一直以为它们只是从不同的角度解释同一个问题罢了,没有人想到这两个理论之间是否存在某种关系,是否可以整合起来。Wang 等(2005)的研究用领导成员交换对变革型领导对下属的影响做出了解释,同时也整合了两个主要的理论,使我们的知识变得更为系统。

2. 中介变量解释关系背后的作用机制

我们对事物的理解一般是从粗糙到精细、从表面到本质的循序渐进的过程,不可能通过一个研究就说清问题的所有方面、解释清楚所有的原理。举个例子,最早提出学习型组织概念的可以追溯到 20 世纪 70 年代美国哈佛大学的 Argyris 和 Schon(1978),但直到现在还没有完整的理论解释组织学习对组织影响的作用机制。1977年Argyris在《哈佛商业评论》上发表了《组织中的双环学习》，提出"组织学习"的概念，并于1978年与Schon合著《组织学习：一种行动透视理论》，把"组织学习"分为三种类型：适应性学习、单环学习及创造性学习。从20世纪80年代开始，在企业界出现了推广和研究学习型组织的热潮，并逐渐风靡全球。美国的杜邦、英特尔、苹果电脑、联邦快递等世界一流企业，纷纷建立学习型组织。2001年学习型组织理论在全世界掀起了一个实践的高潮，许多世界500强公司都在试图建立公司长久的学习架构。在中国，不但企业提出建立"学习型组织"，各种"学习型政府""学习型社会""学习型小区"的提法也随处可见。可是，很多组织在经历了热热闹闹的启动之后，发现很难入手或深入持久地开展下去，就渐渐地搁浅了，只留下一个理念。原因是什么呢？人们虽然知道"组织学习"确实有利于组织的发展，虽然也学了一些成功企业的做法，但由于没有弄清楚其作用机制，就无法在管理实践中真正发挥其优势。只有当我们清楚了解组织学习在组织中发挥作用的整个原理时，才可以说真正建立了组织学习的理论。在这个过程中，中介作用的研究就是不可或缺的。

讲到这里，读者应该清楚了，我们在研究中引入中介变量和调节变量都是为理论的发展服务的。中介变量与调节变量都是在原有的两个变量关系基础上的进一步研究，只有两个变量间的关系已经存在时，我们才需要用中介变量讨论这个关系中间的机制，或者是用调节变量界定该关系变化的条件。

了解了两种变量的理论意义，还需要在具体的研究中能够操作。下面我们就分别介绍一下调节变量及中介变量的原理和检验方法。

16.2 调节变量的原理和检验方法

16.2.1 调节作用的原理

什么是调节变量？简单地说，如果变量 X 与变量 Y 有关系，但是 X 与 Y 的关系受第三个变量 Z 的影响，那么变量 Z 就是调节变量。调节变量所起的作用称为调节作用。

一个包含了调节变量的问题往往会这样陈述："在什么样的情况下"或"对于哪些人"，X 能够更好地预测 Y，或 X 对 Y 影响更大？我们以 Zhou 等（2017）的研究为例。这个研究以中国企业为样本，探讨了新兴市场中企业的所有权类型通过研发投入水平进而对创新产生影响的过程，以及对这个关系产生影响的几个主要的情境因素。研究模型中有一部分探讨的是企业所有权类型对企业研发投入的影响，以及制度发展水平对这个关系的调节作用。作者认为，由于新兴市场中资源分配和制度约束的特点，国有企业有更多的机会获得各种资源，也有更大的压力受政府的政策目标的影响，而创新是中国政府目前的主要目标之一，因此国有企业在研发上的投入比非国有企业要多。但是即使在同一个新兴市场的国家中，各地区的制度发展水平也是不同的（这里的制度发展水平被定义为市场在经济活动中的角色，包括通过市场进行资源分配的比例，产品中由市场定价的比例，以及市场法律体系的发达程度等）。因此，在制度发展水平比较高的地区，企业获得资源的渠道多样化，受到政府的制度压力也没有那么大，因此，是否是国有企业对于企业的研发投入水平的影响也就相对没有那么大了。

在图16-1中，"制度发展水平"有一个箭头指向"企业所有权类型"影响"企业研发投入"的箭头（注：这个调节变量既不是指向"企业所有权类型"，也不是指向"企业研发投入"，而是指向两者的关系），这就是调节变量的一般图表表达方式。调节变量影响自变量与因变量之间的关系，既可以是对关系方向的影响，又可以是对关系强度的影响。如果用数学语言可以这样描述：如果变量 Y 与变量 X 的关系是变量 Z 的函数，Z 便称为 X 与 Y 关系的调节变量。在组织研究中，调节变量可以是类别变量（如性别、种族、教育水平），也可以是连续变量（如工资水平、智力等）。

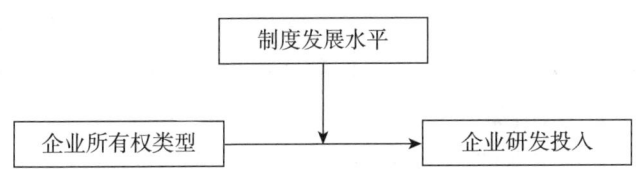

图16-1 制度发展水平对企业所有权类型与企业研发
投入之间关系的调节作用

举个例子，早期研究发现组织承诺（organizational commitment）的一种形式——情感承诺（affective commitment）会影响员工离职（turnover），情感承诺越高的人，跳槽的可能性就越小。但是这个关系是受外部环境的影响的，如果市场上没有其他的工作机会，就算承诺再低的人也不会跳槽，因为他找不到其他工作。所以，工作机会就是一个调节变量。如图16-2所示，如果外面工作容易找，情感承诺（变量 X）跟员工离职（Y）之间就是负相关的，$Y = a + bX$（b 值是负数，而且在统计上是显著的）；如果外面的工作不易找或者没有工作机会，X 与 Y 之间就没有关系，$Y = c + dX$（d 值在统计上是不显著的）。

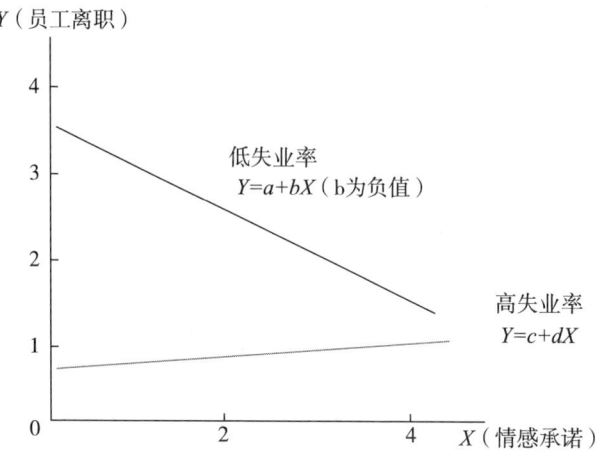

图 16－2　失业率对情感承诺与员工离职关系的调节作用

那么,我们看看下面这个例子中是否有调节作用呢。女性购买商品的时候,喜欢去专门的商店购买,例如买鞋子要到鞋店,买衣服要逛衣服店。男性则不同,他们更偏好"一站式"购物,希望能在一个地方买齐所有的东西。这里性别是否算一个调节变量呢?如果读者理解了前面所介绍的原理,就应该知道这里是没有调节作用的。在这个例子中,性别直接影响购买方式,是"主效应"(main effect),根本不存在交互作用(interaction effect)。从这里我们也可以看出,调节变量的概念是建立在另外两个变量的关系之上的。如果没有两个变量的关系作为前提,也就不必讨论第三个变量的"调节作用"了。

有一点是我们要注意的,当研究中有调节变量的时候,在研究假设中一定要说清楚,到底这个调节变量的作用是什么、具体如何影响变量的关系。首先,我们要在理论上讨论清楚调节变量 Z 的变化是如何影响 $X \rightarrow Y$ 的关系的。Gardner 等(2017)区分了三种不同类型的调节效应:加强型(strengthening)、削弱型(weakening)和颠覆型(reversing)。加强型指随着调节变量 Z 的值的增加, $X \rightarrow Y$ 的正向或负向的关系被强化;削弱型指随着调节变量 Z 的值的增加, $X \rightarrow Y$ 的正向或负向的关系被弱化;颠覆型指随着调节变量 Z 的值的增加, $X \rightarrow Y$ 的关系从正向转为负向,或者从负向转为正向。其次,是关于研究假设的文字表述。研究假设的提出应该尽量准确,我们不应该笼统地假设"Z 在 X 与 Y 的关系中起到了调节作用",而应该具体说明 Z 是如何调节 $X \rightarrow Y$ 的关系的。例如,"当 Z 高的时候, X 会对 Y 有正面的影响;当 Z 低的时候, X 会对 Y 有负面的影响"。

例如,Martins 等(2002)研究了工作与家庭冲突和职业满意度这一关系中的调节变量(见图16-3)。以前的研究都认为工作与家庭冲突越大,职业满意度应该是越差的。但 Martins 等发现,对于女性来说,这个关系在任何年龄段都显著。但是对于男性来说,这个关系仅在职业生涯后期才成立,也就是男性年轻的时候,工作与家庭冲突对职业满意度不会有影响。我们看到,在这个研究中,性别就是一个调节变量,因为对于不同性别的群体(调节变量),工作与家庭冲突(自变量)和职业满意度(因变量)之间的关系也不同。

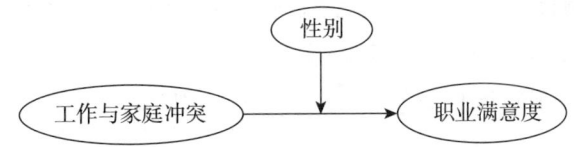

图 16-3 性别对工作与家庭冲突和职业满意度之间关系的调节作用

调节变量从原理上看很简单,但在应用时要特别注意它在理论上的含义,以及调节变量、自变量和因变量之间的关系。我们下面就会讲到调节作用与交互作用的区分,读者会发现,它们虽然在统计上的检验方法相同,但两者在概念上是不同的。

16.2.2 调节作用与交互作用

交互作用是指,两个变量(X_1 和 X_2)共同作用时对 Y 的影响不等于两者分别影响 Y 的简单数学和。调节变量是指,一个变量(X_1)影响了另外一个变量(X_2)对 Y 的影响。

在交互作用分析中,两个自变量的地位可以是对称的,可以把其中任何一个解释为调节变量;它们的地位也可以是不对称的,只要其中有一个起到了调节变量的作用,交互作用就存在(Aiken & West,1991)。但在调节作用中,哪个是自变量、哪个是调节变量是很明确的,是由理论基础所决定的,在一个确定的模型中两者不能互换。

举例来说,Colella 和 Varma(2001)的研究表明,员工的工作表现会影响上下级关系,员工是否残疾也会影响上下级关系,这两者加起来对上下级关系的影响,要大于他们各自对上下级关系的影响的总和。一个既有残疾而表现又很差的员工是极难和上级建立良好的上下级关系的,这就是交互作用。

相反,调节作用可以是不完全对称的。例如,员工的性别可能是员工工作表现对上下级关系影响的调节变量。这时,性别不可以跟员工的表现互换。我们不可以说员工的表现也调节了性别对上下级的关系的影响,因为"性别调节表现→关系"的理论跟"表现调节性别→关系"的理论不一定一样,性别可能根本就对上下级的关系没有影响。

在统计学上,两个变量的交互作用和调节变量的作用是用这两个变量的乘积来代表的。

$$Y = \beta_0 + \beta_1 X_1 + \beta_2 X_2 + \beta_3 X_1 X_2 \quad (16-1)$$

X_1 对 Y 的影响是 β_1,X_2 对 Y 的影响是 β_2,β_1 和 β_2 反映了主效应的大小。β_3($X_2 X_2$ 的系数)反映了交互作用和调节作用的大小。为什么交互作用和调节作用可以用 X_1 和 X_2 的乘积来代表呢? 在式(16-1)中,对 Y 关于 X_2 求偏导数,可以得到:

$$\frac{\partial Y}{\partial X_2} = \beta_2 + \beta_3 X_1 \quad (16-2)$$

也就是说,X_2 对 Y 的影响是取决于 X_1 的值的,而这正是调节作用和交互作用的定义。所以,调节作用和交互作用在统计上的检验方法是一样的。如果乘积项的系数 β_3 显著,就意味着调节作用存在或者交互作用存在。这个方法我们会在后面具体讨论。

通常情况下,交互作用可以分为两类:增强型交互作用(reinforcement interaction effect)和干扰型交互作用(interference interaction effect)。图16-4表示了这两种作用:

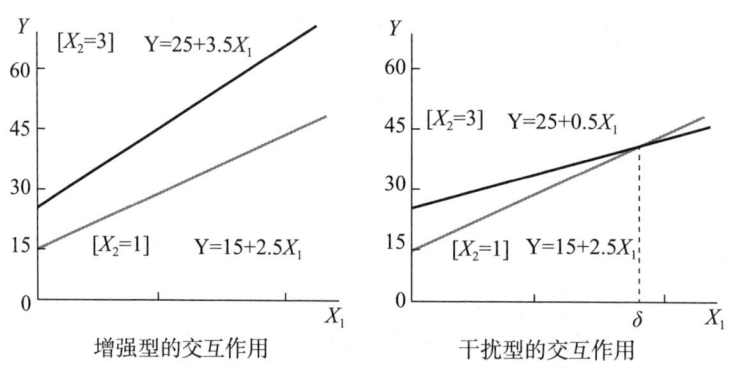

图16-4 增强的交互作用与干扰的交互作用

资料来源:Katner 等,2005:307。

对于增强型交互作用,随着 X_2 变大,X_1 对 Y 的正向影响越来越强;对于干扰型交互作用,随着 X_2 变大,X_1 对 Y 的正向影响逐渐减弱。同样,X_1 对于 X_2 与 Y 的关系的影响也可以用相似的方法分析。

从式(16-2)中我们可以看到，X_2 与 Y 的线性关系的斜率为 $\beta_2 + \beta_3 X_1$。所以，β_2 和 β_3 的大小和正负，决定了交互作用是增强的还是干扰的。

组织管理研究中调节作用比交互作用更常用一些，下面我们就详细介绍一下检验调节作用的具体步骤。

16.2.3 检验调节作用的方法

让我们首先用一个例子来解释调节作用的分析问题。有研究已经发现"员工的专业背景与组织的业务是否匹配"会影响"员工对于组织的认同"（Johnson et al.,2006）。"匹配"(fit)是一个比较复杂的变量，为了简化讨论，我们首先假设研究人员已经有一个很好的"匹配"的量度。假如我们根据相关理论再提出这样一个假设：专业匹配与组织认同之间的关系还受性别的影响，男性中这种关系较强，女性中并不显著，这时自变量是"员工的专业背景与组织的业务匹配"(X)的程度，因变量是员工对组织的认同(Y)，调节变量是性别（男或女）。

在研究这一类问题的时候，很多研究人员都会把样本分成两组，男性样本做一个回归分析，女性样本做另一个回归分析。如果结果如下：

男性样本：$Y = 2.5 + 0.15X$（样本数 $N_1 = 128$）

女性样本：$Y = 1.3 + 0.09X$（样本数 $N_2 = 96$）

研究者就会认为数据已经验证了性别作为调节作用的假设了。但是，这里还有两个问题存在。第一，我们怎么知道在男性样本中"匹配"对"组织认同"的影响（$b_1 = 0.15$）在统计上来说真的是大于女性样本中的系数（$b_2 = 0.09$）呢？严格来说，我们要在统计上用 $b_1 - b_2 (0.15 - 0.09)$ 来验证 $H_0: \beta_1 - \beta_2 = 0$。第二，以上的分组检验使原来的样本数 $N = 224$ 拆开成为两个样本。而在女性样本中样本数仅为 $N_2 = 96$。大家都知道对于这么小的样本数来讲，统计功效(statistical power)将会很低。因为这两个原因，检验调节作用最普遍的方法是多元调节回归分析（moderated multiple regression，MMR）。虽然有人会用分组的方法来验证调节变量，我们的建议是除非没有选择（例如，特别的实验设计，如重复量度设计等），否则用调节回归分析来验证调节作用总比用分组验证的方法好。

下面我们就看一下用回归的方法检验调节作用的具体步骤。

1. 用虚拟变量代表类别变量

如果自变量或调节变量中有一个是类别变量，那么第一步首先是将类别变量转换为虚拟变量(dummy variable)。所需的虚拟变量的数目等于类别变量的水平个数减1。例如,一个培训效果的研究中,被试被随机地分配到三个教学组中的一组(如实践操作教学组、小组讨论教学组和控制组),这样只需要构造两个虚拟变量,就可以代表所有的类型了。研究者可以根据不同的研究问题选择不同的编码方法。需要注意的是,不同的编码方法会影响最后的结果。我们建议读者参考West等(1996)的文章,它详细讨论了编码的系统和在实际操作中应该如何使用。最简单的编码方法是用虚拟变量 D_1("实践操作教学组" $D_1=1$ 和"非实践操作教学组" $D_1=0$)和 D_2("小组讨论教学组" $D_2=1$ 和"非小组讨论教学组" $D_2=0$)。当 D_1 和 D_2 都是0时,就代表是"控制组"了。

2. 对连续变量进行中心化或标准化

用回归的方法检验调节变量的一个重要步骤是把自变量和调节变量中的连续变量进行整理。一些统计学家建议把这些变量进行中心化,即用这个变量中测量的每个数据点减去均值,使得新得到的数据样本均值为0(Aiken & West,1991:11)。这是因为预测变量和调节变量往往与它们的乘积项高度相关。中心化的目的是减小回归方程中变量间多重共线性(multicollinearity)的问题。当然,也可以对连续型的自变量和调节变量进行标准化(如使用 z 分数),作用基本相同。

3. 构造乘积项

构造乘积变量时,只需要把经过编码或中心化(或标准化)处理以后的自变量和调节变量相乘即可。

$$Y = b_0 + b_1 X + b_2 M + b_3 \overline{XM} \quad (注:\overline{X} 和 \overline{M} 为中心化后的值) \quad (16-3)$$

如果使用了虚拟变量,那么每一个虚拟变量都应该有一个相应的乘积变量(比如,如果用一个虚拟变量表示包含两个水平的一个类别变量,那么就有一个乘积项;如果用两个虚拟变量表示包含三个水平的一个类别变量,那么就有两个乘积项。)

$$Y = b_0 + b_1 X + b_2 D_1 + b_3 D_2 + b_4 \overline{X} \overline{D_1} + b_5 \overline{X} \overline{D_2} \quad (16-4)$$

(注:D_1 和 D_2 皆为虚拟变量。$D_1=1$ 代表是"实践操作教学组";$D_1=0$ 代表是"非实践操作教学组";$D_2=1$ 代表是"小组讨论教学组";$D_2=0$ 代表是"非小组讨论教学组")

4. 构造方程

构造出乘积项后,把自变量、因变量(这里要使用未中心化的自变量和因变量)和乘积项都放到多元层级回归方程中就可以检验交互作用了。这时,我们最关注的是乘积项的系数是否显著。如果显著,就可以说明调节作用的存在了。例如,在式(16-4)中,如果 b_4 是统计上显著的话,就代表测试者在"实践操作教学组"会

影响 X 与 Y 的关系,也就是说"实践操作教学"调节了培训的效果。

需要指出的是,既然检验调节作用的时候,只需要看乘积项就可以了,那么为何回归方程中还要有前面"主效应"的项目呢?主要原因是在回归方程中凡是有二阶变量的话,所有的一阶变量都应该被包括。有时有比较复杂的情况,会有三重交互作用(three-way interaction),那在回归方程中就会包括 X_1、X_2、X_3、X_1X_2、X_1X_3、X_2X_3、$X_1X_2X_3$,但是这样的情形很少,因为很不容易显著。

仍用前面的例子来说明用层级回归检验调节作用的步骤,如图 16-5 所示。

因变量=组织认同

	M_1	M_2	M_3
控制变量	0.13	0.08	0.09
专业匹配(X_1)		0.16*	0.11
性别(X_2)		0.24**	0.19*
X_1X_2(交互作用)			0.23**
模型 R^2	0.07	0.35**	0.48**

显著调节作用

ΔR^2 必须显著

图 16-5　用层级回归检验调节作用

在这里,我们关注的是调节作用的回归系数 $b=0.23$ 是否显著(b 服从 t 分布),也可以通过 R^2 来检验,如果 ΔR^2 显著(ΔR^2 服从 F 分布),也能证明调节变量存在。

5. 调节作用的分析和解释

当检验中发现一个显著的调节作用存在时,下一个重要的步骤就是分析它的作用模式。这时,如果调节变量和自变量都是类别变量,可以在不同的组中分别计算因变量的均值,然后用得到的值来做图,直观地表示出调节作用的模式。第二种方法是在按调节变量所分的不同组中,检验自变量对结果变量回归的斜率。

但是当调节变量是连续变量的时候,我们如何划分样本呢?一般来讲有两种方法:

(1)找到调节变量的中位数,然后低于中位数和高于中位数的两组分别回归,来观察自变量与因变量关系的不同作用模式。

(2)找到调节变量的均值,然后在均值左右各一个标准差的区域之外各作为一组(即大于 $\bar{X}+\sigma$ 的数据作为一组;小于 $\bar{X}-\sigma$ 的数据作为另一组),在两组中分别回归。

需要注意的是,我们在这里分组分析的目的仅仅是直观地表示调节变量是如何作用的,而不是"检验"调节作用存在与否,检验调节作用的步骤已经在前面的调节回归中完成了。

分组分析时,可以如图 16-6 这样表示出来,以便清楚地比较在不同调节变量的水平上,自变量、因变量关系的大致趋势有什么不同。

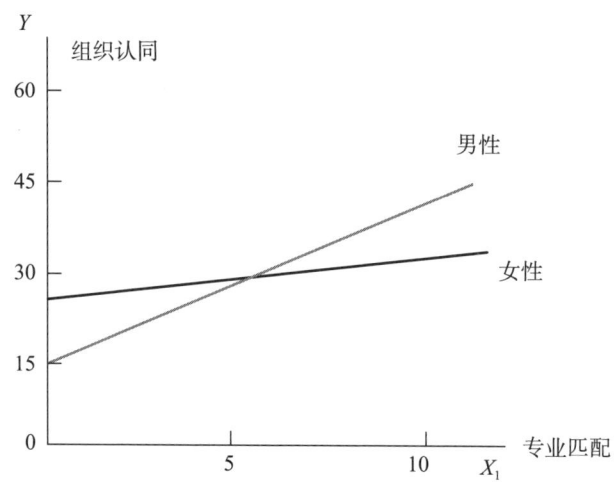

图 16-6 调节作用方式的表示

但是在调节作用的分组分析时,读者务必注意并不是把样本拆分成两个来单独分析。例如,样本数是 $N=500$,其中有 70% 是男性,30% 是女性。在研究性别作为调节作用时,我们"不是"用数据中的 350 位男性,做一次组织认同(Y)对专业匹配(X)的回归分析,找出 $\hat{Y}=a_0+a_1X$ 对男性的回归直线。另外又用数据中的 150 位女性,做一次组织认同(Y)对专业匹配(X)的回归分析,找出 $\hat{Y}=b_2+b_3X$ 对女性的回归直线。这样分组估计不同调节变量的方法,因为每次只是利用了总样本数的一部分,所以统计功效会减弱。因此,我们应该利用整个样本数,来估计组织认同(Y)和专业匹配(X)在不同的性别中的关系。其中所采用的方法是,首先用整个样本 $N=500$,估计调节回归分析的方程 $\hat{Y}=b_0+b_1X+b_2\text{Sex}+b_3(X\text{Sex})$。然后把性别(调节变量的高与低值)代入这个调节回归方程。因为代入这方程的调节变量是 $\overline{X}+\sigma$ 和 $\overline{X}-\sigma$(两者都是常数,而不是原来的调节变量),因此代入后得到的方程,就是一个简单的 X 与 Y 的关系了。用上面这个比喻,如果女性是 Sex=0,男性是 Sex = 1。把 Sex = 0 代进公式得到 $\hat{Y} = b_0 + b_1 X$，这就是女性的简单回归关系。把 Sex = 1 代进公式得到 $\hat{Y} = (b_0 + b_2) + (b_1 + b_3) X$，这就是男性的简单回归关系。

16.2.4　多元调节回归中的统计功效问题

有经验的研究者都知道，调节作用的效应常常比较小，在显著性检验中就不太容易被发现，所以在检验调节作用时，对于统计功效的要求就更高了。Aguinis(1995)对多元调节回归中可能存在的统计功效(statistical power)的问题做了讨论，对统计功效构成影响的因素有：

(1)样本大小。大家都知道，当样本较小时，不容易发现规律。在调节作用的研究中，所需样本的多少取决于调节作用的大小，以及总体作用(自变量、调节变量、乘积项)的大小。一般来说，这些作用越小，需要的样本就越大。这样，在资料搜集之前研究者就应该首先对调节作用的大小做一个估计，比如，可以通过回顾相关的研究来估计影响作用可能的大小。一般来说，因为已经控制了主效应，调节作用的影响程度都是很小的，一般 ΔR^2 可以达到 0.10 已经算很大了。

(2)变量的选择。当调节变量是类别变量时，如果不同群体的样本数量差异太大，会减弱统计功效；不同群体中的测量误差如果有较大差异，也会减弱统计功效。当调节变量是连续变量时，则个体变量(无论是预测变量还是调节变量)的测量信度很重要，它的测量误差也会在很大程度上减弱统计功效。最后还要考虑因变量，如果因变量的测量信度较低，它与自变量之间的关系就会减弱，因此降低了 ΔR^2 的值和统计功效(Aguinis,1995)。

总结上面两点，为了使统计功效更强，研究者在做研究设计时就应该采用一些方法尽量避免这些影响，比如，通过理论(必要时也可以用实验)预测调节作用的大小，再结合其他作用估计所需要的最小样本；调节变量是类别变量时，尽量保证各类中的样本大小相同或接近；如果因变量有几种测量方法，尽量选择测量信度较高的方法和测量敏感度较高的方法，等等。

16.2.5　检验调节变量的其他方法

上面讲的方差分析和调节回归是检验调节作用最常用和最简单的方法。在不同性质的研究中，我们还可以选择其他不同的方法来检验调节变量。不过，学好这些方法都需要从了解它们的基本原理做起，由于篇幅的原因，我们在这里只做简单介绍，就不详细讲解了，感兴趣的读者可以参考本书其他相关章节和我们引用的文献。

1. 多层线性模型

在单层次研究中我们关心的是同一层次上变量间的关系,如工作特征如何影响员工的工作满意度。如果我们发现这些关系在不同的组织或不同的环境中有所不同,自然就会想到是组织和环境的某种特征引起了这些关系的变化,这时我们的研究问题已经开始包含多个层次的变量了。这样的情况下,调节变量是比自变量和因变量高一层级的变量,用一般的多元回归已经不能准确找到答案了,使用多层线性模型(hierarchical linear model, HLM)是更合适的选择。例如,Erdogan 等(2006)研究中的一个假设是组织文化中"对人的尊重"这一维度会调节"人际交往公平"与"领导成员交换"之间的关系,在强调尊重人的组织文化中,人际交往公平对领导成员交换的关系影响更大。这就是一个跨层次的调节作用,因为组织文化是组织层面的变量,而感知到的人际交往公平和领导成员交换的关系都是个体层面的变量(见图 16-7)。

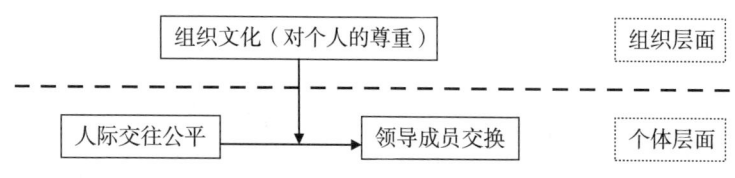

图 16-7 跨层次调节作用的一个例子

这里仅简单说明一下原理,该假设中几个变量之间的关系可以表示如下:

在个体层面上人际交往公平(X)与领导成员交换(Y)之间的关系用公式表示为:

$$Y_{ij} = \beta_{0j} + \beta_{1j}X_{ij} + \varepsilon_{ij} \quad \varepsilon_{ij} \sim N(0, S^2) \qquad (16-5)$$

式中,j, i 分别表示第 j 个组织的第 i 个个体,ε_{ij} 为随机误差。

再根据我们前面讲过的调节作用的原理,组织文化(W)作为调节变量会影响上面方程中的 β_0 和 β_1,所以有:

$$\beta_{0j} = \gamma_{00} + \gamma_{01}w_j + u_{0j} \qquad (16-6)$$

$$\beta_{1j} = \gamma_{10} + \gamma_{11}w_j + u_{1j} \quad (\mu_{0j}, \mu_{1j} \text{ 为随机误差}) \qquad (16-7)$$

用一般的层级回归对上面的过程分别进行分析存在很多问题(请参考本书相关章节),HLM 可以把这两个层次的作用同时放在一起分析,检验高层次变量对低层次关系的调节作用。

2. 结构方程模型

用结构方程模型(structural equation model, SEM)分析调节变量的过程比较复杂。最主要的问题是主变量(X)和调节变量(Z)都有量度的指标(measurement indicator),但是调节变量项(XZ)却没有量度的指标。在 SEM 分析中是不可以有些变量有指标,有一些变量没有指标的。所以用 SEM 来测验调节变量的关键就是模拟调节变量项(XZ)的量度指标。这个过程有很多不同的处理方法,感兴趣的读者可以参考其他相关文章:Cortina 等(2001)、Jöreskog & Yang(1996)、MacKinnon 等(2002)、Ping(1995、1996a)。另外,如果 X 与 Z 的指标数目相同,Marsh 等(2004)提出了一个简单的方法,就是把 X 载荷最大的指标与 Z 载荷最大的指标相乘,作为 XZ 的第一指标。把 X 载荷次大的指标与 Z 载荷次大的指标相乘,作为 XZ 的第二指标,如此类推。最后,如果读者是以 Mplus 程序作为调节变量的分析工具的话,Mplus 中有一个 XWITH 的指令,可以基于 X 与 Z 的指标,自动在程序内建构出 XZ 指标作分析之用。比如,$F1$ 潜变量有三个指标,分别是 $X1$、$X2$ 和 $X3$。$F2$ 潜变量有三个指标,分别是 $X4$、$X5$ 和 $X6$。那么,在 Mplus 的程序中,如果调节变量叫作 $F1X2$ 的话,我们只要如下编码就可以了:

MODEL:

F1 by X1 X2 X3;

F2 by X4 X5 X6;

    F1X2 | F1 XWITH F2;

以上只是一个关于调节变量基本原理和检验方法的简单介绍,有学者也不断地提出新的补充,建议读者可以以此为引子,参考其他讨论调节变量相关问题的文章,了解有关该方法的最新议题。

16.3 中介变量的原理和检验方法

16.3.1 中介作用的原理

简单地说,凡是 X 影响 Y,并且 X 是通过一个中间变量 M 对 Y 产生影响的,M 就是中介变量。举个例子,在 Chattopadhyay(1999)的研究中,特征的差异(demographic dissimilarity)为 X,组织公民行为(organizational citizenship behavior, OCB)为 Y,基于组织的自尊(organization-based self-esteem, OBSE)为 M。如果组织中个体间的特征有很大的差异,整个小组比较混乱,那么组织公民行为就会受到影响,小组成员就会有较少的角色外行为(extra role behavior),因为这样的成员 OBSE 较低。

中介变量可以用来解释现象,在研究中起着很重要的角色。中介变量可以分为两类:一类是完全中介(full mediation),另一类是部分中介(partial mediation)。完全中介就是 X 对 Y 的影响完全透过 M,没有 M 的作用,X 就不会影响 Y;部分中介就是 X 对 Y 的影响部分是直接的,部分是透过 M 的。X、Y 和 M 之间的关系可以用路径图简单地表示为图 16-8,当 $c=0$ 时,M 是完全中介变量,当 $c>0$ 时,M 是部分中介变量。

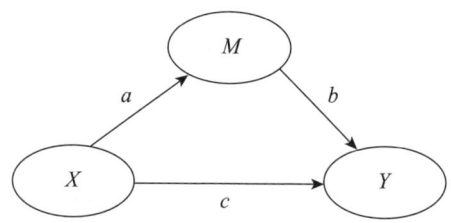

图 16-8 中介作用模型

中介变量是目前较有争议的一个问题,研究中如果不注意也会很容易用错。我们认为,一些关于中介变量的研究之所以不太严谨是因为没有弄清楚中介变量的真正含义,也没有理解中介变量的检验方法在提出来时的研究背景。由于是后实证主义流派下的研究方法,中介效应的检验过程仍是需要首先提出理论假设,再用数据对模型进行检验。在检验过程中,目前学术界也存在一些争议。因此我们在介绍完几种主要的检验方法之后,会讨论一下中介效应检验中的争议和问题。

16.3.2 中介作用的检验和分析

从上面介绍的中介作用的概念中,我们可以看到两个关键:第一,X 和 Y 之间存在因果关系;第二,M 是这个因果关系中间的媒介,M 受到 X 的影响之后,再影响 Y,因此传递了 X 的作用。或者换句话说,中介作用意味着一个因果链——中介变量由自变量引起,并影响了因变量的变化(Kenny et al.,1998)。因此因果关系是建立中介作用中最重要,却又常常在目前的研究中被忽视的一个环节。如果忽略了这个环节,而只关注数据的统计检验,会带来一些问题,我们将在本节的最后一部分简单讨论。

要论证一个因果关系,需要满足一些条件和标准。我们现在研究中采用的建立因果关系的条件结合了 18 世纪哲学家 Hume 和 19 世纪的哲学家 Mill 提出的关于验证因果关系的四个必要条件:在时间上,原因发生在结果之前;原因和结果存在相关关系;原因和结果之间存在恒定的关系(理论机制);对于结果不存在其他可能的解释(Cook & Campell,1979;Shadish et al.,2002)。

我们的研究设计和理论论证基本上是围绕这四个方面来提供支持的。我们可以看到,原因和结果之间存在相关关系只是所需要的诸多支持之一,并不是充分条件。原因和结果之间的理论机制和排除其他的可能假设是非常重要的,我们需要在提出假设时就充分讨论。

在目前的管理文献中,比较常用的有下面几个验证中介变量的方法:Baron 和 Kenny 的层级回归法、Sobel 检验法、自抽样(bootstraping,有人直接把它翻译成"拔靴"法),以及时间延迟模型。

大多数研究者都很清楚数据上如何提供中介效应的证据,但在数据关系的背后是需要一些重要的前提的。所以,规范地说,检验中介作用的过程应该包括以下几个步骤。

1. Baron 和 Kenny (1986) 的层级回归法

我们仍用 Chattopadhyay (1999) 的研究作为例子。根据 Baron 和 Kenny (1986) 的回归方法,如果一个变量满足以下的条件,我们就说统计上,它与中介变量的作用相符:

(1) 自变量的变化能够显著地解释因变量的变化。即图 16-9 中 b_1 应显著不等于零。

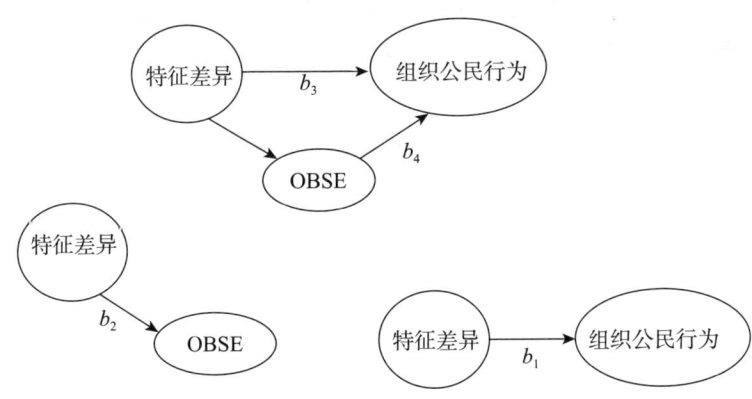

	OBSE	组织公民行为	组织公民行为
特征差异 (X)	b_2	b_1	b_3
OBSE(M)			b_4
调节了的 R^2	R_1^2	R_2^2	R_3^2

图 16-9 中介作用的例子

(2) 自变量 X 的变化能显著地解释中介变量 M 的变化。即图 16-9 中 b_2 应显著不等于零。

(3) 当控制中介变量后,自变量对因变量的影响(b_3)应等于零,或者显著降低($b_3 \ll b_1$),同时 b_4 应显著不等于零。这项结果表明了 X 对 Y 的影响完全是由于 M(或主要是由于 M)。如果 b_3 等于零,M 就叫作完全中介变量(full mediator)。如果 b_3 不等于零但小于 b_1,M 就叫作部分中介变量(partial mediator)。如果 b_3 不小于 b_1,M 作为中介变量的假设就不能成立了。

以上就是 Baron 和 Kenny(1986)的方法,也是研究者们使用最多的一种方法。如果不看前面因果关系的前提,而仅仅看数据上检验中介作用的几个步骤,读者发现什么问题了吗?我们可以看到,根据多元回归的原理,只要 M 跟 Y 的相关系数比 X 跟 Y 的相关系数大,用上述的方法检验,我们就很容易得到"b_3 等于零,或 b_3 不等于零但显著地小于 b_1"的结果。这样就很容易得出错误的结论了。

其实关于中介变量的验证,存在很多争议。例如,MacKinnon 等(2002)总结了 14 种不同的方法来验证中介变量。他们用了蒙第卡罗式的模拟测验了各种不同的方法,结论是传统的 Baron 和 Kenny(1986)方法的统计功效相对较低,也就是本来存在的中介效应不一定能被检验出来。在总结了 14 种不同的方法后,他们建议的方法是直接测验"自变量到中介变量的关系"和"中介变量到因变量的关系"的乘积,在文献中一般称为"系数乘积法"(product of coefficients)。

在图 16-10 中,这就代表了直接测验假设 $H_o: ab = 0$。这个方法的逻辑是如果"自变量到中介变量的关系"(即参数 a)是 0,或者"中介变量到因变量的关系"(即参数 b)是 0,ab 的乘积都是 0。相反,如果 a 和 b 的乘积不是 0,就代表 a 和 b 都不是 0,也就是说 M 是 X 和 Y 的中介变量。我们下面介绍的几种方法就是建立在这样的逻辑之上的。

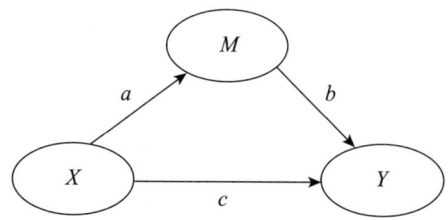

图 16-10　中介模型中的路径分析

读者可以参阅 MacKinnon 等(2002)的文章。另外,有两位专家的主页都对中介变量讲得很详细。第一位是 David A. Kenny(http://davidakenny.net/cm/mediate. htm)。第二位是 David P. MacKinnon(http://www.public.asu.edu/~davidpm/ripl/mediate.htm)。有兴趣的读者可以详细参考。

2. Sobel 检验法

根据上面讨论的,如果 a 和 b 的乘积不是 0,就代表 a 和 b 都不是 0,也就是说 M 是 X 和 Y 的中介变量。这时 X 通过 M 对 Y 产生的影响就是 ab 了。可是如果我基于一个样本,计算出来 $ab = 0.012$,说明什么呢?代表中介效应是 0.012 吗?显然不是的,因为这只是一个样本的情况,我们希望知道的是总体中 ab 是否有很大概率不为 0。和其他样本参数一样,我们需要对其进行统计检验,才能够推断 ab 在总体中是否为 0,也就是验证 $H_0: ab = 0$。但对 ab 进行统计检验是一件非常麻烦的事,因为我们对一个样本参数进行统计检验的前提是知道它的抽样分布(sampling distribution)。例如,我们知道相关系数和回归系数的抽样分布都服从 t 分布,我们就可以用 t 检验;我们知道判断系数 R^2 服从 F 分布,我们就可以用 F 检验。但是,数学上推导 ab 这个统计项的抽样分布非常复杂,我们也就没法进行统计假设检验了。幸好统计学家 M. E. Sobel 在 1982 年发现当我们的样本数趋向无限大时,ab 的抽样分布会越来越接近正态分布,ab 值也越来越接近总体的真实值。因为我们希望检验 ab 是否不 0,所以虚无假设(null hypothesis)是 $H_0: ab = 0$。当总体的 ab 值是 0,而抽样分布也呈正态分布时,我们只要知道抽样分布的均值(mean)和标准误差(standard error),就可以进行统计验证。Sobel 告诉我们,当样本数(sample size)趋向无限大,本体的 ab 为 0 时,ab 的抽样分布的均值是 0,标准误差是:

$$S_{\hat{a}\hat{b}} = \sqrt{\hat{a}^2 s_b^2 + \hat{b}^2 s_a^2 + s_a^2 s_b^2} \tag{16-8}$$

式中,$\hat{a}$ 与 $\hat{b}$ 分别是样本中 X 影响 M 和 M 影响 Y 的回归系数(其实更准确地说,应该是路径系数 path coefficient);$S_{\hat{a}}$ 与 $S_{\hat{b}}$ 分别是 a 与 b 的标准误差(一般做回归分析或是路径分析时,程式都会提供 a 与 b 的标准误差)。

如果我们还要验证从 X 直接指向 Y 的路径(参数 c)是否显著的话,验证 $H_0: c = 0$ 就是一个简单的 t 检验了。如果 $c = 0$,就代表 M 完全中介了 X 对 Y 的影响。如果 $c \neq 0$,就代表是部分中介了。

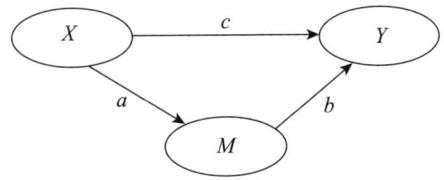

图 16-11　中介模型中的路径分析

因此,Sobel 检验法的程序是:

(1) $H_o: ab = 0$, $S_{\hat{a}\hat{b}} = \sqrt{\hat{a}^2 s_b^2 + \hat{b}^2 s_a^2 + s_a^2 s_b^2}$;置信区间(confidence interval,又称信赖区间)是 $\hat{a}\hat{b} \pm S_{\hat{a}\hat{b}} z_{\hat{a}\hat{b}}$。

(2) $H_o: c = 0$;置信区间是 $\hat{c} \pm S_{\hat{c}} t_{N-2}$。

3. 自抽样("拔靴"法)

Sobel 检验法帮助我们解决了 ab 的抽样分布问题。当样本数趋向无限大时,中介效应 ab 的抽样分布会越来越接近正态分布。因此 Sobel 检验法提供准确结果的适用条件是大样本。但是一般管理研究的样本数都不会很大。这时使用 Sobel 检验法得到的结果就值得怀疑了。因此,近年来很多学者采用自抽样的方法来解决这个"当我们不知道一个统计项的抽样分布的时候,如何做统计验证"问题。简单来说,自身抽样是把样本当作总体,在样本中自己再抽样。这背后也有一个假设——我们的样本是一个随机样本,非常能够代表总体(representative and unbiased)。虽然这不一定是事实,但是我们的统计检验一般都是建立于随机样本的假设之上的,所以是可接受的。

为了解决样本小的问题,最直接的方法就是扩大样本量。自抽小样采用一个叫作"重置抽样"(sampling with replacement,有的译为放回抽样、补替抽样等)的方法来扩大样本量,进而描绘出总体分布的样子。也就是在样本中抽出一个数据点后,把该数据点"放回"或者是"退还"到总样本里,下一次这个数据点还有机会被抽到。

假设我们的模型是一个完全中介的模型,M 完全中介了 X 与 Y 的关系。X 对 M 的路径系数是 a,M 到 Y 的路径系数是 b。

我们现在收了一个数据样本,有 200 个样本点,本来我们只能够计算出一个 ab 的值。现在自抽样所做的事情是,从这 200 个样本点中取出一个数据点,记录为第一个数据点,放回,再取出第二个数据点,记录,放回……直到抽了 200 次后,我们就有了一个新的样本,这个样本里的数据点都来自原来的样本,但是却和原来的样本不一样,我们把它叫作样本二。按这样的方法,系统重复很多次,比如 5 000 次,就可以得到 5 000 个样本,每个样本都包含 200 个数据点。读者要留意"放回"的意思。比如,我们在抽取第一个数据时,随机地选取了第 189 个数据点。当我们随机选取下一个数据点的时候,这个第 189 个数据点,还是有机会被选上的。因此在自抽样的数据中,原来样本的数据点,纵然它们在原样本中只出现了一次,但是它们可能多次重复出现在同一个自抽样的样本中。举一个例子,虽然数据点 189 在原样本是独特的,没有相同的另外一个数据点是与它相同的,但是这个 189 数据点,有可能在某一个(如第 4 326 个)自抽样样本中,出现 5 次、6 次,甚至是任何次数。因为在每个样本中都可以计算出 ab 的值,这样我们就有了 5 000 个 ab 的值,我们把这 5 000 个 ab 的估计值的概率画成图标,就可以得到一个 ab 的值的抽样分布图。基于这个分布,也就很容易估计出 ab 分布的置信区间在哪个范围了。例如,如果 95% 的置信区间没有覆盖 0,我们就认为 $ab=0$ 发生的概率应该很小(小于 5%)。关于自抽样法,读者也可以参考几位学者文章中的详细讨论(Preacher et al.,2007;Preacher & Hayes,2008;Hayes,2009)。

4. 时间延迟模型

我们认为更加严谨的中介变量验证方法,是时间延迟模型(time-lagged repeated measure model)。在研究设计上,这个方法要求在至少两个或三个时间点上对自变量、因变量、中介变量进行重复测量。然后通过交叉检验的方法来看它们之间的因果关系,并排除反向影响的可能。

图 16-12 是时间延迟模型的图示。相对于前面的模型来说,这个模型有几个很大的好处:

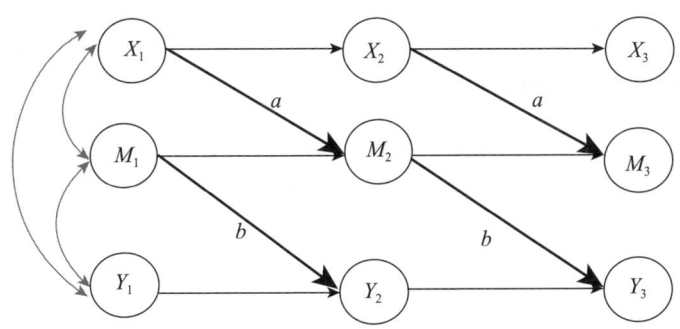

图 16-12 三个时间点的时间延迟模型

(1)能够反映变量之间影响的动态过程。理论上,任何时间点所测量的自变量 X、中介变量 M 和因变量 Y,都会受到它的前一个时间点的相同变量的影响,以及它的真实前因变量的影响。如果我们的理论 $X \rightarrow M \rightarrow Y$ 是正确的话,我们就可以在相邻的时间点上看到两两之间的关系,比如,X_1 会影响 M_2,X_2 会影响 M_3,M_1 会影响 Y_2,M_2 会影响 Y_3。同时,由于我们已经控制了同一个变量的前期值,所以就排除了虚假相关的可能性。比如,M_2 是不会影响 Y_2 的,因为 Y_2 的真正前因(M_1 和 Y_1)都已经在模型里了。

(2)允许我们检验 a 与 b 两个系数及 ab 在时间顺序上是否稳定,从而为中介效应检验提供更稳健的依据。

(3)如果 X 与 M 的相关并不是因为我们理论上提出的原因,而是因为背后的一个其他变量(比如应答者的个人特征等,称为 S)而引起的,一般的横截面研究或时间顺序模型(如图 16-13 中的左图,$T1$ 测量 X,$T2$ 测量 M,$T3$ 测量 Y)都不能够解决 X_1 与 M_2 之间伪相关的问题。我们看到统计结果,误以为 M 真的是 X 与 Y 之间的中介变量。但是,时间延迟模型(每个时间点对三个变量的重复测量)则可以检验出这个"伪"的相关。其实,就算我们只有"两个时间点"的数据重复测量(见图 16-13 中的右图),只要我们的模型是正确的,我们判别 M 是否中介变量的能力,还是比左图的简单时间顺序模型更好。

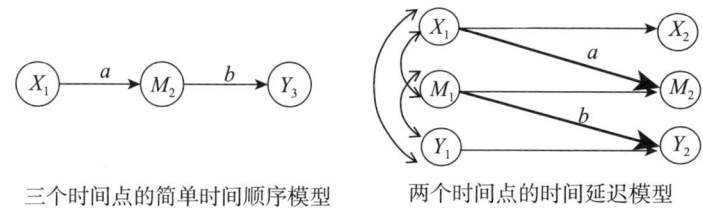

三个时间点的简单时间顺序模型　　两个时间点的时间延迟模型

图 16-13　简单时间顺序模型与时间延迟模型

16.3.3　中介作用检验中的问题

我们在前面提到了中介作用检验的过程存在一些争议和问题,下面我们就简单讨论一下这些问题,希望能帮助读者在有关中介变量的研究中更谨慎地看待自己的数据结果,选择更恰当的研究设计。

1. 统计结果背后的等同模型

从前一部分的讨论中我们看到,无论用什么方法检验中介变量,都存在一个同样的问题,即一个同样的统计结果背后存在着很多个可能的模型。其实,Stone-Romero 和 Rosopa(2004)及 Law 等(2005)都曾经提出,不同的建构模型可以产生完全一样的相关矩阵,因而产生完全一样的分析结果。例如,图 16-14 中的四种 X、M 与 Y 的关系,所产生的 X、M 与 Y 的相关系数和相关矩阵是完全一样的。无论大家用 MacKinnon 等(2002)的 14 种验证中介变量的方法中的哪一种,得出来的结果都是完全一样的。

第16章 调节变量和中介变量

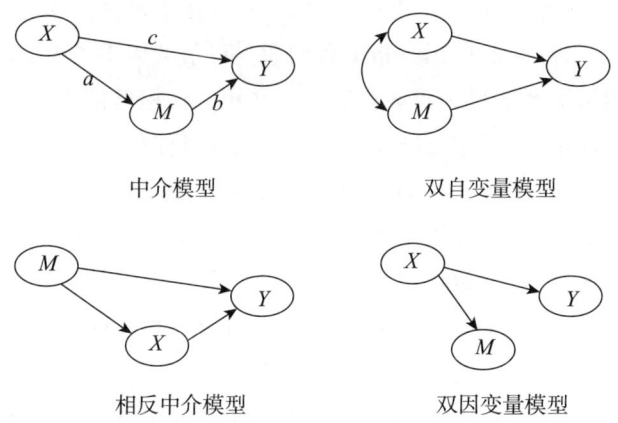

中介模型　　　　　　　双自变量模型

相反中介模型　　　　　双因变量模型

图 16-14　满足中介作用数学关系的等同模型

这四个模型在数学意义或统计学意义上都完全满足中介变量模型中变量之间的数量关系。在最极端的"相反中介模型"例子中，不是 M 是 X 与 Y 的中介变量，而是 X 是 M 与 Y 的中介变量。然而，如果我们假设"M 是 X 与 Y 的中介变量"，用 MacKinnon 等（2002）的 14 种验证中介变量的方法中的随便一种，验证的结果都会是数据支持"中介模型"，即 M 是中介变量。

因为存在等同模型，所以假如仅仅从数据的统计关系上就推导出中介作用的模型，我们就会很容易被数据蒙骗。一些研究者就犯了这样的错误，当找到了几个变量之间的关系能满足上面几个回归方程中检验的要求时，就下结论说找到了中介变量。这样的错误结论对于我们积累新的知识是很危险的。他们这样做是因为没有理解 20 世纪 80 年代中介作用提出时的背景。正如我们在本章开头说过的，Judd 和 Kenny（1981）最早提出用回归的方法检验中介作用时是用在实验中的。他们已经通过实验找到了 X 引起 Y 及 X 引起 M 的证据，所以他们需要验证的仅仅是 M 与 Y 的关系，这是可以通过几步回归实现的。所以，再强调一次，中介作用的含义是"X 对 Y 的影响是透过 M 的"，这也是我们在本节开头就一直强调建立"因果关系"的重要性的原因。建立变量之间的因果关系是排除其他等同模型的唯一方法。

满足因果关系的条件往往需要严格的实验才能够实现。相比起来，我们组织管理的很多研究都是采用在同一时间点搜集所有数据的调查方法，这样找到的关系只是相关关系，它只能用来检验理论假设中的因果关系，而不能成为确切的证据支持谁是原因、谁是结果。例如，组织承诺与工作满意度的关系，以及感知的工作特征与工作满意度的关系。我们会发现，无论选择哪个方向的因果关系，似乎都可以找到相应的合理的逻辑推理。

513

所以，如果在研究中难以实现用严格的实验方法来验证因果关系，首先就一定要有理论基础，成熟理论的作用是帮助我们建立可信的因果关系，这比根据逻辑推理随意建立的因果关系要更为可靠。其次才是用统计检验的方法看数据是否与我们的假设模型相匹配，这样才能减小我们犯错误的可能性。所以，研究中不能从统计检验结果推到理论，而要先有理论，然后用统计工具来检验理论。统计方法只能用来检验所假设的模型，不能用来反推模型。Wegener 和 Fabrigar（2000）也提出，如果用非实验的研究，人们也可以通过把其他变量的作用控制掉的方法或搜集几个时间点的数据的方法，来实现相对比较严格的因果关系研究。也就是我们前面所说的时间延迟的重复测量。

2. 自变量 X 与因变量 Y 之间没有关系（null effect）时，还能继续检验中介效应吗？

过去很长时间的研究中，学者们的共识是 X 与 Y 之间存在相关关系是我们进一步探讨它们之间中介效应的基础。对于一个不存在的关系，我们有什么样的动机和基础去探讨这个"关系"背后的机制呢？但最近也有不少学者提出了另一种看法，认为 X 与 Y 不需要有显著的相关，因为即使它们没有关系，它们中间还是有可能存在中介变量。我们同意这个说法在某些情形下确实是可能的。但是，由于这个检验相比原来的检验放宽了条件和范围，所以我们给读者的建议是要非常谨慎小心。当样本的 r_{XY} 不显著时，研究人员需要有充足的客观证据，能够解释为什么 X 与 Y 不相关，然后才可以研究 X 与 Y 之间的中介变量。对于没有关系情形下中介效应存在的可能性，支持的学者有两种主要的理由：

第一种理由以 Shrout 和 Bolger（2002:429）的论证为代表，他们认为当 X 与 Y 有一个很长的环扣关系链时，会最终导致 X 与 Y 的观察相关很低。当样本数不大时，r_{xy} 的统计验证就会很容易变成不显著了。基于两个原因，我们不太认同这个观点：第一，他们采用的是"间接作用"（indirect effect）的定义，也就是只要 a 影响 b，b 影响 c，c 影响 d，在这个链条中就一定存在间接传递效应。但这并不是"中介作用"的定义。中介是用来解释 X 与 Y 的关系的。如果 X 经过一个很长的因果链才影响 Y，因而导致 X 与 Y 的观察相关很接近 0 的话，根据我们对中介作用的定义，中间的变量真的是在解释 X 对 Y 的影响吗？第二，量化研究是要有严谨的数据支持论据的。如果是样本问题，那么我们应该选择合适的样本量来进行检验。不可以说虽然观察的 X 与 Y 的相关不显著，但是它们在大样本中还是"有可能"有关系的。

第二种理由是"没有关系"中间存在着多个相互抵消的路径。例如，Zhao 等

(2010)认为当 M 只是一个部分中介变量时,X 对 Y 的直接作用,可能与 X 透过 M 影响 Y 的中介作用符号相反而完全抵消,导致 X 与 Y 观察相关不显著。另外,Hayes(2009)也提出类似的观点,认为 X 可能透过几个不同的中介变量影响 Y。而不同的中介作用可能因为符号相反而互相抵消,导致 X 与 Y 观察相关不显著。我们同意上面的两种说法都是可能的,但是研究中需要有令人信服的推导和证据。因此,当研究人员试图用上面这两种理由去在"无有关系"中间寻找中介变量时,第一,我们要求有清楚的"理论"基础,去解释为什么会有符号相反的机制出现;第二,我们要求有清楚的"实证"数据,去证明确实是相反符号的关系,导致了观察的 X 与 Y 相关不显著,而不能只是笼统地猜测有符号相反的机制存在。

16.4　结语

管理理论日趋复杂,过往管理的知识往往是自变量与因变量的单一关系,现在很多管理的模型都包括中介变量和调节变量。最近,"被中介的调节作用"和"被调节的中介作用"更是被广泛使用(Muller *et al.*,2005;Edwards & Lambert,2007)。我们希望强调的是,统计工具日新月异,研究人员必须坚持所有的统计方法都只是我们的工具。更重要的是理论的基础和严谨的科学态度。这样才可以好好地利用这些工具来帮助我们发展崭新的,实用的管理科学模型。

参考文献

Aguinis, H. (1995). Statistical power problems with moderated multiple regression in management research. *Journal of Management*, 21(6), 1141—1158.

Aiken, L. S. & West, S. G. (1991). *Multiple Regression: Testing and Interpreting Interations*. Newbury Park: Sage.

Argyris, C. & Schön, D. A. (1978). *Organizational Learning: A Theory of Action Perspective*. Reading, MA: Addison-Wesley.

Baron, R. M. & Kenny, D. A. (1986). The moderator-mediator variable distinction in social psychological research: Conceptual, strategic, and statistical considerations. *Journal of Personality and Social Psychology*, 51(6), 1173—1182.

Chattopadhyay, P. (1999). Beyond direct and symmetrical effects: The influence of demographic dissimilarity on organizational citizenship behavior. *Academy of Management Journal*, 42(3), 273—287.

Colella, A. & Varma, A. (2001). The impact of subordinate disability on leader-member exchange relationships. *Academy of Management Journal*, 44(2), 304—315.

Cook, T. D. & Campbell, D. T. (1979). *Quasi-experimentation: Design and Analysis Issues for Field Settings*. Chicago: Rand McNally.

Cortina, J. M. Chen, G. & Dunlap, W. P. (2001) Testing Interaction Effects in LISREL: Examination and Illustration of Available Procedures Organizational Research Methods, 4(4), 324—360.

Edwards, J. R. & Lambert, L. S. (2007), Methods for integrating moderation and mediation: A general analytical framework using moderated path analysis. *Psychological Bulletin*, 12(1), 1—22.

Erdogan, B., Liden, R. C. & Kraimer, M. L. (2006). Justice and leader-member exchange: The moderating role of organization culture. *Academy of Management Journal*. 49(2), 395—406.

Hayes, A. F. (2009). Beyond Baron and Kenny: Statistical mediation analysis in the new millennium. *Communication Monographs*, 76(4), 408—420.

Johnson, M. D., Morgeson, F. P., Ilgen, D. R., Meyer, C. & Lloyd, J. R. (2006). Multiple professional identities: Examining differences in identification across work-related targets. *Journal of Applied Psychology*, 91(2), 498—506.

Jöreskog, K. G. & Yang, F. (1996). Nonlinear structural equation models: The Kenny-Judd model with interaction effects. In Marcoulides, G. A. & Schumacker, R. E. (Eds.), *Advanced Structural Equation Modeling Techniques*. Hillsdale, NJ: Lawrence Erlbaum.

Kenny, D. A., Kashy, D. A. & Bolger, N. (1998). Data analysis in social psychology. In Gilbert, D. T. & Fiske, S. T. (Eds.), *The Handbook of Social Psychology* (4th Ed., pp. 233—265). Boston, MA McGraw-Hill.

Kirkman, B. L., Rosen, B., Tesluk, P. E. & Gibson, C. B. (2004). The impact of team empowerment on virtual team performance: The moderating role of face-to-face interaction. *Academy of Management Journal*, 47(2), 175—192.

Kutner, M. H., Nachtsheim, C. J., Neter, J. & Li, W. (2005). *Applied Linear Statistical Models* (5th Ed.). Boston: McGraw Hill.

Law, K. S., Wong, C. S. & Huang, G. (2005). On the problem of testing mediators using cross-sectional correlational data. *Academy of Management Meeting*, 8, 5—10.

Levin, J. R. (1975). Determining sample size for planned and post hoc analysis of variance comparisons. *Journal of Educational Measurement*, 12(2), 99—108.

Lakatos, I. (1978). Science and Pseudoscience. In J. Worrall & G. Currie (Eds.), *Philosophical Papers Volume 1: The Methodology of Scientific Research Programmes* (pp. 1—7). Cambridge: Cambridge University Press.

Lakatos, I. (1970). Falsification and the Methodology of Scientific Research Programmes. In I. Lakatos & A. Musgrave (Eds.), *Criticism and the Growth of Knowledge* (pp. 91—196). Cambridge: Cambridge University Press.

Lowe, K. B., Kroeck, K. G. & Sivasubramaniam, N. (1996). Effectiveness correlates of transformational and transactional leadership: A meta-analytic review of the MLQ literature. *Leadership Quarterly*, 7(3), 385—425.

MacKinnon, D. P., Lockwood, C. M., Hoffman, J. M., West, S. G. & Sheets, V. (2002). A comparison of methods to test mediation and other intervening variable effects. *Psychological Methods*, 7(1), 83—104.

Marsh, H. W., Wen, Z. & Hau, K. (2004). Structural Equation Models of Latent Interactions: Evaluation of Alternative Estimation Strategies and Indicator Construction. *Psychological Methods*, 9(3), 275—300.

Martins, L. L., Eddleston, K. A. & Veiga, J. F. (2002). Moderators of the relationship between work-family conflict and career satisfaction. *Academy of Management Journal*, 45(2), 399—409.

Muller, D., Judd, C. M. & Yzerbyt, V. Y. (2005). When moderation is mediated and mediation is moderated. *Journal of Personality and Social Psychology*, 89(6), 852—863.

Ping, R. A. (1995). A Parsimonious Estimating Technique for Interaction and Quadratic Latent Variables. *Journal of Marketing Research*, 32(3), 336—347.

Ping, R. A. (1996a). Latent variable interaction and quadratic effect estimation: A two-step technique using structural equation analysis. *The Psychological Bulletin*, 119(1), 166—175.

Podsakoff, P. M., MacKenzie, S. B., Moorman, R. H. & Fetter, R. (1990). Transformational leader behaviors and their effects on followers' trust in leader, satisfaction, and organizational citizenship behavior. *Leadership Quarterly*, 1(2), 107—142.

Preacher, K. J. & Hayes, A. F. (2008). Asymptotic and resampling strategies for assessing and comparing indirect effects in multiple mediator models. *Behavior Research Methods*, 40(3), 879—891.

Preacher, K. J., Rucker, D. D. & Hayes, A. F. (2007). Addressing moderated mediation hypotheses: Theory, methods, and prescriptions. *Multivariate Behavioral Research*, 42(1), 185—227.

Shadish, W., Cook, T. & Campbell, D. (2002). *Experimental and Quasi Experimental Designs for Generalized Causal Inference*. Boston, MA: Houghton-Mifflin.

Stone-Romero, E. & Rosopa, P. J. (2004). Inference problems with hierarchical multiple regression-based tests of mediating effects. In Martocchio, J. J. (Ed.), *Research in Personnel and Human Resources Management* (pp. 249—290). Emerald Group Publishing Limited.

Wang, H., Law, S. K., Hackett, R., Wang, D. & Chen, Z. (2005). Leader-Member Exchange as a Mediator of the Relationship Between Transformational Leadership and Followers' Performance and Organizational Citizenship Behavior. *Academy of Management Journal*, 48(3), 420—432.

Wegener, D. T. & Fabrigar, L. R. (2000). Analysis and design for nonexperimental data: Addressing causal and noncausal hypotheses. In Reis, H. T. & Judd, C. M. (Eds.), *Handbook of Research Methods in Social and Personality Psychology* (pp. 412—450). New York: Cambridge University Press.

Woodworth, R. S. (1928). Dynamic psychology. In Murchison, C. (Ed.), *Psychologies of 1925*. Worcester, MA: Clark University Press.

Zhao, X., Lynch, J. G. & Chen, Q. (2010). Reconsidering Baron and Kenny: Myths and truths about mediation analysis. *Journal of Consumer Research*, 37(2), 197—206.

Zhou, K. Z., Gao, G. Y. & Zhao, H. (2017). State ownership and firm innovation in China: An integrated view of institutional and efficiency logics. *Administrative Science Quarterly*, 62(2), 375—404.

温忠麟和吴艳(2010).潜变量交互效应建模方法演变与简化.心理科学进展,18(8),1306—1313.

第 17 章　多层次理论模型的建立及研究方法

廖　卉　马里兰大学
庄瑷嘉　台湾大学
刘　东　佐治亚理工大学

> ▶ 本章大纲
>
> 引言
>
> **17.1** 多层次理论的建立、模型的类型与分析策略
>
> 　17.1.1　建立多层次理论的重要问题
>
> 　17.1.2　多层次模型的类型
>
> 　17.1.3　多层次模型的分析策略
>
> 　17.1.4　非线性多层次模型
>
> **17.2** 多层次分析的构念与单位层次构念的数据聚合
>
> 　17.2.1　单位层次构念的类型
>
> 　17.2.2　聚合的统计验证方法
>
> **17.3** HLM 的介绍
>
> 　17.3.1　HLM 的优点
>
> 　17.3.2　研究问题与资料
>
> 　17.3.3　HLM 的分析程序
>
> 　17.3.4　HLM 的中心化议题
>
> 　17.3.5　HLM 的统计假设
>
> 　17.3.6　HLM 分析所需的样本数
>
> 　17.3.7　HLM 模型的延伸与应用
>
> 　17.3.8　HLM 的局限性
>
> **17.4** 结语

第17章 多层次理论模型的建立及研究方法

引言

组织是一个多层次的、层层相扣的复杂系统。比如，个人存在于团队之中，团队存在于部门之中，部门存在于公司之中，公司存在于产业之中，产业存在于一定的文化之中。个人、团队、公司、产业及文化特性在这多重的层次中相互影响与结合，以创造产出。因此，研究者必须视组织为一个整合的系统。然而，传统的组织研究已将组织切割成个人、群体与组织层次，研究者不是倾向于强调宏观（macro）的观点就是微观（micro）的观点。微观的观点主要来自心理学，着眼于个人心理与行为的差异；而宏观的观点主要来自社会学，强调集体共同的心理与行为反应。

一如组织研究学者多年来所注意到的，只采用宏观的观点或只采用微观的观点无法精确、全面地解释组织行为（Hitt *et al.*，2007）。宏观的观点不重视个人之间的差异，且忽略个人的人格、情感、行为及互动可能提升到更高层次的现象的过程；反之，微观的观点不重视个人所处的情境，可能忽略该情境对个人的影响。

在过去十年的组织研究中，多层次（multilevel）的观点逐渐发展成熟，确认了组织既是宏观又是微观的观点，而且在综合方法上应该考虑两种情形：一是群体、组织及其他情境因素如何由上而下（top-down）影响个人层次（individual-level）的结果变量，二是个人知觉、态度及行为由下而上（bottom-up）以形成群体、次单位与组织的现象。目前为止，许多组织学者对多层次整合方法的理论及方法论的发展已经有长足的贡献，Klein 和 Kozlowski（2000）编辑了一本方法学专著，该书在相当程度上完整总结了多层次研究的现况。

本章的目的系为说明多层次理论的建立与统计方法上的一些重要元素，将从简要综述多层次的研究开始，再进入单位层次（unit-level）构念与聚合议题（aggregation issues，又译为加总议题）的介绍，接着使用一个真实的样本数据来介绍多层线性模型（hierarchical linear modeling，HLM，又译为阶层线性模型）的分析流程。

17.1 多层次理论的建立、模型的类型与分析策略

17.1.1 建立多层次理论的重要问题

Kozlowski 和 Klein（2000）对于多层次组织理论的建立提供了很详尽的指导方

针,并极力主张研究者思考下列问题:

(1)什么(what)是多层次理论的建立与研究应该要重视的?具体来说,什么是所欲研究的内生构念(endogenous construct)或因变量?因变量(而不是自变量)是用来驱动分析层次、选择自变量、决定理论模式中构念间的相关形态的。

(2)如何(how)连接不同层次间的现象?理论必须解释较高层次的情境因素对较低层次的过程与结果的由上而下直接或调节的效果,或解释较低层次的构念如何由下而上形成较高层次的现象,又或者是两个皆解释。

(3)由上而下与由下而上的过程是从哪里(where)开始,又在哪里结束?具体来说,什么才是模型中适当的构念分析层次?

(4)何时(when)会发生由上而下与由下而上的过程?何时效果会显现?

(5)为什么要或为什么不(why and why not)在模型中建立一些假设?为什么这个模型要以多层次理论为基础?为何有些变量间的关系是由下而上或是由上而下?例如,为何模型中的安全气氛(safety climate)这个变量是群体层次的变量而不是个人层次的变量?若视之为群体层次的变量,我们需要做出什么样的假设?

Kozlowski 和 Klein(2000)强调,在建立一个多层次理论的过程中,研究者应该说明上述问题,并且实现构念的理论层次、测量、研究设计与数据分析之间的一致。

17.1.2 多层次模型的类型

接下来将简要地说明在多层次的研究中,已经被使用过的广泛的多层次模型。

(1)跨层次直接效果模型(cross-level direct-effect model)是检测在较低层次(如个人层次)的结果变量(因变量)上,较高层次(如团队层次)自变量的主效果(main effects),或同时分析较高层次与较低层次的主效果,Klein 等(1994)称之为混合因子模型(mixed-determinants models)(如 Liu & Fu,2011; Liu et al.,2012a; Raub & Liao,2012)。例如,Siebert 等(2004)发现,团队层次的授权气氛(team-level empowerment climate)与员工层次的心理授权(employee-level psychological empowerment)相关,且心理授权中介于团队层次的授权气氛与个人层次的工作满意度及工作绩效。图 17-1 为 Siebert 等的模型。

第 17 章　多层次理论模型的建立及研究方法

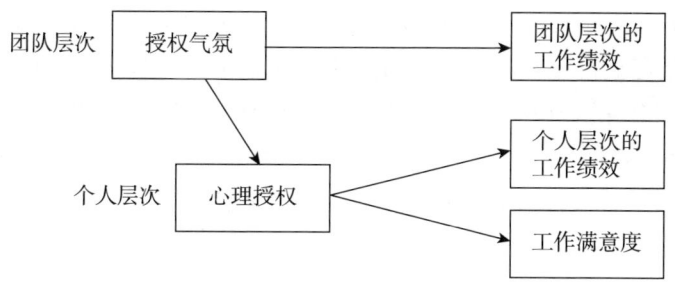

图 17-1　跨层次直接效果模型

资料来源:改编自 Siebert 等,2004。

(2)跨层次调节模型(cross-level moderator model)检测两个较低层次构念之间的关系如何被较高层次的构念调节(如 Richter et al.,2012;Li & Liao,2014;Dong et al.,2015;Liu et al.,2017;Liu et al.,2017)。例如,Hofmann 等(2003)检验了团队层次的安全气氛(safety climate)对个人层次的领导者部属交换(leader-member exchange)与员工的安全公民角色定义(safety citizenship role definitions)之间关系的调节效果,结果发现,当正面的安全气氛存在时,领导者部属交换与安全公民角色定义之间的相关性更高。图 17-2 为 Hofmann 等的模型。

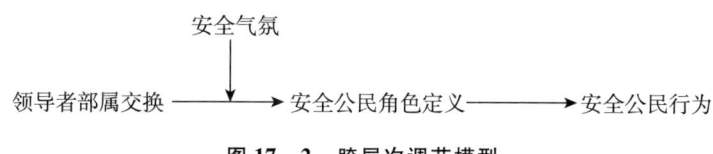

图 17-2　跨层次调节模型

资料来源:Hofmann,D. A. 等,2003。

(3)跨层次青蛙池塘模型(cross-level frog-pond model)是说明较低层次的个人在较高层次中的相对位置对较低层次的结果变量有何影响。同样的一只青蛙,假若池塘很大,这只青蛙看起来可能会很小;若池塘很小,这只青蛙看起来就可能很大。例如,假设我们要检测工作满意度与薪资的高低之间的关系,个人的工作满意度可能就会取决于其相对于群体中同事的平均薪资水准。图 17-3 为该模型的概念化(如 Liu et al.,2012a;Harris et al.,2014;D'innocenzo et al.,2016)。

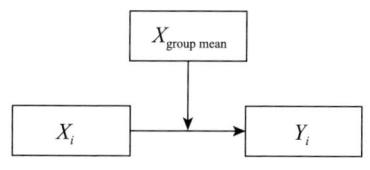

图 17-3　跨层次青蛙池塘模型

（4）一致的多层次模型（homologous multilevel model）是说明构念以及连接构念间的关系是可被概化到不同组织的实体上的。在这种模型中，两个或两个以上变量之间的关系可能同时存在于个人、群体及组织等多个层次中（如 Liu et al., 2012a；Schaubroeck et al., 2012；Tu & Lu, 2013；Dietz et al., 2015）。例如，DeShon 等（2004）检验一个多重目标绩效模型在个人和团队层次上的一致性，结果发现79%的假设在个人与团队层次皆成立，支持他们所提出的关系可同时存在于不同层次的多层次模型。图17-4为 DeShon 等的模型。

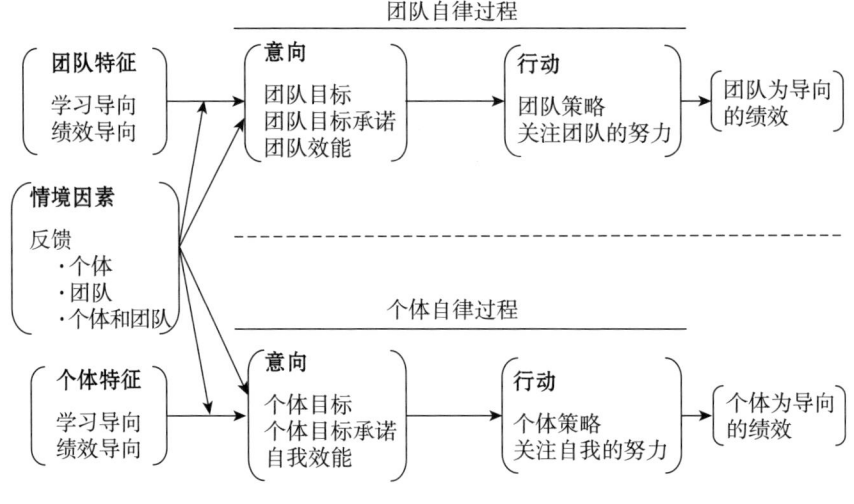

图 17-4　一致的多层次模型

资料来源：DeShon 等，2004。

17.1.3　多层次模型的分析策略

现已有许多可行的多层次分析技术，包括协方差分析（analysis of covariance，ANCOVA，又译为共变量分析）、使用普通最小二乘回归的情境分析（ordinary least squares regressions，OLS，又译为最小平方回归分析）（James & Williams, 2000）、组内与组间分析（Dansereau et al., 1984；Dansereau & Yammarino, 2000）、使用 HLM 分析多层次随机系数模型（Bryk & Raudenbush, 1992）、多层次共变结构分析（multi-level covariance structure analysis）（Muthen, 1994）、多层次结构方程模型（structural equation modelling, SEM）（Curran, 2003；Mehta & Neale, 2005）。由于篇幅的限制，无法详细介绍所有类型的多层次模型与分析技术，因此，本章重在数据聚合（data aggregation）议题与 HLM 的介绍，前者是将混合因子模型中较低层次构念的数据聚

合的重要议题,后者是越来越多学者用来分析跨层次模型的方法。

17.1.4 非线性多层次模型

在跨层次研究中,研究者可以建立非线性多层次模型来检验不同层次变量间的非线性关系(Debus et al.,2014;Gonzalez & Denisi,2009;Qin et al.,2014;Shaw et al.,2011;Škerlavaj et al.,2014;Tangirala & Ramanujam,2008)。依照 Aiken 和 West(1991)的非线性关系检验步骤,研究者可以使用统计软件 HLM(参见本章后面对 HLM 的介绍),检验非线性多层次模型。例如,为了检验 X 与 Y 变量之间的非线性关系,应同时把 X 与 X^2 放入 HLM 模型去预测 Y。当 X^2 显著且为正时,X 与 Y 存在 U 形曲线关系。当 X^2 显著且为负时,X 与 Y 存在 U 形曲线关系。Dr. Jeremy Dawson 的网站(http://www.jeremydawson.com/slopes.htm)提供了可以用于画非线性关系的 Excel 模板。研究者也可以检验被调节的非线性关系(moderated nonlinear relationship)。如为了检验 X 与 Y 的曲线关系是否被 M 调节,应同时把 X、X^2 与 X^2M(X^2 与 M 的乘积项)放入 HLM 模型去预测 Y。当 X^2M 显著时,X 与 Y 的曲线关系被 M 所调节。Dr. Jeremy Dawson 的网站也提供了可以用于画被调节的非线性关系的 Excel 模板。也可以使用 Stata 的 margins command 来画图、进行斜率检验(slope test)。研究者也可以检验更为复杂的三重交互作用模型,即 X 与 Y 的曲线关系能否被两个调节变量 M_1 与 M_2 同时调节。这种情况下,X、X^2、M_1、M_2、XM_1、XM_2、X^2M_1、X^2M_2、M_1M_2、XM_1M_2、$X^2M_1M_2$ 都应该放入模型。当 $X^2M_1M_2$ 显著时,可以推断 X 与 Y 的曲线关系被两个调节变量 M_1 与 M_2 同时调节。

17.2 多层次分析的构念与单位层次构念的数据聚合

Kozlowski 和 Klein(2000)认为构念是多层次理论的组成要素,因此,建议研究者明确地说明假设理论模型中构念的所在层次。多层次模型常包含个人层次(individual-level)与单位层次(unit-level)的构念,例如,个人的人格、认知、情感与行为是典型的个人层次的构念,而组织气氛、组织文化与团队绩效是典型的单位层次的构念。然而,一个变量在某些理论模型中是个人层次的构念,但在其他模型中却有可能是单位层次的构念,例如,正向情感(positive affect)被认为是个人层次的构念,且与个人的乐观、被喜爱程度、社交能力、主动、有活力等特质有关。George(1990)主张透过吸引—甄选—留任的程序(Schneider,1987)与群体社会化的程序,同一群体的成员可能会有相似的情感反应,因此,她以正向情感语调(positive affective tone)作为群体层次的构念,并将其定义为同一群体内成员们一致的正向情感反应,且发现该构念与群体层次的旷工行为呈现负相关。所以,研究者必须明确地解释为何一个构念被放置在某层次的理论根据。

个人层次的构念是以个人层次来衡量的,其操作比较直观简单。然而,对单位层次构念的操作就比较复杂。学者们(如 Chan,1998;Harrison & Klein,2007; Kozlowski & Klein,2000)对单位层次构念的类型有详尽的探讨,并说明他们在操作上的不同。这些学者提出单位层次构念的类型可分为共享单位特性(shared unit properties)、总体单位特性(global unit properties)及形态单位特性(configural unit properties)。接下来我们将简单地叙述这三种类型的构念,并介绍证明聚合(由个人层次到单位特性)合理的统计方法。

17.2.1 单位层次构念的类型

1. 共享单位特性

此类型的构念来自组织内单位成员的经验、态度、知觉、价值观、认知及行为等,且被假定在吸引—甄选—留住的程序、社会化及其他心理历程的作用下,会体现为一个单位层次的构念。例如,组织气氛就是组织成员共享组织内的惯例、政策及程序等。所以,操作此构念的关键在于将相同单位内的个别成员的回答分数计算为单位平均数,以聚合为单位层次,而聚合的方法需要理论与实证的支持。在理论上,研究者需说明单位内回答的同意度和一致性如何从个别层次的特征浮现而来;而在实证上,研究者需证明达到了聚合的统计前提,后续将会对聚合分析有详细的探讨。此外,为了操作共享的构念,研究者需要取得一个具有代表性的样本,以取得构念的相关信息。根据参考点(referent)的不同,共享单位特性还可分为两种类型:

第一,直接一致构念(direct consensus constructs,又译为直接共识构念),如同共享单位特性,此构念来自个别团体成员,并借由聚合个别的分数而取得。此构念呈现出团体成员分享他们个别的知觉或特质,如认知能力、风格、人格、智力及行为变量(Chan,1998)。犹如曾提过的,George(1990)衡量工作团体的情感语调是将个别情感的测量聚合到团体层次,并检测团体内情感的一致性而产生了两个聚合后的变量:正向的团体情感语调及负向的团体情感语调。此构念描述的是团体属性(group attribute)而非个别心理属性(individual psychological attribute)。研究者需要计算 ICC(1)、ICC(2)、$r_{wg(j)}$,来确认是否可以把从个人层次搜集的数据聚合到单位层次上,创建这类变量(详见本章后续对"聚合的统计验证方法"的叙述)。

第二,移转参考点共识构念(referent-shift consensus constructs),如同直接一致构念,此构念来自个别团体成员,并借由聚合个别的分数而取得。然而,不同于直接一致构念的是,移转参考点共识构念只有在成员共享他们团体属性的知觉时才有意义。这种构念的问项可能是"我有信心我的团队可以做好此项任务"。此构念描述的是团体集体的属性(group collective attribute)而非团体属性或个别心理属性。另例,Ehrhart(2004)将移转参考点共识模型应用于检测部门的程序正义气氛(procedural justice climate),其要求员工去思考在工作部门中获得奖酬的程序,其问项包含:"这些程序有一贯地在你的部门中实行吗?"这个例子中的参考点为部门,用以了解团体的集体程序正义。同样,研究者需要计算ICC(1)、ICC(2)、$r_{wg(j)}$,来确认是否可以把从个人层次搜集的数据聚合到单位层次上。

2. 总体单位特性

此类型的构念相对而言是客观的、描述性的、易于观察到的单位特征。总体的构念不同于共享单位特性,其直接来自单位层次,而非个人层次,如公司的年龄、规模大小、位置、策略等。总体的构念取决于单位的结构或功能,而非取决于个别成员的知觉、经验、态度等,而操作总体单位特性的关键在于尽可能地向主题专家(subject matter experts,SME)取得精确的信息或档案数据,因为在评估总体单位的特性时,主题专家丰富的知识可能有助于降低测量误差,而主题专家之间的回答共识和一致性可由后续会讨论到的聚合验证统计方法处理。

3. 形态单位特性

此类型的构念是指在单位中个人特征的形态或配置情形。如同共享的构念,配置的构念也是来自个人层次,然而,其并不假设单位成员之间会趋于一致,例如,年龄多样化与性别多样化是两个形态单位的构念,且分别描述了单位成员的年龄与性别的分布,因此,成员间不必有相同的年龄或性别。理想上,研究者在操作形态构念时,必须向单位中的所有成员取得构念的信息(如年龄),若无法达到理想的回答率(response rate),研究者必须证明回答的样本具有足够的代表性。此外,研究者不必评估个别成员之间的一致性,无需计算ICC(1)、ICC(2)、$r_{wg(j)}$,因为形态构念的分数可借由个别成员分数的最小值、最大值、方差或标准差等数值来计算。例如,Lindell和Brandt(2000)以领导者、团队、角色及工作特性为特征来衡量组织气氛,并使用组织气氛的方差来推测气氛的一致性,在此例子中,方差被视为群体的一个概括的特征或形态。

在上列的单位层次构念的类型中,对共享单位特性(不论是直接一致构念或移转参考点共识构念)与主题专家所评估的总体单位特性而言,聚合个人层次的回答是必需的。因此,下面我们将探讨常被用来评估是否可以将个人层次聚合到单位层次上的统计验证方法。

17.2.2 聚合的统计验证方法

在将个人的回答聚合到单位层次上之前,研究者必须确认聚合是有理论与实证支持的。而在实证的验证上,在文献中有一些讨论(如 George & James,1993;Yammarino & Markham,1992)。Bliese(2000)在其著作中详细说明了有关聚合的许多同意度与信度指标,我们接下来将介绍三个在多层次研究中常用的指标,即组内同意度(within-group agreement)、组内相关(1)或 ICC(1)[intra class correlation (1) or ICC(1)]和组内相关(2)或 ICC(2)[intra class correlation (2) or ICC(2)]。

1. 组内同意度

首先,研究者必须确认是否有高度的组内同意度(within-group agreement)。组内同意度是指回答者(如相同单位的个别成员)对构念有相同反应的程度(Kozlowski & Hattrup,1992)。如 Bliese(2000)所提到的,在组织文献中常用来衡量组内同意度的有适用单一问项量表的 $r_{wg(1)}$ 或适用多问项量表的 $r_{wg(j)}$(James et al.,1984、1993)。

James 等(1984)对组内同意度的衡量是使用观察到的群体方差与期望的随机方差相比较。单一问项量表的公式为:

$$r_{wg(1)} = 1 - (s_{x^2}/\sigma_{EU}^2) \tag{17-1}$$

式中,$r_{wg(1)}$ 是群体中 k 个回答者对单一问项 X 的组内同意度,s_{x^2} 是观察到的 X 方差,σ_{EU}^2 是假设所有回答者只存在随机测量误差下所期望的 X 方差。

多问项量表的公式为:

$$r_{wg(j)} = \frac{J[1-(\overline{S}_{xj}^2)/\sigma_{EU}^2]}{J[1-(\overline{S}_{xj}^2/\sigma_{EU}^2)]+(\overline{S}_{xj}^2/\sigma_{EU}^2)} \tag{17-2}$$

式中,$r_{wg(j)}$ 是在 J 个平行的问项上所有回答者的组内同意度,$\overline{S}_{xj}^2$ 是在 J 个问项上所观察到的方差的平均数,σ_{EU}^2 是假设所有回答者只存在随机测量误差下所期望的方差。

以上的公式可用来计算每个群体的组内同意度。在组织文献中,基本法则是呈现众群体的 r_{wg} 中位数或平均数,若 r_{wg} 值大于 0.70,表示聚合有足够的同意度。LeBreton 和 Senter(2008)详细指出 r_{wg} 不同分值区间的含义:0.00—0.30 缺乏组内同意度(lack of agreement),0.31—0.50 弱组内同意度(weak agreement),0.51—

0.70中度组内同意度(moderate agreement),0.71—0.90强组内同意度(strong agreement),0.91—1.00非常强的组内同意度(very strong agreement)。需要指出的是,在一些情况下,虽然r_{wg}值大于0.70,但某些群体可能存在相当低的同意度,在此情形下,研究者可使用回归或HLM去分析在有或没有这些群体的情况下,结果是否会有很大的不同。若确实有显著不同,则必须进一步研究是否适合将高组内同意度与低组内同意度的样本结合在一起。然而,将低r_{wg}值的群体去除很可能会删除某些存在于群体中的现象。例如,当有子气氛(subclimates)存在时,服务气氛的r_{wg}值可能很低,但这不一定意味着完全没有同意度存在(Lindell & Brandt,2000)。在此例子中,研究者可探究子群体间在个人层次或群体层次变量上的差异性,而不是将这些群体去除。

James 等(1984)提出了σ_{EU}^2,即期望随机方差(expected random variance)的选择之一是假设群体成员的回答呈现均匀分布(uniform distribution)下所得到的方差。均匀分布是指群体成员在每一个回答选项都有相同的回答人数的分布状态,例如,假设有10个人来回答一个5点量表的构念,分别有2个人回答1、2个人回答2、2个人回答3、2个人回答4、2个人回答5。在均匀分布下,$\sigma_{EU}^2=(C^2-1)/12$,C为答案选项的数目,在Likert量表中的5点量表、7点量表与9点量表的σ_{EU}^2分别为2、4和6.67。

然而,均匀分布可能不是一个代表实际期望分布的选择,因为多数个人的回答都存在回答偏误。例如,在正向反应偏差(positive response bias)情况下,回答者更可能会去选择正面的选项(如3、4或5),此种回答范围的限制将会降低组内方差(within-group variance,相较于均匀分布的方差),造成群体成员之间有高度同意度的幻觉。James等(1984)针对期望分布提出了一些限制与建议方案,例如,研究者可以使用偏态分布(skewed distribution)的方差作为计算r_{wg}时的期望方差,至于选择正偏态(positive skew)或负偏态(negative skew),取决于所要衡量的变量。然而,Bliese(2000)提到因为有无穷个偏态分布可选择,所以偏态程度的选择可能会较武断,这也是研究者要做的决定,而以回答偏误来调整过的r_{wg}则提供了更谨慎的组内同意度的衡量方法。James等(1984)提供了三个负偏态期望分布的选择,以模拟不同的偏态程度。例如,在小偏态(small skew)的情形下,5点量表每个回答选项的几率可设定为:1=0.05,2=0.15,3=0.20,4=0.35,5=0.25,此例中,$\sigma_{EU}^2=1.34$,将其代入上述公式即可算出r_{wg}。

Kozlowski和Hults(1987)提出了另一个期望方差的选择。他们建议:首先,使用有独立数据点的数据库的分布方差来设定组内同意度的下限,再使用均匀分布的方差来设定组内同意度的上限,而真实的同意度便会介于以上两者之间。

Bliese 等学者建议使用随机群体再抽样(random group resampling, RGR)来估计期望随机分布(如 Bliese & Halverson, 1996; Bliese et al., 1994)。RGR 是随机地分派个体到数个与真实群体一样大小的假性群体(pseudo group)中,假性群体方差的分布是期望分布,它的方差被用来与真实群体方差做比较,以确定真实群体方差是否显著地小于或大于假性群体方差,假若真实群体方差显著地小于假性群体方差,表示具有组内同意度。此外,Bliese(2000)建议使用平均假性群体方差作为计算 r_{wg} 时的期望随机方差,使用 RGR 计算同意度的 S-PLUS(Statistical Sciences, 1997)算法可询问 Bliese。

在组织管理领域的研究中,多数学者仍采用均匀分布的期望分布,但是因为被试的回答多少都会有偏误,所以我们建议至少采用小偏态的分布。LeBreton 和 Senter(2008)进一步延伸了 James 等(1984)的研究,提供了多种期望分布下的方差值及 σ^2_{EU} 值。

Dr. Michael S. Cole 根据他的论文(Biemann et al., 2012),在其个人网站(http://www.sbuweb.tcu.edu/mcole/articles.html)上提供了可以方便计算 r_{wg} 的 Excel 工具。在李超平教授的个人网站上有用于计算 r_{wg} 的 SPSS 程序(http://www.lichaoping.com/obhrresearchmethods/statistics/10.html)。LeBreton & Senter(2008)一文中也提供了用于计算 r_{wg} 的 SPSS 程序。

2. 组内相关(1)或 ICC(1)

除了验证个别的回答具有充分的组内同意度,研究者还必须在聚合个别回答到群体(单位)层次之前,先检测是否有足够的组间差异,组间方差的存在是检测群体层次构念与其他构念之间关系的要素。例如,为了检测服务气氛(是由个别员工的回答算出平均数,以作为店层次的构念)与店销售量之间的关系,我们必须得知员工们对服务气氛的知觉,在店与店之间是否有显著的变异,假若店与店之间在服务气氛上没有差异(但在销售量上有差异),则服务气氛与销售量之间将没有显著关系存在。

对于某一个变量在个人层次的回答,例如服务气氛,我们可通过 HLM 分析将其方差分为组间方差与组内方差。服务气氛在个人层次的回答的总方差为"组间方差+组内方差",如此,我们可由以下公式计算出服务气氛的 ICC(1)或是店与店之间在服务气氛上的变异程度:

$$ICC(1) = 组间方差/(组间方差 + 组内方差)$$

第17章 多层次理论模型的建立及研究方法

HLM 的零模型可被用于计算 ICC(1)(参见本章 17.3.3 HLM 的分析程序部分),零模型也使用卡方检验(chi-square test)来检测组间方差(τ_{00})是否具有统计上的显著性。

我们也可以通过 SPSS 的方差分析(ANOVA)获得组间方差(SPSS 输出结果中的 MSB)与组内方差(SPSS 输出结果中的 MSW),来计算 ICC(1)。公式为:

ICC(1) = (组间方差 - 组内方差)/[组间方差 + (k-1)组内方差]

其中,k 为平均群内人数。ANOVA 的 F 检验(组间方差/组内方差),可以验证组间方差是否具有统计上的显著性。

以上这些计算方法和检验都与组间差异有关,但是只有以上两个 ICC(1)的公式才能计算出 ICC(1)数值,可惜我们不能检验 ICC(1)数值的显著性;如果要检验显著性,可以用上述 HLM 零模型中针对 τ_{00} 的卡方检验或是 ANOVA 的 F 检验,但前者只是组间方差,后者是组间方差/组内方差,都不是 ICC(1)本身。因此,我们建议在报道 ICC(1)时,可以同时使用多个证据来支持一组数据的组间差异。以上述的范例而言,假若服务气氛的组间方差是显著的,且 ICC(1)是有意义的,那么我们便有另不同的证据显示将个别的回答聚合到店层次是可行的。

至于要如何判定 ICC(1)是否有意义呢?James(1982)回顾了组织研究,发现 ICC(1)的范围在 0.00 到 0.50 之间,而中位数为 0.12,但 Bliese(2000)认为这个范围可能高估了,因为 James 将 eta-squared[①] 与 ICC(1)视为等同。当群内人数很大时(群内有 25 人或更多),eta-squared 等同于 ICC(1),然而,当群内人数很小时(群内少于 25 人),相较于 ICC(1),eta-squared 显著地被高估了。LeBreton 和 Senter(2008)、Murphy 和 Myors(1998)指出 ICC(1)可以被理解为衡量变量群体效应大小(group effect size)的一个指标:0.01 表示小的群体效应,0.05 表示中等的群体效应,0.25 表示大的群体效应。当 ICC(1) = 0.05 时,就意味着存在一个比较显著的群体效应,如果 r_{wg} 也达标,就可以把数据聚合到组层级上。

3. 组内相关(2)或 ICC(2)

第二个要考虑的组内相关系数是 ICC(2)。ICC(2)是指群体平均数的信度(reliability)(如 Bartko,1976),亦即将个人层次变量聚合成群体层次变量时,此变量的信度。ICC(2)也和 ICC(1)一样与群内人数有关。用公式表示为:

---

① eta-squared(η^2) = 组间平方和/总平方和,其是透过 ANOVA 的数值计算,用 F 检定来判断显著性,以检验组间是否有差异,即了解个别分数的变异有多少是来自组间差异。然而,F 检验易受群内人数的影响,当群内人数较大时,eta-squared 易达显著;反之,群内人数过少时,则有高估的倾向。

$$\text{ICC}(2) = \frac{k\text{ICC}(1)}{1 + (k-1)\text{ICC}(1)} \quad (17-3)$$

或是：

$$\text{ICC}(2) = (组间方差 - 组内方差)/组间方差 \quad (17-4)$$

式(17-3)中，k 表示群内人数；式(17-4)的方差由 ANOVA 取得。犹如 Bliese(2000)所提到的，ICC(1)、ICC(2)与群内人数，三者之间的关系为：ICC(1) 可以被视为一个信度的测量值，而这个测量值和单一群体平均数有关(James, 1982)，当 ICC(1)很大时，单一群体成员的回答可能就足以提供相对稳定的群体平均数，而当 ICC(1)很小时，就必须以多个群体成员的回答来估计；Bliese(1998)指出，在检测群体层次构念与其他构念之间的关系时，有可信的群体平均数或高 ICC(2)是必要的，如 Bliese 发现，当有高 ICC(2)时，即使因变量与自变量的 ICC(1)为 0.01，即较低层次的回答只有 1% 是来自组间方差，依然能够在群体层次检测出因变量与自变量之间的关系。

要有高 ICC(2)就必须要有很多的群内人数，犹如为了要有可信的量表，我们必须使用多个相同意思的问项来测量，因此，为了获得可信的群体平均数，必须取得更多样本数的回答。在 ICC(1)固定之下，群内人数越多，ICC(2)就越高。传统经验建议 ICC(2)最好是达到 0.70 (Lance *et al.*, 2006)，但在组织研究中，尤其是小群体的研究，通常无法有很多的群内人数，因此，在多层次组织研究中，ICC(2) 通常小于 0.70。针对此议题，有学者认为即使有相对低的 ICC(2)，假若聚合是获得理论支持且有高的 r_{wg} 及显著的组间方差，则聚合是可行的 (Chen & Bliese, 2002; Kozlowski & Hattrup, 1992)；但若 ICC(2)很低，研究者必须承认低群体平均数的信度可能已阻碍了聚合后变量效果的检测，而且相较于高 ICC(2)，低 ICC(2)所观察到的变量效果可能被低估了。作为范例之一，在 Liao 和 Chuang(2007)中，作者检验了两个群体层次的变量：转换型领导和服务气氛。因为该研究的群内人数不多，这两变量的 ICC(2)也不高，分别为 0.44 和 0.55。然而，该研究理论支持转换型领导和服务气氛都可能为存在群体层次的现象，ICC(1)分别为 0.17 和 0.25，ANOVA 中的 F 检验也都显著，在实证上支持良好的组间差异；另外，r_{wg} 分别为 0.85 和 0.91，表示有适当的组内同意度。作者据此推论将这两变量聚合到群体层次是适合的，并继续进行假设检定。另一个范例是 Chen 和 Bliese(2002)的研究，感兴趣的读者也可以参考他们的解释。

17.3 HLM 的介绍

接下来,我们将介绍一个跨层次模型的统计分析程序,其中,结果变量(另称为因变量)是个人层次的变量,自变量则是个人层次和群体层次的变量皆有,而所使用的分析方法与软件为 HLM。在 Bryk 和 Raudenbush(1992)的书中对 HLM 有很详尽的说明,Hofmann 与其他学者也针对组织研究者在使用 HLM 上有清楚的介绍(Hofmann,1997;Hofmann & Gavin,1998;Hofmann et al.,2000)。在此,我们仅做简要的讨论,强烈地建议有兴趣的读者参考上述学者的著作。

在使用 HLM 时,自变量可能是来自较低层次的构念(如个人层次,可称为 Level-1 变量)或是较高层次的构念(群体层次,可称为 Level-2 变量)。而这些变量之间的关系可由以下的模型求得:

Level-1 Model: $\quad Y_{ij} = \beta_{0j} + \beta_{1j}X_{ij} + r_{ij}$ (17-5)

Level-2 Model: $\quad \beta_{0j} = \gamma_{00} + \gamma_{01}G_j + U_{0j}$ (17-6)

$\qquad\qquad\qquad \beta_{1j} = \gamma_{10} + \gamma_{11}G_j + U_{1j}$ (17-7)

Y_{ij} 是个人 i 在 j 群体中的结果变量,X_{ij} 是个人 i 在 j 群体中的前因变量的值,β_{0j} 与 β_{1j} 则是每个 j 群体分别被估计出的截距项与斜率,r_{ij} 为 Level-1 的残差项,G_j 是群体层次的变量,γ_{00} 与 γ_{10} 为 Level-2 截距项,γ_{01} 与 γ_{11} 则是连接 G_j 与 Level-1 公式中的截距项与斜率项的斜率,U_{0j} 与 U_{1j} 为 Level-2 的残差项。因此,在 Level-1 Model 中,可检验出 Level-1 变量和 Level-1 变量间的关系;而在 Level-2 Model 中,可检验出 Level-2 变量和 Level-1 变量间的关系,以及 Level-2 变量如何调节两个 Level-1 变量间的关系。

17.3.1 HLM 的优点

许多学者提到,普通最小二乘回归法忽略了同一个单位中不同层次数据的相互依赖性,因此,普通最小二乘回归可能会产生偏误与无效的估计标准误差(如 Bryk & Raudenbush,1992;Hofmann,1997),并且会增加第一类误差(type I error)与第二类误差(type II error)(Bliese & Hanges,2004),所以,相较于普通最小二乘回归,HLM 在分析阶层性的数据上有许多优点。

第一,HLM 能够明确地分析嵌套(nested)性质的数据(比如,个人嵌套于团队之中,团队嵌套于部门之中,部门嵌套于公司之中)。HLM 除了可以同时估计不同层次的前因变量对个人层次的结果变量有何影响,还能将这些前因变量保持在适当的分析层次(Bryk & Raudenbush,1992)。此外,HLM 也有助于多层次理论的发展(Kozlowski & Klein,2000),因为在使用 HLM 时,研究者必须清楚地表明每一个构念的分析层次(例如,要放在 Level-1、Level-2 甚至 Level-3 或 Level-4 中)与各层次构念间的关系为何(如前因、中介或调节)。

第二,HLM 能够改善 Level-1 或个人层次效果的估计。如同 Bryk 和 Raudenbush (1992)、Raudenbush 等(2004)所提到的,HLM 针对随机变化的 Level-1 系数,产生实证贝氏估计数(empirical Bayes,EB)。实证贝氏估计数是透过全部的资料来估计参数。更进一步地说,Raudenbush 等认为"每个单位 j 的 Level-1 系数的实证贝氏估计数是来自两个最佳组合:其一是基于该单位的数据所计算出来的估计值,其二是基于其他相似单位的数据所计算出来的估计值。直觉上,我们借用整体数据的优势来改善每个单位 j 的 Level-1 系数估计数"(第 9 页)。因此,Level-1 系数的估计不是在每个单位 j 中独立的计算,而是基于全部数据所提供的信息。Level-1 系数估计方式的改善是相当重要的,因为 Level-1 系数是要被用来估计 Level-2 的固定效果(fixed effects)的。

第三,HLM 在估计 Level-2 固定效果时,使用广义最小二乘法(generalized least squares,GLS)。固定效果可被视为跨群体 Level-1 系数的加权平均,且通常被视为前因变量与结果变量之间关系的估计数(Hofmann,1997)。广义最小二乘法优于普通最小二乘回归法之处在于其考虑到每个群体所提供的信息精确度不一,亦即有较可信和精确的 Level-1 估计数的群体,会获得更高的权重。

第四,HLM 提供了稳健的(robust)标准误差估计数,即使 HLM 的假设被违反(限于小程度的违反),此标准误差估计数仍是一致的。因此,基于这些标准误差估计数所做的假设检定统计推论是可信的,尤其当 Level-2 的样本数很大时(Bryk & Raudenbush,1992)。

第五,HLM 借由不平衡数据(unbalanced data)(即每个群体的员工人数不同)的交互式计算(interactive computing)技术,提供了方差协方差成分(另译为变异共变因子)(variance-covariance components)的有效估计数,这是传统的分析方法(如 ANCOVA)所无法达到的(Bryk & Raudenbush,1992)。

17.3.2 研究问题与资料

Liao 和 Chuang (2004)在 AMJ 上所发表的论文应用了 HLM。该篇论文认为,服务业中顾客的满意度与组织的绩效息息相关,而服务人员在服务过程中与顾客的互动会影响到顾客所感受到的服务品质,因此,有必要进一步探究什么原因会影响员工的服务绩效,才能提升组织绩效与顾客满意度。为此 Liao 和 Chuang 建立了一个多层次的研究架构,来验证个人层次的因子与店层次的因子分别对员工服务绩效的影响,以及店层次的因子如何调节个人层次的因子与员工服务绩效之间的关系;同时,也将个人层次的员工服务绩效聚合为店层次的服务绩效,以分析店层次的服务绩效与顾客结果变量的关系。我们在此以该篇文章的部分数据,依据 Hofmann(1997)所提出的 HLM 分析程序来实际操作分析。由于原始文章的研究架构较复杂,变量也较多,因此,分析结果可能不会与原始文章的研究结果相同。图 17-5 为示范例子的研究架构图。

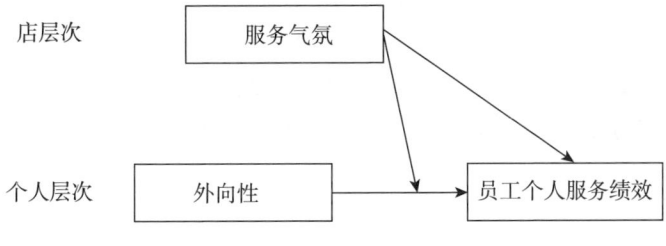

图 17-5 研究架构

在本例中,假设我们要检测的是影响员工个人服务绩效(employee service performance)的自变量,此服务绩效是指员工在服务与帮助顾客的过程中,其所表现出满足顾客的需求与爱好的行为,因此,因变量为个人层次的服务绩效。概念上,员工的服务绩效取决于员工个人的差异与情境因子,本例中,个人层次的因子即为外向性,而情境因子则为服务气氛。外向性(extraversion)是五大人格因子之一,与个人善于社交、合群、健谈、积极的特质有关(Barrick & Mount,1991),而服务气氛(service climate)是指员工们对于策略、惯例及受到奖励、支持与期望的顾客服务程序的共同知觉(Schneider et al.,1998),因为服务气氛是员工们"共同的"知觉,所以将其设定为群体层次的构念,必须由同一群体中个别员工的知觉聚合而得。在此,我们假定分析的数据具有高组内同意度,且员工对气氛的知觉有显著的组间差异,所以聚合是有其理论依据。

基于人格和服务管理的文献,我们可以假设个人层次的外向性人格与群体层次的服务气氛会正向地影响员工的服务绩效。进一步而言,已有学者认为人格与工作绩效之间的关系,并不一定对所有情境中的所有员工都会相同,所以,员工表现绩效时所处情境的强度已被认为会调节人格与员工行为之间的关系(如 Barrick & Mount,1993;Mischel,1977)。在强情境(strong situations)之下,对于员工如何表现出令人满意的行为会有较一致、清楚的规范。然而在弱情境(weak situations)之下,缺少一致、清楚的规范(Mischel,1977)。因此,相较于员工在强情境中的行为,员工在弱情境之下,个人在人格上的差异更可能会影响其所表现的行为。此外,正向的服务气氛可以透过主管在日常管理上不断地表现出对服务品质的重视,来创造出鼓励服务的氛围,因此,在强情境之下,则限制了个人人格的表现。基于以上所述,我们假设服务气氛将会调节外向性与服务绩效之间的正向相关性,服务气氛越正面,此正向的相关性就会降低。在此,提出以下三个假设:

假设1:个人层次的外向性与员工的服务绩效呈现正相关。

假设2:群体层次的服务气氛与员工的服务绩效呈现正相关。

假设3:群体层次的服务气氛调节外向性与员工服务绩效之间的关系,以至于越正面的服务气氛,越会降低其正向的相关性。

接下来我们将使用在美国中西部的25家连锁餐厅所搜集到的257位员工的样本,来探讨用以检验假设的HLM方程式与统计检验法。

17.3.3 HLM 的分析程序

1. 虚无模型(null model,另译为零模型)

由于我们假设个人层次的员工服务绩效可由个人层次与群体层次的变量来预测,所以必须显示出服务绩效在个人层次与群体层次上皆有变异存在,因此,第一个步骤要使用 ANOVA,将服务绩效的方差分成组内与组间方差。在此使用的 HLM 估计的虚无模型是没有前因变量的,其模型为:

Level-1 Model: $\quad$ 服务绩效$_{ij} = \beta_{0j} + r_{ij}$ $\quad$ (17-8)

Level-2 Model: $\quad \beta_{0j} = \gamma_{00} + U_{0j}$ $\quad$ (17-9)

上述模型中,β_{0j} 为第 j 个群体的服务绩效平均数;γ_{00} 为服务绩效的总平均数;r_{ij} 的方差 σ^2 为服务绩效的组内方差;U_{0j} 的方差 τ_{00} 为服务绩效的组间方差。

由于服务绩效的总方差 $= \sigma^2 + \tau_{00}$,我们可依此计算出 ICC(1),即服务绩效组间方差的百分比,其公式为:

$$ICC(1) = \tau_{00}/(\sigma^2 + \tau_{00}) \quad (17-10)$$

此步骤分析结果为 $\tau_{00} = 0.35$,且卡方检验的结果表示组间方差是显著的:$\chi^2(24) = 58.45, p < 0.001$。此外,$\sigma^2 = 2.52$,故 ICC(1) $= 0.12$,表示员工服务绩效的方差12%来自组间方差,而88%来自组内方差。

由于服务绩效具有显著的组间方差,接下来便可进行假设检验。

2. 检验假设1或 Level-1 的主效果

为了检验假设1,我们将外向性加入 Level-1,并估计以下的模型:

Level-1 Model： 服务绩效$_{ij}$ = β_{0j} + β_{1j}(外向性$_{ij}$) + r_{ij} （17 – 11）

Level-2 Model： β_{0j} = γ_{00} + U_{0j} （17 – 12）

β_{1j} = γ_{10} + U_{1j} （17 – 13）

模型中，γ_{00}为跨群体截距项的平均数；γ_{10}为跨群体斜率的平均数（用来检验假设1）；r_{ij}的方差σ^2为Level-1残差的方差；U_{0j}的方差τ_{00}为截距的方差；U_{1j}的方差τ_{11}为斜率的方差。

在上述模型中，γ_{00}与γ_{10}分别代表Level-1的系数（即β_{0j}与B_{1j}）跨群体的平均数，其中γ_{10}是表示外向性与服务绩效跨群体的关系，因此可用来检验假设1。另外，HLM也对γ_{00}与γ_{10}进行t检定，如此便可检测这两个参数的统计显著性。在此步骤的分析结果为γ_{10} = 0.58，t-value（24）= 43.68，$p < 0.001$，因此，假设1得到支持。

在Level-1的模型中，可透过加入外向性后组内方差减少的程度来计算R^2（此为一个pseudo R^2，即准决定系数），换言之，我们可计算出虚无模型中的组内方差有多少百分比可被外向性解释，公式为：

R^2 for Level-1 model = (σ^2 from Step I – σ^2 from Step II) / σ^2 from Step I

在这个例子中，Level-1模型的R^2 = (2.52 – 2.23)/2.52 = 0.12，表示服务绩效的组内方差（非总方差）有12%可被外向性解释。

此外，在加入外向性后，τ_{00} = 4.52，卡方检验的结果显示此组间方差达到显著：χ^2(24) = 33.24，$p < 0.10$，表示在Level-2模型中有可能存在群体层次的因子，因此，我们接下来检验假设2。

3. 检验Level-2的主效果

为了检验假设2，我们将服务气氛加入Level-2，并估计以下的截距作为结果变量（intercepts-as-outcomes）的模型：

Level-1 Model： 服务绩效$_{ij}$ = β_{0j} + β_{1j}(外向性$_{ij}$) + r_{ij} （17 – 14）

Level-2 Model： β_{0j} = γ_{00} + γ_{01}(服务气氛$_j$) + U_{0j} （17 – 15）

β_{1j} = γ_{10} + U_{1j} （17 – 16）

模型中，γ_{00}为Level-2的截距项；γ_{01}为加入外向性后服务气氛对服务绩效的影响效果（用来检验假设2）；γ_{10}为外向性对服务绩效的影响效果（用来检验假设1）；r_{ij}的方差σ^2为Level-1残差的方差；U_{0j}的方差τ_{00}为截距残差的方差；U_{1j}的方差τ_{11}为斜率的方差。

上述模型中,γ_{01}是表示控制了 Level-1 的外向性后,服务气氛与员工服务绩效之间关系的估计数,对 γ_{01} 进行 t 检验可用来检验假设 2。此步骤的分析结果显示:$\gamma_{01} = 0.74, t\text{-value}(23) = 0.74, p = 0.012$,因此,假设 2 得到支持。

同步骤 II,我们可以计算有比例的服务绩效组间方差可以被服务气氛解释,其公式为:

$$R^2 \text{ for Level-2 main effect model} = (\tau_{00} \text{ from Step II} - \tau_{00} \text{ from Step III})/\tau_{00} \text{ from Step II}$$

$$= (4.52 - 4.09)/4.52 = 0.10 \qquad (17-17)$$

结果显示,有 10% 的服务绩效组间方差(非总方差)可以被服务气氛解释。

此外,HLM 也估计了斜率(τ_{11})的方差,并以卡方检定来检测此方差的显著性。结果显示:$\tau_{11} = 0.19, \chi^2(24) = 22.23, p > 0.10$,表示外向性与员工服务绩效之间的关系在各群体间没有显著的变异,换言之,假设 3 将无法得到支持,因为检定假设 3 的前提是斜率的方差要达到显著。然而,为了示范的目的,我们仍然进行调节效果的检定。

4. 检验假设 3 或调节效果

一般来说,为了检定 Level-1 变量与 Level-2 变量的交互作用,我们可以估计一个斜率作为结果变量的模型,换言之,我们可以将 Level-2 的变量作为斜率系数(β_{1j})的前因变量,以得知此 Level-2 的变量是否可以解释斜率的变异。其模型为:

Level-1 Model: 服务绩效$_{ij} = \beta_{0j} + \beta_{1j}$(外向性$_{ij}$) + r_{ij} \qquad (17-18)

Level-2 Model: $\beta_{0j} = \gamma_{00} + \gamma_{01}$(服务气氛$_j$) + U_{0j} \qquad (17-19)

$\beta_{1j} = \gamma_{10} + \gamma_{11}$(服务气氛$_j$) + U_{1j} \qquad (17-20)

模型中,γ_{00} 为 Level-2 的截距项(以 Level-1 Model 的截距为因变量);γ_{01} 为 Level-2 的斜率;γ_{10} 为 Level-2 的截距项(以 Level-1 Model 的斜率为因变量);γ_{11} 为 Level-2 的斜率,即服务气氛对外向性与员工服务绩效关系之调节效果(用来检验假设 3);r_{ij} 的方差 σ^2 为 Level-1 残差的方差;U_{0j} 的方差 τ_{00} 为截距残差的方差;U_{1j} 的方差 τ_{11} 为斜率残差的方差。

假设 3 是预测服务气氛与外向性之间有负向的交互作用,以至于当存在高程度的服务气氛时,外向性与员工服务绩效之间的正向相关会降低。上述模型中,γ_{11} 是表示服务气氛与外向性之间交互作用项的估计数,对 γ_{11} 进行 t 检验可用来检验假设 3。此步骤的分析结果显示:$\gamma_{11} = -0.25, t\text{-value}(23) = -0.864, p > 0.10$,虽然交互作用的效果与假设 3 预测的方向一致（即为负向的交互作用），但并未达到统计显著性，因此，假设 3 未得到支持。

假若读者想要计算斜率方差被服务气氛解释的程度，同样可以比较步骤 IV 与步骤 III 的斜率残差方差。其公式为：

$$R^2 \text{ for Level-2 moderating model} = (\tau_{11} \text{ from Step III} - \tau_{11} \text{ from Step IV})/\tau_{11} \text{ from Step III}$$

$$= (0.19 - 0.19)/0.19 = 0 \quad (17-21)$$

结果显示，调节效果的 R^2 为 0，此结果并不令人感到意外，因为交互作用的效果未达到显著。

根据以上统计结果，HLM 的分析结果为假设 1 与假设 2 成立，假设 3 不成立（见表 17-1）。

表 17-1 HLM 的分析结果[a]

变量	步骤 I	步骤 II	步骤 III	步骤 IV
截距项(γ_{00})	9.33**	7.32**	4.86**	1.77
Level-1 前因变量				
外向性(γ_{10})		0.58**	0.59**	1.40
Level-2 前因变量				
服务气氛(γ_{01})			0.74*	1.68
交互项				
外向性 × 服务气氛(γ_{11})				-0.25
方差				
σ^2	2.52	2.23	2.22	2.23
τ_{00}	0.35**	4.52†	4.09†	4.22
τ_{11}		0.20	0.19	0.19
R^2				
$R^2_{\text{level-1}}$ [b]		0.12		
$R^2_{\text{level-2 截距式}}$ [c]			0.10	
$R^2_{\text{level-2 交互作用效果}}$ [d]				0

注：N(员工) = 257，N(店) = 25；a 代表零模型下的预测变量所对应的数值为在稳健的标准误差下的固定效果的估计数(γs)；b 代表零模型下的 $R^2_{\text{level-1}} = (\sigma^2 \text{ of null model or Step I} - \sigma^2 \text{ of Step II})/\sigma^2$；c 代表零模型下的 $R^2_{\text{level-2 截距式}} = (\tau_{00} \text{ of null model or Step I} - \tau_{00} \text{ of Step III})/\tau_{00}$；d 代表零模型下的 $R^2_{\text{level-2交互作用效果}} = (\tau_{11} \text{ of Step III} - \tau_{11} \text{ of Step IV})/\tau_{11}$；† 代表 $p < 0.10$；* 代表 $p < 0.05$；** 代表 $p < 0.01$。

需要注意的是，在计算复杂的 HLM 模型的 R^2 时（同时包括多个位于不同层次的前因变量,跨层次调节作用),研究者也可以把 σ^2、U_{0j}、U_{1j} 及其他斜率残差的方差加总,通过计算各层级总残差的变化得出 R^2。以上述的分析结果为例,服务气氛的 R^2 为:

$$1 - \frac{(\sigma^2 + \tau_{00} + \tau_{11})_{\text{Step III}}}{(\sigma^2 + \tau_{00} + \tau_{11})_{\text{Step II}}} = 1 - \frac{(2.22 + 4.09 + 0.19)}{(2.23 + 4.52 + 0.20)} = 0.06$$

(17-22)

此数值代表服务气氛解释了服务绩效总方差(total variance)的6%。

17.3.4　HLM 的中心化议题

在 HLM 中,对于 Level-1 的前因变量有三个中心化的处理方法:

(1) 原始尺度(raw metric),意即 Level-1 的前因变量是使用其原始的分数。当所有 Level-1 前因变量的值为 0 时,Level-1 的截距项即为结果变量的期望值。此外,截距项的方差(τ_{00})即表示在控制住 Level-1 前因变量的效果之下,已调整过的(adjusted)结果变量组间方差。

(2) 总平均数中心化(grand-mean centering),是指每个人的分数减去 Level-1 前因变量的总平均数。当所有 Level-1 的前因变量减去其各自的总平均数时,Level-1 的截距项即为在 Level-1 前因变量做总平均数中心化时,结果变量的期望值。此外,截距项的方差(τ_{00})即表示在控制住 Level-1 前因变量的效果之下,已调节过的结果变量组间方差。

(3) 组别平均数中心化(group-mean centering):是将每个人的分数减去相对应的 Level-1 前因变量的组别平均数。当所有 Level 1 的前因变量减去其各自的组别平均数时,Level-1 的截距项即为在 Level-1 前因变量做组别平均数中心化时,结果变量的期望值。此外,截距项的方差(τ_{00})即表示在没有控制住 Level-1 前因变量的效果之下,未调节过的(unadjusted)结果变量组间方差。

HLM 的中心化处理是个比较复杂的议题,且已有许多研究者探讨过中心化会如何影响 HLM 的统计估计与解释(如 Bryk & Raudenbush,1992;Enders & Tofighi,2007;Hofmann & Gavin,1998)。例如,Hofmann 和 Gavin 及 Enders 和 Tofighi 对于 Level-1 的前因变量使用以上三种中心化的处理方法上的含义有很详细的说明,我们鼓励有兴趣的读者可详阅他们的著作。基于 Hofmann 和 Gavin 及 Enders 和 Tofighi 的研究,在此列出关于 Level-1 的前因变量在中心化处理上的一些基本知识及建议:

(1) 使用原始尺度与总平均数中心化这两种方法,会产生两个等同的模型,但组别平均数中心化的处理结果却不等同于这两种方法。

（2）假若要检测 Level-1 前因变量的主效果，对 Level-1 前因变量使用原始尺度或总平均数中心化都是适当的处理方法。在我们的例子中，为了检测假设 1，我们可以选择使用原始尺度或总平均数中心化来处理 Level-1 的外向性，以估计外向性对服务绩效的影响效果。在检测 Level-1 前因变量的主效果时，要将个人与团队中的其他人进行比较，也就是所谓的蛙池效应（frog pond effect），Enders 和 Tofighi（2007）建议采取组别平均数中心化，这样可以完全消除前因变量的组间方差，能够估计到纯粹的组内回归系数（即 Level-1）；若采用总平均数中心化，则会同时估计到组内与组间的效果。

（3）假若要在控制住 Level-1 前因变量的效果之下，检测 Level-2 前因变量的主效果，对 Level-1 前因变量使用原始尺度或总平均数中心化来处理都是适当的。在我们的例子中，为了检测假设 2，我们可以选择使用原始尺度或总平均数中心化来处理 Level-1 的外向性，以估计在控制住外向性的效果之下，服务气氛对服务绩效的影响效果。

（4）在估计 Level-2 前因变量的主效果时，假若对 Level-1 的前因变量使用组别平均数中心化来处理，则 HLM 将无法控制住 Level-1 前因变量的效果。所以，为了能够适当地控制住 Level-1 前因变量的效果，必须将 Level-1 前因变量的组别平均数加入 Level-2 作为控制变量。在我们的例子中，假若使用组别平均数来中心化 Level-1 的外向性，则必须将外向性的组别平均数与 Level-2 的服务气氛一起加入 Level-2 作为控制变量，如此才能体现在控制了外向性的影响之后，服务气氛对员工服务绩效的效果。此外，如果 Level-1 的变量只是作为控制变量，而 Level-2 的变量才是主要焦点时，Enders 和 Tofighi（2007）建议采用总平均数中心化，如此才能控制住 Level-1 变量的效果；若使用组别平均数中心化，会使 Level-1 与 Level-2 的变量变成正交，便不能互相控制，则 Level-2 变量的系数估计会不正确（Hofmann & Gavin，1998），故采用组别平均数中心化还要将 Level-1 变量的平均数引回 Level-2，方能预测 β_0。

（5）假若要检测 Level-1 前因变量与 Level-2 前因变量之间交互作用的效果，使用原始尺度或总平均数中心化来处理 Level-1 的前因变量皆可。然而，因为在这两个处理方法之下所产生的 Level-1 斜率包含了组内与组间的关系，如此，跨层次交互作用（cross-level interaction）的效果可能会是假性的（spurious）。所以，为了估计到真实的跨层次交互作用的效果，Hofmann 和 Gavin（1998）建议较佳的处理方法是估计下列模型，在该模型中，Level-1 的前因变量是使用组别平均数中心化来处理,并将组别平均数加入 Level-2 作为控制变量。另外,我们明确地控制组间交互作用的效果。在我们的例子中,即是将"外向性的组别平均数×服务气氛"视为 Level-2 的控制变量,以能控制住组间交互作用的效果,在我们的例子中,其模型为:

Level-1 Model: 服务绩效$_{ij}$ = β_{0j} + β_{1j}(外向性$_{组别平均数中心化ij}$) + r_{ij} （17 – 23）

Level-2 Moldel: β_{0j} = γ_{00} + γ_{01}(外向性的组别平均数$_j$) + γ_{02}(服务气氛$_j$) + γ_{03}(外向性的组别平均数×服务气氛)$_j$ + U_{0j} （17 – 24）

β_{1j} = γ_{10} + γ_{11}(服务气氛$_j$) + U_{1j} （17 – 25）

模型中,β_{1j} 是外向性与服务绩效之间组内关系的估计数;而 γ_{11} 是在外向性与服务气氛的主效果被适当的解释下,所估计到的真实的跨层次交互作用效果的估计数。

Hofmann 和 Gavin (1998)建议在实际操作时,可在估计跨层次交互作用的效果时,对 Level-1 的因子使用原始尺度或总平均数中心化来处理,接着再使用组别平均数中心化来重新估计一次模型(组别平均数需被加入 Level-2 作为控制变量),然后观察这两个模型所估计到的 γ_{11} 参数值是否相同,若是,研究者就可以呈现使用原始尺度或总平均数中心化处理后的分析结果,并注明已使用组别平均数中心化双重确认过,以证明分析结果不是假性的。而我们认为,只要在 Level-2 控制住"外向性的组别平均数"和"外向性的组别平均数×服务气氛",即使 Level-1 的前因变量是使用总平均数中心化,γ_{11} 所估计到的还是真实的跨层次交互作用效果的估计数。模型为:

Level-1 Model: 服务绩效$_{ij}$ = β_{0j} + β_{1j}(外向性$_{总平均数中心化ij}$) + r_{ij} （17 – 26）

Level-2 Model: β_{0j} = γ_{00} + γ_{01}(外向性的组别平均数$_j$) + γ_{02}(服务气氛$_j$) + γ_{03}(外向性的组别平均数×服务气氛)$_j$ + U_{0j} （17 – 27）

β_{1j} = γ_{10} + γ_{11}(服务气氛$_j$) + U_{1j} （17 – 28）

模型中,既然组间交互作用(即 γ_{03})已被明确地控制住,γ_{11} 所代表的应该是真实的跨层次交互作用效果的估计数。以上方法的另外一个优点是,如 Hofmann 和 Gavin (1998)所指出的,既然我们一般会使用原始尺度或总平均数中心化来检测主效果,那么如果以相同的方法来检测交互作用的效果,分析步骤更能保持一致性,且对读者而言应该是比较容易理解的。Liao 和 Chuang (2007)也是使用以上方法来检测个人体验到的变革型领导风格与店层次服务气氛的跨层次交互作用对员工服务绩效的效果。在他们的例子中,Level-1 的前因变量,即领导风格,使用的是总平均数中心化;他们在 Level-2 控制领导风格的组别平均数,以及"领导风格的组别平均数×服务气氛"。

此外,Enders 和 Tofighi(2007)认为总平均数中心化只适用于组间交互作用;而在检定跨层次交互作用时,他们建议采用组别平均数中心化。原因是在检验跨层次交互作用时,虽然在模型同时包含跨层次与组间交互作用的情况之下,采用总平均数中心化或组别平均数中心化的假设检验结果都是一样的(equivalent parameter estimate),但对于系数本身(如两个中心化法的 γ_{01})却是不一样的。然而,采用组别平均数中心化时,Level-1 的系数估计是精确的,也就是只包含组内效果(这非常重要,因为 Level-1 系数是要被调节的),而且此时跨层次与组间交互作用是互相独立的,所以在检验跨层次交互作用时,Enders 和 Tofighi 仍建议采用组别平均数中心化。

总体而言,选择以总平均数或组别平均数来做中心化处理,应该要有理论的支持(Kreft *et al.*,1995)。

此外,HLM 对 Level-2 的前因变量亦有两个中心化处理方法:

(1)原始尺度,即 Level-2 的前因变量是使用其原始的分数。

(2)总平均数中心化,即每一群体平均的分数减去 Level-2 前因变量的总平均数。

对于 Level-2 中心化处理的估计与解释含义很少被探讨到,而 Bryk 和 Raudenbush(1992)认为 Level-2 前因变量的中心化处理议题并不如 Level-1 前因变量那样重要,他们同时也提到"使用总平均数来对所有 Level-2 的前因变量进行中心化处理通常也是很实用、方便的"(第 29 页)。另外,Enders 和 Tofighi(2007)针对 Level-2 前因变量的中心化处理提出以下建议:

(1)由于 Level-2 的中心化处理议题较 Level-1 简单,而且 Level-2 变量的分数在每一群组内是固定的,因此,只需考虑采用原始尺度或总平均数中心化即可。

(2)倘若在 Level-2 的方程式中仅包含一阶项,则采用原始尺度或总平均数中心化的差异只在于 γ_{00}。

(3)在 Level-2 模型中若包含更高阶项,例如 Level-2 变量间的交互作用或二次效果模型(quadratic effect model),此时建议采用总平均数中心化,以去除变量间可能存在的共线性问题。

(4)采用总平均数中心化时,同时也可让某些变量保持原始尺度,例如虚拟变量、效果编码变量(effect coded variable)等。

17.3.5　HLM 的统计假设

Bryk 和 Raudenbush(1992)提到典型的二层线性 HLM 模型必须有下列的统计

假设：

(1) 在每一个 Level-2 单位中的每个 Level-1 单位，Level-1 的残差项彼此独立、呈现常态分布，且有零均值、方差为 σ^2。

(2) Level-1 的前因变量与 Level-1 的残差项互为独立。

(3) Level-2 的随机误差项呈现多元常态分布，且皆有零均值、方差 τ_{qq} 及共变量 $\tau_{qq'}$，并且彼此独立。

(4) Level-2 的前因变量与 Level-2 的残差项互为独立。

(5) Level-1 的残差项与 Level-2 的残差项互为独立。

Bryk 和 Raudenbush (1992) 对上述基本假设与违反假设的可能影响有一些探讨。因为 HLM 仍是一个正在发展的分析方法，所以我们尚无法清楚地知道 HLM 分析对这些基本假设的违反有多么不受影响。

17.3.6　HLM 分析所需的样本数

HLM 与其他统计分析方法一样，样本数越大，估计数越精确，统计检验力越高。假若要进行二阶层的 HLM 分析，不只需要很大的群体样本数，且每个群体中要有足够的个人样本数，但要取得很大的样本数是耗时又费力的，因此，我们必须了解进行 HLM 分析所需的样本数。然而 Hofmann 等 (2000) 提到，对于究竟要多少样本数，才能达到适当的统计检验力与无偏误的分析结果，仍然有许多事要探讨。Hofmann 和 Bassiri (1988) 与 Van der Leeden 和 Busing (1994) 认为在检测跨层次交互作用的效果时，为了达到 0.90 的统计检验力，必须有 30 个群体样本数，且每个群体包含 30 个个人样本数。然而，在典型的组织管理研究中，群体数通常比较小，但比较欣慰的是有较大的 Level-2 样本数，则可以弥补 Level-1 小样本数在统计检验力上的不足。例如，如果有 150 个群体样本数，在维持相同的检验力之下，则每个群体中所需的个人样本数就可以降低。

Maas 和 Hox (2005) 的模拟研究检测 Level-2 与 Level-1 在不同样本数的情况之下，对多层次分析中的估计值 (指回归系数与方差) 与其标准误差的影响。结果显示，只有在 Level-2 为小样本 (小于或等于 50 个样本) 时，会导致对第二个层次的标准误差有偏误的估计，而在其余的模拟情况下 (如 Level-1 为小样本)，回归系数、方差及标准误差的估计皆无偏误且正确。

17.3.7　HLM 模型的延伸与应用

接下来，我们将讨论五个 HLM 的延伸模型。

第 17 章　多层次理论模型的建立及研究方法

1. 受试者内设计

HLM 可以在资料为嵌套状时使用,商店服务氛围如何影响员工服务绩效是一个很典型的例子,因为员工被嵌套在商店之中。另一种嵌套数据较为少见,但是也渐渐受到重视,是对受试者重复施测(repeated measure),这些重复衡量则被嵌套在受试者之中,可称为受试者内设计(within subject design)。受试者内设计的数据形态系以一段期间追踪、纵贯面(longitudinal)或重复施测的模式来呈现,所以每位受试者必须接受两次或以上的测量,有别于每位受试者只接受一次测量的受试者间设计。因此,若欲研究受试者的情绪、心理状态、态度、行为等变量是否在不同情境下有不同的表现、是否受其他因素的影响而在一段期间内有不同的变化、是否因不同时间点的变化而影响其他变量等,则可采用受试者内设计(Ilies et al.,2011;Wang et al.,2016)。例如,每个人每天的情绪表现与感受到的工作压力会有所不同,进一步可能导致每天有不同的工作满意度,所以受试者必须每天接受情绪、工作压力及工作满意度的测量,方能搜集到这三个变量在一段期间的动态变化,此研究设计即为受试者内设计。

举例来说,Ilies 等(2006)欲探讨正向情感、工作满意度与组织公民行为间的关系是否会被人格特质(亲和性与勤勉审慎性)调节。其中,正向情感会随着时间变化是毋庸置疑的,至于工作满意度,过去也曾被其他研究视为随时间变化的一个变量,且 Locke(1976)也将工作满意度定义为一种正向情绪的状态,再者,根据 Weiss 和 Cropanzano(1996)的建议,若前因变量会随时间变化是研究的焦点,结果变量也须以动态模式来探讨,因此,Ilies 等便以受试者内设计的方式来衡量正向情感、工作满意度与组织公民行为。该研究以教育、信息科技及行政人员等职业的全职上班族为样本,且分为两个阶段来搜集资料。第一阶段采取时距式经验抽样(interval-contingent experience sampling),受试者须于连续的 15 个工作日中,每天早上十点半在网络上填答正向情感、工作满意度与组织公民行为量表,若于非上班时间填答,该笔数据将被删除,最后共有 63 位完整填答。第二阶段则请受访者填答人格特质量表,共 62 个有效样本。由于样本数据结构呈现嵌套特性,包含了个体内层次的经验抽样与跨层次交互作用两种数据,因此须采用 HLM 软件进行分析。结果发现,个体层次的正向情感与工作满意度会显著正向地影响组织公民行为,此外,亲和性确实会调节个体内层次的正向情感与组织公民行为之间的关系,意即相较于低度亲和性的人,具有高度亲和性的人更容易表现出组织公民行为,且不易受随时间变化的正向情感所影响。

2. 多层次中介效果

根据 Baron 和 Kenny(1986)检验中介效果的方法,若在中介变量(M)被控制的情况下,原本预测因子(X)与结果变量(Y)之间显著相关的关系不再显著,称之为完全中介;若 X 与 Y 之间显著相关的关系变弱但仍然显著,则称之为部分中介。Mathieu 和 Taylor(2007)与 Zhang 等(2009)即将此中介分析的概念应用在多层次阶层模型中,形成多层次中介效果模型,以下分别予以介绍。

第一,Mathieu 和 Taylor(2007)提出以下五个中观中介研究(meso-mediation)的模型,其中包含了部分中介的关系:① 个体层次中介模型:$x \to m \to y$;② 团队层次中介模型:$X \to M \to Y$;③ 跨层次中介效果团队层次中介变量模型(cross-level mediation-upper mediator):$X \to M \to y$;④ 跨层次中介效果个体层次中介变量模型(cross-level mediation-lower-level mediator):$X \to m \to y$;⑤ 跨层次中介效果复杂模型(cross-level mediation-complex):$X \to M_1 \to m_2 \to y$、$X \to M_1 \to M_2 \to y$ 与 $X \to M_1 \to m_3 \to y$。在进行中观中介研究模型的假设检验时,其步骤为:

(1)一般步骤:

步骤1:针对不同层次分别采取适当的分析方法,意即在个体层次(Level-1)与跨层次分析上采取随机系数模型法(random coefficient model, RCM),而团队层次(Level-2)则采取最小平方回归分析法。

步骤2:计算 Level-1 中介变量与结果变量的 ICC。

步骤3:检验层次内(within level)的中介效果。另跨层次的中介效果如(2)或(3)的检验步骤。

(2)部分中介的检验步骤:

步骤4a:将 X 与 M 同时置入预测 Y 的模式中,两者皆须达到显著。

步骤4b:检验 $X \to M$,X 须达到显著。

(3)完全中介的检验步骤:

步骤5a:检验 $X \to Y$,X 须达到显著。

步骤5b:检验 $X \to M$,X 须达到显著。

步骤5c:检验 $M \to Y$,M 须达到显著。

步骤5d:将 X 与 M 同时置入预测 Y 的模式中,X 须不显著。

第二,Zhang 等(2009)提出的多层次中介效果模型有三个:2-1-1 模型:X 为 Level-2 的变量,M、Y 则为 Level-1 的变量;2-2-1 模型:X、M 为 Level-2 的变量,Y 为 Level-1 的变量;1-1-1 模型:系指 X、M 与 Y 皆为 Level-1 的变量。在检定多层次中介效果时,步骤如下。在此以 2-1-1 模型为例,并采用组别平均数中心化或

CWC(M)(centered within context with reintroduction of the subtracted means),于 Level-2 加入组别平均数:

步骤 1:检验 $X \to Y$

Level-1 Model: $\quad Y_{ij} = \beta_{0j} + r_{ij}$ (17-29)

Level-2 Model: $\quad \beta_{0j} = \gamma_{00} + \gamma_{01}X_j + U_{oj} \to \gamma_{01} = c$ (17-30)

步骤 2:检验 $X \to M$

Level-1 Model: $\quad M_{ij} = \beta_{0j} + r_{ij}$ (17-31)

Level-2 Model: $\quad \beta_{0j} = \gamma_{00} + \gamma_{01}X_j + U_{oj} \to \gamma_{01} = a$ (17-32)

步骤 3:控制 X,检验 $M \to Y$

Level-1 Model: $\quad Y_{ij} = \beta_{0j} + \beta_{1j}(M_{ij} - M._j) + r_{ij}$ 其中 $M._j$ 为组别平均数 (17-33)

Level-2 Model: $\quad \beta_{0j} = \gamma_{00} + \gamma_{01}X_j + \gamma_{02}M._j + U_{oj} \to \gamma_{01} = c';\gamma_{02} = b$ (17-34)

$\quad \beta_{1j} = \gamma_{10}$ (17-35)

若以下两个方法之一达到显著,中介效果即成立:

(1)系数乘积法(product-of-coefficients method),($X \to M) \times (M \to Y)$,即 $a \times b$。

(2)系数差异法(difference-in-coefficients method),即 $c - c'$。

3. 多层次调节式中介效果

我们已经分别介绍过 HLM 如何应用在中介效果与调节效果的分析上,在此将介绍中介与调节的组合效果中的一种:调节式中介效果。调节式中介效果是指一个中介效果被其他变量所调节。Bauer 等(2006)提出如图 17-6 所示的多层次调节式中介效果模型,其中 W 为调节变量,调节式中介效果可以发生在任何一个直接或/和间接的中介效果上。

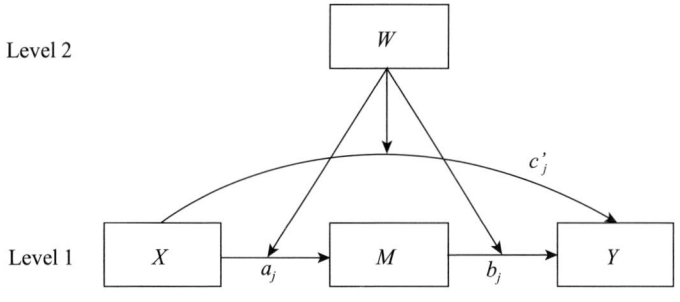

图 17-6 多层次调节式中介效果模型

在检验多层次调节式中介效果之前,必须先检验多层次中介效果是否成立。过去很多学者曾提出多层次中介效果的检定步骤,然而,这些检定方法皆是假设因果效果是固定效果而非随机效果,因此,Bauer 等(2006)采用随机效果模式,并应用在检验多层次调节式中介效果之中,其根据图 17-6,提出以下阶层模型:

Level-1 Model:
$$M_{ij} = d_{Mj} + a_j X_{ij} + e_{Mij} \quad (17-36)$$
$$Y_{ij} = d_{Yj} + b_j M_{ij} + c'_j X_{ij} + e_{Yij} \quad (17-37)$$

Level-2 Model:
$$d_{Mj} = \gamma_{dM0} + \gamma_{dM1} W_j + U_{dMj} \quad (17-38)$$
$$a_j = \gamma_{a0} + \gamma_{a1} W_j + U_{aj} \quad (17-39)$$
$$d_{Yj} = \gamma_{dy0} + \gamma_{dy1} W_j + U_{dyj} \quad (17-40)$$
$$b_j = \gamma_{b0} + \gamma_{b1} W_j + U_{bj} \quad (17-41)$$
$$c'_j = \gamma_{c'0} + \gamma_{c'1} W_j + U_{c'j} \quad (17-42)$$

间接效果的条件期望值如下,若要检验间接效果的调节效果,则可分别或共同检测 γ_{a1} 与 γ_{b1} 的显著性:

$$E(a_j b_j | W_j = w) = (\gamma_{a0} + \gamma_{a1} w)(\gamma_{b0} + \gamma_{b1} w) + \sigma_{Uaj, Ubj} \quad (17-43)$$

直接效果的条件期望值如下,若要检验直接效果的调节效果,则可检测 $\hat{\gamma}_{c'j}$ 的显著性:

$$E(c'_j | W_j = w) = \gamma_{c'0} + \gamma_{c'1} w \quad (17-44)$$

以 Bauer 等(2006)的方法检验研究假设的论文尚不多,以下举一个例子。在 Mueller 和 Kamdar(2011)的研究架构中,其有关多层次调节式中介效果的假设为内在动机与个人层次创造力之间的关系被寻求帮助行为(系指向团队成员寻求解决创意问题的帮助)中介,而帮助给予行为则会调节内在动机对创造力的正向间接效果,也就是说给予团队成员的帮助程度越高,寻求帮助行为的间接中介效果会减低。此研究的样本为中印一家跨国精炼厂的工程师,共搜集 291 位员工、55 个团队的资料,其中包含性别、年薪、教育、创造力人格、社会地位及帮助接受等控制变量。虽然研究变量都是个体层次,但所搜集的数据具有嵌套特性、违反独立性,所以在进行分析时,必须采用多层次模型来控制组间(团队层次)的随机变异量。结果发现,寻求帮助行为会正向地影响创造力且中介于内在动机与创造力之间的关系,而帮助给予行为也确实会调节此中介关系。可参见本书第 22 章"被调节的中介和被中介的调节:理论构建与模型检验"中关于检验多层模型的部分内容,进一步了解如何建立与检验单层或多层被调节的中介及被中介的调节模型。

4. 三阶层 HLM 分析

我们已讨论过线性阶层模型的二阶层分析,而将二阶层模型扩充的方法之一就是增加另一个阶层。例如,假若我们所搜集的样本数据是每个个人被包含在不同的团队中,而这些团队又被包含在不同的组织中,即会呈现一个三阶层的数据结构。HLM 软件也可以进行三阶层的分析（Dong et al., 2015; Liu et al., 2012b; Schaubroeck et al., 2012; Hong et al., 2016）。

举例来说,Joshi 等（2006）从"财富 500 强"公司中的一家挑选出 46 个业务单位,再针对这 46 个单位的 437 个团队中的 3 318 位业务员进行样本数据的搜集,并使用三阶层的 HLM 来分析,以检测工作团队的人口统计特征组成与工作单位的管理人口组成会如何调节个人的人口统计特征（性别与种族）与薪资水准之间的关系。结果发现,团队中有色人种的比例越高,因种族而衍生的薪资水准不平等现象越少;而工作单位中的管理阶层为女性与有色人种的比例越高,因性别与种族而衍生的薪资水准不平等现象越少。此外,结果也发现绩效会部分中介于个人人口特性、团队人口组成及管理人口组成与薪资水准之间的关系。

另举一例,Ilies 等（2007）欲探讨个人情绪状态是否会受到团队成员的情绪状态的影响（个体内层次）,并检验两者之间的关系是否会被个人的情绪易受感染特质与个体主义—集体主义倾向调节（个体层次）,由于团队绩效会影响团队成员之间的情绪联结,所以将其纳入研究架构中作为控制变量（团队层次）。此研究在美国中西部一所大学的一个课程中进行,共有 201 位大学部学生参与,并分为 43 个团队,每个团队有 4—6 位成员,每团队会和其他队以计算机模拟游戏进行竞赛。在资料的搜集上,于第一周课程中即让受试者填答情绪易受感染特质与个体主义—集体主义倾向量表,而情绪状态量表则横跨三个模拟游戏来衡量（采用受试者内设计）,即分别在开始调查后的第 8 周、第 10 周、第 13 周让所有受试者填答,此填答分数系为个人的情绪状态,所以,团队成员的情绪状态分数则以同一模拟游戏中其他成员填答分数的平均值来取代。最后,每个团队在每一个模拟游戏的团队绩效则由计算机软件计算出。由于样本数据结构呈现三阶层的特性（团队、个体、个体内）,因此须采用三阶层 HLM 分析进行分析。结果发现,在控制住团队绩效之后,个体内层次的个人情绪状态仍然会被其他团队成员的情绪状态所影响,且会随时间改变,而两者之间的关系在个人具有高度情绪易受感染性与集体主义倾向的情况之下更是强烈。

5. 多层广义型线性模型

前述的二阶层与三阶层 HLM 分析适用于在每一个阶层的随机效果呈现常态分布的阶层数据,然而,在某些例子中,Level-1 呈现常态分布的假设是不真实的且不容易以变量的转换来达到。以下为四个违反常态分布的典型例子:

（1）结果变量为二值变量（binary variable）。例如，员工是否已经离开公司（1＝离职，0＝仍在职），这是在研究员工流动率时，典型的结果变量，在此例子中，Level-1 的残差项只会产生两个值的一种，因此无法呈现常态分布，而 Level-1 的残差项也无法有齐质方差（homogeneous variance）。再者，在标准模型中，Level-1 结果的预测值并没有范围限制，因此，我们可能会得到大于 1 或小于 0 的预测值，与真实情况不符，因为 Y 不可超过 0—1 这个区间。

（2）结果变量包含计数数据（count data）或非负整数（non-negative integers）0、1、2…，以及数据中有许多的 0 值。例如，在研究工作场所的安全时，典型的结果变量为职业伤害的员工人数，此例子中，因为存在许多 0 值（即许多员工都没有职业伤害），常态分布无法以变量的转换来呈现。且 Level-1 的残差项不会有齐质方差，相反，必须视预测值而定（高预测值将会有大的方差），同样，预测值也有可能会超出范围（即可能会有负的预测值）。

（3）结果变量为多项式变量（multinomial variable）或包含多个（>2）类别。例如，业务员有多个不同的薪资计划可以选择：1＝纯粹时薪制；2＝纯粹佣金制；3＝结合时薪与佣金制。犹如先前所讨论过的二值结果变量的模型，使用标准的 HLM 来分析多项式模型会不太恰当。

（4）结果变量为序数变量（ordinal variable）或包含多个次序类别。例如，顾客再度购买的意愿：1＝不会，我将不会再购买此产品；2＝不确定；3＝会，我将会再购买此产品。在此例子中，顾客再度购买的意愿是从负的、中立到正的，因此是有次序的，所以，如同二值结果变量的模型，使用标准的 HLM 来分析序列模型会不太适当。

在 HLM 软件中，使用者可以设定为非线性分析或多层广义型线性模型（HGLM），以能适当地分析二值的、计数的、多项式的以及序数的数据形态的模型，而这些模型相当于在非阶层统计分析中所探讨的 logit 模型（logit model）、泊松模型（Poisson model）、多项式模型（multinomial model）以及序数模型（ordinal model）。讨论 HGLM 的细节已超出本章的介绍范围，有兴趣的读者可以参考 HLM 手册（Raudenbush et al.，2004），其对 HGLM 的概念、统计背景及分析的例子皆有详细说明。

17.3.8　HLM 的局限性

虽然 HLM 在分析多层次的数据上已相当普及且有许多优点，但如同其他统计分析方法一样，HLM 也有一些局限性，Bryk 和 Raudenbush（1992）、Hofmann 等

(2000)、James 和 Williams (2000)等学者已有探讨过这些局限性。例如,James 和 Williams 认为当样本数很大、方程式设定正确且变量是有信度的时候,HLM 可以比传统的回归分析更有效地估计参数。然而,假若前述的条件有一个或更多个未被满足,则估计可能会有问题,分析结果可能无法复制,而且其中一个方程式的设定误差(specification errors)可能会影响到整个模型。因此,对于 HLM 的估计值有多稳健与稳定,有更多的检测等着去完成。此外,James 和 Williams 主张,"有些时候使用较不复杂的分析程序(如 OLS)会更好,因为这些分析方法较稳定,且能够使方程式的设定误差不影响到其他方程式"。回归分析与 HLM 都无法像多层次结构方程那样考虑变量的测量误差的影响(参见本书第 15 章相关内容)。所以,学者们也可以考虑使用 MPlus 来运行多层次结构方程(参见本书第 22 章中关于 MPlus codes 的部分内容),这样在估计模型的时候,能同时考虑测量误差的影响。而且,多层次结构方程还能同时把多个结果变量放入模型中进行检测。而 HLM 分析中,每次只能加入一个结果变量。但需要指出的是,当多层次结构方程中放入太多变量时,模型也许会出现不能拟合的问题。而 HLM 除了每次分析只能有一个结果变量的限制,没有其他变量数目的限制。

总结而言,HLM 最适合用来检验前因变量跨越许多阶层(目前 HLM 可以分析到四阶层模型,参见 http://www.ssicentral.com/hlm/ 和 Dai et al.,2015),但结果变量仍然在最低层次,即第一层次。如 Hofmann 等(2000)所提到的,HLM 无法有效地检测较低层次的前因变量对较高层次的结果变量的影响。

17.4 结语

随着近来管理与组织行为研究在理论和方法论上的进展,我们发现有越来越多的研究综合微观与宏观的观点,以检测多层次的变量在不同分析层次时,如何相互影响或结合起来影响结果变量。此类的多层次研究提供了"对组织生命更深入、更丰富的描述,也就是承认组织情境会影响个人的行为与知觉,而个人的行为与知觉也会影响组织情境"(Klein et al.,1999:243)。在本章,我们先对多层次理论的建立、多层次模型的不同类型及多层次分析技术的关键要素做了简要的浏览,然后详细探讨了多层次分析中的数据聚合问题,且以 HLM 为例做了跨层次模型的分析。最后,基于几年来从事多层次研究和教学的经验,提出几点心得供读者参考:第一,学者们常对何时使用 HLM 这个软件有疑问,这可分为理论导向和数据导向两种时机。理论导向是指当研究的架构是跨层次模型,也就是说其目的是在探讨高层次构念对低层次构念的影响时,即可使用 HLM;而数据导向是指,当理论架构只有单一层次(即预测因子与结果变量都是在较低分析层次、没有涵盖高层次的构念)时,若数据的结构为巢状(例如,员工嵌套于组织中),也可使用 HLM 来解决数据违反普通最小二乘回归法独立性假设(independence assumption)的问题。我们呼吁对多层次研究有兴趣的学者,不要因为 HLM 看似繁杂而放弃使用它——其实 HLM 只是回归方法的延伸。然而,常有学者因为 HLM 是近来受青睐的分析工具,而将原本只是单一层次的研究架构或数据,硬是以多层次的手法处理,这样的结果会使得学者原本有兴趣的研究现象无法获得解答。所以我们建议学者分析数据时应使用最适合的工具,而非最近流行的工具。第二,多层次研究的理论与模型的应用并不仅限于组织管理领域,它已经在教育和医学领域行之有年,其他管理领域虽然较少使用,但如行销管理、策略管理仍有极多研究问题可以此方法来探讨,而且就我们所知这些学者也对使用这种工具很有兴趣。在此,我们鼓励学者将多层次理论与方法应用在中国情境下的不同管理研究科目上,也希望本章能够对多层次理论与方法的推广有些帮助。

参考文献

Aiken, L. S., West, S. G. & Reno, R. R. (1991). *Multiple Regression: Testing and Interpreting Interactions*. Thousand Oaks, CA: Sage Publication.

Baron, R. M. & Kenny, D. A. (1986). The moderator-mediator variable distinction in social psychological research: Conceptual, strategic, and statistical considerations. *Journal of Personality and Social Psychology*, 51, 1173—1182.

Barrick, M. R. & Mount, M. K. (1991). The Big Five personality dimensions and job performance: A meta-analysis. *Personnel Psychology*, 44, 1—26.

Barrick, M. R. & Mount, M. K. (1993). Autonomy as a moderator of the relationships between the Big Five personality dimensions and job performance. *Journal of Applied Psychology*, 78, 111—118.

Bartko, J. J. (1976). On various intraclass correlation reliability coefficients. *Psychological Bulletin*, 83, 762—765.

Bassiri, D. (1988). *Large and Small Sample Properties of Maximum Likelihood Estimates for the Hierarchical Linear Model*. Unpublished doctoral dissertation, Michigan State University.

Bauer, D. J., Preacher, K. J. & Gil, K. M. (2006). Conceptualizing and testing random indirect effects and moderated mediation in multilevel models: New procedures and recommendations. *Psychological Methods*, 11, 142—163.

Biemann, T., Cole, M. S. & Voelpel, S. (2012). Within-group agreement: On the use (and misuse) of r WG and r WG (J) in leadership research and some best practice guidelines. *The Leadership Quarterly*, 23(1), 66—80.

Bliese, P. D. (1998). Group size, ICC values, and group-level correlations: A simulation. *Organizational Research Methods*, 1, 355—373.

Bliese, P. D. (2000). Within-group agreement, non-independence, and reliability: Implications for data aggregation and analysis. In Klein, K. J. & Kozlowski, S. W. J. (Eds.), *Multilevel Theory, Research, and Methods in Organizations: Foundations, Extensions, and New Directions* (pp. 349—381). San Francisco: Jossey-Bass.

Bliese, P. D. & Halverson, R. R. (1996). Individual and nomothetic models of job stress: An examination of work hours, cohesion, and well-being. *Journal of Applied Social Psychology*, 26, 1171—1189.

Bliese, P. D., Halverson, R. R. & Rothberg, J. M. (1994). Within-group agreement scores: Using resampling procedures to estimate expected variance. *Academy of Management Best Paper Proceedings*, 303—307.

Bliese, P. D. & Hanges, P. J. (2004). Being both too liberal and too conservative: The perils of treating grouped data as though they were independent. *Organizational Research Methods*, 7, 400—417.

Bryk, A. S. & Raudenbush, S. W. (1992). *Hierarchical Linear Models: Applications and Data Analysis Methods*. California: Sage Publication.

Chan, D. (1998). Functional relations among constructs in the same content domain at different levels of analysis: A typology of composition models. *Journal of Applied Psychology*, 83, 234—246.

Chen, G. & Bliese, P. D. (2002). The role of different levels of leadership in predicting self-and collective efficacy: Evidence for discontinuity. *Journal of Applied Psychology*, 87, 549—556.

Curran, P. J. (2003). Have multilevel models been structural equation models all along? *Multivariate Behavioral Research*, 38, 529—569.

Dai, H., Milkman, K. L., Hofmann, D. A. & Staats, B. R. (2015). The impact of time at work and time off from work on rule compliance: The case of hand hygiene in health care. *Journal of Applied Psychology*, 100(3), 846—862.

Dansereau, F., Alutto, J. & Yammarino, F. (1984). *Theory Testing in Organizational Behavior: The Varient Approach*. Englewood Cliffs, NJ: Prentice Hall.

Dansereau, F. & Yammarino, F. J. (2000). Within and between analysis: The varient paradigm as an underlying approach to theory building and testing. In Klein, K. J. & Kozlowski, S. W. J. (Eds.), *Multilevel Theory, Research, and Methods in Organizations: Foundations, extensions, and new directions* (pp. 425—466). San Francisco: Jossey-Bass.

Debus, M. E., Sonnentag, S., Deutsch, W. & Nussbeck, F. W. (2014). Making flow happen: The effects of being recovered on work-related flow between and within days. *Journal of Applied Psychology*, 99(4), 713.

DeShon, R. P., Kozlowski, S. W., Schmidt, A. M., Milner, K. R. & Wiechmann, D. (2004). A multiple-goal, multilevel model of feedback effects on the regulation of individual and team performance. *Journal of Applied Psychology*, 89, 1035—1056.

D'Innocenzo, L., Luciano, M. M., Mathieu, J. E., Maynard, M. T. & Chen, G. (2016). Empowered to perform: A multilevel investigation of the influence of empowerment on performance in hospital units. *Academy of Management Journal*, 59(4), 1290—1307.

Dietz, B., van Knippenberg, D., Hirst, G. & Restubog, S. L. D. (2015). Outperforming whom? A multilevel study of performance-prove goal orientation, performance, and the moderating role of shared team identification. *Journal of Applied Psychology*, 100(6), 1811.

Dong, Y., Liao, H., Chuang, A., Zhou, J. & Campbell, E. M. (2015). Fostering employee service creativity: Joint effects of customer empowering behaviors and supervisory empowering leadership. *Journal of Applied Psychology*, 100(5), 1364.

Ehrhart, M. G. (2004). Leadership and procedural justice climate as antecedents of unit-level organizational citizenship behavior. *Personnel Psychology*, 57, 61—94.

Enders, C. & Tofighi, D. (2007). Centering predictor variables in cross-sectional multilevel models: A new look at an old issue. *Psychological Methods*, 12, 121—138.

George, J. M. (1990). Personality, affect, and behavior in groups. *Journal of Applied Psychology*, 75, 107—116.

George, J. M. & James, L. R. (1993). Personality, affect, and behavior in groups revisited: Comment on aggregation, levels of analysis, and a recent application of within and between analysis. *Journal of Applied Psychology*, 78, 798—804.

Gonzalez, J. A. & Denisi, A. S. (2009). Cross-level effects of demography and diversity climate on organizational attachment and firm effectiveness. *Journal of Organizational Behavior*, 30(1), 21—40.

Harrison, D. A. & Klein, K. J. (2007). What's the difference? Diversity constructs as separation, variety, or disparity in organizations. *Academy of management review*, 32(4), 1199—1228.

Harris, T. B., Li, N. & Kirkman, B. L. (2014). Leader-member exchange (LMX) in context: How LMX differentiation and LMX relational separation attenuate LMX's influence on OCB and turnover intention. *The Leadership Quarterly*, 25(2), 314—328.

Hitt, M. A., Beamish, P. W., Jackson, S. E. & Mathieu, J. E. (2007). Building theoretical and empirical bridges across levels: Multilevel research in management. *Academy of Management Journal*, 50(6), 1385—1399.

Hofmann, D. A. (1997). An overview of the logic and rationale of hierarchical linear models. *Journal of Management*, 23, 723—744.

Hofmann, D. A. & Gavin, M. B. (1998). Centering decisions in hierarchical linear models: Implications for research in organizations. *Journal of Management*, 24, 623—641.

Hofmann, D. A., Griffin, M. A. & Gavin, M. B. (2000). The application of hierarchical linear modeling to organizational research. In Klein, K. J. & Kozlowski, S. W. J. (Eds.), *Multilevel Theory, Research, and Methods in Organizations: Foundations, Extensions, and New Directions* (pp. 467—511). San Francisco: Jossey-Bass.

Hofmann, D. A., Morgeson, F. P. & Gerras, S. J.

(2003). Climate as a moderator of the relationship between leader-member exchange and content specific citizenship: Safety climate as an exemplar. *Journal of Applied Psychology*, 88, 170—178.

Hong, Y., Liao, H., Raub, S. & Han, J. H. (2016). What it takes to get proactive: An integrative multilevel model of the antecedents of personal initiative. *Journal of Applied Psychology*, 101(5), 687.

Ilies, R., Scott, B. A. & Judge, T. A. (2006). The interactive effects of personal traits and experienced states on intraindividual patterns of citizenship behavior. *Academy of Management Journal*, 49, 561—575.

Ilies, R., Wagner, D. T. & Morgeson, F. P. (2007). Explaining affective linkages in teams: Individual differences in susceptibility to contagion and individualism-collectivism. *Journal of Applied Psychology*, 92, 1140—1148.

Ilies, R., Keeney, J. & Scott, B. A. (2011). Work-family interpersonal capitalization: Sharing positive work events at home. *Organizational Behavior and Human Decision Processes*, 114(2), 115—126.

James, L. R. (1982). Aggregation bias in estimates of perceptual agreement. *Journal of Applied Psychology*, 67, 219—229.

James, L. R., Demaree, R. G. & Wolf, G. (1984). Estimating within-group interrater reliability with and without response bias. *Journal of Applied Psychology*, 69, 85—98.

James, L. R., Demaree, R. G. & Wolf, G. (1993). r_{wg}: An assessment of within-group interrater agreement. *Journal of Applied Psychology*, 78, 306—309.

James, L. R. & Williams, L. J. (2000). The cross-level operator in regression, ANCOVA, and contextual analysis. In Klein, K. J. & Kozlowski, S. W. J. (Eds.), *Multilevel Theory, Research, and Methods in Organizations: Foundations, Extensions, and New Directions* (pp. 382—424). San Francisco: Jossey-Bass.

Joshi, A., Liao, H. & Jackson, S. E. (2006). Cross-level effects of workplace diversity on sales performance and pay. *Academy of Management Journal*, 49, 1—23.

Klein, K. J., Dansereau, F. & Hall, R. J. (1994). Levels issues in theory development, data collection, and analysis. *Academy of Management Review*, 19, 195—229.

Klein, K. J. & Kozlowski, S. W. J. (2000). *Multilevel Theory, Research, and Methods in Organizations: Foundations, Extensions, and New Directions*. San Francisco: Jossey-Bass.

Kozlowski, S. W. J. & Hattrup, K. (1992). A disagreement about within-group agreement: Disentangling issues of consistency versus consensus. *Journal of Applied Psychology*, 77, 161—167.

Kozlowski, S. W. J. & Hults, B. M. (1987). An exploration of climates for technical updating and performance. *Personnel Psychology*, 40, 539—562.

Kozlowski, S. W. J. & Klein, K. J. (2000). A multilevel approach to theory and research in organizations: Contextual, temporal, and emergent processes. In Klein, K. J. & Kozlowski, S. W. J. (Eds.), *Multilevel Theory, Research, and Methods in Organizations: Foundations, Extensions, and New Directions* (pp. 3—90). San Francisco: Jossey-Bass.

Kreft, I. G. G., de Leeuw, J. & Aiken, L. S. (1995). The effect of different forms of centering in hierarchical linear models. *Multivariate Behavioral Research*, 30, 1—21.

Lance, C. E., Butts, M. M. & Michels, L. C. (2006). The sources of four commonly reported cutoff criteria: What did they really say? *Organizational Research Methods*, 9(2), 202—220.

LeBreton, J. M. & Senter, J. L. (2008). Answers to 20 questions about interrater reliability and interrater agreement. *Organizational Research Methods*, 11(4), 815—852.

Li, A. N. & Liao, H. (2014). How do leader-member exchange quality and differentiation affect performance in teams? An integrated multilevel dual process model. *Journal of Applied Psychology*, 99(5), 847.

Liao, H. & Chuang, A. (2004). A multilevel investigation of factors influencing employee service performance and customer outcomes. *Academy of Management Journal*, 47, 41—58.

Liao, H. & Chuang, A. (2007). Transforming service employees and climate: A multi-level multi-source examination of transformational leadership in building long-term service relationships. *Journal of Applied Psychology*, 92, 1006—1019.

Lindell, M. K. & Brandt, C. J. (2000). Climate quality and climate consensus as mediators of the relationship between organizational antecedents and outcomes. *Journal of Applied Psychology*, 85, 331—348.

Liu, D. & Fu, P. P. (2011). Motivating protégés' personal learning in teams: A multilevel investigation of autonomy support and autonomy orientation. *Journal of Applied Psychology*, 96(6), 1195—1208.

Liu, D., Mitchell, T. R., Lee, T. W., Holtom, B. C. & Hinkin, T. R. (2012a). When employees are out of step with coworkers: How job satisfaction trajectory and dispersion influence individual-and unit-level voluntary turnover. *Academy of Management Journal*, 55(6), 1360—1380.

Liu, D., Liao, H. & Loi, R. (2012b). The dark side of leadership: A three-level investigation of the cascading effect of abusive supervision on employee creativity. *Academy of Management Journal*, 55(5), 1187—1212.

Liu, D., Chen, X. P. & Holley, E. (2017). Help yourself by helping others: The joint impact of group member organizational citizenship behaviors and group cohesiveness on group member objective task performance change. *Personnel Psychology*, 70, 809—842.

Liu, D., Gong, Y., Zhou, J. & Huang, J. C. (2017). Human resource systems, employee creativity, and firm innovation: The moderating role of firm ownership. *Academy of Management Journal*, 60(3), 1164—1188.

Maas, C. J. M. & Hox, J. J. (2005). Sufficient sample sizes for multilevel modeling. *European Journal of Research Methods for the Behavioral and Social Sciences*, 1, 86—92.

Mathieu, J. E. & Taylor, S. (2007). A framework for testing meso-mediational relationship in organizational behavior. *Journal of Organizational Behavior*, 28, 142—172.

Mehta, P. D. & Neale, M. C. (2005). People are variables too: Multilevel structural equations mode ling. *Psychological Methods*, 10, 259—284.

Mischel, W. (1977). The interaction of person and situation. In Magnusson, D. & Endler, N. S. (Eds.), *Personality at the Crossroads: Current Issues in Interactional Psychology* (pp. 333—352). Hillsdale, NJ: Erlbaum.

Mueller, J. S. & Kamdar, D. (2011). Why seeking help from teammates is a blessing and a curse: A theory of help seeking and individual creativity in team contexts. *Journal of Applied Psychology*, 96, 263—276.

Murphy, K. R. & Myors, B. (1998). *Statistical Power Analysis: A Simple and General Model for Traditional and Modern Hypothesis Tests*. Mahwah, NJ: Lawrence Erlbaum Associates, Inc.

Muthen, B. (1994). Multilevel covariance structure analysis. *Sociological Methods and Research*, 22, 376—398.

Qin, X., DiRenzo, M. S., Xu, M. & Duan, Y. (2014). When do emotionally exhausted employees speak up? Exploring the potential curvilinear relationship between emotional exhaustion and voice. *Journal of Organizational Behavior*, 35(7), 1018—1041.

Rasbash, J. & Woodhouse, G. (1995). *Mln Command Reference*. London: University of London, Institute of Education.

Raub, S. & Liao, H. (2012). Doing the right thing without being told: Joint effects of initiative climate and general self-efficacy on employee proactive customer service performance. *Journal of Applied Psychology*, 97(3), 651—667.

Raudenbush, S. W., Bryk, A. S., Cheong, Y. F. & Congdon, R. T. Jr. (2004). *HLM6: Hierarchical Linear and Nonlinear Modeling*. IL: SSI.

Richter, A. W., Hirst, G., Van Knippenberg, D. & Baer, M. (2012). Creative self-efficacy and individual creativity in team contexts: Cross-level interactions with team informational resources. *Journal of Applied Psychology*, 97(6), 1282.

Schaubroeck, J. M., Hannah, S. T., Avolio, B. J., Kozlowski, S. W., Lord, R. G., Treviño, L. K. Peng, A. C. et al. (2012). Embedding ethical leadership within and across organization levels. *Academy of Management Journal*, 55(5), 1053—1078.

Schneider, B. (1987). The people make the place. *Person-

nel Psychology, 40, 437—453.

Schneider, B., White, S. S. & Paul, M. C. (1998). Linking service climate and customer perceptions of service quality: Test of a causal model. *Journal of Applied Psychology*, 83, 150—163.

Shaw, J. D., Zhu, J., Duffy, M. K., Scott, K. L., Shih, H. A. & Susanto, E. (2011). A contingency model of conflict and team effectiveness. *Journal of applied psychology*, 96(2), 391.

Škerlavaj, M., Černe, M. & Dysvik, A. (2014). I get by with a little help from my supervisor: Creative-idea generation, idea implementation, and perceived supervisor support. *The Leadership Quarterly*, 25(5), 987—1000.

Siebert, S. E., Silver, S. R. & Randolph, W. A. (2004). Taking empowerment to the next level: A multiple-level model of empowerment, performance, and satisfaction. *Academy of Management Journal*, 47, 332—349.

Statistical Sciences (1997). *S-PLUS* 4.0 *Guide to Statistics*. Seattle: Mathsoft.

Tangirala, S. & Ramanujam, R. (2008). Exploring nonlinearity in employee voice: The effects of personal control and organizational identification. *Academy of Management Journal*, 51(6), 1189—1203.

Tu, Y. & Lu, X. (2013). How ethical leadership influence employees' innovative work behavior: A perspective of intrinsic motivation. *Journal of Business Ethics*, 116(2), 441—455.

Van der Leeden, R. & Busing, F. M. T. A. (1994). First iteration versus igls/rigls estimates in two-level models: A Monte Carlo study with ML3. *Psychometrics and Research Methodology*, preprint PRM, 94—103.

Wang, M., Zhou, L. & Zhang, Z. (2016). Dynamic modeling. *Annual Review of Organizational Psychology and Organizational Behavior*, 3, 241—266.

Yammarino, F. J. & Markham, S. E. (1992). On the application of within and between analysis: Are absence and affect really group-based phenomena? *Journal of Applied Psychology*, 77, 168—176.

Zhang, Z., Zyphur, M. J. & Preacher, K. J. (2009). Testing multilevel mediation using hierarchical linear models: Problems and solutions. *Organizational Research Methods*, 12, 695—719.

延伸阅读

Bauer, D. J. , Preacher, K. J. & Gil, K. M. (2006). Conceptualizing and testing random indirect effects and moderated mediation in multilevel models: New procedures and recommendations. *Psychological Methods*, 11, 142—163.

Chan, D. (1998). Functional relations among constructs in the same content domain at different levels of analysis: A typology of composition models. *Journal of Applied Psychology*, 83, 234—246.

Enders, C. & Tofighi, D. (2007). Centering predictor variables in cross-sectional multilevel models: A new look at an old issue. *Psychological Methods*, 12, 121—138.

Hofmann, D. A. (1997). An overview of the logic and rationale of hierarchical linear models. *Journal of Management*, 23, 723—744.

Hofmann, D. A. & Gavin, M. B. (1998). Centering decisions in hierarchical linear models: Implications for research in organizations. *Journal of Management*, 24, 623—641.

Hofmann, D. A. , Griffin, M. A. & Gavin, M. B. (2000). The application of hierarchical linear modeling to organizational research. In Klein, K. J. & Kozlowski, S. W. J. (Eds.), *Multilevel Theory, Research, and Methods in Organizations: Foundations, Extensions, and New Directions* (pp. 467—511). San Francisco: Jossey-Bass.

Kozlowski, S. W. J. & Klein, K. J. (2000). A multilevel approach to theory and research in organizations: Contextual, temporal, and emergent processes. In Klein, K. J. & Kozlowski, S. W. J. (Eds.), *Multilevel Theory, Research, and Methods in organizations: Foundations, Extensions, and New Directions* (pp. 3—90). San Francisco: Jossey-Bass.

Mathieu, J. E. & Taylor, S. (2007). A framework for testing meso-mediational relationship in organizational behavior. *Journal of Organizational Behavior*, 28, 142—172.

Zhang, Z. , Zyphur, M. J. & Preacher, K. J. (2009). Testing multilevel mediation using hierarchical linear models: Problems and solutions. *Organizational Research Methods*, 12, 695—719.

第18章 纵向研究设计和分析

朱洪泉　亚利桑那州立大学

赵雁飞　印第安纳大学

> ▶ **本章大纲**
>
> 引言
> **18.1** 使用面板数据的优势
> **18.2** 普通最小二乘法模型的相关假设
> **18.3** 固定效应模型
> 　　18.3.1　固定效应模型的优点
> 　　18.3.2　固定效应模型的局限性
> 　　18.3.3　固定效应模型应用操作实例
> **18.4** 随机效应模型
> 　　18.4.1　随机效应模型的优点
> 　　18.4.2　随机效应模型的局限
> 　　18.4.3　随机效应模型应用操作实例
> 　　18.4.4　固定效应模型还是随机效应模型
> **18.5** 广义最小二乘法模型
> **18.6** 面板数据分析在 Stata 中的实例应用
> **18.7** 结语

引言

数据的类型总体上可以分为横截面数据(cross sectional data)和纵向数据(longitudinal data)。横截面数据只包括对多个观测体在单一时期内的观测值。比如,"福布斯500强"企业在2017年的销售额。纵向数据通常也叫作长期数据,总体上分为时间序列数据(time series data)和面板数据(panel data)两种。时间序列数据是对单一的观测体进行长期观测的结果。比如,一个国家的国内生产总值(GDP)随每个季度的变化,一个人的身高随时间的变化,等等。面板数据是对多个观测体进行的长期的观测数据。比如,一百个企业在过去10年里每年的绩效,500名员工过去三个月中每天的情绪表现等。面板数据综合了时间序列数据和横截面数据的共有属性,是管理学领域,尤其是宏观管理学领域中应用越来越多的数据类型,也是我们这一章中集中讨论的对象。

分析面板数据时值得注意的是因变量有时会是非连续型的变量,比如,虚拟变量(dummy variable)或者排序的变量。由于篇幅所限,对这些非连续型变量的分析在本章中我们并没有涉及。也就是说,我们将集中探讨对连续型的因变量(dependent variable)进行面板数据分析的常用方法。由于面板数据在宏观管理中的应用非常多,为了方便沟通,我们就假定我们所谈到的数据是关于企业层面的、跨年份的数据。我们用角标 i 来代表一个具体的企业,用角标 t 来代表一个观察的年限,用 Y_{it} 来代表因变量,用 X_{it} 来表示自变量(independent variable),用 β 来表示 X 的回归系数(regression coefficient),e_{it} 来表示残差项(error term)。当然我们所谈到的统计原理适合用于分析其他层面的数据,比如员工、行业层面的数据,也适合其他的观察时间单位,比如月份或天数。

由于大多数的读者可能对普通最小二乘法(ordinary least squares,OLS)都比较熟悉,所以在本章中,我们就把普通最小二乘法和常用的面板数据分析方法进行对比,来阐明面板数据分析应注意的主要问题。另外,由于篇幅限制,就不对各个模型进行系统的细节性数学描述了。感兴趣的读者可以参考其他相关书籍来理解具体的数学推理过程。另外,为了增强本章的实用性,我们还会有针对性地讨论在Stata这个应用软件里面如何进行面板数据分析。本章主要分为6个部分:第18.1节简要讨论使用纵向数据尤其是面板数据的优势;第18.2节回顾普通最小二乘法模型最相关的假设;第18.3节探讨固定效应模型(fixed-effects model);第18.4节探讨随机效应模型(random-effects model);第18.5节探讨广义最小二乘法(generalized least squares,GLS)模型;最后在第18.6节中我们通过对一个简单的、假想的数据库的编程分析来帮助读者进一步理解各种模型的选择和在Stata中的应用。

18.1 使用面板数据的优势

使用面板数据有很多优势,但如果对分析数据的方法掌握不当的话,也会造成错误。由于篇幅所限,我们这里就不进行系统的比较分析了,但总体来说使用面板数据一般可以给研究人员带来三个最主要的优势(Wooldridge,2010)。

第一个优势是可以更加充分地考虑不同的观测体的特性对回归的影响。比如说,当我们用横截面数据分析100个企业的时候,我们最后只能得到适合于100个企业的一组回归系数,反映出自变量和因变量间的系统性关系。而当我们有面板数据的时候,我们就可以允许每个企业都有自己独特的回归系数,截距项(intercept)也可以根据每个企业的特性而有所不同。这样的话就可以更加充分地利用信息,让我们的数据分析更有效,从而帮助我们得出更有针对性的统计结论。

第二个优势是面板数据可以帮我们控制一些难以观测到的因素对于结果的影响。比如,当一个企业做决定的时候,很大程度上都是受企业的文化影响的。可是企业的文化很难被观测,当这个企业的文化跟其他的自变量相互关联的时候,我们所进行的回归分析的结果是有偏差的。而在用面板数据的时候就可以用一些统计的方法来控制这些缺失的变量对回归结果的影响,达到无偏的估计。

第三个优势是可以更加好地得出变量间因果关系的结论。在使用横截面数据的时候,我们只能观测到两个变量之间的相关关系,不能观测到两个变量之间相互影响的时间顺序,而有了面板数据,我们就可以观测到原因是否发生在结果之前。

18.2 普通最小二乘法模型的相关假设

我们建议对普通最小二乘法还不熟悉的读者,在学习本章内容之前先去熟悉一下这个分析方法。因为本章的内容是基于读者对它的假设非常熟悉的基础上编写的。普通最小二乘法里面有几个关键的假设,包括残差项的分布符合正态分布,自变量和因变量之间的关系是否可以用线性的方式表达出来,存不存在多重共线性(multicollinearity)的问题,等等(Cohen & Cohen,2002)。这里面我们主要集中探讨两个非常关键的假设:第一个假设是每个自变量跟残差项之间都是相互独立的,它们之间的相关性(correlation)是零。当这个假设被违背的时候,通过普通最小二乘法得到的回归系数就是有偏差的。在宏观管理研究中这个假设常常会被违背,因为组织也好,个人也好,做出的决定很多时候都会受到一些组织和个人特有的属性的影响,而这些属性又很难被观测。比如,上面例子中说到的企业文化,很多时候会影响企业各个方面的决策,而当这些决策作为自变量被放到模型里面的时候,这个观测不到的企业文化和其他的自变量之间就会有比较明显的相关性。这就反映出残差项和自变量之间的非独立性,导致回归系数的偏差。这种问题在使用横截面数据尤其是二手数据进行分析的时候是没有很好的解决办法的,但是在使用面板数据的时候却有一些比较好的解决方法。这些方法我们在稍后讨论固定效应模型和广义最小二乘法模型的时候会具体讨论。

普通最小二乘法中的第二个关键假设是关于残差项的方差。残差项代表因变量不能够被自变量解释的部分。普通最小二乘法模型假设残差项的方差符合独立同分布,也就是说任何两个观测点的残差项都是独立同分布的。比如,两个不同的企业在相同时间或不同时间的残差项都是不相关的,而同一个企业在不同时间的残差项也是不相关的。另外,所有企业在所有时间残差的方差都是一样的。当这些假设被违背的时候,我们就不能得到合适的统计结论,也就是说在解释回归系数是不是在统计上显著的时候会犯错误。同一个企业在不同时间点的残差项之间的相关性,通常会被叫作自回归(autocorrelation),而不同的企业在同一时间点残差之间也有可能具有相关性,叫作残差的横向相关。另外,不同观测点的残差的方差可能是不一样的,也就是说会呈现异方差(heteroskedasticity)的问题。我们接下来会集中探讨一下固定效应模型、随机效应模型和广义最小二乘法模型是如何处理这些问题的。

18.3 固定效应模型

为了方便讨论,我们先把固定效应模型和随机效应模型用公式来表达:

固定效应模型:$Y_{it} = \alpha_i + \beta_1 X_{1it} + \beta_2 X_{2it} + \cdots + \beta_k X_{kit} + e_{it}$ (18-1)

随机效应模型:$Y_{it} = \mu_i + \beta_1 X_{1it} + \beta_2 X_{2it} + \cdots + \beta_k X_{kit} + e_{it}$ (18-2)

在这里,Y_{it}代表企业i在年限t的因变量的观测值,α_i代表固定效应模型中企业i的截距项,μ_i代表随机效应模型中企业i的截距项,$X_{1it} \cdots X_{kit}$代表可能影响因变量的各个自变量,$\beta_1 \cdots \beta_k$代表相应的自变量系数,最后是残差项e_{it}。

可以看出,固定效应模型和随机效应模型关键的区别在于对截距项的处理。固定效应模型里面每个截距项都是一个常数(用α_i表示)。而在随机效应模型里面,截距项却被处理成为一个随机变量(用 μ_i 表示)。除此之外,两个模型的设定基本一模一样(Wooldridge,2010)。

固定效应模型假定,每个观测体,比如说每个企业,都会存在一些固定的,不随时间变化的属性,这些属性能够影响其他的自变量 X 或因变量 Y 或者两个都会被影响。而这些观测不到的、又很相关的因素,我们必须在统计上进行控制。如上所述,当存在这些观测不到的属性时,用普通最小二乘法直接来分析数据得到的回归系数是有偏差的,因为残差项在这种情况下包含了与 X 相关的缺失变量(omitted variable)(也就是观测不到的属性)。

18.3.1 固定效应模型的优点

因为固定效应模型假定那些观测不到的相关因素都是不随时间变化而变化的,而且反映了每个企业独特的属性,所以我们在统计上可以用一组代表每个企业的虚拟变量来控制这些因素的影响。具体而言,也就是在普通最小二乘法模型里面加上一组代表每一个企业的虚拟变量,每一个企业都会有一个相应的0、1变量。而这代表每一个企业的虚拟变量也就抓住了所有的、有关既定企业的、不随时间变化的属性,这样就控制了那些难以观测到的、不随时间变化的相关因素对回归分析的影响,把这些因素从残差项中提出来,保证残差项与自变量间不再有相关性,帮助研究人员得到无偏回归系数。

感兴趣的读者可以自己试验一下,用 Stata 里 xtreg、fe 的指令得到的固定效应模型的结果和用 regress 的指令加上一组代表每个企业的虚拟变量的结果是一模一样的。也就是说在统计原理上分析面板数据所常用的固定效应模型实质上就是先在模型里加入代表每个企业固有属性的一组虚拟变量,然后用普通最小二乘法进行分析。当然,固定效应模型的原理还可以从其他的角度去理解,这里不再一一罗列(Wooldridge,2010)。

18.3.2 固定效应模型的局限性

第一,它只能控制那些不随时间变化的缺失变量,而不能够控制那些随时间变化的、观测不到的因素对结果的影响。

第二,固定效应模型除了在控制缺失变量上有优势,跟普通最小二乘法在对残差的处理上没有任何的区别,它既不处理自回归问题,也不处理残差横向相关的问题或异方差的问题。当然,大多数的统计软件里面是允许大家使用稳健标准误差(robust standard error)的,在某种程度上也就可以弥补固定效应模型这方面的缺陷。这个问题在下面讨论实例的时候，我们会再具体讨论。

第三，固定效应模型需要自变量和因变量对一个观测体来说随着时间的变化是比较显著的，当自变量或者是因变量随时间的变化非常小甚至不变化的时候，这个模型就不适用。比如，当一个研究者对一位高管人员的性别如何影响企业决策感兴趣的时候，他就不能使用固定效应模型，因为高管人员的性别是不会随时间变化而变化的，当固定效应模型用一个虚拟变量来抓住所有的不随时间变化的企业属性的时候，高管人员的性别也就会被吸入这个虚拟变量(也就是说高管的性别和代表这个企业的虚拟变量之间会是完全相关的，只有一个最后会留在模型里面)。这样的研究问题，就没有办法用固定效应模型来进行数据分析了。另外，用固定效应模型得到的统计结论不能适用样本之外的其他企业。如上所述，回归系数只反映了对一个既定的企业而言，自变量和因变量之间的关系。

18.3.3 固定效应模型应用操作实例

下面我们按照 Stata 里面的命令给出一些固定效应模型应用操作实例供读者参考。在 Stata 界面，基本的固定效应模型可以按以下命令执行：

$$\text{xtreg } Y\ X_1\ X_2 \cdots X_k,\ \text{fe}$$

当然在执行此命令之前，要首先指定代表观测体(如 firmid)和时间序列(如 year)的变量：xtset firmid year。观测体变量需要是数值格式。如果是字符串格式，应该先转换成数值格式：encode stringid, gen(firmid)。

这里我们额外强调三点。第一，可以在 xtreg 这个指令里面使用稳健标准误差。Stata 指令为：

$$\text{xtreg } Y\ X_1\ X_2 \cdots X_k,\ \text{fe vce(robust)}$$

这样可以帮助纠正异方差造成的偏差。此外，vce(cluster firmid)还可以帮助纠正自回归造成的偏差。当然我们也可以通过一些检验方法来首先确定异方差和自回归的严重性。相应指令分别是 xttest3 和 xtserial。注意 xttest3 用在 xtreg 之后，而后者指令可以写为 xtserial $Y\ X_1\ X_2 \cdots X_k$。两者分别在 $p<0.05$ 的情况下证明有异方差和自回归的存在。

第二，需要强调的是固定效应模型中回归系数的解释。每个自变量 X 的回归系数 β 的意思是说对于一个给定的观测体而言，当自变量 X 随时间变化一单位时，因变量 Y 增加或减少 β 单位。

第三，要强调的是固定效应模型还可以进行扩展，通过加入代表时间的虚拟变量来控制那些对每一个具体的时间所特有的而又很难观测到的因素对结果的影响。当然我们也可以通过指令 testparm i.year 来确定加入代表时间虚拟变量的必要性。这里的年份时间变量可以根据具体的数据格式来更换,比如,可以是月份(month)或者天(day)。

18.4 随机效应模型

如上所述,固定效应模型和随机效应模型从数学表达方式来看,最主要的区别就是对截距项的处理。固定效应模型把截距项作为每个观测体特有的一个常数,反映为代表每一个观测体的虚拟变量的回归系数。相对比而言,随机效应模型则把截距项作一个随机变量来处理。

18.4.1 随机效应模型的优点

与普通最小二乘法相对比,随机效应模型在对数据信息的使用上比较有效,它既考虑了不同观测体之间的区别,也考虑了同一观测体内随时间不同而产生的区别。从技术上讲,随机效应模型得到的回归系数相当于对观测体之间和观测体内分别使用最小二乘法得到的回归系数的一种加权平均(Wooldridge,2010)。这样的处理方法相对于普通最小二乘法而言考虑到了不同观测体之间的不同特性,允许不同的观测体有不同的回归系数(即作为随机变量的截据项),对信息的使用更加有效。固定效应模型只考虑了同一观测体内部随时间的变化,而没有考虑不同观测体之间的差异对结果的影响。所以,相对固定效应模型而言,随机效应模型对信息的使用是更有效的,它既考虑了同一观测体内部随时间的变化,也考虑了不同观测体之间的差异对结果的影响。

具体而言,相对于固定效应模型,随机效应模型还有两个明显的优势。第一,在随机效应模型里面,研究人员可以系统地检验不随时间显著变化的自变量和因变量之间的关系。固定效应模型要求自变量和因变量随时间的变化都比较显著,当两者其中之一随时间变化很小的时候就不再适用,而随机效应模型在这方面没有限制。

第二,随机效应模型可以处理等同性自回归(interchangeable autocorrelation)的问题,模型假定同一观测体不同时间点之间的残差项之间都有相同的相关性。比如,它假设一个企业今年的残差和去年的残差之间的相关性是 a,那么这个企业今年的残差和十年前之间的残差相关性也是 a。这种对自回归的假设虽然比较基础,但是相对于固定效应模型而言仍然是一个进步,能够满足一些数据处理的要求。

18.4.2 随机效应模型的局限

随机效应模型中最强的一个假设就是这个随机的截距项和模型中其他的自变量之间是独立分布的,也就是说与所有自变量之间的相关性都为零。这在统计上就要求模型中包括所有的可能对因变量产生影响的因素。这个要求在很多情形下都不容易被满足。如上所述,经常有一些研究人员观测不到的因素能够影响自变量,同时也会对结果产生影响,这样的缺失变量是很难完全地观测和控制的。固定效应模型能帮助大家控制那些观测不到且不随时间变化的因素对结果的影响。由于随机效应模型对缺失变量的假设非常强,假定模型中没有缺失变量,当缺失变量确实存在的时候,回归的结果会出现偏差,所以很多研究人员对使用随机效应模型抱有非常谨慎的态度,认为固定效应模型会更加可靠,因为固定效应模型在处理缺失变量方面上的优势。另外,随机效应模型对异方差没有进行额外的处理,必要时需要使用稳健标准误差予以纠正。

18.4.3 随机效应模型应用操作实例

在 Stata 界面,基本的随机效应模型可以按以下命令执行:

$$\text{xtreg } Y\ X_1\ X_2 \cdots X_k,\ \text{re}$$

这里有三个问题需要强调:

第一,xtreg 这个指令里面,选择 re 选项的时候,实际上给出的是广义最小二乘法回归模型的结果。也就是说随机效应模型是一种特殊的,广义最小二乘法回归模型。具体而言,随机效应模型得到的回归系数相当于对观测体之间和观测体内分别使用最小二方差乘法得到的回归系数的一种加权平均。

第二,当我们担心有异方差的时候,可以在随机效应模型里使用稳健标准误差。固定效应模型和随机效应模型,本身都没有对异方差进行处理,所以使用稳健标准误差,在很多情况下是非常合适的。

第三,当解释随机效应模型得到的回归系数的时候,比较准确的解释方法是,当自变量 X 随着时间和观测体变化一个单位的时候,平均而言因变量 Y 会增加或减少 β 单位。

18.4.4 固定效应模型还是随机效应模型

到这里,我们已经介绍了固定效应和随机效应的一些基本概念和 Stata 指令。下面简要总结一下,在什么情况下使用固定效应模型,什么情况下使用随机效应模型来分析面板数据。

第一，当有比较明显的不随时间变化而又很难观测到的缺失变量时，使用固定效应模型可以有效地控制这些因素对结果的影响，帮助研究者得到无偏的回归结果，此时，固定效应模型更合适。相反，当对缺失变量的顾虑比较小的时候，随机效应模型会更合适。

第二，随机效应模型假设残差项和所有的自变量之间都是不相关的，也就是说假定并不存在主要的缺失变量。当不能很好地满足这个假设的时候，随机效应模型得到的回归结果是有偏差的，此时，使用这个模型就不合适。

第三，当自变量和因变量都随着时间显著变化的时候，使用固定效应模型比较合适；相反，当自变量或者因变量随时间变化很小的时候，使用固定效应模型就不合适。

第四，固定效应模型分析得到的结论只适用于样本。当不是强烈需要把结论扩大到适用于样本之外的观测体的时候，固定模型也比较适宜。

第五，当面板比较短观测体又比较多的时候，使用固定效应模型时虚拟变量会消耗很大的自由度，所以此时使用随机效应模型可能会更合适。

除了在概念上可以判断什么时候固定效应模型和随机效应模型更合适，在统计分析上还经常使用的一个办法就是豪斯曼检验（Hausman test）。它检验的实际上就是在随机效应模型中残差项和其他自变量之间是否存在着显著的相关性。如上所述，这也是随机性效应模型里面最最关键的一个理论假设。豪斯曼检验默认的假设是，残差项和自变量之间不存在相关性的情况下，随机效应模型是合适的。当这个默认的假设被拒绝的时候，随机效应模型就不再合适。我们将在本章第18.5节给出在Stata里面如何进行豪斯曼检验的实例。

18.5 广义最小二乘法模型

广义最小二乘法模型是在使用普通最小二乘法模型的前提假设不能被完全满足的情况下，可以利用方差和协方差矩阵对原有模型的等号两边同时进行线性的转换，通过一系列的线性转换之后使得方差和协方差矩阵满足普通最小二乘法的要求，从而得到无偏的回归系数的方法（Dobson & Barnett, 2008）。

广义最小二乘法模型在对原有的模型进行线性转换的过程中，可以对方差和协方差矩阵的属性进行具体的假设。比如，当假设不同观测体之间的残差是相互独立分布的，而同一观测体在不同时间的残差的相关性是相同的时候，这个模型得到的结果也就是随机效应模型得到的结果。广义最小二乘法模型可以做出更多、更复杂的假设,也就可以满足更多种情况下对数据处理的要求。本章只就个别较常见的情况进行讨论。

当残差项呈现非等同性的自回归时,比如,一阶二阶自回归或者是移动自回归,固定效应模型和随机效应模型都不能很好地处理这样的情况,如上所述,固定效应模型假定不存在任何形式的自回归,随机效应模型假定只存在着等同性的自回归。另外固定效应模型和随机效应模型都不能处理具体的异方差,而只能够依靠使用稳健型方差来部分地处理这个问题。相比而言,广义最小二乘法模型却能够比较系统地处理各种形式的自回归及相当程度的异方差。

上面我们给出了在 Stata 这个软件中,如何检验自回归存在的方法(xtserial)。当使用这个指令后,我们判断数据残差项存在一阶自回归的情况下,固定效应模型和随机效应模型都不是最理想的模型选择,而选择广义最小二乘法模型却能够比较好地处理这样的数据。另外,广义最小二乘法模型还可以精确地指定异方差的存在与否,并进行相应的处理和纠正。

相比固定效应模型和随机效应模型而言,横面的残差相关问题也可以在广义最小二乘法模型中得到更好、更系统的处理。一般而言,当面板数据的长度少于20—30年的时候,不需要特别担心横面的残差相关问题,但是当数据的长度超过30年的时候,广义最小二乘法模型就更加适用。Stata里面检验横面残差相关的方法可以通过 xttest2 或者 xtcsd 来执行。前者适用于观测时间远大于观测体数目的情况,而后者更适用于观测体数目远大于观测时间的情况。

下面我们先简单列出 Stata 里面常用的一些广义最小二乘法分析的指令,在本章第 18.6 节将给出相应的具体实例分析。

处理异方差指令:xtgls $Y\ X_1\ X_2\cdots X_k$, panels(hetero);

处理异方差和横面相关指令:xtgls $Y\ X_1\ X_2\cdots X_k$, panels(correlated);

处理异方差、横面相关和一阶自回归指令:xtgls $Y\ X_1\ X_2\cdots X_k$, panels(correlated) corr(ar1)。

18.6　面板数据分析在 Stata 中的实例应用

前面我们介绍了三种常用的面板数据分析方法(固定效应模型、随机效应模型和广义最小二乘法模型)并对三种方法进行了概括和对比。为了帮助读者更直观、更深入地理解这几种方法在 Stata 中的实际应用,我们接下来将围绕一个具体、假想的数据库提供一些简单易懂而又系统的分析步骤,并提供相应指令和运算结果。

第18章 纵向研究设计和分析

假设我们搜集了一个关于私营企业的面板数据。在这个数据库中,共有595家私营企业。对每家企业,我们每年观测一次,共观测七年。观测的项目包括企业业绩(以千美元为单位,并经过对数转换)、企业年龄(按年份计)、员工数目和企业创始启动资金(以百万美元为单位)。这里企业业绩可以是年收入、净收入等。注意这只是个假想的例子,具体数据单位和数值并不一定符合实际,所以我们不建议读者深究对以下分析结果的解释。相反,读者应该集中精力理解各个分析步骤和如何使用相应的 Stata 指令。表 18-1 截取了整个数据库的一部分,以给读者对面板数据的直观认识。整个数据库可以通过网站(https://www.dropbox.com/sh/164u5olp4s8y4i2/AADphV3YKYbIH8PglsLtzUyLa?dl=0)下载。

表 18-1 数据库的部分截取

firmid	year（观测年限,年）	l-performance（企业业绩,元）	firm age（企业年龄,年）	employee（员工数量,人）	original fund（企业创始启动资金,十万元）
1	1	5.56068	3	32	9
1	2	5.72031	4	43	9
1	3	5.99645	5	40	9
1	4	5.99645	6	39	9
1	5	6.06146	7	42	9
1	6	6.17379	8	35	9
1	7	6.24417	9	32	9
2	1	6.16331	30	34	11
2	2	6.21461	31	27	11
2	3	6.2634	32	33	11
2	4	6.54391	33	30	11
2	5	6.69703	34	30	11
2	6	6.79122	35	37	11
2	7	6.81564	36	30	11
3	1	5.65249	6	50	12
3	2	6.43615	7	51	12
3	3	6.54822	8	50	12
3	4	6.60259	9	52	12
3	5	6.6958	10	52	12
3	6	6.77878	11	52	12
3	7	6.86066	12	46	12

进行面板数据分析的第一步,要使用如图 18-1 所示的命令先指定面板数据的观测体和时间变量:

```
. * Set Data as Panel Data
. xtset firmid year
      panel variable:  firmid (strongly balanced)
       time variable:  year, 1 to 7
               delta:  1 unit
```

图 18-1 面板数据分析指令

需要注意的是 firmid 如果是字符串变量,要先转换成数值变量:encode firmid,gen(firmid1),然后在上述 xtset 指令中用 firmid1 代替 firmid。否则会显示错误信息。

结果显示 firmid 代表观测体,year 代表时间变量。strongly balanced 告诉我们数据是平衡的,也就是说所有企业在所有年份都有观测数据。如果一个企业某一年或某几年的数据缺失,那么数据就是不平衡的。不平衡的面板数据一般都可以使用固定效应和随机效应模型进行分析,也可以使用很多广义最小二乘法进行分析。有兴趣的读者可以参考其他资料进一步了解具体怎样处理不平衡面板数据。

假设我们的研究问题是企业年龄、员工数量和企业创始启动资金对企业业绩有何影响,那么最简单的方法是用混合普通最小二乘法(pooled ordinary least squares),指令和显示结果如图 18-2 所示:

```
. * Pooled OLS estimator
. regress lperformance firmage employee originalfund

      Source |       SS       df       MS              Number of obs =    4165
-------------+------------------------------           F(  3,  4161) =  467.07
       Model |  223.425816     3   74.4752721           Prob > F      =  0.0000
    Residual |  663.479085  4161   .159451835           R-squared     =  0.2519
-------------+------------------------------           Adj R-squared =  0.2514
       Total |  886.904902  4164   .212993492           Root MSE      =  .39931

-----------------------------------------------------------------------------------
 lperformance |     Coef.   Std. Err.      t    P>|t|     [95% Conf. Interval]
--------------+--------------------------------------------------------------------
      firmage |   .0131608   .0005786    22.75   0.000     .0120264    .0142951
     employee |   .0064961   .0012073     5.38   0.000     .0041292     .008863
 originalfund |   .0765796   .0022746    33.67   0.000     .0721202    .0810391
        _cons |   5.127268   .0667767    76.78   0.000     4.99635    5.258186
```

图 18-2 混合普通最小二乘法指令和显示结果

使用混合普通最小二乘法的一个重要假设是各个观测体之间没有显著差异,即没有面板效应。在 Stata 中可以通过 xttest 0 命令来检测这个假设是否正确。执

第 18 章 纵向研究设计和分析

行这个指令之前,我们要先执行随机效应模型的分析指令。

结果显示我们应该拒绝这个零假设,也就是说各观测体之间确实存在重要差异,那么这种情况下随机效应模型就比混合普通最小二乘法更适用。下面是随机效应模型得到的结果。

我们上面讨论过随机效应模型的一个重要假设是观测体的残差和自变量之间是没有相关性的。当这个假设不成立的时候,我们应该倾向于使用固定效应模型。豪斯曼检验可以帮助我们做出固定效应模型和随机效应模型之间的选择。

如图 18-3 所示,在豪斯曼检验之前我们要先执行固定效应模型并保存估计值,然后执行随机效应模型并保存估计值,最后在这些保存的估计值的基础上进行

```
. * Breusch-Pagan LM test for random effects versus OLS
. quietly xtreg lperformance firmage employee originalfund, re

. xttest0

Breusch and Pagan Lagrangian multiplier test for random effects

        lperformance[firmid,t] = Xb + u[firmid] + e[firmid,t]

        Estimated results:
                         Var      sd = sqrt(Var)
            lperfor~e   .2129935    .4615122
                    e   .0235511    .1534636
                    u   .1063581    .3261259

        Test:   Var(u) = 0
                             chibar2(01) =  5169.64
                          Prob > chibar2 =   0.0000
. * Random effects estimator
. xtreg lperformance firmage employee originalfund, re

Random-effects GLS regression                   Number of obs     =      4165
Group variable: firmid                          Number of groups  =       595

R-sq:  within  = 0.6503                         Obs per group: min =         7
       between = 0.1524                                        avg =       7.0
       overall = 0.1626                                        max =         7

                                                Wald chi2(3)      =   2792.35
corr(u_i, X)   = 0 (assumed)                    Prob > chi2       =    0.0000

------------------------------------------------------------------------------
lperformance |      Coef.   Std. Err.      z    P>|z|     [95% Conf. Interval]
-------------+----------------------------------------------------------------
     firmage |   .0570861   .0011033    51.74   0.000     .0549236    .0592486
    employee |   .0015308    .000753     2.03   0.042     .0000551    .0030066
 originalfund|   .1142181   .0062162    18.37   0.000     .1020346    .1264016
       _cons |   4.004136   .0946092    42.32   0.000     3.818705    4.189566
-------------+----------------------------------------------------------------
     sigma_u |  .32612592
     sigma_e |  .15346359
         rho |  .81871127   (fraction of variance due to u_i)
------------------------------------------------------------------------------
```

图 18-3 豪斯曼检验指令

豪斯曼检验。这里的结果告诉我们随机效应的假设（观测体的残差和自变量之间没有相关性）不成立，那么这种情况下固定效应模型就更加适用。图18-4显示固定效应模型指令和结果。

```
. * Hausman test for fixed versus random effects model
. quietly xtreg lperformance firmage employee originalfund, fe

. estimates store fixed

. quietly xtreg lperformance firmage employee originalfund, re

. estimates store random

. hausman fixed random

                 ———— Coefficients ————
                    (b)          (B)         (b-B)      sqrt(diag(V_b-V_B))
                   fixed        random     Difference          S.E.
      firmage    .0969388      .0570861      .0398527        .0004431
     employee    .0011433      .0015308     -.0003876            .

                b = consistent under Ho and Ha; obtained from xtreg
     B = inconsistent under Ha, efficient under Ho; obtained from xtreg

 Test:  Ho:  difference in coefficients not systematic

              chi2(2) = (b-B)'[(V_b-V_B)^(-1)](b-B)
                      =     8089.66
            Prob>chi2 =     0.0000
            (V_b-V_B is not positive definite)

. * Fixed effects estimator
. xtreg lperformance firmage employee originalfund, fe
note: originalfund omitted because of collinearity

Fixed-effects (within) regression          Number of obs    =     4165
Group variable: firmid                     Number of groups =      595

R-sq:  within  = 0.6508                    Obs per group: min =       7
       between = 0.0251                                   avg =     7.0
       overall = 0.0440                                   max =       7

                                           F(2,3568)        =  3325.13
corr(u_i, Xb)  = -0.9142                   Prob > F         =   0.0000

 lperformance |   Coef.    Std. Err.     t      P>|t|    [95% Conf. Interval]
      firmage |  .0969388   .001189    81.53    0.000    .0946077    .09927
     employee |  .0011433   .0006033    1.90    0.058   -.0000396   .0023262
 originalfund |         0  (omitted)
        _cons |  4.698224  .0369345   127.20    0.000    4.62581    4.770639

      sigma_u |  1.0575523
      sigma_e |   .15346359
          rho |   .97937676   (fraction of variance due to u_i)

F test that all u_i=0:     F(594, 3568) =    54.34         Prob > F = 0.0000
```

图18-4　固定效应模型指令和结果

值得一提的是固定效应模型中企业创始启动资金（original fund）的估计值被省略掉了。这是因为企业创始启动资金在企业创始之初就是确定了的，不会随着观测年份的推进而改变。由于固定效应模型中自变量的估计值是建立在自变量在各观测体内部不同时间的变化的基础上而得出的,固定效应模型就无法对不随时间变化的自变量给出估值。

在固定效应模型中,我们可以同时加入时间固定效应来控制那些对每一个具体的时间所特有的而又很难观察到的因素对结果的影响。在 Stata 中我们可以通过指令(testparm)来首先确定加入时间固定效应的必要性。如图 18-5 结果显示,这里加入时间固定效应确实是有帮助的。

```
. * Test whether time fixed effects are necessary
. xtreg lperformance firmage employee originalfund i.year, fe
note: originalfund omitted because of collinearity
note: 7.year omitted because of collinearity

Fixed-effects (within) regression              Number of obs      =      4165
Group variable: firmid                         Number of groups   =       595

R-sq:   within  = 0.6546                       Obs per group: min =         7
        between = 0.0251                                      avg =       7.0
        overall = 0.0445                                      max =         7

                                               F(7,3563)          =    964.68
corr(u_i, Xb)  = -0.9123                       Prob > F           =    0.0000

------------------------------------------------------------------------------
lperformance |      Coef.   Std. Err.      t    P>|t|     [95% Conf. Interval]
-------------+----------------------------------------------------------------
     firmage |   .0959014   .001476    64.97   0.000     .0930076    .0987953
    employee |   .0009485   .0006024    1.57   0.115    -.0002325    .0021295
originalfund |          0  (omitted)
             |
        year |
          2  |  -.0065641   .0082285   -0.80   0.425    -.022697     .0095689
          3  |   .0290156   .0078212    3.71   0.000     .0136811    .0443501
          4  |   .0323372   .007685     4.21   0.000     .0172699    .0474046
          5  |   .0270289   .007817     3.46   0.001     .0117026    .0423552
          6  |   .0089387   .0082194    1.09   0.277    -.0071765    .0250538
          7  |          0  (omitted)
             |
       _cons |   4.714973   .0404877  116.45   0.000     4.635592    4.794355
-------------+----------------------------------------------------------------
     sigma_u |  1.0472049
     sigma_e |   .15273695
         rho |   .9791703   (fraction of variance due to u_i)
------------------------------------------------------------------------------
F test that all u_i=0:     F(594, 3563) =     45.22            Prob > F = 0.0000

. testparm i.year

 ( 1)  2.year = 0
 ( 2)  3.year = 0
 ( 3)  4.year = 0
 ( 4)  5.year = 0
 ( 5)  6.year = 0

       F(  5,  3563) =      7.81
            Prob > F =    0.0000
```

图 18-5 加入时间固定效应指令及结果

下一步我们给出异方差、自回归(serial correlation)和横面相关(cross-sectional dependence)的检验方法。

```
. * Test heteroskedasticity
. quietly xtreg lperformance firmage employee originalfund, fe

. xttest3

Modified Wald test for groupwise heteroskedasticity
in fixed effect regression model

H0: sigma(i)^2 = sigma^2 for all i

chi2 (595)  =    1.6e+08
Prob>chi2   =    0.0000

. * Test serial correlation
. xtserial lperformance firmage employee originalfund

Wooldridge test for autocorrelation in panel data
H0: no first-order autocorrelation
    F(  1,     594) =     26.756
           Prob > F =     0.0000

. * Test cross-sectional dependence/contemporaneous correlation
. quietly xtreg lperformance firmage employee originalfund, fe

. xtcsd, pesaran  //this is suitable for the context of small T and large N

Pesaran's test of cross sectional independence =    12.830, Pr = 0.0000
```

图 18-6　异方差、自回归和横面相关的检验结果

结果显示在这个面板数据中确实存在异方差、自回归和横面相关的问题。我们上文讨论过在异方差、自回归和横面相关存在的情况下,广义最小二乘法模型可能比固定效应模型和随机效应模型更适用。图 18-7 是广义最小二乘法在 Stata

```
. * Correlation and heteroskedasticity across panels and autocorrelation within panels
. xtgls lperformance firmage employee originalfund, panels(correlated) corr(ar1)

Cross-sectional time-series FGLS regression

Coefficients:  generalized least squares
Panels:        heteroskedastic with cross-sectional correlation
Correlation:   common AR(1) coefficient for all panels  (0.8716)

Estimated covariances      =   177310         Number of obs      =     4165
Estimated autocorrelations =        1         Number of groups   =      595
Estimated coefficients     =        4         Time periods       =        7
                                              Wald chi2(3)       =     6.72
                                              Prob > chi2        =   0.0813

------------------------------------------------------------------------------
lperformance |   Coef.   Std. Err.      z    P>|z|     [95% Conf. Interval]
-------------+----------------------------------------------------------------
     firmage |  .0435333   .0203626     2.14   0.033     .0036234    .0834433
    employee |  -.01194     .01219    -0.98   0.327    -.0358319    .0119519
originalfund |  .3095296   .1344988    2.30   0.021     .0459168    .5731423
       _cons |  2.302243   1.996757    1.15   0.249    -1.611329    6.215814
------------------------------------------------------------------------------

Note: when the number of panels is greater than or equal to the number
      of periods, results are based on a generalized inverse of a
      singular matrix.
Note: you estimated at least as many quantities as you have observations.
```

图 18-7　广义最小二乘法应用

中的应用,这里通过加入 panels(correlated) corr(ar1) 选项同时考虑到和纠正了异方差、自回归和横面相关存在的问题。

18.7 结语

近年来,面板数据已经成为宏观管理研究中最常见的数据类型。本章介绍性地讨论了最常见的固定效应模型、随机效应模型和广义最小二乘法模型。我们讨论了在什么情况下随机效应模型会优于普通最小二乘法,什么情况下使用固定效应模型和随机效应模型更合适,以及什么情况下广义最小二乘法模型更有优势。最后我们围绕一个具体的、假想的数据库,在 Stata 里提供了一些简单易懂而又系统的分析步骤,并提供了相应指令和运算结果。希望这些讨论会对读者有益。

参考文献

Cohen, J., Cohen, P., West, S. G. & Aiken, L. S. (2002). *Applied Multiple Regression/Correlation Analysis for the Behavioral Sciences*, (3rd Ed.). New Jersey, Mahwah: Lawrence Erlbaum Publishers.

Dobson, A. J. & Barnett, A. (2008). *An Introduction to Generalized Linear Models*, (3rd Ed.). New Jersey: Chapman & Hall/CRC.

Wooldridge, J. M. (2010). *Econometric Analysis of Cross Section and Panel Data*, (2nd Ed.). Boston, MA: MIT press.

第19章 事件历史分析法

沈　伟　亚利桑那州立大学

于铁英　波士顿学院

> ▶ 本章大纲
>
> 引言
> **19.1**　在组织管理研究中的应用
> **19.2**　组成元素和数据结构
> 　　19.2.1　客体和事件
> 　　19.2.2　影响事件发生的因素
> 　　19.2.3　时钟和时钟时间
> 　　19.2.4　数据结构
> **19.3**　优越性和对时钟时间效应的处理
> 　　19.3.1　方案一：作为一个普通解释变量
> 　　19.3.2　方案二：比例风险模型
> 　　19.3.3　方案三：事件—时间加速模型
> **19.4**　研究设计
> 　　19.4.1　样本和数据搜集
> 　　19.4.2　主要变量的测量
> 　　19.4.3　统计分析方法和结果
> **19.5**　结语

引言

在组织与管理研究中,学者们经常会对某些特定事件的发生与否感兴趣,希望深入了解为什么这些事件会发生或者没有发生,以及哪些因素影响它们发生。对于这种情况,我们可以运用事件历史分析法(event history analysis)来分析。事件历史分析法也被称为生存分析法(survival analysis 或 lifetime analysis),因为它在早些时候经常被用在生物医疗领域中,来研究一种新的药品或治疗方法是否能够有效地治愈某种疾病或者延长病人生命。在 20 世纪八九十年代,越来越多的学者认识到了事件历史分析法相对于一些传统研究方法的优越性,因此出现了许多介绍它的书籍和文章,包括 Allison(1984)、Morita 等(1989)、Singer 和 Willett(1991)、Yamaguchi(1991)等。目前,这种研究方法已经应用到了许多的领域,包括社会学、政治学、犯罪学、人口学、教育学、心理学、组织管理学等。

本章我们将在以上文献的基础上结合自己的理解,侧重从研究方法的角度(而不是从统计分析的角度)对事件历史分析法做一个初步的介绍,以便让研究者尤其是尚未接触过它的研究者能够了解如何运用它来研究一些重要的组织管理学问题。我们首先简单地梳理了 2007—2017 年发表在 AMJ 和 Strategic Management Journal 中采用事件历史分析法的文章,让读者既能对近年在顶级管理学期刊上采用这种方法所研究的组织管理事件的类型有所了解,也能认识到它应用的广泛性。其次我们对事件历史分析法,包括它的三个重要组成元素、数据结构及优越性进行系统介绍。最后我们引用最近在 AMJ 上发表的一项研究作为范例来说明运用事件历史分析法时如何进行研究设计、搜集和处理数据、统计分析,以及如何解释结果。我们的目的是希望读者在阅读完本章之后能够对事件历史分析法有初步的了解和认识,知道在什么情况下可以运用这种研究方法,以及如何运用它。

19.1 在组织管理研究中的应用

在组织管理研究中,事件历史分析法最早被组织理论学者用于对组织生存和死亡的研究(Tuma & Hannan,1984)。Morita 等(1989)把它运用到组织行为学中对组织成员离职或退出(turnover)的研究。战略管理学者随后把它运用于对 CEO 离职和继任的研究(Ocasio,1994;Cannella & Shen,2001;Shen & Cannella,2002)。近年来,组织管理学界越来越多地采用事件历史分析法,通过对组织管理学的两个顶级期刊(AMJ 和 Strategic Management Journal)在 2007—2017 年发表的所有文章的梳理,我们发现一共有 48 篇文章采用了这一研究方法。

纵观这 48 篇文章,我们可以看到事件历史分析方法除了被继续用于研究企业死亡(例如,Dowell et al. ,2011;Bradley et al. , 2011;Swift,2016;Xia et al. ,2016)和 CEO 离职或继任(例如,Boivie et al. ,2016;Chen et al. ,2014;Zhang,2008),还被广泛地用于其他与企业有关事件的研究中,比如,并购(Iyer & Miller,2008;Kim et al. ,2015;Ozmel et al. ,2017)、战略合作的建立与终止(Beckman et al. ,2014;Cui et al. ,2011;Stern et al. ,2014)、新市场的进入与退出(Guo et al. ,2017;Lee,2008;Xia et al. ,2009)、企业对被并购的子公司是卖掉还是继续保留的决定(Shimizu, 2007),以及企业在中国汶川地震后的捐献行为(Luo et al. ,2016),等等。另外,除了针对在企业和个人身上发生的组织管理事件,事件历史分析方法还被用于研究其他的客体和事件,比如,Hiatt 和 Park(2013)用它研究美国农业部(United States Department of Agriculture)对转基因物种(genetically modified organisms)的审核决定,Boone 和 Ozcan(2014)用它研究美国生物乙醇行业(bio-ethanol industry)1978—2013 年合作社的建立,Barroso 等(2016)用它研究美国电视系列剧 1946—2003 年的存活与消亡情况。以上文章表明,事件历史分析方法正在被广泛地用于对各种与组织管理相关事件的研究中。因此,我们认为组织管理领域的学者有必要了解、学习这种研究方法。

19.2 组成元素和数据结构

事件历史分析法,简单地讲,是对研究者所关心的事件是否会发生,以及为什么会发生或为什么不会发生进行纵向分析(longitudinal analysis)的一种方法。因为一个事件的发生与否实际上是对一个客体(如个人、团队、组织)在某个方面发生变化与否的跨时间记录,运用事件历史分析法进行研究需要包含以下三个重要组成元素:(1)所研究的客体和事件;(2)可能影响事件发生的因素;(3)对客体、事件和影响因素进行追踪记录所用的时钟(clock)和时钟时间(clock time)。如果研究者关心的是事件发生之后对客体本身或其他个体、组织的影响(如 Morgeson et al. ,2015),那么就需要采用其他研究方法,而不是事件历史分析法。

19.2.1 客体和事件

任何事件都是发生在特定客体上的。因此,在运用事件历史分析法的研究中,客体和事件是密不可分的。客体可以是组织中的个人、团队、部门，也可以是组织本身。比如，如果研究者关心的是影响员工离职的原因，那么员工就是所要研究的客体，离职就是所要研究的事件。在研究设计中，可以先选取一批刚刚进入企业的在职员工作为样本，然后对每一位员工进行跟踪并记录该员工是否在观察期间离职。如果某位员工在跟踪观察期间离职，那么研究者所关心的事件就在该个体上发生，否则就没有发生。在统计分析上，事件在样本中每个客体上发生与否就构成了事件历史分析法中的结果变量（即因变量），通常记录为一个二元虚拟变量（dichotomous variable），1代表事件发生，0代表事件没有发生。在这种情况下，研究者只对在客体上发生的一类事件（如离职）感兴趣。

在有些情况下，研究者可能同时关心在客体上可能发生的两类彼此互不相容的竞争性事件（competing events）。所谓两类事件互不相容是指它们不可能发生在同一个客体上，即如果事件A在某个客体上发生，那么事件B就不会在这个客体上发生；反之，如果事件B在某个客体上发生，那么事件A就不会在这个客体上发生。比如，Cannella和Shen（2001）对CEO指定继承人的研究就是这样一个例子。美国的许多大公司采用一种叫作接力的CEO继任方式：一般是现任CEO在达到退休年龄的两年到四年之前，先指定一位高管作为未来的继任者，即指定继承人；然后现任CEO和指定继承人一起为将来的权力交接做准备，以确保到现任CEO离任时指定继承人能够顺利胜任（Vancil，1987）。然而，Cannella和Shen（2001）发现大约只有2/3的指定继承人如预期那样继任成为他们公司的CEO，而另外1/3的指定继承人则在成为公司CEO之前离开了公司。在这种情况下，研究者可以只聚焦于"继任与否"作为发生在CEO指定继承人上的事件，在对事件（结果变量）的记录中用1代表继任发生，用0代表继任未发生；研究者也可以只聚焦于"继任前离开公司与否"作为发生在CEO指定继承人上的事件，在对事件（结果变量）的记录中用1代表在继任前离开公司，用0代表没有离开。这两种处理方法都是上面所讲的用一个二元虚拟变量来记录一类事件在客体上发生与否。除此之外，还有另外一种可能的处理方式，就是Cannella和Shen（2001）所采用的同时对继任和继任前离开公司这两类互不相容的竞争性事件感兴趣：对于任何一个CEO指定继承人而言，如果继任成功，那么他就没有在继任前离开公司；反之，如果在继任前离开公司，那么他就没有继任成功。Cannella和Shen（2001）认为这两类事件的发生可能受到不同因素的影响。为了验证他们的理论假设，在对结果变量的记录中，Cannella和Shen（2001）用0代表没有事件发生，用1代表继任发生，用2代表在继任前离开公司。

需要指出的是,在客体上发生的相关事件通常不止一类。比如,在上面提到的关于员工离职的研究中,在员工身上既可能发生离职也可能发生升职。如果研究者把离职作为事件的发生用 1 来记录,而把没有发生离职通通用 0 来记录,那么这实际上是把升职和没有发生职位变化作为同一种情况来处理的。另外,即使就离职事件本身来说,也存在主动离职(voluntary turnover)和被动离职(involuntary turnover)两种截然不同的情况,而且影响它们发生的因素也可能很不一样。如果研究者只想了解引起主动离职的原因,那么在对事件的记录上则可以只把主动离职的发生作为 1 而其他情况都作为 0 来处理。如果研究者只想了解引起被动离职的原因,那么在对事件的记录上则可以只把被动离职的发生作为 1 而把其他情况都作为 0 来处理。如果研究者想同时了解一些个人因素,如年龄、教育程度、婚姻状况等,分别对员工主动离职和被动离职的影响,那么可以把主动离职和被动离职作为互不相容的竞争性事件来处理,在对事件的记录上把没有发生离职情况作为 0,把主动离职的发生作为 1,把被动离职的发生作为 2。因此,在采用事件历史分析法时,研究者需要根据研究目的和研究问题来确定所感兴趣的事件并记录这些事件在样本中的发生情况,同时需要非常清楚可能发生的相关事件有哪几类,以确保自己对所研究事件的定义和记录是恰当的。

19.2.2 影响事件发生的因素

因为事件历史分析法的目的是帮助研究者更好地了解所研究事件发生与否的原因,所以采用这种方法的研究需要在理论构建上系统探讨影响事件发生的因素并提出具体假设来预测这些因素如何影响事件发生的可能性(likelihood)或风险(hazard)。这些因素就构成了事件历史分析法中的解释变量(即自变量)。研究者对于这些因素的筛选并建立假设的过程就是理论构建的过程,是在对所研究现象及与之相关文献的把握和理解的基础上进行的。这个过程和采用其他定量分析方法的实证研究中的理论构建过程是一样的。本书的其他篇章会详细论述如何进行理论构建。这里需要特别指出的是:在事件历史分析法中,对于任何一个解释变量所提出的理论假设都是用来预测该变量是否会提高或降低所研究事件在客体上发生的可能性的,而且这个对事件发生可能性的提高或降低(也就是正向或负向的作用)是相对于没有事件发生的情况而言的。

影响事件发生的因素(解释变量)可以是随时间变化而变化的变量(time-variant explanatory variables),如个人的行为、婚姻状况、企业的规模和业绩等;也可以是不随时间变化而变化的变量(time-invariant explanatory variables)或相对稳定、在观察期内没有发生改变的变量,如客体的初始状况、个人的出生地和性别、企业的注册地和行业划分等。和记录事件发生与否一样,研究者也需要跟踪记录这些解释变量。如果某个解释变量在一个客体上的观测值是固定的,不随时间的变化而变化,那么对它的记录就相对容易。但是,在研究中,大多数变量都会随时间变化。在这种情况下,研究者不但需要对这些变量进行跟踪记录,而且要选择进行跟踪记录的时间间隔。与这个问题息息相关的就是我们下面要讲的事件历史分析法的第三个重要组成元素:时钟和时钟时间。

19.2.3 时钟和时钟时间

在事件历史分析法中,为了记录事件在一个客体上发生的"历史"(包括是否发生及发生的时间),研究者需要给样本中每个客体都安排一个时钟。这个"历史"的时钟从什么时候开始计时和到什么时候结束至关重要。严格来讲,针对每个客体的时钟都应该是从该客体一旦面临事件发生的可能性或风险的时候就开始计时,直到事件在该客体发生或对该客体的观察期结束为止。比如,以研究一家企业的员工离职为例,因为每位员工从正式加入这家企业那一刻开始就有离职的可能性,那么对样本中员工进行记录的时钟就应该从这些员工正式加入企业时开始计时,并且开始跟踪记录所有相关变量,包括时钟时间及离职这个事件是否在这些员工身上发生。从数据搜集的角度讲,除搜集解释变量和控制变量之外,这里还涉及对事件历史分析法中两个重要变量的记录。其中一个是对因变量"离职与否"的记录,另一个是对作为自变量的时间变量"时钟时间"的记录,即从员工入职开始到记录时的时间。当离职在某位员工身上发生时,那么针对该员工,离职这个因变量的值就从 0 变为 1,而时钟时间的值就是这名员工从入职到离职的时间。同时,由于该员工的时钟因为离职这个事件的发生而停止,对该员工的跟踪记录也就停止了。对于那些没有离职的员工,研究者需要对他们每一个人继续跟踪记录,直到离职发生或者对该样本的观察期结束为止。那些在观察期结束时仍然在职的员工被看作被从右侧截断的观察项(right censored observations)。

在采用事件历史分析法的研究中,样本里每一个客体的时钟最好同时开始计时,也就是说所有客体在同一时间开始面临事件发生的风险,这样就可以排除由于时钟在不同时间开始计时可能对事件发生造成的潜在影响。比如,在 2017 年 6 月进入一家企业的员工所面临的离职风险与在 2017 年 1 月进入该企业的员工相比可能由于入职时间的不同而存在着系统差异,因此在进行离职研究时最好选取在同一时间进入这家企业的员工作为样本进行跟踪记录。然而在实际研究中,特别是在组织层面的研究中,研究者通常是先确定样本(sample)和观察期(observation period),然后搜集样本里每个客体的时钟在何时开始计时的数据。例如,在 Shen 和 Cannella(2002)关于 CEO 继任的研究中,作者们先随机选取了 1988 年美国的 512 家上市公司作为样本,然后对这些公司的每一位 CEO 进行跟踪,直到 1997 年年底。因为从理论上讲每位 CEO 从上任开始就面临着被继任的风险,所以在这项研究中所有 CEO 的时钟都是在他们上任时开始计时的。于是,Shen 和 Cannella(2002)需要先搜集样本中每位 CEO 上任的时间,然后从那一时刻开始跟踪记录他们的各项相关数据和继任情况。对于在 1988 年和 1997 年之间上任的 CEO,他们的时钟是在观察期期间开始计时的,因此样本中含有这些 CEO 从上任开始时的所有数据。如果他们之中的一些人在观察期结束时仍然在职,那么这些人在观察期结束后的数据就是上面所讲的被从观察期的右侧截断了。而对于在 1988 年之前上任的 CEO 来说,由于他们的时钟是在观察期之前开始计时的,这些 CEO 从上任开始到 1988 年之前的数据就像被从 1988—1997 年这个观察期的左侧截断一样,研究者把他们称为被从左侧截断的观察项(left censored observations)。如果把这些存在被从左侧截断的数据的 CEO 从样本中去掉,不但会减少样本数量,还可能会在统计分析中对 CEO 继任发生的可能性造成估值偏差(estimation bias)(Tuma & Hannan,1984)。因此,Shen 和 Cannella(2002)决定保留所有在 1988 年之前上任的 CEO 的数据,但是这些 CEO 的观察项是从 1988 年开始的,到继任发生,或者到观测期截止的 1997 年年底结束,包括记录他们任期的时间变量 t(通过搜集他们每一个人的上任时间计算得出)。因为样本中 CEO 在上任时间上存在很大差异,可能会对他们的任期和继任情况产生影响,研究者可以考虑在统计分析中加入一些关于上任时间的虚拟变量来控制上任时间的潜在影响(比如,将上任时间分为 1985 年之前、1985—1989 年、1990—1994 年、1995 年之后,等等)。

在对时钟时间和事件发生与否的记录上,还有一个重要的决定是把时钟时间作为连续变量还是离散变量来处理。如果作为连续变量,那么采用这种处理方式的事件历史分析法被称为连续时间变量事件历史分析法(continuous-time event history analysis);如果作为离散变量,那么采用这种处理方式的事件历史分析法被称为离散时间变量事件历史分析法(discrete-time event history analysis)。当把时间作为连续变量处理时,研究者假定知道事件发生的确切时间;当把时间作为离散变量处理时,研究者只知道事件在哪个时间段发生,而不知道发生的确切时间。在实践中,时间总是以一定的时间段或时间单位来测量的,如分钟、小时、天、月、年等。另外,在记录事件发生时间的同时,还要考虑对其他变量的记录和测量。在组织管理研究中，虽然研究者可能把某些事件发生的时间精确到小时或分钟，但却常常无法做到以小时或分钟为单位来测量其他变量。这个问题在依赖二手数据的宏观领域尤为突出，因为关于企业的许多信息（如资产、业绩等）通常是以财政季度或年度为单位更新的，而有些信息（如董事会构成、高管薪酬等）则是以财政年度为单位更新的。在这种情况下，研究者可以根据大多数变量的数据更新频率选择合适的单位来记录时钟时间和事件发生与否。例如，在对 CEO 离职的研究中可以以年为单位来记录每一位 CEO 的在职时间，以及他们是否在当年离职。

把时间作为连续变量或离散变量的处理不但和所选择的时间单位有关，也和样本中客体面临事件发生风险的时钟时间长度有关。一般来说，所选择的时间单位越小，研究者越倾向于把时钟时间当作连续变量来处理，因为在同样长度的观察期内，选用更小的时间单位可以让研究者对每个客体都拥有更多的观察项，也就可以更精确地建立关于事件发生可能性和时钟时间之间函数关系的数学模型，即事件在时钟时间点 t 发生的可能性 $h(t)$ 与时钟时间点 t 本身的函数关系：$h(t) = f(t)$。相反，所选择的时间单位越大，每个客体的观察项就越少，研究者就越倾向于把时钟时间当作离散变量来处理。例如，Cannella 和 Shen(2001)在对 CEO 指定继承人的研究中是以年为单位来记录指定继承人的任期及事件的发生与否的。由于每位 CEO 指定继承人的任期都相对较短，平均不到五年，也就是说，每个客体的观察项平均不到五个，因此作者决定在他们的研究中把时钟时间作为离散变量来处理。需要指出的是，当对客体的观察项多到足以用来建立关于事件发生可能性和时钟时间之间的函数关系时，研究者也可以把用较大单位来记录的时钟时间当作连续变量来处理。例如，在对 CEO 离职的一项研究中，Ocasio(1994)虽然也是用年来记录 CEO 任期和是否发生离职，但是由于样本中有许多 CEO 的任期超过 15 年，有些甚至超过 20 年(最长是 48 年)，于是他在建立 CEO 离职和 CEO 任期之间的函数关系时决定把记录 CEO 任期的时钟时间作为连续变量来处理。

19.2.4　数据结构

上面介绍的三个组成元素决定了数据结构。为了让读者对事件历史分析法的基本构成元素和数据结构有一个更为直观的认识，下面我们以 CEO 离职为例，对上面提到的概念进行进一步解释和说明。如果要研究影响中国上市公司 CEO 离职的因素，那么 CEO 就是被研究的客体，离职就是要跟踪记录的事件。假设我们预测公司的业绩好降低了 CEO 的离职风险而公司的业绩不好则提高了 CEO 的离职风险，即公司业绩对 CEO 的离职风险有负向作用。为了检验这个假设，我们以

2010 年年初所有在沪市和深市上市的公司为样本,跟踪记录每家公司从 2010 年年初到 2015 年年底的 CEO 任职和离职情况,即观察期是 2010—2015 年,并以年为单位来记录 CEO 任期这个时钟时间变量和 CEO 离职这个因变量。对于样本中的每位 CEO 而言,他的时钟是从上任那年开始计时的,所记录的时钟时间就是他在 CEO 这个职位上的时间,即在职时间(tenure)。我们用 1 来记录离职发生,用 0 来记录离职没有发生。在对这些 CEO 的跟踪记录中,离职与否是因变量,任期是自变量时钟时间,公司业绩是解释变量。除了记录它们,我们还需要记录控制变量,例如,CEO 的性别、年龄和公司上市的地点等。为了简便起见,我们只以在深市上市的公司 A 和在沪市上市的公司 B 为例。通过采集公司 2010—2015 年年报中的高管数据,我们发现 2010 年 A 公司的 CEO 甲于 2012 年离职;甲的继任者乙于 2014 年离职;乙的继任者丙在 2015 年年底仍然是 A 公司的 CEO。2010 年 B 公司的 CEO 丁在 2015 年年底仍然是 B 公司的 CEO。通过对年报的进一步挖掘,我们搜集到甲和丁的上任时间,其中甲从 2008 年开始担任 A 公司 CEO,丁从 2003 年开始担任 B 公司 CEO。搜集完这些 CEO 的数据之后,我们还搜集了公司上市的年份和 2010—2015 年期间每年的业绩 ROA。把这些数据汇总后,数据文件的结构应该如表 19 – 1 所示:

表 19 – 1 数据文件结构

firm	year	CEO	YOA	tenure	turnover	ROA	sex	age	Shenzhen
A	2010	甲	2008	2	0	0.11	1	58	1
A	2011	甲	2008	3	0	0.09	1	59	1
A	2012	甲	2008	4	1	0.07	1	60	1
A	2013	乙	2012	1	0	0.08	0	50	1
A	2014	乙	2012	2	1	0.05	0	51	1
A	2015	丙	2014	1	0	0.07	1	56	1
B	2010	丁	2003	7	0	0.06	0	53	0
B	2011	丁	2003	8	0	0.08	0	54	0
B	2012	丁	2003	9	0	0.05	0	55	0
B	2013	丁	2003	10	0	0.11	0	56	0
B	2014	丁	2003	11	0	0.07	0	57	0
B	2015	丁	2003	12	0	0.09	0	58	0

在表 19-1 中，firm 记录的是公司名称或代码（A、B），year 记录的是观察期内的年度（2010—2015），CEO 记录的是每位 CEO 的姓名或代码（如果有重名情况，需要给每位 CEO 一个独特的代码），YOA 记录的是每位 CEO 上任的时间（时钟开始计时的时间），tenure 记录的是每位 CEO 的在职年限（也就是从时钟开始计时到每个年度的时间，由 year 的值减去 YOA 的值得到），turnover 是记录离职发生与否的因变量（1 为发生，0 为未发生），ROA 用来解释 CEO 离职的公司业绩，sex 是记录 CEO 性别的二元虚拟变量（1 为男性，0 为女性），age 是 CEO 的年龄，Shenzhen 记录的是公司上市地点（1 为深市，0 为沪市）。

我们可以看到，在甲、乙、丙、丁四位 CEO 中，甲和丁在 2010 年以前的任期数据被从观察期的左侧截掉了，丙和丁在 2015 年之后的任期数据被从观察期的右侧截掉了，只有乙一个人的任期数据在观察期内有完整记录。在这种情况下，如果我们只保留有完整数据的客体，那么样本的数量不但会大大减少，而且也会在统计分析中对 CEO 离职发生可能性的估值造成偏差（Tuma & Hannan, 1984），因为这种做法通常让我们只能保留那些任期较短的 CEO——在观察期内完成从上任到离职的 CEO，于是造成样本存在选择性偏差（sample selection bias）。即使我们把观察期延长几年，也会存在这个问题，除非我们能够把观察期扩展到足够长。很多情况下，受到数据的限制，我们无法把观察期扩展到足够长。如果我们把数据被从左侧或右侧截掉的客体都保留，就不用担心样本是否存在选择性偏差这个问题。

在这个例子中，$CEOi$ 在任期时间 t 内（即在 tenure 为第 t 年时）离职的风险 h_{it}（hazardor hazard rate of turnover in year t）在统计分析中假定可以简单地用公式来表达：

$$h_{it} = a + b_1 ROA_{it} + BX_{it} + h(t) \qquad (19-1)$$

其中，ROA_{it} 是解释变量公司业绩，X_{it} 代表所有的控制变量，$h(t)$ 是样本中在时间 t 开始时仍然在职的所有 CEO 在该时间段 t 内离职的基准风险（baselinehazardrate）。对于时间变量 tenure 是作为连续变量处理还是作为离散变量处理，需要先看看它在样本中的分布情况，如果绝大部分 CEO 到离职时的任期相对较短（如甲和乙），那么适合把它作为离散变量处理；反之，可以作为连续变量处理（我们会在下面具体介绍事件历史分析法中对时钟时间效应的三种不同处理方案）。最后，如果回归结果显示 ROA 的回归系数 b_1 的值为负并且在统计上显著，那就表明实证结果和理论假设的预期是一致的，即公司的业绩好降低了 CEO 的离职风险而公司的业绩不好则提高了 CEO 的离职风险。

虽然上面只是一个简单的例子，但是它包含了事件历史分析法的三个基本构成要素:(1)所研究的客体(CEO)和事件(turnover);(2)可能影响事件发生的因素(ROA 作为解释变量,sex、age、Shenzhen 作为控制变量);(3)对客体、事件和影响因素进行追踪记录所用的时钟时间和在职时间(每位 CEO 的时钟时间从上任时开始计时,以年为单位,用 tenure 来记录他们在观察期内每个年度的在职时间)。如果研究者通过增加解释变量和控制变量建立了一个更加复杂、全面的理论模型,并搜集了更多的关于公司和 CEO 的数据,那么可以使用 firm 和 year 这两个变量通过匹配把新搜集的公司层面的数据加进来,使用 CEO 和 YOA 这两个变量通过匹配把新搜集的 CEO 数据加进来。

19.3 优越性和对时钟时间效应的处理

事件历史分析法作为用来研究事件是否会发生,以及为什么会发生或为什么不会发生的一种纵向研究方法,相对于截面研究法(cross-sectional study)具有许多优越性。比如,因为样本中存在多个客体而且在不同时间点每个客体一般都有多个观察项,这样在统计分析上就可以更好地控制个体效应(actor effects)和时间效应(temporal effects)对因变量的影响。另外,我们在前面讲到,事件历史分析法允许研究者把样本中所有包含左截数据和右截数据的客体都保留下来并用于统计分析中,这样不但增加了样本量也避免出现样本选择偏差。

在对时间效应的处理上,使用事件历史分析法可以进一步区分出两个不同的时间效应:一个是我们日常所用的自然时间,如日历上的年、月、日和财政年度、季度(如 2000 年第一季度到 2017 年第四季度);另一个是针对每个客体面临事件发生风险的时钟时间。对于前者,研究者在统计分析中通常采用一系列的二元虚拟变量来控制它们的影响。对于后者,在事件历史分析法中存在几种不同方案。我们认为这几种不同方案的存在也是事件历史分析法优越性的一个重要方面,因为它们允许研究者根据所研究事件的特性来选取合适的方案。需要指出的是,事件历史分析法特别强调时钟时间对事件发生的影响,因此在事件历史分析法中对时间效应的讨论一般是针对时钟时间的。下面我们就对这几种对时钟时间效应的处理方案进行简单的介绍。

19.3.1 方案一:作为一个普通解释变量

对时钟时间最简单的处理方案就是把它当作一个普通的解释变量来处理(Allison,1984)。这种处理方案经常出现在使用 logistic 回归进行事件历史分析的研究中。在 logistic 回归中,事件在时钟时间为 t 时发生在客体 i 上的风险可以用概率 $\text{prob}(y_{it}=1)$ 来表示,它与所有解释变量的关系用公式表示为:

$$\text{prob}(y_{it}=1) = \frac{\exp(BX)}{1+\exp(BX)} \quad (19-2)$$

其中, X 代表所有解释变量,包括时钟时间变量 time。

那么,在时钟时间为 t 时,客体 i 上的事件发生的可能性(odds),即事件发生的概率 $\text{prob}(y_{it}=1)$ 和事件不发生的概率 $1-\text{prob}(y_{it}=1)$ 之比就是:

$$\text{odds}(y_{it}=1) = \left(\frac{\exp(BX)}{1+\exp(BX)}\right) \bigg/ \left(1 - \frac{\exp(BX)}{1+\exp(BX)}\right) = \exp(BX) \quad (19-3)$$

在对式(19-1)两边进行自然对数(logit)转换就得到:

$$\log[\text{odds}(y_{it}=1)] = \log[\exp(BX)],即$$
$$\log[\text{prob}(y_{it}=1)/(1-\text{prob}(y_{it}=1))] = BX \quad (19-4)$$

如果把代表时钟时间的变量 time 从 X 中单独分离出来,然后仍然用 X 代表其他所有解释变量,就得到:

$$\log[\text{prob}(y_{it}=1)/(1-\text{prob}(y_{it}=1))] = BX + b\text{time} \quad (19-5)$$

如果 logistic 回归结果显示时钟时间的回归系数 b 在统计上显著,就表明时钟时间对事件的发生有显著影响。当然,也可以用一系列的二元虚拟变量来代表时钟时间上的每个时间点,这样研究者就可以知道每个时间点对事件发生的独特影响。

如果想了解解释变量对事件发生的 odds 的影响,就需要运用式(19-3),因为在式(19-3)中的因变量是事件发生的 odds,$\text{prob}(y_{it}=1)/[1-\text{prob}(y_{it}=1)]$。式(19-3)表明,对于任何一个解释变量 x(包括时钟时间变量在内),它的回归系数 b 就代表了当这个解释变量的值每增加一个单位(unit)时,譬如从 x_1 变为 x_1+1,在其他条件不变的情况下,事件发生的 odds 就会变为原来 odds 的 $\exp(b)$ 倍。因此,$\exp(b)$ 也就是解释变量的值每增加一个单位时所导致的事件发生可能性的比率(odds ratio),即两个 odds 之比,的变化。推导如下:

$$\text{odds}(y=1 | x=x_1) = \exp(bx_1) \quad (19-6)$$
$$\text{odds}(y=1 | x=x_1+1) = \exp[b(x_1+1)]$$
$$= \exp(bx_1+b_1) = \exp(bx_1)\exp(b) \quad (19-7)$$

式(19-7)左右两边同时除以式(19-6)左右两边,就得到:

$$\text{odds}(y=1 | x=x_1+1)/\text{odds}(y=1 | x=x_1)$$

$$= \exp(bx_1) \times \exp(b)/\exp(bx_1) = \exp(b) \qquad (19-8)$$

式(19-8)表明,在其他条件不变的情况下,事件在解释变量 $x = x_1 + 1$ 时发生的 odds 是 $x = x_1$ 时发生的 odds 的 $\exp(b)$ 倍,即在 $x = x_1 + 1$ 时事件发生的 odds 与在 $x = x_1$ 时事件发生的 odds 的比率是 $\exp(b)$。

同时,式(19-8)表明,当 $\exp(b) > 1$ 即 $b > 0$ 时,事件发生的可能性会随着 x 数值的增加而提高;当 $\exp(b) < 1$ 即 $b < 0$ 时,就意味着事件发生的可能性随着 x 数值的增加而降低。例如,在 Cannella 和 Shen(2001)的研究中,CEO 指定继承人的时钟时间是以年为单位来测量的在位年限,logistic 回归显示它对继任发生的回归系数是 -0.10($p < 0.05$)。这个结果表明,CEO 指定继承人的在位年限每增加一年,他们继任成为 CEO 的 odds 的自然对数就会比前一年增加 -0.10(即降低 0.10);也就是说,在其他条件不变的情况下,如果 CEO 指定继承人在第 t 年没有继任成为 CEO,那么他们在第 $t+1$ 年继任成为 CEO 的 odds 就会变为他们在第 t 年的 odds 的 $\exp(-0.10)$ 倍,即 0.905 倍或 90.5%。因此,这个结果显示继任在 CEO 指定继承人身上发生的可能性随着他们在位年限的增加而降低。

19.3.2 方案二:比例风险模型

对时钟时间效应的第二种处理方案是采用比例风险模型(proportional hazard model)。这种方案假定事件在时钟时间为 t 时发生在客体 i 上的风险 h_{it} 是时间效应 $h(t)$ 和其他解释变量效应 $\exp(BX)$ 的乘积,即 $h_{it} = h(t)\exp(BX)$,其中 $h(t)$ 是样本中在时钟时间 t 开始时还存在的所有客体(也就是尚未发生事件的客体)在该时间段 t 内面临事件发生的基准风险(baseline hazard),X 是去除时钟时间之外的所有解释变量。在这个假定条件下,h_{it} 和基准风险 $h(t)$ 的比率(hazard ratio)就可以表示为:

$$h_{it}/h(t) = \exp(BX) \qquad (19-9)$$

在对式(19-9)两边进行自然对数(logit)转换就得到:

$$\log[h_{it}/h(t)] = \log[\exp(BX)],即$$
$$\log[h_{it}/h(t)] = BX \qquad (19-10)$$

Cox(1972)指出,在比例风险这个假定下,研究者可以不用考虑具体的风险函数(hazard function)就可以估测解释变量对事件发生风险的影响。比如,如果解释变量 x 的回归系数 b 在统计上显著,那么 x 的值每增加 1 个单位,譬如从 x_1 变为 $x_1 + 1$,在其他条件不变的情况下,h_{it} 和基准风险 $h(t)$ 的比率就会变为原来比率的 $\exp(b)$ 倍。因此,$\exp(b)$ 也就是解释变量的值每增加一个单位时所导致的风险比

率,即两个风险之比的变化。推导如下:

$$h_{it}(y=1|x=x_1)/h(t) = \exp(bx_1) \quad (19-11)$$

$$h_{it}(y=1|x=x_1+1)/h(t) = \exp[b(x_1+1)]$$
$$= \exp(bx_1+b1) = \exp(bx_1)\exp(b) \quad (19-12)$$

因为事件在时钟时间为 t 时发生的基准风险 $h(t)$ 是固定的,将式(19-12)左右两边同时除以式(19-11)左右两边,就得到:

$$h_{it}(y=1|x=x_1+1)/h_{it}(y=1|x=x_1)$$
$$= \exp(bx_1) \times \exp(b)/\exp(bx_1) = \exp(b) \quad (19-13)$$

式(19-13)表明,在其他情况不变的情况下,当解释变量 x 的值每增加一个单位从 x_1 变为 x_1+1 时,事件发生的风险变为原来风险的 $\exp(b)$ 倍,即在 $x=x_1+1$ 时事件发生的风险与在 $x=x_1$ 时事件发生的风险的比率是 $\exp(b)$。当回归系数 $b>0$ 时, $\exp(b)>1$,意味着事件发生的风险随着解释变量 x 值的增加而提高,即 $h_{it}(y=1|x=x_1+1)/h_{it}(y=1|x=x_1)>1$。相反,当 $b<0$ 时, $\exp(b)<1$,意味着事件发生的风险随着解释变量 x 值的增加而降低,用公式表示为:

$$h_{it}(y=1|x=x_1+1)/h_{it}(y=1|x=x_1) < 1 \quad (19-14)$$

因为这种对时钟时间效应的处理方案最早是由 Cox(1972)提出的,它通常被称为 Cox 比例风险模型,简称 Cox 模型。在这个模型中,研究者并不关心事件发生风险和时钟时间的具体函数关系,而只关心解释变量对事件发生风险的影响。例如,Boivie 等(2016)利用它来分析董事会席位对高管被任命为 CEO 的影响。我们在后面介绍研究设计时引用的 Guo 等(2017)的文章也是利用 Cox 比例风险模型来分析市场占有企业在对外交流时所使用语言的模糊程度对潜在竞争者随后是否进入该市场的影响。

19.3.3 方案三:事件—时间加速模型

对时钟时间效应的第三种处理方案是事件—时间加速模型(accelerated failure-time model,AFT)。在这种方案中,客体 i 的生存时间 t(survival time,即没有发生事件的时钟时间)和解释变量之间被假定存在如下关系:

$$\log(t_i) = BX + z_i \quad (19-15)$$

其中, $\log(t_i)$ 是生存时间 t 的自然对数, X 代表所有解释变量, z_i 是误差项。误差项 z_i 的分布函数 $f(\ )$ (distribution form 或 density)决定了具体的回归模型。比如,如果 $f(\ )$ 是正态分布,就得到 lognormal 回归模型;如果 $f(\ )$ 是 logistic density,就得到 log-logistic 回归模型;如果 $f(\ )$ 是 extreme-value density,就得到 exponential 和

Weibull 回归模型(Stata,2003:202)。对式(19-15)的两边同时取自然基数指数,就得到:

$$\exp[\log(t_i)] = \exp(BX + z_i)$$

即:

$$t_i = \exp(BX) \times \exp(z_i) \tag{19-16}$$

对式(19-16)再进行转换,两边同时除以 $\exp(BX)$,就得到

$$t_i / \exp(BX) = \exp(z_i)$$

即:

$$\exp(z_i) = \exp(-BX) \times t_i \tag{19-17}$$

式(19-17)显示,一旦误差项 z_i 的分布函数 $f(\ )$ 被确定,事件—时间加速模型就是把客体 i 的生存时间 t_i 通过添加 $\exp(-BX)$ 这个因子而加快或减慢。也就是说,客体 i 在时钟时间 t 不发生事件的概率相当于样本在时间 $\exp(-BX) \times t$ 不发生事件的基准概率。当 $\exp(-BX) > 1$,即 $(-BX) > 0$ 时,时钟时间被加快;当 $\exp(-BX) < 1$,即 $(-BX) < 0$ 时,时钟时间被减慢。因此,这种模型虽然被称为事件—时间加速模型,但实际存在时间被加速和被减速两种情况,这取决于 $(-BX)$ 的值。另外,事件—时间加速模型是把时钟时间作为连续变量处理的。当使用这种模型时,研究者不但关心事件发生可能性和时钟时间的函数关系,而且需要在回归分析中选择合适的误差项 z_i 的分布函数 $f(\ )$。在前面提到的关于 CEO 离职的研究中,Ocasio(1994)、Shen 和 Cannella(2002)都是采用事件—时间加速模型来处理 CEO 任期和离职关系的,因为这两项研究都强调 CEO 任期和离职之间的函数关系。

因为事件—时间加速模型预测的是客体的生存时间,对解释变量的解释和 logistic 回归、Cox 模型不太一样。式(19-16)显示,客体 i 的生存时间 t_i 是由 BX 和 z_i 共同决定的。在 z_i 确定了的情况下,当解释变量 x 的值为 x_1 时,客体 i 的生存时间 t_i 为

$$t_i = \exp(bx_1) \times \exp(z_i) \tag{19-18}$$

当解释变量 x 的值增加一个单位变为 $x_1 + 1$ 时,客体 i 的生存时间 t_i 变为

$$t_i = \exp[b(x_1 + 1)] \times \exp(z_i)$$
$$= \exp(bx_1 + b) \times \exp(z_i) = \exp(bx_1) \times \exp(b) \times \exp(z_i) \tag{19-19}$$

也就是说,客体 i 在 x 值为 $x_1 + 1$ 时的生存时间是在 x 值为 x_1 时生存时间的 $\exp(b)$ 倍。当回归系数 $b > 0$ 时,$\exp(b) > 1$,意味着客体的生存时间随着 x 值的增加而延长,即事件发生的可能性随着 x 值的增加而降低;相反,当回归系数 $b < 0$ 时,$\exp(b) < 1$,意味着客体的生存时间随着 x 值的增加而减短,即事件发生的可能

性随着 x 值的增加而增加。因此,在使用事件—时间加速模型时,一定要注意回归分析结果是对客体生存时间的预测还是对事件发生风险的预测。

最后,我们想要指出,在上面三种对时钟时间的处理方案中,只有在 logistic 回归中是把它作为一个普通解释变量来处理的,因此,只有在 logistic 回归的结果中有时钟时间的回归系数,而在 Cox 比例风险模型和事件—时间加速模型中没有。另外,Cox 比例风险模型不考虑事件发生风险和时钟时间的具体函数关系。研究者可以根据自己的研究问题、研究目的和所拥有的数据来决定在统计分析中如何处理时钟时间效应。

19.4 研究设计

最后,我们以在 AMJ 上最近发表的一篇关于动态竞争的实证文章为例(Guo et al.,2017),从研究设计的角度具体介绍一下怎么运用事件历史分析法。和使用其他定量研究方法一样,完成一篇使用事件历史分析法的实证研究,在理论假设的构建结束之后,大体要经过以下几个步骤:(1)样本选择和数据搜集;(2)变量测量:在这一步中研究者要明确研究的基础单位和时钟的设置方法;(3)统计分析模型的选择:在这一步中研究者要明确对时钟时间效应处理方案的选择;(4)统计分析的结果和解释及稳健性检验(robustness test)。我们从样本和数据搜集入手,然后讲述变量的测量和统计方法的选择,最后阐述对统计分析结果的解释。

考虑到前面的介绍中主要是以离职研究为例,我们在这里特意选择了动态竞争研究中一篇关于市场进入的文章以便让读者更好地了解如何在不同的情境下使用事件历史分析法。在这篇文章中,Guo 等(2017)关心的是企业间的语言交流在动态竞争中的作用,特别是市场占有者(market incumbent firms)能否通过在对外交流中使用某种类型的语言来有效阻止潜在竞争者(potential entrants)进入他们的市场,所提出的理论假设是:市场占有企业在对外交流时所使用语言的模糊程度和潜在竞争者随后进入该市场的可能性之间的关系是负相关(第 2079 页),即市场占有企业在对外交流时所使用的语言越模糊,潜在竞争者进入该市场的可能性越低。显然,在这项研究中,自变量是市场占有企业在对外交流时所使用语言的模糊程度,因变量是潜在竞争者随后是否进入该市场。如果使用事件历史分析法,研究者不但需要知道每家市场占有企业对外交流的时间,而且需要确认每家市场占有企业在每个市场所面临的潜在竞争者作为研究的客体,以及时钟时间在这些客体上开始计时的时间和停止计时的时间。对这些问题的考虑会直接影响研究设计,特别是对样本的选择和数据的搜集。

19.4.1 样本和数据搜集

基于上面的考虑和以下几点原因，Guo等（2017）选择美国国内航空业作为实证测试的基地并构建了一个纵向数据库去跟踪记录1995—2001年每一个市场潜在竞争者进入某个特定市场的时间。首先，根据产业组织经济学理论，阻止潜在竞争者进入市场只有在一定的市场结构下才有意义，因为在有些产业中市场进入策略会受到规章制度和垄断的影响。所以，为了检验上面的理论假设，作者必须选择一个阻止潜在竞争者进入对市场占有者非常重要的行业。在这方面，美国航空业脱颖而出，因为这是一个最常被前人拿来研究市场进入阻断和竞争的行业。另外，因其服务公众的性质，该行业为公众提供了极为详尽的二手数据。这使研究者有可能正确解读所选样本公司的年度报告和季度报告，并搜集大量关于该行业及样本公司的特征变量。

作者从美国交通部和美国运输统计局提供的"航空出发地与目的地研究""航空公司统计"和"航空公司财政报告"三个数据库搜集了所需数据。"航空出发地与目的地研究"数据库（DB1A）是以美国合法航空公司售出的定期航班总机票数的10%为样本。作者用DB1A这一样本来确定市场划分，并为航空公司计算票价。"航空公司统计"数据库包含航空公司的交通状况信息，可以利用这一数据库来计算航空公司的市场份额、乘客流量和客运运载率。最后，作者利用"航空公司财政报告"这一数据库获取航空公司的财务、运营及劳动力数据，并利用这些数据计算一系列样本公司的业绩变量，如员工人数、财务状况、资金流动和资本与负债比率等。

与前人研究一致，作者将"市场"定义为包含起点城市和终点城市的航线并且决定只研究直飞（direct flight）和一站式飞行（one-stop flight）的航线，因为这两种航线通常会被顾客视作替代品。市场占有者被定义为拥有超过5%的市场份额或是拥有超过最低规模效应的航空公司（每季度至少搭载900位乘客或一条航线每天至少搭载10位乘客）。这一定义使样本企业里既包括了大航空公司也包括了只飞特定航线的小航空公司。潜在竞争者被定义为那些虽然没有直接运营连接起点城市和终点城市的航线，但是有运营从起点城市和终点城市出发（或到达）航线的航空公司。根据估算，一旦一个航空公司在两个城市都有航班，这家航空公司开启这两个城市之间直飞航线的可能性会增加70倍。因此，一旦某家航空公司成为某条航线市场的潜在竞争者，它的时钟就开始计时并且开始以季度为单位对它是否进入该市场(即开启这条航线)进行跟踪记录。这也就决定了这项研究的数据结构是按照潜在竞争者—航线市场—季度划分成一个个以季度为单位的时间区间。在搜集所有数据后,最后的样本包括了18家美国国内航空公司、5 156条航线市场及8 095个已实现的新市场进入。

19.4.2 主要变量的测量

为了测量自变量,市场占有企业对外交流的模糊性,作者计算了市场占有企业年度报告中使用模糊语言的平均比例。更具体地说,这一变量是用每个样本企业的年度报告中模糊词汇的数目除以报告的总词汇数目。作者使用席勒的《交际模糊语词典》(*Communication Vagueness Dictionary*)(Hiller, 2014)来定义什么是模糊词汇和模糊表达。理论假设中的因变量,潜在竞争者进入某市场的可能性,是用一个二元虚拟变量来测量:从一家航空公司在1995—2001年这个观察期内成为某条航线的潜在竞争者开始以季度为单位来记录它是否进入该市场。如果它在一个季度中没有进入该市场,那么它的这个二元虚拟变量的值就为0;如果它在某个季度中进入了该市场,那么它的这个二元虚拟变量的值就变为1,而且对这个潜在竞争者在这条航线市场的跟踪记录也就结束了。如果这个潜在竞争者在2001年6月30日观察期结束的时候还没有进入该航线市场,那么它在这条航线市场的数据就被从右侧截断了。

由于本研究的目的在于衡量模糊语言的使用是否会影响潜在竞争者的企业决策,为了准确真实地估测语言的影响,作者在回归模型中加入了大量有可能会影响潜在竞争者市场进入行为的控制变量,比如市场占有者和潜在竞争者的市场重叠度、潜在竞争者的规模、绩效和经营效率,市场占有者的绩效、现金流量、负荷系数和运营效率,市场占有者的竞争活跃度和言论强硬度,市场环境的波动性、不可预测性,市场集中程度,以及市场季节性和市场规模,等等。

19.4.3 统计分析方法和结果

由于作者只关心市场占有企业所使用语言的模糊程度对潜在竞争者市场进入决策的影响,而不关心所观测事件和时钟时间的关系,所以选用了Cox风险比例模型作为主要统计分析方法。这样,他们不用考虑具体的事件发生和时钟时间之间的风险函数就可以估测解释变量对事件发生风险的影响。在分析中,作者保留了所有含有右截数据的客体和他们的观察项。Cox比例风险模型的一个重要前提假定是自变量对所关心事件发生的风险影响与时钟时间无关。为检验这一假定是否满足,作者选择了 Schoenfeld(1982)剩余测试(residual test)并发现自变量市场占有者使用语言模糊程度与时钟时间无关。

结果显示,在控制了所有其他解释变量的基础上,市场占有企业所使用语言的模糊程度的回归系数为负($b = -2.33$)并且统计上在 $p < 0.01$ 水平显著。这个结果意味着潜在竞争者进入某个航线市场的风险随着市场占有企业所使用语言的模糊程度的增加而降低,与理论假设一致。具体地讲,如果市场占有企业所使用语言的模糊程度增加一个单位,潜在竞争者进入该航线市场的风险就会变为原来风险的 $\exp(-2.33)$,即 0.097 倍。因为在这项研究中自变量的值很低(均值为 1.44,标准差为 0.18),用增加一个单位来估计自变量对事件发生风险的影响不太实际。在这种情况下,可以以自变量增加一个标准差进行估计:当自变量增加一个标准差后,潜在竞争者进入该航线市场的风险就会变为原来风险的 0.657 倍[或 65.7%:$\exp(-2.33 \times 0.18) = 0.657$]。另外,在可能性比率(likelihood ratio)检验中,作者发现将自变量加入 Cox 比例风险模型中能够显著优化模型拟合的程度(统计检验的 chi-squared 值为 150.18,$p < 0.0001$)。这个结果对理论假设提供了进一步的支持。

因为事件历史分析法提供了三种不同的方案来处理时钟时间变量,有时研究者在数据允许的情况下还需要采取其他的处理方案或者其他回归模型进行分析以确保结果的一致性。比如,Guo 等(2017)就利用了 probit 模型和 conditional log-log 模型对从 Cox 比例风险模型得到的结果进行验证。

19.5 结语

本章我们从研究方法的角度对事件历史研究法做了初步的介绍。作为一种纵向研究方法,事件历史研究法可以帮助组织管理领域的学者系统地研究在个人、团队、组织上发生的变化,只要这些变化是以可以观察到的事件的形式存在,或者可以被转化为事件的形式。由于许多变化都是以事件的形式存在的,所以我们认为事件历史分析法在组织管理学中将会被更广泛地运用。当然,由于这种研究方法对因变量的记录通常是以二元虚拟变量 0 或 1 为主,当把一些观察到的现象转化为事件的形式记录时,可能会造成信息遗失。因此,我们希望读者在对事件历史分析法有初步了解之后,可以把它和其他纵向研究方法进行比较,然后根据自己的研究目的选择最为合适的方法。

参考文献

Allison, P. D. (1984). *Event History Analysis: Regression for Longitudinal Event Data*. Newbury Park, CA: Sage Publications.

Barrosa, A., Giarratana, M. S., Reis, S. & Sorenson, O. (2016). Crowding, satiation, and saturation: The days of television series' lives. *Strategic Management Journal*, 37, 565—585.

Beckman, C., Schoonhoven, C., Rottner, R. & Kim, S. (2014). Relational pluralism in De Novo organizations: Boards of directors as bridges or barriers in diverse alliance portfolios. *Academy of Management Journal*, 57: 460—483.

Boivie, S., Graffin, S., Oliver, A. & Withers, M. (2016). Come aboard! Exploring the effects of directorships in the executive labor market. *Academy of Management Journal*, 59, 1681—1706.

Boone, C. & Ozcan, S. (2014). Why do cooperatives emerge in a world dominated by corporations? The diffusion of cooperatives in the U. S. bio-ethanol industry, 1978—2013. *Academy of Management Journal*, 57, 990—1012.

Bradley, S., Aldrich, H., Shepherd, D. & Wiklund, J. (2011). Resources, environmental change, and survival: Asymmetric paths of young independent subsidiary organizations. *Strategic Management Journal*, 32, 486—509.

Cannella, A. A. & Shen, W. (2001). So close and yet so far: Promotion versus exit for CEO heirs apparent. *Academy of Management Journal*, 44, 252—270.

Chen, G., Luo, S., Tang, Y. & Tong, J. Y. (2014). Passing probation: Earnings management by interim CEOs and its effect on their promotion prospects. *Academy of Management Journal*, 58, 1389—1418.

Cox, D. R. (1972). Regression models and life-tables (with discussion). *Journal of the Royal Statistical Society*, Series B 34, 187—220.

Cui, A. S., Calantone, R. J. & Griffith, D. A. (2011). Strategic change and termination of interfirm partnerships. *Strategic Management Journal*, 32, 402—423.

Dowell, G., Shackell, M. & Stuart, N. (2011). Boards, CEOs, and surviving a financial crisis: Evidence from the internet shakeout. *Strategic Management Journal*, 32, 1025—1045.

Guo, W., Yu, T. & Gimeno, J. (2017). Language and competition: Communication vagueness, interpretation difficulties, and market entry. *Academy of Management Journal*, 60, 2073—2098.

Hiatt, S. R. & Park, S. (2013). Lords of the harvest: Third-party influence and regulatory approval of genetically modified organisms. *Academy of Management Journal*, 56, 923—944.

Iyer, D. & Miller, K. (2008). Performance feedback, slack, and the timing of acquisitions. *Academy of Management Journal*, 51, 808—822.

Kim, J., Finkelstein, S. & Haleblian, J. (2015). All aspirations are not created equal: The differential effects of historical and social aspirations on acquisition behavior. *Academy of Management Journal*, 58, 1361—1388.

Lee, G. K. (2008). Relevance of organizational capabilities and its dynamics: What to learn about entrants' product portfolios about the determinants of entry timing. *Strategic Management Journal*, 29, 1257—1280.

Luo, X. R., Zhang, J. & Marquis, C. (2016). Mobilization in the internet age: Internet activism and corporate response. *Academy of Management Journal*, 59, 2045—2068.

Morgeson, F. P., Mitchell, T. R. & Liu, D. (2015). Event system theory: An event-oriented approach to the organizational sciences. *Academy of Management Review*, 40, 515—537.

Morita, J. G., Lee, T. W. & Mowday, R. T. (1989). Introducing survival analysis to organizational researchers: A selected application to turnover research. *Journal of Applied Psychology*, 74, 280—292.

Ozmel, U., Reuer, J. & Wu, C. (2017). Interorganizational imitation and acquisitions of high-tech ventures. *Strategic Management Journal*, 38, 2647—2665.

Schoenfeld, D. (1982). Partial residuals for the proportional hazards regression model. *Biometrika*, 69, 239—241.

Shen, W. & Cannella, A. A. (2002). Power dynamics within top management and their impacts on CEO dismissal followed by inside succession. *Academy of Management Journal*, 45, 1195—1206.

Shimizu, K. (2007). Prospect theory, behavioral theory, and the threat-rigidity thesis: Combinative effects on organizational decisions to divest formerly acquired units. *Academy of Management Journal*, 50, 1495—1514.

Singer, J. D. & Willett, J. B. (1991). Modeling the days of our lives: Using survival analysis when designing and analyzing longitudinal studies of duration and the timing of events. *Psychological Bulletin*, 110, 268—290.

Stata. (2003). *Survival Analysis and Epidemiological Tables*. College Station, TX: Stata Press.

Stern, I., Dukerich, J. M. & Zajac, E. (2014). Unmixed signals: How reputation and status affect alliance formation. *Strategic Management Journal*, 35, 512—531.

Swift, T. (2016). The perilous leap between exploration and exploitation. *Strategic Management Journal*, 37, 1688—1698.

Tuma, N. B. & Hannan, M. T. (1984). *Social Dynamics: Models and Methods*. Orlando, FL: Academic Press.

Vancil R. (1987). *Passing the Baton*. Boston: Harvard University Press.

Xia, J., Boal, K. & Delios, A. (2009). When experience meets national institutional environmental change: Foreign entry attempts of U. S. firms in the Central and Eastern European region. *Strategic Management Journal*, 30, 1286—1309.

Xia, J., Dawley, D., Jiang, H., Ma, R. & Boal, K. (2016). Resolving a dilemma of signaling bankrupt-firm emergence: A dynamic integrative view. *Strategic Management Journal*, 37, 1754—1764.

Yamaguchi, K. (1991). *Event History Analysis*. Newbury Park, CA: Sage Publications.

Zhang, Y. (2008). Information asymmetry and the dismissal of newly appointed CEOs: An empirical investigation. *Strategic Management Journal*, 29, 859—872.

第 20 章 事件研究法

仲为国　北京大学
杨海滨　香港城市大学
刘　东　佐治亚理工大学

> ▶ **本章大纲**
>
> **20.1　前言与基本概念**
> 　　20.1.1　什么是事件研究法
> 　　20.1.2　事件研究法的现状
> **20.2　事件研究法原理、方法与设计**
> 　　20.2.1　基本原理与方法
> 　　20.2.2　核心假定
> 　　20.2.3　研究设计和实施
> **20.3　事件研究法实践指南：推荐步骤**
> **20.4　结语**
> 　　20.4.1　事件研究法的优势和局限性
> 　　20.4.2　在中国证券市场使用事件研究法需要注意的问题
> 　　20.4.3　事件研究法的拓展——事件系统理论核心内涵与应用

20.1 前言与基本概念

20.1.1 什么是事件研究法

事件研究方法(event study)是一个强大的工具,它可以帮助我们评估一项事件对企业市场价值所造成的影响。我们可借助此方法判断、推定是否存在与意外性事件相关的"异常"(abnormal)股价效应。所谓"异常",是指在一定的事件窗口期(event windows)内实际股票收益与预期股票收益之间的差值。其中,实际股票收益是我们观察到的窗口期股票收益,预期股票收益是假设不发生该事件时通过一定的资产定价模型(asset pricing model)估计得来。根据以上数据结果,我们可进而推断该事件的效应及其严重性。事件研究法已经在经济、会计和金融领域得到了广泛应用,经常用于衡量某些外生事件或企业政策变化所带来的影响。在管理学研究中,事件研究法也逐渐开始受到重视,已应用于判断企业内部事件和外部事件的可能影响。例如,内部事件可能包括更换 CEO、新产品推出、进入或退出某市场、企业控制权变动、企业裁员、客户服务变更、工厂倒闭、企业并购、违法行为、产品召回、多元化计划、战略投资决策及组建合资企业等;外部事件可能涉及重大立法通过、政府管制或放松管制、行业规定变更、第三方机构评价、竞争对手公告或行为及高管婚变或离世等。

在做研究的时候,我们在大多数情况下依赖传统的基于会计方法的各种指标,如销售量、利润率、投资收益率等,衡量企业绩效。然而,传统绩效指标过于笼统,无法真实地反映公司的各类活动究竟在多大程度上影响了企业最终绩效,有其不可克服的缺陷。第一,这些指标都是事后总结,不是事前看的逻辑设计;第二,属于低频指标,往往是以季度、年度的形式呈现出来,使我们很难将外部事件与企业政策带来的绩效效应和企业其他活动的绩效效应区分出来;第三,企业人员可以通过各种合法、合理的手段操纵会计利润,从而使得传统的财务指标往往不能反映企业真实情况。

事件研究法弥补了传统方法的缺陷和不足,因此受到越来越多地研究者的欢迎。事件研究法基于有效市场假设,假定市场投资者能有效、及时地获得突发事件中所包含的各种信息,并以此为依据对企业的估值做出反应。事件研究法有几个主要的好处:首先,事件研究法依赖不受制于内幕操纵的股价信息;其次,它允许研究者以一种事前设计的逻辑预测在不发生某项事件的情况下企业可能的收益,以此区分出某项事件对企业绩效的影响。股价应反映企业的真实价值,因为股价应当反映未来现金流的贴现价值,并综合所有相关的信息。相较于基于会计收益的方法,基于股价变动的事件研究能够更为有效地反映因企业政策、领导层或所有权变动而造成的财务影响。此外,事件研究法相对容易实施,因为仅仅需要上市公司的名称、事件日期和股价等数据。

20.1.2 事件研究法的现状

为了更好地认识事件研究法在管理学研究中的状况,我们系统地搜集了在中文和英文的主要期刊中发表的使用事件研究法的文献,总结如表 20-1 所示。

从表 20-1 中可以看出,国内外的学者在管理学领域已经利用事件研究法开展了卓有成效的研究。在企业内部发生的事件中,较多地集中在并购类活动(如顾露露和 Reed,2011)、联盟类活动(如 Yang et al.,2015)及股票相关类活动(如股利政策、财务违规事件等)(Paruchuri & Misangyi,2015)。尽管 CEO 离职和继任是一个热门研究话题,但是利用事件研究法的研究在我们有限的样本中较少。此外,企业的新产品推出、经营业务范围的变动等都是研究者习惯用事件研究法进行研究的话题(如 Brauer & Wiersema,2012;Girotra et al.,2007)。

在企业外部发生的事件中,大致可以分为以下主体:管制机构、竞争或合作者及第三方机构。这些主体引发的事件通常都超出企业所能控制的范围,大多属于外生性事件。比如,中共中央组织部 2013 年颁布的 18 号文件《关于进一步规范党政领导干部在企业兼职(任职)问题的意见》(以下简称"18 号文")(龙小宁和张训常,2016),政府提倡的股权分置改革(刘玉敏和任广乾,2007;晏艳阳和赵大玮;2006),同行业企业的丑闻事件(沈红波等,2012)和新产品推出公告(Fosfuri & Giarratana,2009),以及第三方评级或奖励机构的各种榜单发布,如投资评级(朱彤和叶静雅,2009)、企业社会责任报告(Shiu & Yang,2017)、股东财富披露(Johnson & Ellstrand,2005)等。

与此同时,我们也通过表 20-1 发现现有文献在运用事件研究法时存在一些值得探讨的问题。比如,学者们对于事件研究法的研究设计仍然缺乏共识。首先,原始数据如何搜集与处理。这体现在研究人员在到底使用多长的事件窗口期上。在我们有限的样本中,最长的事件时间窗口是六年,而最短的事件时间窗口是一天。其次,到底用哪种模型估计预期的股票收益,以便计算超额股票收益,也存在较大分歧。有的学者使用市场模型估计,有的学者使用不同方法调整的市场模型估计,也有学者使用投资者预期股票收益率。不同的计算方法,得到不同的预期股

表 20-1 管理学主要期刊中事件研究法相关文献

作者	事件关键词	资产定价模型	样本大小	时间窗口	统计检验方法
并购类活动		企业发生的事件			
顾露露和 Reed(2011)	海外并购	市场模型	157	[-1,1]	Z 检验
霍进步和贾宁(2010)	收购兼并	市场模型法	191	[-10,10]	t 检验
张新(2003)	并购重组事件	证券资产定价模型	1216	[-60,30]	t 检验
李善民和陈玉罡(2002)	并购事件	市场模型	196	[-10,30]	t 检验
Arikan & Mcgahan (2010)	IPO 后兼并事件	市场模型	1450	[-60,-20]	Z 检验
Aybar & Ficici (2009)	跨境兼并宣告	市场模型	433	[-10,10]	t 检验
Capron & Shen (2007)	兼并信息	市场模型	101	[-20,10]	t 检验
Capron & Pistre (2002)	兼并事件	市场模型	101	[-20,1]	t 检验
Graffin et al. (2016)	并购中的不良事件回应	市场模型	758	[-1,1]	t 检验
Gubbi et al. (2010)	海外兼并	市场模型	425	[-5,5]	t 检验
Haleblian & Finkelstein (1999)	之前的兼并行为	调整的市场模型	449	[-5,5]	t 检验
Holl & Kyriazis (1997)	收购竞价	市场模型	178	[-3月,2月]	t 检验
Rhee & Fiss (2014)	毒丸计划实施	调整的市场模型	789	[-2,2]	t 检验
Ransbotham & Mitra (2010)	新技术的兼并	市场模型	140	[-1,1]	Z 检验
Uhlenbruck et al. (2006)	兼并事件	调整的市场模型	798	[-5,5]	Z 检验
联盟类活动					
Das & Sen (1998)	技术联盟宣告	市场模型	119	[-3,3]	t 检验
Kalaignanam & Shankar (2007)	非对称产品开发联盟	市场模型	167	[-1,1]	卡方检验
Koh & Venkatraman (1991)	合资公司成立	市场模型	239	[-1,0]	t 检验;Z 统计量威尔科克森秩检验
Kumar (2010)	合资宣告	市场模型	344	[-1,0]	t 检验
Madhavan (1995)	合资宣告	市场模型	108	[-2,2]	Z 检验

(续表)

作者	事件关键词	资产定价模型	样本大小	时间窗口	统计检验方法
Meschi (2005)	合资公司出售	市场模型	151	[−5,5]	t 检验
Oxley & Sampson (2009)	公司间联盟公告	市场模型	6345	[−1,0]；[−1,1]；[−3,3]	t 检验
Park (2004)	跨国联盟	市场模型	241	[−1,1]	t 检验
Ravichandran & Ravichandran (2015)	之前的联盟经历	市场模型	1030	[−2,2]	t 检验
Wassmer & Dussauge (2012)	联盟投资组合	市场模型	256	[−1,0]	F 检验
Yang et al. (2015)	研发联盟	市场模型	610	[−1,0]	t 检验
Zaheer et al. (2010)	之前的联盟行为	市场模型	408	[−5,5]	t 检验
股票相关类活动					
张倩 (2014)	披露套期保值/投机损益	市场模型	221	[−2,2]	t 检验
付雷鸣和万迪防 (2010)	发行公司债	市场模型	31	[−5,5]	威尔科克森秩检验
饶育蕾和张媛 (2008)	对子公司担保	市场模型	386	[−5,5]	t 检验
刘力和俞鸿琨 (2002)	财务年报公告	市场模型	334	[−3,3]；[−7,7]	t 检验
陈浪南和姚正春 (2000)	股利政策	市场模型	403	[−1,0]	t 检验
邵新建和巫和懋 (2006)	IPO 配售股份解禁	市场模型	398	[−15,85]；[−15,25]	Z 检验
Kang (2008)	财务报告欺诈	市场模型	45	[−1,0]	t 检验
Paruchuri & Misangyi (2015)	金融违规	市场模型	725	[−1,0]	t 检验
高管类活动					
张龙和刘洪 (2006)	CEO 继任及其形式	投资者预期股票收益率	301	[−3,3]	t 检验, Z 检验
Hillman & Zardkoohl (1999)	高管离职赴任官员	市场模型	31	[−2,2]	Z 检验
Dixon-Fowler & Ellstrand (2013)	女性 CEO 公告	调整的市场模型	33	[−1,1]	Z 检验
Quigley & Crossland (2017)	CEO 去世	市场模型	240	[0,3]；[0,1]	t 检验
Shen & Cannella (2003)	CEO 继任	市场模型	400	[−1,1]	t 检验

600

(续表)

作者	事件关键词	资产定价模型	样本大小	时间窗口	统计检验方法
Tian & Haleblian (2011)	新 CEO 选举	市场模型	208	[0,1]	t 检验
公司其他业务相关活动					
王汉民和游慧光 (2006)	企业聚焦活动公告	市场模型	33	[-5,5]	t 检验
Benson & Ziedonis (2009)	企业风险投资	市场模型	242	[-1,0]	t 检验
Brauer & Wiersema (2012)	业务剥离公告	市场模型	226	[-3,3]	F 检验
Girotra et al. (2007)	产品研发失败	市场模型	116	[-4,4]	t 检验
Hendricks & Singhal (1997)	推迟新产品推出	市场模型	101	[-1,0]	F 检验
Nicolae et al. (2017)	航空行李要价	市场模型	11	[-1,1]	t 检验
Riley et al. (2017)	员工培训投资	市场模型	219	[-15,15]	Z 检验
Vaaler & Schrage (2009)	所有制转变	股东报酬模型	196	[-1,1]	t 检验
企业外部发生的事件					
龙小宁和张训常 (2016)	18 号文	市场模型	1759	[-5,5]	t 检验
李婉丽和鄢姿俏 (2014)	反倾销反补贴公告	市场调整法	97	[-1,0]	威尔科森秩检验
吴溪和张俊生 (2014)	违反法规立案公告	风险调整	157	[0,1]	t 检验;威尔科克森秩检验
刘玉敏和任广乾 (2007)	股权分置改革	市场模型	939	[-20,20]	Z 检验
晏艳阳和赵大玮 (2006)	股权分置改革	市场模型	45	[-30,30]	t 检验
Eden et al. (2005)	转让定价惩罚	市场模型	24	[-1,0]; [-1,1]	Z 检验
Mahoney et al. (1993)	企业反收购章程修正案	市场模型	408	[-50,10]	Z 检验
Oxley & Schnietz (2001)	国会否认总统谈判	市场模型	170; 103	[0,1]	t 检验
Schuler & Shi (2017)	政府高层领导人访问	市场模型	84	[0,1]	t 检验
竞争或合作者					
沈红波等 (2012)	紫金矿业污染	市场模型	6	[-10,10]	t 检验

(续表)

作者	事件关键词	资产定价模型	样本大小	时间窗口	统计检验方法
王永钦和刘思远(2014)	信任品市场丑闻	市场模型	16	[-1,1]	t 检验
许荣和徐星美(2015)	中资银行国际化	市场调整模型	55	[-1,1]	t 检验
Diestre & Rajagopalan (2014)	有毒化学药品事件	市场模型	11858	[0,4]	卡方检验
Fosfuri & Giarratana (2009)	竞争对手新产品发布	调整的市场加权模型	2816	[-5,5];[-3,3];[-1,1]	Hansen 检验
第三方机构					
朱彤和叶静雅(2009)	投资评级发布日	市场模型	2380	[0,1]	F 检验
蔡庆丰和陈娇(2011)	证券分析师研究报告	市场预期法	5998	[-5,5]	t 检验
Cosset & Rianderie (1985)	政治风险新闻	调整的市场模型	52	[-30周,30周]	t 检验;威尔科克森秩检验
Corbett et al. (2005)	ISO 9000 证书	市场模型	554	[-3年,3年]	t 检验; WSR 检验
Flammer (2013)	企业社会责任披露	市场模型	273	[-1,0]	t 检验
Godfrey et al. (2009)	企业社会责任	市场模型	254	[-1,0]	Z 检验
Hendricks & Singhal (1996)	质量获奖公布	市场模型;调整的市场模型;均值调整模型	91	[-1,1]	t 检验
Joe & Oh (2017)	信用评级变化	市场模型	359	[0,1];[0,4]	t 检验
Johnson & Ellstrand (2005)	股东财富披露	市场模型	1240	[0,2]	t 检验
King & Soule (2007)	媒体抗议事件	市场模型	274	[-20,5]	Z 检验
Knittel & Stango (2014)	老虎伍兹丑闻	市场模型	605	[0,15]	威尔科克森秩检验
Ramchander & Schwebach (2012)	企业社会责任	市场模型	166	[-3,3]	Z 检验
Shiu & Yang (2017)	企业社会责任	市场模型	399	[-2,2];[-5,5];[-10,10]	F 检验
Werner (2017)	企业政治活动披露	市场模型	45	[0,1]	t 检验
Yeung & Lo (2011)	ISO 9000 证书	市场模型	138	[-2年,1年]	t 检验

注:限于篇幅,我们没有将完整的文献出处在参考文献部分展示出来。

票收益。再次,对于事件研究法的解读,不同的学者有不同的观点,众说纷纭。有些研究对结果的解读,并非建立在有效市场假说的基础上。很少有研究考虑到在多大程度上投资者对于事件的发生是真正感到意外的和不可预见的(Warren & Sorescu,2016)。一个典型的例子是,假设一个企业推出了新产品却引发了投资者的负面反应,这个产品的推出未必就不能增加企业未来的现金流,有可能投资者的负面反应仅仅是因为对该企业的创新有很高的预期(Sorescu et al.,2017)。投资者是否对事件的发生有预期,直接影响了事件的发生能否改变投资者对企业未来价值的判断,也就影响了研究人员对预期股票收益的估计。

而且,目前的事件实证研究还主要是把事件当成实证研究情境(empirical context),也就是去比较研究者所关心的某事件出现前后,该事件所造成的结果变量的变化(如公司业绩和股票价格的变化)。在事件实证研究中,研究者仍然甚少深入考察事件的内在特质,把事件的内在特质作为变量引入模型与研究假设之中。针对以上问题,Morgeson 等(2015)提出了事件系统理论。该理论指出,通过分析事件属性如事件强度(事件新颖性、颠覆性、关键性)、事件空间(事件传播方向、起源、扩散、距离)、事件时间(事件时长、时机、变化),研究者可以把事件本身引入模型建立与验证之中,从而更加深入、全面地考察事件的作用。而且研究者还可以通过考察事件相关实体(如投资者、公司高层、相关利益者)对以上事件属性的感知、评价,更为透彻地解释事件对结果变量产生影响的具体原因与机制。

本文将通过对事件研究法与理论的系统性梳理,尽可能地帮助研究人员设计和执行事件研究法,保证我们得到的结论有足够的可信度(McWilliams & Siegel,1997)。事件研究法在管理学研究中的逐渐普及,将会给管理研究和实践带来较大的影响。因此,我们认为有必要进行这样一个文献的梳理。接下来,在本章中,借鉴 McWilliams 和 Siegel(1997)、Sorescu 等(2017),以及其他关于事件研究理论与方法(如事件系统理论 Morgeson et al.,2015)的探讨,我们将对事件研究法的基本原理、方法实施的一般步骤、结果的汇报、对结果的解读及在这些过程中需要注意的问题做一个简要介绍,并为感兴趣的学者提供未来可供研究的一些方向性参考。

20.2 事件研究法原理、方法与设计

20.2.1 基本原理与方法

事件研究法可以追溯到 20 世纪 30 年代,其诞生是为了分析股票分割对股票

价格的影响(Dolley,1933)。在金融学研究中,现代意义上的事件研究法更多是为了检验市场有效性假说(Fama,1991),也就是检验证券市场上股票价格对某项公共信息或意外性事件的响应速度。标准方法是通过估计各公司的市场模型,来计算异常收益,而这些异常收益就反映了投资人对新信息的解读和反应。

理解事件研究法的关键是熟悉这个方法所涉及的几个关键时间节点,具体如图20-1所示。

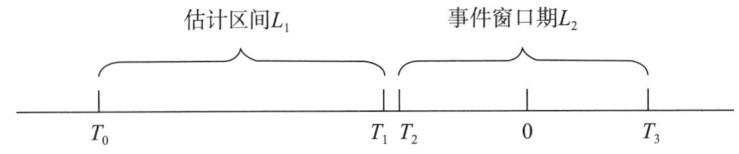

图20-1 事件研究法关键节点图

图20-1中第0天表示事件发生的当天(calendar day),T_0表示事件发生前的T_0天交易日(trading day),T_1表示事件发生前的T_1天交易日,T_2表示事件发生前的T_2天交易日,T_3表示事件发生后的T_3天交易日;T_2-T_3是事件窗口期,也叫事件区间(我们会在后文详细讲述),在这个区间我们可以计算发生事件时,相关上市公司的股票回报(真实值);T_0-T_1是我们用来估计如果没有发生事件,在事件窗口期上市公司应该有的股票收益,也就是预期股票收益。事件窗口期的股票真实收益和估计区间的预期股票收益之间的差异,就是异常股票收益(abnormal return, AR)。如果在估计检验之后,我们发现异常股票收益显著不等于零,我们就可以说事件对上市公司的股票价值产生了实质性影响。

我们可以用公式做更为准确的表述。公司i在第t天的股价收益率可表示为:

$$R_{it} = \alpha_i + \beta_i R_{mt} + \varepsilon_{it} \tag{20-1}$$

R_{it}是公司i在第t天的股价收益率;R_{mt}是某一市场股票组合在第t天的指数收益率。比如,如果随机抽取的对象是沪市A股,取上证指数作为指数收益率的度量;如为深市A股,取深证成分指数;如为两市A股,则取考虑现金再投资的综合日市场收益率(等权平均法)。

α是截距项;β是股票i的系统性风险;ε_{it}是误差项,$E(\varepsilon_{it})=0$。

根据式(20-1)的估算,再使用式(20-2),我们可以估算出第i家公司每天的异常股票收益:

$$AR_{it} = R_{it} - (\alpha_i + b_i R_{mt}) \tag{20-2}$$

其中,α_i和b_i是通过$R_{jt}-R_{mt}$回归,在事件发生之前的估计期内(T_1-T_2),所得出的普通最小二乘参数估计值,例如,事件发生前的估计期可以是 255 天的交易日,到事件发生前的第 46 天为止。用 255 天的交易日来估计正常收益,可以考虑到市场在一年内可能存在周期的影响。异常股票收益(AR_{it})表示分析师调整了"正常"收益过程之后,公司所获得的收益。也就是说,股票的收益率是通过减去实际收益中的预期收益来进行调整,任何显著差异均视为异常或超额股票收益。随后,依据各种统计量判断异常股票收益或累计异常股票收益(cumulative abnormal return, CAR)是否显著为零。如果明显不为零,则假设累计异常股票收益反映了意外性事件对这 n 家公司的平均影响。也就是说,我们可根据异常收益的显著性推断出某事件对公司价值的显著影响。只要所得出的因某一事件影响的异常股票收益是真实有效的,我们就可以相信事件研究的结论。

20.2.2 核心假定

很显然,我们判断平均累计异常股票收益是否明显不为零是建立在一定的理论假设上的。基本的推断假设是:(1)市场为有效市场;(2)事件为意外性事件;(3)事件窗口期无混淆效应(confounding effect)。只有当上述假设有效时,我们才可以使用此方法。下面我们来看一下这三个假设的具体要求。

1. 有效市场假说

有效市场的假设是事件研究法的应用基础。只有在有效市场中,股票价格才可能包括投资者可获得的所有相关信息。在这个假设的基础上,市场上新发生的任何事件或传播的消息,都应该及时地反映到股票价格上。这个假设延伸出两个重要的概念,一个是怎样定义事件——只要能带来新信息的事物都可以称之为事件,能给股票价格带来很大影响的事件是重大事件,而不能产生影响的事件可以称之为无关事件;另一个是事件窗口期,也就是在一定的期限内衡量事件的影响。如果一个事件产生影响需要很长的窗口期,我们认为,这样的做法实际上违背了市场效率假设——事件窗口期越长,越可能反映出市场是无效的,因为不能将新信息产生影响反映到股票价格上。在某些情况下,可合理地认为投资者需要通过一定的时间才能获得并消化信息。例如,对于收购事件,一般需要经过相当长的一段时间,关于潜在收购者的数量和目标评估等信息才会流出(McWilliams & Siegel, 1997)。在这种情况下,学者有必要解释为什么要采取一个较长的事件窗口期。否则,则不应当使用事件研究法。

2. 意外性事件

第二个假设是发生的事件必须是意外性事件,投资者不可能在公开市场之外提前得知事件有关消息。有学者认为,这项假设成立的基础是事件信息必须由第三方独立机构,也就是媒体公布,这样就可以相对有信心地认为异常收益是股票市场对新信息产生响应而导致的结果。然而,很多时候,尤其是在管理学研究中,投资者可能通过其他渠道提前知道相关事件的信息。公司内部相关事件,比如,公司控制权变更、高管变动等信息都可能在正式公布之前已经泄露到市场中。一个明显的例子是,中国上市公司的大股东存在择机减持股份的现象,而且往往在减持股份之后,市场上开始出现相应上市公司如财务、资金占用等方面的负面消息。这种信息的泄漏就违反了意外性事件假设,导致我们无法判断投资者是在什么时候获得了事件的相应信息,也就使事件研究法的研究结论值得商榷。

3. 没有混淆效应

第三个假设是事件研究法最关键的假设,即学者可以区分出某一事件与其他事件的对股票价格的真实影响,也就是假设没有其他事件的混淆效应。如果在事件窗口期同时发生了其他相关的事件,我们就很难区分出某一特定事件的影响。任何能提供新信息的事件都可能在事件窗口期内对股价产生影响。显然,事件窗口期越长,我们越难以控制混淆效应。

20.2.3 研究设计和实施

接下来,我们讨论事件研究法设计的具体实施,以及其中需要注意的问题,主要涉及以下五个方面:(1)事件的定义和样本选取;(2)同时发生或交叉发生事件导致混淆效应的处理;(3)资产定价模型的选择;(4)事件效应估计检验;(5)异常股票收益的解释。

1. 事件的定义和样本选取

事件研究法的第一步就是定义一个包含有新信息而且能够影响企业股票预期收益的事件、消息或公告。事件的选择标准包括:首先,尽量选择那些在窗口期内能够影响较大范围内的企业的事件。其次,事件或消息可以足够明确地定义,以便清晰地界定研究的范围和边界。例如,政府旨在限制官员在上市公司兼职的文件、自然灾害(如地震),以及企业上榜第三方独立机构颁布的各种榜单,等等,这些事件都属于可以明确定义的。而有些事件却不那么容易明确地定义,这些事件往往和企业内部产生的事件有关。比如,企业进入新市场,这是一个事件,但这个事件指向的具体企业行动却不一定一致,可能是企业发布了新产品,也可能是企业在新的区域建立了子公司,需要进一步明确事件指代的是怎样的具体事件。

在界定好事件之后,下一步就是要构建一个有代表性的样本。此处需要注意的是,我们必须选择一个合适的数据和信息来源,以保证我们能够尽可能多地搜集到事件的报道,从而可以准确地确定事件被披露的时间,尤其是首次公开披露的时间。数据和信息来源的确定通常是非常困难的。最主要的原因在于,上市公司可以选择正式的新闻披露渠道,比如,公司年报、美国的道琼斯通讯社(Dow Jones Newswires)、中国的"三报一刊"(《中国证券报》《上海证券报》《证券时报》《证券市场周刊》)、特定网站(比如,交易所网站:www.sse.com.cn,www.szse.cn;巨潮资讯:www.cninfo.com.cn)等,也可以选择非正式渠道,有的可能是公司承认的,比如,公司高管在与公众交流过程中释放消息,有的可能是未经公司确定的泄露出来的消息,甚至是"小道消息""传闻"和"流言蜚语"等。

事件首次公开披露时间的准确性能显著地影响事件研究法得出的结论。Sood 和 Tellis(2009)的研究发现,股票市场对企业新产品推出时的股价反应仅仅是该新产品对企业价值贡献的一小部分,而早期产品研发阶段的信息能够解释产品价值贡献的大部分。为了克服首次公开披露时间错误导致的结论偏差,学者通常的做法是尽可能寻有更多新闻报道的数据和信息来源。例如,美国的 Factiva 数据库和 Lexis-Nexis 数据库提供更多的新闻报道,国内中国知网(CNKI)的中国重要报纸全文数据库、万得数据库(WIND)和国泰安数据库(CSMAR)等大型数据库的新闻报道专门数据板块,也能提供较为全面的新闻数据报道。目前,更为综合和强大的此类数据库是 RavenPack News Analytics(RavenPack),提供全球 100 多个国家的新闻报道,并且能提供情感分析和事件数据,此数据库已经包含在沃顿研究数据库(Wharton Research Data Services,WRDS)的数据平台上。

构建一个有代表性的样本还需要考虑到样本量的问题。事件研究法的框架中使用的检验统计量是基于大样本量下的正态分布假设。但在管理学研究,我们通常使用的样本量都比较小,比如,表 20-1 中,我们选择的相关研究平均样本为 690,样本量最小的研究仅包含 6 个样本。当使用小样本时,我们可以使用不需要基于大样本的正态分布假设自助法(bootstrap)来进行估计检验。McWiliams 和 Siegel(1997)举了下面一个例子。假设一名研究人员计算了 15 家样本公司在 200 天的估计期内(事件发生之前的一段时期,用于估算参数 α 和 β)的日平均异常收益(AR)与负收益率(PRNEG)的比例,因此,已经产生了 15 套 200 天超额收益。从这 15 个分布中逐一随机抽取一个超额收益,并计算得出 AR 和 PRNEG。研究人员重复进行了此过程 3 000 次(15×200),确定了 AR 和 PRNEG 的 bootstrap 分布。AR 和 PRNEG 的显著性检验是基于其概率值与"bootstrap"分布的比较:

$$概率值(AR) = (AR_s \leqslant AR_t)的数目/3000 \quad (20-3)$$

和

$$概率值(PRNEG_t) = (PRNEG_s \geqslant PRNEG_t)的数目/3000$$
$$(20-4)$$

尽管这个过程简单、易于操作,但是很多小样本的事件研究文章并没有汇报相应的处理过程和 bootstrap 检验。McWiliams 和 Siegel(1997)选择的 29 项研究中仅有 4 例公布了与异常收益分布相关的统计数据,没有任何报告提及 bootstrap 检验。我们选择的 77 项研究中也没有任何报告提及如何处理小样本量问题。

2. 混淆效应的处理

在一定时期内,企业不可能仅仅发生单一事件,而是很有可能同时或间隔很短的时间,发生多个事件,或发布多个消息。对于上市公司来说,大多是大型、横跨多个行业的企业,这种情况更加普遍和频繁。比如,企业在发布季度或年度财务报告的时候,同时宣布一项战略举措(推出新产品、进行重要联盟或并购),如果事件窗口期恰好涵盖财务报告的发布和战略举措的宣布,那么异常收益的计算实际上可能包含了两项消息带来的股价影响。

显然,控制混淆效应的第一步是选择一个合适的事件窗口期。大量的管理学研究都是基于长时间的事件窗口期(McWilliams & Siegel,1997)。一方面,长事件窗口期可能带来 Z 检验统计量严重变小,导致对事件显著性的推断出现错误;另一方面,长事件窗口期很容易带来混淆事件。这样我们实际上就陷入了两难境地:事件的窗口期需要足够长——可以捕捉到事件的重要影响;但又要足够短——能够排除混淆效应。一般的建议是,我们根据所研究的事件的性质来选择事件窗口期的长度。比如,当可能存在信息泄露的情况时,窗口期应当包括事件公布之前的一段时间,以便能够捕捉与信息泄露相关的异常股票收益。当难以确定信息何时真正进入市场时,则不应采用长窗口期。同时,我们需要在文章中报告选择事件窗口期的理由,以使读者判断我们的选择是否合理。

我们还可以通过一些方法来控制混淆效应。Foster(1980)给出了几种选择:(1)在样本中剔除存在混淆事件的企业;(2)对遇到相同混淆事件的企业分组,进行抽样;(3)剔除样本中在当天遇到混淆事件的企业;(4)在计算异常股票收益时去除混淆效应的影响。其中第一种是最常见的控制混淆效应的方法。例如,张龙和刘洪(2006)为了研究上市公司经营者继任的效应剔除了包含盈余和股利公告、并购、设立合资公司等在内的 266 个混淆事件,最终得到 114 个有效样本。

尽管看起来比较有效,删除混淆事件的方法也给我们研究带来了一定偏差。

一般而言,大公司更有可能发生较多混淆事件,这样导致我们最终保留的样本有可能大多集中在小公司,也就带来了样本选择偏差。Sorescu 等(2017)认为那些采用较短事件窗口期的研究大多直接删除混淆事件,而采用较长事件窗口期的研究很少删除混淆事件。与之相反,事件窗口期较长的研究,尤其是金融学中的研究,大多假设长事件窗口期内(六个月到三年不等)很有可能发生混淆事件,但是这些混淆事件对窗口期末的异常股票收益的影响应该服从均值为零的分布,因此不会实质性地影响我们感兴趣的核心事件所产生的平均异常收益。有意思的是,通过 RavenPack 对 3 892 家美国上市公司 2000—2013 年的 296 346 篇新闻报道的研究,Sorescu 等(2017)发现 31 546(约占总数的 10.6%)篇报道存在混淆事件,但是这些混淆事件即使是在较短的事件窗口期(3 天)也不会对累计异常股票收益率产生实质性的影响。

无论剔除混淆事件是否影响最后的估计结果,也不管事件窗口期是短还是长,负责任的研究人员一般可以将两种情况的数据结果都呈现出来,以便能更清楚地进行判断,由此也可以提高我们得出的结论的可信度。

3. 资产定价模型的选择

当事件和样本确定之后,我们就可以选择合适的估计模型来度量异常股票收益。不论是怎么样的模型,最基本的模型就是估计股票预期收益和真实收益之间的差值,用公式表示为:

$$\mathrm{AR}_{it} = \frac{P_{it} - E(P_{it})}{P_{it-1}} = R_{it} - E(R_{it}) \qquad (20-5)$$

式中,AR_{it} 是公司 i 在 t 时期的股票异常收益,P_{it} 是公司 i 在 t 时期股息调整后的股价,P_{it-1} 是公司 i 在 $t-1$ 时期股息调整后的股价,R_{it} 是公司 i 在 $t-1$ 到 t 期已实现的股票收益率,$E(R_{it})$ 是公司 i 在 $t-1$ 到 t 期已实现的股票收益率的期望。

通过式(20-5),可以衍生出其他多种较为常用的资产定价模型:

(1) 当 $E(R_{it}) = R_{ft} + \beta(R_{mt} - R_{ft})$ 时,就是资产定价的市场模型。

$E(R_{it})$ 是公司 i 在 $t-1$ 到 t 期已实现的股票收益率的期望,R_{mt} 是市场上流通股票在时间 t 的平均收益率,R_{ft} 是在时间 t 的无风险收益率,β 是利用事件发生前 100 天或更多天数回归估计出来的风险因子。可以看出,我们最初介绍的资产定价模型式(20-2)就是一种基础模型。

(2) 当 $E(R_{it}) = R_{mt}$ 时,就是资产定价的市场调整模型,R_{mt} 是市场上流通股票在时间 t 的平均收益率。

(3) 当 $E(R_{it}) = R_i$ 时,就是资产定价的均值调整模型,R_i 是股票 i 在事件窗口期内的日平均收益率。

Brown 和 Warner(1985)的研究发现,在短事件窗口期的研究中,市场模型、市场调整模型、均值调整模型三种方法对异常股票收益的估计效果是没有显著差别的。但在长事件窗口期的研究中,上述模型的估计效果较差,需要考虑使用不同的方法估计股票预期收益。虽然管理学研究中目前使用的大多是短事件窗口期,但是学者在具体的实践中经常会遇到需要研究长事件窗口期的情况。比如,对于并购类研究,并购行为对企业未来价值的影响,不能完全被并购公告的短事件窗口期所解释,并购整合的整个过程会更加重要,所以需要利用长事件窗口期来研究该问题。为此,我们介绍长事件窗口期的研究最经典的 Fama-French 模型,而其他方法如 BHARs 和 CTARs 则留待感兴趣的读者在延伸阅读中寻找答案。

当 $E(R_{it}) = R_{ft} + \beta_1(R_{mt} - R_{ft}) + \beta_2(\text{SMB}_t) + \beta_3(\text{HML}_t)$ 时,就是资产定价的 Fama-French 模型,就是三因素模型。与市场模型相比,此处增加了两个风险因子,SMB_t 是规模因子,代表着在时间 t 大市值和小市值资产组合的收益差;HML_t 是价值因子,代表着在时间 t 高市净率和低市净率资产组合的收益差。在 Fama-French 模型的基础上,Carhart(1997)提出了四因素模型,增加了动量因子 UMD_t,代表着高现有股票收益的资产组合与低现有股票收益的资产组合之间的差。四因素模型中 $E(R_{it}) = R_{ft} + \beta_1(R_{mt} - R_{ft}) + \beta_2(\text{SMB}_t) + \beta_3(\text{HML}_t) + \beta_4(\text{UMD}_t)$。在利用三因素和四因素模型的时候,我们需要注意这个模型对数据的要求是按照月度来采集数据,同时事件窗口期需要足够长(如若干年),并且需要非常谨慎地在短事件窗口期的研究中使用。

异常股票收益可以是建立在每日或每月的基础上,取决于研究者使用的事件窗口期。平均而言,在我们选择的样本中,事件短窗口期(两个月内)的研究一般使用事件前的 4 天、事件发生当天和事件后的 4 天,也就是 9 天作为事件窗口期。使用事件前的 4 天,可以尽可能地考虑到消息泄露带来的问题,而使用事件后的 4 天,可以考虑到事件信息在不同的投资者之间充分传播。也有很多研究选择更短的事件窗口期,如事件前的一天到事件发生当天([-1,0])或事件前的一天到事件发生后的一天([-1,1])。短事件窗口的好处是可以更好地规避混淆效应。而对于长事件窗口(两个月以上)的研究一般使用事件前的 257 天到事件后的 192 天,也就是 450 天作为事件窗口期。当事件窗口期大于 1 天的时候,我们就利用累计异常股票收益率作为事件或消息产生的股价效应。计算公式为:

$$CAR_{it} = \sum_{t-k}^{t+l} AR_{it} \qquad (20-6)$$

式中，CAR_{it} 是公司 i 在 t 时期的股票累计异常股票收益，AR_{it} 是公司 i 在 t 时期（天）的股票异常收益，k 是在 t 之前的天数，l 是在 t 之后的天数。

4. 事件效应估计检验

在得到了事件效应之后，我们需要对事件效应进行估计检验。我们的原假设是，异常股票收益或累计异常股票收益与零没有显著区别。通常情况下，学者大多用 t 检验来判断（陈信元和江峰，2005）。具体的统计量如下：

考虑了事件日异常股票收益横截面数据之间的相关性，表达式为：

$$t_1 = \frac{\bar{A}_t}{s(\bar{A}_t)}$$

其中，

$$\bar{A}_t = \frac{1}{N_t} \sum_{i=1}^{N_t} AR_{i,t}$$

$$S(\bar{A}_t) = \sqrt{\frac{\sum_{T_0}^{T_1}(\bar{A}_t - \bar{\bar{A}})^2}{T_1 - T_0}}, \text{其中}, \bar{\bar{A}} = \frac{1}{(T_1 - T_0) + 1} \sum_{t=T_0}^{t=T_1} \bar{A}_t$$

N_t 为在 t 日样本中该日收益率非缺失的股票个数。如果 $\bar{A}_t$ 满足独立、同分布和正态分布的条件，那么在原假设成立的情况下，待检验的统计量服从 t 分布。T_0、T_1 的意义见本章开始的图 20-1。

若不考虑事件日异常股票收益之间的相关性，并且假设事件日异常股票收益满足独立、同分布有限方差的条件，根据中心极限定理，在样本量大于 30 时，异常股票收益的均值近似服从正态分布，从而有第二个检验统计量：

$$t_2 = \frac{\bar{A}_t}{s(A_t)}$$

其中，

$$\bar{A}_t = \frac{1}{N} \sum_{i=1}^{N_t} AR_{i,t}$$

$$S(\bar{A}_t) = \sqrt{\frac{\frac{1}{N_t - 1} \sum_{i=1}^{N_t}(AR_{i,t} - \bar{A}_t)^2}{N_t}}$$

以上两个检验方法都是参数检验,我们还需要进行非参数方法检验。考虑这一检验的原因主要是:其一,t 检验需要满足较强的假设。比如,异常股票收益是正态分布的,异常股票收益的变异在企业间是相同的,而且异常收益之间没有相关关系。如果异常收益存在异方差或相关关系,t 检验就可能失效。其二,事件研究中的检验统计量往往对异常值敏感。小样本可以放大任何一家公司的收益对样本统计量的影响。因此,在小样本情况下,显著性的判断会存在问题。对于异常值,McWilliams 和 Siegel(1997)的建议是,最好不要直接从样本中删除,而是进行非参数检验并汇报相应的统计量。这样做,我们不仅能控制异常值,而且可以更严格地进行统计量检验。主要需要汇报的应包括二项式 Z 统计量,$Z_p = (\text{PRNEG}_t - p^*)/[(p^*)(1-p^*)/N]^{1/2}$,测试正负收益比例是否超出了市场模型的预期量,其中,PRNEG_t 是第 t 天负超额收益的比例,p^* 是 PRNEG_t 的期望值,N 是企业数量。同时,汇报同时考虑异常收益符号和数量的非参数统计量,威尔科克森(Wilcoxon)符号秩检验(signed rank test)。

此外,也可以根据异常股票收益在时间序列数据中相对顺序关系来考察异常股票收益是否显著区别于零(陈信元和江峰,2005)。在此方法下,要先将每只股票异常收益时间序列数据转为秩,$k_{i,t} = \text{rank}(AR_i, t = -244, \cdots, 5)$,统计量表达式为:

$$t_3 = \frac{\frac{1}{N_t}\sum_{i=1}^{N_t}[k_{i,0} - E(k_i)]}{s(k)}$$

其中,$E(K_i)$ 表示第 i 只股票秩期望值,等于 $0.5 T_i + 0.5$,T_i 为第 i 只股票在估计期和事件期内非缺失日收益率的个数。

$$s(k) = \sqrt{\left\{\frac{1}{N}\sum_{i=1}^{N_t}[k_{i,t} - E(k_i)]\right\}^2}$$

如果我们用的是累积异常收益的统计检验时,我们也可以使用 Z 统计量。此时,我们可以使用标准异常收益率(SAR),用标准差来表示异常股票收益:

$$\text{SAR}_{it} = AR_{it} / \text{SD}_{it} \tag{20-7}$$

和

$$\text{SD}_{it} = \left\{ S_i^2 \times \left[1 + 1/T(R_{mt} - R_m)^2 / \sum_{t=1}^{T}(R_{mt} - R_m)^2\right]\right\}^{0.5} \tag{20-8}$$

式中,S_i^2 是公司 i 市场模型的剩余方差,R_m 是估计期内市场组合的平均收益率,T 是估计期内的天数。

标准异常收益累积 k 天(事件窗口期),则各企业的累计异常股票收益

(CAR)是：

$$CAR_i = (1/k)^{0.5} \sum_{t=1}^{k} SAR_{it} \qquad (20-9)$$

标准假设认为 CAR_i 值是独立的,且恒等分布。在此假设下,我们用 CAR_i 除以其标准差,即 $[(T-2)/(T-4)]^{0.5}$,从而将这些值转换为了恒等分布变量。

因此,在事件窗口期内,n 家企业的平均标准累计异常收益(ACAR)可计算为：

$$ACAR_{it} = 1/n \times 1/[(T-2)/(T-4)]^{0.5} \sum_{i=1}^{n} CAR_{it} \qquad (20-10)$$

可使用下列检验统计量表达式来评估平均累计异常股票收益是否明显不为零：

$$Z = ACAR_t \times n^{0.5} \qquad (20-11)$$

如果 Z 明显不为零,则累计异常股票收益反映了意外性事件对这 n 家公司的平均影响。

5. 异常股票收益的解释

对异常股票收益的解释应当建立在一定的理论基础之上。在判断了 CAR 的显著性之后,学者应该通过证明不同公司的收益截面差异与给定理论保持一致来解释异常股票收益(McWilliams & Siegel,1997)。比如,龙小宁等(2016)的研究尝试发现 18 号文颁布的政策效应。从理论出发,作者首先假设政策颁布后,官员兼职企业受到负面消息的冲击,在事件窗口期内其股票累计异常收益率将低于非官员兼职企业。利用这个意外事件,作者首先验证了 18 号文的颁布确实给官员兼职企业带来了负面冲击,股票累计收益率相对于对照组明显下降。更进一步,作者利用回归分析进一步建立企业特征和区域制度环境等变量与异常股票收益之间的关系。

20.3 事件研究法实践指南：推荐步骤

只有当假设是有效的并且研究设计被正确地执行时,事件研究法才能就某一事件的财务影响提供真实的测量。事件研究法的关键假设是：(1)市场为有效市场；(2)事件为意外性事件；(3)事件窗口期无混淆效应。基于我们对国内外相关文章的分析,我们发现管理学研究中事件研究法的运用还存在着一些问题。为了使从事管理学研究的学者更熟悉事件研究法,并确保设计、实施和报告是适当的和充分的,结合 McWilliams 和 Siegel(1997)的建议,我们把事件研究法的步骤及每一步需要注意的问题总结如表 20-2 所示。

表 20-2 实施事件研究的步骤

> 第一步:明确向市场提供新信息的事件。
> 注意事项:事件必须清晰地定义;能覆盖较大范围的企业。
> 第二步:使用理论、逻辑解释该事件或信息对股票市场反应的可能影响。
> 注意事项:理论预测必须是清楚的、有方向性的提前假设。
> 第三步:确定一组经历该事件的公司并确定事件日期。
> 注意事项:选择一个尽可能多地覆盖相关新闻的数据库或信息来源;样本量足够大。
> 第四步:选择一段适当的事件窗口期并且如果超过两天,阐明其长短的合理性。
> 注意事项:根据事件的性质选择到底是长还是短事件窗口期;尽量选择短事件窗口期,同时考虑信息提前泄露的可能,将事件窗口期提前到合理区间;阐明理由。
> 第五步:剔除或调整在事件窗口期内经历其他相关事件的公司。
> 注意事项:无论剔除混淆事件,还是不考虑混淆事件,汇报两种情况的数据结果。
> 第六步:计算事件窗口期内的异常收益率并测试其显著性。
> 注意事项:选择合适的估计模型,短事件窗口期时,市场模型、均值调整模型及市场调整模型之间差异不大;长事件窗口期时,不应使用上述模型,而应该选择三因素或四因素等模型。
> 第七步:报告负报酬率的百分比,以及二项式 Z 或 Wilcoxon 符合秩检验统计结果。
> 第八步:对于小样本,使用 bootstrap 方法并讨论异常值的影响。
> 第九步:利用理论解释异常收益率在企业间存在差异的原因,构建异常收益率与解释变量之间的关系,并利用合适的计量模型检验理论假设。
> 第十步:在数据附录中报告公司名称和事件日期。

第一步是确定什么时候使用事件研究方法是合适的。当某一事件有可能会产生财务影响,无法被市场预见,并向市场提供新的信息时,使用该方法是合适的。

第二步从理论出发阐述新发生事件和新信息对市场股票价格的影响。这一步包括基于所使用的理论对影响的方向性进行提前预测。

第三步是确定事件的日期及经历该事件的一组公司。

第四步是选择适当的事件窗口期。对于那些显然未被预见到并于确定的日期发生的事件,窗口期应该是非常短的,1 天到 2 天。对于某一意外性事件,市场能够就该信息进行交易的首日即是事件日本身。例如,大地震就是意外性事件。大地震的消息很快就会被公布出来,而且如果该消息被断定为相关信息,那么能够预料到市场会很快做出反应。这一事件的窗口期将是 1 天(假设这是一个交易日)。大多数新闻都会在其公布之前被提供给指定的信息披露机构。因此,一些投资者可能会在确定事件公开宣布之前就收到了与之相关的信息。对于该类事件,交易可能会发生在事件日之前。由于我们可能无法确定消息是何时发布的,所以标准的事件窗口期是2天,在其是交易日的情况下,即事件当日和前一日。如果某一窗口期超过了标准的2天时间,那么其应当是合理的,比如,我们谈到的并购事件影响,并非一天就可能产生影响。在这种情况下,将合并之前的规划期包括在内的窗口期可能是合理的。尽管如此,我们还是应该将该合理的解释包括在文章中,包括对所选时间长度的解释。

第五步是如果在选择的窗口期内发生了在财务方面与某公司相关的其他事件,则从样本中剔除该公司。相关事件包括意外分红或收益公告、收购投标、合并谈判、关键管理人员变动、重组、合资、重大合同中标、重大劳动纠纷、重大责任诉讼和重大新产品发布等。当我们不能确定信息是何时透露的时候,同时能有足够的证据表明长窗口期的合理性时,可以使用技术手段来控制混淆事件。

第六步是需要使用标准的方法,比如本章的式(20-5)和式(20-6)计算事件窗口期内积累的日(累积)异常收益率,并估计异常收益率的显著性。

第七步是报告负报酬率的百分比,以及二项式 Z 或威尔科克森测试统计数据或两者都报告。

第八步是如果样本使用的公司少于30家,则要包含额外的信息。这些额外的信息包括对异常值影响的识别和测量及使用 bootstrap 方法的结果。

第九步是概述解释异常收益率中企业间变异的理论原因,并用计量模型测试该理论关系。

第十步是在数据附录中报告公司名称和事件日期,以便复制和扩展。

在沃顿研究数据库中包含一个事件研究法模块(EVENTUS),如果是研究某个事件对美国公司的影响,可以按照 EVENTUS 的模板,输入所关注的公司代码和事件窗口期,选择资产定价模型后,系统会自动算出该时间段内各企业的累计异常股票收益。将该累计异常股票收益数值并入公司的其他数据,就可以用回归的方法来分析某个事件对公司市场估值的影响。

20.4 结语

20.4.1 事件研究法的优势和局限性

如前所述,事件研究法能很好地捕捉到公司事件、消息发布及市场事件等引发市场对企业价值的反映,也能较好地弥补传统以财务会计指标衡量企业绩效的缺陷和不足,更能区分开不同事件对企业最终绩效的不同影响。尽管如此,我们还需要注意事件研究法本身所具有的优势和局限性,具体内容如表20-3所示。

表20-3 事件研究法的优势和劣势

	优势	劣势
适用性	➢ 尤其适用于衡量那些很难从企业现金流中区分开的活动所增加的价值(如联盟、产品召回等) ➢ 衡量那些有迹可循的活动所增加的价值(如新产品推出) ➢ 衡量始料未及的资源和支出带来的效应(如18号文涉及的官员董事离职)	➢ 跟踪持续性的绩效变化,以及一段时间内的动态演化过程 ➢ 对持续性发生的、没有任何意外可言的事件所带来的绩效影响 ➢ 评估那些投资者已经预知会发生的事件所带来的影响
价值评估	➢ 一种向前看(forward looking)的绩效评价模式,传统的会计指标是向后总结看 ➢ 数据可以是以每天、月度、季度为单位的,而企业层的会计指标研究数据很难做到 ➢ 研究时间窗口非常灵活,可长可短	➢ 假设较强,股票市场财务金融数据通常噪音太多 ➢ 资产定价模型的假设较强,在没有发生事件时的股票价值估计较难 ➢ 投资者预期受到多种因素影响
内生性问题或样本选择偏差		➢ 很有可能存在内生性问题,尤其对于企业内部产生的事件
因果推断		➢ 很难,只有在事件完全是在投资者的意料之外才有可能,但通常无法验证事件是否完全意外

资料来源:修改自 Sorescu 等,2017。

对于事件研究法的作用,它更多反映地是市场上投资者对事件涉及的上市公司未来价值的一种预期,这种预期又是如何受到了意外事件或新信息的影响,而不是我们学者用来评估某项事件对企业本身绩效或价值的影响。Warren 和 Sorescu(2016)的研究发现,从1990年开始,学者发现的新产品公告与企业累计异常股票收益之间的关系越来越弱,侧面证明投资者可能有越来越多的渠道评价企业发生的事件,也促使我们对事件研究法有更多新的认识。正如 Sorescu 等(2017)所说,更准确的表述是从"事件 X 对企业价值有显著影响"转变成"投资者对事件 X 有正向(或负向)的反应"。

20.4.2 在中国证券市场使用事件研究法需要注意的问题

作为转型经济体,中国的证券市场仍处于快速发展的阶段。中国证券市场的交易环境也决定了其在很多方面表现出与国外成熟证券市场的不同之处。陈汉文和陈向民(2002)对中国市场上股票价格的形成有较大影响的因素做了精炼的总结,包括市场结构的制度性差异(如针对个股的涨跌幅限定、不允许卖空买空交易、较大程度的依托计算机撮合指令的平台来完成交易)、参与主体的差异性(机构投资者与中、小投资者在市场上的行为选择所依据的理念存在较大差异,所以二者在市场参与群体中的比例会对价格的信息表现过程产生不同的影响)、公司的性质与行为差异(限制性股权结构是中国上市公司的主要特点)。从更广的角度出发,中国上市公司股权结构的多样性及公司行为因此受到的影响直接作用于价格的形成过程,比如公司对投资者利益的重视程度,甚至某些不规范的公司管理层的行为也会通过事件的形式在市场上表现出来。此外,我国上市公司在上海、深圳两个分割的证券交易所上市交易。发展中国家的股票市场还存在着 80% 以上的股票市场跟随大盘同涨同跌的问题(Morck et al. ,2000)。

这些不同的特点会影响我们在中国证券市场使用事件研究法。比如,如果我们研究政府政策对企业价值的影响,我们会发现中国政府的政策在较短时间内可能出现较多的变化,也会有其他很多相关的政策颁布出台。这给我们选择合适的事件窗口期带来了较大的挑战。再比如,中国证券市场的特点也会影响我们选择资产定价模型。陈汉文和陈向民(2002)的研究发现,市场模型在中国证券市场的研究中更容易拒绝原假设的倾向,而均值调整模型有较好的表现。陈信元和江峰(2005)的研究则表明,在中国证券市场上,市场调整模型检验力稍弱于市场模型,但均值调整模型的优势并不明显,市场模型应该作为事件研究法的资产定价模型基础。研究人员仍需要结合自己研究问题和使用样本的特点选择合适的估计模型。

总之,事件研究法是我们认识、寻找客观规律的一个强有力的工具。无论是外部事件还是企业内部产生的事件,我们都可以推测出该事件或决策对投资者预期的影响,进而判断其对公司价值的影响。因此,在精心设计并且良好地执行了科学的步骤之后,事件研究法就能够帮我们更好地评估意外事件、管理决策的效应,从而更好地实施管理干预。中国证券市场的复杂性,给学者使用事件研究法带来了诸多挑战,但也带来了更多的发现规律的大好机遇。接下来我们将详细介绍事件研究领域的一个新理论、新方法,事件系统理论。区别于前人事件研究,该理论详细阐明了如何把事件本质特征(强度、空间、时间)引入到研究模型和假设之中,对未来事件定量与质性研究的发展很有启发。

20.4.3 事件研究法的拓展——事件系统理论核心内涵与应用

Johns(2006)关于情境研究的论文,具有划时代的意义,激发了情境研究的大量涌现。学者们经常引用 Johns(2006)来论述为什么要考虑情境,如何开展情境研究。该文章毫无悬念地拿下了 2016 年 AMR 最佳论文奖。Johns(2017)在一篇系统回顾、反思 Johns(2006)发表以来的情境研究的文章中,指出前人对情境研究的一个重要不足就是没有在理论构建中,充分考虑实体所处的情境中,事件所发挥的重要作用。而情境中的事件已被认为是区别于实体(如个人、团队和组织)内部特征的一个新研究视角(Dinh *et al.*,2014)。Johns(2017)特别指出事件系统理论(event system theory;Morgeson *et al.*,2015)是研究事件的有效理论视角,称赞该理论如瑞士军刀般①,深刻、全面地揭示了事件的多个重要属性,以及它们如何对实体施加影响的机理与过程。

1. 事件系统理论的核心内涵

具体来讲,事件系统理论首先界定了什么是事件。事件是情境中那些分离的、鲜明的,由多个实体间构成的相互作用(如某员工接到猎头公司的挖人电话、多个公司合并成立新商业实体、创业团队收到了天使投资者的资助)。事件具有时空属性,存在于特定的时间与空间之中(如 2017 年美国管理学会年会是个事件,其于 2017 年 8 月 4 日至 8 月 8 日发生于亚特兰大)。因为事件由多个实体构成,对于事件中的任一实体,事件都是情境,都会对实体产生影响。那么,什么不是事件呢?实体内部特征(如人的性格与情绪、团队的人口特征、企业组织文化)不是事件,实体内部特征的变化(如人的情绪变化、性格改变)也不是事件。区别于实体所经历的事件(仅存在于特定的时空之中),实体的内部特征随着时间的流逝、空间的变化,也许会在强度上发生变化,但它总是存在于实体之中,而不会彻底消失。

《孙膑兵法·月战》指出"天时、地利、人和,三者不得,虽胜有殃"。与《孙膑兵

---

① 注:瑞士军刀以做工精良、功能多样、强大而著称。

法》相得益彰,事件系统理论的精髓就是,成大事者,必得天时、地利、人和。"天时、地利、人和"就是事件系统理论中所论述的事件时间(事件时机、时长等因素)、空间(事件起源、纵向与横向扩散范围、实体与事件的距离等因素)、强度属性(新颖性、颠覆性、关键性)(Morgeson et al.,2015)。之所以用事件强度(新颖性、颠覆性、关键性)来代表"人和",是因为"人和"体现在事件有多大可能性去吸引相关实体(如人)的注意力,并对其产生影响。事件强度、时间、空间构成一个探究事件内在属性的三维系统。在进行事件研究中,如想衡量事件的冲击力,应充分考虑事件时间、空间、强度三个主要因素(见图20-2)。① 首先,图20-2模型的命题1—3讲的是事件强度对实体的主效应。即事件的强度越大(新颖性、颠覆性、关键性),越能吸引实体的注意力,越能调动实体,对其产生影响(如改变或影响实体的行为和内部特征,激发新事件)。命题4—9讲的是事件的时间与空间因素会对事件强度与结果变量的关系起调节作用。即当事件强度一定,那些越能满足实体发展需求(时机),持续时间越久,由企业更高层起源,扩散范围越大的事件,越能对实体施加影响。图20-3(Morgeson等,2015)展示了事件对实体的各种影响。事件可以产生同层、自上而下、自下而上、自上而下调节、自下而上调节等五种主要作用。图中还有18个例子,具体展示事件是如何改变或影响实体的行为和内部特征,并激发新事件的。

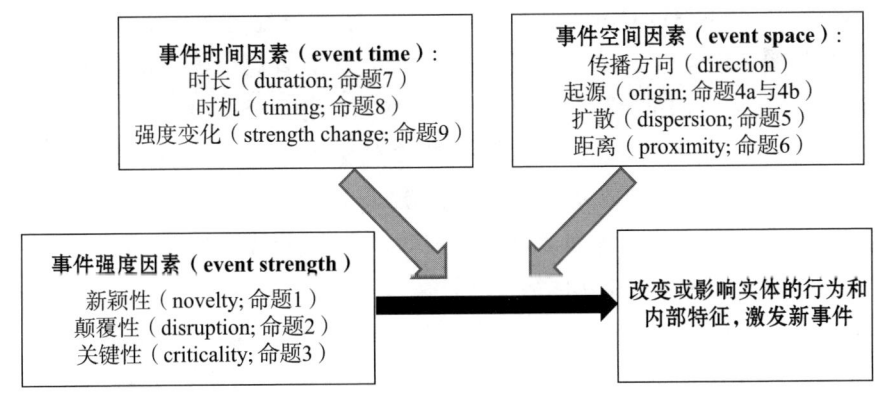

图20-2 事件系统理论模型

资料来源:刘东和刘军,2017。

---

① 注:事件系统理论强调,虽然同时考虑时间、空间、强度三个因素,能够建立更为完善、全面的事件研究模型,但研究者完全可以根据自己的研究重点、数据特点,只关注三因素中的一个或两个。

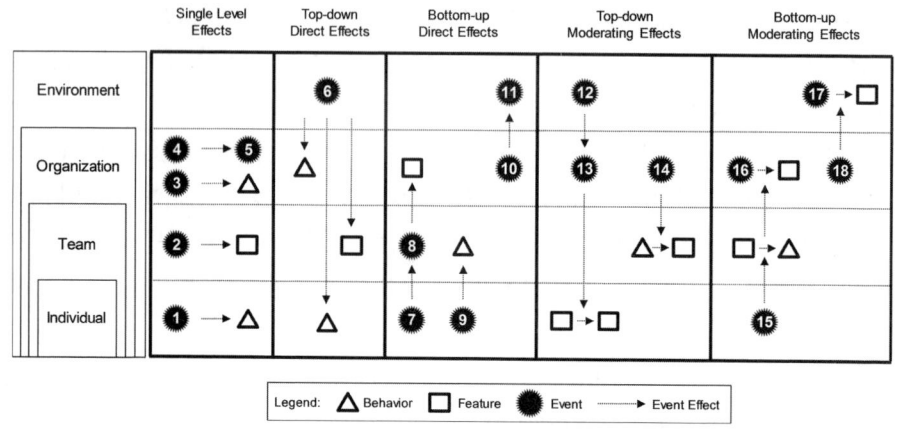

图 20-3 事件对实体的各类影响

资料来源：Morgeson 等，2015。
注：图中数字与 Morgeson 等（2015）中的例子相对应。

2. 相关研究

组织研究者对实体的内在特征关注已久，如微观层面的个人大五人格理论（big five personality；McCrae & John，1992）、中观层面的团队断裂带理论（faultline theory；Lau & Murnighan，1998）、宏观层面的高阶理论（upper echelons theory；Hambrick & Mason，1984；Hambrick，2007）。近年来，事件研究已开始兴起。但事件主要是被当作实证设计（empirical design）的一种。研究者们主要是采用双重差分估计方法（Difference in Difference，DID；Abadie，2005），以某事件为研究背景，比较该事件出现前后，某变量的数值变动（如受到事件冲击的公司的股票价格的波动）（Faccio & Parsley，2009；Sun et al.，2015）。所以，这些研究其实只是把事件考虑成出现或者不出现，而没有如事件系统理论那样，去深入探查事件的强度、空间、时间属性是如何对相关实体产生影响的。

事件系统理论已经被各个层面的实证研究所支持。在中微观层面，Zellmer-Bruhn（2003）证明中断性事件（interruptive events）有益于知识传递，进而促进新的程序与规则的建立。在一项关于团队中所发生的事件研究中，Morgeson（2005）发现团队领导可以在一些特定的事件情境下，通过主动干预来提高团队的表现，尤其是当事件具备很强的颠覆性（disruptive）时。Morgeson 和 DeRue（2006）发现颠覆性事件的关键性（criticality）与时长（duration）决定了此类事件能多大程度干扰团队的正常运作。宏观事件研究中，Tilcsik 和 Marquis（2013）验证了事件强度的重要理论与实践意义。他们首先依据自然灾害事件所造成的财产损失数额，把自然灾害事件区分为高（大于50亿美元的财产损失）、中（10—50亿美元的财产损失）、低（小于10亿美元的财产损失）三类具有不同强度的事件。进而他们发现，高等强度的自然灾害事件会使得公司不愿意做慈善捐赠，中等强度的自然灾害事件对公司捐赠表现没有影响，而低等强度的自然灾害事件对公司捐赠有促进作用。支持事件系统理论的观点，Tilcsik和Marquis（2013）认为学者们应把事件作为连续变量引入模型，而不应简单地把事件看作二分变量（出现或不出现）。当把自然灾害事件处理为二分变量时，他们将发现不了不同强度的自然灾害事件对公司捐赠的不同影响。Dai et al.,（2013）验证了研究事件空间与时间属性的重要性。他们研究政治冲突事件对日本海外公司（25个国家的670个日本海外子公司）业绩的影响。日本海外公司对这些事件的动态经历（随着时间发展，是否距离事件越近）和静态经历（是否位于事件区域）与这些公司撤资的可能性呈正相关。他们还发现，经历这些事件时，如果日本海外公司与其他来自日本的公司更加紧密地聚集于政治冲突事件发生的区域，此类日本海外公司更不容易撤资。

3. 未来应用机会

学者们可以依照图20-3所展示事件作用模式，把事件系统理论作为理论基础，建构各种事件实证模型。① 下面，我们概述几个典型的事件研究建模思路。

（1）事件属性的主效应（main effects）及其与实体内部特征的交互作用（interactive effect）或调节作用（moderation effect）。研究者可以参照Morgeson（2005）、Morgeson和DeRue（2006）、Dai等（2013）、Tilcsik和Marquis（2013），考察事件时间、空间、强度三个属性之中的一个或多个，以把事件量化成连续变量，进而构建模型检验事件对结果变量的直接影响。事件系统理论强调，在事件研究中，我们可以考虑实体内在特征与经历的事件的交互作用，即综合理论建构范式（integrative theory-building approach）。比如，我们可以考察个人所经历的事件如何与其内在性格一起交互去预测个人职业生涯发展轨迹。当经历情绪事件时，情绪稳定度（emotional stability）低的人会更加受到情绪事件的影响。组织治理结构特征如何调节组织所经历的事件与组织表现二者之间的关系。董事会成员职业背景的多样性也许会加强创新型事件对企业创新表现的影响。

（2）事件强度三维度（新颖性、颠覆性、关键性）的主效应与交互作用。研究者

---

① 参见刘东和刘军（2017）对事件系统理论所带来的科研与实践机会的详细论述。也可以通过链接（http://pan.baidu.com/s/1bpcVNY3 密码：4cms）下载相关学习资料（如反映事件强度的新颖性、颠覆性、关键性量表）。

可以先明确所要研究的事件。之后,进一步探查该类事件的三个不同强度属性(新颖性、颠覆性、关键性)是否会与不同的结果变量存在关系,或对同一个结果变量有不同影响。比如,当研究公司并购事件时,研究者可以构建并购事件新颖性、颠覆性、关键性三个变量,考察它们对公司表现的不同影响。

(3)事件强度(通过新颖性、颠覆性、关键性,对事件进行量化;或者创造一个总强度分值)与事件时间或空间相关因素的交互作用。当我们研究团队内部关系冲突事件对团队成员创造力的影响时,我们可以探究二者关系是否受到冲突事件的空间起源及时机的调节。起源于团队高层的冲突事件也许会对团队成员的创造力影响更大。当团队处于研发的不同阶段时,团队内部关系冲突事件对团队成员创造力的影响强弱甚至方向会有所不同。

(4)多个事件的主效应与交互作用。实体有的时候会同时受到多个事件的影响。如员工的组织公民行为,也许会同时受到公司层面、团队层面、个人层面所发生的多个事件的影响。研究者可以首先识别出与员工组织公民行为相关的事件(如公司社会公益事件),接着在事件强度、时间、空间的某些属性上,把事件作为连续变量引入模型。在模型中,研究者可以探查多个事件如何通过不同的中介机制对结果变量产生影响,以及多个变量之间如何相互促进或抑制对结果变量的影响。

(5)事件案例研究。事件系统理论为事件案例研究提供了扎实、系统的分析框架。研究者可以从事件强度、空间、时间等角度,搜集质性数据,深入考察事件属性的哪些因素会对实体产生影响?产生了什么影响?是通过什么过程机制对相关实体产生影响的?什么因素使得某事件变得新颖、颠覆、关键?对于以上问题的研究,可以帮助企业、团队、个人更好的发现事件、评估事件、应对事件;甚至通过主动创造出事件,来实现企业发展的目标。

参考文献

Abadie, A. (2005). Semiparametric difference-in-differences estimators. *The Review of Economic Studies*, 72(1), 1—19.

Brauer, M. F. & Wiersema, M. F. (2012). Industry divestiture waves: How a firm's position influences investor returns. *Academy of Management Journal*, 55(6), 1472—1492.

Brown, S. J. & Warner, J. B. (1985). Using daily stock return: The case of event studies. *Journal of Financial Economics*, 14(3), 3—31.

Carhart, M. M. (1997). On persistence in mutual fund performance. *The Journal of Finance*, 52(1), 57—82.

Dai, L., Eden, L. & Beamish, P. W. (2013). Place, space, and geographical exposure: Foreign subsidiary survival in conflict zones. *Journal of International Business Studies*, 44(6), 554—578.

Dolley, J. C. (1933). Characteristics and procedure of common stock split-ups. *Harvard Business Review*, 11(3), 316—326.

Faccio, M. & Parsley, D. C. (2009). Sudden deaths: Taking stock of geographic ties. *Journal of Financial and Quantitative Analysis*, 44(03), 683—718.

Fama, E. F. (1991). Efficient capital markets: II. *Journal of Finance*, 46(5), 1575—1617.

Fosfuri, A. & Giarratana, M. S. (2009). Masters of war: Rivals' product innovation and new advertising in mature product markets. *Management Science*, 55(2), 181—191.

Foster. G. (1980). Accounting policy decisions and capital market research. *Journal of Accounting and Economics*, 2(1), 29—62.

Girotra, K., Terwiesch, C. & Ulrich, K. T. (2007). Valuing R&D projects in a portfolio: Evidence from the pharmaceutical industry. *Management Science*, 53(9), 1452—1466.

Hambrick, D. C. (2007). Upper echelons theory: An update. *Academy of Management Review*, 32(2), 334—343.

Hambrick, D. & Mason, P. (1984). Upper echelons: The organization as a reflection of its top managers. *Academy of Management Review*, 9(2), 193—206.

Johns, G. (2006). The essential impact of context on organizational behavior. *Academy of Management Review*, 31(2), 386—408.

Johns, G. (2017). Reflections on the 2016 Decade Award: Incorporating context in organizational research. *Academy of Management Review*, 42(4), 577—595.

Johnson, J. L., Ellstrand, A. E., Dalton, D. R. & Dalton, C. M. (2005). The influence of the financial press on stockholder wealth: The case of corporate governance. *Strategic Management Journal*, 26(5), 461—471.

Lau, D. C. & Murnighan, J. K. (1998). Demographic diversity and faultlines: The compositional dynamics of organizational groups. *Academy of Management Review*, 23(2), 325—340.

McCrae, R. R. & John, P. O. (1992). An introduction to the five-factor model and its applications. *Journal of Personality*, 60(2), 175—215.

McWilliams, A. & Siegel, D. (1997). Event studies in management research: Theoretical and empirical issues. *Academy of Management Journal*, 40(3), 626—657.

Morck, R., Bernard, Y. & Yu, W. (2000). The information content of stock markets: Why do emerging markets have synchronous stock price movements. *Journal of Financial Economics*, 58(1-2), 215—260.

Morgeson, F. P. (2005). The external leadership of self-managing teams: intervening in the context of novel and disruptive events. *Journal of Applied Psychology*, 90(3), 497—508.

Morgeson, F. P. & DeRue, D. S. (2006). Event criticality, urgency, and duration: Understanding how events disrupt teams and influence team leader intervention. *The Leadership Quarterly*, 17(3), 271—287.

Morgeson, F. P., Mitchell, T. R. & Liu, D. (2015). Event system theory: An event-oriented approach to the organizational sciences. *Academy of Management Review*, 40(4), 515—537.

Paruchuri, S. & Misangyi, V. F. (2015). Investor perceptions of financial misconduct: The heterogeneous contamination of bystander firms. *Academy of Management Journal*, 58(1), 169—194.

Shen, W. & Cannella, Jr. (2003). Will succession planning increase shareholder wealth? Evidence from investor reactions to relay CEO successions. *Strategic Management Journal*, 24(2), 191—198.

Shiu, Y. M. & Yang, S. L. (2017). Does engagement in corporate social responsibility provide strategic insurance-like effects? *Strategic Management Journal*, 38(2), 455—470.

Sorescu, A., Warren, N. L. & Ertekin, L. (2017). Event study methodology in the marketing literature: an overview. *Journal of the Academy of Marketing Science*, 45(2), 186—207.

Sun, P., Mellahi, K., Wright, M. & Xu, H. (2015). Political tie heterogeneity and the impact of adverse shocks on firm value. *Journal of Management Studies*, 52(8), 1036—1063.

Tilcsik, A. & Marquis, C. (2013). Punctuated generosity how mega-events and natural disasters affect corporate philanthropy in US communities. *Administrative Science Quarterly*, 58(1), 111—148.

Warren, N. & Sorescu, A. (2016). Interpreting the stock returns to new product announcements: How the past shapes investors' expectations of the future. *Journal of Marketing Research*, 54(5), 799—815.

Yang, H., Zheng, Y. & Zaheer, A. (2015). Asymmetric learning capabilities and stock market returns. *Academy of Management Journal*, 58(2), 356—374.

Zellmer-Bruhn, M. E. (2003). Interruptive events and team knowledge acquisition. *Management Science*, 49, 514—528.

陈汉文和陈向民(2002).证券价格的事件性反应.经济研究,1(4),40—47.

陈信元和江峰(2005).事件模拟与非正常收益模型的检验力.会计研究,7,25—31.

刘东和刘军(2017).事件系统理论原理及其在管理科研与实践中的应用分析.管理学季刊,2,64—68.

刘玉敏和任广乾(2007).股权分置改革的效率及其影响因素.中国工业经济,(7),103—110.

龙小宁,张训常和杨进(2016).转轨背景下官员兼职规制的经济效应.中国工业经济,(7),40—56.

顾露露和 Reed, R. (2011).中国企业海外并购失败了吗? 经济研究,7,116—129.

沈红波,谢越和陈峥嵘(2012).企业的环境保护、社会责任及其市场效应.中国工业经济,1,141—151.

晏艳阳和赵大玮(2006).我国股权分置改革中内幕交易的实证研究.金融研究,(4),101—108.

朱彤和叶静雅(2009).投资评级发布日的机构投资者行为与证券的异常收益——来自上海证券市场的证据.金融研究,3,154—170.

第 21 章 高频率跟踪问卷调查方法：日记与体验抽样方法的设计和分析

宋照礼　新加坡国立大学
苏　涛　华南理工大学
祝金龙　中国人民大学

▶ 本章大纲

引言

21.1 日记与体验抽样方法

21.1.1　历史沿革

21.1.2　定义

21.1.3　特点

21.1.4　优势与局限

21.2 日记与体验抽样方法的类型

21.2.1　基于时距的体验抽样方法

21.2.2　基于信号的体验抽样方法

21.2.3　基于事件的体验抽样方法

21.2.4　混合型体验抽样方法

21.2.5　其他数据搜集方法

21.3 日记与体验抽样方法的实施

21.3.1　制订数据搜集的计划

21.3.2　测量方法

21.3.3　技术手段

21.3.4　被调查对象的招募、培训和激励

21.4 研究流程示例

21.4.1　研究准备阶段的执行步骤

21.4.2　研究执行阶段的执行步骤

21.5 日记与体验抽样方法的数据分析

21.6 日记与体验抽样方法在组织管理领域的应用

    21.6.1 方法应用趋势

    21.6.2 研究主题分析

21.7 结语

第 21 章　高频率跟踪问卷调查方法：日记与体验抽样方法的设计和分析

引言

日记与体验抽样方法（daily diary and experience sampling methodology，DD & ESM）是一种高频率跟踪问卷调查方法。在管理学研究中，这种方法已经受到越来越多的关注。该方法不仅有助于描述和揭示人自身与外在的动态变化过程，如情感、认知、个体行为、人际互动、工作事件等，还可用于评估其他稳定特征，如个性对于个体内部动态过程和反应的跨层次影响作用。本章将系统介绍这一类的问卷调查方法，说明如何设计和实施日记与体验抽样方法的研究。本章内容包括：(1)日记与体验抽样方法的发展简史、概念内涵及主要特点；(2)主要的数据搜集方式；(3)研究设计和操作(包括研究时间表、测量方法、实现的技术手段、培训和激励被试的方法)；(4)以一个动态绩效研究为例，介绍具体的操作流程；(5)数据分析步骤；(6)对 AMJ、JAP 及 PP 这三本重要的组织管理学术期刊上近些年采用日记与体验抽样方法的研究进行简单的总结和分析。

21.1　日记与体验抽样方法

21.1.1　历史沿革

行为科学主要关注人们的行为模式与规律。除重大事件外，人们的日常行为也是行为科学所研究的对象。与之对应，利用自我报告对个体的日常生活事件与体验进行重复测量（repeated measures）与跟踪记录也日益成为一种主流的研究方法。高频率的跟踪问卷调查方法，包括日记与体验抽样方法，来自 20 世纪初在行为分析领域的初步应用，例如，弗雷德里克·泰勒（Frederick Winslow Taylor）就在工作场所研究并推广对工人行为的观察和分析。在 20 世纪的六七十年代，这一方法逐渐走向成熟，并应用于心理健康、工业与组织心理学、社会心理学等诸多领域（Wheeler & Reis, 1991）。Schwarz（1990）、Wheeler 和 Reis（1991）、Duck（1991）、Reis 和 Gable（2000）的研究是 21 世纪以前日记法（daily diary, DD）或体验抽样方法（experience sample methodology，ESM）比较有影响力的工具书或指导性文章。步入 21 世纪，组织管理领域使用日记与体验抽样方法的研究数量开始快速增加。*Journal of Occupational and Organizational Psychology*、*Journal of Organizational Behavior* 和 *Human Relations* 这三本期刊还分别在 2005 年（第 78 卷，第 2 期）、2011 年（第 32 卷，第 4 期）和 2012 年（第 65 卷，第 9 期）特地专刊介绍这种测量方法的相关研究。Ohly 等(2010)对组织行为学研究领域内采用这种测量方法的 23 个研究进行了详细介绍。而 Beal(2011)则对尤为适合采用日记与体验抽样方法的相关研究主题进行了介绍。Fisher 和 To(2012)对 2002—2011 年发表在八本主流组织管理学术期刊上的文章进行摘要检索,发现采用日记或体验抽样方法的研究数量整体呈现上升的趋势。21 世纪以后,有关日记法或体验抽样方法还可以参考 Beal 和 Weiss(2003)、Bolger 等(2003)、Intille(2007)、Hektner 等(2007)、Belli 等(2009)、Mehl 和 Conner(2011)、Bolger 和 Laurenceau(2013)等的专著或指导性文章。

21.1.2 定义

体验抽样方法是指在日常工作与生活中,对同一调查对象的即时或临近即时的反应,持续予以报告的一种测量方法。被调查者需要在一周或几周的时间内每天数次报告他们当下或临近当下的情感、行为、想法或情境(Fisher & To, 2012)。"体验"一词主要说明该研究方法关注个体当下的或临近当下的经验与感受,试图通过多次测量的方式来反映其日常状态或情况。以前往往将"experience"翻译为"经验"。经验一词主要有两种含义,一是通过亲身经历所获得的知识与技能;二是经历与体验。前一种含义与这一方法所关注的当下的感受是不同的,因此用这一个词容易引起误解。所以,我们建议用"体验"而非"经验"作为"experience"一词的中文翻译。"抽样"指该研究方法需要对个体的体验沿时间轴进行纵向取样,关注个体体验在时间轴上的分布。体验抽样方法研究主要涉及人自身的各种动态过程。在社会学或行为医学领域,也被称为生态瞬时评估法(ecological momentary assessment, EMA)。这种方法之所以是"生态的",是因为相较于其他加入人工设置实验条件的研究方法,它是在正常的活动和环境中对调查样本进行评估的。医学领域的生态瞬时评估法通常会和心率、血压与活动水平等指标结合,有时也会被称为动态取样评估法(ambulatory assessment method, AAM)。

日记法与体验抽样方法虽然名称不同,但内涵比较接近。依据传统,如果跟踪调查是一日多次取样,可以称为体验抽样方法或日记法。但是如果一天只有一次取样且调查内容是对当天工作经历的回顾,一般只叫日记法,不称为体验抽样方法。但很多学者对两种名称不做特别区分,如 Bolger 等(2003)。本文中,我们将一天内一次或多次,延续多天的高频率重复问卷调查统称为日记与体验抽样方法。这也是本章将主要介绍的测量方法。日记与体验抽样方法不同于描述性体验抽样方法(descriptive ESM;Hurlburt,2006),两者在信息搜集的方式上存在较大差别:日记与体验抽样方法通常使用有标准计分的调查问卷的形式来搜集被调查者的消息;描述性的体验抽样

第 21 章 高频率跟踪问卷调查方法：日记与体验抽样方法的设计和分析

方法则通常使用在被调查接受到数次调查信号之后对他们进行深度访谈的方式来搜集他们非结构化的、质性的即时想法与感受等方面的信息。

21.1.3 特点

与常见的横截面(cross-sectional)研究设计和实验研究设计不同，日记与体验抽样方法有三个显著特征。

1. 关注现象的动态性和个体内差异

许多组织管理研究领域中的现象和构念会在短时间内波动变化。例如，人们在工作中的感受和体验(如工作满意度、情绪、工作动机、效能感、睡眠质量)、工作行为(如情感表达与情绪劳动、组织公民行为和反生产行为)和工作结果(如绩效)都会波动变化(Beal,2011)。在以往的研究中，上述现象的动态性(dynamics)往往被忽视或被简单归结为测量误差。而日记与体验抽样方法直接针对这些现象的动态性和个体内差异(within-person variance)进行研究。例如，人们每天的睡眠质量是波动起伏的。传统的研究关注人们平均水平的睡眠质量并对比个体差异。日记与体验抽样方法则捕捉同一个人连续多天的睡眠质量，并分析个体在睡眠质量好和睡眠质量差的工作日的行为表现的差异。Sonnentag(2003)研究了每天起床后的恢复状态对每天主动行为的影响。Ilies 等(2006)探究了情绪的变化是否会引起组织公民行为的变化，以及这种个体内关系的强弱是否因人而异(即受到人格特质的调节)。

2. 在自然的状态下，捕捉人们即时的工作和生活体验

日记与体验抽样方法的另一个特征是在自然的状态下捕捉人们即时的工作和生活体验。其关键点在于"自然"和"即时"。"自然"是指人们在日常工作生活的真实场景中记录和报告自己的体验及工作行为。这里的"自然"是与实验的方法对比而言的。我们知道，实验室的场景与人们日常工作的真实场景是有区别的，实验得到的结论有时不一定能直接反映人们平时工作的真实状态，而现实中的工作场景则是人们更自然的一种存在状态。

"即时"这个说法则是在把体验抽样方法与其他传统的问卷调查法比较后得出的一个特点。在体验抽样法中，我们经常要求参与者报告他们当时当地的体验和行为，如情绪、工作投入度、助人行为等。而在传统问卷中，例如，横截面研究的问卷和一般有数月或数年时间间隔的纵向研究的问卷，通常要求参与者回忆和概括他们过去一段时间的体验和表现。比如，参与者可能需要回忆过去的一个月中他们拥有某种体验或进行某项行为的频率，或者回忆和概括在过去的几年时间里

他们通常是如何体验或行动的。这些基于回忆的报告虽然能大致反映参与者一般状态下的体验,却存在一些问题。其中一个问题就是个体在回忆时往往不能避免回溯偏差(retrospective bias)。比如,个体可能更善于记住一些诱发强烈体验的事情,但对其他相对平淡的事情就难以有准确的记忆。另外,个体对于过去体验的概括很大程度上是一种语义记忆(semantic memory),即个体的记忆是基于一系列抽象的、概念性的理解所形成的。这种记忆与对某种具体场景和某个具体时间片段的记忆很不同,它可能并不是对真实发生的事情的精确反映,而是反映了我们对事情通常应该是什么样的一种认识。这种抽象的认识与现实情况的偏离会随着需要回忆和概括的时间跨度的增加而变大。所以,如果研究者认为回忆的这些特点对于想要捕捉的现象会造成影响,而研究者更想看到在某个具体的场景下人们的真实体验和反应,取样的即时性就变得很重要。

3. 高频率重复测量

为了捕捉即时体验(immediate experience)的波动变化,日记与体验抽样方法通常需要高频率重复测量。所谓"高频率",是与传统的数次重复测量的纵向研究设计相对比,参与者有可能需要在一天之中填答三次甚至更多次问卷。只有通过这种高频率的测量,研究者才有可能看到那些短时间内就会发生波动的变量是怎样变化的,以及与它们瞬时的变化有着紧密联系的原因或结果又是什么。尤其对于一些理论上可能时时刻刻都会产生可观测变化的变量,比如情绪,测量的频率越高越能贴近真实的变化。反之,测量频率越低对于变化的反映就越粗线条。表21-1总结了日记与体验抽样方法的特征及其与其他方法的比较。

表21-1 日记与体验抽样方法的特征及其与其他研究方法的比较

特征	特征说明及示例	与其他研究方法的比较
关注现象的动态性和个体内差异	关注个体体验在时间轴上的分布,并对个体内的差异进行分析和研究。例如,捕捉人们每天睡眠质量的波动起伏与每天情绪和绩效的波动起伏,分析同一个个体在什么样的情境下有更好的工作绩效	横截面研究关注人与人之间的差异。例如,关注和分析什么样的员工有好的工作绩效
在自然的状态下,捕捉人们即时的体验	在真实的工作场景中,让被试报告当下的感受或最近几个小时的工作或生活体验。例如,报告在当前体验积极情绪的程度	在实验的情况下报告在实验情境下的体验,或者通过一般的问卷报告在过去的一个月中所拥有某种体验或进行某项行为的频率。例如,报告在过去六个月体验积极情绪的频率

第21章 高频率跟踪问卷调查方法：日记与体验抽样方法的设计和分析

（续表）

特征	特征说明及示例	与其他研究方法的比较
高频率重复测量	每天一次或多次重复测量。例如，每天在工作开始前、工作中、工作结束后各做一次重复测量	横截面一次性测量，一般的纵向调查问卷可能间隔几周、几个月或几年才做追踪测量

21.1.4 优势与局限

日记与体验抽样方法有几个突出的优势。首先，该方法能够探明人自身随着时间推移包括波动和成长在内的各种动态过程（Beal，2011；Fisher，2007；Klumb et al.，2009）。通过分析动态过程，可以重新检验和拓展理论。其次，该方法能减少回溯报告的偏差和误差。已有研究表明，人对于过去的情感、信念和行为的回溯报告会被记忆误差、记忆有效性、新近记忆、突出记忆、内隐观点和当前的情感所影响（Schwarz et al.，2009）。Robinson 和 Clore（2002）的研究发现，真实事件与报告之间的时间间隔会导致信息回忆上的缺失。而对现有情感和体验的即时报告被认为比基于记忆的回溯报告更为准确（Schwarz et al.，2009）。

但是，日记与体验抽样方法也有一定的局限性。首先，该方法的实施有相当的难度。其难点主要包括研究的设计、变量的测量、调查者的招募和激励、数据的搜集和分析等方面。相较于其他研究方法，由于其高频率、高密度的调查，使用该方法开展研究可能需要花费更多的时间、经费和努力。日记与体验抽样方法也可能带来方法效应，即参加问卷填答这一行为本身，可能会改变研究参与者对于所研究现象或事件的认知或体验。这种方法要求参与者对日常生活状况进行一定程度的监测，可能会让人感觉不适应。参与研究可能会让人用不一样的方式看待他们自己的行为，甚至引起他们行为的改变。例如，由于参与研究，被试意识到自己与配偶之间的互动较少且不令人满意，他可能会尝试去改善关系。这种方法效应是值得研究者关注的。

21.2 日记与体验抽样方法的类型

根据触发抽样（让研究者填答问卷）的因素不同，日记与体验抽样方法可以分为基于时距的体验抽样方法（interval-contingent ESM）、基于信号的体验抽样方法（signal-contingent ESM）和基于事件的体验抽样方法（event-contingent ESM）这三种类型（Wheeler & Reis，1991）。在实践应用中，这三种不同类型的体验抽样方法也在融合，从而形成结合上述两种或三种类型的混合体验抽样方法（Mixed ESM；Bolger et al.，2003）。

21.2.1 基于时距的体验抽样方法

基于时距的体验抽样方法要求研究者设定好问卷填答之间的时间间隔并要求被试在预先设定的时间点上进行报告。重复调查时间点的选择一般根据理论或逻辑上有意义的时间点,如每天早上起床后、每天上班前、每天下班的时候、晚餐结束后等(Wheeler & Reis,1991;Fisher & To,2012)。被试需要报告从上个时间调查点到当下时间点之间所发生的事情,也有可能需要报告在那一刻的体验。日记法因此可以被视为一种基于时距的体验抽样方法(Reis & Gable,2000)。关于早期采用这种方法的研究可以参考 Bolger 和 Schilling(1991)、Campbell 等(1991)、Emmons(1991)、Larsen 和 Kasimatis(1991)、Zautra 等(1991)的研究。

基于时距的体验抽样方法有两点优势:第一,使用这种方法时,每天填答问卷的时间一般都是固定的,被试仅需记住在约定的时间自行报告,方法直接,对被试的要求不复杂,对被试的工作和生活的干扰小;第二,对于研究者而言,这种方法操作起来比较容易,研究者知道问卷填答的时间,可以在约定的时间或者稍早发送调研提醒,作为辅助提升问卷填答率的手段,问卷回收率通常较高。

而这种方法也存在三点不足:第一,当指导语是让被试报告当下的体验时,只捕捉到了一些时间点上的即时体验,而忽视了那些发生在其他时间的体验;第二,在预先设定的时间区间,研究者关注的事件(如辱虐管理,abusive supervision)可能没有发生或可能多次发生;第三,当时间间距较长且让被试报告从上一个时间点到当前的体验时,报告的不及时性会带来回溯偏差。社会认知领域有大量关于情境与事件特征对回忆影响的相关文献。例如,研究被试的即时/新近体验或情感意义就会影响到回忆(Kahneman & Tversky,1982;Schwarz,1990)。Hedges 等(1985)的研究在一天中四个时间点(9:00、13:00、16:00 和 19:00)记录了被试的瞬时情绪。在晚上 22:00 的时候被试还会报告他们当天的整体情绪水平。该研究发现,被试晚上报告的当天整体的情绪水平与当天测量到的情绪的峰值水平相近,但是高于之前四个时间点报告的情绪水平的平均值。这意味着,当对一天的情况进行总结的时候,相较于一天情绪的真实平均水平,被试会更多受到当天情绪极端值的影响。至于影响的程度,则取决于所评估现象的特征(例如,是否容易记忆或是否容易受影响等)以及事件与报告之间的时间间隔长度,报告越频繁,回顾的偏差越小(Fisher & To,2012)。

在组织管理领域内,Jones 等(2007)、Liu 等(2009)、Song 等(2011)等研究是组织管理领域内采用基于时距的体验抽样方法的例子。以 Liu 等(2009)的研究为例,该研究在连续 5 个星期(25 个工作日)的时间内,以中国北京地区的 4 家企业

第 21 章　高频率跟踪问卷调查方法：日记与体验抽样方法的设计和分析

的 37 名员工为研究样本（总共获得 794 个报告），采用电话询问的方式，验证了每天的工作压力对被试饮酒量和饮酒欲望的显著正向影响。并且，神经质和工作投入对每天的工作压力与被试饮酒量和饮酒欲望的个体内关系有显著的调节作用。该研究固定在每天的 16:00—19:00 对被试进行电话询问。之所以选择这个时间段，是因为正常情况下，员工会在这个时间段内结束一天的工作，而且这个时间段处于他们开始夜晚生活之前。

21.2.2　基于信号的体验抽样方法

基于信号的体验抽样方法要求被试在收到预先设置或随机生成的信号后立即进行问卷填答。收到信号后，被试需要报告在那一刻的体验，或报告从收到上个信号到当下时间点所发生的事情。信号的时间间隔往往是随机设定的，也可能是在固定时间间隔内随机产生。例如，每两个小时作为一个时间段，在每个时间段内随机选择一个时间点进行调查。这种方法中对体验抽样具有一定的随机性，可以获取参与者经历事件和体验的代表性样本。因此，一些学者把这种依据信号释放时间点的体验抽样方法视为最正宗的体验抽样方法（Fisher & To, 2012）。

基于信号的体验抽样方法的问卷填答时间更接近实际体验的时间，这正是这种方法相较于基于时距的体验抽样方法的主要优势。而且，如果基于信号的体验抽样的研究的时间间隔是随机选择的话，那么行为或感觉在时间轴上分布的特定规律导致的问卷系统性偏差就可能被减少或排除。例如，人们在早上起来之后可能会不太清醒，在睡觉之前会昏昏欲睡，固定在起床或睡觉时间点上的问卷回答就有可能受到这样身心状态的影响。另外，被试对填答问卷时间没有预期，其经历和体验较少受到问卷填答的影响。

当然，这种体验抽样方法也存在两点不足：第一，对正常生活工作的侵入性或干扰性。当采用基于信号的体验抽样方法时，无论是采用震动提醒的方式或声音提醒的方式，某种程度上还是会扰乱正在进行的活动。第二，研究所关注的事件越少发生，信号的用处就越小，即信号和事件其实没有多少一致出现的机会。相关研究发现，即使对于学生学习这样一个常见的事件，参与研究的学生平均每天也只报告了 3—4 次（Wong & Csikszentmihalyi, 1991）。太少的数据也难以产生可靠的、有代表性的统计分析结果。而且，还可能存在的问题是，基于信号的报告会"抹去"这些相对较少发生的事件的变化。如果研究者想对比好友间互动效应与恋人间互动效应的区别，随机信号就难以获得足够数量的可供研究的事件。换言之，获得足够数量的数据就需要花费相当长的调查时间。

Alliger 和 Williams(1993)、Song 等(2008)、Hülsheger(2016)、Ilies 等(2017)的研究便是组织管理领域采用基于信号的体验抽样方法的例子。以 Song 等(2008)的研究为例,该研究以 50 对双职工家庭夫妻连续八天的瞬时情绪报告作为研究样本,验证了积极和消极的瞬时情绪均能在工作与家庭之间及夫妻之间传递。该研究还发现,工作导向能够调节从工作到家庭的消极情绪,家里有小孩也能削弱夫妻之间的消极情绪传递。另外,当夫妻在一起且夫妻双方进行报告的时间间隔较短的时候,积极和消极的瞬时情绪均能在夫妻之间传递。在该研究中,研究者会在每个工作日的早晨、上午、下午和傍晚这四个时间段的随机时间点上,通过短信通知(即信号)夫妻被试进行汇报;而在非工作日,研究者则仅会在上午、下午和傍晚这三个时间段通知参与者进行汇报。每次的调查约在两分钟内完成。该研究通过无线上网或手机 APP 进行问卷的发放与回收。这种操作不仅让参与者随时打开、回答问卷成为可能,还让他们能比较方便地将填写好的电子问卷返回后台。而且,研究者也可以清楚地知道参与者回答、返回问卷的具体时间。值得注意的一个细节是这个研究是利用夫妻来做的配对调查,每一次随机提醒信号发给丈夫和妻子间隔 5 分钟,避免对家务活动造成负面的影响。

21.2.3　基于事件的体验抽样方法

基于事件的体验抽样方法要求被试在某一预先设定的离散事件出现时进行问卷报告。由于需要被试在遇到特定事件的时候主动报告,研究开始之前,被试需要接受针对调查事件辨别的培训,这样才能保证他们能够较好地识别什么事件是值得报告的,什么事件是不值得报告的(Moskowitz & Sadikaj,2011)。

基于事件的体验抽样方法问卷填答时间更接近事件发生的时间,可以捕捉事件的即时影响,这正是这种方法的主要优势。如果研究者关注的是很少发生的事件(如工作场合的冲突),那么使用基于信号的体验抽样方法要获得足够数量的事件就几乎是不可能的。这时,采用基于事件的体验抽样方法能更有效地获取有效数据。

当然,基于事件的体验抽样法也存在如下不足之处:第一,研究者通常不能提前知道事件是否发生及事件发生的时间,这依赖于被试的报告。但被试可能会漏报或延迟太久才报告。在这种情况下,如何保证问卷填答率就是一个棘手的问题。出于这个原因,用这种方法搜集数据通常较难获得高问卷填答率。第二,具有对正常生活工作的侵入性或干扰性。当采用这种体验抽样方法时,被试会被要求在事件发生后立即主动进行报告,某种程度上,被动填写问卷这种"侵入"行为还是破坏了被试的自然状态。而且被试对被测量行为有所预期,有可能产生行为上的反

第21章 高频率跟踪问卷调查方法：日记与体验抽样方法的设计和分析

应,这种方法因而也受到一定的质疑(Hormuth,1986)。第三,如果研究者关注的是对比多种事件的发生情况和特点,如学习、聚会、运动、聊天、购物等,如果采用基于事件的体验抽样方法去一一报告经历的事件,任务就会过于繁重。这时,基于信号的体验抽样方法则可能更具实操性。

在具体的研究实践中,基于事件的体验抽样方法在社会互动的研究领域应用最为广泛(Duck et al.,1983;Reis & Wheeler,1991)。这种方法对冲突、不公、压力、冲击事件、人际反馈、反馈寻求、性别/种族骚扰、毒品/酒精的使用、疼痛、情绪爆发等的研究也有帮助。这种方法的关键在于要令被试明确需要对事件进行报告的标准和报告的有效时间范围。

Russell等(2007)、Lehmann-Willenbrock和Allen(2014)、Liu、Song等(2017)的研究便是组织管理领域采用基于事件的体验抽样方法的例子。以Liu等(2017)的研究为例,基于"情绪也是社会信息"的理论视角和85对领导—下属的640份瞬时报告,该研究探索了领导的情感是否、为什么及如何影响下属的建言行为这三个重要的问题。该研究在10个工作日内连续观测这85对领导—下属的行为表现,只要当领导与员工的会谈时间超过两分钟,那么,"领导与下属之间的交流"这个事件就被视为发生,被试就需要回答手机问卷。该研究验证了领导的积极情绪对于员工建言的促进作用。这种促进机制不仅通过领导的积极情绪直接影响下属的积极情感,进而影响下属的心理安全感发挥作用(情感蔓延机制),还通过领导的积极情绪间接影响下属对于领导积极情感评价,进而影响下属的心理安全感发挥作用(信号机制)。另外,领导的消极情感能削弱员工的建言行为,但是情感蔓延机制和信号机制在这当中却并未发挥作用。这个研究是领导与下属的配对研究。实施的难点是如何保证配对的双方都能在沟通发生后及时填答问卷。该研究利用手机问卷的及时性,用人工适时跟踪问卷填答的方式,监控配对双方问卷填答的状况。一旦有一方报告沟通行为,研究助理就会向另一方发送提示填答问卷的短信。这一种提示方法很大地提高了有效配对填答率。

Klinger(1971)有关梦的研究可能有助于理解这三种体验抽样的方法。基于固定时间间隔的体验抽样方法是指在每天早上询问被试梦见了什么;基于信号的体验抽样方法则是指在晚上预先设定的时间唤醒被试,询问他们梦见了什么(Berrien,1930;Calkins,1893);而基于事件的体验抽样方法跟基于信号的体验抽样方法类似,但这种方法是通过快速眼动(rapid eye movement,REM)和脑电图(electro-encephalograms,EEGs)推断出被试正在做梦,需要被唤醒的(Aserinsky & Kleitman,1953)。

表21-2总结了这三种方法的优势、劣势及使用建议。

表 21-2 三种不同类型的体验抽样方法的优势、劣势及使用建议

方法类型	问卷填答触发因素	优势	劣势	使用建议
基于时距的体验抽样法	问卷填答的时间点是预先设定的；一般每天填答问卷的时间点是固定的，被试可能被要求报告当下时间点的体验，也可能被要求报告当下时间点之间的体验	• 填答时间是固定的，被试可以在到了预先设定的时间时自行填答问卷。对研究者同卷填答提醒的依赖性小 • 数据搜集的难度相对较小，可以获得较高的填答率 • 研究者能提前知道问卷填答时间，可以准确判断被试是否按时填答了问卷	• 当指导语是让被试报告当下时间点上的即时体验，只捕捉了那些发生在其他时间点的体验 • 在预定的时间区间，关注的事件或体验可能多次发生或者没有发生 • 当时间间距较大时，可能存在回溯偏差的问题	• 可以根据自然的时间分割时距（例如，早晨对起床后的感受进行报告，中午对上午的工作体验进行报告，下午下班时对下午的工作体验进行报告） • 如果根据自然的时间分割时距，需考虑到被试上班时是否固定，考虑轮班和加班对调研造成的干扰等问题
基于信号的体验抽样法	收到研究者发送的信号后开始填答，一般信号发送时间具有随机性，被试可能被要求报告当下时间点的即时体验，也可能被要求报告两次信号之间的体验	• 当指导语是让被试报告当下的体验时，能捕捉到即时体验，记忆误差小 • 通过随机发送问卷提醒信号，可以对于一些变化非常快的现象进行代表性的随机抽样 • 被试对填答问卷没有预期，从而对被试的工作和生活体验的影响较小	• 填答时间不确定，被试如果没有注意到或漏填，可能会延时太久才填答，可能对被试生活工作造成干扰 • 当指导语是让被试报告从上一个信号到现在，存在基于时间距的体验抽样方法的问题。而且，当被试没有收到某一个信号时，被试报告的时间区间会出现偏差 • 数据搜集的难度要求较高，较难获得较高的填答率	• 选定一个时间后，在时间区间内随机发放信号 • 需确保被试能够收到信号 • 提醒被试随身携带手机且手机不能静音 • 需确保研究者能够快速批量地发出问卷填答信号（如短信、微信）

第21章 高频率跟踪问卷调查方法：日记与体验抽样方法的设计和分析

（续表）

方法类型	问卷填答触发因素	优势	劣势	使用建议
基于事件的体验抽样法	事件发生触发问卷填答；一般报告事件发生时的体验，亦可填答问卷从事件发生到报告时刻的体验	●问卷填答时间更接近事件发生的时间，可以捕捉事件的即时影响 ●在事件发生后及时搜集事件信息，减少记忆误差 ●如果事件发生的频率较少，仍可以获得足够数量的事件	●研究者通常不能提前知道事件发生的时间，需要依赖被试者报告。被试可能会漏报或者延迟太久才报告 ●数据搜集的难度大，较难获得高的问卷填答率 ●被动填写问卷这种"侵入"行为可能会破坏被测量行为的自然状态，而且被试对被测量行为有所预期，有可能产生行为上的反应 ●如果事件过于频繁，每天填答问卷的任务量可能会过重	●对事件给出清晰的界定，从而可以清楚地识别事件是否发生 ●事件发生的频率不宜过高或过低 ●采用日记或者周记来补充记录事件发生的频次

21.2.4 混合型体验抽样方法

混合型体验抽样方法其实就是结合了上述几种方法的体验抽样方法。例如，Shiffman(2007)在其研究中就同时结合了基于事件的体验抽样方法和基于时距的体验抽样方法，用来比较一个较少发生的事件在发生时参与者的反应，以及他们在事件没有发生时的反应。Shiffman(2007)的研究还通过两种体验抽样法的结合搜集了突发性事件的原因和结果变量。

21.2.5 其他数据搜集方法

除了让被试报告，还可以通过一些设备辅助客观记录(如用手环等可穿戴设备来记录运动、睡眠、心率等)，通过血压仪来测量被试每天的血压，等等。可穿戴设备与技术的进步，使结合其他生理或客观事件测量的取样方法更容易了。比如，在 Intille(2007)的研究中，当被试的心率超过 150 次/分的时候，仪器就会发出信号提示要做问卷填答。

21.3 日记与体验抽样方法的实施

21.3.1 制订数据搜集的计划

采用日记与体验抽样方法开展研究前，需要确定被试每天进行汇报的次数以及数据搜集的天数。以下三个因素最为关键：首先，统计功效(statistical power)。体验抽样研究需要保证参与者提供足够次数的汇报用来检验研究假设。一般而言，虽然增加被试数量会比增加每个被试汇报的次数更能提升统计功效，但每人填答数量与被试数量对于多层次分析的统计功效都很重要。有关多层次设计的功效可以参考 Scherbaum 和 Ferreter(2009)、Bolger 等(2011)的研究。其次，除了需要确定每天需要报告的次数，还需要兼顾研究开展的时间范围。最后，研究者还需要考虑参与者日复一日进行重复汇报的意愿。

当每天信号出现较多的时候，研究持续的天数通常就会比较少；反之，当每天信号出现较少的时候，研究持续的天数就可以更多一些。在持续天数较多的研究中，随着时间的推移，填答率会降低，数据质量也会变差。分段密集测量是改善这种情况的一种方法。它将高强度的数据搜集期与不需要汇报期结合起来，从而能够在更长的时间范围内和更具变化的情境中不中断测量，也减少了被试长时间参

第21章 高频率跟踪问卷调查方法：日记与体验抽样方法的设计和分析

与研究的过度疲乏感(Gunthert & Wenze,2011)。例如,Foo 等(2009)对企业家的研究在连续的 6 个时间周期(每 4 天为 1 个时间周期)内每天释放 2 次信号,而每 2 个时间周期之间会暂停 1 个星期。Moskowitz 和 Sadikaj(2011)建议应该保证每个被试能够提供 30 个事件。关于日记与体验抽样方法更为详细的抽样计划的处理方法,可以参见 Moskowitz 和 Sadikaj(2011)及 Shiffman (2007)的研究。

21.3.2 测量方法

日记与体验抽样方法研究通常使用一份较长的问卷用以测量那些稳定的个人或环境变量(如性格与工作特征),同时使用多份较短但需要每天或随时进行报告的问卷。有些研究在每一次问卷调查都重复测量同样的变量,另一些研究则在一天中的不同时间测量不同的变量。但无论是哪种形式,明晰研究所关注的变量以及精确地测量这些变量至关重要。确定被试需要进行报告的时间框架也很重要。时间框架包括即刻、一个具体的时间范围(例如,过去的 30 分钟或过去的 2 个小时)、当天等类型。测量的题项需要能够清晰、明确地指出所需要的时间框架。当使用没有准确时间框架的题项时,一定要注意对这些测量题项进行改写,保证与调查时间尺度的一致性。例如对一道没有明确时间框架的题目"通常情况下您对自己工作的满意程度如何?",日记与体验取样方法可以根据特定的时间框架,将其改编为"现在您对自己的工作满意度如何?""从上次接收信号到现在您对自己的工作满意度如何?""今天您对自己的工作满意程度如何?"等。

每一个测量题项时间框架的选择取决于研究问题本身,以及常态下所研究的状态与行为变动的时间周期。例如,睡眠质量的测量每天测量一次即可;而情绪作为一种在一天中持续变化的精神状态,需要更为频繁的测量和更多基于"现在"的指导语。而离散性的行为的测量通常需要较长的时间跨度(如过去半天的创新行为)。通常测量设置的时间范围越长,回溯性偏差和重构偏差存在的可能性也就越大,特别是对那些常见的体验或持续的体验更是如此(Schwarz,2011)。

为了将被试多次汇报的倦怠感控制在一定范围内,同时激励他们按时汇报,日记与体验抽样方法的问卷需要尽可能简短。一般而言,每天进行一次报告的问卷答复时间约为 5—10 分钟,而在一周时间内每天多达五次报告的每份问卷答复时间则约为 2—3 分钟(Hektner et al.,2007)。为了与上述时间跨度设置保持一致,并且避免被试对大量的测量问题感到厌烦,在体验抽样研究中,通常的做法是缩减现有量表的题项数目。由于在其他方法中需要进行整体性测量的变量在体验抽样研究中测量往往更为简单和明确,缩减题目数量也是可以接受的。以一个人在当天工作中所经历的角色冲突和这个人整个工作中的角色冲突相比较为例,相比于后者,评估前者所需要用到的题项更少。

体验抽样研究中一般很少完整使用那些经过检验的多题项量表,研究者需要认真考虑应该把哪些题项纳入缩减版的量表中。第一种筛选方法是在现有测量量表中选取那些因子载荷最高的题项;第二种是尽可能完整地体现多维度结构的所有相关方面;第三种是根据在两次报告之间变动的程度来选取那些更反映行为/体验动态性的测量题。需要注意的是尽管那些在时间框架内变动不大的测量题项目有助于测量人际之间较为稳定的差别,但对测量人自身内部的变动却是帮助不大(Shrout & Lane,2011)。一般而言,体验抽样研究的每一个结构最好用三个以上题项进行测量(Shrout & Lane,2011)。

体验抽样研究问题的实际文本应该尽量简短,特别是当测量的题项是以手机或者掌上电脑呈现的时候。为了避免研究参与者生搬硬套地回复,研究者可以采用下面一些方法:(1)在不同的汇报时间,使用一些计算机程序打乱题项的顺序;(2)在不同的汇报时间,采用不同的汇报形式;(3)还有一些计算机程序能够让分叉式或可选式的提问成为可能,通过这些程序,下一道题目的呈现会基于前一道题目的回复。一些研究者可能会质疑,重复性的自我报告可能会改变现象本身或者影响研究参与者的感知。频繁的自我报告有时候被视为一种"干预措施",因此,体验抽样研究调查带来了变化和反应似乎也是可能的(Barta et al.,2011)。例如,对工作—家庭冲突的定期报告可能会导致汇报更多的工作—家庭冲突,这是因为频繁的报告增强了研究参与者的这种意识;但也有可能导致汇报更少的工作—家庭冲突,这是因为参与者受汇报影响从而调整他们的生活方式。在"行为被有意识地正向或负向报告(如反生产行为)""仅汇报一件事情""采用基于事件汇报的方法""参与者被鼓励进行改变"等情况下,产生"测量反应"(Measurement Reactivity)的可能性更高。尽管很多研究已经发现,重复汇报并不会引起测量反应或测量反应比较微弱,但 Barta 等(2011)还是建议采用体验抽样方法的学者对这种可能性保持警惕。研究者最好评估并报告测量期间日记与体验抽样方法所搜集数据均值的时间趋势。

21.3.3 技术手段

日记与体验抽样方法需要两个相互关联的技术平台。一个是编制和填答问卷平台,另一个是提醒被试填答问卷的通知平台。

第 21 章　高频率跟踪问卷调查方法：日记与体验抽样方法的设计和分析

1. 问卷平台

早期的一些日记与体验抽样方法的研究采用了纸质问卷的形式。但是当使用纸质问卷时，研究者事实上难以评估被调查对象是否及时填写问卷；数据录入也是一个耗时且可能存在错误的过程。随着移动互联网的发展，现在日记与体验抽样方法的一个常见做法是将调查问卷编制成网络问卷。

现在已经有非常多的平台可以用来编辑网络问卷。例如，Qualtrics 调查（https://www.qualtrics.com）、调查猴子（Survey Monkey, www.surveymonkey.com）、问卷星（https://www.wjx.cn）、问卷网（https://www.wenjuan.com/）、微调查（http://www.weidiaocha.cn/）等。网络问卷可以采用电脑、平板电脑和手机等多种工具来填答。其中，手机技术媒介的优势在于，研究参与者通常自己拥有这些设备，也熟悉如何使用这些设备，并且，经常随身携带这些设备（Raento et al., 2009; Uy et al., 2010）。

除了网络问卷，还可以通过开发体验抽样研究的手机应用程序（mobile application, App）来进行数据搜集。手机应用程序的优势在于在没有无线数据网络的情况下也能填答问卷。而且手机应用程序可以便捷地获取手机中其他应用程序的信息（如天气、温度等环境信息，运动、心率等个人信息）。但是，手机应用程序搜集数据也存在一些问题。一个常见的问题是应用程序与某些型号的手机可能无法兼容（如无法打开、无法下载数据、数据变成乱码等）。因此，在调研开始前，需要在多种常见的手机上进行反复测试。另一个常见问题是有些被试可能会对安装应用程序有所顾虑（如担心应用程序是否会窃取个人隐私信息）。

2. 通知平台

在开展日记与体验抽样方法的研究时，研究者通常需要高频率的批量发送调研通知和提醒。这里需要解决两个技术问题：批量发送和按时发送。批量发送要求同时发送出多条甚至数十条信息。按时发送要求研究者在预定的时间点准时发送信息。为了准时发送信息，通常需要定时发送。

过去的提醒方式包括带铃声的手表或掌上电脑。当前，发送调研通知和提醒的常见途径有邮件、短信和微信。邮件的优势在于可以定时且批量发送。但邮件的不足之处在于被试可能不能及时查阅邮件。短信的优势在于可以定时发送，而且被试收到短信后及时查阅的可能性比较高。但短信的不足之处在于可能不能及时批量发送，而且批量发送信息时信息有可能被屏蔽，从而出现被试不能及时收到信息的情况。微信的优势在于可以在微信群中便捷的批量发送信息。但是一些被试的手机收到微信信息后并不会震动提醒被试查阅,而且微信暂时还不能定时发送。因此,需要研究者在预定的时间点准时发送信息。如果研究者偶尔忘记了在预定的时间发送信息,则可能出现被试不能及时收到信息的情况。

21.3.4 被调查对象的招募、培训和激励

日记与体验抽样方法研究的被试需要在比较长的时间内密集地回答问卷。要招募到愿意在两周或更长的时间内连续每天进行报告的员工(研究被试)及愿意让他们的员工这么做的企业是很难的。开始日记与体验抽样研究的时候,培训是非常重要的环节。这是因为,研究被试需要理解问题的意思、何时进行作答(如对什么样的事件进行报告或信号接收之后需要多快对信号释放进行反馈)、错过信号时该如何处理、如何操作设备、突发事件(如生病请假、设备故障)的联络人等。在开展体验抽样研究的时候,研究者需要和被试定期保持联系,与他们建立良好的关系。及时了解问卷填答中被试可能存在的困难,并帮助其解决。

开展日记与体验抽样方法研究的学者通常使用某些形式的奖励或报酬来招募和激励研究被试。通常,研究开始时给被试发送微信红包或者赠予被试小礼物(如购物券、电影套票),结束时支付相应的现金报酬或提供抽奖的机会。

21.4 研究流程示例

由于这类研究比较复杂,需要研究者对整个过程有很好的把握和控制,所以建立一套合理的、适合自己的操作步骤将对研究成功大有裨益。

在我们反复的实践中,逐渐形成日记与体验抽样方法的十个执行步骤,并归结为准备和执行两个阶段(见表21-3)。准备阶段主要有针对研究问题选择研究方法、选择样本并与企业建立合作意向、针对样本特征和企业配合情况调整和优化研究设计、编制问卷和将研究方案和问卷提交学校伦理委员会(IRB)审查这五个步骤。实施阶段主要有宣讲、预测试、正式实施高频率跟踪问卷调查、整理数据和发放被试费这五个步骤。值得说明的是,这些步骤虽然有先后顺序,但在进行实际研究时,各步骤之间有可能具有回路的循环关系,并且有可能同步进行。还有,不同的研究者在实施日记与体验抽样方法研究时采用的步骤可能有所不同,不一定完全遵循固定的顺序。

下面结合研究进一步说明这些步骤和实践经验。

第21章 高频率跟踪问卷调查方法：日记与体验抽样方法的设计和分析

表21-3 日记与体验抽样法研究操作流程示例

步骤	具体操作内容	目标
针对研究问题选择研究方法	• 界定研究问题 • 针对研究问题,对比选择出合适的研究方法 • 提出一个理想的研究设计	研究方法与研究问题相匹配
选择样本并与企业建立合作意向	• 向企业管理层人员介绍研究(主题、意义和要求) • 评估企业提供的支持与我们的期待之间的差距,判断是否在此企业开展调研 • 找到尽可能合适的样本,与企业达成合作意向	找到适合此研究的样本
针对样本特征和企业配合情况调整和优化研究设计	• 进行企业访谈,深入了解企业情况及员工填答问卷可能存在的问题(如上班时是否可以带手机) • 与企业详细沟通交流调研设计和具体安排,并根据实际情况优化和细化研究设计方案 • 由企业提供可能参与调研的人员名册(姓名和电话),由专人对可能参与调研的人员编号,生成姓名—编号对照表(需严格保密)	提出一个既能满足研究需求又具有可行性的研究方案
编制问卷	• 编制好文字版问卷,建立对应的编码簿(codebook,明确各题项对应的变量、题项名缩写、量表来源) • 利用网络问卷平台建立网络问卷	准备好纸质问卷及网络问卷
将研究方案和问卷提交学校伦理委员会审查	• 准备和提交IRB申请 • 根据反馈建议修改完善研究设计	获得IRB批准
宣讲	• 与企业管理层人员协商宣讲时间和地点 • 主办宣讲(宣讲分批进行) • 在宣讲的同时统计参加调研人员的联络方式、参与率 • 在宣讲的同时建立调研被试群(微信群和邮箱名单) • 在宣讲结束后,当场完成基线问卷调研	号召员工及其主管参与调研,让他们明确调研编码、填写方式、填写时间、填写要求和奖励方式
预测试	• 在多种手机系统(如安卓系统、苹果系统)上检查测试,确保问卷在不同型号的手机上都能清楚显示 • 发放预测试通知,确认每个人都能收到通知 • 调研问卷填答测试,确认每个人都知道如何填答问卷 • 红包发放预测试	保证操作流程一切正常

(续表)

步骤	具体操作内容	目标
正式实施高频率跟踪问卷调查	• 在调研开始前一天，发放调研通知 • 从调研开始的当天起，每天在预定的时间发放问卷链接和填答要求 • 实时监控问卷填答情况 • 及时处理突发事件	按照操作方案、保质保量地实施调研
整理数据	• 下载数据 • 建立数据清理规则、清理重复数据、标记无效数据 • 进行数据配对 • 统计填答率	整理出一份可以用于分析的数据
发放被试费	• 根据奖励方案和被试填答情况，计算每名被试（用调研编号来代表）应得的完成填答奖励和被试费总数（含红包和完成填答奖励） • 由专人进行编号和姓名转换，生成被试费发放清单（含姓名、联系方法、被试费总额等信息） • 被试领取完成填答奖励并在被试费发放清单上签字	按照激励方案发放被试费，获取被试费发放凭证

21.4.1 研究准备阶段的执行步骤

准备阶段是研究者在正式开展问卷调研前所需进行的活动。准备阶段思考越周详、准备越充分，研究实施就越顺利，研究成功的机率也就越大。

1. 针对研究问题选择研究方法

清楚界定研究问题是思考是否进行日记与体验抽样方法调查的前提。比如，我们现在要研究动态绩效，根据理论和现有文献，首先分析出主要变量（绩效）的变化特征。我们发现绩效变化主要是一种上下波动变化，两天之内有变化，一天之内也有变化。假设员工当天所经历的一些积极或消极的工作事件有可能是影响个人随后的短时间内绩效水平的重要因素，而现在的研究就是要验证这一假设，并探究这些工作事件对绩效的影响机制。这时就需要来对比不同的研究方法，看看用哪种方法能比较好地解决我们的问题。通过分析，我们觉得用基于固定时间间隔的体验抽样方法可以较好地捕捉这种变化。因此，我们选择基于固定时间间隔的体验抽样作为本研究的研究方法。

接下来，基于理想的情境，按照实证严谨性的要求来规划研究设计。例如，我

第 21 章　高频率跟踪问卷调查方法：日记与体验抽样方法的设计和分析

们计划在一天中的不同时间点测量自变量、中介变量和结果变量，获取主管评价。

2. 选择样本并与企业建立合作意向

有了初步的研究设计后，就搜寻有可能能够开展调研的企业，并向企业管理层人员介绍研究和要求。通过沟通了解管理层人员的支持意愿及其所能提供的支持程度。通过评估企业提供的支持与我们的期待之间的差距，判断是否适合在此企业开展调研。这一阶段努力方向是找到一家愿意全力配合并能提供充足样本的企业，并与管理层达成合作意向。

3. 针对样本特征和企业配合情况调整和优化研究设计

达成合作意向后，就需要深入了解企业具体情况。通常需要通过正式会议与企业管理层代表详细沟通交流调研设计和安排，然后根据实际情况优化和细化研究设计方案。需要重点交流员工填答问卷可能存在的问题（例如，是否每位员工都有智能手机，上班时是否可以带手机，某些区域的网络信号是否不够强）。

基本确定研究方案后，就需要企业提供可能参与调研的人员名册，并由专人对可能参与调研的人员进行编号。

4. 编制问卷

根据研究方案先编制好文字版问卷，再利用网络问卷平台建立网络问卷。

5. 将研究方案和问卷提交学校伦理委员会审查

学校要求所有研究需要经过伦理委员会审查批准才能开始。需要根据要求准备和提交学校伦理委员会申请，以获得学校伦理委员会的批准信。

21.4.2　研究执行阶段的执行步骤

1. 宣讲

与企业管理层人员协商好宣讲时间和地点，就可以去企业进行宣讲了。由于参与研究的员工通常不能同时全部有空或全部离开工作岗位，可能需要进行分批宣讲。宣讲时，要重点让参与者明确调研编码、填写方式、填写时间、填写要求和奖励方式。请企业管理层代表到场帮助动员员工，强调调研的重要性是很有必要的。

在宣讲的同时，需要搜集参加调研人员的联络方式，建立调研被试群（微信群和邮箱名单）。此外，在宣讲结束后可以请被试当场完成基线问卷。

2. 预测试

在正式开始每日追踪调研前，需要进行预测试。通过发放一个通知让被试填一次问卷并领取红包,确认每个人都能收到通知、每个人都知道如何使用手机填答问卷、每个人都知道如何用微信领取红包。

3. 正式实施高频率跟踪问卷调查

在调研开始前一天,一般要再次发放调研通知,强调调研的填写方式、填写时间、填写要求和奖励方式。让被试做好参加调研的心理准备。

从调研开始的当天起,每天在预定的时间给被试发放问卷链接和填答要求。同时,需要在后台实时监控问卷填答情况,及时处理干扰调查的突发事件。

4. 整理数据

在完成数据搜集后,要对数据进行整理。这时,通常需要清理一些重复填答的数据,让每个人每天在每个问卷上只有最多一个数据。基于调研要求,对不符合填答时间要求的数据进行识别和标记。

清理完数据后,可以将一天中的几次问卷进行数据配对,然后基于配对好的问卷统计填答率。

5. 发放被试费

可以设计一个奖励计划,包括填答问卷的实时红包奖励和完成填答奖励。根据奖励方案和被试填答情况,计算每名被试应得的完成填答奖励和被试费总数。由专人进行编号和姓名转换、生成被试费发放清单(含姓名、联系方法、被试费总额等信息)。

为了高效准确地完成被试费的发放,有条件的情况下可以请企业安排人负责参与者领取填答奖励并在被试费发放清单上签字。可以用这封签收单作为被试费的发放凭证。

21.5 日记与体验抽样方法的数据分析

使用日记与体验抽样方法时,被试报告了多次重复测量的数据。这些数据嵌入被试个体,形成了一个多层的数据结构。因而在分析中需要考虑数据的多层次结构:层次一是在人自身内部,层次二是人与人之间。有时也可能用到三层次模型。例如,当被试被嵌入不同的工作团队时,就需要用到三层次模型。

研究者可以用多层次数据(multi-level data)分析的方法如多层次回归模型(hierarchical linear modelling)和多层结构方程模型(multi-level structural equation modelling)来分析数据。

第21章　高频率跟踪问卷调查方法：日记与体验抽样方法的设计和分析

能够用于分析多层次数据的常用软件有 HLM、Mplus、Stata 和 R。更多关于多层次分析的理论逻辑和实际操作方法可以参考 Hox(2010)、Nezlek(2011)，Raudenbush 和 Bryk(2002)、Snijders 和 Bosker (2012)[①]等人的著作。Nezlek(2001)的研究为初学者提供了一个非常好并且容易入门的指导。

日记与体验抽样方法的数据需要仔细处理。在数据分析之前,研究者应先进行认真的数据清理。例如,清除超出时间范围的汇报和重复汇报等无效填答(McCabe et al.,2011)。研究者同样应该确定数据究竟属于系统性的缺失还是随机性的缺失,并仔细考虑如何处理缺失数据(Black et al.,2011;Little & Rubin,2002)。

使用多层次模型分析的第一步是在层次一上的变量设置一个没有限制条件的模型(即没有预测变量),执行这一步骤是为了找出人自身内部和人与人之间的方差分别是多少。如果在两个层次上都有足够的方差,使用多层次模型就是合适的。接下来的模型设置将加入层次一和/或层次二两者的预测变量。当层次一的系数显示为随机时,就意味着每一个人的均值和斜率是不同的,则层次二的变量能用于预测每一个人的均值和斜率。而更为复杂的模型设置也让检验人自身内部复杂的瞬时动态成为可能。例如,更为复杂的模型设置能够检验滞后效应(如昨天的压力影响今天的工作满意度)、一种情境到另一种情境的溢出(如工作到家庭)、体验的累积效应(如重复性的压力)、一个变量的变化引起另一个变量的变化等。还可以检验多层次的中介效应(Zhang et al.,2009)。关于变异和变化更为高级的模型,可以参考 Bliese 和 Ployhart(2002)、Mehl 和 Conner(2011)、Ployhart 和 Vandenberg(2010)等。

数据中可能存在趋势和循环,需要在模型中专门设置。一种情况是趋势和循环属于研究假设的一部分,另一种情况是在下一步的分析中控制趋势和循环的影响(Beal & Weiss,2003;West & Hepworth,1991)。序列的独立性,也就是同一个人相邻时段的问卷回答有相关性,会给日记与体验抽样研究数据的分析带来问题。一种常用的分析方法是评估因变量是否能被它前一期的值甚至更多期前的值(Lag 1、Lag 2 等)显著地预测。与当期观测值显著相关的滞后值(Lag)随后会被纳入模型当中(Beal & Weiss,2003;West & Hepworth,1991)。当观测值之间的区间不等距或变化的时候,正如基于信号的体验抽样和基于事件的体验抽样,当期与滞后期区

[①] 英国布里斯托大学(University of Bristol)的多层次模型研究中心拥有多层次数据分析的参考书单和其他一些学术资源。该中心网址为 http://www.bristol.ac.uk/cmm/learning/support/books.html。

间的长度和滞后期的观测变量也可能会被包含在模型当中。Beal 和 Weiss(2003)的研究提供了针对这个问题的比较详细的说明。一些多层次统计软件包能够提供的研究所设置的相关的误差结构(correlated error structures)的额外均值(additional means)。

21.6 日记与体验抽样方法在组织管理领域的应用

21.6.1 方法应用趋势

本章节以"daily""experience sampling""ecological momentary""ESM""ambulatory"等关键词,在电子数据库 Web of Science 上,对 1990—2017 年在 JAP、AMJ 和 PP 这三本组织管理学或应用心理学的顶级学术期刊上使用日记与体验抽样方法公开发表的论文进行专项检索,结果发现,从 1990 年到现在,这三本期刊总共刊登 95 篇该类论文。其中,JAP 刊发的论文数量最多(59 篇)、AMJ 次之(22 篇)、PP 最少(14 篇)。三种期刊使用这种方法的研究从 2003 年以后整体上均呈现较大幅度增长的趋势,如图 21-1 所示。

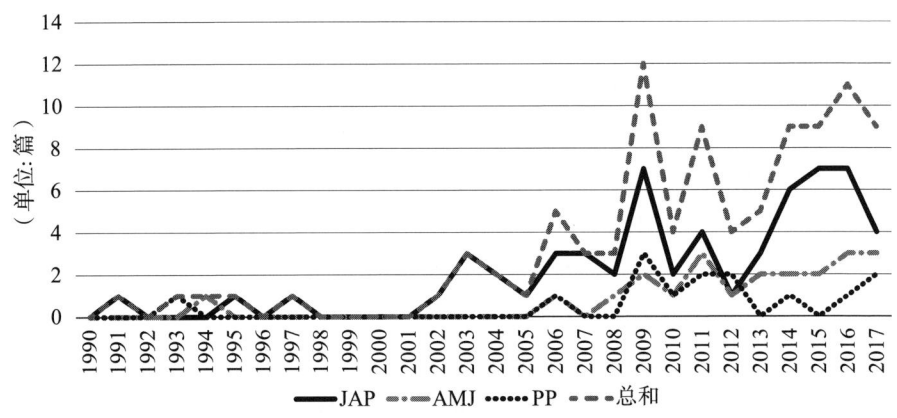

图 21-1　1990—2017 年 JAP、AMJ 和 PP 上使用 DD/ESM 的研究数量的变化趋势

另外,这一时期内的这些研究被引用的次数也在快速增长,如图 21-2 所示。这意味着,经过近三十年的发展,日记与体验抽样方法越来越得到组织管理研究者的接受,且其学术影响力也正在快速增强。可以预测的是,未来在组织管理研究领域内,这种测量方法的应用仍将持续迅猛增加,并很有可能成为一种更具影响力的

研究方式。

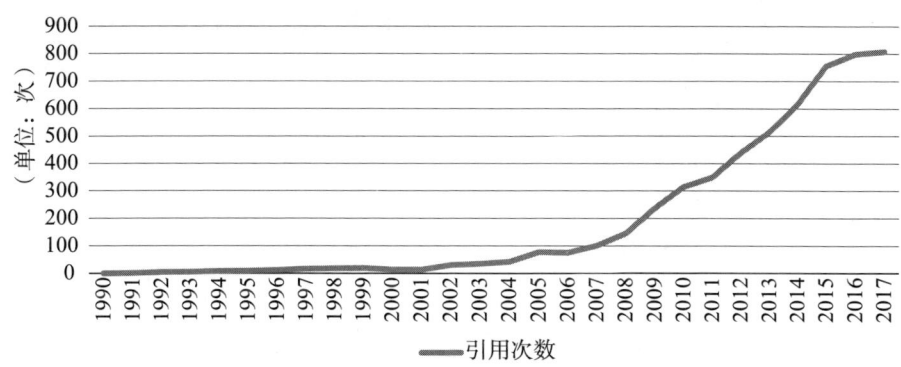

图 21-2　1990—2017 年 JAP、AMJ 和 PP 上使用 DD/ESM 的研究引用次数的变化趋势

21.6.2　研究主题分析

按照不同的研究主题,本节对 JAP、AMJ 和 PP 这三本期刊上发表的使用日记与体验抽样方法的研究(1990—2017)进行了归类。如表 21-4 所示,使用这两种测量方法的研究主题包括情感、情绪(如高兴、生气等)、压力/负担、疲惫/休息/精力恢复、工作—家庭关系、领导行为、睡眠、身体指标(如血压、身体症状等)、组织公平、创造力、情绪劳动(如表面加工、深层加工等)、组织公民行为、帮助行为、反生产行为、工作投入、幸福感、工作满意度、生活/婚姻满意度、人格特征、工作绩效等。其中不少的研究还同时涉及多个研究主题,比如,Courtright 等(2016)的研究同时涉及工作—家庭关系和领导行为两个研究主题;Bono 等(2013)的研究同时涉及工作—家庭关系、身体指标、压力三个研究主题。

由表 21-4 可以发现,上述三种期刊上使用日记与体验抽样方法的研究最初主要关注情感、情绪、压力、工作—家庭关系、组织公民行为、工作满意度等工作场域内的一些"常规变量"。但近些年,随着这种测量方法的普及和应用,一些更贴近被试的工作与生活、更"接地气"的变量开始被关注,比如饮酒量、饮咖啡量,这也让组织管理领域的研究变得更生动和有趣。希望表 21-4 的总结能够对后续推进相应主题的研究有所启发。

表 21-4 1990—2017 年 JAP、AMJ 和 PP 上使用 DD/ESM 的研究归类

主题	JAP	AMJ	PP
情感	Spieler 等（2017）、Sonnentag 等（2017）、Yang 等（2016）、Lanaj 等（2016）、Lanaj 等（2016）、Parke 等（2015）、Wang 等（2013）、Beal 等（2013）、Gross 等（2011）、Gabriel 等（2011）、Bledow 等（2011）、Rodell 和 Judge（2009）、Foo 等（2009）、Ebner-Priemer 等（2009）、Daniels 等（2009）、Sonnentag 等（2008）、Jones 等（2007）、Ilies 等（2007）、Beal 等（2006）、Heller 和 Waston（2005）、Judge 和 Ilies（2004）、Totterdell 等（2004）	Uy 等（2017）、Liu 等（2017）、Koopman 等（2016）、Harrison 和 Wagner（2016）、Butts 等（2015）、Bledow 等（2013）、Scott 等（2012）、Scott 和 Barnes（2011）、Rothbard 和 Wilk（2011）、Wang 等（2011）、Wanberg 等（2010）、Dalal 等（2009）、Ilies 等（2009）、Trougakos 等（2008）、Ilies 等（2006）	Zhan 等（2016）、Spence 等（2014）、Sonnentag 和 Grant（2012）、Ilies 等（2010）、Judge（2009）、Judge（2006）
情绪（如高兴、生气等）	Spieler 等（2017）、Sonnentag 等（2017）、Hunter 和 Wu（2016）、Trougakos 等（2015）、Parke 等（2015）、Liu 等（2015）、Hülsheger 等（2015）、Huang 等（2015）、Diestel 等（2015）、Fisher 等（2013）、Beal 等（2013）、To 等（2012）、Rodell 和 Judge（2009）、Song 等（2008）、Jones 等（2007）、Bono 等（2007）、Judge 等（2006）、Beal 等（2006）、Fuller 等（2003）、Zohar 等（2003）、Williams 等（1991）	Uy 等（2017）、Matta 等（2017）、Koopman 等（2016）、Butts 等（2015）、Wang 等（2011）、Rothbard 和 Wilk（2011）、Trougakos 等（2008）、Williams 和 Alliger（1994）	Zhan 等（2016）、Glomb 等（2011）、Ilies 等（2010）、Yang 和 Diefendorff（2009）、Judge 等（2009）、Judge 等（2006）、Alliger 和 Williams（1993）

第21章 高频率跟踪问卷调查方法：日记与体验抽样方法的设计和分析

（续表）

主题	JAF	AMJ	PP
压力/负担	Liu（2017b）、Diestel 等（2015）、Zohar 和 Polachek（2014）、Beal 等（2013）、Song 等（2011）、Gross 等（2011）、Rodell 和 Judge（2009）、Kammeyer-Mueller 等（2009）、Ilies 等（2007）、Bono 等（2007）、Fuller 等（2003）、Potter 等（2002）	Matta 等（2017）、Bono 等（2013）、Williams 和 Alliger（1994）	Zhou 等（2017）、Ilies 等（2010）、Liu 等（2009）
疲惫/休息/精力恢复	Hunter 和 Wu（2016）、Hülsheger（2016）、Debus 等（2014）、Hülsheger 等（2014）、Beal 等（2013）、Gross 等（2011）、Sonnentag 等（2009）、Sonnentag 和 Zijlstra（2006）、Sonnentag 等（2003）、Totterdell 等（1995）	Trougakos 等（2014）、Trougakos 等（2008）	
工作—家庭关系	Spieler 等（2017）、Ilies 等（2015）、Song 等（2011）、Wang 等（2010）、Sonnentag 等（2009）、Song 等（2008）、Jones 等（2007）、Ilies 等（2007）、Heller 和 Waston（2005）、Judge 和 Ilies（2004）、Williams 等（1991）	Courtright 等（2016）、Harrison 和 Wagner（2015）、Butts 等（2015）、Bono 等（2013）、Ilies 等（2009）、Williams 和 Alliger（1994）	Zhou 等（2017）、Sonnentag 和 Grant（2012）、Barnes 等（2012）、Judge 等（2006）、Alliger 和 Williams（1993）
领导行为	Lanaj 等（2016）、Dong 等（2007）、Zohar 和 Polachek（2014）	Courtright 等（2016）、Barnes 等（2015）、Butts 等（2015）	
睡眠	Liu 等（2017b）、Hülsheger（2016）、Diestel 等（2015）、Hülsheger 等（2014）、Sonnentag（2009）、Totterdell（1995）	Barnes 等（2015）	Barnes 等（2012）

（续表）

主题	JAP	AMJ	PP
身体指标（如血压、身体症状等）	Johnson 等（2014）、Loi 等（2009）、Judge 等（2006）	Bono 等（2013）	Ilies 等（2010）
组织公平	Dong 等（2017）、Parke 等（2015）、To 等（2012）	Scott 等（2014）、Matta 等（2017）	Yang 和 Diefendorff（2009）
创造力	Hülsheger 等（2015）、Huang 等（2015）、Diestel 等（2015）	Harrison 和 Wagner（2016）、Bono 等（2013）、Bledow 等（2013）、Ramus 和 Steger（2010）	
情绪劳动	Yang 等（2016）、Lam 等（2016）、Hunter 和 Wu（2016）、Trougakos 等（2015）、Johnson 等（2014）	Uy 等（2017）、Scott 等（2012）、Scott 和 Barnes（2011）	Zhan 等（2016）、Judge 等（2009）
组织公民行为	Ilies 等（2017）、Lanaj 等（2016）、Trougakos 等（2015）	Koopman 等（2016）、Dalal 等（2009）、Ilies 等（2006）	Spence 等（2014）、Glomb 等（2011）
帮助行为		Uy 等（2017）	Yue 等（2017）
反生产行为	Rodell 和 Judge（2009）	Matta 等（2017）、Dalal 等（2009）	Yang 和 Diefendorff（2009）
工作投入	Diestel 等（2015）、Bakker 和 Despoina（2009）、Sonnentag（2003）、Williams 等（1991）	Uy 等（2017）、Barnes 等（2015）	Liu 等（2009）、Alliger 和 Williams（1993）

第21章 高频率跟踪问卷调查方法：日记与体验抽样方法的设计和分析

（续表）

主题	JAP	AMJ	PP
幸福感	Spieler等（2017）、Hülsheger等（2014）、Sonnentag和Zijlstra（2006）、Potter等（2002）		Ilies等（2010）
工作满意度	Hunter和Wu（2016）、Loi等（2009）、Bono等（2007）、Judge等（2006）、Heller和Waston（2005）、Judge和Ilies（2004）、Fuller（2003）、Williams等（1991）	Matta等（2017）、Koopman等（2016）、Scott等（2012）、Ilies等（2009）、Ilies等（2006）	Judge等（2009）、Judge等（2006）、Alliger和Williams（1993）
生活/婚姻满意度	Heller和Waston（2005）	Ilies等（2009）	Judge等（2006）
酒精/咖啡/零食/摄入等	Sonnentag等（2017）、Liu等（2017b）、Wang等（2010）、Streufert等（1997）		Liu等（2009）
人格特征	Judge等（2014）、Wang等（2013）、Minbashian等（2010）、Kammeyer-Mueller等（2009）、Bakker和Despoina（2009）	Harrison和Wagner（2016）、Ilies等（2006）	Huang和Ryan（2011）、Glomb等（2011）、Yang和Diefendorff（2009）、Judge等（2009）、Liu等（2009）、Judge等（2006）
工作绩效	Yang等（2016）、Lam等（2016）、Trougakos等（2015）、Lehmann-Willenbrock和Allen（2014）	Koopman等（2016）、Rothbard和Wilk（2011）、Dalal等（2009）	

21.7 结语

本章对日记与体验抽样方法的历史、特征和应用进行了简要介绍。这一高密度重复调查的方法特别适用于日常现象的动态与变化的相关研究。近十几年来,这一研究方法在管理研究领域被越来越多地采用。研究也从情绪或压力这些偏心理状态的内容,扩展到如领导力、情绪劳动、创造力等偏管理行为的内容。数据搜集平台也在发展中。目前的趋势是以手机为主导,辅以其他随身携带的客观连续数据搜集工具,例如心跳仪、血压计与计步器等。相信中国学者也会越来越多地采用这一方法,并结合中国社会、文化、技术的特点或优势,在研究内容与方法上有所创新。

参考文献

Alliger, G. M. & Williams, K. J. (1993). Using signal-contingent experience sampling methodology to study work in the field: A discussion and illustration examining task perceptions and mood. *Personnel Psychology*, 46(3), 525—549.

Aserinsky, E. & Kleitman, N. (1953). Regularly occurring periods of eye mobility and concomitant phenomena during sleep. *Science*, 118(3062), 273—274.

Bakker, A. B. & Xanthopoulou, D. (2009). The crossover of daily work engagement: Test of an actor-partner interdependence model. *Journal of Applied Psychology*, 94(6), 1562—1571.

Barnes, C. M., Lucianetti, L., Bhave, D. P. & Christian, M. S. (2015). "You wouldn't like me when I'm sleepy": Leaders' sleep, daily abusive supervision, and work unit engagement. *Academy of Management Journal*, 58(5), 1419—1437.

Barnes, C. M., Wagner, D. T. & Ghumman, S. (2012). Borrowing from sleep to pay work and family: Expanding time-based conflict to the broader non-work domain. *Personnel Psychology*, 65(4), 789—819.

Barta, W. D., Tennen, H. & Litt, M. D. (2011). Measurement reactivity in diary research. In M. R. Mehl & T. A. Conner (Eds.), *Handbook of Research Methods for Studying Daily Life*. New York: Guilford Press, 108—123.

Beal, D. J. (2011). Industrial/organizational psychology. In M. R. Mehl & T. A. Conner (Eds.), *Handbook of Research Methods for Studying Daily Life*. New York: Guilford Press, 601—619.

Beal, D. J., Trougakos, J. P., Weiss, H. M. & Dalal, R. S. (2013). Affect spin and the emotion regulation process at work. *Journal of Applied Psychology*, 98(4), 593—605.

Beal, D. J., Trougakos, J. P., Weiss, H. M. & Green, S. G. (2006). Episodic processes in emotional labor: perceptions of affective delivery and regulation strategies. *Journal of Applied Psychology*, 91(5), 1053—1065.

Beal, D. J. & Weiss, H. M. (2003). Methods of ecological momentary assessment in organizational research. *Organizational Research Methods*, 6(4), 440—464.

Berrien, F. K. (1930). Recall of dreams during the sleep period. *Journal of Abnormal and Social Psychology*. 25(2), 110—114.

Black, A. C., Harel, O. & Matthews, G. (2011). Techniques for analyzing intensive longitudinal data with missing values. In M. R. Mehl & T. A. Conner (Eds.), *Handbook of Research Methods for Studying Daily Life*. New York: Guilford Press, 339—356.

Bledow, R., Rosing, K. & Frese, M. (2013). A dynamic perspective on affect and creativity. *Academy of Management Journal*, 56(2), 432—450.

Bledow, R., Schmitt, A., Frese, M. & Kühnel, J. (2011). The affective shift model of work engagement. *Journal of Applied Psychology*, 96(6), 1246—1257.

Bliese, P. D. & Ployhart, R. E. (2002). Growth modeling using random coefficient models: Model building, testing, and illustrations. *Organizational Research Methods*, 5(4), 362—387.

Bolger, N. & Schilling, E. A. (1991). Personality and the problems of everyday life: The role of neuroticism in exposure and reactivity to daily stressors. *Journal of Personality*, 59(3), 355—386.

Bolger, N., Davis, A. & Rafaeli, E. (2003). Diary methods: Capturing life as it is lived. *Annual Review of Psychology*, 54(1), 579—616.

Bolger, N., Stadler, G. & Laurenceau, J. P. (2011). Power analysis for intensive longitudinal studies. In M. R. Mehl & T. A. Conner (Eds.), *Handbook of Research Methods for Studying Daily Life*. New York: Guilford Press, 285—301.

Bolger, N. & Laurenceau J. P. (2013). *Intensive Longitudinal Methods: An Introduction to Diary and Experience Sampling Research*. New York: Guilford Press.

Bono, J. E., Foldes, H. J., Vinson, G. & Muros, J. P. (2007). Workplace emotions: The role of supervision and leadership. *Journal of Applied Psychology*, 92(5), 1357—1367.

Bono, J. E., Glomb, T. M., Shen, W., Kim, E. & Koch, A. J. (2013). Building positive resources: Effects of positive events and positive reflection on work stress and health. *Academy of Management Journal*, 56(6), 1601—1627.

Butts, M. M., Becker, W. J. & Boswell, W. R. (2015). Hot buttons and time sinks: The effects of electronic communication during non-work time on emotions and work-non-work conflict. *Academy of Management Journal*, 58(3), 763—788.

Calkins, M. W. (1893). Statistics of dreams. *American Journal of Psychology*, 5(3), 311—343.

Campbell, J. D., Chew, B. & Scratchley, L. S. (1991). Cognitive and emotional reactions to daily events: The effects of self-esteem and self-complexity. *Journal of Personality*, 59(3), 473—505.

Courtright, S. H., Gardner, R. G., Smith, T. A., McCormick, B. W. & Colbert, A. E. (2016). My family made me do it: A cross-domain, self-regulatory perspective on antecedents to abusive supervision. *Academy of Management Journal*, 59(5), 1630—1652.

Dalal, R. S., Lam, H., Weiss, H. M., Welch, E. R. & Hulin, C. L. (2009). A within-person approach to work behavior and performance: Concurrent and lagged citizenship-counter-productivity associations, and dynamic relationships with affect and overall job performance. *Academy of Management Journal*, 52(5), 1051—1066.

Daniels, K., Boocock, G., Glover, J., Hartley, R. & Holland, J. (2009). An experience sampling study of learning, affect, and the demands control support model. *Journal of Applied Psychology*, 94(4), 1003—1017.

Debus, M. E., Sonnentag, S., Deutsch, W. & Nussbeck, F. W. (2014). Making flow happen: The effects of being recovered on work-related flow between and within days. *Journal of Applied Psychology*, 99(4), 713—722.

Diestel, S., Rivkin, W. & Schmidt, K. H. (2015). Sleep quality and self-control capacity as protective resources in the daily emotional labor process: Results from two diary studies. *Journal of Applied Psychology*, 100(3), 809—827.

Dong, Y., Liao, H., Chuang, A., Zhou, J. & Campbell, E. M. (2015). Fostering employee service creativity: Joint effects of customer empowering behaviors and supervisory empowering leadership. *Journal of Applied Psychology*, 100(5), 1364—1380.

Duck, S. W. (1991). Diaries and logs. In B. M. Montgomrey & S. W. Duck (Eds.), *Studying Social Interaction*. New York: Guilford Press, 141—161.

Duck, S., Rutt, D. J., Hoy, M. & Strejc, H. H. (1991). Some evident truths about conversations in everyday relationships all communications are not created equal. *Human Communication Research*, 18(2), 228—267.

Ebner-Priemer, U. W., Eid, M., Kleindienst, N., Stabenow, S. & Trull, T. J. (2009). Analytic strategies for understanding affective (in) stability and other dynamic processes in psychopathology. *Journal of Abnormal Psychology*, 118(1), 195—202.

Emmons, R. A. (1991). Personal strivings, daily life events, and psychological and physical well-being. *Journal of Personality*, 59(3), 453—472.

Fisher, C. D. (2007). Advances in organizational psychology: An Asia-Pacific perspective. In A. I. Glendon, B. M. Thompson & B. Myors (Eds.), *Experience Sampling Methodology in Organizational Psychology* (pp. 403—425). Brisbane: Australian Academic Press.

Fisher, C. D. & To, M. L. (2012). Using experience sampling methodology in organizational behavior. *Journal of Organizational Behavior*, 33(7), 865—877.

Fisher, C. D., Minbashian, A., Beckmann, N. & Wood, R. E. (2013). Task appraisals, emotions, and performance

第 21 章 高频率跟踪问卷调查方法：日记与体验抽样方法的设计和分析

goal orientation. *Journal of Applied Psychology*, 98(2), 364—373.

Foo, M. D., Uy, M. A. & Baron, R. A. (2009). How do feelings influence effort? An empirical study of entrepreneurs' affect and venture effort. *Journal of Applied Psychology*, 94(4), 1086—1094.

Fuller, J. A., Stanton, J. M., Fisher, G. G., Spitzmüller, C., Russell, S. S. & Smith, P. C. (2003). A lengthy look at the daily grind: Time series analysis of events, mood, stress, and satisfaction. *Journal of Applied Psychology*, 88(6), 1019—1033.

Gabriel, A. S., Diefendorff, J. M. & Erickson, R. J. (2011). The relations of daily task accomplishment satisfaction with changes in affect: A multilevel study in nurses. *Journal of Applied Psychology*, 96(5), 1095—1104.

Glomb, T. M., Bhave, D. P., Miner, A. G. & Wall, M. (2011). Doing good, feeling good: Examining the role of organizational citizenship behaviors in changing mood. *Personnel Psychology*, 64(1), 191—223.

Gross, S., Semmer, N. K., Meier, L. L., Kälin, W., Jacobshagen, N. & Tschan, F. (2011). The effect of positive events at work on after-work fatigue: They matter most in face of adversity. *Journal of Applied Psychology*, 96(3), 654—664.

Gunthert, K. C. & Wenze, S. J. (2011). Daily diary methods. In M. R. Mehl & T. A. Conner (Eds.), *Handbook of research methods for studying daily life*. New York: Guilford Press, 144—159.

Harrison, S. H. & Wagner, D. T. (2016). Spilling outside the box: The effects of individuals' creative behaviors at work on time spent with their spouses at home. *Academy of Management Journal*, 59(3), 841—859.

Hedges, S. M., Jandorf, L. & Stone, A. A. (1985). Meaning of daily mood assessments. *Journal of Personality and Social Psychology*, 48(2), 428—434.

Hektner, J. M., Schmidt, J. A. & Csikszentmihalyi, M. (2007). *Experience Sampling Method: Measuring the Quality of Everyday Life*. Thousand Oaks, CA: Sage.

Hektner, J. M., Schmidt, J. A. & Csikszentmihalyi, M. (2007). *Experience Sampling Method: Measuring the Quality of Everyday Life*. Thousand Oaks, CA: Sage.

Heller, D. & Watson, D. (2005). The dynamic spillover of satisfaction between work and marriage: The role of time and mood. *Journal of Applied Psychology*, 90(6), 1273—1279.

Hormuth, S. E. (1986). The sampling of experiences in situ. *Journal of Personality*, 54(1), 262—293.

Hox, J. (2010). *Multilevel Analysis: Techniques and Aapplications*. Hoboken: Routledge Academic.

Huang, J. L., Chiaburu, D. S., Zhang, X. A., Li, N. & Grandey, A. A. (2015). Rising to the challenge: Deep acting is more beneficial when tasks are appraised as challenging. *Journal of Applied Psychology*, 100(5), 1398—1408.

Hülsheger, U. R. (2016). From dawn till dusk: Shedding light on the recovery process by investigating daily change patterns in fatigue. *Journal of Applied Psychology*, 101(6), 905—914.

Hülsheger, U. R., Lang, J. W., Depenbrock, F., Fehrmann, C., Zijlstra, F. R. & Alberts, H. J. (2014). The power of presence: The role of mindfulness at work for daily levels and change trajectories of psychological detachment and sleep quality. *Journal of Applied Psychology*, 99(6), 1113—1128.

Hülsheger, U. R., Lang, J. W., Schewe, A. F. & Zijlstra, F. R. (2015). When regulating emotions at work pays off: A diary and an intervention study on emotion regulation and customer tips in service jobs. *Journal of Applied Psychology*, 100(2), 263—277.

Hunter, E. M. & Wu, C. (2016). Give me a better break: Choosing workday break activities to maximize resource recovery. *Journal of Applied Psychology*, 101(2), 302—311.

Hurlburt, R. T. (2006). *Exploring Inner Experience: The Descriptive Experience Sampling Method*. Philadelphia, PA: John Benjamins.

Ilies, R., Dimotakis, N. & De Pater, I. E. (2010). Psychological and physiological reactions to high workloads: implications for well-being. *Personnel Psychology*, 63(2), 407—436.

Ilies, R., Liu, X. Y., Liu, Y. & Zheng, X. (2017). Why do

employees have better family lives when they are highly engaged at work? *Journal of Applied Psychology*, 102(6),956—970.

Ilies, R., Schwind, K. M., Wagner, D. T., Johnson, M. D., DeRue, D. S. & Ilgen, D. R. (2007). When can employees have a family life? The effects of daily workload and affect on work-family conflict and social behaviors at home. *Journal of Applied Psychology*, 92(5),1368—1379.

Ilies, R., Scott, B. A. & Judge, T. A. (2006). The interactive effects of personal traits and experienced states on intra-individual patterns of citizenship behavior. *Academy of Management Journal*,49(3),561—575.

Ilies, R., Wilson, K. S. & Wagner, D. T. (2009). The spillover of daily job satisfaction onto employees' family lives: The facilitating role of work-family integration. *Academy of Management Journal*, 52(1),87—102.

Intille, S. S. (2007). Technological innovations enabling automatic, context-sensitive ecological momentary assessment. In A. A. Stone, S. Shiffman, A. A. Atienza & L. Nebeling (Eds.), *The Science of Real-Time Data Capture*. New York: Oxford University Press.

Johnson, R. E., Lanaj, K. & Barnes, C. M. (2014). The good and bad of being fair: Effects of procedural and interpersonal justice behaviors on regulatory resources. *Journal of Applied Psychology*, 99(4),635—650.

Jones, F., O'connor, D. B., Conner, M., McMillan, B. & Ferguson, E. (2007). Impact of daily mood, work hours, and iso-strain variables on self-reported health behaviors. *Journal of Applied Psychology*, 92(6), 1731—1740.

Judge, T. A. & Ilies, R. (2004). Affect and job satisfaction: A study of their relationship at work and at home. *Journal of Applied Psychology*, 89(4),661—673.

Judge, T. A., Ilies, R. & Scott, B. A. (2006). Work-family conflict and emotions: Effects at work and at home. *Personnel Psychology*, 59(4),779—814.

Judge, T. A., Scott, B. A. & Ilies, R. (2006). Hostility, job attitudes, and workplace deviance: Test of a multilevel model. *Journal of Applied Psychology*, 91(1), 126—136.

Judge, T. A., Simon, L. S., Hurst, C. & Kelley, K. (2014). What I experienced yesterday is who I am today: Relationship of work motivations and behaviors to within-individual variation in the five-factor model of personality. *Journal of Applied Psychology*, 99(2), 199—211.

Judge, T. A., Woolf, E. F. & Hurst, C. (2009). Is emotional labor more difficult for some than for others? A multilevel, experience-sampling study. *Personnel Psychology*, 62(1),57—88.

Kahneman, D. & Tversky, A. (1982). The simulation heuristic. In Kahneman, D. & Tversky, A. (Eds.), *Judgment under Uncertainty: Heuristics and Biases*. New York: Cambridge University Press.

Kammeyer-mueller, J. D., Judge, T. A. & Scott, B. A. (2009). The role of core self-evaluations in the coping process. *Journal of Applied Psychology*, 94(1),177—195.

Klinger, E. (1971). *Structure and Functions of Fantasy*. New York: Wiley-Interscience.

Koopman, J., Lanaj, K. & Scott, B. A. (2016). Integrating the bright and dark sides of OCB: A daily investigation of the benefits and costs of helping others. *Academy of Management Journal*, 59(2),414—435.

Lam, C. F., Wan, W. H. & Roussin, C. J. (2016.) Going the extra mile and feeling energized: An enrichment perspective of organizational citizenship behaviors. *Journal of Applied Psychology*, 101(3),379—391.

Lanaj, K., Johnson, R. E. & Lee, S. M. (2016). Benefits of transformational behaviors for leaders: A daily investigation of leader behaviors and need fulfillment. *Journal of Applied Psychology*, 101(2),237—251.

Lanaj, K., Johnson, R. E. & Wang, M. (2016). When lending a hand depletes the will: The daily costs and benefits of helping. *Journal of Applied Psychology*, 101(8),1097—1110.

Larsen, R. J. & Kasimatis, M. (1991). Day-to-day physical symptoms: Individual differences in the occurrence, duration, and emotional concomitants of minor daily illnesses. *Journal of Personality*, 59(3),387—423.

第21章　高频率跟踪问卷调查方法：日记与体验抽样方法的设计和分析

Lehmann-Willenbrock, N. & Allen, J. A. (2014). How fun are your meetings? Investigating the relationship between humor patterns in team interactions and team performance. *Journal of Abnormal Psychology*, 99(6), 1278—1287.

Little, R. J. A. & Rubin, D. B. (2002). *Statistical Analysis with Missing Data* (2nd Ed.). New York: John Wiley.

Liu, S., Wang, M., Zhan, Y. & Shi, J. (2009). Daily work stress and alcohol use: testing the cross-level moderation effects of neuroticism and job involvement. *Personnel Psychology*, 62(3), 575—597.

Liu, W., Song, Z., Li, X. & Liao, Z. (2017a). Why and when leaders' affective states influence employee upward voice. *Academy of Management Journal*, 60(1), 238—263.

Liu, Y., Song, Y., Koopmann, J., Wang, M., Chang, C. H. D. & Shi, J. (2017b). Eating your feelings? Testing a model of employees' work-related stressors, sleep quality, and unhealthy eating. *Journal of Applied Psychology*, 102(8), 1237—1258.

Liu, Y., Wang, M., Chang, C. H., Shi, J., Zhou, L. & Shao, R. (2015). Work-family conflict, emotional exhaustion, and displaced aggression toward others: The moderating roles of workplace interpersonal conflict and perceived managerial family support. *Journal of Applied Psychology*, 100(3), 793—808.

Loi, R., Yang, J. & Diefendorff, J. M. (2009). Four-factor justice and daily job satisfaction: a multilevel investigation. *Journal of Applied Psychology*, 94(3), 770—781.

Matta, F. K., Scott, B. A., Colquitt, J. A., Koopman, J. & Passantino, L. G. (2017). Is consistently unfair better than sporadically fair? An investigation of justice variability and stress. *Academy of Management Journal*, 60(2), 743—770.

McCabe, K. O., Mack, L. & Fleeson, W. (2011). A guide for data cleaning in experience sampling studies. In M. R. Mehl & T. A. Conner (Eds.), *Handbook of Research Methods for Studying Daily Llife*. New York: Guilford Press, 321—338.

Mehl, M. R. & Conner, T. A. (Eds.) (2011). *Handbook of Research Methods for Studying Daily Life*. New York: Guilford Press.

Minbashian, A., Wood, R. E. & Beckmann, N. (2010). Task-contingent conscientiousness as a unit of personality at work. *Journal of Applied Psychology*, 95(5), 793—806.

Moskowitz, D. S. & Sadikaj, G. (2011). Event-contingent recording. In M. R. Mehl & T. A. Conner (Eds.), *Handbook of Research Methods for Studying Daily Life*. New York: Guilford Press.

Nezlek, J. B. (2001). Multilevel random coefficient analyses of event-and interval-contingent data in social and personality psychology research. *Personality and Social Psychology Bulletin*, 27(7), 771—785.

Nezlek, J. B. (2011). *Multilevel Modeling for Social and Personality Psychology*. London: Sage.

Nezlek, J., Wheeler, L. & Reis, H. T. (1983). Studies in social participation. In H. T. Reis (Ed.), *Naturalistic Approaches to Studying Social Interaction*. San Francisco: Jossey-Bass.

Ohly, S., Sonnentag, W., Niessen, C. & Zapf, D. (2010). Diary studies in organizational research: An introduction and some practical recommendations. *Journal of Personnel Psychology*, 9(2), 79—93.

Parke, M. R., Seo, M. G. & Sherf, E. N. (2015). Regulating and facilitating: The role of emotional intelligence in maintaining and using positive affect for creativity. *Journal of Applied Psychology*, 100(3), 917—934.

Ployhart, R. E. & Vandenberg, R. J. (2010). Longitudinal research: The theory, design, and analysis of change. *Journal of Management*, 36(1), 94—120.

Potter, P. T., Smith, B. W., Strobel, K. R. & Zautra, A. J. (2002). Interpersonal workplace stressors and well-being: A multi-wave study of employees with and without arthritis. *Journal of Applied Psychology*, 87(4), 789—796.

Raento, M., Oulasvirta, A. & Eagle, N. (2009). Smartphones: An emerging tool for social scientists. *Sociological Methods and Research*, 37(3), 426—454.

Ramus, C. A. & Steger, U. (2000). The roles of supervisory support behaviors and environmental policy in employee "Ecoinitiatives" at leading-edge European companies. *Academy of Management Journal*, 43(4), 605—626.

Raudenbush, S. & Bryk, A. (2002). *Hierarchical Linear Models* (2nd Ed.). Thousand Oaks, CA: Sage Publications.

Reis, H. T. & Gable, S. L. (2000). Event-sampling and other methods for studying everyday experience. In H. T. Reis, C. M. Judd, H. T. Reis & C. M. Judd (Eds.), *Handbook of Research Methods in Social and Personality Psychology*. New York: Cambridge University Press.

Reis, H. T. & Wheeler, L. (1991). *Studying Social Interaction with the Rochester Interaction Record: Advances in Experimental Social Psychology* (Vol. 25). New York: Academic Press.

Robinson, M. D. & Clore, G. L. (2002). Belief and feeling: Evidence for an accessibility model of emotional self-report. *Psychological Bulletin*, 128(6), 934—960.

Rodell, J. B. & Judge, T. A. (2009). Can "good" stressors spark "bad" behaviors? The mediating role of emotions in links of challenge and hindrance stressors with citizenship and counterproductive behaviors. *Journal of Applied Psychology*, 94(6), 1438—1451.

Rothbard, N. P. & Wilk, S. L. (2011). Waking up on the right or wrong side of the bed: Start-of-workday mood, work events, employee affect, and performance. *Academy of Management Journal*, 54(5), 959—980.

Russell, J. J., Moskowitz, D. S., Zuroff, D. C., Sookman, D. & Paris, J. (2007). Stability and variability of affective experience and interpersonal behavior in borderline personality disorder. *Journal of Abnormal Psychology*, 116(3), 578—588.

Scherbaum, C. A. & Ferreter, J. M. (2009). Estimating statistical power and required sample sizes for organizational research using multilevel modeling. *Organizational Research Methods*, 12(2), 347—367.

Schwarz, N. (1990). Assessing frequency reports of mundane behaviors: Contributions of cognitive psychology to questionnaire construction. In Hendrick, C. & Clark, M. S. (Eds.), *Research Methods in Personality and Social Psychology*. Newbury Park, CA: Sage, 98—119.

Schwarz, N. (2011). Why researchers should think "real-time". In M. R. Mehl & T. A. Conner (Eds.), *Handbook of Research Methods for Studying DailyLlife*. New York: Guilford Press.

Schwarz, N., Kahneman, D. & Xu, J. (2009). Global and Episodic Reports of Hedonic experiences. In R. F. Belli, F. P. Stafford & D. F. Alwin (Eds.), *Calendar and Time Diary Methods in Life Course Research*. Thousand Oaks, CA: Sage.

Scott, B. A. & Barnes, C. M. (2011). A multilevel field investigation of emotional labor, affect, work withdrawal, and gender. *Academy of Management Journal*, 54(1), 116—136.

Scott, B. A., Barnes, C. M. & Wagner, D. T. (2012). Chameleonic or consistent? A multilevel investigation of emotional labor variability and self-monitoring. *Academy of Management Journal*, 55(4), 905—926.

Scott, B. A., Garza, A. S., Conlon, D. E. & Kim, Y. J. (2014). Why do managers act fairly in the first place? A daily investigation of "hot" and "cold" motives and discretion. *Academy of Management Journal*, 57(6), 1571—1591.

Shiffman, S. (2007). Designing protocols for ecological momentary assessment. In A. A. Stone, S. Shiffman, A. A. Atienza & L. Nebeling (Eds.), *The Science of Real-Time Data Capture*. New York: Oxford University Pres.

Shrout, P. E. & Lane, S. P. (2011). Psychometrics. In M. R. Mehl & T. A. Conner (Eds.), *Handbook of Research Methods for Studying Daily Life*. New York: Guilford Press.

Snijders, T. A. B. & Bosker, R. J. (2012). *Multilevel Analysis: An introduction to Basic and Advanced Multilevel Modeling* (2nd Ed.). Thousand Oaks, CA: Sage.

Song, Z., Foo, M. D. & Uy, M. A. (2008). Mood spillover and crossover among dual-earner couples: A cell phone event sampling study. *Journal of Applied Psychology*, 93(2), 443—452.

第21章　高频率跟踪问卷调查方法：日记与体验抽样方法的设计和分析

Song, Z., Foo, M. D., Uy, M. A. & Sun, S. (2011). Unraveling the daily stress crossover between unemployed individuals and their employed spouses. *Journal of Applied Psychology*, 96(1), 151—168.

Sonnentag, S. (2003). Recovery, work engagement, and proactive behavior: A new look at the interface between nonwork and work. *Journal of Applied Psychology*, 88(3), 518—528.

Sonnentag, S. & Grant, A. M. (2012). Doing good at work feels good at home, but not right away: When and why perceived prosocial impact predicts positive affect. *Personnel Psychology*, 65(3), 495—530.

Sonnentag, S. & Zijlstra, F. R. (2006). Job characteristics and off-job activities as predictors of need for recovery, well-being, and fatigue. *Journal of Applied Psychology*, 91(2), 330—350.

Sonnentag, S., Binnewies, C. & Mojza, E. J. (2008). Did you have a nice evening? A day-level study on recovery experiences, sleep, and affect. *Journal of Applied Psychology*, 93(3), 674—684.

Sonnentag, S., Pundt, A. & Venz, L. (2017). Distal and proximal predictors of snacking at work: A daily-survey study. *Journal of Applied Psychology*, 102(2), 151—162.

Spence, J. R., Brown, D. J., Keeping, L. M. & Lian, H. (2014). Helpful today, but not tomorrow? Feeling grateful as a predictor of daily organizational citizenship behaviors. *Personnel Psychology*, 67(3), 705—738.

Spieler, I., Scheibe, S., Stamov-Roßnagel, C. & Kappas, A. (2017). Help or hindrance? Day-level relationships between flextime use, work-nonwork boundaries, and affective well-being. *Journal of Applied Psychology*, 102(1), 67—87.

Stone, A. A. & Shiffman, S. (2002). Capturing momentary, self-report data: A proposal for reporting guidelines. *Annals of Behavioral Medicine*, 24(3), 236—243.

To, M. L., Fisher, C. D., Ashkanasy, N. M. & Rowe, P. A. (2012). Within-person relationships between mood and creativity. *Journal of Applied Psychology*, 97(3), 599—612.

Totterdell, P., Wall, T., Holman, D., Diamond, H. & Epitropaki, O. (2004). Affect networks: A structural analysis of the relationship between work ties and job-related affect. *Journal of Applied Psychology*, 89(5), 854—867.

Trougakos, J. P., Beal, D. J., Cheng, B. H., Hideg, I. & Zweig, D., (2015). Too drained to help: A resource depletion perspective on daily interpersonal citizenship behaviors. *Journal of Applied Psychology*, 100(1), 227—236.

Trougakos, J. P., Beal, D. J., Green, S. G. & Weiss, H. M. (2008). Making the break count: An episodic examination of recovery activities, emotional experiences, and positive affective displays. *Academy of Management Journal*, 51(1), 131—146.

Trougakos, J. P., Hideg, I., Cheng, B. H. & Beal, D. J. (2014). Lunch breaks unpacked: The role of autonomy as a moderator of recovery during lunch. *Academy of Management Journal*, 57(2), 405—421.

Uy, M. A., Foo, M. D. & Aguinis, H. (2010). Using experience sampling methodology to advance entrepreneurship theory and research. *Organizational Research Methods*, 13(1), 31—54.

Uy, M. A., Lin, K. J. & Ilies, R. (2017). Is it better to give or receive? The role of help in buffering the depleting effects of surface acting. *Academy of Management Journal*, 60(4), 1442—1461.

Wanberg, C. R., Zhu, J. & Van Hooft, E. A. (2010). The job search grind: Perceived progress, self-reactions, and self-regulation of search effort. *Academy of Management Journal*, 53(4), 788—807.

Wang, M., Liao, H., Zhan, Y. & Shi, J. (2011). Daily customer mistreatment and employee sabotage against customers: Examining emotion and resource perspectives. *Academy of Management Journal*, 54(2), 312—334.

Wang, M., Liu, S., Liao, H., Gong, Y., Kammeyer-Mueller, J. & Shi, J. (2013). Can't get it out of my mind: Employee rumination after customer mistreatment and negative mood in the next morning. *Journal of

Applied Psychology, 98(6), 989—1004.

Wang, M., Liu, S., Zhan, Y. & Shi, J. (2010). Daily work-family conflict and alcohol use: Testing the cross-level moderation effects of peer drinking norms and social support. *Journal of Applied Psychology*, 95(2), 377—386.

West, S. G. & Hepworth, J. T. (1991). Statistical issues in the study of temporal data: Daily experiences. *Journal of Personality*, 59(3), 610—662.

Wheeler, L. & Reis, H. T. (1991). Self-recording of everyday life events: Origins, types, and uses. *Journal of Personality*, 59(3), 339—354.

Williams, K. J. & Alliger, G. M. (1994). Role stressors, mood spillover, and perceptions of work-family conflict in employed parents. *Academy of Management Journal*, 37(4), 837—868.

Williams, K. J., Suls, J., Alliger, G. M., Learner, S. M. & Wan, C. K. (1991). Multiple role juggling and daily mood states in working mothers: an experience sampling study. *Journal of Applied Psychology*, 76(5), 664—674.

Wong, M. M. & Csikszentmihalyi, M. (1991). Motivation and academic achievement: The effects of personality traits and the quality of experience. *Journal of Personality*, 59(3), 539—574.

Yang, J. & Diefendorff, J. M. (2009). The relations of daily counterproductive workplace behavior with emotions, situational antecedents, and personality moderators: A diary study in Hong Kong. *Personnel Psychology*, 62(2), 259—295.

Yang, L. Q., Simon, L. S., Wang, L. & Zheng, X. (2016). To branch out or stay focused? Affective shifts differentially predict organizational citizenship behavior and task performance. *Journal of Applied Psychology*, 101(6), 831—845.

Yue, Y., Wang, K. L. & Groth, M. (2017). Feeling bad and doing good: The effect of customer mistreatment on service employee's daily display of helping behaviors. *Personnel Psychology*, 70(4), 769—808.

Zautra, A. J., Finch, J. F., Reich, J. W. & Guarnaccia, C. A. (1991). Predicting the everyday life events of older adults. *Journal of Personality*. 59(3), 507—538.

Zhan, Y., Wang, M. & Shi, J. (2016). Interpersonal process of emotional labor: The role of negative and positive customer treatment. Personnel Psychology, 69(3), 525—557.

Zhang, Z., Zyphur, M. J. & Preacher, K. J. (2009). Testing multilevel mediation using hierarchical linear models. *Organizational Research Methods*, 12(4), 695—719.

Zhou, L., Wang, M., Chang, C. H., Liu, S., Zhan, Y. & Shi, J. (2017). Commuting stress process and self-regulation at work: Moderating roles of daily task significance, family interference with work, and commuting means efficacy. *Personnel Psychology*. (Accepted)

Zohar, D. & Polachek, T. (2014). Discourse-based intervention for modifying supervisory communication as leverage for safety climate and performance improvement: A randomized field study. *Journal of Applied Psychology*, 99(1), 113—124.

第22章 单层与多层被调节的中介和被中介的调节:理论构建与模型检验

刘　东　佐治亚理工大学
张　震　亚利桑那州立大学
汪　默　佛罗里达大学
高中华　译　中国人民大学

▶ 本章大纲

引言
22.1　构建被中介的调节模型
　22.1.1　类型Ⅰ:被中介的调节作用(被中介的交互作用)
　22.1.2　类型Ⅱ:被中介的调节作用
22.2　构建被调节的中介模型
　22.2.1　第一阶段被调节的中介作用
　22.2.2　第二阶段被调节的中介作用
　22.2.3　两阶段被调节的中介作用
22.3　检验被中介的调节作用
　22.3.1　单层次类型Ⅰ被中介的调节作用
　22.3.2　单层次类型Ⅱ被中介的调节作用
　22.3.3　多层次被中介的调节模型
22.4　检验被调节的中介作用
　22.4.1　单层次被调节的中介作用
　22.4.2　多层次被调节的中介作用
22.5　讨论
　22.5.1　理论问题
　22.5.2　统计问题
22.6　结语

引言

在单层次(single level)和多层次(multi level)研究中,揭示中介和调节变量得到了广泛的关注,研究者借此来扩展现有研究,探索变量之间关系的潜在中介机制与调节限制。一方面,中介变量可以解释、传递自变量对因变量的影响(Baron & Kenny,1986)。例如,为了扩展积极人格(proactive personality)和个体—环境匹配(person-environment fit)方面的研究,Zhang 等(2012)用领导者与追随者之间的社会交换关系质量(leader-member exchange quality)作为中介变量,来解释领导者与追随者积极人格之间一致性/不一致性对于追随者工作满意度、情感承诺与工作绩效的影响。另一方面,调节变量可以改变自变量与因变量之间的关系强度和/或方向(Baron & Kenny,1986)。例如,Hitt 等(1997)检验了产品多元化(product diversification)对国际多元化(international diversification)与企业绩效之间关系的调节作用。在产品非多元化企业,国际多元化对企业绩效有显著的负向影响,但是在产品多元化程度较高的企业,国际多元化对企业绩效有显著的正向影响,在产品多元化程度中等的企业,国际多元化与企业绩效则呈曲线关系。正如 Whetten(1989)所言,中介变量阐明了两个变量之间的关系是"如何"及"为何"产生的,而调节变量则展示了两个变量之间的关系"何时"及"为谁"而增强或减弱,这就是研究中介和调节作用的主要理论贡献所在。因此,大多数心理学理论及组织理论试图描述这些中介过程和/或调节机制,例如,事件系统理论(event system theory;Morgeson et al.,2015)、情感事件理论(affective event theory;Weiss & Cropanzano,1996)、社会认知理论(social cognitive theory;Bandura,2002)及企业资源观理论(the resource view of firms;Barney,1991)。请参考本书第 16 章"调节变量和中介变量"以了解对中介或调节变量的原理与检验方法更为详细的论述。

早期大量研究倾向于构建并分开检验调节和中介作用(如 Chen & Aryee,2007;Liu et al.,2009)。例如,在一项跨层次研究中,Liu 等(2009)首次发现导师个人学习(mentors' personal learning)在其对学徒所提供的指导(provision of mentoring functions)与工作绩效之间的中介作用,同时也检验了导师社会交往(mentors' social interaction)在其对学徒所提供的指导与社会地位(social status)之间是否具有中介作用。之后,他们把团队层次的概念——团队凝聚力(team cohesiveness)作为调节变量,分析了在个体层次、团队凝聚力对导师指导与个体学习之间的关系,以及导师指导与社会交往之间关系的调节作用。然而,研究者经常无法通过这种渐进方

第22章 单层与多层被调节的中介和被中介的调节：理论构建与模型检验

式(piece-meal approach)清晰地描绘组织现象中可能同时存在的中介与调节机制（例如,中介关系会不会随着某调节变量发生变化,或者调节关系会不会由某个中介变量所解释）,从而无法最大化地展示其研究的贡献。

因此,组织与管理学研究者和定量心理学研究者开始以更为综合的方式发展和检验研究模型,提出了一些由中介和调节作用同时构成的模型（Edwards & Lambert,2007;Muller et al.,2005;Preacher et al.,2007）。在大量单层次和多层次研究中,学者们发展并检验了被中介的调节（mediated moderation）和被调节的中介（moderated mediation）效应（如 Liao et al.,2010;Liu et al.,2017;Liu et al.,2017;Reina et al.,2017;Tepper et al.,2008;Zhou et al.,2012）。研究方法学者也在不断探索如何有效地整合中介与调节,并更加准确地检验同时包括中介与调节的不同类型的模型（如 Cheung & Lau,2017;Holland et al.,2017;Sardeshmukh & Vandenberg,2017）。然而,我们仍需更加清晰地解释被中介的调节和被调节的中介效应的不同理论意义,并提供相应的检验方式,以帮助研究者们更有效地发展理论模型,进行统计检验。目前,几种主流检验方式也都有着各自的不足,在结果解释方面会给研究者带来不少困惑（Edwards & Lambert,2007;Hayes et al.,2017;Hayes & Rockwood,2017）。

在本章中,我们将为那些对被中介的调节和被调节的中介效应感兴趣的研究者提供相应的指导。具体而言,本章有以下四个目标:第一,通过回顾文献,界定被中介的调节效应的两种主要形式,为如何发展理论框架提供相应的建议;第二,运用已发表的文章作为实例来讲述被调节的中介效应的三种形式,并归纳一些有效途径来构建相应的理论模型;第三,在单层次及多层次情境中,讨论相应的统计方法,用来检验被中介的调节作用;第四,在单层次及多层次情境中,介绍三种恰当形式的统计方法,用来检验被调节的中介作用。希望本章能够阐明被中介的调节和被调节的中介效应的本质,清晰地分析它们的理论界定及统计检验的相关问题,为研究者在具体研究中应用这两种模型提供有用的指导。在本章中,我们用 X 代表自变量,M 代表中介变量,W 代表调节变量,Y 代表因变量。

22.1 构建被中介的调节模型

Edwards 和 Lambert（2007:7）把被中介的调节界定为"自变量和调节变量通过交互作用影响中介变量,中介变量进而对结果变量产生影响"。同样,Preacher 等（2007）及 Baron 和 Kenny（1986）认为,当自变量和调节变量对中介变量产生交互作用,并且此交互作用通过中介变量来对结果变量产生影响时,被中介的调节就产生了。这些定义揭示了第一种类型的被中介的调节作用(后面将称为类型 I)。如 Hayes(2013)所强调的那样,第一种类型的被中介的调节作用的核心是以中介变量作为桥梁把自变量和调节变量的交互作用传导到结果变量。

除了以上定义,一些学者最近提出了另外一种不同类型的被中介的调节作用。这类被中介的调节作用的核心是调节关系(即调节变量对自变量和结果变量之间关系的影响)。同时,调节变量与中介变量有显著线性关系,中介变量调节自变量与结果变量之间的关系,且中介变量能传递调节变量对自变量和结果变量的调节作用,那么被中介的调节就产生了(如 Grant & Berry,2011;Wang et al.,2015)。这是另外一种不同类型的被中介的调节作用(后面将称为类型 II)。下面将对以上两种被中介的调节模型进行详细分析。

22.1.1　类型 I:被中介的调节作用(被中介的交互作用)

图 22-1 中(a)图和(b)图为第一种类型的被中介的调节作用。尽管此类被中介的调节作用常常被表示为(a)图,但是(b)图可以更准确地描述其理论意义。这种类型严格符合被中介的调节的传统定义(Baron & Kenny,1986;Edwards & Lambert,2007;Muller et al.,2005)。研究者们在单层次和多层次研究中,广泛应用

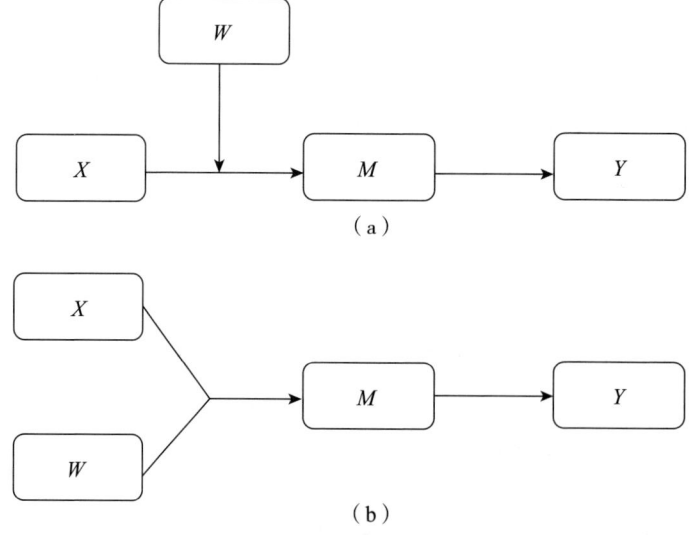

图 22-1　类型 I:被中介的调节作用

注:X 为自变量,W 为调节变量,M 为中介变量,Y 为因变量。尽管此类被中介的调节作用经常以(a)图来表示,但是(b)图所代表的理论关系更为精确。

第22章 单层与多层被调节的中介和被中介的调节：理论构建与模型检验

了这种被中介的调节模型。例如，在 Lam 等（2007）进行的一项员工反馈寻求行为（feedback seeking behavior）的单层次研究中，他们采取了三个步骤来构建类型 I 被中介的调节作用。第一步，假设下属反馈寻求行为（X）和领导成员互动质量（M）之间的正向关系。第二步，假设主管对下属寻求反馈的动机归因（supervisor-attributed motives for feedback seeking, W）对下属反馈寻求行为（X）和领导成员互动质量（M）之间正向关系的调节作用；第三步，根据下属反馈寻求行为（X）和下属工作绩效（Y）之间的正向关系、领导成员互动质量（M）的中介作用、主管对下属寻求反馈的动机归因（W）对下属反馈寻求行为（X）和下属工作绩效（Y）之间关系的调节作用，提出类型 I 被中介的调节模型。

作为多层次研究中被中介的调节作用研究的一个实例，Liu 和 Fu（2011）通过四个步骤发展了他们的研究模型。第一，假设了导师自主性支持（mentors' autonomy support, 个体层次自变量 X_1）、学徒自主性倾向（protégés' autonomy orientation, 个体层次自变量 X_2）及自主性团队支持氛围（autonomy-supportive team climate, 团队层次调节变量 W）与学徒个人学习（protégés' personal learning, 个体层次中介变量 M）之间的关系。第二，提出了自主性团队支持氛围（W）会调节导师自主性支持（X_1）和学徒自主性倾向（X_2）对学徒个人学习（M）的影响。第三，假设了学徒个人学习（M）对结果变量——学徒组织公民行为（Y_1）和工作投入（Y_2），有正向的影响。第四，提出了自主性团队支持氛围（W）分别与导师自主性支持（X_1）和学徒自主性倾向（X_2）的交互作用会对学徒组织公民行为（Y_1）和工作投入（Y_2）产生显著影响。根据以上推导，研究者进一步假设学徒个人学习（M）对这种交互作用的中介机制，也就是中介团队自主性支持氛围分别与导师自主性支持、学徒自主性倾向交互，对后续学习结果变量（组织公民行为和工作投入）产生互影响。Liu 等（2017）构建了更为复杂的包括三项交互的被中介的调节模型。

根据类型 I 被中介的调节的含义及实例，在单层次及多层次研究中构建被中介的调节模型时，有三个关键步骤需要考虑。第一个步骤，有两个选择。如果研究者希望区分自变量与调节变量，那么需要先解释调节变量为何及如何改变自变量和中介变量之间的关系：加强或减弱？即在调节变量取高值时，自变量与中介变量的关系是什么样的；在调节变量取低值时，自变量与中介变量的关系又是什么样的。在模型检验过程中，需针对调节变量对自变量与中介变量的调节作用进行斜率检验（slope test）（参见 http://www.jeremydawson.co.uk/slopes.htm 提供的斜率检验与画交互图程序），去看在调节变量取高（通常 1 standard deviation above the mean）与取低（通常 1 standard deviation below the mean）时，自变量与中介变量两者

667

之间的关系。构建此类被中介的调节模型并不一定要对主效应进行假设（MacKinnon et al.，2007；MacKinnon et al.，2002；Shrout & Bolger，2002），重点是建立好自变量与调节变量对中介变量的交互作用假设。如果研究者的研究假设只强调两个变量相互作用，共同影响中介变量，则在发展此类理论模型的过程中，无须区分自变量与调节变量。第二个步骤，研究者应该依托理论阐明中介变量和结果变量之间为何存在显著关系。第三个步骤，研究者可以整合上述两个关键点，讨论为何中介变量可以传递自变量与调节变量交互效应对结果变量的影响。当然，为了通过这三个步骤构建理论模型，研究者应该建立可靠的理论框架，提供有充分说服力的论据，从而证明自变量、调节变量、中介变量、因变量及彼此之间关系的合理性。需要说明的是，研究者也可以应用理论来假设自变量与结果变量之间的直接关系，以及两者之间的关系如何随着调节变量的高与低而发生变化。但是，从统计意义上来说，这一步对构建第一种类型的被中介的调节模型并不是必要的（参见被中介的调节检验部分，类型 I 被中介的调节模型的检验方法，以及讨论部分考虑的第一个理论问题）。

22.1.2 类型 II：被中介的调节作用

图 22-2 描绘出了第二种类型的被中介的调节作用：中介变量针对调节变量对自变量与因变量之间关系的调节作用起中介作用。在研究亲社会动机（prosocial motivation）对工作绩效的影响时，Grant 和 Sumanth（2009）构建了此种被中介的调节模型：第一，他们提出管理者可信赖性（manager trustworthiness，W）和员工任务重要性感知（employees' perceptions of task significance，M）之间的关系；第二，他们假

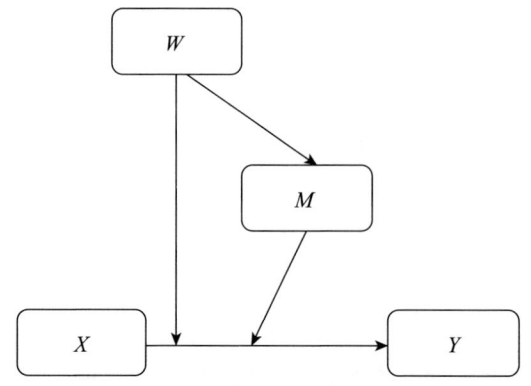

图 22-2 类型 II：被中介的调节作用

注：X 为自变量，W 为调节变量，M 为中介变量，Y 为因变量。

第 22 章　单层与多层被调节的中介和被中介的调节：理论构建与模型检验

设管理者可信赖性会调节员工亲社会动机(X)和绩效(Y)之间的关系；第三，他们提出员工任务重要性感知(M)可以调节员工亲社会动机(X)和绩效(Y)之间的关系；第四，根据上述假设和推理，提出一个被中介的调节模型：员工任务重要性感知(M)中介管理者可信赖性(W)对员工亲社会动机(X)和绩效(Y)之间关系的调节作用。在近期的一些其他研究中，学者们也构建了此类模型，如绩效反馈(performance feedback；Wang et al.，2015)、追随力(followership；Wee et al.，2017)、工作压力与健康饮食行为(Liu et al.，2017)等研究。

根据以上的理论构建程序，在单层次和多层次研究情境下，研究者可以根据以下三个步骤来建立被中介的调节模型：第一，研究者应该使用具体理论来证明调节变量在自变量和因变量之间可能存在的调节作用。请注意，尽管 Grant 和 Sumanth (2009)构建第二种类型被中介的调节模型时包括了这个步骤，但是在统计分析时这个步骤并不是非常必要的(参见被中介的调节作用检验部分，对类型 II 被中介的调节模型的统计说明，以及讨论部分考虑的第一种理论问题)。第二，应该提供有说服力的证据来证明调节变量对中介变量的影响。第三，研究者需要阐明为何中介变量能显著调节自变量和因变量之间的关系，并传递调节变量对自变量和因变量之间关系的调节作用。根据研究的关注焦点及理论主线，研究者可以改变前两个步骤的顺序，但是第三个步骤应该放在最后来整合前面几个理论发展步骤。

22.2　构建被调节的中介模型

当由中介变量(M)连接自变量(X)和因变量(Y)之间关系的中介过程(即 X—M—Y)受到调节变量影响时，便存在被调节的中介作用(Baron & Kenny，1986；Edwards & Lambert，2007；Muller et al.，2005；Preacher et al.，2007)。应该注意的是，当调节变量显著调节自变量与因变量之间关系，或调节变量显著调节总效应(即直接效应和中介效应之和)时，并不代表调节变量必然会调节中介作用(即存在显著的被调节的中介作用)。证明中介作用的存在会随着调节变量发生变化才是关键(Preacher et al.，2007)。换而言之，当研究者比较调节变量取值较高和较低的情况时(具体的高低取值方法请参见本章讨论部分考虑的第二个统计问题)，中介作用应该随之发生改变。根据中介过程受到调节方式的不同，文献中存在三种被调节的中介作用。

22.2.1 第一阶段被调节的中介作用

第一阶段被调节的中介作用(first-stage moderated mediation)是指调节变量对中介过程的影响,来自调节变量加剧或减弱了自变量和中介变量之间的关系(见图22-3)。应该注意的是,尽管类型Ⅰ被中介的调节(见图22-1)和第一阶段被调节的中介图解(见图22-3)基本相同,但是却拥有截然不同的理论含义。正如前面所讨论的,类型Ⅰ被中介的调节强调中介变量在传递两个或三个变量对结果变量交互影响的中介作用(如 Lam et al.,2007;Liu & Fu,2011;Liu et al.,2017)。相比而言,第一阶段被调节的中介强调,调节变量改变了自变量和中介变量之间关系(即 X—M)的强度,进而调节了整个中介作用(即 X—M—Y)(如 Liu et al.,2015;Van Dick et al.,2008;Zhou et al.,2012)。

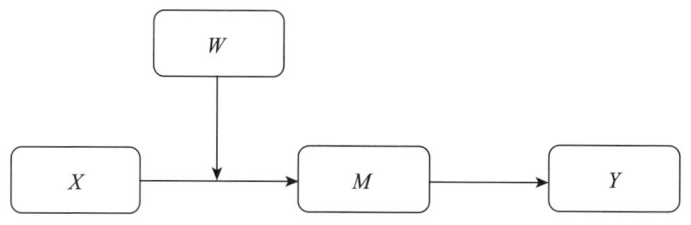

图22-3 第一阶段被调节的中介作用

注:X 为自变量,W 为调节变量,M 为中介变量,Y 为因变量。

为了阐明第一阶段被调节的中介作用,我们引用了 Van Dick 等(2008)在群体多样性(group diversity)和群体认同感(group identification)方面的研究。他们首先预测了群体成员多样性信念(individuals' diversity beliefs,W)对群体成员主观多样性(subjective diversity,X)与群体认同感(M)之间关系的调节作用。然后,他们假设群体认同感(M)与群体成员信息阐述(information elaboration,Y_1)、群体成员留职意愿(desire to stay in their groups,Y_2)之间呈正向关系。最后,他们提出第一阶段被调节的中介模型来扩展上述关系,即群体成员主观多样性(X)通过群体认同感(M)对群体成员信息阐述(Y_1)和留职意愿(Y_2)产生的间接效应,依赖于群体成员多样性信念(W)。他们发现如果群体成员的多样性信念(W)越强,这种中介效应就越强。

研究者在单层次及多层次研究中构建第一阶段被调节的中介模型时需要注意三个关键点。第一,研究者需要详细说明为何自变量和中介变量之间的关系会因调节变量取值水平的高低而发生变化。第二,应该阐明中介变量和结果变量之间存在显著关系。需要注意的是,由于调节变量的存在,本来显著的中介作用在调节变量取高值或低值时,有可能会变得不显著;也有可能,中介作用本来不显著,但因为调节变量的存在,在调节变量取高值或低值时,中介作用变得显著(参见被调节的中介作用检验部分,对第一阶段被调节的中介作用的统计分析,以及讨论部分考虑的第二个理论问题)。第三,研究者应该基于以上两个步骤,论述为何当调节变量取值较高或较低时,中介作用会增强、减弱甚至变化方向。即自变量对因变量的间接效应会随着调节变量对中介变量和结果变量之间关系的调节而发生变化。

22.2.2 第二阶段被调节的中介作用

第二阶段被调节的中介作用(second-stage moderated mediation)是指中介过程受到的调节作用,源自调节变量增加或减弱了中介变量对结果变量(即 $M—Y$)的影响(见图 22-4)。

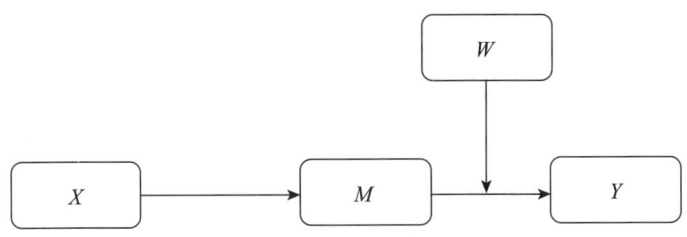

图 22-4 第二阶段被调节的中介作用

注:X 为自变量,W 为调节变量,M 为中介变量,Y 为因变量。

为了阐明第二阶段被调节的中介作用,我们引用了 Menges 等(2011)对绩效联系(performance linkages)、机制(mechanisms)及组织层次变革型领导氛围(boundary conditions of transformational leadership climate)边界条件的最新研究。第一,他们论证了组织变革型领导氛围(X)和组织积极情感氛围(positive affective climate,M)之间的关系。第二,提出组织积极情感氛围(M)与总体员工生产率(overall employee productivity,Y_1)、整体任务绩效行为(aggregate task performance behavior,Y_2)及整体组织公民行为(aggregate organizational citizenship behavior,Y_3)之间存在显著关系。第三,提出组织信任氛围(organizations' trust climate,W)调节组织积极情感氛围(M)与总体员工生产率(Y_1)、整体任务绩效行为(Y_2)及整体组织公民行为(Y_3)之间的关系。第四,上述条件构成了第二阶段被调节的中介模型,组织变革型领导氛围(X)通过组织积极情感氛围(M)对三个因变量(Y_1、Y_2 及 Y_3)产生间接影响,这些间接影响(即中介作用)的强弱又依赖于组织信任氛围(W)的高低。Menges 等(2011)假设在较高组织信任氛围条件下,组织积极情感氛围会在这些关系中起到中介作用,但是在较低组织信任氛围下,则没有这种中介作用。

这样,在单层次及多层次研究中构建第二阶段被调节的中介模型,需要包括三个关键点:第一,研究者需要论证自变量通过中介变量对结果变量产生的间接关系。需要注意的是,研究者需要详细说明该中介作用包含的每个关系(自变量和中介变量之间的关系,中介变量和结果变量之间的关系)。此外,根据他们研究的理论需要,研究者也可以论述中介变量是否在自变量和结果变量之间起到中介作用(即 $X—M—Y$ 是否显著)。尽管从统计上而言,这个步骤不是必需的(参见被调节的中介作用检验部分,对第二阶段被调节的中介作用的统计说明,以及在讨论部分对第二个理论问题的探讨)。第二,解释中介变量和结果变量之间关系如何随着调节变量的不同水平而变化。第三,研究者利用以上两个步骤来证明第二阶段被调节的中介模型,即自变量对因变量的间接效应会随着调节变量对中介变量和结果变量之间关系的调节而发生变化。

22.2.3 两阶段被调节的中介作用

两阶段被调节的中介作用(dual-stage moderated mediation)指因为调节变量增强或减弱了自变量和中介变量之间关系,同时也增强或减弱了中介变量和结果变量之间关系,因此中介作用会随着调节变量的变化而变化(见图 22-5)。

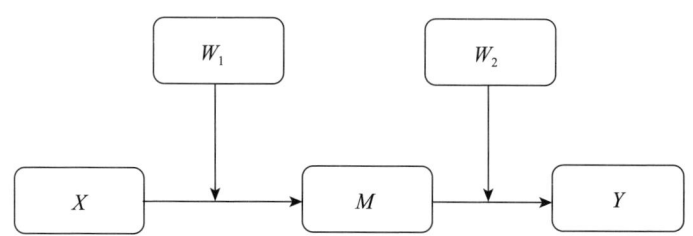

图 22-5 两阶段被调节的中介作用

注:X 为自变量,W_1 为第一阶段调节变量,W_2 为第二阶段调节变量,M 为中介变量,Y 为因变量。

我们引用了 Liu 等(2012)有关辱虐式指导(abusive supervision)对创造力(creativity)所产生的"滴流效应"(trickle-down effect)的多层次研究,来解释如何构建两阶段被调节的中介模型。第一,他们提供了理论依据,来证明团队领导辱虐式指导(M)与团队成员创造力(Y)的负向关系。第二,提出中介作用假设:部门领导的辱虐式指导(X)会引发团队领导的辱虐式指导(M),然后给团队成员创造力(Y)带来破坏。第三,提出第一阶段调节作用假设:团队领导归因动机(team leader-attributed motives,第一阶段 W)对部门领导辱虐式指导(X)与团队领导辱虐式指导(M)

第22章 单层与多层被调节的中介和被中介的调节：理论构建与模型检验

之间的正向关系起到调节作用。第四，提出第二阶段调节作用假设：团队成员归因动机(team member-attributed motives，第二阶段 W)对团队领导辱虐式指导(M)和团队成员创造力(Y)之间的负向关系起到调节作用。第五，综合以上理论依据，构建了两阶段被调节的中介作用模型。即通过改变部门领导辱虐式指导(X)与团队领导辱虐式指导(M)之间的关系，团队领导归因因果动机(team leaders' causal motive attributions，第一阶段 W)对部门领导辱虐式指导(X)通过团队领导辱虐式指导(M)对产生团队成员创造力(Y)的间接效应起到调节作用。此外，由于团队成员归因因果动机(team members' causal motive attributions，第二阶段 W)会对团队领导辱虐式指导(M)与团队成员创造力(Y)之间关系起到调节作用，同样也会对部门领导辱虐式指导(X)通过团队领导辱虐式指导(M)对团队成员创造力(Y)产生的间接效应起到调节作用。

概括而言，学者们在他们单层次和多层次研究中构建两阶段被调节的中介模型时，需要注意三个关键点。第一，应该阐明第一阶段调节变量对自变量和中介变量之间的关系起到的调节作用。第二，应该阐明第二阶段调节变量对中介变量和因变量之间的关系起到的调节作用。尽管研究者们有时认为有必要提出一个中介作用假设(自变量通过中介变量对因变量产生影响)，但是从统计角度而言，这并不是必需的(参见被调节的中介作用检验部分，对两阶段被调节的中介的统计解释，以及讨论部分的第二个理论问题)。第三，研究者可以基于以上分析提出两阶段被调节的中介模型(因为第一阶段的调节变量能调节自变量与中介变量之间关系，所以第一阶段的调节变量能调节自变量对结果变量的间接效应；因为第二阶段的调节变量能调节中介变量与结果变量之间关系，所以第二阶段的调节变量能调节自变量对结果变量的间接效应)。

22.3 检验被中介的调节作用

本节中，我们将介绍被中介的调节作用的检验方法，用以检验之前提出的两种类型的被中介的调节作用。具体而言，我们将介绍回归方法(regression-based approach)与结构方程模型(structural equation modeling, SEM)/路径模型方法(path modeling-based approach)来检验单层次被中介的调节作用。在后面小节中，我们还将介绍多层次结构方程模型/路径模型来检验多层次被中介的调节作用。如果采用回归方法来检验单层次被中介的调节或单层次被调节的中介，Andrew Hayes 已在其网站(http://www.processmacro.org/index.html)提供了可下载、可安装的 SPSS

与 SAS process macro,操作简便、易懂。但如果想要了解 process macro 及其他基于回归方法的模型检验步骤的统计含义,则应认真理解本章节的公式推导过程。

需要注意的是,与回归方法相比,结构方程模型/路径模型能更加准确地检验被中介的调节作用(MacKinnon,2008;Preacher et al.,2011;Preacher et al.,2010)。这是因为,第一,结构方程模型或路径模型可以同时检验多个变量间的关系,并展示整个模型的拟合程度。通过模型来比较检验假设模型与其他备选模型的优劣。第二,在同一模型中检验多个变量间的关系,可以减少对模型参数和标准误差估计的偏差。当进行复杂多层次关系估计时,这种情况更是如此(Preacher et al.,2011)。第三,当一个或多个变量中存在缺失值时,同时估计多个变量间的关系也有利于对缺失值进行估计,促进模型的构建。第四,在模型估计时,结构方程模型(即潜变量模型)考虑了测量的误差,这样可以更为准确地估计变量之间的关系。如果采用结构方程模型/路径模型方法来检验单层次被中介的调节或单层次被调节的中介,可以在网站(http://www.offbeat.group.shef.ac.uk/FIO/mplusmedmod.htm)下载 Mplus syntax,因此本章不再重复给出这些单层模型的 syntax。但是,透彻理解本章节的公式推导过程,有助于读者将这些 syntax 灵活运用到研究分析中。

22.3.1　单层次类型 I 被中介的调节作用

回归检验:当研究者运用回归方法检验时,需要根据前面所讲述的步骤来检验以下几个等式:

$$Y = b_0^1 + b_1^1 X + b_2^1 W + b_3^1 XW \tag{22-1}$$

$$M = b_0^2 + b_1^2 X + b_2^2 W + b_3^2 XW \tag{22-2}$$

$$Y = b_0^3 + b_1^3 X + b_2^3 M + b_3^3 W + b_4^3 XW \tag{22-3}$$

在上式中,上标数字代表式的次序。运用式(22-2)来替代式(22-3)中的 M,从而得到以下扩展等式:

$$Y = (b_0^3 + b_2^3 b_0^2) + (b_1^3 + b_2^3 b_1^2) X + (b_3^3 + b_2^3 b_2^2) W + (b_4^3 + b_2^3 b_3^2) XW$$
$$\tag{22-3'}$$

为了支持类型 I 被中介的调节作用,间接效应($b_3^2 b_2^3$)的 95% 置信区间应该显著(即不包括零),或者交互效应的减少量($b_3^1 - b_4^3$)显著不为零。式(22-1)用来检验调节变量对自变量和结果变量之间直接关系的调节作用。然而,当研究者直接检验间接效应($b_3^2 b_2^3$)时,式(22-1)这个步骤并不是必需的。也就是说,在构建理论时并不需要直接提出假设来说明自变量和调节变量如何对结果变量产生交互效应。

需要注意,不论是被调节的中介还是两种类型的被中介的调节,我们都是在用

第22章 单层与多层被调节的中介和被中介的调节：理论构建与模型检验

合适的系数（或者系数组合）来构造一个间接效应：$a \times b$，其中 a 和 b 分别是第一段和第二段对应的量化指标。对于单层次第一类被中介的调节作用，a 和 b 分别是 b_3^2 与 b_2^3。由于间接效应 $(b_3^2 b_2^3)$ 一般都不遵循正态分布，因此运用重新抽样自助法（re-sampling-based bootstrapping）或者参数自助法（parameter-based bootstrapping）生成 $(b_3^2 b_2^3)$ 的置信区间更为合适。单层次模型中，重新抽样自助法优于参数自助法。Preacher 等（http://quantpsy.org）运用 R 程序包提供了蒙特卡罗模拟的计算方式来创建参数自助法的抽样分布和置信区间，以回归系数和标准误差为基础来检验单层次间接效应。这种基于蒙特卡罗模拟的参数自助法是当前在多层次模型检验中比较好的自助法。不论用重新抽样还是蒙特卡罗模拟参数自助法，当间接效应的95%置信区间中不包含零时，研究者就可以确认类型 I 被中介的调节作用得到了统计结果的支持。

结构方程模型或路径模型检验：当研究者运用结构方程模型或路径模型时，可以基于式(22-2)和式(22-3)设定模型（在结构方程模型中，需对潜变量的测量误差结构进行设定）。当间接效应 $(b_3^2 b_2^3)$ 的置信区间不包括零时（基于重新抽样或蒙特卡罗参数自助法），类型 I 被中介的调节作用便得到了支持。

22.3.2 单层次类型 II 被中介的调节作用

回归检验：式(22-1)尽管不是必需的，但依然可以作为回归检验的第一步，与式(22-4)和式(22-5)结合起来。

$$M = b_0^4 + b_1^4 W \qquad (22-4)$$

$$Y = b_0^5 + b_1^5 X + b_2^5 M + b_3^5 W + b_4^5 XW + b_5^5 XM \qquad (22-5)$$

运用式(22-4)替代式(22-5)中的 M，从而得到扩展式(22-5')：

$$Y = (b_0^5 + b_2^5 b_0^4) + (b_1^5 + b_5^5 b_0^4)X + (b_3^5 + b_2^5 b_1^4)W + (b_4^5 + b_5^5 b_1^4)XW$$

$$(22-5')$$

在式(22-5')中，系数 b_4^5 代表 W 对 X 与 Y 之间关系的直接（或者说是考虑到间接调节作用以后剩余的）调节作用，系数 $b_5^5 b_1^4$ 代表 W 通过 M 对 X 与 Y 之间关系的间接调节作用。这样，为了支持这种类型的被中介的调节作用，间接效应 $(b_5^5 b_1^4)$ 需要有不包括零的95%置信区间，或者从式(22-1)到式(22-5)中 W 调节作用的减少量 $(b_3^1 - b_4^5)$ 显著不为零。此外，式(22-1)可以用来表明调节变量对自变量和结果变量之间的直接关系的调节作用。当研究者直接检验间接效应 $(b_5^5 b_1^4)$ 时，式(22-1)这个步骤便不再需要。与类型 I 被中介的调节作用相似，研究者可以运用重新抽样或蒙特卡罗参数自助法生成间接效应 $(b_5^5 b_1^4)$ 的抽样分布和置信区间。

结构方程模型或路径模型检验:与类型Ⅰ被中介的调节相似,研究者们可以运用结构方程模型或路径模型来同时检验式(22-4)和式(22-5),并且运用重新抽样自助法或者蒙特卡罗参数自助法来检验间接效应的置信区间。单层次模型中,前者是更好的方法。

22.3.3 多层次被中介的调节模型

类型Ⅰ多层次被中介的调节作用:本章的多层次模型仅限于两层次模型,但是我们的分析逻辑,如需要区分群体内(within-group)与群体间(between-group)的方差和协方差的处理方法,可以很容易扩展到三层次或更多层次的模型中。将单层次模型拓展到两层次情境中,下面介绍类型Ⅰ多层次被中介的调节模型的几种可能形式,如图22-6中(a)图、(b)图、(c)图所示。如果研究者在分析中排除任何自下而上的关系(低层次变量影响高层次变量;现有统计软件与方法还无法估计这

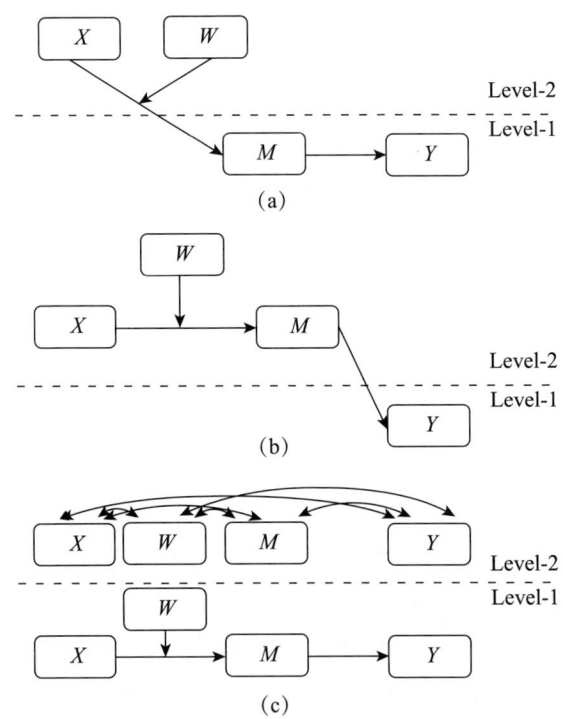

图22-6 两层次类型Ⅰ被中介的调节作用

注:X为自变量,W为调节变量,M为中介变量,Y为因变量。

第22章 单层与多层被调节的中介和被中介的调节：理论构建与模型检验

类自下而上的模型），那么两层次情境中的类型I被中介的调节作用有以下三种类型。第一种类型为处于level-1（较低层次）的中介变量对两个level-2（较高层次）变量之间交互的中介作用，这个中介变量在level-1进行测量但是同时在level-2也具备群体间方差。严格来说，此情况下的"真实"中介变量是该中介变量的群体间方差部分。第二种类型与第一种类型相似，只是中介变量是在level-2进行测量。在第三种类型中，所有变量都是在level-1进行测量，但是又都在level-2具备群体间方差。例如，当运用来自群体成员的数据来检验假设时，尽管所有变量都是在个体（群体成员）层次构建和测量，但是数据仍嵌套于不同群体。因此，所有变量的群体间方差都应该进行考虑。具体而言，研究者可以在群体内部检验类型I被中介的调节作用（使用group-mean centering，即群体均值中心化），同时允许变量在level-2部分彼此自由相关。我们在本章附录A22-1提供了用来检验图22-6(a)的Mplus程序实例。可以较为容易地对这些程序进行改写，来检验图22-6(b)和图22-6(c)。

类型II多层次被中介的调节作用：图22-7中，(a)图和(b)图表明在多层次情境中，类型II被中介的调节作用具有两种可能形式。本章附录B22-1提供了用来检验图22-7(a)的程序语言。这些程序很容易进行调整，来检验图22-7(b)中的模型（见附录B22-2）。如果自变量、调节变量、中介变量都处于level-2，

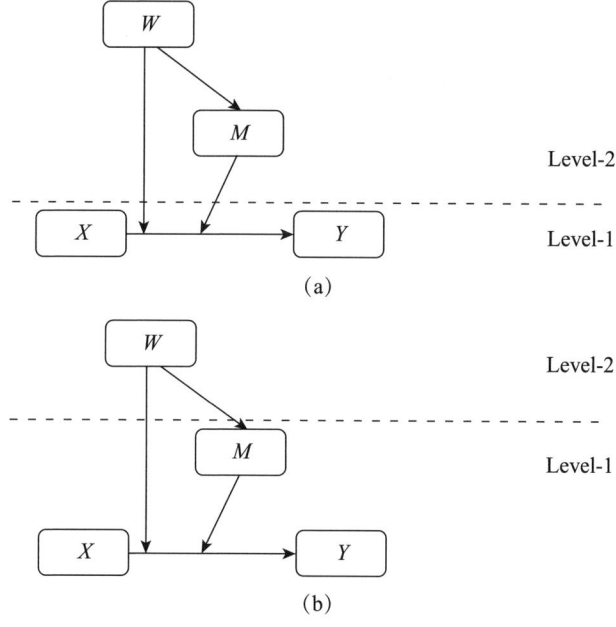

图22-7 两层次类型II被中介的调节作用

注：X为自变量，W为调节变量，M为中介变量，Y为因变量。

但因变量处于 level-1 时,这个模型事实上预测的是 level-1 因变量的群体间方差。换言之,这个模型可以看作在 level-2 的单层次研究(Preacher et al.,2010、2011)。我们提供了 R 的开源程序代码,使用附录 B22-1 中 Mplus 程序生成的参数,进行蒙特卡罗参数自助法以此生成复合系数(compound coefficient)的置信区间,用来从统计上检验被中介的调节作用。同样,这些 R 代码都很容易进行调整,用来检验其他类型的多层次被中介的调节作用。在多层次模型的检验中,由于软件和方法的限制,现阶段无法使用重复抽样自助法来生成置信区间。

22.4 检验被调节的中介作用

22.4.1 单层次被调节的中介作用

根据 Edwards 和 Lambert(2007)的建议,单层次被调节的中介作用可以运用回归方法和结构方程模型/路径分析方法进行检验。

单层次第一阶段被调节的中介(single-level first stage moderated mediation):运用回归方法,我们提供以下等式来检验第一阶段被调节的中介作用。由于类型 I 被中介的调节作用和第一阶段被调节的中介作用之间具有一定的相似性,下面的等式实际上就是式(22-2)式(22-3)的重复。

$$M = b_0^2 + b_1^2 X + b_2^2 W_1 + b_3^2 X W_1 = b_0^2 + (b_1^2 + b_3^2 W_1)X + b_2^2 W_1 \quad (22-2')$$

$$Y = b_0^3 + b_1^3 X + b_2^3 M + b_3^3 W_1 + b_4^3 X W_1 \quad (22-3')$$

W_1 代表第一阶段关系中的调节变量。运用式(22-2')替代式(22-3')中的 M,我们得到了以下等式:

$$Y = (b_0^3 + b_2^3 b_0^2) + [b_1^3 + b_2^3(b_1^2 + b_3^2 W_1)]X + (b_3^3 + b_2^3 b_2^2)W_1 + b_4^3 X W_1$$

$$(22-3'')$$

整体中介作用(依赖于 W_1)的效应规模(effect size)是 $b_2^3(b_1^2 + b_3^2 W_1)$。如果当 W_1 取值较高与较低时,两种条件下的间接效应的差异,也就是 $[b_2^3(b_1^2 + b_3^2 W_{1H}) - b_2^3(b_1^2 + b_3^2 W_{1L})]$ 的95%置信区间不包括零,那么第一阶段被调节的中介作用便得到了支持。Edwards 和 Lambert(2007)的文章及他们提供的一些辅助文件提供了很好的实例(使用重复抽样自助法)来介绍如何检验这种差异是否具有显著性(http://public.kenan flagler.unc.edu/faculty/edwardsj/downloads.htm)。

研究者也可以使用结构方程模型的方法,以式(22-2')和式(22-3')为基础构建结构方程模型和路径模型,并使用重复抽样自助法直接检验 $[b_2^3(b_1^2 + b_3^2 W_{1H}) -$

第22章 单层与多层被调节的中介和被中介的调节：理论构建与模型检验

$b_2^3(b_1^2 + b_3^2 W_{1L})$］的置信区间。读者可以参考网站（http://www.offbeat.group. shef.ac.uk/FIO/mplusmedmod.htm）提供的 Mplus syntax。

单层次第二阶段被调节的中介（single-level second stage moderated mediation）：下面的等式是以回归方式检验第二阶段被调节的中介作用。

$$M = b_0^6 + b_1^6 X \quad (22-6)$$

$$Y = b_0^7 + b_1^7 X + b_2^7 M + b_3^7 W_2 + b_4^7 M W_2 \quad (22-7)$$
$$= b_0^7 + b_1^7 X + (b_2^7 + b_4^7 W_2) M + b_3^7 W_2$$

W_2是第二阶段关系的调节变量。运用式（22-6）替代式（22-7）中的M，我们得到了以下方程：

$$Y = (b_0^7 + b_0^6 b_2^7) + (b_3^7 + b_4^7 b_0^6) W_2 + [b_1^7 + b_1^6(b_2^7 + b_4^7 W_2)]X \quad (22-7')$$

中介作用（依赖于W_2）的效应规模是$b_1^6(b_2^7 + b_4^7 W_2)$。与取值较低相比，当W_2取值较高时，这两种条件下的间接效应应该存在差异，也就是［$b_1^6(b_2^7 + b_4^7 W_{2H})$ - $b_1^6(b_2^7 + b_4^7 W_{2L})$］的95%置信区间不包括零，则第二阶段被调节的中介作用得到支持。研究者可以遵循 Edwards 和 Lambert（2007）的文章及其提供的辅助文件（使用重复抽样自助法）来检验这种差异的置信区间。研究者也可以使用结构方程模型，以式（22-6）和式（22-7）为基础构建结构方程模型或路径模型来利用重复抽样自助法直接检验［$b_1^6(b_2^7 + b_4^7 W_{2H}) - b_1^6(b_2^7 + b_4^7 W_{2L})$］的置信区间。

单层次两阶段被调节的中介（single-level dual-stage moderated mediation）：运用回归方法，我们提供以下等式来检验两阶段被调节的中介作用。

$$M = b_0^8 + b_1^8 X + b_2^8 W_1 + b_3^8 X W_1 = b_0^8 + (b_1^8 + b_3^8 W_1)X + b_2^8 W_1 \quad (22-8)$$

$$Y = b_0^9 + (b_1^9 + b_3^9 W_2)M + b_2^9 W_2 + b_4^9 X + b_5^9 W_1 + b_6^9 X W_1 \quad (22-9)$$

由于表述非常复杂，因此我们没有提供扩展式。基于式（22-8）和式（22-9），中介作用（indirect effect）是$(b_1^8 + b_3^8 W_1)(b_1^9 + b_3^9 W_2)$。当$W_1$和$W_2$取不同值（高或低）时，如果间接效应的差异的95%置信区间不包括零，则两阶段被调节的中介作用得到支持。例如，当W_1取值较高而W_2取值较低（与之相对，当W_1取值较低而W_2取值较高）时，间接效应的差异［$(b_1^8 + b_3^8 W_{1H})(b_1^9 + b_3^9 W_{2L}) - (b_1^8 + b_3^8 W_{1L})(b_1^9 + b_3^9 W_{2H})$］的95%置信区间应不包括零。

研究者也可以使用结构方程模型方法，以式（22-8）和式（22-9）为基础构建结构方程模型或路径模型，并使用重复抽样自助法直接检验置信区间，例如［$(b_1^8 + b_3^8 W_{1H})(b_1^9 + b_3^9 W_{2L}) - (b_1^8 + b_3^8 W_{1L})(b_1^9 + b_3^9 W_{2H})$］。两阶段模型的程序实例请参考网页（http://www.offbeat.group.shef.ac.uk/FIO/mplusmedmod.htm）。

22.4.2 多层次被调节的中介作用

多层次被调节的中介模型具有多种不同类型,下面我们介绍几种最常见的形式。第一,调节变量(阶段一、阶段二或两阶段)处于 level-2,自变量、中介变量和因变量都处于 level-1。需要说明的是,如果 level-2 的变量与 level-1 的变量交互预测 level-1 的中介变量,进而来预测 level-1 的结果变量,考虑到数据的嵌套特点,level-2 变量必须作为跨层次调节变量,来调节 level-1 变量对中介变量的预测作用。而且此情况下,level-1 的预测效应将无法以固定斜率形式(固定斜率是指斜率在 level-2 所有单位之间保持相同,不会随着任何 level-2 的变量发生变化)进行表示,而应是一种随机斜率(斜率随着 level-2 的单位的改变而发生变化)。这样,为了从理论上构建这种模型,研究者需要假设 level-2 变量的跨层次调节作用。此处问题的核心是 level-2 变量和 level-1 变量之间交互作用不具备系统对称性。具体从统计角度来说,level-1 变量的效应可以随着 level-2 变量发生改变(即跨层次调节作用),但是反之却不行;level-2 变量的作用只能随着 level-1 变量在 level-2 上的差异发生改变。感兴趣的读者可以参考 Preacher 等(2016:193)对 Example D 的解释。

第二,调节变量处于 level-2,自变量或自变量及中介变量处于 level-2,但因变量处于 level-1。

第三,两个调节变量可能处于不同层次,例如,自变量和第一阶段调节变量处于 level-2,但是中介变量、第二阶段调节变量和因变量处于 level-1。正如 Preacher 等(2010)、Zhang 等(2009)所主张的,对于第二种和第三种类型而言,中介关系实际上仅存在于 level-2。因此,在第二种与第三种类型的多层次被调节的中介作用中,调节变量在不同取值时的间接效应需要在 level-2 进行计算。当调节变量在 level-1 进行测量时(如第三种类型),该调节变量的群体间方差,即该调节变量在 level-2 的潜在均值才是所要用到的真正调节变量。

对于第一种类型的多层次被调节的中介,Bauer 等(2006)提供了详细的说明,来检验 level-2 调节变量对较低层次中介关系的调节作用。Bauer 等(2006)采用了以层次线性模型(HLM)为基础的方法。但是正如 Preacher 等(2010)所发现,与 HLM 相比,多层次结构方程模型或路径分析方法可以减少偏差。在附录 C22-1 中,我们提供了 Mplus 程序实例,检验 level-2 调节变量对 level-1 自变量和中介变量之间第一阶段关系的调节作用。这些程序非常容易调整,可以用来检验调节变量存在于 level-2 时,所形成的第二阶段或两阶段被调节的中介模型。

当调节变量存在于 level-2 时,研究者感兴趣的是 level-2 调节变量对较低层次

第22章　单层与多层被调节的中介和被中介的调节：理论构建与模型检验

群体内部中介关系的影响。因此,他们应该围绕群体均值中心化(group-mean centering)level-1 的自变量和中介变量,同时允许调节变量、中介变量及结果变量的群体间方差部分自由相关(Preacher et al.,2010)。我们提供了 R 的开源程序代码,使用附录 C22 – 1 中调节变量在两种不同条件的取值下 Mplus 程序所生成的参数,进行蒙特卡罗参数自助法重新抽样。以此生成复合系数的置信区间,用来从统计上检验被调节的中介。同样,这些程序都可以进行调整,以检验其他类型的多层次被调节的中介作用。

22.5　讨论

在本章中,我们综述了用来检验不同类型被中介的调节和被调节的中介模型的理论构建步骤及统计分析方法。如上所述,不同模型需要不同步骤来构建理论,同样也需要不同统计方法进行检验。更为复杂的是,被中介的调节和被调节的中介模型都可以呈现为单层次和多层次研究模型,从而给研究者带来不少理论和统计方面的困扰。因此,在这部分,我们将针对研究者在运用这些模型时可能遇到的理论和统计问题,进行进一步讨论,并提供解决这些问题的一些方案。

22.5.1　理论问题

首先,当检验被中介的调节作用模型时,研究者经常争论是否有必要提出理论假设来描述 X 和 W 对结果变量 Y 产生的交互效应(见图22 – 1 和图22 – 2),以作为建立被中介的调节模型的前提条件。从统计上而言,这种假设并不是必需的,因为式(22 – 1)不是必需的,除非间接效应需要作为直接效应的减小来进行检验,也就是 Baron 和 Kenny's(1986)的因果步骤。这个问题的产生应该归因于 Baron 和 Kenny's(1986)早期提出的用来检验中介模型的因果步骤途径(causal step approach),这个途径要求自变量能够显著影响因变量。不少学者对是否有必要检验此步骤有所质疑(如 MacKinnon et al.,2007;MacKinnon et al.,2002;Shrout & Bolger,2002),他们认为检验此步骤将严重地降低统计功效。所以,近年来学者们的基本共识是当检验中介作用时不必再考虑自变量对因变量的显著影响(MacKinnon et al.,2007)。因此,当提出类型 I 被中介的调节作用时,研究者们只需用一个假设表示 X 和 W 对 M 的交互影响,再用另外一个假设表示 M 对 Y 产生的效应,从而推演出类型 I 被中介的调节作用。同样,当提出类型 II 被中介的调节作用时,用一个假设表示 W 对 M 产生的效应,再用另外一个假设表示 M 对 X 和 Y 之间关系的调节作用,从而推演出类型 II 被中介的调节作用。

但是,存在以下几种情形,研究者可能从需要理论上提出 X 和 W 对 Y 产生的交互作用假设。第一,当检验类型 I 被中介的调节作用时,研究者可能会预测 M 的部分中介作用。换言之,研究者可能有很好的理论依据,相信 X 和 W 对 Y 产生的交互作用并不能全部通过 M 传递。这样,除了被中介的调节假设,提出假设阐明 X 和 W 对 Y 产生的直接交互效应也非常重要。然而,当提出直接交互作用假设时,研究者应该避免使用有关 M 的理论机制,因为被中介的调节作用假设已经包含了这些机制。第二,当检验类型 II 被中介的调节作用时,研究者可能也有很好的理由相信,W 对 X 和 Y 之间关系的调节作用不会完全被 M 所传递。这样,除被中介的调节作用假设之外,提出假设阐明 W 对 X 和 Y 之间关系的直接调节作用也非常重要。同样,当提出这种直接调节作用假设时,研究者应该避免使用有关 M 的理论机制,因为这些机制已经由被中介的调节假设所包含。第三,有时候建立被中介的调节作用假设之前,提出 X 与 W 对 Y 的直接交互或调节作用假设具有一定的理论价值。例如,直接交互或调节作用以前没有被发现,因而代表着重大的理论贡献。所以,研究者想首先确立直接交互作用或调节作用,之后再通过中介变量来解释此作用。在这种情况下,我们建议研究者不要简单地检验直接交互或调节作用,而对中介变量不加考虑。当然,整体交互或调节作用(直接和间接交互或调节作用的总和)应该被检验,来为整体交互或调节作用假设提供正确的支持。研究者可能还会思考如何判断他们得到的调节作用是被完全中介还是被部分中介。如果对结果变量的直接和间接交互效应都非常显著,那么就是部分被中介的调节;如果直接交互效应不显著但是间接交互效应非常显著,那么则是完全被中介的调节。

其次,理论发展问题还涉及如何构建被调节的中介模型。关注被调节的中介的研究者经常不得不判断是否有必要提出理论假设来描述 X 通过 M 对 Y 产生的中介作用。从统计角度来说,这种假设并不是必需的。这是因为由于存在潜在调节变量(W),因此平均中介作用可能并不显著(见图 22-3、图 22-4 和图 22-5)。这样,当检验被调节的中介模型时,研究者仅仅需要建立三组假设。第一组假设阐明 W 的调节作用(即从 X 到 M 的第一阶段被调节、从 M 到 Y 的第二阶段被调节,或者两阶段均被调节)。第二组假设解释 M 和 Y 之间的显著关系。第三组假设综合以上两个假设,来提出第一阶段、第二阶段或两阶段被调节的中介模型。对于提出被调节的中介假设而言,这三组假设在理论上已经提供了足够的基础。但是,在某些情形下,研究者可能仍然希望提出单独的中介作用假设。例如,研究者仅仅期望调节变量增强或减弱间接效应,而并非改变间接效应的方向。但是,在这种情况

第 22 章 单层与多层被调节的中介和被中介的调节：理论构建与模型检验

下,中介作用依然可以不作为检验被调节的中介的必要前提条件,正如 X 对 Y 的直接效应可以不作为检验中介作用的前提条件一样。

在检验被调节的中介作用时,另外一个理论可能性是,有时候研究者们也可能对检验 X 和 Y 之间的直接效应(X 对 Y 的影响不通过 M)是否受到 W 的调节的影响感兴趣。如果是这种情况,那么就需要在被调节的中介假设之外,提出另外的假设来阐明 W 对 X 和 Y 之间直接效应的调节作用。当提出这种假设时,研究者应该避免使用与 M 相关的理论机制,因为被调节的中介作用假设已经包含了此类机制。

再次,尽管在单层次和多层次模型中,发展被中介的调节和被调节的中介理论需要遵循相同的理论构建步骤,但是由多层次模型引发的统计处理可能会带来另外的理论问题。一个典型的例子是如 Preacher 等(2010,2011)所言,当检验多层次模型中的中介作用时,如果 X、M 和 Y 中的任一变量存在于 level-2,那么中介作用可能仅仅存在于 level-2。比如,X 是 level-2 变量,M 与 Y 是 level-1 变量,那么中介作用实际上代表 X 通过 M 的群体均值对 Y 的群体均值产生影响。因此,在这种情况下,研究者也许会犯 M 和 Y 之间关系假设的提出与统计检验不一致的错误。具体而言,研究者或许会在 level-1 建立 M 和 Y 之间的关系,而不去考虑它们在 level-2 群体均值的理论含义,尽管 level-2 的理论机制可能与 level-1 的理论机制完全不同。这样,当中介作用仅存于 level-2 时,为了保持理论发展与统计检验的一致性,研究者需根据 Chan(1998)提出的直接一致成分模型(direct consensus composition model)明确地解释 level-1 变量群体均值的理论含义。

最后,需要注意的是,研究者应该以对现有文献进行的深度回顾与严谨的理论设计为基础,来选择并发展出不同类型的被中介的调节及被调节的中介模型,而不是通过统计分析结果来发展模型。例如,研究者有时在理论上可能仅仅关注第一阶段或第二阶段被调节的中介作用,然而却发现统计结果还支持两阶段被调节的中介作用。例如,在 Liao 等(2010)对领导成员交换(LMX)及团队成员交换(TMX)质量(quality)和差异化(differentiation)的多层次研究中,以社会认知理论为基础证明了第一阶段被调节的中介作用。也就是说,领导成员交换(LMX,X_1)及团队成员交换(TMX,X_2)质量通过一般自我效能(general self-efficacy,M)对创造力(Y)的间接效应受到领导成员交换差异化(W_1)和团队成员交换差异化(W_2)的调节影响,这是因为这两种类型的差异化(W_1 与 W_2)分别增大了领导成员交换(X_1)和团队成员交换质量(X_2)对一般自我效能(M)的影响。然而,他们运用参数自助法进行的统计检验却支持两阶段被调节的中介作用:领导成员交换差异化(W_1)和团队成员交换差异化(W_2)不仅对领导成员交换质量(X_1)和团队成员交换质量(X_2)各自与一般自我效能(M)之间的关系起到调节作用,而且对一般自我效能(M)与创造力(Y)之间的关系起到调节作用。

22.5.2 统计问题

在这里我们要解决的第一个统计问题是有关检验被中介的调节作用和被调节的中介作用的基础统计方法。在本章中,我们重点讨论了使用两种重新抽样方法来构建非对称置信区间(asymmetric confidence intervals),并且能够在完成检验时明确地考虑乘积项的偏态分布(skew of product distributions)(Van der Leeden et al., 2008)。当检验单层次模型时,我们依赖重新抽样自助法,通过重新抽样观测变量(observed variables)的全部"样本"生成新数据(同时对 X、M、W 和 Y 进行重新抽样, Van der Leeden et al., 2008)。通过对来自重复抽样的大量样本进行反复参数估计,来揭示复合系数(compound coefficient)的值域分布,以构建置信区间。Edwards 和 Lambert(2007)运用相同的样本自助法在回归框架下检验被调节的中介。但 Mplus 软件的样本自助法更易操作,而且通过同时分析测量模型与理论模型,解决了 Edwards 和 Lambert(2007)与 process macro(Hayes, 2013)方法的一个重要缺陷——无法考虑测量误差(measurement error)对理论模型检验的影响。当检验多层次模型时,因为重新抽样自助法不再适用于构建多层次模型,我们依赖参数重新抽样法(parameter-based resampling method)(Hox, 2002; Pituch et al., 2006; Van der Leeden et al., 2008)。具体而言,我们在正态分布中,把均值当作参数估计值(parameter estimates),把标准误差(standard errors)当作参数估计值的标准偏差(standard deviations),对多层次模型中估计的参数进行蒙特卡罗重新抽样。

在检验间接效应时,因为能够有效、准确地通过提供复合系数的分布,来描绘被中介的调节作用和被调节的中介作用,因此这两种重复抽样方法优于正态分布显著性检验(Shrout & Bolger, 2002)。复合系数代表的效应并不属于正态分布,并且很难判断这些分布的统计形式(Shrout & Bolger, 2002)。因此,与重复抽样方法相比,其他统计检验方法(如 Sobel 检验)只能用来检验特定的复合系数,因为这些方法通常都是以该系数属于正态分布这个错误假设为基础进行的。因此,我们建议研究者运用以上重复抽样方法来检验被中介的调节作用和被调节的中介作用。

第二个统计问题是有关被调节的中介的效应规模。需要注意的是,所有类型的被调节的中介作用都是以调节变量 W 的条件取值(conditional values)为基础的。在研究中比较常见的做法是选择 +1 SD 和 -1 SD 作为 W 较高的取值和较低的取

第22章　单层与多层被调节的中介和被中介的调节：理论构建与模型检验

值,并且检验在这两个取值条件下中介作用之间的差异。如果在这两种条件下中介作用之间差异的置信区间中不包括零,那么一般认为被调节的中介作用是显著的。但是,显著性检验的结果显然依赖于我们用来计算不同条件中介作用的条件取值。当我们为 W 选择更为极端的较高和较低值时(如 +2 SD 和 -2 SD),不同条件下的中介作用之间的差异将会变得更显著。这样,当检验第一阶段被调节的中介作用时,如果 W 确实显著调节 X 和 M 之间的关系,并且 M 和 Y 之间的效应也非常显著,那么被调节的中介作用是否显著仅仅是一个效应规模的问题。如果该调节作用规模足够大,那么我们可能观察到在程度较低的条件取值下(如 +1 SD 和 -1 SD),不同条件下的中介作用之间的显著差异。然而,如果一个调节的效应值较小(但是不为零),我们可能需要运用较为极端的取值(如 2 SD),以增加被调节的中介作用检验的统计功效。与此相关,很多研究者开始使用 regions of significance 来观察当 moderator 的取值连续变化时,效应规模(简单斜率或间接效应)的显著性怎样随之变化。感兴趣的读者可以参见网站(http://www.quantpsy.org/interact/)。

　　检验第二阶段和两阶段被调节的中介作用也同样如此。因此,使用 +1 SD 和 -1 SD 作为常规取值(conventional values)来检验效应规模较小的被调节的中介作用的有效性让人质疑。所以,除了把 +1 SD 和 -1 SD 作为条件取值,我们建议研究者使用调节变量 W 的最大和最小观测值(observed values),来检验被调节的中介作用(Grace & Bollen, 2005)。当然,这里的最大和最小观测值不应该包括样本中的离群值(outliers)。与样本标准差相比,变量观测值的区间提供了更为现实的、更具理论意义的取值范围。当调节变量的最大和最小观测值被用作条件取值时,如果被调节的中介作用仍不显著,那么我们可以认为该效应规模太小,不具备实际意义。传统上研究者们使用 +1 SD 和 -1 SD 作为常规取值来检验交互作用,主要是受 Aiken 和 West(1991)的影响。在那本书中,作者们选用了 +1 SD 和 -1 SD 作为常规取值来示范如何在回归模型中使用简单斜率检验(simple slope tests)的方法来检验连续型调节变量的调节作用。但是简单斜率检验实际上只在检验类别型变量的调节作用中才有确定的理论解释,因为类别型变量的取值是确定的(Pedhazur,1997)。所以,简单斜率检验可以告诉我们在各个特定的类别值上(比如男女性别),自变量和因变量的关系如何并且是否显著。在调节变量是连续型变量的情况下,简单斜率检验只能告诉我们在调节变量的某个特定值上,自变量和因变量的关系如何。所以使用常规取值来检验连续变量的调节作用很可能犯以偏概全的错误。另外,很多时候我们对变量的测量受值域限制(restriction of range)和偏态分布

(skewed distribution)的影响,所以只使用靠近分布中心的常规取值(如 +1 SD 和 -1 SD)来做简单斜率测试并不能告诉我们调节作用的全貌。

最后一个关于统计的问题,是如何把本章讲的多层模型应用到长时、重复测量的数据(longitudinal repeated-measures data)的分析中。本章的很多例子,是多个员工嵌套在一个团队或领导下的数据结构。这样的结构本质上与长时数据的结构是相似的,就是说同一个变量的多个测量点嵌套在一个员工下(例如,用 experience sampling method,对每个变量每天测量一次,连续测量 10 个工作日)。这种长时数据结构中,员工是 level-2 unit,每个时间点的测量是 level-1 unit。我们在本章中建议的群体均值中心化和对多层中介效应的理解与检验,都可以直接应用在长时数据分析中。我们认为,长时数据的最重要的不同点,在于 level-1 观测点之间的时序和可能存在的自相关。举例来说,员工嵌套于团队的结构中,每个员工是可以互换的,不存在谁先谁后的问题。但是长时数据中,时间点 1 就应该先于其他时间点,而且相邻两个测量点的协方差,通常大于不相邻的两个测量点之间的协方差。也就是说,在 level-1 的协方差矩阵,不应该再是普通的多层模型分析中用的矩阵(对角线是一个正的值,其他非对角线位置全是零),而应该是考虑到自相关的矩阵。例如,使用 AR1 或 ARH1 协方差矩阵,等等。需要注意的是,在 Mplus 软件中对 level-1 协方差矩阵的重新设置,目前还很难实现。但是其他软件,如 Stata、SAS 和 R 等基于多层次回归的方法,都可以很方便地改变 level-1 协方差矩阵。处理自相关问题的另一个更常用的办法是,研究者可以把被预测变量在前一个时点的取值作为控制变量进行分析,例如,当用 time 1 的 X 预测 time 2 的中介变量时,应该控制 time 1 的中介变量。关于组织研究中长时数据的理论建模和一般统计处理方法,有兴趣的读者可以参考 Wang 等(2016)的研究。

22.6 结语

尽管一些研究对被中介的调节作用和被调节的中介作用进行了界定,并且证明它们对于推动组织研究是有理论与实践价值的(如 Baron & Kenny,1986;Edwards & Lambert,2007;Hayes et al.,2017;Muller et al.,2005),但是研究者们并非都清楚地知道中介和调节应以何种组合出现,如何构建理论并检验这些组合。这可能是由于人们试图简单地提出一揽子分析框架,而这类框架可能又无法有效解决在单层次或多层次背景下,每种中介和调节组合形式带来的具体问题。例如,在 Edwards 和 Lambert's(2007)中,运用调节路径分析的一般分析框架非常具有启发

第22章 单层与多层被调节的中介和被中介的调节:理论构建与模型检验

性,但是没有对构建不同类型被中介的调节和被调节的中介模型所应依据的具体步骤给出明确的指导;以 SPSS/SAS process macro(Hayes,2013;Hayes & Rockwood,2017;Preacher et al.,2007)为基础检验间接效应(中介效应)的样本自助法也无法应用于多层次情境。为了解决被中介的调节和被调节的中介模型带来的困惑,本章对中介和调节的组合采取了更为细微的考察,介绍了在单层次和多层次背景下被中介的调节和被调节的中介的各种可能形式,详细地描述了发展相应理论的基本步骤,并且为每种形式开发了相应的统计检验方法。为了提供更多有益信息,我们也澄清了这些模型在建立时可能遇到的一些较大的理论和统计问题。总之,本章致力于通过对被中介的调节作用和被调节的中介作用的详细阐述,来帮助研究者们更为清晰、准确地解开单层次和多层次组织现象中的潜在中介和调节机制。

附录 A22-1：两层次类型 I 被中介的调节作用［图 22-6(a)］

```
TITLE: A two-level Type I mediated moderation path analytical model,
       x and w areat level 2, m and y are at level 1,
       both m and y have within-group and between-group variances;
DATA: FILE IS example.txt; ! insert data file name here
DEFINE:
CENTER x w(grandmean); ! grand-mean centering the level-2 predictor and moderator
xw = x * w; ! interactive term between x and w after grand-mean centering
VARIABLE: NAMES ARE x m w y cluster; ! all observed variables
USEVARIABLES ARE x m w y xw; ! indicates variables to use in the model
CLUSTER = cluster; ! defines variable indicating group membership
BETWEEN = x w xw;   ! indicates variables at the higher level of analysis
ANALYSIS: TYPE = TWOLEVEL; ! indicates multilevel model without random slope
MODEL:
%WITHIN% ! lower level of the model
y on m(bw);          ! bw denotes the within-group relationship which is not relevant
                     ! for calculating an effect size in the current model
%BETWEEN% ! higher level of the model
m on x w
         xw(a); ! the interaction effect to be mediated, labeled as "a"
y on m(bb)      ! bb denotes the between-group relationship
         x w xw;  ! controlling for x w xw
MODELCONSTRAINT: ! portion of the model where labeled parameters may be used
NEW(effect); ! name the newly generated parameter "effect"
effect = a * bb;
OUTPUT:
SAMPSTAT;
CINTERVAL; ! reports normal distribution assumption-based confidence intervals
TECH1 TECH3; ! these two technical reports can be used to identify elements in the asymptotic
             ! covariance matrix of path coefficients for Monte Carlo bootstrapping
```

第22章 单层与多层被调节的中介和被中介的调节：理论构建与模型检验

附录 B22-1：两层次类型 II 被中介的调节作用 [图 22-7(a)]

```
TITLE: A two-level Type II mediated moderation path analytical model,
       w and m are at level 2, x and y are at level 1,
       x and y have both within-group and between-group variances;
DATA: FILE IS example.txt; ! insert data file here
DEFINE:
CENTER w m(grandmean); ! grand-mean centering the level-2 variables
CENTER x(groupmean); ! group-mean centering the level-1 predictor
VARIABLE: NAMES ARE x m w y cluster; ! all observed variables
USEVARIABLES ARE x m w y; ! indicates variables to use in the model
CLUSTER = cluster; ! defines variable indicating group membership
WITHIN = x ; ! indicates variables at the lower level of analysis
BETWEEN = w m; ! indicates variables at the higher level of analysis
ANALYSIS: TYPE = TWOLEVEL RANDOM; ! indicates multilevel model with random slopes
MODEL:
%WITHIN% ! lower level of the model
S | y on x; ! defines regression of y on x as a random slope, to be used in at Between level
%BETWEEN% ! higher level of the model
m on w(a); ! specifies the effect of w on m
S on m(b)
       w;
y on m w; ! controls for main effect of m and w
y with S;    ! allows the between-level portion of y to correlate with S
MODELCONSTRAINT: ! portion of the model where labeled parameters may be used
NEW(effect);   ! name the newly generated parameter "effect"
effect = a * b;
OUTPUT:
SAMPSTAT;
CINTERVAL; ! reports normal distribution assumption-based confidence intervals
TECH1 TECH3; ! these two technical reports can be used to identify elements in the asymptotic
             ! covariance matrix among path coefficients for Monte Carlo bootstrapping
```

R code for deriving the empirical distribution of the mediated moderation effect:

```
##################################################
# a is the level-2 predictive effect of W on M                    #
#vara is the asymptotic sampling variance of a                    #
# b is the level-2 predictive effect of M on the random           #
#             slope between X and Y                               #
#varb is the asymptotic sampling variance of b                    #
# covab is the asymptotic sampling covariance of a and b          #
# "rep = 20000" defines the number of resampling is 20000         #
# "conf = 95" defines that 95% CI will be used.                   #
##################################################
require(MASS)
a = 0.979
b = 0.540
vara = 0.058
varb = 0.029
covab = .0005
rep = 20000
conf = 95
pest = c(a,b)
acov <- matrix(c(
vara, covab,
covab, varb
),2,2)
mcmc <- mvrnorm(rep, pest, acov, empirical = FALSE)
ab <- mcmc[,1] * mcmc[,2]
low = (1 - conf/100)/2
upp = ((1 - conf/100)/2) + (conf/100)
LL = quantile(ab,low)
UL = quantile(ab,upp)
LL4 = format(LL, digits = 5)
UL4 = format(UL, digits = 5)
hist(ab, breaks = 'FD', col = 'skyblue', xlab = paste(conf,'% Confidence Interval ', LL', LL4, '  UL', UL4),
main = 'Distribution of Indirect Effect')
```

第22章 单层与多层被调节的中介和被中介的调节：理论构建与模型检验

附录 B22-2：两层次类型 II 被中介的调节作用[图 22-7(b)]

TITLE: A two-level Type II mediated moderation path analytical model, Figure 7b;
DATA: FILE IS example.txt;
DEFINE:
CENTER w m(grandmean);
CENTER x(groupmean);
VARIABLE: NAME ARE x m w y cluster;
USEVARIABLES ARE x m w y;
CLUSTER = cluster;
WITHIN = x;
BETWEEN = w; ! m and y have both within and between components and thus
    ! they are not declared in either line
ANALYSIS:
TYPE = TWOLEVEL RANDOM;
MODEL:
%WITHIN%
S | y on x;
y ON m ; ! this is the within-group component of m
    ! there is no need to model within-level m*x here, this interaction is independent from
    ! the cross-level moderation effect(labeled as b at Between level)
%BETWEEN%
m on w(a); ! the Between component of m is regressed on w
S on m(b)
    w;
y on w m;
y with S;
MODEL CONSTRAINT:
NEW(effect);
effect = a*b;
OUTPUT:
SAMPSTAT;
CINTERVAL;

附录 C22-1：两层次第一阶段被调节的中介作用

TITLE：A two-level first-stage moderated mediationpath analytical model,
  w is at level 2, x, m, y are at level 1,
  x, m and y all have both within-group and between-group variances;
DATA：FILE IS example.txt; ! insert data file here
DEFINE：
CENTER w(grandmean);! grand-mean centering the level-2 moderator
CENTER x(groupmean);! group-mean centering the level-1 predictor
     ! there is no need to group-mean center mbecause m will be
     ! automatically decomposed into its Within and Between components
VARIABLE：NAMES ARE x m w y cluster;! all observed variables
USEVARIABLES ARE x m w y;! indicates variables to use in the model
CLUSTER = cluster;! defines variable indicating group membership
WITHIN = x;! indicates variables at the lower level of analysis
BETWEEN = w;! indicates variables at the higher level of analysis
ANALYSIS：TYPE = TWOLEVEL RANDOM;! indicates multilevel model with random slope
MODEL：
%WITHIN% ! lower level of the model
S | m on x;! defines regression of m on x as a random slope, to be used at Between level
y on m(b)
  x;
%BETWEEN% ! higher level of the model
S on w(a1); ! specifies cross-level interaction coefficient
[S](a0);   ! the conditional mean of the random slope
m on w;   ! the random intercept of m is regressed on w
m with S;   ! allows the random intercept of m to correlate withits random slope

y with m;   ! allows the between-level portion of y to correlate with the random intercept of m
y with S;   ! allows the between-level portion of y to correlate with S
y with w;   ! allows the between-level portion of y to correlate with w
MODELCONSTRAINT：! portion of the model where labeled parameters may be used
NEW(ind_h ind_l); ! name the newly generated parameters, "ind" refer to

第22章 单层与多层被调节的中介和被中介的调节：理论构建与模型检验

```
                    ! indirect effects, "h/l" refer to when moderator
                    ! takes high/low values, e.g., 1 SD above and below the mean
ind_h = (a0 + a1*(.85))*b;  ! assumes w has mean of 0 and SD of.85
ind_l = (a0 + a1*(-.85))*b;
NEW(diff);  ! calculate the difference between ind_h and ind_l
Diff = ind_h-ind_l;  ! single-level models, significant value of Diff indicates moderated mediation
                    ! but in multilevel models, Monte Carlo bootstrapped CIs need to be used
OUTPUT:
SAMPSTAT;
CINTERVAL;  ! reports normal distribution assumption-based confidence intervals
TECH1 TECH3;  ! these two technical reports can be used to identify elements in the asymptotic
                    ! covariance matrixof path coefficients for Monte Carlo bootstrapping
```

R code for deriving the empirical distribution of the difference between mediation effects at two conditional values(+1/-1 SD values of W):

```
######################################################################
# a0 is the conditional mean of the random slope effect between X and M            #
#vara0 is the asymptotic sampling variance of a0                                   #
# a1 is the predictive effect of W on the random slope effect between X and M      #
#vara1 is the asymptotic sampling variance of a1                                   #
# b is the fixed effect of M on Y                                                  #
#varb is the asymptotic sampling variance of b                                     #
# cova0b is the asymptotic sampling covariance of a0 and b                         #
# cova0a1 is the asymptotic sampling covariance of a0 and a1                       #
# cova1b is the asymptotic sampling covariance of a1 and b                         #
# stdw is the standard deviation of W                                              #
# "rep = 20000" defines the number of resampling to be 20000                       #
# "conf = 95" defines that 95% CI will be used.                                    #
######################################################################

require(MASS)
a0 = 0.979
b = 0.540
a1 = 0.050
vara0 = 0.051
vara1 = 0.058
varb = 0.029
```

```
cova0b = .0001
cova0a1 = .00002
cova1b = .00003
stdw = .85
rep = 20000
conf = 95
pest = c(a0, b, a1)
acov <- matrix(c(
vara0, cova0b, cova0a1,
cova0b, varb, cova1b,
cova0a1, cova1b, vara1
), 3, 3)
mcmc <- mvrnorm(rep, pest, acov, empirical = FALSE)
ahmvec <- (stdw) * mcmc[,3] + mcmc[,1]
almvec <- (-stdw) * mcmc[,3] + mcmc[,1]
abh <- ahmvec * mcmc[,2]
abl <- almvec * mcmc[,2]
d = abh - abl
low = (1 - conf/100)/2
upp = ((1 - conf/100)/2) + (conf/100)
LL = quantile(d, low)
UL = quantile(d, upp)
LL4 = format(LL, digits = 5)
UL4 = format(UL, digits = 5)
hist(d, breaks = 'FD', col = 'skyblue', xlab = paste(conf, '% Confidence Interval ', 'LL', LL4, ' UL', UL4),
main = 'Distribution of Indirect Effect')
```

参考文献

Aiken, L. S. & West, S. G. (1991). *Multiple Regression: Testing and Interpreting Interactions*. Newbury Park, CA: Sage.

Aryee, S., Chen, Z. X., Sun, L. Y. & Debrah, Y. A. (2007). Antecedents and outcomes of abusive supervision: Test of a trickle-down model. *Journal of Applied Psychology*, 92, 191—201.

Bandura, A. (2002). Social cognitive theory in cultural context. *Applied Psychology: An International Review*, 151, 269—290.

Barney, J. (1991). Firm resources and sustained competitive advantage. *Journal of Management*, 17, 99—120.

Baron, R. M. & Kenny, D. A. (1986). Moderator-mediator variables Distinction in social psychological research: Conceptual, strategic, and statistical considerations. *Journal of Personality and Social Psychology*, 51, 1173—1182.

Bauer, D. J., Preacher, K. J. & Gil, K. M. (2006). Conceptualizing and testing random indirect effects and moderated mediation in multilevel models: New procedures and recommendations. *Psychological Methods*, 11, 142—163.

Chan, D. (1998). Functional relations among constructs in the same content domain at different levels of analysis: A typology of composition models. *Journal of Applied Psychology*, 83, 234—246.

Chen, Z. X. & Aryee, S. (2007). Delegation and employee work outcomes: An examination of the cultural context of mediating processes in China. *Academy of Management Journal*, 50, 226—238.

Cheung, G. W. & Lau, R. S. (2017). Accuracy of parameter estimates and confidence intervals in moderated mediation models: A comparison of regression and latent moderated structural equations. *Organizational Research Methods*, 20(4), 746—769.

Edwards, J. R. & Lambert, L. S. (2007). Methods for integrating moderation and mediation: A general analytical framework using moderated path analysis. *Psychological Methods*, 12, 1—22.

Grace, J. B. & Bollen, K. A. (2005). Interpreting the results from multilevel regression and structural equation models. *Bulletin of the Ecological Society of America*, 86, 283—295.

Grant, A. M. & Berry, J. W. (2011). The necessity of others is the mother of invention: Intrinsic and prosocial motivations, perspective taking, and creativity. *Academy of Management Journal*, 54, 73—96.

Grant, A. M. & Sumanth, J. J. (2009). Mission possible? The performance of prosocially motivated employees depends on manager trustworthiness. *Journal of Applied Psychology*, 94, 927—944.

Hayes, A. F. (2013). *Introduction to Mediation, Moderation, and Conditional Process Analysis: A Regression-Based Approach*. US: Guilford Press.

Hayes, A. F., Montoya, A. K. & Rockwood, N. J. (2017). The analysis of mechanisms and their contingencies: PROCESS versus structural equation modeling. *Australasian Marketing Journal*, 25, 76—81.

Hayes, A. F. & Rockwood, N. J. (2017). Regression-based statistical mediation and moderation analysis in clinical research: Observations, recommendations, and implementation. *Behaviour Research and Therapy*, 98, 39—57.

Hitt, M. A., Hoskisson, R. E. & Kim, H. (1997). International diversification: Effects on innovation and firm performance in product-diversified. *Academy of Management Journal*, 40, 767—799.

Holland, S. J., Shore, D. B. & Cortina, J. M. (2017).

Review and recommendations for integrating mediation and moderation. *Organizational Research Methods*, 20, 686—720.

Hox, J. (2002). *Multilevel Analysis: Techniques and Applications.* Mahwah, NJ: Lawrence Erlbaum Associations.

Lam, W., Huang, X. & Snape, E. (2007). Feedback-seeking behavior and leader-member exchange: Do supervisor-attributed motives matter? *Academy of Management Journal*, 50, 348—363.

Liao, H., Liu, D. & Loi, R. (2010). Looking at both sides of the social exchange coin: A social cognitive perspective on the joint effects of relationship quality and differentiation on creativity. *Academy of Management Journal*, 53, 1090—1109.

Liu, D., Chen, X. P. & Holley, E. (2017). Help yourself by helping others: The joint impact of group member organizational citizenship behaviors and group cohesiveness on group member objective task performance change. *Personnel Psychology*, 70, 809—842.

Liu, D. & Fu, P. (2011). Motivating protégés' personal learning in teams: A multilevel investigation of autonomy support and autonomy orientation. *Journal of Applied Psychology*, 96, 1195—1208.

Liu, D., Gong, Y., Zhou, J. & Huang, J. C. (2017). Human resource systems, employee creativity, and firm innovation: The moderating role of firm ownership. *Academy of Management Journal*, 60, 1164—1188.

Liu, D., Liao, H. & Loi, R. (2012). The dark side of leadership: A three-level investigation of the cascading effect of abusive supervision on employee creativity. *Academy of Management Journal*, 55, 1187—1212.

Liu, D., Liu, J., Kwan, H. K. & Mao, Y. N. (2009). What can I gain as a mentor? The effect of mentoring on the job performance and social status of mentors in China. *Journal of Occupational and Organizational Psychology*, 82, 871—895.

Liu, Y., Song, Y., Koopmann, J., Wang, M., Chang, C. & Shi, J. (2017). Eating your feelings? Testing a model of employees' work-related stressors, sleep quality, and unhealthy eating. *Journal of Applied Psychology*, 102, 1237—1258.

Liu, Y., Wang, M., Chang, C. H., Shi, J., Zhou, L. & Shao, R. (2015). Work-family conflict, emotional exhaustion, and aggression toward others: The moderating roles of workplace interpersonal conflict and perceived managerial family support. *Journal of Applied Psychology*, 100, 793—808.

MacKinnon, D. P. (2008). *Introduction to Statistical Mediation Analysis.* Mahwah, NJ: Lawrence Erlbaum Associates, Inc.

MacKinnon, D. P., Fairchild, A. J. & Fritz, M. S. (2007). Mediation analysis. *Annual Review of Psychology*, 58, 593—614.

MacKinnon, D. P., Lockwood, C. M., Hoffman, J. M., West, S. G. & Sheets, V. (2002). A comparison of methods to test mediation and other intervening variable effects. *Psychological Methods*, 7, 83—104.

Menges, J., Walter, F. H., Vogel, B. & Bruch, H. (2011). Transformational leadership climate: performance linkages, mechanisms, and boundary conditions at the organizational level. *The Leadership Quarterly*, 22, 893—909.

Morgeson, F. P., Mitchell, T. R. & Liu, D. (2015). Event system theory: An event-oriented approach to the organizational sciences. *Academy of Management Review*, 40, 515—537.

Muller, D., Judd, C. M. & Yzerbyt, V. Y. (2005). When moderation is mediated and mediation ismoderated. *Journal of Personality and Social Psychology*, 89, 852—863.

Pedhazur, E. J. (1997). *Multiple Regression in Behavioral Research: Explanation and Prediction.* Fort Worth, TX: Harcourt Brace College Publisher.

Pituch, K. A., Stapleton, L. M. & Kang, J. Y. (2006). A comparison of single sample and bootstrap methods to assess mediation in cluster randomized trials. *Multivariate Behavioral Research*, 41, 367—400.

Preacher, K. J., Rucker, D. D. & Hayes, A. F. (2007). Addressing moderated mediation hypotheses: Theory, methods, and prescriptions. *Multivariate Behavioral*

第22章　单层与多层被调节的中介和被中介的调节：理论构建与模型检验

Research, 42, 185—227.

Preacher, K. J., Zhang, Z. & Zyphur, M. J. (2011). Alternative methods for assessing mediation in multilevel data: The advantages of multilevel SEM. *Structural Equation Modeling*, 18, 161—182.

Preacher, K. J., Zhang, Z. & Zyphur, M. J. (2016). Multilevel structural equation models for assessing moderation within and across levels of analysis. *Psychological Methods*, 21, 189—205.

Preacher, K. J., Zyphur, M. J. & Zhang, Z. (2010). A general multilevel SEM framework for assessing multilevel mediation. *Psychological Methods*, 15, 209—233.

Reina, C. S., Peterson, S. J. & Zhang, Z. (2017). Adverse effects of CEO family-to-work conflict on firm performance. *Organization Science*, 28, 228—243.

Sardeshmukh, S. R. & Vandenberg, R. J. (2017). Integrating moderation and mediation: A structural equation modeling approach. *Organizational Research Methods*, 20, 721—745.

Shrout, P. E. & Bolger, N. (2002). Mediation in experimental and nonexperimental studies: New procedures and recommendations. *Psychological Methods*, 7, 422—445.

Sobel, M. E. (1982). Asymptotic confidence intervals for indirect effects in structural equation models. In S. Leinhardt (Ed.), *Sociological methodology*. Washington DC: American Sociological Association.

Tepper, B. J., Henle, C. A., Lambert, L. S., Giacalone, R. A. & Duffy, M. K. (2008). Abusive supervision and subordinates' organization deviance. *Journal of Applied Psychology*, 93, 721—732.

Van der Leeden, R., Meijer, E. & Busing, F. M. T. A. (2008). Resampling multilevel models. In J. D. Leeuw (Ed.), *Handbook of Multilevel Analysis*. New York: Springer.

Van Dick, R., Van Knippenberg, D., Hägele, S., Guillaume, Y. R. F. & Brodbeck, F. (2008). Group diversity and group identification: The moderating role of diversity beliefs. *Human Relations*, 61, 1463—1492.

Wang, M., Burlacu, G., Truxillo, D., James, K. & Yao, X. (2015). Age differences in feedback reactions: The roles of employee feedback orientation on social awareness and utility. *Journal of Applied Psychology*, 100, 1296—1308.

Wang, M., Zhou, L. & Zhang, Z. (2016). Dynamic modeling. *Annual Review of Organizational Psychology and Organizational Behavior*, 3, 241—266.

Wee, E. X., Liao, H., Liu, D. & Liu, J. (2017). Moving from abuse to reconciliation: A power-dependency perspective on when and how a follower can break the spiral of abuse. *Academy of Management Journal*, 60, 2352—2380.

Weiss, H. M. & Cropanzano, R. (1996). An affective events approach to job satisfaction. In B. M. Staw & L. L. Cummings (Eds.), *Research in Organizational Behavior*. Greenwich, CT: JAI Press.

Whetten, D. A. (1989). What constitutes a theoretical contribution? *Academy of Management Review*, 14, 490—495.

Zhang, Z., Wang, M. & Shi, J. (2012). Leader-follower congruence in proactive personality and work outcomes: The mediating role of LMX. *Academy of Management Journal*, 55, 111—130.

Zhang, Z., Zyphur, M. J. & Preacher, K. J. (2009). Testing multilevel mediation using hierarchical linear models: Problems and solutions. *Organizational Research Methods*, 12, 695—719.

Zhou, L., Wang, M., Chen, G. & Shi, J. (2012). Supervisors' upward exchange relationships and subordinate outcomes: Testing the multilevel mediation role of empowerment. *Journal of Applied Psychology*, 97, 668—680.

第四部分　研究发表的旅程

第 23 章　论文的写作和发表

第 23 章　论文的写作和发表

陈晓萍　华盛顿大学

▶ **本章大纲**

23.1　论文的写作
　　23.1.1　论文的题目
　　23.1.2　论文摘要
　　23.1.3　论文导言
　　23.1.4　理论背景和假设
　　23.1.5　研究方法
　　23.1.6　结果讨论
　　23.1.7　研究结论

23.2　论文的投递、审阅、修改和发表
　　23.2.1　论文的投递
　　23.2.2　论文的审阅
　　23.2.3　论文的修改和再投
　　23.2.4　论文的发表

> 路漫漫其修远兮,吾将上下而求索。
>
> ——屈原

一篇论文从起步到发表大致需要经过几个阶段,如果这些阶段进展正常,一共需要三年左右的时间。如果其间出现障碍,就需要更多的时间,五年甚至十年也不算少见。所以要做好打持久战的准备。

本书前面的章节已经详细介绍了论文选题、理论构思、研究设计、数据搜集、数据分析等内容。论文做到这个阶段,假设你得到了非常有意思的结果,极想与同行分享,分享的方式有几种,一种是在系里做学术讲座,一种是去别的学校做学术讲座,还有一种是去学术大会(如 AOM、SIOP 等)上宣读。当然最有效的方式是把论文写出来,在高质量的期刊上发表。本章主要关注论文写作和发表的过程。

23.1 论文的写作

对我来说,写作新论文总是一件激动人心的事。不仅因为这是对之前几个月甚至几年努力的一个总结,更因为总算等到了可以报告研究结果的时刻。我的研究常常是对一个未知问题的探索,于是找到答案的兴奋成为我写作的巨大动力。那么怎么把论文写得引人入胜呢?

其实刚开始学术生涯的时候,我发现发表的论文都有统一的写作格式,对此心里非常不以为然,觉得有一点"八股文"的调调,会扼杀自己的创意。后来慢慢发现,就是在同样的格式之下,论文的质量也可以大相径庭,这时我才开始"正眼"阅读,仔细体会其中的奥妙。在无法改变论文写作格式的时代,我们可以做的就是在格式界定的范围内,尽量把自己的思想、方法、结果和智慧用最清晰、简洁、符合逻辑的语言阐述出来,让读者进入你的研究世界,和你一起探索那个让你茶饭不思的研究问题。

一篇论文主要由几个部分组成。首先是论文的题目(title),其次是论文摘要(abstract),这两部分是论文给读者形成第一印象的关键部分;接着是论文导言(introduction)、理论背景和假设(theory and hypotheses)、研究方法(methods),研究方法中包括结果报告;之后是结果讨论(discussion);最后是研究结论(conclusion)。下面我就每个部分做一点阐述和说明。

23.1.1 论文的题目

论文的题目需要有画龙点睛的功力,让人一眼能看到论文研究的问题和结论,而且能勾起读者阅读的欲望。能够同时做到这两点的论文题目不是太多,但也不算少。看看下面这几个例子,也许可以给你一些参考和启发。

题目 1:Don't stop believing: Rituals improve performance by decreasing anxiety (Brooks et al., 2016)。

这个题目里有几个关键词:仪式、绩效、焦虑。从题目就可以看出,仪式是自变量,绩效是因变量,焦虑是中介变量,而且研究结果就是仪式可以通过降低焦虑来增加绩效。本来这样就足够清楚了,只是读起来平淡无奇,不能吸引读者的注意力。于是作者加上了一句通俗易懂的口语。"请别停止迷信"点出文章的主题,一下就让题目增色许多。

题目 2:Job titles as identity badges: How self-reflective titles gan reduce emotional exhaustion (Grant et al., 2016)。

很显然,这篇文章是关于职务头衔对于减少情绪耗竭的作用的。可是此文中的职务头衔与我们平时常见的不同,因此在题目中就把它专门写出来了,叫作反射自我的职务头衔,是一个新概念。但是这个概念听起来还是比较专业,不易被大众理解,因此作者又加了一个注解,把含义说清楚,那就是,如果职务头衔可以由员工自己设置去反映个人身份特征的话,那么头衔的使用就可以减少工作中的情绪耗竭。

题目 3:What "blindness" to gender differences helps women see and do: Implications for confidence, agency, and action in male-dominated Environments(Martin & Philips, 2017)。

这个题目虽然偏长,但是把研究的自变量(性别盲)、因变量(自信、自主、行动力)和环境变量(男性主导的环境)全部反映出来了。这篇文章中的一个新概念是"性别盲",这个概念本身就可以抓住读者的注意力,因此题目的重点就在于表达它在男性主导的工作环境中对女性的影响,所以作者就把三个重要表现——自信、自主性及行动力全部写进了题目。

题目 4:When job performance is all relative: How family motivation energizes effort and compensates for intrinsic motivation (Menges et al., 2017)。

这个题目的妙处在于 relative 一词的使用,是个语义双关词,既有相对的意思,又有亲属的意思,让读者会先稍稍一愣,接着读下去发现原来是讲为家人谋生计的动机可以弥补工作内在动机的不足而使员工倾注努力,从而一下豁然开朗。

通过对这四个论文题目的分析,大家可以看到,一个好的题目,需要既能立刻抓住读者的眼球,又能准确反映论文的研究结论。作者只有在深思熟虑之后,找到最贴切的比喻和用词,才能写出这样的题目。

23.1.2 论文摘要

论文摘要是对题目的延伸和拓展,但写法却不能像题目那样用词活泼,也不能用比喻。摘要的长度通常不超过 200 字,其中既要对理论框架和研究假设有所阐述,又要对研究方法和结果有准确描述,最后通常还要点出结果对于理论和实践的贡献。现在的一篇论文中常常包括了三四个子研究,要能够如此言简意赅地把以上几点描述清楚,实属不易。作者必须对自己研究的里里外外都了如指掌,否则一定丢三落四,要么没有重点,要么一团乱麻。

就是已经发表的论文,有的摘要也写得一塌糊涂,看完后让人觉得摸不着头脑。比如:

> In this study, we seek to highlight a potentially fundamental shift in how dynamic stressor-strain relationships should be conceptualized over time. Specifically, we provide an integrated empirical test of adaptation and role theory within a longitudinal framework. Data were collected at 3 time points, with a 6-week lag between time points, from 534 respondents. Using latent change modeling, results supported within-person adaptation to changes in job satisfaction and role conflict. Specifically, over the 12-week course of the study, changes in role clarity tended to be maintained, whereas changes in job satisfaction and role conflict tended to be fleeting and reverse themselves. Theoretical implications and future directions are discussed. (Ritter *et al.*, 2016)

从这个摘要中,不容易看出该研究的主题和结果。如果主题是关于压力源与感受到的压力之间的动态关系(第一句),后面却没有再提及,而是用了工作满意度和角色冲突两个变量来描述结果。而且理论框架究竟是什么也不清楚,只是模糊地提及是对适应理论和角色理论的整合实证。总之,这个摘要对读者准确理解论文丝毫没有帮助,反而增加了误解的可能性。

相反,好的摘要不仅清晰简明,而且引人入胜,好像把故事的精彩之处抖搂了一下,但又不让你看清细节,促使读者阅读全文,去得到所有信息。比如下面这个摘要:

> While high performers contribute substantially to their workgroups and organizations, research has indicated that they incur social costs from peers. Drawing from theories of social comparison and conservation of resources, we advance a rational perspective to explain why high performers draw both intentional positive and negative reactions from peers and consider how cooperative work contexts moderate these effects. A multisource field study of 936 relationships among 350 stylists within 105 salons offered support for our model and an experiment with 204 management students constructivelyreplicated our findings and ruled out alternative explanations. Results indicated that peers offered moresupport and also perpetrated more undermining to high performers. Paradoxical cognitive processes partly explain these behaviors, and cooperative contexts proved socially disadvantageous for high performers. Findings offer a more comprehensive view of the social consequences of high performanceand highlight how peer behaviors toward high performers may be calculated and strategic rather than simply reactionary. (Campbell *et al.*, 2017)

该摘要的第一句话就清楚地说明论文是研究表现出色的员工不讨同事喜欢的问题。接着说明本文试图依据社会比较理论和资源储存理论来对此现象提出理性解释。研究的数据有两个部分:一部分采自105个发廊的350个发型师,发型师之间共有936对同事关系;另一部分来自有204名管理学院学生参与的一个实验。研究结果表明,对于表现出色的员工,其同事既提供了更多支持,又进行了更多贬低。为什么呢?这是由于同事头脑中互相矛盾的认知过程(既爱又恨)造成的。而且讲求互助的工作情境对表现出色的员工尤其不利。在最后一句对结果含义的概括中,作者指出本研究对理解工作场合表现出色者的人际后果提供了更全面的看法,并且显示同事对于表现出色者的行为也许并非直接的自然反应,而是经过算计的策略性反应。

看了这个摘要,我立刻产生了阅读此文的欲望。开卷之后就到了导言部分。

23.1.3 论文导言

导言是把研究问题引导出来,并且让读者感觉到问题的重要性和新颖性。对于作者来说,研究问题的重要性不言而喻,但是如果不能清楚陈述其原因,要说服读者(尤其是评审人和主编)还是比较困难的。有些作者认为,只要证明自己的研究问题是前人不曾涉及的,就足以表达其新颖性,那么也就自然重要了。但这常常没有说服力,因为前人没有研究恰恰可能是因为该问题不重要。那怎么阐述研究问题重要性呢?这和问题的新旧无关,因为旧问题也可以推陈出新,而是与问题在多大程度上代表了某一类现象,对该问题的回答在多大程度上能够合理解释这种现象,这个解释又在多大程度上与现有理论相关联,能进一步增加现有理论的解释力,还是能开启另一个崭新的理论视角有关。因此,一个重要的研究问题,必须在实践中存在、让许多人困惑,而且用现有的管理理论还无法回答或预测。这种从现象中发现研究问题的方法被称为"以现象为基础的研究"(phenomenon-based research; Chen et al.,2017),这种方法是我个人比较欣赏的。当然,一个重要的研究问题也可以从现有文献中的漏洞(research gap)来发现,比如目前的理论缺失一个重要逻辑,或者没有说明情境变量,又或者没有厘清运作机制,等等。这样,研究结果就对理论直接产生贡献。

在阐述了研究问题的重要性之后,就要清晰描述研究的具体问题究竟是什么、问题中包含几个子问题及它们之间有何联系。在这个部分,每次出现一个新概念,就需要对它进行准确定义并说明,然后把论文的思路和逻辑一一展示出来,并在此过程中把文章的最重要假设也一个一个按照逻辑关系描述出来。如果假设很多并且变量的关系复杂,最好用一张图来表示整个研究的理论模型。Grant 和 Pollock 曾经对引言部分的撰写有过详细阐述,在分析了 AMJ 历年的得奖论文后做出了总结,请仔细阅读他们的文章以获取更清晰的认识(Grant & Pollock,2011)。

23.1.4 理论背景和假设

这个部分是论文的重头戏,表达作者对研究文献的熟识程度、解读理解、巧妙运用能力等。作者的理论功底基本在这个部分可以被清楚地展示。这部分有两个构成元素:(1)文献综述。与研究问题相关的理论框架需要在此说明,并且勾勒出如何用这个框架来指导对于研究问题的探索,如何在此框架下合理描述与研究问题有关变量之间的关系,以此来建立此理论框架的合理合法性。在此基础上,回顾以往研究中的结果,哪些支持该理论的逻辑,哪些不支持,哪些比较含糊。然后对这些不一致的结果提出合理解释,从而给自己的研究立论。(2)假设的推理和提出。这里的重要内容就是把具体变量之间的关系在前述理论的指导下推导一遍,可以分几个小节,比如主效应一节、调节效应一节、中介效应一节。对于每一种效应的推导都必须符合逻辑,并得到已有研究结果的间接佐证。与此同时,又要保持每个假设的独到和新颖,对于以前研究中已经证实的结果,就不需要再做假设。

23.1.5 研究方法

这个部分的写作要求主要是清晰、直白、具体、准确。必须包括下面几个部分的内容,并且按照以下顺序撰写。

研究参与者。研究参与者的人数、人口学特征,来自什么国家、组织、部门、群体,位于什么行业,年资情况、教育程度、岗位、专长、职务等都需要详细报告。

研究设计和程序。报告研究所采用的具体方法和设计,以及实施过程。对于问卷法,详细描述问卷包含的内容,发放给了谁,在什么时间发放,如何发放、如何回收,如何确保保密性等。答卷的质量如何,回收率、废卷率是多少,答卷者与不答卷者之间有无显著差异等,也都需要检验报告。如果是实验法,必须描述实验的设计,是组间还是组内,有几个自变量,每个自变量的实验操作方法和程序,这些操作是否都达到了预想的效果。实验具体是在哪里做的,谁担任了主试的角色,谁是被试,他们的年龄、性别、专业、大学主修、副修等信息也要记录。此外,这些被试是如何被分配到不同的实验情境中去的,进入实验情境后又让他们做了什么具体任务,过程是怎么控制的,结果是怎么记录的,被试有没有收到物质的回报,等等,都需要有详尽的说明。因为实验常常用一些"封面故事"加以伪装,所以,在实验之前有没有征得被试的同意,实验之后有没有向被试解释期间发生的真实情况等,也都需要一一说明。

研究问卷和测量。不管是问卷法还是实验法,一般都会使用一些条目去测量研究者所关注的问题的潜在变量。所以在这个部分需要报告对不同变量使用的具体测量条目。如果是本研究新开发的测量,需要把所有条目都列出来;如果使用的是已经被发表的测量工具,那么只要注明出处,并写上一两个典型条目就可以了。对于所有的测量,都要报告其信度系数,一般用 Cranbach Alpha 表示。

数据分析策略和手段。这个部分不是每篇论文都需要的,只有包含复杂设计和运算的研究才需要告诉读者论文使用了什么统计方法、软件和程序分析数据。比如,数据搜集涉及多层次的、纵向有时间间隔的、每天日记记录的、用社会网络数据的等,就必须把数据的特点及为什么使用某种特定的方法来进行分析陈述清楚,并且引用适当文献加以佐证来支持自己的选择。

研究结果。研究结果的报告通常包含两大部分：一是对描述性结果的报告，通常包括相关系数表、样本特征表、探索性或验证性因子分析结果表；二是对假设验证结果的报告，针对每一个假设的内容，呈现与之相应的结果，常用图表展现。一般的表格包括回归分析表（单层、多层、线性、非线性、logistic 等），或反映被调节的中介或被中介的调节关系的分析表。实验数据常用平均数、标准差表。有显著交互作用关系的结果一定要用图形来说清楚交互关系的性质；如果是非线性关系的结果最好也用图形的方式呈现，会有助于读者的理解。

23.1.6 结果讨论

结果讨论是研究方法中的一个重要部分，帮助读者来充分领会研究结果的含义、价值和重要性。这个部分必须包括以下三个方面，并大致遵循以下顺序进行阐述。

研究结果的理论贡献。对于学术研究，我们的同行最关心的首先是研究结果的理论价值。理论贡献一般有几种：(1)拓展了已有的理论，包括发现了现有理论的适用范围、理论中缺失的逻辑和机理、理论的普适性和局限性，等等。因为大部分研究的理论贡献属于这个类型，因此，一般来说只要对照这几条，结合具体的研究结果，一条一条详细讨论下来就应该满足理论贡献的基本条件。(2)开发了新理论。这类研究具有开创性，通常采用质性方法进行研究，包括访谈法、案例法（单个或多个）、档案法、二手数据法。当然也可以是质性方法和量化方法结合使用的产物。对于新理论的内容，新在何处，与以往的理论有否重叠，共性何在，区别在哪，都需要详细阐述清楚。可惜这一类论文不多，也是目前学界反复呼吁希望大家努力的方向。我在这里特别推荐一本书，就是 Ken Smith 和 Michael Hitt 合编的《管理学中的伟大思想》(Smith & Hitt, 2008)，其中包含了许多著名管理学者提出原创理论的过程和经历。还有一本 AMJ 的专刊，题名为《当西方遇到东方：新理论和新概念的诞生》(Barkema et al., 2015)，其中发表的每一篇论文都有一个新理论的雏形。

研究结果的实践意义。作为管理学者，我们希望自己的研究结果能够对企业的成长和发展产生实际的影响。这部分的内容就能帮助我们实现这个目标。通常情况下，因为作者对该领域有更深度的观察和思考，更能看见普通读者看不见的理论与实际间的联系，因此，用通俗易懂的语言将这些联系阐述出来可以对实践者产生重要的指导作用。在宏观层面，可以为企业的战略战术提供新思路和视角；在微观层面,可以为员工管理提供新的方法和手段。但终极目标都是一个,那就是增加企业的长久竞争力。

本研究的不足和对未来研究的启示。虽然我们常常认为自己的研究接近完美,但事实上几乎没有一个研究是十全十美的。从方法论的角度,每一种研究方法都有利弊同时存在。比如,实地大样本调查,也许在实际效度和普适性上有优势,但总是无法厘清因果关系。而用实验室研究,虽然可以回答因果关系的问题,但却存在人为情境的限制,使研究结果的普适性存疑。从理论贡献的角度,一篇论文常常只能对理论的一小部分做出补充,不管是在深度还是广度上,都存在不断拓展和延伸的空间。这个部分就是作者表达自己对研究结果的局限性的清晰认识,并且指出未来研究可以进一步完善的地方,既包括理论层面的,也包括方法层面的。这部分的分享对于该研究领域的进步可能产生"指点江山,激扬文字"的作用,不可小觑。

23.1.7 研究结论

研究结论只需要一段话,与论文摘要相呼应,点出全文的重要中心思想。这个部分不能简单重复摘要的内容,而是给读者在读完了整篇论文之后的再一次聚焦,为精彩结果着色,达到醍醐灌顶的效果。

23.2 论文的投递、审阅、修改和发表

你的论文经过反复修改(通常需要五六稿)之后,终于觉得可以投稿到一流期刊了。这不是研究工作的落幕,而是一个崭新旅程的开始。

作为作者,我自己曾经投稿数十篇,走过许多遍这个旅程。作为一流期刊的主编(2010—2016,OBHDP),我曾经阅稿数千,接受过许多优秀论文,当然拒绝过更多(OBHDP 的拒稿率超过 90%),因此也曾带着众多作者走过这个旅程。我将同时站在作者和主编的角度来描述这个过程。

23.2.1 论文的投递

在管理学界,被研究型大学认为是顶尖一流期刊的主要有几个:ASQ、AMJ、AMR、SMJ、Organization Science、JAP、OBHDP 和 Personnel Psychology。其中只有 AMR 发表纯理论文章,而 AMJ 只发表实证论文。从杂志的领域导向来看,ASQ、AMJ、AMR 和 Organization Science 既发表公司战略层面(宏观)的论文,也发表团

队、员工层面(微观)的论文,虽然总的来说更偏向宏观论文。SMJ 只发表宏观论文,而 JAP、OBHDP 和 Personnel Psychology 只发表微观论文。这一点在每一本期刊的立场宣言里面都写得很清楚。

投递论文的第一个决定是选择期刊。你的论文最适合发表在哪一本期刊上取决于几个因素。首先,期刊的导向,即你的论文是研究宏观现象还是微观现象的。这一点通常比较容易判断。但是,有的论文整合了宏观和微观理论(比如高管团队),或者采用跨层次的研究设计(比如公司文化对员工行为的影响),或者进行跨领域研究(比如创业家的决策与公司生存),判断起来就会有些困难。对于这样的论文,选择 ASQ、AMJ、Organization Science 可能会比较合适,因为它们没有明显的导向性。而如果把微观层面的论文投到 SMJ,或者把宏观层面的论文投到 JAP,或者把实证论文投到 AMR,就会被主编直接拒稿。

其次,选择期刊还应考虑该期刊发表的论文的特征,通常以写作方式、研究方法和研究主题来表示。比如在我比较熟悉的微观领域,JAP 发表的论文通常采用实地研究,以问卷法为主,而且数据分析也常常使用最新开发的工具;而 OBHDP 则倾向于发表很多实验室研究,研究的议题更偏重对个体、团队新现象及其心理机制的挖掘;Personnel Psychology 相对倾向于与 HR 主题相关的论文等。研究者需要根据自己论文的特点选择最对口的期刊。

最后,期刊的读者群特征。发表论文是参与同一领域学者对话的一种方式,因此选择合适的读者群可以慢慢建立自己作为学者的身份特征。比如 AMR 和 AMJ 的读者群显然多为管理学院的教授和博士生,但作为研究组织行为的学者,我可能更认同自己的心理学家身份,因此更愿意心理学领域的学者来阅读我的论文。那么,我可能会首选 JAP 和 OBHDP 作为我论文的发表地(因为这两个杂志同时被管理学家和心理学家所认同),而不会选择 AMJ(因为大部分心理学家不读 AMJ)。

在决定投递哪本期刊以后,很重要的一件事就是要把论文的格式修改成期刊所要求的格式。心理学期刊(如 JAP 和 OBHDP)基本按照 APA 的手册要求,但 AMJ 有自己的格式要求,ASQ 又有另一种格式要求。不符合格式要求常常可能成为主编直接拒绝的一个理由,因为显然你这篇论文不是为该期刊准备的,而是在别的期刊被拒之后投过来的,不仅展示了论文的历史,而且表明作者对本期刊的不重视,也显示出作者作为学者不够认真、不够敬业的态度。

23.2.2　论文的审阅

论文审阅的第一关在主编判断论文与期刊的契合度(fit)上。我在做 OBHDP

主编的时候，从几个方面判断契合度。首先是论文导向，是宏观还是微观，是管理学论文还是营销学或经济学论文，假如不是微观管理学论文，那么我就会直接拒绝。其次是研究的理论价值，是否拓展了现有理论或开发了新理论。有的论文与理论完全不沾边，只是展示某一现象的存在；有的论文从理论出发，但只是在另一个情境（文化或组织）中重新验证，都属于理论贡献薄弱的表现，也会被直接拒绝。再次是研究方法的严谨性是否达到要求。如果是实地问卷法，但数据来源全部同源，就属于不严谨。如果是实验室研究，但全部是纸上谈兵（hypothetical scenario experiment），或者全部样本都来自 M-Turk，那也达不到严谨的标准。最后是研究结果对于组织管理的实践意义。如果全文通篇都不提具体的实践应用价值，或者在实践中的可操作性，那么也不符合期刊的要求。因此，总体评价下来，我一般会直接拒绝 50% 左右的稿件。这个比例每个期刊都不一样，在不同的时期也不相同。

如果你的论文通过了这一关，那就到了被同行审阅的阶段。在目前的一流期刊里，主编通常不直接参与论文的审阅，而是把论文分配到副主编（associate editor or action editor）手里，让副主编去寻找合适的审稿人。一般来说，一篇论文会搜集三个评审人的意见，一个偏重理论，一个偏重方法，还有一个可能是该论文引用最多的那些论文的作者之一。评审人通常会给予一个月左右的时间，副主编如果及时收到所有评审人的意见，应该在一个月左右做出决定，提交到系统，经过主编审定后最后通过。一般来说，从投稿到主编发出决定信的时间间隔在三个月左右。

我记得自己在做 OBHDP 副主编的时候，最容易做决定的论文就是当三个评审人的意见都一致的时候，这种时候不少，一般都是"拒绝"。这么多年来，我一次也不曾遇到初审时三个评审人都说"接受"的论文。而最多的情况就是三个评审人意见不一，需要我来定夺。OBHDP 评价论文一共有十条标准，如下所示：

研究问题的重要性（importance of problem/question）；
相关理论的应用（incorporation of relevant theory）；
相关文献的把握（mastery of pertinent research）；
假设的推理和提出（development of hypotheses）；
方法的严谨程度（methodological rigor）；
统计方法的合理程度（statistical analyses）；
结论的合理性（legitimacy of conclusions）；
论文的组织和表达清晰度（writing clarity and organization）；
与组织行为的关联度（relevance to behavior in organizations）；
与判断和决策的关联度（relevance to judgment and decision-making）。

评审人按照这十条标准逐一给论文打分,并做出自己的推荐,提交到系统里。推荐有几大类:拒绝、谨慎邀请大修、邀请大修、邀请小修、有条件接受、接受。三个评审人意见不一致也就有多种组合。一般只要不是两个拒绝,我在仔细阅读论文,反复掂量评审人的意见之后,都会给出"邀请大修"的决定。但我也见过有的副主编在两个邀请大修、一个拒绝的情况下,或者三个都是"谨慎邀请大修"的情况下直接拒绝的。这里副主编自己的偏好和口味会对判断论文的价值起到很关键的作用。虽然最后对于论文的定夺是由主编把关,但一般来说,副主编都是主编亲自挑选的,前提就是信任他们的判断,因此主编常常不会质疑副主编的决定(但也有极少不同意的个案)。所以我常常认为主编和副主编就是学术研究的把门人,会影响学术的走向和未来。

如果你的论文初审结果是"拒绝",也不要伤心,因为90%的论文都会如此,不是你的能力低下所致。重要的是如何从主编和评审人的反馈意见里汲取营养,以便改进你的论文。想想在我们领域,所有评审人都是义务劳动,免费为作者提意见和建议,所以一定要珍惜他们的付出,并把他们的意见作为提升自己研究水平的机会。千万不要因为文章被拒,就不看评审人的意见,甚至不改一字就转投其他期刊。

如果你的论文得到了"修后再投"(revise and resubmit)的机会,那首先就得庆祝一下,因为一般只有不到30%的论文会得到这样的机会。但即使得到修改的机会,在阅读主编的决定信和评审人的具体意见时还会感到难过,因为信里常常指出的都是论文的问题,从理论到方法再到写作,一大堆的难题,看起来简直无法攻克。此时,最好的方法就是不看,把信搁置一星期左右,再心平气和地仔细阅读。这时读起来会感觉不那么痛苦了,而且越仔细看越觉得其实说来说去就是几个问题而已,没有那么严重啊! 好,这样你就可以进入修改的阶段了。

23.2.3　论文的修改和再投

论文的修改是一个漫长痛苦的过程,常常有"脱一层皮"的感觉,当然也可能有破茧化蝶的重生感。我曾经和同事写过一篇 editorial,讨论这个主题(Raghuram et al.,2017)。现在大部分的论文都是多人合作,因此整个修改过程还是一个与合作者协调、协商的过程,有时可以变得非常复杂(这时会发现找到志同道合、脾性相投的合作者的重要性)。我在这里暂且不论述人际问题的处理,而专注于学术问题的解决。

论文的修改最常见的内容就是:(1)加强理论论述;(2)提高方法的严谨度,通过补充研究或者改进统计方法的手段来实现。通常情况下,如果只需加强理论,修改的时间是三个月;如果需要补充研究,则有六个月的修改时间。时间很紧迫,如果你想赶在截止日期前交稿,一定要立刻采取行动。

下面我用我和同事最近一篇论文的经历,来描述一下我们是如何把这个修改过程完成的,也许对大家会有所启发。这篇论文从开始研究到被接受,前后大约有三年时间,去年被 JAP 接受发表,算是比较顺利的。

该论文的题目是"Catching fire and spreading it: A glimpse into displayed entrepreneurial passion in crowdfunding campaigns"(Li et al.,2017)。内容与众筹平台上的创业者有关。我们的研究问题是,在众筹平台上介绍项目的创业者在录像中所表现出来的创业激情是否会影响到最后筹款的数量。我们把这个过程看成是一个创业者说服大众的过程,而说服过程中的激情传染是我们理论论述的重要机制。我们使用了 Petty 和 Cacioppo(1984、1986)的二元态度改变理论和情绪传染理论(Barger & Grandy,2006)作为论述的基础提出我们的假设,并做了三个实证研究来检验我们的理论模型,其中两个研究用了二手资料加一手数据的方法,二手资料来自世界最大的两个众筹平台:Kickstarter 和 Indigogo。一手数据则是搜集在二手资料中缺乏的变量,即受众感觉到的创业者激情,结果发现我们的假设得到了支持。第三个研究是一个实验室实验,验证变量间的因果关系,结果也相当显著。

我们得到的初审结果是"修后再投",当然很开心。我把副主编的全信附在文后(见附录 A23-1),供大家参考。在这里只呈现最主要的内容,即需要改进的问题,总共有六个:

(1)对论文核心问题和机理的界定。不应该针对 VC 投资,而是众筹投资,所以去掉有关 VC 投资的论述,突出焦点。

> Framing. In terms of the big picture, I think that both reviewer 1 and I had very similar reactions to the current framing of the introduction. Specifically, it seemed like the introduction was set up to contrast (a) VCs' (or experts') use of information relevant to the central route of persuasion with (b) non-VCs' (or non-experts') use of information relevant to the peripheral route of persuasion (see pages 2 and 3 in particular). As reviewer 1 notes, though, these central ideas are never actually tested (see comment 1a). Reviewer 1 is concerned that the path from the ELM model of persuasion to the conclusion that we need to study passion in crowdfunding requires "some fairly big jumps in logic that ignore all other differences between these sources of funding". In the end, it is not really clear why VCs are introduced given that

the design does not in any way manipulate expertise (except to note that using undergraduate students in Study 2 is a potential limitation-page 32-as an aside, what type of MBA students were used in study 3? Professional? Executive?). Reviewer 1 goes on to note that perhaps some discussion of VCs and expertise would work better in the discussion section (see comment 2 from reviewer 1). In any event, though, I see a need to reconsider the current framing and present the key ideas in a way that really helps readers understand the conceptual space in which you are working and that helps readers better evaluate the nature of the contribution.

(2) 众筹平台是什么? 需要提供更多细节信息。

Crowdfunding. Related to comment 1 above, both reviewers felt that the introduction could be strengthened by providing more details about the different types of investments (reviewer 1, comment 1b; reviewer 2, comment 1). One of the potentially interesting things about this manuscript is that it focuses on a relatively novel phenomenon with some interesting outcomes (levels of funding and/or whether the project met its goal-see comment 13 from reviewer 2). Working in favor of a revision, I think many readers of the journal would be interested in the topic of crowdfunding. I also suspect that many readers would have the same reactions as did both reviewers 1 and 2 in that some additional background information would go a long way. For clarity, I want to specify that providing more detail about an interesting phenomenon is a necessary, but not sufficient, requirement for a successful revision. That is, as with any successful submission, there needs to be some strong theoretical or practical contribution beyond having a novel topic.

(3) 实验控制。需要重新做一个控制更严谨的实验。

Experimental control. Both reviewers raised concerns about various aspects of the experimental control (reviewer 1, comment 5; reviewer 2, comment 4). Both reviewers, in comments to the editor, indicate that the issues with experimental control seem unlikely to be resolved without collecting more data. At the core of their concerns is the observation that selecting videos to be representative of different conditions does not adequately eliminate alternatives. I am not sure how you can address these concerns. Perhaps it would be possible to show that videos differed only on the dimensions the videos were intended to represent and not on other potentially relevant dimensions (quality, physical attractiveness, etc.). Keep in mind that you would be more concerned about Type II errors here, so your results would actually be more compelling if you could show that most p-values were around 0.50 (not 0.05) also keeping in mind that conventional statistics were not really designed to test equivalence. Alternatively, you might be able to augment your studies with at least one well-controlled lab study using actors and standardized materials. If you could show that relationships (e.g., interactions of interest) occur in both settings, the results would be more compelling even if readers still had some concerns about non-equivalence resulting from specific videos.

(4)论文长度。

Length. Reviewer 2 (comment 2) notes that the length seems excessive and I completely agree. Regardless of how you approach the revision, I would like to see no more than 35 pages of text. Reaching this goal might require eliminating a study particularly if you add another study, and I would strongly suggest that you look at the number of hypotheses and consider eliminating some of them as well. In general, I would much prefer see a concise study with three or four well-crafted hypotheses than a lengthy manuscript with numerous but less insightful hypotheses. In my mind, the core of your research revolves around potential interactions between passion and innovation, so any hypotheses that support this link seem key, but I leave the decision about what to keep up to you. I will also note that Reviewer 2 offers a number of specific areas to consider when looking to shorten the manuscript (e.g., comment 2, comment 5, comment 9).

(5)项目创新度和激情传染。这二者之间的逻辑关系需要进一步阐述清楚。

Innovativeness and passion contagion. Both reviewers identify key ideas that seem important, but are not totally integrated into the theory and research design. For instance, in comment 3 reviewer 1 feels that you "need to do a better job of integrating project innovativeness into the model" and I agree. It seems like innovativeness could be a factor spurring the use of the central route of processing which going back to your original set-up would seem to imply an interaction between expertise of rater (VC or not) and innovation. As things currently stand, innovation seems more like a control. I am also interested in your response to question 12 from reviewer 2 in that it seemed like passion contagion was key to your research, so the absence of the construct in studies 2 and 3 stands out a bit.

(6)次要问题。不要用"边缘显著"这样的词汇。

Minor issue, but please do not refer to p-values as marginally significant. Technically, one establishes an alpha you can live with (95% or 90%) and then the test is dichotomous. I know you can find numerous examples of "marginally significant", but I would prefer manuscripts to be technically correct. You can make a case for using 0.10, perhaps, but also see comment 14 from reviewer 2.

其实仔细看的话,实质性的问题只有三个,即问题(1)、问题(3)和问题(5),其中问题(1)和问题(5)与理论论述有关,问题(3)则要求补充做一个操作更严谨的实验。相对而言,调整理论的阐述比较容易,做实验的挑战也不算难对付。因此,我们几位合作者讨论之后,立刻确定了修改的方向,并且着手设计实验,准备实验材料,进行被试招聘,安排实验场所、时间,等等。经过三个多月的努力,我们终于完成了论文的修改,并逐条对主编和评审人提出的意见进行了回复(全文见附录A23-1)。下面是我们对主编那几个要点的详尽回复:

(1) Framing. Thank you for your excellent comment! We agree with you and Reviewer #1 that we should frame our paper as a substantial scientific inquiry to understanding the phenomenon of crowdfunding (and consider entrepreneurial passion an important factor underlying crowdfunding success). We therefore restructured the introduction section considerably and streamlined our writing (pp. 2—5).

Specifically, in the opening paragraph, we offer a brief description of crowdfunding and highlight its increasing popularity and importance with appealing statistics. In the second paragraph, we argue that crowdfunding carries unique characteristics in contrast to traditional entrepreneurial resource acquisition alternatives (i.e., VCs and angel investors) and thus merits further investigation. In the third paragraph, we review the current literature on crowdfunding and highlight the role that the introductory video plays in facilitating crowdfunding success. In the fourth paragraph, we justify our focus on displayed passion in the introductory video based on elaboration likelihood model of persuasion (ELM). In the closing paragraph, we elaborate on the underlying mechanisms according to emotional contagion theory and then introduce project innovativeness as an important contingency based on ELM.

In response to your query about the type of MBA students used, we describe the MBA student sample for what is now Study 2 in Footnote #8 (p. 22):

"The MBA students that participated in Study 2 were all participating in an online MBA program at a large Midwestern University. They visit campus twice a year (one week each time). Study 2 was conducted during their visit on campus. The same situation applied to our MBA sample in Study 3. The two MBA samples do not overlap."

(2) Crowdfunding. We agree that additional background information in the introduction is critical to help readers better understand our research context. To this end, we have described the phenomenon of crowdfunding in our opening paragraph, along with some detailed statistics highlighting the increasing popularity and importance of crowdfunding (p. 2). Also, we provide a brief description of Venture Capitalists (VCs) and angel investors in Footnote #2 (p. 2).

In addition to the increasing economic scale of crowdfunding, wefurther highlight the unique characteristics that crowdfunding carries in contrast with VCs and angel investors in paragraph #2 of the introduction (p. 2). As such, we suggest that research is in sore need to examine the unique dynamics of resource acquisition in crowdfunding. Specifically, we state:

"For many early-stage entrepreneurs, crowdfunding provides an opportunity to access critical seed capital for projects that may not be appealing yet to more traditional investors such as Venture Capitalists (VCs) or angel investors (Schwienbacher&Larralde,2010). In crowdfunding, entrepreneurs appeal to a broad, diverse audience who usually has little-to-no professional expertise in evaluating a project's growth potential. This approach differs significantly from targeting traditional investors such as VCs and angel investors in three major ways. First, VCs and angel investors are informed, professional investors typically with expertise in venture financing (Heeley, Matusik & Jain, 2007), whereas the potential crowdfunding contributors are mostly novices who lack the knowledge to quantitatively evaluate an entrepreneurial project and have little experience in intuitively evaluating the quality and potential of such projects. Second, while VCs and angel investors invest fairly large amounts of money in exchange for equity and focus on maximizing financial returns, crowdfunding backers often support a project with small amounts of money simply because they like it or want to assist a budding entrepreneur with an interesting project idea. Third, the boom of online community and social media platforms (such as Facebook, Twitter, etc.) has fueled the rise of crowdfunding, and social media has become an integral part of the crowdfunding process, which is not the case of VCs or angel investors funding. Given the dramatic rise of the crowdfunding phenomenon, the amount of capital available for crowdfunding projects, and the changing nature of the funding process, the time is ripe to examine the unique dynamics of resource acquisition in crowdfunding."

(3) Experimental control. Thank you for this wonderful suggestion! In the revised manuscript, we removed this study (related to editor's comment #4 of eliminating a study if we add another study) and conducted a new well-controlled experiment (Study 3), in which we created our own videos using professional actors and standardized materials to manipulate displayed passion and product innovativeness.

We provide the four videos as supplementary materials in our resubmission. Please refer to Pages 27-30 in the revision for the details on experimental procedures and results of Study 3.

(4) Length. We have taken several steps to shorten our manuscript based on your suggestions as well as Reviewer #2's comments. First, since we con-

ducted a new, well-controlled experiment with actors and standardized materials, we dropped our initial Study 1 (the initial Study 2 and Study 3 are now Study 1 and Study 2 in the revised manuscript). Then we added the new experiment as Study 3.

Second, we restructured our hypotheses and the testing of the hypotheses. Specifically, we now have three core hypotheses (H1—H3, below) and the corresponding Figure 1 (below) to account for interactive effect of displayed passion and project innovativeness on crowdfunding outcomes (social media exposure and funding amount). Then we present Study 1 and Study 2 (Indiegogo and Kickstarter) to test these three hypotheses.

Hypothesis 1: In a crowdfunding context, displayed entrepreneurial passion in an introductory video will be positively related to the funding amount generated for the project.

Hypothesis2: The social media exposure a crowdfunding project receives will be positively related to the funding amount it garners. Furthermore, such social media exposure will partially mediate the relationship between displayedentrepreneurial passion and the funding amount for the project.

Hypothesis 3: The positive relationship between displayed entrepreneurial passion and (a) funding amount, and (b) social media exposure will be moderated by project innovativeness, such that the relationship becomes stronger when project innovativeness is higher.

FIGURE 1

Theoretical Model of Entrepreneurial Passion in Crowdfunding

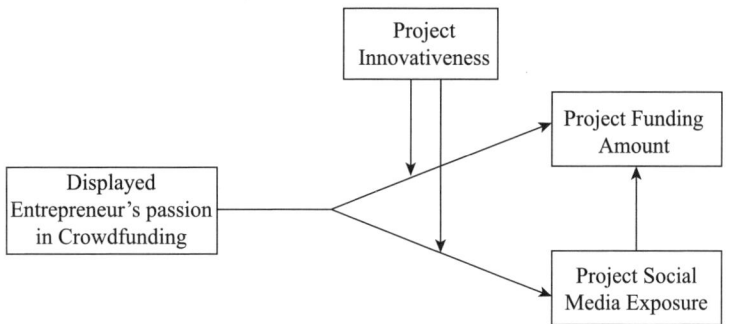

Study 3, our new experimental study, is designed to test the passion contagion process that we mentioned in the development of H1-H3 but were not hypothesized nor tested. To this end, we provided two new hypotheses (H4 & H5, and Figure 3 below) and presented the experiment that tested them. Note that a separate theoretical model at the individual level (Figure 3) is necessary because the outcome variables are different. Whereas with archival data (used in Study 1 & Study 2) we could capture the actual behavioral outcomes (social media exposure and funding amount), the experimental study can only capture the intention of respondents (willingness to share and intended funding amount). What's more, while social media exposure can contribute to project funding amount, there's only correlational but no causal relationship between individuals' willingness to share and intended funding amount.

Hypothesis 4: Entrepreneurs' displayed passion has a positive indirect effect, via viewers' experienced enthusiasm, on (a) viewers' intended funding amount for the project and (b) viewers' willingness to share information about the project.

Hypothesis 5: The positive indirect effect of entrepreneurs' displayed passion on (a) viewers' intended funding amount and (b) viewers' willingness to share, via viewers' experienced enthusiasm, are moderated by project innovativeness, such that the indirect effect tends to be more positive when project innovativeness is higher.

FIGURE 3

Individual Level Theoretical Model on Passion Contagion

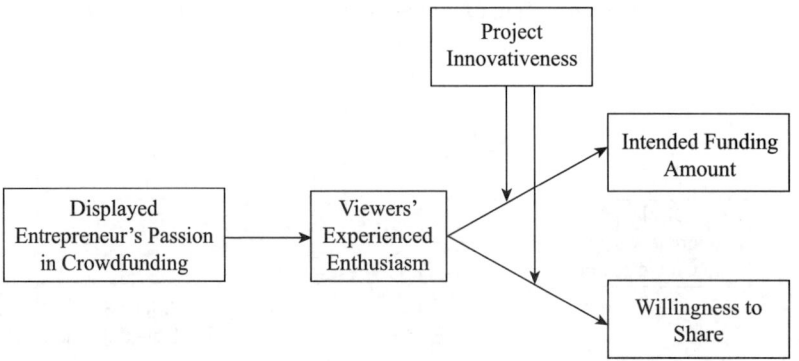

Third, we shortened our manuscript based on Reviewer #2's comment #2, #5, and #9. Additionally, we tightened our arguments and removed repetitive contents throughout the manuscripts to make our manuscript more concise.

(5) Innovativeness and passion contagion. Thank you for your suggestion on better integrating project innovativeness into the model. We agree that project innovativeness represents information from the central route that could also influence potential backers' behavior on funding and/or sharing a project. ELM explicitly posits that the extent to which individuals rely on elaboration of issue-relevant information versus peripheral cues is a continuum. Although potential backers are susceptible to peripheral cues, they are not ignorant of the true merits of a project. Instead, the cues from the two routes (displayed passion and project innovativeness) should co-determine potential backers' decisions. We first reflect this idea in the introduction section when we introduce project innovativeness as a moderator (below, p. 5). Then we provide more elaboration in the theoretical development of H3 regarding the moderating role of project innovativeness (pp. 11—12, not repeated here).

"Last, ELM suggests that the extent to which individuals rely on issue-relevant information versus peripheral cues is a continuum. In other words, while potential backers are significantly swayed by simple cues such as displayed passion (peripheral route of persuasion), they are not ignorant of the product-related information (central route of persuasion) such as innovativeness, which captures novelty and usefulness and is a key characteristic of a crowdfunding project. In particular, we argue that cues from these two routes intertwine to influence potential backers' attitudes toward the project, such that the effects of displayed passion on social media sharing and the funding amount raised tend to be more positive when entrepreneurs display passion in conjunction with high project innovativeness."

Second, when we first developed the theoretical model of how passion and innovativeness jointly influence crowdfunding outcomes (Figure 1 above), we did not directly test the passion contagion process for the sake of model simplicity. Adding experienced enthusiasm into Figure 1 will create a three-way mediation (display passion → experienced enthusiasm → social media exposure → funding amount), which can become even more complex with project innovativeness as a moderator. Nonetheless, after we conducted the Indiegogo Study and Kickstarter Study, we recognized the importance of testing the passion contagion process as it is key to our arguments for the hypotheses. Thus, we conducted an experimental study to test it at the individual level (Figure 3 above), where individuals' willingness to share and intended funding amount are two correlating outcomes without one leading to another, thus avoiding the three-way mediation. Although chronologically our original experiment should be Study 3 (after Indiegogo Study and Kickstarter Study), we feel that, in terms of logic and paper set-up, it should be presented as Study 1. That's why we tested the passion contagion process in the original Study 1 (experimental study) but not the original Study 2 (Indiegogo) and Study 3 (Kickstarter).

In our revision, we restructured the hypotheses and studies differently to reveal the real process of paper development. As noted earlier, we now have three core hypotheses (H1—H3) on the interactive effects of displayed passion and project innovativeness on crowdfunding outcomes (social media exposure and funding amount). Then we present Study 1 and 2 (with archival data from Indiegogo and Kickstarter) to test the three hypotheses. Study 3, our newly conducted experiment, is designed to test the passion contagion process that were theorized in the development of H1—H3 but were not hypothesized nor tested. To this end, we provide two new hypotheses (H4 & H5, and Figure 3) and present the experiment that test H4 and H5.

(6) Minor issue, but please do not refer to p-values as marginally significant. We apologize for misusing the term of "marginally significant." Regarding the interactive effect of passion and innovativeness on social media exposure ($p = 0.08$) in the Indiegogo Study (Study 1 in the revision), we took "marginally supported." Instead, we followed a most recent guideline of reporting significance tests (Goldfarb & King, 2016) and presented the p value. Specifically, (p.20):

"Finally, Model 7 in Table 2 presented the interactive effect of passion and innovativeness on social media exposure (two-tail test: $B = 0.385$, $t_{(100)} = 1.728$, $p = 0.08$). Although H3b is not supported at the .05 level, we believe this result is still worth reportinggiven our small sample size and relatively low power. Using bias-corrected bootstrapping procedure, we found that when project innovativeness was low (one SD below average), the indirect effect through social media exposure was not significant (*indirect effect* = 0.16, *Boot SE* = 0.14, 95% *CI* = [-0.08, 0.45]). In contrast, when project innovativeness was high (one SD above average), the indirect effect became significant (*indirect effect* = 0.48, *Boot SE* = 0.21, 95%, *CI* = [0.14, 0.96]). "

We also eliminated the signs of "marginally significant" throughout our tables.

Regarding why the interactions were not significant in the Kickstarter Study (Study 2 in the revision), we provided our speculations in the discussion section for Study 2 (p. 25):

"We speculate two reasons for the non-significant moderating effects in Study 2. First, we included both the technology and design projects in Study 2, whereas we only included the technology projects in Study 1. Innovativeness might not be as fundamental to design-based projects as to technology-based projects in the eyes of potential backers. For design-based projects such as wallets and water bottles, potential backers may care more about the product's exterior design as opposed to innovativeness. In other words, innovativeness is not ideal in capturing the central route informationfor design-based projects and its moderating effect is thus attenuated as Study 2 included design-based projects. Second, Kickstarter is more restrictive in the campaigns it hosts, whereas Indiegogo is positioned to be an inclusive community and has much lower entry barriers for potential campaigns. Such contrast is to some extent echoed by the higher innovativeness in Study 2 ($M = 4.58$, $SD = 0.99$, with a 7-point Likert scale) than Study 1 ($M = 4.17$, $SD = 0.82$), $t_{(220)} = 3.31$, $p < 0.01$. We speculate that as Kickstarter projects in general fall on the higher end of the innovativeness continuum, the moderating role of innovativeness is attenuated because the effect of passion may become equally strong for projects that pass a certain standard in innovativeness."

从我们的详尽回复中大家可以看见,我们对每一条意见的重视,花了许多努力去解决每一个问题,对于不能如愿的结果也做出尽可能合理的解释。这是非常重要的,因为研究者的工作就是尽可能认真严谨地搜集数据、分析数据、对结果做出合理的解读。这种有诚意的努力是主编和评审人特别看重的,至于结果究竟是否与假设的相一致,那是另外一回事。而假设的合理与否则在于理论论述是否符合逻辑推论,与数据也不发生直接关联。

我之所以没有在这里呈现我们对于每一位评审人意见的回复,一方面是因为篇幅实在太长,但更重要的原因是,只要能够有效回复主编的意见,对评审人意见的回复基本上也就搞定了。请大家注意,千万不要在某评审人某一条意见上纠结不定,因为每个评审人的意见可能不同,有时甚至相左,而主编则是在整合了所有评审人的意见后提出的修改论文特别需要关注的要点。所以,一定把精力花在回复主编信中提到的要点上,通常也只有三四个而已。

另外,主编的好坏其实也可以从他的信的内容中看出。好的主编常常会给作者提供修改的方向和建议,而不那么好的主编就只是就事论事,意见也是含糊其辞,让作者自己去琢磨。遇到这样的主编,作者可以想办法通过邮件或者电话与之直接沟通。但有的主编拒绝这样的沟通,那作者就只能完全靠自己的悟性和努力了。

我们把论文重投之后的第三个月,收到主编的来信,要求做第二次修改(R2),但这一次修改的内容就相对简单了很多,我们认为基本属于"吹毛求疵"。但是也必须认真对待啊,我在这里就不分享我们的信件内容了。

23.2.4　论文的发表

现在的大部分期刊,在论文被接受且经过作者的最后审定后,就会挂在期刊的网站上,但这还只是"待发表"(in press),不是正式发表。从接受到正式发表之间的时间每个期刊都不一样,有的是立刻在下一期发表(如 OBHDP),有的要等待几个月或一年左右(如 JAP 和 AMJ),有的则要等待几年以上(如 JOM)。发表的迟早对大部分人都不是问题,因为只要被接受,同领域的读者就可以看见了,不影响其传播。而且对于职业生涯而言,接受和发表基本也被同等对待。唯一有影响的可能是文章在其他媒体上的报道或改写,一般的媒体都需要在文章被正式发表之后才可以报道。比如 IACMR 与复旦大学合办的以管理者为读者群的中英文双语杂志《管理视野》,就只报道(改写)已经发表的论文。如果要等上几年才能报道,有点"黄花菜都凉了"的感觉。

  一旦论文发表,它就开始了自己的生命旅程。有的论文很快就受到大家的关注,激发更多的进一步研究;有的可能要沉寂多年之后才被某些学者注意到,之后成为经典;而有的也许从此就销声匿迹,不激起一点涟漪。

附录 A23 – 1 主编的决定信以及作者对一审意见的回复

Editor Comments

Dear Editor,

Thank you for giving us the opportunity to revise our paper entitled "*Catching Fire and Spreading It: A Glimpse into Displayed Entrepreneurial Passion in Crowdfunding Campaigns*". We found your feedback on the original submission extremely constructive and insightful. We followed your comments and suggestions wholeheartedly in revising the paper, and we hope that you find this revised manuscript significantly improved.

Following your suggestions, we have made a few major changes to the original manuscript:

First, we changed the framing of our paper to the focus on crowdfunding, an emerging phenomenon that carries unique characteristics in comparison to traditional channels of resource acquisition for entrepreneurs and thus merits investigations of its unique mechanism.

Second, we removed Study 1 in the original manuscript and conducted a new experiment by creating our own videos to manipulate passion and project innovativeness using professional actors and standardized materials. The Study 2 with Indiegogo data and the Study 3 with Kickstarter data in the original manuscript are now reported as Study 1 and Study 2 respectively in the revised manuscript, while the new experiment is presented as Study 3.

Third, we restructured our hypotheses and reduced them down to 5 hypotheses. We also tightened our arguments throughout the manuscript; as a result, the length of our text is about 35 pages.

Throughout the revision, we also made numerous changes and provided clarifications in response to all of your and the reviewers' comments. Since we are presenting three studies within 35 pages of texts, some of the clarifications are presented concisely in the manuscript, with more elaboration in the response letter. We are certainly happy, however, to integrate them into the revised manuscript you advise us to do so.

Thank you again for your time and effort in providing us such constructive and insightful comments and suggestions. We are grateful to have you as the editor of our paper.

Below we present our responses to the specific issues raised by your editorial letter and the comments by each reviewer.

Yours truly,
The Authors

Responses to Editor Comments (see earlier text)

Responses to Reviewers' Comments

Reviewer #1 Comments

Dear Reviewer 1,

Thank you very much for the time and effort you have put into our project. Your comments, questions, and suggestions were very helpful in our paper revising process. Below please see our point-to-point response to your comments.

1a. *I was a little confused by the framing of the paper. You start out by saying that there are mixed results for the role of passion in studies related to VCs and angel investors (AI). Then you say that this is because angel investors are not motivated to process information regarding projects, leading to greater focus on passion. Your conclusion is that we need to study the role of passion in crowdfunding. These are fairly big jumps in logic that ignore all other differences between these sources of funding. Can we really conclude something about crowdfunding based on studies about VCs and AIs? I think you should frame your study in terms of understanding crowdfunding and its underlying psychological processes. It would be easier then to understand exactly how you contribute to this literature in terms of better understanding of these psychological processes. It may be better to make links to VCs and angel investors more in the discussion.*

Our response: Thank you for your insightful suggestion! As we mentioned in response to editor's comment #1, we totally agree with you and have followed your suggestions to reframe our paper. In the revision, we completely revised the introduction section (pp. 2—5). Specifically, in the opening paragraph, we offer a brief description of crowdfunding and shows its increasing popularity and importance with appealing statistics. In the second paragraph, we argue that crowdfunding carries unique characteristics in contrast to traditional entrepreneurial resource acquisition-VCs and angel investors-and thus merits investigations of its nature and dynamics. In the third paragraph, we review the current literature on crowdfunding and highlight the role that the introductory video plays in facilitating crowdfunding success. In the fourth paragraph, we justify our focus on displayed passion in the introductory video based on the elaboration likelihood model of persuasion (ELM). In the closing paragraph, we elaborate on the mechanisms according to emotional contagion theory and introduce project innovativeness as an important contingency based on ELM.

Note that in the revised introduction, the second paragraph (pp. 2—3) is dedicated to address how crowdfunding is different from the traditional platforms of entrepreneurial resource acquisition-VCs and angel investors. This comparison highlights why crowdfunding, as a new way of acquiring resources, merits unique research attention (in response to editor's comment #2). The revised comparison is different from the one we made in the previous introduction, which sought to theoretically justify whydisplayed entrepreneurial passion works differently across VCs, angel investors, and crowdfunding. Following your suggestion, we move this part to the section "Theoretical Implications" (pp. 32—33) when we suggest ELM can synthesize the research findings on entrepreneurial passion across different contexts.

1b. *The introduction was all the more confusing as you assumed that readers know about these different types of investors in detail. As a person not overly familiar with this literature I had to look up these details in order to make sense of your arguments.*

Our response: We agree that additional background information in the introduction is critical to help readers better understand our research context. To this end, we now describe the phenomenon of crowdfunding in our opening paragraph, along with some detailed statistics highlighting the increasing popularity and importance of crowdfunding (p. 2). Also, we provide a brief description of Venture Capitalists (VCs) and angel investors in Footnote #2(p. 2):

"Venture capitalists (VCs) are individuals who operate in a partnership to raises funds that are then invested in entrepreneurial ventures in return for equity stake in those ventures. Most venture capitalists have significant entrepreneurial experience, investment experience or both (Berkery,2008). Angel investors are individuals who invest their own personal funds into an entrepreneurial venture in return for an equity stake in that venture. To do so they must meet the definition of an accredited investor (as defined by the Securities Act of 1933: a natural person whose net worth exceeds $1,000,000 and/or who has had an individual income in excess of $200,000 per annum) (Preston,2007). VCs and angel investors invest in entrepreneurial ventures to generate economic returns; therefore they look for ventures that demonstrate significant growth potential to maximize their likelihood of generating a good return."

In addition, we further elaborate on the crowdfunding context before the theoretical development of the hypotheses (p. 6).

"Crowdfunding websites (e. g. , Kickstarter) provide a webpage for each project. The project webpage presents the campaign title, the introductory video, and the current progress of the campaign-including the number of backers, amount of money pledged out of the goal amount set by the entrepreneur, and the days remain before the campaign closes. Scrolling down the project webpage, potential backers can read more details about the campaign (including descriptions of the project creator(s), specifics about the product, business plan, etc.), the updates that the project creator(s) post since launching the campaign, and the comments from other backers, along with the different backing options (varying in amount and rewards in return)."

2. *You portray angel investors as people who are experts but not terribly motivated to examine each project in detail, leading to peripheral processing. This, according to you is why angel investors are affected by passion while rational VCs are not so affected. I have a few issues with these arguments. From what I could gather, there are two types of angel investors. First, there are family and friends who help out with funding. Although these funders may be swayed by the passion of the entrepreneur, I don't think any findings related to funders who are family or friends can be generalized to people outside this close-knit circle. Second, there are professional angel investors who take big risks with smaller amounts of money on projects that have the potential to provide very big returns. While I agree with you that professional angel investors are not as worried about returns from each project as VCs I disagree with your conclusion that they are not motivated to process information. They may be more swayed by passion because they are making a judgment about the entrepreneur rather than the overall business plan and may have some definite ideas about what makes one person more likely to succeed than another. I am not sure that using expertise based intuition to make these sorts of judgments can be equated with using peripheral processing due to lack of motivation. You need to provide more detail about this issue to justify your position. Alternately you may drop your references to VCs and AIs and focus completely on explaining crowdfunding.*

Our response: Thank you for this comment. Following your suggestion, we now have shifted our focus to explaining crowdfunding in our introduction. And we moved the discussion on how ELM can potentially serve to synthesize research on entrepreneurial passion across different investor contexts to "Theoretical Implications" (pp. 32—33, in response to your comment #1a).

3. *You need to do a better job of integrating project innovativeness into your model. It is introduced on p5 as an afterthought without any justification. Why is this variable the best moderator for your model? How does it link to your overarching theory? One possibility is that it stands for the central processing undertaken by funders that is absent from your model. If so you need to theorize more about how dual processing occurs*

and how judgments of innovation and passion represent these two processes. However, your example on pp 9—10 about producers using the passion exhibited by presenters to categorize them into creative versus journeyman suggests that judgments of passion are related to judgments of innovativeness.

Our response: Thank you for your suggestion on better integrating project innovativeness into the model, and we very much agree that project innovativeness represents information from the central route that could also influence potential backers' behavior on funding and/or sharing a project. ELM explicitly posits that the extent to which individuals rely on elaboration of issue-relevant information versus peripheral cues is a continuum. Although potential backers are susceptible to peripheral cues, they are not ignorant of the true merits of a project. Instead, the cues from the two routes (displayed passion and project innovativeness) should co-determine potential backers' decisions. We first demonstrate this idea in the introduction section when we introduce project innovativeness as a moderator (below, p. 5):

"Last, ELM suggests that the extent to which individuals rely on issue-relevant information versus peripheral cues is a continuum. In other words, while potential backers are significantly swayed by simple cues such as displayed passion (peripheral route of persuasion), they are not ignorant of the product-related information (central route of persuasion) such as innovativeness, which captures novelty and usefulness and is a key characteristic of a crowdfunding project. In particular, we argue that cues from these two routes intertwine to influence potential backers' attitudes toward the project, such that the effects of displayed passion on social media sharing and the funding amount raised tend to be more positive when entrepreneurs display passion in conjunction with high project innovativeness."

Then we provide more theorization on how project innovativeness (information from the central route) and perceived passion (cues from the peripheral route) interactively lead to potential backers' decision in the theoretical development of H3 (pp. 11—12).

In addition, regarding the example about producers making judgments about writers' innovativeness based on their displayed passion, we believe that in the context of screenplay writing, the judgment on innovativeness is much more subjective than the evaluation of innovativeness for a technology or design project. In other words, in the context of crowdfunding, the evaluation of innovativeness is less likely to be confounded by displayed passion. We have evidence to support such claim in our newly conducted experiment where we choose two project prototypes to represent low and high innovativeness. We hired an actor to manipulate differential displayed passion on each project (p. 28, *Manipulation check*). Specifically, we find that the high-passion-high-innovativeness group reported higher passion ($n = 30, M = 5.33, SD = 0.95$) than the low-passion-high-innovativeness group ($n = 31, M = 2.19, SD = 1.25$), $t_{(59)} = 11.03, p < 0.01$, while the reported innovativeness of the two groups were not significantly different as expected, $t_{(59)} = 0.74$, $p = 0.46$. Also, the high-passion-low-innovativeness group reported higher passion ($n = 29, M = 4.85, SD = 0.94$) than the low-passion-low-innovativeness group ($n = 30, M = 2.03, SD = 1.13$), $t_{(57)} = 10.40$, $p < 0.01$, and the reported innovativeness for the two groups were again not significantly different, $t_{(57)} = 0.85$, $p = 0.40$. As such, viewers' evaluation of innovativeness is not influenced by their perceived passion of the entrepreneurs. For what is worth, we removed the example of passion in script writing, not because it countered our argument, but for the purpose of tightening our argument and shorten our manuscript.

4. *You need to further develop your arguments relating observer enthusiasm to information sharing on social media. So far your logic seems to be that people are motivated to share things they are excited about but you don't explain why.*

Our response: Thank you for this comment. We agree and have improved our arguments relating observer enthusiasm to sharing on social media. Now we say (pp.9—10):

"First, while funding directly supports a project, sharing project information via social media is also a form of (albeit costless) support of a project and its creator(s). Exposing or sharing a video link of a project idea on social media networks means that the project is broadcast to a broader audience via a known and trustworthy intermediary (i.e., a personal social-media connection), which in turn helps boost the number of viewers (Bakshy, Rosenn, Marlow, & Adamic, 2012). Second, individuals are motivated to share contents and experiences make them emotionally charged, because the social sharing of emotion can relive and make sense of the emotional experience (Rime, Mesquita, Phillipot, & Boca, 1991) and deepen social connection (Peters & Kashima, 2007). Heath, Bell, and Sternberg (2001) corroborate that people are more likely to pass along stories that elicit strong emotions (such as disgust). In a study examining 6,956 articles from the *New York Times*, Berger and Milkman (2012) found that people were more likely to share online content with others when they were highly aroused by such content (i.e., feeling active, fired up, and energetic), even after controlling for whether the content was surprising, interesting, or practically useful. Social media platforms such as Facebook, Google +, and Twitter have become the most popular and convenient channels for people to share information with friends and family. Therefore, potential backers who "catch" passion from watching a video are likely to share such a project with friends and family through the built-in social media sharing mechanisms."

5. *I appreciate the trouble taken to conduct three studies. However, the same problem crops up in each study. You select existing videos of entrepreneurs seeking crowdfunding and then categorize them as to whether the individual shows or does not show passion. In doing so we cannot be sure that some other attributes that influence funding judgments do not systematically vary across these conditions. For example, an*

entrepreneur may be more passionate about a project which is more achievable and this may be picked up by potential funders. Your study design controls for innovativeness but other attributes like project quality, presentation quality or innovator qualifications are not controlled. A person with a sound project that may be presented easily and logically may find it easier to be passionate about the project than someone who knows that their project is not of highest quality. Thus passion and viability may be confounded. A project may be deemed viable without being very innovative, so controlling for innovation may not completely remove this problem.

Our response: Thank you for raising these concerns. First, we wanted to clarify that in the two studies with archival data (Indiegogo Study and Kickstarter Study), we did not select crowdfunding projects based on the displayed passion or categorize them. Instead, we started with all of the existing crowdfunding projects and applied three criteria to obtain a finer sample for examination: (a) U.S.-based projects, (b) projects seeking over $5,000, and (c) projects have an introductory video. Then we randomly selected 100 projects in the Indiegogo Study and 135 projects in the Kickstarter Study, and examined them in conjunction with students' evaluation of displayed passion and innovativeness. Even so, we realized that the relationships between passion and crowdfunding outcomes (social media exposure and funding amount) might be confounded by project viability as you suggested. Nonetheless, we believe that when a project is more viable, entrepreneurs not only find it easier to present and show passion, but also will have better preparation in presenting the project on the homepage, which can be shown in the number of updates they prepare on the websites (Mollick, 2014). Therefore, by controlling for the number of updates, we believe we have to some extent accounted for the potential confounding factor of viability.

Second, as noted earlier, we agree that the initial experiment in our previous manuscript was not well controlled and the conclusions drawn from it could be potentially confounded by the factors you mentioned. Therefore, we conducted a new experiment (Study 3), in which we created our own videos using a professional actor and standardized materials to manipulate displayed passion and project innovativeness, thereby excluding potential confounding factors such as viability.

6. *I am not convinced that the number of FAQs on the website says that much about the quality of either the project or the individual. Overall you need to do a better job of justifying your controls.*

Our response: We believe that serious and conscientious entrepreneurs, in preparing their project for crowdfunding, will think hard beforehand about the questions that potential backers may have when viewing their projects, or update the FAQs based on questions they get from potential backers. Therefore, the number of FAQs that entrepreneurs have on the homepage can to some extent capture the seriousness and conscientiousness of the entrepreneurs. Nonetheless, FAQs is not significantly related to project funding amount nor social media exposure in our study. We speculate it is because the number of updates provided by entrepreneurs is a stronger indicator of entrepreneurs' preparedness (Mollick, 2014), thus the effect of FAQs is washed out when the number of updates is in the equation.

We improved the justifications for control variables in our revision, specifying the reasons for including each variable. Nonetheless, we were bounded by the length of the manuscript (reducing it to 35 pages) and might not have fully elaborated our reasoning. We are certainly happy to further elaborate if you think it's necessary.

7. *I am not sure why a person spending more time on a video than its duration is necessarily more distracted than a person who watches for the exact length of time (p. 20). For example a person may answer the phone while watching the video and not fully capture what is going on but maintain enough focus to move away from the webpage once it is over (multitasking is problematic in this context). Equally a person thinking about the video may not move away from the page immediately.*

Our response: We agree that we cannot *guarantee* that participants who stay at the pages more than 30 seconds beyond the video length necessarily did not pay attention to the video, nor can we *ensure* that participants who spend normal time on the video page were indeed focusing on the video all the time. Instead, we believe that there's a *high chance* that the participants were distracted from the video when they spend abnormal time on the page. We may have wrongly excluded some "responsible" participants because they spend excessive time on the video page, but using the data that are likely problematic will do a greater harm to data integrity than excluding data that may be fine, as we realize there's always a certain proportion of students that don't pay attention to a research study that's part of a course requirement. The standard of more than 30 seconds beyond the video length is the best method, albeit not perfect, that we can think of to guarantee data quality without subjective bias.

Note that we do agree that "a person thinking about the video may not move away from the page immediately." That is why we set the standard as 30 seconds beyond the video length rather than the exact video length.

8. *I did not follow why you focused on projects seeking more than $5,000 (p. 25). So what if at this level other types of investors may be interested?*

Our response: Mollick (2014, pp. 7—8) offered two reasons of focusing on projects seeking more than $5,000: "Since Kickstarter projects cover a wide range of funding levels, the underlying models for $100 projects and $100,000 projects are likely very different. To address this concern, for this analysis I limited the population to only large projects, with goals of ＄5000 or higher. Critically, at these funding levels, crowdfunding more properly competes with formal funding through angels or financial institutions, and therefore gives more analytical purchase on the factors that might lead to success for crowdfunded entrepreneurial ventures."

We concur with Mollick and thus followed such an approach in our paper. Our starting point of examining crowdfunding is that it has become an important alternative for serious entrepreneurs when they seek capital at the very early stage of their endeavor. We examine crowdfunding in connection to entrepreneurship. Thus, we focus on the projects that likely represent serious entrepreneurial endeavors——which may further get funded by angel investors and venture capitalists in the future——rather than those asking for supports for one-time fun experience. Thus, we followed Mollick (2014) and used the ＄5,000 goal amount as the cutoff.

"To decrease sample heterogeneity, we followed Mollick (2014) and (a) focused on U.S.-based projects only because foreign projects are atypical compared with U.S.-based projects and (b) focused on projects seeking more than ＄5,000 because, at this funding level, crowdfunding projects begin to represent serious efforts in raising funds for entrepreneurial endeavor (Mollick, 2014)."

In sum, we found your comments and suggestions very helpful in our quest to improve the manuscript. We appreciate the time, effort and thought that you have put into your review. The revised manuscript is stronger because of your involvement. Thank you!

Response to Reviewer #2 Comments

Dear Reviewer 2,

Thank you very much for your constructive and critical comments and suggestions! We greatly appreciate the time and effort you have put into your review. Your thoughtful comments helped us a great deal in revising our manuscript. We hope you find our revised manuscript much more improved than the original submission. Below please see our point-to-point response to your comments.

1. *I am not an expert on crowdfunding, so when reading this paper I wanted more information about the industry and the general effectiveness of project funding. The authors write that that it is a ＄5B worldwide industry. While this may be true, I wanted to know: What percentage of projects actually hit or approach their funding goals (i.e., successful projects)? That is, what is the ratio of actual funds received to funds requested?*

Our response: Thank you for your comments. In our revised manuscript, we have reframed our paper to focus on exploring the mechanisms underlying the emerging phenomenon of crowdfunding. Therefore, we started the paper by introducing crowdfunding, and following your suggestion, we provided more details about the industry in our opening paragraph. Specifically, we wrote (p. 2):

"As of March 2016, more than 100,000 projects (35.38% of the total launched projects) had been successfully funded via Kickstarter-the world's largest crowdfunding platform-with total funding of more than \$2.3 billion, coming from more than 10 million backers worldwide (with 3.3 million repeated backers)."

Moreover, at the start of our theory section, we briefly described how crowdfunding projects are presented on the online platforms such as Kickstarter (p. 6):

"Crowdfunding websites (e.g., Kickstarter) provide a webpage for each project. The project webpage presents the campaign title, the introductory video, and the current progress of the campaign-including the number of backers, amount of money pledged out of the goal amount set by the entrepreneur, and the days remain before the campaign closes. Scrolling down the project webpage, potential backers can read more details about the campaign (including descriptions of the project creator(s), specifics about the product, business plan, etc.), the updates that the project creator(s) post since launching the campaign, and the comments from other backers, along with the different backing options (varying in amount and rewards in return)."

2. *I recognize that the paper has three studies, so it's forgivable that it's a little on the long side. However, at 42 pages of text, it's really a bit too long. I recommend condensing where possible and cutting the manuscript by five pages or more. For example, information on the bottom of p. 6 is repetitive with the earlier section on the ELM. As another example, I don't think you need two full pages to justify the link between social media exposure and funding amount (pp. 15—16).*

Our response: Your points are well taken. We made great effort to condense our manuscript as much as we could. We removed the repetitive section on ELM, and also condensed our arguments on the link between social media and funding amount. In addition, we tightened our writing throughout the paper. as a result, the revised manuscript is now 35 pages long in texts with three studies.

3. *My concern with the field studies is that it's absolutely impossible to know whether funders or potential funders actually watched the video. I went to kickstarter and found an example technology project (https://www.kickstarter.com/projects/playdxtr/playdxtr-the-worlds-smartest-building-blocks? ref =*

home_featured). In this example—the first one that popped up when I clicked on "technology" projects, has so much additional information available to potential funders that I think we have to question whether potential/actual funders watched the video before deciding on whether to provide funding.

Our response: Although we don't have solid evidence that every viewer of a crowdfunding project necessarily watches the introductory video, we are confident that at least the very majority of viewers watch the video for several reasons. First, the introductory video is at the central spot of the homepage and it's the first thing that people see when they view the project. Second, the video in general offers a quick overview of the entrepreneurs and the product, thus it is the most convenient way for potential backers to get a quick sense of the project and decide if they want to check on more details about the campaign. Third, Kickstarter staff strongly recommend that project creators have an introductory video. For example the Kickstarter handbook stipulates: "A lot of your story can be conveyed with words, but there's more to a good project page than text. Images and video are a huge help for bringing people inside your story" (https://www.kickstarter.com/help/handbook/your_story). A Google search with "videos in crowdfunding" give us numerous anecdotal quotes from practitioners and crowdfunding specialists on the importance of video. For example: "Video is only part of the equation. The other parts include your own marketing efforts, rewards, and the project itself. But, the video is the first thing most people will see before they decide to back your project" (http://www.forbes.com/sites/neilstclair/2014/11/27/how-tovmake-a-crowdfunding-video-that-works/#25751e0c7461).

4. I liked the idea of including both a lab and a field study, but I was really concerned about choosing exemplar videos for the four cells in Study 1, instead of generating your own videos and using the same actor in each video. Without tighter controls, it just seems like there are too many potential differences across videos, both in terms of the main variables (e.g., the high innovativeness-low passion video is potentially a very different project from the high innovativeness-high passion video) and extraneous variables (e.g., the presenter's physical attractiveness).

Our response: Thank you for your excellent suggestion! We agree that our initial Study 1 was not a well-controlled experiment and the conclusion drawn from it could potentially be confounded by other factors. In the revised manuscript, we have removed this study (related to editor's comment #4 of eliminating a study if we add another study). Instead, we conducted a new experiment (Study 3), in which we created our own videos using a professional actor and standardized materials to manipulate displayed passion and product innovativeness.

We provide the four videos as supplementary materials in our resubmission. Please refer to Pages 27—30 in the revision for the details on experiment procedures and results of Study 3.

第 23 章 论文的写作和发表

5. *Given how the mediators (enthusiasm and willingness to share on social media) and DVs were assessed in Study 1——the assessment of the DV immediately following the mediators, in that order——would seem to make it very likely that you would observe mediation. It begs the question: How could this not be true? One thing that you might do to address this is to show that funding amount does * not * function as a mediator when you make enthusiasm and willingness the DVs. That is, please calculate the indirect effects of passion (and the passion x innovativeness interaction) on enthusiasm and willingness to share, via funding amount.*

Thank you for your suggestion. Regarding our new experiment (Study 3), we performed the extra analyses you mentioned to further corroborate the mediating role of experienced enthusiasm in explaining the intended funding amount and willingness to share.

Specifically, when we use intended funding amount as the mediator and experienced enthusiasm as the dependent variable, the indirect effect is not significant, evidenced by Sobel test (indirect effect = 0.06, SE = 0.11, Z = 0.53, p = 0.60) and the bootstrapping bias-corrected procedure (indirect effect = 0.06, Boot SE = 0.11, 95% CI = [-0.14, 0.27]).

Similarly, when we use willingness to share as the mediator and experienced enthusiasm as the dependent variable, the indirect effect is not significant either, evidenced by Sobel test (indirect effect = 0.07, SE = 0.13, Z = 0.55, p = 0.58) and the bootstrapping bias-corrected procedure (indirect effect = 0.07, Boot SE = 0.13, 95% CI = [-0.18, 0.32]).

Given the current length of our manuscript, we did not report this analysis in the revision. We will be happy to include it if you suggest so.

6. *Why is "appropriate" an item measuring innovativeness (p. 22)? I also wondered about useful, meaningful, and value-added, but appropriate seemed the most out of place.*

Our response: We refer to the marketing literature to assess product innovativeness (e.g., Andrew & Smith, 1996; Sethi, Smith, & Park, 2001). Innovativeness captures the notion of "meaningful uniqueness." To be innovative, a product needs to differ from competing alternatives *in a way that is meaningful to customers*. That is, being unique and different is a necessary condition for innovativeness but not a sufficient condition. We concur with such conceptualization. Thus, we used the measure developed by Sethi, Smith, and Park (2001) that included both novelty and usefulness to assess innovativeness.

References:

Andrews, J. & Smith, D. C. (1996). In search of the marketing imagination: Factors affecting the creativity of marketing programs for mature products. *Journal of Marketing Research*, 174—187.

Sethi, R., Smith, D. C. & Park, C. W. (2001). Cross-functional product development teams, creativity, and the innovativeness of new consumer products. *Journal of Marketing Research*, 38(1): 73—85.

7. *What was the third item for the willingness to share scale in Study* 1?

The third item is "I would tweet about this product idea (assuming I have an active account)". In the revised manuscript, we provided all three items in the measure section of Study 3 (p. 28):

Willingness to share. We measured participants' willingness to share the project using three items. Participants indicated the extent to which they agree/disagree with the items based on a 7-point Likert scale: "I would share this project idea on Facebook and/or Google + (assuming I have an active account)," "I would tweet about this product idea (assuming I have an active account)," and "I would recommend this product idea to friends or family" ($\alpha = 0.88$).

8. *Please provide condition means and SDs for all hypothesis tests for Study* 1. *I also think d makes more sense than eta-squared as a measure of effect size here.*

Our response: Thank you for the suggestion. In reporting on our new experiment, we provide the means and SDs when conducting manipulation checks (pp. 28—29). When we test the hypothesized indirect effect of displayed passion on participants' intended funding amount and willingness to share the project (pp. 29—30), we use the moderated mediation analysis (Hayes, 2013).

9. *I thought the analyses presented on the top of p. 24 were repetitive. I could see some value of presenting this so that the reader understands that it doesn't matter which variable is conceptualized as the IV and which is the moderator. But I think it becomes unnecessary when you already have 40 + pages of text.*

Our response: The analyses you refer to have been removed from our manuscript as we removed the original Study 1.

10. *In Studies 2 and 3, what rule of thumb are you using for acceptable rwg values?*

Our response: We deemed the Rwg acceptable when median Rwg is larger than 0.70 (James et al.,1984; Lance et al.,2006).

Reference:

James, L. R., Demaree, R. G. & Wolf, G. (1984). Estimating within-group interrater reliability with and without response bias. *Journal of Applied Psychology*,69(1),85.

Lance, C. E., Butts, M. M. & Michels, L. C. (2006). The sources of four commonly reported cut-off criteria what did they really say? *Organizational Research Methods*, 9(2), 202—220.

11. *Again, I'm not an expert in crowdfunding, but: the bit of exploring I did turned up some variability in rewards entrepreneurs offered in exchange for funding. I didn't see where this was represented in the control variables for studies 2 or 3.*

Our response: We recognize that there are indeed variations in the reward categories that entrepreneurs offer across different projects. We did not include it as a control variable because, theoretically, we do not see the link between the number of reward categories and the project's social median exposure or funding amount. We don't expect a project more likely to succeed by providing more, or less, reward categories. Aligning with the principle that we should only include certain factors as control variables when we have good reasons of doing so, we did not include reward categories as a control variable. Relatedly, in our sections introducing control variables, we briefly address the theoretical or empirical reasons of including each control variable.

12. *If an important theoretical premise was "passion contagion," why didn't you measure the respondents' experienced enthusiasm again in Studies 2 and 3?*

Our response: When we first developed the theoretical model of how passion and innovativeness jointly influence crowdfunding outcomes (Figure 1 in our revision), we did not directly test the passion contagion process for the sake of model simplicity. Adding experienced enthusiasm into Figure 1 will create a three-way mediation (display passion→experienced enthusiasm→social media exposure→funding amount), which can become even more complex with project innovativeness as a moderator. Nonetheless, after we conduct the Indiegogo Study and Kickstarter Study, we recognized the importance of testing the passion contagion process as it is key to our arguments for hypotheses. Thus, we conducted an experimental study to test it at the individual level (Figure 3 above), where individuals' willingness to share and intended funding amount are two correlating outcomes without one leading to another, thus avoiding the three-way mediation. Although chronologically our original experiment should be Study 3 (after Indiegogo Study and Kickstarter Study), we felt that, in terms of logic and paper set-up, it should be presented as Study 1 in our original submission. That's why the passion contagion process was not measured in the original Study 2 (Indiegogo) and Study 3 (Kickstarter).

In the revised manuscript, we restructured the hypotheses and studies differently to reveal the real process we went through in our paper development. We now have three core hypotheses (H1—H3) on the interactive effect of displayed passion and project innovativeness on crowdfunding outcomes (social media exposure and funding amount). Then we present Study 1 and Study 2 (with archival data from Indiegogo and Kickstarter) to test the three hypotheses. Study 3, our newly conducted experiment, is designed to test the passion contagion process that were theorized in the development of H1—H3 but were not hypothesized nor tested. To this end, we provided two new hypotheses (H4 & H5, and Figure 3) and then presented the experiment testing H4 and H5.

13. *Should the DV really be the amount of funding received? Wouldn't it make more sense to have it be "project success", or whether the project met its funding goal? At a minimum, I'd think you would want to have this measure of success be an alternative/additional DV. I recognize that you controlled for goal amount, but I think you'd be better off conceptually by building that into the DV. Plus, you'd save a degree of freedom.*

Indeed, in Kickstarter, crowdfunding projects can only receive the funds pledged to them only when the project is successful——that is, the funds raised within the funding period exceeds the pre-set goal amount. Therefore, success/failure is an important criterion for crowdfunding projects in Kickstarter. However, the situation for Indiegogo is different. As of August 2014, 95.6% of Indiegogo campaigns are flexible funding——that is, project creators can keep the money pledged to them no matter whether it exceeds the goal amount or not (https://www.shopify.com/guides/crowdfunding/crowdfunding-infographic). Therefore, success/failure has little practical meaning for Indiegogo projects.

We presented the supplementary analysis with success/failure as dependent variable in Study 2 (Kickstarter Study) on Pages 24—25:

"In Kickstarter, project creator(s) can receive the funds pledged to them only when their project raises more money than its goal amount by the end of its funding period (i.e., the campaign is deemed successful). Otherwise, the pledged funds will be returned to the backers. Thus, success/failure is another important metric that practitioners and researchers value in Kickstarter (Mollick, 2014). Therefore, we retested our model with the success/failure of each campaign (success = 1; failure = 0) as the dependent variable (72 successful campaigns and 50 failed ones in our sample of 122 campaigns). We found that passion was positively related to campaign success (B = 1.05, Wald = 9.90, $p < 0.01$, Exp[B] = 2.85). In addition, social media exposure was positively related to campaign success (B = 1.43, Wald = 15.47, $p < 0.01$, Exp[B] = 4.19). Bootstrapping procedure (indirect effect = 0.79, Boot SE = 0.40, 95% CI = [0.23, 1.74]) also confirmed the mediating role of social media exposure. However, the moderating effect of innovativeness on the relationship between passion and success was not supported."

And we explained why we did not conduct the same analysis for Study 1 (Indiegogo Study) in Footnote #8 that followed the analysis above (p. 24):

"We did not conduct the success/failure analysis for the Indiegogo study because, as of August 2014, 95.6% of Indiegogo campaigns are flexible funding——that is, project creators can keep the money pledged to them no matter whether it exceeds the goal amount or not (https://www.shopify.com/guides/crowdfunding/crowdfunding-infographic). Therefore, success/failure has little practical meaning for Indiegogo projects, whereas the option of flexible funding is not available in Kickstarter."

14. *I was really puzzled by the fact that the authors never addressed the non-significant (passion x innovativeness) interaction in Study 3 in the General Discussion, except to suggest that it was a result of small sample size. Given the number of projects available to analyze, the sample size is very much under the control of the authors.*

Our response: Thank you for raising this point. In the revised manuscript, we discussed why the interactions were not significant in the Kickstarter Study (Study 2 in the revision) on page 25:

"We speculate two reasons for the non-significant moderating effects in Study 2. First, we included both the technology and design projects in Study 2, whereas we only included the technology projects in Study 1. Innovativeness might not be as fundamental to design-based projects as to technology-based projects in the eyes of potential backers. For design-based projects such as wallets and water bottles, potential backers may care more about the product's exterior design as opposed to innovativeness. In other words, innovativeness is not ideal in capturing the central route information for design-based projects and its moderating effect is thus attenuated as Study 2 included design-based projects. Second, Kickstarter is more restrictive in the campaigns it hosts, whereas Indiegogo is positioned to be an inclusive community and has much lower entry barriers for potential campaigns. Such contrast is to some extent echoed by the higher innovativeness in Study 2 (M = 4.58, SD = 0.99, with a 7-point Likert scale) than Study 1 (M =

4.17, SD = 0.82), $t_{(220)}$ = 3.31, $p < 0.01$. We speculate that as Kickstarter projects in general fall on the higher end of the innovativeness continuum, the moderating role of innovativeness is attenuated because the effect of passion may become equally strong for projects that pass a certain standard in innovativeness."

In conclusion, we would like to thank you again for your insightful and developmental comments and for the time you have invested in helping us to improve the paper. We believe that our paper has been improved a great deal because of your input. We are very grateful.

Yours truly,
The Authors

参考文献

Barger, P. B. & Grandey, A. A. (2006). Service with a smile and encounter satisfaction: Emotional contagion and appraisal mechanisms. *Academy of Management Journal*, 49, 1229—1238.

Barkema, H., Chen, X. P., George, G., Luo, Y. D. & Tsui, A. S. (2015). West meets East: New theories and concepts. *Academy of Management Journal*, 58, 460—479.

Brooks, A. W., Schroeder, J., Risen, J. L., Gino, F., Galinsky, A. D., Norton, M. I. & Schweitzer, M. E. (2016). Don't stop believing: Rituals improve performance by decreasing anxiety. *Organizational Behavior and Human Decision Processes*, 137, 71—85.

Campbell, E. M., Liao, H., Chuang, A., Zhou, J. & Dong, Y. (2017). Hot shots and cool reception? An expanded view of social consequences for high performers. *Journal of Applied Psychology*, 102, 845—866.

Chen, C. C., Friedman, R. & McAllister, D. (2017). Seeing and Studying China: Leveraging phenomenon-based research in China for theory advancement. *Organizational Behavior and Human Decision Processes*, 143, 1—7.

Grant, A. M., Berg, J. & Cable, D. (2016). Job titles as identity badges: How self-reflective titles can reduce emotional exhaustion. *Academy of Management Journal*, 57, 1201—1225.

Grant, A. M. & Pollock, T. G. (2011). Publishing in AMJ—Part 3: Setting the hook. *Academy of Management Journal*, 54, 873—879.

Li, J. J., Chen, X. P., Kotha, S. & Fisher, G. (2017). Catching fire and spreading it: A glimpse into displayed entrepreneurial passion in crowdfunding campaigns. *Journal of Applied Psychology*, 102, 1075—1090.

Martin, A. E. & Philips, K. S. (2017). What "blindness" to gender differences helps women see and do: Implications for confidence, agency, and action in male-dominated environments. *Organizational Behavior and Human Decision Processes*, 142, 28—44.

Menges, J. I., Tussing, D. V., Wihler, A. & Grant, A. M. (2017). When job performance is all relative: How family motivation energizes effort and compensates for intrinsic motivation. *Academy of Management Journal*, 60, 695—719.

Petty, R. E. & Cacioppo, J. T. (1984). Source factors and the elaborationlikelihood model of persuasion. *Advances in Consumer Research*, 11, 668—672

Petty, R. E. & Cacioppo, J. T. (1986). *The Elaboration Likelihood Model of Persuasion*. Springer New York.

Raghuram, S., Brewster, C., Chen, X. P., Ferndale, E., Gully, S. & Morley, M. (2017). On theory, technique, and text: Guidelines and suggestions for publishing in international human resource management research. *International Journal of Human Resource Management*, 28, 1640—1660.

Ritter, K. J., Matthews, R. A., Ford, M. T. & Henderson, A. A. (2016). Understanding role stressors and job satisfaction over time using adaptation theory. *Journal of Applied Psychology*, 101, 1655—1669.

Smith, K. G. & Hitt, M. A. (2008). *Great Minds in Management: The Process of Theory Development*. Oxford, UK: Oxford University Press.

附 录

附录 1　IACMR 追求卓越宣言(伦理准则)
附录 2　术语英汉词汇对照
附录 3　经典方法论文献

附录1　IACMR 追求卓越宣言(伦理准则)

IACMR 的宗旨就是追求卓越。这种承诺不仅体现在组织的工作层面和它的成员身上,还扩展至本组织对其赞助者的一贯态度。

IACMR 把"卓越"作为其最高的努力和追求目标。其职责为:

(1)创造并传播中国情境下企业管理的知识,这些知识不仅具有严谨的学术价值,而且真实地反映现实世界并在追求卓越的商业实践中有用的管理知识。

(2)致力于推广发展设计严谨、善待被试、保护隐私、认真报告结果的学术研究,并且强调对引用的文献要注明出处。

(3)促进研究人员与管理实践者之间公平、公开及彼此尊重文化传统的交流。

(4)承认会员、研究管理的学生、管理的实践者和所有个体的尊严及个人价值。

(5)我们的研究和著作应能代表文化和视野的多样性,并对道德问题保持敏感。

(6)在对待我们的同行和展示研究成果时,保持客观性和公正性。

(7)坚持最高的专业标准。

(8)不断引入新会员并鼓励所有会员全情投入以保持组织和会员的新陈代谢。

研究的道德规范

IACMR 会员应以准确、客观的方式和负责任的心态来展现他们的资格、能力和研究报告。IACMR 会员还必须以正直、关怀和尊重的最高标准来对待从事学术研究的个体和专业社团。

学术正直

IACMR 会员有责任对研究课题进行严谨设计、执行、分析、报告和展示他们的结果。严谨的研究包括悉心设计、执行、分析和对结果的解释及数据的真实。研究的展示应该忠实于数据并反映研究结果的优点和缺点。若存在任何重要的变通假设和解释,它们应该被指出来,而那些驳斥假设的数据也应该被承认是可靠的。著作权和声誉应该在对作品有贡献的各方之间进行合理的分配。不论出版与否,都应指出那些从别处得来的思想和概念,以及建议和帮助。反之,则构成剽窃。

期刊提交制度

IACMR会员应该严格遵守期刊制度,禁止一稿两投或一稿多投。依据基本相同数据和结果只能发表一篇论文,除非论文被改写成不同的方式通过不同的渠道准确地传达给不同的受众。在这种情况下,学会会员应该对打算多渠道出版的文章与相关期刊编辑进行坦诚的沟通。来自同一研究的几个独立的报告应该让相关的期刊编辑知道,而且报告之间也应相互提及。

评审人与编辑的责任

IACMR评审人和期刊编辑有责任以一种保密的、毫无偏见的、迅速的、建设性的和敏感性的方式来开展工作。他们有责任只根据稿件本身的学术价值进行评审。当审稿人对某论文的研究方法有严重歧义时,应将此冲突上交期刊编辑,由期刊编辑决定是否接受评审。对知识产权的保护是评审人和编辑共同的责任。原稿内容是作者的财产。没有作者明确的允许,评审人和编辑利用原稿的思想或向第三方展示原稿是不合适的。对原稿特定有限的建议可以从有资格的同行那里获取,但应确保作者的知识产权。分担评审人的责任是不合适的。评审应由编辑指定,作为唯一承担此项责任的人。除非得到编辑的准许,学生或其他同行不应参与评审。任何参与评审的人员都应该得到公认。建设性的评审人意味着,在进行批评和评论时,要本着彻底、合适、有感情和尊重的共同评审精神,竭尽全力提高原稿的品质。

专业交流和互动

IACMR会员有责任培养相互间有意义的交流。他们应该在组织内创造一种自由交流和建设性批评的气氛,并且能够毫无保留地分享研究结果和见解。作为一个非营利性组织,IACMR需要依靠会员间的合作、参与和主动性。会员应该遵守宪法、法律、政策制度和规范。组织官员和会员应该履行相应的义务及职责,而不能考虑个人的私情和得失。会员应该鼓励所有合格的个人参加组织,帮助新的、有潜力的会员提高其技巧、知识水平和对专业职责的理解。不论是属于大学、公司、政府、服务机构,还是其他组织,会员都有义务以一种专业的方式与其他人接触、交流。在所有的交流过程中,会员都要努力达到最高的专业行为标准。

会议参与

不管是否提交论文,我们都鼓励会员参与会议。一位作者或多位作者共同向会议提交了一篇论文,那么这位作者或多位作者中至少一位必须出席会议并做论文报告。论文被接受是一种荣誉。只有公开,劳动成果才能被承认。同样,这也是对其他与会者的一种尊重,因为他们期望从论文讨论的问题中学到东西。会议为我们提供了相互交流思想、接触潜在的合作者及讨论研究项目的机会;会议也为大家提供了积极参与、广泛接触的场所,而不仅仅是消极地一味聆听他人的论文陈述;会议还为与会者创造了一种学术上相互交流的机会,他们对其他与会者的研究成果做出反馈,同时也能收到其他人对自己工作的评价,而不用考虑某个人的地位和级别,因为学术交流中,我们每个人都是平等的。

IACMR 会员责任

通过对有道德的研究行为的承诺,IACMR 为它的会员提供了持续的、有社会责任的指导。会员应该努力使其他会员提高其对社会和道德责任的认知并鼓励他们履行这些责任。会员应该使组织官员或合适的常设委员会或执行委员知道可能违反承诺精神的研究行为道德、专业标准或组织的规章制度。这种承诺的目标和期望将会通过对 IACMR 责任和价值的不断讨论来实现。

附录2 术语英汉词汇对照

English	中文	主要章节
abnormal distribution	异常分布	8
abnormal return(AR)	异常股票收益	20
abstract	论文摘要	23
abusive supervision	辱虐管理(另译为辱虐式指导)	4、22
accelerated failure-time model (AFT)	事件—时间加速模型	19
action theory	行为理论	12
active variable	可变变量	4
actor effects	个体效应	19
additional means	额外均值	21
adjustment for attenuation	减弱校正	15
affective event theory	情感事件理论	22
agency theory	代理理论	1、3、8
aggregate model	合并模型	14
aggregate multidimensional construct(AMC)	合并型多维构念	14
aggregate organizational citizenship behavior	整体组织公民行为	22
aggregate task performance behavior	整体任务绩效行为	22
aggregation	聚合(另译为加总)	17
aggression	好斗	12
ambivalent constructs	双面型构念	14
ambulatory assessment method(AAM)	动态取样评估法	21
American Psychological Association	美国心理学会	13
analysis of covariance(ANCOVA)	协方差分析(另译为共变量分析)	5、17
analysis of variance(ANOVA)	方差分析(另译为变异量分析)	5、17
analytical generalization	分析类推	9
arbitrage	套利	8
archival data	二手数据	1
asset pricing model	资产定价模型	20
assumption/presumption	前提假定条件	3
asymmetric confidence intervals	非对称置信区间	22

附录2 术语英汉词汇对照

attachment	依附感	11
attribute variable	属性变量	4
attribution bias	归因偏差	8
autocorrelation	自回归	18
autonomy orientation	自主导向	2
average variance extracted	平均抽取变异量	13
axial coding	轴心编码	10
back translation	反向翻译	7
bare bones meta-analysis	基本校正整合分析	11
baseline hazard	基准风险	19
baseline model	底线模型	15
behavioral measure	行为测量	5
between a wink and a blink	使眼色与眨眼睛	10
between-group covariance matrix	变量组间协方差矩阵	15
between-group interaction	组间交互作用	17
between-group variance	组间方差(另译为组间变异)	17
between-study variance	研究间方差	11
between-subjects design	组间设计	5
bicultural	二元文化	12
big data	大数据	8
big five personality	大五人格	11、20
binary variable	二值变量	17
bi-variate	两个变量	15
bootstrap method	自助法	15、20
born-global	天生全球化	12
boundary condition	边界条件	3
bounded rationality	有限理性	2
building	建构	10
business unit	业务单元	8
calendar day	事件发生当日	20
carryover effects	传递效应	5
case study	案例研究	9
case study research	案例研究法	1
casual inference	因果推论	6
categorical data analysis	数据分析	10
categorical variable	类别变量	7
causal description	因果性描述	4

751

causal explanation	因果性解释	4
causal indicator	构成指标	14
causal mechanism	因果机制	4
causal power	因果动力	4
causal statements	因果陈述	6
causal step approach	因果步骤途径	22
ceiling effect	天花板效应	5
centering issue	中心化议题	17
change agent	变革推动者	6
chi-square test	卡方检验	17
classical measurement model	古典测量模型	14
classical true score model	古典真实分数模型	15
clock time	时钟时间	19
covariance matrix	协方差矩阵	15
coalition formation theory	同盟形成理论	2
coding	编码	10
cognitive pretesting	认知预试	7
cognitive process	认知过程	10
common method error	同源方差差误	2
common method variance	共同方法变异	4
competing events	互不相容的竞争性事件	19
competition	竞争	3
complete model	完整模型	15
complete randomization	完全随机化	5
compliance warrants	顺从保证	7
composite model	合成模型	14
compound coefficient	复合系数	22
concept	概念	3、10
concertive control	协和控制	1
conclusion	结论	23
confidence interval	置信区间	11
configural unit property	形态单位特性	17
configuration	构造	12
confirmatory factor analysis(CFA)	验证性因子分析	13、14、15
confounding effect	混淆效应	20
confounding variable	混淆变量	5、6
congeneric measurement model	同属测量模型	14

附录2 术语英汉词汇对照

English	中文	页码
constant comparison	连续比较	10
construct	构念	1、3、14、15、21
construct validity	构念效度	1、4、6、8、13
constructionist	建构主义者	10
constructism	建构主义	13
content validity	内容效度	13
context	情境	20
context-embedded	情境嵌入	12
context-free	情境无关	12
context-relevant	情境相关	12
context-sensitive	情境敏感	12
contextual background	情境背景	12
contextualization	情境化	12
contextualize theory	情境化理论	12
continuous variable	连续型变量	7
continuous-time event history analysis	连续时间变量事件历史分析法	19
contribution of theory	理论的贡献	12
contribution to theory	对理论的贡献	12
control group	控制组	6
control variable	控制变量	1
convergent validity	收敛效度（另译为聚合效度）	9、13、15
corporate governance	公司治理	8
correlated error structures	相关的误差结构	21
correlation	相关性	18
correlation matrix	相关矩阵	11
covariance matrix	协方差矩阵	11
creativity	创造力	22
credibility interval	信用区间	11
criterion	效标	1
critical incident	关键事件	13
criticality	关键性	20
cross sectional data	横截面数据	18
cross validation	交叉验证	8
cross-cultural	跨文化	12
cross-group comparison	跨组别比较	15
cross-level direct-effect model	跨层次直接效果模型	17
cross-level frog-pond model	跨层次青蛙池塘模型	17

英文	中文	页码
cross-level mediation-complex	跨层次中介效果复杂模型	17
cross-level mediation-lower-level mediator	跨层次中介效果个体层次中介变量模型	17
cross-level mediation-upper mediator	跨层次中介效果团队层次中介变量模型	17
cross-level moderator model	跨层次调节模型	17
cross-level or multilevel research	跨层次研究方法	2
cross-sectional approach	横向研究法	2、21
cross-sectional study	截面研究法	19
CSMAR	国泰安数据库	20
cultural distance	文化距离	8
cumulative abnormal return(CAR)	累积异常股票收益	20
daily diary(DD)	日记法	21
daily diary and experience sampling method	日记与体验抽样方法	21
data coding	数据编码	8
de-contextualization	去情境化	12
deduction	演绎	3
deductive hypotheses testing study	演绎导向的假设检验研究	1
deductive method	演绎法	1
deep contextualization	深度情境化	12
degree of freedom(DF)	模型的自由度	15
demand characteristics	需求特性	5
dependent variable	因变量	1、5、15、18、22
descriptive ESM	描述性体验抽样方法	21
desire to stay in their groups	群体成员留职意愿	22
diagonal matrix	对角线矩阵	15
dichotomization	二元化	11
dichotomous variable	二元虚拟变量	19
difference in difference(DID)	双重差分估计方法	20
difference-in-coefficients method	系数差异法	17
dimensions of scale	测量维度	10
direct consensus composition model	直接一致成分模型	22
direct consensus construct	直接一致构念(另译为直接共识构念)	17
direct effect	直接关系	15
direct flight	直飞	19
discrete context	区域型情境	12
discrete-time event history analysis	离散时间变量事件历史分析法	19
discriminant validity	判别效度	15
discussion	结果讨论	23

English	中文	页码
disrupted Life	被干扰的生活	10
disruptive	颠覆性	20
distribution form/density	分布函数	19
distributive justice	结果公正	2
diversification	多元化	8
diversity climate	多元化氛围	2
double-blind	双盲	6
Dow Jones Newswires	美国道琼斯通讯社	20
drop-out rate	退出率	7
dual-stage moderated mediation	两阶段被调节的中介作用	22
dummy variable	虚拟变量	7、18
duration	时长	20
dynamics	动态性	21
ecological momentary assessment (EMA)	生态瞬时评估法	21
ecological perspective	生态学视角	8
effect indicator	效果指标	14
effect size	效应值(另译为效应规模)	11、22
ego identity theory	自我认同理论	12
elaboration	深化	3
electro-encephalograms (EEGs)	脑电图	21
elimination	排除法	4
emic	本位	12
emotional stability	情绪稳定度	20
empirical generalization	实证概括	1
empirical bayes estimate	实证贝氏估计数	17
empirical context	实证研究情境	20
empirical design	实证设计	20
empirical science	实证科学	1
employee-organization relationship	员工—组织关系	12
employees' perceptions of task significance	员工任务重要性感知	22
entropy index	熵指数	8
epistemology	认识论	1
equality	平等	12
equity	公平	12
error term	残差项	18
error variance	误差变异	1、4
errors	误差	5

escalation of commitment	承诺升级	1
estimation bias	估值偏差	19
ethnocentrism	种族中心主义	12
ethnography	民族志	1
etic	客位	12
euclidean distance	欧几里得距离	14
event history analysis	事件历史分析法	19
event study	事件研究方法	20
event system theory	事件系统理论	20、22
event windows	事件窗口期	20
event-contingent ESM	基于事件的体验抽样方法	21
EVENTUS	事件研究法模块	20
experience sampling method（ESM）	体验抽样方法	21
experiment／treatment group	实验组	6
experimentation	实验法	2
experimenter bias	实验者偏差	5
exploitation	开发	2
exploration	探索	2
exploratory factor analysis	探索性因子分析	13、14
external locus of control	外控性格	6
external validity	外部效度	1、4、5、6
extraneous factors	额外因素	5
extraneous variables	外生变量	4
extraneous variance	外生变异	1、4
extra-role behavior	角色外行为	2
extrasensory perception	超感知	11
face validity	表面效度	13
factor loading	因子负荷	15
factor score	因子分数	14
factorial design	因素设计	5
falsifiable	可证伪的	5
falsification	证伪	4
faultline theory	团队断裂带理论	20
fertile	繁衍性	5
field experiment	实地实验(另译为现场实验)	5、6
file drawer analysis	文件柜分析	11
filling-up rate	完成率	7

English	中文	页码
first-order latent factor	一阶潜因子	14
first-stage moderated mediation	第一阶段被调节的中介作用	22
fit function	拟合函数	15
fit index	契合指数	15
fixed-effect model	固定效应模型	11、18
floor effect	地板效应	5
focus group interview	焦点小组面谈	13
followership	追随力	22
foreign direct investment	对外直接投资	8
formative construct	构成型构念	14
formative indicator	形成型指标（另译为构成指标）	13、14
forward looking	向前看	20
full model	全模型	15
funnel plot	漏斗图法	11
general mental aptitude (GMA)	一般智力能力	14
general self-efficacy	一般自我效能	22
general trust	一般性信任	12
generalized least squares (GLS)	广义最小二乘法	17、18
genetically modified organisms	转基因物种	19
global unit property	总体单位特性	17
grand theory	宏大理论	3
grand-mean centering	总平均数中心化（另译为样本均值中心化）	17、22
grounded	扎根	10
grounded theory	扎根理论	3、9
grounded theory building (GTB)	扎根理论建构	10
group citizenship behavior	群体公民行为	2
group diversity	群体多样性	22
group identification	群体认同感	22
group-mean centering	组别平均数中心化（另译为群体均值中心化）	17、22
hands-on	传递	10
harmonic mean	调和平均数	11
Hausman test	豪斯曼检验	18
Hawthorne effect	霍桑效应	5
hazard function	风险函数	19
hazard ratio	风险比率	19
hazard/hazard rate	风险	19
Herfindahl index	赫芬达尔指数	8

heterogeneous	异质	11
heteroscedasticity	异方差性	11
hierarchical generalized linear model(HGLM)	多层广义型线性模型	17
hierarchical linear modeling(HLM)	多层线性模型(另译为等级线性模型、多层次回归模型)	15、17、21
high context	高语境	7
high performance human resource system	高绩效人力资源系统	2
higher-order design	高阶设计	5
higher-order factor	高阶因子	15
homogeneous	同质	11
homologous multilevel model	一致的多层次模型	17
immediate experience	即时体验	21
impression management	印象管理	7
incremental value	递增价值	2
independence assumption	独立性假设	13、17
independent self-construal	独立型自我解释	12
independent variable	自变量(另译为独立变量)	1、5、6、15、18、22
indicator	指标	1、14
indirect effect	间接关系(另译为间接效应)	15、22
individual orientation	个体取向	7
individualism	个人主义	12
individual-level construct	个人层次构念	17
individuals' diversity beliefs	群体成员多样性信念	22
induction	归纳	3
inductive method	归纳法	1
inductive theory building	归纳性建立理论	1
information elaboration	信息阐述	22
information-sampling model	信息取样模型	2
in-group	群内	12
institutional polycentricism	制度多中心	12
institutional theory	制度理论	1
institutional theory perspective	制度理论视角	8
intangible asset	无形资产	8
integration	整合	3
integrative theory-building approach	综合理论建构范式	20
intensive longitudinal survey method	高频率跟踪问卷调查法	21
interaction effect	交互作用(另译为交互效应)	5、15、16

附录2 术语英汉词汇对照

interactionist	交互作用主义	10
interactionist epistemology	互动认识论	10
interactive effect	交互作用	20
interactive justice	人际交往公正	2
intercept	截距(另译为截距项)	15、18
intercepts-as-outcomes model	截距作为结果变量的模型	17
interchangeable autocorrelation	等同性自回归	18
interdependent self-construal	相依型自我解释	12
interference interaction effect	干扰的交互作用	16
intermediate theory research	中间类型的理论研究	4
internal consistency	内部一致性	13
internal locus of control	内控性格	6
internal validity	内部效度	1、4、5、6
international business	国际商务	8
international diversification	国际多元化	22
interpretive	诠释	10
inter-rater reliability	一致性信度	8
interruptive events	中断性事件	20
interval-contingent ESM	基于时距的体验抽样方法	21
intervening variable	干扰变量	15
intra class correlation(ICC(1))	组内相关(1)	17
intra class correlation(ICC(2))	组内相关(2)	17
introduction	导言	23
involuntary turnover	被动离职	19
item	问卷题目	15
item generation	产生测验题目	13
item response theory	项目反应理论	2
iterative	反复迭代	15
job characteristic model	工作特征模型	7
job diagnostic survey	工作诊断问卷	7
job embeddedness	工作陷入	2
justice theory	公正理论	2
just-identified model	仅限识别模型	15
key variables	关键变量	6
knowing	认知(另译为了解)	4、10
knowing-in-practice	从实践出真知	10
lab experiment	实验室实验	5

latent growth model	潜增长模型	15
latent model	潜因子模型	14
latent multidimensional constructs(LMC)	潜因子型多维构念	14
latent variables	潜变量	15
Latin-square design	拉丁方设计	5
leader-member exchange quality	领导者与追随者之间社会交换关系质量	22
learning goal orientation	学习目标导向	2
learning perspective	学习视角	8
left censored observations	被从左侧截断的观察项	19
level of analysis	分析层级	14
life structure theory	人生结构理论	12
likelihood	可能性	19
listwise deletion	个案删除法	8
literature review	文献回顾	1
longitudinal analysis	纵向分析	19
longitudinal approach	纵向研究法	2
longitudinal data analysis	纵向数据分析	18
longitudinal time series study	纵向时间序列研究	15
love of money	拜金	12
low context	低语境	7
macro management research	宏观管理研究	8
main effect	主效应(另译为主要效应、主效果)	5、16、17、20
manager trustworthiness	管理者可信赖性	22
manipulation check	操作检验	5
Mann Gulch disaster	曼恩大峡谷灾难	10
market transition	市场转型	12
matching	配对法	4
maturation	成熟程度	5
measurement equivalence/Invariance(ME/I)	测量等同	15
measurement error	测量误差	11、17
measurement model	测量模型	15
measurement reactivity	测量反应	21
mechanisms	机制	22
mechansim	机理	3
mediated moderation	被中介的调节(另译为中介调节模型)	2、15、16、22
mediating effect	中介效应	15
mediating variable	中介变量	1

附录2 术语英汉词汇对照

mediation effect	中介作用	16、20
mediator	中介变量	16、22
meso	中观	12
meso context	中观情境	12
meso-mediation	中观中介研究	17
messy	杂乱	10
meta-analysis	元分析	2、11
meta-analytic structural equation modeling (MASEM)	元分析结构方程模型	11
methodological individualism	方法论的个人主义	7
methodology	方法论	1
methods	研究方法	23
micro management research	微观管理研究	8
microfoundation	微观基础	3
middle range theory	中层理论	3
missing values	缺失值	7、8
mixed ESM	混合型的体验抽样方法	21
mixed method studies	混合研究法	8
mixed-determinants model	混合因子模型	17
maximum likelihood (ML)	最大概度	15
mobile application (App)	手机应用程序	21
model identification	模型识别	15
model with mean structures	均值结构模型	15
moderated mediation	被调节的中介(另译为调节中介模型)	2、15、16、22
moderated multiple regression (MMR)	多元调节回归分析	16
moderated non-linear relationship	被调节的非线性关系	17
moderating effect	调节效应	15
moderating variable	调节变量	1
moderation effect	调节作用	16、20
moderator	调节变量	16、22
modern view	现代观点	1
monitoring	监察	8
Monte Carlo simulation	蒙特卡罗模拟	22
mortality	偶然减员	5
motivational approach	动机法	2
multicollinearity	多重共线性	11
multicollinearity	共线性	17

multicollinearity	多重共线性	18
multidimensional construct	多维构念	14
multi-dimensional/mega construct	多层构念	15
multilevel	多层次	22
multi-level data	多层次数据	21
multilevel factor model	多层次因子模型	15
multi-level structural equation modelling	多层结构方程模型	21
multinationality	国际化（另译为多国程度）	8
multinomial variable	多项式变量	17
multiple imputation	多重填补法	8
multi-traits multi-methods (MTMM)	多特质—多方法模式	13
multi-variate	多个变量	15
multivariate correlational analysis	多元相关分析	14
narrative analysis	叙事分析	10
natural consequence	自然结果	6
natural empiricism	自然经验主义	4
negative skew	负偏态	17
nested	嵌套	17
network capitalism	网络资本主义	12
network circle differentiation	差序格局	12
nomological network	逻辑关系网络	13
nomological validity	理论效度	8
non-linear effect	非线性效应	15
non-representative sample	样本不具代表性	5
normal science paradigm	规范科学范式	1
nuisance factor	无关因素	5
null hypothesis	虚无假设	4
null model	虚无模型（另译为零模型）	17
numbers	数据	10
observation period	观察期	19
observational study	观察性研究	5
observations	观测值	5
observed scores	观察分数	15
observed variables	观察变量	15
odds	事件发生的可能性	19
odds ratio	事件发生可能性的比率	19
omitted variable	缺失变量	18

omnibus context	统括情境	12
one-stop flight	一站式飞行	19
open coding	开放编码	10
open-ended survey	开放式问卷	13
operating model	操作模型	15
operational definition	可操作性定义	5
ordinal variable	序数变量	17
ordinary least squares regressions(OLS)	普通最小二乘回归(另译为最小平方回归分析)	20
ordinary least squares	普通最小二乘法	18
organizational citizenship behavior (OCB)	组织公民行为	2、4、6、12、13、14、16
organizations' trust climate	组织信任氛围	22
out-group	群外	12
out-group trust	群外信任	12
outliers	离群值	22
overall employee productivity	总体员工生产率	22
overarching	统观	3
panel data	面板数据	8、18
paper-pencil instrument	纸笔测验	7
paradoxical leadership behavior	矛盾领导行为	3
parameter-based bootstrapping	参数自助法	22
parsimony	简洁	3
participant observation	参与者观察	10
particularistic ties	特殊关系纽带	7、12
particularistic trust	特殊性信任	12
path analysis	路径分析	11
path diagram	路径图	15
path model	路径模型	15、22
pattern matching	模式契合	9
performance feedback	绩效反馈	22
performance goal orientation	绩效目标导向	2
performance linkages	绩效联系	22
person-environment fit	个体—环境匹配	22
personnel psychology	人事心理学	12
phenomenological approach	现象学研究方法	1
phenomenon-based research	以现象为基础的研究	23
piece-meal approach	渐进方式	22

pilot study	测试性实验	5
placebo effect	安慰剂效应	5
polycontextualization	多重情境化	12
pooled ordinary least squares	混合普通最小二乘法	18
population	母体（另译为总体）	5、15
population data	总体数据	15
population discrepancy	总体不一致处	15
positive affective climate	积极情感氛围	22
positive skew	正偏态	17
positivism	实证主义	4
positivistic	实证主义	10
possible properties	分类状况	10
postmodern view	后现代观点	1
premodern view	前现代观点	1
primary data	一手数据	8
principal component	主成分	13
proactive personality	积极人格	22
procedural justice	程序公正	2
product diversification	产品多元化	22
product-of-coefficients method	系数乘积法	17
profile model	组合模型	14
profile multidimensional constructs (PMC)	组合型多维构念	14
proliferation	繁殖	3
properties	特性	10
proportional hazard model	比例风险模型	19
proposition	命题	3
prosocial motivation	亲社会动机	22
proxy	代理变量	12
proxy indicator	代理指标	8
pseudo multidimensional constructs	伪多维构念	14
psychological mechanisms	心理机制	22
publication bias	发表偏差	11
quadratic effect	二次方程作用	15
qualitative approach	定性方法	2
qualitative data	质性数据	8
qualitative study	质化研究	10
quantitative data	量化数据	8

附录2 术语英汉词汇对照

quasi-experiment	准实验	5
random assignment	随机分配	4、5、6
random coefficient model	随机系数模型	17
random effects model	随机效应模型	18
random error	随机误差	15
random error variance	随机误差变异	13
random-effect model	随机效应模型	11
range variation error	全距变异误差	11
rapid eye movement(REM)	快速眼动	21
raw metric	原始尺度	17
reactivity	副效应	5
realism	现实主义	4
recall bias	回忆偏差	8
reciprocity	回报行为	2
referent-shift consensus construct	移转参考点共识构念	17
refinement	精细改良	10
reflective constructs	反映型构念	14
reflective indicator	反映型指标	13、14
regression coefficient	回归系数	18
regression-based approach	回归方法	22
reinforcement interaction effect	增强的交互作用	16
relationalism	关系主义	12
relative weight	相对权重	11
relevance	切题性	12
repeated measure	重复施测	17
repeated measures	重复测量	21
replicability	可复制性	5、8
re-sampling-based bootstrapping	重新抽样自助法	22
research and development intensity	研发强度	8
research design	研究设计	4
research gap	研究漏洞	23
resource dependence theory	资源依赖理论	1
resource dilemma	资源困境	2
response rate	应答率	7
retrospective bias	回溯偏差	21
revise and resubmit	修后再投	23
right censored observations	被从右侧截断的观察项	19

English	Chinese	Page
rigor	严谨性	12
robust standard error	稳健标准误差	18
robustness test	稳健性检验	19
sample	样本	5、15、19
sample mean	样本均值	5
sample selection bias	样本选择性偏差	19
sample summarization	样本归纳	1
sampling error	抽样误差	15
sampling error variance	抽样误差方差	11
sampling frame	样本框	8
scale	度量单位	15
secondary data	二手数据	8
second-order latent factor	二阶潜因子	14
second-stage moderated mediation	第二阶段被调节的中介作用	22
sector level	部门层次	12
selection bias	被试选择偏差	5
selective coding	选择性编码	10
self selection	自选择	5
self-leniency tendency	自我从宽趋势	7
semantic memory	语义记忆	21
seminar	学术讲座	23
shared unit property	共享单位特性	17
signal-contingent ESM	基于信号的体验抽样方法	21
simple slope test	简单斜率检验	22
single level	单层次	22
skepticism	怀疑主义	4
skew of product distributions	乘积项的偏态分布	22
skewed distribution	偏态分布	17、22
small skew	小偏态	17
social action	社会行为	10
social capital theory	社会资本理论	1、3
social cognitive theory	社会认知理论	22
social construction	社会建构	3
social desirability response bias	社会期望反应偏差	7
social dilemma	社会困境	2
social network	社会网络	8
split-half reliability	折半信度	13

English	中文	页码
standard deviation	标准差(另译为标准偏差)	11、22
standard error	标准误差	11、18
statistical conclusion validity	统计结论效度	1、4
statistical control	统计控制	4、5
statistical power	统计检验力(另译为统计功效)	4、16、21、22
statistical regression	统计回归	5
strategic flexibility	战略灵活性	8
strategic management	战略管理	8
strategic schema	战略谋划	8
strategizing	战略化	10
strong ties	强连接	8
structural approach	结构法	2
structural equation modeling (SEM)	结构方程模型	11、13、14、15、22
structure and agency	结构和代理人	10
structured content analysis	结构性内容分析方法	8
structuring	结构化	10
subgroup analysis	分组比较分析	11
subject matter	质化研究的主题	10
subjective diversity	主观多样性	22
subjects pool	被试库	2
survey	调查法	2
survival analysis	生存分析法	19
survival time	生存时间	19
symmetric matrix	对称矩阵	15
systematic error	系统误差	15
systematic variance	系统变异(另译为系统性变异)	1、4、13
team leader-attributed motives	团队领导归因动机	22
technicians	技术人员	10
temporal effects	时间效应	19
tenure	在职时间	19
test of significance	显著性测试	6
test-retest reliability	重测信度	13
the resource view of firms	企业资源观理论	22
the unfolding model of employee turnover	员工离职的展开模型	2
theoretical sampling	理论抽样	9、10
theoretical saturation	理论饱和	9
theorize about context	理论化情境	12

theory and hypotheses	理论和假设	23
theory construction	理论建构	3
theory of social decision scheme	社会决策模式理论	2
thick descriptions	工笔描绘	12
three-way interaction	三重交互作用	16、17
time series data	时间序列数据	18
time-invariant explanatory variables	不随时间变化而变化的变量	19
time-variant explanatory variables	随时间变化而变化的变量	19
title	论文题目	23
total effect	总效果	15
total variance	总方差	17
trading day	股票交易日	20
transaction cost theory	交易成本理论	8
transformational leadership theory	变革型领导行为	2
triangulation	相互验证（另译为三角验证）	4、9、13
trickle-down effect	滴流效应	22
trim and fill	迭代	11
trivial theory	细微理论	3
two-way interaction	两重交互作用	5
type I error	第一类错误（另译为一类错误、第一类误差）	1、4、15、17
type II error	第二类错误（另译为二类错误、第二类误差）	1、4、15、17
under-identified model	未识别模型	15
unidimensional construct	单维概念	14
uni-dimensionality	单一维度性	13
uniform distribution	均匀分布	17
United States Department of Agriculture	美国农业部	19
upper echelons theory	高阶理论	20
validity	效度	1
variable	变量	1
variance	方差	17、18
variance in population	样本总体方差	11
variance of sample	效应值方差	11
voluntary turnover	主动离职	19
weak ties	弱连接	8
weighted mean	加权平均	11
weighted regression analysis	加权回归分析	11
Wharton Research Data Services (WRDS)	沃顿研究数据库	8、20

附录3　经典方法论文献

Baron, R. M. & Kenny, D. A. (1986). The moderator-mediator variable distinction in social psychological research: Conceptual, strategic, and statistical considerations. *Journal of Personality and Social Psychology*, 51, 1173—1182.

Chan, D. (1998). Functional relations among constructs in the same content domain at different levels of analysis: A typology of composition models. *Journal of Applied Psychology*, 83, 234—246.

Cortina, J. M., Chen, G. & Dunlap, W. P. (2001). Testing interaction effects in LISREL: Examination and illustration of available procedures. *Organizational Research Methods*, 4(4), 324—360.

Edwards, J. R. (2001). Ten difference score myths. *Organizational Research Methods*, 4, 264—286.

Edwards, J. R. & Lambert, L. S. (2007). Methods for integrating moderation and mediation: A general analytical framework using moderated path analysis. *Psychological Methods*, 12(1), 1—22.

Hofmann, D. A. (1997). An overview of the logic and rationale of hierarchical linear models. *Journal of Management*, 23, 723—744.

Kozlowski, S. W. J. & Klein, K. J. (2000). A multilevel approach to theory and research in organizations: Contextual, temporal, and emergent processes. In K. J. Klein & S. W. J. Kozlowski (Eds.), *Multilevel Theory, Research, and Methods in Organizations: Foundations, Extensions, and New Directions*. San Francisco: Jossey-Bass.

Law, K. S., Wong, C. S. & Mobley, W. H. (1998). Towards a taxonomy of multidimensional constructs. *Academy of Management Review*, 23(4), 741—755.

Leung, K. & Van de Vijver, F. J. R. (2006). Cross-Cultural research methodology. In F. Leong & J. Austin (Eds.), *Psychology Research Handbook: A Guide for Graduate Students and Research Assistants* (2nd Ed.). Thousand Oaks, CA: Sage.

MacCallum, R. C. & Browne, M. W. (1993). The use of causal indicators in covariance structure models: Some practical issues. *Psychological Bulletin*, 114(3), 533—541.

MacKenzie, S. B., Podsakoff, P. M. & Jarvis, C. B. (2005). The problem of measurement model misspecification in behavioral and organizational research and some recommended solutions. *Journal of Applied Psychology*, 90(4), 710—730.

MacKinnon, D. P., Lockwood, C. M., Hoffman, J. M., West, S. G. & Sheets, V. (2002). A comparison of methods to test mediation and other intervening variable effects. *Psychological Methods*, 7, 83—104.

Podsakoff, P. M. & MacKenzie, S. B., Lee, J. & Podsakoff, N. P. (2003). Common method biases in behavioral research: A critical review of the literature and recommended remedies. *Journal of Applied Psychology*, 88, 879—903.

Vandenberg, R. J. & Lance, C. E. (2000). A review and synthesis of measurement invariance literature: Suggestions, practices, and recommendations for organizational research. *Organizational Research Methods*, 3, 4—70.

WIND	万得数据库	20
within subject design	受试者内设计	17
within-group agreement	组内同意度	17
within-group covariance matrix	变量组内协方差矩阵	15
within-group variance	组内方差(另译为组内变异)	17
within-person variance	个体内差异	21
within-study variance	研究内方差	11
within-subjects design	组内设计	5
working hypothesis	工作假设	3